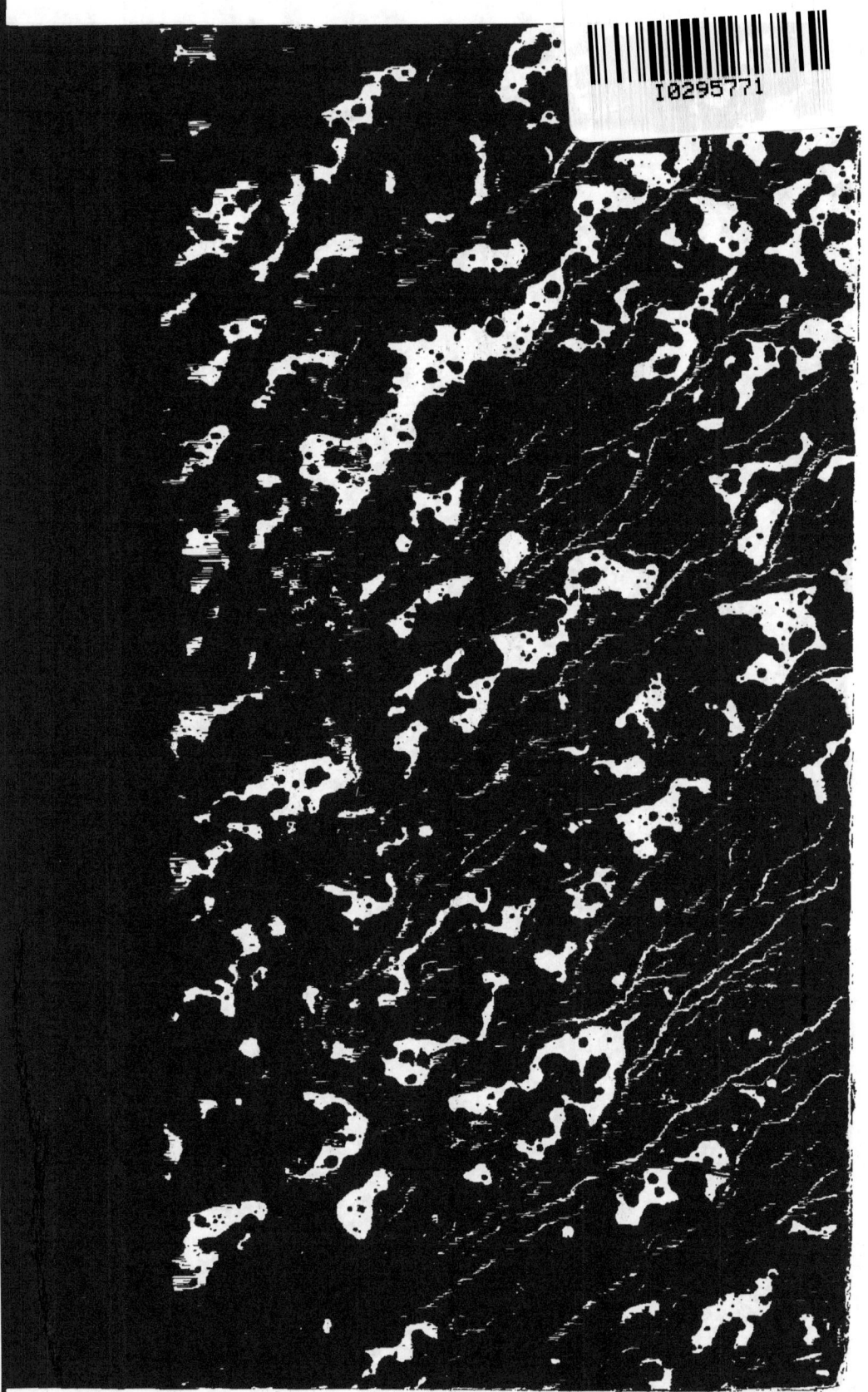

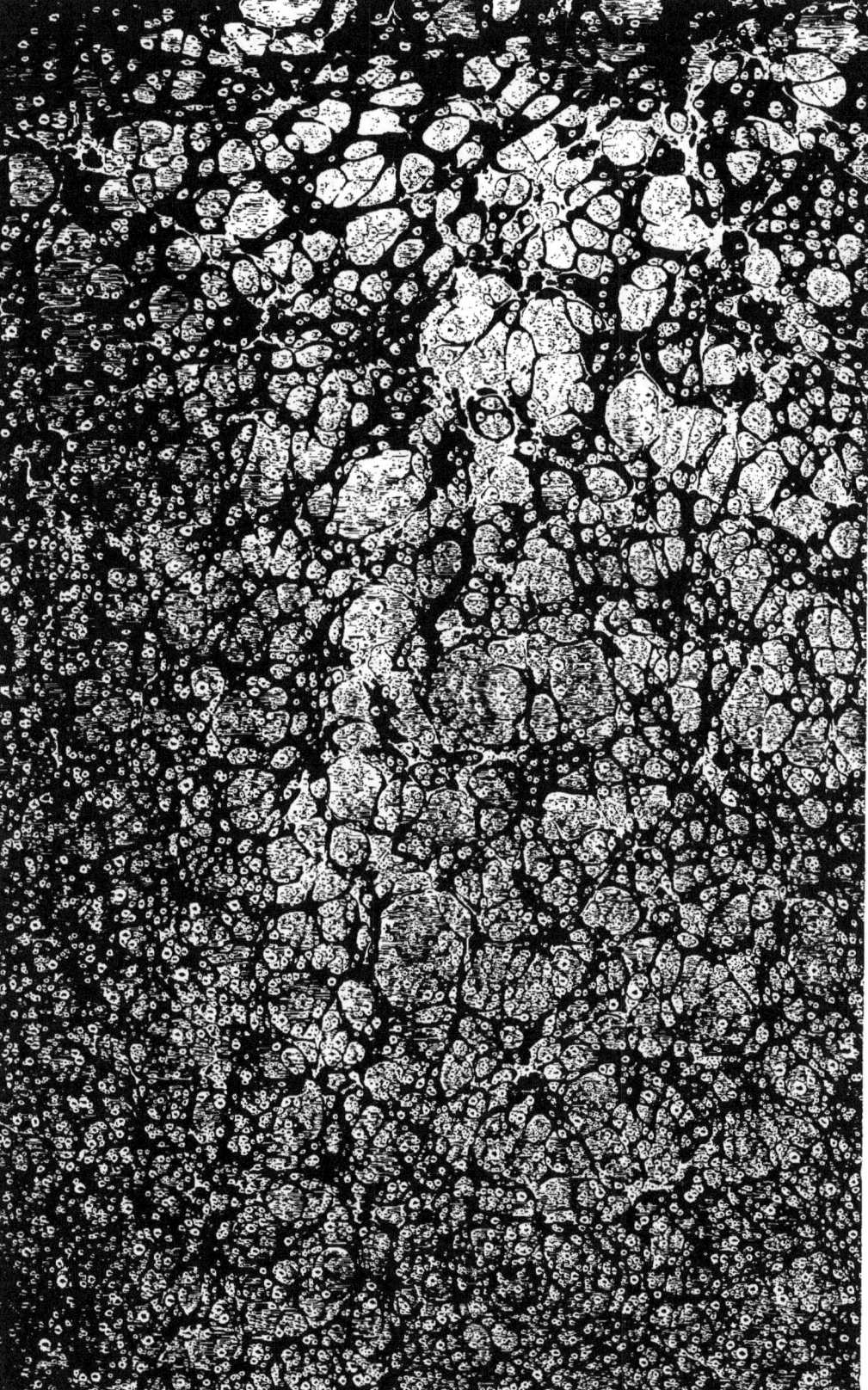

NOUVELLE
BIOGRAPHIE UNIVERSELLE

DEPUIS

LES TEMPS LES PLUS RECULÉS

JUSQU'A NOS JOURS.

TOME SEPTIÈME.

Boulen. — Bzovius.

PARIS. — TYPOGRAPHIE DE FIRMIN DIDOT FRÈRES, RUE JACOB, 56.

NOUVELLE BIOGRAPHIE UNIVERSELLE

DEPUIS

LES TEMPS LES PLUS RECULÉS
JUSQU'A NOS JOURS,

AVEC LES RENSEIGNEMENTS BIBLIOGRAPHIQUES
ET L'INDICATION DES SOURCES A CONSULTER;

PUBLIÉE PAR

MM. FIRMIN DIDOT FRERES,

SOUS LA DIRECTION

DE M. LE Dr HOEFER.

Tome Septième.

PARIS,

FIRMIN DIDOT FRÈRES, ÉDITEURS,
IMPRIMEURS-LIBRAIRES DE L'INSTITUT DE FRANCE,
RUE JACOB, 56.

MDCCCLIII.

NOUVELLE BIOGRAPHIE UNIVERSELLE

DEPUIS LES TEMPS LES PLUS RECULÉS JUSQU'A NOS JOURS.

Les articles précédés d'un astérisque [*] ne se trouvent pas dans la dernière édition de la *Biographie Universelle*, et sont aussi omis dans le *Supplément*.
Les articles précédés de deux astérisques [*] concernent les hommes encore vivants.

B

BOULEN, BOOLEN ou **BOLEYN** (*Anne* DE), reine d'Angleterre, née en 1500, condamnée à mort le 26 mai 1536. Fille de sir Thomas Boulen et de Jeanne Clinston, elle accompagna en France, comme dame d'honneur, la princesse Marie, sœur du roi d'Angleterre, qui avait épousé Louis XII. La jeune reine, devenue veuve après trois mois de mariage, épousa secrètement le duc de Suffolk, et retourna bientôt dans sa patrie. Anne de Boulen ne l'y suivit point; la cour peu sévère de François Ier allait à la nature de son esprit; ses succès l'y retinrent; elle s'attacha d'abord à la reine Claude, puis, après la mort de cette princesse, à la duchesse d'Alençon, sœur du monarque français. Ce ne fut, dit-on, qu'en 1525 ou 1527 que des motifs inconnus déterminèrent son retour en Angleterre.

Henri VIII régnait alors. Anne de Boulen lui fut présentée. Les agréments de la figure et de l'esprit, la conversation légère et enjouée de la nouvelle arrivée, une sorte de grâce indéfinissable qu'elle avait acquise à la cour de France, firent une profonde impression sur le roi. Dès la première fois qu'il la vit il en devint si éperdument amoureux, qu'il dit au cardinal Wolsey, son favori : « Je viens d'avoir une conversation d'une demi-heure avec une demoiselle qui a de l'esprit comme un ange, et qui est digne d'une couronne. » — « C'est bien assez, dit le cardinal, qu'elle soit digne de votre amour. » — « Je crains, ajouta le roi, que cet esprit angélique ne veuille pas s'abaisser jusqu'aux hommes. »

Le favori, qui ne cherchait qu'à éloigner le roi des affaires pour en avoir la direction, encouragea sa passion naissante. Il conseilla de donner le titre de lord au père d'Anne de Boulen, et de la nommer demoiselle d'honneur de la reine Catherine. Henri expédia lui-même les deux brevets à la jeune fille dans une lettre passionnée. La reine, en voyant paraître Anne de Boulen, eut comme le pressentiment des malheurs qu'elle devait lui causer; ses instances pour l'éloigner furent vaines. Anne devint bientôt la dispensatrice de toutes les faveurs. Quelques historiens disent que dès lors Henri en fit sa maîtresse; d'autres, qu'il rencontra auprès d'elle une résistance inattendue, et qu'elle lui déclara que jamais elle ne lui appartiendrait que par les liens du mariage. Quoi qu'il en soit, la passion du roi devint si violente, que, pour la satisfaire et partager son trône avec celle qu'il aimait, il ne recula ni devant un divorce ni devant une scission avec le saint-siège. Le roi demanda au pape de prononcer son divorce avec Catherine d'Aragon. Mais cette princesse était tante de Charles-Quint, et la cour de Rome était forcée de ménager un monarque si puissant; elle prit donc le parti de temporiser, et de lasser par ses lenteurs la patience de Henri. Le légat qu'on lui envoya, goutteux et impotent, mit plus de neuf mois pour se rendre de Rome à Londres; et, après d'interminables discussions, en repartit sans rien conclure. De nouveaux ambassadeurs furent successivement envoyés. Le roi fit toutes les tentatives possibles pour fléchir la cour de Rome; elles furent vaines. Malgré les observations de Sixte-Quint, qui, simple moine alors et prévoyant les conséquences de l'obstination du saint-siège, avait dit « que peu importait à l'Église de Dieu que Henri VIII eût pour femme Catherine ou Anne de Boulen, » le pape Alexandre Farnèse, qui venait de prendre avec la tiare le nom de Paul III, lança contre le roi une bulle d'excommunication; il le déclarait déchu de sa couronne, et lui enjoignait de reprendre sa femme légitime, paraissant peu redouter les suites de cette lutte; « car, disait ce pape, l'Église aurait plus de gloire à perdre deux royaumes qu'à conserver une brebis égarée dans son troupeau. »

Le cardinal Wolsey avait été disgracié pour n'avoir point réussi dans ses négociations. Le roi, dans l'extrémité où il se trouva réduit, donna sa confiance à Cranmer, qui le premier, dit-on, avait fait naître l'idée d'une scission. Celui-ci convoqua un synode national; mais Henri n'eut pas la patience d'attendre que les serviteurs de sa nouvelle Église eussent prononcé son divorce, et le 14 novembre 1532 il épousa secrètement Anne de Boulen, à laquelle il avait donné précédemment le titre de marquise de Pembroke. Le roi avait pris une part trop active et trop personnelle aux luttes religieuses de cette époque, il avait trop écrit contre Luther et la réforme pour se démentir en embrassant la secte nouvellement établie; il aima mieux en fonder une autre. Il se fit donc déclarer par le parlement chef de l'Église d'Angleterre, fit pendre tous les ecclésiastiques qui refusèrent de le reconnaître en cette qualité, s'empara de leurs biens; et après avoir fait annuler par un synode son premier mariage, il fit reconnaître le second, qui fut publié à son de trompe dans tout le royaume. Le 1er juin 1533, la nouvelle reine fut couronnée à Westminster avec une pompe jusque-là sans exemple; le peuple l'acclama, les grands s'inclinèrent, et lui témoignèrent à l'envi la joie que leur causait son avénement. Anne de Boulen était au comble du bonheur et de la puissance, lorsqu'elle accoucha, au château d'Hamptoncourt, d'une fille qui fut nommée Élisabeth, et dont le règne laissa plus tard une si forte trace dans l'histoire. Anne profita de l'ascendant qu'elle avait sur son mari pour obtenir que sa fille fût déclarée unique héritière, au préjudice de celle de Catherine; on dit même que le roi lui avait promis de faire mourir la princesse Marie, et qu'il fut sur le point de la faire empoisonner; mais il se contenta de faire publier qu'elle était incapable de succéder, et qu'Élisabeth était son unique et légitime héritière.

La reine Catherine, qui avait supporté avec une résignation pleine de dignité la plus injuste et la plus cruelle des persécutions, succomba enfin à tant de douleurs. Anne était, dit-on, à se laver les mains dans un bassin d'un grand prix, lorsque le chevalier Sothon vint lui annoncer la mort de sa rivale : sa joie fut si grande qu'elle donna le bassin au chevalier, en lui disant : « Recevez ce petit présent en récompense de la nouvelle que vous m'apportez, qui est trop considérable pour vous laisser aller ainsi sans vous donner quelques marques de ma reconnaissance. » — « Réjouissez-vous, disait-elle le soir à ses parents, puisque c'est aujourd'hui seulement que la couronne a été raffermie sur ma tête. » Imprévoyance de l'esprit humain! ce que cette femme regardait comme le comble de sa fortune fut le commencement de ses malheurs. Au fait où elle était parvenue, le vertige la prit; elle ne tarda pas à tomber dans l'abîme.

La mort de Catherine éveilla, dit-on, quelques remords dans l'âme de Henri VIII. D'un autre côté, Anne étant accouchée d'un enfant mort, les partisans de Rome dirent que c'était une punition du ciel, qui menaçait le roi des plus grands malheurs : il adopta cette idée superstitieuse avec d'autant plus de facilité qu'elle favorisait une nouvelle passion. Comme naguère Anne avait supplanté la reine, dont elle était demoiselle d'honneur, elle fut à son tour renversée par Jeanne Seymour, qui avait près d'elle le même emploi. A l'inconstance et au dégoût se joignirent chez Henri le soupçon et la jalousie; sa méfiance ne paraît pas, du reste, avoir été sans motif. Soit, comme l'assurèrent les ennemis d'Anne de Boulen, qu'elle eût résolu, pour perdre sa rivale, de ramener le roi et devenir enceinte à quelque prix que ce fût, soit par légèreté seulement et inconséquence de sa part, elle forma une liaison des plus intimes avec son frère, le vicomte de Rochford, Norris, gentilhomme de la chambre du roi, le chevalier Weston, et un musicien nommé Smetton. La reine vivait avec eux dans la plus imprudente familiarité. Dans une partie de plaisir que fit la cour à Greenwich, le roi crut surprendre des regards passionnés entre la reine et ses amis; elle voulut avoir le musicien près d'elle, et rit beaucoup avec lui sans prendre garde à son époux. Son étourderie alla plus loin : Norris s'étant trop échauffé à la course, elle lui jeta son mouchoir pour s'essuyer. Le roi, furieux, repartit immédiatement pour Londres. Le soir du même jour, tous les *amants* ou *amis* de la reine furent arrêtés. A cette nouvelle Anne de Boulen se vit perdue. En effet, dès le lendemain et sans qu'elle pût revoir son mari, qu'elle espérait fléchir, elle fut conduite à la Tour. Le roi créa un tribunal qui informa le procès. Anne se défendit si bien, qu'elle fut d'abord déclarée innocente; mais le duc de Suffolk, beau-frère du roi, qui présidait les juges, les obligea de réopiner. Le musicien Smetton reconnut avoir obtenu la faveur de la reine. Elle fut condamnée à mort.

Les autres accusés ne confessèrent rien, et eurent néanmoins la tête tranchée; l'opiniâtreté de Norris à soutenir l'innocence d'Anne de Boulen irrita tellement le roi, qu'il le fit pendre.

Anne montra beaucoup de courage et de résignation à ses derniers moments; elle fit venir la femme du gardien de la Tour, se jeta à genoux devant elle, et lui dit : « Allez, et priez en mon nom et dans cette posture la princesse Marie (fille de Catherine) de me pardonner tous les maux que j'ai attirés sur elle et sur sa mère. » Elle fit la même protestation en public, monta sur l'échafaud magnifiquement vêtue; et s'étant aperçue que quelques dames souriaient avec malignité, elle leur dit : « Je meurs reine malgré vous. » Elle reçut le coup mortel avec une intrépide fermeté, et fut enterrée dans la chapelle de la Tour. Anne avait écrit au roi pour lui recommander sa fille Élisabeth; sa lettre est pleine de sentiment : « Sire, disait-elle, vous m'avez toujours élevée par degrés : de simple demoiselle vous me fîtes marquise de Pembroke, de marquise reine; aujourd'hui vous me faites sainte. »

ROSANNE DE CURTON.

Smolett, Hume, Lingard, *History of England.* — Wyat, *Extraits from the life of queen Anna Boleyne*; Lond., 1818, in-8°. — Benger (miss). *Memoirs of Anna Boleyn*; Lond., 1821, 2 vol. in-8°. — Crapelet (G. A.), *Anne de Boleyn*, etc.; Paris, 1831, in-8°.

*BOULENGER (*Louis*), géographe et géomètre français, vivait dans la première moitié du seizième siècle. On a de lui : *Calculation, Description et Géographie vérifiée du royaume de France*, ou *Projet et calcul de la grandeur et longueur du royaume*; Lyon, 1525, et Toulouse, 1565.

D. Clément, *Bibl. curieuse*, t. V, p. 164. — Lelong, *Bibl. hist.*, éd. Fontette. — La Croix du Maine et Duverdier, *Bibl. française*.

BOULENGER (*Pierre*), grammairien français, natif de Troyes en Champagne, mort à Pise en 1598. Il enseigna les langues latine et grecque à Loudun, et se fit la réputation d'un habile grammairien. Cosme II l'appela en Toscane, et lui donna une chaire de théologie dans l'université de Pise. Boulanger a laissé quelques livres de grammaire, de petits traités de piété, et un discours latin imprimé en 1566, in-8°.

Lambesc, *Historia bibliothecæ Vindobon.* — Le Mire, *De script. sæc. XVI*.

BOULENGER (*Jules-César*), historien et littérateur français, de l'ordre des Jésuites, fils du précédent, né à Loudun en 1558, mort à Cahors en 1628. On a de lui un grand nombre d'ouvrages, dont les principaux sont : *de Spoliis bellicis, Trophæis, Arcubus triumphalibus*, etc.; Paris, 1601, in-8°; — *Eclogæ ad Arnobium*; Toulouse, 1612, in-8°; — *De insignibus gentilitiis ducum Lotharingorum*, 1617, in-4°; — *Diatribæ in Casauboni Exercitationes de Rebus sacris*; Lyon, 1617, in-fol.; — *De Imperatore et Imperio romano, Magistratibus, Officiis*, etc.; Lyon, 1618, in-fol.; — *Opusculorum Systema*; Lyon, 1621, 2 vol. in-fol.; — *Historiarum sui temporis libri XIII, ab an. 1560 ad ann. 1610*; Lyon, 1619, in-fol.

Grævius, *Hist. antiq. gr. et rom.* — Moller, *Dissertatio de Julio Cæsare Bulengero*; Altorf, 1691, in-4°. — Alegambe, *Biblioth. Scriptorum Societatis Jesu.* — Lelong, *Bibliothèque hist. de la France*, édit. Fontette.

*BOULGARINE ou BULGARIN (*Thadée*), écrivain satirique et romancier polonais, naquit dans la Lithuanie en 1789, et fut élevé à Saint-Pétersbourg, où sa mère le fit recevoir au corps des cadets en 1798. Il entra avec le grade d'enseigne dans les houlans du grand-duc Constantin, et fit la campagne de Friedland; après la paix de Tilsitt, il vécut quelque temps à Pétersbourg, et fut ensuite compris dans le corps d'armée qui entra en Finlande. Mais les circonstances ayant dégoûté M. Boulgarine du service russe, il se rendit à Varsovie près de ses parents, qu'il y avait, et de là en France, où il prit du service. Envoyé en Espagne en 1810, il s'y trouva au milieu des troupes polonaises, et reprit l'usage de la première langue qu'il eût parlée, mais que le séjour en Russie lui avait fait oublier en grande partie. Pendant la campagne de 1814, il tomba au pouvoir des Prussiens, et reparut au quartier général de l'empereur après une courte captivité. La chute de Napoléon mit fin pour lui à la carrière des armes et des aventures : il échangea l'épée contre la plume, et publia ses premiers essais à Varsovie en langue polonaise. Des affaires de famille l'ayant conduit à Saint-Pétersbourg, il prit le parti de s'y établir, s'appliqua sous les auspices de M. Gretsch (*voy.* ce nom) à l'étude de la langue et de la littérature russe, et eut bientôt une telle vogue comme écrivain que ses économies lui permirent d'acheter une belle terre en Livonie.

Sans faire mention de quelques publications passagères, nous devons placer au premier rang des productions de M. Boulgarine ses articles de feuilletons et de mœurs, publiés dans le journal *l'Abeille russe* (*Sèvernaïa ptchèta*), qu'il fonda en 1825, en société avec son savant et caustique ami M. Gretsch. Beaucoup de ces articles étaient traduits ou imités du français; mais il y en avait aussi beaucoup d'originaux, relatifs surtout à la vie domestique ou littéraire des Russes, aux voyages de l'auteur, aux expériences qu'il avait faites comme journaliste, etc. La plupart sont compris dans la collection de ses *Œuvres* (*Sotchinénia Boulgarina*, in-12), publiée à Saint-Pétersbourg en 1827 et années suivantes, et dont il a paru en français, sous le titre d'*Archippe Thaddéievitch* (Paris, 1828, 2 vol. in-12), une traduction ou imitation, malheureusement défigurée par une foule de fautes typographiques. Sans être toujours piquantes, les observations de l'auteur ont un certain cachet d'originalité, et la gaieté plutôt que la malice anime d'une manière agréable ses satires.

Quoique traduits en plusieurs langues, ces articles de journaux n'ont pu faire connaître M. Boulgarine que parmi ses compatriotes; mais les romans qu'il a publiés ensuite ont fait apprécier ses talents à l'étranger. On a de lui : *Iván Vyjighine*, ou *le Gil Blas russe* (Saint-Pétersbourg, 1829, 4 vol. in-8°), traduit en français par M. Ferry de Pigny (Paris, 1829, 4 vol. in-12); — *Pètre Ivanovitch* (Saint-Pétersb., 1830) : c'est la suite du *Gil Blas russe*, traduit par le même (Paris, 1832, 4 vol. in-12); — *le Faux Démétrius*, ou *l'Imposteur*, roman historique (Saint-Pétersb., 1831), trad. en français par M. Victor Fleury; Paris, 1823, 4 vol. in-12. Tous ces ouvrages sont pleins d'intérêt; le dernier dénote une étude approfondie de l'histoire de Russie au commencement du dix-septième siècle, et peut servir à la populariser. [M. SCHNITZLER, dans l'*Enc. des g. du m.*]

Frédéric Otto, *Lehrbuch der russischen Literatur*.

BOULIER (*Jean*), humaniste français, vivait dans la seconde moitié du seizième siècle. On a de lui : *Martialis Epigrammata, ex castigatione Jo. Boulierii*; Lyon, 1559, in-12; — *Ciceronis Orationes*, vol. III, *ex castigatione*, etc.; ibid., 1560; —*Ciceronis Rhetorica, ex castigatione*, etc.; ibid., 1560, 1562; —*Ciceronis Epistolæ ad Atticum Brutum et Q. fratrem, ex castigatione*, etc.; ibid., 1562.

Adelung, suppl. à Jöcher, *Allgem. Gelehrten-Lexicon*.

BOULIER (*Philibert*), historien et théologien français, mort à Dijon en 1652. Il était chanoine de la cathédrale de Châlons et de la Sainte-Chapelle de Dijon. On a de lui : *Recueil de quelques pièces pour servir à l'histoire ecclésiastique et sacrée de la ville de Dijon*; Dijon, 1648; — *Fondation, construction, économie et règlement des hôpitaux du Saint-Esprit et de N.-D. de la Charité de la ville de Dijon*; ibid., 1649; — *le Devoir de l'homme chrétien*; — *Réflexions sur la Confession et la Communion*; ibid., 1643.

Papillon, *Biblioth. des auteurs de Bourgogne*. — Lelong, *Biblioth. hist. de la France*, édit. Fontette.

BOULLANGER (*André*), plus connu sous le nom de *petit Père André*, prédicateur français, de l'ordre des Augustins réformés, né à Paris vers 1578, mort dans la même ville le 21 septembre 1657. Il exerça pendant cinquante-cinq ans le ministère de la prédication, et s'y fit une grande réputation. Venu à une époque où le style de la chaire n'avait pas encore cette gravité que l'on rencontre dans les grands prédicateurs du siècle de Louis XIV, il mêlait souvent, pour réveiller ses auditeurs, la plaisanterie à la morale, et les comparaisons les plus simples aux plus grandes vérités du christianisme. Il compara, dit-on, dans un de ses sermons, les quatre docteurs de l'Église latine aux quatre rois d'un jeu de cartes. Saint Augustin était, selon lui, le roi de cœur, par sa grande charité; saint Ambroise, le roi de trèfle, par les fleurs de son éloquence; saint Jérôme, le roi de pique, par son style mordant; et saint Grégoire, le roi de carreau, par son peu d'élévation. De tous les ouvrages qu'il avait composés, et dont les manuscrits existaient dans le couvent de la reine Marguerite, au faubourg Saint-Germain, il ne publia que l'*Oraison funèbre de Marie de Lorraine, abbesse de Chelles*; Paris, 1627, in-8°.

Guéret, *Guerre des auteurs*, etc. — Lelong, *Biblioth. hist. de la France*, édit. Fontette.

* **BOULLAULT** (*M.-J.*), auteur dramatique français, de la première moitié du dix-neuvième siècle. Ses principaux ouvrages sont : l'*Auteur dans son ménage*, comédie en un acte; Paris, 1799; — *Bélisaire*, mélodrame en trois actes et en prose; ibid., 1802; — *la Mort de Cadet Roussel*, en un acte; 1798; — *les Provinciaux vengés de la grande ville*, comédie en un acte et en prose; Paris, 1802.

Quérard, *la France littéraire*.

* **BOULLAY** (*Charles-Félix* MAULET DU), architecte français, né en 1795. Percier et Leclère furent ses premiers maîtres. Plus tard, il étudia à Paris, y obtint des médailles et, en 1820, le prix départemental. Devenu architecte de la Seine-Inférieure, il restaura l'hôtel de ville et l'église Saint-Paul de Rouen. Il fut chargé aussi de la restauration de l'église gothique de Saint-Ouen. On lui doit encore d'autres travaux importants.

Revue de Rouen. — Nagler, *Neues Allgemeines Künstler-Lexicon*.

* **BOULLE** (*A..*), magistrat et biographe français contemporain. Il a publié : *Vie de Démosthène*; Paris, 1834; — *Notices sur M. Poivre, intendant des îles de France et de Bourbon, et sur M. Dupont de Nemours*; Paris, 1835; — *Histoire de la vie et des ouvrages du chancelier d'Aguesseau*; Paris, 1835; — *Notice sur le général la Fayette*; Paris, 1841; — *les États de Blois de 1588 et 1589*; Lyon, 1844.

Quérard, supplément. — *Bibliographie de la France*.

BOULLEMER (*Louis* DE), économiste français, seigneur de Tiville, né à Alençon le 5 septembre 1727, mort dans la même ville le 1er juillet 1773. On a de lui : *Traité sur les Blés*; Alençon, 1772, in-8°. Il y a dans ce livre des vues saines et des recherches utiles.

Quérard, *la France littéraire*.

BOULLEMIER (*Charles*), historien français, né à Dijon le 12 novembre 1725, mort dans la même ville le 11 avril 1803. Après avoir suivi quelque temps la carrière des armes, il embrassa l'état ecclésiastique. Outre un grand nombre de dissertations sur des points curieux de l'histoire de Bourgogne, dont quelques-unes sont insérées dans les recueils de l'Académie de Dijon, on a de lui : *Mémoire sur la vie et les ouvrages d'Étienne Tabourot des Accords*; — *Mémoire sur Jean des Degrés, écrivain dijonnais du seizième siècle*; — des *Notices sur Hugues Aubriot, le chancelier de Bourgogne, Rollin, et Olivier de la Marche*. Le *Magasin encyclopédique* (1809, t. III) contient de l'abbé Boullemier : *Remarques critiques sur un passage de César concernant la religion des Gaulois*; — *Remarques sur un passage de l'Énéide de Virgile*; — *Mémoire sur une ancienne coutume des Français*.

Baudot, *Éloge historique de Charles Boullemier*; Dijon, 1803, in-8°. — Lelong, *Biblioth. hist. de la France*, édit. Fontette.

BOULLENGER DE RIVERY (*Claude-François-Félix*), jurisconsulte et littérateur français, né à Amiens le 12 juillet 1725, mort le 24 décembre 1758. On a de lui : *Momus philosophe*, comédie en vers; Amsterdam, 1750, in-12; — *Apologie de l'Esprit des lois, ou Réponse aux observations de M. de L. P.* (l'abbé de la Porte); Amsterdam, 1751, in-12; — *Lettres d'une société, ou Remarques sur quelques ouvrages nouveaux*; Berlin (Paris), 1751, t. 1er et unique, in-12 : Jean Landon et Larcher y ont eu part; — *Recherches historiques* et *critiques sur quelques anciens spectacles, et particulièrement sur les mimes et pantomimes;* Paris, 1751, in-12; — *Fables et Contes;* 1754, in-12; — *Daphnis et Amalthée,* pastorale héroïque; Amiens, 1755, in-12.

Lelong, *Biblioth. hist. de la France*, édit. Fontette.
— Quérard, *la France littéraire*.

BOULLENOIS ou **BOULENOIS** (*Louis*), jurisconsulte français, né à Paris le 14 septembre 1680, mort le 23 décembre 1762. Pendant près de soixante ans il exerça la profession d'avocat au parlement, et il se fit une des plus honorables réputations du barreau. Boullenois était surtout très-désintéressé. Une personne qui lui avait rendu quelques services étant tombée dans le malheur, fut obligée de mettre sa bibliothèque en vente. Boullenois l'acheta, la paya comptant, et ne voulut pas l'emporter. « En vous obligeant, dit-il à son ami, je n'ai pas prétendu vous ôter la seule satisfaction qui vous reste : votre bibliothèque m'appartient; conservez-en l'usage, pour l'amour de moi. » On a de lui : *Questions sur les démissions de biens*, etc.; Paris, 1727, in-8° et in-12; — *Dissertations sur les questions qui naissent de la contrariété des lois et des coutumes;* ibid., 1732, in-4°; — *Traité de la personnalité et de la rivalité des lois, coutumes et statuts;* ibid., 1766, 2 vol. in-4°. Cet ouvrage donne à Boullenois une place distinguée parmi nos jurisconsultes. On y trouve la discussion la plus nette et la plus utile des matières les plus embrouillées de l'ancien droit français. Il s'agissait, en effet, de résoudre toutes les questions qui se rattachaient à l'état des personnes et des biens, que la diversité des lois et des coutumes rendait si difficiles et si complexes.

Boullenois de Villeneuve, *Abrégé de la Vie de Louis Boullenois*, en tête du *Traité de la personnalité*, etc.
— Quérard, *la France littéraire*. — Chaudon et Delandine, *Dictionnaire historique*.

BOULLIAU (*Ismaël*), astronome, né à Loudun en 1605, mort à Paris en 1694. Les écrits de ce savant se font remarquer par une érudition prodigieuse; on y trouve des vues ingénieuses et nouvelles, mais ils fourmillent aussi d'erreurs que Boulliau avouait lui-même avec une franchise qui lui fait honneur. Boulliau, après avoir voyagé en Europe et dans le Levant, entra en correspondance avec les savants les plus distingués de son époque; et cette circonstance n'a pas peu contribué à répandre son nom. Le nom d'*évection*, donné à l'une des inégalités du mouvement de la lune, vient de lui; on lui doit aussi une explication plausible de la cause des changements de lumière qu'on remarque dans certaines étoiles. Boulliau était né dans la religion protestante; il se fit catholique romain, et se retira dans l'abbaye de Saint-Victor, à Paris. On a de lui : *de Natura lucis;* 1638, in-8°; — *Philolaüs, seu de vero Systemate mundi;* 1639, in-4°; — *Theonis Smyrnæi Mathematica*, grec et latin; 1644, in-4° : la version latine et les notes sont de Boulliau; — *Astronomia philolaïca;* 1645, in-fol.; — *Astronomiæ philolaïcæ Fundamenta explicata;* 1657, in-4°; — *de Lineis spiralibus demonstrationes;* 1657, in-4°; — *Ad astronomos Monita duo;* 1657; — *Ptolomæi Tractatus de judicandi Facultate et animi Principatu*, grec et latin, 1667, in-4° : la version latine et les notes sont de Boulliau; — *Manilii Astronomicon;* 1655, in-4°; — *Diatriba de S. Benigno;* 1657, in-4°; — *Opus novum ad arithmeticam infinitorum;* 1682, in-fol.; — *Pro ecclesiis Lusitanicis ad clerum gallicanum libri duo*, et *Dissertatio de populis fundis;* Strasbourg, 1656, in-8°; — l'édition grecque et latine, avec des notes, de l'histoire de Ducas : *Mich. Ducæ nepotis Historia Byzantina;* Paris, 1649, in-fol.; — *Catalogus Bibliothecæ Thuanæ;* 1679, 2 vol. in-8°; — *l'Éloge de Jacques Dupuy*, dans les *Acta litteraria* de Struvius; — deux *Lettres sur la mort de Gassendi*, insérées dans un recueil intitulé *Lessus mortualis*. Le père de Boulliau, nommé comme lui Ismaël, était aussi astronome.

Nicéron, *Mémoires.* — Perrault, *des Hommes illustres qui ont paru en France.* — *Journal des Savants.* — Lelong, *Biblioth. hist. de la France*, édit. Fontette.

BOULLIER (*David-Renaud*), théologien protestant hollandais, d'origine française, né à Utrecht le 24 mars 1699, mort à Londres le 23 décembre 1759. Il fut aussi respectable par ses mœurs que par ses connaissances. Successivement ministre à Amsterdam et à Londres, il signala son zèle et ses talents pour la cause de sa religion, attaquée par les nouveaux philosophes. Il est fâcheux que le défaut de correction, l'obscurité et la diffusion déparent ses ouvrages, dont les principaux sont : *Essai philosophique sur l'Ame des bêtes;* Amsterdam, 1727, in-12; 2° édit., augmentée d'un *Traité sur les vrais principes qui servent de fondement à la certitude morale;* ibid., 1737, 2 vol. in-12; — *Lettres sur les vrais principes de la religion*, où l'on examine le livre de la *Religion essentielle à l'homme* (de mademoiselle Hubert), avec *la Défense des Pensées de Pascal* contre la critique de Voltaire, etc.; 1741, 2 vol. in-12; — *Apologie de la métaphysique, à l'occasion du Discours préliminaire de l'Encyclopédie*, etc.; Amsterdam, 1753, in-12; — *Lettres critiques sur les Lettres philosophiques de Voltaire;* Paris, 1754, in-12; — *Observationes miscellaneæ in librum Jobi;* Amsterdam, 1758, in-8°; — *Pièces philosophiques et littéraires;* 1759, 2 vol. in-12; — *Discours philosophiques sur les Causes finales, sur l'Inertie de la matière, sur la Liberté des actions humaines;* Paris, 1769, in-12.

Quérard, *la France littéraire.* — Chaudon et Delandine, *Dict. hist.*

BOULLIER, prédicateur protestant, fils du précédent, né à Londres vers 1735, mort à la Haye en 1797. Il fut prédicateur en langue française à Londres, puis à Amsterdam. On a de lui : *Réflexions sur l'Éloquence extérieure;* — quelques *Sermons.*

<small>Chaudon et Delandine, *Dict. hist.* — Arnault, Jay, etc., *Biographie nouvelle des Contemporains.*</small>

BOULLIETTE, grammairien français, né en Bourgogne vers 1720. Il embrassa l'état ecclésiastique, et devint chanoine du chapitre d'Auxerre. On a de lui : *Traité des sons de la langue française et des caractères qui les représentent;* Paris, 1760 ; ibid., 1788, in-8° ; — *Éclaircissement pacifique sur l'essence du sacrifice de J.-C ;* ibid., 1779, in-12.

<small>Quérard, *la France littéraire.*</small>

BOULLIOT (*Jean-Baptiste-Joseph*), biographe et philologue français, né à Philippeville le 3 mars 1750, mort à Saint-Germain-en-Laye le 30 août 1833. Après avoir fait ses études au collége des jésuites de Dinant, il entra chez les prémontrés, à l'abbaye de Lavaldieu, et termina ses études de théologie au collége de Paris, où il reçut l'ordre de prêtrise. Il fut appelé par ses supérieurs à professer, à son tour, la théologie à l'abbaye de Saint-Marien d'Auxerre et dans d'autres maisons du même institut. Suivant l'exemple donné par Sissoir, abbé de Lavaldieu, il prêta serment à la constitution civile du clergé, et fut choisi par Gobel, évêque métropolitain de Paris, pour un de ses vicaires généraux et pour secrétaire de l'évêché. Il accompagna le prélat à la barre de la convention nationale le 7 novembre 1793, lorsque celui-ci, cédant aux menaces de Chaumette et de ses adhérents, vint déclarer qu'il « renonçait aux fonctions du culte ; » espèce d'abjuration ou d'apostasie, qui n'obtint pas même l'entière approbation de ceux qui l'avaient provoquée, parce qu'ils ne la considérèrent pas comme assez explicite. L'abbé Boulliot trouva dans la culture des lettres quelques consolations de la perte de son état ; il s'occupa surtout de recherches relatives à l'histoire du pays qui l'avait vu naître. Après la mise en vigueur du concordat, l'évêque de Versailles (Charrier de la Roche) le pourvut de la cure des Mureaux, près de Meulan. En 1822, il fut nommé aumônier de la maison des Loges, destinée aux orphelines de la Légion d'honneur, dans la forêt de Saint-Germain. Mais il échangea bientôt cette position pour celle de desservant de la paroisse du Mesnil, près de Saint-Germain-en-Laye. C'est là qu'il acheva de mettre la dernière main à une *Biographie Ardennaise, ou Histoire des Ardennais qui se sont fait remarquer par leurs écrits, leurs actions, leurs vertus ou leurs erreurs;* Paris, 1830, 2 vol. in-8°. Cet ouvrage peut être considéré comme une des meilleures biographies locales qui aient été publiées dans ces derniers temps. On se plut généralement à reconnaître que l'auteur avait été fidèle à ses promesses, lorsqu'il annonçait que « ses matériaux avaient été puisés dans des « archives aujourd'hui dispersées ou anéanties, « dans les vastes et riches dépôts de Paris, ainsi « que dans le commerce des savants de cette « capitale, qui ont honoré la *Biographie Arden-* « *naise* de leurs suffrages. Elle a exigé de lon- « gues et pénibles recherches, et l'examen d'une « infinité de manuscrits et d'imprimés, enfouis « dans la poussière des bibliothèques. » On voit par cet exposé que l'abbé Boulliot avait bien compris l'étendue des devoirs d'un biographe consciencieux. On distingue surtout dans son travail l'exactitude de la partie bibliographique. Il indique à la fin de chaque article les autorités sur lesquelles il s'appuie, et auxquelles on peut recourir. Sous le titre de *Biographie des Contemporains*, il a rapporté à la fin du second volume un certain nombre d'articles assez sommaires, relatifs à des personnages encore vivants, parmi lesquels on remarque celui du vénérable abbé L'Écuy, général de l'ordre des Prémontrés, qui se plaisait à réunir et à fêter, à diverses époques de l'année, ceux de ses anciens confrères qui existaient encore, et parmi lesquels figurait toujours l'abbé Boulliot. Au surplus, ce dernier avait été utile à son ancien général en lui fournissant des articles biographiques pour ses *Annales d'Isvoy et de Casignan*, qu'il publia en 1822, in-8°. L'auteur du *Dictionnaire des anonymes* lui doit aussi des matériaux nombreux pour la première et pour la seconde édition de son livre. L'abbé Boulliot avait entrepris une *Histoire de Saint-Germain-en-Laye ;* mais il ne paraît pas que ce travail ait été achevé. Il avait aussi fait des recherches sur l'origine et sur les progrès de l'Académie protestante de Sedan, jusqu'à sa suppression en 1661. On assure qu'un fragment de cet ouvrage, relatif à Tilonus, a été publié : nous n'avons pu le découvrir.
J. L.

<small>*Annales Biographiques*, par M. Henrion, tom. I.— *Biographie Ardennaise* (Préfaces et *passim*). — *Dictionnaire des Bourguignons.* — Quérard, *la France littéraire,* supplément.</small>

BOULLONGNE, famille de peintres et graveurs français, dont les principaux sont :

I. BOULLONGNE (*Louis*), né en Picardie vers 1609, mort à Paris en juin 1674. Après avoir passé quelques années en Italie, il vint se fixer à Paris, et contribua beaucoup à l'organisation de l'Académie de peinture et de sculpture, où il exerça les fonctions de professeur jusqu'à sa mort. Il possédait un remarquable talent de copiste, et on raconte, à ce sujet, de nombreuses anecdotes plus ou moins authentiques. Louis Boullongne a peint, pour Notre-Dame, *Saint Siméon*, le *Miracle de saint Paul dans Éphèse*, et la *Décollation de ce saint*. Il a gravé lui-même ces deux derniers, et à Rome, en 1637, *l'Enlèvement d'Hélène*, d'après le Guide. Il eut quatre enfants, deux fils et deux filles, dont il va être question ci-dessous.

II. BOULLONGNE (*Bon*), fils du précédent, né à Paris en 1649, mort à Paris le 16 mai 1717. Élève de son père, Bon Boullongne montra de bonne heure de grandes dispositions pour la peinture. Il fut pensionnaire du roi à Rome, sans avoir concouru pour le prix de peinture. Colbert lui donna la pension sur le vu d'un *saint Jean*, demi-figure, qu'il trouva si bien, que, par son ordre, le tableau resta dans les salles de l'Académie. Boullongne demeura cinq ans à Rome, et y acquit à un très-haut degré l'art de faire des pastiches. Il eut, dans la suite, occasion de tromper avec ses imitations les plus habiles connaisseurs. Il quitta Rome pour aller en Lombardie étudier le Corrége et les Carrache, tout en préférant le Guide et le Dominiquin à tous les autres peintres. De retour en France, il fut reçu de l'Académie en 1677, et nommé professeur l'année suivante. Sa réputation le fit distinguer par Louis XIV, qui lui donna une pension de six cents livres. Ce peintre dessinait aussi bien qu'il composait. Il était extrêmement laborieux, et peignait souvent, avant et après le jour, à la lueur d'une lampe attachée à son chapeau. Il avait un caractère gai, plein de saillies, aimait et protégeait ses élèves, et fut toute sa vie tendrement attaché à son frère Louis, avec lequel il vécut en commun jusqu'à son mariage avec Anne Lourdet, fille du directeur de la manufacture de la Savonnerie, le 8 avril 1687. Il fut inhumé à Saint-Roch, sa paroisse, laissant deux fils (nés en 1688 et 1689), dont l'aîné, qui d'abord étudia la peinture, se fit ensuite recevoir avocat; ils moururent tous deux avant leur père (1708 et 1716). Ses élèves sont J.-B. Santerre, L. Sylvestre, Jean Raoux, Claude Verdot, N. Bertin, Christophe, Dulin, Tournière, Cazes et Leclère.

Bon Boullongne avait coutume de dessiner sur du papier gris, à la pierre noire relevée de blanc; ses dessins, faits avec trop de facilité, ne sont souvent qu'indiqués. Il a peint à Paris, à Notre-Dame, *le Paralytique*;—aux Invalides, les chapelles *Saint-Jérôme* et *Saint-Ambroise*, composées chacune d'une coupole et de six tableaux peints à fresque;—aux Chartreux, dans le chœur, *la Résurrection de Lazare*; — à la Conception, sur le maître-autel, *l'Immaculée Conception*; — au couvent de l'Assomption, *la Présentation au Temple*, et *le Mariage de la Vierge*; — aux Petits-Pères, *Saint Jean-Baptiste* et *Saint Grégoire*; — à l'Académie, *le Combat d'Hercule contre les Centaures et les Lapithes*; — au palais de Justice, *la Justice accompagnée de la Force et de la Modération*; *Hercule chassant la Calomnie et la Discorde*; *trois Déesses donnant des couronnes pour animer les arts*; — aux Célestins, *Apothéose de saint Pierre Moron* (1); — à Versailles, dans la chapelle, neuf petits plafonds représentant des *Apôtres groupés avec des Anges*; et au-dessus des orgues, *les Concerts des Anges*; — à l'ancienne paroisse, *une Cène*, et *le Mariage de sainte Catherine*; — dans les appartements, à Trianon, à la Ménagerie, de nombreux sujets mythologiques. Il a peint, en outre, à Orléans, à Toulouse, à l'abbaye de Saint-Riquier, etc. Il s'est représenté lui-même, dans son atelier, causant avec un poëte et un musicien. Il a gravé de sa main trois morceaux : *Saint Bruno*, *Saint Jean-Baptiste*, un *Sujet d'Almanach*. Audran, Boquet, Langlois, Moyreau, Cochin, etc., ont laissé des estampes d'après les tableaux de Bon Boullongne.

III. BOULLONGNE (*Louis*), frère du précédent, né à Paris en 1654, mort dans cette ville le 2 novembre 1733. Son père, qui craignait la rivalité entre les deux frères, s'opposait d'abord à ce que Louis fût peintre; mais la vocation l'emporta, et tous les soirs il traversait Paris pour aller avec Bon dessiner à l'Académie. A dix-huit ans il obtint le grand prix de peinture, et partit pour Rome en 1675, au moment où son frère en revenait. Il y exécuta les copies de l'*École d'Athènes*, de la *Dispute du Saint Sacrement*, et de plusieurs autres œuvres de Raphaël, d'après lesquelles on fit aux Gobelins différentes tentures de tapisserie pour le roi. En 1680, passant par la Lombardie et Venise, il revint à Paris, et y acquit bientôt une grande réputation. En 1681, il fut reçu membre de l'Académie : son tableau de réception représente *Auguste faisant fermer le temple de Janus, après la bataille d'Actium*. Louis Boullongne avait, dès lors, une immense réputation. En 1722, il fut choisi pour dessiner les médailles et les devises de l'Académie des inscriptions, avec une nouvelle pension de mille livres et l'ordre de Saint-Michel. En 1723, il fut nommé recteur de l'Académie; en 1724, premier peintre du roi, avec lettres de noblesse pour lui et sa postérité; et en 1725, directeur de l'Académie, fonctions qu'il remplit jusqu'à sa mort. Louis Boullongne fut inhumé à Saint-Eustache, sa paroisse. Il laissa une immense fortune aux quatre enfants qu'il eut de son mariage avec Marguerite Bacquet, qu'il avait épousée le 3 février 1688 : c'étaient deux fils (dont l'aîné fut conseiller au parlement de Metz, puis conseiller d'État et intendant des finances et ordres du roi, et le plus jeune receveur général des finances de Tours) et deux filles, dont l'une fut mariée à Jean-Pierre Richarol, receveur général des finances, et l'autre se fit religieuse. Ses élèves sont : Cornical, Galloche, Courtin, Derobal, ces trois derniers de l'Académie de peinture. — Il était fort assidu à l'Académie, et soutenait les élèves de ses leçons et de sa protection. Il était l'ennemi acharné des *pochades* et des *bambochades*, prétendant, avec juste raison, que les gens très-habiles et d'un goût tout à fait formé peuvent seuls se les permettre. Louis Boullongne montrait, en général, dans ses compositions une grande entente de la mise en scène, une touche ferme, un dessin correct, un beau coloris; ses têtes sont d'un grand caractère et d'une belle expression, et il sut approprier son talent aux tableaux de chevalet, aussi bien

---

(1) Le musée du Louvre possède de Bon Boullongne *saint Benoît ressuscitant un enfant*, tableau oblong de chevalet, qui donne une bonne idée de sa manière.

qu'aux grandes machines. Ses dessins sont à la pierre noire, relevée de blanc, sur du papier bleu ou gris, avec quelques hachures légères; dans quelques-uns les traits sont fort arrêtés et les ombres estompées. Louis Boullongne a peint à Paris, pour Notre-Dame, deux tableaux : *le Centenier* et *la Samaritaine;* dans le chœur, *la Purification* et *la Fuite en Égypte;* — aux Invalides, une chapelle représentant la *Vie de saint Augustin* en six tableaux ; plus, la coupole; dans les embrasures des fenêtres du sanctuaire, *des Concerts d'Anges;* — aux Chartreux, *l'Hémoroïsse;* — aux Religieuses de la Conception, *Sainte Geneviève;* — aux Petits-Pères, dans le réfectoire, *la Vierge, saint Jean; le Baptême de saint Augustin,* son *Ordination;* — à l'hôtel de ville, *Louis XIV accordant des lettres de noblesse à la ville;* — à Versailles, toute la *chapelle de la Vierge et six apôtres;* — dans les appartements, *Apollon et la fille de Glaucus, deux Muses, Jupiter en taureau, l'enlèvement d'Europe;* — dans le grand salon de Marly, *Cérès et ses enfants, Vénus et Adonis, Vénus et l'Hymen;* — à Trianon, *Apollon et Hyacinthe;* — à la Ménagerie, deux ovales, *Vénus faisant forger les armes d'Énée, Vénus donnant des armes à Énée;* — à Meudon, deux ovales, *Abigaïl devant David, la Reine de Saba;* — à Fontainebleau, dans le salon des réformés, *Flore et Zéphyre, Minerve et le buste de François Ier.* Il a peint, en outre, plusieurs plafonds dans différentes maisons de Paris. Louis Boullongne a gravé lui-même *six sujets de sainteté,* et une *Charité romaine.* Desplaces, Dupuis, Drevet le fils, Poilly, Baudet, etc., ont reproduit ses œuvres par la gravure.

IV et V. BOULLONGNE (*Geneviève* et *Madeleine*), sœurs des précédents, nées à Paris, Geneviève en 1645, morte à Aix en 1708 ; Madeleine en 1646, morte à Paris le 30 janvier 1710. Élèves de leur père, elles furent reçues toutes deux à l'Académie de peinture en 1699, et firent conjointement, pour leur morceau de réception, un tableau représentant un groupe de figures et de dessins faits d'après le modèle, avec un fond d'architecture et des trophées de musique. Perette a gravé, d'après ces deux sœurs, *le Temple de Flore,* peinture qui existait autrefois dans l'orangerie de Saint-Cloud. Elles ont, en outre, laissé un grand nombre de portraits fort estimés.

PAUL CHÉRON.

Félibien, *Entretien sur les Peintres.* — D'Argenville, *Abrégé de la Vie des Peintres.* — Fontenai, *Dictionnaire des Artistes.* — Heinecken, *Dictionnaire des Artistes.* — Huber et Rost, *Manuel des Amateurs de l'art.* — Watelet, *Dictionnaire de Peinture.* — Robert-Dumesnil, *le Peintre-Graveur français.*

BOULOGNE (*Étienne-Antoine* DE), célèbre prélat français, né à Avignon le 26 décembre 1747, mort le 13 mai 1825 à Paris. Issu d'une famille modeste, il commença ses études chez les frères de la Doctrine chrétienne. Il se mit ensuite à apprendre la langue latine, et au bout d'un an ses progrès furent tels qu'il put, au moyen de quelques livres et par ses propres forces, aborder les matières qui forment l'enseignement de la rhétorique. Sa philosophie et sa théologie terminées, il fut en 1771 ordonné prêtre en vertu d'une dispense, attendu qu'il lui manquait dix mois pour avoir atteint l'âge requis par les canons. L'Académie de Besançon ayant mis au concours un prix d'éloquence sur la religion, considérée comme la meilleure garantie de la propriété, Mgr de Boulogne fut proclamé le vainqueur de ce tournoi oratoire. Après avoir prêché à Avignon, à Tarascon, à Villeneuve, il vint à Paris en 1774. Privé de ressources suffisantes pour se livrer entièrement dans cette ville à sa vocation pour la chaire, il se fit attacher au clergé de Sainte-Marguerite et à celui de Saint-Germain-l'Auxerrois. On l'entendit en 1777 dans l'église des Récollets, honorée de la présence de Mesdames, tantes du roi. Par suite de renseignements inexacts, Mgr de Beaumont, archevêque de Paris, lança contre lui l'interdiction ; et cette sentence le priva du prix fondé par une société *d'Amis de la religion et des lettres* pour l'éloge du Dauphin (mort en 1765), dont il avait été jugé digne. Cette interdiction fut levée plus tard. La réputation de Mgr de Boulogne s'accrut par la publication de son panégyrique de saint Louis, qu'il avait prononcé devant deux Académies (celles des sciences et des inscriptions). Choisi par Mgr de Clermont-Tonnerre pour être attaché à son évêché de Châlons-sur-Marne en qualité de vicaire général, il ne remplit pas longtemps ces fonctions, et revint à Paris, où il prêcha pour la première fois à la cour en 1783. A cette époque, une pension de 2,000 francs lui fut accordée sur l'archevêché d'Auch. En 1784, l'évêque de Châlons le nomma archidiacre et chanoine de sa cathédrale. Dans la réunion de l'assemblée provinciale de la Champagne qui eut lieu en 1788, Mgr de Boulogne prononça le discours d'ouverture, qui lui valut de M. de Talleyrand, président, des recommandations pour l'évêque d'Autun. Ce prélat le nomma à l'abbaye de Tonnay-Charente. Élu en 1789 député ecclésiastique de la paroisse de Saint-Sulpice à l'assemblée bailliagère de Paris, il fut en même temps commissaire pour travailler à la rédaction des cahiers destinés aux états généraux. Mgr de Boulogne refusa le serment imposé aux ecclésiastiques d'après la constitution civile du clergé. Resté à Paris pendant la terreur, il fut arrêté trois fois ; puis, condamné, au 18 fructidor, à la peine de la déportation, pour avoir répondu à des attaques du fameux théophilanthrope Larevellière-Lépeaux contre le christianisme, il se cacha, et parvint à se soustraire aux recherches de la police. Sans emploi lors du concordat, l'évêque de Versailles lui donna un canonicat dans sa cathédrale, et le nomma ensuite grand-vicaire. Promu en 1807 au siége d'Acqui, après avoir été un des chapelains de l'empereur, il refusa ces fonctions épiscopales, par la raison que, ne sachant pas l'italien, il lui serait impossible de les accomplir convenablement. Mais le siége de Troyes étant venu à vaquer la même année, Mgr de Boulogne en fut pourvu.

Lors de l'ouverture du concile qui eut lieu à Paris en 1811, Mgr de Boulogne prononça un discours dans lequel il exposa l'influence de la religion catholique sur l'ordre social et sur le bonheur des empires. L'empereur en ressentit une vive irritation. Pour le dédommager de cette disgrâce, les évêques de cette assemblée le nommèrent un des quatre secrétaires du concile, et membre de la commission chargée de répondre au message de Napoléon. Le concile ayant été cassé par l'empereur, parce qu'il s'était déclaré incompétent pour prononcer sur l'institution des évêques sans l'intervention du saint-siége, Mgr de Boulogne fut arrêté, conduit à Vincennes, et mis au secret. Sa sortie de prison lui ayant été proposée au prix d'une démission, il crut devoir la donner; et on l'exila à Falaise. Mais cette démission ayant soulevé des difficultés assez graves, le pape ne l'admit point, et les droits du titulaire furent maintenus. Sa soumission au jugement du saint-siége le fit incarcérer de nouveau à Vincennes en 1813. Les événements de l'année suivante le ramenèrent à son évêché, où on le reçut avec de vifs témoignages de joie. Le 21 janvier 1815, il prononça à Saint-Denis l'oraison funèbre de l'infortuné Louis XVI. Pendant les Cent-Jours Mgr de Boulogne se retira à Vaugirard, près de Paris. Nommé en 1817 à l'archevêché de Vienne, les circonstances rendirent sans effet la translation de ce siége. Bien qu'il ne se fût pas présenté comme candidat pour occuper le fauteuil de l'Académie laissé libre par la mort de M. de Roquelaure, plusieurs voix lui furent données au premier scrutin. Une ordonnance royale du 31 octobre 1822 éleva Mgr de Boulogne à la dignité de pair de France. Léon XII autorisa ce prélat, en 1825, à porter le titre d'archevêque et à se revêtir du *pallium*, qu'il avait reçu en 1817, après sa promotion au siége de Vienne. Frappé d'une attaque d'apoplexie cérébrale pendant la nuit du 10 au 11 mai 1825, il mourut le surlendemain. Ses restes furent déposés au mont Valérien; mais les travaux de fortification de Paris ayant nécessité la destruction de ce cimetière, les chanoines de Troyes réclamèrent son corps, qui fut exhumé le 11 mai 1842, et transporté dans cette dernière ville. Ses œuvres complètes, composées d'écrits divers, et publiés à Paris en 1827 et années suivantes, forment 8 vol.; on les a rangées sous les trois catégories suivantes : *Sermons* et *Discours inédits*, avec la notice de M. Picot, 4 vol. in-8°; — *Mandements* et *Instructions pastorales*, suivis de divers morceaux oratoires, 1 vol. in-8°; — *Mélanges de religion, de critique et de littérature*, précédés d'un précis historique sur l'Église constitutionnelle par M. Picot, 3 vol. in-8°. En outre, on a publié en 1830 un vol. in-12, sous le titre de *Panégyriques, Oraisons funèbres et autres Discours*. Mgr de Boulogne a été l'un des principaux rédacteurs des *Annales catholiques*, continuées sous le titre d'*Annales philosophiques, morales et littéraires*, et ensuite sous celui de *Mélanges de Philosophie*. Ce prélat a aussi prêté sa plume au *Mémorial catholique*, à l'*Encyclopédie des gens du monde*, à la *Quotidienne*, à la *Gazette de France*, à la *France littéraire*, au *Journal des Débats*.

A. RISPAL.

Ami de la Religion. — *Moniteur universel.* — Quérard, *la France littéraire*, supplément.

BOULTER (*Hugues*), prélat anglican, né à Londres, ou aux environs de cette ville, le 4 janvier 1671, mort à Londres en 1742. D'abord élève du collège du Christ à Oxford, puis boursier agrégé du collège de la Madeleine, il obtint, en 1700, la cure de Saint-Olave et l'archidiaconat de Surrey. Devenu chapelain de George Ier, il l'accompagna en Hanovre en cette qualité. George Ier le fit précepteur du prince Frédéric, et lui donna pour récompense le doyenné de l'église du Christ et l'évêché de Bristol. Alarmé de la situation de l'Irlande, et convaincu que Boulter était seul capable d'y ramener la tranquillité, il le nomma, en 1723, archevêque d'Armagh. Boulter refusa d'abord, et ne se rendit qu'à un ordre absolu du roi. Il s'occupa dès lors du bonheur de l'Irlande avec un zèle et une charité sans bornes. On ne peut citer ici que les principaux actes de sa charité. Il trouva moyen, par son économie, de suppléer à la rareté excessive des monnaies, et soulagea Dublin dans les horreurs de la famine. Il entretint à ses frais à l'université plusieurs enfants de pauvres ecclésiastiques. Il bâtit et dota des hospices. Boulter avait de grandes connaissances; néanmoins il a laissé peu de titres à la réputation littéraire. On a de lui : quelques *Sermons*; — des *Lettres pastorales*; Oxford, 1769, 2 vol. in-8°.

Rose, *New Biographical Dictionary*.

BOULTON (*Mathieu*), célèbre industriel anglais, né à Birmingham le 3 septembre 1728, mort à Soho le 17 août 1809. Ce nom se trouve naturellement associé à celui de James Watt, dont il encouragea les travaux, et se recommande au souvenir des hommes éclairés et philanthropes. Fils d'un manufacturier qui avait acquis dans l'industrie une fortune assez considérable, le jeune Boulton resta orphelin à dix-sept ans, et continua la profession de son père, dans laquelle il obtint du succès. Un zèle et une activité infatigables se joignaient chez lui à des connaissances positives, à un esprit éclairé autant qu'inventif, et à un grand patriotisme. Travaillant avec des capitaux suffisants, il put se livrer à des recherches et à des essais qui enrichirent son pays, et faire les frais d'une école en faveur des ouvriers, dans laquelle ils trouvaient une instruction utile à leur profession. Borné d'abord à la fabrication de la quincaillerie, il donna ensuite un plus grand développement à son commerce, qui s'étendit sur le continent, et se livra à des entreprises importantes en différents genres. Il fit, entre autres, un balancier avec lequel un enfant peut frapper de 70 à 90 pièces par minute. En 1769, il prit avec le célèbre James Watt un brevet pour une machine à vapeur, et fonda une fabrique de ces machines, qui jouit pendant longtemps d'une grande faveur dans toute la Grande-Bretagne. Il y joignit une fonderie pour les pièces de ces mêmes appareils, qu'il établit à Smetwick près de Soho, et qui devint bientôt célèbre par la perfection de ses produits. Boulton avait consacré sa vie tout entière aux arts industriels et mécaniques; il leur avait rendu d'immenses services, tant par ses travaux personnels que par un patronage libéral et véritablement éclairé. [*Enc. des g. du m.*]

Memoirs published at Birmingham. — Gorton, General Biographical Dictionary. — Penny Cyclopædia.

BOUMA (*Jean* ACRONIUS DE), théologien protestant hollandais, mort au mois de septembre 1627. Il fut professeur de théologie à Franeker. On a de lui: *Syntagma theologiæ*; Groningue, 1605, in-4°; — *Elenchus orthodoxus pseudoreligionis romano-catholicæ*; Deventer, 1615, in-4°; — *Problema theologicum de nomine Elohim*; Groningue, 1616, in-4°; — *Probulcuma de studio theologiæ recte privatim instituendo*, etc.

Vriemoet, *Histoire de l'université de Franeker.* — Bayle, *Dict. hist.* — André, *Biblioth. Belgica.*

BOUMA (*Dominique* ACRONIUS DE), publiciste hollandais, fils du précédent, mort le 15 mars 1656. Il fut professeur d'éloquence et d'histoire politique dans l'université de Franeker. On a de lui: *Historia civitatis*; Franeker, 1651, in-12.

Vriemoet, *Histoire de l'université de Franeker.*

* **BOUNAY** (*Guy*), jurisconsulte et chroniqueur français, vivait probablement dans la première moitié du seizième siècle. On a de lui : *la Chronicque et Hystoire des conquestes du chevalier Mabrian, roy de Hierousalem, reduit du vieil langaige en bon françois par Guy Bounay et Joh. le Cueur*; Paris, 1530, in-fol.

Catalogue de la Bibliothèque Impér. de Paris.

BOUNIEU (*Michel-Honoré*), peintre et graveur français, né à Marseille en 1740, mort en 1814. Il quitta sa ville natale, et vint à Paris, où il entra dans l'atelier de Pierre, premier peintre du roi. En 1775, il fut agréé à l'Académie royale de peinture. Avant la révolution de 1789, il professa vingt ans le dessin à l'École royale des ponts et chaussées. Ses principaux ouvrages sont : *le Jugement de Midas*; — un *Enfant endormi, sous la garde d'un chien*; — *Naissance de Henri IV*; — *Retour de Henri IV de la bataille d'Ivry*; — *le Supplice d'une Vestale*; — *Betzabée au bain*; — *Adam et Ève chassés du Paradis terrestre*; — *le Déluge*; — *l'Amour conduisant la Folie*; — *Antiope*; — *Sainte Madeleine*. Bounieu avait des connaissances variées : il publia en 1810 un opuscule sur *la Cause du flux et du reflux de la mer*.

Sa fille, mademoiselle Bounieu, femme Raveau, a fait des gravures estimées.

Diderot, *Salons*. — Arnault, Jay, etc., *Biographie nouvelle des Contemporains.*

BOUNIOL (*Antoine*), médecin français, vivait dans la dernière moitié du dix-huitième siècle. Il était docteur de la faculté de Montpellier, et a laissé : *Discours sur la maladie épizootique des animaux, et sur les moyens propres à les conserver*; Agen, 1789, in-8°; — *Quæstiones medicæ : An inflammationi generaliter sumptæ sectionis venæ repetitio certis legibus fulciatur? et An œdemati universali seu anasarcæ ferrugineæ?* Bordeaux, 1753, in-4°.

Quérard, *la France littéraire.*

BOUNYN ou **BOUNIN** (*Gabriel*), littérateur français, natif de Châteauroux, vivait dans la dernière moitié du seizième siècle. Il obtint la place de bailli dans sa ville natale, après avoir achevé ses études à Paris et s'y être fait recevoir avocat. Plus tard, il fut maître des requêtes et conseiller du duc d'Alençon. Il a laissé : une traduction des *Économiques* d'Aristote, 1554; — *la Sultane*, tragédie, suivie d'une pastorale à quatre personnages; Paris, 1561, in-4° : *la Sultane* est le premier ouvrage dramatique dont le sujet ait été emprunté à l'histoire turque contemporaine; — une *Ode sur la Médée de Jean de la Péruse*; — *les Joies et Allégresses pour le bienveignement et entrée du prince François, fils de France et frère unique du roi, en sa ville de Bourges*; Paris, 1576, in-4°; — *Tragédie sur la défaite de la Piaffe et la Picquorée, et bannissement de Mars, à l'introd. de paix et sainte justice*; Paris, 1579, in-4°; — *Satyre au roi contre les républicains, avec l'Alectryomachie, ou Jouste des coqs, et autres poésies françoises et latines*; Paris, 1586, in-8°.

La Croix du Maine et Du Verdier, *Bibliothèques françaises.* — Les frères Parfait, *Histoire du Théatre françois.*

BOUQUET (*C...*), guerrier anglais, d'origine française, vivait dans la dernière moitié du dix-huitième siècle. Il servait en Amérique dans l'armée anglaise, où il occupait le poste de brigadier général. On a de lui : *Relation historique d'une expédition contre les Indiens de l'Ohio en 1764*, ouvrage traduit en français par C.-G.-F. Dumas; Amsterdam, 1769, in-8°.

Quérard, *la France littéraire.*

BOUQUET (dom *Martin*), célèbre bénédictin, né le 6 août 1685 à Amiens, mort à Paris le 6 avril 1754. Reçu fort jeune dans l'ordre de Saint-Benoît, il fit profession dans l'abbaye de Saint-Faron de Meaux le 16 août 1706. Après avoir montré une grande aptitude pour la théologie et les langues anciennes, il obtint la place de bibliothécaire de l'abbaye de Saint-Germain-des-Prés. Après la mort de l'oratorien Lelong en 1721, Bouquet fut chargé, sur la proposition de Denis de Sainte-Marthe, supérieur général de la congrégation de Saint-Maur, de publier le recueil des historiens des Gaules et de la France, dont le projet avait été conçu par Colbert (en 1676), et dont l'exécution avait toujours été retardée. Dom Bouquet s'y livra avec tant d'ardeur, qu'avant la fin de 1729 il fut prêt à donner les deux premiers volumes. Malheureusement un ordre imprévu qu'il reçut de passer de l'abbaye de Saint-Germain-des-Prés à celle de Saint-Jean-de-Laon en retarda l'impression. Il ne put les donner au public qu'en 1738, époque où il fut rappelé à Paris par le chancelier d'Aguesseau, et se fixa au couvent des Blancs-Manteaux. Ce travail parut sous le titre : *Rerum gallicarum et francicarum Scriptores*, ou *Recueil des historiens des Gaules et de la France*; Paris, 1738, 2 vol. in-fol. Les autres volumes se suivirent de près jusqu'au huitième, qui parut en 1752. Dom Bouquet avait commencé le neuvième volume, où il espérait terminer les monuments de la race carlovingienne, lorsqu'il mourut après une maladie de quatre jours. Son travail a été continué par plusieurs savants bénédictins (Houdiquier, Précieux, Clément, Poirier et Brial), et l'Académie des inscriptions et belles-lettres doit le terminer. Cette collection si précieuse pour l'histoire de France en est aujourd'hui à son vingtième volume (Paris, 1840). Dom Bouquet avait été associé aux travaux de dom Bernard de Montfaucon, et avait concouru à l'impression de plusieurs ouvrages de ce savant maître; il préparait une nouvelle édition de l'historien juif Josèphe, lorsqu'il apprit que Havercamp allait en faire paraître également une : il lui envoya généreusement tous ses matériaux.

Lelong, *Bibliothèque hist.* — Moréri, *Dict. hist.*

BOUQUET (*Pierre*), jurisconsulte français, neveu de dom Martin, mort à Paris le 2 avril 1781, a laissé : *le Droit public de France éclairci par les monuments de l'antiquité*, t. 1er; Paris, 1756, in-4°; la suite n'a pas été publiée; — *Notice des titres et des textes justificatifs de la possession de nos rois de nommer aux évêchés et aux abbayes de leurs États*; ibid., 1764, in-8°; — *Lettres Provinciales, ou Examen impartial de l'origine, de la constitution et des révolutions de la monarchie française*, par un avocat de province; la Haye et Paris, 1772, 2 vol. in-8°; — *Tableau historique, généalogique et chronologique des trois cours souveraines de France*; la Haye et Paris, 1772, in-8°; — *Mémoire historique sur la Topographie de Paris*; Paris, 1772, in-4°.

Lelong, *Bibl. hist. de la France*, éd. Fontette. — Quérard, *la France littéraire*.

*__BOUQUEY__ (*Angélique*), victime politique française, morte après le 31 mai 1793. Belle-sœur du girondin Guadet, elle ne craignit pas de donner asile à Saint-Émilion, où elle demeu-rait, à son beau-frère et à quelques autres proscrits. Elle dut bientôt partager leur sort. Traînée dans les prisons de Bordeaux avec l'aïeule de Guadet, âgée de quatre-vingts ans, elle fut traduite devant la commission populaire présidée par Lacombe, auquel elle aurait répondu : « Monstre altéré de sang, si les liens de la nature, si l'humanité sont des crimes, nous méritons tous la mort. » A l'heure du supplice, elle résista à l'exécuteur avec l'énergie du désespoir; et ce ne fut qu'après une lutte qui contrastait avec la faiblesse de son sexe, qu'on parvint à lui couper les cheveux, à la lier, et à la mener à l'échafaud (1).

Galerie historique des Contemporains. — Lamartine, *Histoire des Girondins*.

BOUQUIER (*Gabriel*), littérateur français, né dans le Périgord vers 1750, mort à Terrasson, près de Sarlat, en 1811. A l'âge de vingt-cinq ans, il débuta dans la carrière littéraire par une épître à Joseph Vernet, dans laquelle il décrit avec enthousiasme et fidélité les principaux ouvrages de ce grand artiste. Envoyé à la convention par le département de la Dordogne, il se fit remarquer par l'exaltation de ses opinions révolutionnaires; il vota la mort de Louis XVI, mais ne prit aucun parti dans la lutte des montagnards et des girondins. Il fut nommé membre du comité d'instruction publique; et, en cette qualité, il présenta, le 21 frimaire an II (11 décembre 1793), un rapport dans lequel, rejetant toute idée de hiérarchie pédagogique, il déclarait que « les plus belles écoles, les plus utiles, les « plus simples, sont les séances publiques des « départements, des districts, des municipalités, « et surtout des sociétés populaires. » Il voulait qu'on privât de leurs droits politiques, pendant toute leur vie, les jeunes gens qui, ne s'étant pas adonnés à la culture de la terre, auraient atteint leur vingt et unième année sans avoir appris un art ou une science utile. Cette proposition fut convertie en décret; seulement la privation des droits civils se restreignit à dix ans. Bouquier, nommé président de la Société des jacobins, fut élu secrétaire de la convention le 5 janvier 1794. Le 13 avril de la même année il lut un second rapport, dans lequel il proscrivait « les écoles « secondaires et intermédiaires consacrées à l'en-« seignement des lois, » et réclamait toute la sévérité de la convention contre « toute espèce « de paraphrase, interprétation, glose et com-« mentaire de ses décrets. » Il fit décréter, en même temps, que des cours de médecine, de mathématiques et de métallurgie seraient établis dans les principales villes; et, le 9 messidor suivant (24 juin), on décida sur sa demande la restauration des tableaux appartenant au musée; on n'excepta de cette mesure que ceux dont les sujets se rattachaient à des événements ou à des

(1) Les autres biographes se taisent sur cette lutte, mentionnée par la *Galerie historique des Contemporains*.

souvenirs monarchiques. Bouquier ne fut envoyé à aucun des conseils qui succédèrent à la convention; il se retira dans ses propriétés, et y partagea son temps entre la peinture et la poésie. On a de lui et de Moline, son collaborateur : *la Réunion du 10 août*, ou *l'Inauguration de la République française*, sans-culottide en cinq actes : cette pièce, dédiée à la convention, fut d'abord jouée, le 13 mars 1794, sur le théâtre Molière, appelé alors *Théâtre des Sans-culottes*; ensuite sur le théâtre de l'Opéra, et à la Porte-Saint-Martin, où elle eut vingt-quatre représentations, jusqu'à la veille de la chute de Robespierre. On la reprit, douze jours après le 9 thermidor, dans la nouvelle salle de l'Opéra (rue Richelieu); Moline y avait ajouté un hymne patriotique, et un prologue intitulé *l'Inauguration du théâtre des Arts*.

Arnault, Jay, etc., *Biog. nouvelle des Contemporains*. — Quérard, *la France littéraire*.

*BOURAYNE (*César-Joseph*), marin français, né à Brest le 22 février 1768, mort le 5 novembre 1817. Il servit aux Antilles sous les ordres de Villaret-Joyeuse, se distingua en plusieurs rencontres dans la mer des Indes, et gagna le grade de capitaine de vaisseau.

Biographie maritime. — *Biographie Bretonne*.

BOURBEAU (*Louis-Olivier*), jurisconsulte, professeur à la faculté de droit de Poitiers, né à Poitiers le 2 mars 1811. Élève de Boncenne, M. Bourbeau entra, jeune encore, sous les auspices du maître, au barreau de Poitiers. Maire de sa ville natale en 1847 et en 1848, il sut, dans ces circonstances difficiles, maintenir l'ordre au milieu d'un désordre alors général. Appelé bientôt par 50,000 voix à l'assemblée constituante, il préféra aux succès brillants et faciles de la tribune les travaux plus obscurs et plus sérieux des commissions, qui à diverses reprises le choisirent pour leur interprète auprès de l'assemblée. Quand son mandat expira en 1849, il revint à Poitiers prendre sa place à l'école et au barreau. La *Théorie de la Procédure civile*, commencée par Boncenne et continuée par M. Bourbeau, compte aujourd'hui 6 volumes; Paris, 1837-1845; les deux derniers sont de M. Bourbeau.

H. Aubépint.

Beuchot, *Journal de la librairie*.

BOURBON (maison de). La plupart des personnages issus de cette maison, et qui ont porté le nom de *Bourbon*, ont été mêlés aux événements les plus graves de l'histoire de France. Parmi les premiers seigneurs qui possédèrent le fief de Bourbon, nous citerons *Archambaud Ier*, qui paraît avoir (vers l'an 900) joint le premier à son nom celui de la terre qu'il possédait à titre féodal. Une de ses descendantes en ligne directe, *Béatrix*, épousa en 1283 *Robert de France*, comte de Clermont en Beauvoisis. Robert était le sixième fils de saint Louis. C'est à ce Robert que commence la dynastie féodale des Bourbons, issus de la famille capétienne. Cependant, après la mort de Béatrix (1310), ce ne fut point Robert qui hérita des domaines de la maison de Bourbon, mais *Louis*, son fils aîné. Robert mourut à Paris le 7 février 1317. Sa statue et son tombeau étaient aux Jacobins de la rue Saint-Jacques, dans la chapelle des Bourbons. Voici l'épitaphe que Santeul avait composée pour ce prince :

Hic stirps Borbonidum, hic primus de nomine princeps
Conditur : hic tumuli, veluti incunabula regum,
Huc veniant proni regali e stirpe nepotes,
Borbonii hic regnant, invito funere, manes.

Art de vérifier les dates, t. VII, 3e partie. — Moréri, *Dictionnaire historique*. — Chateaubriand, *Études historiques*. — *Hist. de la maison de Bourbon*.

BOURBON (*Louis Ier*, comte de Clermont et premier duc de), prince français, fils de Robert de Clermont, né en 1279, mort vers la fin de janvier 1341. Il succéda en 1310 à Béatrix, sa mère, dans la sirerie de Bourbon, quoique son père vécût encore. Il prit part successivement aux batailles de Furnes (1297), de Courtray (1302) et de Mons-en-Puelle (1304) ; et, dans la seconde de ces trois journées, il sauva l'armée française. En 1308, il fut nommé par Philippe le Bel grand chambrier de France, charge qui resta dans sa famille jusqu'à la révolte du connétable de Bourbon. En 1312, le concile de Clermont ayant ordonné une croisade, Louis Ier, choisi pour la commander, alla inutilement à Lyon, afin de réunir les éléments nécessaires à cette grande entreprise, et n'en tira d'autres avantages que le titre de roi de Thessalonique, vendu à ce prince, moyennant 40,000 écus, par Eudes, duc de Bourgogne. Après la mort des trois fils de Philippe le Bel, Louis Ier concourut à l'affermissement de Philippe le Long sur le trône de France, et vendit à ce monarque, pour une somme de 15,000 livres, son droit de battre monnaie dans le Bourbonnais et le Clermontois. Sous le règne de Charles le Bel, en guerre avec les Anglais, il leur enleva le Mont-Ségur, Sauveterre, Saint-Maurice, Agen, et seconda puissamment le comte de Valois dans la conquête de la Guyenne. Peu de temps après, le 27 décembre 1327, le Bourbonnais fut érigé en duché-pairie, et le nouveau duc substitua au titre de comte de Clermont, qu'il avait porté jusqu'alors, celui de duc de Bourbon, mais en conservant les armes de France, au lieu du blason de cette dernière seigneurie. A la mort de Charles le Bel, Louis de Bourbon se prononça encore pour la loi salique, et défendit les droits de Philippe de Valois. Envoyé en Angleterre, il décida Édouard III à prêter au roi de France l'hommage-lige. Philippe de Valois fut si satisfait de ce résultat, qu'il érigea en duché-pairie et donna à Louis Ier la ville de Clermont, que ce dernier prince avait autrefois cédée à Charles le Bel pour les villes d'Issoudun, de Saint-Pierre-le-Moutier et de Mont-Ferrand. Pendant les campagnes de 1338, 1339 et 1340, le duc de Bourbon suivit le roi en Flandre, et assista ensuite au congrès d'Arras, où il négocia une trêve de deux ans.

Art de vérifier les dates. — Le P. Anselme, *Hist. généalogique de la Maison de France*. — Froissard, *Chroniques*.

BOURBON (*Pierre I*er second duc DE), prince français, fils de Louis Ier, né en 1310, mort le 19 septembre 1356. Il prit une part active aux guerres que les rois de France firent, de son temps, pour repousser l'invasion des Anglais. En 1345 il se distingua en Guyenne, et en 1346 il assista à la bataille de Crécy, où il fut blessé à côté du roi. Il maria sa fille aînée, Jeanne de Bourbon, à Charles, depuis Charles V, et Blanche, la seconde de ses filles, à Pierre le Cruel : on connaît la triste destinée de cette dernière princesse. Quant à son père, il passa pour n'avoir pas été étranger à la mort de Charles de Lacerda, favori du roi Jean ; et il fut soupçonné de s'être laissé séduire par les artifices et les promesses de Charles le Mauvais. Il fut chargé de conclure un traité entre la France et l'Angleterre ; mais il ne réussit point dans cette négociation, et périt à la bataille de Poitiers, en s'exposant avec courage pour sauver la vie du roi Jean. Pierre de Bourbon, ruiné par sa prodigalité, avait été déféré par ses créanciers à la cour de Rome, qui l'avait excommunié pour le contraindre à payer ses dettes. Son fils dut s'engager à les payer, pour obtenir la permission de lui rendre les derniers devoirs.

Art de vérifier les dates, t. VII, 3e partie.

BOURBON (*Louis II*, troisième duc DE), prince français, né le 13 août 1337, mort à Moulins le 19 août 1410. Il était fils de Pierre Ier, et fut retenu huit ans en Angleterre, comme otage du traité de Brétigny. A son retour, il servit Charles V avec zèle et avec courage. Animé, comme son père, d'une haine profonde contre les Anglais, il ne négligea aucune occasion de les combattre, et il fit contre eux plusieurs expéditions glorieuses en Anjou, en Saintonge, en Guyenne et en Auvergne. Quand le roi Charles V, en 1374, eut conclu une trêve avec l'Angleterre, Louis de Bourbon se dirigea vers l'Espagne pour faire la guerre aux musulmans. Il fut accueilli avec enthousiasme par les sujets de Henri de Transtamare, qui ne voyaient point sans un vif intérêt, au milieu d'eux, le frère de l'infortunée Blanche de Bourbon. La guerre qui éclata à cette époque entre la Castille et le Portugal arrêta tous les projets de croisade, et Louis repassa les Pyrénées sans avoir combattu les infidèles. Vers la fin du règne de Charles V, il contribua puissamment à ramener au service de la France du Guesclin, qui avait renvoyé son épée de connétable. En 1380, après la mort du roi, il accepta la tutelle du jeune duc d'Orléans, frère de Charles VI. En 1382, il se distingua à la bataille de Rosebecq. L'événement le plus important de la vie de Louis de Bourbon fut, sans contredit, la croisade qu'il entreprit en 1391 contre les pirates de Tunis. Il fut plus heureux que son aïeul le roi saint Louis. Malgré les grandes chaleurs et les maladies qui décimaient son armée, il vainquit les chefs qui commandaient à Tunis, à Bougie et à Tlemcen, et il força le roi de Tunis à renvoyer libres les chrétiens captifs, et à se reconnaître tributaire des Génois. Quelques années après son retour en France, il ne vit point sans douleur les querelles intestines qui divisaient la famille royale et tout le royaume. Il chercha à réconcilier ceux que la haine et le meurtre avaient désunis ; mais il ne put y réussir. On connaissait si bien les louables intentions du duc de Bourbon, que sa mort, arrivée en 1410, au moment où la guerre civile allait éclater, causa une véritable douleur à tous ceux qui souhaitaient la paix et désiraient sincèrement le bien de la France. Il avait d'ailleurs le caractère vraiment chevaleresque. Lorsqu'en 1373 il attaqua, en compagnie de du Guesclin, le duc de Bretagne, la duchesse tomba entre ses mains : « Ah ! beau cousin, aurait-elle dit, suis-je donc prisonnière ? » — « Nenni, madame, aurait répondu Bourbon ; nous ne faisons pas la guerre aux dames. » Et, imitant Scipion, il renvoya la duchesse à son mari. On peut citer, comme chose glorieuse pour la mémoire du duc de Bourbon, les paroles que, suivant un narrateur contemporain, prononcèrent les gens du peuple lorsqu'ils virent passer son convoi : « Ah ! mort, tu nous as ôté en ce jour notre soutien, celui qui nous gardait et nous défendait de toutes oppressions ; c'était notre prince, notre confort, notre duc, le plus prud'homme et de la meilleure vie et conscience qu'on pût trouver. »

Art de vérifier les dates. — Daru, *Histoire de Bretagne*. — *Histoire de la vie, faits héroïques et voyages de très-valeureux prince Louis, troisième duc de Bourbon*; Paris, 1612, in-8°. — Désormeaux, *Histoire de la Maison de Bourbon*. — Le Bas, *Dict. encyclop. de la France*.

BOURBON (*Jean I*er, quatrième duc DE), prince français, fils aîné de Louis II, né en 1381, mort à Londres en janvier 1434. Le meurtre du duc d'Orléans rompit les relations d'amitié qui existaient entre Jean-sans-Peur, duc de Bourgogne, et Jean Ier, duc de Bourbon. Ce dernier se rallia au comte d'Armagnac, et prit part au traité déshonorant qui promettait d'assurer au profit du roi d'Angleterre, Henri IV, l'exécution du traité de Brétigny. Attaqué dans Bourges par Jean-sans-Peur, le duc de Bourbon s'y défendit avec courage, obligea le duc de Bourgogne de lever le siège, et détermina la signature de la paix conclue à Auxerre par les chefs des deux partis. En 1413, une armée fut levée par les Parisiens pour tranquilliser les environs de leur ville, infestés par des compagnies de brigands. Le duc de Bourbon, à la tête des troupes parisiennes, purgea de ces redoutables malfaiteurs l'Ile-de-France, l'Orléanais, le Berri, la Touraine, l'Anjou ; poursuivit dans le Poitou ses ennemis vaincus, et termina cette glorieuse campagne en enlevant aux Anglais la ville de Souhise. En 1414, il marcha contre les Bourguignons, et s'empara de Compiègne, où il fut blessé ; après son rétablissement, il se rendit maître de Bapaume. Il ne fut point aussi heureux au siége d'Arras, dont il avait enlevé la direction au connétable d'Albret. Il se montra avec plus d'avantage dans le midi de la France; il en expulsa de nombreuses troupes de brigands, et, dans la Guyenne, força les Anglais au repos. Ce prince joignait à un courage éprouvé une humeur galante et aventureuse; il en donna une preuve, le 1er janvier 1415, en publiant, suivant les usages de ce siècle, un cartel par lequel lui et seize autres chevaliers ou écuyers s'engageaient à porter pendant deux ans à la jambe, en l'honneur de leurs belles, un fer de prisonnier, d'or pour les chevaliers et d'argent pour les écuyers, à moins qu'il ne se présentât un nombre égal de chevaliers et d'écuyers pour les combattre à pied et à outrance, et leur enlever ces fers votifs par la victoire. C'est ce qu'on appelait alors une *emprise* ou *entreprise d'armes*. Jean Ier, ayant été fait prisonnier à la bataille d'Azincourt, fut emmené à Londres; là sa rançon, fixée à 300,000 écus, fut payée jusqu'à trois fois sans qu'il pût obtenir sa liberté du déloyal monarque anglais. Vaincu enfin par l'ennui de cette longue captivité, il offrit de payer une quatrième rançon, et conclut un traité par lequel il livrait aux Anglais les principales places de son domaine, et reconnaissait, lui prince du sang, Henri VI comme souverain. Mais le comte de Clermont, son fils, refusa de ratifier ce traité; et le duc mourut dans les fers.

Art de vérifier les dates. — Désormeaux, *Hist. de la Maison de Bourbon.* — Froissart, *Chroniques.*

BOURBON (*Charles Ier*, cinquième duc DE), prince français, fils de Jean Ier, né en 1401, mort à Moulins le 4 décembre 1456. Pendant la vie de son père, il porta le titre de *comte de Clermont*. En 1418, dans la nuit, il fut surpris dans Paris par Jean-sans-Peur, qui, rompant le mariage de ce prince avec Catherine de France, le contraignit d'épouser Agnès, sa fille, qui n'était pas encore nubile. Le comte de Clermont, après la mort de Jean-sans-Peur, à laquelle il avait assisté, se crut délié de ses promesses envers lui, renvoya sa jeune épouse, et consacra son épée à la défense du Dauphin, depuis Charles VII, qui le nomma son lieutenant dans le Languedoc et la Guyenne. Le nouveau général soumit, dans ces deux provinces, un grand nombre de places, et montra une grande sévérité à l'égard de ses adversaires, surtout à Aigues-Mortes, où il fit massacrer la garnison bourguignonne, et à Béziers, dont les habitants eurent à subir les plus humiliantes conditions. Du Languedoc ainsi pacifié il passa au gouvernement du Nivernais, du Bourbonnais, du Forez, du Beaujolais, du Lyonnais et du Mâconnais, où il rendit les plus grands services à la cause du Dauphin. En 1425, sa sœur utérine, Bonne d'Artois, ayant épousé Philippe le Bon, duc de Bourgogne, le comte de Clermont se rapprocha de ce prince, et renoua son union avec Agnès de Bourgogne, mais sans abandonner les intérêts de Charles VII. En 1428, il défendit Orléans contre les Anglais; l'année suivante, il sauva une partie des troupes françaises à la journée *des Harengs*. Il assista au sacre du roi à Reims, où il représenta le duc de Normandie, et reprit ensuite Corbeil, Saint-Denis et Vincennes. Devenu duc de Bourbon en 1434, il crut avoir à se plaindre du duc de Bourgogne; mais, après quelques hostilités, il se réconcilia avec lui, et, secondé des comtes de Richemont et de Nevers, il essaya de négocier un rapprochement entre Philippe le Bon et Charles VII. Ce projet se réalisa heureusement, et la paix fut conclue entre le roi et le duc de Bourgogne le 21 septembre 1435. Après de si nombreux et si grands services, le duc de Bourbon en compromit l'honneur en 1440, par sa participation au complot connu sous le nom de *Praguerie*; mais, après la défaite des conjurés, il rentra en grâce auprès du roi. Ce ne fut pas cependant sans expier sa faute par l'obligation de demander pardon solennellement et par la perte d'un assez grand nombre de places qu'il avait autrefois conquises ou achetées; ce qui mit le comble à son chagrin dans cette triste circonstance, ce fut le supplice du bâtard de Bourbon, son frère naturel. *Voy.* BOURBON (*Alexandre*, bâtard DE). Une nouvelle ligue, à laquelle il prit part l'année suivante, fut dissipée par la prudence du roi; et le duc de Bourbon, étant rentré dans le devoir, eut le bonheur de voir le mariage de son fils, le comte de Clermont, avec Jeanne de France, fille de Charles VII.

Monstrelet, *Chronique.* — *Art de vérifier les dates.* — Mézeray, *Histoire de France.* — Désormeaux, *Histoire de la Maison de Bourbon.* — Chateaubriand, *Études historiques.*

BOURBON (*Jean II*, sixième duc DE) et d'Auvergne, comte de Clermont, fils aîné de Charles Ier, duc de Bourbon, et d'Agnès de Bourgogne, connétable de France, né vers 1426, mort le 1er avril 1488. Connu sous le nom de comte de Clermont jusqu'en décembre 1456, époque de la mort de son père, il se trouva en 1450 à la bataille de Formigny, et trois ans après à celle de Castillon, dont la victoire, en chassant les Anglais de la Guyenne, réunit définitivement cette province sous l'obéissance royale. Capitaine et gouverneur de la ville et du château de Blaye en 1454, grand chambellan de France le 12 mars 1457, Jean de Bourbon entra en 1464, avec le duc de Bretagne et le comte de Charolais, dans la ligue dite du *Bien public*. « Bien peu « de temps après le partement des ambassa« deurs » (le comte d'Eu, Morvilliers, chancelier de France, et l'archevêque de Narbonne), « vint à Lisle le duc Jean de Bourbon, faignant « venir voir son oncle le duc Philippe de Bour« gongne, lequel entre toutes les maisons du « monde aimait cette maison de Bourbon..... « Toutesfois l'occasion de la venue du dit duc de « Bourbon estoit pour gaigner et conduire le dit « duc de Bourgongne de consentir mettre sus

« une armée en son païs : ce que semblablement « feroient tous les princes de France, pour re- « monstrer au roy le mauvais ordre et injus- « tice qu'il faisoit à son royaume : et vouloient « estre forts pour le contraindre, s'il ne vouloit « ranger. Et fut cette guerre depuis appelée *le Bien public*, pour ce qu'elle s'entreprenoit « soubs couleur de dire que c'estoit pour le bien « public, du royaume. » — Le traité de paix de Conflans, signé à Paris entre Louis XI et les princes le 5 octobre 1464, ayant amené une réconciliation, le duc Jean de Bourbon fut successivement nommé lieutenant général du roi au duché d'Orléans, gouverneur du Languedoc le 5 juin 1466, chevalier de Saint-Michel, lors de la création de l'ordre, le 1er avril 1469, et enfin connétable de France le 23 octobre 1483. Il se retira à Moulins, où il mourut à l'âge de soixante-deux ans.   A. S.....Y.

Pinard, *Chronologie militaire*, t. I, p. 180.— Monstre-let, *Chroniques*. — *Mémoires de Comines*, liv. I, § 2. — Mézeray, *Histoire de France*. — Michelet, *Histoire de France*.

BOURBON (*Charles II*, septième duc DE), Voy. BOURBON (*Charles*, cardinal DE.)

BOURBON (*Pierre II*, huitième duc DE). Voy. BEAUJEU (*Pierre II de Bourbon*, sire DE.)

BOURBON(*Charles* DE), comte de Montpensier et de la Marche, dauphin d'Auvergne, né le 17 février 1490, mort le 6 mai 1527. Il éclipsa tous les princes français ses contemporains, comme politique et homme de guerre. Ses mœurs austères, ses habitudes silencieuses contrastèrent avec les mœurs bruyantes et licencieuses de la cour de François 1er, tandis que son amabilité le rendait l'idole du soldat. Victime des persécutions de la reine-mère, il devint le fléau de son pays, après en avoir été la gloire. Second fils du comte de Montpensier, il réunit successivement, par la mort de son frère aîné, puis par son mariage avec Suzanne de Bourbon, les vastes possessions des deux branches de cette famille (les duchés de Bourbonnais et d'Auvergne, les comtés de Forez, de la Marche, de Montpensier, etc.). Quand un fils lui naquit en 1517, il invita François 1er à en être le parrain, le reçut avec sa cour à Moulins, et « fit servir par cinq cents gentilshommes en habits de velours, portant des chaînes d'or qui faisoient trois tours autour de leur cou. » (Brantôme.) A dix-huit ans, la guerre lui donna l'occasion de faire ses premières armes à côté de Bayard ; et à vingt, il décida la victoire d'Agnadel par son intrépidité froide et réfléchie. A vingt-trois, la voix publique le désignait déjà pour le commandement général. Il en avait vingt-six quand François 1er, montant sur le trône, lui donna l'épée de connétable, et partit avec lui pour la conquête du Milanez. La discipline établie dans l'armée, les Alpes traversées par des chemins qu'on croyait impraticables, le général ennemi surpris dans son lit, la bataille de Marignan (1515) gagnée contre l'indomptable furie des Suisses, puis, vingt jours après, les clefs de la citadelle de Milan avec la Lombardie remises par lui aux mains du roi, mirent le comble à sa réputation.

Des nuages ne tardèrent pas à s'élever contre lui à la cour, où il avait fait une impression profonde sur Louise (de Savoie), mère du roi, qui lui offrit sa main. Bourbon était veuf alors ; mais il répondit à ces avances que jamais il n'épouserait une femme sans pudeur ; et Tavannes raconte que François 1er leva la main pour lui donner un soufflet. Dès ce moment tous les moyens furent employés pour faire casser la donation que sa femme et sa belle-mère lui avaient faite de leurs biens, ou amener leur réversion à la couronne. Un premier arrêt du parlement adjugea le comté de la Marche au roi, qui en fit aussitôt don à sa mère. Tous les traitements du connétable étaient suspendus, sous prétexte des besoins de l'État.

Bourbon, profondément ulcéré, ne songea plus qu'à la vengeance, et s'engagea dans un traité avec Charles-Quint et Henri VIII. La sœur du premier, Éléonore, douairière de Portugal, devait lui être donnée en mariage, avec la Provence et le Dauphiné, qui, joints au Bourbonnais et à l'Auvergne, son apanage, seraient érigés en royaume indépendant. Le reste de la France était livré à ses deux alliés. Il était convenu d'enlever le roi lors de son passage dans ses gouvernements, ou, s'il n'y pouvait réussir, de se joindre aux troupes de l'empereur en Franche-Comté, afin de fermer le retour à François 1er dès qu'il aurait passé les Alpes. Celui-ci, déjà en marche pour l'Italie, quand il eut connaissance de ce complot ralentit sa marche, la réglant sur celle de ses troupes, par lesquelles il fit occuper Moulins. Bourbon était au lit, malade ou feignant de l'être. François 1er alla dans sa chambre, et lui dit « qu'il savait les menées des ennemis pour l'attirer à leur service ; qu'il ne pensait pas qu'il y fût entré ; que toutefois la crainte de perdre son État pouvait avoir troublé sa bonne amitié : qu'il eût à se rassurer, car, s'il perdait son procès contre lui ou sa mère, il lui restituerait tous ses biens. » Bourbon, sans se laisser prendre à ces promesses d'un roi offensé, dissimula, et promit de rejoindre l'armée. Mais, se sentant surveillé, il se réfugia dans son château de Chantelle, d'où il envoya promettre sa soumission, à condition que tous ses biens lui seraient rendus. Sur le point d'être investi par des forces très-supérieures, il se déguisa en valet, et, accompagné d'un seul gentilhomme, traversa les chemins détournés de l'Auvergne, du Forez, du Dauphiné, trouva la Savoie pleine des troupes du roi, et se jeta dans la Franche-Comté, où il arriva le neuvième jour (1523). Ne voulant pas paraître en fugitif à l'armée d'Espagne, qui l'attendait dans la Lombardie, il trouva moyen de lever 6,000 lansquenets en Allemagne, et eut bientôt gagné leur affection. Ce fut avec eux qu'il poursuivit l'armée française, en retraite sur Ivrée et le Saint-Bernard. Bayard, soutenant le choc à l'arrière-garde, venait de tomber mortellement blessé, quand Charles de Bourbon arriva : « Ne me plaignez pas, lui dit le loyal chevalier ; je meurs sans avoir servi contre ma patrie, mon roi, et mon serment. » (1524)

Bourbon voulait pénétrer par Lyon dans le centre de la France, où la population, disait-il, se rangerait sous ses drapeaux. Charles-Quint, n'osant aventurer son armée sur les promesses suspectes d'un émigré, ne consentit qu'à l'invasion de la Provence, et lui adjoignit le marquis de Pescaire, qui prit à tâche de le contrarier et de l'humilier. Au siège de Marseille, un boulet ayant tué l'aumônier qui officiait dans sa tente, Pescaire envoya ce boulet à Bourbon, en lui faisant dire : « Voilà les clefs que les bourgeois de Marseille vous présentent. » L'approche de François Ier avec une armée leur fit repasser les Alpes. Quelque temps, après il prenait sa revanche à la bataille de Pavie, où François Ier fut fait prisonnier (24 février 1525). Bourbon n'eut pas à se louer de la reconnaissance de Charles-Quint : renvoyé d'Espagne en Lombardie, sans argent, avec des troupes toujours prêtes à se mutiner pour la solde, il songeait à se rendre indépendant en Italie, et peut-être à renouer avec la France aux dépens des Espagnols. Bientôt des séditions éclatent ; on tue des officiers, on pille les équipages : Bourbon fuit pour échapper à la mort, mais reparaît toujours avec son ascendant sur ces bandes indisciplinées, que lui seul peut conduire. Rome, que menaçait l'orage, fait en vain une trêve avec Charles-Quint. Bourbon refuse de l'observer ; ses soldats veulent mettre en pièces l'envoyé qui en apportait l'ordre. Le chef des lansquenets avait fait faire une belle chaîne d'or exprès pour pendre et étrangler le pape de sa main. Le 6 mai 1527, cette armée sans canons était sous les murs de la ville sainte. Bourbon est décidé à l'emporter, ou à périr ; et, voyant quelque hésitation dans ses troupes, il saisit une échelle, qu'il applique contre une brèche laissée à la muraille. Il commençait à monter, quand une balle de mousquet lui traversa les reins, le flanc et la cuisse. Se sentant mortellement blessé, il ordonna qu'on le couvrît d'un manteau, afin que sa mort fût cachée aux assaillants. En sortant de Rome, livrée pendant deux mois à leurs pillages, ses soldats ne voulurent pas quitter son corps, et l'emportèrent à Gaète, où un tombeau lui fut élevé. Pendant que son armée lui consacrait cette épitaphe célèbre,

AUCTO IMPERIO
GALLO VICTO
SUPERATA ITALIA
PONTIFICE OBSESSO
ROMA CAPTA
BORBONIUS HIC JACET

un arrêt du parlement de Paris faisait teindre en jaune le seuil de la porte de son hôtel, pour apprendre à la postérité que Charles de Bourbon était mort en portant les armes contre son pays. [*Enc. d. g. du m.*, avec addit.]

Gaillard, *Histoire de François Ier.* — Tavannes, *Mémoires*, t. XXVI. — Pinard, *Chronologie militaire*, t. I, p. 133. — Brantôme, *Vies des Grands Capitaines étrangers*, liv. 1, § XXXVIII. — Vie de François Ier, liv. II, § LII. — Guicchardin, *Histoire d'Italie*. — Sauval, *Antiquités de la ville de Paris*, t. III, liv. XIV, p. 25.

BOURBON (*Jean*, bâtard DE), guerrier français, vivait dans la première moitié du quatorzième siècle. Il naquit de Pierre Ier, duc de Bourbon, et fut seigneur de Rochefort, de Breulles, de Bellenaux, de Champ-Fromental, de Croset, de Meillan, d'Estanges ; chambellan de Jean de France, lieutenant général du roi en Languedoc, et gouverneur du Bourbonnais. Il fut blessé et fait prisonnier à la journée de Poitiers, où son père perdit la vie.

BOURBON (*Hector*, bâtard DE), guerrier français, né en 1391, mort le 11 mai 1414. Il était fils de Louis II, duc de Bourbon, et avait déjà montré les qualités les plus brillantes lorsqu'il se trouva avec les Armagnacs au siége de Soissons, dont la garnison bourguignonne était commandée par Enguerrand de Bournonville. Ce capitaine avait fait une sortie et battu les Armagnacs. Hector de Bourbon rallia les siens, repoussa les assiégés ; et, au moment où il allait forcer une des portes de la ville, il fut atteint à la gorge par une flèche. Sa mort, arrivée le lendemain, causa la plus vive douleur à l'armée, et surtout à son frère Jean Ier, duc de Bourbon, dont il était tendrement aimé.

BOURBON (*Jean*, bâtard DE), prélat français, mort le 2 décembre 1485. Il était fils de Jean Ier, duc de Bourbon, et céda à son neveu, Charles de Bourbon, l'abbaye de Saint-Vaast d'Arras et l'archevêché de Lyon, auxquels il avait été nommé. Il fut l'un des prélats les plus distingués de son époque, enrichit la bibliothèque de Cluny, fonda des hôpitaux et bâtit des églises. Il rendit à l'État les services les plus éminents : il fut lieutenant général du Bourbonnais, de l'Auvergne, du Languedoc, et tint souvent les états de cette dernière province.

BOURBON (*Alexandre*, bâtard DE), guerrier français, frère naturel du précédent, mort en 1440. Les brigandages les plus odieux contrastèrent en lui avec les qualités les plus brillantes. Défenseur de Charles VII, qu'il aida puissamment à reconquérir son royaume, il fut le fléau du peuple, qui lui donna, à juste titre, le surnom d'*Écorcheur*. Il concourut à entraîner dans la révolte le Dauphin (depuis Louis XI), et se distingua comme l'un des principaux chefs de la Praguerie, à laquelle il voulut, mais inutilement, assurer l'appui du duc de Bourgogne. Arrêté par l'ordre de Charles VII, qu'il était allé trouver à Bar-sur-Aube, il fut jugé, condamné, et précipité dans la rivière, après avoir été cousu dans un sac sur lequel on lisait ces mots : « Laissez passer la justice du roi. » Les amis du bâtard de

Bourbon le retirèrent de l'eau, et lui firent de pompeuses funérailles.

Monstrelet, *Chroniques*. — Comines, *Mémoires*. — Michelet, *Hist. de France*. — Sismondi, *Hist. des Français*.

BOURBON (*Louis*, bâtard DE), comte de Roussillon, de Ligny, etc., amiral de France, fils naturel et légitimé de Charles de Bourbon Ier du nom, duc de Bourbon, pair et chancelier de France, et de Jeanne de Bournan, vivait dans la seconde moitié du quinzième siècle. A la fin de février 1466, il épousa Jeanne, bâtarde de France, fille naturelle de Louis XI et de Marguerite Sassenaye. « Maréchal et sénéchal du « Bourbonnais, duché d'Auvergne, comté de « Clermont et de Forez, Louis, bâtard de « Bourbon, fut nommé capitaine, châtelain de « Verneuil le 24 juillet 1461, puis lieutenant gé- « néral de toutes les terres appartenant à son « frère Jean II, qui lui confia la conduite de tous « les nobles de ses pays. » Il fut légitimé par lettres données à Pontoise en septembre 1463, et la baronnie de Roussillon fut érigée en comté à l'occasion de son mariage. Amiral de France en 1466, chevalier de l'ordre de Saint-Michel en 1469, il fut, selon quelques historiens, enterré dans l'église de Saint-François de Valognes, qu'il avait fondée.

A. S....Y.

Histoire généalogique des Sires de Salins. — Anselme, *Hist. généal. et chron. des grands officiers de la couronne*, t. 1er, p. 308 ; t. VII, p. 857.

BOURBON (*Mathieu*, surnommé *le grand bâtard* DE), guerrier français, mort en 1505. Il était fils de Jean II, duc de Bourbon, et possédait la seigneurie de Bothéon et la baronnie de la Roche-en-Renier. Il se distingua d'abord dans les dernières guerres de Louis XI, et, sous Charles VIII, fut nommé conseiller et chambellan de ce roi, gouverneur de Guyenne et de Picardie, maréchal et sénéchal du Bourbonnais, chevalier de Saint-Michel. Pendant la régence d'Anne de Beaujeu, il combattit vaillamment en Picardie contre les troupes de l'empereur Maximilien, et se distingua surtout au combat du Quesnoy, en 1477. Charles VIII, en montant sur le trône, choisit le bâtard de Bourbon pour être le premier des neuf preux qui devaient l'accompagner en Italie; mais ce hardi capitaine fut fait prisonnier à la bataille de Fornoue, où l'impétuosité de son cheval le précipita au milieu des rangs ennemis.

Moréri, *Diction. hist.* — Mézeray, *Histoire de France*. — Sismondi, *Histoire des Français*.

BOURBON-CONDÉ (*Louis*, duc DE), prince français, fils de Henri-Jules, prince de Condé, et d'Anne de Bavière, né en 1668, mort le 4 mars 1710. Il se comporta avec distinction aux sièges de Mons et de Namur, montra de la valeur et de l'intelligence, et mourut à Paris d'un mal subit, après une vie désordonnée. La violence de son caractère était extrême. Voici le portrait que le duc de Saint-Simon nous donne de ce petit-fils du grand Condé :

« C'était un homme très-considérablement plus petit que les plus petits hommes, qui, sans être gras, était gros de partout; la tête grosse à surprendre, et un visage qui faisait peur. On disait qu'un nain de madame la Princesse en était cause. Il était d'un jaune livide, l'air presque toujours furieux ; mais en tout temps si fier, si audacieux, qu'on avait peine à s'accoutumer à lui. Il avait de l'esprit, de la lecture, des restes d'une excellente éducation, de la politesse et des grâces même, quand il voulait; mais il voulait très-rarement. Il n'avait ni l'injustice, ni l'avarice, ni la bassesse de ses pères; mais il en avait toute la valeur, et avait montré de l'application et de l'intelligence à la guerre. Il en avait aussi toute la malignité et toutes les adresses pour accroître son rang par des usurpations fines, et plus d'audace et d'emportement qu'eux encore à embler. Ses mœurs perverses lui parurent une vertu, et d'étranges vengeances qu'il exerça plus d'une fois, dans un apanage de sa grandeur. Sa férocité était extrême, et se montrait en tout. Les embarras domestiques, les élans continuels de la plus furieuse jalousie, le vif piquant d'en sentir sans cesse l'inutilité, un contraste sans relâche d'amour et de rage conjugale, le déchirement de l'impuissance dans un homme si fougueux et si démesuré, le désespoir de la crainte du roi et de la préférence de M. le prince de Conti sur lui..., la rage du sang de M. le duc d'Orléans et de celui des bâtards, toutes ces furies le tourmentèrent sans relâche, et le rendirent terrible comme ces animaux qui ne semblent nés que pour dévorer et faire la guerre au genre humain... Quiconque aura connu ce prince n'en trouvera pas ici le portrait chargé. »

Saint-Simon, *Mémoires*.

BOURBON (*Louis-Henri*, duc DE) et d'Enghien, fils aîné du précédent, né à Versailles en 1692, mort à Chantilly le 27 janvier 1740. Il fut nommé chef du conseil de régence après la mort de Louis XIV, et devint, après celle du duc d'Orléans, premier ministre du jeune roi. Il hérita de l'humeur rapace de ses pères, puisa à pleines mains dans les caisses de l'État, se compromit dans les opérations financières de Law, plus tard s'associa aux manœuvres des frères Pâris, et grossit, par toutes ces voies ténébreuses, sa fortune héréditaire. La célèbre marquise de Prie, sa maîtresse, exerça sur lui une influence qui ne tourna ni au profit de sa gloire ni à l'avantage de l'État. Le duc de Bourbon (car il conserva ce titre et ne porta point celui de prince de Condé, qui lui appartenait de droit cependant) fut supplanté en 1726, comme premier ministre, par le cardinal de Fleury, qui le fit exiler de la cour, et dont la rancune le poursuivit longtemps. Retiré à Chantilly, il s'y livra avec passion à l'étude de la chimie et de l'histoire naturelle, dont il forma de précieuses collections.

Mémoires de Saint-Simon. — Le Bas, *Dictionnaire encyclopédique de la France*.

BOURBON (*Antoine* DE), duc de Bourbon-Vendôme, roi de Navarre. *Voy.* ANTOINE.

BOURBON (*Charles*, cardinal DE), cardinal, guerrier et diplomate français, né en 1437, mort vers la fin de 1488. Il était le second fils de Charles Ier, cinquième duc de Bourbon, et fut nommé, en 1446 ; archevêque de Lyon ; légat d'Avignon, en 1465, et cardinal, en 1477. Après avoir pris parti, contre Louis XI, dans la *Ligue du bien public*, il se réconcilia avec ce monarque, qui le mit à la tête de ses conseils, lui donna le gouvernement de l'Ile-de-France, et l'employa souvent sur les champs de bataille et dans des négociations diplomatiques. A Pecquigny, Louis XI engageant le roi d'Angleterre Édouard IV à venir à Paris voir les dames de sa cour, présenta au prince anglais le cardinal de Bourbon, comme un confesseur complaisant ; Édouard déclara à son tour qu'il le connaissait pour un *bon compagnon*. En 1488, la mort de Jean II, duc de Bourbon, mit le cardinal en possession de ce titre ; mais ce prince ne put obtenir les biens qui y étaient attachés. Son frère aîné, le sire de Beaujeu, avait épousé Madame, fille de Louis XI ; et cette princesse força le cardinal de céder à son mari cette riche succession, à l'exception seulement de la seigneurie de Beaujolais.

Comines, *Mémoires*. — Sismondi, *Histoire des Français*. — Michelet, *Histoire de France.*

BOURBON (*Louis* DE), évêque de Liége, frère puîné du précédent, mort en 1482. Il mena une vie peu épiscopale, et fut assassiné par le comte de la Marck, surnommé *le Sanglier des Ardennes* Il eut trois fils d'une princesse allemande de Gueldre. L'aîné de ces enfants, Pierre de Bourbon, donna naissance à la famille de Bourbon-Busset.

Chapeauville, *Historia sacra et profana, in qua reperiuntur gesta pontificum Tungrensium et Romanorum.* — *Art de vérifier les dates.*

BOURBON (*Louis*, cardinal DE), prince français, né le 2 janvier 1493, mort le 17 mars 1556. Il était le quatrième fils de François de Bourbon, troisième comte de Vendôme, et fut évêque de Laon à l'âge de vingt ans. Il fit en 1515, avec le roi François Ier, la campagne du Milanais. Il obtint, en 1516, le chapeau de cardinal, l'archevêché de Sens, et la légation de Savoie. En 1527, dans l'assemblée des notables que François Ier convoqua au retour de sa captivité, le cardinal de Bourbon offrit à ce prince, au nom du clergé, un don de 1,300,000 livres ; et, en 1552, il reçut de Henri II le gouvernement de Paris et de l'Ile-de-France.

BOURBON (*Charles*, cardinal DE), prince français, né le 22 décembre 1520, mort le 9 mai 1590. Il était fils de Charles de Bourbon, quatrième comte de Vendôme. Il réunissait à plus de dix abbayes l'archevêché de Rouen, la légation d'Avignon, l'évêché de Beauvais, la dignité de pair de France et celle de commandeur de l'ordre du Saint-Esprit. A la mort de son frère, Antoine de Bourbon, roi de Navarre, il fut chef du conseil du roi Charles IX, et conserva ce poste sous Henri III ; ce qui ne l'empêcha point de se dévouer aux prétentions de la maison de Lorraine, en croyant servir la cause de la foi catholique. Trahissant ses propres intérêts et ceux de son neveu le roi de Navarre (depuis Henri IV), il se laissa proclamer roi sous le nom de Charles X, et protecteur de la religion en France ; il ceignit l'épée, endossa la cuirasse, et, à la persuasion des Guises, épousa leur mère, la duchesse douairière. C'était un moyen d'ouvrir à ces princes la voie qui devait les conduire au trône ; et, durant plusieurs années, le cardinal-roi fut reconnu par toutes les provinces qui suivaient le parti de la Ligue, et qui formaient la majorité de la nation. Après l'assassinat du duc et du cardinal de Guise, Henri III, qui avait eu la faiblesse de reconnaître pour son héritier légitime le cardinal de Bourbon, le fit enfermer au château de Fontenay-le-Comte. C'est de là que ce roi des ligueurs écrivit, deux mois avant sa mort, à son neveu Henri IV, une lettre dans laquelle il le reconnaissait comme son souverain. On a des monnaies à son effigie, et il existe plusieurs ouvrages consacrés à la défense des droits qu'il s'était arrogés. Le parlement de Paris, qui, le 3 mars 1590, avait rendu un arrêt déclarant le cardinal de Bourbon *vrai et légitime roi de France*, ordonna, le 3 septembre 1594, que *le nom d'un roy qu'ils appelèrent Charles X, supposé par la malice du temps au préjudice de la loi salique, fondamentale du royaume, fût effacé de tous les actes publics.*

Sismondi, *Hist. des Français.* — L'Estoile, *Journal de Henri III et de Henri IV.*

BOURBON (*Charles*, cardinal de *Bourbon-Condé*, puis cardinal de *Vendôme*, enfin cardinal DE), prince français, né vers 1560, mort le 30 juillet 1594. Il était petit-neveu du précédent, et le quatrième fils de Louis Ier de Bourbon, premier prince de Condé ; il fut archevêque de Rouen, et succéda à son grand-oncle dans plusieurs de ses abbayes. Comme ce prince, il eut la faiblesse de briguer le trône dont Henri IV était le légitime héritier ; et quoique, suivant Péréfixe, « sa tentative fût la plus dangereuse affaire que notre Henri eut jamais à démêler, » il n'en recueillit cependant que de la honte et du ridicule. C'est ce que lui fit sentir Henri IV, en le visitant lors de sa dernière maladie : « Mon cousin, lui dit-il, prenez courage ; il est vrai que vous n'êtes pas encore roi, mais le serez possible après moi. » Il mourut fort jeune.

Péréfixe, *Vie de Henri le Grand.* — Mézeray, *Hist. de France.* — Sismondi, *Hist. des Français.* — Moréri, *Dictionnaire.*

BOURBON (*Louis-Henri-Joseph*, duc DE), prince de Condé, né le 13 août 1756, mort le 27 août 1830. Jeune encore, il avait épousé sa cousine, la princesse Louise d'Orléans. Ce mariage, grâce à quelques incidents romanesques, fournit le sujet de la pièce *l'Amoureux de quinze* ans. Le duc de Bourbon mena la vie des princes de cette époque, et eut à se reprocher quelques écarts de jeunesse. Un incident de bal masqué, dont les particularités sont fort connues, amena une rencontre d'honneur entre lui et le comte d'Artois. Ce dernier avait arraché le masque de la duchesse de Bourbon, sa maîtresse délaissée, et qui, dit-on, l'avait poussé à bout dans un accès de jalousie. Les deux princes, après s'être fait réciproquement une légère blessure, se réconcilièrent, en dépit de l'aventure étrange et fort ébruitée qui avait donné lieu au duel. Le duc de Bourbon fit ses premières armes au siége de Gibraltar, en compagnie du comte d'Artois, et y fut blessé. Associé aux opinions politiques de son père, quand la révolution éclata il servit la même cause, et commanda aussi un corps d'émigrés qu'il avait organisé dans le pays de Liége. Il assista aux principales affaires des campagnes contre-révolutionnaires, et reçut au combat de Bertheim une blessure au poignet. Il se retira en Angleterre, où il apprit la mort de son fils, le duc d'Enghien. Il essaya pendant les Cent-Jours, après le départ de Louis XVIII, de diriger le soulèvement de la Vendée; mais il échoua dans cette tentative, et se retira de nouveau en Angleterre. Rentré en France après la seconde abdication de Napoléon, il fut investi du titre de grand maître de la maison du roi, et vécut dans ses domaines, où il se livra au plaisir de la chasse, son unique occupation, et à quelques relations intimes. Par son testament, du 30 août 1829, il avait institué pour son héritier Henri d'Orléans, duc d'Aumale. La révolution de 1830 causa au duc de Bourbon une impression de peine et d'effroi qu'il lui était impossible dissimuler. Son intention secrète était-elle, ainsi qu'on l'a dit, de partager le toit de la famille exilée, et de revenir sur ses dispositions testamentaires? Quoi qu'il en soit de ces circonstances difficiles à éclaircir, la mort du duc de Bourbon survint peu de temps après; et cette fin du dernier des Condés était faite pour causer l'étonnement. Le prince fut trouvé, le 30 août 1830, pendu par un mouchoir à l'espagnolette de sa fenêtre, dans son château de Saint-Leu. Un procès, célèbre dans les annales judiciaires, fut intenté à l'occasion de cet événement: il eut pour résultat l'abandon des poursuites commencées, et l'opinion qui prévalut en justice fut que le duc de Bourbon avait mis fin volontairement à ses jours.

Moniteur universel, même époque. — Gazette des Tribunaux, 1830. — Le Bas, *Dictionnaire encyclop. de la France.* — Louis Blanc, *Histoire de dix ans* — Lesur, *Annuaire historique.*

BOURBON (*Louise-Marie-Thérèse-Bathilde* D'ORLÉANS, duchesse DE), princesse française, née à Saint-Cloud le 9 juillet 1750, morte à Paris le 10 janvier 1822. Elle était fille de Louis-Philippe, duc d'Orléans, petit-fils du régent, et de Louise-Henriette de Bourbon-Conti. Le duc de Bourbon, à peine âgé de quinze ans, se passionna pour cette princesse, qui avait six ans de plus que lui. Leur mariage eut lieu en 1770, et donna naissance, en 1772, au duc d'Enghien. Ce prince vint au monde sans donner aucun signe de vie, et fut enveloppé dans des langes imbibés d'esprit-de-vin. Une étincelle y étant tombée, le jeune duc faillit périr. Cependant l'amour du duc de Bourbon pour la duchesse se changea peu à peu en indifférence. Les deux époux se séparèrent: le duc rendit à la maison d'Orléans les 200,000 livres de rente que sa femme lui avait apportées; il fut obligé de lui faire une pension de 25,000 francs, et de lui fournir de l'argenterie, des meubles et des équipages. La duchesse de Bourbon, rendue à elle-même, s'abandonna au mysticisme le plus exalté, et aux principes révolutionnaires que favorisait alors la maison d'Orléans. Elle conversait avec Catherine Théo, qui se faisait appeler *la Mère de Dieu*; elle écoutait les prédictions insensées du chartreux dom Gerle; elle logeait dans son hôtel la soi-disant prophétesse Suzanne la Brousse; et, quand la révolution eut éclaté, elle accorda sa protection aux évêques constitutionnels. Ce gage de sympathie donné aux idées nouvelles ne la préserva point de la captivité: elle fut enfermée avec toute sa famille dans le fort Saint-Jean, à Marseille, où elle demeura depuis le mois de mai 1793 jusqu'au 29 avril 1795. Le décret qui lui rendit la liberté lui alloua, sur son ancienne fortune, une somme de 180,000 francs; mais, après le 18 fructidor an V, elle fut obligée de se retirer en Espagne, avec une pension de 50,000 francs. Elle s'établit à Soria, près de Barcelone, dans une maison de campagne; et c'est là que, suivant un ouvrage contemporain, « entiè-
« rement confiante en la Toute-Puissance, qui lui
« a ordonné de guérir des malades, madame de
« Bourbon n'est, pour ainsi dire, plus qu'une
« sœur grise, qui reçoit dans sa maison de cam-
« pagne jusqu'à deux cents malades par jour,
« qu'elle panse et soulage lorsqu'ils sont dans le
« besoin. » De cette retraite, elle entretenait une nombreuse correspondance, dont quelques parties attestent que, malgré ses malheurs et ceux de sa famille, elle ne laissait pas de sympathiser avec les idées politiques des novateurs, comme avec leurs opinions religieuses. Elle avait affectionné l'illuminé Saint-Martin, qui composa pour elle, en 1796, l'écrit intitulé *Ecce Homo*; et, en 1800, elle demanda, dans une de ses lettres, « qu'il n'y ait de distinctions parmi les hommes que celles que doivent établir la vertu, l'esprit, les talents et l'instruction; que les lois répriment les fortunes considérables; qu'il soit honteux d'être trop riche.... Quelles qu'aient été, ajoute-t-elle, les suites de la révolution, je ne blâmerai jamais le but qu'on s'était proposé; mais les moyens qu'on a employés. » Ces préoccupations politiques ne l'empêchaient pas cependant de solliciter avec ardeur son retour en France. Enthousiaste de Napoléon avant la mort du duc

2.

d'Enghien, elle ne parut pas avoir changé de sentiment après cette catastrophe : « Mon exil, écrivait-elle en 1808, me semble bien inutile au salut de l'empire et au bonheur de l'empereur. Comment se fait-il que je ne puisse en obtenir la fin, surtout après l'avoir demandée avec tant d'instance et de constance? » Ramenée en France par les événements de 1814, la duchesse de Bourbon établit dans son hôtel un hospice où elle recevait des pauvres malades, et qu'elle appela *hospice d'Enghien*; elle administrait des secours à ces infortunés, et pansait elle-même leurs plaies. C'est ainsi qu'elle passa les sept dernières années de sa vie. Frappée d'apoplexie dans l'église de Sainte-Geneviève pendant une cérémonie religieuse, elle reçut l'absolution d'un missionnaire, et fut transportée à l'École de droit, où elle rendit le dernier soupir. Elle a laissé : *Opuscules*, ou *Pensées d'une âme de foi sur la religion chrétienne pratiquée en esprit et en vérité*; 1812, 2 vol. in-4°, sans nom d'auteur; — *Correspondance entre madame de B.....* (Bourbon) *et M. R.....* (Ruffin), *sur leurs opinions religieuses*, t. Ier (Barcelone), 1812, in-8°; — *Suite de la correspondance entre madame de B..... et M. R....., et divers petits contes moraux de madame de B....*, t. II; 1813, in-8°. Ces trois ouvrages ont été mis à l'index par la cour de Rome.

Besenval, *Mémoires*. — Mahul, *Annuaire*, ann. 1822.

BOURBON (*Louis-Antoine-Jacques* DE), infant d'Espagne, né en 1727, mort à Villa-de-Arenas le 7 août 1785. Il était fils de Philippe V et frère de Charles III. Voué presque en naissant à l'état ecclésiastique, il fut, à l'âge de huit ans, créé cardinal par le pape Clément XII; mais, à la mort de son père, il renonça à une vocation contraire à sa volonté : il résigna l'archevêché de Tolède, dont on l'avait pourvu, et renvoya le chapeau de cardinal. En haine du petit collet, qu'il avait porté malgré lui, il ne porta désormais que des habits dont le collet tombait au milieu de sa poitrine. La musique, la botanique, l'histoire naturelle, devinrent ses occupations favorites. Le 25 juin 1776, il épousa Marie-Thérèse de Valabriga Bosas, issue de la famille royale d'Albret, bien qu'elle n'eût pour père qu'un capitaine de cavalerie aragonaise. Ce mariage, auquel Charles III avait consenti seulement par scrupule de conscience, eut lieu aux conditions suivantes : « L'épouse de don Louis n'aurait pas le titre de comtesse de Chinchon, et ne paraîtrait jamais à la cour; son époux n'y viendrait qu'avec l'autorisation du roi, ne disposerait que de ses biens libres, et ne laisserait aucun de ses titres à ses enfants, qui se contenteraient de celui de leur mère. » A la mort de don Louis, sa veuve et ses enfants perdirent le comté de Chinchon, qui fut réuni à la couronne, et n'en furent dédommagés que par une modique pension.

Paquis et Dochez, *Hist. de l'Espagne*. — Ch. Romey, *Hist. d'Espagne*.

BOURBON (*Louis-Marie* DE), prince, prélat et homme politique espagnol, fils du précédent, né à Cadahalso le 22 mai 1777, mort à Madrid le 18 mars 1823. Il eut le titre de comte de Chinchon; il fut nommé en 1793 grand-croix de l'ordre de Charles III, et, en juin 1799, élevé à l'archevêché de Séville, qu'il réunit, l'année suivante, au siége primatial de Tolède. Le 22 octobre de la même année, il fut créé, par Pie VII, cardinal du titre de *Santa-Maria della Scala*. Après la renonciation de Charles IV, de son fils et de ses frères à la couronne d'Espagne, le cardinal de Bourbon écrivit, le 22 mai 1808, à l'empereur des Français, qu'il était « le « plus fidèle de ses sujets, et mettait à ses pieds « l'hommage de son amour, de son respect et de « sa fidélité. » Il prêta ensuite serment au roi Joseph; mais, en 1809, il se laissa entraîner dans l'insurrection espagnole, fut nommé président de la régence de Cadix, et, en cette qualité, sanctionna et promulgua la constitution de 1812. Plus tard, il abolit l'inquisition, et souffrit que, le 25 avril 1813, la régence, dont il était le chef, expulsât de l'Espagne le nonce du pape, Gravina, qui avait hasardé quelques remontrances sur une pareille mesure. Au retour de Ferdinand VII, le cardinal de Bourbon fut envoyé au-devant de ce prince pour recevoir son serment de fidélité à la constitution : Ferdinand, peu soucieux de remplir cette formalité, se détourna de sa route, afin d'éviter son cousin, qui l'atteignit seulement à Valence. L'entrevue des deux princes fut très-froide : le cardinal ne put éviter de baiser la main du roi avant que celui-ci eût adopté l'œuvre des Cortès; et, lorsque Ferdinand fut rentré dans Madrid, l'ancien président de la régence, relégué dans son diocèse de Tolède, perdit l'administration et les revenus de l'archevêché de Séville. A la révolution de 1820, ses tendances constitutionnelles le placèrent à la tête de la junte provisoire, et il appuya par une lettre pastorale le système politique qu'il voulait faire prévaloir. La mort lui épargna le chagrin d'assister pour la seconde fois à la ruine de son parti.

Paquis et Dochez, *Hist. de l'Espagne*. — Ch. Romey *Hist. d'Espagne*.

BOURBON-CONTI (*Anne-Louise-Françoise* DELORME, femme *Billet*, plus connue sous le nom d'*Amélie-Gabrielle-Stéphanie-Louise* DE), célèbre aventurière, née à Paris le 30 juin 1756, morte dans la même ville en 1825. Après avoir reçu une brillante éducation, elle fut conduite par sa mère à Lons-le-Saulnier, où on lui proposa pour mari un procureur au bailliage, nommé M. Billet. La jeune Delorme, à qui son éducation, son esprit et sa beauté avaient inspiré l'espoir d'un plus bel avenir, se refusa d'abord à cette alliance; mais quelques semaines passées à Châlons, chez les religieuses de Sainte-Marie, parurent lui inspirer d'autres sentiments, et, à sa sortie de cette maison religieuse elle épousa M. Billet. Après la mort de sa mère, arrivée en

1778, Mme Billet, qui, au fond du cœur, n'avait jamais renoncé à ses chimériques espérances, confia secrètement à ses voisines qu'elle était issue du sang royal, et que Mme Delorme, loin d'être sa mère, n'était que sa gouvernante. Lorsque ces bruits se furent accrédités, la prétendue princesse afficha hautement des prétentions, et porta si loin son extravagance, qu'elle vit se fermer devant elle toutes les maisons de Lons-le-Saulnier. Chez les Visitandines de Gray, où son mari, las de ses folies, lui permit de se retirer en 1786, elle compléta le roman dont elle n'avait jusqu'alors que dessiné la première ébauche, et elle écrivit à l'une de ses amies : « J'ai fait une découverte précieuse... Je suis réellement née du sang des Bourbons. Ne m'écrivez plus sous d'autre nom que celui que je signe..... Comtesse de *Mont-Car-Zain*. » Ce nom, qui était l'anagramme de Conti-Mazarin, indiquait, dans Mme Billet, l'intention de se donner pour la fille du prince de Conti et de la duchesse de Mazarin. Bientôt notre aventurière quitta les Visitandines de Gray pour l'abbaye de Notre-Dame de Meaux, d'où elle passa, en avril 1788, à l'abbaye de Saint-Antoine de Paris. Elle écrivit de là au prince de Conti qu'elle était sa sœur, qu'elle allait se faire *rebaptiser*, et qu'elle l'invitait à cette cérémonie. Le prince lui répondit que, n'étant à Paris que pour ses affaires, il a l'honneur d'être, avec respect, son serviteur. Elle se fit réellement rebaptiser; l'abbesse de Saint-Antoine fut sa marraine, et ne l'invita point au dîner qui suivit cette cérémonie, célébrée sans pompe le 7 octobre 1788. Mme Billet, dont les finances étaient épuisées, se retira à l'abbaye du Précieux-Sang, où l'on payait moins cher; elle importuna de ses sollicitations tous les princes de la famille royale, et finit par obtenir quelques secours de Monsieur (depuis Louis XVIII). Elle se logea alors à l'abbaye du Val-de-Grâce, et demanda judiciairement une pension alimentaire au prince de Conti, qui, disait-elle, l'avait reconnue pour sa sœur. Mais, étant mariée, elle ne pouvait plaider sans l'autorisation de son mari; c'est ce que déclara un jugement du 11 mai 1791, qui la condamna aux dépens. Elle présenta requête pour faire casser son mariage; mais sa demande fut repoussée par un jugement du 19 décembre 1791. Forcée de quitter le Val-de-Grâce par la suppression des couvents, elle se rendit à Lons-le-Saulnier en 1794, et ne dut sa liberté qu'à l'intervention du représentant Prost. Elle obtint, avec le consentement de son mari, la dissolution de son mariage. Ce divorce eût été un bonheur pour l'infortuné Billet ; mais sa femme lui intenta un procès en restitution de sa dot et de ses diamants. Les tribunaux lui allouèrent 10,000 francs, avec lesquels elle retourna à Paris, afin de demander une pension sur les biens du prince de Conti, qu'elle s'obstinait à nommer son frère. La convention lui assigna, rue Cassette, une maison d'émigré; et la prétendue comtesse de Mont-Car-Zain fit de cette demeure un hôtel garni, où elle logea des escrocs et des femmes ruinées. Plus tard, elle obtint, sous le nom de Bourbon-Conti, un débit de tabac à Orléans. Lorsque, en 1808, le roi d'Espagne passa en France, elle se présenta à ce prince, et, comme sa parente, sollicita de lui des secours. Sous la restauration, elle hasarda la même démarche auprès de la duchesse d'Angoulême, mais sans obtenir de résultat. Elle a laissé un ouvrage écrit sous sa dictée par J. Corentin-Royou, et qui est intitulé *Mémoires de Louise-Stéphanie de Bourbon-Conti*, 2 vol. in-8°.

Barruel-Beauvert, *Histoire de la prétendue princesse Stéphanie de Bourbon-Conti*. — *Moniteur universel*, an III, p. 970.

BOURBON (*Jacques* DE), historien, guerrier et théologien français, surnommé *le Bâtard de Liège*, et mort à Paris le 27 septembre 1527. Il était fils naturel de Louis de Bourbon, évêque de Liège, tué en 1482 par Guillaume de la Marck. Jacques de Bourbon, admis en 1503 dans l'ordre de Malte, où il obtint une commanderie, signala sa valeur au siége de Rhodes en 1522. Il fut nommé plus tard grand prieur de France. Il a laissé une relation du siége de Rhodes, dont la 1re édit. est intitulée *la Grande et merveilleuse et très-cruelle Oppugnation de la noble cité de Rhodes*; Paris, 1525, petit in-fol. goth.; la 2e édit., corrigée des fautes qui se trouvent dans la première, porte pour titre : *Histoire et prise de la noble et ancienne ville et cité de Rhodes*; ibid., 1527, même format.

Catalogue de Van-Praët, t. V, p. 51. — Lelong, *Bibliothèque historique de la France*, édit. Fontette.

BOURBON (*Nicolas*), dit *l'Ancien*, poète latin, né à Vandeuvre, près de Bar-sur-Aube, en 1503, mort à Candé, dans la Touraine, en 1550. Il s'était acquis tant de célébrité comme littérateur et helléniste, que Marguerite, reine de Navarre, lui confia l'éducation de sa fille Jeanne d'Albret, mère de Henri IV. Quoique Scaliger ait affecté un grand dédain pour les poésies latines de Nicolas Bourbon, les vers de cet écrivain ont pourtant obtenu le suffrage d'Érasme, de Paul Jove, de Sainte-Marthe et de Lancelot, qui a inséré quelques pièces de ce poëte dans son *Epigrammatum Delectus*. — Nicolas Bourbon a laissé : *Nugæ*; Paris, 1535, in-8°; le même ouvrage, sous ce titre : *Nugarum libri octo*; Lyon, 1538; Bâle, 1540, in-8° : c'est un recueil de poésies qui attira à son auteur cette épigramme de Joachim du Bellay :

Paule, tuum inscribis *Nugarum* nomine librum :
In toto libro nil melius titulo.

— *Pædologia, sive de puerorum Moribus libellus*; Lyon, 1536, in-4°; Paris, 1571, avec un commentaire par Jean des Caures; — une pièce de vers en tête de la traduction du *Courtisan* de Balthasar Castiglione, 1538, in-8°; — *Tabellæ elementariæ pueris ingenuis per-*

necessariæ; Paris, 1539, in-8°; — *In Francisci Valesii regis obitum, inque Henrici ejus filii regis adventum Dialogus*; 1547, in-4°; — un grand nombre d'épitaphes, dont quelques-unes méritent d'être remarquées, entre autres celles de la duchesse de Châteaubriant et de Louis de Savoie. — Philippe Dubois a donné des œuvres de Nicolas Bourbon une édit. *ad usum Delphini*; Paris, 1685, 2 vol. in-4°.

Nicéron, *Mémoires*, t. XXVI.

BOURBON (*Nicolas*), dit *le Jeune*, érudit et littérateur français, neveu du précédent, né à Vandeuvre en 1574, mort à Paris en 1644. Il professa successivement la rhétorique aux colléges de Calvi, des Grassins et d'Harcourt. Le droit du *landit*, que les régents levaient sur leurs écoliers, ayant été supprimé par le parlement, Bourbon laissa éclater sa colère contre cette mesure dans une diatribe intitulée *Indignatio Valeriana*, par allusion à la satire du grammairien Valerius Cato; il en fut puni par une courte captivité. Sa belle imprécation contre les assassins de Henri IV lui mérita, en 1611, la chaire de grec au Collége royal; mais il la quitta en 1620, pour entrer chez les pères de l'Oratoire. Quelques inscriptions qu'il composa pour la galerie du cardinal de Richelieu lui concilièrent la protection de ce puissant ministre, qui le fit entrer à l'Académie française.

Bourbon réunissait chez lui, à l'Oratoire Saint-Honoré, une sorte de société littéraire. Guy Patin, qui la fréquentait assidûment, en avait recueilli les traits les plus curieux; le manuscrit où il les avait consignés se composait de vingt-quatre cahiers, dont une partie s'est égarée; le reste a été imprimé sous le titre de *Borboniana*, ou *Fragments de littérature et d'histoire de Nicolas Bourbon*, et se trouve à la fin du deuxième volume des *Mémoires historiques, critiques et littéraires* de Bruys. Les œuvres de Nicolas Bourbon, intitulées *Poematia*, etc., ont été publiées en 1630; il en existe deux édit. de 1651 et de 1654, avec des additions.

Nicéron, *Mémoires*, t. XXVI.

BOURBOTTE (*Pierre*), conventionnel, né au Vault, près d'Avallon, le 5 juin 1763; mort le 13 juin 1795. Élu membre de la convention en 1792 par le département de l'Yonne, il demanda la mise en jugement de la reine, après avoir voté la mort de Louis XVI sans appel ni sursis. Il se joignit à Albitte et Chabot, qui s'opposèrent à ce que les complices des massacres de septembre fussent recherchés. Il fut envoyé à Orléans, afin d'y examiner la conduite des chefs de la légion germanique, accusés d'incivisme. Rappelé de ses fonctions administratives par le comité de salut public, et accusé de mesures oppressives, il fut défendu par Carrier, à la condamnation duquel il s'opposa vainement quelque temps après. Bourbotte acquitté fut envoyé à l'armée de Rhin-et-Moselle. Le 26 août 1794, il annonça à la convention la prise de Reinsfeld, de Bingen et de Trèves. Le 9 thermidor, il se mit à la tête des mécontents, et commanda ouvertement l'insurrection. Le 1er prairial, maître pendant quelque temps du pouvoir, il demanda l'arrestation des journalistes réacteurs, et celle des conspirateurs sortis de prison après le 9 thermidor; mais pendant qu'il discutait, Legendre et Auguis marchaient à la tête des sections sur l'assemblée, et la prirent d'assaut. Bourbotte, Goujon, Romme, Duquesnoy, Duroy et Soubrany furent arrêtés en vertu du décret proposé par Tallien, et ensuite transférés au château du Taureau, dans le Finistère. Ramenés à Paris vingt-trois jours après, ils y furent condamnés à mort par une commission militaire qui se tint à l'hôtel de ville. L'un d'eux, lorsqu'ils furent sortis de la salle, se frappa d'un couteau qu'il avait tenu caché, et le remit à son collègue, qui s'empressa de l'imiter. L'exemple fut bientôt suivi par les quatre autres. Bourbotte et trois de ses collègues respiraient encore en arrivant à l'échafaud. Bourbotte, regardé comme le plus coupable, fut exécuté le dernier.

Petite Biographie conventionnelle. — *Moniteur universel.* — Thiers, *Histoire de la Révolution française.* — *Galerie hist. des Contemporains.* — Le Bas, *Dictionnaire encyclopédique de la France.*

BOURCET (*Pierre-Joseph*), savant tacticien, né à Yseaux, près de Châtelleraut, en 1700 mort en 1780. Il entra au service à l'âge de dix-huit ans, parvint au grade de lieutenant général, servit en Italie en 1733 et 1741, et commanda en 1756, en Allemagne, l'artillerie et le génie. On a publié en 1792, à Paris, des *Mémoires historiques sur la guerre d'Allemagne de 1757 à 1762*, 3 vol. in-8°, dont les deux premiers sont extraits des papiers de Bourcet. On a en outre de lui : *Mémoires militaires sur les frontières de la France, du Piémont, de la Savoie, depuis l'embouchure du Var jusqu'au lac de Genève*; Berlin, 1801, in-8°; — *Carte topographique du haut Dauphiné*; 1758, en neuf feuilles.

Quérard, *la France littéraire*.

BOURCHENU (*Jean-Pierre* MORET DE), marquis de Valbonnais, historien français, né à Grenoble en 1651, mort en 1730. Il embrassa, après une jeunesse fort aventureuse, la carrière de la magistrature, et devint successivement conseiller au parlement de Grenoble, président de la chambre des comptes de cette ville, et enfin conseiller d'État. Il mourut à l'âge de soixante-dix-neuf ans. L'Académie des inscriptions l'avait reçu, en 1728, au nombre de ses membres. On a de lui : *Mémoires pour servir à l'histoire du Dauphiné, sous les dauphins de la maison de la Tour du Pin*; Paris, 1711, in-fol., réimprimés avec de nombreuses additions sous le titre d'*Histoire de Dauphiné et des princes qui ont porté le nom de Dauphins*; Genève, 1722, 2 vol. in-fol.; — *Mémoire pour établir la juridiction du parlement et*

de la chambre des comptes de Grenoble sur la principauté d'Orange; Grenoble, 1715, in-fol.;
— Histoire abrégée de la donation du Dauphiné, avec la chronologie des princes qui ont porté le nom de Dauphins (jusqu'à l'an 1711), dans le Recueil des pièces intéressantes, etc.; Genève et Paris, 1769, in-12; — des dissertations et des lettres sur divers points d'antiquité, insérées dans les Mémoires de Trévoux, etc.

Le Bas, *Dictionnaire encyclopédique de la France.* — Lelong, *Bibliothèque historique*, édit. Fontette, t. III.

BOURCHIER (*Jean*), lord Berners, guerrier et littérateur anglais, né en 1469, mort à Calais en 1532. Il étouffa une insurrection dans les comtés de Devon et de Cornouailles, et ce succès lui mérita la faveur du roi Henri VII. Au mariage du duc d'York, second fils d'Édouard IV, il fut créé chevalier du Bain. Après avoir servi, sous Henri VIII, au siége de Thérouane en qualité de capitaine des pionniers, il obtint de ce prince le gouvernement de Calais et le poste de chancelier de l'échiquier à vie. La princesse Marie, sœur du roi, ayant été fiancée à Louis XII, ce fut lord Berners qui la conduisit en France. Il publia une traduction anglaise de la *Chronique* de Froissart. Il composa un livre sur les devoirs (*duties*) des habitants de Calais; — une comédie ayant pour titre : *Ite in Vineam*; si l'on en croit Wood, on la représentait autrefois à Calais, après vêpres.

Wood, *Athenæ Oxonienses.*

BOURCHIER (*Thomas*), historien anglais, vivait dans la dernière moitié du seizième siècle, et a laissé : *Historia ecclesiastica de martyrio fratrum ordinis S. Francisci in Anglia, Belgio et Hybernia, a 1536 ad 1582*; Paris, 1582, in-8°.

Chalmers, *Biograph. Diction.*

BOURCIER (*François-Antoine*, comte), général français, né en 1760 à la Petite-Pierre, près de Phalsbourg, département du Bas-Rhin, mort en 1828. Lieutenant de cavalerie au commencement de la révolution, il fut nommé aide de camp du duc d'Aiguillon, et passa, en 1792, à l'état-major du général Custine. Devenu ensuite général de brigade, il fut nommé, en 1793, chef d'état-major de l'armée du Rhin, et élevé, l'année suivante, au grade de général de division. Chargé de la conduite d'une division de cavalerie, sous le général Moreau, il se distingua au combat d'Ingolstadt, et contribua, par son talent et son courage, aux résultats de la fameuse retraite de 1796. Nommé inspecteur général de cavalerie le 3 août 1797, il fit les campagnes de Suisse et de Naples, où il commanda une colonne de cavalerie qui tailla en pièces les insurgés qui s'étaient rassemblés à Andria. Il fit la campagne de 1805 à la tête d'une division de dragons, et prit part aux batailles d'Elchingen et d'Ulm ainsi qu'à celle d'Austerlitz, au succès de laquelle il contribua par de brillantes charges. Il assista, l'année suivante, à la bataille d'Iéna, et fut nommé, après la prise de Berlin, inspecteur général du grand dépôt des chevaux pris sur l'ennemi. Envoyé en Espagne, il n'en revint que pour aller combattre à Wagram, où il donna des preuves d'intrépidité. Plus tard, il fit partie de l'expédition de Russie, et vint, après les revers qui l'accompagnèrent, s'établir à Berlin, où il réorganisa la cavalerie française. Il fut mis à la retraite en 1816, mais fut, l'année suivante, appelé au conseil d'État, et employé en qualité de commissaire du roi près la régie générale des subsistances militaires; il fit ensuite longtemps partie de la chambre des députés, où il vota avec la majorité.

Arnault, Jouy, etc., *Biog. nouv. des Contemp.* — Ségur, *Hist. de Napoléon et de la grande-armée.* — *Victoires et conquêtes des Français.* — Le Bas, *Dictionnaire encyclopédique de la France.*

BOURCIER (*Jean-Léonard*, baron DE MONTUREUX), magistrat lorrain, célèbre par la participation qu'il prit à la rédaction des codes connus sous le nom de *Léopold*, et qui ont régi la Lorraine jusqu'à ces derniers temps. Il naquit à Verclise le 17 août 1649, et mourut à Charaf le 9 septembre 1726. Sa vocation ne fut pas d'abord bien déterminée. Il suivit un cours de théologie à Lyon, sous la direction du P. de la Chaise, puis il alla étudier en droit à l'université d'Aix, et se fit recevoir ensuite avocat au parlement de Paris. Après un séjour de trois années dans la capitale, il se rendit à Metz, où il fréquenta le barreau, et obtint des succès dans la plaidoirie. Quoique son talent pour la parole pût lui en promettre de plus grands, il acheta une charge d'avocat général à la table de marbre, qu'il exerça pendant plusieurs années, et qu'il ne quitta que pour aller occuper la place de procureur général près le conseil souverain de la province du Luxembourg, qui venait d'être conquise par Louis XIV. C'est là qu'il jeta les bases d'un code uniforme de procédure tant civile que criminelle, que les populations nouvellement soumises acceptèrent avec reconnaissance. Il fit réimprimer les coutumes du duché de Luxembourg et du comté de Chiny, rassembla en un corps les édits et règlements émanés des gouvernements antérieurs, et y ajouta les ordonnances qui avaient été promulguées dans le pays depuis sa conquête. Bourcier exerça ces importantes fonctions pendant dix à douze années; mais le mauvais état de sa santé le força de les résigner en 1698. L'amour de sa patrie le rappelait en Lorraine, mais un motif non moins puissant vint l'y fixer pour toujours. Le traité de Riswick venait de rendre ses États au duc Léopold, qui comprit la nécessité de rattacher à son service les hommes de mérite que les circonstances avaient éloignés. Léonard Bourcier fut un des premiers sur lequel les regards du prince se portèrent; et, dès le mois d'août 1698, le magistrat qui avait laissé des regrets si profonds à Luxembourg fut pourvu de la charge importante de procureur général près la cour souveraine de Lorraine. C'était une entreprise difficile que de rétablir le règne de la justice dans une contrée devenue depuis soixante ans la proie des conquérants, et livrée à tous les désordres qu'entraînent les envahissements de l'étranger. Léonard Bourcier seconda les vues réparatrices du prince, et fut, sous ce rapport, son agent le plus éclairé. Il fit plus, il devint législateur, comme il l'avait été dans le duché de Luxembourg. C'est à ses sages méditations que la Lorraine dut en 1701 la publication de nouveaux règlements pour l'administration de la justice, lesquels ont retenu le nom de code Léopold, et qui embrassaient dans leur ensemble la procédure civile, l'instruction criminelle et la police des eaux et forêts. Ce code obtint l'assentiment général ; mais alors le siége de Toul était occupé par un prélat turbulent et tracassier, Thiard de Bissy, qui crut apercevoir dans ces lois des atteintes portées à l'autorité ecclésiastique en ce qui concernait les matières bénéficiales et le prêt à intérêt, qu'il qualifiait d'usure, et les monitoires. Dans son zèle vrai ou faux, il déféra le code entier au pape Clément XI, qui, par un bref pontifical, censura les articles incriminés. Le procureur général, rédacteur principal de la loi et chargé de la faire exécuter, ne pouvait garder le silence devant de pareilles attaques. Il fit paraître et enregistrer au parlement un *Acte d'appel, interjeté par lui, de l'exécution du bref contre l'ordonnance de Son Altesse Royale, du mois de juillet 1701, de Notre Saint Père le pape Clément XI, mal informé, à notredit saint père le Pape, lorsqu'il sera mieux informé* (Nancy, 1703, in-4°, de 18 pag.). Cette pièce, respectueuse dans sa forme, est une énergique et éloquente protestation contre les empiétements de la puissance sacerdotale. Mais la cour de Rome, qui est constante dans ses desseins, condamna aussi l'acte d'appel (février 1704). Après des négociations tentées vainement en Lorraine et encore plus vainement à Rome, le duc Léopold, dont l'esprit était naturellement conciliant, et puis peut-être encore par des intérêts de famille, finit par céder, et publia en 1707 une nouvelle édition de son code, dans laquelle les articles censurés n'avaient pas été reproduits ; mais, s'il faut s'en rapporter au comte de Foucauld, qui a écrit l'*Histoire de Léopold* (Bruxelles, 1791, in-8°, p. 78), « la jurisprudence lorraine ayant adopté les « lois telles qu'elles avaient d'abord été dictées, « les cours en maintinrent l'esprit. » A ses fonctions de procureur général Bourcier avait vu ajouter le titre de conseiller d'État. En 1711, il se rendit au congrès d'Utrecht en qualité d'envoyé du duc de Lorraine ; il y resta jusqu'en 1713, et se fit estimer de tous les ministres des puissances de premier et de second ordre, par le caractère de loyauté et de modération avec lequel il défendit les intérêts du prince, qu'il représentait ainsi plus dignement que par son faste. Il n'est guère d'occasions importantes où le duc Léopold ne l'ait consulté, et n'ait eu recours à sa plume habile et exercée, toutes les fois qu'il fallait soutenir les droits de la souveraineté. C'est ainsi qu'il rédigea deux mémoires pour établir les droits de Son Altesse à la principauté d'Arches et de Charleville, et sur le duché de Montferrat (Nancy, Cusson, 2 vol. in-f°). Tant de gages de dévouement ne devaient pas rester sans récompense : il fut créé baron, et, seul des hommes de robe, il fut admis à la table du prince, qui établit exprès pour lui la charge de premier président de la cour souveraine. Mais, préférant les douceurs d'une retraite studieuse aux devoirs d'apparat que cette nouvelle dignité devait lui imposer, il déclina d'abord un tel honneur : néanmoins il fallut céder à la volonté persistante de Léopold. Bourcier était alors plus que septuagénaire. Ce changement de position, qui l'astreignait à des devoirs nouveaux, influa sur sa santé d'une manière fâcheuse. Il essuya plusieurs maladies, dont la dernière le força de s'abstenir de paraître au palais : il se dédommageait de cette privation pénible pour lui dans le silence du cabinet, en achevant divers travaux historiques et législatifs qu'il avait été obligé d'interrompre. C'est ainsi qu'il finit une carrière si bien remplie, à l'âge de soixante-dix-sept ans. On trouvera dans la *Bibliothèque lorraine* de dom Calmet la liste complète des ouvrages qu'il a mis au jour. Outre ceux que nous avons déjà mentionnés, nous citerons encore une *Dissertation sur l'origine et la nature du duché de Lorraine ;* Nancy, Cusson, 1721, in-4° : c'est la seconde édition d'un écrit qui avait pour but d'établir la masculinité du duché de Lorraine, *Droit de la maison de Lorraine sur le royaume de Sicile,* in-4° ; — *Arrêts de la cour souveraine de Lorraine;* Nancy, Cusson, 1707-1722, 2 vol. in-4°. On attribue à Bourcier une espèce de satire qui parut d'abord manuscrite, sous le titre de *Catholicon de l'officialité de Toul*, et qui a été imprimée à petit nombre d'exemplaires, in-8°. Il est bon d'observer à ce sujet que, malgré ses démêlés avec l'évêque et l'officialité de Toul, il ne cessa pas d'être profondément religieux dans ses principes et dans la pratique.

J. Lamoureux.

Dom Calmet, *Bibliothèque de la Lorraine*.— Foucauld, *Histoire de Léopold.— Etude sur le président Bourcier*, par M. Salmon ; Toul, 1846, in-8°. — Digot, *Éloge historique de Bourcier*.

BOURCIER (*Jean-Louis*, comte de Montureux), fils du précédent, magistrat et négociateur, né à Luxembourg le 12 mai 1687, et mort à Nancy le 14 mars 1737, marcha, quoique de loin, sur les traces de son père. A vingt-trois ans il fut appelé à remplir les fonctions d'avocat général, et deux ans après il obtint la survivance de la charge de procureur général près la cour souveraine de Lorraine qu'occupait Jean Léonard Bourcier, et le remplaça en 1724. Nommé conseiller d'État, il fut chargé par le duc Léopold d'une mission délicate et importante près la cour de Rome, qu'il réussit à mener à bonne fin, et ensuite près celle de Turin. Le duc François, successeur de Léopold, qui venait d'épouser l'archiduchesse Marie-Thérèse, le fit venir à Vienne pour l'aider de ses conseils. On croit qu'il ne fut pas étranger à la longue résistance que manifesta ce prince à accéder au traité de Vienne, qui le dépouillait de la Lorraine; sacrifice auquel il finit par se résigner pour contribuer par là au maintien de la paix de l'Europe, et qui lui valut, par la suite, la souveraineté du grand-duché de Toscane, avant que le décès de Charles VII le fît monter sur le trône impérial. Bourcier avait fait de tous ces événements et de la politique suivie par le duc François le sujet d'un mémoire intéressant, dont le manuscrit autographe, communiqué aux éditeurs du *Conservateur*, fut inséré dans ce journal (mars 1758, p. 166-198). Bourcier, après avoir rempli, à la satisfaction de son ancien maître, la mission de confiance qu'il en avait reçue, revint en Lorraine, où il continua d'exercer jusqu'à sa mort les fonctions de procureur général, sans avoir profité des lettres de survivance de la charge de premier président, qui lui avaient été accordées par le duc Léopold. On lui doit la publication d'un ouvrage important pour l'histoire de la législation en Lorraine; c'est le *Recueil des Édits, Ordonnances, Déclarations, Traités et Concordats du règne de Léopold*; Nancy, Cusson, 1733-1734, 4 vol. in-4°. Il fit imprimer en 1748 la suite de ce recueil, tant pour le règne du duc François que pour celui du roi de Pologne Stanislas; cette collection a été continuée depuis lors, et portée jusqu'à quinze volumes in-4°. Les autres ouvrages que Bourcier a publiés sont : *Lettres touchant l'importance et la dignité du cardinal*, trad. de l'italien; Nancy, 1725, in-8°; — *Histoire de Jean Léonard, baron de Bourcier*; Nancy, Charlot, 1740, in-8° de 416 p., imprimé à très-petit nombre d'exemplaires; — *Instruction pour mon fils aîné, qui prend le parti de la guerre*; Nancy, 1740, in-fol. Le malin Chévrier lui reproche d'avoir « trop couru après l'esprit dans ses discours publics, » et il cite à ce propos plusieurs traits de mauvais goût, où l'on trouve moins d'excès d'esprit que peu de rectitude dans le jugement.   J. LAMOUREUX.

Dom Calmet, *Bibliothèque Lorraine*. — Chévrier, *Mémoires pour servir à l'Histoire des hommes illustres de Lorraine*.

BOURDAILLE (*Michel*), docteur de Sorbonne, mort le 26 mars 1694. Il fut successivement théologal, aumônier et grand vicaire de la Rochelle, et publia : *Défense de la foi de l'Église touchant l'Eucharistie*, 1676, in-12; — *Défense de la doctrine de l'Église touchant le Culte des Saints*, 1677, in-12; — *Explication du Cantique des Cantiques*, 1689, in-12; — *Théologie morale de l'Évangile*, 1691, in-12; — *De la part que Dieu a dans la conduite des hommes*; ouvrage inséré dans le t. II du *Traité de la Grâce générale* de Nicole; — *Théologie morale de saint Augustin*, 1687, in-12 : cet ouvrage attira à son auteur une réfutation de la part d'Antoine Arnauld, qui, dans deux lettres adressées à Le Féron, s'attacha à démontrer l'erreur où Bourdaille était tombé en écrivant dans son livre la proposition suivante : « Ceux « qui ne se laisseraient aller à quelques grands « désordres qu'avec une extrême répugnance et « comme malgré eux, ou forcés par la crainte « d'un grand mal, ou cédant à la violence d'une « passion qui les emporterait, de sorte qu'ils eus- « sent un extrême déplaisir tout aussitôt qu'ils « seraient hors de ces fâcheuses conjonctures, on « ne pourrait pas dire assurément qu'ils auraient « perdu la grâce et qu'ils auraient encouru la « damnation; car, encore que la cupidité ait do- « miné en ce moment, ce ne peut avoir été qu'une « domination passagère, qui ne change point ab- « solument le fond et la disposition du cœur. »
Richard et Giraud, *Bibliothèque sacrée*.

BOURDAISIÈRE (*Jean* BABOU, seigneur DE LA), homme d'État français, vivait dans la dernière moitié du seizième siècle. Il était fils de Philibert Babou de la Bourdaisière et de Marie Gaudin, fille d'un maire de Tours et célèbre par sa beauté. C'est à elle que Léon X, dans son entrevue à Bologne avec François Ier, donna un joyau de grand prix, appelé *le diamant Gaudin*, et soigneusement conservé dans la maison de Sourdis. Dans l'église collégiale de Notre-Dame-de-Bon-désir, entre Tours et Amboise, il existe un sépulcre en pierre où l'on a représenté les trois Marie, pour lesquelles les trois sœurs de Jean de la Bourdaisière ont servi de modèles; et c'est d'après Marie Gaudin qu'a été faite la statue de la Vierge, mère de Jésus-Christ.

BOURDAISIÈRE (*Jean* BABOU DE LA), son fils, mort en 1589, était capitaine de cent gentilshommes de la maison du roi, et gouverneur de Brest. Il se déclara en faveur de la Ligue, se battit en duel avec Cicé, qu'il tua aux états de Blois en 1588, et périt lui-même, l'année suivante, à la bataille d'Arques. Deux poèmes élégiaques furent composés au sujet de sa mort; l'un est intitulé *Soupirs lamentables de la France*; l'autre a pour titre : *Lamentables regrets de la France sur le trépas de trez-hault et trez valeureux seigneur monseigneur le comte de Sagonne*, etc.

Françoise BABOU DE LA BOURDAISIÈRE, fille aînée de Jean Babou de la Bourdaisière, et mariée à Antoine d'Estrées, seigneur de Couvrez-lez-Soissons, donna le jour à la belle Gabrielle, maîtresse de Henri IV, et fut tuée avec le marquis d'Allègre, son amant, dans une sédition qui éclata contre eux à Issoire.

Isabelle BABOU DE LA BOURDAISIÈRE, sœur puînée de la précédente et femme de François d'Escoubleau, marquis de Sourdis, fut publiquement la maîtresse du chancelier de Chiverny. Elle dut à sa nièce Gabrielle d'Estrées le gouvernement de Chartres, donné à son mari, et l'élévation de ses deux fils, le cardinal de Sourdis et Henri, archevêque de Bordeaux. Ce dernier mérita le surnom d'*Amiral* pour les services qu'il rendit dans l'expédition par mer contre la Rochelle, et par sa participation à la conquête des îles Sainte-Marguerite.

Marie BABOU DE LA BOURDAISIÈRE, sœur cadette des deux précédentes, et femme de Claude de Beauvilliers, comte de Saint-Aignan, gouverneur d'Anjou, eut de son mariage Anne, épouse de Pierre Forget, seigneur de Fresne, secrétaire d'État, et Marie de Beauvilliers, abbesse de Montmartre, dont Henri IV s'éprit momentanément pendant le siége de Paris. Le maréchal de Bassompierre dit qu'une demoiselle de la Bourdaisière, fille d'honneur de la reine Louise, veuve de Henri III, fut aimée de Henri IV, et mariée en 1602 au vicomte d'Étanges. Cinq généraux du nom de la Bourdaisière combattirent à la tête des armées vénitiennes.

Moréri, *Dictionnaire historique.* — Anselme, *Histoire généal. de la maison de France.*

BOURDALOUE (*Louis*), célèbre prédicateur français, né à Bourges le 20 août 1632, mort le 13 mai 1704. Son père avait d'abord hésité à lui permettre d'embrasser l'état ecclésiastique, parce qu'il se souvenait que lui-même avait eu cette pensée, et l'avait abandonnée; aussi voulut-il éprouver la vocation de son fils avant de la croire invincible. Mais, quand il la vit bien décidée, il l'autorisa à quitter la maison paternelle pour le noviciat des jésuites, où le jeune Bourdaloue mûrit par de fortes études un esprit qui jusqu'alors n'avait été que vif et brillant. Ses supérieurs firent de lui successivement un professeur d'humanités, de rhétorique, de philosophie et de théologie morale; il ne commença à prêcher qu'après s'y être préparé par dix-huit ans de travaux. Ses premiers sermons, prononcés en province, y excitèrent une admiration dont le signal fut donné par la petite-fille de Henri IV, la grande Mademoiselle, laquelle s'en souvint plus tard, et fit appeler leur auteur auprès d'elle quand elle se sentit sur le point de mourir. Envoyé à Paris en 1669, c'est-à-dire au moment le plus beau du règne de Louis XIV, Bourdaloue prêcha à la cour avec un succès inouï, qui s'expliqua à la fois par le mauvais goût de ses prédécesseurs et par les lumières de son temps, mais qu'il dut avant tout à son talent, qui était prodigieux, et à sa réputation de vertu, qui protégeait sa parole. Le grand objet qu'il se proposa, ce fut de convaincre : son arme fut le raisonnement, et il soumit ce raisonnement à toute la rigueur de la logique. Sans renoncer à émouvoir, il n'attachait pourtant aux moyens de pathétique qu'une importance secondaire : pourquoi? parce que, suivant lui, il faut être convaincu pour être vivement touché. Il voulait de la chaleur; mais il demandait cette chaleur à la lumière, en cherchant, comme saint Paul, à rendre la *foi raisonnable*; il s'imposait, il est vrai, l'obligation difficile à remplir de démontrer les vérités qu'il prêchait; mais aussi, ces vérités une fois démontrées, il se trouvait en droit d'en commander souverainement le respect. De là vient ce caractère dominateur qui est le propre de son éloquence comme de celle de Démosthène, et que Maury, d'après Quintilien, appelle : *imperatoria virtus*.

L'art de la composition est chez lui achevé : non moins habile à tracer que fidèle à suivre le plan d'un discours, il le fait comprendre sans peine, et par là écouter avec plus de plaisir; toutes ses preuves se tiennent, et, en même temps qu'elles se fortifient par leur liaison, elles répondent par leur gradation au besoin qu'éprouvent toujours les auditeurs de recevoir des impressions de plus en plus vives. Rien de plus solide d'ailleurs que ces preuves puisées aux sources véritables, c'est-à-dire dans la Bible, dans Isaïe, qu'il semble avoir distingué des autres prophètes, dans saint Paul, dont il a fait son maître, et enfin dans les Pères de l'Église, parmi lesquels saint Augustin est celui qu'il cite de préférence.

Son style est grave sans être pesant, et dans son élévation il n'y a ni emphase ni obscurité; il monte sans effort, et sans jamais se perdre dans les nuages; sa parole est vraiment la parole de Dieu. Aussi fut-il goûté des grands comme des petits, des habitants des campagnes comme des gens instruits; aussi le lit-on aujourd'hui avec la même admiration qu'on l'écoutait pendant sa vie. Il est de ces hommes qui vivent, par l'influence de leurs écrits, au delà du tombeau, qui se font lire partout où ont pénétré les lettres françaises, et qui à travers les siècles continueront leur mission apostolique : on peut dire que, tout mort qu'il est, Bourdaloue prêche encore par ses propres sermons et par ceux des prédicateurs auxquels il a fourni des moyens de succès. Envisagé même au seul point de vue philosophique, Bourdaloue est un homme hors ligne, un dialecticien aussi subtil que vigoureux, et qui a fait école.

C'est là un hommage que lui rendit Boileau, dont l'autorité était si grande parmi les gens de lettres. Madame de Sévigné, qui avait un esprit aussi gracieux que celui de Boileau était sévère, partagea l'enthousiasme du célèbre critique pour le nouveau prédicateur. « Jamais, écrit-elle à sa « fille, on n'a entendu rien de plus beau, de plus « noble, de plus étonnant. » Louis XIV voulut qu'il prêchât devant lui durant dix carêmes. « J'aime mieux ses redites, disait-il, que les « choses nouvelles des autres. »

Quand après la révocation de l'édit de Nantes on songea à ramener par la persuasion des esprits que la violence avait aigris, Bourdaloue fut envoyé dans le Languedoc : là il se montra aussi humain qu'éloquent, et le succès de sa mission fut immense.

Au milieu de ses triomphes, Bourdaloue conserva sa bonté de caractère et sa modestie : occupé uniquement de son devoir, il n'allait pas prêcher plus volontiers à la cour devant le roi que dans un couvent, dans un hôpital, dans une prison. Vers la fin de sa vie, il demanda même à ses supérieurs, plusieurs fois et avec instance, la permission de se retirer en province, comme pour y échapper à sa réputation, comme pour aller y demander à Dieu le pardon de sa gloire : la lettre latine où cette demande est exprimée est, par sa touchante simplicité, une des plus belles choses qu'il ait écrites. En voyant qu'elle restait sans effet, il se résigna ; et, comme il avait moins la force de prêcher, il remplaça ce travail par des visites aux hôpitaux et aux prisons, et surtout par la confession, à laquelle il donnait jusqu'à six heures consécutives. A la suite d'un sermon qu'une abbesse lui avait demandé et qu'il n'avait osé refuser, quoiqu'il se sentît épuisé de fatigue, il tomba malade.

« Mon Dieu, j'ai abusé de la vie, disait-il en « mourant ; j'ai mérité que vous me l'ôtiez. » Peu après il ajouta : « Il est temps que je fasse ce « que j'ai tant de fois prêché aux autres. » Il se résignait aux peines du purgatoire : « Là, dit-il, je « souffrirai, mais je souffrirai avec amour ; il faut « que Dieu soit satisfait. »

On a dit de lui que « sa vie était la meilleure « réfutation des accusations portées par les *Pro-* « *vinciales* contre la morale des jésuites. » Bourdaloue avait un extérieur rempli de dignité : sa voix était sonore et harmonieuse, son action vive, son débit rapide ; d'esprit, d'âme et de corps, il était orateur ; mais, comme Démosthène et Cicéron, il devait au travail quelques-unes de ses qualités.

Les admirateurs de Bourdaloue sont d'avis que la première partie de sa *Passion*, dans laquelle il prouve que la mort du Fils de Dieu est le triomphe de la puissance, est le chef-d'œuvre de la chaire.

Les sermons du P. Bourdaloue ont été publiés par le P. H. Bretonneau, à Paris, 1707-1734, en 16 vol. in-8° : c'est une belle édition, dont on ne trouve pas facilement les exemplaires bien conservés et uniformément reliés, dit l'auteur du *Manuel du Libraire* ; les seize volumes sont ainsi divisés : *Avent*, 1 vol. ; — *Carême*, 3 vol. ; —*Mystères*, 2 vol. ; — *Fêtes*, 2 vol. ; — *Exhortations*, 2 vol. ; — *Retraites*, 2 vol. ; — *Pensées*, 2 vol. — Les sermons ont été traduits en latin par le P. Louis de Saligny ; la Flèche, 1703-1705. La plus belle des éditions nouvelles du grand orateur sacré est celle de Paris, Méquignon fils ainé, 1822-1826, 17 vol. in-8° ; le même libraire a publié en même temps une édition en 20 vol. in-12. Indépendamment des autres éditions, nous citerons comme excellente celle de Paris, Lefèvre, 1833-1834, et Firmin Didot, 1840, en 3 volumes grand in-8°.— Quant aux *sermons inédits* du P. Bourdaloue, Paris, Dentu, 1823, in-8° (imprimés dès 1810), ils sont certainement apocryphes.

Anot de Maizières.

Prigny, *Vie du P. Bourdaloue*, 1705; Paris, in-4°. — La Harpe, *Cours de Littérature.* — Villenave, *Notice sur Bourdaloue.* — Labouderie, *Notice sur Bourdaloue;* Paris, 1825. — Saint-Arnaud, *Notice sur le P. Bourdaloue;* Bourges, 1842.

BOURDÉ DE LA VILLEHUET (*Jacques*), marin français, né vers 1730 à Saint-Coulomb, près de Saint-Malo ; mort à Lorient en 1789. Il entra fort jeune au service de la compagnie des Indes, qui lui conféra le grade de capitaine de ses vaisseaux. Il est auteur des ouvrages suivants, qui tous portent le cachet d'une pratique éclairée : *le Manœuvrier*, ou *Essai sur la théorie et la pratique des mouvements du navire et des évolutions navales;* Paris, 1765, in-8° avec fig. ; — 2ᵉ édit. ; ibid. ; 1769, in-8° ; — 3ᵉ édit. ; ibid., 1814, in-8°, augmentée d'un *appendice* contenant *les Principes fondamentaux de l'arrimage*, par le même auteur, suivi du *mémoire de Groignard* sur ce sujet ; la dernière édit., donnée par Ét. Willaumez, a pour titre : *les Exercices et Manœuvres du canon à bord des vaisseaux du roi, et le mode d'exercice des officiers et des équipages ;* 4ᵉ édit. ; Paris, 1832, in-8° ; traduit en anglais par Sanhwel ; — *Mémoire sur l'arrimage des vaisseaux*, couronné en 1765 par l'Académie des sciences, et inséré dans le t. IX du Recueil de l'Académie avec le mémoire de Groignard, qui avait partagé le prix ; tous deux ont été reproduits dans les deux dernières éditions du *Manœuvrier*, et tirés en outre à part ; Paris, 1814, in-8° ; — *Manuel des Marins*, ou *Explication des termes de marine ;* Lorient, 1773, 2 tom. en un vol. in-8°.

P. L.

Biograph. Bretonne. — Quérard, *la France littéraire.*

BOURDEC (*N*...), chirurgien dentiste français, vivait dans la dernière moitié du dix-huitième siècle, et a laissé : *Lettre à M. D.*, 1754, in-12, avec des *Éclaircissements sur cette lettre*, 1754, in-12 ; — *Recherches et observations sur l'art du Dentiste ;* Paris, 1758, 2 vol. in-12 ; — *Dissertation sur les Dépôts du sinus maxillaire*, 1777, in-12 ; — *Soins pour la propreté de la bouche et pour la conservation des dents ;* Paris, 1771, in-8° ; Berne, 1792, in-24 ; nouvelle édition, intitulée *Moyens faciles de nettoyer la bouche et de conserver les dents ;* Berne, 1782, in-8°.

Quérard, *la France littéraire.*

BOURDEILLE. La maison de Bourdeille, une des plus anciennes et des plus illustres du Périgord, était en possession de la terre de Bourdeille dès 1044. Les barons de Bourdeille avaient le titre de premiers barons du Périgord. Plusieurs membres de cette famille se distinguèrent dans l'Église, la politique et les lettres.

BOURDEILLE (*Hélie de*), cardinal, archevêque de Tours, fils d'Arnaud de Bourdeille, sénéchal du Périgord sous Charles VI et Charles VII, et de Jeanne de Chamberlhac, naquit au château de Bourdeille vers 1423, et mourut à Tours en 1484. Entré dès l'enfance dans l'ordre de Saint-François, il fut élu, à l'âge de vingt-quatre ans, évêque de Périgueux par le chapitre de cette ville, et confirmé dans cette dignité par les bulles du pape Nicolas V (1447). Malgré sa jeunesse, il se fit remarquer par sa piété et la sévérité de ses mœurs. Député aux états généraux de Tours (1467), il fut élevé au siège archiépiscopal de cette ville (1468). Il jouit d'abord de la faveur de Louis XI, qui le nomma premier commissaire dans le procès fait à l'abbé de Saint-Jean-d'Angély à l'occasion de la mort du duc de Guyenne (1473); mais, lors de l'arrestation du cardinal de la Balue et de l'évêque de Verdun, il protesta vivement contre cet attentat aux immunités ecclésiastiques, et fut sur le point d'être mis en jugement par le parlement. Louis XI arrêta les poursuites, mais il garda rancune au prélat. Hélie de Bourdeille reçut du pape Sixte IV le chapeau de cardinal le 13 novembre 1483; il mourut dans son diocèse en juillet 1484. Telle était sa réputation de sainteté, qu'il fut question de le canoniser. On a de ce cardinal quelques traités ecclésiastiques, dont le plus important a pour titre : *Opus pro pragmaticæ sanctionis abrogatione*; Rome, 1486 ; Toulouse, 1518 : il y attaque la pragmatique sanction, comme attentatoire aux droits de l'Église gallicane. On trouve encore de lui, à la fin du *Procès de justification de Jeanne d'Arc*, un *Traité sur la Pucelle d'Orléans*, en latin.

Gallia christiana, tome II. — Moréri, *Dictionnaire historique*.

BOURDEILLE (*André*, vicomte DE), fils de François, vicomte de Bourdeille, et d'Anne de Vivonne de la Châteigneraie, né vers 1519, mort en janvier 1582. Élevé comme page à la cour de François Ier, il fit ses premières armes en 1543 et 1544 aux guerres de Marolles et de Landrecies. Son courage et sa fidélité lui valurent la charge de grand panetier du roi. Il se distingua particulièrement au siége de Metz (1552) et à celui d'Hesdin, où il fut fait prisonnier (18 juillet 1553). Il ne recouvra sa liberté qu'en 1556, au prix d'une rançon considérable. Son mariage avec Jacqueline de Montbron d'Archiac (1558) lui donna la propriété du comté de Matha, qui resta dans la branche cadette de la maison de Bourdeille. Créé chevalier de Saint-Michel (1567), chambellan du duc d'Alençon (1570), conseiller privé (1572), il fut élevé, la même année, à la dignité de sénéchal et gouverneur du Périgord. Au milieu de ces temps de guerres civiles et de fanatisme, il se conduisit avec une fermeté, une modération, un dévouement dont témoigne sa correspondance avec la cour. Il mourut à l'âge de soixante-deux ans. On a de lui : *Maximes et advis du maniement de la guerre, et principalement du devoir et office de mareschal de camp; Correspondance avec Charles IX, Catherine de Médicis et Henri III*. Ces deux ouvrages parurent pour la première fois dans l'édition de Brantôme, de la Haye (1740), dont ils forment le 13e vol. à partir de la page 213 et le 14e. On les trouve dans toutes les éditions complètes de Brantôme. Le premier est dédié à Charles IX.

LÉO JOUBERT.

Monmerqué, *Vie d'André de Bourdeille*, dans le huitième vol. de son édition des œuvres de Brantôme.

BOURDEILLE (*Claude de*), comte de Montrésor. *Voy.* MONTRÉSOR.

BOURDEILLE (*Pierre*). *Voy.* BRANTÔME.

BOURDELIN, nom d'une famille de savants distingués qui a vu trois de ses membres appelés à l'Académie des sciences, et un autre à l'Académie des inscriptions et belles-lettres.

BOURDELIN (*Claude*), chimiste français, né à Villefranche, près de Lyon, en 1621; mort le 15 octobre 1699. Il fut admis en 1668 à l'Académie des sciences, à laquelle il présenta près de deux mille analyses de toutes sortes de corps. L'étude des eaux minérales et des plantes l'occupa principalement, et il fut durant trente-deux ans l'oracle de la chimie.

Fontenelle, *Éloge de Bourdelin*. — Le Bas, *Dictionnaire encyclopédique de la France*.

BOURDELIN (*Claude*), médecin français, fils du précédent, né à Senlis le 20 juin 1667, mort le 20 avril 1711. A dix-huit ans, il comprenait déjà l'ouvrage de Lahire sur les sections coniques, et avait traduit tout Pindare et tout Lycophron. Il embrassa la carrière médicale, et devint, en 1703, premier médecin de la duchesse de Bourgogne. Ainsi que son père, il n'a laissé aucun ouvrage, bien qu'il fût un des membres les plus actifs de l'Académie des sciences.

Le Bas, *Dictionnaire encyclopédique de la France*.

BOURDELIN (*François*), antiquaire français, frère du précédent, né à Senlis le 15 juillet 1668, mort le 24 mai 1717. Il choisit d'abord la jurisprudence, mais s'adonna surtout à l'étude des langues. Après avoir résidé dix-huit mois en Danemark en qualité de secrétaire d'ambassade, il revint à Paris, où il remplit secrètement les fonctions de traducteur des dépêches étrangères. Il fut gentilhomme ordinaire, et membre de l'Académie des sciences. Il a laissé : *Description de quelques anciens monuments trouvés dans les pays étrangers, particulièrement de la colonne d'Antonin* (dans les Mém. de l'Acad. des inscript.) — Il avait entrepris l'*Explication de toutes les médailles modernes frappées depuis deux ou trois siècles*, et la traduction du *Système intellectuel de l'univers*, par Cudworth.

Éloge de François Bourdelin, dans le troisième vol. des *Mémoires de l'Académie des inscriptions et belles-lettres*.

BOURDELIN (*Louis-Claude*), médecin français, fils de François, né à Paris en 1695, mort le 13 septembre 1777. Il fut admis en 1727 à l'Académie des sciences, où il lut plusieurs mémoires sur des questions de chimie. Il professa cette science au Jardin du Roi, fut membre de l'Académie de Berlin et de celle des curieux de la nature. Il fut aussi médecin de Mesdames, filles de Louis XV.

BOURDELIN (l'abbé), gramairien français, de la même famille que les précédents, né à Lyon en 1725, mort le 24 mars 1783. Il fut instituteur dans sa ville natale, après avoir été aveugle jusqu'à l'âge de douze ans. Il a laissé : *Nouveaux Éléments de la langue latine*, ou *cours de thèmes français-latins*; Lyon, 1778, 4 vol. in-12; — Un *Hommage à la mémoire de l'abbé Bourdelin* a été publié par Delandine, 1783, 1 vol. in-8°.

Le Bas, *Dict. encyclop. de la France.* — Quérard, *la France littéraire*.

BOURDELOT (l'abbé). *Voy.* MICHON.

BOURDELOT (*Jean*), érudit français, natif de Sens, mort à Paris en 1638. Il était avocat au parlement de Paris, maître des requêtes de Marie de Médicis, et l'un des plus célèbres érudits du dix-septième siècle. On a de lui une édition de *Lucien*, Paris, 1615, in-fol., longtemps estimée; une édition d'*Héliodore*, Paris, 1619, in-8°, et une édition de *Pétrone*, imprimée après sa mort; Amsterdam, 1663, et Paris, 1677, in-12. Suivant un de nos meilleurs critiques, M. Boissonade, les commentaires dont Bourdelot a enrichi ses éditions d'auteurs anciens ne sont pas indignes d'éloges, quoiqu'ils aient été faits à la hâte. Parmi les manuscrits laissés par Jean Bourdelot, on remarque un *Traité de l'étymologie des mots françois*.

L'abbé de Marolles, *Mémoires*, t. 1er, p. 66; t. III, p. 243. — Le Bas, *Dictionnaire encyclop. de la France.*

BOURDELOT (*Edme*), médecin français, frère puîné du précédent, vécut à la même époque, et mourut avant lui. Il fut médecin du roi Louis XIII, et concourut avec son frère à l'éducation de Pierre Michon, leur neveu.

Bazin, *Hist. de Louis XIII.* — Moréri, *Dict. hist.*

BOURDIC-VIOT (*Marie-Anne-Henriette Payan de l'Étang* DE), femme de lettres française, née à Dresde en 1746, morte à la Ramière, près de Bagnols, le 9 août 1802. Elle fut également connue sous le nom de madame *d'Antremont*, parce qu'elle était veuve de M. de Rivière, marquis d'Antremont, lorsqu'elle épousa le baron de Bourdic, major de la ville de Nîmes. Amenée en France dès le bas âge, elle perdit, dans sa seizième année, son premier mari, qu'elle avait épousé à treize ans. Le goût qu'elle avait toujours eu pour les lettres n'en devint que plus vif, et elle rechercha des consolations dans la poésie. Comme elle composait pour elle et pour ses amis, et que ce fut presque toujours à son insu que ses productions littéraires furent publiées, on aurait tort de se montrer trop sévère à son égard. On rencontre souvent, dans les *Almanachs des Muses*, de jolis vers signés de son nom. Parmi les pièces qui lui font le plus d'honneur, il faut citer l'*Éloge de Montaigne*, in-18,

an VIII; l'*Éloge du Tasse*, celui de *Ninon de Lenclos*, l'*Ode au silence* et *la Forêt de Brama*, opéra en trois actes, musique d'Eler. Il règne en général dans ses écrits une grande indépendance de raison, qu'elle avait puisée dans Montaigne, son auteur favori. Elle aimait la musique presque autant que la poésie, et consacrait ce qui lui restait de loisir à l'étude de l'allemand, de l'italien et de l'anglais.

Étant devenue veuve de nouveau, elle épousa en troisièmes noces M. Viot, administrateur des domaines. Madame d'Antremont n'était pas jolie de figure, mais elle avait une taille fort élégante ; ce qui lui faisait dire avec esprit, en parlant d'elle-même : « L'architecte a manqué la façade. » Après son dernier mariage, elle se fixa à Paris, se lia intimement avec madame du Boccage, à qui elle fit obtenir une pension sur la fin de sa vie, et reçut chez elle la plus brillante société. Aussi recommandable par son esprit que par les qualités de son cœur, elle a été célébrée par Voltaire, la Harpe, Blin de Sainmore, etc. Elle était membre de l'Académie des Arcades de Rome et de plusieurs autres sociétés littéraires.

Le Bas, *Dict. encyclop. de la France.* — Quérard, *la France littéraire*.

BOURDIER-DELPUITS (*Jean-Baptiste*), théologien français, né en Auvergne vers 1736, mort à Paris le 15 décembre 1811. Il entra dans la compagnie de Jésus. Il édita les *Observations sur le Contrat social de J.-J. Rousseau*, par le P. G.-F. Berthier, Paris, 1789, in-12; et continua l'*Abrégé des Vies des Pères et des Martyrs*, trad. de l'anglais par Godescard; Paris, 1802, 4 vol. in-12.

Quérard, *la France littéraire.*

BOURDIGNÉ (*Charles* DE), poëte français, né à Angers, y vivait en 1531; il était prêtre. Voilà tout ce qu'on sait de sa vie. Il s'est fait un nom dans notre vieille littérature en écrivant la *Légende de Pierre Faifeu*, qu'il dédia à un autre prêtre de ses amis, maître Jehan Alain. Il n'est pas facile de décider aujourd'hui si Faifeu était un être réel ou imaginaire ; il est donné comme un écolier débauché, fripon, vivant au jour le jour, compagnon des plus joyeux, gaudisseur des plus insignes, ne reculant devant aucun tour pendable. Quarante-neuf contes composent sa *légende* ou le récit de ses fredaines, et il serait souvent assez difficile d'en donner exacte sans blesser la décence : le bon prêtre n'y entend pas malice ; il a l'air de trouver fort innocents et même fort plaisants tous les traits qu'il raconte, et ce n'est pas une idée malheureuse que celle de faire mourir Faifeu de *mélancolie* aussitôt après son entrée en ménage. Deux anciennes éditions, 1526 et 1532, sont introuvables ; mais le libraire Coustelier a publié en 1723 une réimpression des *Singularitez et véritez* de cette légende *joyeuse, avec les passe-temps que Faifeu a faits en ce monde*. Ajoutons que Bourdigné est, après Octavien de Saint-Gelais, le premier versificateur français qui ait alterné assez régulièrement ses rimes masculines et féminines. G. BR.

Goujet, *Bibliothèque française*, t. X°, p. 32. — Sainte-Beuve, *Tableau de la Poésie française*, 1843, p. 43; Viollet-le-Duc, *Bibliothèque poétique*, t. I, p. 162.

BOURDIGNÉ (*Jean* DE), chroniqueur français, natif d'Angers, mort le 19 avril 1545 ou 1555. Il était prêtre chanoine de sa ville natale, et prenait le titre de docteur ès-droit. Il appartenait à la même famille que Charles de Bourdigné. Il a laissé : *Histoire agrégative des Annales et des Cronicques d'Anjou, et plusieurs faicts dignes de mémoire*, etc., *reveues et additionnées par le Viateur*; Angers, 1529, in-fol. goth. Quelques personnes ont pensé que l'écrivain désigné par le surnom de *Viateur* était Jean Bouchet, appelé aussi *le Traverseur des voyes périlleuses*.

Goujet, *Bibliothèque française*. — Moréri, *Dictionnaire historique*.

BOURDIN (*Maurice*), antipape, natif du Limousin, mort à Fumone, près d'Alatri, en 1122. Il suivit en 1095 Bernard, archevêque de Tolède, qui le fit son archiprêtre, et lui donna ensuite l'évêché de Coïmbre. Il succéda en 1110 à saint Géraud, archevêque de Braga, vint ensuite à Rome, où Pascal II lui conféra le pallium, et le chargea, en qualité de légat, de terminer les différends qui existaient entre lui et l'empereur Henri V. Mais ce dernier sut mettre le légat dans ses intérêts, et se fit couronner par lui, quoique le clergé de Rome eût refusé de le reconnaître comme empereur en l'absence du pape. Cette démarche de Maurice irrita Pascal, qui le fit excommunier au concile de Bénévent. Ce pontife étant mort peu de temps après, et le conclave lui ayant donné Gélase II pour successeur, Henri, de son côté, fit élire Maurice, qui prit le nom de Grégoire VIII, parvint à se rendre maître de Rome, et à en chasser Gélase. Mais son élection, qu'il espérait d'abord faire approuver par toute la chrétienté, fut déclarée nulle par le plus grand nombre des évêques; et, quelque temps après, abandonné par l'empereur, qui fit sa paix avec Gélase, il fut obligé de s'enfuir à Sutri, où des troupes envoyées par son compétiteur s'emparèrent de sa personne, et le ramenèrent ignominieusement à Rome. Il termina ses jours dans une prison.

Fleury, *Hist. ecclés.*, liv. LXIV et suiv. — Artaud, *Histoire des Souverains Pontifes*.

BOURDIN (*Charles*), théologien français, vivait dans la dernière moitié du dix-septième siècle. Il était archidiacre et grand vicaire de Noyon : il publia l'*Histoire de Notre-Dame de Fieulaine*; Saint-Quentin, 1662, in-12.

Lelong, *Bibl. hist. de la France*.

BOURDIN (*Gilles*), érudit français, né à Paris en 1515, mort dans la même ville en 1570. Il fut avocat général au parlement de Paris en 1555, et procureur général en 1558. On a de lui un commentaire estimé sur la comédie d'Aristophane intitulée *les Thesmophories*, commentaire qu'il dédia à François I*er*; — des *Mémoires sur les libertés de l'Église gallicane*, in-folio, qui se trouve à la Bibliothèque impériale parmi les manuscrits de Dupuy; — *Egidii Bordini Paraphrasis in Constitutiones regias anno 1539 editas*. Ce dernier commentaire est son meilleur ouvrage. En 1606, Fontanon le traduisit en français; l'édition la plus estimée est celle de Paris, 1628, in-8°. Gilles Bourdin vécut sous le règne de quatre rois : François I*er*, Henri II, François II et Charles IX. Il possédait à fond l'hébreu, l'arabe, le grec et le latin; sa science et son intégrité lui avaient attiré une grande considération dans la magistrature.

Moréri, *Dict. hist.* — Le Bas, *Dictionnaire encyclop. de la France*.

BOURDIN (*Jacques*), seigneur de Vilaines, homme d'État français, mort le 6 juillet 1567. Il prit part au maniement des affaires sous Henri II, François II et Charles IX. Secrétaire d'État d'abord, puis secrétaire des finances en 1549, il fut enfin mis à la tête du département des affaires d'Italie. De sa plume sortirent en grande partie les instructions et les mémoires à l'aide desquels furent défendus les droits de l'Église gallicane et de la couronne de France au concile de Trente. On trouve beaucoup de ces pièces dans le *Recueil des Actes du concile de Trente*, publié par Jacques Dupuy; Paris, 1654, in-4°. En 1553, Jacques Bourdin figura dans les négociations de Troyes, qui avaient pour objet la conclusion de la paix avec l'Angleterre. Les affaires d'Allemagne lui donnèrent aussi beaucoup d'occupations. Un volume manuscrit in-folio, de la bibliothèque de Legendre de Darmini, contenait le *Recueil complet des mémoires, instructions et dépêches de Bourdin, depuis 1553 jusqu'en 1566, pour les affaires d'Allemagne*. Il fut soupçonné d'attachement aux opinions réformistes : ce qui tendait à le faire croire, c'est qu'il voulut être enterré sans pompe, et faire déposer ses dépouilles mortelles dans la fosse publique.

Mémoires relatifs à l'histoire de France (seizième siècle). — Le Bas, *Dictionnaire encyclop. de la France*.

BOURDIN (*Nicolas*), littérateur et astrologue français, fils de Jacques (1), mort en 1670. Il fut secrétaire d'État et membre de l'Académie de l'abbé d'Aubignac. On a de lui, entre autres ouvrages, quelques poésies, et les *Remarques de J.-B. Morin sur le Commentaire du centiloque de Ptolémée, mis en lumière pour servir de fanal aux esprits studieux de l'astrologie*; Paris, 1654, in-4°.

Moréri, *Dictionnaire historique*.

BOURDIN (*Mathieu*), théologien français, mort en 1692. Il était religieux minime et a laissé une *Vie de Madeleine Vigneron, du tiers ordre de Saint-François de Paule*; Rouen, 1679, in-8°; Paris, 1689, in-12.

Richard et Giraud, *Bibliothèque sacrée*.

(1) Suivant la *Biog. Univ.*; son petit-fils, d'après Moréri.

BOURDOIS DE LA MOTHE (*Edme-Joachim*), médecin français, né à Joigny le 24 septembre 1754, mort vers 1830. Il fit ses études à Paris, et, après les avoir terminées, il fut nommé docteur régent de la faculté de médecine, ensuite médecin de l'hôpital de la Charité, où il modifia le traitement qu'on y suivait pour la colique des peintres. Une indisposition le contraignit de quitter cette place, et il fut choisi pour médecin par le comte de Provence (depuis Louis XVIII), qui lui confia la direction de son cabinet d'expériences. Il était aussi médecin de madame Victoire, tante du roi. Pendant la révolution, ses antécédents aristocratiques le firent écrouer à la Force, d'où il ne sortit que pour aller exercer son art à l'armée d'Italie. Il devint, en 1807, médecin des épidémies du département de la Seine; en 1810, conseiller de l'université; en 1811, médecin du roi de Rome, et, durant les dix dernières années de l'empire, médecin du ministère des affaires étrangères, ce qui lui valut la clientèle de tous les ambassadeurs accrédités auprès de la cour de Saint-Cloud. Au retour des Bourbons, il devint médecin consultant de Louis XVIII; plus tard, il fut celui de Charles X; et, dès la fondation de l'Académie de médecine en 1820, il fut admis dans cette société. Bourdois n'a publié qu'une brochure : *Dissertation sur les effets de l'extrait de ratanhia dans les hémorragies*; Paris, 1808, in-8°.

Arnault, etc., *Biog. nouv. des Contemp.*

BOURDOISE (*Adrien*), théologien français, né dans le diocèse de Chartres le 1er juillet 1584, mort le 19 juillet 1655. Il avait déjà vingt ans lorsqu'il commença ses études, et se lia d'amitié avec saint Vincent de Paul et l'abbé Olier, fondateur du séminaire de Saint-Sulpice. Après avoir embrassé l'état ecclésiastique, Bourdoise s'occupa avec zèle de catéchismes, de missions, de conférences, et, en 1618, institua la communauté des Prêtres de Saint-Nicolas-du-Chardonnet, de laquelle relevaient deux séminaires, l'un à Paris, l'autre à Laon. Les filles de Sainte-Geneviève, dite *Miramiones*, durent à ce pieux ecclésiastique les règles qu'elles suivaient. On a de lui un ouvrage posthume intitulé *Idée d'un bon ecclésiastique, par M. Bourdoise*. Sa vie a été écrite par Descourveaux, Paris, 1714, in-4°, et abrégée par Bouchard, Paris, 1784, in-12.

Descourveaux, *Vie de M. Bourdoise.*

BOURDON (*Aimé*), médecin français, né à Cambray en 1638, mort dans la même ville le 21 décembre 1706. On a de lui : *Nouvelles tables anatomiques, où sont représentées toutes les parties du corps humain*; Paris, 1678, grand in-fol.; ibid., 1707, in-fol.; — *Nouvelle Description anatomique de toutes les parties du corps humain et de leurs usages* (c'est l'explication des tables précédentes); Paris, 1674, 1683, in-12; Paris et Cambray, 1707.

Quérard, *la France littéraire.*

BOURDON (*Guillaume*), hippographe français, vivait dans la dernière moitié du dix-huitième siècle, et n'est connu que par *le Maréchal de poche d'un cavalier*; la Haye, 1787, in-8°.

Quérard, *la France littéraire.*

BOURDON (*Louis-Gabriel*), littérateur français, né à Versailles en 1741, mort dans la même ville en 1795. Il était secrétaire interprète aux affaires étrangères. Il a laissé : *les Mânes de Flore*, élégie sur la mort de sa femme; Paris, 1773, in-12; — *les Enfants du pauvre diable*, ou *mes Échantillons*; Burgos et Paris, 1776, petit in-12 : cet ouvrage, publié d'abord sous le pseudonyme de *M. de l'Empirée*, eut pour premier titre *le Livre puce*; — *Lettres à Emma*, en vers, 1784, in-8°; — *Voyage d'Amérique*, dialogue en vers avec des notes; Paris, 1786, in-12; — des chansons, des poésies, et des comédies de société.

Rabbe, Boisjolin, etc., *Biographie des Contemporains.*

*BOURDON (*Pierre-Michel*), peintre français, né en 1778. Il fut élève de Regnault, et peignit l'histoire et le portrait. On cite avec éloge son *Christ sur la Croix*, peint pour la ville de Pau. On a de lui : la collection de gravures intitulée *Concours décennal*. Il dirigea aussi le *Musée Filhol*. Les deux recueils contiennent des gravures de sa façon.

Gabet, *Dictionnaire des Artistes.*

BOURDON (*Sébastien*), peintre et graveur français, né à Montpellier en 1616, mort à Paris en mars 1671. Son père, qui peignait sur verre, lui donna les premières leçons; un de ses oncles l'emmena à Paris à l'âge de sept ans, et le plaça chez un peintre médiocre, où ses heureuses dispositions le servirent plus que les leçons qu'il reçut. A l'âge de quatorze ans, de retour dans le Midi, il peignit à fresque un plafond dans un château voisin de Bordeaux. A dix-huit ans, il entreprit seul et sans ressources le voyage d'Italie. A Rome, il fut obligé de se mettre aux gages d'un marchand de tableaux ; il y connut Claude le Lorrain, et contrefit pour vivre les tableaux de ce peintre, ainsi que ceux de Michel-Ange Bamboche, d'André Sacchi, etc. Au bout de trois ans de séjour, la jalousie d'un peintre sans talent, nommé De Rieux, qui le dénonça comme calviniste à l'inquisition, l'obligea à quitter Rome : Bourdon revint alors à Paris, en passant par Venise. A vingt-sept ans, il faisait pour Notre-Dame son fameux *Crucifiement de saint Pierre*, qui commença sa réputation, et est resté une de ses meilleures toiles. En 1648, il fut un des douze anciens qui fondèrent l'Académie royale de peinture et de sculpture, dont il fut, jusqu'à sa mort, le premier recteur. En 1652, chassé par les troubles de la Fronde, Bourdon partit pour la Suède, où la reine Christine le nomma son premier peintre. Il commença par y faire les dessins de la pompe funèbre de Gustave II, père de la reine, puis les portraits de Christine, du prince Charles-Gustave, son cousin, et des généraux du royaume. Mais la reine s'étant faite catholique, il revint en France. Quelques affaires de famille l'ayant appelé à Montpellier, il y peignit plusieurs grands tableaux et quelques portraits de famille. De retour à Paris en 1663, Bourdon exécuta la belle galerie de l'hôtel de Bretonvilliers, qui, occupé depuis par des fermes, tomba dans un délabrement complet. Elle a heureusement été gravée in-fol. par Fiquet. Il commençait les dessins d'un plafond qu'il devait peindre aux Tuileries, lorsque, atteint d'une fièvre violente, il mourut, laissant deux filles qui peignaient en miniature. — Guillerot, grand paysagiste, Monier et Friquet de Vaurose, qui l'aidèrent à la galerie de Bretonvilliers, et Nicolas Loir, ont été ses élèves. Bourdon, plein de feu, de facilité, peignait avec une grande liberté de pinceau, et n'a jamais eu de manière bien arrêtée. Son dessin, comme celui de presque tous les coloristes, pèche par la correction, et ses meilleurs tableaux ne sont pas ceux qu'il a le plus soignés et finis. Il a abordé tous les genres, histoire, portrait, paysage, grotesque, et toujours avec un égal succès. Il peignait avec une telle rapidité, qu'ayant parié de faire en un jour douze têtes d'après nature, et de grandeur naturelle, il gagna son pari; et ces têtes ne sont certes pas son plus mauvais ouvrage. Étant très-laborieux, et restant souvent plus d'un mois sans sortir du grenier qui lui servait d'atelier, il a laissé un nombre très-considérable de tableaux. Presque tous les musées de province possèdent de lui des originaux authentiques. Pour se faire une idée de ses différentes manières, on peut voir au Musée du Louvre : ses *deux Portraits*, peints par lui-même; — *la Sainte Famille*; — *Laissez venir à moi les petits enfants*; — *Jules César devant le tombeau d'Alexandre*; — une *Halte de Bohémiens*, etc.

Bourdon peignit peu de tableaux pendant son séjour à Rome; mais il fit de nombreuses copies, et y amassa une grande collection d'études. Il a peint à Paris, pour Notre-Dame, *le Crucifiement de saint Pierre*, actuellement au musée du Louvre; — à Saint-Gervais, *le Martyre de saint Protais*; — à Saint-Benoît, une *Descente de Croix*; — à Chartres, dans l'église Saint-André, *le Martyre du saint*, et une *Vierge tenant l'enfant Jésus*; — à Montpellier, pour des tapisseries, *l'Histoire de Moïse*, en six tableaux; — à l'hôtel de ville, *les Consuls rendant hommage à Louis XIII*. Il a, en outre, décoré de ses peintures le Capitole de Toulouse, la chambre des comptes, la chambre des enquêtes du parlement, l'hôtel de Bretonvilliers de Paris, etc.

« Les dessins de Bourdon, dit d'Argenville, sont pleins de feu et d'une liberté qui enchante; le trait est souvent fait à la mine de plomb, quelquefois à la sanguine, rarement à la plume, avec un léger lavis d'encre de la Chine, de bistre, de bleu d'Inde ou de sanguine, relevés de blanc au pinceau; il a quelquefois travaillé sur le lavis avec la pierre noire ou du blanc de craie. On voit des paysages à gouache, très-heurtés, qui font un grand effet. Ce peintre se reconnait facilement à ses caractères de têtes, à leurs coiffures singulières, et aux extrémités lourdes et négligées de ses figures. »

Il a gravé de sa main, à l'eau-forte, près de cent pièces. Tous les graveurs célèbres français et étrangers, Van-Schuppen, Hainzelmann, Boulanger, Poilly, Samuel, Bernard, Nanteuil, Simonneau, Couvet, Cars, etc., ont reproduit ses tableaux.

PAUL CHÉRON.

Félibien, *Entretien sur les Peintres*.— De Piles, *Abrégé de la vie des Peintres*. — D'Argenville, *Abrégé de la Vie des Peintres*.— Fontenay, *Dictionnaire des Artistes*. — Heinecken, *Dictionnaire des Artistes*. — Huber et Rost, *Manuel des Amateurs de l'art*. — Robert-Dumesnil, *le Peintre graveur français*.

*BOURDON (*Isidore*), médecin français, né à Merry (Orne) le 26 août 1796. Il vint de bonne heure étudier à Paris, devint élève des hôpitaux, et prit, en 1823, le grade de docteur; mais, déjà avant cette époque, il avait débuté dans la littérature médicale par plusieurs mémoires remarquables (*de l'Influence de la pesanteur sur quelques phénomènes de la vie; — Recherches sur le Mécanisme de la respiration et sur la Circulation du sang; — sur le vomissement*; Paris, 1818). Pendant le choléra de 1832 et 1849, il se dévoua au soin des malades avec un zèle digne d'être récompensé. Attaché successivement à la rédaction de divers recueils, parmi lesquels nous ne citerons que le *Dictionnaire de la Conversation*, M. Bourdon est, à juste titre, rangé parmi les écrivains les plus spirituels et les plus brillants de notre époque. Outre un grand nombre d'articles insérés dans les journaux, revues, etc., on doit à sa plume exercée : *Principes de Physiologie médicale*; Paris, 1828, 2 vol. in-8°; — *Principes de Physiologie comparée, ou Histoire des phénomènes de la vie dans tous les êtres qui en sont doués, depuis les plantes jusqu'aux animaux les plus complexes*; ibid., 1830, in-8° : cet ouvrage intéressant, le premier qui ait été publié sur la physiologie comparée, est resté malheureusement inachevé; — *Guide aux eaux minérales de la France, de l'Allemagne, de la Suisse et de l'Italie*; ibid., 2e édit., 1837, in-8°; — *la Physiognomonie et la Phrénologie, ou Connaissance de l'homme d'après les traits du visage et les reliefs du crâne : examen critique du système d'Aristote, de Porta, de Camper*, etc.; ibid., 1842, in-12; — *Lettres à Camille sur la Physiologie*; ibid., 2e édit., 1843 : sous une forme attrayante, l'auteur initie le profane aux principes les plus abstraits de la science; — *Illustres Médecins et Naturalistes des temps modernes*; ouvrage dans lequel l'auteur apprécie les travaux de Cuvier, Boerhaave, Lamarck, Haller, Bordeu, Camper, Barthez, etc.; ibid., 1844, in-12; — *Notions d'Hygiène pratique*; ibid., 1844, in-8°; —

Cours complet d'Éducation pour les filles ; ibid., 1844 ; — plusieurs rapports et mémoires, tels que *sur la non-contagion du choléra, sur la non-contagion de la peste,* etc. M. Bourdon est membre de l'Académie de médecine, et médecin en chef des épidémies du département de la Seine.

<small>Diction. de la Conversation. — Quérard, *la France litt.* — Sachaille (Lachaise), *les Médecins de Paris.*</small>

BOURDON DE LA CROSNIÈRE (*Léonard-Jean-Joseph*), conventionnel, né en 1758 à Longné-au-Perche, mort vers le commencement de la restauration. Il était avocat au conseil du roi, et dirigeait à Paris, en 1789, une maison d'éducation. Il contribua puissamment à la journée du 10 août, et fut nommé, en 1792, député du département du Loiret à la convention nationale. La commune de Paris, avant l'ouverture de la session, l'avait envoyé à Orléans, où la nouvelle des événements du 10 août excitait des troubles. Il avait ordre de faire adhérer cette ville à toutes les mesures prises par l'assemblée législative, et de faire transférer à Saumur les prisonniers de la haute cour nationale. C'est lui qui conduisit ces prisonniers à Versailles, où leur présence causa une émeute, et où ils furent massacrés. Bourdon fut accusé d'avoir été la cause de ce funeste événement. Il déclara ensuite à la convention que toutes les lois qu'elle voterait resteraient sans exécution tant que toutes les administrations ne seraient point composées d'hommes à la hauteur des circonstances. Lorsque Louis XVI fut détenu au Temple, il proposa de lui interdire toute communication avec sa famille ; et, lors du procès de ce prince, il vota la mort sans appel, et pressa l'exécution. Envoyé en mars 1793, à Orléans, il fut assailli par un piquet de gardes nationaux, et couvert de blessures sous les yeux de la municipalité, qui ne prit point sa défense, ce qui motiva de la part de la convention un décret qui déclara la ville d'Orléans en état de rébellion. Le 8 août de la même année, Bourdon fut élu secrétaire de la convention, et peu de temps après président des jacobins. Il sollicita la formation d'une armée révolutionnaire dans chaque département, et fit décréter, conjointement avec Bourdon de l'Oise, que les biens des détenus qui se suicideraient, ainsi que ceux des condamnés, appartiendraient à la république.

Bourdon de la Crosnière ayant défendu Vincent et Ronsin le 28 janvier 1794, et proposé leur mise en liberté, Robespierre fit rejeter cette proposition par le comité de salut public, et ces deux individus furent guillotinés le 4 ventôse suivant. Dès ce moment, Bourdon voua une haine implacable à Robespierre ; et quand celui-ci lui eut reproché, quelque temps après, d'avoir participé à la conspiration d'Hébert qui venait d'être exécuté, Bourdon, effrayé de cette sortie, ne garda plus aucune mesure, et prit la part la plus active à la journée du 9 thermidor. Adjoint à Barras pour commander la garde nationale, il pénétra, à la tête de la force armée, dans la maison commune, où Robespierre s'était renfermé avec les chefs du parti de la Montagne, s'empara d'eux, et rendit compte lui-même à la convention de ce siége de l'hôtel-de-ville. Quelque temps après, il fit tirer le corps de Marat du Panthéon pour le jeter à la voirie, et dirigea lui-même cette cérémonie. Traité hautement d'assassin à la convention par Legendre, et aux applaudissements universels des tribunes, il se mit à la tête de la conspiration qui éclata le 1er avril 1795, fut arrêté, conduit au château de Ham, et ne dut la liberté et la vie qu'à l'amnistie du 25 octobre 1795. Il fit partie du conseil des cinq-cents, où Boissy-d'Anglas le traita d'assassin révolutionnaire, et se plaignit de ne pouvoir faire un pas dans Paris sans être effrayé de sa présence. Il fut ensuite l'agent du Directoire à Hambourg, d'où il fit partir les émigrés. Il avait fondé, en 1793, l'École des élèves de la patrie, et dirigeait encore à Paris, en 1803, quelque temps avant sa mort, une école primaire. On a de lui : *Mémoire sur l'instruction et l'éducation nationale*, 1789, in-8° ; — *Recueil des actions civiques des républicains français*, 4 numéros, 1794, in-8° ; — *Rapport sur la libre circulation des grains*, in-8° ; — *Organisation des greniers nationaux décrétée par la Convention*, in-8° ; — *le Tombeau des Impostures, ou l'Inauguration du temple de la Vérité ; sans-culottide dramatique en 3 actes* ; Paris, 1794, in-8°.

<small>*Moniteur*, de 1792 à 1795. — Le Bas, *Dictionnaire encyclopédique de la France.*</small>

BOURDON DE L'OISE (*François-Louis*), conventionnel, né à Remy, aux environs de Compiègne ; mort à Sinnamari, dans la Guyane, en 1797. Il entra dans la carrière du barreau, et devint procureur au parlement de Paris. Mais, d'un naturel fougueux et bouillant, il embrassa avec ardeur, en 1789, la cause de la révolution, et se battit avec beaucoup d'acharnement, le 10 août 1792, à l'attaque du château des Tuileries. Mis sur les rangs pour être député à la convention nationale, il usa d'une singulière supercherie : Bourdon de la Crosnière (*voy.* ce nom), qui était son concurrent, avait été élu en même temps par le collège électoral du département de l'Oise et par celui du département du Loiret. Il opta pour la députation de ce dernier ; et François-Louis Bourdon, qui était candidat du département de l'Oise, profitant de la conformité du nom (sans être de la même famille), se présenta à la convention, et fut admis sans contestation comme député.

Il demanda que les hommes mutilés en combattant pour la cause de la liberté et de l'égalité sur la place du Carrousel fussent mis en présence de Louis XVI, lorsque cet infortuné prince fut introduit à la barre de l'assemblée. Il vota la mort de Louis XVI, se prononça contre le sursis et contre l'appel, et appela toute la colère du peuple sur les députés qui parleraient dans un sens opposé. Il dénonça ses collègues Vergniaud, Gensonné, Guadet et Brissot de Varville, comme ayant des intelligences avec la cour, et eut une très-grande part à l'insurrection du 31 mai, ainsi qu'aux mesures violentes qui furent prises contre les députés qu'on voulait sacrifier. Il défendit le régime de la terreur, et blâma l'abbé Grégoire de vouloir *christianiser* la révolution. Cependant, envoyé en mission dans la Vendée, il s'indigna des excès qui y avaient été commis, et parut en revenir plus modéré. A son retour, il se brouilla avec les terroristes; Hébert et Robespierre l'accusèrent de modérantisme, et le firent exclure de la Société des jacobins et de celle des cordeliers. Bourdon, craignant alors que sa tête ne fût menacée, se réunit à Tallien, à Legendre, à Léonard Bourdon et à Lecointre de Versailles; montra une grande animosité contre Robespierre les 8 et 9 thermidor (26 et 27 juillet 1794), et alla jusqu'à proposer de faire fusiller, séance tenante, tous ceux qui résistaient au décret d'arrestation de Robespierre et de ses partisans, qu'il conduisit lui-même à l'échafaud. Dès ce moment, sans renoncer à son système révolutionnaire, il se déclara l'ennemi le plus implacable des sociétés populaires, et le protecteur des prêtres et des nobles; il provoqua la loi qui portait que les biens des pères et mères d'émigrés seraient confisqués au profit de la nation. Lorsque le député Brival se plaignit de ce qu'au milieu de tant de crimes *inutiles* on n'avait pas encore pris une certaine mesure très-importante pour l'affermissement de la république, Bourdon prononça ces mots, qui eussent été dignes d'un patriote vertueux : « Il n'y a point de crimes *utiles*. » Néanmoins, envoyé à Chartres pour faire des recherches exactes de ceux qui avaient participé à l'insurrection du 13 vendémiaire contre la convention, Bourdon s'acquitta de cette mission avec la plus excessive rigueur. Il fut du nombre des députés conventionnels qui passèrent au conseil des cinq-cents, et augmenta sa fortune d'une manière considérable en s'occupant d'assignats et de biens nationaux. Se montrant toujours du côté du plus fort, il se rangea dans l'opposition du parti clichyen, qui cachait mal ses tendances royalistes; il parla contre le régime révolutionnaire, fit rapporter, en décembre 1794, la loi qui bannissait les nobles de Paris, et devint l'un des plus mortels ennemis de tout ce qui avait été ou paru républicain. Le Directoire, qui avait à se venger de lui en raison de ses violentes diatribes, le 18 fructidor, l'inscrivit sur la liste des déportés qui furent envoyés à Cayenne; et, quelque temps après son arrivée à Sinnamari, il y mourut, accablé de regrets et rongé de remords. [*Enc. des g. du m.*]

Moniteur universel. — Thiers, *Hist. de la Révolution.* — Mignet, *Précis de l'hist. de la Révol.* — *Petite Biog. conventionnelle.*

BOURDON DE SIGRAIS (*Claude-Guillaume*), écrivain français, né dans le bailliage de Lons-le-Saulnier en 1715, mort à Paris en 1791. Il était chevalier de Saint-Louis et membre de l'Académie des inscriptions et belles-lettres. Il a publié *Histoire des rats*, pour servir à l'histoire universelle; Ratopolis, 1738, in-8°, figures, et dans la collection des *Œuvres badines* du comte de Caylus; — *Institutions militaires de Végèce, traduites en français*; Paris, 1743, in-12; ibid., 1759, in-12, fig.; — *Considérations sur l'esprit militaire des Gaulois, pour servir d'éclaircissement préliminaire aux mêmes recherches sur les Français, et d'introduction à l'Histoire de France*; Paris, 1774, in-12; — *Considérations sur l'esprit militaire des Germains, depuis l'an de Rome 640 jusqu'en 176 de l'ère vulgaire*; Paris, 1781, in-12; — *Considérations sur l'esprit militaire des Francs et des Français, depuis le commencement du règne de Clovis en 482, jusqu'à la fin de celui de Henri IV en 1610*; Paris, 1786, in-12; — *Dialogue sur les Orateurs, trad. en français*; Paris, 1782, in-12. — Deux mémoires, l'un *sur l'Énéide de Virgile, considérée par rapport à l'art de la guerre*; l'autre, *sur le Coin, ou l'Ordre rostral* : ces deux mémoires sont dans le t. XXV du Recueil de l'Académie des inscriptions.

Quérard, *la France littéraire.* — *Journal des Savants*, 1743.

BOURDON DE VATRY (*Marc-Antoine*, baron), administrateur français, né à Saint-Maur le 21 novembre 1761, mort à Paris le 22 avril 1828. Il suivit M. de Grasse en qualité de secrétaire général de l'expédition qui allait donner la liberté aux États-Unis, et se trouvait à la bataille qui fut livrée le 12 avril 1782. Après la paix, il fut nommé chef de la division des colonies au département de la marine, et envoyé, sous le ministère de M. Pleville-le-Peley, à Anvers, avec le titre d'agent maritime, et s'y fit connaître par ses projets d'amélioration du port. Plus tard il fut appelé par Sieyes, devenu président du Directoire, à remplacer l'amiral Bruix au ministère de la marine. Le premier soin du nouveau ministre fut de confier les sondes de l'Escaut à M. Beautemps-Beaupré, à qui la marine est redevable de tant de travaux hydrographiques remarquables. De concert avec le ministre de la guerre Bernadotte, Bourdon de Vatry réussit à faire parvenir quatre millions de rations à l'armée des Alpes (commandée par Championnet), qui dut son salut à ce secours inespéré. Il eut aussi vers cette époque l'idée d'opérer une descente en Angleterre. Après le 18 brumaire, le premier consul refusa la démission de Bourdon de Vatry; mais il traita le projet de descente en Angleterre d'*expédition de luxe* : deux ans plus tard, on tenta de le mettre à exécution. Les discussions que Bourdon de Vatry eut avec Napoléon à cette occasion se renouvelèrent à propos d'un convoi pour le ravitaillement de Malte, dont le premier consul voulait donner le commandement au contre amiral Perrée, alors prisonnier de guerre sur parole. Les Anglais eurent connaissance du but de l'expédition, attaquèrent l'escadre près de Toulon, la défirent, et s'emparèrent du convoi; bientôt après la France perdit Malte. Enfin, il quitta le ministère de la marine, sur le refus du premier consul d'autoriser les poursuites contre un fournisseur général. Bourdon de Vatry refusa l'ambassade qui lui était offerte, et préféra retourner à Anvers, où il fut envoyé comme ordonnateur général des Pays-Bas. Huit mois plus tard, il fut destitué, revint à Paris, et ne put savoir quelle était la cause de cette disgrâce. Il fut bientôt après rappelé dans l'administration pour occuper le poste de chef maritime à Lorient, d'où il passa préfet maritime au Havre. Lors de l'expédition de Saint-Domingue, il en prévit les suites, et osa les annoncer; il fut encore destitué. Peu après il fut nommé à la préfecture de Vaucluse, puis à celle de Maine-et-Loire. On lui doit le lycée d'Avignon, les ponts de la Durance et du Rhône, la réparation de la levée de la Loire, celle des ponts de Cé, et des routes faites à neuf dans ces deux préfectures. Il avait tout disposé pour le desséchement de l'Anthion et du Layon, pour la construction d'un grand pont sur la Loire, près de Saumur, et pour d'autres travaux, quand il reçut l'ordre de partir pour Gênes. Les travaux d'utilité publique qu'il fit exécuter en Italie ne sont pas moins considérables : des routes nouvelles percées, de beaux ponts jetés sur la Scrivia et le Pô, des établissements publics créés, lui gagnèrent l'estime des Génois, qui lui élevèrent un buste. En 1814, M. Malouet, ministre de la marine, l'appela à la direction du personnel, avec le titre d'intendant des armées navales. Pendant les Cent-Jours, il remplit le poste de commissaire extraordinaire dans la 7e division militaire, et fut nommé ensuite à la préfecture de l'Isère. Il s'y montra, comme dans toute sa carrière, d'une grande modération, sans haine contre ceux qui l'avaient le plus desservi. Il ne remplit aucunes fonctions sous la seconde restauration. Un dernier trait qui donne une idée de son intégrité, c'est le peu de fortune qu'il a possédé toute sa vie.

Biographie des Contemporains. — Moniteur universel, 1821 et 1834.

BOURDONNAIS (DE LA). *Voy.* MAHÉ.

BOURDONNAYE (DE LA). *Voy.* LA BOURDONNAYE.

BOURDOT DE RICHEBOURG (*Charles-Antoine*), jurisconsulte français, né Paris en 1685, et mort le 11 déc. 1735, est connu surtout comme éditeur de la collection importante de toutes les coutumes de France, qui a pour titre : *Nouveau Coutumier général, ou Corps des Coutumes générales et particulières de France et des provinces connues sous le nom des Gaules, vérifié sur les originaux*, etc.; Paris, Legras, 1724, 8 tomes en 4 volumes in-f°.

Ce recueil toujours recherché comprend non-seulement le texte le plus correct des coutumes anciennes et nouvelles de chaque province, mais il est enrichi de notes inédites de Brodeau, de Chauvelin et de Ricard, lesquelles ont été relevées sur des exemplaires de l'ancien *Coutumier général*, annotés en marge par ces savants jurisconsultes. L'éditeur lui-même n'a pas été un simple compilateur, comme on a voulu le faire entendre. Indépendamment du travail immense qu'a dû lui coûter la collation des textes avec les manuscrits ou les éditions originales, et la coordination de ce vaste ensemble de matériaux, il a joint ses propres observations à celles des autres commentateurs. Les notes fournies par lui sont signées C.-B.-R. Il a recueilli de plus un assez grand nombre de coutumes qui n'avaient pas encore été imprimées. Aussi, nous adoptons pleinement le jugement qu'a porté sur le *Nouveau Coutumier général* un bon juge en cette matière : « Les excellentes notes, dit Ferrière, dont la « plupart des articles de chaque coutume se « trouvent enrichies faciliteront beaucoup l'in- « telligence des points les plus difficiles et les « plus obscurs de notre ancien droit coutumier. » Les continuateurs de la *Bibliothèque historique de la France* (tom. IV, p. 443), qui n'ont vu dans Bourdot de Richebourg qu'un simple compilateur, ont donné l'indication d'un certain nombre de coutumes qui avaient échappé à ses recherches. On y remarque plutôt des statuts particuliers que des coutumes proprement dites : tels sont les privilèges et libertés d'Arles, le style et formulaire de Nîmes et de Beaucaire, les statuts du comtat Venaissin, etc. On doit encore à Bourdot de Richebourg une nouvelle édition de la *Conférence des ordonnances de Louis XIV pour la réformation de la justice*, de 1667, 1669, 1670 et 1673, par Philippe Bornier; Paris, 1729, 2 vol. in-4°. Il avait travaillé pendant plusieurs années à un *Dictionnaire de droit coutumier*; mais cet ouvrage n'a pas été publié. Moréri nous fait connaître que Bourdot de Richebourg n'était pas étranger à l'étude des belles-lettres, et qu'il s'était aussi distingué par une piété peu commune.   J. LAMOUREUX.

Moréri, Dictionnaire historique (édition de 1759). — Journal des Savants, 1724.

BOURDOT DE RICHEBOURG (*Claude-Étienne*), littérateur français, né à Paris le 11 septembre 1699, mort vers le milieu du dix-huitième siècle. Il suivit successivement la carrière du barreau et celle des armes; puis il se livra à l'étude des lettres, et il a publié : *Évander et Fulvie*, histoire tragique; Paris, 1726, in-12; — *Invention de la Poudre*, poëme en 3 chants; Paris, 1732, in-8°; — *Mémoires de Guillaume Nortingham, ou le faux lord Kington;* la Haye, (Paris), 1741, 2 vol. in-12; — le tome III de l'*Histoire générale de la marine* de Boismélé; — *Recherche de la religion* : tous ces ouvrages sont anonymes; — *Histoire de la sainte Église de*

Vienne, sous le pseudonyme de Charvet, prêtre; Lyon, 1761, in-4°; — le *Journal économique*, dont il fut le premier rédacteur, de 1751 à 1753.

<small>Quérard, *la France littéraire*.</small>

*BOUREG (*Thomas*), orientaliste français, connu seulement par un manuscrit intitulé *Recueil de différents caractères des langues qui se parlent dans les Indes orientales*, sans indication de lieu ni de date.

<small>Catalogue de la Bibliothèque impériale.</small>

*BOURET (....), poëte français, vivait à Gisors dans la première moitié du dix-huitième siècle. On lui attribue: *Recueil de poésies diverses*, sans nom d'auteur; Paris, 1733.

<small>Quérard, *la France littéraire*.</small>

BOURET (*N.....*), financier français, mort le 10 avril 1777. Il fut d'abord employé dans les étapes et voitures des sels du royaume, devint ensuite fermier général, trésorier de France, secrétaire du roi, du grand collège, etc., et acquit une immense fortune, à laquelle contribua son mariage avec la fille de Tellez d'Acosta, entrepreneur des vivres, et protégé du marquis de Breteuil, ministre de la guerre. Bouret eut la direction des blés pour l'approvisionnement de la Provence. En 1744, la disette s'étant fait sentir à cette province, il fit transporter tout le blé dont elle avait besoin, et n'en retira d'autre profit qu'une médaille frappée en son honneur par la reconnaissance des habitants. Il dépensait pour sa table des sommes extraordinaires; la marée fraîche de Dieppe lui arrivait chaque jour par des relais organisés dans ce but, et Voltaire estime à deux cents écus le poisson qu'il consommait pendant le carême. Une dame qu'il avait priée à souper, et qui ne prenait que du lait pour toute nourriture, accepta son invitation, mais en y mettant pour condition expresse qu'on ne servirait point de petits pois, dans la crainte d'en être tentée. Bouret consentit à cette clause. Les petits pois étaient dans leur primeur, et se vendaient au poids de l'or; et, quand la dame arriva chez Bouret, elle en vit un seau immense devant la vache dont elle prenait le lait, et qui l'attendait dans le vestibule. Louis XV, étant allé voir ce fermier général à son château de la Croix-Fontaine, aperçut, dans le salon, un grand in-folio portant pour titre: *le Vrai Bonheur*. Le roi le parcourut, et lut sur chaque page: « Le « roi est venu chez Bouret, » avec la date portée année par année (par anticipation jusqu'en 1800.) C'est par de semblables prodigalités, marquées parfois au coin de la générosité, parfois aussi empreintes d'orgueil, que Bouret parvint à manger une fortune de 42 millions. Il fut trouvé mort dans son lit, et soupçonné d'avoir mis fin à ses jours; il ne laissa pas même de quoi payer ses créanciers. Les plus beaux esprits de son temps, Voltaire en tête, furent les courtisans de Bouret, ou plutôt de sa fortune. Ce fastueux financier n'avait pas voulu rester étranger à la gloire littéraire; on a

de lui: *Poésies diverses du sieur D****, 1718, in-12; ce volume fut réimprimé avec des additions, et intitulé *Recueil de poésies diverses*; Paris, 1733, in-8°.

<small>Quérard, *la France littéraire*. — Marmontel, *Mémoires*.</small>

BOURET (*Claude-Antoine*), de l'ancienne Comédie française, était né à Paris, où il est mort le 16 septembre 1783. Une circonstance fortuite fit un comédien de ce jeune homme, qui ne paraissait pas destiné au théâtre. Ayant été chargé par son père de porter à Vadé, auteur grivois de l'Opéra-Comique, une gaine d'épée qu'il lui avait vendue, celui-ci, qui travaillait alors à sa pièce de *Nicaise*, fut frappé de la physionomie grotesque et de la voix nasillarde du messager, et s'écria : « Voilà mon Nicaise tout trouvé! » Sans doute que Vadé ne rencontra pas beaucoup de résistance chez le jeune Bouret, non plus que dans sa famille, puisque très-peu de temps après il le fit recevoir dans la troupe qui devait jouer son ouvrage. — Bouret resta pendant plusieurs années attaché au théâtre de la Foire, où il obtenait un très-grand succès dans les rôles de *niais*. La réputation qu'il s'y était faite lui valut, le 2 septembre 1762, un ordre de début pour la Comédie française. Il fut reçu à l'essai le 11 décembre, de la même année. Le 15 janvier 1763, on l'admit aux grands appointements de 2,000 fr., et enfin comme *sociétaire*, le 10 août 1764. L'emploi de cet acteur était celui qu'au théâtre on appelle *les bas comiques*. Les critiques contemporains ne s'accordent pas sur son talent; les uns le déclaraient inimitable dans les *ivrognes*, les *Crispin*, les *Labranche*, etc.; les autres, et la Harpe est de ce nombre, le regardaient comme un assez mauvais comédien. Il faut, sans doute, raisonnablement conclure de ces jugements contradictoires que cet acteur n'a mérité

<small>Ni cet excès d'honneur, ni cette indignité.</small>

E. DE MANNE.
<small>*Archives de la Comédie française*.</small>

BOURETTE (*Charlotte*), née en 1714, morte en 1784, surnommée *la Muse limonadière*, tint pendant trente-six ans un café dit *Allemand*, rue Croix-des-Petits-Champs. Ce café était le rendez-vous de plusieurs hommes de lettres, dont la société inspira sans doute à Mme Bourette le goût de la poésie. Elle parvint à se faire de la réputation, et sa réputation fit sa fortune. Hôtel de Rambouillet au petit pied, ce modeste café se changeait tantôt en académie, où l'on discutait sur la littérature et les arts, tantôt en salle de spectacle, où l'on jouait des comédies composées par la muse de l'établissement; d'illustres personnages assistaient à ces représentations. Mme Bourette écrivait en vers et en prose; ses ouvrages parurent d'abord séparément: elle publia ensuite un recueil, sous les auspices du roi Stanislas. Sa comédie, *la Coquette punie*, jouée au Théâtre-Français en 1779, eut quelque succès.

Les deux petites pièces suivantes peuvent donner une idée du genre facile de la Muse limonadière. Voltaire lui ayant fait présent d'une tasse de porcelaine, elle le remercia ainsi :

Législateur du goût, dieu de la poésie,
Je tiens de vous une coupe choisie,
Digne de recevoir le breuvage des cieux.
Je voudrais, pour vous louer mieux,
Y puiser les eaux d'Hippocrène ;
Mais vous seul les buvez, comme moi l'eau de Seine.

Madame Bourette, en demandant au duc de Penthièvre pour un de ses amis une place de médecin dans un hôpital, s'exprime en ces termes :

Grand prince, exauce ma prière ;
Daigne envers moi te montrer libéral.
Ma demande n'est pas bien fière :
C'est une place à l'hôpital.

R. DE C.

Le Bas, *Dictionnaire encyclopédique de la France.* — Quérard, *la France littéraire.*

* **BOURG** (*Antoine* DU), chancelier de France, né à la Seille en Auvergne, mort en 1538. Il fut successivement avocat au parlement de Paris, lieutenant civil au Châtelet, président du conseil de la régente mère du roi en 1531, maître des requêtes en 1532. En 1534, il présida les grands jours de Moulins ; et, le 9 décembre de la même année, il fut reçu président au parlement de Paris. Le 6 juillet 1535, il fut élevé à la dignité de chancelier de France, et en cette qualité il assista au lit de justice tenu au mois de janvier 1536. Il mourut à la suite d'une chute de cheval, lors de son voyage à Laon avec le roi François Ier. Il était oncle d'Anne du Bourg.

Mézeray, *Histoire de France.* — Gaillard, *Histoire de François Ier.*

BOURG (*Anne* DU), magistrat français, conseiller clerc au parlement de Paris, neveu d'Antoine du Bourg, naquit en 1521 à Riom en Auvergne, et mourut à Paris le 20 décembre 1559. Destiné d'abord à l'Église, et ayant même pris les ordres, il quitta la carrière ecclésiastique pour celle du barreau. La distinction avec laquelle il enseigna le droit à Orléans fixa l'attention sur lui, et, en 1557, il fut reçu conseiller clerc au parlement de Paris ; mais, ayant adopté les opinions de Calvin, il ne tarda pas à être victime de son zèle pour la réforme, qui, depuis François Ier, était alternativement la cause ou le prétexte de grandes agitations dans le sein de la France. A l'exemple de son père, Henri II se montra hostile aux protestants français, tout en recherchant l'alliance de ceux du dehors. En 1559, un jour destiné aux séances *mercuriales*, ce prince se rendit au parlement, auquel il ordonna de délibérer sur le genre de peine à infliger aux novateurs religieux. Il ne trouva pas chez tous les membres de ce corps politique la docilité qu'il espérait : plusieurs, au lieu d'élever la voix contre les réformistes, firent une critique chaleureuse des mœurs corrompues de l'Église romaine. Louis Dufaur osa dire en face à Henri II : « Craignez qu'on ne vous dise, comme autrefois « Élie à Achab : C'est vous qui troublez Israël ! » Anne du Bourg alla encore plus loin : il lui dit que les hommes commettaient contre les lois plusieurs crimes dignes de mort, tels que les blasphèmes réitérés, les adultères, les débauches, et que ces crimes restaient impunis, tandis qu'on demandait des supplices contre des gens à qui on ne pouvait reprocher aucun crime. « Car « enfin, ajouta-t-il, peut-on imputer le crime de « lèse-majesté à des hommes qui ne font mention « des princes que dans leurs prières ? Ce qui fait « qu'on les regarde comme séditieux, c'est parce « qu'ils ont révélé, à la faveur de l'Écriture, la tur- « pitude de la puissance romaine qui penche vers « sa ruine, et qu'ils demandent une salutaire ré- « formation. » Le roi répondit à ces remontrances en ordonnant au connétable de Montmorency d'arrêter Dufaur et du Bourg, qui furent en effet conduits à la Bastille. L'évêque de Paris déclara Anne du Bourg hérétique, le dégrada du sacerdoce dont il était revêtu, et le livra au bras séculier, c'est-à-dire au juge royal, pour être puni. Du Bourg appela de cette sentence à l'archevêque de Sens, métropolitain de Paris. Sur ces entrefaites, Henri II mourut ; mais les Guises, qui gouvernaient la France sous le nom de François II, et qui étaient gouvernés eux-mêmes par l'influence ultramontaine, montrèrent encore plus d'acharnement contre les opinions nouvelles : le procès d'Anne du Bourg fut continué. Toutefois l'électeur palatin, dans l'intention d'attirer près de lui un homme aussi savant, et de le mettre à la tête de son université de Heidelberg, demanda par lettre sa grâce à François II. Malheureusement, un événement funeste rendit son salut impossible : ce fut l'assassinat de Minard, un de ses juges les plus hostiles. Anne du Bourg l'avait d'abord inutilement récusé ; on prétendait même qu'il lui avait dit avec menace : « Dieu saura t'y forcer. » Minard, l'homme de confiance du cardinal de Lorraine, fut assassiné à six heures du soir, en sortant du palais. Telle fut l'occasion qui fit rendre *l'ordonnance minarde*, par laquelle la fin de l'audience de relevée fut fixée à quatre heures du soir, depuis la Saint-Martin jusqu'à Pâques. Trois jours après, Anne du Bourg fut condamné à mort. Il fut pendu en place de Grève, et son corps fut brûlé le 20 décembre 1559. Il mourut avec un grand courage, à peine âgé de trente-huit ans. Loin de se montrer effrayés de sa mort, les protestants redoublèrent d'audace, et ils rangèrent Anne du Bourg au nombre de leurs martyrs.

De Thou, *Histoire.* — La Croix du Maine, *Biblioth.* — Sismondi, *Histoire des Français.* — Le Bas, *Diction. encyclop. de la France.*

BOURG (*Étienne de*), jurisconsulte français, natif de Lyon, vivait dans la première moitié du seizième siècle. Il a laissé un livre *sur l'Autorité du parlement de Paris*, et a dédié cet ouvrage, suivant l'abbé Pernetti, au chancelier Olivier, probablement François Olivier de Leuville, qui occupa cette charge de 1544 à 1560.

Pernetti, *Recherches sur les Lyonnais dignes de mémoire*, t. Ier, p. 281.

BOURG (*Laurent de*), poëte français, fils d'Étienne, vécut dans la dernière moitié du seizième siècle, et publia une *Élégie contenant les misères et calamités advenues à la cité de Lyon durant les guerres civiles*; Paris, 1560.

Lelong, *Bibl. hist. de la France.*

BOURG-LAPRADE (*N......*), homme politique français, mort à Meilhan (Lot-et-Garonne) en décembre 1816. Trésorier de France avant la révolution, il entra, au mois de mars 1797, au conseil des cinq-cents, et, après la révolution du 18 brumaire, fut envoyé au corps législatif, qu'il présidait à l'époque de l'attentat contre le premier consul. Il le félicita, au nom de ce corps politique, d'avoir échappé à ce péril. Le collège électoral de Lot-et-Garonne, en octobre 1803, l'élut candidat au sénat conservateur.

Moniteur universel.

*****BOURGADE** (*François*), missionnaire apostolique, naquit en 1806 à Ganjou (Gers). Après avoir fait sa théologie au grand séminaire d'Auch, il fut ordonné prêtre en 1832. Entraîné par sa vocation, l'abbé Bourgade sollicita du gouvernement l'autorisation d'accompagner en 1832 la seconde expédition à Constantine. Les refus qu'il éprouva n'affaiblirent point son zèle; et enfin, en 1838, il obtint de Rome le pouvoir d'exercer le saint ministère dans toutes les possessions françaises de l'Algérie. Le premier il ne craignit pas d'aller, malgré le danger qu'on courait alors, visiter et administrer la population et les hôpitaux de Danaouda et de Boufarick. Puis, étant allé à Tunis, il fonda dans cette ville un hôpital pour les femmes pauvres, une salle d'asile et des écoles pour les jeunes filles. L'abbé Bourgade mit à profit ses fréquents rapports avec les indigènes. Sa connaissance approfondie de l'arabe rend sa mission beaucoup plus fructueuse, et déjà il peut s'applaudir des heureux résultats qu'il a obtenus. Il a publié récemment (1852), sous le titre de *Toison d'or de la langue phénicienne*, un ouvrage important, où l'on trouve un grand nombre d'inscriptions puniques. On a encore de l'abbé Bourgade : *Soirées de Carthage*, ou *Dialogues entre un prêtre catholique, un muphti et un cadi*, 1 vol. in-8°; Paris (Didot), 1852; — *la Clef du Coran*, faisant suite au précédent, 1 vol. in-8°; Paris, 1852; — *Mémoire sur trois tombeaux trouvés à Tunis*; ibid., 1852. A. RISPAL.

Documents communiqués.

*****BOURGDIEU** (*Charles* VALON), médecin français, natif de Bordeaux, vivait dans la première moitié du dix-septième siècle. Il laissa : *Commentarii de Peste et de Exanthematibus*; Rome, 1656; — *Aphorismi prognostici Hippocratis in febribus acutis, commentariis illustrati*; ibid, 1659.

Carrère, *Bibliothèque litt. de la Médecine.*

BOURGEAT (*Louis-Alexandre-Marguerite*), littérateur français, né à Grenoble en 1747, mort le 14 septembre 1814. Il se fit recevoir avocat; et, forcé de renoncer au barreau par la faiblesse de sa santé, il s'appliqua à la culture des lettres et des sciences. Il accompagna Millin dans son voyage en Dauphiné. Il vint ensuite à Paris, où il s'associa à la rédaction de quelques écrits périodiques, et s'occupa à traduire le *Saggio istorico su gli Scaldi, antichi poeti scandinavi*, de Graberg de Hemso. Afin de sonder le goût public pour cette publication, il publia, dans le 7ᵉ n° du *Mercure étranger*, l'imitation du *Chant de mort du roi Ragnar-Lodbrok*, pièce que *le Moniteur* reproduisit quelques jours après. Bourgeat obtint, le 30 août 1813, le prix qu'avait proposé l'Académie de Grenoble pour une *Histoire des Allobroges et des Voconces prouvée par les monuments*. En 1814, il publia, dans *le Moniteur*, une lettre qui restitue à d'Alembert le *Discours préliminaire de l'Encyclopédie*, que Tabaraud lui avait contesté d'après le témoignage de Chardon de la Rochette. Bourgeat était membre de la Société philotechnique et de l'Académie des antiquaires. Son éloge funèbre fut composé par Saint-Martin, qui représente ce jeune littérateur mourant dans la misère et le désespoir.

Saint-Martin, *Éloge de Bourgeat*; Paris, 1814.

BOURGELAT (*Claude*), fondateur des écoles vétérinaires et créateur de l'hippiatrique en France, naquit à Lyon en 1712, et mourut en 1799. Après des études soignées, il avait d'abord embrassé la carrière du barreau, lorsqu'un scrupule honorable la lui fit abandonner pour l'état militaire, où, servant dans la cavalerie, il sentit se ranimer son goût pour les chevaux comme écuyer, et acquit une habileté extraordinaire. Alors, en France, la médecine vétérinaire n'existait pas comme science; cultivée seulement par des maréchaux ferrants, elle ne présentait qu'un amas informe de pratiques bizarres et superstitieuses. Bourgelat vit qu'il y avait un vaste champ d'observations à explorer, et il y entra courageusement. Tout y était à refaire, l'anatomie, la physiologie, la pathologie, l'hygiène, furent l'objet de ses études, dans lesquelles il fut encouragé par le célèbre chirurgien Ponteau. C'est avec ces éléments de succès et avec l'appui de l'autorité locale qu'il ouvrit en 1772 l'École vétérinaire de Lyon, qui prit, deux ans après, le titre d'École royale. Ce n'était pas tout d'avoir fondé un enseignement théorique et pratique, il fallait encore des livres de tout genre pour les élèves. (*Voyez* la liste de ses écrits.) Il correspondait avec les notabilités scientifiques de son époque, et ses lettres renferment de précieuses observations. Bourgelat fut membre de l'Académie des sciences de Paris et de Berlin.

On a de lui : *Nouveau Newkastle*, ou *Traité de cavalerie*; Lausanne, 1747, in-12, ouvrage traduit en anglais; — *Éléments d'hippiatrique, ou Nouveaux principes sur la connaissance et sur la médecine des chevaux*; Lyon, 1750, 1751, 1753, 3 volumes in-8°; — *Élé-*

ments de l'art vétérinaire, comprenant cinq traités : *Matière médicale raisonnée*, ou *Précis des médicaments considérés dans leurs effets*; etc.; Lyon, 1765, in-8°; Paris, 1805, 2 vol. in-8°; — *Précis anatomique du corps du cheval comparé avec celui du bœuf et du mouton*, ouvrage en 4 parties, dont la 1re parut à Paris en 1766; la 2e, en 1767; la 3e, en 1768, sous le titre particulier de *Précis angéiologique, névrologique et adénologique*, ou *Traité abrégé des vaisseaux sanguins, des vaisseaux nerveux et des glandes du cheval*; la 4e, en 1769, avec ce titre : *Précis splanchnologique*, ou *Traité abrégé des viscères du cheval* : la 2e et la 4e édit. de cet ouvrage, publiées par Huzard, Paris, 1791-1793 et 1807, sont augmentées, 1° des *Observations sur les différences qui existent entre les viscères du bœuf, du mouton et ceux du cheval*; 2° des *Recherches sur les causes de l'impossibilité dans laquelle les chevaux sont de vomir*; 3° des *Recherches sur les causes de la rumination*; 4° d'une table fort étendue; — *Traité de la conformation extérieure du cheval, de sa beauté et de ses défauts*; Paris, 1776, in-8° : cet ouvrage, qui est le chef-d'œuvre de l'auteur, eut en peu de temps cinq éditions, et fut traduit en plusieurs langues; la 3e partie fut publiée en 1803 et 1808 par Huzard; — *Essai théorique et pratique sur la ferrure*; Paris, 1771, in-8°; — *Essai sur les appareils et sur les bandages propres aux quadrupèdes*; 1770, in-8°; — *Mémoire sur les maladies contagieuses du bétail*; Paris (impr. roy.), 1775, in-4°; — *Règlement pour les écoles vétérinaires de France*; Paris (imprim. roy.), 1777, in-8°; — les articles de l'*Encyclopédie méthodique* concernant l'art vétérinaire et le manège. [*Enc. des g. du m.*, avec addit.]

Quérard, *la France littéraire*.

*BOURGEOIS (Antoine-Achille), graveur français, d'origine bohême, né à Polna en 1777. Il vint s'établir en France, à partir de 1799; il fut élève de Ruotte, et grava beaucoup d'après Greuze. Ses principales productions sont : *l'Attention*; — *la Peur de l'Orage*; — *Artémise*; — *la Bacchante*; — *la Nymphe surprise*, d'après Meyner; — les *portraits des empereurs de Russie et d'Autriche*; — le *portrait du Dominiquin*; — des *têtes d'Avocats* pour le *Recueil de Tardieu*.

Gabet, *Dictionnaire des Artistes*.

BOURGEOIS (*Charles-Guillaume-Alexandre*), peintre et physicien français, né à Amiens le 16 décembre 1759, mort le 7 mai 1832. Sa vocation naissante le détermina à quitter le burin pour prendre le pinceau, quoiqu'il eût déjà gravé les portraits de l'évêque d'Amiens (la Mothe d'Orléans) et de Gresset. Il excella surtout dans la miniature, s'appliqua à saisir la ressemblance et à reproduire la physionomie. Dans ce but, il donna une attention particulière à l'étude des couleurs, en rechercha de plus belles et de plus fixes que celles dont on faisait usage, et suppléa l'outre-mer, devenu cher et rare, par le bleu de cobalt, qui ne verdit point. Il fit en ce genre de précieuses découvertes, notamment, en 1816, celle d'un carmin tiré de la garance. On a de lui : *Mémoire sur les lois que suivent dans leurs combinaisons les couleurs produites par la réfraction de la lumière*; Paris, 1813, in-12; — *Mémoire sur les couleurs de l'iris causées par la seule réflexion de la lumière, avec l'exposé des bases de diverses doctrines*, présenté, comme le précédent, à la première classe de l'Institut en 1812; — *Manuel d'optique expérimentale, à l'usage des artistes et physiciens*; Paris, 1821, d'abord en 1 vol., puis en 2 vol. in-12, avec fig. coloriées par l'auteur même; le tome 2 de cet ouvrage contient un mémoire intitulé *Existe-t-il des réfrangibilités diverses de la lumière et des couleurs, et peuvent-elles s'accorder avec notre organisation visuelle?* ce mémoire fut présenté à la Société royale académique des sciences le 15 janvier 1822, et approuvé par un rapport de MM. Nauche, Moléon et autres commissaires nommés pour l'examiner; — un nouveau mémoire qui, par de nouvelles expériences, justifie le mémoire précédent; — d'autres considérations et mémoires lus, en 1823 et 1824, à l'Académie des sciences; — un mémoire sur un nouveau phénomène d'optique, à l'appui d'une expérience de l'auteur décrite, en 1827, dans le *Bulletin universel des sciences* de Férussac.

Quérard, *France littéraire*. — *Biographie des Contemporains*.

BOURGEOIS (*David*), érudit français, vivait dans la dernière moitié du dix-huitième siècle; il a publié : *Recherches sur l'art de voler dans les airs, depuis la plus haute antiquité jusqu'à ce jour*; Paris; 1784, in-8°.

Quérard, *la France littéraire*.

BOURGEOIS (*Dominique-François*), ingénieur mécanicien français, né à Châtelblanc, près de Pontarlier, en 1698; mort à Paris le 18 janvier 1781. Il fut mis en apprentissage chez un horloger, et, quelque temps après, il entra dans un atelier de serrurerie à Paris. Le développement de son talent pour la mécanique date de cette époque. Suivant le P. Joly, Bourgeois est le véritable auteur du canard artificiel, l'automate qui commença la fortune de Vaucanson; mais ayant voulu soutenir judiciairement son droit d'auteur, il fut condamné comme calomniateur, et retenu par Vaucanson, pendant deux ans et demi, dans les prisons du Petit-Châtelet. Rendu à la liberté, Bourgeois inventa, en 1744, un modèle de lanterne que l'Académie des sciences approuva, et qu'elle inséra dans le 7e vol. de son *Recueil de machines*. Il obtint un privilège pour l'exécution de ce modèle, et établit un atelier dans un faubourg de Paris; mais les associés que sa médiocre fortune l'avait obligé de prendre s'approprièrent ses découvertes, lui enlevèrent ses meilleurs ouvriers, et ruinèrent son entreprise. En 1766, l'Académie des sciences lui décerna le prix extraordinaire qu'elle avait proposé sur la meilleure manière d'éclairer les rues d'une grande ville; et, le 30 mai 1769, il obtint, pour vingt ans, l'illumination de Paris; mais deux de ses anciens associés, qu'on lui avait adjoints, l'écartèrent de cette entreprise, sans autre dédommagement qu'une chétive pension. En 1773, il construisit un fanal dont la lumière, visible à une distance de sept lieues, était à l'épreuve des vents et des orages; mais cette nouvelle invention lui fut encore dérobée par ses associés, qui l'exécutèrent à leur profit. Cependant les réclamations de Bourgeois attirèrent sur lui l'attention des étrangers; et, en 1778, il exécuta, à la demande de l'impératrice de Russie, un fanal pour éclairer le port de Saint-Pétersbourg. La mort le frappa peu d'années après, dans un état voisin de l'indigence. Le P. Joly a fait paraître, sous le nom de ce mécanicien, deux *Mémoires sur les lanternes à réverbère*; Paris, 1764, in-4°.

Quérard, *la France littéraire*. — *Biograph. univ.*

*BOURGEOIS (*Florent-Fidèle-Constant*), peintre et lithographe français, né en 1767 (on ignore s'il vit encore). Élève de David, il parcourut une longue et utile carrière. Le gouvernement le chargea de plusieurs commandes. Il peignit pour Trianon et pour Fontainebleau, et l'on voit de ses tableaux en Russie et en Allemagne; Paris et Toulon lui doivent leurs panoramas. On a de lui : *Recueil de vues et fabriques pittoresques d'Italie*, dessinées d'après nature; Paris, 1805 et années suivantes; — *Recueil de vues pittoresques* (lithographiées) *de la France*; — *Voyage pittoresque à la grande Chartreuse*; Paris, 1821, in-8°; — les dessins de la *Description des nouveaux jardins de la France et de ses anciens châteaux*.

Biographie des Hommes vivants. — Quérard, *la France littéraire*.

BOURGEOIS (*François*), missionnaire français, né en Lorraine, vivait dans la seconde moitié du dix-huitième siècle. Il appartenait à la compagnie de Jésus. Après avoir fait sa théologie à Pont-à-Mousson, il quitta la France le 15 mars 1767 pour se rendre en Chine. Le 13 août de la même année il arriva à Vampou, à trois lieues de Canton. A Pékin, où il vint ensuite, il fut supérieur des jésuites français résidant en Chine. On ignore l'époque de sa mort. Les *Lettres édifiantes* contiennent quelques lettres de ce missionnaire.

Lettres édifiantes.

*BOURGEOIS (*Francis*, sir), peintre anglais, né à Londres en 1756, mort en 1811 (1). Sa famille était suisse. Destiné à la profession des armes, il se sentit pour la peinture une vocation qui l'emporta. Les leçons de Loutherbourg le perfectionnèrent, et il se fit bientôt remarquer

(1) C'est à tort que Nagler assigne à sa mort la date de 1815.

par ses paysages. En 1791, il fut nommé peintre du roi de Pologne, et en 1794 il obtint du roi d'Angleterre le même titre. Ses *paysages* sont plus remarquables que ses tableaux d'histoire. Son dessin a de la correction et de l'exactitude; mais le coloris est un peu maniéré.

Chalmers, *Biographical Dictionary*. — *Gentleman's Magazine*. — Nagler, *Neues Allgemeines Künstler-Lexicon*. — Gorton, *General Biographical Dictionary*.

BOURGEOIS (*Jacques*), littérateur français, vivait vers le milieu du seizième siècle. On lui attribue : *le premier et le second Livre des rencontres chrétiennes à tous propos*, en vers français, publiés en 1555; comédie très-élégante en laquelle sont contenues les amours récréatives d'Érostrate, fils de Philogène, et de la belle Polymneste, fille de Damon; trad. de l'italien; Paris, 1545, in-8°; 1546, in-12.

BOURGEOIS (*Jacques*), théologien français, vivait à la même époque que le précédent; il était trinitaire, et a publié : *Amortissement de toutes perturbations et réveil des mourants*, etc.; Douay, 1576, in-16.

Duverdier et La Croix du Maine, *Biblioth. franç.* — Moreri, *Dictionnaire historique*.

BOURGEOIS (*Louise*), dite *Boursier*. *Voy.* BOURSIER.

BOURGEOIS ou BORGHÈS (*Jean*), théologien français, né à Amiens en 1604, mort le 29 octobre 1687. Il fut d'abord chanoine et chantre de la cathédrale de Verdun, se démit de ce bénéfice, et obtint, dans le diocèse de Poitiers, l'abbaye de la Merci-Dieu. Député, en 1745, vers le pape Innocent X, par les évêques français qui avaient approuvé le livre *De la fréquente Communion*, il empêcha la condamnation de cet ouvrage par l'estime qu'il inspira au pape et aux cardinaux. En 1656, il fut exclu de la Sorbonne pour n'avoir pas voulu souscrire à la condamnation d'Antoine Arnauld. Après son retour de Rome, il se consacra au saint ministère dans l'abbaye de Port-Royal-des-Champs, d'où il sortit, d'après les ordres du roi, en 1669. Peu de temps après, pour se livrer plus librement aux exercices de dévotion, il se démit de son abbaye de la Merci-Dieu. Jean Bourgeois avait rédigé une relation de son voyage à Rome, et de tout ce qui s'y était passé en 1645 et 1646, pour la justification du livre *De la fréquente Communion*. Il composa avec de Lalanne, abbé du Val-Croissant, et traduisit en français, l'écrit qui a pour titre : *Conditiones propositæ ad examen de gratia doctrinæ*.

Moréri, *Dictionnaire historique*.

BOURGEOIS (*Louis* LE). *Voy.* HÉAUVILLE (abbé D').

BOURGEOIS (*N...*), historien français, né à la Rochelle en 1710, mort à la Rochelle en juillet 1776. Il a fait de nombreuses recherches sur des sujets historiques, et s'est particulièrement occupé de l'histoire du Poitou. Ses principaux écrits sont : *Dissertation sur l'origine des Poitevins et sur la position de l'Augustoritum* ou Limonum *de Ptolémée*, lue à l'Académie des belles-lettres de la Rochelle en 1746; — *Éloge historique du chancelier de l'Hôpital*; la Rochelle, 1776, in-8°; — *Réflexions sur le champ de bataille entre Clovis et Alaric*, dans le *Journal de Verdun*, janvier 1739; selon l'auteur, cette bataille, dite *de Vouillé*, aurait été livrée à Civaux ou dans les environs; — *Lettres sur une charte de Clovis*, dans le *Journal de Verdun*, mars 1733; — *Dissertation sur le lieu où s'est livrée la bataille dite* de Poitiers, en 1356, insérée dans le *Journal de Trévoux* (septembre 1743): l'auteur place le champ de bataille entre Maupertuis et Beaumont, près de la route de Poitiers à Châtellerault, contrairement à l'opinion générale d'après laquelle l'action eut lieu sur la ligne de Poitiers à Limoges, auprès de Beauvoir et de Noaillé; — *Relation de la prise de Hambourg par les Anglais*; — *Éloge historique de la Rochelle*; — *Fragment sur les premiers temps de l'Histoire du Poitou*; — *Notices biographiques sur les frères Girouard, de Poitiers, sculpteurs*; — *Recherches historiques sur l'empereur Othon IV, où l'on examine si ce prince a joui du duché d'Aquitaine et du comté de Poitou en qualité de propriétaire ou de simple administrateur, avec l'abrégé de sa vie; ouvrage qui répand un grand jour sur une partie de notre histoire*; Amsterdam (Paris), 1775, in-8°: il résulte des recherches de l'auteur que c'est à titre de gouverneur, et non pas comme propriétaire, que l'empereur Othon IV a administré l'Aquitaine et le Poitou. Il paraît que les manuscrits de Bourgeois sont perdus depuis longtemps; c'est une perte réelle pour l'histoire. Il fit en Amérique une longue résidence, pendant laquelle il composa, sur *Christophe Colomb*, un poëme en vingt-quatre chants; Paris, 1774, 2 vol. in-8°.

Chaudon et Delandine, *Dict. hist.*

* **BOURGEOIS** (*Anicet*), auteur dramatique français contemporain. Comme la plupart des vaudevillistes modernes, il a écrit de nombreuses pièces de théâtre en collaboration avec d'autres auteurs. Une de celles qu'il a composées récemment (1852), *la Mendiante*, a obtenu la prime destinée par le gouvernement à encourager l'art dramatique. Parmi ses autres œuvres on remarque: *les Secondes Amours*, comédie en un acte; Paris, 1830; — *Cotillon III, ou Louis XV chez M*^me^ *Dubarry*; Paris, 1831 (avec M. Vanderburch); — *Passé minuit*, vaudeville en un acte; Paris, 1839 (avec M. Lockroy): c'est la pièce où les acteurs Arnal et Bardou se sont tant fait remarquer; — avec M. Ferdinand Laloue: *un Rêve de mariée*, vaudeville en un acte; Paris, 1842; — avec M. Lockroy: *Perinet Leclerc*, drame historique en cinq actes; Paris, 1832; — avec M. Maillian: *la Nonne sanglante*, drame en cinq actes; Paris, 1835; — avec M. G. Lemoine: *Mademoiselle de Lafaille*, drame en cinq actes; Paris, 1843; — avec M. d'Ennery: *la Dame de Saint-Tropez*, drame en cinq actes, 1844; les deux dernières pièces sont puisées dans les causes célèbres; — avec M. Lockroy: *Job et Jean*, vaudeville; Paris, 1841; — avec le même: *le Maître d'École*, vaudeville en un acte qui eut un grand succès de rire. On a aussi de M. Bourgeois des mélodrames, parmi lesquels: *Latude, ou les trente-cinq ans de captivité*, Paris, 1834, avec M. de Pixérécourt; — des pièces féeries, entre autres: *les Pilules du Diable*, avec M. Ferdinand Laloue; Paris, 1842; — *la Corde du Pendu*; Paris, 1844.

Magasin théâtral. — *Répertoire dramatique.* — *Bibliographie de la France.* — Supplément à Quérard, *la France littéraire*.

BOURGEOIS DUCHASTENET (*H....*), jurisconsulte français, vivait dans la première moitié du dix-huitième siècle. Il a publié: *Histoire du concile de Constance, où l'on fait voir combien la France a contribué à l'extinction du schisme*; Paris, 1718, in-4°; — *les Intérêts des princes d'Allemagne*, trad. du latin de B.-Ph. de Chemnitz; — une nouvelle édition de l'*Histoire du monde*, de Chevreau, 8 vol. in-12; — une édition de l'*Histoire de l'Empire* par Heiss, à laquelle il a joint une continuation; — les premiers articles de l'*Histoire de France* de Cl. Châlons.

Barbier, *Dictionnaire des ouvrages anonymes.* — Quérard, *la France littéraire*.

* **BOURGERY** (*Marc-Jean*), médecin français, né à Orléans le 29 mai 1797. Il étudia à Paris, et fut reçu docteur en 1827. Ses loisirs sont consacrés à l'étude de l'anatomie, et il a publié: *Traité de la petite Chirurgie*, Rouen, 1829; — avec M. Jacob: *Anatomie élémentaire*; Paris, 1842; — avec le même: *Traité complet de l'anatomie de l'homme, comprenant la médecine opératoire*, avec planches lithographiées d'après nature; Paris, 1830-1844, 8 volumes in-fol., ouvrage d'une exécution remarquable, et qui, s'il n'était pas si cher, se trouverait entre les mains de tous les élèves en médecine; — *Exposé de l'anatomie et de la physiologie du système nerveux*, 1844, in-8°.

Les Médecins de Paris. — Quérard, *France litt.*, supplément. — *Bibliographie de la France*.

* **BOURGES** (*Florentin* DE), missionnaire français de l'ordre de Jésus, vivait dans la première moitié du dix-huitième siècle. Il publia: *Voyage aux Indes Orientales par le Paraguay*, etc., *le Chili, fait en 1714*; inséré dans les *Lettres édifiantes*.

Lettres édifiantes, t. XIII de l'édition primitive.

BOURGES (*Clémence* DE), femme de lettres française, native de Lyon, morte dans la même ville en 1562. Elle ne fut pas moins célèbre par sa beauté que par son esprit. La belle Cordière, son amie, lui dédia ses poésies en 1555. Clémence soumit, peu de temps après, quelques vers amoureux au jugement de la belle Cordière; celle-ci, au lieu de les corriger, enleva à Clémence son amant. Plus tard, notre jeune Lyonnaise s'éprit de Jean du Peyrat ; elle était au moment de l'épouser, quand il fut tué par les protestants, au siége de Beaurepaire. Elle ne put survivre à cette perte. Ses obsèques furent magnifiques ; on couronna sa tête de fleurs, symbole de sa virginité, et on la porta, le visage découvert, à sa dernière demeure. Les écrivains du temps l'appellent « la perle des demoiselles lyonnaises, une perle vraiment orientale. » Ses poésies ne nous sont point parvenues.

Duverdier (et La Croix du Maine, *Bibliothèques françaises*. — Goujet, *Biblioth. française*, article Louise Labbé.

BOURGES (*Jean* DE), médecin français, natif de Dreux, vivait dans la dernière moitié du quinzième siècle. Il fut reçu licencié en 1468, et docteur en 1473. Il fut médecin de Charles VIII et de Louis XII. On a de Jean de Bourges : *le livre d'Hippocrate De la nature humaine, avec une interprétation* ; Paris, 1548, in-8°.

BOURGES (*Louis* DE), en latin *Burgensis*, médecin français, fils du précédent, né à Blois en 1482, mort en 1556. Il fut reçu docteur de la faculté de Paris en 1504, occupa le poste de médecin auprès des rois Louis XII, François Ier et Henri II. Pendant la captivité du second de ces princes, il persuada à Charles-Quint que la vie du monarque français était en péril ; et, dans la crainte de perdre la rançon de son royal prisonnier, l'empereur se détermina à le mettre en liberté.

Plusieurs membres de la même famille se firent une réputation dans la médecine.

Biographie medicale.

BOURGEZ (*Jean* DE), chroniqueur français, vivait dans la première moitié du dix-septième siècle, et a publié : *le Cure-dent du roi de la febve, histoire de l'antiquité du roi-boit*; Paris, 1602, in-8°.

* **BOURGNEUF** (... DE), poëte français, vivait dans la seconde moitié du dix-huitième siècle. Il était de l'ordre de Jésus, et fut vicaire de la paroisse de Saint-Laurent à Paris. On a de lui : *Daphnis*, pastorale en vers ; Tours, 1743, in-12.

Adelung, suppl. à Jöcher, *Allgem. Gelehrten-Lexicon*.

* **BOURGNEUF** (*Jean-Léon*), administrateur français, vivait dans la seconde moitié du dix-huitième siècle. Il fut trésorier d'Orléans. On a de lui : *Mémoires sur les priviléges et fonctions des trésoriers de France*; Orléans, 1745, pour faire suite à la collection de Fournival ; — *Table générale des Ordonnances, Édits, etc., concernant les priviléges et fonctions des Trésoriers de France*; ibid.

Lelong, *Bibl. hist. de la France*, éd. Fontette.

BOURGOGNE (les ducs DE). *Voy.* HENRI, ROBERT, HUGUES, EUDES, PHILIPPE LE HARDI, PHILIPPE LE BON, JEAN SANS PEUR, CHARLES LE TÉMÉRAIRE.

BOURGOGNE (comtesse DE). *Voy.* MARIE.

BOURGOGNE (*le grand bâtard* DE). *Voy.* ANTOINE.

BOURGOGNE (*Louis*, duc DE), dauphin de France, petit-fils de Louis XIV et père de Louis XV, né à Versailles le 6 août 1682, mort le 18 février 1712, fut l'un des exemples les plus remarquables de l'influence de l'éducation pour réformer les penchants vicieux de l'enfance. « Ce prince, dit Saint-Simon, peintre admirable des hommes et des événements de son temps, naquit terrible, et sa première jeunesse fit trembler : dur et colère jusqu'aux derniers emportements, et jusque contre les choses inanimées ; impétueux avec fureur ; incapable de souffrir la moindre résistance, même des heures et des éléments, sans entrer en des fougues à faire craindre que tout ne se rompît dans son corps ; opiniâtre à l'excès, passionné pour toute espèce de volupté et de femmes, et, ce qui est rare, à la fois avec un autre penchant tout aussi fort. Il n'aimait pas moins le vin, la bonne chère ; la chasse avec fureur, la musique avec une sorte de ravissement, et le jeu encore, où il ne pouvait supporter d'être vaincu, et où le danger avec lui était extrême ; enfin, livré à toutes les passions et emporté de tous les plaisirs, souvent farouche, naturellement porté à la cruauté, barbare en railleries, et à produire les ridicules avec une justesse qui assommait. De la hauteur des cieux, il ne regardait les hommes que comme des atomes avec qui il n'avait aucune ressemblance, quels qu'ils fussent. A peine messieurs ses frères lui paraissaient-ils intermédiaires entre lui et le genre humain, quoiqu'on eût toujours affecté de les élever tous trois ensemble dans une parfaite égalité (*Mémoires de Saint-Simon*, t. X, 197). »

Il fallait un miracle pour changer un tel naturel. Le duc de Beauvilliers, homme vertueux et esprit plein de sagacité, fut chargé de l'opérer. Il se fit aider dans cette laborieuse tâche par Fénelon et Fleury, l'un précepteur, l'autre sous-précepteur : le premier surtout eut la plus grande part à cette réforme, et il devint plus tard l'ami du prince dont il avait tant contribué à faire un modèle de vertu. Un petit nombre de gentilshommes et de gens de service, tous bien choisis, concoururent également à cette éducation, dont le récit développé ferait à lui seul, dit le même Saint-Simon, un ouvrage curieux et instructif. Il paraît qu'on réussit surtout en employant avec art la méthode lacédémonienne, c'est-à-dire en offrant au jeune prince, chez un autre, la conséquence nécessaire d'un vice qu'on voulait combattre en lui. Doué, du reste, d'une conception facile et d'une grande vivacité d'esprit, il ne fallait que rendre à sa raison assez de force pour qu'elle pût se faire entendre dans le tumulte des passions. Ce point obtenu, la réforme devait être entière : elle s'accomplit entre dix-huit et vingt ans. « De cet abîme sortit un prince affable, doux, humain, modéré, patient, modeste, pénitent, et, autant et quelquefois au delà de ce que son état pouvait comporter, humble et austère pour soi. » Absorbé d'abord par les pratiques de piété, jusqu'au point d'alarmer une cour où s'offrait chaque jour le scandale des mœurs, il se modifia graduellement, sans céder aux séductions corruptrices dont on l'entoura, et revint au monde et à l'étude des devoirs qu'il était appelé à remplir plus tard. Il devint ainsi, quoique dans une extrême jeunesse, par sa raison modérée, un objet de respect pour les courtisans et même pour le roi son aïeul, qui, dans les derniers temps, s'attachait à l'initier aux affaires en l'appelant au conseil. Il avait épousé, en 1697, Marie-Adélaïde de Savoie, princesse pleine de grâce et d'esprit, à laquelle il resta constamment attaché. En 1701, chargé du commandement de l'armée d'Allemagne, il y déploya de l'intelligence : toutefois cette campagne, ainsi que celles des deux années suivantes, où il commanda également une armée, n'ayant été suivies d'aucun succès, on lui refusa les qualités du général ; ce qui lui fit adresser par Gamache, un de ses menins, ces paroles connues : « Je ne sais si vous aurez le royaume du ciel ; mais, pour celui de la terre, le prince Eugène et Marlborough s'y prennent mieux que vous. »

Retiré des camps, le duc de Bourgogne ne s'occupa plus qu'à se fortifier dans les diverses connaissances nécessaires à un roi. Ce fut alors que Saint-Simon se trouva admis par le duc de Beauvilliers, son ami, dans l'intimité de ce prince. Lui-même rapporte quelques-uns de leurs entretiens, où Louis exposait les vues utiles dont il méditait l'application ultérieure pour le bonheur de la France. Frappé de l'avantage qui résultait, pour les peuples de certaines provinces, des états qui s'y étaient maintenus, il se proposait « de partager le royaume en un certain nombre de parties, autant qu'il se pourrait égales pour la richesse ; de faire administrer chacune par ses états ; de les simplifier tous extrêmement pour en bannir la cohue et le désordre, et, d'un extrait aussi fort simplifié de tous ces états des provinces, former quelquefois des états généraux du royaume. » Le caractère de ce prince, qui méditait ainsi une sorte de gouvernement représentatif, se résume tout entier dans ces paroles mémorables qu'il prononça devant Louis XIV à Marly : « Un roi est fait pour ses sujets, et non les sujets pour lui. »

Mais il ne fut pas donné à la France de posséder ce roi : le Dauphin expira six jours après la duchesse de Bourgogne, sa femme, de ce mal étrange qui frappa alors la famille royale dans plusieurs de ses membres. Le duc de Bourgogne mourut avec toute la résignation d'un chrétien. Sa taille était moyenne, et sa physionomie pleine d'agrément. « Sorti droit des mains des femmes, on s'aperçut de bonne heure que sa taille commençait à tourner. On employa aussitôt et longtemps le *collier et la croix de fer*, qu'il portait tant qu'il était dans son appartement, même devant le monde, et on n'oublia aucun des jeux et des exercices propres à le redresser. » (*Saint-Simon*.)

Ces procédés orthopédiques du temps ne purent l'emporter sur la nature : il resta toujours un peu bossu, ou plutôt incliné d'un côté, de manière à boiter légèrement. Ce vice de conformation ne l'arrêtait pourtant dans aucun exercice ; mais il l'affectait péniblement, et c'était un effort continuel de sa part pour le dissimuler : la seule flatterie à laquelle il fût peut-être sensible était de n'avoir pas l'air de s'être seulement aperçu de ce qui était si visible en lui. C'est par là que ce prince d'un mérite si éminent payait tribut à la faiblesse de la nature humaine. Le P. Martineau, jésuite, son confesseur, a publié un volume intitulé *les Vertus du duc de Bourgogne*, 1712. [*Enc. des g. du m.*]

Saint-Simon, *Mémoires*, t. III. — Abbé Fleury, *Portrait du duc de Bourgogne*, 1714.

BOURGOIN (*Edmond*), théologien et homme politique français, mort à Tours le 26 janvier 1590. Il était prieur des jacobins de Paris, et manifesta un grand fanatisme pendant les troubles de la Ligue. Il osa, dans ses sermons, prendre la défense de son confrère Jacques Clément, le meurtrier de Henri III, comparer cet assassin à Judith, et le proclamer martyr. Ennemi furieux de Henri IV, il excita sans cesse le peuple contre ce prince. En 1589, à l'assaut du faubourg de Paris, il fut pris les armes à la main par les soldats du Béarnais. L'année suivante, le parlement de la ville de Tours, où il avait été conduit, le condamna au supplice de la roue, suivant les uns ; suivant d'autres, il fut écartelé.

Art de vérifier les dates. — Le Bas, *Dictionnaire encyclopédique de la France.*

BOURGOIN (*Marie-Thérèse-Étiennette*), actrice du Théâtre-Français, née à Paris en 1785, morte le 11 août 1833. Douée d'une charmante figure et d'une mémoire extraordinaire, elle fut destinée de bonne heure au théâtre, et, à peine adolescente, elle fut présentée à la célèbre tragédienne Dumesnil, qui l'accueillit très-bien, et lui fit réciter divers monologues.

Mlle Bourgoin n'avait guère plus de quatorze ans lorsqu'elle débuta, en 1799, au Théâtre-Français, par les rôles d'Amélie de *Fénelon* et d'Agnès de *l'École des Femmes*. Ce double essai fut pour elle un double succès, qui s'accrut dans son second et son troisième début au point que, dès le lendemain du dernier, elle fut reçue à l'unanimité sociétaire de la Comédie française. L'engouement du public fut plus grand encore : dès ce moment il vit en elle la plus jolie et la plus séduisante actrice de la capitale. Cet enthousiasme ne se maintint pas toujours au même degré. Tout en rendant justice au jeu décent et gracieux de la jeune et belle Zaïre, de la tendre Iphigénie, on s'aperçut plus tard que ce jeu n'était pas, dans la tragédie, sans quelque froideur, comme sa diction sans un peu de monotonie. Ses succès furent plus constants dans la comédie : les rôles de Roxelane et de l'Hortense du *Florentin* firent même penser aux connaisseurs qu'elle avait méconnu sa vocation, et qu'en se consacrant à l'emploi des soubrettes, elle aurait pu doter la scène française d'une seconde Dangeville. Appelée en Russie par le directeur des théâtres impériaux, M{^lle} Bourgoin y fit, en 1809, un voyage très-utile à sa fortune. Après plusieurs mois de représentations à Saint-Pétersbourg, elle revint en France, chargée de nombreux et riches témoignages de la satisfaction et de la munificence de l'empereur Alexandre et de sa cour. De retour à Paris, elle se livra avec plus d'ardeur aux études qui pouvaient la perfectionner dans son art. Talma, qui savait l'apprécier, lui prodigua ses conseils, ses leçons, et le public ne tarda pas à s'en apercevoir; car les progrès de M{^lle} Bourgoin furent sensibles, surtout dans les rôles d'Électre, de Clytemnestre et d'Andromaque, sous le rapport de la chaleur et de la sensibilité. La mort de ce grand acteur fut doublement fatale à M{^lle} Bourgoin : elle perdait en lui un maître habile et un protecteur dévoué. Bientôt après l'introduction au Théâtre-Français d'un nouveau genre pour lequel, ainsi que plusieurs de ses camarades, elle manifestait une aversion prononcée, et de plus, dit-on, quelques intrigues de coulisse, l'obligèrent à demander sa retraite. Mais elle en conçut un perpétuel chagrin qui s'aggrava; il produisit peut-être la douloureuse maladie qui la conduisit au tombeau. « Ma retraite m'a tuée, » disait-elle le jour de sa mort précoce.

M{^lle} Bourgoin avait un esprit naturel aussi vif qu'original : quoique son éducation eût été négligée, elle savait dans une grande réunion montrer le meilleur ton, se servir des expressions les mieux choisies; mais au théâtre et dans l'intimité, c'était Sophie Arnould avec toute sa verve satirique ou graveleuse. Beaucoup de ses *mots* ont circulé dans le monde, et sont restés dans la mémoire des amateurs; on sent que ce n'est pas la seule raison qui nous empêche de les citer ici. [*Enc. des g. du m.*]

Biographie des Contemporains.

BOURGOING (*François*), écrivain français, natif de Bourges, vivait dans la première moitié du dix-septième siècle. Il entra dans la congrégation de l'Oratoire, d'où son inconduite le fit exclure. On a de lui : *Brevis psalmodiæ ratio*, etc.; Paris, 1634, in-8°; — *le David françois*; Paris, 1641, in-8°; — *Traité sur l'état laïque et politique de l'Église*, 1643, in-8°.

Lelong, *Biblioth. hist. de la France*, édit. Fontette.

BOURGOING (famille de). Cette famille, originaire du Nivernais, a fourni, depuis le seizième siècle, plusieurs personnages distingués, dont voici les principaux dans leur ordre de filiation.

I. **BOURGOING** (*Noël*), jurisconsulte français, vivait dans la première moitié du seizième siècle. Il était abbé de Bouras, trésorier du chapitre de Nevers, et président de la cour des comptes de cette ville, d'où il passa, comme conseiller, au parlement de Paris. En 1534, il fut le principal rédacteur de la *coutume de Nivernais*, et la publia, l'année suivante, avec une préface de sa composition.

Moréri, *Dictionnaire historique.*

II. **BOURGOING** (*Jean*), jurisconsulte français, vivait à la fin du seizième et au commencement du dix-septième siècle. Il a laissé: *la Chasse aux larrons*; Paris, 1{^re} part., 1618, in-8°; — 2{^e} part., 1625, in-8°; — *Offres et Propositions au roi*, 1623, in-8°; — *le Pressoir des éponges du roi*, 1623, in-8°; — *le Désir du peuple françois*, 1625, in-8°; — *Requête touchant la chambre de justice*; Paris, 1629. — Sainte-Marie lui attribue une *Histoire de Louis de Gonzague*, duc de Nevers.

Lelong, *Bibliothèque historique de la France*, édit. Fontette, t. II.

III. **BOURGOING** (*François*), célèbre théologien français, né à Paris le 18 mars 1585, mort le 22 octobre, 1662. Reçu docteur en Sorbonne après de brillantes études, il fut nommé à la cure de Clichy près de Paris. En 1611, il résigna ce modeste bénéfice en faveur de saint Vincent de Paul, pour s'adjoindre, lui quatrième, au cardinal de Bérulle, qui fondait en ce moment l'ordre de l'Oratoire. Dès lors il fut activement employé à l'établissement de la nouvelle congrégation à Nantes, à Dieppe, à Rouen, et surtout dans les Pays-Bas. En 1641, le P. Bourgoing, dont la piété et le savoir étaient depuis longtemps connus, fut élu supérieur général à la place du P. Condren, qui lui-même avait succédé au cardinal de Bérulle. Dans cette haute position il se fit remarquer par son zèle ardent, et il promulgua de nombreux règlements destinés à maintenir la discipline dans l'ordre, et aussi à y augmenter le pouvoir du général; mais cette vigilance minutieuse qu'il apportait dans l'exercice de son autorité finit par lui susciter de nombreux ennemis, et il eut à se défendre contre les contradictions très-vives de la part de ses religieux. Fatigué par la lutte, accablé par les ans et les infirmités, le P. Bourgoing se démit de son grade en 1661, et mourut l'année suivante. Il avait été longtemps confesseur de Gaston, duc d'Orléans. Son oraison funèbre fut prononcée par Bossuet, et se trouve au dix-septième volume des œuvres de ce grand évêque. Le P. Bourgoing est l'auteur de nombreux ouvrages de piété et de discipline ecclésiastique, dont voici les titres : *Lignum Crucis*, deux éd. manusc., 1629; Paris, 1630; — *Ratio studiorum*; Paris, 1645, in-16; — *Directoire des missions*; Paris, 1646; — *Veritates et sublimes excellentiæ Verbi incarnati*; Anvers, 1630, 2 vol. in-8° : cet ouvrage, traduit en français sous le titre de *Vérités et excellences de J.-C. disposées par méditations*, et publié en 6 vol. in-12 à Paris, 1636, a eu jusqu'à trente éditions du vivant de l'auteur; — *Institutio spiritualis ordinandorum*, 1639; — *Méditations sur les divers états de J.-C.*; Paris, 1648, in-8°; — *Homélies chrétiennes sur les Évangiles des Dimanches et Fêtes principales;* Paris, 1642, in-8°; — *Homélies des saints sur le Martyrologe romain*, 1651, 3 vol. in-8°. Le P. Bourgoing édita conjointement avec le P. Gibieuf, en 1644, les œuvres du cardinal de Bérulle, qu'il fit précéder d'une préface et d'une épître dédicatoire. Il a publié en outre une *Déclaration présentée à la reine régente par le R. P. Genval, de l'Oratoire, au nom de la congrégation, sur quelques points touchant le sacrement de pénitence.* Les doctrines insérées dans cet écrit n'ayant point été approuvées dans une assemblée générale de l'ordre, le P. Bourgoing fut contraint de le désavouer. B.

Bossuet, *Oraison funèbre du P. Bourgoing*. — Richard et Giraud, *Bibliothèque sacrée*. — Quérard, *la France littéraire*.

IV. **BOURGOING** (*Jean-François*, baron DE), écrivain et célèbre diplomate, né à Nevers le 20 novembre 1748, mort le 20 juillet 1811. Les dispositions qu'il montra pour l'étude à l'École militaire de Paris, où il était élève, le firent remarquer. Dès l'âge de seize ans il fut envoyé à l'université de Strasbourg, où se formaient pour l'étude du droit public les jeunes gens destinés à la carrière diplomatique. Au sortir de cette école célèbre, il fut nommé officier au régiment d'Auvergne, et attaché comme secrétaire à la légation de France près la diète de Ratisbonne; devenu secrétaire de l'ambassade d'Espagne, il resta sept ans dans ce pays (1777-1785), et y recueillit les matériaux de son *Tableau de l'Espagne moderne*. En 1787, il fut appelé au poste de ministre du roi Louis XVI près le cercle de basse Saxe. Il résida à Hambourg jusqu'en 1791, époque à laquelle il devint ministre plénipotentiaire près la cour de Madrid. Revenu dans sa patrie lors de la rupture de la France et de l'Espagne, il passa dans la retraite le temps de la terreur. Après la mort de Robespierre, quand le gouvernement républicain conçut l'espoir de traiter avec l'Espagne, Bourgoing fut jugé plus capable que personne de remplir cette mission délicate. Il partit donc pour le quartier général de l'armée des Pyrénées-Orientales, et y entama les négociations qui se terminèrent par le traité de paix signé à Bâle (1795). Cette mission remplie, Bourgoing rentra dans la vie privée, et se consacra à des travaux littéraires jusqu'à l'époque où le premier consul fit appel au concours de tous les hommes honorables et expérimentés. Bourgoing fut alors désigné pour le poste de Copenhague, d'où il passa bientôt à celui de Stockholm. Ayant eu, dans un discours public, l'imprudence de faire une allusion prématurée à la transformation de la république en monarchie, il fut rappelé en 1803. Sa disgrâce fut courte : son fils aîné ayant fixé l'attention de l'empereur par une action d'éclat, et demandé pour toute récompense la mise en activité de son père, Napoléon confia à Bourgoing la légation de Saxe. En cette qualité, il assista au congrès d'Erfurt, et accompagna plusieurs fois le roi Frédéric-Auguste dans les voyages qu'il fit en Pologne comme grand-duc de Varsovie. Bourgoing mourut aux eaux de Carlsbad. Il était correspondant de l'Institut, et a publié les écrits suivants : *Tableau de l'Espagne moderne*, ouvrage justement estimé, et traduit en anglais, en danois et en allemand. Il a eu quatre éditions, toutes en 3 vol. in-8° (1789, 1797, 1803, 1807); les deux premières portent le titre de *Nouveau voyage en Espagne, ou Tableau actuel de cette monarchie*; — *Mémoires historiques et philosophiques sur Pie VI et son pontificat, jusqu'à sa retraite en Toscane* : cet ouvrage eut deux éditions, toutes deux en deux volumes in-8° (1798 et 1800); — *Histoire des Flibustiers*, traduite de l'allemand de M. d'Archenholtz, avec avant-propos et notes du traducteur, in-8°, 1805; — *Histoire de l'empereur Charlemagne*, traduction libre de l'allemand du prof. Hegewisch, avec avant-propos et notes du traducteur, 1805, in-8°; — *Correspondance d'un jeune militaire, ou Mémoires du marquis de Lusigny et d'Hortense de Saint-Just*, 1778, 2 vol. in-12 : ce roman a eu deux éditions; — *Voyage du duc du Châtelet en Portugal*, 2 vol. in-8°, 1808. Il a en outre édité la correspondance du cardinal de Bernis avec Voltaire, et quelques autres opuscules d'une moindre importance. La veuve de Bourgoing, Marie-Benoîte-Joséphine de Prévôt de Lacroix, née à Neules en 1759, fut appelée en 1820 à la surintendance de la maison royale de Saint-Denis, qu'elle dirigea pendant dix-sept ans, et où elle a laissé les plus honorables souvenirs. Elle est morte le 11 février 1838.

Bourgoing a laissé trois fils : *Armand*, qui a fait les guerres de l'empire et est mort officier supérieur d'état-major en 1839; *Paul*, dont l'article suit; et *Honoré*, actuellement colonel, commandant la place de Lorient. Sa fille *Ernestine* a épousé le maréchal duc de Tarente. B.

Documents inédits. — *Biographie des Contemporains*.

BOURGOING (*Charles-Paul-Amable*, baron DE), diplomate et sénateur, fils du précédent, né à Hambourg le 19 décembre 1791. Il entra au service militaire en 1811, fit dans la jeune garde les campagnes de 1812 et 1813, et comme aide de camp du maréchal Mortier, celle de 1814. Il entra dans la carrière diplomatique lors du retour des Bourbons, et fut successivement secrétaire de légation à Berlin, à Munich et à Copenhague. Il venait d'être nommé premier secrétaire d'ambassade à Saint-Pétersbourg, lorsqu'éclata la guerre entre la Turquie et la Russie. En cette qualité, il se rendit au quartier général de l'empereur Nicolas, et, se souvenant de son ancien métier, prit une part active à la campagne. Il se signala en particulier au siége de Silistria. Il était chargé d'affaires à Pétersbourg, lorsqu'y arriva la nouvelle de la révolution de 1830. La bonne attitude qu'il sut conserver dans ce moment critique contribua puissamment à calmer la première irritation que causait au czar la chute de son allié Charles X, et à empêcher une rupture qui eût été le signal d'une guerre générale. Ministre plénipotentiaire en Saxe (1832), puis en Bavière (1835), M. de Bourgoing fut élevé à la pairie en décembre 1841. Démissionnaire lors de la révolution de 1848, il fut, à la fin de 1849, appelé à l'ambassade d'Espagne, qu'il occupa jusqu'à septembre 1851. M. de Bourgoing siége au sénat depuis le mois de janvier 1853. Il est l'auteur du *Tableau de l'état actuel des progrès probables des chemins de fer de l'Allemagne et du continent européen*; Paris, 1842, grand in-8°; — *les Guerres d'idiomes et de nationalités*; Paris, 1849, grand in-8°.

<small>Documents inédits.</small>

BOURGOING DE VILLEFORE. Voy. VILLEFORE.

*BOURGON (*Jean-Ignace-Joseph*), historien français, né à Pontarlier en 1797. Professeur d'histoire à la faculté des lettres de Besançon, il a publié : *Polybe considéré comme historien romain, ou, etc.*; Strasbourg, Silbermann, 1829; — *Abrégé d'histoire universelle*; première partie : *Histoire ancienne*; Besançon, 1834; — deuxième partie; *Histoire des Romains* : Besançon, 1836; — *Abrégé de l'Histoire de France jusqu'à nos jours*; ibid., 1835; — *Abrégé de l'Histoire de l'empire romain, depuis sa fondation jusqu'à la prise de Constantinople*; ibid., 1838; — *Recherches historiques sur la ville et l'arrondissement de Pontarlier*; Pontarlier, 1840.

<small>Quérard, supplément à la France littéraire.</small>

BOURGUEIL (*N...*), vaudevilliste français, né à Paris en 1763, mort dans la même ville le 8 juin 1802. Ses ouvrages les plus remarquables sont : *le Pour et le Contre*, en un acte; Paris, 1801, in-8°; — *Gessner*, en deux actes, avec Barré, Radet et Desfontaines; ibid., 1800, in-8°; — *Monsieur Guillaume, ou le Voyageur inconnu*, en deux actes, avec les mêmes; ibid., 1800, in-8°; — *le Mur mitoyen, ou le Divorce manqué*, en un acte, avec Barré; ibid., 1802, in-8°; — quelques chansons dans le recueil des *Dîners du Vaudeville*.

<small>Quérard, la France littéraire.</small>

BOURGUET (*Louis*), naturaliste et archéologue français, né à Nîmes le 23 avril 1678, et mort à Neufchâtel le 31 décembre 1742. Jeune encore, il fut amené en Suisse, où sa famille, exilée de France par la révocation de l'édit de Nantes, établit des manufactures d'étoffes de soie. Dans l'espace de vingt ans, de 1697 à 1717, il parcourut six fois l'Italie, et il en rapporta chaque fois de riches collections de médailles, de fragments antiques, de coquillages, de fossiles et de livres. S'étant marié en 1720 avec la fille de Claude Jourdan, Français réfugié à Neufchâtel, il s'établit dans cette ville, où il ne se fixa cependant qu'en 1717, et où on créa pour lui une chaire de philosophie et de mathématiques. L'histoire naturelle lui doit des observations précieuses et des aperçus ingénieux qui ont été utiles à ses progrès. Il n'y avait pas longtemps encore qu'on avait cessé de regarder les fossiles comme les produits d'esprits architectoniques, de vertus secrètes et formatrices qui leur avaient donné, en se jouant, des formes analogues à celles d'êtres vivants; et on commençait à voir dans les pierres *figurées*, comme on les appelait encore, soit des dépouilles de plantes et d'animaux, soit des dépôts recueillis dans le creux des coquilles. Cette opinion, qui s'arrêtait cependant indécise devant ceux des fossiles dont on ne trouvait pas des analogues parmi les êtres connus, Bourguet travailla à l'asseoir sur des preuves positives, et à la répandre dans le monde savant. C'est ce qu'il fit, entre autres, dans une *Dissertation sur les pierres figurées*, 1715, et dans un *Traité des Pétrifications*; Paris, 1762, in-4° avec pl. Dans ces deux écrits, et surtout dans ses *Lettres philosophiques sur la formation des sels et des cristaux, et sur la génération et le mécanisme organique des plantes et des animaux*, Amsterdam, 1729, in-12, avec fig., il essaya de montrer que la cristallisation est le résultat d'un mécanisme géométrique, comme la conception et la production des êtres organisés est un développement opéré par un mécanisme organique. Il expliqua la manière dont se forment sous nos yeux certaines espèces de roches, et il tira de là quelques conjectures sur la manière dont ont dû se produire les roches anciennes et les fossiles. Ces considérations le conduisirent à lier l'étude des fossiles à celle de la théorie de la terre. On trouve sur ce point, dans ses ouvrages, quelques observations exactes : c'est ainsi qu'un des premiers il fit remarquer la correspondance des angles saillants et des angles rentrants dans les chaînes de montagnes.

L'hypothèse de l'échelle des êtres, qui est en général attribuée à Ch. Bonnet, appartient à Bourguet, sans aucun doute, l'idée dans les écrits de Leibnitz. Pendant que Woodward dressait une échelle analogue pour certains produits de la nature, Bourguet aussi composait de son côté un travail semblable, mais plus étendu, dont, en 1713, il communiqua le plan à Scheuchzer. Il essaya même de classer les fossiles d'après cette hypothèse dans son *Échelle des fossiles*, 1729.

L'archéologie lui doit aussi quelques découvertes importantes, entre autres l'explication de l'alphabet étrusque, dans lequel il reconnut un alphabet grec très-ancien. Il fut moins heureux pour les explications qu'il donna des inscriptions étrusques; cependant l'abbé Lanzi est d'avis que ses travaux n'ont pas été inutiles à cette partie de l'érudition philologique. Bourguet s'occupa aussi d'une histoire critique de l'alphabet et des lettres. Leibnitz l'encouragea à poursuivre cet ouvrage, qui n'a jamais été publié, mais qui semble avoir été achevé; du moins Cuper, ami de l'auteur, en donne une analyse détaillée dans ses lettres.

Bourguet est moins connu comme philosophe; cependant Leibnitz faisait grand cas de ses connaissances en philosophie, et il entretint avec lui une correspondance suivie. Nous avons les lettres que lui écrivit Leibnitz (*Leibnitii opera*, ed. *Dutens*., tom. II, p. 324-328, et tom. VI, p. 202-220); celles de Bourguet n'ont pas été imprimées. Dutens nous apprend qu'elles se trouvaient, ainsi qu'une *Défense des principes de Leibnitz* due à sa plume, entre les mains de Lecot, qui se proposait de les publier; ce projet n'a pas été exécuté. Les autres écrits de Bourguet sont : des *Opuscules mathématiques contenant de nouvelles théories pour la résolution de deux, trois et quatre degrés*; Leyde, 1794, in-8°; — quelques mémoires insérés dans le recueil de l'Académie des sciences de Paris; — plusieurs articles dans le *Mercure Suisse*, et particulièrement dans la *Bibliothèque italique*, dont il fut, de 1728 à 1734, un des principaux rédacteurs; — quelques opuscules publiés dans la *Tempe Helvetica*.

MICHEL NICOLAS.
Biographie du département du Gard.

BOURGUET (DU). *Voy.* DUBOURGUET.

BOURGUEVILLE (*Charles DE*), sieur de Bras, antiquaire français, né le 6 mars 1504, mort en 1593. Il vécut à la cour de François Ier, et il parcourut avec ce prince une partie de la France. Devenu lieutenant général de Caen, il se démit de ses fonctions en faveur de son gendre. On a de lui : *les Recherches et antiquités de la province de Neustrie, à présent duché de Normandie, comme des villes remarquables d'icelle, et spécialement de la ville et université de Caën*; Caen, Lefèvre, 1588; et Rouen, 1705; publié aux frais de plusieurs habitants de Caen; Rouen, 1833. « Ce livre, tout défectueux qu'il est, dit Daniel Huet, est un trésor qui nous a conservé la connaissance d'une infinité de choses curieuses de ce pays, qui sans ce travail seraient demeurées dans l'oubli. »

Daniel Huet, *les Antiquités de Caen*. — Lenglet-Du-Fresnoy, *Méthode pour étudier l'histoire*. — Lelong, édit. Fontette, *Bibliothèque historique de la France*, t. III. — Beuchot, dans le supplément *à la France littéraire* de Quérard.

BOURGUIGNON. *Voy.* ANVILLE (d') et GRAVELOT.

BOURGUIGNON. *Voy.* BOURIGNON.

BOURGUIGNON - DUMOLARD (*Claude-Sébastien*), jurisconsulte français, né à Vif, près de Grenoble, le 21 mars 1760; mort à Paris le 22 avril 1829. A l'époque de la révolution, dont il adopta les principes, il remplit quelques fonctions judiciaires et administratives. Après avoir participé à l'opposition départementale du 31 mai 1793, il fut arrêté par le parti vainqueur; et quand il eut recouvré la liberté, il se réfugia à Paris, où il se lia avec les adversaires de Robespierre. Au 9 thermidor, il fit mettre les scellés sur les papiers de ce chef des montagnards et sur ceux de son frère. Nommé successivement secrétaire du nouveau comité de sûreté générale, chef de division au ministère de l'intérieur, secrétaire général de la justice, commissaire du Directoire près les tribunaux civils de Paris, ensuite près la cour de cassation, il obtint, en 1799, le portefeuille de la police; mais il ne le garda que vingt-sept jours, et passa à la régie de l'enregistrement et des domaines. Après le 18 brumaire, il siégea au tribunal criminel de Paris, et fut, en 1804, l'un des juges de Georges et de Moreau. Il entra ensuite, en qualité de conseiller, à la cour royale de Paris. La seconde restauration le mit à la retraite, en lui conservant le titre de conseiller honoraire. Bourguignon-Dumolard a laissé : *Mémoires* (trois) *sur les moyens de perfectionner en France l'institution du jury*; Paris, 1802, 1808, 3 part. in-8°; le 1er de ces mémoires fut couronné par l'Institut; — *De la Magistrature en France, considérée dans ce qu'elle fut et ce qu'elle doit être*; Paris, 1807, in-8°; — *Manuel d'Instruction criminelle*; Paris, 1810, in-4°; ibid., 1811, 2 vol. in-8°; — *Dictionnaire raisonné des lois pénales de France*; Paris, 1811, 3 vol. in-8°; — *Conférences des cinq codes entre eux, et avec les lois et les règlements sur l'organisation de l'administration de la justice*; Paris, 1818, in-8° et in-12; — *Jurisprudence des codes criminels et des lois sur la répression des crimes et des délits commis par la voie de la presse et par tous autres moyens de publication, faisant suite au Manuel d'Instruction criminelle*; Paris, 1825, 3 vol. in-8°; — *un Mot sur le Mémoire et les deux consultations imprimées que vient de publier le sieur Ouvrard*; Paris, 1824, in-8°; — *les huit Codes annotés, avec les lois principales qui les complètent*, divisés en deux parties (avec M. A. Dalloz jeune); Paris, 1829, 1 vol. in-8°.

Arnault, Jay, Jouy, Norvins, *Biographie nouvelle des Contemporains*. — Quérard, *la France litt.*, suppl. — *Bibliographie de la France*.

BOURGUIGNON (*Henri-Frédéric*), magistrat français et vaudevilliste, fils du précédent, né à Grenoble le 30 juin 1785, mort à Auteuil le 4 octobre 1825. Il partagea les premières années de sa jeunesse entre l'étude de la jurisprudence et les amusements de la poésie légère. Transfuge de l'École de droit, où il obtenait cependant d'assez beaux succès, il fit représenter, sur le théâtre du Vaudeville, deux comédies mêlées de couplets, dont la première réussit, et la seconde fut froidement accueillie. Il en composa une troisième qui eut un grand succès de société. Telles étaient ses occupations, lorsque, à vingt-deux ans, il fut nommé substitut près le tribunal de première instance de la Seine.

Il ne songea plus dès lors qu'aux graves études du barreau et à l'accomplissement des devoirs sévères qui lui étaient imposés. Pendant les Cent-Jours, il fut pourvu de la place d'avocat général à la cour royale de Paris; mais la seconde restauration l'obligea de reprendre les fonctions de substitut. Il remplit cette charge avec le même dévouement qu'il y avait déjà apporté, et signala sa modération et son talent dans le procès de la Société des Amis de la liberté de la presse et dans le procès du nommé Feldmann, prévenu d'avoir assassiné sa propre fille : ces deux plaidoyers ont été insérés dans le *Barreau moderne*, ou collection des chefs-d'œuvre de l'éloquence judiciaire en France, par MM. Clair et Clapier, 2ᵉ série, t. II, 1822, p. 285-313, et t. VI, 1824, p. 264-308. On a encore de Frédéric Bourguignon : *Jean-Baptiste Rousseau, ou le Retour de la Piété filiale*, comédie mêlée de couplets (en société avec E. de Clouard), 1803; — *la Métempsycose*, comédie; 1805; — *l'Invalide marié*, scène comique, insérée dans le *Chansonnier du Vaudeville pour l'année 1806*; — *Résumé et conclusions dans l'affaire de M. F. Didot contre MM. Boileau, Duplat*, etc.; Paris, 1818, in-8°.

Biographie des Contemporains. — Quérard, *la France littéraire.*

BOURIGNON (*Antoinette*), femme visionnaire, née à Lille le 13 janvier 1616, morte à Francker le 30 octobre 1680. Elle se rendit célèbre par ses nombreux ouvrages, par ses voyages, par ses innovations religieuses, et par les persécutions qu'elle essuya. Malgré sa laideur, elle fut souvent recherchée en mariage; mais elle se voua au célibat et à une chasteté inviolable. Au moment où ses parents se disposaient à célébrer son union avec une personne choisie par eux, elle s'enfuit, et se plaça sous la protection du clergé, envers lequel toutefois elle ne se montra guère plus docile. A Amsterdam elle abjura le catholicisme, et prêcha la réforme : suivant elle, la Bible n'était pas une source suffisante de foi et de religion; l'inspiration dont Dieu favorisait ses élus devait y suppléer. C'est à Amsterdam qu'elle imprima ses ouvrages dans son imprimerie particulière; mais elle fut obligée de quitter cette ville; et, accusée de sorcellerie, maltraitée par la populace, elle erra à travers la Hollande et le nord de l'Allemagne jusqu'à Hambourg. On lui reproche de graves supercheries, une piété trop intéressée pour inspirer la confiance. Bayle ne borne pas là ses accusations contre elle. Les œuvres de cette illuminée, réunies par Poiret, forment 21 volumes in-8° (Amsterdam, 1679-1684). [*Enc. des g. du m.*]

Vie d'Antoinette Bourignon, en tête de ses œuvres. — Bayle, *Dict. crit.*

BOURIGNON ou plutôt **BOURGUIGNON** (*François-Marie*), antiquaire, botaniste et littérateur français, né à Saintes en 1753, mort en 1796. Il mérite d'être cité pour quelques ouvrages sur les antiquités nationales, entre autres pour ses *Recherches topographiques sur les antiquités gauloises et romaines de la Saintonge et de l'Angoumois*; 1789, in-8°. On a également de lui des *Observations sur quelques antiquités romaines déterrées au Palais-Royal*; 1789, in-8°. Le goût de l'archéologie lui vint d'une façon singulière : des enfants ayant découvert en jouant une urne remplie d'objets précieux, quelques-unes des médailles qu'elle contenait tombèrent dans les mains de Bourignon encore jeune, qui éprouva un vif désir de les examiner et de les expliquer. Après ce premier essai, qui fut heureux, il se mit à étudier les nombreuses ruines qui existent à Saintes, sa ville natale. Bientôt il fit dans cette étude des progrès extraordinaires pour son âge; mais le manque de fortune ne lui permettant pas de se livrer exclusivement à sa vocation naturelle, il embrassa la carrière médicale. Esprit vif et brillant, mais mobile et un peu superficiel, il rechercha aussi les succès littéraires, publia quelques petites pièces de théâtre, et rédigea, sous le titre de *Journal de Saintonge*, une feuille hebdomadaire, à laquelle il sut donner de l'intérêt. Emporté vers les idées nouvelles, Bourignon épousa avec ardeur la cause de la révolution. Non content de la défendre par ses écrits, il voulut en prêcher de vive voix les principes dans les campagnes; mais il fut maltraité dans un village, et mourut des suites de cette scène violente.

Rainguet, *Biographie Saintongeaise*; Saintes, 1852, in-8°. — Le Bas, *Dictionnaire encyclopédique de la France.*

* **BOURJON** (*François*), jurisconsulte français, vivait dans la seconde moitié du dix-huitième siècle. On a de lui : *Droit commun de la France, et la coutume de Paris réduite en principes tirés des ordonnances, des arrêts, des lois civiles et des auteurs*; Paris, 1747.

Journal des Savants, 1747.

* **BOURJOT SAINT-HILAIRE** (...), médecin et naturaliste français, né à Paris en 1801. Professeur d'histoire naturelle et d'anatomie comparée, il a établi chez lui un dispensaire gratuit pour les indigents affectés des maladies des yeux. M. Bourjot Saint-Hilaire a épousé la fille unique du célèbre naturaliste Geoffroy Saint-Hilaire. On a de lui : *Collection de perroquets pour faire suite à la publication de Levaillant*, ouvrage contenant les espèces laissées inédites par cet auteur ou récemment découvertes, etc.; Strasbourg et Paris, 1835, in-4°; — *Lettre à un médecin de province sur les établissements médicaux, et particulièrement sur les dispensaires philanthropiques de Londres*; Paris, 1836.

Les Médecins de Paris. — Quérard, suppl. *à la France littéraire.*

BOURKE (*Edmond*, comte DE), diplomate danois, né à Sainte-Croix, une des Antilles, le 2 novembre 1761; mort aux eaux de Vichy le

12 août 1821. Il appartenait à une famille irlandaise qui, restée fidèle à la religion catholique, fut réduite à se réfugier en Danemark. Après avoir voyagé avec son père et l'avoir perdu à Londres, Bourke retourna à Copenhague, où le comte de Bernstorff, ministre des affaires étrangères, lui proposa une place de chargé d'affaires en Pologne. Bourke se rendit à son poste le 24 juillet 1789, et mérita l'amitié du roi Stanislas Poniatowski. Au mois de mai 1792, il alla représenter son souverain près la cour de Naples, où il demeura jusqu'en 1797. Rappelé à la demande de la reine Caroline, il passa à la cour de Stockholm; et, en 1801, il fut chargé de l'ambassade de Madrid. Il y resta jusqu'en 1811, et, durant cette période, protégea un grand nombre de Français, auxquels il donna asile dans sa demeure. Pendant un séjour de trois ans qu'il fit à Paris, il consacra ses loisirs à la culture des lettres. En 1814, il fut rappelé dans le Danemark par la situation politique de l'Europe, et s'occupa activement des relations diplomatiques de son pays avec les cours étrangères. A Kiel, le 14 janvier 1814, il négocia et signa le traité qui céda la Norvége à la Suède; il conclut à Hanovre, le 8 février 1814, un autre traité avec la Russie, et, le 7 avril de la même année, un troisième avec la Grande-Bretagne. L'habileté qu'il montra en ces diverses circonstances lui mérita la reconnaissance de son souverain, qui le nomma son ambassadeur en Angleterre; il signa, dans ce pays, un traité avec l'Espagne. Après un voyage qu'il fit à Naples en 1819, il obtint, en 1820, l'ambassade de Paris. On a du comte de Bourke : *Notice sur les ruines les plus remarquables de Naples et de ses environs, rédigée en 1795, etc.*; Paris, 1823, in-8°, portr. et fig.; ouvrage publié par la veuve de ce diplomate.

Quérard, *la France littéraire*.

BOURKBARD. Voy. VICHMANN.

BOURLÉ (*Jacques*), théologien français, natif de Longménil, diocèse de Beauvais, vivait dans la dernière moitié du seizième siècle. Il fut docteur de Sorbonne et curé de la paroisse de Saint-Germain-le-Viel, de Paris. Ses principaux ouvrages sont : *Congratulation au roi pour l'édit de Janvier rompu;* — *Adhortation au peuple de France de se tenir sur ses gardes;* — *Prières à Jésus-Christ sur le mariage de Charles IX;* — *la Messe de Saint-Denys;* — *Regrets sur la mort hastive de Charles IX, roi de France;* Paris, 1574, in-8°; — *Discours sur la prise de Mende par les hérétiques* (en 1563); Paris, 1580, in-8°. — La Croix du Maine attribue encore à Bourlé une traduction des *six comédies de Térence*, vers par vers; mais, au moment où il écrivait (en 1584), cette traduction n'était pas encore publiée.

Duverdier et La Croix du Maine, *Biblioth. franç.*

BOURLET DE VAUXCELLES. Voy. VAUXCELLES.

BOURLIE (*Antoine DE GUISCARD*, abbé DE LA), homme politique français, né le 27 décembre 1658, mort en Angleterre le 28 mars 1711. Il entra d'abord dans l'état ecclésiastique, et fut pourvu de riches bénéfices; mais une faute, demeurée inconnue, l'ayant forcé à se retirer en Hollande, il conçut la pensée de seconder l'insurrection des protestants des Cévennes contre le gouvernement de Louis XIV, et il exécuta cette résolution en fournissant aux religionnaires de ce pays des armes et de l'argent : il voulut même leur assurer le concours des habitants du Rouergue. Ses tentatives étant restées sans résultat, et Villars ayant pacifié les Cévennes, l'abbé de la Bourlie se réfugia de nouveau en Hollande. Il alla ensuite en Angleterre, et il publia un écrit intitulé *Mémoires du marquis de Guiscard, dans lesquels sont contenues les entreprises qu'il a faites dans le royaume et hors du royaume de France, pour le recouvrement de la liberté de sa patrie;* Delft, 1705, in-12. Accueilli par le ministère anglais et présenté à la reine Anne, la Bourlie obtint de cette princesse une pension considérable; mais il fut bientôt soupçonné d'intelligence avec le ministère français; ses papiers furent saisis, et donnèrent la preuve de sa trahison. La Bourlie, arrêté et convaincu par ses propres lettres, porta deux coups de canif au chancelier qui l'interrogeait, et ensuite au duc de Buckingham. Blessé de deux coups d'épée par ce seigneur, il fut conduit dans les prisons de Newgate, où il mourut, suivant les uns, des suites de ses blessures; selon d'autres, d'un poison qu'il aurait avalé.

Bayle, *Dictionnaire critique*.

BOURLIER (*Jean-Baptiste*, comte), théologien français, né à Dijon le 1er février 1731, mort à Évreux le 30 octobre 1821. Il entra dans l'état ecclésiastique, et perdit, à la révolution de 1789, les bénéfices dont il était pourvu, ce qui ne l'empêcha point de se déclarer en faveur des idées nouvelles. Il prêta serment à la constitution civile du clergé, et, après quelques persécutions subies pendant la terreur, il fut sacré évêque d'Évreux le 23 avril 1802. Il fut successivement membre du conseil des hospices de sa ville épiscopale, baron et ensuite comte de l'empire; président du collège électoral d'Évreux le 14 mai 1806; candidat au corps législatif dans le mois de novembre de la même année; réélu le 6 janvier 1812, et, le 17 février suivant, porté au nombre des candidats à la présidence; enfin, le 6 avril de la même année, il obtint la dignité de sénateur. Après le divorce de l'impératrice Joséphine, qui s'était retirée à Navarre, dans le diocèse d'Évreux, Bourlier devint le distributeur des aumônes de cette princesse. Malgré son attachement à Napoléon, il se soumit en 1814 au gouvernement de Louis XVIII, qui, le 4 juin de cette année, le nomma pair de France. N'ayant accepté aucune fonction politique pendant les Cent-Jours, il fut

maintenu dans la pairie au mois d'août 1815.
Biographie nouvelle des Contemporains. — Biographie portative des Contemporains.

BOURMON (*André*), mathématicien français, vivait dans la première moitié du dix-huitième siècle, et a publié : *Arithmétique pratique appliquée au commerce, aux finances, à la banque, au palais, à l'art militaire*; Paris, 1710, in-12.

D. Clément, *Bibliothèque curieuse.*

BOURMONT (*Louis-Auguste-Victor*, comte DE GHAISNE DE), maréchal de France, né au château de Bourmont (Maine-et-Loire) le 2 septembre 1773, mort au même lieu le 27 octobre 1846. Officier aux gardes françaises à seize ans, licencié par la révolution, il suivit son père, aide de camp du prince de Condé, le perdit à Turin, revint dans sa famille, puis alla rejoindre à Coblentz le comte d'Artois à la fin de 1791. Il fit la campagne de 1792 jusqu'au licenciement de l'armée des princes, vint à Paris, rejoignit l'armée de Condé, y servit un an dans la cavalerie comme simple soldat, et se jeta dans la Vendée au mois d'octobre 1794. Devenu commandant en second des troupes de Scépaux, il se fit remarquer tour à tour dans les combats et dans les négociations près des princes réfugiés. Après la pacification de 1796, il fut déporté en Suisse, revint en France agiter le département de l'Eure, et alla, après le 18 fructidor, rendre compte des événements à Monsieur, en Angleterre. L'insurrection de 1799 le reconnut pour un de ses chefs : il vainquit à Louverné, s'empara du Mans le 15 octobre, et, après les revers de son parti, fut le dernier à poser les armes. La nouvelle pacification amena plusieurs chefs vendéens à Paris. Le comte de Bourmont y résista aux sollicitations du premier consul, qui lui offrait le grade de général de division. Ses refus blessèrent Bonaparte, qui, après l'explosion de la machine infernale, le fit jeter comme suspect dans la prison du Temple et transférer dans la citadelle de Besançon. Vers la fin de 1804, le captif perça un mur de sa chambre, franchit les remparts à l'aide d'une corde, et se réfugia en Portugal. Bientôt cette contrée fut occupée par nos troupes; le comte de Bourmont y vécut tranquille jusqu'au jour où une armée anglaise vint attaquer les débris de l'armée française, incapable de résister. « M. de Bourmont, dit Mme d'Abrantès dans ses *Mémoires*, était du nombre des Français réfugiés : il pouvait dès lors passer aux Anglais ou aux insurgés; il ne fit ni l'un ni l'autre. Il vint trouver Junot, et, comme un Français parlant à un Français, il lui dit : « Monsieur le duc, je n'ai pas renié ma patrie, je suis Français; vous êtes attaqué; un homme résolu et deux bras de plus peuvent vous être utiles, je viens vous les offrir : voulez-vous m'attacher à votre état-major ? » — Junot, de tous les hommes de l'armée, était celui sur qui une semblable conduite devait faire la plus profonde impression; il s'approcha de M. de Bourmont, lui prit la main, la lui serra, et lui dit d'une voix émue, car lui-même l'était beaucoup : « Monsieur de Bourmont, non-seulement j'accepte vos services, mais je vous engage ma parole que votre rentrée en France ne souffrira aucune difficulté; je vous en donne ma parole d'honneur, et je n'y manque jamais. »

Junot le chargea des fonctions de chef d'état-major de la division commandée par le général Loison, et, après la convention de Cintra, toute la famille Bourmont s'embarqua pour la France. A son arrivée, le comte fut jeté dans une prison de Nantes. Junot l'en fit sortir; mais il fallut bientôt choisir entre l'exil ou un brevet d'adjudant commandant à l'armée d'Italie. Bourmont accepta cette fois, et, bientôt remarqué à l'affaire de Bagnara, il fut attaché à l'état-major du prince Eugène, et se distingua pendant toute la campagne de Russie. Épuisé par les fatigues et ses blessures, il tomba entre les mains des Russes, leur échappa, et, placé dans le onzième corps, contribua beaucoup à la victoire de Lutzen. Blessé à la journée de Rottnottsitz, il fut nommé général de brigade. Avant Leipzig et pendant toute la retraite, il ne montra pas moins d'habileté pour la tactique que de bravoure dans les combats. Pendant la campagne de France, il se distingua par une défense héroïque à Nogent : Napoléon le fit lieutenant général. A la chute de l'empire, le comte de Bourmont alla soigner ses blessures en Anjou, revint à Paris, et fut nommé commandant de la sixième division militaire. A la nouvelle du débarquement de l'empereur, il fut chargé de réunir les forces à la tête desquelles devait se mettre le maréchal Ney. Le comte de Bourmont, voyant les troupes entraînées par le magique souvenir de celui qui les avait habituées à la victoire, courut à Paris demander des ordres. Louis XVIII se préparait à partir la nuit suivante. Le général Dessoles rapporta au comte de Bourmont ce que le roi lui avait dit : « Il est probable que les alliés vont prendre les armes, et cette fois peut-être feront-ils la guerre pour leur propre compte : s'il en était ainsi, agissez dans l'intérêt de la patrie. » — « Je suivrai le roi jusqu'à la frontière, ajouta Dessoles, parce que je suis ministre d'État; mais la partie est perdue, on ne se battra pas. Quant à vous, mon cher général, vous pouvez faire ce que vous voudrez. »

Les alliés marchèrent bientôt sur la France. Tandis que leur diplomatie déclarait qu'ils n'entendaient pas lui imposer un gouvernement particulier, J. Gruner, gouverneur général des provinces rhénanes disait dans une proclamation : « Ce n'est plus pour rendre à ce pays (la France) des princes dont il ne veut pas, ce n'est plus seulement pour chasser encore ce guerrier dangereux qui s'est mis à leur place, que nous armons aujourd'hui : c'est pour diviser cette terre impie, que la politique des princes ne peut plus laisser subsister; c'est pour nous indemniser, par un juste partage de ses provinces, de tous

les sacrifices que nous avons faits depuis vingt-cinq ans. » Le comte de Bourmont, voyant ainsi menacée l'indépendance de sa patrie, reprit un commandement. Les événements se succédaient avec rapidité. L'acte additionnel vint à paraître : il proscrivait les Bourbons; le comte de Bourmont n'y put souscrire, et en refusant il brisait tout lien avec le gouvernement impérial (1). Wellington, d'ailleurs, ayant proclamé les coalisés alliés du roi de France, on n'eut plus à craindre un démembrement du territoire. Dans ces circonstances, le comte de Bourmont remit ses troupes et ses instructions au général Hulot, et se réfugia près de Louis XVIII (2).

Dès que la France fut ouverte aux armées coalisées, le comte de Bourmont travailla pour la cause royale, souleva en faveur de cette cause les populations de la Flandre, s'empara de dix-sept villes, Lille, Dunkerque, Arras, etc., en ferma les portes aux étrangers, préserva de l'occupation deux provinces, et conserva à la France 4,000 canons, 40,000 fusils et 6 millions de francs. Nommé, après la seconde restauration, commandant de la 2ᵉ division d'infanterie de la garde royale, il fit la guerre d'Espagne, prit une part active aux plus importantes opérations de cette campagne, et reçut le commandement en chef de l'armée quand le duc d'Angoulême s'en éloigna. A son retour, le comte de Bourmont fut nommé pair de France, et, l'année suivante, gentilhomme de la chambre du roi. Au mois d'août 1829, il fut appelé au ministère de la guerre, et, l'année suivante, il obtint le commandement en chef de l'armée qui fit la conquête de l'Algérie.

Après avoir pourvu avec habileté à tous les besoins de l'entreprise, il débarqua le 14 juin, avec ses quatre fils, vit, le 24, tomber l'un d'eux à ses côtés, redoubla d'énergie, et entra dans Alger le 5 juillet 1830. Le 22, il fut créé maréchal de France; et bientôt la révolution le remplaça par le général Clausel. Il s'embarqua le 3 septembre, n'emportant de la terre d'Afrique que la gloire d'avoir conquis à la France un vaste territoire. Comme il avait refusé le serment au roi Louis-Philippe, il fut déclaré démissionnaire en 1832, reparut en Vendée avec la duchesse de Berry, alla soutenir en Portugal la cause de don Miguel, revint à Rome, et profita de l'amnistie de 1840 pour rentrer en France. Il fut mal accueilli par la population de Marseille : des émeutiers poursuivirent sa voiture, un de ses fils fut blessé à ses côtés, et il eut de la peine à s'embarquer pour Cette. Une réception si inattendue hâta la mort de Mᵐᵉ de Bourmont; elle n'y survécut que trois mois. Le maréchal mourut au lieu de sa naissance six ans après. JULIEN TRAVERS.

Merson, *Notice biographique sur le maréchal de Bourmont*; Nantes, 1846, br. in-8°. — *Biographie des Hommes du jour*, par MM. G. Sarrut et Saint-Edme.

BOURN (*Samuel*), théologien anglais, mort à Norwich en 1796. Il fut l'un des pasteurs des congrégations réunies des dissidents à Birmingham et à Coseley. Il composa des sermons estimés, et des mémoires publiés, en 1808, sous ce titre : *Mémoires du révérend Samuel Bourn*, etc., avec un appendice par Josué Toulmin, 1 vol. in-8°.

Biographia Britannica.

BOURN (*Vincent*), poète anglais, mort le 2 décembre 1747. Il fut associé du collège de la Trinité à Cambridge, et composa de petites pièces en vers latins, tantôt badines, tantôt sérieuses, qui parurent d'abord en un vol. in-12, et qu'on réimprima in-4° en 1772.

Chalmers, *Biographical Dictionary*.

BOURNE (*Hugh*), fondateur de la secte chrétienne des méthodistes primitifs, né le 3 avril 1772 à Fordhays, près Stoke, sur le Trent (Staffordshire), en Angleterre, mort à Bemersley, même comté, le 11 octobre 1852. La vie de cet homme religieux et populaire offre le tableau du zèle des missionnaires anglais, et est une preuve de la grande liberté dont jouit la prédication évangélique dans la Grande-Bretagne. C'est un hommage à la liberté des cultes, dont il n'existe d'exemple qu'aux États-Unis de l'Amérique du Nord et dans l'ancienne Judée, du temps des prophètes et de Jésus-Christ. Le 12 juillet 1801, Bourne, parvenu à l'âge de vingt-neuf ans, et attaché à une chapelle des wesleyens, secte dissidente de l'Église épiscopale d'Angleterre, commença un service en plein air, à Mow-Cop, dans le comté de Stafford. Il continua de procéder ainsi, en attirant de plus en plus des auditeurs sans obstacle jusqu'en 1807, où il tint, le 31 mai, une assemblée publique en plein champ, qui eut un grand succès. Les wesleyens combattirent par leurs missionnaires la grande assemblée annoncée pour le 19 juillet, et leur comité central publia une résolution portant que, dans leur opinion, de telles assemblées, en les supposant autorisées par les mœurs américaines, ne pouvaient, en Angleterre, produire qu'un très-grand mal. Il n'en aurait pas tant fallu en France, où l'on se vante de jouir de la liberté des cultes, pour que le gouvernement intervînt dans le débat, et interdît absolument des réunions semblables. On sait quelle agitation ont produite sous la restauration, de 1820 à 1830, les prédications des missionnaires. Il est vrai que ceux-ci agissaient sous la protection d'une religion d'État, et ne permettaient pas aux protestants de jouir de la même liberté. Quoi

---

(1) C'est un fait acquis à l'histoire que l'acte additionnel avait déjà paru depuis près de deux mois (*voy. le Moniteur*, 23 avril 1815), lorsque le général de Bourmont, qui avait sollicité et obtenu un commandement, se décida à rejoindre Louis XVIII. (*Note du Directeur*.)

(2) Ces circonstances, quelque atténuantes qu'elles puissent paraître, ne détruisent pas le fait ainsi énoncé dans une dépêche du *Moniteur* (18 juin 1815) : « Charleroi, le 15 juin 1815, au soir : Le général Gérard, commandant le 4ᵉ corps, a rendu compte que le lieutenant général Bourmont, le colonel Clouet et le chef d'escadron Villontreys, ont passé à l'ennemi. »

La bataille de Ligny-sous-Fleurus fut livrée le 16 juin, et le surlendemain eut lieu la défaite de Waterloo. (*Note du Directeur*.)

qu'il en soit, c'est une opinion très-répandue que chaque secte doit se renfermer dans ses temples ou chapelles, et laisser libres la voie publique et les lieux accessibles à tous.

Bourne dédaigna l'opposition de ses rivaux, et, grâce à la tolérance du gouvernement britannique, fit passer dans les mœurs de l'Angleterre ces réunions publiques religieuses. Il les étendit au delà du comté de Stafford. Cependant, en 1808, il fut rayé par la Société wesleyenne du nombre de ses membres. Il n'en fut pas ébranlé; et, secondé par son frère James et d'autres, il tint une grande assemblée (*camp-meeting*), à Mow-Cop, le 17 juillet. C'est à dater de cette époque qu'il fut regardé comme le fondateur de la première et primitive Société des assemblées méthodistes. En mars 1810, elle forma un comité de dix membres, qui se réunit à Standley. Elle se recruta d'un wesleyen zélé, M. Clowes, expulsé lui-même de la société à laquelle il appartenait, et qui a précédé Bourne d'un an, le 11 mars 1851, au tombeau. Bourne, en 1818, publia, dans le *Primitive methodiste magazine*, le récit de ses travaux et de ceux de ses collaborateurs. Il visita l'Écosse et l'Irlande; en 1844, il se rendit au Canada et aux États-Unis, où il obtint de grands succès par la prédication. Il avait une conduite très-honorable; depuis sa jeunesse, il s'était abstenu de liqueurs fortes, et il combattait l'ivrognerie. Enfin c'était, dit-on, un prince et un grand homme en Israël. Sa secte s'est étendue non-seulement à toutes les parties du royaume-uni, mais à l'Australie, la Nouvelle-Zélande, au Canada, et aux États-Unis eux-mêmes. En juin 1852, dans l'assemblée de Sheffield, à laquelle l'épuisement de ses forces ne lui permit pas d'assister, les membres de sa société s'élevaient à 109,984, celui de ses missionnaires à 560, et ses écoliers du dimanche à 118,508. Un grand concours de peuple assista à ses funérailles, et voulut revoir les traits de celui qu'il appelait son père avant qu'on le mît dans son tombeau. Il avait la prétention d'imiter surtout les doctrines et la pratique du Nouveau Testament. Si on veut se faire une idée du travail des esprits sous le rapport des nouveautés religieuses parmi les populations de race anglo-saxonne, il faut lire l'histoire du wesleyanisme, et surtout de la nouvelle secte des mormons. *Voyez* l'article BRIGHAM.

ISAMBERT.

Livre des Mormons, vol. in-12; Paris, Ducloux, 1852.

*BOURNIER (*Étienne*), jurisconsulte et poëte français, né à Moulins vers 1580 (1), et connu seulement par les deux ouvrages suivants : *Hortulus Apollinis et Clementiæ latino-gallicus, Stephano Bournierio Molinensi authore*. A Molins (sic), chez Pierre Vernois, marchand libraire, 1606, in-18; — *le Jardin d'Apollon et de Clémence, divisé en deux li-*

(1) Ce poëte a été omis par tous les biographes.

vres par Estienne Bournier, Molinois bourbonnois ; Molins, chez Pierre Vernois, 1606, in-18. L'auteur a traité le même sujet en vers latins et en vers français. Le passage suivant du dernier recueil prouve que Bournier n'était pas en faveur dans sa ville natale, et en même temps que les Molinois étaient ennemis des Muses. Aussi le pauvre poëte invoque-t-il une des neuf déesses qui habitent le Parnasse.

L'auteur à sa muse.

Veux tu savoir pourquoy
Molins ne faict compte de moy,
Vide mon jardin de Clémence?
C'est un dire bien approuvé,
Qu'un sainct n'est jamais relevé
Au lieu où il a prins naissance.

Les vers suivants méritent également d'être cités, à cause des nobles sentiments qu'on y trouve exprimés :

C'est bien assez, pour se lasser,
Du jeu qui les esprits attire.
Trois fois neuf ans j'ai vu passer ;
Il est temps que je me retire.
Aussi veux-je finir mes jours
En ma bourbonnoise province,
Franc de cœur, des Muses et d'Amours
Serviteur, fidèle à mon prince.

Ce prince était probablement Henri IV, l'ouvrage ayant été imprimé en 1606, et ce roi ayant régné jusqu'en 1610.

Ripoud, *Biographie* (inédite) *de l'Allier*.

BOURNON (*Jacques-Louis*, comte DE), minéralogiste français, né à Metz le 21 janvier 1751, mort à Versailles le 24 août 1825. Il montra dès son enfance de grandes dispositions pour la minéralogie, qu'il étudia de bonne heure d'après une immense collection réunie dans le château de Fabert, propriété de son père. A l'époque de la révolution, il était lieutenant des maréchaux de France; il émigra avec sa famille, et se rangea sous les drapeaux de Condé. Après la dissolution de cette armée, il passa en Angleterre, où il fut chargé de mettre en ordre les cabinets de minéralogie appartenant à lord Granville et à sir Abraham Hume ; et il en forma un troisième, qui est la propriété de sir John Saint-Aubin. Il fut admis à la Société royale de Londres et à la Société géologique. Dans le rapport que Cuvier présenta en 1808 à Napoléon, au nom de la première classe de l'Institut, ce savant cite Bournon comme l'un des hommes auxquels la minéralogie est redevable de plusieurs découvertes. Au retour des Bourbons, le comte de Bournon rentra en France, et fut nommé par Louis XVIII directeur général de son cabinet de minéralogie. Le comte de Bournon a laissé: *Essai sur la lithologie des environs de Saint-Étienne en Forez, et sur l'origine de ses charbons de pierre* ; Paris, 1785, in-12 ; — *Traité complet de la chaux carbonatée* ; Londres, 1808, 3 vol. in-4°, dont un de planches ; — *Catalogue de la collection minéralogique particulière du roi*; Londres, 1815 ; Paris, 1818, in-8° ; — *Observations sur quelques-uns des minéraux rapportés par M. Leschenault de la Tour, soit* de l'île de Ceylan, soit de la côte de Coromandel; Paris, 1823, in-4°; — *Quelques observations et réflexions sur le calorique de l'eau et le fluide de la lumière;* ibid., 1824, in-8°; — *Description du goniomètre perfectionné de M. Adelmann*, aide minéralogiste de la collection particulière du roi; ibid., 1824; in-8°. Outre ces ouvrages, le comte de Bournon a composé un grand nombre de mémoires insérés dans le *Journal des Mines*, de 1796 à 1815.

Le Bas, *Dictionnaire encyclopédique de la France*. — Quérard, *la France littéraire*.

BOURNONS (*Rombaut*), mathématicien flamand, natif de Malines, mort le 22 mars 1788. Il servit en qualité d'officier du génie dans les armées autrichiennes, professa les mathématiques au collége Thérésien de Bruxelles, et fut admis, le 14 octobre 1776, à l'Académie de cette ville. On a de lui entre autres : *Mémoire contenant la formation d'une formule générale pour l'intégration ou la sommation d'une suite de puissances quelconques, dont les racines forment une progression arithmétique à différences finies quelconques,* dans le Recueil de l'Académie de Bruxelles, t. II, p. 323 ; — *Mémoire sur le calcul des probabilités*, lu à la séance de l'Académie de Bruxelles du 6 décembre 1783 ; — *Éléments de mathématiques à l'usage des colléges des Pays-Bas, première partie, contenant les principes du calcul en nombres entiers;* Bruxelles, 1783, in-8° de 280 p.; — *Mémoire contenant un problème qui prouve l'abus de commencer l'étude des mathématiques par l'algèbre, avec la solution d'un nouveau problème déduit de ce premier*, lu dans la séance du 6 février 1785 à l'Académie de Bruxelles ; — *Mémoire pour prouver que la méthode des limites n'est ni plus évidente ni plus rigoureuse que celle du calcul des infinis, traité selon Leibnitz*, lu dans la séance du 8 avril 1785.

Biographie universelle (édit. belge).

*BOURNONVILLE (*Antoine-Théodore*), célèbre chorégraphe, né à Lyon le 19 mai 1760, mort en 1843. Il étudia la pantomime et la danse sous le fameux Noverre, à Vienne en Autriche. Pendant les années 1780 et 1781, il fut attaché comme premier danseur au théâtre de l'Opéra de Paris. L'année suivante, il obtint de grands succès à Londres, et en 1784 il passa un engagement avec le théâtre royal de Stockholm, dont il resta le pensionnaire jusqu'à la mort de Gustave III (1792). A cette époque, il fut appelé par le roi de Danemark pour venir instituer auprès du théâtre de Copenhague un corps de ballet et une école de danse, à la tête de laquelle il fut placé comme directeur. Bournonville conserva cet emploi pendant trente-sept années, et il y fit constamment preuve d'une rare habileté. Son corps de ballet pouvait soutenir le parallèle avec ceux des premiers théâtres de l'Europe. Il avait transporté sur la scène danoise les productions chorégraphiques les plus remarquables des pays étrangers, et il a lui-même composé un grand nombre de ballets, dont plusieurs obtinrent beaucoup de succès en Allemagne, en Angleterre et en Italie. Vers les dernières années de sa vie, Bournonville s'était retiré dans l'île Séeland, où il occupait une charmante retraite, qu'il devait à la munificence du feu roi Frédéric VI. C'est là qu'il est mort, à l'âge de quatre-vingt-trois ans. E. DE MANNE.

Documents inédits.

*BOURNONVILLE (*Antoine-Auguste*), fils du précédent, maître de ballets au théâtre royal de Copenhague, né en la même ville en 1805. Élève d'abord de son père, ensuite du célèbre Vestris, il débuta en 1826 à Paris, où il fut engagé comme premier sujet à l'Académie royale de musique. En 1830 il revint en sa patrie; il y fut nommé d'abord directeur de l'école de danse, puis en 1836 maître de ballets. Homme de talent et de goût, il s'est distingué à la fois comme compositeur de ballets et comme auteur. Parmi ses nombreux ballets nous citerons : *Waldemar et Éric Menved*, puis *Faust*, *la Fête d'Albano*, *le Toréador*, *Napoli*, *Raphaël*, *la Kermesse de Bruges*, *le Conservatoire*, *les Noces à Hardanger en Norvége*, etc. Il a publié : *Nytaarsgave for Dandse-Yndere* (Étrennes pour les amateurs de la danse); Copenhague, 1829; — *Mit Theaterliv* (Ma Carrière dramatique); Copenhague, 1848; — *Det kongelige Theater som det er* (le Théâtre royal tel qu'il est); Copenhague, 1849; — *Vort Theatervæsen* (Notre Scène dramatique); Copenhague, 1850; — *Et nyt Skuespilhuvs* (Un nouveau Théâtre); Copenhague, 1851.

ABRAHAMS (de Copenhague).

Erslew, *Dansk Forfatter-Lexicon*.

BOUROTTE (*François-Nicolas, dom*), historien français, né à Paris en 1710, mort dans la même ville le 12 juin 1784. Il entra dans l'ordre des Bénédictins de Saint-Maur, et acheva l'*Histoire générale du Languedoc*, dont il composa le 6ᵉ volume sans avoir le temps de le publier. Il a laissé, outre cet ouvrage : *Mémoire sur la description géographique et historique du Languedoc*, 1759, in-4°; — *Arrêts et Décisions qui établissent la possession de souveraineté et propriété de S. M. sur le fleuve du Rhône d'un bord à l'autre;* ibid., 1765, in-4°; — *Recueil de lois et autres pièces relatives au droit public et particulier du Languedoc;* Paris, 1765, in-4°; — *Précis analytique du procès intenté à la province du Languedoc par les états de Provence, concernant le Rhône et ses dépendances;* Paris, 1771, in-4°.

Quérard, *la France littéraire*.

BOURRÉE (*Edme-Bernard*), théologien français, né à Dijon le 15 février 1652, mort dans la même ville le 26 mai 1722. Le zèle avec lequel il se livra à tous les soins du saint ministère et à l'enseignement de la théologie, qu'il professa à Langres et à Châlons-sur-Saône, ne l'empêcha point de publier plus de 40 volumes, dont les principaux sont : *Conférences ecclésiastiques du diocèse de Langres*, 1684, 2 vol. in-12; 1693, 3 vol. in-12; — *Manuel des Pécheurs*, 1696, in-12; — *Abrégé de la vie du P. François de Cluny, prêtre de l'Oratoire*, 1698, in-12; — *Explication des Épitres et Évangiles de tous les dimanches de l'année et de tous les mystères, à l'usage du diocèse de Châlons*, 1697, 5 vol. in-8°; — des sermons, dont la collection forme 17 volumes; — *Homélies*, 1703, 4 vol. in-12; — *Panégyriques des principaux saints*, 1702, 5 vol. in-12; — *Nouveaux Panégyriques, avec quelques conférences ecclésiastiques*, 1707, in-12; Lyon, 1713, in-12 : cet ouvrage avait pour but de justifier le P. de Cluny, accusé de quiétisme.

Papillon, *Bibliothèque des Auteurs de Bourgogne*. — Moréri, *Dictionnaire historique*.

BOURRELIER (*Nicolas*), chroniqueur franc-comtois, né à Besançon en 1630, mort vers la fin du dix-septième siècle. Quoique dans les ordres sacrés, il servit, comme soldat, dans l'armée espagnole qui, le 13 octobre 1652, enleva Barcelone aux Français, après un siége de quinze mois. A son retour dans son pays, Nicolas Bourrelier composa, sur les événements auxquels il avait assisté, un poëme qu'il intitula *Barcelone assiégée par mer et par terre, gémissante prosopopée*; Besançon, 1657, in-8°; ouvrage dédié à Juste de Rye, bailli de Dôle. A la fin de ce livre, Bourrelier en promettait un autre, dans une note ainsi conçue : « L'auteur, comme témoin « oculaire de ce siége, en a descrit les principaux « succès, et divisé en prose françoise, avec le « plan de la ville, des forts d'Espagne et des « principales attaques de mer et de terre, qu'il « fera part aux amis curieux. » Cet ouvrage est resté inédit.

Lelong, *Bibliothèque historique de la France*.

BOURRELIER DE MALPAS (*Nicolas*), jurisconsulte français, né à Dôle le 24 décembre 1606, mort dans la même ville en 1681. Il fit ses études à l'université de Louvain, où il eut pour professeur le célèbre Dupuy, plus connu sous le nom d'*Erycius Puteanus*. Bourrelier de Malpas obtint la protection du pape Urbain VIII en lui dédiant un livre intitulé *Thiara pontificalis*. Il prononça, en 1632, l'oraison funèbre de Cleriadus de Vergy, gouverneur de Franche-Comté, et fut reçu, en 1674, conseiller au parlement de cette province.

Taisand, *Vies des Jurisconsultes*.

BOURRIENNE (*Fauvelet* DE), diplomate français, né à Sens le 9 juillet 1769, mort à Caen le 7 février 1834. Élève à l'école de Brienne en même temps que Bonaparte, ils se lièrent d'amitié au milieu de leurs études. Lorsque Bonaparte, en 1785, quitta Brienne pour passer à l'École militaire de Paris, Bourrienne l'accompagna jusqu'au coche de Nogent-sur-Seine, où ils se quittèrent avec un grand cha-

grin, pour ne plus se revoir qu'en 1792. En se séparant ils se promirent une amitié éternelle, et Bourrienne donna même sa parole à Bonaparte de suivre la même carrière qu'il embrasserait. Sorti de cette école en 1787, et ne pouvant à dix-neuf ans entrer dans l'artillerie, pour laquelle il avait une grande répugnance, Bourrienne se transporta dans la capitale de l'Autriche, où il eut occasion de voir l'empereur Joseph II; il se rendit ensuite dans une des universités d'Allemagne, pour étudier le droit public et quelques langues étrangères. A peine était-il arrivé à Leipzig, que la révolution française éclata. Il parcourut la Prusse, la Pologne avant de revenir à Paris en 1792. Il revit Bonaparte : leur amitié d'enfance se renouvela tout entière. Pendant le temps de la vie un peu vagabonde qu'ils menèrent dans la capitale, arriva le 20 juin, sombre prélude de l'événement du 10 août. Dès ce moment inscrit sur la liste des émigrés, Bourrienne en fut rayé sur les instances de Bonaparte, qui commençait à être compté pour quelque chose. Arrêté néanmoins comme émigré rentré, il fut bientôt rendu à sa famille, sous la responsabilité de deux amis recommandables. De Sens il revint à Paris après le 13 vendémiaire, où il revit de loin en loin Bonaparte, alors commandant en second de la ville de Paris, sous le général Barras. Enfin Bonaparte, ayant été nommé général en chef de l'armée d'Italie après les revers du général Schérer, appela Bourrienne auprès de lui au moment où le traité de Campo-Formio était sur le point de se conclure : Bourrienne en rédigea le texte, de concert avec le général Clarke. C'est de cette époque, et après avoir été conseiller d'État de la république en l'an x, que commença la carrière politique de cet ancien ami de Bonaparte. Bourrienne le suivit en Égypte comme son secrétaire intime. Au retour de cette contrée, un gouvernement consulaire ayant été créé en France, il resta secrétaire du premier consul. Mais lorsqu'il s'éleva sur les débris de la république une nouvelle dynastie, Bourrienne fut nommé en 1804, par l'empereur Napoléon, son ministre plénipotentiaire à Hambourg. Rentré en France à la fin de 1813, il fut nommé directeur des postes par le gouvernement provisoire, et en 1814 préfet de police. Ayant peut-être trop oublié son amitié et ses promesses de collége, il suivit non son ancien ami à Sainte-Hélène, mais Louis XVIII à Gand, et à son retour il fut nommé par le roi ministre d'État. Élu député en 1815 et depuis à plusieurs reprises, Bourrienne siégea au côté droit jusqu'en 1827. La révolution de juillet 1830 et la perte de sa fortune, qui, dit-on, en fut la suite, égarèrent sa raison. Transporté en Normandie, il a passé les deux dernières années de sa vie dans une maison de santé à Caen, où il mourut des suites d'une attaque d'apoplexie.

Les *Mémoires de M. de Bourrienne*, écrits par lui-même, rédigés par M. de Villemarest, et publiés de 1829 à 1831, en 10 vol. in-8°, ont fait connaître un grand nombre de particularités intéressantes sur la jeunesse de Napoléon, sur ses rapports avec Joséphine, sur le Directoire, le Consulat, etc. Malgré beaucoup de choses inutiles ou controuvées, ils offrent, dans plusieurs parties, un intérêt réel. Les erreurs qu'ils contiennent ont été relevées dans l'ouvrage intitulé *Bourrienne et ses erreurs volontaires et involontaires;* Paris, 1830, 2 volumes in-8°. On a encore de Bourrienne: *l'Inconnu,* drame en trois actes et en prose, traduit de l'allemand; Paris, 1792; — *Observations sur le budget de 1816, et sur le rapport de M. le comte Garnier à la chambre des pairs;* Paris, 1816, in-8°. On a faussement attribué au même écrivain: *Histoire de Napoléon Bonaparte, par un homme qui ne l'a pas quitté depuis quinze ans.* [*Enc. des g. du m.,* avec add. bibliogr.]

Biographie des Contemporains.

BOURRIT (*Marc-Théodore*), naturaliste, né à Genève en 1735, mort près de cette ville, dans une maison de campagne, le 7 octobre 1815. Il se fit de bonne heure une réputation par ses peintures en émail; mais ayant aperçu, du haut du Voiron, une partie des Alpes, il ne songea plus qu'à les visiter, à les décrire et à les peindre. Afin de se livrer à son goût avec plus de sécurité, il obtint une place de chantre de la cathédrale de Genève, et partagea désormais tout son temps entre les fonctions de cette place et ses excursions dans les Alpes. Il en reproduisit les sites les plus remarquables, en employant un lavis qui fait mieux ressortir les effets de lumière sur les glaces et sur les rochers. En 1774, il dédia sa *Description des glaciers de Savoie* au roi de Sardaigne Victor-Amédée, auquel il fut présenté, et qui lui adressa ces flatteuses paroles : « Vos « conquêtes dans les Alpes m'ont rendu plus grand « seigneur que je ne l'étais auparavant. » En 1781 il visita Paris, où il fut retenu par Buffon et présenté à Louis XVI, auquel il offrit sa *Description des Alpes Pennines et Rhétiennes* : il en fut récompensé par une pension sur la cassette de ce roi, qui lui acheta plusieurs tableaux. Après avoir tenté inutilement, en 1783 et 1785 (avec de Saussure), de gravir jusqu'au sommet du Mont-Blanc, il n'y réussit qu'en 1787. Pendant la révolution, il signala sa bienfaisance envers les exilés français, et il composa, en partie pour eux, l'*Itinéraire de Genève à Chamouny*. Il ne montra pas moins de courage que d'humanité en se précipitant la nuit dans un torrent, d'où il tira le prince Galitzin, qu'il ne connaissait pas et qui était sur le point d'y périr. Au retour des Bourbons, Louis XVIII rendit au voyageur genevois la pension dont il avait joui sur la cassette de Louis XVI. On a de Bourrit: *Description des Alpes Pennines et Rhétiennes;* Genève, 1781, 2 vol. in-8°; nouvelle édition, augmentée d'une *Nouvelle description des glaciers et glaciers de la Savoie, particulièrement de la vallée de Chamouny et du Mont-Blanc;* Genève, 1787, 3 vol. in-8°; — *Description des aspects du Mont-Blanc du côté du val d'Aoste, des glacières qui en descendent, et de la découverte de la Mortine;* Lausanne, 1776, in-8°; — *Description des cols et passages des Alpes;* Genève, 1803, 2 vol. in-18; — *Description des glacières, glaciers et amas de glace du duché de Savoie;* Genève, 1773, in-8°; — *Description des terres magellaniques et des pays adjacents,* traduit de l'anglais de Falkner; — *Itinéraire de Genève, Lausanne et Chamouny;* Genève, 1791, in-8°; — *Itinéraire de Genève, des glaciers de Chamouny, du Valais et du canton de Vaud;* Genève, 1808, in-8°; — *Observations faites sur les Pyrénées, pour servir de suite à des observations sur les Alpes;* Genève, 1789, in-8°.

Bibliothèque universelle de Genève. — Quérard, *la France littéraire.*

BOURRU (*Edme-Claude*), médecin français, né à Paris en 1737, mort dans la même ville le 19 septembre 1823. Il fut reçu docteur en 1766, et nommé bibliothécaire de la Faculté en 1771. Dans cette place, qu'il occupa durant quatre ans, il classa les livres qui lui étaient confiés, et en dressa le catalogue. Chargé du cours de chirurgie en langue française, il le commença, le 6 février 1780, par un discours où il examinait : « A « quels points doit s'arrêter le chirurgien dans « les différentes sciences dont l'étude lui est né« cessaire. » En 1783, il fit le cours de pharmacie, et conserva la charge de doyen depuis 1787 jusqu'en 1793, époque où l'on supprima l'ancienne faculté de médecine. Le 16 avril de l'année précédente, il était allé, avec les docteurs Guillotin et Lezurier, réclamer, à la barre de la convention, contre l'assujettissement des médecins à la patente. En 1804, Bourru fut admis à l'Académie de médecine, qui venait d'être rétablie; en 1813, il en fut élu vice-président, et fut nommé, en 1821, membre honoraire de l'Académie royale. Ses ouvrages ont pour titre: *Num chronicis aquæ minerales vulgo de Merlanges,* etc.; Paris, 1765, in-4°; — *Observations et recherches médicales,* trad. de l'anglais, 1763-1765, 2 vol. in-12; — *l'Art de se traiter soi-même dans les maladies vénériennes;* ibid., 1770, in-8° : il en a été publié deux contrefaçons in-12; — *de l'Utilité des voyages sur mer pour la cure de différentes maladies,* trad. de Gilchrist, en collaboration avec le docteur Guilbert, 1770, in-12; — *des Moyens les plus propres à éteindre les maladies vénériennes;* Amsterdam (Paris), 1771, in-8°; — *Recherches sur les remèdes capables de dissoudre la pierre et la gravelle,* trad. de l'anglais de Blakrie, 1775, in-8°; — *Éloge du médecin Le Camus,* en tête du t. II de la *Médecine pratique* de cet auteur; — *Éloge funèbre de Guillotin,* par un de ses condisciples et de ses amis; Paris, 1814, in-4° : il avait réuni dans cet ouvrage tous les jetons qui, de 1638 à 1793, avaient été frappés à l'effigie des doyens de la faculté de médecine de Paris; — plusieurs articles dans le *Journal économique*, de 1751 à 1772.

Quérard, *la France littéraire*. — Callisen, *Medicinisches Schriftsteller-Lexicon*.

BOURSAINT (*Pierre-Louis*), administrateur français, né le 10 janvier 1791, mort en 1833. Après avoir voyagé sur mer pendant plusieurs années comme novice, il devint en 1800 aide timonier. En 1807 il fut attaché au port de Brest, et plus tard il entra dans les bureaux de la marine. Le 2 juillet 1808, il fut nommé commissaire de l'escadre de la Méditerranée commandée par l'amiral Ganteaume, dont il avait été secrétaire; et, à son retour, il reprit de nouveau ce titre dans le conseil de marine, présidé par le même amiral. De 1810 à 1815, il remplit les fonctions de chef du personnel au ministère de la marine, et en 1817 il passa à la direction des fonds des Invalides. On le vit alors liquider avec intégrité l'arriéré de la caisse de ce service, concourir à établir le budget de 1820, et diriger toutes les colonies. Il se démit ensuite de ces dernières fonctions pour se consacrer uniquement à la comptabilité de la marine; et il publia sur cette matière, et en particulier sur la caisse des invalides, de lumineux mémoires. En 1823 il fut nommé conseiller d'État, et en 1831 membre de l'amirauté. Des travaux excessifs, une candidature disputée à la députation, d'autres causes peut-être, le portèrent, deux ans plus tard, à mettre fin à ses jours. Ses dispositions testamentaires témoignèrent de sa sollicitude pour les marins. Il a laissé : *Correspondance*, publiée par un ami, en 1834.

Moniteur universel. — Annales maritimes et coloniales.

BOURSAULT (*Edme*), poëte dramatique français, né à Mucit-l'Évêque, en Bourgogne, au mois d'octobre 1638, et mort à Montluçon le 15 septembre 1701. Il est un de ces auteurs dramatiques qui, au dix-septième siècle, eurent de la vogue à défaut de gloire, et dont quelques productions sont encore estimées aujourd'hui. On joue et on applaudit encore *le Mercure galant*, qui est la meilleure comédie de Boursault. Lorsqu'il vint à Paris en 1651, il ne savait encore que le patois de sa province : quelques années après, il était devenu un écrivain assez remarquable pour qu'on le chargeât de composer un livre destiné à l'éducation du Dauphin. Boursault plaisait par les qualités du cœur aussi bien que par celles de l'esprit; son caractère franc et ouvert lui fit beaucoup d'amis. Il fut lié avec la plupart des gens de lettres ses contemporains, si l'on en excepte Molière, contre lequel il se crut des griefs, et qu'il eut l'imprudence d'attaquer dans une satire. Molière prit sa revanche dans *l'Impromptu de Versailles*, et nomma même son adversaire dans la scène où il le jouait. Ce qui fait plus d'honneur à Boursault que tout l'esprit qu'il mit dans cette querelle, c'est la manière dont, à une autre époque de sa vie, il se conduisit à l'égard de Boileau.

Étant receveur des tailles à Montluçon, il apprit que Boileau, qui était venu à Bourbonne pour sa santé, se trouvait, par le manque imprévu d'argent, dans le plus grand embarras. Il accourut aussitôt, quoique Boileau l'eût maltraité dans ses satires, et lui offrit sa bourse avec une générosité si franche, qu'il lui fit accepter un prêt de deux cents louis. A une grande vivacité d'esprit, Boursault joignait une indépendance de caractère et d'opinions qui nuisit quelquefois à sa fortune. Dans sa jeunesse, une gazette qu'il rédigeait, et qui lui avait valu d'abord une pension de deux mille francs, fut supprimée, à cause de la liberté avec laquelle il y attaquait plusieurs personnages de cour, et entre autres le confesseur de la reine. Le hardi journaliste n'échappa même à la Bastille que par la protection du grand Condé. Plus heureux au théâtre, il vit représenter quatre-vingts fois de suite *le Mercure galant*, pièce dont le fond est très-léger, mais où l'on trouve ce qui, au défaut de caractères et en l'absence d'un plan et d'une action, peut faire vivre un ouvrage au théâtre : de la gaieté. Dans les détails Boursault a une gaieté si aisée, si naturelle, qu'il approche souvent du vrai comique, et que quelques endroits de son dialogue rappellent le style de Molière. Son *Mercure* n'est qu'une pièce à tiroir; mais des scènes telles que celle des procureurs, et cette autre où un soldat ivre s'irrite des solécismes qu'une irrégularité de la langue lui fait commettre, attestent un génie vif, enjoué, facile. Les mêmes qualités se retrouvent, quoique à un degré inférieur, dans les deux comédies d'*Ésope à la ville* et d'*Ésope à la cour*. La dernière ne fut jouée qu'après la mort de Boursault, et l'on en supprima à la représentation quelques vers qui parurent une allusion maligne à Louis XIV. A la ville et à la cour, Ésope est un homme d'esprit, un moraliste aimable; mais à la ville il a le tort de débiter des fables composées pour la plupart sur des sujets déjà traités par la Fontaine, et, à la cour, le tort bien plus grand encore d'être ce que ne sont point ordinairement les bossus ni les sages, c'est-à-dire amoureux. Témoins de ses succès, les amis de Boursault lui proposèrent de le présenter aux suffrages de l'Académie. Il refusa, disant qu'il n'était point assez instruit. Il est vrai qu'il ne savait ni le latin ni le grec; mais la manière dont il écrivait le français le rendait digne du fauteuil, et son refus d'y prétendre est un trait de modestie qui le fait aimer.

Du reste, les seuls titres de Boursault étaient ses comédies. Il ne fit dans la tragédie que des essais malheureux. *Marie Stuart* et *Germanicus* eurent peu de succès, et on ne se souvient aujourd'hui de la dernière de ces deux pièces qu'à cause de la querelle qu'elle excita entre Corneille et Racine. Corneille, parlant du *Germanicus* à l'Académie, en fit l'éloge, et alla jusqu'à dire qu'il ne manquait à l'ouvrage que le nom de Racine. Le compliment n'était flatteur que pour Boursault : aussi Racine le prit-il fort mal, et les deux grands hommes en vinrent à des paroles piquantes, dont ils gardèrent l'impression, et qui augmentèrent encore leur éloignement l'un pour l'autre. Le souvenir du dédain que Racine avait montré pour le *Germanicus* a sans doute influé sur le jugement que Boursault a fait de *Britannicus* dans la préface de son roman d'*Artémise et Polianthe*. Il y a bien de la légèreté ou de l'injustice dans la manière dont il parle de ce chef-d'œuvre. Malgré ce tort, Boursault est un de ces rares hommes de lettres dont on aime à garder le souvenir. On a encore de lui *la Satire des Satires*, en un acte : c'est cette pièce dont Boileau, contre laquelle elle était dirigée, fit défendre la représentation. — Le *Théâtre* de Boursault a été imprimé à Paris en 1725 et 1746, 3 vol. in-12 : cette dernière édition, augmentée de plusieurs pièces, contient une *Lettre à Boursault sur les spectacles*, par le P. Caffaro, théatin. Enfin Boursault a laissé : *Lettres de respect, d'obligation et d'amour*, connues sous le nom de *Lettres à Babet*, 1666, in-12; — *le Marquis de Chavigny*, 1670, in-12; — *Ne pas croire ce que l'on voit*; histoire espagnole, 1670, réimprimée sous ce titre : *les Apparences trompeuses, ou Ne pas croire*, etc.; Amsterdam, 1718, in-12; — *le Prince de Condé* (Louis Ier, frère d'Antoine, roi de Navarre); Paris, 1675, in-12 (anonyme); ibid., 1691; ibid., P. Didot, 1792, 2 vol. in-12; — *Artémise et Polianthe*, 1670, in-12; Paris, 1739, même format; — *Lettres nouvelles, accompagnées de fables, de contes, d'épigrammes, de remarques et de bons mots*; Paris, 1697; 3e édition revue, ibid., 1709, 3 vol. in-12.

J. B.

Nicéron, *Mémoires*, t. XIV. — Gouget, *Bibliothèque française*. — Le Bas, *Dict. encyc. de la France*.

* **BOURSAULT** (*Pierre-Flamin*), poëte latin moderne, né à Loudun vers le commencement du seizième siècle, mort en 1550. Il était beau-frère de Salmon Macrin, surnommé dans son temps *l'Horace français*, et fut pour précepteur l'humaniste Savier. On n'a pas conservé ses poésies, de sorte qu'il est difficile de savoir si les éloges qu'en font Macrin et Jacques Goupil sont mérités.

J. B.

Salmon Macrin, *Carminum libri IV*; Paris, Simon de Colines, 1530, p. 47. — Dreux du Radier, *Biblioth. histor. et crit. du Poitou*, t. II, p. 169 à 172.

BOURSAULT (*Jean-François*), conventionnel, né à Paris en 1752, mort à Paris le 25 avril 1842. Il se livra d'abord à la carrière dramatique, et fut nommé directeur du théâtre de Marseille. En 1790 il revint à Paris, et construisit, rue Saint-Martin, la salle Molière, où il fit jouer différentes pièces. Parmi ceux de ses ouvrages dont le succès fut incontesté, on peut citer : *l'École des épouses*, comédie en trois actes et en vers; — *les Solitaires anglais*, drame en cinq actes et en prose; — *le bon Tourangeau*, vaudeville d'un comique excellent. Le théâtre Molière fut fermé à l'événement du 10 août. Boursault quitta alors définitivement la scène, et c'est à la même époque que commence sa carrière politique. En 1792, il fut élu premier suppléant de la députation de Paris à la convention; peu après, il fut chargé du service des équipages d'artillerie aux armées des côtes de l'Ouest : la mort de Manuel le ramena à la convention. Au 31 mai, il sauva plusieurs députés proscrits : Buzot, Savary, La Haye, Le Sage, en les faisant déguiser en charretiers. Le fait ayant été dénoncé à Robespierre, Boursault allait être arrêté, lorsque Collot-d'Herbois, en souvenir d'une ancienne amitié de collège, le fit de suite partir pour Rennes, sous prétexte d'une levée de chevaux. De retour de cette première mission, Boursault ne tarda pas à être envoyé de nouveau en Bretagne, avec mandat de créer l'organisation civile et militaire de six départements. Rappelé à la convention avant les malheurs de Quiberon, Boursault fut aussitôt envoyé dans le département de Vaucluse. Au péril de sa vie, il parvint à sauver les prisonniers d'Avignon que la populace voulait égorger. Les adresses du comtat Venaissin, aussi bien que des divers départements de la Bretagne, sont un témoignage non équivoque de reconnaissance et d'attachement de la part des populations au milieu desquelles il fut député.

Lorsque les événements eurent rendu Boursault à la vie privée, son activité chercha un nouvel aliment, et il se trouva lancé dans de grandes entreprises industrielles. Il prit des intérêts dans divers armements, et fut tour à tour adjudicataire des jeux et des voiries de Paris. Ses occupations ne lui firent pas oublier son goût pour l'horticulture. Il enrichit notre Flore de plusieurs plantes rares. Son jardin de la rue Blanche était l'un des plus célèbres de l'Europe par son étendue et par la beauté de ses serres. Boursault avait réuni en outre, dans son habitation, une foule d'objets précieux, et une magnifique galerie de tableaux. Fidèle à son premier culte, il avait repris vers 1807 la direction de la salle Molière, qu'il nomma *théâtre des Variétés étrangères*, et où il fit représenter les meilleures pièces des répertoires anglais, allemand et italien. Boursault a laissé plusieurs productions manuscrites, entre autres, une tragédie en cinq actes et en vers, intitulée *les Douglas*.

Dulaure, *Esquisse de la révolution*. — Ricord, *Fastes de la Comédie Française*. — Brazier, *Histoire des théâtres de Paris*.

BOURSIER (*Laurent-François*), théologien français, né à Écouen en 1679, mort à Paris le 17 février 1749. Il se fit d'abord connaître par un livre intitulé *Action de Dieu sur les créatures*; Paris, 1713, 2 vol. in-4° et 6 vol. in-12 : cet ouvrage, dont le but est la démonstration du système des thomistes sur la prémotion physique, et sur tout ce qui concerne la grâce et la prédestination, attira à son auteur les attaques du jésuite Dutertre et une réponse de Malebranche. En 1717, le czar Pierre le Grand étant allé voir à la Sorbonne le mausolée du cardinal de Richelieu, les docteurs lui présentèrent un mémoire sur les avantages qu'offrirait à son empire la réunion de l'Église russo-grecque à l'Église catholique. Ce mémoire, que Boursier avait composé en une seule nuit, et dans lequel la question était parfaitement traitée, fut reçu avec bienveillance par le czar, mais n'obtint aucun résultat. Théophane, archevêque de Nowgorod, à qui cette affaire fut renvoyée, craignit que la primatie du pape, posée comme première condition, ne nuisît à ses prérogatives, et il ne fit faire qu'une réponse dilatoire. L'abbé Dubois, à qui elle fut adressée, en donna tardivement des copies informes, tandis qu'il envoyait à Rome les originaux. Les évêques russes, ne recevant aucune solution aux difficultés qu'ils avaient élevées, crurent qu'on refusait de les satisfaire; et la négociation fut abandonnée. Quant à Boursier, privé d'une abbaye et de l'espoir de plusieurs bénéfices, à cause de son opposition au formulaire d'Alexandre VII et à la constitution de Clément XI, il dirigea tous les actes de la Sorbonne contre cette dernière pièce, et toutes les démarches qui conduisirent à l'appel. Ce fut lui qui composa le mémoire publié sous le nom des *Quatre évêques*; il écrivit contre l'accommodement de 1720 et contre le concile d'Embrun. Cette conduite provoqua contre lui des lettres de cachet qui l'exclurent des assemblées de la faculté de théologie, et qui lui ôtèrent son appartement en Sorbonne. En 1725, il rédigea une *Exposition de doctrine* sur les questions de la grâce, qui divisaient l'Église de France; et il allait voir ce mémoire approuvé par Benoît XIII, quand ce pontife mourut exilé à Givet en 1735. Boursier éluda les ordres de la cour, et vint se cacher à Paris, où il réussit, non sans peine, à se dérober aux recherches de la police. Outre les ouvrages connus, on a de lui: la belle *Préface de tous les saints*, insérée dans le Missel de Paris; — *Analyse de l'action de Dieu* (publié par l'abbé Coudretti), 1763, 3 vol. in-12; — *Avis aux princes*, 1767: c'est un mémoire sur le refus fait par Clément XI d'accorder des bulles aux évêques que le roi avait nommés.

Chaudon et Delandine, *Dictionnaire historique*.

BOURSIER (*Louise* BOURGEOIS), sage-femme, vivait dans la première moitié du dix-septième siècle. Elle assista dans toutes ses couches Marie de Médicis, femme de Henri IV, et publia: *Observations sur la stérilité, perte de fruit, fécondité, accouchements et maladies des femmes et enfants nouveau-nés*; Paris, 1609, 1626, in-12; liv. Ier et IIe, 1642; liv. IIIe, 1644, in-8°; trad. en latin, Oppenheim, 1619, in-4°; en allemand, Francfort, 1628, in-4°; en hollandais, Delft, 1618, in-8°; — *Récit véritable de la naissance de messeigneurs et dames les enfants de France*; Paris, 1625, in 12; ouvrage inséré par La Place dans le t. 1er de ses *Pièces intéressantes et peu connues*; — *Apologie contre les rapports des médecins*; Paris, 1627, in-8°; — *Secrets*, 1635, in-8°.

Lelong, *Bibliothèque historique de la France*, édit. Fontette, t. II.

BOURSIER DU COUDRAY (*Angélique-Marguerite*), sage-femme, de la même famille que la précédente, vivait dans la dernière moitié du dix-huitième siècle. Elle a publié: *Abrégé de l'art des accouchements*; Paris, 1759, in-12; 1778, in-8°; cet ouvrage a été annoté par Verdier.

Quérard, *la France littéraire*.

BOURVALAIS (*Paul* POISSON DE), financier français, mort en 1719. Il était fils d'un paysan des environs de Rennes, et, après avoir été successivement laquais chez le fermier général Thévenin, facteur chez un marchand de bois et huissier dans son village, il devint un des financiers les plus riches de France. La protection de M. de Pontchartrain, chancelier de France, lui fut d'un grand secours; mais il était doué aussi d'une merveilleuse aptitude aux affaires. C'est seulement en 1687, lorsque son protecteur l'eut déjà fait connaître, qu'il prit le nom de *Bourvalais*; jusque-là il s'était appelé *Paul Poisson*. En peu de temps il se fit, par son talent dans les opérations financières, une de ces fortunes qui passent toute croyance. Il fut anobli, et le frère de Louis XIV ne dédaigna pas d'aller jouer et manger chez lui. Mais sa prospérité ne tarda pas à éveiller l'envie; et, comme il paraissait avoir plus d'adresse que de probité, le tribunal érigé en 1716 par le régent rechercha sa conduite. Les résultats de l'enquête amenèrent la saisie de tous ses biens, malgré les efforts qu'il fit pour en dissimuler une partie. Cependant, en 1718, il fut réintégré dans presque toutes ses possessions. Son ignorance attira sur lui une foule d'épigrammes; on lui prêta tous les genres de ridicules, et il faut avouer qu'à part le maniement des capitaux et l'art de jouir du fruit de ses bénéfices, il n'avait qu'un mérite fort ordinaire. C'était en tout point le parfait modèle du traitant.

Le Bas, *Dictionnaire encyclopédique de la France*.

BOURZEÏS (*Amable* DE), théologien et littérateur français, né près de Riom en 1606, mort le 2 août 1672. Il fut abbé de Saint-Martin de Cores, et l'un des premiers membres de l'Académie française que nomma le cardinal de Richelieu. Ayant ensuite pris les ordres, il se distingua surtout dans la controverse, et eut la gloire de convertir plusieurs des ministres contre lesquels il avait disputé. Dans le nombre de ses plus éclatantes conversions, figurent le prince palatin Édouard et le comte de Schomberg, depuis maréchal de France. Colbert mit l'abbé de Bourzeïs à la tête de l'Académie des inscriptions, et plaça en outre sous sa direction une autre assemblée toute composée de théologiens, et qui tenait ses séances à la Bibliothèque royale. Bourzeis avait d'abord incliné vers le parti des jansénistes; mais il signa, en 1661, le formulaire qui fut approuvé par Alexandre VII. Il a laissé : *Epithalamium in nuptiis Thaddæi Barberini et Annæ Columnæ;* Rome, 1629, in-8°; — *Sermons sur divers sujets*, 1672, 2 vol. in-8°; le dernier sermon est *l'Oraison funèbre de Louis XIII.* Parmi ses ouvrages de controverse, on remarque : *Excellence de l'Église catholique, et raisons qui nous obligent à ne nous en séparer jamais;* Paris, 1648, in-4°; — *Saint Augustin victorieux de Calvin et de Molina,* etc.; Paris, 1652, in-4°, etc.

Nicéron, *Mémoires*, t. XXIV. — Le Bas, *Dictionnaire encyclopédique de la France.*

BOUSANT, historien arménien. *Voy.* POUSANT.

BOUSCAL (GUYON-GUÉRIN DE), auteur dramatique français, natif du Languedoc, vivait dans la première moitié du dix-septième siècle. Il fut conseiller du roi et avocat au parlement. Il eut pour clerc Coras, auteur du *Jonas*, et a laissé : *la Mort de Brutus et de Porcie, ou la vengeance de la mort de César,* tragédie, 1637, in-4°; — *D. Quixotte de la Manche,* première partie, comédie en 5 actes, représentée en 1638, imprimée en 1640, in-4°; — *D. Quixotte de la Manche,* deuxième partie, comédie en 5 actes, représentée en 1639, imprimée en 1640, in-4°; — *l'Amant libéral,* tragi-comédie, 1642, in-4°; — *la Mort d'Agis,* tragédie, 1642, in-4°; — *le Gouvernement de Sancho Pança,* comédie, 1642, in-4°. — *Paraphrase du psaume XVII, en vers françois,* avec le latin en marge, 1643, in-4°; — *les Amants discrets,* tragi-comédie, 1645, in-4°; — *le Prince rétabli,* 1647, in-4°; — *Cléomène,* tragédie en 4 actes, 1648, in-4°.

Chaudon et Delandine, *Dictionnaire historique.*

BOUSMARD (*Henri*), jurisconsulte lorrain, né à Mottainville près de Verdun en 1676, mort vers 1750, a laissé : *Commentaire sur les coutumes du bailliage de Saint-Michel, rédigées par ordre du sérénissime prince Charles, par la grâce de Dieu duc de Calabre, de Lorraine et de Bar, en l'année* 1571, *et homologuées par Son Altesse en* 1598. Cet ouvrage est resté inédit.

Calmet, *Bibliothèque de la Lorraine.*

BOUSMARD ou **BOUSSEMARD** (*Nicolas* DE), théologien français, né à Xivry-le-Franc en 1512, mort à Verdun le 10 avril 1584. Il appartenait à la France par son origine, puisqu'il descendait d'une famille de l'Anjou, anciennement établie en Lorraine. Charles III, duc de Lorraine, le désigna, en 1572, pour être un des réformateurs de la coutume de Saint-Mihiel. Quatre ans plus tard, l'évêché de Verdun étant devenu vacant par suite de la mort de Nicolas Psaume, Charles III choisit Boussemard pour successeur du dernier prélat. Cette nomination occasionna des troubles ; les chanoines, prétextant l'atteinte portée à leur droit d'élection, en référèrent à l'Empire. De son côté, Charles III fit des instances auprès du pape pour faire confirmer son choix. Grâce à l'intervention du roi de France Henri III, les bulles de ratification arrivèrent enfin de Rome, et le nouvel évêque fut sacré le 15 juillet 1576. Il mourut à Verdun le 10 avril 1584, généralement regretté. Il s'était occupé d'études historiques sur les principales maisons de Lorraine, et un de ses manuscrits a été consulté avec fruit par dom Calmet.

Le Bas, *Dictionnaire encyclopédique de la France.*

BOUSMARD (*Henri-Jean-Baptiste* DE), ingénieur, né à Saint-Mihiel, département de la Meuse, le 4 mars 1749, mort le 5 mai 1807. Fils d'un président à mortier au parlement de Metz, il eut pour précepteur un ecclésiastique, sous la direction duquel il s'appliqua surtout aux mathématiques. Il entra à l'École du génie de Mézières en 1765, prit du service dans cette arme en 1768, et fut employé successivement à Thionville, à Belfort (1771), à Sarrelouis en 1777, à Brest en 1779, à Rocroi en 1786, et à Verdun en 1787. En 1788, il écrivit un mémoire couronné par l'Académie de Metz, sur *les Moyens de prévenir la disette de bois* (Paris, 1788). Ce fut lui qui rédigea le cahier des députés de la noblesse de Saint-Mihiel aux états généraux en 1789. Il y exprimait des idées d'amélioration du sort de la classe pauvre, et proposait un *catéchisme* patriotique des droits et des devoirs du peuple.

Représentant de la noblesse du Barrois à l'assemblée constituante, il compta d'abord au nombre des partisans des réformes modérées. En octobre 1791 il reprit ses fonctions de chef du génie à Verdun, et en 1792 il signa la capitulation de cette place, dont le commandant Beaurepaire venait de se brûler la cervelle, après une vive discussion au sein du conseil. Le lieutenant-colonel Neyon, qui le remplaça, porta plus tard sa tête sur l'échafaud. Quant à Bousmard, il se retira d'abord à Wiesbaden, où il séjourna de 1792 à 1796. Il sortit de cette retraite pour se mettre au service du roi de Prusse. En 1807, au siége de Dantzig, la veille de la reddition de cette ville, il fut tué d'un éclat d'obus, lancé des batteries françaises. On a de Bousmard : *Essai général de fortification et d'attaque ou défense des places, dans lequel ces deux sciences sont expliquées, et mises, l'une par l'autre, à la portée de tout le monde.* Les trois premiers volumes parurent de 1797 à 1799 : ils continuaient les manuscrits de Cormontaigne ; le 4ᵉ volume parut en 1803. La 2ᵉ édition est de 1814, et la 3ᵉ de 1838. Ce livre recommande Bousmard à la mémoire des hommes spéciaux.

Arnault, Jouy, etc., *Biog. des Contemporains.* — *Galerie historique des Contemp.* — Augoyat, *Notice de la troisième édition de l'ouvrage de M. de Bousmard;* Paris, 1838.

BOUSQUET (*François*), conventionnel, mort au mois d'août 1829. Au moment de la révolution, il exerçait la médecine à Mirande, et embrassa avec chaleur les idées nouvelles. Maire de Mirande en 1790, il fut nommé administrateur du département de l'Hérault, qui le députa à l'assemblée législative. En septembre 1792, il fut nommé membre de la convention par le département du Gers. Dans le procès de Louis XVI, Bousquet vota pour la mort sans appel et sans sursis. Envoyé successivement en mission aux armées des Pyrénées et dans le département de la Loire, il se fit remarquer par l'exaltation de ses principes. N'ayant pas été désigné pour faire partie des assemblées qui succédèrent à la convention, il se retira à la terre de Lapalu, qu'il avait achetée. Sous le gouvernement impérial, il obtint l'inspection des eaux minérales des Pyrénées. Atteint, en 1816, par la loi contre les régicides, il se tint d'abord caché; mais il fut découvert, conduit à Auch, et mis en jugement. Cependant, à raison de son âge, on lui permit de retourner à Lapalu, où il finit ses jours.

Galerie historique des Contemporains. — Arnault, Jouy, etc., *Biographie nouvelle des Contemporains.* — *Petite Biographie conventionnelle.*

BOUSQUET (*Jean-François*), médecin suédois, d'origine française, vivait dans la seconde moitié du dix-huitième siècle. On a de lui : *Dissertation sur l'Abus du quinquina*; Stockholm, 1766, in-8°, en français et en suédois; — *Mémoire sur le traitement de la fistule de l'anus par la ligature*; ibid., 1766.

Carrère, *Bibliothèque littéraire de la médecine.*

*****BOUSQUET** (*J.-B.*), médecin français contemporain. Reçu docteur à Montpellier en 1815, il est membre de l'Académie de médecine de Paris. On a de lui : *Lettre d'un médecin à un magistrat sur le choléra-morbus*; Paris, 1831; — *Traité de la vaccine et des éruptions varioleuses ou varioliformes*; Paris, 1833; — *Notice sur le cow-pox ou petite vérole des vaches, découvert à Passy en 1836*; Paris, 1836; — *Éloge de F.-J. Double*; Paris, 1844; — des Articles dans l'*Encyclopédie des sciences médicales*; dans les *Mémoires de l'Académie royale de médecine.*

Quérard. supplément *à la France littéraire.* — *Encyclopédie des Sciences médicales.* — Sachaille (Lachaise), *les Médecins de Paris.*

*****BOUSQUET** (*George*), musicien et compositeur français, naquit à Perpignan le 12 mars 1818. Il montra de bonne heure un goût décidé pour la musique, vint en 1833 à Paris, entra au Conservatoire, et remporta en 1838 le premier grand prix pour la mise en musique d'une cantate intitulée *la Vendetta* (paroles de M. le marquis de Pastoret). Au mois de décembre de la même année, il partit pour Rome, où il parvint, en donnant le premier l'exemple, à établir l'usage de faire composer, par un musicien pensionnaire de l'Académie de France, la messe solennelle qu'on célèbre tous les ans à Rome dans l'église Saint-Louis des Français. Après s'être exercé à Rome, pendant environ trois ans, à la composition de la musique religieuse, il séjourna quelque temps à Naples, à Venise, visita l'Allemagne, et fit entendre, aux applaudissements des connaisseurs, plusieurs quatuors de sa composition à Vienne, à Dresde et à Berlin, où il se lia d'amitié avec le célèbre Mandelsohn. De retour à Paris à la fin de 1841, il eut à lutter contre tous les obstacles inhérents à la vie d'artiste : la chute de son *Mousquetaire*, opéra-comique en 1 acte, représenté trois fois en 1849, le dégoûta un moment de la carrière de compositeur; il se fit alors feuilletoniste, reprit son violon, sur lequel il s'était déjà distingué, et dirigea en 1847 l'orchestre du second théâtre national, et en 1849 celui du Théâtre-Italien. Mais le succès légitime qu'obtint *Tabarin*, opéra-comique en 3 actes (paroles de M. Alboize), représenté le 22 décembre 1852 au Théâtre lyrique, le fera, il faut l'espérer, revenir décidément à sa véritable vocation, celle de compositeur. — M. Bousquet est aussi un écrivain d'esprit et de goût : il rédige depuis plusieurs années la *Chronique musicale* pour *l'Illustration*, et a fourni entre autres, à la *Nouvelle Biographie universelle*, les articles *Alboni* (Mlle), *Boïeldieu*, etc.

BOUSSANELLE (*Louis* DE), stratégiste français, mort vers 1796. Il était membre de l'Académie de Béziers, capitaine de cavalerie au régiment de Saint-Aignan, et brigadier de cavalerie. Il a laissé : *Commentaires sur la cavalerie*, en deux parties; Paris, 1758, in-8°; — *Observations militaires*; Paris, 1761, 1774, in-8° — *Réflexions militaires*; Paris, 1764, in-12; — *Essai sur les Femmes*; Amsterdam (Paris), 1765, in-12; — *le Bon Militaire*; Paris, 1770, in-8°; — *aux Soldats*; Paris, 1786, gr. in-8°; — un grand nombre d'articles dans le *Mercure*, auquel il a travaillé pendant trente ans.

Quérard, *la France littéraire.*

BOUSSARD (*André-Joseph*, baron), général français, né à Binch, en Hainaut, le 13 novembre 1758; mort à Bagnères de Bigorre le 11 août 1813. Il servit d'abord dans l'armée autrichienne jusqu'en 1789, puis dans les troupes belges jusqu'en 1791. A cette dernière époque il passa en France. Il était lieutenant-colonel en 1793; il se distingua au combat de la Roche, où il soutint l'attaque des Autrichiens avec beaucoup de bravoure, et, accablé par le nombre, opéra sa retraite en bon ordre. Dans l'armée d'Italie, où il fut envoyé en 1796, il se signala à Mondovi, au passage de l'Adda, au combat de Castiglione. Il fit la guerre d'Égypte (1797-1801), et sa belle conduite dans toutes les affaires où il se trouva le fit nommer général de brigade (1800). Dans la campagne de Prusse (1806), il passa sur le corps à une colonne ennemie commandée par le général Bila. Mais c'est surtout à l'armée d'Espagne, où il servit jusqu'en 1813, qu'il se distingua. Dans une première affaire à Castellon de la Plana, il défit les ennemis : chargé ensuite de couvrir le siège de Lérida, il se porta à la rencontre du général O'Donnell, l'attaqua avec impétuosité, le déborda, le tourna, et le mit complètement en fuite : sept mille prisonniers, cinq cent mille cartouches, des canons, des étendards, un drapeau, furent les résultats de cette affaire, où Boussard se montra général de cavalerie du premier ordre. Il repoussa à Vinaroz, près d'Uldecona, l'attaque des corps francs de Valence, commandés par Bassecourt, et les poursuivit jusqu'à Benicarlos. A la bataille de Sagonte (1811), il sauva l'artillerie française, mit l'ennemi en fuite, et lui prit six pièces de canon. Près de Torrente, Boussard chargea avec un seul escadron vingt escadrons ennemis : cette fois tout son courage ne l'eût pas sauvé de la mort, si le général Delort ne fût survenu, et ne l'eût arraché des mains de l'ennemi culbuté. Le maréchal Suchet demanda pour Boussard le grade de général de division : il lui fut accordé en 1812; mais, criblé de blessures, Boussard mourut un an après, lorsqu'il cherchait à rétablir sa santé.

Brevets militaires. — De Courcelles, *Dictionnaire des généraux français.* — *Biographie des Contemporains.*

BOUSSARD (*Geoffroy*), théologien français, né au Mans en 1439, mort dans la même ville vers l'an 1522. Il fut, en 1487, recteur de l'université, et chancelier de l'Église de Paris. Voyageant en Italie, et se trouvant à Bologne en 1504, il prêcha en présence de Jules II. Il fut nommé scolastique de la cathédrale du Mans par le cardinal de Luxembourg, qui lui confia en partie l'administration de ce diocèse. Le concile de Pise ayant été transféré à Milan, Boussard y fut député, en 1511, par l'université. Il a laissé : une édit. de l'*Histoire ecclésiastique* de Ruffin, revue d'après les manuscrits, et plus correcte que les précédentes; Paris, 1497, in-4°; — une édit. du commentaire du diacre Florus sur saint Paul ; Paris, 1499, in-fol.; — *De Continentia sacerdotum* ; ibid., 1505 ; — *Oratio habita Bononiæ coram Julio II*, 1507 ; — *De Sacrificio Missæ* ; ibid., 1511, 1529 ; Lyon, 1525, in-4°; — *Interpretatio in septem Psalmos pœnitentiales ;* Paris, 1519, 1521, in-8°. Cet ouvrage lui valut un procès intenté par l'archevêque de Sens et l'évêque de Paris, qui prétendaient que, dans la préface de ce livre , ils étaient censurés comme possédant un grand nombre de bénéfices.

Duverdier et La Croix du Maine, *Biblioth. franç.* — Hauréau, *Hist. litt. du Mans.*

*****BOUSSARD** (*Jean*), marin français, né en 1733 au bourg d'Eaux, près d'Eu, en Normandie, et mort à Dieppe en 1795, a rendu son nom célèbre vers la fin du dix-huitième siècle, par un trait d'héroïsme qui lui mérita le titre de *Sauveur de l'humanité*. Le 30 août 1777, un navire venant de la Rochelle, et portant huit hommes d'équipage et deux passagers, ne put entrer dans le port de Dieppe à cause de l'agitation de la mer, et fut jeté à la côte. Ceux qui montaient le bâtiment allaient périr, lorsque Boussard, n'écoutant que le cri de l'humanité, se fit ceindre d'une corde dont l'un des bouts fut attaché sur le rivage, et se précipita au milieu des flots, pour porter jusqu'au navire un cordage avec lequel on pût amener l'équipage à terre. Vingt fois repoussé par les flots, et couvert des débris du navire, il n'en persista pas moins dans sa périlleuse entreprise, et parvint successivement à sauver huit hommes sur dix. Les détails de cette belle action, extraits d'une lettre de M. de Crosne, intendant de Rouen, furent insérés dans les gazettes de l'époque. Ils excitèrent un enthousiasme général; M. Necker écrivit de sa main à Boussard une lettre dans laquelle il lui annonça, de la part du roi, une gratification de 1000 livres et une pension annuelle de 300 livres. Le 6 janvier 1778, Boussard vint à Versailles, où il fut présenté au roi, qui s'écria en le voyant : « Ah! voilà donc le brave homme! » La ville de Dieppe lui fit bâtir une maison, et l'exempta de tout impôt. Il ne concevait pas qu'on pût récompenser par de l'admiration ou des grâces pécuniaires une action qui lui paraissait toute simple. Le portrait de Boussard a été gravé par plusieurs artistes (de la Fosse et Benoît) et peint par Greuze. J. LAMOUREUX.

Mémoires secrets de la République des lettres, t. X et XI. — *Gazette de France*, 1777.

BOUSSEAU (*Jacques*), sculpteur français, né à Chavagné (Deux-Sèvres) en 1681, mort à Madrid en 1740. Élève de Coustou, Bousseau travailla beaucoup avec ce maître, qui le fit recevoir de l'Académie et nommer professeur. Plus tard, le roi d'Espagne Philippe V l'ayant nommé son premier sculpteur, Bousseau quitta la France pour aller habiter Madrid, où il est mort, et où se trouve la plus grande partie de son œuvre. Il a fait, à Paris, *Hercule tendant son arc*, son morceau de réception à l'Académie ; — deux statues, *Saint Maurice* et *Saint Louis ;* — et un bas-relief, *Jésus-Christ donnant à saint Pierre les clefs du Paradis*, dans la chapelle de Noailles à Notre-Dame. Il avait travaillé avec Coustou au tombeau du cardinal Dubois, élevé dans l'église collégiale de Saint-Honoré.
P. CH.

Watelet, *Dictionnaire des Arts*, tome V.

*****BOUSSINGAULT** (*Jean-Baptiste-Joseph-Dieudonné*), chimiste français, né à Paris le 2 février 1802. Au sortir de l'école des mines de Saint-Étienne, il fut chargé par une compagnie anglaise de diriger l'exploitation de quelques mines dans l'Amérique australe, et il rapporta, de ses voyages sous les climats tropicaux, plusieurs observations utiles à la science. Attaché à l'état-major de Bolivar, il parcourut la province de Vénézuela et les contrées placées entre Carthagène et l'embouchure de l'Orénoque. A son retour en France, il fut nommé doyen de la faculté des sciences de Lyon ; professeur de chimie en 1839, il suppléa M. Dumas à la Sorbonne, et remplaça M. Husard à l'Académie des sciences. C'est à M. Boussingault que l'on doit en partie l'appréciation comparative des engrais par le dosage de l'azote. En collaboration avec M. Dumas, il a déterminé les proportions exactes des principes constitutifs de l'air atmosphérique, et il a fait d'utiles recherches sur les rôles des différents végétaux dans l'alimentation des herbivores; enfin on lui est redevable d'une nouvelle méthode de préparation de l'oxygène par la baryte. Voici les titres de ses principaux mémoires et ouvrages : *Rapport sur les moyens de constater la présence de l'arsenic dans l'empoisonnement par ce toxique, au nom de l'Académie royale de médecine*, suivi du *Rapport fait à l'Académie des sciences sur le même sujet*; Paris, 1841; — *Économie rurale considérée dans ses rapports avec la chimie, la physique et la météorologie*; Paris, 1844, in-8°; — avec M. Dumas : *Essai de statistique chimique des êtres organisés*; Paris, 1844, 3ᵉ éd.; — des notices intéressantes dans les *Annales de Chimie et de Physique* et dans le recueil de l'Académie des sciences.

Bibliographie de la France. — Quérard, supplément à *la France litt.* — *Dict. de la Conversation.*

BOUSSION (*Pierre*), conventionnel, né en Suisse en 1753, mort à Liége au mois de mai 1828. Il exerçait la médecine à Lausanne, et se rendit en France dès le commencement de la révolution. Élu par la sénéchaussée d'Agen député suppléant aux états généraux, il devint bientôt après membre de cette assemblée par la démission d'Escure-Péluzat. En 1791, il s'opposa aux poursuites que M. de Montmorin voulait exercer contre le *Moniteur*, rempli de dénonciations contre les mesures que favorisait ce ministre. Boussion fit supprimer le traitement des ecclésiastiques qui se rétractaient après avoir prêté le serment. En septembre 1792, il fut nommé membre de la convention, où il vota la mort de Louis XVI sans appel et sans sursis. Il fit, en 1794, un rapport sur les papiers trouvés dans l'armoire de fer. Plus tard, il fut envoyé en mission dans les départements de Lot-et-Garonne, de la Dordogne et de la Gironde. Membre du conseil des anciens, il en sortit au mois de mai 1790, et ne reparut plus sur la scène politique. Les événements de 1815 l'obligèrent de se retirer en Belgique.

Arnault, etc., *Biogr. nouvelle des Contemporains.*

BOUSSON DE MAIRET (*Emmanuel*), littérateur français contemporain. On a de lui : *Cours élémentaire et abrégé de belles-lettres*; Paris, 1837, in-8°; — *Précis de belles-lettres*, abrégé de l'ouvrage précédent; Paris, 1840, in-8°; — *Appendice* au même ouvrage ; Paris, 1842, in-8°; — *Exercices de style et de littérature*; Lons-le-Saulnier, 1841, in-8°; — *le Muséum littéraire, ou Chefs-d'œuvre de la littérature française depuis la renaissance*; ibid., 1841, in-8°

Bibliographie de la France. — Quérard, supplément à *la France litt.*

BOUSSU (*Gilles-Joseph* DE), littérateur et historien flamand, mort à Mons en 1755, a publié : *Hedwige, reine de Pologne*, tragédie; Mons, 1713, in-8°; — *Histoire de la ville de Mons, ancienne et moderne, contenant tout ce qui s'y est passé de plus curieux depuis son origine jusqu'à présent*; Mons, 1725, in-4°; — *Histoire de la ville d'Ath, depuis l'an 410 jusqu'en 1749*; Mons, 1750, in-12.

Biographie générale des Belges.

BOUSSUET (*François*), médecin français, né à Seurre, en Bourgogne, en 1520. Il pratiqua la médecine avec distinction, et consacra une partie de ses loisirs à l'étude des sciences naturelles. Assez mauvais poëte, il aimait particulièrement à écrire en vers latins, même des ouvrages de médecine. A en croire l'abbé Papillon, Boussuet et Bossuet ne sont qu'un nom désignant la même famille. S'il en était ainsi, le plus grand titre de gloire de François Boussuet serait, sans contredit, le lien de parenté qui l'aurait uni aux ancêtres de « l'aigle de Meaux. » Boussuet a laissé un poëme intitulé *De Arte medendi libri ex veterum et recentiorum medicorum sententia*; Lyon, 1557, in-8°; — *De Natura aquatilium carmen, in universam Guill. Rondeletii, quam de piscibus marinis scripsit, historiam, cum vivis eorum imaginibus*; Lyon, 1558, in-4°.

Papillon, *Biblioth. des Auteurs de Bourgogne.* — Carrère, *Biblioth. litt. de la Médecine.* — Éloy, *Dict. de la Médecine.*

BOUSYRY (*Cheref-Eddyn-Abou-Abdallah-Mohamed*), poëte arabe, né au bourg de Réhelchim, province de Bahnésah, dans la haute Égypte, en 1211 de l'ère chrétienne, mort en 1294 ou 1296. Il a composé, en l'honneur de Mahomet, plusieurs poëmes, dont le plus célèbre est intitulé *Bordah*. Les Arabes désignent par ce mot une étoffe rayée qui sert à faire un manteau, et plus particulièrement le manteau donné par Mahomet à Kaab, dont il avait mis la tête à prix, mais qui parvint à le fléchir en lui récitant un poëme connu également sous le nom de *Bordah*. C'est par allusion à ce poëme que Bousyry imposa le même titre à son œuvre. Il l'avait composée et récitée plusieurs fois, pour obtenir que le prophète le guérît d'une paralysie dont il était attaqué. Il s'endormit ensuite, et pendant son sommeil il vit, dit-on, Mahomet, qui jetait sur lui son manteau. Le poëte, s'étant réveillé, se trouva complétement rétabli. On ajoute qu'un homme menacé de perdre la vue vit en songe Mahomet, qui lui prescrivit de demander le *Bordah* au vizir du sultan d'Égypte. Le vizir, croyant d'abord qu'il s'agissait du manteau du prophète, répondit qu'il ne possédait point cette relique; mais il pensa bientôt qu'il pouvait être question du poëme de Bousyry, et il en remit une copie au solliciteur. Celui-ci, l'ayant appliqué sur ses yeux, fut, dit-on, immédiatement guéri. Il existe, dans les bibliothèques de Paris, de Leyde et d'Oxford, des exemplaires manuscrits du poëme de Bousyry.

D'Herbelot, *Bibl. Orient.*

BOUT ou **BAUT** (*François*). *Voy.* BOUDEWYNS.

BOUTARD (*François*), littérateur français, né à Troyes en Champagne en 1664, mort le 9 mars 1729. Il gagna la protection de Bossuet par une ode latine qu'il lui adressa. Ce prélat, l'ayant engagé à entrer dans les ordres, lui fit avoir l'abbaye de Bois-Groland, et, peu de temps après, Boutard fut reçu de l'Académie des belles-lettres. Il ne laissait guère passer d'événement important sans le célébrer par une ode, et s'intitula *poëte des Bourbons*. Il composait avec facilité d'assez bons vers latins ; mais l'amitié de Bossuet contribua surtout à sa fortune. Horace était le modèle qu'il avait choisi ; il croyait ressembler au poëte latin non-seulement par ses vers, mais encore par la taille, les traits du visage et toutes les manières. Ce ridicule égayait ses rivaux ; et quelquefois Bossuet, son protecteur, en riait lui-même. Boutard a laissé : *Ludovico Magno Fons-Blaudi*, in-4° ; — *Ode latine et française au cardinal de Bouillon*, 1696, in-4° ; — *Delphino Meudonium*, in-4° ; — *Ad Mariam, Hispaniarum reginam*, in-4° ; — deux traductions latines, l'une de *la Relation sur le Quiétisme* par Bossuet, qui l'envoya à Rome en 1698 ; l'autre, de l'*Histoire des Variations* : cette dernière version, dont Clément XI avait agréé la dédicace, est demeurée manuscrite.

Chaudon et Delandine, *Dict. hist.* — *Histoire de l'Académie des inscriptions et belles-lettres.*

BOUTARD (*Jean-Baptiste* Box), architecte français, né à Paris en 1771, mort dans la même ville en 1838. Il fut, pendant trente-huit ans, l'un des collaborateurs du *Journal des Débats*, où il rédigeait les articles beaux-arts. Il a publié : *Dictionnaire des Arts du dessin, la Peinture, la Sculpture, la Gravure et l'Architecture*; Paris, 1826, in-8°.

Biographie des Contemporains.

BOUTARIC (*François* DE), jurisconsulte français, né à Figeac le 10 août 1672, mort à Toulouse le 2 octobre 1733. Il fut nommé en 1704 professeur de droit français ; en 1707, capitoul ; en 1710, chef de consistoire. Ses ouvrages imprimés sont : *Explication de l'ordonnance de 1731 sur les donations*; Toulouse, 1737, in-8°; Avignon, 1744, petit in-4° ; — *les Institutes de Justinien, conférées avec le droit français*; Toulouse, 1738, in-4°; ibid., 1740 ;— *Traité des Droits seigneuriaux et des Matières féodales*; Toulouse, 1741, in-4°; ibid., augmenté par Sudré, 1751, in-4°;— *Explication des Ordonnances sur les matières civiles, criminelles et de commerce*, de 1667, 1670 et 1673, 2 vol., in-4° 1753 ; — *Explication* (d'une partie) *de l'Ordonnance de Blois, du Concordat et des Institutions du droit canonique*; Toulouse, 1745, in-4° ;— *Explication du Concordat*; Toulouse, 1747, in-8° ; — *Traité sur les Libertés de l'Église gallicane*, 1747, petit in-4°, sans nom de ville ni d'imprimeur ; — une ode latine intitulée *Ad christianos principes, quos ne militix periclitanti desint Religio adhortatur*; Paris, 1715, in-4°.

Moréri, *Dictionnaire historique.*

BOUTAULD (*Michel*), théologien français, né à Paris le 2 novembre 1607, mort à Pontoise le 16 mai 1688. Il entra dans la compagnie de Jésus, et se distingua comme prédicateur ; il a laissé : *les Conseils de la Sagesse, ou Recueil des maximes de Salomon les plus nécessaires à l'homme* (ouvrage attribué au surintendant Fouquet); Paris, 1677 et 1749, in-12 ; —*Suite des conseils de la Sagesse*; Paris, 1683, in-12 : cet ouvrage, attribué d'abord au P. Gorse, a été traduit en espagnol et en italien ;— *Méthode pour converser avec Dieu*; Paris, 1684, in-16. — *le Théologien avec les sages et les grands du monde*, suivi d'une *Histoire de l'impératrice Adélaïde*; Paris, 1684, in-4°; Lyon, 1696, in-12.

Moréri, *Dictionnaire historique.*

BOUTEILLER (*Jean-Hyacynte* DE), magistrat français, né à Saulx, dans le Barrois, le 27 juin 1746 ; mort à Nancy le 27 mars 1820. Il fut reçu, à l'âge de dix-huit ans, avocat au parlement de Metz, et, en 1779, conseiller au parlement de Nancy. Il se rendit l'organe de cette compagnie en réclamant contre l'établissement de la cour plénière, et publia à ce sujet un mémoire ayant pour titre : *Examen du système de législation établi par les édits du mois de mai 1788, adressé aux princes du sang royal et aux pairs de France*, ou *Développement des atteintes que préparent à la constitution de la monarchie, aux droits et priviléges des provinces en général, et à ceux de la Lorraine en particulier, les édits, ordonnances et déclarations transcrits d'autorité sur les registres de toutes les cours du royaume*; Nancy, 1788, in-8°. Bouteiller fut, en 1789, membre de l'assemblée provinciale de Lorraine ; et, en l'an IV, il fit partie de l'administration centrale du département de la Meurthe ; sous l'empire, il siégea pendant cinq ans au corps législatif. En 1811, il fut appelé à l'une des places de président à la cour de Nancy, et siégea à la chambre des députés de 1815 à 1816.

Précis des travaux de la Société royale des sciences, lettres et arts de Nancy, 1823-1829.

BOUTEROUE (*Michel*), littérateur et médecin français, natif de Chartres, vivait dans la première moitié du dix-septième siècle. Il a laissé quelques vers insérés dans le *Recueil des poésies qui parurent sur la mort de Henri IV*, 1610 et 1611 ; — *le petit Olympe d'Issy* (description des jardins et du château possédés dans ce village par la reine Marguerite de Valois); Paris, 1609, in-12 ; — *Pyretologia, divisa in duos libros, quorum primus universalia febrium signia prognostica continet, alter uniuscujusque febris diagnosim et therapeiam complectitur*; Paris, 1629, in-8°.

Moréri, *Dictionnaire historique.*

BOUTEROUE (*Claude*), antiquaire français, natif de Paris, vivait dans la seconde moitié du dix-septième siècle. Il fut reçu, en 1654, conseiller à la cour des monnaies. On a de lui : *Recherches curieuses des monnaies de France, avec des* *observations, avec des preuves et des figures des monnaies*, 1666, in-fol. Les manuscrits de Bouteroue passèrent à Fr. Leblanc, auteur du *Traité historique des monnaies de France*.

Le Bas, *Dictionnaire encyclopédique de la France.*

BOUTERWECK (*Frédéric*), célèbre philosophe, poëte et critique allemand, né en 1766 à Oker, non loin de Goslar, dans le Harz; mort à Gœttingue le 9 septembre 1828. Nourri dès son jeune âge de la lecture de Gellert, de Klopstock et d'Horace, auxquels vinrent se joindre pêle-mêle une foule de romans, il ne reçut d'éducation solide et réglée que vers 1780 à 1784, au gymnase carolinien de Brunswick, alors renommé. Ses liaisons intimes avec quelques jeunes littérateurs à Gœttingue l'enlevèrent au droit, qu'il étudiait avec succès depuis deux ans; et, embrassant la carrière chanceuse de poëte, à laquelle il se croyait destiné, il publia successivement des poésies lyriques et un roman intitulé *le Comte Donamar* (3 vol., 1791), où il peignait la grandeur de l'homme au milieu de ses égarements. Le public reçut cet ouvrage avec beaucoup de faveur; ce qui détermina l'auteur à publier trois autres œuvres du même genre : *Journal de Ramiro, tiré des papiers d'un ami du comte Donamar*, sous le pseudonyme de Ferd. Adrianow; Leipzig, 1804, in-12; — *Almusa, fils du sultan, roman du monde surnaturel, tiré des papiers du comte Donamar*; Brême et Francfort, 1801; — *Nouvelles et Réflexions, tirées des anciens papiers du comte Donamar*; Gœttingue, 1805. Le succès de ces ouvrages fut médiocre; Bouterweck s'était évidemment mépris sur la portée et la nature de son talent: en homme de tact il sut se condamner lui-même, et revenir sur ses pas assez à temps pour conquérir une belle place dans le champ de l'histoire littéraire et de la philosophie. Dès l'année 1797 il fut nommé, à Gœttingue, à une chaire de philosophie que la mort du célèbre Feder avait laissée vacante. Son mérite comme philosophe n'est point dans la création d'un système, mais dans le talent de coordonner avec netteté, de mettre en relief les doctrines de ses maîtres, d'en faire jaillir de nouveaux aperçus, de répandre une lumière vive sur des points détachés de la morale, de l'esthétique et de la politique. Il popularisa à merveille des théories difficiles à saisir. Bouterweck s'était d'abord rangé sous la bannière de Kant; il passa plus tard sous celle de Jacobi. Sa nouvelle tendance se manifesta en premier lieu dans son *Essai d'une Apodictique*, c'est-à-dire d'une solution définitive des problèmes, publié en 1799, et dans lequel il cherche à amener à un résultat final les discussions mises alors à l'ordre du jour par le scepticisme, la métaphysique et la philosophie critique. Son *Manuel des sciences philosophiques* (2 vol., 1813; 2ᵉ éd., 1820) en est le complément. Par ces différents ouvrages, ainsi que par son *Esthétique* (théorie du beau), qui parut pour la première fois en 1806, il s'attira l'animadversion de l'école encore toute-puissante de Kant : il persista néanmoins à marcher dans la route qu'il avait choisie, modifiant quelquefois ses principes, mais ne pliant pas sous les exigences de ses nombreux adversaires. L'ouvrage capital cependant qui assure au nom de Bouterweck une longue durée, c'est son *Histoire de la poésie et de l'éloquence chez les peuples modernes*, 12 vol. in-8°, de 1801 à 1819 : quoiqu'il y ait des inégalités de style et plus d'une critique incomplète, cet ouvrage important renferme une masse de notices pleines d'intérêt et de jugements d'une haute portée. C'est un trésor où les littérateurs ont largement puisé.

Outre les ouvrages mentionnés ci-dessus, Bouterweck a publié (en allemand) des *Poésies*; Gœttingue, 1802; Reutlingue, 1803; — *Lettres suisses, adressées à Cécile*; Berlin, 1795; — *Gustave et ses frères*; Halle, 1796-1797, 1 vol. in-8°; — *De historia generis humani libellus*; Gœttingue, 1792; — *Aphorismes présentés aux amis de la critique de la raison, d'après le système de Kant*; Gœttingue, 1793, in-8°; — *Paul Septime, ou le dernier Mystère du prêtre d'Éleusis*; Halle, 2 vol. in-8°; — *Notions élémentaires de la Philosophie spéculative*; Gœttingue, 1800, in-8°; — *Les Époques de la raison, d'après les idées d'un apodictique*; ibid., 1802, in-8°; — *Introduction à la philosophie des sciences naturelles*; ibid., 1803, in-8°; — *A Emmanuel Kant un monument*; Hambourg, 1804, in-8°; — *Idées d'une Esthétique du beau*, 1807, in-8°; 2ᵉ édit., 1815; — *Aphorismes pratiques, ou Principes d'un nouveau système des sciences morales*; ibid., 1808, in-8°; — *Manuel des notions préliminaires de la Philosophie*; Gœttingue, 1810, 1820, in-8°; — *Religion de la raison. Idées pour hâter les progrès d'une philosophie religieuse soutenable*; ibid., 1824, in-8°. Enfin Bouterweck a publié dans le Recueil de la Société royale de Gœttingue, t. II : *De primis philosophorum græcorum decretis physicis*; — dans le t. III : *De Philosophia Euripidea*; *Philosophorum alexandrinorum, et neoplatonicorum recensio accuratior, Commentatio in Soc. Gœtting. habita*, 1821, in-4°. Bouterweck a été aussi le collaborateur de Buhle pour la publication du *Magasin philosophique de Gœttingue*, et l'a continué seul, sous le titre de *Nouveau Magasin pour la philosophie et la littérature*. En 1818, il fit paraître un choix d'excellents traités sur diverses matières, précédés d'une préface. [*Enc. des g. du m.*, avec addit. bibliogr.]

Conversations-Lexicon. — *Die Zeitgenossen*, cah. 61.

BOUTEVILLE (*François* DE MONTMORENCY, comte souverain de Suxe (en basse Navarre), seigneur DE), célèbre dans les annales du duel, naquit en 1600, et mourut sur l'échafaud le 27 juin 1627. Fils de Louis de Montmorency, vice-amiral, signalé par son courage dans les guerres de la Ligue, il donna aussi de bonne heure des preuves de bravoure en Saintonge et en Languedoc contre le parti des réformés. En 1621, il concourut à la prise de Saint-Jean-d'Angély; en 1622, il assista au siège de Montauban, formé par Louis XIII en personne, et fut enseveli dans les décombres d'une mine, dont on eut beaucoup de peine à le tirer. Ne pouvant rester inactif, il profita d'un intervalle de guerre civile pour aller défendre, avec un prince de Nassau, la forteresse de Bréda, assiégée par les Espagnols. Le désir de seconder son cousin, le duc de Montmorency, dans son expédition contre la Rochelle, le rappela en France, et il eut une grande part au succès de cette campagne. Mais alors les jeunes gentilshommes ne croyaient avoir fait preuve de courage que quand ils avaient exposé leur vie dans les hasards d'un combat singulier. Bouteville se lança, avec toute l'impétuosité de son âge, dans cette carrière semée de périls sans gloire; et, soit bonheur, soit adresse, il sortit toujours victorieux de ces funestes rencontres. Dès lors sa vie ne fut plus qu'un long enchaînement de combats singuliers : « c'était assez qu'un « seigneur eût une grande réputation de valeur, « pour que Bouteville voulût se mesurer avec « lui. » En 1624, il se battit, le jour de Pâques, contre le comte de Pontgibault; il avait pour second le baron de Chantal, qui en vint aux mains avec le comte de Salles. Ces quatre adversaires ayant été séparés par leurs amis, et craignant les poursuites de la justice, n'eurent que le temps de s'enfuir dans un carrosse à six chevaux, escorté de deux cents hommes armés qui devaient protéger leur retraite. Le parlement informa aussitôt contre eux, et un arrêt rendu le 24 avril les déclare « atteints et convaincus du crime de « lèse-majesté divine et humaine, et, pour répa- « ration, déchus des priviléges de noblesse, igno- « bles, roturiers et infâmes; les condamne à être « pendus et étranglés à une potence croisée, dres- « sée en place de Grève, et leurs corps portés à « Montfaucon; ordonne que leurs maisons seront « démolies, rasées et abattues, » etc. Le tableau des effigies des condamnés fut affiché à une potence en place de Grève. Pendant la nuit, cette potence fut arrachée par une troupe composée de seigneurs et de leurs laquais. Le parlement rendit un nouvel arrêt par lequel on dut informer avec rigueur contre les auteurs de cette voie de fait; il défendit en même temps les attroupements, et autorisa le duc de Montbazon, gouverneur de Paris, les colonels et capitaines de la ville, « à « faire lever les chaînes en cas de force et de « violence, et à tirer sur les contrevenants; et à « cet effet enjoignant aux habitants d'avoir « armes en leurs boutiques. » On trouve le texte de ces deux arrêts curieux dans le *Recueil E* (Paris, 1760, in-12, p. 77 et suivantes).

En 1626, Bouteville eut une querelle avec le comte de Thorigny. Ils se battirent derrière l'enclos des Chartreux, et le dernier fut tué sur place.

Le marquis de la Frette, très-lié avec Bouteville, lui ayant reproché de ne l'avoir pas pris pour second dans ce duel, il fallut vider ce différend les armes à la main, ce qui eut lieu entre Saint-Germain et Poissy; la Frette fut blessé, et son adversaire fut encore une fois obligé de prendre la fuite. Il se réfugia à Bruxelles avec François de Rosmadec, comte des Chapelles, qui lui avait servi de second. Ils furent accueillis admirablement par l'infante archiduchesse, qui sollicita vainement, en leur faveur, des lettres d'abolition près la cour de France. C'est à l'occasion de ce refus que Bouteville s'écria : « Puisque le roi me refuse une abolition, j'irai me battre à Paris, dans la Place-Royale. » Il ne tint que trop sa parole. Le marquis de Beuvron, qui avait juré de venger la mort du comte de Thorigny, son parent, s'était rendu à Bruxelles pour provoquer Bouteville. Malgré une réconciliation apparente, ménagée par l'influence de l'archiduchesse, les deux adversaires se donnent rendez-vous, pour le 12 mai 1627, à la Place-Royale; car Bouteville avait promis à l'archiduchesse de ne pas se battre dans ses États. Beuvron avait pour seconds Buquet, son écuyer, et Bussy d'Amboise, qui relevait à peine de maladie; le comte des Chapelles, fidèle compagnon de Bouteville, et la Berthe assistaient ce dernier. Un combat terrible à l'épée et au poignard s'engagea entre les deux principaux champions : n'ayant pu parvenir à se toucher, ils jetèrent leurs épées, se saisirent au collet, et levèrent en même temps leurs poignards l'un sur l'autre; ils allaient frapper, quand ils se demandèrent mutuellement la vie. Mais déjà le malheureux Bussy d'Amboise avait été tué sur place par des Chapelles, et la Berthe avait été atteint d'une blessure dangereuse par le fer de l'écuyer de Beuvron. Bouteville et des Chapelles, forcés de s'expatrier de nouveau, montèrent à cheval jusqu'à Meaux, où ils prirent la poste pour gagner la Lorraine. Mais ayant eu l'imprudence de s'arrêter à Vitry, où l'ordre de les saisir était déjà parvenu, le prévôt de la maréchaussée parvint à s'assurer de leur personne. Ils ne furent ramenés à Paris que le 30 mai, après qu'une partie de la maison militaire du roi eut été échelonnée sur la route pour empêcher l'exécution d'un projet d'enlèvement à main armée, qui avait été formé sous la haute influence de Gaston; encore prit-on soin de n'arriver que la nuit. Les deux prisonniers furent conduits à la Bastille, d'où ils furent transférés à la Conciergerie le 21 juin. Ce jour même, le parlement les condamna au dernier supplice. C'est en vain qu'une partie de la haute noblesse, à laquelle ils tenaient de près l'un et l'autre, mit en jeu tous les ressorts pour sauver leur tête; les magistrats durent rester inflexibles devant la loi, et l'autorité royale ne voulut pas user de son droit de clémence. Une requête touchante adressée au monarque par la jeune femme de Bouteville, qui était enceinte, n'obtint pas plus de succès. Elle-même se rendit au Louvre, accompagnée de la princesse de Condé, des duchesses de Montmorency, d'Angoulême et de Pompadour. Le roi, qui avait d'abord refusé de les recevoir, consentit enfin à leur donner audience dans la chambre de la reine. Elles se jetèrent à ses pieds en fondant en larmes, et demandèrent la grâce des deux coupables. Le roi resta impassible, et dit seulement : « Leur perte m'est aussi sensible qu'à « vous ; mais ma conscience me défend de leur « pardonner. » On sait que le cardinal de Richelieu l'affermit dans son inflexibilité. Lorsque le duc de Montmorency eut levé l'étendard de la révolte, il compta au nombre de ses griefs l'exécution capitale de son cousin, malgré son intercession en sa faveur. Bouteville et des Chapelles, à leur moment suprême, ne démentirent pas l'intrépidité dont ils avaient donné tant de preuves. Ils ne voulurent pas souffrir qu'on leur bandât les yeux ; et ce fut sans effroi qu'ils virent le glaive du bourreau s'approcher de leur tête, que le fer ennemi avait toujours respectée.

Le nom de Bouteville est devenu, pour ainsi dire, proverbial lorsque l'on veut personnifier le duelliste. Quoique la plaisanterie ne soit guère de saison dans un sujet aussi grave, nous ne pouvons nous empêcher de rappeler que Cyrano de Bergerac, dans ses burlesques imaginations, suppose qu'en arrivant aux Champs-Élysées Bouteville alla choisir sa place près des grammairiens grecs qui avaient inventé le duel. Bouteville avait épousé Élisabeth-Angélique de Vienne, fille d'un président de la chambre des comptes : elle survécut soixante-neuf ans à son mari, et mit au monde (six mois et demi après la mort de Bouteville) François-Henri de Montmorency, devenu célèbre sous le nom de maréchal de Luxembourg.

J. LAMOUREUX.

Mercure français (par Richer) de 1624 à 1627. — Histoire généalogique du P. Anselme, t. III. — Histoire de la Maison de Montmorency, tom. III, etc.

BOUTHIER (*Jean-François*), jurisconsulte français, natif de Vienne (Dauphiné), mort dans la même ville en 1812. Il était, avant la révolution, avocat au parlement de Grenoble. On a de lui : *le Bonheur de la vie, ou Lettres sur le Suicide et sur les considérations les plus propres à en détourner les hommes*, 1776, in-12 ; — *Réflexions sur les Colléges*, 1778, in-8° ; — *le Citoyen à la campagne, ou Réponse à la question : « Quelles sont les connaissances nécessaires à un propriétaire qui fait valoir son bien ? »* Genève, 1780, in-8°.

Quérard, *la France littéraire*.

BOUTHILLIER (*Claude* LE), diplomate français, né en 1584, mort à Pont-sur-Seine le 13 mars 1655. Il fut d'abord conseiller au parlement de Paris : par la protection du cardinal de Richelieu, il devint surintendant des bâtiments de la reine Marie de Médicis, ensuite secrétaire d'État, et en 1618 il fut chargé du département des affaires étrangères. En 1630, il signa, avec le duc de Saxe-Weimar, un traité d'alliance et de subside. En 1632, il partagea la surintendance des finances avec Claude de Bullion, et la conserva seul après la mort de ce dernier. A partir de son administration, les tailles furent imposées par les intendants des finances. Nommé par le testament de Louis XIII conseiller de la régence, le Bouthilier, dépourvu d'appui, ne vit point ce choix ratifié par Anne d'Autriche, et fut obligé de se retirer de la cour.

Moréri, *Dictionnaire historique*.

BOUTHILIER (*Léon* LE), comte de Chavigny et de Busançois, homme d'État, fils du précédent, né en 1608, mort à Paris le 11 octobre 1652. Il dut la charge de conseiller d'État à la protection de Richelieu, qui, en 1631, l'envoya remplir en Italie une mission de confiance. Le talent qu'il montra dans cette circonstance lui ouvrit l'entrée du conseil, et lui obtint la survivance de la charge de secrétaire d'État, alors possédée par son père. Léon le Bouthilier passa ensuite au département des affaires étrangères. Il signa, en 1635, un traité d'alliance avec les Provinces-Unies, et un autre avec la Suède. Quatre ans après, il alla en Piémont, dans le but réel de maintenir l'influence du cabinet français sur la cour de Turin. Appelé au conseil de régence par le testament de Louis XIII, il demanda sa retraite après la disgrâce de son père, et conserva seulement le titre de ministre d'État. Il résigna en faveur du comte de Brienne sa charge de secrétaire d'État pour les affaires étrangères, lorsqu'il était désigné pour assister, comme plénipotentiaire, aux conférences de la paix de Munster.

Moréri, *Dictionnaire historique*.

BOUTHILIER. *Voy.* RANCÉ.

BOUTHILLIER ou **BOUTILLIER** (*Denis*), jurisconsulte français, vivait dans la première moitié du dix-septième siècle. Il était avocat au parlement de Paris, et fut chargé de plaider la cause de Mme de Montmorency-Hallot contre le marquis d'Alègre et le sieur de la Mothe, assassins du mari de cette dame. La Mothe seul avait été arrêté ; mais il s'était placé sous la protection de la fierté de saint Romain, et, d'après les priviléges du chapitre, qui lui avait fait lever et porter la châsse de ce saint le jour de la fête de l'Ascension (1593), il se croyait sûr de l'impunité. L'affaire fut portée au grand conseil, et, sur le plaidoyer de Bouthillier, une sentence, rendue le 16 mars 1608, condamna la Mothe au bannissement et à des réparations civiles. Cet arrêt donna lieu à une polémique entre Bouthillier et le chapitre. A la *Défense du privilége de la Fierte de saint Romain contre le plaidoyer de deux avocats du grand conseil* (Rouen, 1608, in-8°), Bouthillier répliqua par une *Réponse sur le prétendu privilége de la Fierte de saint Romain*, Paris, 1608, in-8° ; et ce dernier mémoire inspira à l'archidiacre Adrien Behotte un écrit intitulé *Réfutation de la Réponse*, etc. ; Paris, 1609, in-8°. On a encore de Bouthillier : *Réponse des vrais catholiques françois à l'advertissement des catholiques anglois, pour l'exclusion du roy de Navarre de la couronne de France*, 1588, in-8°; — *Plaidoyer de Denys Bouthillier pour les religieux de Marmoustier contre le visiteur et syndic de la congrégation des Bénédictins*; Paris, 1606, in-8° : c'est un livre contre les prétendus droits du royaume d'Yvetot.

Loisel, *Divers opuscules*, p. 890. — *Recherches de la France* (Œuvres de Pasquier), in-fol., t. 1, p. 1011.

BOUTHILLIER-CHAVIGNY (*Charles-Léon*, marquis DE), général français, né à Paris le 21 juin 1743, mort au château de Sillières, département de la Seine-Inférieure, le 18 décembre 1818. Entré au service en 1758, Bouthillier était maréchal de camp en 1790. Ses trente-deux années de services furent surtout marquées par sa capacité administrative. Ses opinions, non moins que la réputation qu'il avait acquise dans l'armée, le firent envoyer par la noblesse du Berry aux états-généraux. Il s'opposa vivement, le 28 mai 1789, à propos du véto respectif des trois ordres, à la réunion projetée de ces ordres. Lorsque le tiers état se fut constitué en assemblée nationale, la noblesse réélut le marquis de Bouthillier l'un des commissaires chargés d'amener une fusion. Le 19 novembre 1789, il défendit le mode d'enrôlement alors existant. Le 18 janvier 1790, il présenta au nom du comité militaire un projet d'organisation de l'armée et de la garde nationale; à la fin de février, il combattit le projet de fixer la paye du soldat à trente-deux deniers par jour; il proposa, le 19 avril, un décret pour la formation des classes de la marine; en juillet, il examina la question du nombre de troupes dont l'armée devait être composée; en septembre, il fit décréter que l'artillerie et le génie continueraient d'être séparés. Il fit décréter, le 13 et le 14 juillet, à la suite d'un rapport sur la discipline, les peines militaires et leur application. On doit au général de Bouthillier l'établissement des masses dans les différents corps : il le fit décréter le 1er février 1791. Le 7 mars, l'assemblée adopta, sur sa proposition, plusieurs articles relatifs à l'engagement des recrues. Craignant qu'il ne fût porté atteinte à la subordination, il s'opposa, le 11 juin, à ce qu'on exigeât le serment des officiers. Le même esprit l'anima dans sa discussion des questions générales. Il attaqua toutes les opérations financières de l'assemblée, et combattit vivement l'aliénation des biens du clergé. Après l'arrestation de Louis XVI à Varennes, de Bouthillier prêta serment à l'assemblée, sous condition que les décrets seraient sanctionnés par le roi. Il combattit dès lors les actes de l'assemblée, signa les protestations des 12 et 15 septembre contre ce qu'elle avait fait, et finit par émigrer le 14 octobre 1791. Il travailla, sous le maréchal de Broglie, à l'organisation de l'armée des princes (1792), et y servit jusqu'en 1801, en qualité de major général, sous le prince de Condé.

De Bouthillier rentra en France lorsque les puissances étrangères eurent reconnu le gouvernement consulaire. Il vécut dans la retraite jusqu'en 1814, époque où il fut nommé lieutenant général par Louis XVIII, et passa ses derniers jours à cultiver les lettres et à écrire des mémoires, qui n'ont pas été publiés.

Brevets militaires. — De Courcelles, *Dictionnaire des Generaux français*. — *Biographie des Contemporains*.

BOUTHILLIER-CHAVIGNY (*Marie-Constantin-Louis-Léon*, marquis DE), administrateur français, fils du précédent, naquit en 1774, et mourut le 5 octobre 1829. Il n'avait que seize ans et servait depuis une année dans le régiment du Roi, lorsqu'il fut blessé en s'opposant à la révolte des soldats, ce qui lui valut le grade de capitaine, que la reine demanda pour lui. Pendant l'émigration, il combattit dans l'armée de Condé, et se lia intimement avec le duc d'Enghien. De retour dans sa patrie en 1800, il fut successivement auditeur au conseil d'État, et sous-préfet d'Alba en Piémont et de Minden en Westphalie. La restauration le nomma préfet du Var, et en 1815 il chercha, par tous les moyens en son pouvoir, à arrêter la marche de Napoléon sur Paris. Vaincu dans cette lutte, il fut détenu, avec sa femme et ses quatre enfants, au fort la Malgue de Toulon, où il demeura depuis le 11 avril jusqu'au 22 juillet. Il revint alors à Paris, obtint d'abord la préfecture de la Meurthe, ensuite celle du Bas-Rhin, et en arrivant à Strasbourg, le 6 septembre 1815, il concourut à étouffer une insurrection militaire. Il fit éclater dans cette place ses talents administratifs; mais il n'en fut pas moins destitué en septembre 1819, à raison du système politique qu'on venait d'adopter. Il siégea à la chambre élective depuis 1820 jusqu'en 1827. Il fut successivement, durant cette période, premier administrateur des postes, conseiller d'État en service extraordinaire, et directeur général des forêts. C'est en cette dernière qualité qu'il contribua à la promulgation du code forestier et de la loi sur la pêche fluviale.

Arnault, Jay, etc., *Biographie des Contemporains*.

BOUTIÈRES (*Guignes* GUIFFRED DE), général français, né dans la vallée de Grésivaudan, vivait dans la première moitié du seizième siècle. Compatriote, lieutenant et émule de Bayard, il se distingua au siège de Padoue, dans les guerres d'Italie, et à la défense de Mézières. Il s'enferma, en 1524, dans Marseille, assiégée par Charles-Quint et le connétable de Bourbon, qu'il repoussa après leur avoir fait éprouver de grandes pertes. Il succéda ensuite à l'amiral d'Annebaud dans le commandement des troupes françaises en Piémont, et fut nommé gouverneur de Turin, qu'il sauva deux fois, en 1537 et 1543; mais ayant, par négligence, laissé prendre la ville de Carignan, il tomba dans la disgrâce de François 1er, qui nomma le duc d'Enghien à sa place;

5.

ce qui n'empêcha pas Boutières de contribuer au gain de la bataille de Cérisolles. La dernière expédition à laquelle il ait pris part est celle de l'île de Wight. On ignore la date de sa mort.

Le Bas, *Dictionnaire encyclopédique de la France.*

BOUTIGNY (*Roland* LE VAYER DE); jurisconsulte français, mort en 1685. Il était maître des requêtes et intendant de Soissons. Il a laissé : — *De l'autorité du roi sur l'âge nécessaire à la profession religieuse*, 1669, in-12; — *Traité de la peine du péculat*, 1666, in-4°; — *Traité de la preuve par comparaison d'écriture;* Paris, 1666, in-4°; — *Dissertation sur l'autorité des rois en matière de régale;* Paris, 1682, in-12.

Le Bas, *Dictionnaire encyclopédique de la France.*

BOUTILLIER (*Jean*), seigneur de Froidmont, jurisconsulte, né, dans la seconde moitié du quatorzième siècle, à Mortagne près de Valenciennes, suivant plusieurs biographes, ou plus probablement à Tournay, qu'il habita pendant une grande partie de sa vie. Son savoir en jurisprudence le fit nommer lieutenant du grand bailli de Tournay. Il résidait en cette qualité à Maire, dans le faubourg de cette ville, où il tenait sa cour. Dans un acte du 4 août 1383, on le voit prendre les titres de conseiller de la ville de Tournay et bailli de Mortagne. Quelques années plus tard, il cessa de remplir cette dernière fonction, pour redevenir lieutenant du grand bailli de Tournay. On conserve à la Bibliothèque impériale deux procès-verbaux du mois de février 1390, reçus par Jean Boutillier, *conseiller du roy notre sire* (1), *lieutenant de monseig. le bailly de Tournay en Tournésis, Mortagne, Saint-Amand, et des appartenances.* L'une de ces pièces est revêtue d'un scel bien conservé, autour duquel on lit : *Scel Jehan Boutilli...* Les armes sont quatre flacons ou *bouteilles* au large ventre, séparées par un sautoir, au cimier d'un sauvage armé de la massue. Boutillier prend les mêmes qualités dans une commission délivrée le 20 juin 1394. Il ne quitta plus dès lors la ville de Tournay, où il travailla pendant près d'un demi-siècle à la *Somme Rurale*, qui a sauvé son nom de l'oubli. « Cette œuvre si modeste, dit un auteur moderne, n'est rien moins, dans sa forme concise, que le recueil le plus complet des usages du moyen âge, le code (si l'on peut donner ce nom ambitieux aux écrits d'un jurisconsulte du quatorzième siècle) le plus sensé de notre vieux droit laïque. » Cujas l'appelle excellent livre, *optimus liber.* L'auteur y mentionne les arrêts importants rendus, de 1370 environ à 1392, par le parlement, sur les appels des sentences des bailliages de Vermandois et de Tournay, et les décisions notables des tribunaux qui l'entourent. Ce livre ne fut terminé que dans le cours du quinzième siècle ; car on y voit cités deux arrêts du parlement rendus l'un en 1407, et l'autre en 1417. Il fut imprimé pour la première fois à Bruges par Colard Mansion, 1479, in-fol. goth., édition très-rare ; on n'en connaît que trois exemplaires, dont un à la Bibliothèque impériale. Il a été publié à Abbeville, 1486, in-fol. goth; c'est le premier ouvrage imprimé dans cette ville. Enfin, Louis Charondas le Caron en a donné une édition avec des notes, Paris, 1598, in-4°, réimprimée en 1611. La *Somme Rurale*, traduite en flamand, a eu de nombreuses éditions; on cite celles de Delft, 1483, in-fol., fort rare, et celles d'Anvers, 1503, 1529 et 1542, in-fol. Le testament de Boutillier, par lequel il demande à être enterré dans l'église de Saint-Brice, à Tournay, se trouve dans les éditions imprimées de la *Somme Rurale;* il est daté du 16 septembre 1402, mais il l'est du 16 septembre 1395 dans le manuscrit de la Bibliothèque impériale, n° 6857-58, écrit par Jean Paradis, calligraphe d'Hesdin, pour le fameux seigneur de la Gruthuyse, de Bruges. La date de la mort de Boutillier est inconnue. E. REGNARD.

Prosper Marchand, *Dictionnaire historique.* — Paulin Paris, *les Manuscrits français de la Bibl. du Roi*, t. II, p. 187. — Arthur Dinaux, *Trouvères, Jongleurs et Ménestrels du nord de la France et du midi de la Belgique*, t.II, p. 287. — Paillard de Saint-Aignan, *Notice sur J. Boutillier*, dans la *Bibl. de l'École des Chartes*, 2e série, t. IV.

BOUTILLIER (*Maximilien-Jean*), auteur dramatique français, né à Paris en 1745, mort le 5 décembre 1811. Il fut comme son père employé aux portes de l'Opéra, et se sentit de bonne heure un vif penchant pour la poésie dramatique, mais sans qu'il pût d'abord faire représenter ses pièces. Il y réussit pourtant en 1766, et, à partir de cette époque, sa vie ne nous présente qu'une alternative continuelle de nombreux revers et de rares succès. En janvier 1792, il fut attaché, comme souffleur, au théâtre du Vaudeville, qu'on venait d'établir; mais, au bout de quelques années, il fut privé de cette place. Il se brouilla avec tous les entrepreneurs de spectacle pour lesquels il travailla, et, étant tombé dans l'indigence, il s'adressa au général comte de Valence, parrain de l'une de ses filles, afin d'obtenir un emploi. Cette démarche ne valut à Boutillier que quelques secours. On a de cet auteur : — *le Savetier et le Financier*, opéra comique en trois actes, 1766, in-8°; — *Julien et Babet*, ou *le Magister supposé*, comédie en un acte et en prose, 1766, in-8°; — *le Pâté d'anguille*, comédie-vaudeville en deux actes, 1767, in-8°; — *les Trois Bossus*, comédie en deux actes, 1768; — *les Trois Gascons*, comédie en trois actes et en prose, 1769, in-8°; — *Alibeck et Ruffia*, ou *les Deux Solitaires*, 1769, in-8°; — *l'Ile de la Raison*, comédie épisodique en un acte; Paris, 1770, in-8°; — *Élise*, ou *l'Ami comme il y en a peu*, drame en trois actes et en prose, publié en 1771, in-8°, représenté à Montauban en 1776; — *Euthyme et Lyris*, ballet héroïque en un acte, musique de Ponteau, représenté à l'Opéra en 1776; — *Alain et Rosette*, ou *la Bergère ingénue*, intermède en un acte, musique

(1) C'est à tort que la *Biographie universelle* de Michaud le fait conseiller au parlement de Paris.

de Ponteau, représenté au même théâtre en 1777; — *Myrtil et Lycoris*, pastorale en un acte (en collaboration avec Bocquet de Liancourt), musique de Désormery, représentée la même année et sur le même théâtre; — *Daphnis et Florine*, opéra, représenté en 1781 sur le théâtre de la cour de Hesse-Cassel; — *Cydippe*, pastorale héroïque en un acte et en vers, musique de Froment, 1783, in-8°; — *Rosine*, opéra-comique en un acte; — *Adèle et Didier*, opéra-comique, musique de Deshayes, 1790; — *Hélène et Paulin*, comédie-vaudeville, 1790; — *Laurence et Bonval*, comédie en un acte et en vers, 1791; — *Alix de Beaucaire*, drame lyrique en trois actes, musique de Rigel père, 1791; — *la Poule aux œufs d'or*, comédie-vaudeville, 1792 : cette pièce, qui reparut plus tard sous le nom de *Jocrisse*, est une des premières qui appartiennent à ce genre; — *Coraly, ou la Jeune Indienne*, 1797; — *les Deux Jaloux*, comédie-parade, mêlée de musique, 1792; — *le Dupé de lui-même*, comédie en un acte et en vers, mêlée de musique, 1792; — *la Petite Orpheline*, comédie en un acte, 1793; — *Pauline et Henri*, fait historique en un acte et en prose, musique de Rigel, pièce représentée en 1793, imprimée en 1794; — *le Choix du Sentiment*, poésies; Paris, 1789, in-18; — *Épître en vers au général Cyrus* (le général comte de Valence); ibid., 1800, in-8°.

Quérard, *la France littéraire*.

BOUTIN (*Vincent-Yves*), ingénieur français, né à Loraux-Bottereau, près de Nantes, en 1772; mort dans la Syrie en 1813. Il fit avec distinction, dans l'arme du génie, les campagnes de Sambre-et-Meuse, du Rhin, d'Italie, de la grande-armée, et gagna, sur le champ de bataille, le grade de colonel. Il fut en outre choisi par le gouvernement impérial pour plusieurs missions importantes. En 1807, il alla à Constantinople avec les chefs de bataillon Foy et Haxo. A cette époque, jalouse de la prépondérance qu'exerçait la France en Turquie, l'Angleterre déclara la guerre à cette dernière puissance, et donna l'ordre à sa flotte de franchir en toute hâte le détroit des Dardanelles. La flotte anglaise, commandée par l'amiral Duckworth, parut en effet devant Constantinople; mais le général Horace Sébastiani, ambassadeur de France, déploya en cette circonstance une énergie qui, se communiquant au peuple turc et au sultan Sélim, força les vaisseaux anglais de battre en retraite, pour éviter une destruction complète. Ils en furent pour une démonstration ridicule; et les troupes qu'ils portaient entendirent en se retirant les sarcasmes des Ottomans, battant des mains en l'honneur de la France. Boutin contribua puissamment à l'expulsion des Anglais : c'était lui que le général Sébastiani avait chargé des travaux de défense du sérail.

Quelque temps après, il accepta la mission périlleuse d'aller visiter les villes d'Alger et de Tunis, et d'en lever secrètement les plans. Le brick *le Requin*, sur lequel il s'était embarqué, ayant été capturé, après une vigoureuse résistance, par la frégate anglaise *la Volage*, Boutin fut mené prisonnier à Malte. Il trouva moyen de s'en échapper et d'atteindre la côte africaine, où il fit, au milieu de mille dangers, des études consciencieuses, qui devaient servir non pas à Napoléon qui l'avait envoyé, mais au gouvernement de la restauration, lorsqu'en 1830 on eut résolu l'expédition d'Alger. De retour en France, Boutin fit la seconde guerre d'Autriche en 1809; et, après avoir assisté à la bataille de Wagram, il se remit de nouveau en voyage pour parcourir l'Égypte et la Syrie, contrées sur lesquelles Napoléon conserva toujours des vues. Pour Boutin cette mission devait être la dernière : s'étant aventuré dans les montagnes de la Syrie, il fut assassiné, au mois d'août 1813, près du village d'El-Blatta, entre Geblé et le Markbab, par des brigands informés qu'il portait sur lui des médailles d'or et d'argent. Heureusement aucun des matériaux qu'il avait réunis n'a été perdu : avant de s'engager dans l'intérieur de la Syrie, il avait eu la précaution de laisser en dépôt ses cartes et ses manuscrits entre les mains du vice-consul de France à Latakié, qui les fit parvenir à Paris, où ils sont maintenant. Ils ont été d'une grande utilité au gouvernement lorsqu'en 1830 le dépôt général de la guerre publia un *Aperçu historique, statistique et topographique sur l'état d'Alger, à l'usage de l'armée expéditionnaire d'Afrique*; Paris, 1830, in-8°, avec un atlas in-4°, sept plans et douze vues.

Le Bas, *Dictionnaire encyclopédique de la France.* — *Biographie des Contemporains.*

BOUTON (*François*), théologien français, né à Chamblay, près de Dôle, en 1578; mort à Lyon le 17 octobre 1628. Il entra dans la compagnie de Jésus, et fut employé dans les missions du Levant. Le vaisseau qui le ramenait en France ayant fait naufrage sur les côtes de la Calabre, Bouton se sauva à la nage, et n'échappa qu'avec peine à la fureur des habitants du pays, qui le prenaient pour un corsaire. Il fut ensuite envoyé à Lyon, au collége de la Trinité. La peste ayant éclaté dans cette ville pendant qu'il y professait la rhétorique, il se consacra au service des malades, et périt victime de son dévouement. Il n'a laissé que des manuscrits, dont les principaux sont : une *Théologie spirituelle*, en 6 livres; — *les Œuvres de sainte Dorothée*, trad. du grec en latin; — *Commentarii in Deuteronomum, de Peregrinatione Israelitarum, tum litterali, tum mystica, ad Promissionis Terram; ex Scripturis, et præsertim ex libro Numerorum;* — *Clavis Scripturæ sacræ, seu Dictionarium hebraicum, in qua latinis vocibus subjiciuntur voces hebrææ respondentes, collectum ex sacris litteris et ex collatione Vulgatæ latinæ editum cum hebraica*, 1 vol. in-4° de 1500 pag., aujourd'hui dans la bibliothèque publique de Lyon; — un *Dictionnaire latin-syriaque*.

Le P. Colonia, jésuite, *Histoire littéraire de Lyon*, t. II, p. 751.

BOUTON (*Jacques*), théologien français et jésuite, mort en 1658, est auteur d'une *Relation de l'établissement des Français dans l'île de la Martinique, depuis l'an 1635*; Paris, 1640, in-8°.

Lelong, *Bibliothèque historique de la France*.

BOUTRAYS ou **BOUTTERAIS** (*Raoul*), en latin *Rodulphus Botherius*, historien et poëte français, né à Châteaudun vers 1552, mort en 1630, a publié entre autres ouvrages : — *Semestrium placitorum magni concilii quæ ad beneficiorum singulares controversias pertinent, liber I*; Paris, 1606, in-8°; — *De rebus in Gallia et toto pene orbe gestis, ab anno 1594 ad annum 1610, commentariorum libri XVI*; Paris, 1610, 2 vol. in-8°; — *Henrici Magni Vita*; Paris, 1611, in-8°; — *Urbis gentisque Carnutum historia*; Paris, 1624, in-8°; — trois poëmes latins, intitulés : *Lutetia*, 1611, in-8°; — *Aurelia*, 1615, in-8°; — *Castellodunum*, 1627, in-8°, etc.

Nicéron, *Mémoires*, t. XXXVII.

BOUTREUX (*Jacques*), sieur d'Éteau, publiciste français, né au Pont-de-Cé en Anjou, mort vers 1682, a défendu contre Charles Miron, évêque d'Angers, les prérogatives du roi de France. Il a publié : *Examen des cahiers*, ou pièces publiées par Miron contre Pierre Garande, archidiacre d'Angers ;— *De la puissance royale sur la police de l'Église, contre les maximes de M. l'évêque d'Angers*; Paris, 1625, in-8°.

Lelong, *Bibliothèque historique de la France*.

BOUTROR D'AURIGNY. Voy. URSINS (princesse des).

BOUULES (*Guillaume*). Voy. BOWLES.

BOUVARD (*Charles*), médecin français, né à Montoire, près de Vendôme, en 1572; mort le 22 octobre 1658. Nommé professeur au collège de France en 1625, il fut ensuite chargé de la surintendance du Jardin des Plantes. En 1628, il devint premier médecin du roi Louis XIII. S'il faut en croire la Houssaie, Bouvard traitait les maladies de ce prince avec une singulière vigueur : dans un an, il lui aurait fait prendre deux cents médecines, autant de lavements, et l'aurait fait saigner quarante-sept fois. Un pareil traitement n'était pas de nature à donner au roi l'énergie dont il manquait ; et si le fait est vrai, on serait porté à croire que Richelieu ne tolérait ce régime débilitant que parce qu'il y trouvait son compte. Les disputes de Bouvard avec la faculté de Paris avaient assez mal disposé l'opinion publique à son égard. On l'a accusé de s'être servi de son pouvoir pour tenir la Faculté dans sa dépendance ; et il paraît qu'une fois, entre autres, il mit empêchement à ce qu'on y soutînt une thèse, contraire à son opinion, sur les eaux de Forges, qu'il avait prescrites au roi. Sa faveur à la cour n'en fut pas ébranlée ; il y jouissait de grandes prérogatives, et avait obtenu le droit de siéger en robe de conseiller d'État. Bouvard a laissé : *Historiæ hodiernæ medicinæ rationalis veritatis*, λόγος προτρεπτικός *ad rationales medicos*, in-4°; — *Description de la vie, de la maladie et de la mort de la duchesse de Mercœur* (en vers); Paris, 1624, in-4°.

Le Bas, *Dictionnaire encyclopédique de la France*.

BOUVART (*Michel-Philippe*), médecin français, né à Chartres le 11 janvier 1717, mort le 18 janvier 1787. Reçu docteur à la faculté de Reims en 1730, Bouvart retourna à Chartres pour y pratiquer la médecine, sous les auspices de son père, jusqu'en 1736, époque où il s'établit à Paris. Deux ans après, il se fit recevoir docteur de la faculté de cette ville, où il devint un des premiers praticiens. En 1743, l'Académie des sciences l'admit au nombre de ses associés. La faculté de médecine le proposa comme professeur des écoles, et en 1747 il ouvrit son cours de physiologie par un discours latin qui fut fort applaudi. La même année, il remplaça Burette à la chaire de médecine du collège de France, où il obtint les plus grands succès. Sa santé s'étant altérée, et se trouvant d'ailleurs chargé de trop de travail, il se démit en 1756 de cette dernière place, et en même temps de celles de médecin de l'hôpital de la Charité et des Enfants-Trouvés. Par les mêmes motifs, il fut empêché d'accepter la place de premier médecin du roi, qui lui fut offerte après la mort de Senac ; il n'en continua pas moins à jouir de l'estime du roi et des princes, qui le consultèrent plusieurs fois. Il reçut, en 1768 et 1769, des lettres de noblesse et le cordon de Saint-Michel, faveurs, que, dit-on, il n'avait point sollicitées. On lui reprochait un caractère difficile, une grande propension à la moquerie, et d'avoir abusé de la supériorité que sa réputation lui donnait sur ses confrères, envers lesquels il affectait un dédain insultant. Cette disposition d'esprit l'engagea souvent dans d'interminables controverses, et le porta à combattre des remèdes qu'il aurait sans doute approuvés de sang-froid : l'inoculation, par exemple, dont il fut l'adversaire par un sentiment d'hostilité contre Tronchin. Cependant il était d'une probité scrupuleuse, et le trait suivant montre qu'il savait obliger. Appelé auprès d'un banquier qui souffrait d'une maladie dont l'origine paraissait inexplicable, Bouvart finit par deviner que c'était une affection purement morale, qui avait pour cause première des embarras financiers. Un billet de trente mille francs, telle fut la seule ordonnance qu'il déposa sur la cheminée du malade, en disant : « Cette fois, je suis sûr d'avoir trouvé le remède. » Il ne s'était pas trompé ; la santé du malade revint avec le rétablissement des affaires du banquier. On a de ce médecin : *Examen d'un livre qui a pour titre:*

T. *Tronchin de colica pictorum;* Genève et Paris, 1758 et 1767, in-8°, publié sous le voile de l'anonyme; — *Lettre d'un médecin de province à un médecin de Paris;* Châlons, 1758; — *Mémoire à consulter contre les héritiers de la marquise d'Ingreville;* Paris, 1764, in-4°; — *Consultations contre la légitimité des naissances prétendues tardives,* 1764, in-8°; — *Consultation sur une naissance tardive,* etc.; Paris, 1765, in-8°; — *de Dignitate medicinæ;* Paris, 1747, in-4°; — *de Experientiæ et studii Necessitate in medicina;* Paris, 1747, in-4°; — le résumé des leçons de Bouvart au collège de France, sous ce titre : *de Recondita febrium intermittentium, tum remittentium Natura;* Amsterdam, 1759, in-8°.

Le Bas, *Dictionnaire encyclopédique de la France.* — Quérard, *la France littéraire.*

BOUVART (*Alexis*), astronome français, né dans le haut Faucigny, au pied du mont Blanc, le 27 juin 1767; mort le 7 juin 1843. Comme beaucoup de ses compatriotes, il vint à Paris en 1785 pour tenter la fortune. L'exiguïté de ses ressources pécuniaires ne lui permit pas d'entrer dans une école spéciale : il dut se contenter de suivre les cours publics et gratuits du collège de France. Il se livra avec ardeur à l'étude des mathématiques et de l'astronomie, devint en 1793 élève de l'Observatoire, et fut nommé astronome adjoint en 1795, époque de l'organisation définitive de cet établissement. Il devint, en 1804, membre titulaire du Bureau des longitudes; et avec l'appui du célèbre Laplace, qu'il avait aidé dans ses calculs, il ne tarda pas à entrer à l'Académie des sciences.

L'astronomie était chez lui une véritable passion, et ses élèves racontent encore plusieurs anecdotes qui le montrent bravant le froid et les maladies pour suivre ses observations. On doit à Bouvart, entre autres, le calcul des éléments paraboliques de huit comètes qu'il a découvertes. Il a travaillé au grand ouvrage de la *Mécanique céleste* du marquis de Laplace, qui lui avait entièrement abandonné les recherches de détail et les calculs astronomiques. La publication de *Nouvelles Tables des planètes Jupiter et Saturne,* livrées à l'impression en 1808, lui valut une mention honorable au concours décennal. Il a donné, dans le volume de *Tables astronomiques* publié en 1821, Paris, in-4°, par le Bureau des longitudes, une seconde édition de ces tables, augmentée, ainsi qu'il l'avait promis, de celles d'*Uranus*. La découverte d'Uranus date seulement de l'année 1781; sa révolution est de quatre-vingt-quatre ans; quand on en composa les premières tables pour l'usage des astronomes, on n'avait que huit années d'observations : Bouvard fit très-habilement tourner à l'avantage de la science les observations plus nombreuses qui ont été faites depuis, et il donna à son travail un haut degré d'intérêt. C'est lui qui le premier signala les perturbations d'Uranus (inexplicables d'après les quantités de perturbations produites par Jupiter et par Saturne), comme étant dues à une planète qui restait encore à découvrir. Quoique traité de rêveur, il mourut avec cette conviction. On sait que M. Leverrier, en découvrant en 1846 la planète Neptune, confirma pleinement l'hypothèse de Bouvart. Ce sagace et modeste astronome a aussi enrichi de notes l'ouvrage de l'astronome arabe Ebn-Iounis, traduit par M. Caussin; et chaque année il donnait, dans l'*Annuaire du Bureau des longitudes,* des tables du plus haut intérêt, telles que celles des plus grandes marées, etc. L'avant-veille de sa mort, il était encore occupé à tracer des chiffres; et on a pu dire de lui : « Bouvart cessa de vivre et de calculer le 7 juin 1843. »

Le Bas, *Diction. encyclop. de la France.* — *Biographie des Contemporains.* — *Biographie universelle.*

BOUVELLES. *Voy.* BOUELLES.

BOUVENOT (*Pierre*), administrateur français, né à Arbois en 1746, mort à Volans, près d'Arbois, le 15 novembre 1833. Il était en 1789 avocat à Besançon, fit partie de l'administration de son département, et fut envoyé, en 1791, à l'assemblée législative. A sa sortie de cette assemblée, on l'appela de nouveau à l'administration du Doubs, dont on le nomma président; mais il fut destitué, incarcéré, et traduit devant le tribunal révolutionnaire, pour avoir protesté avec la majorité de son département contre les actes émanés de la convention dans la journée du 31 mai 1793. Bouvenot, contre toute attente, fut absous par ce redoutable tribunal, et rendu à la liberté. Il revint alors dans sa famille, et refusa toute espèce d'emploi durant le règne de l'anarchie; mais il accepta, après le 18 brumaire, la présidence du tribunal de première instance d'Arbois. Bouvenot, destitué en 1814, fut nommé, en 1820, président à Lons-le-Saulnier.

Biographie des Contemporains.

BOUVENOT (*Louis-Pierre*), théologien et médecin français, frère du précédent, né à Arbois en 1756, mort à Sens le 1er juillet 1830. Il abandonna la carrière des armes pour l'état ecclésiastique, fut nommé vicaire de Saint-Jean-Baptiste à Besançon, et, au commencement de la révolution, devint l'un des grands vicaires de l'évêque métropolitain de l'Est. Pendant la terreur, il renonça aux fonctions ecclésiastiques. Impliqué, en 1796, dans une tentative faite par quelques émigrés pour livrer au prince de Condé la ville de Besançon, il fut arrêté, mais parvint à s'échapper, et se réfugia à Paris. Corvisart, son ami, l'y accueillit, et lui conseilla de suivre la carrière médicale. Bouvenot, qui avait alors quarante ans, ne laissa pas de déférer à cet avis, fit en peu de temps de rapides progrès, et obtint le grade de docteur. Après la mort de Corvisart, il se retira à Sens. Trop adonné à la pratique de son art pour se livrer aux études du cabinet, il n'a laissé qu'un petit nombre d'articles dans le *Dictionnaire des Sciences médicales*, et la thèse qu'il soutint pour le doctorat : *Recherches sur le vomissement, sur ses causes multipliées, directes ou sympathiques, avec un aperçu des secours qu'on peut lui opposer dans différents cas* ; Paris, 1800, in-8°.

<small>Arnault, Jay, etc., Biographie nouvelle des Contemporains.</small>

BOUVENS (l'abbé DE), théologien français, né à Bourg en Bresse vers 1750, mort peu après 1830. Il émigra en Allemagne d'abord, puis en Angleterre, par suite de son refus de prêter le serment que l'on exigeait des ecclésiastiques à l'époque de la révolution. Ce fut lui qui prononça, en 1804, l'oraison funèbre du duc d'Enghien dans la chapelle de Saint-Patrice, à Londres, en présence des princes de la maison de Bourbon. Si nous avons cité ici le nom de l'abbé de Bouvens, c'est moins pour son éloquence, qui n'était pas de premier ordre, que parce que cette oraison funèbre est suivie d'une *Notice historique* sur le duc d'Enghien. On a encore de l'abbé de Bouvens : *Oraison funèbre de l'abbé Edgeworth de Firmont, confesseur de Louis XVI*, prononcée en 1807 ; — *Oraison funèbre de la princesse Marie-Joséphine-Louise de Savoie, femme de Louis XVIII*. Tous les ouvrages de l'abbé de Bouvens ont été réunis en 1 vol., sous le titre d'*Oraisons funèbres* ; Paris, 1824, in-8°.

<small>Le Bas, Dictionnaire encyclopédique de la France.— Quérard, la France littéraire.</small>

BOUVET (*Joachim*), missionnaire français, né au Mans vers 1662, mort à Pékin le 28 juin 1732. Il fut l'un des premiers missionnaires envoyés en Chine par Louis XIV, avec une mission scientifique. Colbert, après avoir relevé l'industrie française, avait conçu le projet de l'enrichir des procédés usités chez les peuples de l'Asie. A cet effet, il avait résolu d'envoyer à la Chine un certain nombre de missionnaires instruits, dont les relations devaient faire connaître à l'Europe ce pays, sur lequel on n'avait encore que des notions très-vagues. La mort du grand ministre empêcha l'exécution de ce projet ; mais Louvois, son successeur, le reprit ; et, le 3 mars, six missionnaires jésuites, les pères Fontanay, Gerbillon, Lecomte, Tachard, Visdelou et Bouvet, munis d'instructions détaillées du ministère et de l'Académie des sciences, et pourvus de tous les instruments nécessaires aux observations, s'embarquèrent à Brest pour la Chine, où ils abordèrent le 23 juillet 1687. Appelés aussitôt à Pékin, ils eurent la faculté de se disperser dans l'empire, excepté les pères Gerbillon et Bouvet, que l'empereur retint auprès de lui, et qu'il prit pour maîtres de mathématiques. Ce furent ces deux missionnaires qui dirigèrent la construction de l'église et de la résidence des jésuites à Pékin.

Le P. Bouvet revint en France en 1697, et apporta au roi, de la part de l'empereur Kang-hi, quarante-neuf volumes chinois. La Bibliothèque royale n'en possédait que quatre, lesquels avaient été trouvés parmi les manuscrits du cardinal Mazarin. Louis XIV remit au P. Bouvet, pour l'empereur, un recueil complet de ses estampes, magnifiquement relié ; et peu après ce religieux, accompagné de dix nouveaux missionnaires, repartit pour la Chine, où il arriva en 1699. Il mourut à Pékin, après avoir travaillé longtemps à la grande carte de l'empire, levée par les jésuites, d'après les ordres de Kang-hi. On a du P. Bouvet : quatre relations de divers voyages qu'il fit dans le cours de ses missions ; — *État présent de la Chine, en figures gravées par P. Giffart, sur les dessins apportés au roi par le P. J. Bouvet* ; Paris, 1697, in-fol. ; — une lettre dans le 2ᵉ recueil des *Lettres édifiantes* ; — quelques articles dans les *Mémoires de Trévoux* ; — le *Portrait historique de l'empereur de la Chine* (Khang-hi), traduit en latin par Leibnitz, 1699, in-8° ; — quelques articles dans la *Description de la Chine* du P. Duhalde ; — plusieurs dissertations sur le chinois et un Dictionnaire de cette langue, conservés manuscrits à la bibliothèque du Mans.

<small>Le Bas, Dictionnaire encyc. de la France.— Hauréau, Hist. litt. du Maine.</small>

BOUVET (*François-Joseph*, baron), amiral français, né à Lorient le 23 avril 1753, mort à Brest le 21 juillet 1832. Il fit deux campagnes aux Antilles et à Saint-Domingue ; en 1793, il commandait, comme capitaine de vaisseau, l'*Audacieux* de l'armée de l'Océan. La même année, il fut nommé contre-amiral, commanda la seconde escadre de l'armée navale aux ordres de Villaret-Joyeuse, et se distingua aux deux journées des 29 mai et 1ᵉʳ juin 1794. Mais la capacité qu'il avait montrée jusque-là sembla parut l'abandonner lors de l'expédition d'Irlande en 1796, qui échoua complétement. Cassé de son grade, il n'y fut réintégré qu'en 1802, sous le consulat. Il commanda les bâtiments destinés à transporter à la Guadeloupe des troupes sous les ordres du général Richepanse ; et depuis cette époque il ne remplit plus que des fonctions administratives, telles que celles d'inspecteur, de préfet maritime, etc. La restauration le nomma en 1816, sur la proposition de M. Dubouchage, au grade de vice-amiral. Il fut mis à la retraite le 20 octobre de la même année.

<small>Annales maritimes.</small>

BOUVET DE CRESSÉ (*Auguste-Jean-Baptiste*), marin et littérateur français, né à Provins le 24 janvier 1772, mort à Paris en 1839. Après avoir servi quelques années dans l'armée de terre, il s'enrôla au commencement de la révolution dans la marine, et devint chef d'imprimerie de l'armée navale. Il se distingua surtout au combat qui eut lieu, le 1ᵉʳ juin 1794, entre la flotte française sous les ordres de Villaret-Joyeuse, et l'escadre anglaise commandée par l'amiral Howe. Voyant le vaisseau qui portait l'amiral français prêt à succomber sous les coups de cinq bâtiments ennemis, l'intrépide jeune homme, quoique déjà blessé et le bras en écharpe, conçoit l'espoir de le sauver; il s'élance aux cris de *Vive la république!* gravit avec mille efforts, et malgré cinq nouvelles blessures qu'il reçoit, jusqu'au pont du vaisseau, met le feu à une caronade de 36, et balaye le pont de *la Reine Charlotte*, qu'il force, par cette action courageuse, à prendre la fuite à pleines voiles. En quittant le service, Bouvet de Cressé se livra à l'enseignement, et établit une maison d'éducation à Paris. Ses principaux écrits sont: *Oncle, Nièce et Neveu*; Paris, 1802, in-12; — *Ferval*, ou *le Gentilhomme rémouleur*; 1802, in-12; — *De Romæ regis ortu carmen*; Paris, 1810, in-8°; — *Specimen virtutum*; Paris, 1810, in-12; — *la Stéphanéide* ou *Conaxa, les deux Gendres et le Journal de Paris*, suivis d'un *fragment de lettre à M. Étienne*, envoyée au *Journal de l'Empire*, avec des notes pour l'intelligence du texte; Paris, 1812, in-8°; — *Éloge de Hubert et de Mathieu Goffin*; poëme, 1812, in-8°; — *les Gouttes d'Hoffmann à l'usage des journalistes petits-maîtres*, ou *Suite provisoire à la Stéphanéide*; Paris, 1812, in-8°; — *Folliculi*, ou *les Faiseurs de réputations*; Satire, 1813, in-8°; — *Histoire abrégée de la Grèce, avec une introduction et des notes historiques, géographiques, mythologiques, extraites du Voyage du jeune Anacharsis, de Barthélemy*; Paris, 1819, in-18; — *Précis du règne de Louis XVIII* (extrait des *Tablettes universelles*); Paris, 1822, in-8°; — *Précis de victoires et conquêtes des Français dans les deux mondes, de 1792 à 1813, avec la campagne d'Espagne en 1823*; Paris, 1823, 2 vol. in-12, fig.; — *Panorama historique de l'univers*, ou *les Mille et une Beautés de l'Histoire universelle*; Paris, 1824, in-12, avec fig.; — *Histoire de la catastrophe de Saint-Domingue*, etc.; Paris, 1824, in-8°; — *Éloge historique de Louis XVIII, surnommé le Désiré, roi de France et de Navarre*; 1824, in-8°; — *Histoire de la marine de tous les peuples depuis la plus haute antiquité jusqu'à nos jours*; Paris, 1824, 2 vol. in-8°; — *Rhétorique en vingt-huit leçons*; Paris, 1825, in-12; — *le Sully de la jeunesse*, suivi de *l'éloge de Sully par Thomas*; Paris, 1825, in-12; — *Histoire de Louis XVI, roi de France et de Navarre*; Paris, 1825, in-12; — *Voyage à Reims à l'occasion du sacre et du couronnement de S. M. Charles X*, etc.; 1825, in-18, fig.; — *Résumé de l'histoire des Papes, dédié aux mânes de Clément XIV*; Paris, 1826, in-18; — *Précis de l'histoire générale des Jésuites depuis la fondation de leur ordre, le 7 septembre 1540, jusqu'en 1826*; Paris, 1826, 2 vol. in-8°.

Biographie des Contemporains. — Quérard, la France littéraire. — Le Bas, Dict. encyclop. de la France.

BOUVET DE LOZIER (*Anathase-Hyacinthe*), général français, né à Paris en 1769, mort à Fontainebleau le 31 janvier 1825. Il entra fort jeune encore au service, et suivit les princes dans leur émigration. Il fit avec eux les campagnes contre la France, se retira en Angleterre lorsque l'armée de Condé fut dissoute, et passa avec le grade d'adjudant général dans les bandes royales de la Vendée. Impliqué dans l'affaire du 3 nivôse, où il figurait comme complice de George Cadoudal, il ne voulut pas supporter les débats du procès, et chercha à s'ôter la vie. Il était près de rendre le dernier soupir, lorsqu'on arriva à temps pour le soustraire à la corde dont il s'était enlacé. Rappelé à la vie, mais encore tout troublé, il fit des aveux qui compromirent particulièrement Moreau, coupable, selon lui, d'avoir attiré à Paris les conspirateurs, par la promesse d'une coopération qu'il ne leur avait pas prêtée. Il n'en fut pas moins condamné à mort; mais, à la prière de sa sœur, présentée à Napoléon par madame Murat, sa peine fut commuée en une détention de quatre ans, à l'expiration desquels il fut déporté. En 1814, Louis XVIII le nomma maréchal de camp, et commandant de l'île Bourbon. Dans ce dernier poste, Bouvet de Lozier fit un bon usage de son caractère énergique, non pas en adressant aux troupes de la colonie une proclamation insultante contre Napoléon, qu'il ne voulut pas reconnaître, mais en refusant de laisser débarquer les Anglais dans l'île. C'est à sa fermeté qu'on doit attribuer la conservation de l'île Bourbon à la France. Sous prétexte de faire respecter la souveraineté des Bourbons, les Anglais, se présentant en forces, étaient venus lui offrir du secours. Il répondit qu'il n'en avait pas besoin, et il ne tint aucun compte des sommations de remettre l'île, que, sur son refus, lui fit le commandant de l'escadre anglaise. Les dispositions militaires de Bouvet de Lozier et l'élan que son courage avait communiqué aux habitants imposèrent aux Anglais, et ceux-ci se décidèrent à la retraite. Tombé un moment en défaveur en 1818, Bouvet ne tarda pas à recevoir, comme une sorte de dédommagement, le titre de comte. Il mourut à Fontainebleau, des suites d'un duel que lui-même avait provoqué par jalousie pour une très-belle créole de l'île Bourbon, devenue sa femme. Scandalisé de ce fait, le clergé lui refusa la sépulture; et, par une particularité bizarre, l'homme qui, sous le consulat, avait sacrifié sa vie pour le rétablissement du trône et de l'autel, fut enterré dans le cimetière des Juifs. Bouvet de Lozier a laissé un *Mémoire sur son administration de l'île Bourbon pendant les années 1815, 1816 et 1817*; Paris, 1819, in-8°.

Biographie des Contemporains. — Le Bas, Dictionnaire encyclopédique de la France.

BOUVIER (*André-Marie-Joseph*), médecin français, né à Dôle en 1746, mort le 27 décembre 1827. Il fut reçu docteur en 1776. La protection de Buffon lui valut l'avantage d'être attaché, en qualité de médecin, au service des épidémies. Pendant la révolution, il quitta Versailles qu'il avait habité jusqu'alors, et vint s'établir à Paris. Sous l'empire, il fut médecin de Madame mère et décoré de la Légion d'honneur. A l'époque de la restauration, il fut médecin consultant de la maison de Saint-Denis et médecin honoraire du garde-meuble. Les dernières années de sa vie s'écoulèrent au milieu des expériences agronomiques auxquelles il se livrait dans un jardin qu'il possédait à Vaugirard. Il laissa à la ville de Dôle sa bibliothèque, ses tableaux, et les bustes de Corvisart, Lepreux, Percy et Desessarts, qui avaient été ses amis. Il était âgé de quatre-vingt-un ans, lorsque, se trouvant seul dans sa chambre, le dos tourné vers sa cheminée, le feu prit à ses vêtements; il mourut peu de temps après, des suites de cet accident. Bouvier a laissé : *Expériences et observations sur la culture et l'usage de la Spergale*; Paris, 1798, in-12; — *De l'Éducation des Dindons*; ibid., 1798, in-12; — *Quelques Notions sur la race des bœufs sans cornes*; ibid., 1799, in-12; — *Mémoire sur cette question : « Est-il vrai que le médecin puisse rester étranger à toutes les sciences et à tous les arts qui n'ont pas pour but d'éclairer la pratique ? »* ibid., 1807, in-8°; — *Extrait d'un mémoire sur l'Hydropisie aiguë des ventricules du cerveau*; ibid., 1807, in-8°.

Biographie des Contemporains. — Callisen, *Medicinisches Schriftsteller-Lexicon.*

BOUVIER. Voy. LYONNOIS et LEBOUVIER.

BOUVIER (Gilles LE), dit *Berry*, chroniqueur français, vivait dans la première moitié du quinzième siècle. Premier héraut d'armes du roi de France Charles VII, il a laissé une *Chronique et Histoire de Charles VII, depuis 1402 jusqu'en 1455*, insérée en partie dans l'*Histoire de Charles VI*, 1653, in-fol.; et en partie dans l'*Histoire de Charles VII*, 1661, in-fol.; — une *Description de la France*, insérée dans l'*Abrégé royal de l'Alliance chronologique*, par le P. Labbe, 1651, in-4°.

Lelong, *Bibliothèque historique de la France.*

BOUVIER (Jean-Baptiste), évêque du Mans (Sarthe), né le 17 janvier 1783 à Saint-Charles-la-Forêt (Mayenne). Avant son élévation en 1834 sur le siége épiscopal qu'il occupe encore aujourd'hui, Mgr Bouvier avait été vicaire général du Mans et supérieur du grand séminaire. Pendant toute la durée de l'empire et une partie de la restauration, les études ecclésiastiques étaient fort négligées. Par ses ouvrages, qui jouissent d'une grande autorité, Mgr Bouvier donna une forte impulsion à l'enseignement, dans les séminaires, de la philosophie et de la théologie. Les *Institutiones theologicæ* et les *Institutiones philosophicæ*, émanées de la plume de ce savant prélat, ont été adoptées dans un grand nombre d'établissements ecclésiastiques en France, ainsi que dans plusieurs établissements semblables en Savoie, en Belgique, etc. Elles ont même franchi l'Atlantique, et sont allées jusque dans la Nouvelle-Grenade, à Mechoacan, instruire et former des ouvriers évangéliques. Le premier de ces ouvrages renferme treize traités, parmi lesquels on remarque ceux qui sont relatifs au *mariage*, à la *justice* et aux *contrats*. La pensée de mettre ces traités en rapport avec le code civil fut une innovation heureuse. Le *Cours de philosophie* de Mgr Bouvier a beaucoup d'analogie avec ce qu'on appelle la *Philosophie de Lyon* : c'est le même plan, mais les questions ont reçu de plus grands développements, et plusieurs questions nouvelles y sont traitées sous la forme de dissertations. En 1844, Mgr Bouvier fut attaqué à la chambre des députés comme trop enclin à donner son approbation aux actes du gouvernement de Juillet; il avait cependant, trois ans auparavant, adressé au ministre de l'instruction publique, alors M. Villemain, une longue lettre dans laquelle ce prélat revendiquait la liberté de l'enseignement. Ce document, rendu public, fut vivement discuté par la presse parisienne. La liturgie romaine, depuis longtemps abandonnée dans le diocèse du Mans, vient d'y être rétablie par Mgr Bouvier. Outre les ouvrages précités, cet évêque a publié : *Dissertatio in sextum Decalogi præceptum, et Supplementum ad Tractatum de Matrimonio*; Cenomani, 1827, un vol. in-12; 12e édit., Paris, 1850; — *Traité des Indulgences, des Confréries et du Jubilé*, à l'usage des ecclésiastiques; 1re édit., le Mans, 1826; 9e édit., Paris, 1850; le même ouvrage, *à l'usage des fidèles*, le Mans, 1826, 1re édit., in-18; Abrégé de cet ouvrage, sous le titre de *Petites instructions et prières pour le Jubilé*; 1826, le Mans; — *Histoire abrégée de la philosophie*, à l'usage des séminaires et des écoles, 2 vol. in-8°; le Mans, 1841; — *Catéchisme à l'usage du diocèse du Mans*; le Mans, 1838, in-12; — *Statuta diœcesis Cenomanensis, promulgata in synodo habita anno Domini 1851*; Cenomani, 1852, in-8°; — *Précis historique et canonique sur les jugements ecclésiastiques, ce qu'ils ont été autrefois et ce qu'ils peuvent être de nos jours*; le Mans, 1852, in-8°. On lui attribue également divers opuscules de polémique; — le *Mémorial catholique*, *l'Ami de la religion*, les *Annales de philosophie chrétienne*, ont reçu divers travaux de ce prélat.   A. RISPAL.

Ami de la Religion. — *Correspondant.* — *Communications particulières.*

BOUVILLE (N..., marquis DE), homme politique français, né vers 1760, mort en février 1833. Il était, avant la révolution, conseiller au parlement de Rouen. Député de la noblesse aux états généraux, il se montra, de 1789 à 1791, époque de son émigration, l'infatigable adversaire des idées nouvelles; il réclama, le 25 janvier 1790, la question préalable contre la motion de Robespierre en faveur de l'égalité politique, et fut l'un des principaux rédacteurs et signataires des protestations par lesquelles, le 11 et le 12 septembre 1791, la minorité de l'assemblée nationale repoussa les actes de la majorité. Il revint en France après le 18 brumaire, mais ne rentra qu'en 1815 dans la carrière politique. Dès lors jusqu'à la fin de 1816, et de 1820 à 1827, il siégea continuellement au côté droit de la chambre des députés, et prit la parole sur toutes les questions importantes qui y furent agitées. Dans le débat soulevé par l'évasion de Lavalette, il accusa le gouvernement de l'avoir favorisée; au sujet de la loi d'amnistie, il approuva l'abstention dans laquelle la commission s'était renfermée; le 13 février 1816, à propos de la loi électorale, il réclama pour les opinions de la chambre la liberté sans limites; le 15 mars suivant, dans la discussion du budget, il s'opposa à l'aliénation des forêts de l'État; le 9 juin 1821, il demanda la suppression du traitement affecté au directeur général de la police, et, quatre jours après, il demanda, pour les desservants, une augmentation de 175,000 fr. au budget du clergé; en février et mars 1822, il prit part à la discussion soulevée par le déficit du caissier Matheo, et, plus tard, fut nommé candidat à la commission de surveillance de la caisse d'amortissement; dans la session de 1823, il fut l'un des commissaires chargés de vérifier les comptes antérieurs à 1822, et d'examiner la proposition de la Bourdonnaye, qui demandait l'expulsion de Manuel. Quelque temps après, dans la discussion du budget, il mit tout en œuvre pour prévenir les divisions qui commençaient à se manifester dans le parti royaliste. Le 24 décembre 1823, il présida le grand collége électoral de Rouen, qui le nomma député; le 28 avril 1824, il soutint la loi du remboursement des rentes; le 8 juin, il demanda que la loi de septennalité ne fût exécutoire qu'après l'expiration des pouvoirs de la chambre quinquennale; le 22 mars 1825, il vota contre la conversion des rentes; le 6 mai, il fut nommé de nouveau commissaire près de la caisse d'amortissement; le 10 mai 1826, il repoussa par son vote le projet de loi relatif aux substitutions; le 25 du même mois, il demanda que le clergé inférieur profitât de l'augmentation de crédit proposée pour le département des affaires ecclésiastiques; le 27 janvier 1827, il appuya une proposition qui avait pour but d'augmenter le crédit alloué pour le payement des dettes contractées par la famille royale pendant son émigration; et, en 1827, il chercha à modérer la rigueur du projet de loi de M. de Peyronnet sur la police de la presse. Après la dissolution de la chambre septennale, le marquis de Bouville cessa d'être réélu.

Moniteur universel.— Biographie des Contemporains.

BOUVOT (*Job*), jurisconsulte français, né à Châlons-sur-Saône en 1558, mort à Châlons en 1636, étudia le droit sous le célèbre Cujas. Il a laissé : *Recueil d'arrêts notables du parlement de Bourgogne;* Cologne (Genève), 1623 et 1628, 2 vol. in-4°; — *Commentaire sur la coutume de Bourgogne;* Genève, 1632, in-4°. Ces deux ouvrages renferment plusieurs inexactitudes. Néanmoins Bouvot est cité avec assez d'éloge par Papillon.

Taisand, *Vie des Jurisconsultes.* — Papillon, *Biblioth. de Bourg.*

BOUX (*Guillaume* LE), théologien français, né dans l'Anjou en 1621, mort le 6 août 1693. Après avoir été successivement balayeur de collége, capucin, oratorien, curé, il professa la rhétorique à Riom, et, pendant la Fronde, soutint par ses prédications l'autorité royale. Il fut nommé à l'évêché d'Apt en 1658, et ses amis, sollicitant en sa faveur l'évêché de Périgueux, qu'il obtint en 1667, disaient plaisamment que « Boux était né gueux, qu'il avait vécu gueux, « et qu'il voulait Périgueux (périr gueux). » Pendant les trente-sept années qu'il occupa ce siège, G. le Boux employa son revenu à des fondations charitables. On a de lui : *Recueil des conférences établies dans le diocèse de Périgueux,* 3 vol. in-12; — *Sermons;* Rouen, 1766, 2 vol. in-12; — *Dissertations ecclésiastiques sur le pouvoir des évêques, pour la diminution ou l'augmentation des fêtes* (en collaboration avec Laval-Bois-Dauphin, évêque de la Rochelle); Paris, 1691, in-8°.

Moréri, *Dictionnaire historique.*

***BOUYS** (*André*), peintre de portraits et graveur français, né à Hyères (Var) en 1657, mort à Paris le 8 mai 1740. Il était élève de de Troy. S'adonnant exclusivement au portrait, il acquit en ce genre quelque réputation, et fut reçu académicien le 27 novembre 1688. Edelinck, Flipart, Ferth, Van-Schuppen, ont reproduit ses portraits. Il a gravé lui-même à la manière noire, d'après Castiglione, Coelemans, de Troy, etc. P. Ch.

Heinecken, *Dictionnaire des Artistes,* t. III. — *Archives de l'Art français,* t. I.

BOUYS (*Jean-Baptiste*), chroniqueur français, natif d'Arles, vivait dans la première moitié du dix-septième siècle. Il a laissé : *la Royale couronne d'Arles, ou Histoire de l'ancien royaume d'Arles, enrichie de l'Histoire des empereurs romains, des rois goths et des rois de France qui ont résidé dans leur enclos;* Avignon, 1641, 1644, in-4°.

Lelong, *Bibliothèque historique de la France.*

BOUZONIÉ (*Jean*), théologien français, né à Bordeaux vers 1646, mort à Poitiers le 30 octobre 1726. Il entra chez les jésuites, professa les lettres pendant plusieurs années, et se livra ensuite à la prédication, à laquelle de précoces infirmités l'obligèrent de renoncer. On a de lui : *Primitiæ Musarum serenissimo Delphino oblatæ;* Bordeaux, 1663; — *Hymni tres sancti Thomæ de Villanova,* insérés dans le Bréviaire des religieux augustins, 1670; — *Carmina extemporanea de variis Argumentis;* Bordeaux, 1672; — *Cantiques sur la Naissance de Notre-Seigneur Jésus-Christ;* 1675, Poitiers; — *Douze preuves pour la Conception immaculée de la* *sainte Vierge* ; Poitiers (sans date) ; — *Oraison funèbre de Marie-Thérèse d'Autriche, reine de France ;* Poitiers, 1686 ; — *Portrait de Louis le Grand, roi de France ;* Bordeaux, 1686, in-4° ; — *Mausolée de M. Jean de Gourgue, président au parlement de Bordeaux ;* Bordeaux ; — *Science de la mort des Saints ;* Poitiers, 1692 ; — *Entretien de Théotime et de Philothée, sur la dévotion au sacré Cœur de Jésus ;* Poitiers, 1697 ; — *Histoire de l'ordre des religieuses filles de Notre-Dame ;* Poitiers, 1697, 2 vol. in-4°.

Moréri, *Dictionnaire historique*.

* **BOVA** (*Antonio*), peintre, né à Messine en 1641, mort en 1711. Élève et imitateur d'Andrea Suppa, il a peint un grand nombre de tableaux et de fresques à Naples et à Messine.

E. B—N.

Lanzi, *Storia pittorica*.

BOVADILLA (don *François* DE), administrateur espagnol, mort le 29 juin 1502. Il était commandeur de l'ordre de Calatrava, et, en 1500, fut envoyé à Saint-Domingue par Ferdinand et Isabelle. Il devait examiner la conduite de Christophe Colomb, et, s'il le trouvait coupable, le dépouiller du commandement, afin de s'en emparer. Bovadilla accomplit d'abord la dernière partie de sa mission sans tenir compte de la première ; dès son arrivée, il se saisit de l'autorité, fit mettre aux fers Christophe Colomb, et le renvoya en Espagne avec un acte d'accusation dont les éléments se composaient d'ignobles délations. L'imprudente conduite du nouveau gouverneur répondit à son injustice : pour se faire des créatures, il annula les règlements de son prédécesseur, toléra tous les excès, et plongea les Indiens dans la servitude. Heureusement pour la colonie, qui allait périr, Bovadilla fut remplacé par Nicolas Ovando, et Colomb rendu à la liberté et à sa glorieuse carrière. Le persécuteur de ce grand homme, embarqué sur la flotte espagnole, mit à la voile pour aller dans sa patrie rendre compte de sa conduite, et périt au milieu d'une tempête, avec la plupart des vaisseaux qui l'accompagnaient.

Charlevoix, *Histoire de Saint-Domingue*, t. I.

BOVERIUS (*Zacharie*), théologien italien, né à Saluces en 1568, mort à Gênes le 31 mai 1638. Il entra chez les capucins en 1590, fut professeur de philosophie et de théologie, devint définiteur général de son ordre. Il a laissé entre autres ouvrages : *Demonstrationes Symbolorum veræ et falsæ religionis adversus præcipuos et vigentes catholicæ religionis hostes, atheistas, judæos, hæreticos, præsertim lutheranos et calvinistas ;* Lyon, 1617, 2 vol. in-fol. ; — *Demonstrationes undecim de vera habitus forma, a seraphico P. N. S. Francisco instituta*, etc. ; Lyon, 1632, in-8° : l'auteur cherche à prouver que l'habit des capucins est le même que celui que portait saint François ; — *Annales, seu sacra historia ordinis minorum S. Francisci, qui capuccini nuncupantur ;* Lyon, 1632 et 1639, 2 vol. in-fol. : cet ouvrage fut supprimé d'abord par la congrégation de l'Index, en 1651 ; mais, l'année suivante, la même congrégation permit de le réimprimer, moyennant corrections ; — *Orthodoxa consultatio de Ratione veræ fidei et religionis amplectendæ*, etc. ; Madrid, 1623, in-4°. L'auteur, dans un voyage qu'il fit à Madrid avec le cardinal Fr. Barberin, composa cet ouvrage pour convertir au catholicisme le prince de Galles, depuis Charles II, qui s'était rendu en Espagne dans l'intention d'épouser la sœur du roi.

Nicéron, *Mémoires*, t. XXV. — Mazzuchelli, *Scrittori d'Italia*.

BOVES (*Joseph-Thomas*), fameux guerrier hispano-américain, mort le 5 décembre 1814. Il était Castillan, et de la plus basse extraction. Sergent de marine en Amérique à l'âge de trente ans, il fut plus tard garde-côtes, se laissa corrompre dans l'exercice de cet emploi, et fut condamné et emprisonné comme prévaricateur. Au sortir de prison, il se fit porte-balle. C'est en 1810, à l'époque de la guerre de l'Indépendance, que sa vocation fut trouvée. Jeté fortuitement dans les troupes royales, il mit au service de cette cause son esprit d'aventures. Devenu capitaine de milice, il fit partie du corps de Cagigal, et commença de guerroyer pour son compte, lorsque, défait à Maturin, Cagigal annonça sa retraite sur la province de Guaiana. Boves s'établit à Calabozo ; et, avec cinq cents hommes environ, la plupart esclaves, il battit Marino, dictateur des provinces orientales. Dès lors, avec sa petite armée, grossie des vagabonds, repris de justice noirs, hommes de couleur, il commença une guerre de partisan qui rappelait les plus horribles dévastations du moyen âge. Les représailles ne se firent pas attendre, elles s'ouvrirent par l'égorgement de douze cents prisonniers, et la guerre continua de cette manière entre la *Division infernale* de Boves (c'est le surnom qu'elle mérita) et les indépendants. Leur avant-garde, que Boves surprend à Flores, est passée au fil de l'épée. De même à San-Juan-de-Los-Morros, où il tue les prisonniers qu'il a faits sur Campo-Elias. A son tour il est défait à Vittoria par Rivas, et ses prisonniers sont fusillés après l'action. Rivas n'ayant pas su profiter de sa victoire, Boves reprit l'offensive, et, le 19 février 1814, il battit à Saint-Matéo Bolivar lui-même. Il le battit encore le 14 juin : la lutte se prolongea avec ces alternatives de succès et de revers. Boves s'avança sur Valencia, où les indépendants s'étaient fortifiés ; pendant qu'il faisait bloquer la place par un corps détaché, il fit lever le siége de Puerto-Cabello, et repoussa les indépendants vers Ocumare. Revenu à Valencia, il fit capituler la ville. Pour donner aux articles de la capitulation une plus solennelle sanction, on fit célébrer une messe entre les deux armées ; et, au moment de l'élévation, le général royaliste promit une fidèle et stricte observation du traité. Entré dans la ville, Boves fit fusiller les officiers républicains et bon nombre de soldats. Il vainquit encore à Antimano, et Bolivar se retira sur Barcelone. Les Espagnols entrèrent aussi à Caracas. Le 8 août, nouveau succès de Boves : il tue ou blesse quinze cents hommes aux indépendants, et leur prend quatre pièces de canon. Le 5 décembre, il vit à Urica son dernier triomphe. Atteint d'un coup de lance, il expira sur le champ de bataille. Ses funérailles furent sanglantes; femmes, enfants, vieillards, ses troupes passèrent tout au fil de l'épée.

Moniteur. — Journaux de l'époque.

BOVET (*François* DE), prélat français, né le 21 mars 1745, mort le 7 avril 1838 à Paris. Sacré évêque de Sisteron le 13 septembre 1789, il résida peu dans son diocèse, et fut bientôt contraint, par la persécution, de quitter la France. Rentré en France en 1814, Bovet fut nommé en 1817 à l'archevêché de Toulouse; mais les obstacles que rencontra l'application du concordat reculèrent jusqu'à 1819 la prise de possession de ce siège, qu'il ne put administrer que par procureur, à cause du mauvais état de sa santé. Ne croyant pas pouvoir vaquer suffisamment aux fonctions de l'épiscopat, il donna sa démission en 1820, et fut nommé, la même année, membre du premier ordre du chapitre de Saint-Denis. Bovet fut un des évêques qui ne donnèrent point leur démission à la suite du bref du pape *Tam multa*, daté du 15 août 1801, et envoyé aux titulaires des siéges épiscopaux répandus alors dans toutes les parties de l'Europe, pour obtenir que ces prélats résignassent leurs fonctions. Savant estimable, Bovet publia un ouvrage intitulé *Des Dynasties égyptiennes*, 1 vol. in-8°, dans lequel il examine le degré de confiance que mérite Manéthon dans sa chronologie. Cet ouvrage se compose de deux parties : dans la première l'auteur expose les différences qui existent entre les écrivains qui ont suivi Manéthon ; le rapprochement de la chronologie de Manéthon de celle de l'histoire sacrée forme la deuxième partie. Bovet, après avoir applaudi aux travaux de Champollion, se tint en garde contre les illusions et l'enthousiasme de ceux qui croient voir tous les nuages se dissiper aux rayons d'une science respectable sans doute, mais qui vraisemblablement ne percera pas tous les doutes que l'antiquité égyptienne a fait concevoir. Outre cet ouvrage, on a de ce prélat : *l'Histoire des derniers Pharaons et des premiers rois de Perse, selon Hérodote, tirée des livres prophétiques et du livre d'Esther*; Avignon, 2 vol. in-8°; — *les Consolations de la foi sur les malheurs de l'Église*, 1 vol. in-12; — *Réflexions sur le nouveau serment prescrit en France*; 1793, br.

A. RISPAL.

L'Ami de la Religion. — Quérard, *la France littéraire*, supplément.

BOWDICH (*Thomas-Edward*), voyageur an-glais, né à Bristol en 1790 (1), mort le 10 janvier 1824. Ni le barreau, auquel on le destina d'abord, ni le commerce de son père, auquel on l'associa ensuite, ne parurent lui convenir. Après un mariage qu'il contracta contre le gré de sa famille, et une longue lutte entre sa vocation qui le poussait à voyager, et le besoin de se faire une position, il s'embarqua en 1814 pour l'Afrique, où son oncle M. Hope Smith, gouverneur de l'établissement anglais de Cape-Coast, lui assurait un emploi. Revenu en Angleterre en 1816, il fut mis à la tête d'une ambassade que, dans l'intérêt du commerce avec la Guinée, le gouvernement anglais avait décidé d'envoyer au roi des Aschantis. Arrivé dans la colonie, il se vit substituer, en raison de sa jeunesse, un officier plus âgé, pour diriger l'ambassade. Elle partit, le 15 avril 1815, pour Coumassie, capitale du roi des Aschantis. La négociation fut dirigée en réalité, avec succès, par Bowdich : le chef nominal, M. James, avait moins de fermeté et d'initiative que son jeune collègue ; et la conduite de celui-ci fut approuvée par les autorités de la colonie. Il retourna alors une seconde fois en Angleterre, et en 1819 il publia à Londres : *A mission to Aschantees* (Une ambassade dans le pays des Aschantis), in-4°. Cet ouvrage eut un grand succès. L'auteur se rendit ensuite à Paris, où il se perfectionna dans les études scientifiques, qu'il n'avait qu'ébauchées. Il y écrivit en même temps une brochure sur la situation des établissements anglais en Afrique, et dont les conclusions portèrent le gouvernement à prendre en main la direction de ces établissements. Bowdich publia successivement : une traduction anglaise du voyage de Mollon aux sources du Sénégal et de la Gambie; — *Bristish and French expedition to Teembo, with Remarks on Civilisation*; — *Essay on the Geography of North Western Africa*; — *Essay on the superstition, customs and arts, common to the ancient Egyptians, Abyssinians, and Ashantees*; — *Mathematical investigation, with Original Formulæ, for ascertaining the Longitude of the sea by eclipses of the moon* : l'*Annual biography*, qui a donné les titres de ces ouvrages, a omis d'en faire connaître les dates. Le concours d'un ami et le produit de ces diverses publications permirent à Bowdich d'entreprendre en 1822 un nouveau voyage en Afrique, et, cette fois, pour explorer ce continent à son point de vue et à l'aide de ses propres moyens. Il venait d'atteindre l'embouchure de la Gambie, lorsqu'il fut atteint de la fièvre, à laquelle il succomba. C'est sur les notes qu'il laissa que fut publié l'ouvrage suivant : *An account of the Discoveries of the Portuguese in Angola and Mozambique*; Londres, 1824; ouvrage dont il avait recueilli les matériaux lors de son passage à Lisbonne. En 1825, sa veuve, qui l'avait suivi en Afrique, fit paraître un ouvrage

(1) Et non en 1793, comme il est dit dans la *Literary Gazette for* 1824.

posthume, intitulé *Excursions in Madeira and Porto-Santo*, etc., *by the late T.-E. Bowdich*. M*me* Bowdich y a joint une *Relation de son dernier voyage en Afrique, des observations sur le cap Vert*, et une *Description des établissements anglais sur la rivière de Gambie*.
Annual Biography and Obituary for 1825. — Penny Cyclopædia.

BOWDLER (*Thomas*), littérateur anglais, né en 1754 à Ashley, près de Bath, mort en 1825. Il n'est connu que par une édition tronquée des *Œuvres de Shakspeare*; Lond., 1811, 10 vol. in-8°. Il en a retranché les passages incriminés par la censure ecclésiastique.

Sa sœur mistriss Bowdler, morte à Bath le 25 février 1830, a publié des *Poésies et Essais*; Bath, 1786, 2 vol. in-12; — et des *Sermons sur les doctrines et les devoirs du christianisme*.
Biographie universelle.

BOWDLER (*John*), littérateur anglais, né en 1783 à Londres, mort en 1815. On a publié après sa mort: *Select Pieces in verse and prose;* Londres, 1817, 2 vol. in-8° : c'est un journal et des lettres écrites pendant deux excursions dans la Méditerranée; — *Theological Tracts;* ibid., 1818, in-12; — des essais et des discours sur des sujets religieux.

BOWER (*Archibald*), littérateur anglais, né le 17 janvier 1686 à Dundée en Écosse, mort le 3 septembre 1766. Il résida quelque temps à Rome; entra, en 1706, dans l'ordre des Jésuites; s'enfuit, en 1726, de l'Italie, et revint en Angleterre, où il se fit anglican par bouderie et auteur par besoin. Il dirigea d'abord l'*Historia litteraria*, espèce de revue littéraire (de 1730 à 1734). Il rédigea ensuite l'histoire romaine de la grande *Histoire universelle* publiée à Londres. Enfin, il écrivit une *Histoire des papes* en 7 vol., dont le premier parut en 1748. Grâce à l'amitié de lord Littleton, il obtint la place de bibliothécaire de la reine Caroline, et épousa en 1749 une riche veuve.
Rose, New Biographical-Dictionary.

BOWLES (*Guillaume*), naturaliste anglais, né en Irlande, mort en Espagne en 1780, a publié : *Introduccion à la Historia natural y à la Geografia fisica de España;* Madrid, 1775, in-4°; 2º édition, revue et corrigée; ibid., 1782, in-4°; trad. franç. par le vicomte de Flavigny, sous ce titre : *Introduction à l'Histoire naturelle et à la Géographie physique de l'Espagne;* Paris, 1776, in-8°; trad. italienne de Milizia, avec des commentaires du chevalier Azara; Parme, 1784, 2 vol. in-4° et in-8°; — un *Mémoire sur les mines de l'Allemagne et de l'Espagne*, adressé à la Société royale de Londres; — une *Histoire des sauterelles d'Espagne;* Madrid, 1781. Ruiz et Pavon ont consacré à la mémoire de Bowles, sous le nom de *Bowlesia*, un genre de plantes du Pérou.
Biographie universelle.

*****BOWLES** (*William-Liste*), poëte anglais, né en 1762 à Kingis-Hitton, mort en 1850. Il débuta dans la carrière littéraire en publiant des sonnets. La grâce de l'expression, une versification harmonieuse et surtout une mélancolie touchante placèrent ces sonnets, dans ce temps de décadence, au premier rang de la poésie anglaise; et maintenant encore, après une période beaucoup plus féconde et qu'ils semblent avoir inaugurée, ils assurent à leur auteur un rang distingué dans la littérature. Ses compositions se succédèrent depuis avec une inépuisable fécondité : on y trouve généralement, à côté de défauts regrettables, une observation vraie de la nature. Elles ont pour titres : *Fourteen sonnets*, in-4°, 1789; — *Verses to John Howard on his states in the prisons and Lazarettos-Bath*, in-4°, 1789; — *The grave of Howard-Salisbury*, in-4°, 1790; — *Verses on the Institution of the philantropic Society*, in-4°, 1790; — *Monody, written at Mattock;* Salisbury, in-4°, 1791; — *Elegiac Stanzas, written during sikness at Bath*, in-4°, 1791. Tous ces ouvrages furent réunis en un volume publié en 1798; 9º édition, 1805. Bowles publia depuis un nombre très-considérable de poésies, imprimées à Londres format in-4°, et réunies successivement en volumes in-8°, comme les premières. Voici les principales : *Saint-Michael's Mount*, 1799; — *the Lorrows of Switzerland*, 1803; — *the Spirit of Discovery or conquest of Ocean*, publié à Londres, 1806, in-8°; — *the Missionary of the Andes*, in-12; London, 1822; — *the Gave of the last Saxon*, in-8°; London, 1822; — *Saint John in Pathmos, the last apostle*, 1823, qui fut réédité l'année suivante, avec un choix des œuvres de la jeunesse de l'auteur. Les dernières poésies de Bowles parurent en 1837, sous ce titre : *Gleams and Shadows of Days*, 1 vol. in-8°; London.

Ce fécond écrivain a publié de plus un nombre considérable de mémoires, de sermons, de controverses ayant trait à son ministère, ainsi que des travaux d'érudition, au nombre desquels on remarque : *Annals and antiquities of Lacock abbey*, 1835; — *the Parochial history of Bremhill;* — une édition complète des œuvres de Pope (1807, 10 vol. in-8°). Au sujet de cette édition, Bowles soutint contre Campbell et Byron une controverse dont les deux morceaux les plus remarquables sont : *the Final appel to the literary public relative to Pope*, 1825; et *Lessons in criticism to William Roscoë, on the character and poetry of Pope*, 1826.   T. D.
Annual Register.

*****BOWRING** (le docteur *John*), littérateur et économiste anglais, né à Exeter le 27 octobre 1792. Il s'est d'abord livré avec ardeur à la littérature; de 1821 à 1832, il a publié de curieuses recherches et des morceaux choisis des populaires de la Russie (1821-1823), de la Hollande (1824), de l'Espagne (même année), de la Servie (1829), des Magyars (1830), et le

Cheskian Anthology (1832). Il fut l'élève et l'ami du publiciste Jérôme Bentham, mort en 1832, et succéda à Dumont de Genève, à la rédaction des ouvrages obscurs de cet écrivain jurisconsulte. Issu de famille puritaine, il se prononça hautement pour la liberté religieuse. Il fut affilié à la secte des unitairiens, et en 1840 il faisait partie du comité de direction. En Angleterre cette secte n'est pas aussi répandue qu'aux États-Unis ; et, quoique par ses écrits Channing ait bien prouvé qu'elle était aussi chrétienne que les sectes protestantes, on la considère presque comme une secte infidèle, ne reconnaissant pas la divinité de Jésus-Christ, et se bornant à le regarder comme un grand philosophe réformateur du judaïsme. Elle a publié entre autres, en 1817, une 4e édition d'une traduction anglaise du Nouveau Testament, à l'usage des unitairiens (la première édition est de 1791, et fut l'œuvre de Wakefield).

Bowring, devenu membre du parlement, s'éleva (14 avril 1843), dans la chambre des communes, sur le choix qu'on avait fait pour remplir la place nouvellement créée, et concertée entre la Prusse et la Grande-Bretagne, d'évêque protestant à Jérusalem : c'était un personnage marié et père d'une assez nombreuse famille. Lors de son installation, les Orientaux furent très-étonnés de la présence de la femme et des enfants du nouveau prélat. Quoique ce tableau fût vrai, et qu'il en eût été témoin oculaire, les ministres whigs, dont Bowring était le partisan, mais indépendant, lui en firent publiquement des reproches ; et cet événement ne contribua pas peu à le dégoûter de la politique, et à résigner son siége. En 1822, à l'époque des troubles de France causés par la lutte entre le gouvernement royal et l'opposition, débordée par les tentatives des carbonari, Bowring fut arrêté le 7 octobre, comme agent révolutionnaire, à Calais ; mais le ministre Canning, fidèle à la politique anglaise, ne cessa d'intercéder pour lui jusqu'à ce qu'il eût été remis en liberté. En 1824, il écrivit dans la *Revue de Westminster*, en devint rédacteur en chef en 1825, et y renonça en 1830, à cause de son amour pour les voyages. En 1828, il publia dans le *Morning-Herald* les résultats de son voyage en Hollande en faveur du commerce anglais ; en 1829, il visita le Danemark dans les mêmes vues ; et en 1834 et 1835 il publia, de concert avec M. Villiers, et avec un grand succès, des rapports au parlement sur les relations commerciales de la France avec la Grande-Bretagne. Depuis cette époque, il a passé pour un des plus habiles économistes de l'Angleterre. Il étudia particulièrement la Suisse (1836), et plus tard la Syrie et l'Égypte. Il a publié presque chaque année le résultat de ses travaux et de ses voyages. Quand il eut abandonné la politique, il fut nommé consul de la Grande-Bretagne à Canton. Aujourd'hui, il est commissaire général à Hongkong ; et la variété de ses connaissances ainsi que l'activité de son esprit promettent des éclaircissements étendus sur les productions de la Chine, du Japon et autres contrées orientales, et sur les moyens d'y introduire les produits européens. En 1852, il a présenté à la Société asiatique un manuscrit sur parchemin de l'Ancien Testament, en hébreu, provenant d'une colonie israélite établie de temps immémorial à Kay-Fong, dans le Honan.

ISAMBERT.

Dictionnaire d'Économie politique.

BOWYER (*Guillaume*), typographe anglais, né à Londres en 1699, mort le 18 novembre 1777. Il se distingua par sa science, fut nommé imprimeur des résolutions de la chambre des communes, et conserva cette place depuis 1729 jusqu'à sa mort. Imprimeur de la Société royale et membre de la Société des antiquaires, il imprima les journaux de la chambre des pairs, à partir de 1767. Parmi les éditions qu'il a données, on remarque : les *Œuvres de Selden*, 3 vol. in-fol., 1726 ; — le traité *De vero usu verborum mediorum*, par Kuster, 1750 et 1773, in-12 ; — une traduction des *Commentaires de César*, du colonel Blagden, avec des notes de Bowyer ; — *Novum Testamentum græcum*, 1763, 2 vol. in-12 ; — une traduction de la *Vie de l'empereur Julien*, par la Bletterie, 1746 ; — une édition du *Lexicon* de Schrevelius, auquel Bowyer a ajouté un grand nombre de mots grecs. Ce typographe a publié, sous le voile de l'anonyme : *On the Origine of printing*, 1774 : cet ouvrage, que son auteur avait laissé imparfait, fut complété par Jean Nichols.

Chalmers, *Biographical Dictionary*. — Nichols, *Anecdotas literary and Biographical of William Bowyer* ; 1778, in 8°.

BOXHORN (*Marc-Zuérius*), critique hollandais, né à Berg-op-Zoom le 25 septembre 1612 ; mort à Leyde le 3 octobre 1653. Il avait déjà publié des éditions de classiques, lorsqu'avant sa vingtième année il fut nommé professeur d'éloquence à Leyde. Il refusa les emplois considérables qui lui étaient offerts en Suède par Oxenstiern, ambassadeur de la reine Christine ; et, après la mort de Daniel Heinsius, il obtint la chaire d'histoire et de politique que ce savant avait remplie. Les principaux ouvrages de Boxhorn sont : *Poemata*, 1629, in-12, recueil réimprimé avec ses lettres ; Amsterdam, 1662, in-12 ; — *Theatrum, seu Comitatus Hollandiæ nova descriptio, cum urbium iconismis* ; Amsterdam, 1632, in-4° ; — *De republica Leodiensi* ; Amsterdam, 1632, in-18 ; — *Scriptores latini minores historiæ Augustæ, cum notis* ; Leyde, 1632, 4 vol. petit in-12 ; — *Obsidio Bredanæ*, 1637, 1640, in-fol. ; — *Quæstiones romanæ* ; Leyde, 1637, in-4° ; — *Virorum illustrium monumenta et elogia*, 1638, in-fol., avec fig. ; — *De typographicæ artis inventione* ; Leyde, 1640, in-4° ; — *Chronicon Zelandiæ* (en flamand) ; Middelbourg, 1643, in-4° ; ibid., 1664, 2 vol. in-4° ; — *Commentariolus de statu fœ-*

derati Belgii ; la Haye, 1650 et 1659, in-24 ; — *Metamorphosis Anglorum, sive mutationes variæ regum rerumque Angliæ*, 1653, in-12 ; — *Originum gallicarum liber*; Amsterdam, 1654, in-4° ; — *Historia universalis* (depuis Jésus-Christ jusqu'en 1650); Leipzig, 1675, in-4° ; — *Chronologia sacra*; Bautzen, 1677, in-fol., etc.

Nicéron, *Mémoires*, t. IV et X. — *Biograph. Néerland.*

BOY (*Simon*), chirurgien français, natif de Champlitte en Franche-Comté, mort dans la même ville en 1789, a publié un *Abrégé sur les Maladies des femmes grosses et de celles qui sont accouchées*; Paris, 1788, in-12.

Quérard, *la France littéraire.*

BOY (*Adrien-Simon*), chirurgien français, fils du précédent, mort à Alzey, près de Mayence, en 1795. Il fut chirurgien en chef de l'armée du Rhin. C'est à lui qu'on doit le chant national : *Veillons au salut de l'empire!* Il a fait paraître, sur la chirurgie, plusieurs brochures, dont la plus importante est intitulée : *Traitement des plaies d'armes à feu.*

Biographie médicale.

BOYARDO. *Voy.* BOJARDO.

BOYCE (*Guillaume*), musicien anglais, né à Londres en 1710, mort en février 1779. Il fut enfant de chœur à Saint-Paul ; et la surdité dont il fut atteint, jeune encore, ne l'empêcha pas d'être placé au premier rang des compositeurs anglais. Il édita toute la musique de chœur qu'avait composée et que lui avait léguée son maître, le docteur Gréenne, organiste de Saint-Paul. Cette publication commença la réputation de G. Boyce, qui, après avoir été organiste de Saint-Michel (Corn-Hill) en 1736, et reçu docteur en musique à Cambridge en 1749, devint, en 1757, premier organiste de la chapelle du roi. Cet artiste a donné un recueil de musique d'église, emprunté aux anciens maîtres les plus illustres. Parmi les morceaux qu'il a composés, on remarque principalement : *la Sérénade de Salomon*, 1743 ; — *le Chapelet*, drame en musique ; — *Lyra britannica*; — *la Loterie du Berger*, etc.

Fétis, *Biographie universelle des Musiciens.*

BOYCEAU (*Jacques*, seigneur de la Baraudière), horticulteur français, vivait dans la première moitié du dix-septième siècle. Il a laissé : *Traité du Jardinage selon les saisons de la nature et de l'art*, en trois livres ; Paris, 1638, in-fol. ; — *Traité du Jardinage, qui enseigne les ouvrages qu'il faut faire pour avoir un jardin dans sa perfection; avec la manière de faire les pépinières, greffer, enter les arbres*, etc., *et une instruction pour faire de longues allées de promenade et bois taillis*; Paris, 1689, in-12; ibid., 1707, in-12.

Lelong, *Biblioth. hist. de la France.*

BOYD (*Robert*), homme d'État écossais, mort au château d'Alnwick, en Angleterre, en 1470. Il était fils de Thomas Boyd de Kilmarnock, qui, pour avoir tué lord Darnley, fut assassiné en 1439. Admis au parlement d'Écosse vers la fin du règne de Jacques II, Robert Boyd négocia, en 1459, la conclusion d'une trêve avec l'Angleterre; l'année suivante, il fut nommé chef de justice, et, pendant la minorité de Jacques III, devint un des lords de la régence. Avec l'aide de son frère Alexandre Boyd de Dunan, favori du jeune roi, il usurpa pour lui et pour ses adhérents toutes les charges de la couronne. Bientôt après, s'emparant de la personne de Jacques III, qu'il conduisit à Édimbourg, il se fit nommer seul régent du royaume, et investir des pouvoirs les plus étendus. En 1467, il ajouta à toutes ses charges celle de grand chambellan ; il donna en mariage la sœur aînée du roi à son fils, qui fut créé comte d'Arran, doté de biens considérables, et chargé d'aller épouser, au nom du roi son maître, la fille du roi de Danemark. Tandis que le comte d'Arran s'acquittait de cette mission, Jacques III, circonvenu par les adversaires de Robert Boyd, convoqua le parlement, et ordonna à ce seigneur, à son fils et à son frère, d'y venir rendre compte de leur conduite. Lord Boyd s'y rendit en effet, escorté de ses partisans ; mais, contraint de les licencier par les troupes que le gouvernement avait réunies, il se retira en Angleterre, pendant que son frère Alexandre était jugé, condamné à mort et exécuté. Au moment de cette révolution, le comte d'Arran abordait en Écosse avec la jeune reine. Instruit du désastre de sa famille, il retourna en Danemark, puis à la cour de Bourgogne et à celle de France. Il mourut à Anvers en 1474, après avoir eu le chagrin d'apprendre que son mariage avait été cassé, et qu'on avait contraint sa femme d'accepter une autre union.

Richardson, *Hist. de l'Écosse.*

BOYD (*Marc-Alexandre*), littérateur écossais, né à Galloway en 1562, mort à Pinkhill, domaine de sa famille, en 1601. Il était neveu de l'archevêque de Glascow, qui le confia à deux grammairiens pour qu'ils lui enseignassent le latin et le grec; mais le jeune Boyd battit ses maîtres, brûla ses livres, et chercha à se frayer une route à la cour. Grâce à un extérieur avantageux, il y fut d'abord bien accueilli ; mais son caractère querelleur et turbulent lui suscita de nombreux démêlés. Il s'en tira pourtant avec bonheur, et, après la mort de son oncle, il se rendit à Paris. Il y perdit au jeu tout ce qu'il possédait. Bientôt, l'estime que la France témoignait aux savants lui inspira le désir de s'instruire ; il réalisa ce projet, et devint l'un des hommes les plus instruits de son temps. Il pouvait, disait-on, dicter en même temps à trois copistes, en trois langues et sur trois sujets différents. Il voyagea en Italie, servit en France dans l'armée royale, et s'acquit une égale réputation dans les armes et dans les lettres. Il a laissé : *Epistolæ Heroidum*, dont la dédicace, adressée au roi Jacques, met ce prince au-dessus de Minerve et de Mars ; — des hymnes latins, insérés dans les *Deliciæ Poetarum scotorum*; Amsterdam,

1637, 2 vol. in-12. — On lui attribue une traduction des *Commentaires de César* en grec, et dans le style d'Hérodote.

Tanner, *Bibliotheca Britannico-Hibernica.*

BOYD (*Hugues*), publiciste anglais, né à Bally-Castle, dans le comté d'Antrim (Irlande), en 1746; mort à Madras en 1794. Il montra dès sa jeunesse une grande passion pour la politique, dont il s'occupa de préférence à tout autre sujet d'étude. Il joignait à ce goût celui de l'état militaire; mais il dut y renoncer, à cause du peu de fortune que lui laissa son père. Décidé à entrer dans le barreau, il vint à Londres, où il se laissa séduire par les charmes de la bonne compagnie, et négligea le soin de sa fortune, pour ne s'occuper que de discussions politiques. Il y fit paraître contre le gouvernement une opposition qui l'empêcha longtemps de solliciter et d'obtenir un emploi. Néanmoins, en 1781, il suivit, en qualité de second secrétaire, lord Macartney, gouverneur de Madras. Après l'expédition contre Trinquemale, à laquelle il assista, il essaya, mais en vain, de conclure un traité entre l'Angleterre et le roi de Candy. Comme il revenait de cette mission, il tomba au pouvoir des Français, qui le relâchèrent sur parole. Les dernières années de sa vie s'écoulèrent à Madras, où il obtint un emploi considérable, occupant ses moments de loisir à la rédaction de divers journaux. Laurent Dundas Campbell a publié les *Œuvres* de H. Boyd, Londres, 1800, 2 vol. in-8°, et les a fait précéder d'une vie de cet auteur, dans laquelle il le signale comme l'auteur des fameuses *Lettres à Junius* (Junius's Letters), qui parurent dans le *Public Advertiser* pendant les années 1769, 1770 et 1771. Ces lettres, tour à tour attribuées à Edmond Burke, au duc de Portland, à Duning, à lord Ashburton, à J.-H. de Kolme, à Richard Glover et à sir P. Francis, ont été traduites en français par Varney, Paris, 1791, 2 vol. in-8° et par J.-T. Parisot, Paris, 1823, 2 vol. in-8°.

Biographia Britannica.

BOYD (*Henri*), poëte anglais, natif d'Irlande, mort le 17 septembre 1832. Il fut vicaire de Ratfriland et chapelain du comte de Charville. Il a publié une traduction anglaise de l'*Enfer* de Dante, avec un spécimen de *Roland Furieux*, 1785, 2 vol. in-8°; — *Poëmes dramatiques et lyriques*, 1796, in-8°; — une traduction en vers anglais de la *Divine Comédie*, comprenant l'*Enfer, le Purgatoire* et le *Paradis*, avec des essais préliminaires, etc.; Londres, 1802, 3 vol. in-8°; — *la Pénitence d'Hugo*, vision imitée de l'italien de Vincenzo Monti, et suivie de deux nouveaux chants; — *the Woodmann* (le Chasseur), conte, 1805; — *les Triomphes de Pétrarque*, traduction en vers anglais, 1807.

Rose, *New Biographical Dictionary.*

BOYDELL (*Jean*), graveur et marchand d'estampes anglais, né à Dorrington, dans le Shropshire, en 1719; mort à Londres en 1805. Il fut alderman de la ville de Londres, et s'est fait une réputation durable par ses talents, par le mouvement extraordinaire qu'il a imprimé au commerce de la curiosité, et par ses nombreuses et précieuses publications. Il avait vingt et un ans lorsqu'il quitta la profession de son père, qui était arpenteur, pour embrasser l'état de graveur. Toms fut son maître. Son premier œuvre offert au public se compose de six paysages connus sous le nom des *Ponts de Boydell*, à cause du pont introduit dans chacun. Il grava ensuite beaucoup de *vues de Londres et des environs*, et plusieurs compositions de Berghem, Castiglione, Salvator Rosa, etc., qui lui acquirent de la réputation, et commencèrent cette fortune qui devait être un jour si colossale, qu'elle a pu suffire à élever à Shakspeare le plus digne monument que jamais nation ait consacré à la mémoire d'un de ses grands hommes : nous voulons parler de cette magnifique édition des œuvres du tragique anglais, pour l'ornement de laquelle Boydell fit exécuter quatre-vingt-seize planches de grande dimension, par les plus habiles graveurs du pays, non d'après des compositions dessinées, comme on l'eût fait dans tout autre pays, mais d'après autant de tableaux commandés exprès à Reynolds, West, Northcote, Westall, Opie, Hamilton, Peters, Romney, A. Kauffmann, et autres peintres célèbres. A cette entreprise, digne d'un souverain par son objet et par l'influence qu'elle eut sur l'art en Angleterre en créant une école historique de peinture et de gravure, Boydell employa, dit-on, un capital d'environ 100,000 liv. sterling (2,400,000 f.). Mais elle ne s'acheva qu'avec peine, par suite du peu d'empressement que les riches seigneurs, qui avaient souscrit, mirent à retirer les livraisons; elle dérangea même la fortune de Boydell, que la publication de la magnifique édition de l'*Histoire d'Angleterre de Hume* (ornée de cent quatre-vingt-seize planches de la plus belle exécution, et faite en commun avec Bowyer) avait si bien servie; et ce généreux ami des arts se vit obligé, en 1804, un an avant sa mort, de mettre en loterie les quatre-vingt-seize tableaux qui composaient la galerie dite *de Shakspeare*.

Son neveu *Josiah Boydell*, qui fut habile peintre et graveur, lui succéda dans sa dignité d'alderman de la ville de Londres, et continua son commerce d'estampes. Les planches de Boydell ne s'élevaient pas à moins de 5,000, et toutes étaient des meilleurs graveurs, et d'après les maîtres les plus célèbres des diverses écoles. On en comptait neuf cents de l'école italienne, huit cents de l'école française, quatre cents de l'école allemande, cinq cents des écoles flamande et hollandaise, deux mille cinq cents de l'école anglaise. Ce riche fonds d'estampes a été dispersé en 1828, après la mort de Josiah Boydell. [*Enc, des g. du m.*]

Strutt, *Dictionary of Engravers.*

*BOYE (*Adolph-Engelbert*), littérateur danois, né en 1784, mort en 1851. Il s'est surtout distingué comme éditeur, commentateur et biographe des plus célèbres poëtes danois du dix-huitième siècle, et comme auteur de plusieurs brochures satiriques qu'il publia sous le nom de Peter Wegner. Ses éditions de Holberg, de Storm, de Wessel, ont joui d'une grande faveur. Il a encore publié : *Holbergiana, Smaaskrifter af og om Ludvig Friherre af Holberg* (brochures de Louis baron de Holberg, et concernant cet auteur); Copenhague, 1832-1835 ;—*Dansk Parnas Samling af ældre og nyere danske Digte* (Parnasse danois, recueil de poésies danoises, anciennes et modernes); Copenhague, 1840. Pendant quelque temps il a été rédacteur de divers journaux littéraires et politiques ; il a traduit en danois plusieurs pièces de théâtre, entre autres les comédies de C. Delavigne.

ABRAHAMS (de Copenhague.)

Erslew, *Almindeligt Forfatter-Lexicon.*

*BOYE (*Brigitte-Catherine*), femme poëte danoise, née aux environs de Copenhague le 7 mars 1742, morte en 1824. Elle fut mariée d'abord à M. Hertz, chasseur du roi, et après sa mort, en 1778, à M. Boye, employé aux douanes royales. On estime surtout ses odes et chants religieux. Outre ses poésies religieuses dans le recueil officiel de l'Église danoise, on a d'elle : *Mélicerte*, pièce pastorale en 2 actes, Copenhague, 1780 ; — *le Psaltère de David*, traduit en vers ; ib., 1781-1785 ; — *Gorm den Gamle* (le vieux roi Gorm); ib., 1781; — et *Sigrid*, ou *la mort de Regnald* ; ibid., 1795, pièces héroïques.

P. L. M.

Kraft et Nyerup, *Dansk-norck Litteratur-Lexicon.* — Birch, *Galerie des dames*, etc.

BOYE (*Jean*), philosophe et littérateur danois, né à Copenhague en 1756, mort dans la même ville en 1830. Il fut reçu docteur en 1770 ; et, après plus de cinquante ans passés dans les fonctions de sous-recteur et de recteur de différents collèges, il obtint sa retraite en 1826. Il a composé, en langue danoise, un grand nombre d'ouvrages ; les principaux sont : *l'Ami de l'État*, 1793-1814, 3 vol. in-8° ; — *Réfutation de la Philosophie critique de Kant, précédée d'une exposition complète du système de cette philosophie* ; Copenhague, 1812, 1 vol. in-8° ; — *Traité de l'Art d'écrire l'histoire* ; Copenhague, 1815, 1 vol. in-8° ; — quelques opuscules sur la musique. Boye avait commencé, sur la découverte, les progrès et l'importance future de l'Amérique, un ouvrage que la mort ne lui a pas permis d'achever.

Erslew, *Almindeligt Forfatter-Lexicon.*

*BOYE (*Caspar-Johannes*), poëte lyrique et dramatique danois, né en 1791 à Kongsberg, en Norvège. Avant d'entrer dans la carrière ecclésiastique, il publia plusieurs recueils de poésies lyriques, et quelques tragédies et autres compositions dramatiques représentées avec succès sur la scène danoise. Comme ministre du culte, il s'est surtout occupé de poésie religieuse et d'éloquence ecclésiastique ; il est actuellement l'un des prédicateurs les plus distingués de Copenhague.

Les plus remarquables de ses œuvres dramatiques sont : les tragédies, *Conradin, den sidste Hohenstaufer* (Conradin, le dernier des Hohenstauf), 1821 ; — *Juta, Dronning af Danmark* (Juta, reine de Danemark), 1824; — *Svend Grathe*, 1825 ; — *Kong Sigurd* (le roi Sigurd), 1826 ; — *Erik den Syvende*, *Konge af Danmark* (Eric Sept, roi de Danemark), 1827 ; — les opéras, *Elisa, Floribella, Hugo et Adelheid* ; — le drame *William Shakspeare*, etc. Il a encore publié : *David Sharpen, udvalgte Psalmer* (la Harpe de David, psaumes choisis); Copenhague, 1817 ; — *Aandelige Digte og Sange* (Poésies spirituelles); Copenhague, 1833-1836; — *Prædikener* (Sermons); Elseneur, 1838-1839. Enfin M. Boye a traduit des romans de W. Scott, et plusieurs tragédies et comédies allemandes. ABRAHAMS (de Copenhague).

Erslew, *Forfatter-Lexicon.*

*BOYEN (*Hermann* DE), homme d'État allemand, né à Kreuzbourg en 1771, mort le 15 février 1848. Il reçut sa première instruction dans la maison de son père, qui mourut au service militaire ; et, le 7 avril 1784 il entra dans la même carrière. De 1794 à 1796, il prit part, sous les ordres du général de Günther, à la campagne de 1796 ; et plus tard il se distingua encore, notamment à la bataille d'Auerstædt, où il fut blessé. En 1810, il dirigea la première division du département de la guerre ; et il ne quitta ces fonctions, qui le mirent souvent en rapport avec le roi lui-même, que lors de l'alliance avec la France, et pour ne pas servir sous Napoléon. En 1812, il fit partie de la campagne de Russie. L'année suivante, il se trouva à presque tous les engagements qui signalèrent cette campagne. Chargé, après la paix de Paris, du portefeuille de la guerre, il introduisit divers règlements utiles. C'est lui qui, le 3 septembre 1814, rendit générale l'obligation du service militaire. Il se retira des affaires en 1819, pour ne s'adonner qu'à la culture des lettres. Cependant, le 1er mars 1841, il rentra au ministère avec le titre de ministre d'État, et ne prit sa retraite définitive qu'en novembre 1847. Il mourut gouverneur des invalides de Berlin. On a de lui : *Erinnerungen aus dem Leben Günthers* (Souvenirs de la vie de Günther); Berlin, 1834 ; — *Der Preussen Losung* (la Délivrance de la Prusse), chant national; 3 fév. 1838.

Conversations-Lexikon.

BOYER (*Abel*), lexicographe et historien français, né à Castres en 1664, mort à Chelsea, en Angleterre, le 16 novembre 1729. Il fut obligé de quitter sa patrie par la révocation de l'édit de Nantes, et se retira successivement à Genève, à Francker, et, en 1689, en Angleterre.

Ses principaux ouvrages sont : *Grammaire française et anglaise*, dont les meilleures édit. sont celles de 1700, et de Paris, 1756, revue et augmentée par Math. Flint ; — *Dictionnaire anglais-français et français-anglais*, la Haye, 1702, 2 vol. in-4° ; Londres, 1748, avec une *Dissertation sur la prosodie française*, par David Durand : l'abrégé de ce dictionnaire, 2 vol. in-8°, a eu, jusqu'en 1825, 18 édit. ; — *Histoire de Guillaume le Conquérant* ; Londres, 1702, in-8° ; — *le Compagnon anglais-français, ou recueil de sentences, pensées, bons mots, en anglais et en français*, 1707, in-8° ; — *Annales de la reine Anne*, 11 vol. in-8° ; — *Histoire du règne de la reine Anne*, 1722, in-fol.

Quérard, *la France littéraire*.

BOYER (*Alexis*), chirurgien célèbre, né le 1er mars 1757 à Uzerches, petite ville du Limousin ; mort à Paris le 25 novembre 1833. Il était fils d'un pauvre tailleur, dont la femme tenait une boutique de mercerie ; aussi son éducation première se borna à savoir lire et écrire. Afin d'utiliser ses connaissances, on l'avait fait entrer comme petit clerc dans une étude de notaire ; mais sur le chemin de l'étude se trouvait la boutique d'un chirurgien barbier, et, comme par un secret instinct de son avenir, le petit clerc allait y passer chaque jour tous les moments dont il pouvait disposer. Il s'initia si bien de la sorte aux petites opérations, qu'un maître en chirurgie nommé Cruvelhier s'intéressa à lui, et l'employa comme aide chez quelques-uns de ses malades. Sur ces entrefaites, un de ses parents, qui faisait le commerce de bestiaux, lui proposa de l'aider à conduire un troupeau de bœufs à Paris ; Boyer accepta, arriva à Paris, se fit montrer les écoles de chirurgie, et repartit avec le dessein arrêté d'y revenir bientôt. L'année d'après, le marchand de bœufs ayant à faire un nouveau voyage, Boyer lui offrit encore de l'accompagner ; mais il avait amassé une somme de 70 francs en écus de six livres : aussi cette fois resta-t-il à Paris ; il avait alors dix-sept ans. Cependant ses économies ne pouvaient le mener bien loin : il prit conseil d'un étudiant en médecine, son compatriote, qui, tout bien considéré, ne trouva rien de mieux que de le faire entrer chez un barbier en qualité de premier garçon. A cette époque, la barberie, encore jointe à la chirurgie dans les provinces, en avait été séparée à Paris : la boutique où entrait Boyer pouvait donc bien l'aider à vivre, mais non à accroître sa petite somme d'instruction. Heureusement elle était située près des amphithéâtres d'anatomie : le barbier, assez bon homme, accordait de temps à autre à son garçon quelques heures de loisir, qu'il allait passer aussitôt dans les salles de dissection, regardant faire, et enviant le sort de ceux qui usaient du scalpel. Pour se faire bien venir des élèves, il commença par essuyer leurs instruments et les passer sur la pierre ; puis il s'enhardit à les aider dans leurs préparations ; et, grâce à sa laborieuse persévérance, l'année suivante il se trouva en mesure non-seulement de disséquer pour son compte, mais de diriger, moyennant une rétribution modeste, les nouveaux venus moins avancés que lui. Dès lors il songea à agrandir sa position : par un nouvel arrangement avec son patron, il se réserva les jours de la semaine pour l'amphithéâtre, reprenant le rasoir les dimanches et les fêtes, et se faisant ainsi de ces séances exceptionnelles le revenu non méprisable d'un petit écu. La soupente affectée au garçon barbier ne pouvait non plus désormais lui convenir ; il eut un logement à lui, une mansarde, carrefour de l'Odéon, munie d'un mobilier à lui, un lit de bois peint, une table en sapin, deux chaises, et un coffre pour son linge : l'ameublement tout entier ne lui revenait pas à moins de 35 francs.

On se plaît à recueillir ces humbles commencements des hommes qui ont illustré leur carrière ; mais les épreuves de Boyer ne devaient pas s'arrêter là. La mansarde trop petite dut bientôt être échangée contre une plus spacieuse : Boyer n'était plus seul ; sa famille, informée de ses prospérités inouïes, lui avait dépêché un de ses neveux, auquel il donnait libéralement l'hospitalité. Il pourvoyait à tout à force d'économie, et par exemple l'hiver, le bois étant trop cher, il avait imaginé de travailler au lit. Tout près de la mansarde habitait une honnête blanchisseuse, nommée Madeleine Tripot. Des relations utiles s'établirent bientôt entre eux : Boyer tenait les écritures de sa voisine, acquérant ainsi le droit de se chauffer à son fourneau. Mais tant de travail et de misère altérèrent enfin sa santé ; il fut pris d'une fièvre putride des plus graves ; et, ses petites économies rapidement épuisées, le médecin ne vit de ressource pour lui que l'hôpital. La blanchisseuse l'avait pris en affection : elle déclara qu'elle le veillerait la nuit, que sa fille en prendrait soin le jour ; et, grâce à leur dévouement, Boyer revint à la santé. Il n'en perdit pas le souvenir. En 1781, il obtint une médaille d'or à l'École pratique ; en 1782, il obtint au concours une place d'élève à l'hôpital de la Charité ; en 1787, un autre concours lui donnait la place de *gagnant-maîtrise*, qui lui assurait après six ans le titre de maître en chirurgie. Il avait alors atteint sa trentième année. Sûr désormais de son avenir, il alla frapper à la porte de sa vieille amie la blanchisseuse, et lui demanda la main de sa fille. La mère eut beau lui représenter la différence des conditions ; Boyer insista, et finit par l'emporter. Lui-même, au reste, comprenait ce qui manquait à son éducation première : avec sa volonté opiniâtre, il se mit à apprendre le latin, et il le sut bientôt assez pour faire de Sénèque sa lecture favorite. Il s'exerçait en même temps à écrire sa propre langue, et il avait rédigé un mémoire pour le concours ouvert par l'Académie royale de chirurgie *sur la meilleure forme des aiguilles propres*

6.

à la réunion des plaies et à la ligature des vaisseaux. Mais les événements se précipitaient; la révolution, qui ne laissait rien debout des anciennes institutions, n'épargna pas cette illustre Académie, et elle fut abolie avant que le prix eût été décerné. La révolution devait donner à Boyer une large compensation de ce léger contre-temps. Dans la journée du 10 août, un grand nombre de blessés furent transportés à l'hôpital de la Charité. Cet hôpital avait été fondé, au commencement du dix-septième siècle, par des frères de Saint-Jean-de-Dieu; depuis lors ils en avaient toujours conservé la direction, et leur ordre, consacré à l'hospitalité, avait été jusque-là respecté. Leur jour aussi était venu : le 12 août, la section de Marseille demanda leur expulsion; la commune fit droit à ce vœu, et, séance tenante, chargea deux commissaires de l'exécuter. Deschamps resta chirurgien en chef, mais Boyer passa du coup chirurgien en second; c'était un avancement inespéré. En 1793 finissaient ses fonctions de gagnant-maîtrise; il aurait dû alors rentrer dans la classe vulgaire des maîtres en chirurgie: loin de là, l'hôpital était à lui désormais, et il savait le parti qu'il était capable d'en tirer. Déjà il avait institué un cours d'anatomie, bientôt devenu célèbre par la clarté et l'exactitude des descriptions. En l'an III, à la création de l'École de santé, Boyer fut nommé professeur de médecine opératoire, et du même coup chirurgien en second de l'Hôtel-Dieu, aux appointements de 3,000 francs. Il accepta la chaire, bientôt échangée contre celle de clinique externe; mais il refusa de quitter son hôpital. Était-ce son cours d'anatomie qui le retenait? Ses élèves l'eussent suivi à l'Hôtel-Dieu. Ne se sentait-il pas plutôt attaché à la Charité comme au lieu où il avait grandi, où il avait son logement, sa famille, ses habitudes? Et enfin, avec Deschamps chirurgien en chef, nulle rivalité n'était à craindre; tandis qu'à l'Hôtel-Dieu il eût eu à lutter contre les souvenirs récents de Desault et l'éloquence professorale de Pelletan. Quoi qu'il en soit, pendant sept ans il alla tous les matins faire son service officiel à l'Hôtel-Dieu, pour revenir aussitôt à son hôpital de prédilection; jusqu'à ce qu'en l'an X, à force d'instances persévérantes, il eût obtenu l'autorisation de faire ses leçons de clinique à la Charité.

Cependant sa renommée commençait à percer dans le public; l'anatomie, qu'il professait depuis plus de dix ans, ne convenait plus à son âge et aux exigences de sa pratique; il y renonça pour entreprendre un cours de pathologie externe. Mais il aurait regretté que tant de dissections, tant de laborieuses leçons fussent perdues; il publia, de 1797 à 1799, son *Traité d'Anatomie* en 4 volumes, dont la quatrième édition a paru en 1815. Le nouveau cours était payant, comme le précédent : ainsi que la plupart de ceux qui ont commencé par la misère, Boyer n'aurait perdu volontiers aucune source de profit. C'était quelque chose d'étrange, et tout à fait en dehors de nos habitudes actuelles, de voir le professeur de clinique externe, en terminant sa leçon obligée, congédier son auditoire gratuit, et, après quelques instants de repos, rouvrir son amphithéâtre à l'auditoire plus restreint qui lui versait tous les mois la rétribution exigée. Les contemporains nous l'ont souvent peint, le premier de chaque mois, debout devant la table, les mains dans son tablier, attendant, pour commencer la leçon, que la recette fût complète; ne faisant point d'appel, mais poursuivant d'un regard accusateur, ou même de paroles peu obligeantes, ses débiteurs en retard. On ajoute cependant qu'il savait faire exception pour les élèves trop pauvres; il s'attachait à ne les point voir, et si quelque officieux importun les lui faisait remarquer : « Bah! disait-il, fermons les yeux; j'en faisais autant quand j'étais jeune! » Ce nouveau cours de pathologie externe fut continué par Boyer plus de quinze ans; il avait près de soixante ans quand il se résolut enfin à le cesser.

Cependant Boyer, chirurgien de l'hôpital de la Charité, et professeur à la Faculté, n'avait aucun titre légal qui lui permît même d'exercer la chirurgie. Quand la profession médicale fut réglée par de nouvelles lois, il lui fallut donc prendre ses grades, soutenir sa thèse. La thèse fut soutenue le 19 fructidor an XI, en présence des professeurs ses collègues, extraordinairement convoqués pour une réception jusqu'alors et depuis lors également inouïe. L'année suivante, l'empereur le nomma son premier chirurgien; et après la campagne de 1806-1807 il lui donna successivement pour récompenses la croix de la Légion d'honneur, les titres d'officier de sa maison, de baron de l'Empire, et une dotation de 25,000 francs sur les provinces conquises réunies à la France. Ce fut d'ailleurs la seule campagne où Boyer suivit son client impérial. Une autre fois encore, à son grand regret, il quitta la France par ses ordres, pour aller en Espagne opérer le duc d'Albuféra d'une fistule à l'anus. Il avait les habitudes casanières, et désormais resta à Paris. Un grand dessein l'y ramenait. Ses cours répétés de pathologie externe lui avaient imposé la nécessité de réunir, de mettre en ordre les connaissances chirurgicales les plus répandues de son temps; c'était presque un livre tout fait, comme son *Traité d'Anatomie*; il n'y manquait que la rédaction. Encore pouvait-il puiser largement dans les cahiers écrits par ses élèves; déjà Richerand avait publié sur les maladies des os deux volumes extraits de ses leçons; et enfin Boyer lui-même s'était laissé aller à rédiger quelques articles pour le grand *Dictionnaire des Sciences médicales*. Le désir le prit de couronner son œuvre, de coordonner, de compléter tant de matériaux lentement amassés; et en 1814 il fit paraître les premiers volumes de son *Traité des maladies chirurgicales*. Le succès en fut tel, qu'en 1818, lorsque parut le sixième volume, il fallut réimprimer les cinq autres ; et quand le dernier fut publié en 1826, les premiers durent encore recevoir une nouvelle réimpression. Au milieu de cette laborieuse entreprise, il fut surpris par les événements de 1814 et 1815. Outre la consolation que le travail apporte avec lui, Boyer avait vu des jours plus mauvais, et sa fermeté fut égale à l'épreuve. Le jour de l'abdication de l'empereur, il dit à un de ses amis : « Je perds aujourd'hui ma dotation et ma place de premier chirurgien ; j'ai cinq chevaux, j'en vendrai trois ; je garderai la voiture, qui ne me coûte rien : je lirai ce soir un chapitre de Sénèque, et je n'y penserai plus. »

Toutefois sa réputation était trop bien établie pour qu'il restât longtemps à l'écart. Dès 1817, il fut consulté confidentiellement par le gouvernement sur la question de la réorganisation de la médecine en France, et rédigea à cette occasion un rapport longtemps enfoui dans les cartons du conseil d'État, d'où il fut tiré dix-huit ans plus tard, quand la même question s'agita à l'Académie de médecine. En 1820, lors de la création de cette Académie, son nom brillait parmi les premiers membres ; en 1823, il fut nommé chirurgien consultant de Louis XVIII, et continua à l'être des rois Charles X et Louis-Philippe. Enfin, en 1825, Deschamps étant mort lui laissa son double héritage de chirurgien en chef de la Charité et de membre de l'Institut. Il avait alors atteint le plus haut degré des honneurs auxquels en France un chirurgien puisse prétendre ; et il était arrivé à l'âge du repos. Durant ses dernières années, sa vie fut partagée entre son hôpital, ses fonctions à la Faculté, et sa clientèle. En 1832 il perdit sa femme, à laquelle il portait une affection profonde. Dès lors, sombre, mélancolique, il sembla se détacher de la vie ; il déserta sa maison de campagne à Vincennes, ne sortant plus guère que pour aller au cimetière de l'Est visiter la tombe de cette épouse regrettée. Le 16 novembre 1833, après sa leçon à la Charité, il éprouva un malaise général et quelques douleurs lombaires, qu'il regarda comme un prélude de colique néphrétique. Il se fit appliquer vingt sangsues à l'anus, tomba immédiatement après dans un état de prostration dont il ne put se relever, et succomba le 25 novembre à six heures du matin, à l'âge de soixante-seize ans et demi. Dans son testament, écrit un mois après la mort de sa femme, il avait dit : « Je veux que mes funérailles soient faites de la manière la plus simple et la moins coûteuse, et qu'il ne soit prononcé aucun discours par qui que ce soit. » Ses désirs furent ponctuellement exécutés.

Boyer était de taille moyenne, d'une physionomie douce et affable ; les yeux petits, mais vifs et spirituels ; et sa bouche s'armait souvent d'un sourire empreint à la fois de bonhomie et de malice. Ni le portrait peint qui orne la salle de l'Académie de médecine, ni le portrait gravé qu'on voit dans la dernière édition de ses œuvres, ne rendent exactement ses traits. Au dehors il était gai, expansif, allant volontiers jusqu'à la grosse gaieté gauloise, même dans des circonstances où un peu plus de gravité n'eût pas été messéante. Ainsi, dans les examens où il était juge, l'interrogatoire dégénérait fréquemment en causerie familière, en petits racontages où il donnait libre carrière à sa joyeuse humeur, parlant de tout et de tous, faisant même parade quelquefois, sans souci du lieu ni de l'heure, de la médiocre confiance qu'il avait en la médecine. Du reste, simple, modeste, fuyant le monde, aimant à vivre dans son intérieur. Jusqu'à ce qu'il eût été nommé premier chirurgien de l'empereur, il avait conservé son logement à l'hôpital de la Charité ; institué baron de l'empire, jamais il n'en prit le titre, si ce n'est en tête de ses œuvres ; et qui l'aurait vu à ses leçons de clinique, avec sa redingote de nuance passée, sa cravate de couleur roulée autour du cou, les mains derrière le dos, la tête dans les épaules, un peu courbé en avant, faisant de lit en lit sa paisible promenade, n'eût pas deviné assurément le chirurgien dont le nom alors remplissait l'Europe. On sait que Talma avait étudié la médecine avant de se donner au théâtre ; Boyer et lui avaient été élèves à la Charité ; pendant vingt ans, Boyer fit le projet d'aller entendre son ancien camarade au Théâtre-Français ; mais le soir arrivé, sa pipe allumée, et devant lui sa bouteille de bière, le dérangement eût été trop pénible, et son projet ne fut jamais réalisé. Il racontait que, lors d'un voyage à Bruxelles, un soir, se trouvant dépaysé, il avait conduit son fils à la comédie ; il n'y était allé que cette seule fois. Il avait été seul l'instrument de sa fortune ; il l'avait grossie avec persévérance, avec économie, ne laissant rien échapper des fruits de son travail, vendant de ses propres mains son grand ouvrage, qu'il n'avait pas voulu céder à un libraire. Mais de cet argent si légitimement acquis il savait au besoin faire un noble et généreux usage ; et toute sa famille eut part à ses bienfaits. A sa sœur, devenue veuve, il assura une pension viagère de 1200 francs ; il recueillit chez lui ses enfants, et les mit en état d'arriver à une position convenable. Son frère avait laissé deux fils : l'aîné, père de famille, eut de lui une pension de 800 francs ; le plus jeune, une pension de 600 francs, toutes deux réversibles sur leurs veuves. Il assura également des secours aux parents de sa femme ; et enfin à l'hôpital, fréquemment, le soir, sans témoins, il s'enquérait de la position des plus pauvres malades, veillant à ce qu'au jour de leur sortie ils n'eussent pas à lutter contre les premiers besoins. « Ma bonne femme, disait-il un jour à une convalescente en lui glissant une pièce de cinq francs, voulez-vous me rendre un service ? faites-moi le plaisir de passer pour moi ce vieil écu rogné.

On voudrait savoir ce qu'une telle vie de labeur et d'économie a pu produire, et ce que la grande chirurgie a donné à Paris au dix-neuvième siècle à l'un des hommes qu'elle a le mieux traités. Boyer avait été chirurgien d'hôpital pendant quarante ans; professeur à la Faculté pendant un espace de temps presque égal; premier chirurgien de l'empereur, baron de l'empire avec une dotation de 25,000 francs; il avait eu la première clientèle de Paris, sans parler du produit de ses ouvrages. Il ne laissa pas un million.

Ce qui précède suffit peut-être pour faire connaître l'homme; il nous reste à apprécier le chirurgien.

Comme professeur, Boyer ne s'élevait pas au-dessus d'une honorable médiocrité. Il avait la parole lente, mais correcte; un débit froid et peu animé, mais une grande clarté d'exposition; d'ailleurs il avait adopté une méthode uniforme dans ses descriptions, qui, en excluant l'éclat, venait au secours des plus humbles intelligences. Jamais d'écarts, jamais de digressions; aussi, ayant sa matière réglée avec une rigueur presque mécanique, son cours de pathologie, par exemple, avait son terme assigné à jour fixe. La même régularité distinguait l'opérateur. Froid, calme, impassible, il procédait avec lenteur, s'attachant à l'application constante et rigoureuse des préceptes posés avant lui, aussi attentif aux minuties du pansement qu'aux manœuvres les plus capitales de l'opération, exact et ponctuel en toutes choses. Là encore il ne cherchait pas le brillant, mais l'utile; seulement il ne s'apercevait pas assez peut-être que le respect trop absolu des règles touche parfois à la servilité. Boyer était, en effet, un de ces esprits prudents et circonspects, comme il s'en rencontre dans toutes les directions de l'esprit humain, dans les sciences, dans les arts, dans la politique, amis de l'ordre et de l'autorité, plus frappés du danger des innovations que des bienfaits qu'elles peuvent produire, utiles défenseurs des traditions, mais quelquefois aussi poussant l'amour du repos jusqu'à l'immobilité. Élève de Louis et de Desault, ébloui des dernières lueurs jetées par l'Académie royale de chirurgie, Boyer ne cachait pas sa conviction intime et profonde que le dix-huitième siècle avait atteint les bornes de l'art, et qu'il restait à peine à glaner dans un champ si largement moissonné. Il lui arriva bien quelquefois de modifier certains points de pratique, mais presque toujours d'un ordre secondaire, respectant l'idée primitive, et s'attaquant seulement aux détails; comme lorsqu'il essaya de remplacer par des courroies, des boucles, une attelle mécanique, les bandes et l'attelle si simple employées par Desault pour les fractures du col du fémur et de la clavicule. Au delà de ces timides hardiesses, tout progrès décidé lui faisait peur; il y opposait une répugnance instinctive, se méfiant même de l'expérience moderne, et résistant encore quand autour de lui toute la chirurgie contemporaine s'était prononcée.

Avec cette disposition d'esprit, la fortune lui prépara un désappointement amer là où d'autres eussent trouvé un sujet d'orgueil et de triomphe. Il avait marié une de ses filles à M. Roux, alors jeune chirurgien plein d'ardeur et d'avenir, aussi osceur que Boyer était timide, aussi confiant dans son propre génie que Boyer était accoutumé à douter du sien. Cette association, qui aurait pu être si féconde, ne fut heureuse ni pour l'un ni pour l'autre. M. Roux était chirurgien en second à la Charité; mais Boyer avait la suprématie, et parfois la faisait sentir. Après sa thèse remarquable sur les résections, qui réhabilitait ces opérations trop dédaignées, le jeune auteur cherchait les occasions d'en pratiquer : sans s'y opposer formellement, Boyer temporisait, trouvait des prétextes, et, de délais en délais, finissait par renvoyer les malades. Il avait fait ainsi pour une femme qui portait une énorme tumeur érectile à la face; M. Roux, séduit par la difficulté même, insista pour la faire rentrer : « Que comptez-vous en faire? » s'écriait Boyer alarmé. Il céda enfin, comme par lassitude. La malade fut opérée et guérie : il la vit, n'en témoigna ni dépit ni satisfaction, et n'en demeura pas moins opposé à toute tentative du même genre. Les succès brillants de la staphylorrhaphie furent même d'abord pour lui comme non avenus. Jamais il ne s'enquit des procédés, jamais il ne demanda à les voir pratiquer; les résultats mis sous ses yeux n'avaient pas le pouvoir de le convaincre. Un jour M. Roux, espérant rompre cette glace, lui fit voir un jeune homme auquel il avait ainsi restitué une parole pure et distincte. Boyer ne fit pas un signe d'approbation; mais d'un air un peu ironique : « Eh bien, dit-il à l'opéré, tu pourras faire un orateur maintenant! » Et comme le génie entreprenant de son chirurgien en second ne le laissait jamais manquer longtemps de semblables contrariétés, parfois, avec de vieux amis, il laissait déborder son cœur trop plein, et déplorait amèrement le malheur pour un chirurgien d'avoir un chirurgien pour gendre.

Ainsi en garde contre les découvertes qui sortaient de sa propre famille, on peut juger de l'accueil qu'il réservait à celles qui venaient du dehors. Dupuytren venait de ressusciter la canule de Foubert pour la fistule lacrymale; et son procédé promettait alors des merveilles qu'il n'a pas toujours tenues. Au milieu de l'entraînement général, un jour, en plein amphithéâtre, Boyer dit en ricanant à un malade : « Va-t'en te faire planter un clou dans le nez à l'Hôtel-Dieu! » A qui verrait là une puérile manifestation de quelque rancune personnelle, on peut répondre que Boyer avait le cœur trop haut et trop droit pour être conduit par une si lâche pensée. Était-ce, au contraire, qu'avec sa grande sagacité il prévoyait les futurs insuccès du nouveau procédé? Cela n'est pas plus vraisemblable; il voyait là une innovation, c'était assez pour exciter sa répugnance. L'hôpital de la Charité, grâce à

M. Roux, s'ouvrit à M. Leroy d'Étiolle pour l'une des premières applications de la lithotritie; Boyer y assista; il suivit des yeux l'instrument allant chercher la pierre, la saisir, la broyer; et prenant son air goguenard : « Monsieur, dit-il à l'opérateur, je vois bien la queue de la poêle, mais je ne vois pas ce que vous faites frire ! » Plus tard il parut se rendre à l'évidence, et dans ses écrits il se montra favorable à la lithotritie; mais dans le for intérieur la répugnance subsistait, et quelques intimes l'entendirent plus d'une fois répéter : « Cette lithotritie, je n'en donnerais pas quatre sous ! »

S'il se montrait aussi rebelle aux nouveautés, ce n'était pas pourtant qu'il réunit dans le même culte toutes les grandes traditions de la chirurgie. Il professait une médiocre estime pour les travaux antérieurs au dix-huitième siècle, ou plutôt il ne s'en occupait pas. Bien plus, le dix-huitième siècle avait produit des faits et des doctrines qu'il n'était nullement disposé à accepter, et il rejetait volontiers tout ce qui s'était trouvé en opposition avec l'Académie royale de Chirurgie. Lorsque le sujet des *résections* échut à M. Roux pour sujet de thèse au concours célèbre de 1812, Boyer parut abasourdi : « Les résections ! s'écria-t-il; que dire là-dessus ? Il n'y a rien, absolument rien ! » Il y avait les belles observations de Moreau de Bar ; mais l'Académie de chirurgie ne les avait point trouvées à sa guise, et Boyer ne les connaissait pas.

La chirurgie du dix-huitième siècle et en particulier l'Académie de chirurgie avaient subi l'impulsion de la philosophie régnante, et sur les traces de Descartes cherchaient l'évidence autant par le raisonnement que par les faits. On en était venu à ce point d'établir des principes supérieurs aux faits, et de juger les faits d'après ces principes. Boyer était fortement imbu de cette doctrine ; et il en donna un curieux exemple, en 1827, à l'Académie des sciences. Un chirurgien de Limoges avait adressé deux cas de luxations des vertèbres cervicales réduites avec succès. Boyer, chargé du rapport, déclara que ces observations n'étaient pas dignes d'arrêter l'attention de l'Académie. Ampère fit remarquer qu'il convenait d'abord de constater si les faits étaient vrais; Boyer répondit qu'ils étaient contraires aux plus simples principes de l'art. Ampère insistant sur la nécessité de les vérifier, Boyer se retrancha sur cette raison péremptoire qu'ils étaient absurdes; et finalement l'Académie vaincue sanctionna le rapport et les conclusions. Or il n'y avait d'absurde que les principes et les conclusions du rapporteur ; il existait alors des faits analogues à ceux qu'il niait; nombre d'autres ont été observés depuis. Tel était le chirurgien, tel aussi fut son livre. Mais d'abord quelques détails sur sa composition ne seront peut-être pas sans intérêt.

Lorsque Boyer le commença, il n'avait d'abord d'autre idée que de publier son cours de pathologie externe; et, comme il a été dit, il puisa les premiers matériaux de sa rédaction dans les notes recueillies par ses élèves ; mais ces notes étant parfois trop concises, il s'en rapporta à ses élèves mêmes du soin de les compléter. A en croire les dires des contemporains, ses deux premiers volumes auraient été rédigés par Raymond de Sémur; la rédaction de Richerand a été largement mise à profit pour les fractures et les luxations, et l'on reconnaît la manière diffuse et les tendances théoriques de Delpech dans les chapitres consacrés aux affections organiques des os. Dès l'abord, Boyer n'ajouta pas grand'chose à ces premiers matériaux, et ses deux premiers volumes sont bien loin d'offrir la même richesse de développements que les autres ; il y a là des articles de quelques pages qui conviendraient à un ouvrage élémentaire. Mais à mesure qu'il avançait, son sujet l'intéressait davantage ; sa pensée prit un plus grand essor ; il voulut présenter le tableau fidèle de la chirurgie comme il la comprenait, la chirurgie du dix-huitième siècle ; et, relisant avec ardeur les Mémoires de l'Académie de chirurgie, les ouvrages de J.-L. Petit, de Louis, de Chopart, de Desault, etc., en y joignant ceux de Pott, qui appartiennent à la même époque, et ceux de Scarpa, son contemporain, mais étranger, et pour qui la distance des lieux lui parut sans doute compenser le rapprochement des temps, il y puisa à pleines mains les faits et les idées dont il voulait enrichir son ouvrage. C'était son droit, sans doute; mais le droit fut quelquefois dépassé ; et il est quelques-unes des plus belles pages de l'ouvrage de Boyer dont il n'indique nullement la source, et que l'on retrouve dans les originaux, sans qu'il y ait changé un mot ou une virgule. Ce plagiat, si étrange en plein dix-neuvième siècle, n'avait point d'ailleurs pour objet de dépouiller certains auteurs au profit de leur copiste ; il y a peu de livres où le moi tienne une moindre place que dans celui de Boyer. Il dit dans sa préface : *Qu'on ne cherche point ici les dates précises de chaque découverte, ni le nom de chaque inventeur ;* et il a pensé que cela suffisait pour le mettre en règle.

Ces réserves faites, on ne peut plus que louer et le choix des matériaux et l'habileté de la mise en œuvre. Tous ces emprunts, tous ces centons d'ouvrages disparates viennent se fondre sous la main habile de Boyer, et semblent lui appartenir ; les immenses lacunes qu'il fallait combler pour en former un seul tout bien coordonné sont remplies avec un tel art, une telle sagacité, qu'on n'y saisit jamais d'interruption ; tout coule de source et comme d'un seul jet ; entre les plus belles pages empruntées à l'Académie de chirurgie et les pages intermédiaires tirées par Boyer de son propre fonds, il serait bien difficile de saisir quelque différence. Grand éloge assurément, et dont Boyer aurait été le plus flatté. L'Académie royale de chirurgie, surprise par la révolution avant d'avoir achevé son œuvre, ne pouvait trouver de successeur plus digne et de plus fidèle représentant; elle revit tout entière dans l'œuvre de Boyer; et l'on peut dire qu'il est le complément naturel et indispensable des mémoires et des travaux de cette compagnie célèbre.

Tel est donc le caractère, tels sont les beaux côtés de ce livre; tel est aussi le secret de sa faiblesse. Alors qu'il fut livré au public et reçu avec les applaudissements qu'il méritait, c'était déjà un ouvrage arriéré, et qui semblait dater de la fin de l'autre siècle. A peine si la chirurgie contemporaine y tenait une petite place; on eût dit que pour Boyer elle n'existait pas. Il avait fait grâce cependant à quelques célébrités étrangères, mais non aux célébrités de son pays. Quelques additions parcimonieuses aux dernières éditions semblent plutôt avoir eu pour objet de masquer que de combler cette lacune. On y retrouve d'ailleurs avec les qualités tous les défauts du dix-huitième siècle, accrus encore par un respect plus grand de l'autorité. Boyer admet difficilement que ses maîtres se trompent; là même où il raconte une erreur de fait, rendue plus sensible par une théorie trop grossière, il corrige la théorie, afin de conserver l'erreur. A. Paré avait avancé que les fractures sont plus communes en hiver, attendu que les os sont comme les chandelles, qui sont plus molles et par là même moins cassantes en été. Le fait était douteux, l'explication ridicule; Boyer maintient le fait, en l'étayant de cette explication nouvelle, qu'en hiver *les corps sur lesquels on tombe* (le pavé) *sont plus durs!* Cela ne touche qu'à la science pure; ce qui est plus grave, ce sont certains préceptes de pratique devant lesquels Boyer s'incline, malgré sa prudence si vantée, malgré sa raison qui les repousse; et il arrive quelquefois que cette timidité qui n'oserait contredire les maîtres lui fait sanctionner les plus effroyables témérités. Pour pratiquer le trépan avec succès, il faut, dit-il très-justement, que le siège de l'épanchement soit bien connu; et il ajoute que cela est souvent très-difficile, *quelquefois même impossible.* Vous pensez qu'alors il va interdire le trépan; mais l'Académie de chirurgie l'avait vanté à toute outrance. Boyer ne veut donc pas que le chirurgien se laisse arrêter par *une pusillanimité funeste; et ce n'est pas le cas,* ajoute-t-il, *de cet axiome: Dans le doute, abstiens-toi!* Or, il est bon de le dire, le trépan dans ces prétendus épanchements est une opération si grave, que dans un espace de six années, appliqué seize fois dans les hôpitaux de Paris, il a donné seize morts.

Comment se fait-il cependant que cet ouvrage avec de telles imperfections ait eu en France un succès aussi universel; qu'il ait été le code de plusieurs générations chirurgicales; que bon nombre de chirurgiens s'honorent encore aujourd'hui même de se dire de l'école de Boyer? On peut en donner plusieurs raisons. D'abord, depuis A. Paré, il n'avait paru en France aucun traité de quelque valeur où l'on trouvât un exposé complet de la chirurgie; le dix-huitième siècle avait été obligé de recourir à une traduction de Heister; et les essais de Hévin, de Chopart et Desault, de Lassus, n'avaient été que des avortements. La lacune se trouvait tout d'un coup comblée magistralement par un traité en onze volumes qui n'avait alors, comme on pouvait le croire, aucune rivalité à craindre en aucune langue. L'ouvrage venait à son heure, ce qui est un grand point pour tous les ouvrages; il avait d'ailleurs un mérite réel, incontestable; par son caractère même il convenait à ces nombreux esprits qui aiment les voies toutes tracées, qui cultivent avec un soin presque jaloux les traditions de leur jeunesse; et enfin, s'il faut le dire, les chirurgiens français, séparés de l'Angleterre par une longue guerre, de l'Allemagne par la difficulté de la langue, étaient d'une ignorance peu commune, et trouvaient dans le livre de Boyer beaucoup plus qu'ils ne savaient', sans se douter des lacunes qui le déparaient. Aussi, lorsque la paix rétablie remit la France en communication avec les autres pays, peu d'années se passèrent avant que l'on sentit le besoin de quelque supplément à Boyer; et en 1826, l'année même qui vit paraître son dernier volume, une traduction du dictionnaire de chirurgie de S. Cooper vint lui faire concurrence, et révéler tout ce qui lui manquait.

Les ouvrages de Boyer sont:

Mémoire sur cette question: « *Déterminer la meilleure forme des aiguilles destinées à la réunion des plaies et à la ligature des vaisseaux, et la manière de s'en servir,* » publié dans les *Mémoires de la Société médicale d'émulation;* — *Traité complet d'anatomie,* 1797-1799, 4 vol.; 4 éditions, dont la dernière est de 1815; — *Journal de Médecine,* par Boyer, Leroux et Corvisart; Boyer y a fort peu travaillé dans les premiers temps, et n'y a rien fait plus tard; — *Mémoire sur la fistule à l'anus,* dans le *Journal complémentaire du Dictionnaire des Sciences médicales;* — divers *articles* dans ce dictionnaire, reproduits avec le mémoire précédent dans l'ouvrage suivant; — *Traité des Maladies chirurgicales,* 1814-1826, 11 volumes; les premiers avaient été réimprimés deux fois; deuxième édition complète, 1831; troisième édition, sous le titre de cinquième, avec additions de M. Ph. Boyer, 7 vol., 1844-1853; contrefaçon belge, par M. Comet, 5 vol. grand in-8°, 1828; traduit en allemand par Textor; — *Observations sur une plaie de l'artère poplitée guérie par la ligature de l'artère crurale,* dans l'*Annuaire des hôpitaux;* Paris, 1819; — *Observation sur une difformité gênante de la bouche et du cou, produite par des cicatrices vicieuses;* ibid.

MALGAIGNE.

Notice nécrologique sur le prof. Boyer; Gaz. médicale, 1833, p. 857. — *Éloge de Boyer,* par M. Roux, prononcé à la séance solennelle de la Faculté de médecine, 1851. — *Éloge de Boyer,* par M. Dubois d'Amiens; *Mémoires de l'Académie de Médecine,* t. XVII. — *Notice sur la Vie et les OEuvres de Boyer,* en tête de la dernière édition du traité des *maladies chirurgicales.*

BOYER (*Claude*), poëte et prédicateur français, né à Alby en 1618, mort le 22 juillet 1698, après avoir composé un nombre considérable de tragédies, de pastorales, de tragi-comédies et d'opéras. Il avait été reçu de l'Académie française en 1666, ce qui n'empêcha pas Boileau et Racine de rire de sa fécondité ; il est vrai qu'il a reçu les éloges de Boursault et de Chapelain. Ce dernier le considère comme « un poëte de théâtre qui ne cède qu'au seul Corneille en cette profession. » Mais Despréaux a dit de lui :

Boyer est à Pinchêne égal pour le lecteur.

Et comme cet écrivain trouvait toujours d'excellentes excuses pour justifier ses échecs littéraires, sa naïveté fournit à Furetière l'épigramme suivante :

Quand les pièces représentées
De Boyer sont peu fréquentées,
Chagrin qu'il est d'y voir peu d'assistants,
Voici comme il tourne la chose :
Vendredi, la pluie en est cause,
Et, dimanche, c'est le beau temps.

Sa tragédie de *Judith*, représentée, pour la première fois, dans le carême de 1695, obtint d'abord une grande vogue, qui cessa tout à coup pour faire place aux sifflets, lorsqu'on la reprit après Pâques. La Champmeslé s'étonnant de cette inconstance du public, Racine répondit : « Il n'y a rien de surprenant à cela ; les sifflets sont venus de Versailles, où ils avaient accompagné les sermons de l'abbé Boileau. »

Comme prédicateur, l'abbé Boyer fut encore moins bien partagé que l'abbé Boileau ; car, s'il faut en croire le mot piquant de Furetière, « il n'avait pas été assez heureux pour faire dormir à ses sermons, n'ayant jamais trouvé de lieu pour prêcher. »

On a de l'abbé Boyer : *Caractères des prédicateurs, des prétendants aux dignités ecclésiastiques, de l'âme délicate, de l'amour profane, de l'amour saint,* avec quelques autres poésies chrétiennes, 1695, in-8°. Parmi ses pièces de théâtre, nous signalerons : *la Porcie romaine*, tragédie, 1646 ; — *la Générosité d'Alexandre*, 1647 ; — *Aristodème*, 1647 ; — *Ulysse dans l'île de Circé*, ou *Euriloche foudroyé*, tragi-comédie, 1648 ; — *Clotilde*, tragédie, 1659 ; — *la Mort de Démétrius*, ou *le Rétablissement d'Alexandre, roi d'Épire*, tragédie, 1660 ; — *Oropaste*, ou *le Faux Tanaxare*, tragédie, 1662 ; — *les Amours de Jupiter et de Sémélé*, 1666 ; — *le Jeune Marius*, 1669 ; — *la Fête de Vénus*, comédie pastorale héroïque, 1669 ; — *Policrate*, comédie héroïque, 1670 ; — *Lisimène*, ou *la Jeune Bergère*, pastorale, 1672 ; — *Démarate*, tragédie non imprimée, 1673 ; — *le Comte d'Essex* (avec Le Clerc), tragédie, 1678 ; — *Oreste*, tragédie non imprimée, 1681 ; — *Jephté*, tragédie composée pour les demoiselles de Saint-Cyr, qui la représentèrent, 1692, in-4° ; — *Méduse*, opéra, 1697.

Goujet, *Biblioth. franç.* — Moréri, *Dictionnaire historique.* — Niceron, *Mémoires.* — Le Bas, *Dictionnaire encyclopédique de la France.*

BOYER (*Jean-Baptiste*, marquis d'Aguilles), peintre, dessinateur et graveur français, né à Aix vers 1640, mort en 1709. Il était conseiller au parlement de Provence. Son goût naturel pour la peinture le détermina, jeune encore, à voyager en Italie, où il acquit de profondes connaissances sur toutes les branches de cet art. Il réunit une précieuse collection de tableaux, de dessins, de statues, de bronzes, et les fit transporter dans sa ville natale. Lui-même se distinguait par son talent pour le dessin, la peinture et la gravure. Il aidait de sa bourse et de ses conseils les jeunes gens qui montraient les mêmes dispositions. Bientôt il forma le projet de faire graver les tableaux dont se composait son cabinet, et, dans ce but, il fit venir d'Anvers à Aix le graveur Jacques Coëlmans ; il lui associa Sébastien Barras, et se plut souvent à les aider dans leurs travaux. Cette collection, terminée seulement en 1709, fut publiée par Barras ; elle renferme cent quatre planches ; vingt-deux sont de ce dernier graveur, et sept du marquis d'Aguilles. La seconde édition, moins recherchée que la première, et contenant quatorze planches de plus, est précédée de l'éloge de Boyer par l'éditeur Mariette, et parut à Paris en 1744 ; elle se divise en deux parties.

Son petit-fils (*Alexandre-Jean-Baptiste*, marquis d'Aguilles), était président à mortier au parlement d'Aix, et fut chargé, en 1745, de conduire en Écosse un secours à l'armée du prétendant. Après cette expédition, dont les détails se trouvent dans le premier vol. des *Archives littéraires*, le marquis d'Aguilles, rendu à ses fonctions de président, témoigna aux jésuites une bienveillance qui lui attira des persécutions de la part de ses confrères.

Jean-Baptiste Boyer d'Aguilles, aïeul du précédent, mort en 1637, fut dépositaire des manuscrits de Malherbe, dont il était le beau-frère.

Moréri, *Dictionnaire historique.*

BOYER (*Jean-Baptiste-Nicolas*), médecin français, né à Marseille le 5 août 1693, mort le 2 avril 1768. Il embrassa la carrière médicale, et s'occupa particulièrement du traitement des maladies épidémiques et contagieuses. Lorsqu'en 1720 la peste désola Marseille, il fut un des six médecins envoyés de Paris par le régent ; dans cette occasion, il fit preuve de beaucoup de zèle, et se livra à de consciencieuses études pour découvrir la nature véritable de la peste. A son retour, il fut récompensé de ses fatigues par le gouvernement, qui lui donna une pension, avec le titre de médecin ordinaire du roi. Depuis cette époque, il ne cessa de renouveler des expéditions du même genre, soit en France, soit à l'étranger. En 1734, il se rendit dans l'archevêché de Trèves pour y combattre les causes de l'épidémie, qui exerçait dans l'armée de grands ravages. En 1742, il parvint à arrêter une épizootie qui portait le ravage dans cinquante villages des environs de Paris. On le vit successivement, obéissant à son zèle, se rendre dans le Beauvoisis, à Mortagne, à Brest, et même en Espagne, où il alla porter les secours de son art à l'ambassadeur de France. Des places lucratives, des honneurs, enfin des lettres de noblesse furent le prix de son courage infatigable. On a de lui : *Relation historique de la peste de Marseille;* Cologne, 1721; — *Utrum in gravidis totus uterus æqualiter extenditur;* Paris, 1729, in-4°; — *An fistulæ sectio chirurgica;* ibid., 1734, in-4°; — *An in omni tumore ut plurimum sit tentanda resolutio;* ibid., 1742, in-4°; — *Méthode indiquée contre la maladie épidémique qui vient de régner à Beauvais;* Paris, 1750, in-4°; — une nouvelle édit. du *Codex medicamentarius;* Paris, 1758, in-4°; — *Méthode à suivre dans le traitement des différentes maladies épidémiques qui règnent le plus ordinairement dans la généralité de Paris;* Paris et Narbonne, 1761; — *la Nature considérée sous ses différents aspects,* en collaboration avec Berthyolon; Paris, 1787-1789, 9 vol. in-8°.

Le Bas, *Dictionnaire encyclopédique de la France.* — Quérard, *la France littéraire.*

BOYER (*Jean-François*), théologien français, né à Paris le 12 mars 1675, mort le 20 août 1755. Il se voua à la carrière ecclésiastique, et dut à la considération qu'avait pour lui le cardinal de Fleury d'être promu à l'évêché de Mirepoix en 1730. Quelques années après, son protecteur le fit appeler à la cour par Louis XV, qui le nomma précepteur du Dauphin, père de Louis XVI. Cette éducation terminée, le roi le fit, en 1743, premier aumônier de la Dauphine, et, à la mort du cardinal de Fleury, lui donna la feuille des bénéfices. Il fut successivement reçu à l'Académie française en 1736, à l'Académie des sciences en 1738, et, enfin, en 1741, à celle des inscriptions et belles-lettres, où il remplaça le cardinal de Polignac. Ce fut lui surtout qui empêcha l'élection de Piron; ce qui lui valut bien des sarcasmes, entre autres ceux de Collé, qui l'appelait « la chouette des honnêtes gens ecclésiastiques. » Il faut convenir aussi qu'un prélat chrétien ne pouvait guère honorer de son suffrage le genre de talent le plus habituel de Piron; un trop grand nombre d'odes licencieuses étaient là pour lui faire oublier le mérite de *la Métromanie.* D'ailleurs, l'évêque de Mirepoix était rigide pour lui-même autant que pour les autres. Il sut conserver ses vertus même à la cour, et garda jusqu'à la fin de sa vie l'attachement de son élève, qui ne lui survécut que dix ans.

Le Bas, *Dictionnaire encyclopédique de la France.*

BOYER (*Pascal*), musicien français, né à Tarascon en 1743. A l'âge de dix-sept ans, il remplaça l'abbé Gauzargues à la maîtrise de la cathédrale de Nîmes, où il demeura six ans. Il vint ensuite à Paris, et s'y fit connaître par une *Lettre à M. Diderot sur le projet de l'unité de clef dans la musique et la réforme de mesures, proposées par M. l'abbé Cassagne dans ses éléments de chant;* Amsterdam, 1767, in-8°. Il a publié encore : *Soirée perdue à l'Opéra;* Avignon et Paris, 1776, in-8°; et il a pris part aux *Mémoires pour servir à l'Histoire des Révolutions dans la musique.*

Quérard, *la France littéraire.*

BOYER (*Jean-Pierre*), général et président de la république d'Haïti (Saint-Domingue), naquit au Port-au-Prince le 28 février 1776, et mourut à Paris le 9 juillet 1850 (1). Fils d'un créole blanc et d'une négresse africaine affranchie, il appartient à la classe des hommes de couleur dite *mulâtre,* et il a été le second de cette race mêlée qui ait possédé le pouvoir suprême, et qui l'ait exercé assez longtemps pour que l'histoire accorde une place à sa mémoire. Il montra sa bravoure dans la révolution de la partie française de Saint-Domingue en 1792, au moment où, par les fautes de l'assemblée coloniale, les hommes de couleur libres se réunirent aux noirs, alors esclaves. Réunis, ils secouèrent leurs fers (1793), et conquirent la liberté avant que la convention de France eût décrété l'abolition de l'esclavage (4 février 1794). Les planteurs ayant livré (22 octobre 1793) le môle Saint-Nicolas aux Anglais, Boyer, sous la direction des commissaires de la métropole et du général Beauvais, les combattit, se distingua au fort Biroton, dans la défense de Léogane, et dans des affaires périlleuses à la Grande-Anse. Toussaint-Louverture, l'un des chefs des noirs, qui avait repris le fort Saint-Nicolas, se sépara bientôt des mulâtres. Boyer, qui s'était retiré à Jacmel, le combattit à son tour, sous les ordres de Rigaud. Mais son parti succomba momentanément, et Boyer, qui n'était encore que chef de bataillon, se réfugia avec Pétion et les autres en France.

Bonaparte, devenu premier consul, voulut employer les hommes de couleur à retirer à Toussaint-Louverture, qui avait traité avec les Espagnols, le gouvernement de l'île; et il leur donna des grades, mais inférieurs à ceux qu'ils avaient, dans l'expédition considérable qu'il confia, en 1801, à son beau-frère le général Leclerc. L'armée était composée en partie des vieilles bandes qui avaient fait les campagnes d'Italie. Boyer y fut employé comme capitaine; il débarqua au Cap le 1er février 1802. Dans une

(1) *Actes de l'état civil,* Paris, 1er arrondissement.

proclamation du 8 novembre 1801, le premier consul avait promis aux habitants de Saint-Domingue, sans distinction de couleur, la liberté et l'égalité des droits ; mais, par un arrêté antérieur et secret du 25 décembre 1800, il avait envoyé trois commissaires pour y rétablir les *cultures*, et par ce mot il entendait le rétablissement de l'esclavage ; car il y faisait procéder par le général Richepanse à la Guadeloupe, et la contre-révolution y était consommée le 7 mai 1802. En même temps, le 20 mai, il faisait promulguer à Paris la loi qu'il avait présentée au corps législatif (elle fut votée d'urgence), qui rétablissait l'esclavage dans les colonies. Le 7 février 1802, Toussaint-Louverture, qui avait laissé débarquer l'expédition, averti par les réfugiés de la Guadeloupe et par les tergiversations du général Leclerc, donna l'ordre à ses lieutenants de faire une guerre d'extermination aux Français. Le 17, le commandant de l'expédition mit les chefs noirs hors la loi ; et la guerre commença. Au 1er mai, Toussaint fit sa soumission ; mais il fut arrêté le 11 juin, et déporté en France. Les chefs de couleur, irrités de ce manque de foi, et convaincus des desseins secrets de l'expédition, s'en détachèrent. L'armée française perdit son général et la plus grande partie de son effectif en quelques mois, par l'effet des maladies bien plus que par le fer de l'ennemi. L'expédition avait échoué, l'insurrection était générale ; on en fit embarquer les débris pour France. Boyer fut un des derniers à s'en séparer. Il ne fut pas au nombre de ceux qui, le 1er janvier 1804, déclarèrent l'indépendance d'Haïti ; qui élevèrent, le 25, le général Dessalines au pouvoir suprême ; qui, le 20 mai, proclamèrent un empereur et une constitution impériale ; il ne fut pas non plus de ceux qui, en octobre 1806, déterminèrent la chute et la mort de ce barbare noir. Son nom figure pour la première fois dans la constitution républicaine de 1806, que le général Pétion, mulâtre comme lui, fit décréter au Port-au-Prince, tandis que le noir Christophe, commandant du Cap, succédait au titre et au pouvoir de Dessalines. La guerre qui éclata entre Pétion et Christophe amena la division de l'ancienne partie française de Saint-Domingue en deux États : l'un au nord, gouverné par l'empereur Christophe avec des principes despotiques, mais plus humains que ceux de Dessalines ; la partie du centre et du sud, par le général Pétion, véritable président d'une république. Boyer s'attacha à la fortune de ce dernier, qui l'éleva successivement au grade de colonel et de général de division. Boyer lui confia le commandement du Port-au-Prince ; il défendit en cette qualité et avec succès cette capitale de la république, attaquée par Christophe. A la mort de Pétion, en 1818, il fut élu président de la république, tandis que Christophe continuait de régner au Cap : mais celui-ci mourut, comme Dessalines, de mort violente en 1820, et ses sujets se réunirent à la république. En 1822, Boyer fit une expédition contre la partie espagnole, et s'empara sans difficulté de Santo-Domingo, cette métropole catholique des Indes occidentales, tant le gouvernement d'Espagne, auquel elle avait été rendue par le congrès de Vienne en 1815, avait peu fait pour ses sujets de Saint-Domingue. Ceux-ci s'étaient déclarés indépendants d'elle le 1er décembre 1821, et avaient adopté une constitution.

La France, qui craignait pour ses colonies des Antilles, dans lesquelles elle maintenait l'esclavage et laissait les hommes de couleur libres dans un état d'ilotisme, et qui voyait l'accroissement du pouvoir de Boyer, devenu chef des noirs comme des mulâtres, essaya de traverser l'entreprise en faisant paraître ses forces navales à la presqu'île de Samana ; mais son gouvernement n'osa intervenir efficacement, et Boyer devint seul maître de l'île entière de Saint-Domingue. Cette magnifique situation, au sein d'une île qu'on avait justement appelée *la reine des Antilles*, et qui renferme tant de richesses naturelles, aurait dû donner à ce chef la grandeur et la modération. Il était l'espoir de tous les noirs encore esclaves dans les colonies européennes, et surtout des mulâtres ou hommes de couleur libres, opprimés par les préjugés des planteurs ; il arbora même assez ouvertement la politique de protection à leur égard. Il avait donné secours et asile notamment aux proscrits de la Martinique en 1822 ; mais il déshonora son pouvoir en faisant livrer à une commission militaire un noir nommé *Darfour*, membre de la chambre des députés, comme ayant conspiré contre lui, en lisant dans l'assemblée dont il faisait partie un mémoire où étaient reprochés des abus à son gouvernement. Il fallait le réfuter, et non violer en sa personne la représentation nationale. Ce malheureux fut immédiatement condamné et mis à mort : cette exécution a laissé sur la mémoire de Boyer une tache ineffaçable.

On s'aperçut bientôt qu'il ne respectait plus aucune des prérogatives de la chambre des députés ; que le sénat était acheté, ou composé d'après son ordre ; en un mot, que la constitution de 1816, dont il était un des auteurs, n'existait plus que de nom. La France avait d'abord négocié secrètement, en 1814 et en 1816, pour le rétablissement de sa suzeraineté sur la partie française de Saint-Domingue ; mais elle avait échoué, grâce au patriotisme de Pétion, auquel Boyer paraissait s'être associé complètement. Il avait montré beaucoup de fermeté à cet égard, alors qu'il n'était encore investi que d'un pouvoir restreint et d'un territoire limité. En France on apprit que ce pouvoir s'était affaibli, et que la rivalité qui n'a cessé d'exister entre les noirs et les mulâtres l'avait miné. Boyer d'ailleurs n'avait pas usé de son ascendant pour éclairer sa population, sortant à peine de la barbarie de l'esclavage et d'une guerre civile prolongée. Au lieu d'appeler les capitaux et la bienveillance de l'Europe, en abolissant l'absurde loi qui empêchait les Européens d'acquérir des possessions territoriales et de fonder des établissements industriels en Haïti, il cherchait à réprimer l'essor des esprits vers un régime plus libéral. En 1825, une escadrille française, commandée par un simple capitaine de vaisseau, parut dans la rade du Port-au-Prince, et, au lieu de proposer un traité de commerce et d'alliance, requit l'enregistrement immédiat d'une ordonnance du roi Charles X, qui octroyait à la partie française de Saint-Domingue une indépendance limitée par la suzeraineté de l'ancienne métropole, avec une indemnité de 150 millions, et l'exclusion du commerce étranger. En bravant cette menace, Boyer n'exposait que la ville du Port-au-Prince, qui, bâtie en bois, pouvait être brûlée par la flottille. Elle n'avait pas de troupes de débarquement; et en se retirant momentanément dans les mornes, ou dans les autres villes de cette île si vaste, il conservait l'indépendance de sa race et de sa patrie. Boyer ne fut pas à la hauteur de son rôle; il se soumit, fit accepter l'ordonnance dans une séance secrète du sénat, malgré la résistance de la mission et l'impossibilité où l'on était de satisfaire aux conditions imposées : elles ne furent connues que six mois après. Boyer se hâta d'envoyer des commissaires en France pour y contracter un emprunt de 30 millions, afin de payer le 1er cinquième. Cet emprunt réussit, tant on était en France aveuglé sur les prétendus trésors de Saint-Domingue, et dans l'ignorance de la pauvreté réelle de son gouvernement; le ministère français eut même quelque peine à faire accepter par les chambres l'indemnité de 150 millions. Le parti des planteurs se disait spolié, et voulait qu'on reprît l'île, en y rétablissant l'esclavage. Cependant le président des États-Unis dans une proclamation, et la Grande-Bretagne, signifièrent au président Boyer qu'ils ne reconnaîtraient plus l'indépendance d'un peuple qui avait abdiqué sa souveraineté, et qui soumettait le commerce étranger à subir des tarifs dictés par la France, en y établissant un véritable privilége colonial. Boyer fut obligé de protester que la suzeraineté n'était que nominale, et que par le traité de commerce avec la France on limiterait ce privilége. Quant à l'indemnité, elle équivalait, vu les ressources territoriales d'Haïti, à une imposition tellement exagérée, que tout son revenu n'y pouvait suffire; on calcula qu'elle équivalait à un impôt de 30 milliards qui serait imposé sur la France. On ne devait pas d'ailleurs aux anciens colons la réparation des désastres causés par une guerre civile qu'ils avaient provoquée, et dans laquelle, de part et d'autre, on avait saccagé et brûlé les habitations. L'indemnité devait être calculée sur le prix du sol, appauvri par cette guerre civile prolongée ; la nation haïtienne n'avait guère profité des spoliations que ses chefs s'étaient permises sur les anciens planteurs. On portait la population, dans des états mensongers, à 935,000 âmes, tandis qu'elle était à peine de 400,000 ; on n'y connaissait pas de fortunes réelles, et la population était misérable, les noirs, comme les peuples des pays chauds, ayant de l'aversion pour l'agriculture. Une conspiration éclata dans le nord; elle fut comprimée par des exécutions militaires.

Le corps législatif, tardivement convoqué, vota, sous l'empire de la menace, en 1826, l'indemnité de 150 millions qu'il déclara dette nationale, et décréta une imposition extraordinaire de 30 millions de gourdes (la gourde supposée de 5 fr.), qui ne put jamais être recouvrée. Boyer décréta l'émission d'un papier-monnaie, altéra la gourde d'argent, qui tomba à 2 fr. 50, et fit établir des impôts de toute nature. La prospérité d'Haïti disparut complètement, ainsi que le numéraire; on ne paya ni les arriérés de l'emprunt de 30 millions, ni les intérêts du capital restant de 120 millions. En 1838, la France voulut bien réduire sa créance à moitié, afin de ne pas jeter Haïti dans l'anarchie. Mais cette somme de 60 millions elle-même ne fut pas payée à ses échéances sous le gouvernement de Boyer et de ses successeurs, et il a fallu qu'un 3e traité accordât de nouveaux et de très-longs délais. Les créanciers de l'emprunt eurent à souffrir également; ses actions tombèrent si bas, que le gouvernement d'Haïti aurait pu les faire racheter s'il l'avait pu. On cessa de présenter au corps législatif le compte réel des recettes et dépenses ; on lui contesta toutes ses prérogatives; toutes les bases du gouvernement étaient sapées. Les abolitionnistes d'Europe, amis d'Haïti, adressèrent des remontrances sur le tort que cette conduite faisait à la cause de l'abolition de l'esclavage : bien loin de les accueillir, Boyer les fit combattre par un de ses affidés, Beaubrun-Ardouin, sénateur, dans une lettre rendue publique en 1842. Tant de fautes précipitèrent sa ruine. La partie la plus éclairée de la population forma dans le sud une association défensive ; et, menacée par les commissions militaires, seule justice que pratiquait alors le président, elle prit les armes. Personne n'entreprit la défense d'un gouvernement désormais condamné (1); et Boyer fut obligé de s'embarquer au Port-au-Prince avec ses principaux conseillers, Juginac, Borgella, et autres. Il n'y eut pas toutefois de sang répandu, et Ch. Hérard fut appelé au gouvernement de la république. C'était aussi un mulâtre, parce que dans cette classe sont les hommes les plus éclairés. Il fut obligé de prendre les armes pour reconquérir la partie espagnole, qui s'était séparée du gouvernement de Boyer; mais le parti noir, mécontent des mulâtres, en possession depuis plus de vingt ans du gouvernement, voulut avoir des chefs noirs : il obligea Hérard à suivre la route de l'exil, et à se retirer, comme l'avait fait Boyer, à l'île anglaise de la Jamaïque. Les chefs noirs qui se sont rapidement succédé au gouvernement d'Haïti ont repris, pour leurs agents, la plupart des conseil-

(1) Voyez le manifeste imprimé du 27 mars 1843.

lers qui avaient perdu le président Boyer, et ont reconstitué un empire éphémère, à l'aide de proscriptions et d'exécutions militaires. Après quelques années de résidence à la Jamaïque, Boyer a cru que les principes de la révolution de 1848 lui rendraient le séjour de la France plus agréable. Il se rendit à Paris, où il vécut dans la plus profonde retraite; il a laissé une fille mariée. Il ne paraît pas qu'il ait recueilli une grande fortune pendant ses vingt-quatre ans de gouvernement, malgré le reproche d'avarice qui lui fut adressé par ses contemporains. Est-ce un hommage à rendre à sa mémoire? ou est-ce une nouvelle preuve de la ruine dans laquelle il a précipité sa patrie depuis 1825?

ISAMBERT.

Notice sur l'État d'Haïti, par un ami des noirs, dans le recueil de la Société d'abolition de l'esclavage, mai 1840, p. 61-77. — Linstant, Lois d'Haïti, tom. 1er, Paris, 1850. — Mudlou, Histoire d'Haïti, 1847, 3 vol.; Port-au-Prince, 1830, 2 vol. in-12. — Pamphile Lacroix, De Saint-Domingue, tom. II, p. 266.

BOYER (*Paul*), polygraphe français, né dans le Condomois vers 1615. Il partit pour la Guyane avec de Brétigny, qui était chargé d'assurer cette possession à la France, quand les sauvages, en 1644, eurent assassiné le chef de cette expédition et détruit la colonie française. Boyer, de retour à Paris, chercha vainement à obtenir un emploi. Il publia : *Remarques des signalés bienfaits rendus à l'État par Anne d'Autriche*; Paris, 1649, in-4°; — *Bibliothèque universelle*, contenant tous les mots français rangés par leurs terminaisons; ibid., 1649, in-fol.; — *Relation de ce qui s'est fait et passé au voyage de M. de Brétigny à l'Amérique occidentale, avec un dictionnaire de la langue*; Paris, 1654, in-8°.

Lelong, Bibliothèque historique de la France.

BOYER (*Nicolas*). Voy. BOHIER.

BOYER (*Pierre*), théologien protestant, vivait dans la dernière moitié du dix-septième siècle. On a de lui un *Abrégé de l'histoire des Vaudois*; La Haye, 1691, in-12.

Lelong, Bibliothèque historique de la France.

BOYER (*Pierre*), théologien français, né à Arlanes en 1677, mort à Vincennes le 18 janvier 1755. Il était de la congrégation de l'Oratoire, se prononça énergiquement contre la bulle *Unigenitus*, et fut successivement emprisonné au mont Saint-Michel et à Vincennes. On a de lui : *Vie d'un parfait ecclésiastique*; Paris, 1721, in-12; la 2e édition, intitulée *la Vie de M. Páris*; Bruxelles (Paris), 1731; — *Maximes et avis pour conduire un pécheur à une véritable pénitence*; Paris, 1726, in-12; — *Parallèle de la doctrine des païens avec celle des jésuites et de leur constitution*; Paris, 1726, in-12 et in-8° : cet ouvrage fut condamné à être brûlé par un arrêt du parlement de Paris, en date du 20 août 1726; — *Réflexions sur l'Histoire de la captivité de Babylone*; Paris, 1727, in-8°; nouv. édit., revue et augm.; Paris, 1732, in-12; — *la Solide dévotion du Rosaire*; Paris, 1727, in-12; — *Coup d'œil en forme de lettre sur les convulsions, où l'on examine cette œuvre*, etc.; Paris, 1733, in-12.

Quérard, la France littéraire.

BOYER (*Pierre-Denis*), théologien et publiciste français, né à Caissac (Aveyron) au mois d'octobre 1766, mort le 24 avril 1842. Condisciple de Frayssinous au collège de Rodez, il devait suivre, à beaucoup d'égards, la même carrière que cet illustre prélat. Entré dans la communauté de Laon, il y reçut la tonsure le 28 mai 1785, et le sous-diaconat le 17 mai 1788. Élevé au sacerdoce le 18 décembre 1790, il se préparait aux épreuves de la licence en Sorbonne; mais les événements firent évanouir ce projet. A cette époque, il se rendit, en compagnie de son ami Frayssinous, dans les montagnes du Rouergue; et là, dans une modeste église, M. Boyer attira un auditoire d'élite, bien qu'il s'exprimât en patois du pays. Pas plus que la grande majorité des ecclésiastiques, il n'échappa à la persécution. Arrêté et conduit en prison, il fut sauvé de l'échafaud par une supercherie d'un de ses amis : « Allons, fanatique, lui dit-il, suis-moi. » Puis l'accablant d'injures, les satellites révolutionnaires crurent qu'on le menait au tribunal, et le laissèrent échapper. En 1800, M. Émery, s'occupant de rétablir l'enseignement ecclésiastique à Paris, jeta les yeux sur M. Boyer, qui fit un cours de philosophie dans la maison de la Vache-Noire, de la rue du faubourg Saint-Jacques; ensuite au séminaire de la rue du Pot-de-Fer. Son premier écrit, intitulé *le Duel jugé au tribunal de la raison et de l'honneur*, parut en 1802. Le premier consul lui fit connaître par Berthier, alors ministre de la guerre, qu'il approuvait les principes contenus dans ce livre. Ayant prêché à l'église Saint-Sulpice en présence du cardinal Maury, ce prince de l'Église, bien compétent sur l'éloquence de la chaire, formula son jugement de la manière suivante : « C'est l'orateur tel que je l'avais conçu; nous n'avions que des rhéteurs étudiés et des déclamateurs ampoulés. » La chaire de théologie dogmatique, occupée par Frayssinous, étant devenue vacante, M. Boyer en fut pourvu. Après la dispersion de la compagnie de Saint-Sulpice, qui eut lieu au mois d'octobre 1811, il s'enferma pendant quelque temps chez lui, puis il s'en alla, en 1812 et 1813, prêcher des stations à Montpellier et à Lyon. La maison de Saint-Sulpice ayant été rouverte par Louis XVIII, M. Boyer reprit sa chaire de théologie dogmatique, qu'il conserva jusqu'en 1818. L'année précédente il avait publié *l'Examen du pouvoir législatif de l'Église sur le mariage*. Cet écrit était dirigé contre la doctrine hérétique qui méconnaît à l'Église le droit d'établir des empêchements dirimants au mariage. Il intervint dans la discussion relative au concordat de 1817, en publiant, sous le voile de l'anonyme, de *Nouveaux éclaircissements* sur les objections qu'on opposait à cet acte. Dans un livre publié en 1819, et portant pour titre, *De la Liberté des cultes selon la charte*, M. Boyer refusait au pouvoir le droit de régler la discipline ecclésiastique par l'édiction de lois civiles. D'un autre côté, il n'admettait pas, comme M. de Pradt, la séparation absolue du spirituel et du temporel. Les retraites pastorales ayant été rétablies, il s'y consacra pendant plus de vingt ans, distribuant aux pauvres les largesses des évêques qui le défrayaient de ses voyages. Il en reçut le nom d'*Économe des pauvres*.

A la prière de Frayssinous, M. Boyer écrivit, en 1826, l'*Antidote contre les aphorismes* que M. de Lamennais venait de publier sur les quatre articles de la déclaration de 1682. Héritier des traditions de la Sorbonne, il combattit vivement la thèse de l'auteur de l'*Essai sur l'Indifférence en matière religieuse*. Il s'attacha surtout à repousser le reproche d'hérésie, articulé par le fameux abbé, contre les évêques qui avaient souscrit cette déclaration, qui, il faut bien le dire, a eu le grand inconvénient de servir d'arme aux adversaires de l'Église. La révolution de 1830 le renvoya de nouveau dans le Rouergue. Bientôt il reprit ses retraites, et, dans les intervalles, il composait des sermons et des écrits destinés à combattre des erreurs du temps. En 1834, il fit paraître son *Examen de la doctrine de M. de Lamennais, considérée sous le triple rapport de la philosophie, de la théologie et de la politique*. L'année suivante, on devait à sa plume le 1er volume de la *Défense de l'ordre social contre le carbonarisme moderne: les Paroles d'un croyant* y sont réfutées. Le 2e volume, qui fut publié en 1837, renferme plusieurs dissertations sur la souveraineté du peuple, le droit d'insurrection, la liberté, l'égalité, le progrès humanitaire, le mouvement religieux d'alors, etc. Deux ans après, l'infatigable controversiste donna la *Défense de l'Église de France, contre les attaques contenues dans la dissertation de l'abé Payé sur le prêt à intérêt* : question ravivée dans ces derniers temps. En 1840, parut la *Défense de l'Église catholique, contre l'hérésie constitutionnelle qui soumet la religion au magistrat* Cet ouvrage était particulièrement dirigé contre la persécution suscitée par l'empereur Nicolas contre ses sujets catholiques, et contre la prétention du feu roi de Prusse de s'arroger la suprématie spirituelle. Quelques mois, après et comme appendice à ce dernier travail, M. Boyer fit paraître une brochure sous le titre de *Coup d'œil sur l'écrit de MM. Allegnol frères*, intitulé *De l'État actuel du clergé de France*. Voulant aller prier sur le tombeau des apôtres, il fit le voyage de Rome, et fut accueilli par Sa Sainteté avec une bienveillance marquée. Bien que déjà vieux, M. Boyer était encore vif; et un mouvement trop juvénile fit dire au saint-père : *Quanto è vivo questo Francese!* Le 17 avril 1842, M. Boyer fut saisi par le froid à Saint-Lazare, où il disait la messe; et, le 24 du même mois, il expirait. Ses restes furent transportés à Issy, pour être inhumés dans le cimetière particulier à la compagnie de Saint-Sulpice. Depuis sa mort on a publié 2 vol. in-8°, sous le titre de *Discours pour les retraites ecclésiastiques*   A. RISPAL.

Ami de la Religion. — Biographie des Contemporains illustres, par un homme de rien.

BOYER-BRUN (*J.-M.*), écrivain artistique, né à Nîmes en 1764, mort en 1794, a donné une *Histoire des caricatures de la révolte des Français*; Paris, 1792, in-8°.

Quérard, *la France littéraire*.

BOYER-FONFRÈDE. *Voy.* FONFRÈDE.

BOYER DE NICE (*Guillaume*), troubadour italien, natif de Nice, vivait dans le quatorzième siècle. Il fut nommé par les comtes de Provence podestat de sa ville natale, et l'estime des habitants le maintint dans cette charge. Il paraît avoir joui d'une assez grande célébrité, puisque plusieurs troubadours cherchèrent, dit-on, à imiter ses poésies, et répandirent sous son nom quelques-unes de leurs pièces. Celle qu'il composa pour Marie de France, épouse de Charles, duc de Calabre, est la seule qui nous reste de lui, mais ne donne pas de son talent une bien haute opinion. On attribue à ce troubadour quelques chansons qu'il adressa à une demoiselle de la maison de Berre, et un *Traité d'histoire naturelle*, dédié à Robert, roi de Sicile, comte de Provence ; aucun de ces ouvrages ne nous est parvenu.

Nostre-Dame, *Vies des plus célèbres et anciens poëtes provençaux*.

* **BOYER-PEYRELEAU** (*Eugène-Édouard*, baron DE), guerrier français, né à Alais, département du Nord, mort vers 1840. Il entra au service en 1793 comme simple soldat, et fit les campagnes d'Italie. Nommé ensuite aide de camp, puis chef d'état-major de l'amiral Villaret-Joyeuse, il le suivit à la Martinique, attaquée peu de temps après par les Anglais avec des forces bien supérieures. La garnison fut obligée de céder au nombre et de capituler. Villaret-Joyeuse fut accusé, malgré la vigueur de sa défense, de n'avoir pas fait tout ce qu'il aurait pu. Boyer-Peyreleau, qui avait partagé les dangers de son général, voulut partager aussi sa disgrâce ; il le suivit en France, et l'accompagna ensuite à Venise. Cependant, en 1812, il reçut l'ordre de rejoindre l'armée en Russie, devint adjudant-commandant, puis chef d'état-major de la garde impériale. Il entra ensuite dans le corps de cavalerie du général Latour-Maubourg, protégea la retraite des troupes françaises de Leipzig à Mayence, et fut un des officiers qui déployèrent le plus de bravoure dans les sanglantes rencontres dont les plaines de Champagne furent le théâtre. Nommé ensuite commandant en second de la Guadeloupe, il y arbora le drapeau tricolore, et fut, après les Cent-Jours, condamné à mort pour ce fait; mais sa peine fut commuée en vingt années de détention, qui furent ensuite réduites à trois années de prison, après lesquelles il fut rendu à la liberté, et réintégré sur les cadres de l'armée parmi les colonels en demi-solde. Il a publié, en 1823 : *Des Antilles françaises, et particulièrement de la Guadeloupe*, 1816, 3 vol. in-8°.

Le Bas, *Dict. Enc. de la France*.

BOYER DE PRÉBANDIER (*N.....*), médecin français, natif de Montplaisant, en Périgord, vivait dans la dernière moitié du dix-huitième siècle. On a de lui : *Essai sur la Nature et le Choix des aliments*, trad. de l'anglais de J. Arbuthnot; — *Essai de l'effet de l'air sur le corps humain*, trad. de l'angl. du même; — *Traité de la petite vérole*, trad. de l'angl. de Lobb; — *Traité des Maladies de la peau*, trad. de l'angl. de Turner; — *Essais de Médecine et de Physique*, trad. de l'anglais, etc.; — *Essai sur les Abus de la saignée, par des raisons prises de la nature et de la pratique des plus célèbres médecins de tous les temps, avec un appendice sur les moyens de perfectionner la médecine;* Paris, 1759, in-12.

Quérard, *la France littéraire*.

BOYER DE REBEVAL (*Joseph*, baron), général français, né à Vaucouleurs le 20 avril 1768, mort en 1822. Entré au service en 1787, il fit toutes les campagnes de la république et de l'empire. Il se trouvait, en 1800, au passage du Tésin par l'armée française. Le premier il franchit à la nage avec son bataillon cette rivière, sous le feu des ennemis. Arrivé sur la rive opposée, qu'ils occupaient, il déploya sa troupe, et favorisa le passage de toute l'armée par ce mouvement hardi. Boyer se distingua encore au passage du Mincio. Deux fois repoussé à l'attaque de Pozzolo, qui commandait cette rivière, ses soldats découragés refusaient de marcher, lorsqu'un d'entre eux sort des rangs, et s'adressant à Boyer, lui dit : « Marchons nous deux, mon com- « mandant, puisqu'ils ne veulent pas avancer; « nous enlèverons bien le village sans eux. » Cette saillie, qui dépeint bien le courage que Boyer montra dans toute sa carrière militaire, ranima les soldats, qui finirent par emporter Pozzolo: leur commandant fut blessé dans cette affaire. Boyer était en 1807 colonel du premier régiment de fusiliers ; il fut chargé de s'emparer du fort de Naugarten (Poméranie suédoise), qui s'élève au milieu de vastes marais, et qui contrariait les opérations du siége de Colberg. Une brigade italienne y avait échoué. Boyer attaque ce fort, donne l'exemple de combler le marais avec des fagots et des madriers, et entraîne sa troupe sur le rempart, dont il reste maître, malgré le feu de trois pièces de canon et une résistance opiniâtre de la part des assiégés. Il fut nommé général de brigade en 1809, après qu'il eut délivré la ville de Marbourg d'un corps de partisans qui s'en étaient emparés. Boyer se distingua pendant les campagnes de Russie de 1813 et de 1814, où il fut plusieurs fois blessé. Il fut nommé général de division après la bataille de Dresde. Dans la campagne de France, il chassa de Troyes l'ennemi, qui n'évacua cette ville qu'après y avoir mis le feu. Après la rentrée des Bourbons, le général Boyer se retira dans sa terre de Rebeval, où il passa le reste de ses jours.

Brevets militaires. — De Courcelles, *Dictionnaire des Généraux français*.

BOYER DE SAINTE-MARTHE (*Louis-Anselme*), théologien français, a vécu dans la première moitié du dix-huitième siècle. On a de lui : *Histoire de l'église cathédrale de Saint-Paul-Trois-Châteaux;* Avignon, 1710, in-4°; — *Histoire de l'église cathédrale de Vaison* (suivie d'un recueil de pièces parmi lesquelles est une traduction en vers français de la *Chorographie du diocèse de Vaison*, composée en vers latins par Joseph-Marie Suarez, évêque de Vaison); Avignon, 1741.

Quérard, *la France littéraire*.

BOYLE (*Robert*), célèbre physicien et chimiste anglais, né à Lismore, en Irlande, le 25 janvier 1626 (1); mort à Londres le 30 décembre 1691. Fils de Richard, comte de Cork et d'Orrery, il vint au monde l'année même de la mort du célèbre chancelier Bacon. Ses parents, dévoués aux intérêts dynastiques de la branche des Stuarts, le destinèrent d'abord à l'Église. Une constitution très-faible, accompagnée d'infirmités, le força de renoncer à cette carrière, et d'interrompre momentanément ses études. En 1638, son père le fit voyager dans le Midi, sous la conduite d'un gouverneur. Le jeune Boyle traversa la France, s'arrêta quelque temps à Genève, visita la Suisse et l'Italie. Les troubles qui avaient éclaté dans son pays lui firent prolonger son voyage jusqu'en 1644. A la mort de son père, il se trouva à la tête d'une fortune considérable. Loin du théâtre sanglant de la politique, il se retira dans la terre de Stalbridge, pour se vouer tout entier à l'étude des sciences physiques. Ce fut pendant les dissensions du parlement avec la royauté, prélude d'un drame sanglant, que Boyle réunissait autour de lui quelques hommes d'élite aimant la science pour la science, et qui s'assemblaient, dès l'année 1645, sous le nom de *Collége philosophique*, tantôt à Londres, tantôt à Oxford. Ces réunions furent le noyau de l'Académie royale des sciences. Les instants que Boyle dérobait à l'étude de la nature étaient consacrés à des œuvres pies. L'établissement des missions, la propagation de la religion chrétienne dans les Indes, étaient l'objet de ses efforts constants. Après la chute de Cromwell et l'avénement de Charles II, cette société obtint la protection du roi, qui lui avait conféré le titre de *Société royale*, et fixa son siège à Londres. Le nom de Boyle devint bientôt célèbre dans toute l'Europe, et sa modestie s'accroissait avec sa célébrité. Il re-

(1) Et non le 21 avril 1621.

fusa les honneurs de la pairie; il refusa même le poste de président de la Société royale, que personne n'était plus digne que lui d'occuper. Honoré successivement de l'estime particulière de Charles II, de Jacques II et de Guillaume, il ne demanda jamais rien pour lui-même, et n'employa son crédit qu'à solliciter des encouragements pour le progrès des sciences et le bien de la religion. Sa maison était également ouverte aux hommes curieux de s'instruire et aux malheureux qui souffraient. Sa fortune était employée à faire construire des instruments de physique, à fonder des bibliothèques, et à soulager les pauvres. Cet homme, d'une vie si pure et si belle, s'éteignit à l'âge de soixante-cinq ans. Sa dépouille mortelle repose dans l'église de l'abbaye de Westminster. Boyle était d'une taille élevée, d'un visage pâle et maigre; il portait l'empreinte d'un esprit sévère, réfléchi, calme, et inaccessible aux tourments de la vanité et de l'ambition. Il était d'une sobriété exemplaire, et réglait ses vêtements d'après le degré du thermomètre. Ennemi de toute emphase dogmatique et des doctrines tranchantes, il parlait lentement et avec quelque hésitation, discutant peu, et proposant plus souvent des doutes et des objections.

Les ouvrages de Robert Boyle, que Boerhaave appelle l'ornement de son siècle, sont très-nombreux. Écrits en anglais, ils ont été recueillis par Birel, et publiés à Londres en 1744, 5 vol. in-fol. Avant cette édition, Shaw avait déjà donné un recueil des œuvres de Boyle, sous le titre de *the Philosophical Works of the honorable R. Boyle, abridged, methodized and disposed by P. Shaw* (Londres, 3 vol. in-4°, 1738). « Lequel de ses écrits, s'écrie Boerhaave, qui était avec raison un grand admirateur de Boyle, puis-je louer? Tous. Nous lui devons les secrets du feu, de l'air, de l'eau, des animaux, des végétaux, des fossiles; de sorte que de ses ouvrages peut être déduit le système entier des sciences physiques et naturelles. » — M. Hoefer en a donné une analyse dans son *Histoire de la Chimie*. Nous nous bornerons à en détacher les détails suivants.

Le vœu le plus ardent de Boyle, ainsi qu'il l'avoue lui-même, était de répandre et de populariser l'emploi de la méthode expérimentale, « de laquelle seule on peut attendre le plus grand avancement d'une connaissance utile. »

Les anciens chimistes avaient été divisés en deux camps: les uns admettaient, avec les péripatéticiens, quatre éléments; les autres, trois, le mercure, le soufre, le sel. Presque tous les alchimistes étaient de cette dernière opinion. Boyle éleva le premier, dans son traité remarquable (*the sceptical Chymist*), des doutes sérieux et sur la théorie des péripatéticiens et sur celle des alchimistes. D'abord il conteste la nature élémentaire de la terre, de l'air, de l'eau et du feu; et il pense qu'il ne faut pas s'astreindre au nombre de trois de quatre ou de cinq éléments, et qu'il arrivera peut-être un jour où l'on en découvrira un nombre beaucoup plus considérable. Il se plaint avec raison de cette obscurité systématique dont les alchimistes font en quelque sorte parade dans leurs écrits: c'était pour eux un moyen de cacher le vide de leurs paroles et de leurs procédés. Il leur reproche en termes amers d'avoir pris des combinaisons métalliques, particulièrement celles de l'eau-forte avec l'argent ou le plomb, pour les substances élémentaires de ces métaux.

Indépendamment des éléments visibles et palpables, ne pourrait-il pas y avoir, se demande Boyle, des éléments d'une nature plus subtile, invisibles, et qui s'échappent inaperçus à travers les jointures des vaisseaux distillatoires? Puis il démontre l'insuffisance des prétendues méthodes analytiques alors employées, et fait voir quelle immense différence il y a entre la distillation en vaisseaux clos et la calcination des corps, ou l'application du feu nu.

Boyle est le premier qui ait nettement défini le mélange et la combinaison: dans un mélange (*mixture*), les principes qui y entrent conservent chacun leurs propriétés caractéristiques, et sont facilement séparés les uns des autres; dans une combinaison (*compound mass*), les parties constituantes perdent entièrement leurs propriétés primitives, et ne sont plus faciles à séparer. Il cite comme exemple le sucre de Saturne, qui se compose de vinaigre et de litharge, éléments dont aucun n'a une saveur sucrée. — Boyle a fait un grand nombre d'expériences sur l'air, qu'il définit un fluide ténu, transparent, compressible, dilatable, enveloppant la surface de la terre jusqu'à une hauteur considérable, et se distinguant de l'éther en ce qu'il réfracte les rayons du soleil. Il pense que l'air, sur la nature duquel on n'a pas encore dit le dernier mot, est une matière complexe, et qu'il se compose de trois espèces différentes de molécules: la première proviendrait des exhalaisons des eaux, des minéraux, des végétaux, des animaux existant à la surface de la terre; la seconde, beaucoup plus subtile, consisterait dans les effluves magnétiques émis par la terre, et produisant, par leur choc avec les atomes innombrables émanant des astres, la sensation de la lumière; enfin, la troisième espèce ne serait autre chose que la portion vraiment élastique de l'air, compressible et dilatable comme le ressort d'une montre.

Presque en même temps qu'Otto de Guericke, l'inventeur de la machine pneumatique, Boyle faisait des expériences sur le vide; il avait chargé Hook de lui construire une machine pneumatique composée d'un ballon en verre (récipient) et d'une pompe à air, instrument plus propre aux expériences qu'il avait entreprises, et qui n'offrait pas l'inconvénient d'être maintenu sous l'eau, comme l'exigeait la première machine pneumatique inventée par Guericke.

Pour démontrer l'élasticité de l'air, il fait une

série d'expériences, alors surprenantes, avec des vessies comprimées et liées (placées sous le récipient), qui se gonflent et finissent par éclater à mesure que l'on retire l'air du récipient, « parce que les particules de ce fluide renfermées dans leurs plis, n'étant plus comprimées par le poids de l'atmosphère, reprennent toute leur force élastique, et tendent à occuper un espace plus considérable. » Nous nous dispensons de rapporter tous les détails dans lesquels l'auteur entre pour mettre hors de doute l'élasticité de l'air et la pression atmosphérique, au moyen du tube de Toricelli. L'un des premiers, il démontra, par de nombreuses expériences, que les corps en combustion (charbons ardents, chandelles, fer rouge, etc.) ont besoin d'air, et qu'ils s'éteignent dans le vide.

Enfin, Boyle a puissamment contribué aux progrès de la physique par ses expériences sur l'évaporation de diverses liqueurs dans le vide de la machine pneumatique, sur la pression de l'atmosphère, sur la succion, sur l'impossibilité d'obtenir un vide parfait, sur le poids des corps dans le vide, sur la congélation de l'eau, sur les effets de la compression de l'air, sur la hauteur de la colonne des liquides (contre-balançant la pression atmosphérique) variant d'après leur densité, sur la construction du baromètre portatif, sur la propagation du son dans le vide, etc.

C'est à partir des travaux de Boyle que date, en quelque sorte, l'emploi de la voie humide et des dissolvants dans la chimie organique : c'est ainsi qu'il cherchait, pour nous servir de ses mots, à rendre l'opium plus actif, en le traitant par du tartre calciné (carbonate de potasse) et par de l'alcool.

Nul ne fut plus sobre de théories que Boyle. Fidèle aux préceptes du chancelier Bacon, il éclaircit les sciences avec le flambeau de l'expérience, ne reculant devant aucun obstacle, de quelque nature qu'il fût. « Bien que, Dieu merci, ma condition me permette de faire exécuter les expériences par d'autres en ma présence, je ne me suis jamais refusé à disséquer moi-même des animaux, et à manier, dans mon laboratoire, le lut et le charbon. » Personne n'était aussi au courant que Boyle de ce qui concerne le mouvement des sciences en Europe. S'agissait-il quelque part d'une découverte inattendue, extraordinaire? aussitôt il employait tous les moyens pour en connaître les détails et pour en répandre la connaissance. C'est Boyle qui arracha à quelques charlatans ambulants les secrets du phosphore et du quinquina.

Ferd. Hœfer, *Histoire de la Chimie*. — *Penny-Cyclopædia*.

BOYLE (*Roger*), comte d'Orrery, baron de Broghill, guerrier irlandais, frère de Robert Boyle, naquit à Lismore en 1621, et mourut le 16 octobre 1679. D'abord partisan de Charles Ier, il servit fidèlement ce prince, à la mort duquel il chercha à ramener Charles II, qu'il était allé trouver. Cromwell, qui découvrit ses menées, lui pardonna, à la condition de prendre un commandement dans les troupes destinées à réduire l'Irlande. Il accepta, et en même temps prévint Charles II, qui lui recommanda, « lorsqu'il serait moins en danger, de se rappeler son devoir. » Mais il trouva que son devoir actuel était de servir fidèlement le protecteur, et c'est ce qu'il fit. A la mort de Cromwell, il voulut d'abord appuyer son fils Richard; mais, voyant que ce gouvernement n'avait pas d'avenir, il se retira en Irlande, et s'arrangea de manière à suivre la marche des choses, tout en se préparant un bon accueil de la part de la royauté. En effet, il fut créé conseiller privé d'Angleterre et d'Irlande par Charles II. Outre quelques poésies, il laissa un roman intitulé *Parthénisse*; Londres, 1665; — un *Art de la guerre*; Londres, 1677.

Biographia Britannica. — Lingard, Hume, Smollet *Hist. of England*.

BOYLE (*Charles*), savant anglais, fils puîné de Roger, naquit à Chelsea en 1676, et mourut le 28 août 1731 (1). Il étudia à Oxford, et publia, durant le cours de ses études, une nouvelle *édition des Épîtres de Phalaris*, avec la version latine et des notes; Oxford, 1675 et 1695; et une *vie de Lysandre*, de Plutarque. En 1703, il devint pair d'Angleterre, et se fit remarquer ensuite dans la guerre de la succession d'Espagne. En 1722, accusé d'avoir trempé dans un complot, il fut enfermé à la Tour de Londres pendant six mois. Il a donné son nom au planétaire de George Graham, qui lui avait dédié cette machine.

Chalmers, *Biographical Dictionary*.

BOYLE (*Jean*), fils de Charles Boyle, savant anglais, né en 1707, mort en 1762. Il eut pour premier maître le poëte Fenton. Il étudia ensuite à Westminster et à Oxford, devint pair d'Angleterre en 1732, et se fit remarquer par son opposition à Walpole. En Irlande, où il se rendit dans la même année, il connut Swift, et se lia avec lui. Un voyage en Italie qu'il fit en 1754 lui fit commencer une histoire de Toscane, qu'il n'eut pas le temps d'achever. Ses principaux ouvrages sont : *Translation of the Epistles of Pliny*, etc. avec des observations et la Vie de Pline, Lond. 1762, in-8°; — *Remarks on the Life and Writings of d^r Swift*, 1762; traduit en français par Lacombe; Paris, 1753.

Biographia Britannica.

BOYLEAU, BOYLEAUX ou **BOILESVE** (*Estienne*), prévôt de Paris sous saint Louis, au treizième siècle (2). Il est né vers l'an 1200,

(1) Et non 1721, comme le dit la *Biographie universelle*.
(2) Joinville l'appelle Boilyeaue; mais il est nommé *Boyleau* dans les actes authentiques, c'est-à-dire dans des enquêtes faites aux parlements de la Chandeleur en 1263, de la Pentecôte en 1264 et en 1265, et en 1267. (Registre des *Olim*, publié par M. Beugnot.) On écrivait, en vieux français, *Boyleav*. Dans un titre de cette

puisqu'il épousa Marguerite de la Guesle en 1225, et qu'il maria son fils, Foulques, vers le milieu du siècle. Il paraît qu'il était noble (quoique Joinville, qui parle de lui avec détail, ne le dise pas), puisqu'il fit, en 1228, un partage noble avec ses frères Geoffroy et Robert, et qu'il est appelé chevalier dans le mariage de son fils; d'ailleurs il accompagna saint Louis à la croisade de 1248 (et non à celle d'Égypte en 1268), y fut fait prisonnier en 1259, et racheté pour 200 livres d'or, somme alors très-considérable (1), et qui prouve le crédit dont il jouissait.

Joinville raconte (2) les désordres qui régnaient dans Paris, ville devenue très-populeuse, quoique son enceinte sous Philippe-Auguste ne fût encore que de 252 hectares, c'est-à-dire la 136ᵉ partie de ce qu'elle est aujourd'hui. Saint Louis, qui était un grand justicier, chercha un prud'homme assez énergique et assez éclairé pour y ramener l'ordre. Jusqu'alors la prévôté de Paris était en quelque sorte à l'encan, sans doute par l'effet d'un privilége d'élection renouvelé des cités romaines. On connaît en effet plusieurs des prédécesseurs de Boyleau, qui étaient des marchands; et le récit de l'historien du saint roi semble considérer Boyleau lui-même comme un bourgeois de Paris, auquel cas il ne serait pas le noble compagnon de sa croisade. Mais il est plus vraisemblable que le roi voulut nommer lui-même le nouveau prévôt, et qu'il le choisit parmi les nobles domiciliés à Paris. A cette époque, la prévôté se composait d'attributions militaires, administratives et judiciaires. Le gouvernement militaire n'en a été séparé, dit-on, que sous François Iᵉʳ, et la séparation des pouvoirs administratifs et judiciaires ne fut opérée qu'en 1789. Enfin, ce n'est qu'à 1800 que l'administration elle-même a été séparée de la police, par l'institution des deux préfectures. Boyleau paraît être entré en fonction de cette charge ainsi devenue royale en 1254, et plus probablement en 1258. Peut-être, depuis la croisade, le roi avait-il employé ce temps à l'éprouver dans des emplois préparatoires. Quoi qu'il en soit, Boyleau obtint un plein succès; et dans un espace de douze ans environ (car il y eut un successeur en 1270, dans la personne de Renau Barbou), il purgea Paris de tous les malfaiteurs, et surtout des voleurs qui l'infestaient. On a fait de sa sévérité un éloge exagéré : J. de Columna, dans un écrit intitulé *la Mer des Histoires* (3), en cite deux exemples :

époque, on voit le mot Boyleau traduit en latin par *aquam Bibens*, buveur d'eau ; c'était un nom très-commun.

(1) La livre romaine et byzantine, conservée par Pepin et Charlemagne, est d'environ 320 grammes ; les 200 livres d'or font 64 kilog., lesquels, à 3094 fr. le kilogr. d'or en lingots, donnent 98,016 fr. Philippe Iᵉʳ et ses successeurs avaient altéré les monnaies et diminué leur poids, au point que les Arabes durent exiger le payement au poids. On croit que la proportion des valeurs métalliques avec les subsistances était alors huit fois plus forte ; ainsi la rançon eût valu environ 784,000 fr.

(2) P. 149 et suiv., éd. de 1761.
(3) Publ. en 1501, in-fol., p. 200.

« Il fit pendre un sien filleul, parce que sa mère « lui dit qu'il ne se pouvait tenir d'*embler* (vo-« ler); item, un sien compère, qui avait renié « une somme d'argent que son hôte lui avait « baillé à garder. »

Que le vol accompagné de violence ou autres circonstances aggravantes ait été puni de mort à cette époque, et non la simple filouterie, on le conçoit : mais jamais la violation d'un dépôt, quelque odieuse qu'elle soit, n'a mérité la peine capitale. L'auteur ancien et anonyme de sa vie dit que saint Louis venait quelquefois, au Châtelet de Paris, assister son prévôt pour lui donner plus de crédit. Il est vrai que le droit de juger en personne n'a été retiré à nos rois que par un décret de l'assemblée constituante de septembre 1789; mais cette confusion de pouvoirs se conçoit à une époque où l'autorité royale se rendait populaire en introduisant l'appel des justices seigneuriales à son parlement, qui n'était point encore sédentaire. On doit au prévôt Boyleau un recueil des statuts des métiers de la ville de Paris en 100 chapitres, et ses règlements sur les péages ou ponts et chaussées de cette ville et de sa banlieue, alors fort étendue, en vingt-deux titres : ces statuts ont été blâmés, comme contraires aux saines règles de l'économie politique, par un historien moderne (Sismondi) (1); mais cette critique, quoique conforme aux vrais principes, paraît injuste quand il s'agit de juger les institutions du treizième siècle, c'est-à-dire d'une époque où la féodalité régnait partout, et où il importait même à la royauté de constituer dans les villes une classe moyenne; c'était une conséquence de l'émancipation des communes, commencée par les rois de cette dynastie depuis un siècle. Mais un savant magistrat, le président Hénault, a eu tort de les proposer au milieu du dernier siècle pour modèles aux administrateurs français. Les uns reprochent à ces statuts trop de sévérité dans les amendes, d'autres trop d'autorité laissée à ces si nombreuses corporations que l'ordonnance de 1776, ouvrage de Turgot, essaya vainement d'abolir, et qui n'ont perdu leurs priviléges qu'en 1791. Quoi qu'il en soit, ils sont un monument très-curieux de l'état des arts, des mœurs et de la législation au milieu du treizième siècle; on les met à côté des *Établissements de saint Louis*, quoiqu'ils aient un caractère moins élevé de législation; mais ils sont plus impératifs. Ils contenaient ou plutôt on y a interpolé plusieurs fragments d'ordonnances royales, qu'on retrouve dans les ordonnances du Louvre.

Ces statuts existent encore au trésor des chartes (2), mais incomplètement; l'original en a été, dit-on, perdu lors de l'incendie des archives de la cour des comptes en 1737. Ils étaient écrits sur des *rôles*, ou feuilles de parchemin en-

(1) *Hist. des Franç.*, VIII, 113-115. — *Ancienne législation française*, par Isambert et autres, I, 90-294.
(2) Reg. s. 73 et 97.

roulées, quoiqu'on attribue à ce magistrat la création des registres (*regesta*), imitée par le greffier Montluc dans la transcription et la rédaction des *Olim* ou décisions du parlement. On les avait souvent cités, notamment le savant commissaire Lamare (1), dans son traité encore aujourd'hui si utile de l'ancienne police. Les statuts de Boyleau ont été enfin publiés correctement en 1837, en un beau vol. in-4°, aux frais du gouvernement, par M. Depping, et on peut les étudier comme si l'on avait l'original, en cherchant cependant à se rendre compte des interpolations. Boyleau, selon l'opinion commune, serait mort en 1269, du vivant de saint Louis; mais il est tout aussi vraisemblable qu'il a été remplacé en 1270 par Philippe le Hardi, son successeur, victime des inimitiés que sa sévérité et son mérite avaient suscitées contre lui. On trouve dans les registres de la taille de Paris, de 1313, une taxe de trente livres sur Étienne de Boyliau, bourgeois de Paris, rue au Conte-du-Pontif. Il y a une grande identité dans les noms; car à cette époque l'orthographe n'était point fixée, et dans les manuscrits des statuts eux-mêmes les variantes de son nom sont très-nombreuses. Mais s'il vivait encore en 1313, l'ancien prévôt de Paris n'est pas le noble Angevin marié en 1225, et né vers 1200; et il aurait exercé sa charge importante d'assez bonne heure. Ce grand magistrat a mérité les éloges de ses contemporains et du premier de tous, Joinville; de J. de Columnas, Louis Laserre, et autres écrivains du quinzième et du seizième siècle; de Mézeray, du Cange, Filleau de la Chaise, Félibien et Lobineau, au dix-septième; de Velly et du président Hénault, au dix-huitième; de Sismondi et Daunou, au dix-neuvième (1831). La ville de Paris a placé sa statue au premier rang des administrateurs qui décorent la façade de son hôtel.

ISAMBERT.
Histoire littéraire de France, XIX, 1838, p. 104-114. — Moréri, *Dict. hist.*

BOYM (*Michel*), missionnaire polonais, de l'ordre des Jésuites, mort en 1659. Il alla aux Indes et à la Chine en 1643, et revint à Lisbonne en 1652. En 1656, il se remit en voyage, visita de nouveau la Chine, et y mourut. Cette carrière tout évangélique fut remplie par d'utiles travaux. On a de lui : *Flora Sinensis*; Vienne, Rictius, 1656 : traduit en français dans Thevenot, les noms chinois s'y trouvent exactement reproduits; — *Relation de la Chine*, écrite à Smyrne, 1652, imprimée en 1664, et dans la même collection; — la *traduction* des quatre livres du *Wang-Choho*, qui traite des médicaments simples chez les Chinois et de certains diagnostics des maladies : le pouls, l'état de la langue, etc. Les œuvres de Boym furent publiées à Francfort en 1682, sous le titre de *Specimen medicinæ Sinicæ*, par André Cleyer de Cassel, qui ne fit même pas connaître le nom de l'auteur.

(1) L. 361.

BOYM (*Benoît*), jésuite polonais, mort à Wilna en 1670. Il écrivit des ouvrages de théologie, et une *Théologie chrétienne*, restée manuscrite.
Kircher, *China illustrata*. — Riccioli, *Geographia reformata*. — Thévenot, *Relation de divers voyages curieux*. — Ersch et Gruber, *Allgem. Enc.*

BOYS (*Thomas*), marin anglais, né le 3 octobre 1763, mort à Ramsgate le 3 novembre 1832. Il était fils de Guillaume Boys, auteur des *Documents pour l'histoire de Sandwich*, 2 vol. in-4°. Thomas servit dans la marine depuis 1777 jusqu'en 1800, et, après de nombreuses traversées et de fréquents combats contre la marine française, il fut chargé de commander le vaisseau le *Lacédémonien*. Il reprit du service en 1808; et, capitaine du *Saturne*, vaisseau de 74, il servit sur les côtes de France, d'Espagne, du Portugal, et dans la mer du Nord. Il parvint en 1819 au grade de contre-amiral, et à celui de vice-amiral en 1830.
Rose, *New Biographical Dictionary*.

BOYSE, BOYS ou **BOIS** (*Jean*), théologien anglican, né à Nettlestead, dans le comté de Suffolk, en 1560; mort en 1643. Il fut nommé, en 1596, à la cure de Bosworth, où il remplaça son beau-père. Il coopéra à la traduction de la Bible, ordonnée par Jacques Ier, et fit partie du comité de six théologiens chargé de revoir ce travail. Il concourut à la publication des œuvres de saint Jean Chrysostôme, éditées par sir Henri Saville. On a de Boyse un ouvrage posthume intitulé *Veteris interpretis cum Beza aliisque recentioribus collatio in quatuor Evangeliis et Actis Apostolorum*; Londres, 1655, in-8°.
Pits, *De Script. Angl.*

BOYSE (*Jean*), théologien anglican, natif d'Eithon (comté de Kent), mort en 1628. Il a publié, en anglais, une *Exposition sur les Psaumes*; Londres, 1628.
Bale, *De Script. Britan.*

BOYSE (*Samuel*), poëte anglais, né en 1708, mort en mai 1749. A dix-huit ans il alla étudier à Glasgow, y séjourna quelque temps, et y fit un mariage d'amour qui contribua à sa ruine. Il s'établit à Édimbourg, où il publia un volume de poésies qui lui valut le patronage de plusieurs personnes considérables, entre autres la duchesse de Gordon. Mais il paraît qu'il ne sut point profiter de ce retour de la fortune. Il vint alors à Londres, où il essaya encore de vivre du produit de sa plume, et où il mourut dans une complète indigence. Outre le *Tableau de Cébès*, 1731, il laissa : *the Deity* (la Divinité), le meilleur de ses ouvrages, imprimé pour la troisième fois en 1752, et qui se trouve aussi dans le recueil d'Anderson, intitulé *Poets of Great-Britain*.
Chalmers, *Biographical Dictionary*. — Aikin, *General Biography*. — *London Review*, III.

BOYSEAU (*Pierre DE*), marquis de Châteaufort, général espagnol, né à Saint-Gérard, près de Namur, en 1659; mort à Zamora, dans le royaume de Léon, le 26 juillet 1741. Il entra au

7.

service en 1785, et, après les batailles de Fleurus, de Steinkerke et de Nerwinde, où il se conduisit honorablement, il s'enferma dans la ville de Charleroi, assiégée par les Français. Chargé d'aller prévenir l'électeur de Bavière du danger de cette place, il traversa avec deux compagnons les lignes ennemies, fit prisonniers deux officiers supérieurs, et, à son retour, étant tombé dans une patrouille française, regagna seul et blessé la ville de Charleroi. Pendant la guerre de la succession, il embrassa le parti de Philippe V, et se distingua aux journées d'Eckern et de Ramillies, à Oudenarde, à Malplaquet et à Saragosse, où il couvrit la retraite de l'infanterie : ses services l'élevèrent successivement aux grades supérieurs. Nommé par le duc de Berwick commandant général des dragons en 1713, il se signala par des prodiges de valeur au siége de Barcelone, et contribua puissamment à la prise de cette place. Créé maréchal de camp, il participa en 1715 à l'expédition de Majorque, et, en 1717, à celle de Sicile, dans laquelle il vendit ses équipages, afin de pourvoir aux besoins de ses soldats. Après avoir servi en Afrique sous les ordres du marquis de Leyde, il obtint, en 1728, le gouvernement de Jaca et le titre de marquis de Châteaufort. En 1732, il conquit la ville d'Oran et gagna, deux ans après, dans le royaume de Naples, la bataille de Bitonto, ce qui lui valut la capitainerie générale de la Vieille-Castille.

Mémoires sur le règne de Philippe V, roi d'Espagne.

BOYSEN (*Pierre-Adolphe*), théologien luthérien, né à Aschersleben le 15 novembre 1690, mort le 12 janvier 1743. Il étudia à Wittemberg et à Halle. Ses principaux ouvrages sont : *Commentarius de viris eruditis qui sero ad literas admissi magnos in studiis fecerunt progressus*; Wittemberg, 1711; — *Historia Michaelis Serveti, dissertatione enarrata*; ibid., 1712; — *Eclogæ archeologicæ ad difficile Pauli iter; acta XXVI*, 9; Halle, 1713; — *Philosophumena Synesii Cyrenensis*; Magdebourg, 1714; — *Dissertatio historica et critica ad Actorum XIX de Asiarchis*, 1716; — *Commentatio de Legione fulminatrice M. Aurelii Antonini imperatoris*; Halberstadt, 1719.

Sax, *Onomasticon literarium*, t. VI.

BOYSEN (*Frédéric-Eberhard*), historien allemand, fils du précédent, né à Halberstadt le 7 avril 1720, mort le 4 juin 1800. A seize ans il fit ses premières études à Magdebourg; il vint les compléter à Halle. Il remplit alors d'importantes fonctions dans l'enseignement. On a de lui : une *Traduction du Coran*, avec notes; Halle, 1773, gr. in-8°, et 1775; — *Monumenta inedita rerum Germanicarum, præcipue Magdeburgicarum et Halberstadiensium*, t. I; Leipzig et Quedlinbourg, 1761; — *Lettres théologiques* en allemand; Quedlinbourg, 1765-1766; *Magasin historique universel*; Halle, 1767-1770; — *Histoire universelle, ancienne*; 10 vol.; ibid, 1767-1772; extraite de l'*Histoire universelle anglaise*; — *De voce* μυστήριον, sous le nom de Kuhn; Quedlinbourg, 1771; — *Ad Celsi* Σκωλήκων ἐλπίδα *commentatiuncula*; Halle, 1775; — *Lettres à Gleim*; Francfort, 1772, et Quedlinbourg, 1795.

Ersch et Gruber, *Allgemeine Encyclopædia*.

BOYSSAT. *Voy.* BOISSAT.

BOYSSIÈRES (*Jean* DE), sieur de la Boissière, poëte français, naquit à Clermont-Ferrand en 1555; et mourut vers le commencement du dix-septième siècle. Il y a lieu de croire qu'il mourut dans un âge peu avancé, car on ne cite plus aucun ouvrage de sa façon au delà de 1584; et sa fécondité précoce doit faire supposer que, d'elle-même, elle ne se serait pas arrêtée sitôt. Il fut destiné au barreau; mais il y renonça de bonne heure, pour se livrer entièrement au culte des Muses et à l'amour, ainsi qu'il nous l'apprend lui même dans des *stances sur la vie clérique*, qu'il regrette d'avoir abandonnée pour dissiper sa fortune,

Accourcissant mes jours et la lumière aussi
De mes yeux aveuglés.

Il voudrait revenir dans les *plaines limandres de l'Auvergne*, où il reçut le jour :

Car je perds dans la France et mon temps et ma peine.
La France l'ingrate... (1).

C'est en vain qu'il compte sur la protection du duc d'Alençon, qu'il appelle *le type de l'Hercule Gaulois*, et dont il célèbre les *hauts faits* d'une manière emphatique : ce prince et la France furent également ingrats envers lui. Au surplus, ses compositions poétiques ne se distinguent de la foule des ouvrages de ce genre publiés à cette époque, que par un caractère d'obscurité qui les rend parfois inintelligibles. Aussi l'abbé Goujet a-t-il observé avec quelque raison que Sylvie (nom de la première maîtresse de Boyssières) « n'a pas dû comprendre la ving-
« tième partie de tant d'éloges, de stances, d'o-
« des, de chansons, de complaintes, de pleurs,
« de désespoirs, qui composent les deux tiers
« des *premières œuvres amoureuses de Jean
« de Boyssières, Montfarrandin, dédiées à
« Monsieur, duc d'Anjou, et frère unique de
« Roy*; Paris, Montreuil, 1373, in-12; sans
« compter, ajoute le bon abbé, toutes les turpi-
« tudes dont ce sale recueil est rempli. » Sous ce rapport, nous ne le trouvons pas plus licencieux que la plupart des nombreux opuscules érotiques des autres *rithmailleurs* de son temps. Jean de Boyssières ne se borne pas toujours au genre élégiaque; il fait quelques excursions dans le domaine de la satire. C'est ainsi que nous trouvons dans le même recueil vingt et une stances intitulées *Des humeurs de la femme*, où il déploie contre cette *belle moitié du genre humain* toute l'âcreté d'une verve injurieuse; ce qui contraste, d'une manière assez piquante, avec le plus grand nombre de morceaux, où il

(1) *Premières œuvres amoureuses de Jean de Boyssières*; Paris, 1378, in-12, p. 445-449.

exalte les *perfections célestes* du même sexe. Il fit paraître en 1579 (Paris) les *secondes œuvres*, in-12, et les *troisièmes*, Lyon, 1579, in-4°. Duverdier nous apprend qu'il avait recueilli quelques *œuvres spirituelles, partie en prose, partie en vers*, Lyon, Anselin, in-4°; mais il ne fait pas connaître la date de cette publication. Plus tard, il mit au jour *la Croisade, ou voyage des chrestiens en la terre sainte*; Paris, Seviste, 1384, in-12. Il commença cet ouvrage à l'âge de trente ans; mais il n'en publia que trois chants, à la tête desquels on trouve une *gloire* à la duchesse de Nemours, sur les difficultés de la poésie épique. Moréri transforme cette ébauche en une histoire des croisades; et un plus savant biographe de nos jours a commis une autre erreur, en avançant que Boyssières avait eu la témérité d'entreprendre une traduction en vers de *la Jérusalem délivrée*, mais qu'il n'en avait fait imprimer que les trois premiers chants. Pendant un voyage qu'il fit en Piémont, deux de ses amis publièrent à Lyon une traduction en vers des douze premiers chants du *Roland furieux* d'Arioste, qu'il avait laissée entre leurs mains. Chaque chant est dédié à un personnage distingué du temps. Les éditeurs ont intercalé dans cette version ce qui avait été traduit des 4e, 5e, 6e et 11e chants par Mellin de Saint-Gelais, Baïf et Belleau. L'œuvre du poëte auvergnat ne gagne guère à ce rapprochement. Voici le titre exact de cette traduction, qui n'a été rapporté par aucun des bibliographes que nous avons consultés : *l'Arioste françois de Jean de Boessière de Montferrand en Auvernie, avec les arguments et allégories sur chacun chant*; premier volume, Lyon, Ancelin, 1580, in-8°. J. LAMOUREUX.

La Croix du Maine et du Verdier, *Bibliothèques françaises*. — Goujet, *Bibliothèque française*, t. XII.

*BOYTACA ou BOYTAQUA (maître), célèbre architecte portugais, mort avant 1528. Dès l'année 1490, il fut employé par Jean II à la construction du couvent de Jésus de Sétubal. Ingénieur comme l'étaient alors tous les grands architectes, il se rendit, sous Emmanuel, en Afrique, où il fortifia Arzilla et Tanger (1). Nommé architecte du magnifique couvent de Batalia dès 1499, il ne tarda pas à trouver une occasion d'exercer son génie : ce fut lui qui éleva le monastère de Belem sur l'emplacement qu'occupait jadis la modeste chapelle du Rastello, où Vasco de Gama allait faire ses dévotions, lorsqu'il dut accomplir son voyage aux Indes en 1497. Tous les voyageurs artistes qui ont visité le couvent de Belem, et M. le baron Taylor entre autres, sont d'accord sur le caractère vraiment original de cette magnifique construction, édifiée au bord de la mer, et destinée à rappeler un des faits les plus mémorables de l'histoire de la navigation. Quoique ces constructions aient été commencées en 1501, M. de Raczynski n'ose affirmer que Boytaca en ait été le premier architecte; mais il en fut certainement le plus habile, et cette opinion est aujourd'hui consacrée par les maîtres de l'art. Il eut pour successeur le célèbre Castilho. FERDINAND DENIS.

Le comte A. de Raczynski, *Dictionnaire historico-artistique du Portugal*. — Le même, *les Arts en Portugal O Panorama, Jornal literario*, 8 vol. gr. in-8° à 2 col.

BOYVE (*Jonas*), chroniqueur suisse, né en 1656, mort en 1739. Il fut ministre et pasteur de l'église des Fontaines, dans la principauté de Neufchâtel. Il composa plusieurs ouvrages restés manuscrits, parmi lesquels on remarque : *Annales historiques du comté de Neufchâtel et Valangin, depuis les Romains jusqu'à nos jours*; Neufchâtel, 1722, 3 vol. in-fol.

Son petit-fils *Jérôme-Emmanuel* a donné un abrégé du *Dictionnaire monétaire*, édit. de Jonas Boyve, sous le titre de *Recherches sur l'indigénat helvétique*; Neufchâtel, 1778; Berne, 1795, in-8°.

Biographie universelle.

BOYVE (*Jean-François*), jurisconsulte suisse, vivait dans la première moitié du dix-huitième siècle. Il était avocat, et maire de Bevaix. Il a laissé : *Définitions et explications des termes du droit, consacrés à la pratique du pays de Vaud*; Berne, 1750, in-12; — *Remarques sur les lois et statuts du pays de Vaud*; Neufchâtel, 1756, 2 vol. in-12; — *Examen d'un candidat pour la charge de justicier de Neufchâtel et Valangin*; ibid., 1757, in-8°; — quelques ouvrages restés inédits.

Biographie universelle.

BOYVEAU-LAFFECTEUR, médecin français, né à Paris vers 1750, mort dans la même ville en 1812. Il travaillait chez un notaire lorsqu'on lui apprit la composition du rob anti-syphilitique qui porte son nom. Ses principaux écrits sont : *Recherches sur la méthode la plus propre à guérir les maladies vénériennes, soit récentes, soit invétérées*, 1789, in-8°; — *Observations sur les maladies vénériennes*, 1798, in-8°; — *Traité des maladies vénériennes anciennes, récentes, occultes et dégénérées, et méthode de leur guérison par le rob anti-syphilitique*; Paris, 1814, in-8° : cet ouvrage refond les deux précédents; — *Traité des maladies physiques et morales des femmes*, 4e édition; Paris, 1812 et 1819; — *Précis historique et Observations sur les effets du rob anti-syphilitique de Boyveau-Laffecteur*; Paris, 1821, in-8°, 4e édition.

Quérard, *la France littéraire*. — *Biographie universelle*.

BOYVIN (*René*). Voy. BOIVIN.

BOYVIN (*Jean*), jurisconsulte franc-comtois, né à Dôle en 1580, mort le 13 septembre 1650. On a de lui : *Histoire du siège de Dôle en 1636*; Dôle, 1637 : c'est un véridique et intéressant récit; — *la Coutume de Franche-*

---

(1) Boytaca fut employé plusieurs fois à la fortification des diverses places possédées par les Portugais en Afrique. Il reçut à cette occasion l'ordre de chevalerie.

Comté annotée; — *Traité général des monnaies.*

BOYVIN (*Claude-Étienne*), fils du précédent, vivait dans la seconde moitié du dix-septième siècle. Il fut général ou administrateur des monnaies de la Bourgogne, et publia : *le Bon Bourguignon*, en réponse au *Bellum Sequanicum secundum* de Jean Morelet, de Dijon, 1672; il y est question de la conquête de la Franche-Comté par Louis XIV.

Papillon, *Bibliothèque des Auteurs de Bourgogne*.

BOYVIN (*François* DE). Voy. BOIVIN.

BOZE (*Claude* GROS DE), numismate et archéologue français, né à Lyon en 1680, mort le 10 septembre 1753. Il se destina d'abord à la magistrature, fit son droit à Paris, et y fut reçu avocat en 1698. C'était un usage établi depuis longtemps à Lyon qu'un jeune avocat prononçât chaque année, le jour de Saint-Thomas, une harangue solennelle en présence de tous les fonctionnaires, et jouît ce jour-là de toutes les prérogatives du prévôt des marchands. Boze fut choisi en 1699, par les magistrats de Lyon, pour prononcer ce discours. Il s'acquitta avec distinction de cette tâche difficile; et ce premier succès semblait devoir décider du barreau sa vocation encore incertaine, lorsque la connaissance qu'il fit, à son retour à Paris, de trois numismates célèbres, Vaillant, Oudinet et le P. Hardouin, le détermina à se livrer exclusivement à l'étude de l'antiquité. Il fut nommé, en 1705, élève de l'Académie des inscriptions, devint, l'année suivante, pensionnaire de cette société, et fut élu, la même année, secrétaire perpétuel, quoiqu'il n'eût que vingt-six ans. En 1715, il refusa la place de sous-précepteur du roi Louis XV, et fut admis à l'Académie française comme successeur de Fénelon. Nommé, en 1719, garde du cabinet des antiques, il se défit aussitôt, pour n'avoir plus à s'occuper que de ce cabinet, de la riche collection qu'il avait formée lui-même, et qui passait, avec raison, pour une des plus belles qui existassent à cette époque. Le cabinet des antiques fut transféré, en 1741, de Versailles à Paris; Boze donna, l'année suivante, sa démission de secrétaire perpétuel de l'Académie des inscriptions et belles-lettres, afin de pouvoir donner tout son temps au classement devenu nécessaire par cette translation. Ce classement et le catalogue, pour la rédaction duquel il s'adjoignit, en 1745, l'abbé Barthélemy, qui devait être plus tard son successeur, sont au nombre des plus importants services rendus par de Boze à la science. Ses principaux ouvrages sont : *Traité historique sur le jubilé des Juifs*; Paris, 1702, in-12; — *Dissertation sur le culte que les anciens ont rendu à la déesse de la santé, et sur quelques médailles qui y ont rapport*; Paris, 1705, in-12; — *Dissertation sur le Janus des anciens*, etc.; ibid., 1705, in-12; — *Explication d'une inscription antique trouvée à Lyon où sont décrites les particularités des sacrifices que les anciens appelaient tauroboles*; ibid., 1705, in-8°; — *Éloge du P. Mabillon*; ibid., 1708, in-4°; — *Médailles sur les principaux événements du règne de Louis le Grand*; 2ᵉ édit., 1723, in-fol.; — *Histoire de l'Académie royale des inscriptions et belles-lettres depuis son établissement* (en collaboration avec l'abbé Paul Tallemant et l'abbé Goujet); Paris, 1740, 3 vol. in-8° et in-12; Amsterdam, 1742, 2 vol. in-12 : tous les éloges qui s'y trouvent, excepté les six premiers, appartiennent à de Boze; — *Lettre sur une médaille antique de Smyrne, du cabinet du comte de Thoms*, etc.; la Haye, 1744, in-4°; — *Démétrius Soter, ou le Rétablissement de la famille royale sur le trône de Syrie*; Paris, 1745, in-12; — *le Livre jaune, contenant quelques conversations sur les logomachies*; Bâle, 1748, in-8° (très-rare).

Le Bas, *Dict. encyclop. de la France*. — Quérard, *la France littéraire*.

BOZE (*Joseph*), peintre français, né vers 1746, mort en 1826. Cet artiste vécut à une époque où il y eut un art démocratique, un art anarchique et hébertiste, un art jacobin et spiritualiste, un art monarchique; et pendant que Hébert faisait abattre les clochers, parce que, plus élevés que les autres monuments, ils blessaient l'égalité; pendant que David faisait le programme de la fête à l'Être suprême, que les jacobins avaient fait décréter par la Convention, Boze, fidèle à la cause royale, brava la mort dans le procès de Marie-Antoinette, et fut jeté en prison. Il n'en sortit qu'après le 9 thermidor, et passa en Angleterre. Avec la restauration, il revint en France; et tandis que l'ancien régime se reconstituait autant que possible, Boze, de son côté, se remit à faire de l'art monarchique. Il avait peint Louis XVI, il peignit Louis XVIII; il aurait peint Charles X, si la mort, qui le frappa en 1826, ne lui avait enlevé cet honneur.

Gabet, *Dict. des Artistes*. — Le Bas, *Dictionn. encyclop. de la France*.

BOZIO (*Thomas*), théologien italien, natif d'Eugubio, mort à Rome en 1610. Il était prêtre de l'oratoire de la congrégation de Saint-Philippe de Néri, et a composé : *De imperio virtutis, de robore bellico*; Rome, 1593, in-4°; Cologne, 1601, in-8°; — *De signis Ecclesiæ De libri XXIV*; Rome, 1591, 2 vol. in-fol.; ibid., 1596, in-4°; Cologne, 1598, in-8°; — *De ruinis gentium et regnorum; de antiquo et novo Italiæ statu*; Rome, 1594; Cologne, 1595, in-8°; — *De jure divino*; Rome, 1600, in-4°; — *Annales Antiquitatum*, dont il n'a paru que deux volumes; l'ouvrage entier devait en avoir dix.

Son frère, *François Bozio*, a publié : *De temporali Ecclesiæ monarchia*; Cologne, 1602, in-4°.

Richard et Giraud, *Biblioth. sacrée*.

****BOZZETTI** (*Camillo*), sculpteur vénitien, vivait au commencement du dix-septième siècle.

On voit de lui à l'église Saint-Sébastien de Venise un bon buste de Paul Véronèse.   E. B—N.

Cicognara, *Storia della Scoltura*. — Quadri, *Otto Giorni in Venezia*.

*BOZZOLI (*Joseph*), traducteur d'Homère et de Virgile en vers italiens, né à Mantoue le 16 mars 1724, et mort dans la même ville à la fin du dix-huitième siècle. Il entra, à l'âge de dix-neuf ans, dans la compagnie de Jésus. Versé dans la connaissance des sciences et des lettres, il fut d'abord chargé de professer la physique expérimentale au séminaire de Rome, et se fit remarquer par la nouveauté de ses leçons sur la machine électrique. Il fut ensuite pourvu de la chaire de droit canonique et d'histoire ecclésiastique dans le même établissement. Après la suppression de la société de Jésus, il revint à Mantoue. Choisi pour professer les langues orientales à l'université de cette ville, il devint ensuite directeur de la Bibliothèque royale. Il publia, de 1769 à 1779, la traduction en vers de *l'Iliade* et de *l'Odyssée* d'Homère : *l'Iliade d'Omero tradotta in ottava rima*; Rome, 1769-1770, 4 vol. in-8°; — *l'Odyssea di Omero, tradotta in ottava rima*; Mantoue, 1778-1779, 4 vol. in-8°. L'une et l'autre traduction est accompagnée de notes très-détaillées. Il exerça aussi son talent de traducteur sur l'épopée de Virgile, et fit paraître *l'Éneida di Virgilio; tradotta in ottava rima*; Crémone, 1782-1783, 2 vol. in-8°. S'il faut s'en rapporter au continuateur de Ribadeneira, beaucoup de personnes regardent ou plutôt proclament la traduction de Bozzoli comme préférable à celle d'Annibal Caro. Il est douteux que ce jugement ait été ratifié par tous les littérateurs.

J. Lamoureux.

Bibliotheca Scriptorum societatis Jesu; Supplementum alterum (auctore Caballero); Romæ, 1816, in-4°.

BRA (*Henri* de), médecin hollandais, né à Dockum, dans la Frise, le 25 septembre 1555. Après avoir visité les plus célèbres universités, et en particulier celle de Paris, il revint dans sa patrie, et pratiqua successivement la médecine à Dockum, à Leuvarde, à Kempten et à Zutphen. Ses ouvrages ne sont que de pures compilations; on y trouve peu de raisonnement, et encore moins d'éclaircissements sur le fond des matières qui en font les sujets. On a de lui : *Medicamentorum simplicium et facile parabilium, ad calculum, enumeratio, et quomodo iis utendum sit, brevis institutio*; Francker, 1589, 1591, in-16; — *Ad Icterum et Hydropem*; Leyde, 1590, 1597, 1599, in-16; — *Adversus epilepsiam*; Arnheim, 1603, 1605, in-16; — *Pestilentia veneno adversantium*; Francker, 1605, in-16; Leuvarde, 1616, in-16 : ce traité est de Sneberger; Bra l'a seulement corrigé et augmenté; — *De curandis Venenis per medicamenta simplicia et facile parabilia libri duo*; Francker, 1603, in-8°; Leuvarde, 1616, in-16; — *De novo quodam morbi genere, Frisiis et Wesphalis peculiari, observatio una cum Joannis Henricii ad eam responsione*, dissertation insérée dans le livre XIX des *Observations médicales*, de Pierre Forest; Leyde, 1595, in-8°.

André, *Biblioth. Belgica*. — Sweert, *Athenæ Belgicæ*. — Freher, *Theatrum eruditorum*. — Manget, *Biblioth. Scriptorum medicorum*.

BRAAM (*Pierre Van*), poëte hollandais, né à Vianen le 22 décembre 1740, mort à Dordrecht le 28 septembre 1817. Il exerça la profession de libraire, et cultiva en même temps la poésie. Il publia en 1809 un recueil de ses poésies latines. Ses vers hollandais sont épars dans divers recueils périodiques.

Parnassus latino-belgicus. — *Biograph. Woordenboek der Nederlanden*.

BRAAM-VAN-HOUCK-GEEST (*André-Éverard Van*), voyageur hollandais, vivait dans la seconde moitié du dix-huitième siècle. Après avoir servi dans la marine, il alla en Chine avec le titre de subrécargue de la compagnie des Indes. De Canton et de Macao, où il résida jusqu'en 1773, il revint en Europe, et demeura dans la province des Gueldres jusqu'en 1783, époque où il s'établit en Amérique, dans la Caroline méridionale. Des pertes de famille le firent retourner en Chine. Le 9 décembre 1795, il quitta, de nouveau ce pays pour revenir aux États-Unis. Ses manuscrits, remis par lui à Moreau de Saint-Merry, furent publiés en français par ce dernier, sous ce titre : *Voyage de l'ambassade de la Compagnie des Indes hollandaises vers l'empereur de la Chine en 1794 et 1795, où se trouve la description de plusieurs parties de cet empire inconnues aux Européens*; Philadelphie, 1797-1798, 2 vol. in-4°, avec cartes et planches.

Avertissement, en tête du *Voyage* de Braam-Van-Houk-Geest.

BRABANT (comtes et ducs DE). Anseghise, père de Pepin Héristal, passe pour le premier seigneur du Brabant. Charlemagne et ses enfants furent maîtres de ce pays jusqu'à *Othon*, fils du prince Charles de France, duc de la basse Lorraine, mort en 1004 sans postérité : *Gerberge*, sa sœur, mariée à Lambert 1er, comte de Mons et de Louvain, devint la tige des ducs de Brabant, qui portaient d'abord le titre de *comtes*. Cette tige s'éteignit au quinzième siècle. — Le prince royal de la Belgique porte aujourd'hui le titre de *duc de Brabant*.

BRABANT (*Henri le Guerroyeur*, duc DE), fils de Godefroy III, mourut à Cologne le 5 septembre 1235. Il avait été associé au gouvernement de son père dès 1172. Il partit pour la terre sainte avec des troupes d'élite, afin d'accomplir un vœu de croisade que son père avait fait, et eut pendant presque tout le reste de sa vie les armes à la main contre différents seigneurs ses voisins. Ce fut Henri le Guerroyeur qui le premier prit le titre de duc de Brabant; ce fut aussi lui qui le premier porta le lion dans son écu.

BRABANT (*Henri II*), fils du précédent, et surnommé *le Magnanime*, mourut le 1er février

1248. Il se fit respecter de ses voisins par sa valeur, et mérita l'amour de ses sujets par la douceur de son gouvernement. En 1247, après la mort du duc de Thuringe, landgrave de Hesse, il alla prendre possession de la Thuringe et des alleux de ce pays avec sa seconde femme Sophie, et le fils qu'elle lui avait donné.

BRABANT (*Henri III*, duc DE), *le Débonnaire*, mort le 28 février 1261. Il fut juste, modéré, et sans ambition; il cultivait la poésie française, et le président Fauchet lui attribue quelques chansons.

BRABANT (*Jean I*er, duc DE), surnommé *le Victorieux*, né en 1250, mort le 14 mai 1294. Il succéda à Henri III, son père, au préjudice de Henri, son aîné, soutenu qu'il était par sa mère Alix. Les états de Brabant sanctionnèrent en 1267 la renonciation que Henri s'était déterminé à faire. En 1269, Jean épousa Marguerite de France, fille de saint Louis; puis il marcha au secours de Jeanne de Navarre, menacée par les rois de Castille et d'Aragon. Ici se place un incident qui peint bien les mœurs de cette époque. Ayant appris l'incarcération de Marie de Brabant, reine de France, accusée d'avoir fait périr par le poison le prince Louis, son beau-fils, pour assurer le trône à ses propres enfants, Jean prit un vêtement de cordelier, et, ainsi déguisé, alla interroger sa sœur; puis il vint défier à Paris quiconque oserait soutenir l'accusation. Elle fut en effet déclarée innocente, et Pierre la Brosse, qui l'avait dénoncée, fut pendu à Montfaucon. Revenu d'Aragon avec le roi de France, il prit possession, après une lutte de quelques années, de la province du Limbourg. Il tua en un combat singulier son compétiteur, Henri de Luxembourg, dans la journée de Woeringen, le 5 juin 1288. Grande fut la joie du vainqueur, qui remplaça le cri de guerre de ses ancêtres, *Louvain au riche duc!* par celui de *Limbourg à celui qui l'a conquis!* En 1292, il fut établi juge suprême des provinces entre la mer et la Moselle, par l'empereur Adolphe. Il mourut des suites d'une blessure reçue dans un tournoi en joutant contre Pierre de Bauffremont.

BRABANT (*Jean II*, duc DE), surnommé *le Pacifique*, fils du précédent, mourut le 27 octobre 1312. Il se trouvait à Londres lors de la mort de son père. Quoique ami de la paix, il fut engagé dans des guerres avec les comtes de Hollande. Les Brabançons lui durent l'ordonnance dite *du Bien public*, aux termes de laquelle il s'engageait à maintenir leurs libertés, lois et priviléges, les villes du Brabant. Par la charte dite *de Cortemberg*, il institua le conseil souverain de la même province, et fit aux ecclésiastiques de ses États diverses concessions.

BRABANT (*Jean III*, duc DE), dit *le Triomphant*, mort le 5 décembre 1355. Sa minorité fut orageuse: deux villes, Bruxelles et Louvain, crurent le moment favorable pour l'extension de leurs priviléges. On sait qu'en Allemagne comme en France c'était le rêve des villes considérables du temps. D'abord menacé par Jean de Luxembourg, que le roi de France avait suscité contre lui, ainsi que par d'autres princes, il marcha contre eux si résolûment qu'ils n'osèrent accepter la bataille, et Philippe de Valois rechercha son alliance; il l'attira à Compiègne, et donna en mariage la fille du roi de Navarre au fils aîné de Jean. Le roi de France interposa aussi sa médiation entre le duc et l'évêque de Liége. Un instant détaché de la France par Édouard III, il revint à cette alliance en s'unissant aux Français ainsi qu'au comte de Flandre. En 1350 il confirma les priviléges du Brabant.

BRABANT (*Jeanne*), fille de Jean III, duchesse de Brabant, morte en 1406. Les trois fils légitimes du dernier duc étant morts sans postérité, Jacqueline lui succéda en 1356. Elle entra à Louvain avec le duc Wenceslas de Luxembourg, son mari. Mais ils eurent à combattre les armes à la main, et pendant longtemps, les prétentions du comte de Flandre. Enfin, Anvers cédé au comte mit fin à la guerre. Une autre s'alluma ensuite : elle eut une issue moins heureuse. Le duc de Juliers vainquit à Bastwilliers Wenceslas. Il le fit prisonnier, et ne lui rendit la liberté qu'aux plus dures conditions.

BRABANT (*Antoine*, duc DE), mort le 25 octobre 1415. Il était fils de Philippe le Hardi, duc de Bourgogne. Il devint duc de Brabant du chef de sa mère, héritière de la duchesse Jeanne. En 1420, il marcha au secours de Jean de Bourgogne contre la faction d'Orléans. Il fut tué, au service de la France, à Azincourt.

BRABANT (*Jean IV*, duc DE), fils du précédent, mourut le 17 avril 1427. En 1418, il épousa Jacqueline, comtesse de Hollande et de Hainaut, sa cousine, qui fit casser son mariage par l'antipape Benoît XIII, pour épouser Humphrey, duc de Glocester. L'étranger se mêla de la querelle, sous prétexte de réconcilier les époux. Philippe le Bon, duc de Bourgogne et cousin du duc de Brabant, se déclara hautement contre ce mariage, et envoya le comte de Saint-Pol avec des troupes en Hainaut. Toute la noblesse d'Artois, de Flandre et de Picardie prit en même temps les armes pour le duc de Brabant. Cependant le duc de Glocester vint avec 5,000 Anglais joindre la comtesse Marguerite, sa belle-mère, qui rassemblait de son côté toutes les forces du Hainaut; mais, après avoir remporté quelques avantages sur ses ennemis, il retourna en Angleterre, laissant comme gage de son retour Jacqueline, sa femme, à Mons. Les habitants la livrèrent au duc de Bourgogne. Conduite à Gand, elle s'échappa déguisée en homme, et s'enfuit en Hollande. Le pape déclara nul le second mariage de la femme de Jean de Brabant; celui-ci passa en Hollande en 1425, y fut inauguré comte; et, la même année, il obtint du pape Martin V une bulle pour l'érection de l'université de Louvain. Il mourut sans postérité, et eut pour successeur son frère, le comte de Saint-Pol et de Ligny, qui mourut en 1430, sans laisser également d'héritier direct. Avec lui s'éteignit la ligne des ducs souverains de Brabant.

Les États de Brabant se donnèrent alors pour chef Philippe le Bon, duc de Bourgogne, contre les prétentions de Marguerite, comtesse douairière de Hollande. C'est ainsi que le Brabant fut uni aux vastes domaines de la maison de Bourgogne ; de celle-ci il passa dans la maison d'Autriche, et aujourd'hui il forme une des plus belles provinces du royaume de Belgique. [*Enc. des g. du m.*, avec add.]

Justel, *Histoire d'Anvers.* — Valère André, *Topogr. Belg.* — Louis Guichardin, *Description des Pays-Bas.* — De Barante, *Histoire des ducs de Bourgogne.*

*BRACCELLI (*Giovanni-Battista*), peintre italien, né à Gênes en 1584, mort en 1609. Dédaignant la sculpture en bois, qu'exerçait son père, il s'adonna à la peinture, et entra dans l'atelier de G.-B. Paggi. Il y fit de rapides progrès ; mais, entraîné par l'amour du travail, il ne sut pas ménager sa santé, et fut enlevé aux arts avant d'avoir accompli sa vingt-cinquième année.

E. B—N.

Orlandi, *Abbecedario.* — Ticozzi, *Dizionario.*

BRACCESCO DAGLI ORZI NOVI (*Jean*), philosophe hermétique, natif de Brescia, vivait au milieu du seizième siècle. Il fut prieur des chanoines réguliers de Saint-Segond. On a de lui : *la Espositione di Geber, filosofo, nella quale si dichiarano molti nobilissimi secreti della natura;* Venise, 1544, 1551, 1562, in-12 ; — *Legno della vita, nel quale si dichiara qual fosse la medicina per la quale li primi padri vivevano nove cento anni;* Rome, 1542, in-8° : ces deux ouvrages se trouvent traduits en latin dans le recueil de Grataroli, intitulé *Vera alchemia doctrina;* Bâle, 1561, in-fol. ; 1572, 2 vol. in-8°, et dans le t. Ier de la *Bibliotheca chimica* de Manget ; ils ont aussi été publiés sous ce titre : *de Alchemia Dialogi duo;* Lyon, 1548, in-4° ; — *Demogorgon, dialogus,* dans le recueil de Grataroli ; — *Sermoni divotissimi del beato Efrem,* traduits du grec ; Venise, 1544 et 1545, in-8°.

Biographie médicale. — Mazzuchelli, *Scritt. d'Italia.*

BRACCI (*Dominique-Augustin*), archéologue italien, né à Florence le 11 octobre 1717, mort dans la même ville vers l'an 1792. Il s'adonna toute sa vie à l'étude des antiquités avec une sorte de passion. On a de lui : *Dissertazione sopra un clipeo votivo spettante alla famiglia Ardaburia, trovato, l'anno* 1760, *nelle vicinanzi d'Orbitello;* Lucques, 1781, in-4° ; dissertation intéressante pour l'histoire du cinquième siècle ; — *Commentaria de antiquis sculptoribus qui sua nomina inciderunt in gemmis et cameis, cum pluribus monumentis ineditis,* en latin et en italien ; Florence, 1er vol., 1784, in-fol. ; ibid., 2e vol., 1786.

Tipaldo, *Biografia degli Italiani illustri.*

*BRACCI (*Pietro*), sculpteur romain, vivait vers la moitié du dix-huitième siècle. Son style se ressent du mauvais goût de cette époque, mais on trouve dans ses ouvrages de la hardiesse de conception, jointe à une grande habileté de main. Les églises de Rome sont remplies de sculptures de Bracci ; les principales sont un bas-relief de *Saint Jean-Baptiste devant Hérode,* à Saint-Jean de Latran ; six *Anges* de bronze au maître-autel de Sainte-Marie-Majeure ; enfin à Saint-Pierre, la statue colossale de saint Vincent de Paul, et les tombeaux de Benoît XIV et de la reine d'Angleterre Marie-Clémentine, femme de Jacques III.

E. B—N.

Cicognara, *Storia della scoltura.* — Pistolesi, *Descrizione di Roma.*

BRACCIO (*Alessandro*), poëte et littérateur italien, natif de Florence, mort en 1503. Aussi habile en politique que versé dans les lettres, il fut secrétaire d'État de la république de Florence. Au moment de sa mort, il était ambassadeur auprès d'Alexandre VI. On a de Braccio : une *traduction italienne* d'Appien ; Venise, 1538, in-8° ; ibid., 1554, 2 vol. in-8° ; ibid., 1559, 3 vol. in-12. Ses poésies latines sont inédites, et se trouvent dans la bibliothèque Laurentienne.

Paitoni, *Biblioth. degli autori antichi volgarizzati.* — Clément, *Biblioth. curieuse.* — Mazzuchelli, *Scrittori d'Italia.*

BRACCIO DE MONTONE (*André*), célèbre condottiere italien et seigneur de Pérouse, né à Pérouse en 1368, mort en 1424. Il était de la famille noble de Fortebracci. Il prit Rome en 1417, et lutta contre Sforza, le général du nouveau pape ; puis il entra au service de Naples, où il continua à combattre son antagoniste. Les guerriers d'Italie de cette époque appartenaient à l'école de Sforza ou à celle de Braccio de Montone ; le pays était divisé entre les *Bracceschi* et les *Sforzeschi,* dont la rivalité allait jusqu'à la haine la plus profonde.

Son fils *Charles,* dit *Piccino,* commanda les troupes de Venise. [*Enc. des g. du m.*]

Pomp. Totti, *Elogi di Capit.* — Antoine Campano *Vie de Braccio.*

*BRACCIOLI (*Giovanni-Francesco*), peintre, né à Ferrare en 1697, mort en 1762. Il fut élève de Crespi, et débuta par quelques tableaux de galerie qui annonçaient un artiste de talent ; malheureusement ses facultés mentales s'affaiblirent, et pendant une carrière encore assez longue il ne traîna plus qu'une existence misérable et inutile.

E. B—N.

Baruffaldi, *Vite de' Pittori, etc., Ferraresi.*

BRACCIOLINI (*François*), poëte italien, né à Pistoie le 26 novembre 1566, mort dans la même ville le 31 août 1646. Il avait près de quarante ans lorsqu'il embrassa l'état ecclésiastique, pour posséder un canonicat dans sa patrie. Le cardinal Maffeo Barberini le prit pour secrétaire pendant sa nonciature en France. Parvenu à la tiare sous le nom d'Urbain VIII, il le plaça auprès de son frère le cardinal Antoine Barberini. Pendant son séjour à Rome, Bracciolini eut des relations fréquentes avec les illustrations de l'époque. Il se serait fait aimer, si une sordide avarice n'eût terni ses meilleures qualités. Ses principaux ouvrages sont : *la Croce conquistata, poema eroico, canti XV*; Paris, 1605, in-8°, augmenté et divisé en 35 chants; Venise, 1611, in-4°, avec les allégories de l'auteur; ibid., 1614, in-12: beaucoup de critiques italiens placent ce poëme immédiatement après *la Jérusalem délivrée*; — *lo Scherno degli Dei, poema eroico-giocoso, canti XIII, colla Fillide Civettina, e col Batino dell' istesso autore*; Florence, 1618, in-4°; Venise, 1618, in-12; édition corrigée et augmentée de 6 chants; Florence, 1625, in-4°; Rome, 1626, in-12 : ce poëme, dans lequel le poëte tourne en ridicule les divinités du paganisme, a été mis à côté de *la Secchia rapita*; — *l'Elezione di papa Urbano VIII, poema eroico in XXII canti*; Rome, 1628, in-4°; — *la Roccella espugnata*, poëme héroïque en vingt chants; Rome, 1630, in-12; — trois tragédies, *l'Evandro, l'Arpalice, la Pentiselea*; ibid., 1612, 1613 et 1615, in-8°; — *l'Amoroso sdegno, favola pastorale*; Venise, 1597, in-12; corrigée par l'auteur, Milan, 1597; — *Ero e Leandro, favola marittima, con gli intermedj apparenti*; ibid., 1630, in-12; — *il Monserrato, dramma*; ibid., 1629, in-12. Urbain VIII, pour témoigner sa satisfaction à Bracciolini, lui permit d'ajouter à ses armes trois abeilles, qui forment celles des Barberini; et à son nom de famille, le surnom *dalle Api*.

Tiraboschi, *Storia della letteratura italiana*. — Mazzuchelli, *Scrittori d'Italia*. — Jovius, *Elogia*. — Vossius, *de Historicis latinis*. — Crasso, *Elogj d'uomini letterati*. — Allatius, *Apes urbanæ*. — Jean de Rossi (Erythræus), *Pinacotheca*. — Mongitor, *Bibliotheca Sicula*. — Baillet, *Jugement des savants*. — Ginguené, *Hist. litt.*

BRACCIOLINI. Voy. POGGIO.

BRACELLI (*Jacques*), historien italien, né vers la fin du quatorzième siècle à Sarzane, petite ville de Toscane, alors sous la domination génoise; mort en 1460. Il refusa d'être secrétaire du pape Nicolas V, son compatriote, et devint chancelier de la république de Gênes. Les Génois le députèrent, en 1435, au pape Eugène IV. Les ouvrages qu'il a laissés n'ont été publiés qu'après sa mort. Ce sont : *de Bello Hispano libri V*; Milan, vers 1477, in-8° : cet ouvrage, que Philippe Beroaldo a comparé pour le style aux *Commentaires de César*, est une histoire de la guerre que les Génois soutinrent contre Alfonse V; — *de Præcipuis Genuensis urbis familiis*, imprimé dans l'*Iter italicum* de Mabillon. Une édition des œuvres de Bracelli a été publiée à Gênes et à Paris, 1520, in-4°; réimprimée à Haguenau, 1530, in-4°, et plusieurs fois à Rome. Elle contient : *de Claris Genuensibus Libellus*; — *Descriptio Liguriæ*; — *Epistolarum liber*; — *Diploma, miræ antiquitatis Tabella in agro Genuensi reperta*. Les trois premiers ouvrages sont insérés dans le t. Ier du *Thesaurus Antiquitatum* de Grævius.

Vossius, *de Historicis latinis*. — Soprani, *Scrittori Liguri*. — Oldoin, *Athenæum Ligusticum*. — Oldin, *de Scriptoribus ecclesiasticis*, t. III. — Fabricius, *Bibliotheca latina mediæ ætatis*. — Tiraboschi, *Storia della letteratura italiana*.

BRACH (*Pierre* DE), sieur de la Motte-Montussan, avocat et poëte, naquit à Bordeaux en 1549; il vivait encore dans les premières années du dix-septième siècle. Il était bien jeune lors qu'il commença à écrire; et il fit imprimer, en 1576, un volume in-4°, contenant le recueil de ses poésies. C'est un mélange de sonnets, d'odes, d'élégies, de poëmes sur des sujets assez disparates, tels que *le Combat de David et de Goliath*, et *l'Amour des veuves*. Son *Voyage en Gascogne* révèle un véritable talent descriptif. Dans ses vers amoureux, de Brach ne manque parfois ni de grâce ni de naturel; il n'a pas de verve, mais il est correct, et son style harmonieux, soigné, est fort supérieur à celui de la plupart des rimeurs ses contemporains. Il a cependant été si bien délaissé, que son livre a été signalé plusieurs fois (et même dans l'ancien catalogue imprimé de la Bibliothèque impériale) comme étant écrit en patois gascon, tandis que, de fait, il ne renferme qu'un seul sonnet en ce dialecte. En avançant dans la vie, de Brach renonça à des compositions originales; mais, admirateur du Tasse, dont le génie venait de se révéler, il entreprit de le faire connaître du public français. Il mit au jour, en 1584, une traduction en vers de *l'Aminte*; et en 1596 il fit paraître quatre chants de *la Jérusalem*. Ces versions, malgré quelques vers assez heureux, ne méritent point d'être tirées de l'oubli qui est leur partage. G. B.

Goujet, *Bibliothèque française*, t. XIII. — *Annales poétiques*, t. X. p. 95-112. — Violet-le-Duc, *Bibliothèque poétique*, t. I, p. 381.

BRACHMANN (*Louise - Caroline*), femme poëte allemande, née à Rochlitz le 9 février 1777, morte le 17 septembre 1822. Enfant précoce, elle manifesta de bonne heure beaucoup de talent pour la poésie. A Weissenfels, où son père, homme d'esprit et de moyens, occupait un emploi, Louise Brachmann fit la connaissance du poëte Novalis, qui exerça une grande influence sur son développement littéraire. Novalis la plaça sous le patronage de Schiller, qui admit les premières productions de sa jeune protégée dans son *Almanach des Muses* (1799). Après la mort de ses parents, elle vécut à Jéna, puis à Weissenfels, du produit de ses travaux littéraires. En 1800 elle fit paraître la première collection de ses poésies lyriques; plus tard, elle publia des romans et des nouvelles. Sa ballade de *Christophe Colomb* est pleine de verve dramatique. Presque toutes les créations de Louise Brachmann sont empreintes d'une suave mélancolie; partout on sent la main délicate de la femme. Elle réussit surtout à peindre l'amour malheureux. Désabusée de bien des illusions, elle mourut comme Sapho; elle mit fin à sa vie en se précipitant dans la Saale, près de Halle. Ses œuvres choisies ont été publiées par Schütz ; Leipzig , 1824.

Vie de Louise Brachmann, en tête de ses œuvres, éditées par Schütz.

BRACHT (*Tielman Van*), théologien protestant hollandais, né à Dordrecht en 1625, mort en 1664. Il fut pasteur de la communion mennonite dans sa ville natale. On a de lui plusieurs ouvrages de morale, dont les principaux sont : *Schole der zedelijke deugd*; Dordrecht, 1657, in-12; — *Het bloedig toneel*; ibid., 1660, in-fol.; Amsterdam, 1685, 2 vol.: c'est un martyrologe de sa secte; — *Sermons*; ibid., 1669, in-4°.

Walch, *Bibliotheca theologica*. — Schyn , *Historia Mennonitica*, p. 298.

* **BRACK** (*Venceslas*), vivait à Constance vers la fin du quinzième siècle : il prit le titre d'*artis professor et examinator*, et composa un dictionnaire latin dans lequel les mots sont rangés, non par ordre alphabétique, mais classés méthodiquement ; par exemple : du ciel et de ses parties; des noms de Dieux, etc. Cet ouvrage, intitulé *Vocabularium rerum Archonium appellatum*, parut pour la première fois à Augsbourg en 1478, in-fol. ; et il fut si bien accueilli, que, dans l'espace d'une trentaine d'années, il obtint plus de quinze éditions différentes.   G. B.

Brunet, *Manuel du Libraire*.

BRACO (*Pierre* DE), canoniste italien, vivait au milieu du quatorzième siècle. Il fut auditeur du sacré palais, et chapelain du pape Innocent VI. Il a laissé en manuscrit : *Utriusque juris Repertorium*, conservé à Cambrai ; — *Repudium ambitionis contra miseros cardinalium servitores*, à la bibliothèque du Vatican ; — *Compendium*, etc., conservé à Saint-Gratien de Tours.

Le Glay, *Catalogue des manuscrits de la Biblioth. de Cambrai*. — Oldoin, *Athenæum Ligusticum*. — Fabricius, *Bibliotheca Latina mediæ ætatis*.

BRACONNOT (*Henri*), chimiste français, né à Commercy (Meuse) le 29 mai 1781. Élève de Herman et Eberman, anciens professeurs de l'école centrale de Strasbourg, Braconnot, après avoir terminé ses études médicales à Paris, vint s'établir, en 1807, à Nancy, où il remplaça M. Villemot en qualité de professeur d'histoire naturelle et de directeur du Jardin des Plantes. On lui doit un grand nombre de recherches chimiques du plus haut intérêt, et même quelques découvertes. Ses travaux ont beaucoup contribué à amener l'analyse végétale au point de perfection qu'elle a atteint de nos jours. Il a composé de nombreux mémoires, dont plusieurs font connaître des acides nouveaux, auxquels l'auteur a donné les noms d'*acide fungique, bolétique, nancéique, ellagique, absynthique, pectique*, etc. Il a également écrit des mémoires sur plusieurs alcalis végétaux. M. Braconnot n'est point encore membre de l'Institut : sa modestie égale son mérite.

Quérard, *Supplément à la France littéraire*. — *Biographie des Hommes du jour*, t. V, part. 1re, p. 232. — Le Bas, *Dictionnaire encyclopédique de la France*.

BRACTON (*Henry* DE), le plus ancien jurisconsulte de l'Angleterre, naquit vers le commencement du treizième siècle (1200), dans le comté de Devon ; il étudia et prit le grade de docteur, à l'université d'Oxford, qu'on dit fondée par le roi Alfred, mais qui alors rivalisait avec celle de Paris. Elle avait pour dignitaire un chancelier, souvent délégué par le pape pour connaître des différends dans lesquels des ecclésiastiques se trouvaient mêlés (1). Dans l'ouvrage qu'il publia vers 1240 (2) sur les lois et coutumes de sa patrie, Bracton respecte la juridiction ecclésiastique, mais en fixe les limites avec soin. Il fut nommé, sans doute à cause du mérite éminent que révélait cette production, par Henri III, en 1244, juge *itinérant* (3) , c'est-à-dire l'un des grands juges d'Angleterre chargés avec d'autres, tels que Martin de Pateshulle, l'abbé de Radinge, etc., de parcourir les comtés et de présider l'*assise*. Le jury ne paraît pas encore avoir été organisé à cette époque ; aussi les décisions de ces magistrats, supérieurs aux baillis, en avaient d'autant plus d'importance. Bracton a soin de citer dans son livre celles de ses prédécesseurs. On ne sait à quelle époque est mort ce grand jurisconsulte.

Son ouvrage, qui a précédé celui de Beaumanoir et de P. de Fontaine, est un traité complet de législation et de jurisprudence : il est rédigé avec une clarté, une précision et une énergie admirables ; et on convient que son style (en latin) est supérieur à celui de ses contemporains Howard, dans son *Recueil des lois anglo-normandes*, lui reproche d'avoir sacrifié les coutumes nationales au droit romain ; mais de Bracton atteste, au contraire, qu'il a consulté fidèlement les lois et coutumes de sa patrie pour rédiger son traité. Que pouvait-il faire de mieux, en présence de la barbarie qui entourait la conquête des rois anglo-normands, que de les éclairer par la suprême équité des jurisconsultes romains, en empruntant ses principes généraux aux codes de Justinien, récemment découverts, peu connus, et surtout peu appliqués par les juges féodaux de son temps ? Au contraire, Bracton a rendu un immense service à son pays en remontant aux principes du droit et de la justice, et en puisant à cette source féconde ; et c'est ce qui fait que son ouvrage a été si souvent cité par Cocke, Blackstone et autres jurisconsultes postérieurs, et qu'il est supérieur à Beaumanoir et aux légistes de son siècle. Il est remarquable aussi que ce traité soit si méthodique et si complet. Il se compose de cinq livres, et d'une infinité de chapitres plus ou moins courts, et de 444 feuillets in-4°; mais en réalité il forme plus de 800 pages. Dans sa précision, il est plus détaillé peut-être que le grand commentaire de Blackstone ; il a été im-

(1) *Voy.* Rymer, 1245, *Bulle du pape Innocent*.
(2) Il cite lui-même, p. 298 de son ouvrage, la 21e année du règne de Henri III, dont l'avènement est de 1216.
(3) *De Itinere*, fol. 269, 268-297, 298, etc.

primé pour la première fois en 1569 in-fol., et une 2ᵉ en 1640, in-4°, par un jurisconsulte inconnu, T. N., qui l'a collationné soigneusement sur une foule de manuscrits, dont le principal a péri le 23 octobre 1731, dans l'incendie de la Cotton-Library. Il est étonnant que les Anglais, qui ont fait réimprimer avec tant de luxe le *Domesday-Book*, lequel, après tout, n'est qu'un cadastre de la conquête de Guillaume, n'aient pas fait réimprimer, sans abréviation, leur premier jurisconsulte, qui contient tant de décisions relatives aux familles et aux institutions de l'Angleterre, en l'accompagnant des éclaircissements nécessaires.

Lors du procès de Charles Iᵉʳ, en 1649, on invoqua l'autorité de Bracton pour autoriser le jugement du roi. Ce jurisconsulte, il est vrai, développant les devoirs des rois, dit qu'il faut des barrières à leur puissance si elle devient effrénée, et que la loi leur est supérieure (1). Mais il déclare ailleurs que le roi n'a pas d'égal; qu'il est la source de toutes les grâces et immunités (2) : nulle part il ne soulève la question d'un conflit entre le parlement et le prince, nulle part celle du jugement du roi par une haute cour, comme fut celui de Charles Iᵉʳ. Cependant Bracton écrivait sous un prince faible, qui fut obligé de souscrire aux statuts d'Oxford, proposés par les barons, et que saint Louis annula par sa sentence arbitrale de 1255.

Au reste, quoique l'éditeur anglais reproche à Bracton ses concessions à la puissance ecclésiastique et au pape, tout en les attribuant à l'ignorance des temps, on voit cependant que Bracton soutient ouvertement la puissance temporelle des empereurs, rois et princes (3) : et certes il y avait du mérite à soutenir ce principe, quand on voit, dans Rymer, la papauté intervenir si fréquemment dans les affaires intérieures de l'Angleterre, et quand on pense au conflit qui s'éleva un demi-siècle plus tard entre Boniface VIII et Édouard Iᵉʳ, ainsi qu'avec Philippe le Bel et les autres princes de l'Europe. Bracton paraît donc l'un des hommes les plus éminents du treizième siècle, et qui a rendu à l'Angleterre le plus grand des services en lui donnant un corps de droit écrit, à la place des coutumes qui, depuis la conquête, réunissaient les personnes et les propriétés, et qui se sont perpétuées jusqu'à nos jours, sans que ce grand pays ait encore obtenu le bienfait d'un code civil, comme la plupart des royaumes de l'Europe.

ISAMBERT.

Reeves, *History of the English Law*. — Prince, *Worthies of Devon*. — Blooke, *Bibl. leg.*, 11, 60. — *Biographia Britannica*. — Bale, Pits, *De scriptor. Angl*. — Tanner, *Biblioth*. — Chalmers, *Biogr. dict*. — Beugnot, *Introd. aux coutumes du Beauvoisis*, par Beaumanoir.

BRADFORD (*Jean*), théologien protestant

(1) *Voy. liv.* III, ch. IX.
(2) Ibid., I, 8; II, 24.
(3) Ibid., I, 8, 2.

anglais, né à Manchester au commencement du règne de Henri VIII, mort le 1ᵉʳ juillet 1555. D'abord commis chez sir John Harring, payeur général des armées anglaises, il se rendit coupable d'une infidélité dans ses comptes. Touché de repentir, il vendit tout ce qu'il possédait pour restituer la somme qu'il avait soustraite, et embrassa l'état ecclésiastique. Il se livra avec succès à la prédication, et devint successivement chapelain de l'évêque de Londres, chanoine de Saint-Paul, et chapelain d'Édouard VI. Après la mort de ce prince, il continua de prêcher la religion réformée. Sous le règne de Marie, accusé d'avoir fomenté une émeute, à laquelle un sermon prononcé contre le catholicisme par le docteur Bourne avait donné occasion, il fut arrêté et condamné à mort. On lui offrit le pardon, à condition de ne plus prêcher la religion protestante. Il le refusa, et fut exécuté à Smithfield. On a de lui : deux sermons, l'un sur le *Repentir*, l'autre sur la *Cène de Notre-Seigneur*; 1574, in-8°; — un recueil de lettres et de discours adressés pendant sa détention à un grand nombre de personnes, 1553; — des méditations, des prières, et un traité *du Repentir*, dans la collection de l'évêque Goverdale; 1552, in-8°.

Verheiden, *Elogia præstantiorum aliquorum theologorum*. — Rapin, *Histoire d'Angleterre*. — Richard et Giraud, *Bibliothèque sacrée*. — Rose, *New Biographical Dictionary*.

BRADI (*Agathe-Pauline*, comtesse DE), femme auteur, née à Paris le 1ᵉʳ mai 1782. Elle a écrit dans plusieurs journaux, écrits périodiques et recueils, tels que le *Dictionnaire de la Conversation*, le *Livre des Cent-et-Un*, etc.; elle a en outre publié : *une Nouvelle par mois*, ou *Lecture pour la jeunesse*, *depuis l'âge de dix à seize ans*; Paris, 1827; — avec M. Genevay : *Galerie Biographique*; — *Colonna*, ou *le Beau Seigneur, histoire corse du dixième siècle*; Paris, 1825; — *l'Héritière Corse*; Paris, 1823 et 1825, sous ce titre modifié : *Vannina d'Ornano*, ou *l'Héritière Corse*; Paris, 1825; — *Jeanne d'Arc* (en vers), 1825; — *Lettre d'une dame grecque, écrite de l'île de Corse*, 1ʳᵉ partie; Paris, 1815; — *le Secrétaire du dix-neuvième siècle, faisant suite au Savoir-vivre en France*; Paris, 1844.

Quérard, *la France littéraire*, et supplément au même ouvrage. — *Bibliographie de la France*.

BRADLEY (*Jacques*), célèbre astronome anglais, né à Sherbourn (Glocestershire) en mars 1692, mort à Chalford le 13 juillet 1762. Fils de Guillaume Bradley et de Jeanne Pound, sœur de Jacques Pound, connu par ses observations de la comète de 1680, et correspondant de Newton, il fut de bonne heure initié à la science qu'il devait illustrer un jour. Il fit ses premières études au collége Balliol à Oxford, prit en 1717 le grade de maître ès arts, et fut reçu, déjà en 1718, membre de la Société royale de Londres. Il avait à peine vingt-quatre ans lorsque son oncle Pound le recommanda à Halley comme un excellent observateur; et en effet, dès 1718 et 1719, on trouve du jeune Bradley quelques observations d'étoiles doubles (Castor et γ de la Vierge), dont John Herschel fit usage pour déterminer les orbites que ces étoiles décrivent en tournant l'une autour de l'autre, (Voy. *Mém. de la Soc. astron.*, t. V, p. 195 et 202). Ce fut vers la même époque qu'il observa les mouvements des satellites de Jupiter, et qu'il découvrit la plupart des inégalités qui furent plus tard discutées par Bailly (1).

A l'instigation de quelques amis, parents de sa famille, Bradley abandonna un moment l'astronomie pour la théologie : il fut ordonné prêtre (anglican), devint, en 1719, chapelain de l'évêque de Hereford, puis vicaire de Bridstow, dans l'Herefordshire; enfin recteur (curé) à Landwy-Welfry, dans le Pembrokeshire. Mais, dès 1720, il résigna ses fonctions pastorales pour se livrer exclusivement à sa science favorite, où il fut encouragé par le chancelier Macclesfield, Newton, Halley; et, l'année suivante, il succéda au professeur Keil dans la chaire d'astronomie à l'université d'Oxford.

Dès ce moment il s'engagea dans une série d'observations intéressantes, qu'il fit avec le long télescope de Huyghens, alors nouvellement adopté par les astronomes. Ce fut avec un de ces instruments, d'une longueur focale de 212 pieds, qu'il mesura, en 1722, le diamètre de Vénus. Trois ans après, il fut mis sur la voie de l'une des plus grandes découvertes astronomiques, et qui a, la première, fourni la démonstration complète du mouvement de translation de la terre autour du soleil : nous voulons parler du phénomène connu sous le nom d'*aberration de la lumière*. Pour en faire comprendre toute la portée, quelques détails scientifiques sont nécessaires.

Lorsqu'on observe pendant un an, par exemple, la même étoile, on remarque qu'elle éprouve des oscillations extraordinaires. Si cette étoile est située dans le plan de l'écliptique, on la verra pendant six mois faire un tout petit mouvement d'occident en orient : elle se déplacera ainsi d'environ 20″ en décrivant une ligne droite, c'est-à-dire que la place apparente de l'étoile diffère de la place réelle moins de la quatre-vingt-dixième partie du diamètre apparent du soleil (2); puis, pendant l'autre moitié de l'année, on la verra se mouvoir, en sens inverse, d'orient en occident, en se déplaçant de la même quantité, et en ligne droite. Si l'on braque la lunette sur les étoiles intermédiaires entre le pôle et l'écliptique, on les verra décrire de petites ellipses d'autant plus aplaties qu'elles se rapprocheront davantage du plan de l'écliptique.

Tel est le fait général qui fut pour la première fois nettement observé par Bradley. Mais quelle est la cause de ces mouvements singuliers, et comment pourrait-on les rattacher au mouvement de la terre?

Bradley fit les premières observations, qui le conduisirent à sa découverte de l'aberration, dans la maison de Molyneux à Kew, qui fut démolie il y a une vingtaine d'années, et dont le souvenir a été perpétué par une inscription du roi Guillaume IV. Associé dans ses travaux à Molyneux, il découvrit en 1727 le mouvement particulier, jusqu'alors inexpliqué, de l'étoile γ dans la constellation du Dragon, et en établit approximativement la loi à l'aide d'un secteur zénithal, élevé à Wanstead (1).

L'instrument dont il se servit à Wanstead était plus puissant que celui qu'il avait employé à Kew : il pouvait embrasser une plus grande portion du ciel.

Le fait général était, pour le répéter, nettement constaté; mais il restait encore à en trouver la cause; et ce que de longues méditations furent impuissantes à lui donner, le hasard le lui fournit. Le grand astronome, pour se délasser, se promenait un jour sur la Tamise : le bateau à voile qu'il montait glissait rapidement à la surface du fleuve, lorsque tout à coup ses yeux se fixèrent sur un phénomène qui aurait semblé vulgaire à tout autre qu'à Bradley : chaque fois que le bateau tournait pour s'approcher ou s'éloigner du rivage, la petite girouette au sommet du mât se mettait à osciller, comme s'il y avait eu un changement dans la direction du vent. Bradley vit d'abord, sans rien dire, ce phénomène se répéter trois ou quatre fois. Enfin, il rompit le si-

---

(1) Les tables de ces satellites, dressées d'après les observations de Bradley, ont été publiées dans la collection de Halley, Londres, 1749, et dans le t. XXX des *Philosoph. Transactions*.

(2) Il n'est pas étonnant qu'un déplacement si petit ait pu échapper aux astronomes antérieurs à Bradley.

(1) On conserve encore (au British Museum) la minute de cette observation, écrite (sur un chiffon de papier déchiré) de la main même du célèbre astronome. Voici la reproduction fidèle (avec les abréviations, la disposition des lignes, etc.) de cette minute (en anglais), telle que la donne le *Penny Cyclopædia*; elle est du plus haut intérêt pour l'histoire de la science, et montrera en même temps cette précision qui peut servir encore de modèle :

```
Dec 21 st Tuesday 8h 4,0' sider. time
Adjusted ye mark to ye Plumbline
  et then ye Index stood at 8
5h 48' 22'' ye star entred
   49 52 ½ star at ye Cross
   51 24 star went out
 s      could
At soon as I let go ye course
screw I perceived ye star too
Much to ye right hand et
so it continued till it passed
ye Cross thread and within a quarter
        was
of a minute after it had passed
        graduat
I turned ye fine screw till I saw
ye light of ye star perfectly
   bissected, an after ye obser
         vation I found ye index
      at 11 ¾, so that by this
         observation ye
           mark is about 3'' ¾
            too much south,
            but adjusting
              ye mark and pumbline
         I found ye index at 8 ½.
```

lence, et témoigna aux mariniers sa surprise d'une régularité aussi constante dans la direction du vent, chaque fois que le bateau virait de bord. « Ce n'est pas le vent qui change ainsi, lui répondirent les mariniers ; c'est la direction différente du bateau qui produit toujours ce changement apparent (1). » Cette réponse fut pour lui une révélation : le mouvement combiné du bateau et du vent le fit enfin songer (ce qu'il n'avait pas encore fait) au mouvement combiné de la terre et de la lumière lancée du soleil ; car à cette époque les belles observations de Roemer sur les satellites de Jupiter avaient déjà fait connaître la vitesse de la lumière, qui est dix mille fois plus grande que celle de la terre ; et cette différence suffit pour produire les petits déplacements dont nous avons parlé. Voilà comment Bradley trouva, en septembre 1728, la cause de l'aberration ; il communiqua immédiatement le résultat de ses observations à la Société royale de Londres (*Phil. Transact.*, n° 406, vol. XXXV, p. 637).

En 1732, Bradley transporta définitivement sa résidence à Oxford, où il professait avec éclat déjà depuis plusieurs années ; et le cabinet de Robert Walpole ne voulut se retirer qu'après avoir nommé Bradley au poste envié d'astronome royal. Cette nomination se fit le 3 février 1742, la veille de la retraite du premier ministre. Depuis cette époque jusqu'à 1747, il s'était livré à une suite d'observations qui amenèrent sa seconde découverte, la *nutation*, d'après laquelle on explique, mieux qu'on ne l'avait fait, le phénomène de la précession des équinoxes. On l'explique en admettant que l'axe de la terre ou le pôle de l'équateur, au lieu de se mouvoir uniformément autour du pôle de l'écliptique en décrivant un cercle régulier, décrit une courbe ondulée, comptant dans une révolution complète environ quatorze cents ondulations.

Bradley eut dans cette découverte importante un double mérite : d'abord il sut déterminer avec précision une très-petite quantité de mouvement, car le plus grand effet de la nutation est seulement la moitié de celui de l'aberration, et se trouve réparti sur dix-neuf années au lieu d'une ; puis il signala aussi la véritable cause du phénomène, savoir, la position de l'orbite de la lune par rapport à l'équateur : dans cette orbite les nœuds se déplacent de manière à accomplir une révolution dans un laps de dix-neuf ans, ou plus exactement dix-huit ans et demi. C'est là juste le temps que met le pôle de l'équateur à décrire une de ces ondulations mentionnées ; et des observations ultérieures ont montré que l'effet de la nutation est dû en grande partie à l'attraction que la lune exerce sur la terre, en tant que celle-ci n'est pas parfaitement sphérique (le rayon du pôle est plus petit que celui de l'équateur).

(1) L'authenticité de cette anecdote est garantie par Robison, qui pouvait la tenir d'un collègue de Bradley. Voy. Robison, *Mechanical Philosophy*, vol. IV, p. 629.

Enfin, c'est à Bradley que les astronomes doivent la formule empirique de la réfraction. Il fut aidé dans ce travail par Maskelyne, son élève ; sa Table passe encore aujourd'hui pour excellente ; elle est d'une grande précision pour les premiers quarante-cinq degrés de la distance zénithale ; et sa détermination de la latitude de Greenwich (dont l'exactitude dépend de celle des tables de réfraction) diffère à peine d'une demi-seconde de la même latitude que M. Pond a déduite de sept cent vingt observations faites avec le cercle mural.

L'introduction du calendrier grégorien en Angleterre (1751) causa quelques désagréments à Bradley.

On se rappelle que cette réforme, ordonnée en 1582, par le pape Grégoire XIII à tous les pays catholiques, fut longtemps repoussée par les protestants parce qu'elle venait de Rome ; et les Anglais se signalèrent surtout par un aveugle fanatisme. Le célèbre astronome, zélé partisan de l'introduction de cette réforme, attira sur sa tête toutes les malédictions du peuple, auquel on avait fait croire qu'il ne s'agissait non-seulement de l'abolition de ses croyances, mais d'un retranchement de dix jours à l'âge de chaque personne. Les femmes particulièrement en furent, dit-on, exaspérées. Enfin l'effervescence se calma ; et le roi George donna à Bradley, sans doute comme dédommagement, une pension de 250 livres sterling. Mais depuis ce moment l'infatigable astronome sentit sa santé s'affaiblir ; il n'en continua pas moins ses travaux jusqu'au 1er septembre 1761, date de ses dernières observations, écrite de sa propre main dans les registres de Greenwich. Puis, il se retira à Chalford (Glocestershire), dans la famille de sa femme, qui l'avait précédé dans le tombeau (1757), et s'éteignit à l'âge de soixante-dix ans. Il laissa, suivant Maskelyne (1), treize volumes in-folio d'*Observations* faites dans un espace de vingt ans (de 1742 à 1762). Ses héritiers les réclamèrent comme leur propriété ; mais, sur la menace du gouvernement de leur intenter une action judiciaire, ils les rendirent à l'État ; et si l'indication de Maskelyne est exacte, une partie seulement de ces importants matériaux fut publiée par l'entremise de lord North, et aux frais de l'université d'Oxford, sous le titre : *Bradley's Astronomical Observations made at the observatory of Greenwich*; Oxford, 2 vol. in-fol.: ces observations, faites dans l'intervalle de 1750 à 1762, sont au nombre d'environ 60,000, et ont servi de base aux *Fundamenta Astronomiæ* de Bessel, ainsi qu'aux travaux de beaucoup d'autres astronomes. Le premier volume fut imprimé, en 1798, sous la surveillance de Hornsby ; le second, en 1805, par les soins d'Abraham Robertson.

Bradley, par sa patience et son exactitude, est le modèle de l'observateur. Aucun astronome, pas même Halley, ne peut, sous ce rapport, lui

(1) *Answer to Mudge's Narrative*, etc.; Lond., 1792, in-8°.

être comparé (1). Les corrections (de l'aberration, de la réfraction, de la nutation) indiquées par ses découvertes ont donné à la science un degré de précision qu'elle n'avait pas encore acquis. Enfin tous les juges compétents souscriront au témoignage de Newton, appelant Bradley « le meilleur astronome en Europe » (*the best astronomer in Europe*).　　　　　　F. H.

Biographia Britannica. — Airy, *Rep. Brit. Assoc.*, vol. I. — *Penny Cyclopædia*.

BRADLEY (*Richard*), botaniste et médecin anglais, né vers la fin du dix-septième siècle, mort en 1732. Il fut, depuis 1724, professeur de botanique à l'université de Cambridge. Ses ouvrages ne sont guère que des compilations; ils ont pour titre : *Historia Plantarum succulentarum* (anglice et latine); Londres, 1716-1727, 1 vol. in-4°; ibid., 1739; — *New Improvement of planting and gardening*; ibid., 1717, in-8°; ibid., 1724; — une *traduction* anglaise de l'ouvrage de G.-E. Agricola sur la culture des arbres, avec des notes, 1726, in-4°; — *A Philosophical account of the Works of Nature*; Londres, 1721, in-4°; ibid., 1721, in-fol.; ibid., 1739, in-8°; — *the Plague of Marseille considered.....*; ibid., 1721, in-8°; — *Traité d'Agriculture et de Jardinage*; ibid., 1724, 3 vol. in-8° : cet ouvrage, où se trouvent des observations aussi curieuses qu'intéressantes sur l'organisation végétale, a été traduit en français par Puisieux, sous le titre de *Calendrier des Jardiniers, avec une description des serres*; Paris, 1743, in-12; une édit. de 1755 a pour titre : *Calendrier des Laboureurs et des Fermiers*; — *Survey of the ancient husbandry*, etc.; Londres, 1725, in-8°; ouvrage rare et recherché; — *the Country-gentleman and farmer's Monthly director*; ibid., 1726; — *Conseils aux fermiers sur l'amélioration des troupeaux*; — *Traité du Houblon*; — *Corps complet d'Agriculture*; ibid., 1727, in-8°; — *Recherches sur le perfectionnement de l'agriculture et du commerce de l'Angleterre*; 1727 et 1728, 4 vol. in-8°; — *Botanical Dictionary*; Londres, 1728, 2 vol. in-8°;— *Leçons sur la matière médicale*; ibid., 1730, in-8°; — *Recherches sur le grand hiver de 1728, et sur les maladies qui l'ont suivi*; ibid., 1729; — *Traité physique et pratique sur la culture des jardins*; ibid., 1730, in-8°; traduit en français par Puisieux, sous le titre de *Nouvelles Observations physiques et pratiques sur le Jardinage*; Paris, 1756, 3 vol. in-12. Bradley a encore publié des dissertations et donné des mémoires à la Société royale. Il s'occupa particulièrement des plantes exotiques, et les colonies anglaises des Antilles lui doivent l'importation des premiers pieds de cafiers.

(1) Les milliers d'observations qu'on a faites depuis n'ont pas trouvé une erreur de plus d'un $^2/_{10}$ de seconde pour le *maximum* d'aberration (20 secondes et $^2/_{10}$), qu'avait indiqué Bradley.

Seguier et Haller, *Biblioth. bot.* — Éloy, *Dict. de la Médecine*. — Carrère, *Bibliothèque de la Médecine*. — Pulteney, *Historical and Biographical Scketches*.

BRADSHAW (*Guillaume*), théologien anglican, vivait dans la première moitié du dix-septième siècle. Il est auteur de quelques ouvrages ascétiques et théologiques, dont les principaux sont : *Treatise of Justification*; Londres, 1615, in-8°; traduit en latin sous ce titre : *Dissertatio de Justificationis Doctrina*; Leyde, 1618, in-12; — *Various tracts of the Culte and Ceremonies*; Cambridge, 1660, in-4°.

Chalmers, *Biographical Dictionary*. — Rose, *New Biographical Dictionary*.

BRADSHAW (*Guillaume*), prélat anglican, mort le 27 décembre 1732. Il fut évêque de Bristol. Il a publié des *sermons*.

Adelung, suppl. à Jöcher, *Allgem. Gelehrten-Lexicon*.

BRADSHAW (*Henri*), poëte et historien anglais, bénédictin du monastère de Sainte-Werburge, dans le Cheshire, mort en 1513. Il a écrit en vers et en prose, en latin et en anglais. On a de lui : *la Vie de sainte Werburge, vierge*; — *de l'Antiquité et magnificence de la ville de Chester*; — une Chronique, et d'autres ouvrages restés inédits.

Bale, *de Scriptoribus Britannicis*. — Pits, *de Scriptoribus Angliæ*. — Fabricius, *Bibliotheca latina mediæ ætatis*. — Wood, *Athenæ Oxonienses*. — Vossius, *de Historicis latinis*.

BRADSHAW (*Jean*), avocat anglais, né en 1586, mort le 31 octobre 1659. Ce ne sont ni ses talents ni ses vertus qui lui ont donné place dans l'histoire; il n'est connu que comme l'un des membres du tribunal formé pour juger le malheureux roi Charles 1er. Il reçut, en récompense, un grand nombre de places pour lui et pour sa famille. Nommé président du parlement, il eut une garde, un logement à Westminster, une somme de 5,000 liv. sterl. et de vastes domaines. Il mourut dans l'obscurité. A l'avènement de Charles II, son corps fut déterré et brûlé.

Chalmers, *Biographical Dictionary*. — Hume, *Histoire d'Angleterre*. — Lingard, *Histoire d'Angleterre*. — *Gentleman's Magasine*, LIV, 884.

BRADWARDIN (*Thomas*), savant prélat anglais, surnommé *le Docteur profond*, né en 1290 à Hartfield, mort à Lambeth en 1348. Non moins distingué par ses connaissances que par sa piété, il fut successivement professeur de théologie, chancelier de la cathédrale de Londres, confesseur d'Édouard III, et archevêque de Cantorbéry en 1348. Il mourut avant d'avoir pu prendre possession de son siége. Il accompagna Édouard dans ses guerres, et lui fit souvent avec respect des observations sur ses vices et ses défauts. On a de lui : *De causa Dei contra Pelagium et de Virtute causarum libri tres, ad suos Mertonenses*; Londres, 1618, in-fol.: c'est le plus estimé des ouvrages de l'auteur : il est adressé aux élèves du collége de Merton (*Mertonenses*); — *Arithmetica speculativa*; ibid., 1502; — *De Proportionibus*; ibid., 1495; Venise, 1505; — *Geometria speculativa*; Paris, 1530; — *De Qua-*

dratura circuli; Paris, 1495, in-fol.; Venise, 1530.

Bale, *de Scriptoribus Britannicis*. — Pits, *de Scriptoribus anglicis*. — Fabricius, *Biblioth. Latina mediæ ætatis*. — Pope Blount, *Censura celebrium Auctorum*. — Échard, *De Scriptoribus ordinis Dominicanorum*. — Giraud et Richard, *Biblioth. sacrée*. — Richard Simon, *Critique de la Biblioth. de Dupin*, t. I; p. 360 et 702.

BRADY (*Nicolas*), théologien anglican, né en 1659 à Bandon, en Irlande; mort en 1726. Il fut ministre de la religion anglicane dans différentes villes, et se montra zélé partisan de la révolution qui plaça le prince d'Orange sur le trône. Par son crédit sur M'Carty, général de l'armée du roi Jacques, il empêcha la ville de Bandon d'être brûlée. On a de lui : *A new version of the Psalms of David*, conjointement avec le poëte Tate; Londres, 1698, in-12; — *the Æneis of Virgil translated into verses*, 4 vol. in-8°, dont le dernier a paru en 1726; — *Three volumes of sermons*; Londres, 1704, 1706, 1713, in-8°; — *Three others volumes of sermons*; 1730, in-8°.

Biographia Britannica. — Cibber, *Lives of the Poets of Great-Britain and Ireland*. — Chalmers, *Biographical Dictionary*.

BRADY (*Robert*), médecin et historien anglais, né en 1643 dans le comté de Norfolk, mort en 1700. Il fut professeur de médecine à l'université de Cambridge, et représenta cette université dans deux parlements successifs. On a de lui : *A letter to Dr. Sydenham*, sur l'influence de l'air sur le corps humain, dans *Sydenham Epistolis responsar*.; — *Introduction to the old English History*; Londres, 1684, in-fol.; le même ouvrage, sous ce titre : *Complete History of England*; ibid., 1685, in-fol., avec la continuation jusqu'à la fin du règne de Richard II; ibid., 1760, 2 vol. in-fol.; — *A treatise on Burgs*; ibid., in-fol.

Biographia Britannica. — Rose, *New Biographical Dictionary*.

BRAGADINI (*Marc*), surnommé *Mamugna*, aventurier candiot, d'origine vénitienne, mort à Munich en 1590. Il quitta le froc de capucin pour jouer le rôle d'alchimiste, et fit croire qu'il avait trouvé le moyen de changer les métaux en or. Jacques Contarini, noble vénitien, le reçut dans son palais, et lui fit faire des épreuves de son secret ; mais elles n'eurent pas un résultat satisfaisant. De Venise, Bragadini se rendit à Padoue, où il attira un concours prodigieux de personnes. Obligé de prendre la fuite à cause de ses mœurs déréglées et de ses fourberies, il s'enfuit en Bavière, où il voulut encore tromper les gens crédules ou avides. Arrêté et jugé, il fut décapité.

Art de vérifier les dates, t. III, p. 408. — Blanc, *Histoire de Bavière*, t. III, p. 449. — De Thou, *Histoire universelle*, t. XI, p. 238.

BRAGADINO (*Marc-Antoine*). *Voy.* BAGLIONI (*Astorre*).

BRAGANCE (*Maison* DE). La maison de Bragance (ainsi nommée de la ville de Bragance, chef-lieu de la province portugaise de Traz-os-Montes, et qui fut érigée en duché l'an 1442) sort, par une tige bâtarde, de la race d'Aviz ou Avis, qui, après avoir donné huit souverains au Portugal et compté neuf générations, s'était éteinte dans la personne du cardinal-roi Henri, en 1580. Avant d'être portée au trône par la révolution de 1640, la maison de Bragance comptait déjà plus de deux cents ans d'existence.

Elle eut pour premier auteur *Alfonse*, fils naturel d'Agnès Pérez et du roi Jean Ier, qui lui-même était bâtard de Pierre Ier, dit *le Cruel* ou *le Justicier*. Alfonse fut créé *duc de Bragance* en 1442, pendant la régence de son frère Pierre, duc de Coïmbre, c'est-à-dire sous l'orageuse minorité d'Alfonse V, fils de dom Duarte ou Édouard Ier, leur aîné, mort en 1438. Il survécut aux six enfants légitimes de son père, dont il convoitait secrètement l'héritage ; mais il mourut lui-même en 1461, alors qu'Alfonse V, son neveu et son roi, était complétement affermi sur le trône. Loin de posséder les qualités éminentes qui distinguèrent les fils légitimes de Jean Ier, Alfonse ne laissa qu'un nom sans gloire ; on l'accuse d'avoir amené la catastrophe du régent, par la part qu'il eut aux menées qui provoquèrent la rencontre dans laquelle ce sage et vertueux prince périt de la main du jeune roi, son neveu et son gendre (1449).

D'un premier mariage avec Béatrix, héritière de Nuño-Alvarez de Pereyra, comte de Barcelos, Alfonse laissa trois enfants, dont l'aîné, *Alfonse II*, comte d'Ourem et deuxième duc de Bragance, fut, du chef de sa femme Béatrix de Souza, la tige des marquis de Valence. Ferdinand, deuxième fils d'Alfonse Ier, épousa l'héritière de la seigneurie de Cadaval, Jeanne de Castro.

Ferdinand II, troisième duc de Bragance, fut décapité en 1483, sous le règne de Jean II, dont il était beau-frère, ayant épousé Isabelle de Portugal-Viseo. Celle-ci se retira en Castille avec ses enfants après cette catastrophe, véritable coup d'État destiné à arrêter les complots de la noblesse, dont Jean II voulait abaisser l'orgueil et la puissance excessive.

Jacques, fils aîné du précédent et quatrième duc de Bragance, fut rétabli dans ce titre par le roi Emmanuel, dont il posséda les bonnes grâces au plus haut degré, et qui n'épargna rien pour lui faire oublier la fin tragique de son père. La faveur dont il jouit auprès de ce prince fut telle que ce dernier, n'ayant pas encore d'enfants, le désigna en 1498 pour son successeur éventuel. La branche des comtes de Lémos, ducs de Taurisano, éteinte en 1694, descendait du frère cadet de Jacques, nommé Denis, lequel avait épousé l'héritière de cette maison.

Quant aux *Jean*, ducs de Bragance, dont le Ier et le IVe ont quelque importance, *voy.* JEAN.

Les princes de la maison de Bragance, alliés à la maison de Bourbon d'Espagne, réunissent

les deux titres de ducs de *Bragança e Borbon*.
[*Enc. des g. du m.*].

Schäffer, *Hist. du Portugal*.

BRAGELONGNE (*Christophe-Bernard* DE), savant français, membre de l'Académie des sciences, né à Paris en 1688, mort le 20 février 1744; il cultiva avec succès les belles-lettres, la philosophie et les mathématiques. Tout jeune et encore sur les bancs du collége, il recherchait avec avidité la société de Malebranche, qui avait conçu pour lui une grande estime. Il passait tous les jours de congé dans le cabinet de Malebranche, et ce dernier ne dédaignait pas d'avoir avec lui des entretiens métaphysiques. En 1711, il présenta à l'Académie des sciences un *Mémoire sur la Quadrature des courbes*. L'année suivante, il entra dans les ordres, et devint chanoine du chapitre de Brionne et prieur de Lusignan. Habile géomètre, il était en outre bon helléniste, entendait bien l'hébreu, et avait pour l'histoire une prédilection marquée. Ses qualités et son esprit le faisaient rechercher dans le grand monde. Il mourut avant d'avoir terminé son *Examen des lignes du quatrième ordre*, dont il n'a donné que les trois premières parties dans le Recueil de l'Académie des sciences, 1730-1731. Il laissa aussi inachevée une histoire des empereurs romains.

De Fouchy, *Éloge de Bragelongne*, dans les *Mémoires de l'Académie des sciences*, année 1744, p. 165.

BRAGELONGNE (*Émery*), prélat français, mort en 1645. D'abord doyen de Saint-Martin de Tours, il fut nommé évêque de Luçon en 1624, à la place de Richelieu. Il résigna son évêché en 1637, et se retira à l'abbaye de Marolles. On a de lui des *Ordonnances synodales*; Fontenay, 1629, in-4°.

Lelong, *Bibliothèque historique de la France*, édit. Fontette.

BRAGELONGNE (..., marquis DE), officier français, vivait dans le milieu du dix-huitième siècle. Il fut major général des troupes de débarquement de l'escadre français qui partit de Dunkerque le 15 octobre 1759. Il a rédigé le *Journal de navigation* de cette escadre; Bruxelles et Paris, 1778, in-12.

Le comte de Sanois, *le Franc Chevalier*, etc., 1780, in-8°. — Quérard, *la France littéraire*.

BRAGERIO (*Bertolino*), architecte crémonais du treizième siècle. En compagnie de Jacopo Camperio, il construisit en 1288, les deux transepts qui donnèrent à la cathédrale de Crémone la forme d'une croix latine.   E. B—N.

Ticozzi, *Dizionario*.

BRAHAM (*Jean*), célèbre chanteur anglais, né, vers 1774, de parents juifs; mort au mois d'août 1831. *Abraham* est son véritable nom; mais, lorsqu'il commença sa carrière d'artiste, il en supprima la première voyelle, dans la crainte que sa religion et son origine ne jetassent sur lui quelque défaveur dans sa vie publique. Demeuré orphelin, il fut confié aux soins de Léoni, chanteur italien fort habile. Braham sut profiter des excellentes leçons de ce maître; car, à l'âge de dix ans, il se fit entendre pour la première fois sur le théâtre royal. Telles étaient l'étendue et l'agilité de sa voix, qu'il chantait avec succès des airs de bravoure composés pour la cantatrice Mme Mara. Il parut avec éclat au théâtre dans l'opéra de *Mahmoud*, qu'il chanta au printemps de 1796 sur le théâtre de Drury-Lane. Il joua l'année suivante au théâtre Italien, et jeta, pendant ces deux saisons, les fondements de sa réputation. Il faut que tout chanteur célèbre voie l'Italie : Braham partit en 1798 pour cette contrée; mais, arrivé à Paris, il s'y arrêta durant huit mois, et donna des concerts qui eurent un grand succès. En Italie, Braham se livra à l'étude de la composition, sous la direction d'Isola : il visita successivement Florence, Milan, Gênes, Venise, Trieste, Livourne et Hambourg; puis, rappelé avec instance dans sa patrie, il y débuta en 1801, au théâtre de Covent-Garden, dans l'opéra *the Chains of the Heart*, de Rivière et Mazzinghi. Depuis ce moment il ne cessa pas d'être regardé comme le premier chanteur de l'Angleterre. Braham composa aussi quelques opéras qui ont été bien accueillis; et l'on cite de lui comme fort jolis un grand nombre d'airs, parmi lesquels celui qui est intitulé *Death of Nelson* est devenu populaire. [*Enc. des g. du m.*]

Fétis, *Biographie universelle des Musiciens*.

BRAHÉ (TYCHO). *Voy.* TYCHO.

BRAHÉ (*Pierre*, comte DE), sénateur et grand sénéchal de Suède, issu d'une famille ancienne, alliée à la maison de Wasa, mort en 1680. Il prit part aux affaires du gouvernement, en qualité de tuteur de Christine et de Charles XI. Animé d'un patriotisme éclairé, il réforma des tribunaux, créa des établissements d'industrie, et fonda plusieurs villages. Nommé gouverneur de la Finlande, il y établit des écoles et des colléges, et jeta les premiers fondements de l'université d'Abo.

Ersch et Gruber, *Allgemeine Encyclopædie*. — Gezelius, *Biogr. Lex.*

BRAHIM. *Voy.* IBRAHIM.

* **BRAHMAGOUPTA**, astronome indien, que Bentley fait vivre il y a 1300 ans, en 527. Il a revisé le *Brahma Siddhânta*. C'est à son système que sont attribuées les exagérations de la chronologie indienne.

Recherches asiatiques, t. VI, VII, XII.

BRAILLER (*Pierre*), apothicaire français, vivait à Lyon dans le seizième siècle. On a de lui : *Déclaration des abus et tromperies des apothicaires et des médecins*; Rouen, 1557, in-8°; — *Articulations sur l'Apologie de Jean Surrelh, médecin à Saint-Galmier-en-Forest*, 1558.

Du Verdier, *Bibliothèque française*.

BRAINE (*Jean*, comte DE), trouvère français, vivait dans le treizième siècle. Il fut le rival en poésie d'Andefroy le Bâtard, que le *romancero* de M. Paulin Pâris a mieux fait apprécier, et du sire de Coucy, dont les chansons ont été publiées en 1830. De Braine était fils de Robert II, comte de Dreux. Il est probable qu'il est l'auteur de la vingt-septième chanson placée dans le recueil des poésies de Thibaut, comte de Champagne; cependant quelques doutes subsistent encore à cet égard. Il n'en est pas de même pour la chanson qui commence par ces vers :

> Pencis d'amours, dolens et corrocté,
> M'estuet chanter, quand ma dame m'en prie.

Celle-là est évidemment son œuvre; mais l'évêque de la Ravalière, à qui nous devons la connaissance de cette chanson, a négligé d'en rapporter la fin.

Histoire littéraire de la France. — Le Bas, Dictionnaire encyclopédique de la France.

BRAITHWAIT (*Guillaume*), théologien et traducteur anglais, vivait à Cambridge vers le milieu du seizième siècle. Il fut un des quarante-sept théologiens qui se réunirent à Londres, sous le règne de Jacques 1er, pour traduire la Bible en anglais. Il traduisit avec six autres docteurs les livres *deutéro-canoniques*, appelés *apocryphes* par les anglicans.

Rose, *New Biographical Dictionary*.

BRAITHWAITE (*Jean*), historien anglais, vivait dans la première moitié du dix-huitième siècle. On a de lui : *Account of the political events, which upon the death of the emperor Muley Ismael, took place in the empire of Marocco*; Londres, 1729, in-8°; on y trouve une relation de ce qui s'est passé dans ce pays pendant les années 1727 et 1728, avec des observations naturelles, morales et politiques; traduit en français, Amsterdam, 1731, in-12; en hollandais, la Haye, 1729, in-8°; en allemand, 1730, in-12. L'auteur, qui avait accompagné John Russel dans l'État de Maroc, fut le témoin oculaire des événements qu'il raconte.

Rose, *New Biographical Dictionary*.

BRAKEL (*Jean* DE), marin hollandais, né en 1618, mort le 11 juillet 1690. Il fut un des plus braves marins de la Hollande. Entré au service à l'âge de vingt-deux ans, il eut en 1665 le commandement d'une frégate. En 1666, il assista au combat naval que les Hollandais et les Anglais se livrèrent pendant quatre jours. Le 4 août de la même année, il donna les preuves de la plus rare intrépidité. En 1667, il se mit en avant de la flotte avec la frégate qu'il commandait, passa à travers le feu des ennemis sans tirer un seul coup de canon, jusqu'à ce qu'il fût arrivé auprès du premier navire anglais, lui lâcha toute sa bordée et s'en empara. Son exemple décida peut-être le succès de la journée. Il ne se distingua pas moins, en 1672, au combat de Lonthbey. Il se montra aussi le digne compagnon de Ruyter dans les trois combats de 1673. Il était contre-amiral lorsqu'il fut tué dans le combat où les flottes anglaise et hollandaise furent défaites par Tourville. On voit sa tombe à Rotterdam, dans l'église de Saint-Laurent.

Rose, *New Biographical Dictionary*. — Ersch et Gruber, *Allgem. Encyc.*

BRAKENBURG (*Reinier*), peintre hollandais, né à Harlem en 1649. Il fut élève de Mommers. D'après quelques biographes, il reçut aussi des leçons de Bernard Schendel. Il avait l'esprit enjoué, et peut être compté parmi les poëtes de son temps. Livré sans réserve à ses goûts pour les plaisirs, il choisit souvent des sujets licencieux. Ses tableaux représentent des concerts, des bals, des assemblées de famille. Il y a fidèlement représenté les usages et les modes de son temps : l'amour et le vin sont toujours de la partie. Ses compositions sont variées; cependant les personnages se ressemblent trop. Ses groupes, quoique nombreux, sont liés avec art; soit qu'ils représentent des appartements ou des paysages, les détails y sont étudiés avec autant de soin que les figures, et tout y est peint d'après nature. Sa touche est légère et spirituelle, son coloris vigoureux et plein de vérité, et le clair-obscur bien entendu; mais le dessin n'est pas toujours d'un bon goût. On voit des tableaux de cet artiste à Paris, à Rouen, à la Haye, à Amsterdam, à Bruges et à Anvers.

Descamps, *Vies des Peintres flamands et hollandais*.

BRALION (*Nicolas* DE), théologien et historien français, natif de Chars, dans le Vexin français, mort à Paris le 11 mai 1672. Il entra, en 1619, dans la congrégation de l'Oratoire, résida quinze ans à Saint-Louis de Rome, et revint se fixer à Paris. Ses principaux ouvrages sont : *les Élévations du cardinal de Bérulle sur sainte Magdeleine*, en italien ; 1640, in-12 ; un *Choix des Vies des Saints de Ribadeneira*, en italien; — *Pallium archiepiscopale*; Paris, 1648, in-8° : D. Ruinart a mis cet ouvrage à profit dans sa *Disquisitio historica de Pallio*; — *Vie de saint Nicolas, archevêque de Mire*; ibid., 1646, in-8°; — *Histoire chrétienne*; ibid., 1656, in-4°; — *la Curiosité de l'une et l'autre Rome*; ibid., 1655 et 1659, 3 vol. in-8°; — *Ceremoniale canonicorum, seu institutiones*, etc.; ibid., 1657, in-8°; — *Histoire de la sainte chapelle de Lorette*.

Moréri, *Dictionnaire historique*.

***BRALLE** (*François-Jean*), ingénieur français, né à Paris le 11 janvier 1750, mort vers 1832. Il s'est particulièrement distingué dans la mécanique et l'hydraulique. Entre autres travaux remarquables, on lui doit les machines hydrauliques de l'établissement des voitures publiques (faubourg Saint-Denis); celles de l'hôpital de la Salpêtrière; celle que des chameaux font mouvoir au Jardin des Plantes; l'établissement des pompes sur bateau des bains Vigier, et la distribution des eaux du canal de l'Ourcq à la fontaine des Innocents, qui, jusqu'alors, était restée à sec. C'est d'après ses dessins et sous sa direction qu'ont été faites la plupart des nouvelles fontaines dans Paris. Il a aussi trouvé le moyen de préserver la ville de Nemours d'une grande partie des inondations qui l'affligeaient au moindre débordement de la ri-

vière de Loing. Le *couvoir artificiel*, au moyen duquel on peut faire éclore des milliers d'œufs en toute saison, est une de ses plus ingénieuses découvertes. Enfin, ce fut lui qui rédigea le premier projet du Conservatoire des arts et métiers.

Le Bas, *Dictionnaire encyclopédique de la France.*

* **BRAMAH** (*Joseph*), mécanicien anglais, né à Stainborough en 1749, mort à Londres en 1814, l'un des hommes les plus utiles que l'Angleterre ait produits de nos jours. Il était le fils d'un fermier du comté d'York. On rapporte que son aptitude singulière pour les arts mécaniques se révéla dès l'abord, et que, encore enfant, il tailla en plein bois un violon et deux violoncelles qui se trouvèrent des instruments très-passables. Un accident l'ayant rendu impropre à l'agriculture, son père le mit en apprentissage chez un ébéniste. Bramah vint ensuite à Londres, et y travailla comme ouvrier jusqu'à sa mort : il ne cessa pas un instant de produire des inventions utiles, et dont un très-grand nombre, inspirées par un génie vraiment extraordinaire, n'ont pas été surpassées depuis : la première fut un robinet pour lequel il prit un brevet en 1783, et qui, par une ingénieuse disposition, donnait au liquide un écoulement plus abondant et plus facile qu'il n'avait été possible de l'obtenir jusque-là. Universellement appliqué en Angleterre à l'assainissement des cabinets d'aisance, ce robinet est adopté aujourd'hui dans toutes les maisons confortables du continent. L'année suivante, Bramah inventa la serrure de sûreté qui porte son nom. Le mécanisme de cette serrure consiste dans un certain nombre de curseurs en fer ou en acier qui, placés en repos sur une même ligne, doivent être repoussés à d'inégales distances ; ce que la clef seule peut faire, les curseurs n'ayant, au lieu qu'ils doivent atteindre, d'autre point d'arrêt que celui qui est pratiqué dans la clef même. Cette serrure, après plus de soixante ans, est encore aujourd'hui la plus communément employée en Angleterre. De 1790 à 1798, Bramah prit trois brevets pour des modifications importantes apportées aux pompes, et particulièrement aux pompes à feu. Mais la plus remarquable de ses inventions est sans doute son ingénieuse application de l'uniforme pression des liquides, connue dans la science sous le nom de *paradoxe hydrostatique*. La presse hydraulique que Bramah construisit en 1796, d'après ce principe, est trop connue pour qu'il soit utile d'en donner ici une description détaillée ; elle a généralement remplacé la presse à vis dans tous les cas où une grande force est nécessaire. On peut citer comme un exemple remarquable de la puissance de ce procédé, que par son moyen deux ouvriers arrachèrent jusqu'aux racines, en quelques jours, trois cents des plus gros arbres de la forêt de Holt, dans le comté de Hamp. Ses applications sont innombrables : l'une des plus utiles est l'idée qu'eut Bramah de l'employer à aplanir la surface des bois de construction. Une machine qu'il établit à cet effet en 1802 dans l'arsenal de Woolwick n'a pas encore été surpassée pour la rapidité, la perfection et l'économie. Bramah est aussi l'inventeur de cet appareil élégant et commode usité dans toutes les tavernes de l'Angleterre, et où, par un ingénieux système de pompes, les liquides sont amenés des barils de la cave jusque sur le comptoir. On peut encore citer des perfectionnements dans les machines à vapeur, et particulièrement dans les chaudières ; les améliorations qu'il apporta dans la fabrication du papier ; et enfin une machine curieuse qui dans le corps d'une plume taille un certain nombre de becs semblables aux plumes de fer, et qui s'adaptent comme elles à un manche. En 1806, il imagina une machine à imprimer des plus ingénieuses, et qui fut bientôt après appliquée par la banque d'Angleterre à numéroter ses billets. On a calculé que, dans le moment où cette banque fut obligée d'émettre des billets d'une livre, la machine de Bramah économisa le travail de plus de cent employés. Elle consiste dans une série de disques où sont gravés les chiffres décimaux depuis 1 jusqu'à 9 avec zéro, montés sur un axe commun, mais disposés de manière à tourner indépendamment les uns des autres, par le jeu d'une machine incapable d'erreur : la position de chaque disque de la série est changée après chaque impression, de sorte que la machine, convenablement ajustée, donne des nombres en progression régulière, sans qu'il soit absolument possible que le même nombre soit reproduit. En 1812, Bramah proposa un plan pour établir sous les principales rues de Londres des tubes où un système de pompes devait, dans le cas d'incendie, élever à toutes les hauteurs une quantité considérable d'eau, et remplacer d'une manière beaucoup plus efficace l'action très-souvent insuffisante des pompes à feu. La mort de l'inventeur empêcha qu'il ne fût donné suite à ce projet. Le dernier brevet que prit Bramah fut pour un moyen de garantir les bois de charpente contre la pourriture, en les revêtant d'une légère couche de ciment romain de Parker.

Bramah n'était pas seulement un théoricien : maître d'ateliers considérables, exploitant lui-même toutes ses inventions, il était occupé à construire sur le principe de sa presse hydraulique une scie à pierre mécanique dans sa vaste manufacture des bords de la Tamise, lorsque la mort le surprit. Il tomba, pour ainsi dire, sur le champ de bataille, d'une fluxion de poitrine qu'il avait gagnée en surveillant ses travaux de la forêt de Holt ; et c'est sans contredit, dit son biographe le docteur Brown, c'est par de tels hommes que vit et s'accroît sans cesse la grandeur et la prospérité de l'empire britannique. Une imagination inventive, contrôlée par un jugement sûr ; une activité infatigable du corps et de l'esprit : telles sont les vraies sources d'où découle toute supériorité industrielle. On a de Bramah : *Dissertation on the construction of the locks,*

in-8°; 1796; — *A letter to the right honourable sir James Eyre, lord chief justice, on the subject of the cause Boutton and Walt versus Hornblower and Maberly*; in-8°, 1797.

T. D.

D' Brown, *Life of Bramah*, dans le *New Monthly Magazine*, avril 1844. — Stuart, *Anedoctes of steam engin*, pages 400-404.

BRAMANTE (*Donato-Lazzari*), célèbre peintre et architecte italien, naquit en 1444 à Monte-Astrualdo, près de Fumignano, à quatre milles d'Urbin (d'où le surnom d'*Astruvaldinus*), et mourut à Rome en 1514. Il était originaire de Castel-Durante, lieu également voisin d'Urbin. Sa famille, qui était peu fortunée, lui fit apprendre à dessiner et à peindre, comme un moyen d'existence; mais, entraîné par son goût pour l'architecture, il alla visiter les monuments de la Lombardie, et s'arrêta à Milan pour étudier la construction de cette fameuse cathédrale que quatre siècles de travaux continus devaient à peine achever. Dans cette ville, César Cesarini et Bernardin de Trevi lui enseignèrent l'un la géométrie, l'autre la perspective, sciences que peu d'architectes possédaient alors. Par leurs conseils il alla à Rome étudier les monuments de l'antiquité. Il fit ensuite le voyage de Naples pour voir ces célèbres ruines, alors moins dégradées qu'elles ne le sont aujourd'hui, de Pausilippe, de Pouzzoles, Baya, etc. Il retourna à Rome, où il remit en honneur le goût de l'architecture antique, objet de son admiration. Le cloître des Pères de la Paix (1504) fut son début dans cette ville. Il eut part ensuite à l'érection de la fontaine Transtevere, de celle de la place Saint-Pierre, qui a été détruite. Le palais de la chancellerie est en grande partie son ouvrage. Mais son chef-d'œuvre, celui que les artistes vont visiter avec une sorte de vénération, parce qu'ils le considèrent comme le premier monument qui ait été élevé dans le vrai sentiment de l'antique, est le petit temple périptère de *Saint-Pierre in Montorio*. Outre les palais Giraud, Sora, Saint-Blaise, et ces immenses galeries qu'il éleva pour unir les deux pavillons du Belvédère au Vatican, espèce de cirque à l'extrémité duquel il plaça cette vaste niche dont l'effet est encore si imposant, malgré les démolitions et les additions postérieures qui lui ont nui; outre ce joli petit temple de la Consolation, près de Todi, dans le duché de Spolète, et le monastère de Saint-Ambroise de Milan, qui lui font tant d'honneur, il faut citer encore la Chartreuse de Pavie, qui est considérée comme l'un de ses principaux chefs-d'œuvre. On a fait aussi grand bruit de cet escalier en limaçon, à pente douce, qu'il a construit dans un des angles du Belvédère, et au moyen duquel on peut monter à cheval jusqu'au premier étage; escalier qu'il a décoré ingénieusement des trois ordres d'architecture, sans que le changement de l'un à l'autre ait rien de choquant pour la vue. Mais ce qui perpétuera à jamais le nom de Bramante, c'est d'avoir jeté les fondements de la basilique de Saint-Pierre de Rome. Jules II, qui voulait que ce temple fût le plus considérable, le plus digne, le plus magnifique de la chrétienté, avait invité les architectes les plus renommés de l'Italie à lui présenter des projets. Au nombre des concurrents de Bramante figurèrent Antoine et Julien San-Gallo, Balthazar Peruzzi, Jacques Giocondo, Raphaël d'Urbin. Son plan obtint la préférence, et la méritait sans doute; mais le caractère de son auteur, que le pétulant Jules II savait être vif, entreprenant, actif, aussi prompt à exécuter une idée qu'à la concevoir, fut bien pour quelque chose dans la résolution du pape. Les travaux de la basilique de Saint-Pierre, commencés en 1513, furent conduits avec une telle promptitude, qu'avant la mort de Jules II et de Bramante, c'est-à-dire en moins de deux ans, le temple dans plusieurs parties était élevé jusqu'à la corniche, et que déjà les grands cintres qui devaient recevoir la coupole étaient faits. Ce n'est point ici le lieu de signaler les changements que les successeurs de Bramante, depuis Raphaël et San-Gallo jusqu'à Michel-Ange, qui acheva l'édifice, firent subir à ses plans : il sera toujours reconnu que, loin de les améliorer, on en a altéré les beautés. Pour s'en convaincre il faut voir dans d'Agincourt, *Histoire de l'art par les monuments*, 6 vol. in-fol. (Paris, 1823), le plan que Serlio, d'après Raphaël, nous a conservé du projet du Bramante, et le plan de la basilique telle qu'elle est sortie des mains de Michel-Ange. On voit aussi dans le même ouvrage la gravure des projets de B. Peruzzi et de A. San-Gallo sur ce même édifice.

Aucun artiste n'a mieux apprécié que le Bramante la belle simplicité antique, et donné à ses productions plus de grâce, de noblesse et d'harmonie. Il connut parfaitement cette science des proportions respectives des parties par rapport à l'ensemble, cet art de distribuer les ornements, d'en varier les caractères selon le besoin, de combiner les masses et les détails d'un édifice pour arriver à l'effet qu'il voulait produire. Son style fut d'abord sec, comme celui des artistes de son siècle; mais il finit par être châtié et grandiose. On a beaucoup blâmé le peu de solidité de ses bâtisses; mais ce défaut ne s'est fait sentir que dans quelques constructions élevées à la hâte : un reproche plus mérité, c'est qu'il a mis dans le choix de ses bases, de ses chapiteaux, de ses moulures, etc., une recherche qui va parfois jusqu'au bizarre.

Le Bramante n'excella pas seulement dans l'architecture; il fut bon peintre, et ses tableaux, tant à fresque qu'à l'huile, répandus principalement dans le Milanais, ont été vantés par Lomazzo et Scaramuccia, qui les ont comparés, pour la manière et le style, aux ouvrages de Mantegna. Dans l'église de Saint-Sébastien à Milan, on voit de lui le tableau représentant ce saint : ce tableau est exempt de cette sécheresse qu'on reproche aux peintures du quinzième siècle. Il a aussi écrit divers traités sur différentes parties de son art : ils sont restés manuscrits dans une bibliothèque de Milan; mais ses *Poésies* ont été imprimées dans cette ville en 1756. Chacun sait que Raphaël, son parent, fut son élève en architecture, et que ce fut à son influence qu'il dut la protection dont Jules II l'honora; on sait aussi que, par reconnaissance, Raphaël plaça son maître et généreux protecteur dans son célèbre tableau de l'*École d'Athènes*. Le Bramante mourut à l'âge de soixante-dix ans. Ses obsèques furent magnifiques; les grands de la cour et tous ceux qui cultivaient et honoraient les arts y assistèrent, et son corps fut déposé dans cette église de Saint-Pierre, dont il avait jeté les fondements deux ans auparavant. [M. Soyer, dans l'*Enc. des g. du m.*]

Ticozzi, *Dizionario*. — Pistolesi, *Descrizione di Roma*. — Vasari, *Vite*. — Orlandi, *Abbecedario*. — Quatremère de Quincy. *Vies des Architectes célèbres*.

* **BRAMANTINO** (*Agostino* da), peintre milanais, vivait dans la première moitié du seizième siècle. Il fut élève de Bartolommeo Suardi, dit *le Bramantino*, auquel il emprunta son surnom, et il est probablement le même qu'*Agostino delle Prospettive*, qui florissait à Bologne en 1525. Il excella dans les effets d'optique et dans la perspective de bas en haut, le *sotto in su* des Italiens. Lomazzo dit qu'il avait peint en ce genre, et avec une grande habileté, dans l'église *del Carmine* de Milan. E. B—n.

Lomazzo, *Idea del tempio della Pittura*. — Orlandi, *Abbecedario*. — Lanzi, *Storia pittorica*.

* **BRAMANTINO** (*Bartolommeo*), peintre et architecte milanais du quinzième siècle, antérieur au Bramante, et que la similitude de noms a fait confondre souvent avec Bartolommeo Suardi, dit *le Bramantino*, qui fut seulement peintre. Après avoir peint à Rome différentes salles, et plusieurs tableaux pour Nicolas V, il revint en Lombardie, dont il mesura et décrivit toutes les antiquités. Cet artiste bâtit un grand nombre d'églises dans le Milanais, parmi lesquelles on vante beaucoup celle de San-Satiro, qui est magnifique. Il donna des dessins pour la continuation de la cathédrale; enfin, on lui attribue la façade simple et de bon goût de l'église Saint-Maurice. On prétend qu'il fut un de ceux qui introduisirent le goût de la bonne architecture dans le Milanais, et que Bramante lui-même profita beaucoup de ses conseils. E. B—n.

Cicognara, *Storia della Scoltura*. — Quatremère de Quincy; *Dictionnaire d'Architecture*.

BRAMANTINO (*Bartolommeo Suardi*, dit *le*), peintre milanais du commencement du seizième siècle. Orlandi le désigne comme le maître du Bramante; d'autres l'ont confondu avec lui; d'autres enfin, et ceux-là avec raison, en font son élève favori. Il marcha d'abord sur les traces de son maître; mais, ayant ensuite vu Rome, il améliora son style, surtout pour le coloris. Il dut être conduit ou appelé à Rome par Bramante; et ce fut sous le pontificat de Jules II qu'il peignit au Vatican ces portraits tant vantés par Vasari, qui furent détruits pour faire place à Raphaël. Bramantino retourna ensuite à Milan; et c'est à cette époque de sa vie qu'on doit attribuer plusieurs ouvrages dans lesquels on trouve un coloris et une élévation de style supérieurs à son époque. Citons les *Quatre Évangélistes de Santa-Maria presso San-Satiro*, le *Christ entre les deux larrons*, à San-Angelo; quelques fresques au palais Cagnola et au musée de Brera; enfin, la fresque si vantée du *Christ mort, appuyé sur les genoux de la Vierge*, peinte au-dessus de la porte de l'église du Saint-Sépulcre. Cette composition doit surtout sa célébrité au Christ, dont le raccourci produit la plus étonnante illusion. Bramantino excellait dans la perspective, dont il établit des règles que Lomazzo a insérées dans son ouvrage sur la peinture. E. B—n.

Vasari, *Vite*. — Lanzi, *Storia pittorica*. — Pirovano, *Guida di Milano*.

* **BRAMBILLA** (*Francesco*), sculpteur milanais, florissait dans la seconde moitié du seizième siècle. Il consacra quarante années de sa vie à la décoration de la cathédrale de Milan. Il modela les *quatre Évangélistes* et les *quatre Docteurs* de bronze qui supportent les deux chaires, et sur le socle desquelles on lit : *Franciscus Brambilla formavit, Jo. Bapt. Busca fudit MDLXX*. On lui doit aussi les petites figures en bronze du tabernacle, les modèles des trente-deux bas-reliefs de la clôture du chœur, qui furent exécutés par divers artistes, et dont les sujets sont tirés de l'histoire de la Vierge; plusieurs figures d'ornement au tombeau des Visconti ; enfin une partie des stalles. Les portes d'airain du tabernacle de la Chartreuse de Pavie lui sont également attribuées. Les ouvrages de cet artiste, et surtout ceux en bronze, sont un peu chargés de détails; mais ils sont exécutés avec une suprême perfection. Brambilla fut enterré dans la cathédrale, où un monument lui a été élevé. E. B—n.

Cicognara, *Storia della Scoltura*. — Vasari, *Vite*. — Orlandi, verb. *Abbecedario*; *Brambilla*.

* **BRAMBILLA** (*Giovanni-Battista*), peintre de l'école piémontaise, vivait à Turin en 1770. Il fut élève du chevalier Charles Dauphin, peintre français. Il peignit pour l'église *San-Dalmasio* le martyre de ce saint, grand tableau, recommandable par un style ferme et un bon coloris. E. B—n.

Lanzi, *Storia pittorica*.

BRAMBILLA (*Jean-Alexandre*), chirurgien italien, né à Pavie en 1730, mort à Padoue le 29 juillet 1800. Il résida longtemps en Allemagne, où il se fit une grande réputation, et revint mourir en Italie dans la plus profonde obscurité. Ses ouvrages n'offrent rien que de médiocre; les principaux sont : *Lettera critica in cui si sciogle la questione, se le infiammazioni e la gangrena si debbono abbandonar alla natura* · Milan, 1765, in-4°; — *Trattato* *chirurgico-prattico sopra il flegmono;* ibid., 1777, in-8°; — *Abandlung über den Gebrauch des Oxikrats und der trocknen charpie* (Traité sur l'usage de l'oxycrat et de la charpie sèche); Vienne, 1777, in-8°; — *Storia delle scoperte fisico-medico-anatomico-chirurgiche fatte dagli uomini illustri italiani;* Milan, 1780-1782, 2 vol. in-4°; — *Instrumentarium chirurgicum militare austriacum;* Vienne, 1782; — *Instruktion für die Professoren der K. K. Chirurgischen Militärakademie* (Instruction pour les professeurs de l'Académie de chirurgie militaire); ibid., 1784, in-4°; — *Oratio habita Vindobonæ, quum nova cæsareo-regia Academia medico-chirurgica, anno 1785, die 7 mensis octobris, solemniter aperiretur;* ibid., 1785, in-4°; traduit en français par Linguet, sous ce titre : *Discours sur la Prééminence et l'Utilité de la chirurgie;* Bruxelles, 1787, in-8°; — *Statuta ac constitutiones Academiæ medico-chirurgicæ Vindobonensis;* Vienne, 1787, in-4°.

Biographie médicale. — Rigoni, *Elogio di Giov. Aless. Brambilla;* Pavia, 1800, in-8°. — Tipaldo, *Biografia degli Italiani illustri.*

BRAMER (*Léonard*), peintre hollandais, né à Delft en 1596. A l'âge de dix-huit ans, il se rendit à Paris, et de là en Italie, où il acquit de la réputation par la vigueur et le naturel de son pinceau. Il imita la manière de Bassan et du Corrége. On estime surtout ses petits tableaux sur cuivre, où il a représenté de préférence des incendies, des nuits, des cavernes éclairées par des flambeaux. Parmi les ouvrages qu'il fit en Italie, on distingue deux grands tableaux dont les sujets sont : la *Résurrection du Lazare,* et *Saint Pierre reniant Jésus-Christ;* sur la tête duquel on pose la couronne d'épines. Ce dernier tableau est dans la galerie de Dresde. Bramer excellait aussi à peindre les vases d'or, de bronze et de marbre. Il y en a deux de ce genre à Vienne. Il composait facilement; ses petites figures sont spirituelles, et touchées avec finesse. Son coloris est beau et vigoureux.

Il ne faut pas confondre ce Bramer avec un assez bon peintre hollandais, nommé *Bramer* ou *Pramer,* qui vivait vers la fin du dix-septième siècle, et qui peignait des *conversations.*

Descamps, *Vies des Peintres flamands et hollandais.*

BRAMER (*Benjamin*), architecte et mathématicien allemand, né dans la Hesse, vivait au commencement du dix-septième siècle. Ses principaux ouvrages sont : *Apollonius Cattus, oder Geometrischer Wegweiser* (le Guide du géomètre); — *Geometrisches Triangular-instrument* (Instrument pour la perspective et pour la levée des plans); — *Explicatio et usus linealis proportionalis.*

Hendreich, *Pandectæ Brandenburgicæ.*

BRAMHALL (*Jean*), théologien anglais, né à Pontefract dans le Yorkshire en 1593, mort en 1677. Il reçut sa première instruction dans sa ville natale. En 1608, il fut envoyé à Cambridge. Plus tard, il fut pourvu de bénéfices ecclésiastiques. En 1634, il était évêque de Londonderry, et il administra son diocèse avec un ordre dont ses prédécesseurs ne lui avaient pas donné l'exemple. Le 16 mars 1641, il fut impliqué dans les troubles d'Irlande, et accusé de haute trahison; mais l'archevêque anglais Usher fit étouffer la procédure. Il revint en Irlande, d'où de nouveaux dangers le déterminèrent à fuir sur le continent. Après la restauration, il fut nommé archevêque d'Armagh. Ses *Œuvres complètes* furent publiées en 1677.

Biographia Britannica. — Gorton, *General biographical Dictionary.*

***BRAMPTON** (*William* DE), magistrat et jurisconsulte, l'un des quatre justiciers d'Angleterre, qui fut accusé et sans doute convaincu de prévarication et de péculat, sous Édouard Ier, de 1274 à 1307. Il en fut de même du chancelier Bacon sous Jacques Ier, et du chancelier Poyet sous François Ier. Les épices ou droits qu'on accordait à ces grands officiers, au lieu d'un traitement de l'État, furent la principale cause de ces tristes naufrages. Quoi qu'il en soit, Brampton fut condamné en 1288 (1), avec ses trois complices, à 40,000 marcs d'argent d'amende, non compris l'argenterie en or et en argent par eux reçue, ce qui pour sa part équivaut à 100,000 fr. (2) environ de notre monnaie; somme alors très-considérable, si l'on considère la rareté des métaux précieux, et que la monnaie d'or ne commença que sous Henri III, père du roi qui fit condamner les quatre justiciers. On les fit, de plus, détenir, selon un usage immémorial, à bord des vaisseaux pénitentiaires amarrés dans le port de Londres, et qu'on appelait la flotte (*fleet*). C'est dans cette captivité que l'un des quatre, Brampton peut-être, avec ses collègues Thom. de Weyland, J. de Lovetot, et Ad. de Strutton, travailla à rédiger par écrit le code complet des lois d'Angleterre en six livres, publié pour la première fois par le savant Selden en 1685, d'après un manuscrit qu'il croit à peu près contemporain de l'auteur. Cet écrit porte le titre de *Fleta,* non que l'auteur ait été ainsi appelé (le préambule prouve le contraire), mais à cause du lieu où il était confiné. C'était plus modeste, et c'était un moyen sans doute d'inspirer la pitié, et d'obtenir sa grâce par l'utilité dont cet ouvrage a été pour la nation anglaise et pour son gouvernement. Il paraît, en effet, qu'il est devenu un livre de grande pratique; il est rédigé très-clairement et avec beaucoup de netteté, quoique emprunté et quelquefois copié mot à mot de Bracton et de Thornton, jurisconsultes antérieurs, ainsi que l'a constaté Selden. Il s'éloigne davantage du droit romain, et il est approprié aux coutumes féodales et au droit coutumier et parlementaire de l'Angleterre. C'est là son mérite; et c'est pour cela

(1) Mss. de Holinshed et J. Stowe, 1289.
(2) Le marc était alors en Angleterre de 13 sous 4 deniers (charte de 1286, dans Rymer).

que notre savant jurisconsulte normand David Houard l'a publié dans son recueil des coutumes anglo-normandes, accompagné d'un commentaire, de préférence au livre de Bracton, qu'il juge d'ailleurs avec une injuste sévérité.

Le *Fleta* est le répertoire succinct du droit anglais au commencement du quatorzième siècle; car il a été composé vers la trente-troisième année d'Édouard Ier, c'est-à-dire en 1307, époque où la couronne passa à Édouard II; on a même prétendu que ce livre était du règne de ce second prince, sinon du temps d'Édouard. Mais Selden a réfuté cette opinion dans une dissertation spéciale, à laquelle nous ne sachions pas qu'on ait rien ajouté de sérieux. Une maxime de ce règne sur le crime de lèse-majesté, est que l'on autorise à peine à *vivre* les héritiers des conspirateurs. Ceux-ci sont punis du dernier supplice, avec mutilation et confiscation des biens (ch. 21, tit. 67); au moins l'auteur pense-t-il que les preuves soient évidentes et directes, et que le roi ne participe pas au jugement.

Le ch. 11, art. 12, sur les poids et mesures, est important à consulter. ISAMBERT.

Selden, *Dissert.*, à la suite de la première édit. in-4°. de 1685, p. 453-553. — *Commentaire de* J. Clarke, 1735. — Houard, *Anciennes lois des Français*, t. II, p. 16, 32, 1766; *Coutumes anglo-normandes*, 1776, t. III. — Reeves, *History of the Law*, 1783 et 1787.

BRAN (*Frédéric-Alexandre*), publiciste allemand, né à Rybnitz le 4 mars 1767, mort le 15 sept. 1831. Après avoir visité l'Allemagne et une partie de l'Europe méridionale, il vint dans les Pays-Bas. En 1800 il se fixa à Hambourg, écrivit dans *la Minerve* d'Archenholz, et la continua après lui pendant une année. La traduction qu'il fit et publia de l'ouvrage de Cevallos, intitulé *Exposé des moyens employés par Napoléon pour usurper la couronne d'Espagne*, l'obligea de quitter Hambourg, et de chercher un refuge d'abord à Leipzig, ensuite à Prague, où il commença la publication du journal *le Temps*. Revenu à Hambourg, en 1813, il reprit la direction de *la Minerve*. D'autres publications suivirent : *les Mélanges de littérature moderne*, qu'il interrompit faute de souscripteurs; *les Archives ethnographiques*, qu'il fit paraître lorsqu'il se fut établi libraire à Iéna, en 1816; ce recueil arriva jusqu'au 44e volume. On a en outre de lui : *Recueil de pièces relatives à l'amélioration de l'état des Juifs en France*; Hambourg, 1806 et 1807; — *Mélanges*; Hambourg, 1800, anonyme; — *Mélanges du Nord*; ibid., 1804. Tous ces écrits furent composés en langue allemande.

Biographie universelle.

*BRANCA (....), mécanicien et architecte italien, florissait au dix-septième siècle; on ignore le lieu de sa naissance et celui de sa mort, et on ne sait presque rien de sa vie : dans ses lettres il s'intitule *citoyen romain*, et il a publié son principal ouvrage, *le Machine*, à Rome (1629, in-4°). Ce livre est divisé en trois parties. La première contient quarante figures de machines diverses; dans la seconde, on en voit quatorze destinées à élever l'eau; la dernière renferme vingt-trois machines *spiritales*, comme on le lit en tête de cette partie, *qui ont pour moteur l'air par le moyen du plein et du vide*. Il y en a une qui a été plusieurs fois citée, et qui mérite une attention particulière : c'est la machine représentée dans la 25e figure de la première partie. L'auteur annonce qu'elle agit à l'aide d'*un moteur merveilleux*; ce moteur n'est autre chose que la vapeur. Il est vrai que la vapeur, qui sort de la chaudière par un trou, n'agit que par sa tension, et qu'elle est appliquée directement à la roue qui doit être mise en mouvement; mais enfin il s'agit d'une machine mue par la vapeur, et cette idée mérite d'être remarquée. Un autre projet de Branca, exposé dans ce même ouvrage, consistait à engendrer un mouvement de rotation, en dirigeant la vapeur sortant d'un éolipyle, sous forme de souffle ou de vent, sur les ailes d'une roue. Si la vapeur est un jour employée utilement à l'état de souffle direct, Branca, ou l'auteur actuellement inconnu à qui il a pu emprunter cette idée, prendra le premier rang dans l'histoire de ce nouveau genre de machines. A l'égard des machines actuelles, les titres de Branca sont complétement nuls. Branca a publié aussi un *Manuel d'Architecture* (Ascoli, 1629, in-16), suivi de trente aphorismes sur la direction des rivières. Il était en correspondance avec les hommes les plus savants de son temps, et il existe encore des lettres du P. Castelli, qui montrent l'estime qu'il faisait de l'architecte romain.   X.

Mazzuchelli, *Scrittori d'Italia*. — Libri, *Histoire des Sciences mathématiques en Italie*, t. IV, p. 59 et 60, et note V, p. 339 et 340.

*BRANCA (*Giovanni*), architecte, né à Pesaro en 1571, mort vers 1640. Il travailla à la *Santa-Casa* de Lorette. Il a laissé un utile ouvrage, intitulé *Manuale di Architettura*, qui a été publié de nouveau en 1772, avec des corrections et notes de Leonardo de' Vegni, architecte distingué de Sienne.   E. B—N.

Ticozzi, *Dizionario*.

BRANCACCI, illustre famille napolitaine. La France lui doit les seigneurs de Brancas, et l'Église plusieurs cardinaux.

BRANCACCIO (*Landolphe*), prélat italien, natif de Naples, mort à Avignon le 29 octobre 1322. Il s'attacha à Charles Ier et à Charles II, princes de la maison d'Anjou. Célestin V le nomma cardinal en 1294, et les papes Boniface VIII et Clément V l'employèrent dans plusieurs négociations.

Ciaconius, *Vitæ Pontificum*. — Aubery, *Hist. des Cardinaux*.

BRANCACCIO (*Louis*), prélat italien, mort en 1411. Il fut très-versé dans le droit civil et dans le droit canon. Les papes Innocent VII et Grégoire XII l'envoyèrent à Naples, en qualité de légat. Ce dernier pontife le nomma archevêque de Tarente et cardinal en 1408.

Aubery, *Hist. des Cardinaux*. — Ciaconius, *Vitæ*

Pontificum. — Ughelli, *Italia sacra.* — Conteiorio, *In Pontif.*

BRANCACCIO (*Nicolas*), prélat italien, mort à Florence le 1er juillet 1412. Il était archevêque de Conseza quand il s'attacha à Clément VII. Ce pontife le fit cardinal en 1378, puis évêque d'Albano. Brancaccio quitta le parti de Benoît XIII, à l'élection duquel il avait concouru pour donner sa voix à Alexandre V. En 1412, l'année même de sa mort, il fut nommé par Jean XXIII légat au royaume de Naples.

Sponde, *Annal.*, an 1412. — Aubery, *Hist. des Cardinaux.* — Ughelli, *Italia sacra.*

BRANCACCIO (*Raynaud*), prélat italien, mort à Rome en 1427. Il fut créé cardinal par Urbain VI, en 1384. Boniface IX, qui le fit archiprêtre de Sainte-Marie-Majeure, et ses successeurs l'employèrent dans plusieurs affaires importantes. Brancaccio assista au concile de Constance.

Ciaconius, *Vitæ Pontificum.* — Platina, *Hist. de vit. Pontif.* — Aubery, *Hist. des Cardinaux.*

BRANCACCIO (*Thomas*), prélat italien, vivait dans le commencement du quinzième siècle. Il était évêque de Tricaria quand Jean XXIII, son oncle, le créa cardinal en 1411. Il devint l'opprobre de l'Église par les vices infâmes auxquels il se livra. On dit même qu'une blessure qu'il reçut au visage, en sortant d'une maison de débauche, lui valut le surnom de *cardinal Balafré.*

Ciaconius, *Vitæ Pontificum.* — Aubery, *Hist. des Cardinaux.*

BRANCACCIO (*François-Maria*), prélat italien, mort le 9 janvier 1675. Il fut successivement évêque de Viterbe, de Porto et de Capaccio. Un capitaine d'infanterie, envoyé dans cette dernière ville par le roi de Naples, voulut entreprendre sur les franchises de l'Église. Brancaccio le fit tuer. Pour le récompenser de cet acte de vigueur, Urbain VIII le créa cardinal en 1634; mais les Espagnols se brouillèrent avec lui, et s'opposèrent à son élection, lorsqu'on le proposa pour successeur du pape Clément IX. On a de lui un recueil de *Dissertations* latines; Rome, 1672, in-4°. Une de ces dissertations a d'abord été publiée à part en 1665, in-4°; c'est celle dans laquelle il soutient que le chocolat pris à l'eau ne rompt pas le jeûne ordonné par l'Église.

Toppi, *Biblioth. Napoletana.* — Oldoin, *Athenæum Romanum.*

BRANCACCIO (*Étienne*), prélat italien, neveu du précédent, mort le 8 septembre 1682. Il fut archevêque d'Andrinople, évêque de Viterbe, nonce à Florence et à Venise. Innocent XI le fit cardinal en 1681.

Moréri, *Dictionnaire historique.*

BRANCACCIO (*Lelio*), écrivain stratégique italien, vivait dans la seconde moitié du seizième siècle. Il fut chevalier de Saint-Jean de Jérusalem, mestre de camp et conseiller de guerre dans les États de Flandre. On a de lui : *Della nuova disciplina e vera arte militare*, li-bri *VIII*; Venise, 1582, in-fol.; — *i Carichi militari, o fucina di Marte;* ibid., 1641, in-4°.

Toppi, *Bibliotheca Napoletana.*

BRANCADORI-PERINI (*Jean-Baptiste*), chronologiste et historien italien, né à Sienne en 1674, mort à Rome le 19 novembre 1711. Membre de l'Académie Arcadienne, il se lia avec les hommes les plus illustres de son temps. Le cardinal Ottoboni le fit chanoine de Saint-Laurent de *Damaso.* On a de lui : *Chronologia de' gran maestri dello spedale del Santo Sepolcro della sagra religione militare di S.-Giovanni-Gerosolimitano, oggi detti di Malta*, etc.; Rome, 1709, in-fol.

Cosme Finetti, *Éloge de Brancadori-Perini*, dans le 1er volume des *Notizie degli Arcadi morti.*

BRANCALEONE DANDOLO, sénateur romain, mort en 1258. Le peuple de Rome, las des désordres auxquels se livraient les nobles, et de l'anarchie qui régnait dans la ville, confia sa défense à un magistrat étranger, et donna, en 1253, au Bolonais Brancaleone le titre de podestat ou de sénateur, avec le pouvoir de rendre la justice et de commander les forces militaires. Brancaleone réprima les brigandages des nobles, et força le pape Innocent IV à reconnaître le pouvoir du peuple. Les Romains, fatigués de sa sévérité, se révoltèrent. Brancaleone, qui avait des otages à Bologne, sortit de Rome en liberté. Les Romains le rappelèrent deux ans après, et lui rendirent tous ses pouvoirs. Il mourut abhorré de la noblesse, mais chéri du peuple, au service duquel il avait consacré sa vie.

Sismondi, *Histoire des Républiques italiennes.*

BRANCAS (famille DE). Cette famille est originaire de Naples, où elle s'appelait *Brancaccio*; elle y subsiste encore. Basile DE BRANCAS fut le premier de son nom qui s'établit en France, sous le règne de Charles VII. Il avait vivement soutenu les intérêts de la maison d'Anjou; et lorsque les membres de cette famille furent obligés de quitter l'Italie, il les suivit en Provence, où ses services furent récompensés par le don de plusieurs fiefs considérables, tels que la baronnie d'Oyse, le marquisat de Villars, et le comté de Lauraguais.

Les Brancas français se divisèrent en deux branches vers le milieu du seizième siècle. L'aînée prenait alternativement les noms de *Forcalquier-Brancas* et de *Céreste*, avec le titre de duc et de grand d'Espagne; à la cadette appartenaient les noms de *Lauraguais* et de *Villars.*

Les membres les plus distingués de cette famille furent :

André, connu sous le nom d'*amiral de Villars*. vivait à la fin du seizième siècle. Il se jeta dans le parti de la Ligue et des Espagnols, et eut l'ambition, suivant le président Hénault, de se faire de la Normandie une seigneurie indépendante. Il se maintint dans Rouen longtemps après l'abjuration de Henri IV, et ne se soumit, comme tous les grands chefs catholiques, qu'en faisant ses conditions. Sully, qui mit tout en œuvre pour reconquérir au parti de Henri IV un officier aussi brave que l'amiral, regardait ce succès comme un de ses plus glorieux services. « L'amiral de « Villars, dit-il dans ses Mémoires, était la droi- « ture et la bravoure mêmes ; mais ses premiers « mouvements étaient d'une violence extrême. » André fut pris au siége de Doullens par les Espagnols, qui le massacrèrent de sang-froid pour se venger de sa défection.

George DE BRANCAS, son frère puîné, qui lui survécut, obtint, en 1626, le brevet d'érection du marquisat de Villars en duché-pairie. Il ne faut pas confondre ce duché avec le duché de Villars, érigé en faveur du vainqueur de Denain. Les lettres-patentes, qui datent seulement de juillet 1652, témoignent des services que George de Brancas rendit à Louis XIII, particulièrement en l'année 1625, où il équipa à ses dépens vingt-cinq vaisseaux de guerre.

Louis DE BRANCAS, marquis de Céreste, de la branche aînée, servit honorablement sur terre et sur mer, sous Louis XIV et Louis XV, et fut employé dans plusieurs ambassades, où il se distingua. Nommé maréchal de France en 1740, il mourut en 1750, à l'âge de soixante-dix-neuf ans.

La branche aînée s'est éteinte en 1802, dans la personne d'un duc de Céreste ; l'autre branche subsiste encore, dans la descendance des ducs de Brancas-Lauraguais. *Voy.* LAURAGAIS.

Art de vérifier les dates. — Anselme, *Histoire générale des Pairs de France*, t. V. — Pinard, *Chronique militaire*. — Le Bas, *Dictionnaire encyclopédique de la France*.

BRANCAS-VILLENEUVE (*André-François* DE), physicien et astronome français, né dans le comtat Venaissin à la fin du dix-septième siècle, mort le 11 avril 1748. Il fut abbé d'Aulnay. Ses principaux ouvrages sont : *Lettres sur la cosmographie, ou le Système de Copernic réfuté ;* Paris, 1735, in-8°, réimprimé en 1747, sous le titre de *Système de cosmographie et de physique générale.* « L'auteur entreprend, dit Lalande, d'y établir que le mouvement des planètes se fait dans des espèces d'épicycloïdes ; il n'y a que des rêveries ; » — *Institutions astronomiques, ou Leçons élémentaires d'astronomie ;* ibid., 1746, in-4° ; — *Explication du flux et du reflux*, etc. ; ibid., 1749, in-4° ; — *Éphémérides cosmographiques pour 1750 ;* ibid., 1750, in-12 ; — *Histoire ou Police du royaume de Gala*, traduite de l'italien en allemand et de l'anglais en français ; Londres (Paris), 1754, traduction supposée ; — *Mémoires sur les os fossiles*, 1756.

Quérard, *la France littéraire*.

BRANCATO (*Francesco*), missionnaire italien, mort à Canton en 1671. Il arriva en Chine en 1637, et y prêcha l'Évangile avec zèle jusqu'en 1665. Protégé par les magistrats, il fit construire quarante-cinq oratoires et plus de quatre-vingt-dix églises. Les principaux ouvrages qu'il a publiés en chinois sont : *Traité sur l'Eucharistie ;* — *Explication des dix Commandements ;* — *Réfutation des divinations ;* — *Thian chin hoci kho* (Entretien des anges), 1661. Cet ouvrage est un catéchisme encore en usage parmi les chrétiens chinois.

Lettres édifiantes et curieuses.

BRANCOVAN (*Constantin*), hospodar de Valachie. *Voy.* BASSARABA.

BRAND (*Chrétien-Helfgott*), peintre paysagiste allemand, né en 1695 à Francfort-sur-l'Oder, mort à Vienne vers 1750. Ses tableaux sont admirés par les connaisseurs : rien, en effet, n'est plus calme que ses eaux, plus humide que sa rosée courbant les plantes sous son poids ; rien n'est plus riche que les reflets de l'astre du jour, qui disparaît sous les nuages. La galerie de Vienne possède plusieurs paysages de ce peintre.

Nagler, *Neues Allgemeines Künstler-Lexicon.*

BRAND (*Christian*), peintre allemand, fils du précédent, né à Vienne le 15 novembre 1722, mort dans la même ville le 12 juin 1795. Il fut peintre de l'empereur, et directeur de l'Académie de paysages. Il se fit surtout remarquer par la vérité du coloris, et par l'art avec lequel il sut grouper les figures. Ses principaux tableaux sont : *les Quatre Éléments ;* — *le Château d'Austerlitz ;* — *le Marché de Vienne.*

Nagler, *Neues Allgemeines Künstler-Lexicon.*

BRAND (*Jean*), poëte et antiquaire anglais, né vers 1741 à Newcastle-sur-Tyne, mort à Londres en 1806. On a de lui : *the Illicit love*, poëme, 1775 ; — *Observations on popular antiquities, including Bourne's Antiquitates vulgares, with copious additions ;* 1776, in-8° ; — *the History and Antiquities of the Town and county of Newcastle ;* 1789, 2 vol. in-4°. Brand a encore laissé plusieurs mémoires dans *Archæologia Britannica.*

Rose, *New Biographical Dictionary.*

BRAND (*Théodore*), magistrat suisse, né à Bâle en 1488, mort le 4 octobre 1558. Après avoir signalé son courage dans les troupes suisses en Italie, il revint dans sa patrie, et fut successivement conseiller, premier scolarque, tribun du peuple et bourgmestre.

Adam, *Vitæ eruditorum.* — Moréri, *Dict. hist.*

BRAND (*Bernard*), magistrat et jurisconsulte suisse, fils du précédent, né à Bâle en 1523, mort le 13 juillet 1594. Il quitta la chaire de droit romain, qu'il occupait à Bâle, pour entrer au service de la France. De retour en Suisse, il fut appelé aux premières charges de la magistrature à Hombourg. On a de lui : *Histoire universelle, depuis la création jusqu'à l'an 1553*, en allemand ; Bâle, 1553, in-8°.

Sinner, *Catalogus Codicum manuscriptorum bibliothecæ Bernensis.* — Brandmoeller, *Vie de Bernard Brand ;* Bâle, 1650.

BRANDAN (*saint*). *Voy.* BRENDAN.

BRANDANO ou **BARTOLOMEO CAROLI**, illuminé italien, né à Sienne en 1488, mort en 1554. Après avoir vécu dans le désordre pendant sa jeunesse, il se livra à la pénitence, joua le rôle d'inspiré, et se mit à courir le monde sous le nom de *Pazzo di Christo*. On lui attribue des prophéties. Il prédit, dit-on, le sac de Rome au pape Clément VII.

Jérôme de Gigli de Sienne, *Vie de Brandano*. — *Bibliothèque italienne*, t. VII, p. 146. — Moréri, *Dictionnaire historique*.

BRANDANO ou **BRANDAM** (*Édouard*), gentilhomme anglais, issu de l'illustre famille des Brandon, mort à Lisbonne en 1508. Il fut gouverneur de l'île de Wight sous Édouard IV, et un des plus vaillants chevaliers de son temps. Il se signala dans plusieurs combats singuliers, et à l'armée en France, en Angleterre et en Flandre, sous Charles le Téméraire. Il entra ensuite au service d'Alfonse V, roi de Portugal. Naturalisé Portugais sous le nom de Brandano, il reçut de ce prince la seigneurie de Noudar, qu'il échangea dans la suite contre celle de Buarcos et Tavaredo dans le Beïra.

Moreri, *Dictionnaire historique*.

* **BRANDANO** (*Frédéric*), sculpteur italien, né à Urbin, mort en 1575. Il fut un des plus habiles modeleurs qu'ait produits l'Italie, et ne compte guère de rival en ce genre que Begarelli ; son chef-d'œuvre est *la Crèche* qu'il a laissée dans l'église Saint-Joseph d'Urbin. E. B—N.

Lazzari, *Dizionario storico de' professori d'Urbino*. — Cicognara, *Storia della scoltura*.

BRANDAO (*Alexandre*), historien portugais, vivait dans la seconde moitié du dix-septième siècle. On a de lui, en italien : *Istoria delle guerre di Portogallo, succedute per l' occasione della separazione di quel regno dalla corona cattolica* ; Venise, 1689, 2 vol. in-4°. C'est l'histoire de la révolution qui mit la maison de Bragance sur le trône de Portugal.

Barbosa Machado, *Bibliotheca Lusitana*.

BRANDAO (*Antonio*), célèbre historien portugais, né le 25 avril 1584, mort le 27 novembre 1637. Dès l'âge de quatre ans il savait lire et écrire, et à huit il apprenait avec ardeur les langues anciennes. Après avoir fait de fortes études, il entra en 1599 dans l'ordre des Bernardins. Dès lors il consacra sa vie aux recherches historiques ; et les vastes archives que renfermait le monastère d'Alcobaça ne durent pas lui être d'un médiocre secours pour ses investigations. Élu général de l'ordre, il remplaça, en 1617, F. Bernardo de Brito dans la charge de grand historiographe du royaume, et il conserva ce haut emploi jusqu'à sa mort. Le grand chroniqueur de Castille don Thomas Tamayo de Vargas se plut à proclamer, lors de l'apparition de son travail, sa supériorité incontestable sur tous ceux qui l'avaient précédé. Tout en retournant vers les sources primitives, il est le seul, en effet, au dix-septième siècle, qui ait soumis les textes à une critique sévère, et qui se soit défendu des exagérations trop communes aux historiens de la Péninsule à cette époque.

Brandão n'a pas eu l'initiative dans le vaste travail auquel il doit sa réputation, et il a été contraint d'adopter le titre choisi par son prédécesseur, auquel il se montre infiniment supérieur comme paléographe et comme historien. Ses deux ouvrages peu consultés en France sont intitulés ainsi : *Terceira parte da Monarchia Lusitana, que contém a historia de Portugal desdo conde D. Henrique até todo o reinado d'el rey D. Affonso Henriques, dedicada ao catholico rei D. Filippe, terceiro de Portugal e quarto de Castilla; impressa em Lisboa, no mosteiro de S.-Bernardo, por Pedro Craesbeeck*, 1632, in-fol.; réimp. en 1690, in-fol., bien que le savant Barbosa Machado ait ignoré l'existence de cette édition, et en 1806, 2 t. in-8°, par ordre de l'Académie des sciences de Lisbonne; — *Quarta parte da Monarchia Lusitana, desdo tempo d'el rey D. Sancho I até todo o reinado d'el rey D. Affonso III, dedicada ao catholico rei D. Filippe, terceiro de Portugal e quarto de Castilla. Impressa em Lisboa, no mosteiro de S.-Bernardo, por Pedro Craesbeeck*, 1632, in-fol. Cette quatrième partie a été réimprimée pour la seconde fois avec des augmentations, par Jozé Pereira Bayão, *Lisboa-Oriental, officina Ferreriana*, 1725, in-fol.

FERDINAND DENIS.

Barbosa Machado, *Bibliotheca Lusitana*. — *Catalogo dos autores*, dans le grand dictionnaire publié par l'Académie des sciences de Lisbonne. — *Memorias da Academia real das sciencias de Lisboa*. — César de Figanière, *Bibliografia historica Portugueza* ; Lisboa, 1850, in-8°.

BRANDAO (*François*), historien portugais, neveu d'Antoine, moine de l'ordre de Citeaux, né à Alcobaça en 1601, mort à Lisbonne en 1683. On a de lui : la 5e et 6e de la *Monarquia Lusitana* ; Lisbonne, 1650 et 1672, 2 vol. in-fol. ; — *Discours gratulatoire sur l'établissement de Jean IV sur le trône de Portugal* ; ibid., 1641, in-4°.

George Gardoso, Éloge de Brandao dans l'*Agiologio Lusitano*. — Antonio, *Bibliotheca Hispana*.

BRANDAO ou **BRANDAM** (*D. Hilarion*), théologien portugais, natif de Coimbre, mort à Lisbonne le 22 août 1785. On a de lui plusieurs ouvrages de dévotion, dont le principal est : *Vox de Amaado* ; Lisbonne, 1579, in-4°.

Memoires de Portugal. — Moréri, *Dict. hist.*

BRANDAO ou **BRANDAM** (*Louis*), théologien ascétique portugais, de l'ordre des Jésuites, natif de Lisbonne, mort le 3 mai 1663. On a de lui en portugais : *Méditations sur l'histoire évangélique pour tous les jours de l'année* ; Lisbonne, 1679 et 1683, in-4°.

Mémoires de Portugal. — Moréri, *Dict. hist.*

BRANDEBOURG, illustre maison allemande, dont les membres apparaissent pour la première fois dans l'histoire sous le règne de Henri Ier, qui chargea les comtes de Brandebourg de protéger les frontières de Saxe : ce furent les premiers margraves (*comes* ou *præfectus limitis, comes marcæ, marchio, markgraf*) de l'Allemagne septentrionale. En 1135, l'empereur Lothaire donna en fief à Albert l'Ours le Margraviat septentrional, qui s'appelait Salzwedel, du nom de la résidence : ce prince prit dès lors le titre de margrave de Brandebourg (Voy. ALBERT). Il eut pour successeur son fils *Othon*, le premier qui fut revêtu de la charge héréditaire d'archi-chambellan, charge qui donna dans la suite le privilége d'être électeur de l'Empire. Après lui, vinrent Jean 1er (mort en 1266) et Othon III dit *le Bon* (mort en 1268), qui régnèrent ensemble et reculèrent les bornes de leur petit État.

Othon IV et *Harmann*, dit *le Long*, morts tous deux en 1308, achetèrent en 1304, du landgrave Diezmann une partie de la Thuringe et ce qui forma plus tard la Lusace inférieure. Leur successeur fut *Waldemar* (mort en 1319), l'un des plus célèbres margraves du Brandebourg. Ce prince non-seulement contint les Vendes et les Cassoubiens, mais encore il sortit victorieux d'une guerre qu'il soutint contre les princes du Nord et plusieurs souverains allemands. Il laissa ses États à *Henri*, qui mourut en 1320, et fut le dernier margrave de Brandebourg de la maison d'Anhalt. Après trois ans d'anarchie, l'empereur Louis le Bavarois donna la principale partie du margraviat à *Louis*, son fils aîné, qui fut chassé par le contre-empereur Charles IV, ligué avec plusieurs princes allemands : celui-ci fit passer pour feu Waldemar un meunier, ou, selon d'autres, un moine nommé Bock. Très-peu de provinces et quelques nobles seulement restèrent fidèles à Louis; en 1350 il parvint à faire sa paix avec l'empereur Charles. On rédigea une convention dans laquelle il était stipulé que si les frères Louis et Othon n'avaient point de descendance masculine, ils auraient pour successeur le prince Jean de Moravie, et après lui le duc Frédéric de Bavière. Ce traité ne reçut pas son exécution; car Charles, qui s'était emparé du margraviat, le donna en 1373 à son fils *Venceslas*, qui fut le premier margrave de la maison de Lutzelbourg. Venceslas, devenu roi de Bohême et empereur à la mort de son père (1378), donna le Brandebourg à son frère *Sigismond*, et la Nouvelle-Marche (Neumarck) avec la Lusace à son plus jeune frère, Jean de Goerlitz. Ces princes en engagèrent une partie, vendirent les meilleures villes, et grevèrent le pays de dettes.

Jobst (mort en 1411), qui vint après eux, fit la même chose, et engagea même (1395) ce qui restait à son beau-frère Guillaume de Misnie, dit *le Borgne*. Jobst eut pour successeur *Sigismond*, qui devint empereur. Le 18 avril 1417, Sigismond en investit *Frédéric 1er* (né le 21 septembre 1372, mort en 1440), comte de Hohenzollern, burgrave de Nuremberg, auquel il devait des sommes considérables, et qui, en 1440, le céda à son second fils *Frédéric II* (le 10 février, mort en 1471), que sa valeur avait fait surnommer *aux Dents de fer;* car l'aîné Jean, dit *l'Alchimiste*, avait renoncé à la succession.

Telle est l'origine de la maison actuellement régnante dans le Brandebourg et dans toute la Prusse.

Albert, dit *Achille*, margrave de Brandebourg; frère et successeur de Frédéric II. Voy. ALBERT.

Jean, dit *le Grand*, frère d'Albert, gouverna jusqu'en 1499. Il eut pour successeur son fils *Joachim 1er*, mort en 1535. Ce prince, instruit et ami des lettres, inaugura en 1506 l'université de Francfort-sur-l'Oder, et en 1516 fonda à Berlin un tribunal supérieur. Il rendit bonne et sévère justice, et anéantit le reste des brigands qui depuis longtemps infestaient ses États. A l'époque de la réforme, il y défendit la traduction de la Bible de Luther, mais sans pouvoir toutefois empêcher les progrès du protestantisme. A la mort du comte de Ruppin, il réunit son comté au margraviat. Sous lui, Albert, prince de Brandebourg et d'Anspach, et proche parent de Joachim, devint grand maître de l'ordre Teutonique en Prusse : on sait que ce pays, sécularisé en 1525, devint un fief de la couronne de Pologne, possédé par la maison de Brandebourg et bientôt réuni à l'électorat.

Joachim II, fils du précédent, né le 9 janvier 1505, mort le 3 janvier 1571, embrassa en 1539 la religion protestante, qui ne tarda pas à devenir dominante en Brandebourg. La réforme que son frère Jean avait aussi introduite dans les Marches, qui lui étaient échues en partage, amena bientôt la suppression des évêchés de Brandebourg, de Havelberg, de Lebus, ainsi que de la plupart des couvents; et à peu près à la même époque Sigismond, fils de Joachim II, sécularisa les évêchés de Magdebourg et de Halberstadt, dont il était administrateur. Son fils, *Jean-George*, mort en 1598, réunit toutes ces possessions.

Joachim-Frédéric, fils de Jean-George, né le 27 janvier 1546, mort le 18 juillet 1608, mécontent du testament de son père, qui donnait à son frère Christian la Nouvelle-Marche, fit, en 1603, à Gera, avec son cousin *George-Frédéric d'Anspach*, une convention que l'on considéra alors comme la loi fondamentale de la maison de Brandebourg, et qui fut confirmée à Magdebourg l'année suivante. Le droit de primogéniture y était établi : le margraviat, avec ses conquêtes jusqu'à la Franconie, devint indivisible, de telle sorte au moins qu'on ne pouvait détacher aucune partie de son territoire sans le consentement de toute la famille. Les princes au-dessous de dix-huit ans devaient être élevés aux frais de l'électeur; passé cet âge, ils recevaient 6,000 thalers lorsqu'ils n'avaient ni apanages ni revenus. Tout prince qui avait des biens devait nourrir lui-même ses enfants. Christian, mécontent de ces stipulations, appela à son secours l'empereur et les princes d'Allemagne. Sur ces entrefaites mourut George-Frédéric; le traité fut confirmé, mais cependant avec une modification : Christian obtint Baireuth pour lui et ses descendants, et, avec le margrave Joachim Ernest, il fonda le margraviat de Franconie.

Jean-Sigismond, fils et successeur du précédent, né le 8 novembre 1572, mort le 23 décembre 1619, gouverna la Prusse sous le nom du duc imbécile Albert-Frédéric. A la mort de celui-ci en 1618, il prit réellement possession de ce duché, qu'il reçut en fief de la Pologne. Ainsi le Brandebourg et la Prusse furent réunis. En 1609, après la mort de Jean-Guillaume, dernier duc de Juliers, il avait aussi réuni à ses États (Juliers, Clèves, Berg, Ravenstein, Dusseldorf, Ravensberg, etc. Toutefois, par le traité de Xanten il céda Juliers et Berg au comte palatin de Neubourg, Wolfgang-Wilhelm. A cause de ses nouvelles acquisitions, l'électeur, jusque-là luthérien, embrassa la religion dite réformée dans l'église de Berlin (le jour de Noël 1613).

George-Guillaume, fils et successeur du précédent, né le 3 novembre 1595, mort le 3 décembre 1640, ne voulut prendre aucune part à la guerre de trente ans; mais ses États n'en furent pas moins dépeuplés, épuisés d'impôts, ravagés par le fer et la flamme. Après avoir mis sa confiance dans le comte Adam de Schwarzenberg, qui n'y répondit pas, il s'unit en 1631 à Gustave-Adolphe, et en 1635 il fut compris dans la paix de Prague. Mais ce fut en vain qu'il avait espéré pouvoir procurer à ses sujets quelque soulagement. Les Espagnols et les Hollandais se disputèrent la Westphalie, pendant que la Prusse était ravagée par une guerre entre la Pologne et la Suède. Aussi, après la mort du duc de Poméranie, en 1637, George-Guillaume ne put faire valoir ses droits à la succession de ce pays, parce que les Suédois s'en étaient emparés. Il mourut, laissant ses États dans la plus déplorable confusion.

Frédéric-Guillaume, dit *le Grand Électeur*, fils et successeur du précédent, né le 6 février 1620, mort le 28 avril 1688. Dans des circonstances difficiles il montra la plus grande habileté; à la paix de Westphalie, s'il fut obligé de céder aux Suédois quelques portions de territoire, il reçut en échange la Poméranie inférieure et l'expectative des évêchés de Magdebourg et de Halberstadt, qui revinrent à la Prusse, le premier en 1680, le second en 1699. Il eut aussi les principautés de Munden et de Camin. En 1657, il avait obtenu de la Pologne la souveraineté pleine et entière de la Prusse. La victoire de Fehrbellin lui donna la Poméranie et la Marche, dont l'empereur avait dépouillé Jean-George de Jaegerndorf, et la campagne suivante la partie de la Prusse qu'il avait été obligé de céder aux Suédois. Cependant, abandonné de ses alliés, attaqué par la France, il dut bientôt rendre ses conquêtes. En 1686, il avait obtenu de l'Autriche le cercle de Schiebus, en échange de ses prétentions sur la Silésie. Il mourut deux ans après. Pendant son règne, il avait accueilli dans ses États plus de 20,000 Français à qui la révocation de l'édit de Nantes faisait abandonner leur patrie. Ce fut de sa part un acte de haute politique; car si aujourd'hui même l'Allemagne a quelque industrie, elle le doit en partie à ces victimes de l'intolérance de Louis XIV. Mais il fit plus encore : il secourut les familles appauvries par la guerre, releva les villes, favorisa le commerce et l'agriculture. En 1662, il fit creuser un canal de la Sprée à l'Oder, introduisit les postes dans ses États, et fonda l'université réformée de Duisbourg et la bibliothèque de Berlin. Il eut pour successeur son fils *Frédéric-Guillaume*, qui prit le premier le titre de roi de Prusse. Voy. FRÉDÉRIC Ier (roi de Prusse).

Sam. Buchbolz, *Geschichte der Kurmark Brandenburg*; Berlin, 1765-1785, 6 vol. in-4°. — *Conversations-Lexicon*.

BRANDER (*George-Frédéric*), mécanicien allemand, né à Ratisbonne en 1713, mort le 1er avril 1783. Après avoir étudié les mathématiques à Nuremberg et à Altdorf, il se rendit à Augsbourg, où il fit des instruments de chirurgie pour gagner sa vie. Il construisit, en 1737, les premiers télescopes qu'on ait vus en Allemagne. Plusieurs cours et académies le chargèrent d'exécuter des machines qui lui font le plus grand honneur. L'invention des micromètres sur verre appartient à Brander; elle fut rendue publique par le professeur Lambert. Ses principaux ouvrages (écrits en allemand) sont : *Double Microscope*, 1769, in-8°, fig.; — *Nouvelle Chambre obscure et Microscope solaire*, 1769, in-8°, fig.; — *Nouvelle Balance hydrostatique, suivie de l'Essai de Lambert sur l'aréomètre pour les sels*, 1771, in-8°; — *Planchette géométrique universelle*, 1772, in-8°; — *Baromètre portatif pour mesurer les hauteurs*, 1772, in-8°; — *Goniomètre amphidioptrique*, 1772, in-8°; — *Sextant à miroir, planchette perfectionnée et théodolite*, 1774, in-8°; — *Système pour tracer des échelles*, 1772, in-8°; fig.; — *Règle pour dessiner la perspective*, 1772, in-8°, fig.; — *Description et usage de l'échelle logarithmique*, 1772, in-8°; — *Petite Machine pneumatique*, 1774, in-8°; — *Arithmetica binaria*, 1775, in-8°; — *Planisphère astrognostique équatorial*, 1775, in-8°; — *Quart de cercle à miroir, de Hadley, perfectionné*, 1777, in-8°; — *Déclinatoire et Inclinatoire magnétique*, 1779, in-8°; — *Instrument géométrique universel, en forme de compas de proportion*, 1780, in-8°; — *Description d'un nouvel instrument destiné à mesurer les distances inaccessibles par une seule station, pour les ingénieurs et les artilleurs*, 1781, in-8°. Jean Bernoulli a publié à Berlin, en 1783, la *Correspondance de Brander avec Lambert, sur des questions de physique et de mécanique*.

Meusel, *Gelehrtes Deutschland*.

BRANDER (*Gustave*), naturaliste suédois, mort en 1787. Il s'établit à Londres pour se livrer au commerce, et cultiva en même temps l'histoire naturelle. Parmi les opuscules qu'il a insérés dans les *Transactions philosophiques*, on remarque une dissertation en anglais sur les *Bolemnites*. Daniel Solander a donné en latin (Londres, 1766, in-4°) la description des fossiles et des pétrifications du Hampshire, dont Brander a enrichi le musée de la Société royale.

Rose, *New Biographical Dictionary*.

BRANDES (*Jean-Chrétien*), comédien et poëte dramatique allemand, né à Stettin le 15 novembre 1735, mort à Berlin le 10 novembre 1799. Sa mère, que son époux avait abandonnée, le confia à une tante d'une piété exagérée. Élevé avec trop de sévérité, Brandes, qui était d'un caractère léger et indépendant, devint menteur et dissimulé. Il était commis chez un petit marchand de Stettin, lorsqu'une action contraire à la probité l'obligea de prendre la fuite : il traversa la Prusse en mendiant son pain. Arrivé en Pologne, il entra d'abord comme apprenti chez un menuisier ; puis la faim et la misère le contraignirent à se faire successivement gardeur de pourceaux, bateleur au service d'un dentiste ambulant, marchand de tabac, enfin domestique d'un gentilhomme du Holstein, qui lui fit donner quelques leçons, et lui procura l'occasion d'assister à quelques représentations théâtrales. Elles produisirent sur lui une si vive impression, qu'il résolut dès lors de se consacrer à la profession de comédien, et de s'y préparer par un travail assidu. En 1757, il fut admis dans la fameuse troupe de Schoenemann à Lubeck, où ses débuts furent peu heureux. Il entra alors dans la troupe de Koah. Après avoir été employé pendant quelque temps dans les bureaux de la *Gazette d'Altona*, puis valet de chambre du général Schenk en Danemark, il remonta sur les planches en 1760, à Stettin, dans la troupe de Schuch : le public l'accueillit cette fois avec plus de bienveillance. Plus tard, il joua alternativement à Munich, à Leipzig, à Hambourg, à Hanovre, à Dresde, et dans d'autres villes. La mort prématurée de sa femme et de sa fille le rendit inconsolable. Il vécut dès lors dans la retraite à Stettin, puis à Berlin, où il se lia avec Lessing, et où il mourut dans un état complet de misère et d'abandon.

Comme acteur, Brander ne s'éleva guère au-dessus de la médiocrité ; mais, comme écrivain dramatique, il fit preuve d'une grande fécondité : ses pièces sérieuses, telles que son drame *Miss Fanny*, sont dépourvues de mérite ; en revanche, dans ses comédies, il fait preuve d'une grande entente de la scène. L'action en est toujours vive, les caractères vrais et bien tracés, le dialogue facile et naturel ; toutes qualités qui le distinguent de la plupart des auteurs comiques ses contemporains. Sous ce rapport, on doit surtout mentionner sa comédie intitulée *Trau Schau Wem*, (A qui se fier?), qui obtint à Vienne un prix offert au meilleur ouvrage nouveau en ce genre ; — *Die Entführung* (l'Enlèvement) ; —*der Geadelte Kaufmann* (le Marchand anobli) ; — *der Graf Osbach* (le comte Osbach) ; — *Ariadne auf Naxos* (Ariande à Naxos), drame imité de l'*Ariadne* de Gernstenberg, dont la musique fut faite une première fois par Benfa (1778), et une seconde fois par Reichardt (1780) : cette pièce obtint le plus éclatant succès sur toutes les scènes de l'Allemagne. Brandes publia lui-même une édition complète de ses œuvres dramatiques ; Hambourg, 1790, 8 vol. Peu de temps avant sa mort, il écrivit avec autant de naïveté que de sincérité son autobiographie, ouvrage aussi amusant qu'instructif, qui a été traduit en français par Ph. Le Bas, et compris dans la collection des *Mémoires dramatiques*. La femme de Brandes, née en 1746, en Lithuanie, était une actrice consommée, et l'idole du public. Épouse et mère excellente, c'est pour elle qu'il composa son *Ariane à Naxos*, pièce dans laquelle elle obtint un succès immense. Sa fille, née à Berlin en 1763, était une actrice de premier ordre.

Conversations Lexicon. — *Autobiographie*, Berlin, 1800, 3. vol.— Ersch et Gruber, *Allgem. Encyclopädie*.

BRANDÈS (*Ernest*), homme d'État et littérateur allemand, né à Hanovre en 1758, mort dans cette ville le 13 mai 1810. Élève de l'université de Gœttingue, il en devint dans la suite le bienfaiteur ; il conserva la place de conseiller intime de Hanovre jusqu'en 1803, époque de l'invasion des Français, fut un des députés qui signèrent la capitulation avec le chef de l'armée d'occupation, et resta membre du gouvernement provisoire. Doué d'un talent particulier d'observation, Brandès avait acquis dans ses places et dans ses voyages une grande connaissance des personnes et des choses. Ses principaux ouvrages, qu'il a publiés en allemand, sont : *Remarques sur les Théâtres de Londres, de Paris et de Vienne* ; Gœttingue, 1788, in-8° ; — *Remarques sur les femmes* ; Leipzig, 1787, in-8° ; — *Considérations politiques sur la révolution française en Allemagne* ; Iéna, 1790, in-8° ; — *Sur l'Esprit du temps en Allemagne vers la fin du dix-huitième siècle* ; Hanovre, 1808, in-8° ; —*Sur la coutume des pères et mères de se faire tutoyer par leurs enfants* ; ibid., 1809, in-8° ; — *de l'Influence que l'esprit du temps a exercée sur les classes élevées de la nation allemande* ; ibid., 1810, in-8°. Parmi les nombreux écrits que Brandès a fournis aux journaux les plus estimés de son temps, on remarque l'*Analyse des ouvrages de Burke sur la révolution française*, celle des *Mémoires sur le Jacobinisme*, par l'abbé Barruel, et un morceau sur les associations secrètes.

Rehberg de Hanovre, *Esquisse de la vie de Brandès*, dans la Gazette générale de littérature ; Halle, 28, 29 et 30 juin 1810. — Heyne, *Memoria Ernesti Brandès* ; Gœttingue, 1810, in-4°. — Ersch et Gruber, *Allgemeine Encyclopädie*.

* **BRANDES** (*Rodolphe*), pharmacien allemand, né le 18 octobre 1795, mort le 3 décembre 1842. Après avoir étudié la pharmacie, il visita Halle et Erfurt, et suivit les cours de chimie expérimentale de Bucholz. En 1819, il prit la direction de la pharmacie de son père à Salzfluen, et fonda la *Société des Apothicaires de l'Allemagne du Nord*, qu'il présida jusqu'à la fin de sa carrière. Ses recherches pharmaceutiques et chimiques se trouvent dans les *Archives de la Pharmacie* publiées par la Société des pharmaciens, années 1822-1842, et dans le *Journal pharmaceutique* qu'il avait fondé (1827-1837). On a en outre de lui : *Répertoire de Chimie*; Hanovre, 1827-1833; — *Éléments de pharmacie*; Hanovre, 1841.

Callisen, *Medicinisches Schriftsteller-Lexicon*.

*BRANDI (*Domenico*), peintre napolitain, né en 1683, mort en 1736. Il s'appliqua à peindre les animaux et des figures de petite proportion. Il était bon dessinateur et excellent coloriste. E. B—N.

Dominici, *Vite de' pittori Napoletani*. — Winckelmann, *Neues Mahler-Lexicon*.

BRANDI (*Giacinto*), peintre de l'école romaine, né en 1623 à Poli dans l'État romain, selon Pascoli et Orlandi; à Gaëte, selon d'autres; mort à Rome en 1691. Il est le plus connu des élèves que Lanfranc ait formés à Rome. Il prit de son maître un coloris modéré, une touche large et facile, une composition variée, des contrastes bien ménagés; mais, emporté par l'amour du gain, il s'appliqua plus à acquérir une exécution rapide qu'une grande correction de dessin, et il ne parvint jamais à l'élévation de style de son maître. Il a rempli Rome et l'État pontifical de ses innombrables ouvrages. Les plus estimés sont à Rome le tableau du maître-autel de Saint-Roch *a Ripetta*, les *Quarante Martyrs* à l'église des Stigmates, la voûte de *San-Carlo al Corso*, le *Père éternel assistant à la défaite des anges rebelles*, et le cul-de-four, *saint Charles secourant les pestiférés*; enfin, l'immense voûte de *Saint-Sylvestre in Capite*, où Brandi a représenté *l'Assomption*. À Gaëte, se trouvent plusieurs peintures comptées au nombre des meilleures productions du maître, le *Martyre de saint Érasme* à la cathédrale, et une *Vierge à l'Annunziata*. Le musée de Dresde possède deux tableaux de Brandi, *Moïse tenant les Tables de la Loi*, et *Dédale attachant les ailes à Icare*. Brandi fut chevalier de l'ordre du Christ, et prince de l'Académie de Saint-Luc. Sa réputation lui avait attiré de nombreux élèves; mais l'un d'eux ayant épousé sa fille malgré lui, il les congédia tous. Le seul disciple de talent qu'il ait laissé est Felice Ottini, qu'on nomme quelquefois Felice di Brandi. E. B—N.

Lanzi, *Storia pittorica*. — Orlandi, *Abbecedario*. — Ticozzi, *Dizionario*. — Pistolesi, *Descrizione di Roma*. — Winckelmann, *Neues Mahler-Lexikon*.

*BRANDIMARTE (*Benedetto*), peintre, né à Lucques vers le milieu du quinzième siècle. En 1592, il fut appelé par le prince Doria à Gênes, où il a laissé quelques ouvrages, dont l'exécution est généralement mesquine.

Orlandi, *Abbecedario*. — Lanzi, *Storia pittorica*.

*BRANDINO (*Ottaviano*), dit aussi *Ottaviano di Brescia*, du nom de la ville où il naquit au commencement du quinzième siècle. Son style a beaucoup d'analogie avec celui de Gentile da Fabriano.

Morelli, *Notizie*. — Lanzi, *Storia pittorica*.

BRANDIS (*Jean-Frédéric*), jurisconsulte allemand, né à Hildesheim le 11 septembre 1760, mort à Gœttingue en 1790. Il fut professeur de droit féodal impérial dans cette dernière ville. Ses principaux ouvrages sont : *Diss. inauy. de vera ordinis succedendi ex majoratu Notione, ex pactis familiarum illustrium repetenda*; 1784; — *Histoire de la constitution intérieure de la chambre impériale, surtout par rapport à l'organisation des sénats*, en allemand; Wetzlar, 1785; — *Sur le droit public féodal impérial, et ses sources*; 1789.

Meusel, *Gelehrtes Deutschland*.

*BRANDIS (*Joachim-Didier*), médecin allemand, né à Hildesheim le 18 mars 1762, mort à Copenhague le 28 avril 1846. Il montra dès le commencement de ses études un goût très-vif pour les mathématiques et l'histoire naturelle. En 1783, il se rendit à Gœttingue, et en 1785 il obtint un prix de chimie, devint docteur en médecine, et se livra à la pratique, d'abord dans sa ville natale, ensuite à Brunswick. Par intervalles il allait exercer aux eaux minérales de Dribourg. Plus tard, il fut appelé à professer à Kiel, où il traita le roi Frédéric VI et la reine, ce qui lui valut d'être attaché ensuite à leur personne. On a de lui : *Versuch ueber die Lebenskraft* (Essai sur la force vitale); Hanovre, 1795, in-8°; — *Pathologie*; Copenhague, 1815; — *Ueber physische Heilmittel* (des Remèdes physiques); ibid., 1818; — *Erfahrungen ueber die Anwendung der Kaelte in Krankheiten* (Expérience sur l'application du froid dans les maladies); Berlin, 1833; — *Ueber den Unterschied zwischen epidemischen und ansteckenden Krankheiten* (De la différence entre les maladies épidémiques et contagieuses); Copenhague, 1833; — *Ueber humanes Leben* (De la Vie humaine); Schleswig, 1823; — *Nosologie und Therapie der Kachexien* (Nosologie et Thérapeutique de la Cachexie); Berlin, 1838-39.

Callisen, *Medicinisches Schriftsteller Lexicon*.

*BRANDIS (*Christian-Auguste*), philosophe allemand, fils de Joachim-Didier Brandis, naquit à Hildesheim le 13 février 1790. Il étudia et professa la philosophie, sur laquelle il écrivit ensuite. On a de lui : *Commentationes eleaticæ*, 1re partie; Altona, 1813, in-8°; — une édition de la *Métaphysique d'Aristote*; Berlin, 1823; — *Scholia in Aristotelem*; Berlin, 1836; — *Scholia græca in Aristotelis Metaphysicam*; Berlin, 1837; — *Rheinisches Museum für Philologie, Geschichte und griechische Philosophie*, etc. (le Muséum rhénan de la philologie de l'histoire et de la philosophie grecque), en collaboration avec Niebuhr, 1827-1830; — *Mittheilun-*

gen ueber Griechenland (Communications sur la Grèce); Leipzig, 1842; ouvrage qu'il composa en Grèce, où il fit partie du conseil du roi Othon; — *Handbuch der Geschichte der griechisch-rœmischen philosophie* (Manuel de la Philosophie gréco-romaine); Berlin, 1835-1844.

Conversations-Lexicon.

BRANDMÜLLER (*Grégoire*), peintre suisse, né à Bâle le 25 août 1661, mort le 7 juin 1691. Il fut d'abord élève de Gaspard Meyer. S'étant rendu à Paris, il entra dans l'atelier du célèbre Lebrun, qui l'employa à achever ses ouvrages. Il séjourna quelque temps à Prague, et revint se fixer dans sa ville natale. Ses compositions ont de la chaleur, de la noblesse, de la correction dans le dessin, de la justesse dans l'expression, un bon coloris et des teintes bien fondues. Ses principaux ouvrages sont : une *Descente de croix*, dans l'église des capucins à Dornach; — une copie de la *Bataille d'Arbelles*, d'après Lebrun; — une *Course romaine*; — un *Baptême de Jésus-Christ*.

Descamps, *Vie des Peintres flamands.*

BRANDMÜLLER (*Jacques*), jurisconsulte suisse, né à Bâle en 1617, mort en 1677. Il fut professeur de jurisprudence dans sa ville natale, et joignit à une grande connaissance du droit une érudition non moins étendue des antiquités romaines et des belles-lettres. Son principal ouvrage est : *Manuductio ad jus canonicum et civile.*

Fæsch, *Éloge de Jacques Brandmüller.* — Moréri, *Dictionnaire historique.*

BRANDO, BRAND ou **BRANDS** (*Jean*), chroniqueur flamand, natif de Hortenesse, en Flandre, dans le territoire de Hulst; mort à Bruges le 13 juillet 1428. Il fut religieux de l'abbaye des Dunes, de l'ordre de Cîteaux. Il a laissé une *Chronique* manuscrite, depuis le commencement du monde jusqu'à 1413. Cette chronique, dont le gouvernement belge doit avoir ordonné la publication, renferme des faits qui jettent un grand jour sur l'histoire de la Belgique au douzième, treizième et quatorzième siècle.

André, *Bibliotheca Belgica.* — Sweert, *Athenæ Belgicæ.* — De Visch, *Biblioth. Scriptorum ordinis Cisterciensis.* — Oudin, *de Scriptoribus ecclesiasticis.* — Fabricius, *Bibliotheca mediæ et infimæ ætatis.*

BRANDOLÈSE (*Pierre*), bibliographe italien, né en 1754 à la Canda, dans la Polésine, mort à Venise le 3 janvier 1809. Étant venu très-jeune à Venise, il entra commis chez le libraire Albrizzi, et trouva dans cette position les moyens d'acquérir des connaissances dans la bibliographie, l'histoire littéraire et la théorie des beaux-arts. A Padoue, où il établit un magasin de librairie en 1778, il se concilia l'estime générale par ses talents et sa probité. Le chevalier Luzara se l'adjoignit dans la place d'inspecteur des beaux-arts du Padouan. On a de Brandolèse : une nouvelle édition de la *Serie dell' edizioni Aldine*; Padoue, 1791; — *le Cose più notabili di Padova*, etc., dans la *Guida* de Daniel Fran-cesconi; ibid., 1791, in-8°; — *Pitture, Sculture, Architetture, ed altre cose notabili di Padova, monumenti descritti*; ibid., 1795, in-8°; Venise, 1827; — *Del genio de' Lendinaresi por la pittura*; ibid., 1795, in-8°; — *Testimonianza intorno alla patavinità di Andr. Mantigna*; Padoue, 1805, in-8°; — *la Tipografia Perugina del secolo XV illustrata*, etc.; ibid., 1807, in-8°; — *Dubbi sull' esistenza del pittore Giovanni Vivarino da Murano nuovamente confirmati*; in-8°.

Lettre adressée au chevalier de Luzara; Padoue, 1809, in-8°. — Lanzi, *Storia pittorica.* — Tipaldo, *Biografia degli Uomini illustri.*

BRANDOLINI (*Aurelio*), surnommé *il Lippo*, poëte et littérateur italien, né à Florence vers 1440, mort à Parme en 1497. Il était encore enfant lorsqu'il perdit la vue; de là le surnom qui lui fut donné. Doué d'une mémoire prodigieuse, il fit de grands progrès dans les lettres. A Rome, où il vint jeune encore, il se distingua par son talent d'improvisateur. Le pape Sixte IV le combla de bienfaits. Appelé en Hongrie par Mathias Corvin, roi de Hongrie, Brandolini professa l'éloquence à Bude, à Gran et ailleurs. Il revint à Florence en 1490, entra dans l'ordre des Augustins, et se livra tout entier à la prédication, où il obtint les plus éclatants succès. Ses principaux ouvrages sont : *Paradoxorum christianorum libri duo*; Rome, 1531, in-4°; Bâle, 1543; Cologne, 1573, in-8°; — *de Vitæ humanæ Conditione et toleranda corporis Ægritudine dialogus ad Math. Corvinum*; Vienne, 1541; Bâle, 1543, in-8°; — *de Ratione scribendi libri tres*; Bâle, 1549, 1565; Cologne, 1573; Rome, 1535, in-8°; — *Oratio de Virtutibus D. N. Jesu-Christi, nobis in ejus passione ostensis, Romæ ad Alexandrum VI, P. Max., in Paresceve habita*, in-4°; — *Carmen de Morte B. Platinæ*, dans les œuvres de Platina; — *de Laudibus Laurentii Medicis Carmen*, dans le t. II, p. 439 des *Carmina illustr. poetar. Italor.*; — *de Laudibus musicæ*, poëme dont on conservait une copie dans la bibliothèque du chapitre de Lucques.

Apostolo Zeno, *Dissertazioni vossiane*, t. II, p. 193. — Math. Bosso, *Recuperat. Fesulanæ*, t. II, epist. 75. — Negroni, *Istoria de' Florent. Scrittori.* — Mazzuchelli, *Scritt. d'Italia.* — Tiraboschi, *Storia della letteratura italiana*, t. II, p. 968. — Ginguené, *Histoire littéraire d'Italie.* — Maittaire, *Annales typographicæ.* — Mansi, *Additiones ad Biblioth. lat. med. et infim. ætatis de Fabricius*; Padoue, t. I, p. 272. — Ghilini, *Teatro d'Uomini letterati.* — Bayle, *Dict. historique et critique.* — *Acta eruditorum latina.* — Pocciantius, *de Scriptoribus Florentinis.*

BRANDOLINI (*Raphaël*), poëte et littérateur italien, frère du précédent, vivait au commencement du seizième siècle. Privé de la vue comme son frère, il fut comme lui surnommé *il Lippo*, et se fit également remarquer par sa facilité à improviser. Il vint, dans sa jeunesse, à Naples, où il vécut pendant plusieurs années du produit de ses talents. Lors de l'invasion des Français dans les États napolitains, Charles VIII, dont il récita le panégyrique en vers italiens, lui alloua une pension. Quand les Français se furent retirés, Raphaël vint à Rome, où il enseigna la littérature et l'éloquence. Léon X l'honora de sa protection. On a de Brandolini : *Leo*; Parme, 1753. C'est un dialogue latin, où l'on trouve l'éloge de Léon X et des princes de la maison de Médicis. trois de ses discours ont été imprimés : le *Panégyrique* de saint Thomas, en 1498; — l'*Oraison funèbre* de Guillaume Pererio, en 1500 — l'*Oraison funèbre* du cardinal Dominique de la Rovère, en 1591.

H. Foyliazzi, *Vie de Raphaël Brandolini*, dans l'édit. de *Leo*. — Ginguené, *Hist. littéraire d'Italie*, t. III, p. 462. — Toppi, *Bibliotheca Napoletana*. — Fabricius, *Biblioth. lat. mediæ et infim. ætatis*.

BRANDT (*Ewald*, comte), complice de Struensée. *Voy.* STRUENSÉE.

BRANDT ou **BRAND** (....), alchimiste allemand, vivait à Hambourg vers la fin du dix-septième siècle. Négociant ruiné, il se livra, pour refaire sa fortune, à la recherche de la pierre philosophale; et, en distillant un jour un mélange de sable, de chaux et d'urine, il découvrit un corps luisant dans l'obscurité : c'était le phosphore. Brandt en vendit le secret à Krafft, de Dresde; et le célèbre chimiste Kunckel, qui essaya vainement d'en obtenir la communication à prix d'argent, se mit, de son côté, à la recherche du phosphore : il y réussit, et fit le premier connaître publiquement la manière de le préparer.

F. Hoefer, *Histoire de la Chimie*, t. II, p. 201.

BRANDT ou **BRAND** (*Sébastien*), dit *Titio*, poëte didactique allemand, né à Strasbourg en 1458, mort à Bâle en 1520. Il étudia le droit à Bâle, le professa dans cette ville avec beaucoup de succès, et remplit plus tard à Strasbourg la charge de syndic et de conseiller impérial. Maximilien Ier l'appela plus d'une fois à sa cour, faveur dont Brandt fut moins redevable à sa science qu'à son renom de poëte. Il avait écrit un ouvrage satirique, intitulé *das Narrenschiff* (ou *le Vaisseau des fous*), qui devint en peu d'années le livre favori de la nation. Ce livre fut pour la première fois imprimé à Bâle, in-4° (sans date); l'édition latine de Lyon (*Navis stultifera Mortalium*) porte la date, probablement fausse, de 1488. Avant la fin du quinzième siècle, déjà plusieurs éditions, et des traductions dans les dialectes provinciaux, avaient répandu le *Narrenschiff* dans toute l'Allemagne : il se maintint dans cette haute faveur pendant tout le seizième siècle; des traductions le firent connaître à l'Angleterre, à la Hollande, à la France. Un ami du poëte, le fameux prédicateur Geyler de Keysersberg, en avait même fait le texte de beaucoup de ses sermons. Ce n'est pas qu'une verve éminemment poétique caractérisât ce livre : Brandt ne manie pas le fouet d'Horace ni celui de Juvénal; il n'a ni invention, ni allégorie, ni images brillantes; mais il abonde en réflexions morales, en sentences rendues avec énergie : c'est précisément ce qui fit l'immense succès du livre dans un temps où le public allemand était raisonneur avant tout, avide de discussions, de doctrine, et nullement de poésie; car la poésie était morte avec les Minnesænger. Le *Bateau des fous* fut lancé en temps opportun, et portait, aux applaudissements et à la risée des fous, placés en spectateurs sur le rivage, une grande cargaison de sottises, d'abus et de vices, numérotés, étiquetés sous la rubrique de cent treize chapitres. Le modeste auteur se range modestement parmi la grande famille des sots, tout en remarquant que *sottise reconnue est principe de sagesse*. A défaut de sentiment esthétique, on ne peut refuser au vieux Brandt un esprit philosophique et libéral, qui plane sur l'ensemble de la vie humaine et tient registre de toutes ses misères.

Après les éditions de Bâle et de Lyon, l'édition la plus ancienne, et d'une authenticité incontestable, du *Narrenschiff* est celle de Strasbourg, 1491. M. Van der Hagen l'a fait imprimer de nouveau dans son *Livre des fous* Outre les versions latines, qui ont eu un assez grand nombre d'éditions, il en parut à la fin du quinzième siècle à Paris une traduction française sous ce titre : *la Nef des fols du monde*, etc., 1497, in-fol., fig.; une autre traduction parut aussi à Lyon en 1798, in-fol. [*Enc. des g. du m.*]

L'abbé Grandidier, *Notice sur Sebastien Brandt*, dans le *Journal des Savants*, décembre 1780, p. 2436. — Brunet, *Manuel du Libraire*. — Vossius, *de Historicis latinis*. — Trithème, *de Scriptoribus ecclesiasticis*. — Adam, *Vitæ Eruditorum*. — Hendreich, *Pandectæ Brandenburgicæ*. — Fabricius, *Biblioth. lat. mediæ et inf. ætatis*.

BRANDT (*Gérard*), théologien protestant hollandais, né à Amsterdam en 1626, mort le 11 octobre 1685. Il fut successivement pasteur des arminiens ou remontrants à Nieukoop et à Amsterdam. Ses principaux ouvrages sont : *Historie der Reformatie*, etc. (Histoire de la Réformation des Pays-Bas); Amsterdam, 1671-1674, 2 vol. in-4°, abrégée et traduite en français; la Haye, 1726-1730, 3 vol. in-8°; — *Histoire de la ville d'Eckhuysen*; — *Histoire du procès de Barneveld, Hoogerbeets et Grotius*, en 1618 et 1619; Rotterdam, 1708, in-4° : tous ces ouvrages sont écrits en langue flamande; — *Oratio funebris Cornelii Hooftii, satrapæ Mudani*; Amsterdam, 1648. Ce volume renferme les poésies de la jeunesse de Brandt; elles ont été réimprimées en 1678, et, plus complètes, en 1725.

Cattenburgh, *in Bibliotheca Remonstrantium*. — Moréri, *Dict. histor.* — Haes, *Vie de G. Brandt*; 1740, in-4° (en hollandais).

BRANDT (*Gaspard*), théologien protestant hollandais, fils du précédent, né en 1653, mort à Amsterdam en 1606. Comme son père, il fut pasteur des arminiens dans cette ville. Son principal ouvrage est : *Historia vitæ Jacobi Arminii*; Amsterdam, 1724, in-8°; avec une préface et des notes de Mosheim; Brunswick, 1725, in-8°.

Cattenburgh, in *Bibliotheca Remonstrantium*. — Moréri, *Dictionnaire historique*.

BRANDT (*Gérard*), théologien protestant hollandais, frère du précédent, né en 1657, mort en 1683. Il fut ministre des arminiens à Rotterdam. On a de lui : *Soixante-cinq Sermons;* — l'*Histoire des années* 1674 et 1675 (en flamand), 1678.

Cattenburgh, in *Bibliotheca Remonstrantium*. — Moréri, *Dictionnaire historique*.

BRANDT (*Jean*), théologien protestant hollandais, frère des précédents, né en 1660, mort à Amsterdam, le 13 janvier 1708. Il fut également ministre de l'Église arménienne dans cette dernière ville. On a de lui : *Clarorum virorum Epistolæ centum ineditæ, de vario eruditionis genere, ex museo Johannis Brandt G. F.* (*Gerardi filii*); Amsterdam, 1702, in-8°; collection utile pour l'histoire littéraire du dix-septième siècle. Il a encore laissé en flamand des poésies, une *Vie de saint Paul*, et des ouvrages ascétiques.

Cattenburgh, in *Bibliotheca Remonstrantium*. — Moréri, *Dictionnaire historique*.

BRANDT (*George*), chimiste suédois, né en 1694 dans la province de Westmanie, mort en 1768. Au retour des voyages qu'il avait entrepris pour étendre ses connaissances en chimie et en minéralogie, il fut attaché au département des mines, et nommé directeur du laboratoire de chimie de Stockholm. C'est lui qui a démontré que le cobalt et l'arsenic sont des métaux. On trouve dans les *Mémoires de l'Académie d'Upsal* (années 1733-1742), le résultat des importants travaux de Brandt.

Gezelius, *Biograph.-Lexicon*. — Hoefer, *Hist. de la Chimie*, t. II, p. 430.

BRANDT (*Henri*), général et tacticien allemand, né en Westphalie en 1789. Il commença par l'étude du droit en 1805. Après la bataille d'Iéna, il entra dans l'armée, et retourna dans ses foyers après la paix de Tilsitt. On le retrouve en 1812 dans l'armée que Napoléon dirigea d'Espagne sur la Russie. Il fit aussi les campagnes de 1813 et 1814, fit partie des régiments polonais levés en 1815, et enfin revint avec un grade supérieur dans l'armée prussienne. Ce fut le général Brandt qui en 1831 conclut avec le général Wronicki la convention aux termes de laquelle l'armée polonaise déposa les armes, et se retira de la frontière prussienne. On a de lui : *Ueber Spanien mit besonderer Rücksicht auf den bevorstehenden Krieg* (de l'Espagne considérée au point de vue de la guerre imminente), 1823; — *Ansichten ueber die Kriegsführung im Geist der Zeit* (Vues sur la guerre, en rapport avec l'esprit du temps), 1824; — *Geschichte des Kriegswesens des Mittelalters* (Histoire de l'art de la guerre *au moyen âge*); Berlin, 1828-1840; — *Taktik der drei Waffen* (Tactique des trois armes), 1842; — *der Kleine Krieg* (la Petite Guerre), 1837. Cet ouvrage, ainsi que l'*Histoire de la guerre au moyen âge*, se trouve, dans le *Handbibliothek für Offiziere* (la Bibliothèque portative de l'officier).

Conversations-Lexikon.

BRANICKI (*Jean-Clément*), grand-général de Pologne, né en 1688, mort le 9 octobre 1771. Dernier rejeton mâle d'une famille noble et puissante, il passa, comme c'était l'usage de cette époque, sa jeunesse en France, et y servit dans les mousquetaires. Rentré dans son pays en 1715, Branicki se déclara chef de la confédération formée contre le roi Auguste II, pour le forcer à renvoyer les troupes saxonnes, cantonnées dans le pays malgré les engagements pris par le roi à son avénement au trône. Pierre Ier, tsar de Russie, se porta médiateur entre le monarque et la noblesse. La diète de 1717, dite *la Muette*, parce qu'elle ne dura que quelques heures et se fit sans bruit, mit un terme à ces discordes, et les Saxons furent renvoyés. C'est à cette époque que commença la funeste influence du cabinet russe sur les affaires de la Pologne, influence que Branicki combattit toute sa vie. Nommé grand-général de la couronne et premier sénateur du pays, il veilla constamment sur les libertés de la Pologne. Auguste III, roi indigne du trône et passant sa vie dans la débauche, régnait alors. Imitant l'exemple donné par le roi, la nation avilie marchait à pas précipités vers sa ruine. Branicki, pour la réveiller de sa léthargie, forma la confédération de Grodno; mais malheureusement elle fit peu d'effet sur la noblesse dégénérée, et les projets de ce patriote restèrent sans exécution. Vers la fin du règne d'Auguste III, plusieurs familles polonaises s'occupèrent de la réforme de la république. Les Czartoryski désiraient pour elle une constitution monarchique forte et vigoureuse; Branicki et les Radziwill se déclarèrent chefs du parti républicain. Les premiers se mirent sous la protection du cabinet moscovite; les seconds cherchèrent l'appui de la France et se lièrent avec son ambassadeur, le duc de Broglie. Lorsque Auguste III mourut, le parti républicain destina au trône le grand-général; mais les Czartoryski ayant appelé à leur aide les troupes moscovites, le parti russe prévalut. Branicki, accusé par ses adversaires de haute trahison, déclaré coupable par la diète de 1764, fut destitué de tous ses emplois, et banni à perpétuité du royaume. Il voulut d'abord résister à cette sentence inique; mais, abandonné par la France, faiblement secondé par les siens, et poursuivi par les Russes, il se réfugia dans le comtat de Spiz (Zips) en Hongrie. Après l'avénement au trône de Poniatowski, Branicki, se fiant aux liens du sang qui l'unissaient avec le nouveau roi (il avait épousé la sœur de Poniatowski), rentra en Pologne en 1765, sous l'escorte de 300 hommes, et retourna à sa terre de Bialystok, sans attendre la levée du ban. La cour de France exigea qu'on le laissât tranquille, et celle d'Espagne lui envoya la Toison d'or. Rentré dans ses terres, Branicki, déjà affaibli par l'âge, y vécut tranquillement, occupé à embellir sa résidence de Bialystok, qu'on surnomma *le Versailles de la Pologne*. Mais la servile déférence du roi Stanislas pour les Russes, et les nombreux attentats de ceux-ci contre l'indépendance nationale, ayant en 1768 soulevé la noblesse, Branicki prêta aux confédérés la popularité de son nom, et, trop vieux pour servir en personne, il les aida de ses conseils et de ses trésors. Sa mort affaiblit le parti des confédérés, et la coïncidence de cet événement avec la chute du ministère Choiseul en France, facilita aux puissances du Nord le premier partage de la Pologne. Son corps est enterré à Cracovie, dans l'église de Saint-Pierre et Saint-Paul, où se trouve le caveau de sépulture de la famille Branicki. [*Enc. des g. dum.*]

Rulhière, *Histoire de l'anarchie de Pologne;* Paris, 1807, 4 vol in-8°.

BRANICKI ou **BRANETZKI** (*François-Xavier*), grand-général de la république de Pologne, naquit d'une famille obscure et inconnue en Pologne (quelques-uns même le disent d'une origine tatare), et mourut en 1819. Il parut pour la première fois sur la scène en 1762, comme agent des amours secrètes de Catherine II avec Stanislas Poniatowski. Secondé depuis par la protection de la Russie et par l'amitié de Poniatowski, devenu roi de Pologne, il eut un rapide avancement; et alors, au lieu de Branetzki, il s'appela *Branicki*, afin de se faire passer pour membre de l'ancienne famille des Branicki. En 1768 il commanda les troupes de Stanislas-Auguste, qui, conjointement avec les Russes, poursuivaient les confédérés de Bar. En 1771 il devint grand-général du royaume; et, depuis le commencement, vendu aux Russes, il n'agissait que d'après les instructions du cabinet de Pétersbourg. En 1773 Branicki fit cause commune avec le prince Adam Poninski, qui vendit alors sa patrie et ratifia le premier partage. Lorsque les Polonais, pour sortir de l'anarchie, se donnèrent une constitution le 3 mai 1791, Branicki s'y opposa, et forma la confédération de Targowiça avec Félix Potocki et Severin Bzenreski; de ces trois conjurés, Branicki seul agissait en connaissance de cause, et savait que le second démembrement de la Pologne en serait la suite. Cité à la barre de la nation en 1794, il jugea plus prudent de ne pas comparaître, et fut déclaré traître à la patrie. Après la chute de la Pologne, il se retira avec sa femme, nièce du fameux Potemkin, dans sa terre de Biala-Cerkiew en Oukraine, comblé des faveurs de la Russie et maudit par ses compatriotes. Branicki mourut dans un âge fort avancé.

Ferrand, *Hist. des trois démembrements de la Pologne;* Paris, 1820, 3 vol. in-8°.

BRANISS (*Christlieb-Julius*), philosophe allemand, né à Breslau le 18 septembre 1792. De 1810 à 1816 il étudia à Berlin et à Breslau, et devint docteur en philosophie à Gœttingue en 1823. Ses principaux ouvrages sont : *Die Logik in ihrem Verhältniss zur Philosophie*; Berlin, 1823, in-8°; — *Ueber Schleiermacher's Glaubenslehre* (de la Doctrine de Schleiermacher sur la foi); Berlin, 1824, in-8°; — *Grundriss der Logik* (Principes de Logique); Breslau, 1830, in-8°; — *System der Metaphysik*; Breslau, 1834, in-8°; — *Geschichte der Philosophie seit Kant* (Histoire de la Philosophie depuis Kant); Breslau, 1842, in-8°; — *Die Deutsche National-versammlung und die preussische Constitution* (l'Assemblée nationale allemande et la Constitution prussienne); Breslau, 1848, in-8°.

Conversations-Lexicon.

BRANKER (*Thomas*), mathématicien anglais, né en 1636, dans le Devonshire, mort à Macclesfield en 1676. Il occupa une chaire de mathématiques dans cette dernière ville. On a de lui : *Doctrinæ sphæræ adumbratio*; Oxford, 1662, in-fol.; — *An introduction to Algebra*; Londres, 1668, in-4°. C'est une traduction de l'*Algèbre* de Rhonius.

Wood, *Athenæ Oxonienses.*

BRANT (*Joseph*), célèbre chef indien, né vers 1750, mort dans le haut Canada en 1807. La tribu à la tête de laquelle il se trouvait placé était celle des *six nations*, dans l'État de New-York. Il avait du goût pour les arts et les usages européens, et sa liaison avec le chevalier Johnson, qui représentait le gouvernement anglais dans ces parages, contribua à développer ce penchant chez Joseph Brant. En 1775, lors de la guerre de l'indépendance, il prit parti pour les Anglais. Après la paix de 1783, il visita l'Angleterre, comme il avait déjà fait au commencement des hostilités. Ce double voyage le familiarisa complétement avec les mœurs de la civilisation. A son retour, il se fixa dans le haut Canada, où il passa le reste de ses jours. Il contribua à inspirer aux Mohawks le désir de se civiliser.

Son fils, le capitaine **BRANT**, mort du choléra en 1832, agent politique de l'Angleterre, vint à Londres en 1822.

Allen, *American Biography.* — Weld, *Travels.*

BRANTÔME (1) (*Pierre DE BOURDEILLES*, seigneur DE), célèbre historien français, né vers 1540, mort le 15 juillet 1614. Il était troisième fils de François, vicomte de Bourdeilles (*voy.* ce nom). Il descendait par sa mère, comme il l'a dit, « de cette grande et illustre race issue de Vivonne et de Bretagne. » Il comptait dans sa famille paternelle des hommes très-notables, et surtout d'illustres aïeux estimés de Charlemagne,

---

(1) Brantôme est le nom d'un petit bourg du Périgord, qui serait probablement resté obscur, malgré son abbaye, si un homme d'esprit, un écrivain caustique et ingénieux, un courtisan aventureux ne l'avait porté et illustré au seizième siècle. Et ce qu'il y a d'étrange, c'est que cet homme, qui a immortalisé le nom de Brantôme, avait aussi le nom d'un autre bourg que cette circonstance ne put rendre célèbre : le seigneur de Brantôme s'appelait Pierre de Bourdeilles; mais Brantôme a absorbé Bourdeilles; et ce n'est guère qu'à Périgueux que l'on sait qu'à trois lieues de cette ancienne capitale de la province du Périgord est un village qui appartenait aux ancêtres du plus amusant des chroniqueurs, d'un des chambellans de Charles IX et de Henri III.

ainsi que, dans son enthousiasme de bon gentilhomme gascon, Brantôme l'a déclaré sur la fin de sa vie, quand il écrivit son curieux testament, et l'épitaphe qu'il voulait qu'on gravât sur son tombeau. Cette antiquité de sa race, dans un temps où la noblesse dominait le monde, lui donnait accès partout. Il avait un caractère ardent, un esprit avide de nouveautés et inquiet, une grande vivacité d'imagination; il était brave de sa personne, assez bien tourné, gai, léger, aimant à courir les chances hasardeuses de la vie sans s'inquiéter des suites. La guerre qui agitait l'Europe favorisa son penchant aux aventures; il se jeta jeune encore dans la carrière des armes, et la parcourut non en capitaine capable de se faire un nom parmi les grands guerriers contemporains, mais en vaillant soldat, en homme qui savait manier avec adresse une longue épée ou une dague. Brantôme, destiné à écrire plus tard l'histoire des hommes célèbres de son temps, apprit à les connaître dans les diverses phases de leurs fortunes : il alla dans presque tous les lieux où d'illustres rivaux se disputaient la gloire; il émoussa son fer à côté d'eux sur plusieurs champs de bataille, et dans le repos des camps, pendant les trèves, après les paix qui se nouaient et se dénouaient si facilement, il les étudia tous pour les portraire ensuite. Un de ses grands regrets fut de n'avoir pu assister à la bataille de Lépante, « tant grande, tant sanglante, tant signalée, suivant l'expression de Brantôme, et telle que, depuis cette grande bataille Actiaque donnée entre Marc-Antoine et César Auguste, jamais il n'en fut donné une telle; encore celle-ci fut mieux cent fois débattue et combattue que la leur. » « Hélas ! ajoute-t-il dans son *Discours* XLI, sur *don Juan d'Autriche*, hélas! je n'y estois pas ; mais sans M. de Strozzy j'y alois, tant pour un mescontentement que j'avois à la cour d'un grand, que pour faire ce beau voyage et voir cette belle armée : et résolument j'y eusse esté comme fut ce brave M. de Crillon, car j'ay toujours aymé à voyager. M. de Strozzy m'amusa toujours sur un grand embarquement de mer qu'il vouloit faire : et mesme il me fit commander par le roy Charles d'en estre. Ainsi il m'amusa un an sans rien faire, au lieu que j'eusse fait le voyage et fusse retourné assez à temps pour m'y trouver, comme fit M. de Crillon, en ce bel embarquement de Brouage, qui ne nous prit point, et ne nous servit que de ruyne en nos bourses. »

Le mécontentement que Brantôme eut à la cour d'un grand seigneur (probablement chez le duc d'Alençon, dont il était alors chambellan) ne devait pas être le dernier; car, peu de temps après la mort de Charles IX, il quitta tout à fait le monde, et se retira au sein d'une famille dont il voulait être le protecteur. Est-ce sa vanité ou son habitude de critique qui lui attira ces désagréments? Quoi qu'il en soit, ce fut dans sa retraite, volontaire ou non, qu'il recueillit ses souvenirs, et écrivit les ouvrages précieux que nous avons, « faits et composés de son esprit et invention, » comme il dit lui-même. L'activité de Brantôme ne pouvait s'user dans les loisirs stériles ni dans la gestion des affaires de la dame André de Bourdeilles, sa belle-sœur, et des enfants de son frère, qu'il chérissait : il fallait qu'elle se reportât vers le passé, parce que le présent était pour lui ou plein de regrets d'une vie de courtisan qu'il avait été contraint de quitter, ou plein de dégoûts philosophiques pour cette même vie qu'il avait quittée par raison. Écrire ce qu'il avait fait et ce qu'on avait fait autour de lui, peindre les personnages qu'il avait connus, ou sur lesquels des traditions toutes récentes lui avaient apporté des données certaines, c'était se reporter par la mémoire au milieu des hommes et des faits; c'était peupler sa solitude et recommencer sa jeunesse. Il prit la plume comme il avait pris l'épée, et se servit de l'une comme de l'autre, au gré de sa capricieuse fantaisie, pour attaquer ou pour défendre, selon que l'instinct de bonne raison ou le besoin de querelle le poussait dans le moment. Il faut dire pourtant que l'écrivain est en général plein de bonne foi, et que, s'il aime un peu à médire, il accueille avec réserve les rumeurs injurieuses aux personnes qu'il peint, ou ce qui a le caractère de la calomnie.

Brantôme raconte souvent pour le plaisir de raconter; il écrit pour se rappeler les faits; il parle à lui-même plus qu'à son lecteur, quoiqu'il pense à son lecteur et qu'il écrive pour être imprimé, ainsi que l'atteste ce passage de son testament : « Je veux aussi, et en charge expressément mes héritiers, de faire imprimer mes livres, lesquels on trouvera couverts de velours tant noir que verd et bleu, et un grand volume, qui est celui des *Dames*, couvert de velours verd, curieusement gardés et très-bien corrigés. L'on y verra de belles choses, comme contes, histoires, discours et bons mots, qu'on ne dédaignera pas, il me semble, lire, si on y a mis une fois la vue. » On voit par ces phrases que Brantôme se souciait fort de l'avenir de ses livres, et qu'il les corrigeait pour qu'ils fussent le plus dignes possible de la postérité, à laquelle il les adressait. Sans doute les corrections dont il parle, c'est au récit des faits qu'il les appliquait; car le style ne l'inquiétait guère. Chez Brantôme le style est, en effet, une aimable et vive causerie, sans apprêt, sans recherche. L'écrivain a de la grâce quelquefois, de la naïveté souvent, de l'esprit toujours, de la profondeur jamais. Il n'analyse rien avec la rigueur de la logique; il passe légèrement sur les choses qui paraissent surprendre ou embarrasser son savoir; il ne va qu'à la superficie des choses, et peint les hommes plus de profil que de face. Ce n'est pas qu'il manque de sagacité ou d'observation; mais il fait peu d'état de ce qu'on appelle le bien et le mal. Il s'approprie les détails, et la cause lui importe peu; ou s'il s'y attache, il voit quelque inconvénient à la révéler; car le bon

9.

homme est courtisan à Bourdeilles comme au palais du roi Charles. Il frappe, mais il fait la révérence en portant ses coups : témoin cette précaution oratoire dont il accompagne son opinion sur la conduite du marquis du Guast dans l'entrevue de celui-ci avec François Ier, où, quoiqu'une trêve fût conclue, il se présenta armé de pied en cap : « Voilà pourquoi ledit marquis fit une grande faute en cela. Il me pardonnera, s'il luy plaist, si je luy dis. » Ce n'est pas là seulement que son parti pris d'homme réservé se fait jour; mais en toute occasion il craint de blesser la mémoire de Louis XI, s'il parle de ce roi comme tout le monde en parlait, et il trouve le moyen de lui appliquer une épithète bienveillante. Il traite Charles IX, qu'on a peut-être trop maltraité depuis, comme Henri IV; le vénérable Montmorency, comme don Carlos. Cependant il estime plus Montmorency que don Carlos, et Henri IV que Charles IX; mais il ne veut pas offenser même le fils de Philippe II.

Sur le chapitre des femmes, Brantôme est beaucoup moins réservé : les jugements les plus hasardés, les anecdotes les moins édifiantes, les épithètes les plus effrontées ne lui coûtent rien. Beaucoup de vertus de grandes dames ont à souffrir de son humeur médisante : il les attaque sans pitié, sans égards, tout naturellement, et comme si c'était la chose la plus simple du monde. Peut-être est-il juste de dire que le calcul n'entre pour rien dans cette immolation; la réputation des femmes lui importe peu, ou bien il paraît que le scandale est chose sans conséquence, habituelle au pays de la cour et du grand monde, chose que l'on doit constater, parce qu'elle est, mais dont on ne doit pas s'étonner, ni à plus forte raison être révolté.

Ce qui fait le charme de Brantôme, c'est la vivacité et la couleur ferme de sa peinture de l'époque qu'il raconte; c'est cette haute estime où il est de lui-même, qu'il exprime avec une si bonne et quelquefois si hautaine naïveté; c'est, au milieu de son langage sans façon, un tour ingénieux, une réserve spirituelle, une soudaine éloquence, une saillie plaisante, une certaine prétention même du bel air et des manières nobles qui ne vient là que comme par hasard; c'est surtout la foule de traits piquants par lesquels il achève un portrait commencé souvent avec bonhomie. Brantôme peut être jugé avec quelque sévérité, si on veut le considérer comme historien grave; mais si l'on veut ne voir en lui qu'un homme du monde, fin, caustique, et cependant de bonne foi, qui ramasse la chronique à l'armée, dans les palais des princes, dans les salons des grands seigneurs, dans les ruelles des dames galantes, partout enfin où il y a un fait important ou une anecdote plaisante, on ne peut que louer cet écrivain, plein de mouvement, de recherche et de simplicité, et tout à la fois de vivacité et de boutades gasconnes.

Brantôme fut assez haut dans l'estime du jeune Charles IX, qui aimait les gens de lettres et les agréables conteurs, et qui se livrait lui-même avec une espèce de passion au goût de la poésie. Le roi donna à Brantôme une pension de 10,000 livres : ce gentilhomme en fut reconnaissant, et il célébra le bienfait de Charles un peu aux dépens de Henri III, dans les bonnes grâces de qui il fut bien moins avant. Le chagrin qu'il éprouva de voir l'ami de Charles IX peu agréé par Henri III lui inspira cette phrase, grosse d'orgueil et de mépris pour les favoris du frère de son maître bien-aimé : « Aussi la fortune ainsi le vouloit; plusieurs de ses compagnons (de Brantôme), non égaux à lui, le surpassèrent en bienfaits, estats et grades, mais non jamais en valeur et en mérite. » A quelques lignes de là, Brantôme, faisant le philosophe pour donner à sa critique un ton moins fâché, ajoute: « Dieu soit loué pourtant du tout et de sa sainte grace ! » Ce Dieu soit loué, bien chagrin, est très-amusant.

Brantôme, qui avait appris la guerre sous « ce grand capitaine, monsieur François de Guise, » eut la charge de deux compagnies de gens de pied. Charles IX le fit chevalier de l'ordre de Saint-Michel, et le roi de Portugal dom Sébastien lui donna de sa propre main l'ordre de Portugal. Les livres que, par son testament, notre auteur recommandait avec tant d'instances, et dont il prévoyait très-judicieusement le succès quand il assurait d'avance qu'on trouverait aisément des imprimeurs plus disposés à les acheter qu'à se faire payer pour leur publication, ces livres ont eu une grande fortune bien méritée. Les principaux sont les *Vies des hommes illustres et des grands capitaines françois et étrangers*, celles des *Dames illustres et des Dames galantes*, les *Anecdotes touchant les duels*, et les *Mémoires de Pierre de Bourdeilles*. Une des craintes qu'avait Brantôme était qu'on ne lui fit tort de quelques-uns de ses écrits : « Aussi prendre garde, dit-il, que l'imprimeur ne suppose pas un autre nom que le mien; autrement je serois frustré de la gloire qui m'est due. » Sa gloire est entière, car on a recueilli avec soin jusqu'au moindre fragment de ses écrits, et l'on a tout publié sous son nom, même les quelques pages étranges qu'il composa sur la vie de son père. On n'a jamais vu d'apologie plus emphatiquement comique que ces pages. Les éditions les plus estimées des *Œuvres de Brantôme* sont celles de la Haye, 1740, 15 vol. in-12, et de Paris, 1787, 8 vol. in-8° [M. JAL, dans l'*Enc. des g. du m.*].

Monmerqué, *Notice sur les ouvrages et la vie de Brantôme*, dans le t. I. des œuvres de Brantôme.

BRANTS (*Jean*), littérateur flamand, né à Anvers le 30 septembre 1559, mort le 28 août 1639. Il fut successivement secrétaire et sénateur de sa ville natale. Sa fille épousa le célèbre Rubens. Ses principaux ouvrages sont : *Elogia ciceroniana Romanorum domi militiæ-*

que illustrium; Anvers, 1612, in-4°; — une *Vie de Philippe Rubens;* Anvers, 1615; — des notes sur les *Commentaires de César;* on les trouve dans la belle édition de Cambridge, 1706, in-4°.

Paquot, *Mémoires.* — Valère-André, *Bibliotheca Belgica.* — Sweert, *Athenæ Belgicæ.*

* **BRAQUEMONT** (*Robert* DE), dit *Robinet,* amiral de France, vivait à la fin du quatorzième et au commencement du quinzième siècle. Chevalier, conseiller et chambellan du roi de France Charles VI, il servit d'abord sous l'amiral de Vienne. Étant passé en 1384 au service de Frédéric II, roi de Sicile, il le quitta « par ordre du roi » pour entrer à celui de Jean Ier, roi de Castille, contre le roi de Portugal. Étant à Avignon l'an 1402, il favorisa l'évasion du pape Benoît XIII, qu'il fit conduire sûrement jusqu'à Château-Regnard, dans le même diocèse. Envoyé en Espagne en 1402 pour en faire venir quatre galères et cinq cents arbalétriers, il le fut de nouveau en 1417, en qualité d'ambassadeur chargé, conjointement avec Gérard, évêque de Saint-Flour, de prononcer dans le différend qui s'était élevé entre le roi Jean II, sa mère Catherine et Ferdinand, son oncle, et ses tuteurs. Il fut nommé conseiller chambellan de Charles VI le 26 juillet 1406; et puis ce roi le fit chef en 1415, avec le bâtard de Bourbon, de l'armée de mer levée pour empêcher le ravitaillement de la ville de Harfleur. Quoique vaincu par le duc de Bragance, Braquemont fut pourvu de la charge d'amiral de France par lettres du 22 avril 1417, charge dont il fut désappointé l'année suivante par la faction de Bourgogne. Il se retira alors en Espagne, où il mourut dans un âge assez avancé.

A. S....Y.

Le Laboureur, *Histoire de Charles VI.* — Anselme, *Hist. générale et chron. des grands officiers de la couronne,* t. VII, p. 816.

BRARD (*Cyprien-Prosper*), minéralogiste français, né à l'Aigle (Orne) le 21 novembre 1786, mort au Lardin (Dordogne) le 28 novembre 1838. Il a enrichi le Muséum d'histoire naturelle d'une partie des minéraux précieux que contient cet établissement. On a de lui : *Manuel du Minéralogiste et du Géologue voyageur;* Paris, 1803, in-8° : l'auteur a donné, en 1824, une 2e édit. de cet ouvrage, sous ce titre : *Nouveaux éléments de Minéralogie,* ou *Manuel du Minéralogiste voyageur;* — *Traité des pierres précieuses, des porphyres, des granits, marbres, albâtres, etc.;* ibid., 1808, 2 vol. in-8°; — *Histoire des coquilles terrestres et fluviatiles qui vivent aux environs de Paris;* ibid., 1815, in-12; — *Mémoire sur un nouveau procédé tendant à faire reconnaître immédiatement la pierre gélive ou gélivée;* Périgueux et Paris, 1821, in-8°; — *Minéralogie appliquée aux arts,* ou *Histoire des minéraux qui sont employés dans l'agriculture, l'économie domestique, la médecine, la fabrication des sels, etc.;* Strasbourg et Paris, 1821, 3 vol. in-8°; — *Description de la grande école gratuite en plein air de M. Brard, à l'usage des ouvriers et de leurs enfants;* Paris, 1824, in-8°; — *Compte-rendu des travaux de la première année d'étude de l'école gratuite des dimanches, fondée en faveur des ouvriers de la mine et de la verrerie du Lardin;* ibid., 1826, in-8°; — *Minéralogie populaire,* ou *Avis aux cultivateurs et aux artisans sur les terres, les pierres, les sables, les métaux et les sels qu'ils emploient journellement; le charbon de terre, la recherche des mines, etc.;* ibid., 1826, in-18. Brard a encore inséré plusieurs mémoires dans divers recueils, et fourni des articles au *Dictionnaire d'Histoire naturelle* et au *Dictionnaire des Sciences naturelles.*

Quérard, supplément *à la France littéraire.*

* **BRASCASSAT** (*Jean*), peintre français, né à Bordeaux le 30 août 1805. Élève de Richard, il remporta en 1825 le second grand prix de paysage historique sur le sujet de la *Chasse de Méléagre*; et de Rome, où il était allé terminer ses études, il envoya à l'exposition, en 1827, *Mercure et Argus,* paysage historique, et trois vues d'Italie. Dès 1831, cet artiste avait exposé un paysage avec animaux (brebis); mais, en 1834, son *Taureau se frottant contre un arbre,* et son *Repos d'animaux,* semblèrent décider sa vocation; et depuis il s'est voué exclusivement au genre de peinture que certains maîtres flamands ont si heureusement cultivé. On remarqua au salon de 1837 sa *Lutte de Taureaux;* et depuis on a pu admirer de lui un grand nombre de *parcs,* de *pâturages avec animaux,* etc. Tous ces tableaux se distinguent par la fraîcheur et le naturel du coloris. En 1846, M. Brascassat succéda à Bidault à l'Académie des beaux-arts.

Le Bas, *Dict. encyclop. de la France.* — *Dict. de la Conversation.*

BRASCHI (*Jean-Ange*). *Voy.* PIE VI.

BRASCHI (*Jean-Baptiste*), antiquaire italien, né à Césène en 1664, mort en 1727. Il fut évêque de Sarsina, et archevêque titulaire de Nisibe. Il a laissé plusieurs ouvrages sur les antiquités de sa patrie : *Relatio status Ecclesiæ Sarsinatis;* Rome, 1704, in-4°; — *De tribus statuis in romano Capitolio erutis anno 1720, ecphrasis iconographica;* ibid., 1724, in-4°; — *De Familia Cæsenia antiquissimæ Inscriptiones;* ibid., 1731, in-4°; — *De vero Rubicone liber, seu Rubico Cæsenas;* ibid., 1733, in-4°; — *Memoriæ Cæsenates sacræ et profanæ;* ibid., 1738, in-4°.

Mazzuchelli, *Scrittori d'Italia*

BRASCHI-ONESTI (le duc *Louis*), homme d'État italien, né à Césène en 1748, mort en 1818, fils d'une sœur de Pie VI. Il fut, par sa position sociale, mêlé aux affaires du gouvernement. Les conseils qu'il donna furent toujours dictés par la franchise et la droiture. En 1797, le 19 février, il fut un de ceux qui signèrent pour le pape le traité de Tolentino. Dépouillé par les Français d'une grande partie de ses propriétés, il quitta Rome, et n'y revint qu'après la mort de son oncle et l'élection de Pie VII. En 1802, Bonaparte lui fit rendre une partie de ce qu'on lui avait enlevé. Nommé maire de Rome, Braschi vint en cette qualité complimenter l'empereur à Paris, et se montra dès lors tout dévoué à sa cause. Quand Pie VII eut été emmené en captivité, il se rendit encore à Paris pour plaider les intérêts de ses concitoyens. Après le retour de Pie VII à Rome, il vécut dans la retraite.

Arnault, Jay, etc., *Biographie nouvelle des Contemp.*

BRASCHI-ONESTI (*Romuald*), prélat italien, frère du précédent, né à Césène le 10 juillet 1753, mort en 1820. Il fut créé cardinal par Pie VI, son oncle, le 18 décembre 1786, et devint archiprêtre de Saint-Pierre, grand prieur, à Rome, de l'ordre de Malte, secrétaire des brefs de Sa Sainteté, préfet de la Propagande, et protecteur d'un grand nombre d'institutions pieuses, de communautés religieuses, de villes et d'établissements publics. Lors de la captivité du pape, il eut, comme les autres cardinaux, à subir des persécutions, et ne rentra à Rome qu'avec le souverain pontife. En 1815, il accompagna le pape à Gênes, et revint avec sa sainteté après les Cent-Jours.

Arnault, Jay, Jouy, etc., *Biographie nouvelle des Contemporains.*

BRASIDAS, fils de Tellis, général lacédémonien, célèbre pendant la guerre du Péloponnèse. L'an 431 avant J.-C., il fit lever aux Athéniens le siége de Méthone; puis (427) il suivit Alcidas, pour l'aider de ses avis à l'infructueuse expédition de Corcyre. A Pylos il fut grièvement blessé, et perdit son bouclier. Plus tard, il prit ou détacha de l'alliance athénienne presque toutes les villes de la Chalcidique; et il dirigeait vigoureusement le siége de Potidée, lorsque les Athéniens, commandés par Cléon, vinrent lui présenter la bataille. Il les défit complètement; mais il resta sur le champ de bataille (l'an 422), ainsi que le général ennemi. Sparte institua en son honneur une fête annuelle dite *Brasidée*, à laquelle tout citoyen était tenu d'assister sous des peines déterminées.

Diodore de Sicile, liv. XII. — Thucydide, l. III, IV, V. — Plutarque, *Apophthegmata.* — Frontin, in *Strat.*, l. I, c. 8, n° 23.

BRASSAC (*Jean* GALLARD DE BÉARN, comte DE), ambassadeur et ministre d'État sous Louis XIII, surintendant de la maison de la reine, naquit en 1579, dans la province de Saintonge, d'une famille ancienne, et mourut à Paris le 14 mars 1645. « Quoiqu'il eût étudié, il ne « prit pourtant point le beau des sciences et « des lettres. » (*Tallemant des Réaux.*) Il obtint un avancement rapide dans la carrière militaire, et finit par devenir capitaine de cent hommes d'armes. Il fut pourvu successivement de plusieurs emplois importants. En 1612, il était lieutenant du roi à Saint-Jean-d'Angély. Quoique protestant lui-même il fit, pendant huit mois, tous ses efforts pour s'opposer aux desseins que le duc de Rohan avait formés sur cette place, qu'il avait choisie pour être le quartier général du parti huguenot dans l'ouest. Comme on usait encore de ménagements envers les réformés, ils furent mandés l'un et l'autre à la cour, et, suivant la politique de prudence suivie alors, on fit quelques concessions à Rohan; mais Brassac ne continua pas moins de remplir ses fonctions. Tallemant des Réaux nous apprend « qu'il était hargneux, et toujours en colère. » Il cite à ce propos une anecdote qui servirait à prouver que le lieutenant du roi n'était pas vu de trop bon œil par les habitants : « Ceux de la « maison de ville s'étant assemblés un jour pour « faire un maire, Brassac leur recommanda d'en « choisir un homme de bien : Oui, oui, ré- « pondirent-ils, nous en ferons un qui ne sera « pas rousseau. Or il l'était en diable. » Il épousa Catherine de Sainte-Maure, fille du baron de Montausier, laquelle devint dame d'honneur de la reine après la retraite forcée de madame de Senecey. Par les conseils du fameux P. Joseph, et peut-être dans des vues d'ambition, Brassac et sa femme se convertirent à la religion catholique. Le P. Joseph les prit alors en amitié, et usa de son influence sur l'esprit du cardinal-ministre pour faire accorder à Brassac l'ambassade de Rome, à laquelle il n'aurait pu aspirer s'il n'eût abjuré la communion évangélique. Durant le pontificat d'Urbain VIII, aucune difficulté sérieuse ne s'étant élevée entre la France et le saint-siége, la mission de l'ambassadeur fut facile à remplir. La faveur dont il jouissait à la cour le fit choisir, en 1633, pour accompagner Louis XIII dans sa campagne contre les États du duc de Lorraine. Il se trouvait dans le carrosse même du cardinal de Richelieu, lorsque le monarque fit son entrée à Nancy. Le roi et son ministre voulurent faire déclarer nul le mariage du cardinal François de Lorraine avec sa cousine Claude, qui avait résolu, avec son oncle, de ne pas laisser éteindre leur race, à défaut d'héritier direct du duc régnant, Charles IV (1). On s'était donc assuré de leur personne; et le comte de Brassac, nommé gouverneur de Nancy et de la Lorraine, les gardait lui-même à vue dans le palais de leurs ancêtres. Mais sa vigilance fut mise en défaut; et le 1er avril 1634 les deux époux, à la faveur d'un déguisement qui les rendait méconnaissables, s'échappèrent du palais et de la ville. Le gouverneur, pris pour dupe, déchargea sa colère sur les personnes qui étaient attachées au service du prince, et les fit mettre en prison, avec des menaces qui n'ébranlèrent pas leur fidélité. En vain fit-il courir après les fugitifs sur la route de Bruxelles, ils avaient pris une direction opposée (celle de Besançon). On peut lire, dans les *Mémoires de Beauvau*, les dé-

(1) C'est en effet par suite de cette union improvisée que la maison de Lorraine s'est continuée, et que ses descendants occupent aujourd'hui le trône impérial.

tails curieux et piquants de cette évasion, dont la réussite fit peu d'honneur à la sagacité du comte de Brassac. On conservait dans la bibliothèque de M. Bouthillier, ancien évêque de Troyes, un recueil manuscrit des lettres et des dépêches de M. de Brassac, depuis l'an 1630 jusqu'au 30 juin 1641, 2 vol. in-fol. J. LAMOUREUX.

Anselme, *Histoire généalogique*, t. IX. — *Historiettes de Tallemant des Réaux*, 2ᵉ édit. t. VI. — *Histoire de la Mère et du Fils*, par Métcray, t. I. — *Hist. de Louis XIII*, par Dupleix, in-f°. — *Mémoires de Beauvau*.

BRASSAC (..., chevalier DE), musicien amateur, vivait dans la première moitié du dix-huitième siècle. Il fut maréchal des camps et armées du roi de France. Il a fait la musique de *l'Empire de l'Amour*, paroles de Moncrif, 1733, et de *Léandre et Héro*, paroles de le Franc de Pompignan, 1730.

Fétis, *Biographie universelle des Musiciens*.

BRASSAVOLA (*Antoine-Musa*), médecin italien, né à Ferrare en 1500, mort en 1570. Ses connaissances ne se bornaient pas à celle de la médecine : il soutint à Paris, pendant trois jours consécutifs, des thèses *de omni re scibili*. A cette occasion, François Ier lui donna le surnom de *Musa*. Brassavola fut médecin de ce prince, de Charles-Quint, de Henri VIII, des papes Paul III, Léon X, Clément VII, Jules III, et jouit d'une considération particulière auprès des ducs de Ferrare, qui le comblèrent de bienfaits. On a de lui un grand nombre d'ouvrages, dont les principaux sont : *Examen simplicium Medicamentorum, quorum in publicis disciplinis et officinis usus est*; Rome, 1536, in-fol. ; — *In octo libros Aphorismorum Hippocratis Commentaria et Annotationes*; Bâle, 1541, in-fol. ; — *Quod nemini mors placeat*; Lyon, 1534, in-8°; — *De radicis Chinæ usu, cum quæstionibus de ligno sancto*; Venise, 1566, in-fol. ; Leyde, 1731, in-fol. On doit encore à Brassavola un index très-détaillé de tout ce qu'il y a de remarquable dans Galien. On le trouve à la suite de différentes éditions des œuvres de cet ancien médecin.

Tiraboschi, *Storia della letteratura Italiana*. — Ginguené, *Histoire littéraire d'Italie*. — *Acta Eruditorum latina*. — Bayle, *Dict. Hist*. — Kestner, *Medicinisches Gelehrten-Lexicon*. — Joubert, *Erreurs populaires*. — Vander Linden, *de Scriptoribus medicis*. — Gesner, *Biblioth*. — Baruffaldi, *Commentario storico, all' inserizione*, etc., Ferrare, 1704, in-4°.

BRASSAVOLA (*Jérôme*), médecin italien, arrière-petit-fils d'Antoine Brassavola, né à Ferrare le 27 juin 1628, mort à Rome le 31 juillet 1705. Après avoir été professeur à l'université de sa ville natale, il se rendit à Rome, où il acquit une grande réputation ; il fut médecin de quatre papes et de Christine, reine de Suède. On a de lui : *Problema an clysteres nutriant, affirmative resolutum*, dans le *Congressus romanus habitus in ædibus Hieronymi Brassavola*; Rome, 1682, in-4°.

Biographie médicale. — Mazzuchelli, *Scrittori d'Italia*.

BRASSAVOLA (*Jérôme*), médecin italien, fils du précédent, natif de Ferrare, vivait dans la seconde moitié du seizième siècle. On a de lui : *De Officiis libellus*; Ferrare, 1590, in-8°: — *In primum Aphorismorum Hippocratis librum Expositio*; ibid. ; 1594 et 1595, in-4° ; Manget attribue cet ouvrage au père de Brassavola.

Kestner, *Medicinisches Gelehrten-Lexicon*.

BRASSEUR (*Philippe*), poète et historien flamand, né à Mons vers 1597, mort vers 1650. Après avoir été ordonné prêtre, il se livra dans sa ville natale à la prédication et à la confession, et consacra tous ses loisirs à la poésie latine, appliquée spécialement aux antiquités religieuses du Hainaut. Ses principaux ouvrages sont : *Dionysiani monasterii Sacrarium, seu ejusdem sacræ Antiquitates, versibus illustratæ*; Mons, 1631, in-12 ; — *Sidera illustrium Hannoniæ Scriptorum*; Mons, 1637, in-12: on trouve dans ce volume les éloges en vers assez médiocres de deux cent quatre-vingt-seize personnes, dont plusieurs n'appartiennent qu'indirectement au Hainaut ; — *Cervus S. Humberti, episcopi et primi abbatis Maricolensis*, 20 elogiis adornatus; Mons, 1638, in-12 ; — *Diva Virgo Camberoniensis, ejusdemque cænobii sancti quidem, reliquiæ plurimæ, abbates omnes, variique magnates in eo sepulti*; Mons, 1639, in-12 ; — *Par sanctorum Præsulum, id est S. Foillanus, episcopus et martyr, item S. Siardus, abbas; præmissa origine monasterii ejusdem Sancti-Foillani apud Rhodium*; Mons, 1641, in-12 ; — *Historiale Speculum ecclesiæ et monasterii S.-Joannis Valencenensis*; Mons, 1642, in-12 ; — *Panegyris sanctorum Hannoniæ*; Mons, 1644, in-12 ; — *Aquila S.-Guisleno ad Ursidungium prævia, seu ejusdem vita, miracula et magnalia : subjecta aliquot ejus ecclesiæ sanctorum panegyris*; Mons, 1644, in-12 : il en avait paru une première édition sous ce titre : *Ursa S. Guisleno prævia*; — *Origines omnium Hannoniæ cænobiorum octo libris breviter digestæ*; Mons, 1650, in-12.

Paquot, *Mémoires*. — Valère-André, *Bibliotheca Belgica*. — Lelong, *Bibliothèque histor. de la France*, édit. Fontette.

BRASSEUR (LE). Voy. LEBRASSEUR.

BRASSICANUS (*Jean-Alexandre*), poète, orateur et philologue du seizième siècle, naquit en 1500 à Wirtemberg, et mourut à Vienne en 1539. Selon la coutume des savants en *us* de son temps, il latinisa le nom de son père, qui s'appelait *Kohlburger*. Dès l'âge de dix-huit ans, il avait déjà mérité le titre de *philosophus, poeta et orator laureatus*, ainsi qu'il nous l'apprend lui-même dans une épître en vers qu'il adressa à l'empereur Maximilien pour lui dédier le *Calendarium Romanum magicum* (Oppenheim, 1518, in-fol.), ouvrage du mathématicien Stœpfler, son ami. Ces vers, suivant le P. Nicéron, sont fort mauvais, et donnent lieu de croire que Brassicanus n'avait encore cueilli que des palmes de collége, malgré l'épithète fastueuse de *laureatus* qu'il s'attribuait. L'année suivante, il publia un recueil de poésies latines, dans lequel il célébrait, par une suite d'idylles, d'élégies, de dialogues, l'élection de Charles V comme roi des Romains. Il fut appelé à l'université de Tubingue pour enseigner les humanités, et ensuite à Vienne, où il finit ses jours à l'âge de trente-neuf ans. Il avait recueilli un assez grand nombre de manuscrits grecs et latins, en s'attachant de préférence à ceux qui n'avaient pas encore été publiés. Ce ne fut pas un trésor stérile entre ses mains. On lui doit la publication, comme éditeur, de traités et d'ouvrages fort importants qui étaient restés inédits jusqu'alors, et parmi lesquels il faut compter en premier ordre le recueil des *Géoponiques*, connu sous le nom de Constantin, empereur (Porphyrogénète), mais qui a été seulement formé, d'après ses ordres, par plus de trente auteurs différents : Γεωπονικὰ, *seu de Re rustica libri XX, Constantino Cæsari nuncupati*, Basileæ, 1539, in-8° (1). Il avait donné successivement des éditions des *Églogues de Némésien*, de plusieurs traités de Lucien, avec une version latine du *Dialogue de Gennadius Scholarius sur la vérité de la religion chrétienne*; de l'*Abrégé de l'Histoire ecclésiastique d'Eusèbe par Haymond*, évêque d'Halberstadt; du traité de Salvien, *de la Providence de Dieu*; des *Œuvres de saint Euchaire, évêque de Lyon*; de l'*Hymne à Apollon*, d'un auteur inconnu, etc. On trouvera dans les Mémoires du P. Nicéron l'indication détaillée de ces diverses éditions, qui sont enrichies, pour la plupart, de préfaces et de scolies savantes.

Les autres ouvrages qui appartiennent en propre à Brassicanus sont : Παν. *Omnis. Carmen.*; Argentorati, 1539, in-4°; — *Proverbiorum Symmicta, cum appendice Symbolorum Pythagoræ, ex Iamblico*; Parisiis, 1532, in-8° : ce mélange de proverbes a été réimprimé à la suite de la plupart des éditions des *Adages d'Érasme*; — *In Gratias seu Charites, commentariolus*; Parisiis, 1533, in-8°; — *Epistola de Bibliothecis, imprimis Regia Badensi*, imprimée à la tête de l'édition de Salvien, et reproduite dans plusieurs recueils. A considérer l'importance et la multiplicité des travaux dont Brassicanus remplit sa vie, trop courte de moitié, on peut le ranger au nombre des philologues les plus distingués du seizième siècle. Conrad Gessner l'a bien apprécié, en l'appelant *Vir de bonis litteris optime meritus*. — Deux autres savants, du nom de Brassicanus, vécurent de son temps en Allemagne. On n'a pu recueillir d'autres renseignements sur le premier, qui avait pour prénoms

(1) M. de Musset (*Bibliographie agronomique*, fol. 98) a commis une erreur en disant que la première édition avait été publiée à Venise en 1538 : notre savant bibliographe M. Brunet a justement fait observer que c'était par une fausse conversion des lettres grecques, servant de chiffres, que cette date purement imaginaire avait été indiquée.

Jean-Ambroise, sinon qu'il était professeur de droit canon à Vienne; l'autre, appelé Jean-Louis, fut recteur de l'Académie de Vienne en 1541, et publia en 1538, à Nuremberg, un commentaire sur le livre d'Ange Politien, intitulé *Nutricia*. Il était aussi jurisconsulte, et avait composé, étant fort jeune, un commentaire sur le traité *des Lois de Cicéron*. Jean Möller, dans son *Homonymoscopia* (p. 655), ne doute pas que ces deux Brassicanus ne soient les fils de Jean-Alexandre. Mais le P. Nicéron a démontré que cette descendance était impossible en ce qui concerne Jean-Louis.   J. LAMOUREUX.

Conrad Gesner, *Bibliotheca Universalis*, 1844, in-fol. — Nicéron, *Mémoires*, t. XXXII.

BRASSONI (*François-Joseph*), missionnaire et historien italien, de l'ordre des Jésuites, natif de Rome, vivait dans la première moitié du dix-septième siècle. Après avoir souffert une dure captivité et de grands tourments dans les missions du Canada, surtout dans celle des Hurons, il revint en Italie, où il se livra à la prédication. On a de lui : *Breve relazione d' alcune missioni de' Padri della compagnia di Gesù nella Francia Nuova*, 1653, in-4°.

Mazzuchelli, *Scrittori d'Italia*.

BRAULION (*saint*), ou SAINT BRAULE, vivait dans le septième siècle, et succéda à son frère Jean sur le siége de Saragosse. Il assista aux 4e, 5e et 6e conciles de Tolède. A la pratique des vertus chrétiennes et épiscopales il joignit un goût pour les lettres bien rare à l'époque où il vivait. Saint Isidore de Séville, contemporain et ami de Braulion, a laissé de lui ce bel éloge : « Il releva l'Espagne, tombée en déca« dence; il rétablit les monuments des anciens, « et nous préserva de la rusticité et de la bar« barie. » Le traité des *Étymologies* ou *Origines*, si célèbre en Espagne, appartient en commun à ces deux prélats, honneur de l'Église visigothe; saint Isidore le composa à la prière de Braulion, mais il mourut avant d'avoir pu y mettre la dernière main. Son ami acheva l'ouvrage, le mit en ordre, et le divisa en vingt livres. Les autres écrits sortis de la plume de l'évêque de Saragosse sont : *le Triomphe des saints martyrs de Saragosse*; — *la Vie et le martyre de sainte Léocadie*; — un *Éloge de saint Isidore*; — deux *Lettres au même*; — *la Vie de saint Émilien, patron des Espagnes*. Saint Braulion mourut vers 646, la vingtième année de son épiscopat. [*Enc. des g. du m.*]

Saint-Ildefonse, dans le supplément au traité de saint Isidore, *de Claris præsertim Hispaniæ scriptoribus*. — Antonio, *Bibliotheca hispana nova*. — Fabricius, *Bibl. latina mediæ ætatis*. — Baronius, in *Annal. et martyr*. — Mariana, *Histoire*, l. XI, c. VI. — Le Mire, *Biblioth. ecclésiastique*. — Saint Ildephonse, *de Viris illustribus*.

BRAULT (*Charles*), prélat français, né à Poitiers le 14 août 1752, mort le 25 février 1833. Peu de temps avant la révolution, il était professeur de théologie à l'université de Poitiers. Ayant alors émigré, il revint en 1802, à l'époque du concordat, et fut pourvu de l'évêché de

Bayeux. Il parvint à apaiser les divisions qui troublaient son diocèse. Au concile de 1811, il fut du nombre des évêques qui se prononcèrent en faveur des quatre articles regardés comme le fondement des libertés de l'Église gallicane. Il fut élevé en 1823 à l'archevêché d'Albi, qui avait été rétabli depuis le concordat de 1817. Sous l'empire, il avait été nommé baron et chevalier de la Légion d'honneur. Il fut créé pair de France par la restauration en 1827.

Le Bas, *Dictionnaire encyclopédique de la France.* — Quérard, supplément à *la France littéraire.*

BRAULT (*Louis*), poëte lyrique et dramatique français, né dans la Brie en 1782, mort le 4 mai 1829. Il fut successivement sous-préfet de Forcalquier et de la Châtre. N'approuvant pas la circulaire que le ministre de l'intérieur écrivit en 1825, aux préfets et sous-préfets, pour les inviter à diriger les élections dans le sens du gouvernement, il donna sa démission, et vint à Paris, où il fut un des rédacteurs du *Constitutionnel*. On a de lui : *Recueil d'élégies, de cantates, de romances*; Paris, 1812 ; — *Ode sur le désastre de la frégate* la Méduse; ibid., 1818, in-8° ; — *Poésies politiques et morales ;* — *Ibrahim-Pacha à la contre-opposition*, satire ; ibid., 1827 ; — *Christine de Suède*, tragédie représentée le 25 juin 1829.

Quérard, supplément à *la France littéraire.*

BRAUN (*Charles-Adolphe* DE), jurisconsulte allemand, né à Iéna le 27 septembre 1716, mort le 2 mars 1775. Ses principaux ouvrages sont : *Disp. inaug. de Juribus episcopi Catholici in Germania* ; Iéna, 1740, in-4° ; — *de Usu fructus parentum in bonis liberorum tam de jure romano quam germanico genuino fundamento* ; ibid., 1743, in-4° ; — *Anmerkungen über die Pandecten*; ibid., 1745, in-8°.

Wedlich, *Geschichte der jetzt lebenden Rechts-Gelehrten in Deutschland.* (Hist. des jurist. allem.)

Son frère, *Jean-Frédéric* DE BRAUN, né à Iéna le 9 janvier 1722, mort à Langensalza en 1799, a publié : *Histoire des maisons électorales et souveraines de Saxe, originaires de Thuringe et de Misnie* ; Langensalza, 1778-1781, 3 vol. in-4°.

BRAUN (*George*), théologien catholique allemand, vivait dans la seconde moitié du seizième siècle. Il fut archidiacre de Dortmund, puis doyen de la collégiale de Cologne. On a de lui : *Theatrum urbium præcipuarum mundi*; 1re édit., 1572, 2 vol. in-fol. ; publié de concert avec François Hogenberg, de 1593 à 1616, 6 vol. in-fol. ; — *Catholicorum Tremoniensium adversus Lutheranicæ ibidem factionis prædicantes defensio*, etc.; Cologne, 1605, in-8° ; — un discours latin contre les prêtres concubinaires ; — une *Vie de Jésus-Christ* ; — une *Vie de la sainte Vierge*.

Sweert, *Athenæ Belgicæ.* — Bayle, *Dictionnaire historique.* — Gesner, *Epitom. biblioth.*

BRAUN (*Henri*), écrivain pédagogique allemand, de l'ordre des Bénédictins, né à Trossberg le 17 mars 1732, mort le 8 novembre 1792. Il fut l'un des hommes qui ont contribué à l'amélioration des études en Allemagne. Nommé, en 1777, directeur général des écoles de la Bavière, il introduisit des modifications utiles dans l'enseignement des langues anciennes; mais, contrarié par les défenseurs des anciennes méthodes, il finit par se démettre de cet emploi pour se livrer dans la retraite à la traduction de la Bible d'après la Vulgate, traduction que la mort l'empêcha de terminer. Ses principaux ouvrages sont : *le Patriotique Bavarois* ; Munich, 1769, in-8° ; — *Plan pour la nouvelle organisation des Écoles en Bavière*; ibid., 1770, in-8° ; — *Éléments d'Arithmétique à l'usage des écoles*; ibid., 1770, in-8° ; — *Éléments de latin*; ibid., 1778, in-8° ; — *Histoire de la réformation des Écoles bavaroises* ; Francfort-sur-le-Mein, 1783, in-8° ; — *l'Art épistolaire pour les Allemands*, 1787, in-8° ; — *l'Année ecclésiastique catholique*; Augsbourg, 1790, in-8°. Tous les ouvrages de Braun sont en langue allemande.

Arnault, Jay, etc., *Biographie nouvelle des Contemp.*

BRAUN (*Jean*), orientaliste et théologien protestant allemand, né en 1628 à Kaiserslautern, dans le Palatinat; mort à Groningue en 1709. Il fut prédicateur de l'Église réformée française à Nimègue, puis professeur de théologie et de langues orientales à Groningue. Ses principaux ouvrages sont : *Selecta sacra, lib. V*; Amsterdam, 1700, in-4°; — *Comment. in Epist. ad Hebræos*; ibid., 1705; — *Vestitus hebræorum sacerdotum* ; Leyde, 1680, 2 vol. in-8° ; Amsterdam, 1701, 2 vol. in-4°; ouvrage plein de recherches savantes ; — *Véritable religion hollandaise* ; 1675, in-12.

Bentheim, *Holländischer Kirchenstaat.*

*****BRAUN** (*Auguste-Émile*), archéologue et écrivain artistique allemand, né Gotha le 19 août 1809. Il reçut sa première instruction dans sa ville natale, et continua ses études à Gœttingue. De 1832 à 1833, il séjourna à Dresde, et de là il alla à Rome en compagnie de Gerhardt, avec lequel il s'était lié. Ses principaux ouvrages sont : *il Giudizio di Paride*, 1838 ; — *Antiken Marmorwerke* (les Marbres antiques), décades I et II; Leipzig, 1843. Le public fit peu d'accueil à cet ouvrage, et l'auteur dut s'arrêter dans cette publication ; — *die Apotheose des Homer*; Leipzig, 1848 ; — *Griechische Mythologie* (Mythologie grecque), Hambourg et Gotha, 1850 ; — d'autres écrits sur des matières analogues dans plusieurs autres recueils.

Conversations-Lexicon.

*****BRAUN** (*Jean-Guillaume-Joseph*), théologien allemand, né à Gronau le 27 avril 1801. En 1820, il alla se préparer à Cologne à la carrière ecclésiastique, et en 1821 il se rendit à Bonn dans le même but. C'est à Vienne, en 1825, qu'il entra dans le sacerdoce. Il revint ensuite à Bonn, où il professa l'histoire de l'Église. Il fonda les Annales de la philosophie et de la théologie catholique (*Zeitschrift für Philosophie und Kath. Theologie*). Puis il alla à Rome en 1837, en vue surtout d'amener une conciliation au sujet des doctrines hermésiennes. Revenu à Bonn en 1839, il y fit des cours de droit ecclésiastique. Défenseur zélé des idées de son maitre Hermès, il fût suspendu, pour ce motif, de ses fonctions de professeur. Il siégea à l'assemblée nationale allemande de 1848, et en 1850 il fut membre de la première chambre prussienne. Ses principaux ouvrages sont : une *édition des Œuvres de saint Justin, martyr*; Bonn, 1830 ; — *Bibliotheca regularum fidei*; Bonn, 1844 ; — *Lehren des sogenannten Hermesianismus ueber das Verhaeltniss der Vernunft zur Offenbarung* (les Doctrines d'Hermès sur la raison considérée au point de vue de la révélation) ; Bonn, 1835 ; — *Metelemata theologica*; Bonn, 1837 ; — *Acta Romana*; Hanovre, 1837 ; — *Biographische Mittheilungen ueber Clement Auguste von Droste Hülshof* (Détails biographiques sur Clément-Auguste de Droste-Hulshoff) ; Cologne, 1833 ; — *Von den Pflichten des Geistlichen in Hinsicht auf Lehre und Beispiel* (des Devoirs de l'ecclésiastique au point de vue de la doctrine et de l'exemple) ; Bonn, 1833 ; — *Deutschland und die Nationalversammlung* (l'Allemagne et l'Assemblée nationale); Aix-la-Chapelle, 1849.

Conversations-Lexicon.

* BRAUN (*Alexandre-Charles-Hermann*), homme d'État allemand, né le 10 mai 1807. A dix-sept ans il se rendit à Leipzig, et y étudia la jurisprudence. A son retour dans la maison paternelle, il pratiqua le droit, sous les auspices de son père. En 1839, il siégea pour la première fois dans la seconde chambre des états saxons, et s'y plaça à la tête de l'opposition modérée. C'est ainsi qu'il contribua à faire rejeter un projet de procédure criminelle qui n'avait pas pour bases la publicité et le débat oral. Son mandat législatif n'ayant été renouvelé qu'en 1845, il profita de cet intervalle pour visiter la France, l'Angleterre, la Hollande, et étudier les institutions judiciaires de cette contrée. En 1845 il fut nommé par le roi président de la seconde chambre. Cette fois encore, il se fit remarquer à la tête de la jeune gauche. Il devint ministre de la justice et président du conseil en 1848. L'histoire de son ministère est celle de la Saxe à cette époque. Il y mérita les suffrages du pays. Cependant il dut se retirer, le 24 février 1849, devant l'influence croissante des radicaux. Il se prononça ensuite pour la reconnaissance de la nouvelle constitution de l'Empire, et siégea dans la diète de 1849-1850.

Conversations-Lexicon.

BRAUNIUS. Voy. BROWN et BROWNE.

BRAUWER, BROUWER, BRAWER ou BRAUR (*Adrien*), peintre hollandais, né en 1608 à Harlem selon les uns, à Oudenarde selon les autres ; mort à Anvers en 1640. Il était d'une famille pauvre, qui ne lui donna aucune éducation ; mais la nature l'avait fait peintre, et dès son jeune âge il reproduisait sur la toile des fleurs, des oiseaux, que sa mère vendait aux femmes de la campagne. Sous la direction de François Hals, Brauwer ne tarda pas à produire des tableaux admirables ; mais le maitre était rapace, il tirait bon parti des ouvrages de son élève ; et Brauwer, de son côté, était volontaire, paresseux, aimant l'indépendance. Ce fut pour lui la source de toutes sortes de mauvais traitements de la part de Hals, qui, pour le forcer au travail et l'empêcher de vendre clandestinement ses compositions pour alimenter ses mauvais penchants, finit par l'enfermer dans un grenier, où il le privait de nourriture jusqu'à ce que la tâche qu'il lui avait donnée fût achevée. Brauwer, étant parvenu à s'échapper de cette prison, s'enfuit à Amsterdam, où ses talents ne tardèrent pas à être connus. Un amateur lui ayant donné cent ducatons d'un de ses tableaux, il ne reprit ses pinceaux que lorsqu'il eut tout dissipé dans les mauvais lieux ; ce qu'il fit toute sa vie. Vainement Rubens voulut-il le ramener à des sentiments d'honneur en l'attirant chez lui, en lui donnant sa propre table, en le logeant, l'habillant ; il n'y put parvenir. Brauwer quitta son bienfaiteur pour aller finir ses jours à l'hôpital d'Anvers. Dès que Rubens fut instruit de la fin malheureuse de l'homme dont il avait tant admiré le talent, il fit exhumer son corps de la fosse des pauvres, pour lui faire des obsèques honorables dans l'église des Carmes.

Brauwer a traité de préférence les scènes de cabaret, de corps-de-garde, de filous jouant aux cartes et se querellant. Continuellement dans des lieux de débauche, doué par la nature d'un génie essentiellement observateur, il peignit avec une énergie et une vérité prodigieuses l'homme du peuple dans son dernier degré d'abjection. Dans ses scènes de village, dans ses noces champêtres, il est resté au-dessous de Téniers, qu'il égala sous tant d'autres rapports et avec lequel on l'a si souvent confondu. Plus rares que ceux de Téniers, les tableaux de Brauwer, lorsqu'ils sont d'une authenticité reconnue, sont plus recherchés. Le marchand de tableaux Lebrun dit avoir vu souvent s'élever à 3,000 et 3,600 francs des ouvrages de ce dernier, composés seulement de trois à quatre figures. On a gravé beaucoup d'après Brauwer ; lui-même a reproduit à l'eau-forte plusieurs grotesques de sa composition.
[*Enc. d. g. du m.*]

Descamps, *Vies des Peintres flamands*.

* BRAVAIS (*Auguste*), astronome et marin français, né à Annonay en 1811. Lieutenant de vaisseau, professeur d'astronomie à la faculté des sciences de Lyon, puis professeur de physique à l'École polytechnique. On a de lui : *Essai sur la disposition générale des feuilles rectisériées*; Clermont-Ferrand, 1839 ; — *sur* *l'Équilibre des corps flottants*, thèse de mécanique soutenue devant la faculté des sciences de Lyon le 5 octobre 1837; Paris, 1840; — *Mémoires sur les courants ascendants de l'atmosphère*; Lyon, 1843; — de nombreux *mémoires* sur des matières analogues ou autres, dans plusieurs recueils scientifiques, et notamment dans les *Annales de Physique et de Chimie*; dans le *Recueil des savants étrangers de l'Académie des sciences*.

BRAVAIS (*L.-F.*), frère du précédent, a publié : *Analyse d'un brin d'herbe*, ou *Examen de l'efflorescence des graminées*, mémoire présenté au congrès scientifique du Mans; le Mans, 1840.

Quérard, suppl. à la France littéraire. — Bibliographie de la France.

*****BRAVARD-VEYRIÈRES**(*Paul*), jurisconsulte français contemporain, professeur de droit commercial à Paris. Il a siégé dans les dernières assemblées politiques, où il s'est fait remarquer par son initiative dans les questions commerciales, notamment celles qui avaient trait aux concordats amiables, aux faillites, etc. On a de lui : *Leçons sur l'Amortissement*; Paris, 1833 ; — *Examen comparatif et critique du livre III du Code de commerce, et du nouveau projet de loi sur les faillites et banqueroutes, adopté par la Chambre des députés*; Paris, 1836, in-8°; — *De l'étude et de l'enseignement du droit romain, et des résultats qu'on peut en attendre*; Paris, 1837, in-8°; — *Notions préliminaires à l'explication du droit commercial maritime*; 1838, in-8°; — *Manuel de Droit commercial*; Paris, 1839, in-8°; — *Vicissitudes et solutions définitives de la question du latin dans les concours*; Paris, 1840, in-8°.

Bibliographie de la France. — Moniteur universel. — Quérard, suppl. à la France littéraire.

BRAVO (*Barthélemy*), poète, rhéteur et grammairien espagnol, de l'ordre des Jésuites, natif de Martin-Muños, vivait au commencement du dix-septième siècle. Ses principaux ouvrages sont : *De conscribendis Epistolis*; Burgos, 1601, in-8°; — *Commentaria linguæ latinæ*; Grenade, 1606; le même ouvrage sous le titre de : *De octo partium orationis Constructione*; 1640; — *Dictionarium plurimarum vocum, quæ in Ciceronis scriptis desiderantur*; Pincia, 1627, in-4°, imprimé à Saragosse en 1597, et à Madrid en 1611, in-8°, sous le titre de *Thesaurus verborum ac phrasium*, etc., et à Valence en 1605, in-4°, sous le titre de *Vocabularius*. Bravo a encore laissé: *De Arte rhetorica*; — *De Prosodia progymnasmata*; — *Varia poemata*.

Alegambe, Bibliot. Script. Soc. Jesu. — Antonio, Biblioth. Hispana nova.

*****BRAVO** (*Giacomo*), peintre de l'école vénitienne, né à Trévise, vivait en 1638. Il peignit avec talent la figure et l'ornement, et fut le compagnon des travaux de Bartolommeo Orioli à Trévise. E. B—N.

Lanzi, Storia pittorica.

BRAVO (*Jean*), traducteur et historien espagnol, natif de Ciudad-Real, vivait dans le commencement du seizième siècle. Il fut précepteur des enfants de l'impératrice Élisabeth. On a de lui une traduction en prose castillane du poème latin d'Alvare Gomez, sur la Toison d'or : *El Vellocino dorado, y la Historia del orden del Toison*, et un livre intitulé *El summario de los reies catolicos de Fernando y dona Isabel, con la tomada de Grenada y otros pueblos, que valerosamente conquistaron*; Tolède, 1546, in-4°. Ce dernier écrit est un abrégé de l'ouvrage de Luc Marinei, intitulé *Obra de las cosas memorables de España*; Alcala, 1533, in-fol.

Antonio, Biblioth. Hispana nova.

BRAVO (*Jean*), médecin espagnol, natif de Piedrahita dans la Castille, vivait dans la seconde moitié du seizième siècle. Il fut professeur de médecine à Salamanque. On a de lui : *De hydrophobiæ natura, causis ac medela*; Salamanque, 1571, in-8°; ibid., 1576, 1588, in-4°; —*In Libros prognosticorum Hippocratis Commentaria*; ibid., 1578, in-4°; ibid., 1583, in-8°; —*De saporum et odorum differentiis, causis et affectionibus*; ibid., 1583, in-8°; Venise, 1592, in-8°; — *In Galeni librum de differentiis febrium Commentarius*; ibid., 1585, 1596, in-4°; — *De curandi Ratione per medicamenti purgantis exhibitionem*; ibid., 1588, in-8°; — *De simplicium medicamentorum delectu*; ibid., 1592, in-8°.

Biographie médicale. — Antonio, Biblioth. Hispana nova. — Kestner, Medicinisches Gelehrten-Lexicon.

BRAVO (*Nicolas*), théologien et poète espagnol, natif de Valladolid, mort en 1648. Il fut abbé d'Oliva, de l'ordre de Citeaux, dans la Navarre. On a de lui : une *Vie de saint Benoît*, poème; — des ouvrages théologiques.

Antonio, Biblioth. Hispana nova. — De Visch, Biblioth. Scriptorum ordinis Cisterciensis.

*****BRAVO** (*Nicolas*), général mexicain, qui a joué un des principaux rôles dans la révolution du Mexique, naquit vers 1780. Dès le début de l'insurrection contre les Espagnols, Bravo s'attacha au parti de l'indépendance, auquel il resta fidèle jusqu'au jour du triomphe. Après la mort d'Hidalgo en 1812, il se rangea sous les drapaux de Morelos, et contribua puissamment au succès de la cause patriotique, par la victoire qu'il remporta sur le général espagnol Musitra. Lorsque plus tard, en 1821, Iturbide voulut faire avorter la révolution à son profit et essayer du souverain pouvoir, Bravo se joignit au général Guadeloupe-Vittoria pour combattre les projets ambitieux de l'usurpateur, et repoussa toutes les offres d'accommodement qui lui furent faites. Cette conduite lui valut la haine d'Iturbide, qui, plus fort que lui, le fit arrêter et emprisonner en même temps que Vittoria. Bravo ne recouvra la liberté que pour courir de nouveau aux armes, et assurer la chute de cet empereur d'un jour.

Le gouvernement provisoire qui fut établi, en

1823, après le renversement d'Iturbide fut confié aux soins des généraux Bravo, Vittoria et Negrette. De grandes discussions s'élevèrent alors sur le choix de la nouvelle constitution; Bravo devint le chef d'un parti qui soutenait la nécessité d'un système central à l'instar de celui de la Colombie, tandis que le parti opposé demandait une organisation semblable à celle des États-Unis. Ce fut ce dernier qui l'emporta, et dès ce moment Bravo fut considéré comme le chef de l'opposition qui naquit avec le nouveau gouvernement; il n'en fut pas moins nommé vice-président, par suite des élections qui eurent lieu après que la constitution eut été jurée solennellement dans la capitale, le 2 février 1824. Vittoria obtint la présidence. C'est de cette époque qu'il faut dater la formation de deux partis qui faillirent vingt fois en venir aux mains, jusqu'au moment où leur rivalité éclata par de nouvelles révolutions. L'un, celui des *Yorkinos*, se ralliait au gouvernement, et l'autre, celui des *Écossais*, comptait dans son sein les personnages les plus influents de cette opposition dont Bravo était le chef, et dont les principes se rapprochaient de la monarchie constitutionnelle. Bravo était investi d'une force imposante, par son double titre de vice-président de la république et de grandmaître de la loge écossaise; car il est bon de savoir que ces dénominations de *Yorkinos* et d'*Écossais* provenaient de différents rites maçonniques que chaque parti avait adoptés. Le 23 décembre 1827, au moment de l'ouverture du congrès, un lieutenant-colonel nommé Manuel Montano leva l'étendard de la révolte à Otumba, et fut rejoint bientôt par plusieurs officiers venus de Mexico. Bravo lui-même ne tarda pas à déserter son poste, pour aller se mettre à la tête des insurgés, avec lesquels il se retira derrière les fortifications de Tulancingo, à vingt-cinq lieues de la capitale. Le but des mécontents était de renouveler l'administration par des membres du parti écossais, et d'éloigner les Yorkinos, ainsi que le ministre plénipotentiaire des États-Unis, M. Poinsett, qui passait pour leur protecteur et leur chef.

Le président Vittoria envoya le général Guerreiro pour les combattre. La résistance ne fut pas longue; Bravo et Barragan, ex-gouverneur de la Véra-Cruz, faits prisonniers avec vingt-cinq autres officiers, furent conduits à Mexico, oubliés pendant cinq mois dans les prisons, puis enfin jugés et condamnés à six ans de bannissement sur les côtes de Guatémala, avec un traitement de demi-solde. La modération de cette peine fut due au souvenir des services que Bravo avait rendus à la cause de l'indépendance. Mais les nombreuses commotions qui depuis cette époque changèrent tant de fois la face politique du Mexique, ne lui laissèrent pas même le temps d'achever son exil. A peine la défaite du parti *écossais* eut-elle laissé le champ libre à celui des Yorkinos, que ces derniers se partagèrent en deux fractions, dont les chefs étaient Guerreiro, sur lequel s'appuyait le gouvernement, et Gomez Pedrazza, dont les principes sympathisaient avec ceux de Bravo. Cette fois la nation se déclara pour l'ancienne administration, et le pouvoir échut à Guerreiro, en partage avec les généraux Santa-Anna et Bustamente. Regardant sa cause comme perdue, Pedrazza s'embarqua pour le continent; mais pendant son absence, à la fin de 1829, un mouvement éclata qui renversa le gouvernement de Guerreiro, et éleva à la présidence, au défaut de Pedrazza, le général Bustamente. C'est alors que Bravo fut rappelé; mais depuis cette époque il n'eut aucune part à l'administration du pays : on sait seulement qu'en 1830 il prit sa revanche contre Guerreiro, qui avait essayé de rallumer la guerre dans les provinces du sud. Bravo fut envoyé pour disperser les rebelles, et Guerreiro, pris les armes à la main, fut fusillé le 14 février 1831. A la fin de 1833, Bravo était encore une fois à la tête d'une petite armée insurgée contre le gouvernement, et l'année suivante il fut battu par le général Vittoria. Depuis lors, il a disparu de la scène politique, et il vit, dit-on, retiré dans une petite ville des États-Unis. [*Enc. d. g. du m.*, avec add.]
Dictionnaire de la Conversation.

BRAVO-CHAMIZO (*Jean*), médecin portugais, natif de Serpa, mort en 1615. Il fut successivement professeur d'anatomie et de médecine pratique à l'université de Coïmbre. On a de lui : *De medendis corporis malis per manualem operationem;* Coïmbre, 1605, in-4°; — *De capitis vulneribus liber;* 1610, in-fol.
Biographie médicale. — Antonio, *Biblioth. Hispana nova.* — Van der Linden, *De Scriptoribus medicis.* — Kestner, *Medicinisches Gelehrten-Lexicon.*

BRAVO DE SOBRAMONTE-RAMIRES (*Gaspard*), médecin espagnol, natif d'Aquilar del Campo, vivait dans la première moitié du dix-septième siècle. Il fut professeur de médecine et de chirurgie à l'université de Valladolid, et médecin des rois Philippe IV et Charles II. On a de lui : *Resolutionum medicarum circa universam totius philosophiæ doctrinam, tomus primus;* Valladolid, 1649, in-fol.; Lyon, 1654-1662, in-fol.; — *Consultationes medicæ et tirocinium practicum;* Cologne, 1671, in-4°; — *Operum medicinalium tomus tertius;* Lyon, 1674, in-fol. On a réimprimé ces trois ouvrages sous le titre de : *Resolutiones et consultationes medicæ;* Cologne, 1674, 3 vol. in-4°.
Biographie médicale. — Antonio, *Bibliotheca Hispana nova.*

BRAVO-MURILLO. Voy. MURILLO.

BRAWE (*Joachim-Guillaume* DE), poëte dramatique allemand, né à Weissenfels le 4 février 1738, mort à Dresde le 7 avril 1758. Il annonça de bonne heure d'heureuses dispositions pour la poésie. Encouragé par les conseils de Lessing et de Weiss, dont il avait gagné l'amitié, il entra dans la carrière dramatique. Une mort prématurée fit évanouir les espérances que donnaient les brillants essais du jeune poëte. On a de lui : *Der Freigeist* (l'Esprit fort), et *Brutus*, deux tragédies que Lessing a éditées après la mort de l'auteur.

Schmidt, *Biograph. der Dichter*, part. I, p. 132. — Ersch et Gruber, *Allgem. Encyclopædie*.

BRAWER. *Voy*. BRAUWER.

BRAY (*François-Gabriel* DE), diplomate et écrivain français, né à Rouen en 1765, mort en septembre 1832. Reçu fort jeune chevalier de Malte, il fit partie d'une expédition contre Alger. Après avoir fait sa résidence à Malte, il entra dans la carrière diplomatique sous le ministère du comte de Montmorin, et fut bientôt après envoyé auprès de la légation française à Ratisbonne. Alors la révolution arriva. Sur la recommandation du ministre de Prusse, comte de Gœrz, le comte de Rechberg, gendre de ce dernier, et ministre de l'électeur de Bavière, le chargea de plusieurs missions diplomatiques. Peu de temps après, de Bray fut adjoint, comme conseiller, à la légation bavaroise près la diète ; puis il devint ministre à Berlin, et passa en 1808, dans la même qualité, à Saint-Pétersbourg, avec des pouvoirs extraordinaires. Il fut successivement nommé conseiller intime en service extraordinaire et conseiller intime en service ordinaire ; en 1817 conseiller d'État, et en 1819 membre de la première chambre des états (*Reichsrath*), comme propriétaire des terres de Schambach, Tirsching, etc. En 1820, il vint représenter la Bavière à Paris ; il y demeura jusqu'en 1827, où il passa à Vienne. En 1831, le comte de Bray se démit de ses hautes fonctions pour retourner en Bavière, où il mourut.

Comme chevalier de l'ordre de Malte, il avait assisté au congrès de Rastadt, chargé des intérêts de cet ordre, et avait ensuite accompagné à Saint-Pétersbourg le bailli de Flachstanden. En 1807 il publia, d'abord à Berlin, la relation du voyage qu'il fit en 1801 avec Montgelas et Zentner à Salzbourg, que la Bavière venait de reconquérir, et aux salines de Hallein et de Berchtolsgaden (*Voyage aux salines de Salzbourg et de Reichenhall, et dans une partie du Tyrol*; Berlin, 2ᵉ édition ; Paris, 1808). A Berlin il épousa la fille du baron de Lœwenstern, jeune Livonienne pleine de mérite. Pendant son ambassade en Russie, il sut gagner toute la confiance de l'empereur, et termina toutes ses négociations à l'entière satisfaction de son souverain, qui, à cette époque-là, l'éleva au rang de comte. Son zèle pour les recherches scientifiques et statistiques, et en général pour tout ce qui avait rapport aux arts, le mit en rapports d'amitié avec les hommes les plus érudits de Riga, de Dorpat et de Saint-Pétersbourg. Son *Essai critique sur l'histoire de la Livonie, suivi d'un tableau de l'état actuel de cette province* (Dorpat, 1817, 3 vol. in-12), fut le fruit de ces études. Les recherches qu'il a faites sur le genre de plantes auquel on a donné depuis le nom de *Braya*, ainsi que son voyage à Salzbourg, sont des preuves du soin avec lequel il étudiait les sciences, et particulièrement la botanique. [*Enc. des g. du m.*]

Martius, *Éloge académique du comte J. de Bray* ; Ratisbonne, 1835, in-8°. — Quérard, *la France, littéraire*.

BRAY (*Guillaume*), archéologue anglais, né à Shère en novembre 1736, mort le 21 décembre 1832. On a de lui : *A tour through the counties of Derby and York*; — *A history of the county of Surrey*, 1804-1814, 4 vol. in-8° : Manning avait commencé cet ouvrage ; — *the Diary and memoirs of Evelyn*, 1817. Bray a encore fourni plusieurs morceaux à l'archéologie publiée par la Société des antiquaires.

Rose, *New Biographical Dictionary*.

BRAY (*Thomas*), théologien et missionnaire anglican, né en 1656 à Marton, dans le Shropshire, mort en 1730. Il était recteur de Sheldon quand l'évêque de Londres, qui voulait organiser l'église du Maryland, lui proposa à cet effet la place de commissaire dans cette colonie. Dès lors Bray mit toute son activité à préparer ce qui pouvait faire réussir l'établissement dont il allait être chargé. Ce fut dans ce but qu'il sollicita la formation de bibliothèques paroissiales pour les ministres qui seraient envoyés au Maryland, et qu'il fonda, en 1697, une société pour la propagation de l'Évangile dans les colonies et les pays étrangers. Il fit deux voyages au Maryland, afin d'aplanir les difficultés qui s'opposaient à son œuvre, et se fixa en Angleterre. Toujours plein de zèle pour l'amélioration et le soulagement de l'humanité, il forma avec d'Allone, de la Haye, qu'il avait connu dans un voyage fait en Hollande, le projet d'une fondation pour la conversion des nègres employés dans les colonies, ouvrit des souscriptions en faveur des prisonniers, et employa à les instruire les missionnaires qu'il destinait aux colonies. On a de Bray : *Catechetical lectures* ; — *Bibliotheca parochialis* ; Londres, 1697, 1707, in-8° ; — *Martyrology* ; ibid., 1712, in-fol. ; — *Propositum de martyrologio generali, quod ad protestantium perpessiones spectat, conscribendo, cum sylloge epistolarum* ; ibid., 1714, in-fol. ; — *Directorium missionarium* ; — *Primordia bibliothecaria*.

Biographia Britannica. — Chalmers, *Biographical Dictionary*.

BRAY (*Salomon* DE), peintre hollandais, né à Harlem en 1579, mort en mai 1664. Il obtint quelque réputation comme peintre d'histoire et de portraits ; mais sa gloire est surtout d'avoir formé ses deux fils par ses leçons. Le plus connu est Jacques.

Descamps, *Vies des peintres flamands et hollandais*. — Nagler, *Neues Allgem. Künstler-Lexicon*.

BRAY (*Jacques* DE), peintre hollandais, fils du précédent, né à Harlem vers 1604, mort en avril 1664. Il peignit également bien l'histoire et le portrait, et passa pour un des plus habiles peintres d'Harlem. Son dessin avait beaucoup de netteté et de correction. Le tableau le plus remarquable de cet artiste est : *David pinçant* de la harpe, et accompagné d'un grand nombre de prêtres et de lévites.

Descamps, *Vies des Peintres flamands et hollandais.* — Nagler, *Neues Allgem. Künstler-Lexicon.*

BRAYER (..., le comte), général français, gouverneur de Versailles et de Trianon, mort en 1840. Il se distingua sur tous les champs de bataille, et acquit chacun de ses grades par une action d'éclat. Il commandait à Lyon en 1815 lors du retour de Napoléon, qui le nomma, le 2 juin, l'un des pairs de la chambre impériale. Voyant, après la seconde restauration, la cause de la liberté perdue en Europe, il partit pour l'Amérique méridionale, où il alla mettre son courage et ses talents au service des principes pour lesquels il avait toujours combattu. Revenu depuis en Europe, il fut nommé pair de France après la révolution de Juillet.

Le Bas, *Dictionnaire encyclopédique de la France.* — Arnault, etc., *Biographie nouvelle des Contemporains.*

BRAYER (*Jean-Joseph*), magistrat français, né à Soissons en 1741, mort le 2 janvier 1818. D'abord conseiller et avocat du roi au bailliage de sa ville natale, puis procureur général au conseil supérieur de Châlons, il revint, à la suppression de ce conseil, remplir à Soissons la place de lieutenant général de police. Il rendit de grands services à ses compatriotes lors du débordement de l'Aisne en 1784, et mérita les éloges de Necker pour avoir contribué avec zèle à l'approvisionnement de Paris en 1788. Nommé en 1790 commissaire du roi près le tribunal civil du district de Soissons, il fut destitué à la chute de la royauté, mis en prison, et délivré au 9 thermidor. Arrêté de nouveau en 1799, et accusé d'avoir voulu rétablir le trône, il fut renvoyé absous. D'Amiens, où le premier consul l'avait nommé juge au tribunal d'appel, il passa à la présidence du tribunal de Soissons, et mourut président honoraire. Brayer est auteur d'un *Mémoire sur les subsistances.*

Biographie des Contemporains.

BRAYER DE BEAUREGARD (*Jean-Baptiste-Louis*), économiste français, neveu du précédent, né à Soissons en 1770, mort le 1er janvier 1834. Il quitta une chaire de professeur au prytanée de Saint-Cyr, pour s'adonner à l'étude de l'économie politique, fit un voyage en Hollande, y recueillit de curieux documents sur le commerce et l'industrie, et devint chef du secrétariat de la préfecture du Gard en 1806, puis de celle de l'Aisne en 1812. On a de lui : *Statistique du département de l'Aisne,* ouvrage qui mérita, en 1827, le prix fondé par Montyon ; — *Monuments, établissements et sites les plus remarquables du département de l'Aisne,* avec des planches dessinées par M. Pinguet ; Paris 1823, in-fol. ; — *Panorama de Paris et de ses environs,* ou *Paris vu dans son ensemble et dans ses détails* ; ibid., 1805, 2 vol. in-12 ; — *Coup d'œil sur la Hollande,* ou *Tableau de ce royaume en 1806* ; ibid., 1807, 2 vol. in-8° ; — *l'Honneur français,* ou *Tableau des personnages qui, depuis 1789 jusqu'à ce jour, ont contribué, à quelque titre que ce soit, à honorer le nom français* ; ibid., 1808, 2 vol. in-8° ; — *Relation du voyage de Madame la duchesse de Berri et de son pèlerinage à Notre-Dame-de-Liesse* ; ibid., 1821, in-8° ; — *Statistique de l'Aisne* ; Laon, 1821-1826, 2 vol. in-4° ; — *Vingt jours de route,* ou *Considérations sur l'amélioration qu'a reçue le service des voitures publiques depuis le commencement du siècle* ; ibid., 1830, in-8° ; — *Histoire de la ville de Soissons,* dont Brayer n'a publié que le prospectus en 1833, in-8°, mais que son frère a dû terminer sur les matériaux que l'auteur lui avait laissés.

Biographie des Contemporains.

BRAYER, naturaliste et antiquaire français, fils du précédent, mort à Chartres en 1833. Il fut directeur des contributions du département de l'Eure ; il mit plus de vingt ans à former une riche et précieuse collection de minéraux, de fossiles, de plantes et de médailles.

Biographie des Contemporains.

BRAYER (*Nicolas*), médecin français, né en 1604 à Château-Thierry, mort à Paris en 1676. Il fut un des plus habiles praticiens de son temps, et fit un noble et religieux usage de sa fortune ; chaque mois, il donnait au curé de sa paroisse 1,000 francs pour être distribués aux indigents. L'écu d'or qu'il recevait du riche était pour le pauvre qu'il visitait.

Bachot, *Discours de rentrée* prononcé en 1677. — Hazon, *Notice des hommes célèbres de la faculté de médecine de Paris,* p. 115.

BRAYER (*Pierre*), théologien français, né à Paris le 19 mai 1654, mort à Metz le 26 janvier 1731. Il fut chanoine, grand archidiacre et vicaire général du diocèse de Metz. On a de lui : *Rituel du diocèse de Metz* ; Metz, 1713, in-fol. ; — *Oraison funèbre de M. le Dauphin,* fils de Louis XIV ; ibid., 1711, in-4°. Brayer est encore auteur de plusieurs ouvrages de piété, publiés sous le voile de l'anonyme.

Histoire de Metz, t. III, p. 464. — Calmet, *Bibliothèque de Lorraine,* supplément. — Lelong, *Bibliothèque historique de la France,* édit. Fontette.

BRAZIER (*Claude-Joseph*), médecin vétérinaire français, né en 1739 à la Grande-Rivière, bailliage de Saint-Claude, mort à Besançon le 24 avril 1808. On a de lui : *Projet qui indique les moyens les moins coûteux et les plus sûrs de relever l'espèce des chevaux en Franche-Comté* ; Besançon, 1780, in-8° ; — *Avis au peuple des campagnes, sur les maladies contagieuses qui attaquent les hommes et les animaux* ; ibid., 1795, in-8° ; — *Observations sur l'Épizootie qui règne dans le département du Doubs, avec les moyens d'en préserver le bétail* ; ibid., 1796, in-8°.

Feller, *Dict. hist.,* édit. de M. Weiss.

BRAZIER (*Nicolas*), vaudevilliste et chansonnier français, né à Paris le 17 février 1783, mort à Passy le 22 août 1838. Quoique fils d'un instituteur, il ne reçut point d'éducation première. Guidé par les conseils d'Armand Gouffé, et encouragé par les éloges qu'il reçut de lui pour ses premiers essais dans la chanson, il quitta d'abord la boutique d'un bijoutier, où il était apprenti, puis le bureau d'un octroi, où il occupait une modeste place, se livra exclusivement à l'étude, et devint un de nos plus spirituels et de nos plus féconds vaudevillistes. Il fit imprimer plus de cent vaudevilles, dans la composition desquels il eut presque toujours pour collaborateurs MM. Rougemont, Merle, Ourry, Dumersan, Désaugiers et Mélesville. Les principaux sont : *les Vendanges de Champagne ; — le Coin de Rue ; — l'École de Village ; — les Bonnes d'Enfants ; — le Soldat laboureur ; — les Cuisinières ; — les Ouvriers ; — le Maître de Forges ; — les Routiers ; — Quinze Jours d'absence ; — le Ci-devant Jeune homme ; — la Corbeille d'oranges ; — Préville et Taconnet ; — le Savetier et le Financier ; — la Carte à payer ; — Je fais mes farces ; — le Philtre champenois ; — la Croix d'or.* On a encore de lui : *Souvenirs de dix ans* ; Paris, 1824 ; c'est un recueil de chansons en faveur des Bourbons ; — *Histoire des petits théâtres de Paris* ; ibid., 1838, 2 vol. in-8°; — une série d'articles sur les *abbés chansonniers*, dans le journal littéraire *Ver-Vert* ; — deux notices *sur la chanson* et sur *les cochers*, dans le livre des Cent-et-un.

Quérard, *la France littéraire*. — *Biographie des Contemporains*.

*BRAZZÉ (*Giovanni-Battista*), surnommé *le Bigio*, peintre florentin, vivait dans la première moitié du dix-septième siècle. Il fut élève de l'Empoli, et se fit connaître par ses succès dans un genre bizarre dont Baldinucci lui attribue l'invention, mais dont il y a des exemples antérieurs dans l'école milanaise. Ces compositions singulières semblent représenter des figures humaines qui, lorsqu'on les approche, se trouvent composées les unes de fruits, les autres d'instruments divers délicatement peints. E. B—N.

Lanzi, *Storia pittorica*.

*BRÉA (*Lodovico*), peintre, né à Nice, florissait de 1483 à 1513. Il appartient plutôt à l'école génoise qu'à l'école piémontaise, ayant passé sa vie presque entière à Gênes, où il a laissé des ouvrages assez nombreux. S'il est inférieur pour le goût aux meilleurs peintres de son temps, ayant fait usage des dorures, et ayant conservé la sécheresse du style ancien, il leur cède peu pour la beauté des têtes et la vigueur du coloris ; ses plis ont de la grâce, sa composition est sage. Le choix de sa perspective prouve qu'il ne craignait pas d'affronter les difficultés de cette science. Il ne peignit jamais que des figures de petite proportion. Ses tableaux, finis avec un soin exquis, sont encore merveilleusement conservés.
E. B—N.

Orlandi, *Abbecedario*. — Lanzi, *Storia pittorica*.

*BRÉA (...), général français, né à Menton, ville aujourd'hui sarde, mort le 25 juin 1848. Après une carrière honorablement remplie, il fut lâchement assassiné près de la barrière de Fontainebleau, pendant qu'il se trouvait, en qualité de parlementaire, auprès d'une troupe d'insurgés qu'il avait reçu l'ordre de combattre. Ses funérailles eurent lieu à Nantes, et la ville de Menton a voté la pose d'une pierre commémorative sur le fronton de la porte de la maison où naquit le général, avec cette inscription : *A la mémoire du général Bréa, mort au service de sa patrie, et pour l'ordre*.

Moniteur universel, 1848.

BRÉARD (*Étienne*), poëte français, né au Mans en 1680, mort le 24 avril 1749. N'ayant pu montrer un titre de 50 livres de rente, il ne put entrer dans l'état ecclésiastique, et se vit condamné à prendre la profession de son père, fabricant d'étamines. Mais la nature l'avait fait poëte ; il étudia les auteurs anciens, cultiva la poésie latine, et traduisit divers ouvrages en vers latins. Toutes ces traductions sont perdues. Quelques fragments seulement de celle du poëme de *la Religion*, par Louis Racine, ont été imprimés.

P. Renouard, *Essais historiques et littéraires sur le Maine* ; le Mans, 1811, 2 vol. in-12. — Barthélemy Hauréau, *Histoire littéraire du Maine*.

BRÉARD (*Jean-Jacques*), conventionnel français, né à Marennes en 1760, mort en janvier 1840. Il était vice-président du département de la Charente-Inférieure, lorsqu'il fut élu député de ce département à l'assemblée législative. Envoyé, l'année suivante, à la convention nationale, il y vota la mort de Louis XVI, sans appel et sans sursis ; fut élu secrétaire le 24 janvier, président le 8 février ; puis membre du comité de sûreté générale le 25 mars ; enfin du premier comité de salut public le 4 avril. Il dénonça, le 16 mai, les commissaires envoyés à Saint-Domingue, Polverel et Santhonax, et les fit décréter d'accusation le 16 juillet suivant. Il présida de nouveau la convention le 4 août, fit, le 7 du même mois, décréter d'accusation tous les étrangers suspects, et fut envoyé, le 25, à Brest, pour y organiser l'escadre de réserve. Il appuya, le 15 avril 1794, le décret proposé par Saint-Just, décret dont le but était l'expulsion de tous les nobles de Paris. Cependant il prit une part active aux événements du 9 thermidor, et entra, le lendemain, au comité de salut public. Dès lors il parut avoir changé complètement de principes, et vouloir faire oublier la part qu'il avait eue aux mesures dont la Montagne avait pris l'initiative. C'est ainsi qu'il fit décréter la liberté de Polverel et de Santhonax, dont il avait été lui-même l'accusateur, et qu'il se montra l'un des plus violents persécuteurs de Maignet, au sujet de l'incendie de Bédouin. Il fut élu de nouveau, le 4 janvier, membre du comité de salut public, et appuya, le 4 mars, la proposition d'une fête annuelle en l'honneur des vingt-deux girondins morts sur l'échafaud. Il entra, en l'an IV, au conseil des anciens, dont il fut secrétaire dès l'origine; fit ensuite partie du nouveau corps législatif après le 18 brumaire, et se retira complétement de la scène politique dès 1803.

Le Bas, *Dict. encyclop. de la France.* — Arnault, etc. — *Biographie nouvelle des Contemporains.*

BRÉARD DE NEUVILLE, jurisconsulte français, né à Dijon en 1748, mort à Paris en 1818. Il fut conseiller-clerc au parlement de Dijon. On a de lui : *Nécessité de se soumettre à la Convention entre Pie VII et le gouvernement français*; Paris, 1802, in-8°; — *Question de droit très-importante;* ibid., 1814; — *Traduction des Pandectes de Justinien, mises dans un nouvel ordre par Pothier;* ibid., 1818 à 1823, 24 vol. in-8° : l'entreprise fut interrompue et reprise par Moreau de Montalin et Borie; — *Dictionnaire latin et français de la langue des lois, tiré du cinquantième livre des Pandectes de Justinien, mises dans un nouvel ordre par Pothier;* ibid., 1807, 2 vol. in-8°.

Quérard, *la France littéraire.*

BREAUTÉ (*Pierre*), guerrier français, acquit, sous Henri IV, un genre de célébrité tout à fait exceptionnel. Il avait obtenu du roi la permission de mener en Hollande, au service du prince Maurice, une compagnie de cavaliers levée à ses frais. Étant revenu en France après la campagne de 1599, et ayant appris que, pendant son absence, son lieutenant s'était laissé prendre par la garnison de Bois-le-Duc, il lui écrivit une lettre violente, dans laquelle il disait que « les lâches seuls mettent bas les armes devant des ennemis, même supérieurs en nombre. » Cette lettre fut interceptée par Grosbendonck, gouverneur de Bois-le-Duc, qui se répandit en invectives contre les Français et contre Breauté. Celui-ci se hâta de retourner en Hollande, pour demander raison de ces insolences à Grosbendonck, qui répondit d'abord à son cartel, et consentit à ce qu'on se présentât sur le champ de bataille vingt contre vingt. Mais lorsque le jour convenu fut arrivé, sous le prétexte qu'un gouverneur ne peut quitter une place dont la défense lui est confiée, il envoya à sa place Likerbiken, son lieutenant. Le duel, ou plutôt la bataille, n'en eut pas moins lieu. Les Français arrivèrent sur le terrain les premiers, attendirent pendant plus d'une heure les Espagnols, qui parurent enfin; et, de part et d'autre, on prit l'engagement de ne se servir que de l'épée et du pistolet. Les Français avaient eu l'imprudence, pour aller au devant de l'ennemi, de s'avancer trop près des murs de la place; imprudence pardonnable, puisqu'ils croyaient avoir affaire à des hommes d'honneur. Ils ne tardèrent pas à s'apercevoir de leur trop grande confiance : au fort de la mêlée, lorsque Breauté avait déjà tué Likerbiken, et que les Espagnols commençaient à plier, Grosbendonck fit tirer, des murs de la place, deux coups de canon qui portèrent le trouble dans les rangs des Français, dont le plus grand nombre se décida à la retraite. Breauté se défendit encore longtemps avec son page et son gentilhomme; mais enfin, renversé de son cheval, accablé par le nombre, il fut fait prisonnier. On le mena à Bois-le-Duc, où Grosbendonck, violant de nouveau la foi jurée, le fit massacrer entre les deux ponts. Telle fut l'issue de ce combat, qui eut lieu le 5 février 1600; les Français eurent trois tués et deux blessés; du côté des Espagnols, il y eut sept hommes tués ou blessés.

De Thou, *Hist.* — Le Bas, *Dictionnaire encyclopédique de la France.*

* **BRÉBANT** (*Pierre* DE), dit *Clignet*, seigneur de Landreville, amiral de France, mort vers 1430. Chevalier, conseiller et chambellan de Jean II le Bon, lieutenant en Champagne, Brébant servit le roi de France dans ses guerres contre les Anglais. Il fut l'un des sept chevaliers français qui combattirent à outrance près de Bordeaux contre sept chevaliers anglais, le 19 mai 1402, pour l'honneur de la nation, et demeurèrent victorieux. S'étant attaché à Louis de France, duc d'Orléans, « il obtint, par sa faveur et à sa prière, » la charge d'amiral, dont il fut pourvu par lettres du 1er avril 1405, à la place de Regnault de Trie. Il en fut désappointé après la mort de ce prince, et en conserva toujours la qualité. Ayant tenu le parti d'Orléans contre celui de Bourgogne, il soutint en 1411 le siége du château de Moyni en Champagne, que les Bourguignons vinrent attaquer. « Au mois d'avril 1415, il fit un combat particulier contre un chevalier de Portugal en la ville de Bar-le-Duc, en présence du duc, dont il sortit avec honneur; fit, la même année, de glorieux exploits contre les Anglais en Picardie, en la compagnie du maréchal de Boucicaut et du bâtard de Bourbon. Ce fut lui qui commença l'escarmouche à la bataille d'Azincourt, avec mille hommes d'armes bien montés. » A. S....Y.

Histoire généalogique de la maison de Faudoas, en 1724, p. 64-65. — Anselme, *Hist. généal. et chronol. des grands officiers de la couronne*, t. VII, p. 814.

BRÉBEUF (*Guillaume* DE), poëte français, né en 1618 à Thorigny, mort à Venoix, près de Caen, en décembre 1661. Ce gentilhomme, d'une très-noble famille de basse Normandie, se plaça, par son érudition et par ses traductions en vers, au nombre des auteurs en vogue sous la minorité de Louis XIV. Sa *Pharsale*, accueillie avec applaudissements par ses contemporains, tomba dans l'oubli à l'époque où le goût public s'éclaira et devint plus sévère. Le grand réformateur du goût, Boileau, n'épargna ni la critique ni la plaisanterie pour désabuser l'opinion sur le compte de Brébeuf. Il fit voir clairement tous les défauts de son langage emphatique, pédantesque, inégal. Il le prit, dans son *Art poétique*, comme le type de l'enflure et de l'hyperbole exagérée. Il n'y a point lieu de chercher à réhabiliter cette victime du grand critique. On doit convenir que Brébeuf a surchargé encore le mauvais goût de Lucain, et qu'il est trop souvent ridicule ou insipide. Du reste, il faut le dire, on trouve chez lui un grand nombre de beaux vers et d'expressions poétiques. S'il ne mérite point qu'on prenne sa défense contre les arrêts de Boileau, du moins il ne faut pas le confondre avec la foule de plats rimeurs aussi dépourvus d'imagination que de talent que cette époque vit naître. Élevé à l'école de Ronsard, mais ayant plus de précision et de netteté, Brébeuf offre souvent, dans des morceaux d'un style ferme et correct, des images brillantes, hardies, pittoresques. Boileau lui-même paraît l'avoir senti ; et quand il dit, dans une épigramme contre l'auteur du conte de *Peau d'âne*,

> Malgré son fatras obscur,
> Souvent Brébeuf étincelle,

il semble autant reconnaître sérieusement un certain mérite dans *la Pharsale*, que faire avec une intention maligne une concession qui met Perrault encore plus bas. Quelquefois, en effet, dans les morceaux descriptifs surtout, Brébeuf rencontre des traits étincelants. Il égale alors la vigueur fière et le coloris grandiose de Lucain. Il lutte fort heureusement avec son modèle dans la description de la forêt de Marseille, ce tableau imposant et sombre, où Lucain déploie une imagination si originale et si énergique. Les derniers vers de la traduction de ce morceau soutiennent bien la comparaison avec le texte.

> Les voisins de ce bois si sauvage et si sombre
> Laissent à ses démons son horreur et son ombre ;
> Et le druide craint, en abordant ces lieux,
> D'y voir ce qu'il adore, et d'y trouver ses dieux.

Brébeuf fut loin d'être dépourvu du sentiment poétique. Il trouve des alliances de mots hardies, mais faites pour plaire à l'imagination. Il a beaucoup de vers comme celui où il dit, en parlant des Alpes :

> Ces roches de frimas et d'horreur couronnées.

Tout cela n'empêche pas que la postérité ait eu raison de croire Boileau sur parole. Seulement, pour être tout à fait juste envers Brébeuf, il faut le placer au premier rang parmi ces écrivains qui ont fait de médiocres ouvrages avec de beaux détails. Voici les titres des principaux écrits de Brébeuf : *Parodie du VIIe livre de l'Énéide* ; Paris, 1650, in-4° ; — *Lucain travesti* ; Rouen et Paris, 1656, in-12 ; — *Poésies diverses* ; Paris, 1658, in-4° ; — *Lettres* ; ibid., 1664, in-12.

Baillet, *Jugement des Savants*. — Du Tillet, *Parnasse français*. — Charles Sorel, *Bibliothèque française*. — Guillaume du Hamel, *Dissertation sur les ouvrages de Brébeuf*. — Jean Chapelain, dans la préface de son poëme de *la Pucelle*. — René Dupin, *Réflexions générales, ou Première partie sur la poétique*. — Guéret, dans le *Parnasse réformé*.

BRÉBEUF (*Jean* DE), jésuite normand, né en 1593, mort en 1649, fut un des premiers missionnaires qui se rendirent au Canada ; il partit, en 1625, sur le même bâtiment que Champlain. A peine arrivé, il quitta Québec, qui n'était pas encore une ville, ni même un village, puisqu'on n'y voyait alors qu'une seule habitation, et alla se fixer chez les Hurons. Il apprit la langue de ces sauvages, gagna leur confiance, et exerça sur eux une influence toute paternelle. Mais il fut victime de la haine implacable qui existait entre les Hurons et les Iroquois. En 1649, dans un combat où les Hurons attaqués à l'improviste eurent le désavantage, le P. Brébeuf, alors âgé de cinquante-cinq ans, tomba dans les mains des Iroquois, qui le firent mourir dans les tourments affreux qu'ils infligent ordinairement à leurs prisonniers de guerre. A la suite de ses *Voyages de la Nouvelle-France occidentale, dite Canada* (Paris, 1652, in-4°), Champlain a fait imprimer le *Catéchisme traduit dans la langue des Hurons*, par le P. Brébeuf. C'est le premier spécimen connu de l'idiome des sauvages du Canada.

Alegambe, *Bibliotheca Scriptorum Societatis Jesu*. — Lelong, *Biblioth. hist. de la France*, édit. Fontette. — Le Bas, *Diction. encyclop. de la France*.

BREBIETTE (*Pierre*), peintre et graveur français, né à Mantes (Seine-et-Oise) vers 1596. Il alla d'abord en Italie, et revint se fixer à Paris vers 1620. Ses estampes sont plus connues que ses tableaux ; elles sont, presque toutes, des compositions originales à l'eau-forte : sujets d'ornement, frises, attributs, groupes d'enfants, bacchanales, sujets de religion, le tout heureusement disposé et gravé d'une pointe fine et spirituelle. Quelques-unes de ses estampes ont été réunies sous ce titre : *Opera diversa a Pietro Brebiette inventa* ; Paris, 1638, in-4° ; — *les Quatrains du sieur de Pibrac, avec figures de Brebiette* ; Paris, 1640, in-8°. Il a gravé, d'après Raphaël, une *Sainte Famille* ; — une autre, d'après Andrea del Sarto ; — *le Martyre de saint George*, d'après Paul Véronèse ; — d'après Palma Vecchio, *le Paradis*, composition capitale en deux planches.

Lasne et Blomaërt ont gravé d'après Brebiette une suite de vingt-cinq pièces : *Tableaux des vertus et des vices* ; et A. David, une suite de sept pièces.   P. CH.

Fontenay, *Dictionnaire des artistes*. — Huber et Rost, *Manuel des Amateurs de l'art*. — Ch. le Blanc, *Manuel de l'Amateur d'estampes*.

BRÊCHE (*Jean*), jurisconsulte et traducteur français, natif de Tours, vivait dans le milieu du seizième siècle. Il a laissé quelques ouvrages qui indiquent un savoir varié et une grande connaissance des langues anciennes. Ce sont : *le Manuel royal, ou Opuscules de la doctrine et condition du prince, partie en prose, partie en rime, avec le commentaire de Plutarque, De la doctrine du prince ; ensemble les quatre-vingts préceptes d'Isocrate, du régime et gouvernement du prince* ; Tours, 1541, in-4° ; — *le Premier livre de l'Honnête exercice du prince, en vers* ; Paris, 1544, in-4° ; — *le Livre de Lactance Firmian, De l'ouvrage de Dieu, ou de la Formation de l'homme, traduit en français* ; Tours, 1544, in-16 ; — *Epitomé ou Abrégé* *des trois premiers livres de Galien, de la composition des médicaments;* ibid., 1545; — *les Aphorismes d'Hippocrate, traduits du grec en français, avec les commentaires de Galien sur le premier livre;* Paris, 1552; Lyon, 1557, in-16; — *le Promptuaire des lois municipales du royaume de France, concordées aux coutumes de Touraine, extrait de ses commentaires sur lesdites coutumes;* Tours, 1553, in-8°. Cet ouvrage ayant été publié par d'autres que par l'auteur, il est très-probable que Jean Brêche avait déjà cessé de vivre à cette époque.

La Croix du Maine, *Bibliothèque française.*

BRECHTEN ou **VERBRECHTEN** (*Nicolas Van*), poëte hollandais, natif de Harlem, vivait dans la seconde moitié du treizième siècle. On lui attribue : *Reinout van Montalbaen of de vier Heemskmideren.* C'est la traduction du roman d'Huon de Villeneuve sur les quatre fils Aymon; — une traduction du roman de *Maugist* ou *Malaghys*; — une traduction du roman de *Guillaume au court-nez,* de Guillaume d'Orange.

Bilderdyk. *Nouveaux mélanges littéraires.* — *Messager des arts et des lettres,* année 1821. — Van Wyn, *Veillées historiques,* t. 1er, p. 261-268.

BRECHTUS (*Lævinus*), poëte flamand, de l'ordre des Frères Mineurs, natif d'Anvers, mort à Malines le 19 septembre 1558. On a de lui : *Euripe, ou De l'inconstance de la vie humaine,* tragédie en vers latins; Louvain, 1549, 1550, in-12; Cologne, 1555, 1556, 1568, in-12; — *Sylva piorum carminum;* Louvain, 1555, in-8°; — *Memorabilis historia, complectens agones illustrium aliquot martyrum;* ibid., 1551, in-8°.

André, *Biblioth. Belgica.* — Sweert, *Athenæ Belgicæ.*

BRECLING (*Frédéric*), théologien protestant danois, né en 1629 à Handewith, dans le pays de Flensbourg, mort à la Haye en 1711. Il fut pasteur en Handewith et à Zwoll. Il se retira en Hollande, pour échapper aux tracasseries que lui suscitèrent ses opinions fanatiques. On a de lui un grand nombre d'ouvrages de théologie mystique en latin et en allemand; les principaux sont : *Panharmonia Pansophica;* — *Typus Pansophiæ;* — *Biblia rediviva cum suis testibus;* — *Christus triumphans per decretum stultitiæ et mysterium crucis;* — *Pseudosophia mundi;* — *Bibliotheca bibliothecarum;* — *Alphabetum naturæ et mysterium numerorum;* — *Vis veritatis fidei et Verbi Dei.*

Arnold, *Kirchen und Ketzer-historie.* — Moller, *Cimbria literata.*

BRÉCOURT (*Guillaume* MARCOUREAU DE), comédien et poëte dramatique français, d'origine hollandaise, mort en 1685. Il se distingua par son jeu beaucoup plus que par son talent d'auteur. Entré dans la troupe de Molière en 1658, il passa dans celle de l'hôtel de Bourgogne en 1664, et fut conservé lors de la réunion des deux troupes en 1680. Il obtenait du succès dans les rôles tragiques et dans les rôles dits à manteau. Un jour, ayant fait plus d'efforts que d'habitude pour assurer le succès de *Timon,* l'une de ses pièces en vers, il se rompit une veine, accident qui amena sa mort en 1685. On cite de lui un trait qui annonce beaucoup de sang-froid et un grand courage. Étant à Fontainebleau, en 1678, à la chasse du roi, Brécourt se défendit, en présence de Louis XIV, contre un sanglier furieux qui s'était acharné contre lui, et plongea jusqu'à la garde son épée dans la poitrine de l'animal. Louis XIV lui en adressa ses compliments, et lui dit, le sourire sur les lèvres, que non-seulement il ne l'avait jamais vu jouer son rôle avec plus de naturel, mais qu'il ne se rappelait pas non plus avoir été témoin d'un aussi vigoureux coup d'épée. On a de Brécourt : *la Feinte mort de Jodelet,* en vers; Paris, 1660; — *le Jaloux invisible,* en vers; ibid., 1666; — *la Noce du Village,* en vers; ibid., 1666; — *l'Infante Salicoque,* inédite; — *l'Ombre de Molière;* ibid., 1674; — *Timon,* en vers; Rouen, 1684; — *la Régale des Cousins de la cousine,* comédie en vers; Francfort, 1674, in-12.

Bibliothèque des Théâtres. — Le Bas, *Dictionnaire encyclopédique de la France.*

***BRÉDA** (*maison* DE), tire son nom d'une des places de guerre les plus importantes des Pays-Bas. Le premier seigneur de Bréda dont il soit fait mention est Henri Ier, en 1090. La seigneurie de Bréda resta dans cette maison jusqu'en 1287, époque où elle passa par les femmes dans la maison de Gavres et de Lidekerke. En 1325, elle fut vendue à Jean III, duc de Brabant, qui la revendit en 1350 à Jean Ier de Polanen et de la Lecke, de la maison de Wassenaër. Guillaume de Nassau, prince d'Orange et roi d'Angleterre sous le nom de Guillaume III, était baron de Bréda. Les princes d'Orange, ses héritiers, possédaient encore Bréda à la fin du siècle dernier.

Hans ou *Jean* de Berg et de Bréda, descendant au quatrième degré de Jean Ier de Polanen, sire de Bréda, vint se fixer en France vers la fin du quinzième siècle. Il reçut en 1502 des lettres de naturalité du roi Louis XII, auquel il amena en 1512 une bande de lansquenets, levée dans les Gueldres (*Mémoires* de Fleuranges). Il combattit en Italie, et fut plusieurs fois négociateur pour François Ier, qui l'arma chevalier de ses propres mains le 14 février 1520.

Les descendants de Hans de Berg et de Bréda ont fourni à la France, jusqu'à nos jours, une suite non interrompue d'officiers de terre et de mer.

Parmi les membres actuellement vivants de cette maison, on remarque le comte *Félix de Bréda* (né en 1811), officier supérieur de cavalerie.

Dictionnaire de la noblesse.

BRÉDA (*Jean Van*), peintre flamand, né à Anvers en 1683, mort en 1750. Il fut d'abord élève de son père, paysagiste estimé. S'attachant ensuite à la manière de Breughel de Velours et de Wouvermans, il copia pendant neuf ans, avec une fidélité capable de tromper l'œil le plus exercé, les tableaux de ces deux grands maîtres, et composa, en les imitant, des ouvrages très-recherchés. A son retour de l'Angleterre, où il avait travaillé plusieurs années pour le roi et la cour, il fut nommé directeur de l'Académie d'Anvers. Lorsque Louis XV fit son entrée dans cette ville en 1745, il fit venir Van Bréda, et lui acheta quatre tableaux. Le modeste artiste, qui ne s'attendait pas à un si glorieux succès, fut tellement ému qu'il en tomba dangereusement malade. « Les paysages de Van Bréda, dit Descamps, ornés d'une multitude de figures, représentant des traits d'histoire sacrée ou profane, sont dans le meilleur goût de Breughel; et ses batailles, ses foires, etc., rappellent la belle manière de Wouvermans. Comme dans celui-ci, on y admire une couleur brillante et légère, une touche fine, des ciels, des lointains agréables, un bon goût de dessin, autant de feu dans la composition, et peut-être plus de génie; mais il lui manquait cette pâte et ce large, si précieux dans Wouvermans. »

Descamps, *Vies des Peintres flamands et hollandais.*

BREDAHL (*Niels-Kroy*), poëte et compositeur danois, né vers 1732, mort à Copenhague en 1778. On a de lui : les *Métamorphoses* d'Ovide, traduites en vers danois; Copenhague, 1758, in-8°; — *Quatre opéras*, en danois; ibid., 1758.

Nierup et Kraft, *Norik-Dansk Lexicon.*

BREDAHL (*Christian Hvid*), poëte danois, né en 1784. Cet auteur, dont la vie de cultivateur pauvre n'offre rien de particulier, mais dont les ouvrages, d'une originalité remarquable, le firent appeler *le Shakespeare danois*, a publié : *Dramatiske scener, uddragne af et oldgammel Haandkrift* (Scènes dramatiques tirées d'un vieux manuscrit), 6 vol.; Copenh., 1819-1833; — *Nytaargave fir annet* 1821 (Étrennes pour l'an 1821); Copenh., 1820; — *Lirmsongs Optegnalter pan en Reite* (Notices de voyage par Lirmsons); Copenh., 1821; — *Uddras af Gumbas efterlandi manuscripter* (Extrait des manuscrits posthumes de Gumba); Copenh., 1835. ABRAHAMS.

Erslew, *Forfatter-Lexicon.*

BREDENBACH (*Jean* DE), poëte allemand, natif de Dusseldorf, vivait dans la seconde moitié du seizième siècle. On a de lui : *Militia christiana, qua docetur qui contra vitia et carnem pugnandum,* poëme; Dusseldorf, 1560. On lui attribue encore: *De Arminiorum ritibus, moribus et erroribus*; Bâle, 1577, in-8°.

Sweert, *Athenæ Belgicæ.*

BREDENBACH. Voy. BREYDENBACH.

BREDENBACH (*Mathias*), commentateur et controversiste allemand, né vers 1489 à Kersp, dans le duché de Berg; mort à Emmerick le 5 juin 1529. Il fut principal du collége de cette dernière ville. On a de lui des ouvrages de controverse et de théologie, dont les principaux sont: *De dissidiis Ecclesiæ componendis sententia;* Cologne, 1557, 1558, in-8°; — *Apologia pro acerbitatibus in Lutherum, in libro de dissidiis Ecclesiæ;* ibid., 1557, in-8°; — *Hyperaspites pro libro de dissidiis Ecclesiæ;* ibid., 1560, in-8°; — *Epistolæ duæ de negotio religionis;* ibid., 1567, in-8°; — *Introductiuncula in græcas litteras;* ibid., 1534; — *Commentaria in 69 psalmos;* — *Comment. in evangelium Matthæi.* Ces deux derniers ouvrages ont été publiés à Cologne, 1560, 1 vol. in-fol.

André, *Bibliotheca belgica.* — Le Mire, *de Scriptoribus sæculi XVI.*

BREDENBACH (*Tilmann*), théologien et historien allemand, fils du précédent, né à Emmerick vers 1544, mort à Cologne le 14 mai 1587. Il fut chanoine de cette dernière ville. Ses principaux ouvrages sont: *Historia belli Livonici, quod gessit anno* 1558 *magnus Moscoviæ dux;* Cologne, 1564, in-8°; insérée dans la collection intitulée *Rerum Moscovitarum auctores;* Francfort, 1600; — *Insinuationum divinæ pietatis libri V;* Cologne, 1579, in-8° : c'est une édition des *Révélations de sainte Gertrude;* — *Sacrarum collectionum libri VIII;* ibid., 1584, 1589 et 1599, in-8°; — *Modus extirpandarum hæreseon;* — *Orationes de purgatorio;* — *De sacrilegorum vindictis et pœnis,* traduction latine d'un ouvrage allemand; Ingolstadt, 1665, in-8°.

Paquot, *Mémoires.* — André, *Biblioth. Belgica.* — Le Mire, *De scriptoribus ecclesiasticis.* — Cave, *Historia litteraria scriptorum ecclesiasticorum.* — Dupin, *Biblioth. des auteurs ecclésiatiques.*

BRÉDENBOURG (*Jean*), philosophe hollandais, vivait à Rotterdam dans la seconde moitié du dix-septième siècle. On a de lui : *Enervatio tractatus theologico-politici, una cum demonstratione geometrico ordine disposita, naturam non esse Deum; cujus effati contrario prædictus tractatus unice innititur;* Rotterdam, 1675, in-4°. Ce traité, d'abord composé en hollandais, est une réfutation du système de Spinosa. On le trouve ordinairement réuni aux œuvres de ce dernier philosophe.

Bayle, *Dict. hist.*

BREDERODE (*Renaud*), burgrave hollandais, vivait vers le milieu du quinzième siècle. Il était du parti des Hœksen. Au retour d'un voyage en Palestine, il obtint de Philippe de Bourgogne les insignes de la Toison d'or. En reconnaissance de cet honneur, Brederode amena au duc de Bourgogne, en guerre avec les Gantois, un secours de mille hommes. A la suite de prétentions opposées au sujet de l'évêché d'Utrecht, qui s'élevèrent entre David, bâtard du duc Philippe de Bourgogne, et Gysbogt, frère naturel de Brederode, ce dernier, ses quatre enfants et son frère furent enfermés par ordre de David. Il fut ensuite appliqué à la torture, sous la prévention d'avoir voulu assassiner le compétiteur de son frère et chasser de Hollande le duc de Bourgogne. Transféré enfin à Rupelmonde par ordre du duc, il y fut jugé et acquitté par un tribunal composé de chevaliers de la Toison d'or. Il mourut à Harlem, après un repas qui incommoda tellement les convives que des soupçons de poison s'élevèrent.

Paul Voel, *Origines, progrès et gestes mémorables des seigneurs de Brederode.*

BREDERODE (*François* DE), chef de parti d'origine hollandaise, né en 1466, mort en 1490. Les Hœksen, qui troublèrent la Hollande, le reconnurent pour leur chef. A la tête d'une flotte de quarante-huit vaisseaux, montée par deux mille Hollandais et Flamands, il fit en 1488 la chasse aux navires marchands de la côte de Hollande. Bientôt il accomplit avec un singulier bonheur un acte des plus audacieux, en s'emparant, une nuit d'hiver, avec huit cent cinquante hommes, de la ville de Rotterdam, qu'il fût bientôt obligé de rendre au stathouder comte d'Egmont, venu pour l'assiéger au nom de Maximilien, comte de Hollande et roi des Romains. Egmont fit décapiter ceux des Hœksen qui étaient devenus ses prisonniers. Parmi eux se trouvait un bâtard de Brederode. Ce dernier, qui avait eu le temps de se retirer, assaillit, mais en vain, à la tête de trente-huit vaisseaux, la ville de Gorée, d'où il gagna Schouwen. Une action décisive eut enfin lieu dans le détroit de Brouwers-Haven, entre le stathouder et les Hœksen. Leur flotte fut battue. Deux fois blessé, Brederode fut pris, conduit à Dordrecht, et jeté dans la tour de Puttok, où il mourut.

Ersch et Gruber, *Allgemeine Encyclopædie.* — P. Voel, *Origines, progrès et gestes memorables des seigneurs de Brederode.*

BREDERODE (*Henri*, comte DE), mort le 15 février 1568. En 1565, il se prononça contre le parti espagnol, et, le premier, il signa le traité d'association dit *le compromis de Bréda.* En 1566, il présenta à la duchesse de Parme la requête qui amena l'insurrection, et, par suite, la république des Provinces-Unies. Il mourut dans l'exil auquel l'avait condamné le duc d'Albe.

Voel, *Origines, progrès, etc.*

BREDERODE (*Pierre-Corneille*), jurisconsulte hollandais, natif de la Haye, vivait à la fin du seizième siècle. Il fut longtemps ambassadeur des Provinces-Unies auprès des princes d'Allemagne. On a de lui : *Novum specimen de verborum significatione et de sententiis ac regulis juris*; Arras, 1588; — *Tractatus de Appellationibus*; Francfort-sur-le-Mein, 1592; — *Repertorium sententiarum et regularum, itemque definitionum, dictionumque omnium ex universo juris corpore collectarum*; Lyon, 1607, in-fol.; Francfort, 1664, in-4°; — *Analysis IV librorum Institutionum imperialium*; Strasbourg, 1634, in-8°; — *Thesaurus dictionum et sententiarum ac regularum juris civilis*; Lyon, 1685.

André, *Biblioth. Belgica.* — Sweert, *Athenæ Belgicæ.* — Hendreich, *Pandectæ Brandenburgicæ.*

BREDERODE (*Rheinhard* DE), annaliste hollandais, de la même famille que le précédent, vivait dans la première moitié du dix-septième siècle. On a de lui : *Journal de l'ambassade en Moscovie, rédigé dans les années 1615 et 1616*; la Haye, 1619, in-4°.

Biographie Néerlandaise.

BREDOW (*Joachim-Léopold* DE), général prussien, né en 1699, mort à Dresde le 12 juillet 1759. Il se distingua dans la guerre de sept ans, pendant les campagnes de Silésie et de Bohême. Aucun général ne sut mieux que lui maintenir la discipline militaire.

Archenholz, *Histoire de la guerre de sept ans.*

BREDOW (*Gabriel-Godefroy*), historien allemand, né à Berlin en 1773, mort en septembre 1814. Destiné au ministère évangélique, il fit ses premières études au gymnase de Joachimsthal. De là il passa au séminaire philosophique de Halle, qui était alors placé sous la direction du célèbre F.-A. Wolf; et cette circonstance le décida à quitter l'étude de la théologie pour se consacrer entièrement aux sciences philologiques. En 1794 il devint membre de l'école normale de Berlin, dirigée par Gedike; et en 1796, sur l'invitation de son ami J.-H. Voss, recteur du collége d'Eutin (Oldenbourg), il y alla partager avec lui l'enseignement de la première classe de cette institution. A Eutin, Bredow étudia les poètes grecs et latins, se livra à de profondes recherches sur l'astronomie et la géographie des anciens, recherches qui devinrent bientôt son occupation favorite, et qui lui fournirent les nombreux éclaircissements sur la chronologie des peuples anciens qu'on trouve dans ses écrits. Déjà en 1799 il publia son *Manuel d'Histoire ancienne* (5ᵉ édition, Altona, 1825), qu'il fit suivre de ses *Recherches sur divers points de l'Histoire de la géographie et de la chronologie anciennes.* Lorsque Voss quitta Eutin, Bredow lui succéda dans le rectorat du collége, et en 1804 il devint professeur d'histoire à l'université de Helmstedt. Là une plus grande sphère d'activité s'ouvrit pour lui : il comprit la situation où se trouvaient l'Allemagne et l'Europe entière, et il commença à la retracer avec franchise dans un ouvrage intitulé *Chronique du quatorzième siècle.* L'*Annuaire* de M. Lesur est une imitation de cette publication périodique allemande. Le patriotisme de Bredow et l'amour de la vérité furent mal interprétés, et dès l'apparition du second volume on lui suscita tant d'embarras qu'il s'arrêta au quatrième; les volumes suivants, jusqu'à l'année 1831, ont été donnés par M. Venturini. Revenu à ses recherches sur l'antiquité, Bredow forma le plan de faire un exposé historique et progressif de tous les systèmes géographiques, depuis Homère jusqu'au moyen âge. Comme, pour l'exécuter, il lui fallait avant tout faire une révision critique du texte des petits géographes grecs, il vint en février 1807 à Paris, où il recueillit beaucoup de matériaux pour ce travail préparatoire. De retour à Helmstedt, son extrême franchise et le zèle avec lequel il excita le patriotisme de la jeunesse lui attirèrent des désagréments et même des poursuites judiciaires. Par ces motifs, il n'hésita pas à accepter, en 1809, la chaire que lui offrit l'université de Francfort-sur-l'Oder; et lorsqu'en 1811 cet établissement fut transféré à Breslau, il l'y suivit. Dans cette dernière ville il fut atteint d'une maladie incurable, et mourut, après de grandes souffrances, en 1814. C'est vers cette époque que parurent ses *Epistolæ Parisienses*, et sa *Biographie de Charlemagne* (Altona, 1814, in-8°). [*Enc. des g. du m.*]

Ersch et Gruber, *Allgem. Encyclopædie.* — Kunisch, *Bredow's Leben u. Schriften*; Breslau, 1816, in-8°.

* **BREDSDORFF** (*Jacob Hornemann*), philologue et naturaliste danois, né en Seeland le 8 mars 1790, mort le 16 juin 1841. Il étudia la philosophie et les sciences naturelles, prit ses grades universitaires, et obtint en 1817 la médaille de l'université de Copenhague pour une question de minéralogie. Subventionné par l'État, il visita (1818-1819) l'Allemagne, la Suisse, l'Italie et la France; fut un membre des plus actifs des *sociétés pour la propagation de la physique* et pour l'*économie rurale*; et dès 1828 il professa la botanique et la minéralogie à l'Académie de *Soroe*. Il assista comme député de Danemark, avec *Versted* et *Forchhammer*, à l'assemblée des naturalistes à Berlin en 1828. Il s'occupa aussi beaucoup de recherches linguistiques; mais il rendit surtout des services à la science par ses travaux sur la géognosie et la minéralogie des contrées diverses du Danemark. Parmi ses écrits, dont la plupart furent disséminés dans la presse périodique, on remarque : *Om Runescriftens Oprindelse* (Du vieux alphabet des Scandinaves); Copenh., 1822; — *Beggudelsgrunde of Geognosien* (Éléments de Géognosie); ibid., 1827; — *Haandbog ver botaniske Excursiones*; ibid., 1834-1835; — *Udsigt over Bjergsystemerni Europa* (Aperçu des systèmes de montagnes européennes), mémoire couronné par la Société de géographie à Paris, 1825; — *Notices relatives à l'Histoire de la Minéralogie en Danemark* (dans le *Messager français du Nord*, 1825), etc. P. L. M.

Erslew, *Forfatter-Lexicon.*

BREENBERG (*Bartholomé*), peintre et graveur hollandais, né à Utrecht vers 1614, mort en 1660. Il étudia les ruines et les sites des environs de Rome, et peignit surtout avec beaucoup d'art et de vérité les paysages et les animaux. Les compositions de cet artiste sont nobles, sa touche est finie. Ses petits ouvrages sont plus estimés que les grands. Il gravait ses propres dessins à l'eau-forte.

Descamps, *Vies des Peintres flamands et hollandais.*

BREEREWOOD. *Voy.* BREREWOOD.

* **BRÉGÉ** (*François-Xavier*), jurisconsulte et littérateur lorrain, né au château de Pierre-Fort,
près de Pont-à-Mousson, le 8 novembre 1694, mort à Nancy le 31 octobre 1736. Il fut destiné au barreau, et y parut avec éclat dès l'âge de vingt ans. Il fut le premier créateur en Lorraine des conférences des avocats, si utiles pour former les jeunes adeptes de Thémis. Faisant marcher de front l'étude des lois avec la culture des lettres et de la poésie, il obtint le titre de *garde des livres* de François III, duc de Lorraine; mais, loin d'arriver à la fortune, il vécut et mourut pauvre : c'est le seul signe auquel on peut reconnaître un favori des Muses, car ses vers sont au-dessous du médiocre. On les trouve en grande partie dans un recueil anonyme qu'il publia sous le titre vague d'*Amusements*, Nancy, 1733, in-12, et qui se compose de morceaux de prose et de pièces de vers. Parmi les premiers, on trouve une nouvelle historique, intitulée *Guerre du duc Antoine contre les Rustauds*, relation assez infidèle, en style lâche et sans couleur, de cette courte campagne qui coûta la vie à plus de vingt mille paysans révoltés (1). Une *Idylle sur l'absence de Son Altesse Royale*, 1736, in-4°, et une *Cantate sur le mariage de S. A. R. avec l'archiduchesse Marie-Thérèse*, 1736, in-4°, qui parurent ensuite, sont de froides amplifications versifiées. Les ouvrages de droit de Brégé ont mérité plus d'estime. Sa *Dissertation sur le titre X des coutumes générales du duché de Lorraine*, Nancy, Cusson, 1725, in-12, obtint les suffrages du barreau et d'un magistrat distingué (Bourcier de Montanna), qui considérait cet ouvrage comme « solide et instructif. » — Le *traité du Retrait féodal et du Retrait lignager*, Nancy, 1736, 2 vol. pet. in-4°, où une matière importante et très-épineuse, qui avait divisé d'habiles jurisconsultes, se trouvait traitée avec ordre, netteté et précision, ne fut pas accueilli moins favorablement. Brégé ne put mettre la dernière main à d'autres ouvrages qu'il avait sur le chantier, et notamment à un *Commentaire sur la loi de Beaumont*, célèbre charte du treizième siècle, octroyée par l'archevêque de Reims à la ville de Beaumont, et qui a été étendue depuis à beaucoup d'autres (2). Une mort prématurée vint interrompre ces utiles travaux, et l'enleva au petit nombre d'amis que la mauvaise fortune lui avait laissés.

J. LAMOUREUX.

Chevrier, *Mémoires des hommes illustres de Lorraine*, t. 11. — *Bibliothèque lorraine* de dom Calmet.

* **BREGHOT-DU-LUT** (*Charles*), magistrat et littérateur français, né à Montluel (Ain) en

(1) Cette relation n'est pas une traduction du p ème de Pilladius sur le même sujet (*Rusticiados libri sex*; Metz, 1548, in-8°), ainsi que l'a cru le savant M. Begin, auteur de la *Biographie de la Moselle.*

(2) Une note inédite de M. Augustin Thierry, que j'ai sous les yeux, nous fait connaître que la seule copie de la loi de Beaumont qu'on puisse considérer comme authentique se trouve au trésor des chartes (carton 207, pièce 1). Elle est en langue latine. Il en existe plusieurs traductions françaises, de dates plus ou moins anciennes, dans les manuscrits de la Bibliothèque impériale.

1784, et nommé, en 1815, procureur du roi à Lyon, a su concilier l'étude des lettres avec les devoirs de la magistrature. On lui doit, entre autres ouvrages, une *Notice bibliographique sur les éditions et sur les traductions françaises des œuvres de Cicéron*, avec M. Péricaud, insérée dans le tome 1er du *Cicéron* de M. Le Clerc; — un *Essai sur Martial*, ou *Imitation de ce poëte*, etc., l'an de Rome 2569, 1816, in-8°; — *Mélanges sur Lyon*, dans les *Archives historiques et statistiques du Rhône*; — *Lettres Lyonnaises*, dans le même recueil, 1826, in-8°; — *Compte rendu des travaux de l'Académie de Lyon*, etc., 1826, in-8°.

Le Bas, *Dict. encyclop. de la France*. — Quérard, *la France littéraire*.

*BREGNO (*Antonio*), architecte et sculpteur, que l'on croit originaire de Côme, mais qui passa toute sa vie à Venise, où il travailla pendant la seconde moitié du quinzième siècle. On lui doit l'immense mausolée du doge Niccolò Trono, placé dans l'église de *Santa-Maria de' Frati*, monument orné de dix-neuf statues colossales et de plusieurs bas-reliefs. Ces statues sont d'un beau style et pleines de mouvement; les draperies sont vraies, et dessinent bien les formes; mais les têtes demanderaient plus de fini et d'expression. En face, dans la même église, est le tombeau du doge Francesco Foscari, ouvrage d'Antonio et de Paolo, son frère. Comme architecte, Antonio est l'auteur de la grande façade intérieure du palais des doges, commencée en 1485 et terminée en 1500; Sansovino lui attribue aussi le fameux escalier des géants.   E. B—N.

Cicognara, *Storia della Scoltura*. — Sansovino, *Venezia descritta*. — Quadri, *Otto Giorni in Venezia*.

BREGNO (*Paolo*), architecte vénitien, vivait dans la seconde moitié du quinzième siècle. On croit qu'il fut frère d'Antonio Bregno, en compagnie duquel il exécuta, pour *Santa-Maria de' Frati*, le tombeau du doge Francesco Foscari.   E. B—N.

Cicognara, *Storia della Scoltura*.

*BREGNO (*Lorenzo*), sculpteur vénitien, vivait au commencement du seizième siècle. Il fut, selon toute apparence, fils et élève d'Antonio Bregno, dont il imita le style. En 1503, il sculpta, pour l'église de *Santa-Maria de' Frati*, le monument de Benedetto Pesaro. Il fit, pour Saint-Jean et Paul, la statue de Dionisio Naldi da Brisighella, mort en 1510, et deux saintes placées sur le tombeau du doge Andrea Vendramini. E. B—N.

Cicognara, *Storia della Scoltura*.

BRÉGUET (*Abraham-Louis*), célèbre mécanicien français, né à Neuchâtel le 10 janvier 1747, mort le 17 septembre 1823. Sa famille, originaire de Picardie et professant la religion réformée, était sortie de France lors de la révocation de l'édit de Nantes. Le jeune Bréguet à dix ans perdit son père; et sa mère s'étant remariée avec un horloger, celui-ci le prit en apprentissage; mais le jeune Bréguet n'apprit d'abord son état qu'avec répugnance. Amené à Paris à l'âge de quinze ans, et placé chez un horloger de Versailles, il prit bientôt du goût pour son nouvel état. Par son application, par ses talents et par la délicatesse de ses procédés, Bréguet conquit l'estime et l'amitié dévouée de son maître; il ne tarda pas à trouver un autre protecteur dans la personne de l'abbé Marie, dont il suivait le cours de mathématiques, et qui le distingua. Bréguet, assidu, infatigable, et déjà lancé dans la voie des découvertes, vit peu à peu sa réputation s'établir et son établissement prospérer. Dès l'année 1780 il avait porté au dernier degré de perfection les montres dites *perpétuelles*, qui se remontent d'elles-mêmes par le mouvement qu'on leur imprime en marchant : l'invention était ancienne, mais l'exécution était demeurée si défectueuse, que le mécanisme imaginé par **Bréguet** peut passer pour une création complète. Dès lors il fabriqua des montres marquant les secondes, le quantième, et sonnant les minutes; un quart d'heure de marche suffit, dans l'espace de trois jours, pour les remonter à un juste point. On en cite qui ont été portées huit ans sans même avoir été ouvertes, et sans s'être jamais écartées de la plus précise régularité. C'est par de tels ouvrages que Bréguet est parvenu à fonder à Paris une fabrique d'horlogerie si remarquable et si supérieure, que ses rivaux les plus jaloux n'ont pu lui contester ce triomphe industriel. Bréguet n'en était qu'au prélude de sa gloire future, quand le duc d'Orléans ayant un jour, à Londres, soumis à l'examen du célèbre Arnold une de ces montres, l'horloger anglais, après avoir longtemps admiré ce chef-d'œuvre, quitta subitement sa famille et ses travaux, pour venir faire la connaissance de son auteur. Les deux savants se lièrent intimement, et Bréguet, au départ de son rival, lui confia son fils, pour qu'il profitât des leçons de cet habile théoricien.

Durant les troubles de la révolution, Bréguet fut contraint de s'expatrier ; et, grâce aux secours d'amis puissants et honorables, il mit à profit son exil en se livrant à de précieuses recherches. A son retour, il fallut établir de nouvelles bases de crédit et de fortune ; un brillant succès fut le fruit de ses efforts. Le reste de sa carrière fut une suite de jours calmes, et aussi bien remplis pour l'humanité que pour la science. Il fut nommé successivement horloger de la Marine, membre du Bureau des longitudes, et enfin membre de l'Académie des sciences. Nous ne pouvons énumérer ici toutes les découvertes dues au génie de Bréguet, et moins encore apprécier leurs immenses résultats. Il dota tour à tour la navigation, la physique et l'astronomie des instruments les plus exacts, les plus ingénieux, les plus durables, sans compter l'illustration dont l'art proprement dit lui est redevable dans l'exécution des moindres détails, la richesse des ornements et le goût parfait des accessoires. C'est lui qui substitua aux anciennes répétitions, qui exigeaient, pour être entendues, des ouvertures par où s'introduisait la poussière, les *ressorts-timbres*, qui sonnent d'autant mieux que la montre est fermée plus hermétiquement : ce fut la source d'une industrie devenue féconde pour le commerce, par la production de tabatières, cachets, boîtes à musique, etc. Il fit un grand nombre de chronomètres de poche, d'horloges marines, d'échappements libres, et inventa d'autres mécanismes aussi variés que compliqués, tous supérieurs à ce qui existait déjà; et il est seul parvenu à établir en France la fabrique de ces instruments en manufacture. Nous citerons ses pendules *sympathiques*, dont la première fut envoyée en présent par Napoléon au Grand Seigneur. Si la montre avance ou retarde, on la pose sur la pendule avant midi ou avant minuit, et ce contact suffit pour qu'à ces deux moments précis les aiguilles de la montre soient remises à la vue sur l'heure et la minute marquées par la pendule, et son mouvement intérieur réglé en peu de jours aussi exactement que par le meilleur horloger. Bréguet inventa encore un *compteur militaire* sonnant, pour régler le pas de la troupe, avec un mouvement qui s'accélère ou se ralentit à volonté; un *compteur astronomique* qui, renfermé dans le tube d'une lunette d'observation, permet d'apprécier à la vue jusqu'aux centièmes de seconde ; des montres de dames à double boîte, le tout portant 11 lignes de diamètre et 1 ligne et demie d'épaisseur. La double boîte est bordée par douze boutons saillants, et porte au centre une aiguille extérieure, mobile dans un sens, et qui s'arrête au point correspondant de l'heure marquée par la montre intérieure, de manière à pouvoir instruire de l'heure et des quarts en secret et par le seul secours du tact. Enfin il est l'auteur d'un thermomètre métallique, infiniment plus sensible que les autres par l'absorption ou le développement instantané du calorique; l'aiguille y est suspendue à une longue lame pliée en hélice, et formée de trois métaux superposés et adhérents, dont l'ensemble est d'un centième de ligne d'épaisseur. C'est encore Bréguet qui exécuta le mécanisme solide et léger des télégraphes établis par Chappe. Chacun sait quel service il a rendu à l'horlogerie par l'emploi des rubis dans les parties frottantes.

Malgré tant de titres incontestables à la gloire et à la renommée, cet homme éminemment moral, qui rendait justice à tous, excepté à lui-même, jusqu'à s'étonner de la régularité de ses instruments, doutait de sa propre réputation, même en présence des étrangers qui s'honoraient de lui en fournir le témoignage. Les inimitiés entre les savants le surprenaient et l'affligeaient ; il ne concevait pas que des gens qu'il appréciait avec tant de désintéressement pussent se méconnaître ainsi. [*Enc. des g. du m.*]

Fourier, *Éloge d'Abraham-Louis Bréguet*, dans les *Mémoires de l'Académie des sciences*, t. VII, p. 92. — Ternaux, *Éloge de Bréguet*.

BRÉGY ou **BRÉGIS** (*Charlotte* SAUMAISE DE CHAZAN, comtesse DE), dame d'honneur de la reine Anne d'Autriche, doit être comptée au nombre des femmes les plus spirituelles de la cour de cette princesse. Elle naquit à Paris en 1619, et mourut dans la même ville le 13 avril 1693. Elle était fille du premier mariage de madame Hébert, femme de chambre de la reine, avec Jérôme de Saumaise, conseiller au parlement de Dijon (1). Le célèbre Saumaise, son oncle, présida à son éducation. Les agréments de sa personne et son esprit s'étant développés de bonne heure, on lui fit épouser à l'âge de quatorze ans M. de Flécelles, comte de Brégy, fils d'un président à la chambre des comptes de Paris, qui, par le crédit de sa femme, obtint un avancement rapide dans la carrière diplomatique, et finit par être envoyé comme ambassadeur en Pologne et en Suède. Le malin Tallemant des Réaux, qui n'épargnait personne, a fait un portrait peu flatté de madame de Brégy : « Elle est coquette en diable, « et ne manque pas d'esprit ; mais c'est la plus « grande façonnière et la plus vaine créature qui « soit au monde. » Il rapporte à ce propos une lettre écrite par elle à la reine Christine, qui lui avait offert une province entière si elle voulait se rendre dans ses États. Cette lettre, qui courut en copie, « parce que le monde était si sot que « de la trouver bello, » est un modèle de style *précieux*, qui sut exciter l'admiration de l'hôtel de Rambouillet. Le peu charitable chroniqueur entre dans des détails tellement licencieux sur le compte du mari et de la femme, que notre plume se refuse à les reproduire. Il veut bien reconnaître que Mme de Brégis était jolie, *quoique brune et petite* (2). Dans une cour aussi galante, il était difficile qu'une femme que la nature avait douée de certains agréments, et presque toujours séparée de son mari, ne subit pas l'influence de l'exemple. S'il faut s'en rapporter à Mme de Motteville, la comtesse prétendait avoir rangé au nombre de ses adorateurs le cardinal Mazarin lui-même. Elle raconte assez plaisamment l'incident d'un souper impromptu que le principal ministre se crut obligé de donner à quatre personnes de la société intime de la reine, au nombre desquelles se trouvait Mme de Brégis : « C'est le seul régal qu'il nous ait fait « dans sa vie, et il ne fut pas grand. Il nous « traita avec beaucoup d'indifférence et de froi- « deur. Nous sortîmes de chez lui mal satisfaites « de n'avoir pas été mieux reçues, particulière- « ment Mme de Brégis, qui, étant belle femme, « faisait profession de l'être, et qui même avait « l'audace de prétendre que ce grand ministre

(1) Mme de Motteville (*Mémoires*, tom. I, p. 220), en parlant des réunions intimes de la reine-mère, dit que Mme Hébert y assistait quelquefois, mais rarement; qu'au surplus, « elle n'était ni muette ni philosophe, et n'était guère écoutée. »

(2) En cela, Tallemant des Réaux ne nous paraît pas avoir été véridique; car Mme de Brégy, dans le portrait qu'elle a fait d'elle-même, dit : « Ma personne est de celles « que l'on peut dire plutôt grandes que petites. »

« avait pour elle quelque sentiment de tendresse. » Quoique le nom de Mme de Brégis n'ait pas échappé à la malice des auteurs de vaudevilles satiriques du temps, on ne peut inférer des divers passages où il en est fait mention, qu'elle ait partagé la faiblesse d'un grand nombre d'autres femmes de la cour. Un seul couplet à double entente, attribué au cynique chansonnier Blot, pourrait faire naître quelques doutes sur ce point; mais ce qui nous paraît absurde Mme de Brégis, c'est que la calomnie n'ose pas se montrer ici à visage découvert, comme elle en a l'habitude :

> Pour vous, Brégis, que de reproches !
> Vous n'aimez nul homme vivant,
> Et ne souffrez guère souvent
> Qu'aucun vous approche ;
> Et c'est ce qui vous fait voir même à contre-cœur
> Le retour de l'ambassadeur.

Il y a lieu de croire, en effet, qu'elle ne portait pas à son mari une affection bien vive. Ils eurent cependant plusieurs enfants. D'autres vaudevilles raillent Mme de Brégis sur la perte *de ses lis et de ses roses*, et sur le désir de plaire qu'elle avait conservé, même après avoir passé la cinquantaine. Ses prétentions au bel-esprit furent plus goûtées de ses contemporains, qui la comblèrent de louanges. On cite surtout de Mme de Brégis l'épitaphe de sa composition, que voici :

> Ci-dessous gît un grand seigneur
> Qui de son vivant nous apprit
> Qu'un homme peut vivre sans cœur
> Et mourir sans rendre l'esprit.

Les Benserade, les Quinault montèrent leur lyre en son honneur. Ce dernier poussa même la galanterie jusqu'à répondre en vers à des *Questions d'amour* que proposait la comtesse,...... *et ce par ordre du roi !* Les bibliophiles recherchent avec quelque empressement les *Lettres et Poésies de madame la comtesse de B**** ; Leyde, 1666, petit in-12. Cette édition s'annexe à la collection des Elzevirs, et le désir de la compléter prête à ce « volume fort rare, mais peu intéressant (1), » une valeur qu'il n'a pas lui-même. Les lettres adressées à des souveraines (la reine-mère, la reine d'Angleterre, la reine de Suède) et à des personnes de la première qualité ne se font remarquer que par la recherche des pensées, l'affectation de sentiment que l'écrivain n'éprouvait sans doute pas, et le jargon quintessencié de son style. Parmi un petit nombre de pièces de vers, on ne trouve de passable qu'un sonnet sur les antiquités de Rome. Obéissant à la mode du temps, la comtesse de Brégis esquissa quelques portraits, à commencer par le sien. On les trouve dans le recueil de Sercy et de Barbin (2), et à la suite des *Mémoires de Mlle de Montpensier*. Le crédit des *précieuses* leur procura beaucoup de vogue ; mais ils ne valent guère mieux que ses lettres. Mme de Brégis eut un autre talent plus fructueux pour elle : se maintenant toujours dans les bonnes grâces de la reine-mère, elle en obtint successivement plus de 400,000 francs, quoique, dans le portrait qu'elle a tracé de cette princesse, elle lui ait reproché *de n'être point libérale*. Nous la trouvons encore couchée sur le testament d'Anne d'Autriche pour un legs de dix mille écus. Si l'on ajoute foi entière à Tallemant des Réaux, le comte de Brégis, son mari, était sot et grand hâbleur. C'est sans aucun fondement qu'on lui a attribué les *Mémoires de M. de M***, *pour servir à l'histoire du dix-septième siècle;* Amsterdam, 1760, 3 vol. petit in-8°. Ce livre, désavoué par les descendants du comte, est un pastiche composé par Meunier de Qualon.

J. LAMOUREUX.

Titon du Tillet, *Parnasse français*, in-fol., p. 455. — *Mémoires de* Mme *de Motteville.* — *Historiettes de Tallemant des Réaux*, 2e édition, tom. IV. — Mme Fortunée Briquet, *Dictionnaire historique des Françaises.* — *Recueils de vaudevilles et chansons* (manuscr.).

BRÉGY (... DE FLÉCELLES, COMTE DE), chroniqueur français, mari de la précédente, vivait dans la seconde moitié du dix-septième siècle. On lui attribue : *Mémoires de M****, *pour servir à l'histoire du dix-septième siècle;* Amsterdam, 1760, 3 vol. in-8°.

Année littéraire, 1759, t. XIII, lettre XIV. — *Journal de Trévoux*, février 1760.

BRÉGY (... DE FLÉCELLES, DE), biographe française, dite *la sœur Sainte-Eustochie*, religieuse de Port-Royal, vivait dans la première moitié du dix-huitième siècle. On a d'elle : *Vie de la mère Marie-des-Anges* (née Suireau), *abbesse de Maubuisson et ensuite de Port-Royal;* Paris, 1re part., 1737, in-12; Amsterdam, les 2 part., 1754, in-12; — *Relation de la captivité*, dans le recueil intitulé *Divers actes, lettres et relations des religieuses de Port-Royal*, etc., 1723 et 1724.

Lelong, *Bibliothèque hist. de la France*, édit. Fontette.

BRÉHAN DE PLÉLO (les deux frères). *Voy.* PLÉLO.

***BREHM** (*Chrétien-Louis*), ornithologiste allemand, né à Schœnau le 24 janvier 1787. En 1813 il devint pasteur à Renthendorf. Déjà enfant, il prenait plaisir à se faire une volière, et à un âge plus avancé il consacra tous ses moments de loisir à l'étude des oiseaux. On a de lui : *Beitraege zur Voegelkunde* (Renseignements pour apprendre à élever les oiseaux), 1821-1822; — *Lehrbuch der Naturgeschichte aller europaeischen Voegel* (Manuel de l'histoire naturelle des oiseaux européens); Iéna, 1823-1824; — *Ornis;* Iéna, 1824-1827; — *Handbuch der Naturgeschichte aller Voegel Deutschlands* (Manuel de l'histoire naturelle de tous les oiseaux d'Allemagne); Ilmenau, 1831; — *Monographie der Papagaien* (Monographie des perroquets); Iéna, 1842; — *Handbuch für Liebhaber der Zaehmung werthen Voegel* (Ma-

---
(1) *Essai bibliographique sur les Elzevirs* (par M. Bernard), in-8°, p. 113. La lettre à la reine Christine, que nous venons de citer, ne fait pas partie de ce recueil.

(2) *Recueil des portraits et éloges en vers et en prose, dédié à Son Altesse Royale Mademoiselle;* Paris, Sercy et Barbin, 1659 et 1660, parties in-8°. Ouvrage devenu rare.

nuel des amateurs d'oiseaux dignes d'être apprivoisés), 1832.
Conversations-Lexicon.

BREHMER (*Frédérica*), romancière suédoise, née à Abo en 1802. A trois ans, elle fut emmenée en Scanie par son père, puis elle séjourna quelques années en Norwége chez la comtesse de Sonnerhjelm, avec laquelle elle était liée. Plus tard elle fut attachée à une institution de jeunes filles, à Stockholm. Mlle Brehmer a voyagé en Allemagne, en Angleterre, et dans l'Amérique du nord. La poésie allemande, et surtout, dit-on, la lecture du *Don Carlos* de Schiller, ont contribué à faire naître en elle un talent réel, quoique peut-être trop abondant. Elle excelle à peindre les charmes de la vie de famille, et son genre rappelle deux autres romanciers : Toepffer et Auguste Lafontaine, quoiqu'elle ait un talent descriptif que ceux-ci ne possédaient pas. Ses principaux romans sont : *les Filles du président*; Leipzig, 1845 : cet ouvrage attira tout d'abord l'attention du public; — *la Famille H.*; Leipzig, 1846; — *Nina*, 1847 : ces deux ouvrages n'eurent pas moins de succès que le premier; — *Combat et Paix*; Leipzig, 1845; — des *Nouvelles* réunies sous ce titre : *Teckningar ur Hvardagslifvet* (Esquisses de la vie de tous les 'ours); — des *Impressions de voyage*, 1849; — *Midsommar-Resan*, 1849.
Conversations-Lexicon.

BREHMER (*Henri*), diplomate allemand, né à Lubeck en 1800. Fils d'un médecin de cette ville, il étudia le droit à Iéna et à Gœttingen. A son retour dans sa patrie, il se voua à la profession d'avocat. Devenu membre du sénat en 1836, il fut mêlé à des négociations au sujet d'un droit de transit imposé par le Danemark aux marchandises échangées entre Lübeck et Hambourg. D'autres missions, relatives également aux intérêts hanséatiques, motivèrent son envoi à Francfort en 1838 et 1839. En juillet 1848, il représenta Lübeck près le lieutenant de l'Empire, ce qui lui fournit l'occasion de prendre part, avec une entente parfaite des affaires, aux délibérations du ministère du commerce au sujet des nouvelles relations commerciales et douanières de l'Allemagne. En 1850 il représenta encore Lübeck aux conférences de Dresde; et en 1851 il fut accrédité, avec voix délibérative, comme ministre des trois villes libres près la diète de Francfort.
Gazette d'Augsbourg.

BREISLAK (*Scipion*), savant géologue, né à Rome en 1748, mort à Milan le 15 février 1826. Il fut d'abord destiné à l'Église, et c'est pour cela que Spallanzani lui donne quelquefois le nom d'abbé. Il s'appliqua de bonne heure à la géologie, dont il fit le sujet de ses études spéciales; il embrassa le système du vulcanisme, qui commençait à s'élever, et combattit le neptunisme, qui régnait alors. Il devint professeur de philosophie naturelle et de mathématiques à Raguse, et passa ensuite au *Collegio Nazareno* à Rome. Sur la fin du dernier siècle, il fit une tournée scientifique à Naples, puis en France, où il se lia avec les notabilités scientifiques que Paris possédait à cette époque : avec Chaptal, Fourcroy, Cuvier, et autres. Napoléon le nomma bientôt inspecteur des poudres et salpêtres du royaume d'Italie. Ce savant laborieux remplit utilement sa carrière. On lui doit un traité sur la solfatare de Pouzzoles, traduit en français par J. de Pommereul, sous le titre de : *Essais minéralogiques sur la solfatare de Pouzzoles*; Naples, 1792, in-8°; on y trouve l'indication des idées systématiques qu'il développa plus tard; — *Topografia fisica della Campania*; Florence, 1798, in-8°; — *Viaggi nella Campania*, également traduit en français par J. de Pommereul, sous le titre de *Voyages physiques et géologiques en Campanie*; Paris, 1801, 2 vol. in-8° : on y voit, entre autres additions, la topographie géologique des environs de Rome, la géologie du Vésuve, celle du Puy-de-Dôme et de l'Auvergne; — *Del sal nitro et delle arte del sanitrajo*; Milan, 1803, in-8°; — *Introduzione alla geologia*, Milan, 1811, in-8°, traduit en français par J.-B. Bernard; Paris, 1812, in-8°; — *Instituzioni geologiche*; Milan, 1818, 3 vol. in-8°, avec atlas; traduit en français par L. Campmas, Paris, 1819; — *Memorie sulle osservazioni fatte da celebri geologi posteriormente a quelle del conte Marzavi intorno alla giacitura di graniti del Torolo meridionale*; Milan, 1824, in-8°. Breislak n'a pas peu contribué aux progrès que la géologie a faits dans ces dernières années; il a enrichi la science de faits positifs nombreux, et ses observations ont aidé fortement à la révolution que les idées théoriques ont éprouvée.
Configliachi, *Memorie intorno alle opere ed agli scritti del geologo S. Breislak*; Padoue, 1827, in-8°.

BREISSAND (*Joseph*, baron), général français, né à Sisteron (Basses-Alpes) le 2 avril 1770, mort à Dantzig le 2 décembre 1813. Entré au service comme volontaire en 1786, Breissand fit partie de l'armée des Basses-Alpes, puis de celle d'Italie de 1791 à 1798, et commanda successivement dans plusieurs places de la Péninsule. Son commandement à Pérouse (Peruggia), en 1798, fut signalé par une collision causée par la diversité des opinions des habitants, et surtout parce que Breissand parvint à la faire cesser. Le sang avait déjà coulé lorsque cet officier se rendit sur la place publique, fendit la foule, et adressa aux habitants une harangue conciliante, éloquente et persuasive, en langue italienne; mais le courage qu'il montra, son sang-froid au milieu des menaces de quelques furieux, eurent encore plus d'effet peut-être que ses paroles, et il parvint à rétablir la tranquillité. La ville de Pérouse, reconnaissante de ce service, fit faire deux bustes de son pacificateur, dont l'un lui fut remis, et l'autre conservé par les habitants. Il fit les campagnes de 1804 à 1810, en Batavie, en Italie et en Allemagne. Il s'y distingua dans plusieurs affaires, et en particulier dans Pardenone, où il fut assiégé par des forces bien supérieures, aux ordres de l'archiduc Jean. Breissand ne se rendit qu'après avoir combattu avec intrépidité, et atteint de deux blessures qui l'avaient mis hors d'état de se défendre. L'archiduc Jean, frappé d'admiration pour tant de bravoure, offrit ses secours à cet officier : « Je n'ai « rien à demander à V. A., répondit Breissand, « si ce n'est qu'elle veuille bien avoir pour mes « malheureux compagnons d'armes les égards « dus à leur courage, et me faire rendre mon « épée et ma décoration, que j'ai perdues dans « le combat. » — « Un brave tel que vous ne « doit pas rester désarmé. Prenez cette arme, « dont vous savez faire un si noble usage, lui « dit l'archiduc en lui ceignant sa propre épée ; « et je vais donner des ordres pour que la déco« ration dont vous êtes si digne vous soit re« mise, si on peut la retrouver sur le champ de « bataille. » La défense de Pardenone valut à Breissand le titre de baron. Sa conduite en Espagne le fit nommer général (1811). Rappelé pour faire partie de la grande-armée (1812), il se distingua dans la campagne de Russie. Il fut employé à la défense de Dantzig, et les rapports des généraux Heudelet et Rapp firent le plus grand éloge de son habileté. Dans une dernière sortie qu'il commanda le 1er décembre 1813, il fut blessé mortellement, et ne survécut que quelques heures à sa blessure.

Brevets militaires. — De Courcelles, *Dictionnaire des Généraux français.*

BREITENBACH. Voy. BREYDENBACH.

BREITHAUPT (*Jean-Frédéric*), jurisconsulte et traducteur allemand, né à Gotha le 8 septembre 1639, mort le 5 juin 1713. Il fut conseiller du duc de Saxe-Gotha. Son principal ouvrage est : *Josephus Gorionides, sive Josephus hebraicus* ; Gotha, 1707, in-4° ; traduction latine de Joseph Ben Gorion, historien hébreu, qu'il confond avec Flavius Joseph.

Jöcher, *Allgem. Gelehrten-Lexicon*. — Ersch et Gruber, *Allgem. Encycl.*

BREITHAUPT (*Chrétien*), théologien allemand, neveu du précédent, né, le 1er mai 1689, à Ermsleben, dans la principauté d'Halberstadt ; mort le 12 octobre 1749. Il fut professeur de philosophie à Helmstaedt en 1718, et d'éloquence en 1740. Ses principaux ouvrages sont : *De principiis humanarum actionum* ; Halle, 1714, in-4° ; — *De stylo Sulpitii Severi* ; ibid., 1713, in-4° ; — *Disquisitio historica, critica, curiosa de variis modis occulte scribendi tam apud veteres quam recentiores usitatis* ; Helmstaedt, 1727, in-4° ; réimprimé sous ce titre : *Ars decifractoria, sive scientia occultas scripturas solvendi et legendi, et de variis occulte scribendi modis* ; ibid., 1737, in-8° ; — *Commentatio de recta linguæ anglicanæ pronunciatione* ; ibid., 1740, in-8°.

Jöcher, *Allgem. Gelehrten-Lexicon.*

** **BREITHAUPT** (*Jean-Auguste-Frédéric*), minéralogiste allemand, né à Propstzella le 18 mai 1791. En 1808, il reçut sa première instruction au gymnase de Saalfeld. De 1809 à 1811, il étudia à Iéna, puis à Freiberg, où, protégé par Werner, il obtint l'emploi d'inspecteur des pierres précieuses. En 1827, il y fut nommé professeur d'oryctognosie. Ses principaux ouvrages sont : la continuation du *Handbuch der Mineralogie* (Manuel de minéralogie) de Hoffmann ; — *Ueber die Æchtheit der Krystalle* (de la Pureté des cristaux), 1816 ; — *Vollstaendige Charakteristik des Mineralsystems* (Caractéristique complète du système minéral), 1820 ; — *Vollstaendiges Handbuch der Mineralogie* (Manuel complet de minéralogie) ; Dresde, 1836-1847 ; — *Uebersicht des Mineralsystems* (Aperçu du système minéral) ; Dresde, 1830 ; — *Die Paragenesis der Mineralien* (la Paragénèse des minéraux), 1849 ; — *Die Bergstadt Freiberg* (la Ville de Freiberg), 1825.

Conversations-Lexicon.

BREITINGEL (*Jean-Jacques*), théologien protestant suisse, né à Zurich en 1575, mort en 1645. Il remplit successivement différentes charges de pasteur et de professeur, devint en 1613 chef du clergé du canton de Zurich, et dut à l'énergie et à la loyauté de son caractère la grande influence qu'il exerça dans les affaires ecclésiastiques et politiques de sa patrie. Les cantons protestants le mirent à la tête de la députation qu'ils envoyèrent au synode de Dordrecht. On a de lui : *Acta et decreta synodi Dordracenæ* ; — des dissertations ; — une traduction allemande du Nouveau Testament ; — des sermons. On trouve encore de lui, à la bibliothèque de Zurich, un grand nombre de mémoires manuscrits sur différents sujets ecclésiastiques et politiques.

J.-C. Lavater, *Éloge historique de J.-J. Breitinger*, Zurich, 1771, in-8°. — Hottinger, *Schol. Tigur. et Helvet. Kirchen-historie.* — Ersch et Gruber, *Allgem. Encycl.* — Hess, *Éloge de Breitinger* ; Zurich, 1777, in-8°.

BREITINGER (*Jean-Jacques*), littérateur et hébraïsant suisse, né à Zurich en 1701, mort dans la même ville en 1776. Il fut chanoine et professeur de grec et d'hébreu dans sa ville natale. Il est surtout connu par ses liaisons avec Bodmer, qu'il soutint dans sa polémique contre l'école littéraire de Leipzig. Ses principaux ouvrages sont : *Vetus Testamentum ex versione LXX interpretum* ; Zurich, 1730, 4 vol. in-4° ; — *Artis cogitandi principia* ; ibid., 1736, in-8° ; — *Kritische Dichtkunst* (Critique de l'art de la poésie) ; ibid., 1740, 2 vol. in-8° ; — *Examen de Lettres sur la religion naturelle* ; ibid., 1741, in-8° ; — *de Antiquissimo Turicensis bibliothecæ græco Psalmorum libro, epistola ad cardinalem Quirinum* ; ibid., 1748, in-4° ; — *Orationes solemnes*, éditées après sa mort, en 1776.

Éloge de J.-J. Breitinger, dans le *Nouveau Journal helvétique*, mars 1777. — Leu, *Helvet. Lexicon*. — Brucker, *Bildersaal*.

BREITKOPF (*Jean-Gottlob-Emmanuel*), savant typographe allemand, né à Leipzig en 1719, mort dans la même ville en 1794. Il eut d'abord de l'éloignement pour l'état d'imprimeur et de libraire, qui était celui de son père, et s'adonna à l'étude des langues, de l'histoire et de la philosophie. Il lut un jour les œuvres d'Albert Dürer. Étonné des tentatives que ce peintre célèbre avait faites pour donner une belle forme aux caractères de l'imprimerie, il résolut de se consacrer entièrement à la profession de son père. Il ramena le bon goût dans la typographie allemande, en arrondit les lettres trop angulaires, améliora l'alliage dont on se sert pour les fondre, et inventa les notes musicales mobiles. Cette dernière invention, perfectionnée de nos jours, date de 1755. Il y a peu d'utilité à retirer dans la pratique du procédé que Breitkopf trouva pour imprimer, à l'aide de types mobiles, des cartes de géographie, des portraits, et jusqu'à des caractères chinois. On a de lui : *Ueber die Geschichte der Erfindung der Buchdruckerkunst* (Essai sur l'histoire de l'invention de l'imprimerie); Leipzig, 1774, in-4°; — *Versuch über den Ursprung der Spielkarten, die Einführung des Leinenpapiers und den Anfang der Holzschneidekunst in Europa* (Essai sur l'origine des cartes à jouer, l'introduction du papier de chiffons, et les commencements de la gravure sur bois); ibid., 1784-1801, deux parties in-4°: la 2ᵉ partie, éditée après sa mort, a paru séparément, sous le titre de *Matériaux pour servir à l'histoire de la gravure sur bois*, *publiés par J.-C.-F. Roch;* — *Exemplum typographiæ sinicæ figuris characterum et typis mobilibus compositum*; ibid., 1789, in-4°; — *Ueber die Bibliographie und Bibliophilie* (sur la Bibliographie et la Bibliophilie); ibid., 1793.

Hausius, *Éloge de Breitkopf*; Leipzig, 1794, in-8°. — *Conversations-Lexicon*. — Ersch et Gruber, *Allgem. Encycl.*

BRELIN (*Niels* ou *Nicolas*), facteur d'instruments et musicien suédois, né en 1690 à Grum, dans le Vermeland; mort à Volstadt le 5 janvier 1753. Il étudia d'abord la jurisprudence, et fut ensuite soldat en Prusse. Dégoûté du service militaire, il déserta, et s'enfuit en Italie, à la suite d'un gentilhomme allemand. Forcé, après la mort de son protecteur, de choisir un état pour vivre, il se décida pour la lutherie, art dans lequel il fit de rapides progrès. De retour en Suède, il étudia la théologie, et devint pasteur de Volstadt. Il a laissé dans les Mémoires de l'Académie de Stockholm, dont il était membre, une bonne dissertation sur le perfectionnement des instruments à clavier.

Gezelius, *Biografiska-Lexicon*.

BREMBATI (*Isotta*), femme poète italienne, née à Bergame, morte le 24 février 1586. Elle épousa Jérôme Grennello. Elle avait une connaissance parfaite de plusieurs langues. L'espagnol lui était si familier, qu'elle eût pu lutter avec avantage contre les meilleurs poëtes castillans. Plusieurs fois elle défendit en latin ses propres intérêts devant le sénat de Milan. On a d'elle : plusieurs lettres dans le *Secretario* de Sansovino; — plusieurs pièces de vers dans *il Tempio di Girolama d'Aragona*; Padoue, 1568, in-4°; — dans *Elegie, sonetti, ed epitaffi composti nelle esequie del sig. Ectore Baglione*; Crémone, 1572, in-4°; — dans le recueil intitulé *Rime funerali di diversi illustri ingegni, composte in volgare e latina favella, in morte della molto illustre signora Isotta Brembata Grumella*; Bergame, 1587, in-4°; et dans la 1ʳᵉ partie des *Componimenti poetici delle più illustri rimatrici d'ogni secolo, raccolti dalla signora Luisa Bergalli*.

Mazzuchelli, *Scrittori d'Italia*. — Tiraboschi, *Storia della Letteratura italiana*.

BRÊME (*Louis-Joseph* ARBORIO GATTINARA, marquis DE), diplomate et publiciste piémontais, né le 28 août 1754, mort en 1828. Sous-lieutenant dès 1770, puis écuyer de Clotilde de France, princesse de Piémont, il entra enfin dans la diplomatie. En 1782, il fut nommé envoyé extraordinaire à Naples; il obtint ensuite l'ambassade de Vienne. Il prit part aux conférences de Pilnitz en 1791, et se trouva à Francfort lors de l'élection de François II. A son retour en Piémont, il fut nommé chambellan, puis chargé de l'ambassade d'Espagne. Mais rappelé peu de temps après en 1798, il fut envoyé et resta quatorze mois comme otage en France. En 1801 il s'établit à Milan, et en 1805 il y fut nommé conseiller d'État par Napoléon, puis commissaire général des subsistances de l'armée. Eugène Beauharnais le nomma ministre de l'intérieur : Brême garda ce portefeuille jusqu'à l'arrivée de Napoléon en 1806. Deux ans plus tard il fut nommé président du sénat d'Italie. Au retour du roi de Sardaigne, en 1814, il rentra dans les bonnes grâces de ce monarque, et, par la protection du comte de Marsan, devint grand-trésorier de l'ordre de Saint-Maurice. On a de lui : *de l'Influence des sciences et des beaux-arts sur la tranquillité publique*; Parme, 1802, in-8°; — *Consultation sur la Statistique du département de l'Agogne*, etc.; Novarre, 1802; — *Lettre à mes fils*; Milan, 1817, in-8°; — *Sur la manière la moins préjudiciable et la moins coûteuse de fournir aux besoins de l'État*; Paris, 1818; — *des Systèmes actuels d'éducation du peuple*, par Robiano; Milan, 1819; — *Brevi Osservazioni d'un Piemontese intorno alcune inezattezze di quattro racconti venuti alla luce sopra l'attentata rivoluzione del Piemonte nel 1821*; Parme; — *Maximes et Réflexions politiques, morales et religieuses*, extraites des *Mémoires de Stanislas Leckzinski*; Parme, 1822; — *Observations sur quelques articles peu exacts de l'histoire de l'admi-*

nistration du royaume d'Italie pendant la domination des Français; Turin, 1825.

Arnault, Jouy, etc., *Biographie nouvelle des Contemporains*.

BRÊME (*Louis* ARBORIO-GATTINARA, l'abbé DE), fils puîné du précédent, littérateur et publiciste piémontais, né à Turin en 1781, mort en 1820. Destiné au sacerdoce, et élève de l'abbé de Caluso, il fut ordonné prêtre à vingt-deux ans. Il devint ensuite aumônier d'Eugène Beauharnais, et en 1807 conseiller d'État. Après les événements de 1814, il s'adonna uniquement aux lettres. Chaud partisan de l'école romantique, il en défendit les principes dans le journal *il Conciliatore*. Outre des poésies adressées à la vice-reine d'Italie, parmi lesquelles une *canzona* sur son retour des eaux d'Albano en 1811, on a de lui : *Discorso intorno all' ingiustizia d' alcuni giudizii letterarii italiani*; Milan, 1816, in-4° : c'est une apologie du romantisme; — *Lettera in versi sciolti*; ibid., 1817, in-8°; — *Cenni storici degli studii e della vita di Tomaso Valpergo de Caluso;* Milan, 1817, in-8°; — *Grand commentaire sur un petit article, par un vivant remarquable sans le savoir, ou Réflexions et notes générales et particulières à propos d'un article qui le concerne dans la Biographie des vivants;* Genève, 1817, in-8°; — *Istruzione al popolo sulla vaccina e suoi vantaggi;* Novare, 1818, in-12; — *Novelle letterarie;* Milan, 1820; — une traduction en vers des *Quatre âges* de Pougens; Turin, 1824 (œuvre posthume).

Sismondi, *Revue encyclopédique*, 1820, t. VIII. — Arnault, Jouy, etc., *Biographie nouvelle des contemporains*.

BREMOND ou **BERMOND** (en latin *Bermundus*). Plusieurs familles nobles de France l'ont porté; deux surtout, les *Bermond*, sires ou princes d'Anduse, de Sommières et de Sauves en Languedoc, et les *Bermond* ou *Bremond*, sires de Sainte-Aulaye, d'Aubeterre, de Cumont, d'Ars, de Balanzac et de Vaudoré, en Périgord, Angoumois, Saintonge et Poitou. Des généalogies et une vieille tradition donnent la même origine à ces deux races, et les font descendre de *Bremond* ou *Bermond*, nommé comte ou gouverneur d'Auvergne par l'empereur Charlemagne, en l'année 792 (1). Dom Vaissette (*Hist. du Languedoc*) émet l'opinion que les sires d'Anduze descendaient des anciens vicomtes de Nîmes, et Moréri, des rois d'Oviédo et de Léon. Ils n'ont adopté le nom de *Bermond*, comme appellation patronymique, que vers la fin du onzième siècle, tandis que les *Bermond* d'Angoumois le portaient à la fin du dixième. Parmi les membres de cette même famille on remarque :

I. *BREMOND D'ARS (*Pierre* DE), 4ᵉ du nom, fils de Guillaume de Bremond, seigneur d'Ars, mort en 1456. Il était fils de Guillaume de Bremond tué à Azincourt, le 25 octobre 1415, et dut à la valeur qu'il déploya lors de l'expulsion des Anglais de la Saintonge et de l'Angoumois, d'être l'un des vingt-quatre chevaliers de l'*ordre du Camail* ou *Porc-Epic*. Les lettres de chevalerie, signées Charles, duc d'Orléans, et datées de Cognac 19 juin 1442, portent qu'elles ont été conférées pour récompenser en Bremond ses *sens, noblesse, loyauté, vaillance, preud'homie*.

II. **BREMOND D'ARS** (*Charles* DE), né en 1538, mort en 1599. Il prit part, sous le nom de *baron des Châteliers*, aux guerres qui ensanglantèrent la France d'alors. C'est ainsi qu'il se trouva à Dreux, Jarnac, Saint-Denis et Moncontour; et toujours il suivit le parti catholique et la royauté. Ce fut à Moncontour qu'il empêcha les réformés d'attaquer Poitiers. Il assista au siège de Niort, et se jeta ensuite dans Poitiers assiégé par les huguenots, et s'y signala par sa valeur. Il combattit aussi à Marans. Retiré dans son château d'Ars pendant les deux années de paix qui suivirent, il en sortit pour soutenir les catholiques occupés à assiéger Brouage. Il revint à Ars en 1577, après avoir assisté au siège de Lusignan et à d'autres engagements. Il fut l'objet de nombreuses distinctions de la part de Henri III, qui lui confia en outre, le 27 avril 1585, le commandement des provinces de Saintonge, Aunis et Angoumois, et plus tard le gouvernement des mêmes provinces en l'absence de Bellegarde. Il maintint dans l'obéissance à la royauté les populations placées sous ses ordres. Le roi lui en témoigna toute sa satisfaction dans une lettre en date du 16 avril 1585. On y remarque le passage suivant : « Il me demeure ung grand contentement du bon ordre que vous avez donné à asseurer les villes de mon pays de Xanctonge en mon obéissance, et tellement disposé toutes choses qu'il n'y ait rien en apparence qui puisse altérer le repos de ces provinces ; louant infiniment vostre dextérité et les persuasions dont vous avez uzé à l'endroyt des gentilshommes du pays, pour les ramener à la devotion et fidelité qu'ils me doibvent, etc. » Une autre missive royale, en date du 28 avril 1585, autorise le baron d'Ars à armer plusieurs châteaux forts, et à les rendre propres à la résistance. Sous Henri IV, le baron d'Ars fut maintenu dans sa charge de lieutenant général, et resta également fidèle à ce prince.

III. *BREMOND D'ARS (*Josias*), fils du pré-

---

(1) Suivant quelques auteurs, ce *Bremond* était un *chef saxon* fait prisonnier (voy. Berly, *Hist. des Comtes de Poitou*); suivant d'autres, un Franc d'illustre origine ; et enfin, selon d'autres, un prince de la race gothique des Pélasges d'Espagne qui se serait attaché à Charlemagne. Ce nom de *Bermond* était, en effet, en usage parmi les rois d'Oviédo et de Léon à cette époque. On trouve un *Bermond*, *gouverneur de Lyon* en 818, qui fut chargé par *Louis le Débonnaire* de faire crever les yeux au malheureux *Bernard, roi d'Italie*. L'Église célèbre, le 8 mars, la fête d'un saint du nom de *Bermond* ou *Bremond;* c'était un abbé en Navarre, vivant au dix-septième siècle. (*Voy.* Ménage, *Catalogue de saints Abbés*.)

cédent, né en 1561, mort le 15 avril 1651. Jeune encore, il accompagna son père dans ses campagnes sous le nom de *baron des Châteliers*, et, comme son père, il resta attaché à la cause royale. Lié avec le duc d'Épernon, il le suivit au siége d'Aix en 1593. En 1614 il représenta, aux états généraux, la noblesse d'Angoumois. En 1617 il marcha contre les Rochelois, qui s'étaient emparés de Rochefort; et avec le duc d'Épernon il conduisit à Angoulême la reine, qui venait de quitter Blois. Au siége de Saint-Jean-d'Angély, où il se trouva en 1611, il eut son fils, François de Bremond, tué à son côté. Il combattit aussi sous les ordres du duc d'Épernon jusqu'à la paix de 1625, et secourut en 1728 l'île de Ré attaquée par les Anglais. L'historien Dupleix dit, en parlant de lui et de son fils Jean-Louis de Bremond, que « leurs noms méritent de la postérité. » Bremond revint ensuite au siége de la Rochelle. En 1635, il conduisit le ban et l'arrière-ban de la noblesse à Châlons, où se trouvait le roi. Il mourut retiré au château d'Ars, après avoir fait la guerre pendant soixante-quinze ans, et avoir assisté à plus de vingt batailles et dix-huit siéges.

Dupleix, *Histoire de France.* — Moréri, *Dictionnaire historique*.

IV. **BREMOND D'ARS** (*Jean-Louis*), de la branche d'Orlac, marin français, mort le 24 août 1704. Enseigne des vaisseaux du roi, il tomba frappé d'un boulet au combat de Malaga, à côté de l'amiral comte de Toulouse. Son frère, *Jacques-René*, fut grièvement blessé dans la même affaire. C'est à eux qu'Esménard fait allusion dans son poëme de *la Navigation* :

Là ces guerriers enfants, dont le jeune courage
Brille de leur faiblesse et des grâces de l'âge,
Élèves d'un héros et fiers de son appui,
Par la foudre en éclats sont frappés devant lui.

Annales de la marine. — La Pérouse. — Bonfils, *Histoire de la marine française*.

V. **BREMOND D'ARS** (*Pierre-René-Auguste*, comte DE), né à Saintes le 16 décembre 1759, mort dans la même ville le 25 février 1842. Nommé le 31 décembre 1788, par la noblesse de Saintonge, l'un des commissaires chargés de demander une administration provinciale, il proposa en même temps la proportionnalité dans le payement des subsides. Député suppléant aux états généraux de 1789, il y remplaça le comte de la Tour-du-Pin, devenu ministre de la guerre, et fit partie de la minorité amie des réformes progressives et modérées. Il signa la protestation du 13 avril 1790, contre le décret contraire à la religion catholique. Il en fit de même, le 24 juin, contre le décret relatif à la noblesse, et, le 30 mars 1790, contre le décret de déchéance du roi. Dans d'autres occasions, les 31 août et 29 septembre 1791 notamment, il manifesta les mêmes sentiments en faveur de la religion et de la royauté. Comme tant d'autres membres de la noblesse et du clergé, il émigra, et se réfugia en Hollande lors de la conquête de la Belgique par les armées républicaines. Il rentra en France en 1800, après avoir vécu à l'étranger, en donnant des répétitions de latin et de mathématiques. Un fils mort de froid et de faim, sa femme et sa sœur incarcérées, ses propriétés aliénées, tant de malheurs accumulés le portèrent à se retirer en quelque sorte du monde, au fond d'une campagne, près de Saintes, loin des honneurs, qu'il refusa. Sous l'empire comme sous la restauration, il se contenta du modeste titre de maire de la Chapelle-des-Pots. Membre du conseil d'agriculture de Saintes, il a publié : *Mémoire sur la culture de la vigne et la fabrication des vins en Saintonge*, dans le compte rendu de la Société d'agriculture de Saintes (1806); — quelques autres *Mémoires*, imprimés de même dans les Bulletins de cette Société.

Biographie Saintongeaise. — *Nouvelle Biographie des Contemporains.* — Rabbe, etc., *Biographie portative des Contemporains*.

VI. ***BREMOND** (*Charles* DE), marquis d'Ars, neveu de Jean-Louis, officier de marine, né en Saintonge le 15 août 1738, tué le 10 janvier 1771. Enseigne des vaisseaux du roi, il commandait, en avril 1760, la frégate *l'Opale*, lorsqu'il s'empara successivement, avec le secours de *la Malicieuse*, du navire anglais *le Guillaume-Marie*, et de la frégate anglaise *le Pingouin*, de vingt-quatre canons. Chargé, pendant quatre mois, de croiser sur les côtes d'Angleterre avec la frégate *la Brune*, dont il fut séparé vers la fin de décembre, Bremond fit dans cette campagne plusieurs prises importantes sur les Anglais, et succomba dans un combat contre des forces supérieures.

Gazette de France, années 1760-1761. — La Pérouse. — Bonfils, *Histoire de la Marine* — *Documents inédits*.

BREMOND D'ARSES ou **ARS** (1) (*Louis*), guerrier français, né en Saintonge, vivait dans la première moitié du seizième siècle. Il fut d'abord lieutenant de Louis de Luxembourg, comte de Ligny, et se distingua à Fornoue, où le chevalier Bayard combattit sous lui. Il ne se fit pas moins remarquer sous Louis XII. En 1499 il assista à la prise d'Alexandrie. Il alla ensuite au secours du château de Milan, lors de la révolte contre la domination française. A Novare, il lutta courageusement et de sa personne contre Ludovic Sforce. Il concourut à la conquête de Naples, se distingua au siége de Canosa, s'empara de Biseilles, et prit d'assaut le château de cette ville. A Cerignoles, le 28 avril 1503, il fut blessé, se rétablit bientôt de sa blessure, et vint prendre, dans la Pouille, Andria et plusieurs autres villes. Chargé de remplacer le comte de Ligny, qui venait de mourir à Lyon, Bremont d'Ars s'établit dans Venouse, que les Espagnols ne purent lui enlever. « Louis d'Ars, dit Jean d'Authon, fit ce que grosse armée ne put pas, et demeura le premier et le dernier en Pouille. » Il débarqua dans la Marche d'Ancône. A Rome,

(1) Il n'est pas de la même famille que les Bremond d'Ars précédents.

où il se rendit ensuite, il reçut du pape l'accueil le plus flatteur. A Fellizanos il tailla en pièce, un corps d'ennemis qui voulaient lui faire obstacle. Louis XII le plaça avec ses officiers dans sa garde. En 1510 il revint en Italie, où il eut Bayard pour lieutenant, et se trouva à la bataille de Ravenne en 1511.

Jean d'Authon, *Chronique*.

BREMOND (*Antoine*), théologien et historien français de l'ordre de Saint-Dominique, né en 1692 à Cassy, en Provence ; mort en 1755. En 1716 il fut envoyé comme missionnaire à la Martinique ; mais le mauvais état de sa santé le fit bientôt rappeler. Il se rendit à Rome, où on lui confia la publication du *Bullaire de l'ordre de Saint-Dominique*, collection qui parut de 1729 à 1740, en 8 vol. in-folio. Bremond fut nommé, en 1748, général de son ordre. Outre l'ouvrage déjà cité, on a de lui : *Manuale utile ad un cristiano, tradotto e raccolto da varj libri*; Rome, 1736 ; — *De germana stirpe sancti Dominici*; ibid., 1740, in-4° ; — *De illustr. viris Petro martyre Sansio et Francisco Serrano, et aliis in Fo-kienna provincia martyribus*; ibid., 1753, in-8° ; — *Annalium ordinis prædicatorum volumen primum*; ibid., 1756, in-fol.

Vie de Bremond Antoine, (dans le 1er vol. des) *Annales ord. prædicat*. — *Oraison funèbre du P. Bremond*; Rome, 1755.

BRÉMOND (*François* DE), physicien et naturaliste français, né à Paris le 14 septembre 1713, mort dans la même ville le 21 mars 1742. Il fut membre de l'Académie des sciences de Paris et de la Société royale de Londres. On a de lui : *Traduction des Transactions philosophiques de la Société royale de Londres*; Paris, 1738, 4 vol. in-4° ; — *Tables générales des Transactions philosophiques*; ibid., 1735, 1 vol. in-4° ; — *Recueil de tous les écrits publiés en Angleterre sur le remède de mademoiselle Stephens*; ibid., 1742, 2 vol. in-12 : le 1er vol. est de Brémond et de Morand réunis ; le 2e vol. est de Morand seul ; — une *Traduction des expériences physiques sur diverses manières de dessaler l'eau de la mer et de la rendre potable*, par Galles ; ibid., 1736, in-12 ; — une *Traduction des Nouvelles tables loxodromiques* de Murdoch ; 1742, in-12 ; — une *Traduction des expériences physico-mécaniques sur différents sujets*, par Hawksbée, et *Histoire complète de l'électricité*, ouvrages posthumes publiés par Desmarets ; 1754, 2 vol. in-12.

De Mairan, *Éloge de François de Brémond*, dans les *Mémoires de l'Académie des Sciences*, année 1741. — Morèri, *Dictionnaire hist.* — *Biographie médicale*. — Quérard, *la France littéraire*.

BRÉMOND (*Gabriel* DE), romancier français, réfugié en Hollande vers la fin du dix-septième siècle, se mit aux gages des libraires des Provinces-Unies, comme un assez grand nombre de ses compatriotes, qui trouvaient des moyens d'existence dans la publication d'écrits plus ou moins frivoles. On ignore le lieu et la date de sa naissance, ainsi que l'époque de sa mort. Il ne se borna pas à composer des ouvrages romanesques. S'étant mêlé d'intrigues politiques dans des vues opposées à celles du gouvernement, alors que la guerre éclata entre les hautes puissances et la France, il fut mis en prison à la Haye ; c'est là qu'il occupa ses loisirs à refondre la traduction que Chapelain avait donnée des *Aventures de Guzman d'Alfarache*. Il supprima beaucoup de réflexions oiseuses ou prolixes qui embarrassaient la marche de l'action, et « accommoda « le livre à la française, en y insérant une infi- « nité de petites histoires *connues* de ceux qui « *connaissent* la carte de la cour et de Paris (1). » Ce n'est donc pas une traduction nouvelle, ainsi que l'a cru Lenglet Dufresnoy. *L'arrangeur* (2) ne manque pas de saisir l'occasion de tomber à bras raccourci sur les gens de justice. Ces diverses modifications que subit la traduction originaire procurèrent quelque succès à la *Vie de Guzman d'Alfarache, où l'on voit ce qui se passe sur le théâtre de la vie humaine*; Amsterdam, 1695, 3 vol. in-12. Cette fois, ce furent les libraires de Paris qui usèrent de représailles envers ceux de Hollande en faisant réimprimer l'ouvrage la même année. Le nouvel abrégé de Guzman, publié par le Sage, a fait oublier celui-ci. Brémond n'obtint sa liberté qu'après la conclusion du traité de Ryswick. Après sa sortie de prison, il passa au Levant, et depuis lors on manque de renseignements sur sa personne.

Les autres ouvrages que l'on connaît de Brémond sont : *Apologie, ou les véritables Mémoires de madame Marie Mancini, connétable de Colonna, écrits par elle-même*; Leyde, 1678, pet. in-12 : ces *véritables Mémoires* étaient destinés à servir d'antidote à d'autres *Mémoires* également apocryphes qui avaient été publiés à Cologne, 1676, in-12, sous le nom de cette princesse. Le fond des uns et des autres est vrai ; mais les incidents de pure imagination y tiennent trop de place pour qu'on puisse les ranger dans la classe des documents historiques ou simplement anecdotiques ; — *Hattigé, ou les Amours du roi de Tamaran, nouvelle*; Cologne, Simon l'Africain, 1676, in-12 : c'est la relation, sous des noms supposés, des amours de Charles II, roi d'Angleterre, avec lady Castelmaine. L'abbé Sephor avait trouvé sur l'exemplaire qui lui appartenait une clef manuscrite des personnages, que M. Barbier a rapportée. D'après M. Brunet, il faut compter *Hattigé* au nombre des livres rares. Au surplus, cette nouvelle a été réimprimée dans le tome II du recueil intitulé *Histoires tragiques et galantes*, 1710, 3 vol. in-12 ; — *le Galant Escroc, ou le faux comte Briou*, 1677, in-12 ; — *Mémoires galants, ou les Aventures amoureuses d'une personne de*

(1) *Lettres choisies de Bayle, avec des remarques*, tom. I, p. 106.
(2) Mercier, *Néologie, ou Vocabulaire de mots nouveaux*, tom. I, p. 49.

qualité, 1680, in-12. Desmaizeaux, annotateur des *Lettres de Bayle* (tom. I, p. 128), indique encore plusieurs autres ouvrages dans le même genre, et observe que l'auteur les a dédiés à des personnes de qualité en Angleterre, sans doute pour provoquer leur générosité ou leur appui. Toutes ces productions, quoique écrites avec esprit et un certain enjouement, sont à peu près oubliées aujourd'hui, à l'exception des Mémoires de Marie Mancini et d'Hattigé. On attribue aussi à Brémond *le Double Cocu, histoire du temps*, Paris, 1678, in-12, réimprimé à Rouen, sous ces titres : *le Cocu content*, ou *le Véritable Miroir des Amoureux*, 1702, in-12; — *Histoire galante d'un double cocu*, 1703, in-12. Les amateurs de facéties recherchent ces sortes d'écrits, seulement sur l'étiquette du sac.

J. LAMOUREUX.

Lenglet-Dufresnoy, *Bibliothèque des Romans.* — Desmaizeaux, *Lettres de Bayle avec des remarques.* — *Dictionnaire des Anonymes.*

BRÉMOND (*Gabrielle*), voyageuse française, née à Marseille, vivait dans le milieu du dix-septième siècle. Elle fit le pèlerinage de Jérusalem, et visita la haute et basse Égypte, la Palestine, le mont Sinaï, et une grande partie des provinces de la Syrie. Son voyage, traduit du français par Richard-Ange Bremi, a été publié en italien; Rome, 1673, in-4°; ibid., 1679, in-8°.

Biographie universelle.

BRÉMONT (*Étienne*), théologien français, né à Châteaudun le 21 mars 1714, mort le 25 janvier 1793. Il fut successivement curé à Chartres, chanoine de la même ville, et chanoine de l'église de Paris. Il prit part aux querelles occasionnées par la bulle *Unigenitus*. Décrété de prise de corps par le parlement, il erra pendant onze ans, et ne reparut qu'en 1773. On a de lui : *Dissertation sur la notoriété publique des pécheurs scandaleux*, etc.; 1756; — *Recueil de pièces intéressantes sur la loi du silence*, in-12; — *Lettres adressées à l'auteur de l'Année littéraire, à l'occasion d'un nouveau plan de philosophie classique;* Paris, 1785, in-12; — *Représentations à M. Necker, à l'occasion de son ouvrage : De l'importance des opinions religieuses;* Genève et Paris, 1788; — *Apologie du Mémoire présenté au roi par les princes, relativement à la réunion des ordres;* Paris, 1789, in-8°; — *Examen de plusieurs projets de constitution*, in-8°; — *De la raison dans l'homme;* ibid., 1785-1787, 6 vol. in-12. Cet ouvrage valut à l'auteur un bref honorable de Pie VI et les félicitations des plus illustres prélats français.

Richard et Giraud, *Bibliothèque sacrée.* — Quérard, *la France littéraire.*

BRÉMONTIER (*Nicolas-Théodore*), ingénieur français, inspecteur général des ponts et chaussées, né en 1738, mort à Paris en 1809. Doué d'un esprit observateur, de connaissances étendues dans les sciences naturelles, il fut le premier qui signala un moyen propre à fixer les dunes du golfe de Gascogne, à les empêcher de *gagner pays*, suivant l'expression de Montaigne. On sait que, depuis plusieurs siècles, ces montagnes de sable mobile, s'avançant avec une rapidité effrayante entre l'embouchure de la Gironde et celle de l'Adour, avaient couvert un vaste territoire, et enseveli un grand nombre d'habitations et de villages. Brémontier, par des moyens aussi simples qu'avantageux dans leurs résultats, arrêta ce fléau, qui menaçait même l'existence future de la ville de Bordeaux. Dans ces contrées, autrefois désertes, on voit aujourd'hui de magnifiques forêts de pins maritimes, et même des plantations de vigne, qui y réussissent parfaitement. Aussi n'est-ce pas sans un vif sentiment d'intérêt que le voyageur lit, sur la pierre du monument élevé en ce lieu à la mémoire de Brémontier, les mots suivants, qu'y a gravés la reconnaissance publique : *L'an 1786, sous les auspices de Louis XVI, M. Brémontier fixa le premier les dunes, et les couvrit de forêts. En mémoire du bienfait, Louis XVIII, continuant les travaux de son frère, éleva ce monument*, 1818. Brémontier a donné l'explication détaillée des moyens qu'il a employés, et l'historique de ses travaux, dans quelques mémoires présentés à la Société d'agriculture de Paris. Le rapport des commissaires de cette Société est inséré dans le tome IX de ses Mémoires (année 1806). On a encore de Brémontier : *Mémoire sur les dunes, et particulièrement sur celles qui se trouvent entre Bayonne et la pointe de Gave, à l'embouchure de la Garonne;* Paris, 1796, in-8°; — *Recherches sur le mouvement des ondes;* ibid., 1809, in-8°.

Rapport sur les différents Mémoires de Brémontier, par MM. Gillet-Laumont, Tessier et Chassiron. — *Notice sur Brémontier*, dans les *Mémoires de la Société d'agriculture*, t. XIII. — Le Bas, *Dict. encyclop. de la France.* — Quérard, *la France littéraire.*

BREMSER (*Jean-Godefroy*), médecin naturaliste allemand, né à Wertheim-sur-le-Mein le 19 août 1767, mort le 21 août 1827. Il se fixa à Vienne, et y pratiqua la médecine; il contribua vivement à la propagation de la découverte de la vaccine, fit de nombreux essais sur l'emploi thérapeutique du galvanisme, s'occupa spécialement de la théorie des vers intestinaux, des moyens de guérir les affections vermineuses, et devint un célèbre helminthologiste. On a de lui en allemand : *Essai sur la vaccine;* Vienne, 1801, in-8°; — *la Vaccine considérée dans ses rapports avec les intérêts de l'État;* ibid., 1806, in-8°; — *Explication des proverbes populaires sur la médecine*, ibid., 1806, in-8°; — *Avis sur la manière dont il faut se conduire dans les saisons insalubres pour se préserver des maladies;* ibid., 1807, in-4°; — *Traité zoologique et physiologique sur les vers intestinaux de l'homme;* ibid., 1819, in-8°; traduit en français par Grundler; Paris, 1824, in-8°; — *Icones helminthum, systema Rudolfi* *entozoologicum illustrantes*; ibid., 1824, in-fol.

Callisen, *Medic., Schriftsteller-Lexicon*.

BREMUNDANO (*Francisco-Fabro*), historien espagnol, vivait dans la seconde moitié du dix-septième siècle. On a de lui : *Historia de los hechos del señor don Juan de Austria en el principado de Cataluña*; Saragosse, 1673, in-fol.; — *Floro historico de la guerra de Ungria*; Madrid, 1684, 5 vol. in-4°.

Antonio, *Bibliotheca hispana nova*.

BRENDAN (*saint*), dit *l'Ancien*, né en Irlande vers la fin du cinquième siècle, mort le 16 mai 578. Après avoir passé plusieurs années dans l'abbaye de Llan-Carvan, il fonda le monastère d'Ailech en Angleterre, bâtit une église dans les îles Shetland, établit plusieurs couvents et plusieurs écoles dans sa patrie, et contribua ainsi à la civilisation de l'Irlande. La relation des voyages de ce saint se trouve dans un recueil manuscrit de la bibliothèque de Nuremberg, contenant le récit des voyages de Marc-Paul et de quelques autres personnages.

Vie manuscrite de saint Brendan, dans la bibliothèque Cottonienne à Londres. — Jacques Usher, *Britannicarum ecclesiarum antiquitates*. — Smith, *Histoire naturelle et civile de Kerry*. — Les Bollandistes, t. III, de mai.

BRENDEL (*Adam*), médecin allemand, mort en 1719. Il fut professeur d'anatomie et de botanique dans l'université de Wittemberg. Ses principaux ouvrages sont : *de Homero medico*; Wittemberg, 1700, 1715, in-4°; — *de Embryone in ovulo ante conceptionem existente*; ibid., 1703, in-4°; — *de Curatione morborum per carmina*; ibid., 1706, in-4°; — *Liber de lapidicina microcosmica*; ibid., 1711, in-4°; — *de Balneis veterum valetudinis causa adhibitis*; ibid., 1712, in-4°; — *Commentatio de febre puerpera ex antiquitate eruta*; — *de Usu et abusu venæ sectionis in curandis febribus*; ibid., 1715, in-4°.

Biographie médicale.

BRENDEL (*Jean-Godefroy*), médecin allemand, né à Wittemberg en 1712, mort le 17 janvier 1758. Il fut professeur de médecine à Gœttingue. Ses principaux ouvrages sont : *Opuscula mathematici et medici argumenti*; Gœttingue, 1769, 3 vol. in-4°; — *Medicina legalis seu forensis, ejusdemque prælectiones academicæ in Teichmeyeri inst. medic. leg.*; Hanovre, 1789, in-4°; — *Prælectiones academicæ de cognoscendis et curandis morbis*; Leipzig, 1792, 3 vol. in-8°; — un grand nombre de dissertations sur différents sujets de médecine.

Adelung, suppl. à Jöcher, *Allgem. Gelehrten-Lexicon*. — *Biographie médicale*.

BRENDEL (*Jean-Philippe*), médecin allemand, vivait à Schleitz, dans le Vogtland, au commencement du dix-septième siècle. On a de lui : *Consilia medica celeberrimorum quorumdam Germaniæ medicorum collecta*; Francfort, 1615, in-4°.

Van der Linden, *de Scriptoribus medicis*.

BRENDEL (*Zacharie*), médecin allemand, né à Iéna le 1er janvier 1592, mort le 13 juin 1638. Il fut professeur de médecine à la faculté de sa ville natale. On a de lui : *Tractatus de inductorum purgantium viribus, dosi*, etc.; Iéna, 1630, in-4°; — *Chimia in artis formam redacta*; ibid., 1630, in-12; 1641, in-8°; Leyde, 1671, in-12; — *de Medicina, arte nobilissima*; ibid., 1635, in-4°.

Zeuner, *Vitæ professorum Jenensium*. — *Biographie médicale*.

*****BRENET** (*Nicolas-Guy-Antoine*), graveur et médailleur français, né à Paris, élève de Gatteaux, a produit, depuis 1806, un grand nombre d'œuvres remarquables, parmi lesquelles nous citerons les médailles de Napoléon, de Joséphine, d'Alexandre Ier, de la création du royaume de Westphalie, de la bataille de Wertingen, du passage de la Vistule, de la confédération du Rhin, de la bataille d'Eylau, du code civil, de la conquête de l'Égypte, de l'érection du tombeau de Desaix, de l'érection du duché de Pologne, de l'arc de triomphe du Carrousel. Pendant la restauration, il consacra son talent à l'histoire de ce temps, et publia les médailles de l'arrivée de Louis XVIII en France, du retour de ce prince à Paris, du mariage du duc de Berry, du baptême du duc de Bordeaux; enfin ce fut lui qui grava les sceaux de Charles X. M. Brenet a exposé, en 1835, la médaille du serment des villes de France à Louis-Philippe, et deux médailles représentant les statues de Napoléon placées sur la colonne en 1810 et en 1833. Dans les expositions de 1836 et 1839, on a vu de lui des médailles représentant la prise de l'Hôtel de ville et du Louvre pendant les journées de juillet.

Le Bas, *Dictionnaire encyclopédique de la France*.

*****BRENIER DE MONTMORAND** (*Antoine-François*, comte DE), général français, né en 1767 à Saint-Marcellin (Isère), mort en 1832. Il entra au service en 1786, et obtint, dans les premières années de la révolution, un avancement rapide. Il fit avec distinction toutes les campagnes de la république, et suivit en 1807 le général Junot en Portugal, où sa valeur se signala surtout à la bataille d'Alméida. Sommé par les Anglais d'abandonner cette place, dont Masséna avait inutilement cherché à les éloigner, il en fit sauter les fortifications; et, le 10 mai, à la tête de la poignée de braves qui lui restait, il s'ouvrit un passage à travers l'armée anglaise, et rejoignit l'armée du maréchal, qui le croyait perdu. Le grade de général de division fut la récompense de cette action d'éclat. Depuis cette époque, il prit une part honorable à la campagne de 1813. Nommé en 1814 commandant de la seizième division militaire, il mit Lille en état de défense, et passa ensuite au commandement de la ville de Brest, où sa conduite pendant les Cent-Jours lui mérita une épée d'honneur, que lui vota le conseil municipal. Inspecteur général d'infanterie, de 1816 à 1818, commandant supérieur de la

Corse, de 1820 à 1823, il obtint sa retraite en 1827.

Le Bas, *Dictionnaire encyclopédique de la France.*

BRENIUS (*Daniel*), théologien protestant hollandais, né à Harlem en 1594, mort en 1664. Il était socinien et arminien, disciple d'Épiscopius. Ses principaux ouvrages sont : *Opera theologica;* Amsterdam, 1664, in-fol.; — un *Examen* du traité d'Épiscopius sur cette question : *An liceat christiano magistratum gerere?* dans le 2e vol. des œuvres d'Episcopius ; — *le Miroir des vertus des chrétiens*, en flamand ; ibid., 1630, in-8° ; — *Compendium theologiæ erasmicæ*; Rotterdam, 1677, in-24.

Christ, Sand, *Bibliotheca Anti-Trinitariorum.* — Arnold, *Kirchen-und Ketzer historie.* — Sagittarius, *Introductio ad historiam ecclesiasticam.*

BRENKENHOFF (*François-Balthasar* Schoenberg de), économiste et agriculteur allemand, né à Reidebourg, près de Halle, le 15 avril 1723, mort le 21 mai 1780. Il n'était encore que page du prince d'Anhalt-Dessau, qu'il s'occupait déjà des plus petits détails de l'économie rurale. Doué d'un esprit observateur et d'un certain tact pratique, il suppléa par ces qualités aux connaissances préliminaires qui lui manquaient, et s'éleva peu à peu à de grandes vues d'économie politique et administrative. Par les soins qu'il donna à l'agriculture, il sauva en partie le pays d'Anhalt des maux de la guerre de sept ans. Appelé par Frédéric II, il répara les désastres que la guerre avait causés à la Poméranie prussienne et à la Nouvelle-Marche. Ce prince lui confia ensuite l'administration des provinces de la Pologne, qu'il venait d'acquérir.

Meissner, *Vie de Brenkenhoff* ; Leipzig, 1782, in-8°. — Ersch et Gruber, *Allgemeine Encyclopædie.* — Adelung, suppl. à Jöcher, *Lexicon.*

BRENKENHOFF (*Léopold*), traducteur et écrivain stratégiste allemand, né à Dessau en 1750, mort le 5 octobre 1799. On a de lui : *Paradoxes concernant en grande partie les théories militaires ;* Leipzig, 1798, in-8° ; — plusieurs ouvrages relatifs à l'art militaire, traduits du français en allemand.

Ersch et Gruber, *Allg. Encycl. der Wissenschaften und Künste.*

BRENKMANN (*Henri*), jurisconsulte hollandais, né à Rotterdam vers 1680, mort en avril 1736. Ses principaux ouvrages sont : *Dissertatio de legum inscriptionibus;* Leyde, 1705, in-4°; — *Societas litteraria, seu leges societatis a se instituendæ*, ibid.; 1713, in-12 ; — *Historia Pandectarum, seu fatum exemplaris florentini; accedit gemina dissertatio de Amalfi;* Utrecht, 1722, in-4°; — *Epistola ad Franc. Hesselium;* ibid., 1735, in-4°; — *Pandectæ juris civilis auctoribus suis et libris restituti, speciminis loco hic prodit Alfenus Varus;* Amsterdam, 1709, in-8°. C'est une espèce de spécimen d'un grand ouvrage que Brenkmann préparait sur les *Pandectes* de Justinien, et que la mort l'empêcha d'achever. On a fait usage des manuscrits de l'auteur pour l'édition des *Pandectes* publiée par Spangenberg.

G.-C. Gebauer, *Narratio de Henr. Brenkmanno;* Gœttingue, 1764, in-4°. — Ersch et Gruber, *Allgem. Encycl.*

BRENNEISEN (*Ennon-Rodolph*), jurisconsulte allemand, né à Essen en 1670, mort à Aurich le 22 septembre 1734. Il fut chancelier du prince d'Ost-Frise. Son principal ouvrage est : *Histoire de l'Ost-Frise, et tableau de sa constitution;* Aurich, 1720, 2 vol. in-fol.

Bertram, *Parerga Ost-Frisic.* — Ersch et Gruber, *Allgem. Encycl.*

BRENNER (......'), historien, vivait dans la première moitié du dix-huitième siècle. Il entra dans les ordres, et publia : *Histoire des révolutions de Hongrie;* la Haye, 1739, 2 vol. in-4° et 6 vol. in-12.

Quérard, *la France littéraire.*

BRENNER (*Élie*), antiquaire suédois, né en 1647, mort le 16 janvier 1717. Il ne se contenta pas de faire des recherches sur les antiquités; il s'appliqua aussi au dessin, et devint peintre en miniature de la cour de Charles XI. On a de lui : *Nomenclatura trilinguis, gemina specimina colorum simplicium exhibens, quibus artifices miniaturæ picturæ utuntur;* 1668, in-4°; — *Thesaurus nummorum Sueco-Gothicorum;* Stockholm, 1691, in-4°; — Supplément au *Thesaurus nummorum*, etc., publié après la mort de l'auteur; ibid., 1731, in-4°.

Dal, *Specimen biographicum de antiquariis Sueciæ.* — Ersch et Gruber, *Allgem. Encycl.* — Jöcher, *Allgem. Gelehrten-Lexicon.*

BRENNER (*Sophie-Élisabeth* Weber), femme poète suédoise, épouse du précédent, morte vers 1730. Elle se fit remarquer par ses connaissances et ses talents pour la poésie. Le premier volume de ses ouvrages a paru en 1713, et le second en 1732.

Ersch et Gruber, *Allgem. Encycl.* — Jöcher, *Allgem. Gelehrten-Lexicon.*

BRENNER (*Henri*), historien suédois, né en 1669, mort en 1732. Il accompagna Fabricius, ambassadeur de Charles XI en Perse. A son retour, Pierre Ier, qui était en guerre avec la Suède, le fit arrêter à Moscou, et l'y retint prisonnier jusqu'à la paix, en 1721. On a de lui : une traduction latine d'un extrait de l'*Histoire d'Arménie*, par Moïse de Chorène; Stockholm, 1723, in-4°; — une relation, en suédois, de l'expédition de Pierre Ier contre la Perse. On y trouve une carte exacte de la mer Caspienne et de la rivière de Daria.

BRENNUS, chef gaulois, dont le véritable nom nous est demeuré inconnu (car *brenn*, en langue celtique, n'est qu'un titre générique commun à tous les chefs), vivait au quatrième siècle avant J.-C. Il était à la tête des Sénones de l'Italie, entre le Rubicon et le Métaure, quand un citoyen de Clusium, Aruns, irrité de ne pouvoir obtenir du sénat romain la punition du pupille séducteur de sa femme, fit appel aux armes des dangereux voisins que l'expédition de Bellovèse avait donnés à l'Étrurie et au Latium. Six ans suffirent à Brennus pour subjuguer toutes les régions entre Ravenne et le Picenum; puis, toujours guidés par Aruns, les Gaulois mirent le siége devant Clusium. La ville étrusque implora le secours de Rome, et le sénat députa les trois frères Fabius au général ennemi. « De quel droit faites-vous la guerre aux Clusiens? » demandèrent les ambassadeurs. « Du droit qui vous a rendus les maîtres des Fidénates, des Sabins, des Albains, des Èques, des Volsques, » répondit Brennus. Les trois Fabius se jetèrent dans les murs de la ville assiégée. Le rusé Gaulois cria à la violation du droit des gens, marcha sur Rome, suivi de 70,000 combattants; et au confluent de l'Allia et du Tibre, à quatre lieues de Rome, rencontra les tribuns militaires avec 40,000 hommes levés à la hâte (16 juillet 390). Il défit complétement les Romains, qui depuis lors ont placé l'anniversaire de la bataille d'Allia parmi les jours néfastes.

Brennus s'avance sans obstacle vers Rome, y entre, n'y trouve que quatre-vingts vieillards patriciens immobiles sur leurs chaises d'ivoire, et met le feu à cette cité, veuve de ses habitants. Le Capitole seul, où s'est réfugiée l'élite de la jeunesse, lui oppose quelque résistance. L'armée gauloise se partage en deux corps, dont l'un se charge d'aller chercher des vivres, mais se laisse tailler en pièces par les Ardéates que commande Camille, tandis que l'autre tantôt attend au pied du mont Capitolin l'effet tardif de la famine, tantôt essaye de hâter l'instant du triomphe par un assaut. Peu s'en faut que Brennus ne réussisse : un sentier inconnu le conduit presque dans la citadelle; mais le cri des oies éveille Manlius, et les Gaulois sont précipités des murs qu'ils escaladaient. Peu après cependant les Romains furent obligés de se rendre; et, Brennus, chargé de 1,000 (ou 2,000) livres d'or, reprend le chemin de son pays, que ravageaient les Vénètes, forts de son absence. Peut-être aussi le découragement d'une part, de l'autre l'armée que formait Camille à Véies, le décidèrent-ils à se contenter de cette rançon. En général les Celtes, vifs et impétueux, se rebutaient vite; et si leur premier choc était irrésistible, dès qu'il fallait user de patience, ils étaient à demi vaincus. Du reste, les Romains ne voulurent pas même admettre que Brennus les eût vaincus : Tite-Live et Florus nous montrent bien les jeunes braves du Capitole achetant l'éloignement des Sénones au prix de 1,000 livres d'or; mais une contestation s'élève sur la justesse des poids fournis par les Gaulois; Brennus, posant son épée sur le plateau, dit ce mot passé en proverbe : *Væ victis!* (Malheur aux vaincus!) mais à peine a-t-il fait retentir l'exclamation terrible, que Camille survient, annule en sa qualité de dictateur le traité conclu sans son ordre, déclare aux Gaulois qu'il n'a que du fer et non de l'or pour ses ennemis, et remporte sur Brennus une victoire décisive. Il ne resta pas même, dit-on, un homme pour porter la nouvelle du désastre aux Gaulois. Plusieurs historiens n'ont pas voulu croire à la possibilité d'une victoire aussi complète. Polybe, Denys d'Halicarnasse et d'autres ont partagé cette incrédulité.

Brennus, chef des descendants de la colonie armée conduite en Germanie par Sigovèse, franchit, l'an 279 avant J.-C., les monts qui ferment au sud la vallée du Danube inférieur, attaqua la Dardanie, et, quoique battu par Sesthène, qui périt au sein de la victoire et après quelques mois de règne, ravagea et pilla la Macédoine, se répandit dans la Thessalie, passa le Sperchius à l'aide d'une ruse de guerre, perdit les batailles d'Héraclée et du mont Œta, n'en traversa pas moins les gorges des Thermopyles, grâce à une diversion puissante qu'il fit sur l'Étolie, et enfin marcha sur Delphes, dont le temple passait pour être rempli de richesses extraordinaires. L'armée de Brennus, en quittant la Pannonie, comptait, dit-on, 150,000 hommes d'infanterie et 60,000 cavaliers. Un ouragan épouvantable les surprit à peu de distance de la ville sainte; et le lendemain, quand les Grecs, profitant de leur désordre, fondirent sur eux, un *Sauve qui peut!* général se fit entendre. Brennus blessé s'empoisonna. Les Étoliens, les Thessaliens, les Maliens anéantirent les débris de ce peuple armé. Un corps de 20,000 hommes échappa seul, et, se rendant dans l'Asie Mineure, s'y fit abandonner le pays appelé *Galatie*, du nom des Gaulois. [*Enc. des g. du m.*]

Tite-Live, V. — Florus. — Polybe, II. — Denys d'Halicarnasse. — Diodore, XIV. — Justin, XXIV. — Pausanias, X. — Strabon, V.

BRENT (*Nathanaël*), jurisconsulte et traducteur anglais, né en 1573 à Little-Woolford, dans le comté de Warwick; mort à Londres en 1652. Il fut gardien du collége de Merton à Oxford, vicaire général, et commissaire du diocèse de Cantorbéry. On a de lui : une traduction en anglais et en latin de l'*Histoire du concile de Trente*, par Paul Sarpi; Londres, 1619, 1640 et 1676 : le docteur Abbot, archevêque de Cantorbéry, l'avait envoyé en 1618 à Venise, pour lui procurer un exemplaire de cette histoire; — une édition revue de la *Défense de l'Église d'Angleterre, sur la consécration et l'ordination des évêques*, par F. Mason; ibid., 1623.

Biographia Britannica.

* **BRENTANA** (*Simone*), peintre italien, né en 1656 à Vérone, suivant Orlandi et Ticozzi; à Venise, selon Lanzi; mort octogénaire. Resté à neuf ans orphelin et sans biens, il s'adonna successivement à la musique et aux mathématiques; il les quitta pour se livrer à la peinture, qu'il apprit sans maître par l'étude des ouvrages de Michel-Ange, de Raphaël, du Titien et du Tintoret. Il sut se créer un style original, malgré les emprunts qu'il fit à ces grands modèles. Il ressemble au Tintoret par cette ardeur qui ne lui permit pas toujours de terminer avec assez de soin; ses formes et son coloris rappellent l'école

romaine de son temps. Ses compositions furent très-recherchées, et il dut en partie son succès à ses connaissances en anatomie et en perspective. A l'église Saint-Sébastien de Vérone, on voit de lui un *Martyre* de ce saint, dont la figure, savamment dessinée, est soutenue par un ange d'une grâce inexprimable. Brentana travailla jusqu'à la fin de sa longue carrière, et il avait quatre-vingts ans quand il peignit un *saint André d'Avellino* pour l'église San-Gaetano de Vicence. E. B—N.

Orlandi, *Abbecedario.* — Lanzi, *Storia pittorica.* — Ticozzi, *Dizionario.*

* **BRENTANO** (*Clément*), romancier et poëte dramatique, né à Francfort-sur-le-Mein en 1777, mort le 28 juin 1842. Il était frère de la célèbre amie de Gœthe, Bettina d'Arnim. Après avoir étudié à Iéna, il séjourna alternativement dans cette ville, à Francfort, à Heidelberg, à Vienne, et à Berlin. Plus tard, poussé par un accès de misanthropie, il se retira dans l'abbaye de Dulmen, au pays de Münster; et sur la fin de sa vie il vécut dans les mêmes dispositions d'esprit, tantôt à Ratisbonne, tantôt à Munich ou à Francfort. On a de lui : *Satiren und poetische Spiele* (Satires et jeux poétiques); Leipzig, 1800, sous le pseudonyme de Maria; — *Godwi oder, das steinerne Bild der Mutter* (Godwi, ou l'Image de pierre de la mère), sous le même pseudonyme; Francfort, 1801; — *Die lustigen Musikanten* (les Joyeux musiciens), opéra, 1803; — *Ponce de Léon*, comédie; Gœttingue, 1804; — *Victoria und ihre Geschwister mit fliegenden Fahnen und brennender Lunte* (Victoria et ses frères et sœurs aux étendards flottants et aux mèches allumées; Berlin, 1804); œuvre dont le titre annonce le sujet humoristique; — *Universitates litterariæ*; Berlin, 1810; — *Der Rheinübergang, ein Rundgesang für Deutsche* (le Passage du Rhin, un rondeau pour les Allemands); Vienne, 1814; — *Schneegloeckchen* (les Perceneige); Hambourg, 1819; recueil de poésies, dont il racheta, dit-on, les exemplaires pour les anéantir; — *Geschichte vom braven Kaspar und dem schœnen Annerl* (Histoire de l'honnête Gaspard et du bel Annerl); Berlin, 1851; — *Gœkel, Hinkel und Gakeleia*, légende; Francfort, 1838.

Conversations-Lexicon. — Saint-René Taillandier, dans la *Revue des Deux Mondes.*

* **BRENTANO** (*Sophie*), femme du précédent, romancière allemande, née le 27 mars 1761, morte le 31 octobre 1806. Elle était de la famille Schubart, et épousa d'abord le professeur Mereau, d'Iéna, avec lequel elle divorça. Elle collabora à divers recueils et journaux, et publia : *Gedichte* (poésies); Berlin, 1800; — *Kalathiskos* (roman); Berlin, 1801; — *Amande und Eduard* (autre roman, en lettres); Francfort, 1803; — *Bunte Reihe kleiner Schriften* (série variée de petits écrits); Francfort, 1805.

Conversations-Lexicon.

* **BRENTANO** (*Laurent*), révolutionnaire allemand, né à Manheim en 1810. Après avoir étudié le droit à Heidelberg, il suivit le barreau de Bruchsas, de Rastadt et de Manheim. Élu député de cette dernière ville en 1846, il ne se fit guère connaître comme homme politique qu'à partir de 1848, à l'occasion d'un discours violent qu'il prononça au mois d'août dans une séance de l'assemblée nationale allemande. Devenu chef des révolutionnaires de Bade par suite de l'échec de Hecker, il excita une agitation qui le rendit redoutable au gouvernement badois en 1848 et au commencement de 1849. Il ne prit cependant aucune part aux émeutes de 1848. En 1849, il se retira de la chambre avec les autres membres de la majorité du parti radical, et défendit Struve devant les assises de Fribourg. Les événements amenés par l'assemblée d'Offenbourg portèrent Brentano à la tête de la commission de gouvernement. Mais dès lors il se prononça contre les mesures violentes, ce qui amena entre lui et le parti de Struve un conflit presque sanglant (5 et 6 juin). Il conserva cependant jusqu'à la fin du régime révolutionnaire la direction du pouvoir; mais une proposition faite par Struve, le 28 juin, dans l'assemblée constituante, et considérée par Brentano comme un acte de méfiance, le porta à s'enfuir, dans la nuit, à Schaffhouse; ce qui le fit déclarer traître par l'assemblée. Il répondit, par un manifeste accusateur, à l'adresse de son ancien parti. De la Suisse, Brentano vint en France, d'où il se rendit en Amérique. Il s'y occupe, dit-on, d'affaires, et publie un journal allemand.

Conversations-Lexicon.

BRENTEL (*Frédéric*), peintre alsacien, né à Strasbourg en 1580, selon Michel; et en 1580, selon Descamps. Il eut pour élève le fameux Guillaume Bawer. Les petits ouvrages en miniature et à gouache qu'il exécuta sont d'un fini extrêmement précieux. Son dessin est pur, son coloris agréable et brillant. En 1638, il peignit sur vélin, pour la galerie impériale de Vienne, une *Prédication de saint Jean dans un bois, avec une ville en perspective*. En 1647, Guillaume, marquis de Bade, lui commanda un *Livre d'heures* avec quarante miniatures, dans lesquelles Brentel a réduit en petit, et avec une entente admirable, les plus beaux tableaux de Rubens, de Van-Dyck, de Wouwermans, de D. Téniers, de Breughel, etc. Ce manuscrit, d'une conservation parfaite, se trouve à la Bibliothèque impériale de Paris.

Descamps, *Vies des Peintres flamands et hollandais.* — Catalogue (nos 27 et 28) *de la bibliothèque du baron de Heiss.* — Notice en tête du *Livre d'heures.*

BRENTIUS (*Andreas*). Voy. ALTHAMER.

BRENTIUS ou **BRENTA** (*André*), littérateur et médecin italien, né à Padoue vers 1450, mort à Rome en 1483. Il fut secrétaire du cardinal Olivier Caraffa, et eut pour protecteur le pape Sixte IV. On a de lui : *Caii Julii Cæsaris oratio Vesontione belgicæ ad milites habita*, in-4°. La bibliothèque de Besançon possède un

11.

exemplaire de ce discours; — *In Pentecosten oratio*; 1483, in-8°; — une traduction latine des *Opera parva* d'Hippocrate; Rome, 1 vol. in-4°; réimprimée avec l'ouvrage de Rhasès, *Havi seu continens*; Venise, 1497, et avec le traité de Symphorien Champier : *De claris medicinæ scriptoribus*; Lyon, 1508, in-8°; — *Oratio ad Sixtum IV de somniis*, in-4°.

Papodopoli, *Historia Gymnasii patavini*. — Audiffredi, *Catalogus romanarum editionum*, p. 422.

BRENTZEN ou **BRENTZ** (*Jean*), en latin *Brentius*, théologien protestant allemand, né à Weil, en Souabe, le 24 juin 1499; mort à Stuttgart le 11 septembre 1570. Il fut d'abord chanoine de Wurtemberg. Après avoir lu les écrits de Luther, il devint le disciple, puis l'apôtre de ce sectaire, sans cependant adopter en tout sa doctrine. Il organisa l'église de Halle d'après les nouvelles opinions qu'il avait embrassées, assista aux conférences d'Augsbourg, se maria peu à près, dirigea avec d'autres savants, sur l'invitation d'Ulric, duc de Wurtemberg, l'université de Tubingen, prit part aux colloques de Haguenau, de Worms et de Ratisbonne, et refusa de signer l'*Interim*. Poursuivi par les émissaires de Charles-Quint, il erra longtemps dans des lieux écartés, et trouva enfin asile et protection chez le duc Ulric de Wurtemberg et chez Christophe, successeur de celui-ci. Il fut chargé de rédiger la *Confessio wurtemburgica*, et fut envoyé au concile de Trente. Brentz fut un des principaux acteurs dans les affaires de religion qui s'agitèrent de son temps dans toute l'Europe. Ses œuvres théologiques forment 8 vol. in-fol.; Tubingen, 1576-1590; Amsterdam, 1666.

Adam, *Vitæ eruditorum*. — Teissier, *Éloges des savants*. — Hendreich, *Pandectæ Brandenburgicæ*. — Sleidan, *Commentarius de statu religionis et reipublicæ Germanorum*. — Seckendorf, *Historia Lutheranismi*. — Jöcher, *Allgemeines Gelehrten-Lexicon*, avec le supplément d'Adelung.

BRENZIUS (*Samuel-Frédéric*), controversiste allemand, vivait dans la première moitié du dix-septième siècle. Il quitta sa religion, le judaïsme, en 1601, pour embrasser le christianisme, et publia les motifs de sa conversion dans un ouvrage où il reproche aux juifs les crimes les plus odieux. Un autre juif, nommé Salomon Zébi, se chargea de lui répondre, et donna la *Thériaque judaïque*, où il accuse à son tour les chrétiens de pratiques abominables. Ces deux ouvrages, écrits en allemand, ont été traduits en latin et réimprimés; Nuremberg, 1680, in-4°; ibid., 1715, in-12.

Acta Eruditorum. — Bayle, *Dictionnaire historique*. — Wolf, *Biblioth. hebraica*.

BRÉQUIGNY (*L.-D.*), littérateur français, natif d'Argentan, vivait dans la première moitié du dix-huitième siècle. On a de lui : *Dissertation sur la prise de Rome par les Gaulois*, dans le *Journal de Verdun*, octobre 1749; — *Vies de Solon et de Publicola*, extraites de Plutarque, et revues d'après les anciens historiens; Paris, 1749, in-12.

Quérard, *la France littéraire*.

BRÉQUIGNY (*Louis-George* OUDARD-FEUDRIX DE), historien et antiquaire français, né à Granville en 1716, mort à Paris le 3 juillet 1795. Il se voua à l'étude de l'antiquité et de l'histoire, et fut reçu à l'Académie des inscriptions et belles-lettres en 1759, et à l'Académie française en 1772. Son premier travail fut un mémoire intéressant sur *l'établissement de l'empire et de la religion de Mahomet* (dans le rec. de l'Ac. des Inscr.) Quelque temps après, parut de lui un *Essai sur l'histoire de l'Yémen*, une *Table chronologique des rois et des chefs arabes*, puis des dissertations dans les tomes XXX et XXXII des *Mémoires de l'Académie des inscriptions*. Tous ces ouvrages montrent la même étendue de connaissances, la même sagacité du jugement. A la paix de 1763, le gouvernement français l'envoya en Angleterre pour y recueillir les titres relatifs à l'histoire de France, qui étaient conservés à la Tour de Londres. Cette mission n'était pas facile : il fallait débrouiller, déchiffrer, classer une immense quantité de papiers entassés pêle-mêle, à la hauteur de quatre pieds, dans de vastes greniers et dans d'obscurs cabinets, et enduits d'une poussière humide et infecte. Bréquigny passa près de trois ans à démêler ce chaos, et à examiner les titres renfermés dans les coffres de l'Échiquier. Il parvint à en extraire un grand nombre de pièces originales qui ne se trouvent point dans les recueils de Cambden, de Huane, de Morthon et de Rymer, et y recueillit beaucoup de pièces authentiques relatives à nos droits de suzeraineté sur les provinces qui furent autrefois détachées de l'empire français, soit à titre d'apanage, soit par voie d'aliénation. Bréquigny publia en 1791, avec la Porte du Theil : *Diplomata, chartæ, epistolæ et alia monumenta ad res francicas spectantia*, 3 vol. in-fol. Il fut chargé, en 1754, de continuer, avec de Villevaut, la *Collection des lois et ordonnances des rois de la troisième race*. Il en publia cinq nouveaux volumes, qu'il accompagna de préfaces où l'on trouve une histoire exacte de notre législation. Le gouvernement lui confia l'exécution d'un projet de recueil de tous les titres, chartes et diplômes qui n'avaient point été imprimés, et d'une table chronologique de tous ceux qui avaient paru. Le plan avait été conçu par Foncemagne, Secousse et Sainte-Palaye; mais ces savants n'avaient eu que le temps de l'ébaucher avant leur mort. Bréquigny refondit, corrigea leur travail, et joignit aux notices de toutes les chartes des renvois aux livres imprimés et aux dépôts d'où elles étaient tirées. Il publia avec Mouchet, qu'il s'était adjoint pour l'exécution de cette vaste entreprise, trois volumes de la *Table chronologique*, 1769-1783, in-fol. Bréquigny voulait faire de cette collection une espèce de supplément à la bibliothèque du P. Lelong. Le ministre d'État Bertin le chargea ensuite, avec le même Mouchet, de continuer les *Mémoires sur les Chinois*, des PP. Amiot, Bourgeois, etc.,

1776 à 1789, 14 vol. in-4°. Cet ouvrage important renferme des renseignements précieux sur la religion, les mœurs, les productions et les arts de la Chine. On doit en outre à Bréquigny plusieurs autres ouvrages moins importants. Ce savant et laborieux écrivain mourut chez son amie madame du Boccage.

Le Bas, *Dict. encyclop. de la France.* — Grimm, *Correspondance*, t. VIII. — Quérard, *la France littéraire.*

BRÉRA (*Valérien-Louis*), médecin italien, né à Pavie en 1772, mort à Venise le 4 octobre 1840. Voué dès sa jeunesse à l'art de guérir, il devint, en 1796, médecin de l'hôpital de Milan et professeur adjoint de clinique à Padoue (le titulaire était le célèbre Rasori). La dissidence des opinions médicales fit que Bréra se retira, jusqu'au moment où il obtint la chaire vacante par la mort de Bordioli. En 1809, il fut nommé directeur de l'hôpital, et plus tard conseiller d'État et premier médecin du gouvernement à Venise; mais sa santé s'accommodant mal de ce séjour, il revint à Pavie comme professeur de thérapeutique et de clinique. Ses principaux ouvrages sont : *Osservazioni et sperienze sull' uso delle arie mefitiche inspirate nella tisi pulmonare*; Pavie, 1796, in-8°; — *Sylloge opusculorum selectorum ad praxim præcipue medicam spectantium*; Pavie, 1797-1812, 10 vol. in-8° : c'est une collection de thèses, de dissertations, de discours académiques, etc.; — *Riflessioni medico-pratiche sull'uso interno del fosforo, particolarmente nell' emiplegia*; Pavie, 1798, in-8°; — *Annotazioni medico-pratiche sulle diverse malattie trattate nella clinica medica dell' università di Pavia, negli anni 1796, 1797, 1798, per servir di continuazione alla Storia clinica dell' anno 1795, del signor C. Frank*; Pavie, 1798, in-fol.; Crême, 1806-1807, 2 vol. in-4°; — *Anatripsologia, ossia Dottrina delle frizioni*, etc.; Pavie, 1799, in-8°; Bassano, 1814, in-8°; — *Lezioni medico-pratiche sopra i principali vermi del corpo umano vivente, e le cause delle malattie verminose*; Crême, 1802, in-4°; traduit en français avec des notes, sous le titre de *Traité des maladies vermineuses*, par Bartoli et Calmet; Paris, 1804, in-8°; — *Memorie fisico-mediche sopra i principali vermi del corpo umano, per servir di continuazione e di supplemento alle lezioni*; Crême, 1811, in-4°; — *Ricettario ad uso dell' instituto clinico di Padova*; Padoue, 1817, in-8°; — *Tabula anatomico-pathologica ad illustrandam historiam vermium in visceribus abdominis degentium*, etc.; Vienne, 1818, in-4°; — *Prolegomeni clinici per servir d'introduzione teoretica allo studio pratico della medicina*; Padoue, 1823, in-8°.

Biographie médicale. — Tassinari, *Raccolta delle cure e scritti del professore V. Luigi Brera*; Venise, 1840, in-4°.

BRERETON (*Thomas*), guerrier et magistrat anglais, né le 4 mai 1782, mort en 1831. Parti pour les Indes orientales comme volontaire, il devint enseigne, puis lieutenant, et assista à la conquête des établissements du Danemark et de la Suède dans les Indes occidentales. Capitaine en 1804, il fut de l'expédition dirigée en 1809 contre la Martinique. Devenu major de brigade, il assista, avec ce grade, à la conquête de la Guadeloupe en 1810. Il alla aussi à Surinam, à la Dominique, et au Sénégal. Envoyé au cap de Bonne-Espérance en 1818, il resta dans l'Afrique méridionale jusqu'en 1825. Cette vie si active devait avoir un bien triste dénoûment. Nommé inspecteur du district de Bristol en Angleterre, et traduit devant une cour martiale pour n'avoir pas réprimé avec assez d'énergie une émeute qui éclata en 1831, il se donna la mort dans la soirée du quatrième jour de son procès.

The Times, 1831.

BREREWOOD (*Édouard*), mathématicien et antiquaire anglais, né à Chester en 1565, mort à Londres le 4 novembre 1613. Il fut premier professeur d'astronomie au collége de Gresham, à Londres. Il laissa un grand nombre de manuscrits. Ceux qui ont été imprimés après sa mort sont : *De Ponderibus et pretiis veterum nummorum, eorumque cum recentioribus collatione*; 1614, in-4°; inséré dans le 8° vol. des *Critici sacri*, et en tête du 1er vol. de la Bible polyglotte; — *Inquiries touching the diversity of language and religion through the chief parts of the world*; Londres, 1614, in-4°; traduit en français par Jean de la Montagne, Paris, 1640 et 1662, in-8°; traduit en latin, sous le titre de *Scrutinium religionum et linguarum*; 1650, in-16, 1679, in-12; — *Elementa logicæ in gratiam studiosæ juventutis in Academia Oxon.*; Londres, 1614, in-8°; Oxford, 1628, in-8°; — *Tractatus quidam logici de prædicalibus et prædicamentis*; 1628, in-8°; — *Two treatises of the Sabbath*; 1630, 1632, in-4°; — *Tractatus duo, quorum primus est de meteoris, secundus de oculo*; 1631; — *Commentaria in Ethicam Aristotelis*; Oxford, 1640, in-4°; — *the Patriarchal Governement of the ancient Church*; ibid., 1641, in-4°.

Moréri, *Dict. hist.* — Wood, *Athenæ Oxonienses.* — Nicéron, *Mémoires des hommes illustres.* — Chaufepié *Nouveau Dictionnaire historique et critique.*

BRÈS (*Gui* DE), théologien protestant français, mort à Valenciennes en 1567. Il fut successivement pasteur à Lille et à Valenciennes. Il travailla à la rédaction de la Confession de foi des églises réformées des Pays-Bas, imprimée en langue wallone en 1561 et 1562, et publia en 1565 un gros volume de réfutations contre les anabaptistes, qu'il représente comme très-répandus en Allemagne, en Angleterre, etc. Cet ouvrage, où l'on trouve des faits curieux, est assez bien écrit pour le temps.

Le Bas, *Dict. encyclop. de la France.* — Wahl, *Bibliotheca theologica.* — Jean le Brun, *de Vera religione Hollandorum.*

BRÈS (*Jean-Pierre*), physicien et littérateur

français, né à Issoire vers 1760, mort à Paris en 1816. Outre quelques mémoires scientifiques, il composa un assez grand nombre de romans, favorablement accueillis à l'époque où ils parurent, mais maintenant tout à fait oubliés. Les principaux sont : *Isabelle et Jean d'Armagnac, ou les Dangers de l'intimité fraternelle*; Paris, 1804, 4 vol. in-12; — *la Trémouille, chevalier sans peur et sans reproche*; ibid., 1806, 3 vol. in-12; — l'*Héroïne du quinzième siècle*; ibid., 1808, 4 vol. in-12; — *les Indous, ou la Fille aux deux pères*; ibid., 1808, 6 vol. in-12; — *Reconnaissance et Repentir*; ibid., 1809, 2 vol. in-12; — *Platon devant Critias*, poëme; ibid., 1811, in-18; — *la Bataille d'Austerlitz, gagnée le 2 décembre 1805 par Napoléon, pour servir de suite aux Fastes militaires des Français* (sans date).

Quérard, *la France littéraire*.

BRÈS (*Jean-Pierre*), littérateur français, neveu du précédent, né à Limoges le 7 juillet 1782, mort le 4 août 1832. Il se voua d'abord à la médecine, qu'il abandonna ensuite pour les beaux-arts et la littérature. C'est un écrivain généralement élégant et gracieux. Ses principaux ouvrages sont : *Observations sur la forme arrondie, considérée dans les corps organisés, et principalement dans le corps de l'homme*; ibid., 1813, in-8°; — *Lettres sur l'harmonie du langage*; Paris, 1821, 2 vol. in-18; — *les Paysages*; ibid., 1821; — *l'Abeille des Jardins*, en prose et en vers; ibid., 1822, in-18; — *Bibliothèque du promeneur*; ibid., 1823, in-18; — *Mythologie des dames*; ibid., 1823, in-18; — *Myriorama, ou Collection de plusieurs milliers de paysages*; ibid., 1823, in-18; — *Simples histoires trouvées dans un pot au lait*; ibid., 1825, in-12; — *Musée des paysagistes*; ibid., 1826, in-8°; — *les Jeudis dans le château de ma tante*; ibid., 1826, in-18; — *Componium pittoresque, collection de plusieurs milliers de paysages dans divers genres, avec un traité élémentaire du paysage*; ibid., 1826, in-8°; — *les Compliments, passe-temps de soirées*; ibid., 1826, in-8°; — *Tableau historique de la Grèce ancienne et moderne*; ibid., 1826, 2 vol. in-18; — *Histoire des quatre fils Aymon*; ibid., 1827, in-8°; — *le Secrétaire des enfants, ou les Petites fêtes de famille*; ibid., 1828, in-18; — *Fables dédiées à la Fontaine*; ibid., 1828, in-18; — *les Talents*; ibid., 1828, in-18; — *le Voyage pittoresque et romantique sur la cheminée*; ibid., 1828, in-18; — *la Dame blanche, chronique des chevaliers de l'Écusson vert*; ibid., 1829, in-8°. Brès fut encore l'un des rédacteurs de la *Revue encyclopédique*, et a laissé plusieurs ouvrages inachevés sur le moyen âge.

Edme Miel, *Notice sur J.-P. Brès*, lue à la Société des beaux-arts, le 5 janvier 1834. — Quérard, *la France littéraire*.

* **BRESCE** ou **BRESCIANO** (*Giovanni-Maria*), peintre et graveur italien, né à Brescia vers 1460,

vivait encore au commencement du seizième siècle. Vers 1500, il peignit à fresque, dans le cloître *del Carmine* de Brescia, les principaux sujets de l'histoire d'Élie et Élisée, ouvrages justement admirés et encore bien conservés. On a aussi de lui de précieuses estampes, telles que *la Vierge assise sur des nuages*, et *saint George ressuscitant un enfant*. E. B—N.

Orlandi, *Abbecedario*. — Lanzi, *Storia pittorica*. — Ticozzi, *Dizionario*.

BRESCE ou **BRESCIANO** (*Giovanni-Antonio*), peintre et graveur, né à Brescia vers 1461. Il fut frère cadet de Giovanni-Maria, et probablement carme comme lui; ses principales estampes sont : *la Vierge allaitant l'enfant Jésus*; *la Vierge adorant son fils*, et *saint Joseph endormi*; *la Flagellation*; enfin *Hercule et Anthée*. E. B—N.

Ticozzi, *Dizionario*.

* **BRESCHET** (*Gilbert*), médecin français, né à Clermont-Ferrand le 7 juillet 1784, mort à Paris le 10 mai 1845. Il fut reçu docteur en médecine en 1812, et devint ensuite, successivement, chef des travaux anatomiques à la Faculté de Paris, chirurgien de l'Hôtel-Dieu, membre de l'Académie de médecine, membre de l'Institut, enfin professeur d'anatomie à la Faculté. Ses recherches sur les veines du rachis, sur l'organe de l'ouïe des oiseaux et des poissons, sur les vaisseaux lymphatiques, sur les anévrismes, sur l'ovologie comparée des mammifères, et plusieurs autres travaux, méritent et ont obtenu beaucoup d'estime. Voici les titres de ses principaux écrits : *Recherches anatomiques, physiologiques et pathologiques sur le système veineux, et spécialement sur les canaux veineux des os*; Paris, 1827-1830, in-fol. : cet ouvrage a été annoncé comme devant avoir 22 livres, mais il n'en a paru que 8; — *Répertoire général d'anatomie et de physiologie pathologique et de clinique chirurgicale*; ibid., 1826, 1827, 1828, 1829, 8 vol. in-4°; — *Histoire des phlegmasies des vaisseaux, ou de l'angite*; ibid., 1829, in-8°; — *Notice sur la vie et les ouvrages d'André-Antoine Blancheton*; ibid., 1831, in-8°; — *Mémoires chirurgicaux sur différentes espèces d'anévrismes*; ibid., 1834, in-4°; — *le Système lymphatique considéré sous les rapports anatomique, physiologique et pathologique*; ibid., 1836, in-8°; — *Histoire anatomique et physiologique d'un organe de nature vasculaire découvert dans les cétacés*; ibid., 1836, in-4°; — *Recherches anatomiques et physiologiques sur l'organe de l'audition chez les oiseaux*; ibid., 1836, in-8°; — *Recherches anatomiques et physiologiques sur l'organe de l'ouïe dans l'homme et les animaux vertébrés*; ibid., 1836, in-4°; — *Recherches anatomiques et physiologiques sur l'organe de l'ouïe des poissons*; ibid., 1838, in-4°. Breschet a été l'un des collaborateurs de l'*Encyclopédie des sciences médicales*. Il a donné de nombreux articles dans les *Mémoires de l'Académie royale de médecine*.

Dictionnaire de la Convers. — Quérard, *la France littéraire,* supplément.

* **BRESCIA** (*Leonardo*), peintre, né à Ferrare vers 1520, mort en 1598. On le croit élève de Nicolo Rossi. Il a laissé au château, à l'église des Jésuites, et dans d'autres monuments de Ferrare, des ouvrages recommandables. Ayant abandonné la peinture pour le commerce, il y acquit, dit-on, rapidement la fortune énorme, surtout pour le temps, de 400,000 écus.

Orlandi, *Abbecedario.* — Lanzi, *Storia pittorica.* — Superbi, *Uomini illustri di Ferrara*.

BRESCIANINO DELLE BATAGLIE. Voy. MONTI (*Francesco*).

* **BRESCIANINO** (*Andrea del*), peintre siennois, florissait en 1520. On a de lui à Sienne quelques tableaux à Saint-Jean, à l'oratoire du Rosaire, et au conservatoire de Saint-Jérôme. Sur la porte du monastère supprimé des sœurs dominicaines dites *di Vita eterna*, il a peint une *Madone entre saint Dominique et sainte Thérèse* : cette lunette est malheureusement presque détruite, mais ce qui en reste suffit pour en faire vivement regretter la perte.   E. B—N.

Romagnoli, *Cenni storico-artistici di Siena*.

BRESCIANO (*Cristofano* et *Stefano*). Voy. ROSA.

* **BRESCIANO** (*Agostino*), peintre de l'école vénitienne, florissait à Brescia, sa patrie, en 1559. On voit de lui à Vicence, dans l'église Saint-Roch, une *Adoration des Mages*, tableau remarquable par une majestueuse architecture.

Descrizione delle Architetture, Pitture e Scolture di Vicenza.

* **BRESCIANO** (*Andrea*), sculpteur vénitien du seizième siècle. A Santa-Maria della Salute, on voit de lui un grand candélabre de bronze qui, après celui d'André Riccio, à Saint-Antoine de Padoue, passe pour le plus beau que renferment les États vénitiens.   E. B—N.

Quadri, *Otto giorni in Venezia*.

* **BRESCIANO** (*Fra Girolamo*), de l'ordre des Carmes, peintre italien, né à Brescia, travailla à Savone au commencement du seizième siècle. On y voit dans l'église Saint-Jean une *Nativité de Jésus-Christ*, tableau d'autel sur lequel on lit : *Opus F. Hieronymi de Brixia carmelitæ MDXIX*. Au cloître des Carmes de Florence, une *Piété* porte cette épigraphe : *F. Hieronymus de Brexia*. Le peintre est digne d'être connu, ne fût-ce que pour son talent de perspective. Il fut probablement élève de Giovanni-Maria Bresciano.   E. B—N.

Lanzi, *Storia pittorica*.

* **BRESCIANO** (*Giovita*), peintre italien, né à Brescia, vivait dans la seconde moitié du seizième siècle. Il fut élève de Lattanzio Gambara, et peignit à l'huile et à fresque. Ses ouvrages sont peu nombreux, et il est probable qu'il mourut jeune. Un de ses meilleurs tableaux est une gracieuse *Nativité*, à Saint-George de Brescia.

Cozzando, *Ristretto della Storia Bresciana*.

* **BRESCIANO** (*Marco*), architecte, né à Brescia, commença en 1236 la construction de la belle église et du couvent de Saint-François à Bologne.

Malvasia, *Pitture, Scolture ed Architetture di Bologna*.

BRESCIANO (*Vincenzo*). Voy. FOPPA (*Vincenzo*).

BRESCON (*Pierre*), médecin français, vivait dans la première moitié du dix-huitième siècle. On a de lui : *Traité de l'épilepsie, avec sa description* ; Bordeaux, 1742, in-12.

Carrère, *Bibliothèque de la Médecine*.

BRESCON DUMOURET, chirurgien français, vivait dans la première moitié du dix-huitième siècle. On a de lui : *Traité du scorbut* ; Paris, 1743, in-12.

Carrère, *Bibliothèque de la Médecine*.

BRESLAW (*Henri*, duc DE), héros polonais, né en 1171, mort le 15 avril 1241. Il succéda à son père Henri *le Barbu* en 1237, et bientôt il eut à combattre les Tartares Mongols conduits par Batukhan, qui s'avancèrent sur Breslaw, après avoir vu fuir lâchement devant eux Boleslas V *le Chaste*. Après des engagements préliminaires, les deux armées en vinrent aux mains dans une plaine appelée *Dobze pole*. La victoire fut longtemps et vivement disputée : après des prodiges de valeur, le duc de Breslaw tomba, atteint sous le bras droit par la lance d'un Tartare. Les ennemis s'emparèrent de son corps, lui coupèrent la tête, et se partagèrent ses dépouilles. La tête du héros polonais fut promenée autour du château de Liegnitz. La ville et les environs furent incendiés. De là, les Tartares s'avancèrent sur la Moravie et la Hongrie. Le corps de l'infortuné duc fut reconnu par la princesse Anne, sa femme, aux six orteils qu'il avait au pied gauche. Ces reconnaissances se rencontrent assez souvent dans l'histoire : témoin celles du corps d'Harold et de Charles le Téméraire.

Encycl. polonaise. — Rose, *New Biog. Dictionary*.

BRESLAY (*Jean*), sieur de la Chapinière en Marreuil, magistrat français, vivait dans la première moitié du quinzième siècle. Il fut d'abord sénéchal de Chenillé en Anjou, puis juge ordinaire en Anjou. En 1462, il publia la *Coutume d'Anjou* de René, roi de Jérusalem et de Sicile, dont on trouvait l'original à la chambre des comptes de Paris.

Taisand, *Vies des plus célèbres jurisconsultes.* — Moréri, *Dictionnaire historique*.

BRESLAY (*Gui*), sieur de Marolles, magistrat français, petit-fils du précédent, vivait dans la première moitié du seizième siècle. D'abord conseiller au grand conseil, il en fut président de 1539 à 1543, et se fit remarquer par ses talents et sa probité. Henri II l'envoya à Nice pour faire le procès au marquis Demies. On a de lui : *du Bien de paix et calamité de guerre* ; Paris, 1538, in-16.

Taisand, *Vies des plus célèbres jurisconsultes.* — La Croix du Maine et Duverdier, *Bibliothèques françaises.* — Moréri, *Dictionnaire historique*.

BRESLAY (*Pierre*), littérateur français, vivait dans la seconde moitié du seizième siècle. On a de lui : *Anthologie, ou Recueil de plusieurs discours notables tirés de divers bons auteurs grecs et latins;* Paris, 1574.

Moréri, *Dictionnaire historique*.

BRÉSMAL (*Jean-François*), médecin flamand, né vers 1670. On a de lui : *la Circulation des eaux*, ou *Hydrographie des eaux minérales d'Aix et de Spa;* Liége, 1699, in-12; — *Descriptio seu analysis fontis Sancti Ægidii, mineralis, ferruginei, prope Tungros;* ibid., 1700, in-16; traduit en français, sous ce titre : *Analyse des eaux minérales ferrugineuses des fontaines de Tongres;* ibid., 1701, in-8°; — *Lettre concernant les eaux de Huï;* ibid., 1700, in-12; — *Description des eaux ferrugineuses des fontaines de Nivelet;* ibid., 1701, in-12; — *Hydro-analyse des eaux minérales chaudes et froides de la ville d'Aix-la-Chapelle;* ibid., 1703; Aix-la-Chapelle, 1741, in-12; — *Parallèle des eaux minérales actuellement chaudes et actuellement froides du diocèse et pays de Liége, avec un avis au public pour le préserver de la peste, des fièvres pestilentielles et malignes, et d'autres maladies de pareille nature;* Liége, 1721, in-8°.

Éloy, *Dictionnaire hist. de la Médecine.* — Lelong, *Bib. hist. de la France*, édit. Fontette.

BRESSAND DE RAZE (*Pierre-Joseph*), agronome français, né à Raze, bailliage de Vesoul, le 22 décembre 1755, mort à Paris le 23 juin 1823. Possesseur d'une grande fortune, il exploita ses domaines, et introduisit des améliorations dans la culture. Il fut membre de la haute cour d'Orléans et de celle qui la remplaça. Son département l'envoya, en 1820, à la chambre des députés.

Éloge de Bressand de Raze, dans le tome II du Recueil agronomique de la Société d'agriculture de la Haute-Saône.

BRESSANI (*François-Joseph*), missionnaire italien, de l'ordre des Jésuites, né à Rome en 1612, mort à Florence le 9 septembre 1672. Il se consacra aux missions étrangères, et se rendit au Canada. Après neuf ans de séjour chez les Hurons, il fut pris par les Iroquois, qui lui firent souffrir d'horribles tourments, et le vendirent aux Hollandais; ceux-ci le débarquèrent à la Rochelle en 1644. L'année suivante, quand ses blessures furent guéries, il retourna chez les Hurons; mais la faiblesse de sa santé l'obligea de revenir en Italie. On a de lui : *Relazione degli Missionarj della compagnia di Gesù nella Nuova-Francia;* Macerata, 1653, in-4°.

Alegambe, *Bibliotheca Script. Soc. Jesu.* — Lelong, *Biblioth. hist. de la France*, éd. Fontette.

BRESSANI (*Grégoire*), philosophe et philologue italien, né à Trévise en 1703, mort à Padoue le 12 janvier 1771. Livré tout entier à la métaphysique, il l'étudia d'abord dans les auteurs modernes, puis dans Aristote et Platon, auxquels il voulut redonner, même sous le point de vue scientifique, la vogue qu'ils avaient perdue depuis la révolution opérée par Galilée. Cette abstraite et sérieuse occupation ne l'empêcha pas de se délasser par la lecture des meilleurs poëtes et prosateurs, et de chercher à conserver à la langue italienne la pureté qu'elle perdait par l'imitation de la langue française. Il vécut estimé de tous les hommes de lettres de son temps, parmi lesquels il suffit de nommer le célèbre Algarotti. On a de Bressani : *il Modo del filosofare, introdotto dal Galilei ragguagliato al saggio di Platone e di Aristotile;* Padoue, 1753, in-8°; — *Discorsi sopra le obbiezioni fatte dal Galileo alla dottrina di Aristotile;* ibid., 1760, in-8°; — *Discorso intorno alla lingua italiana;* Venise, 1740, in-12; — *Saggio di filosofia morale sopra la educazione de figliuoli;* Padoue, 1746, in-8°.

Ginguené, *Hist. litt. de l'Italie*, avec la continuation.

BRESSANI (*Jean*), poëte italien, né à Bergame en 1490, mort le 22 mars 1560. Nul poëte ne l'égala en fécondité. Dans un opuscule inédit, intitulé *De se ipso et de suis scriptis*, Bressani raconte lui-même qu'il avait composé plus de 70,000 vers en latin, en italien, et dans le dialecte de sa ville natale, dans lequel il fut le premier à écrire en vers. L'amitié que lui portaient les littérateurs de son temps est attestée par le grand nombre de vers qu'ils firent à sa mort, et que l'on trouve en tête de ses poésies latines, italiennes et bergamasques, éditées à Brescia en 1574.

Mazzuchelli, *Scrittori d'Italia.* — Tiraboschi, *Storia della lett. ital.* — Varini; *Scritti di Bergamo*.

BRESSON (*Jean-Baptiste-Marie-François*), député par le département des Vosges à la convention nationale, né à Darney en 1760, mort près de Meudon le 11 février 1832. Il se montra partisan de ce qu'il appelait « l'Évangile de la douce et sage liberté, » et le courage de son opinion. Pendant le procès de Louis XVI, il se borna à demander la détention du monarque jusqu'à ce qu'il fût possible de le bannir. Mis hors la loi après le 31 mai, rappelé à la convention après le 9 thermidor, Bresson passa, en 1795, au conseil des cinq-cents, d'où il sortit en 1798. Depuis, il fut employé au ministère des affaires étrangères, et, quelques années après, admis à la retraite. On a de lui : *Réflexions sur les bases d'une constitution;* Paris, 1795, in-8°.

Moniteur universel. — Le Bas, *Diction. encyclop. de la France*.

* **BRESSON** (*Charles*, comte), diplomate français, né à Paris en 1798, mort le 2 novembre 1847. Fils d'un chef de division au ministère des affaires étrangères sous Napoléon, il fut chargé par M. Hyde de Neuville, ministre de ce département sous la restauration, d'une mission dans la Colombie. Sous le roi Louis-Philippe, il notifia au gouvernement suisse l'avénement de ce prince; et à son retour il remplit les fonctions de premier secrétaire de légation à Londres. Chargé à la fin de 1830, avec M. Cartwright, de communiquer au gouvernement provisoire belge les résolutions adoptées par la conférence de Londres, il s'acquitta avec habileté de cette mission. Il fut employé de même dans d'autres circonstances, notamment lors de l'offre faite du trône de Belgique au duc de Nemours, et à l'occasion du mariage de la princesse Louise, fille de Louis-Philippe, avec le roi Léopold. En 1833 il fut nommé chargé d'affaires à Berlin; et le 12 novembre 1834 il fut rappelé à Paris, et chargé du portefeuille du ministère des affaires étrangères. Il devint pair de France et comte lors du mariage du duc d'Orléans, qu'il avait négocié. En 1841, il obtint l'ambassade de Madrid, et contribua à la conclusion du mariage du duc de Montpensier avec la sœur de la reine d'Espagne. En 1847, il fut envoyé à l'ambassade de Naples; et dès son arrivée, à la suite de quelques chagrins domestiques ou d'un dérangement mental, il se donna la mort (en se coupant la gorge avec un rasoir) le 2 novembre 1847.

Moniteur universel. — Lesur, *Annuaire historique.* — *Dictionnaire de la Conversation.*

BRET (*Antoine*), auteur dramatique français, né à Dijon en 1717, mort à Paris le 25 février 1792. Écrivain fécond, il s'exerça dans presque tous les genres; mais il ne s'éleva jamais au-dessus du médiocre. Ses pièces de théâtre manquent de verve et de force comique. Cependant il écrit avec pureté, et entend bien l'art dramatique. Ses principaux ouvrages sont : *Commentaire sur les œuvres de Molière*; Paris, 1773, 6 vol. in-8°; ibid., 1778, 8 vol. in-12; — *la Cythéride*; ibid., 1743; — *le ***, histoire bavarde*; Londres (Paris), 1749, 1751, in-12; — *Lycoris, ou la Courtisane grecque*; Amsterdam (Paris), 1746, 2 vol. in-12; — *Mémoires sur la vie de Ninon de Lenclos*; Paris, 1750; Amsterdam, 1775, in-12; — *Essai de contes moraux et dramatiques*, Amsterdam et Paris, 1765, in-12; — *Théâtre*; ibid., 1765, in-12; 1778, 2 vol. in-8°; — *Essai d'une poétique à la mode*, épître à M*****; Paris, 1770, in-8°; — *Tables orientales et poésies diverses*; ibid., 1772, 3 vol. in-8°.

Quérard, *la France littéraire.* — Grimm, *Correspondance.* — *Le Mercure.*

BRET (LE). *Voy.* LEBRET.

BRETAGNE (*Audren* ou *Audran*, 4° roi DE), fils du roi Salomon Ier, succéda à Grallon en 445, et mourut en 464. Il refusa de passer dans la Grande-Bretagne, qui implorait son assistance contre les ravages des Pictes et des Scots, et envoya au secours de cette île Constantin, son frère, qui y conquit une couronne. Quant à Audren, aidé par Théodoric, roi des Goths, il résista avec succès aux attaques de Littorius Celcus, lieutenant de l'empereur Honorius, et poussa ses conquêtes jusqu'aux environs d'Orléans. Il dut à l'intervention de saint Germain d'Auxerre d'échapper à l'invasion d'Eucharic, roi des Allemands, que le général romain Aétius voulait armer contre les Bretons. Le nom du roi Audren a été donné à Châtel-Audren, ville située entre Guingamp et Saint-Brieuc.

BRETAGNE (*Alain Ier*, roi DE), 4° descendant d'Audren et fils d'Hoël II, né en 560, mort en 594. Il ne fut que le témoin des faits qui se passèrent sous son règne. Digne modèle des rois fainéants qui déshonorèrent plus tard le trône des Mérovingiens, Alain Ier ne prit aucune part à la guerre que Clotaire Ier, roi de France, porta dans la Bretagne pour punir la rébellion de Chramm, son fils ingrat, dont Canobert, comte de Rennes, avait embrassé le parti.

BRETAGNE (*Alain II*, dit *le Long*, roi DE), né en 630, mort en 690. Il monta sur le trône à l'âge de huit ans, après que Judicaël, son père, se fut retiré dans un cloître. On ne cite d'Alain II que des lettres patentes en latin, relatives à la police de ses États, et dans lesquelles il prend le titre de *rex Dei gratia*. Il fut le dernier des onze souverains qui se succédèrent sur le trône de Bretagne, depuis l'an 383 jusqu'en 690.

M. de Courson, *Histoire des peuples Bretons.*

BRETAGNE (*Arastagnus*, roi DE), vivait dans la dernière moitié du huitième siècle. Après quatre-vingt-seize ans de discordes intestines et de guerres étrangères, les Bretons proclamèrent pour roi Arastagnus, qui, à la tête de 8,000 hommes de sa nation, suivit Charlemagne dans son expédition contre la péninsule espagnole. Le monarque français reconnut les importants services du roi breton en lui donnant une part des provinces qu'il avait conquises. Arastagnus périt à la déroute de Roncevaux, et il fut inhumé à Blaye.

BRETAGNE (*Alain III*, dit *Rebré* ou *le Grand*, duc DE), mort au château de Rieux l'an 907. Il prenait le titre de « pieux et pacifique roi de Bretagne » et de « souverain duc des Bretons. » Il disputa d'abord la couronne à Judicaël, son cousin, et aux comtes de Léon et de Goëlo; mais les quatre compétiteurs furent contraints de se réunir pour repousser l'invasion des Normands. Après la mort de Judicaël, qui périt dans une bataille gagnée contre les barbares, Alain les attaqua et les vainquit une première fois près de Guérande, et une seconde sur le territoire de Vannes, où, de quinze à seize mille Normands, quatre cents seulement regagnèrent leurs vaisseaux.

D'Argentré, *Hist. de Bretagne.* — Daru, *Hist. de Bret.*

BRETAGNE (*Alain IV*, dit *Barbe-torte*, duc DE), mort à Nantes en 952. Il était petit-fils d'Alain le Grand, dont la fille avait épousé Mathuède, comte de Porhoët. Vers l'an 936, il quitta l'Angleterre, et vint avec un grand nombre de Bretons, qui s'y étaient réfugiés, délivrer la Bretagne, en proie, depuis vingt-six ans, aux ravages des invasions normandes. Après avoir délivré sa patrie de la domination étrangère, il fut proclamé duc par les Bretons. L'empereur Othon ayant attaqué Louis IV d'Outre-mer, Alain vint au secours de celui-ci, et, dans un combat singulier, vainquit un guerrier saxon d'une force extraordinaire.

Roujoux, *Histoire des rois et ducs de Bretagne*. — Daru. — D'Argentré.

BRETAGNE (*Alain V*, duc DE), mort à Vimoutiers en 1040. Il succéda en 1008 au duc Geoffroy Ier, dont il était le fils aîné; et la régence fut donnée à sa mère Haroise, fille de Richard, duc de Normandie. Après sa minorité, que des guerres continuelles avaient troublée, Alain, secondé par son frère Eudon, battit et châtia ses vassaux révoltés, dont le chef, Alain Caignard, comte de Cornouailles, se réconcilia avec son suzerain en lui faisant épouser Berthe, fille d'Odon, comte de Chartres, et veuve du comte du Mans. Le duc Alain eut ensuite à soutenir une guerre contre Robert II, dit *le Diable*, duc de Normandie, qui voulait l'obliger de lui prêter foi et hommage. Cette guerre se termina, suivant les chroniques normandes, à l'avantage de Robert; et, selon les historiens bretons, ce fut Alain qui s'affranchit de la suzeraineté normande. Ces deux souverains vécurent désormais en bonne intelligence, puisque Robert le Diable réconcilia Alain avec son frère Eudon, qui, pour augmenter son apanage, s'était révolté contre lui. Bien plus, le duc de Normandie, étant allé en pèlerinage à la terre sainte, laissa au duc de Bretagne le gouvernement de ses États; et, au moment de sa mort, arrivé à Nicée en Bithynie, il légua à ce prince la tutelle de son fils Guillaume, surnommé plus tard *le Conquérant*. Pour pacifier la Normandie en proie à la guerre civile, Alain s'y rendit à la tête d'une armée, et allait rétablir l'autorité du jeune Guillaume, quand les rebelles mirent fin à ses jours en empoisonnant la bride de son cheval.

Roujoux, *Hist. des rois et ducs de Bretagne*. — D'Argentré, *Histoire de Bretagne*.

BRETAGNE (*Alain VI*, dit *Fergent*, duc DE), mort en 1119. Il était fils du duc Hoël. Pendant le règne de son père, il prit part, avec cinq mille Bretons, à l'expédition de Guillaume le Conquérant contre l'Angleterre; il fut récompensé de ses services par le comté de Richemont, que lui donna le vainqueur. Des seigneurs bretons, aidés par le roi de France Philippe Ier, avaient, en 1079, fait prisonnier le duc Hoël: Alain le délivra, et le 13 avril 1084 il succéda à ce prince. Aidé par le roi de France, il vainquit et priva de ses bagages Guillaume le Conquérant, qui, revenu d'Angleterre, avait voulu obliger les Bretons de lui payer tribut. La paix s'étant rétablie entre ces deux princes, Alain épousa, en 1085, Constance, fille du duc de Normandie. Étant devenu veuf le 15 août 1090, il épousa Hermengarde, fille de Foulques IV, comte d'Anjou. Cinq ans après, il prit part à la première croisade, et, à la tête de ses Bretons, entra dans Jérusalem, après avoir assisté à trois batailles. À son retour dans ses États, où le désordre s'était introduit, il rétablit la justice par des règlements administratifs, et fit juger les causes d'appel des sénéchaux de Nantes et de Rennes par un parlement dont les membres appartenaient à toutes les professions. En 1106, il détermina, à Tinchebray, le gain de la bataille où Henri Ier, roi d'Angleterre, vainquit Robert, son frère aîné. Cinq ans après, Alain, étant tombé malade, voulut qu'on le transportât à l'abbaye de Saint-Sauveur de Redon, où il recouvra la santé. Il y passa le reste de ses jours, et laissa son duché à son fils aîné, Conan, gendre de Henri Ier, roi d'Angleterre.

Daru, *Histoire de Bretagne*.

BRETAGNE (*Anne* DE). *Voy.* ANNE.

BRETAGNE (*Arthur* DE). *Voy.* ARTHUR. — Les autres ducs se trouvent aux noms FRANÇOIS, HOEL, JEAN, JUDICAEL, PIERRE, SALOMON, etc.

BRETAGNE (dom *Claude*), théologien français, né à Semur en Auxois en 1625, mort à Rouen le 13 juillet 1694. Il était bénédictin de la congrégation de Saint-Maur. Ses principaux ouvrages sont : *Méditations sur les principaux devoirs de la vie religieuse, marqués dans les paroles de la profession des religieux*; Paris, 1680, in-4°; ibid., 1703, in-8°; — *Vie de M. Bachelier de Gentes*; Reims, 1680, in-8°; — *Constitution des Filles de Saint-Joseph, dites de la Providence, établies au faubourg Saint-Germain*; Paris, 1791, in-8°, etc.

Dom Tassin, *Histoire littéraire de la congrégation de Saint-Maur*.

BRETAGNE (*Claude*), jurisconsulte français, né à Dijon le 27 novembre 1523, mort le 16 août 1604. Il était conseiller au parlement de Bourgogne, et a publié quelques opuscules.

Papillon, *Bibliothèque des auteurs de Bourgogne*.

BRETÈCHE (.... DE LA), officier français, mort en 1672. Il était parvenu dans l'armée française au grade de lieutenant, et avait été réformé, lorsqu'il passa à Madagascar. À la mort de la Caze, major général de la colonie française établie dans cette île, la Bretèche lui fut donné pour successeur, grâce à son mariage avec la fille que la Caze avait eue de son union avec la reine du canton d'Amboule. Les dissensions éclatèrent bientôt dans la colonie, que menaçait encore la révolte des indigènes. Le major général, devenu commandant en chef, déroba au péril sa femme, ses belles-sœurs et toute leur famille, en les plaçant sur un vaisseau qui aborda au fort Dauphin. La Bretèche, demeuré seul, espérait se soutenir quelque temps encore, lorsque, abandonné par un chef du pays sur lequel il comptait, et qui entra dans une conspiration ourdie contre les Français par ses compatriotes, il fut assailli à l'improviste, et assassiné avec tous les colons.

Biographie Bretonne.

BRETEL DE GRÉMONVILLE. *Voy.* GRÉMONVILLE (BRETEL DE).

BRETEUIL (*Louis-Auguste* LE TONNELIER,

baron DE), diplomate français, né à Preuilly, en Touraine, en 1733; mort à Paris le 2 novembre 1807. Il entra dans le monde sous les auspices de son oncle, l'abbé de Breteuil, qui le fit successivement nommer guidon dans la gendarmerie, puis cornette dans les chevau-légers de Bourgogne. Son caractère vif et entreprenant, la vivacité de son esprit, son extrême activité, le firent remarquer de bonne heure. En 1758, Louis XV l'envoya, en qualité de ministre plénipotentiaire, près de l'électeur de Cologne, et l'initia à la correspondance secrète qu'il entretenait dans les cours étrangères, et dont le comte de Broglie était l'âme. En 1760, il passa en Russie; et il était absent de son poste lorsque éclata la révolution qui précipita Pierre III du trône, sur lequel s'éleva Catherine II. Il s'empressa de revenir, et se fit très-bien accueillir de la tzarine. Une autre révolution se préparait en Suède, où le baron de Breteuil reçut l'ordre de se rendre comme ambassadeur. Il assista à la célèbre diète de 1769, et travailla au déplorable coup d'État qui changea la constitution de ce royaume, en 1772, et qui établit le despotisme sur les derniers débris des institutions nationales. En 1770, il était à Vienne, où il fut bientôt remplacé par le cardinal de Rohan; ce fut la première cause de leur inimitié. Toutefois le baron de Breteuil ne resta pas sans emploi, et obtint l'ambassade de Naples. Il ne faisait que passer d'une légation à une autre, et il fut bientôt rappelé à celle de Vienne, à l'époque du congrès de Teschen (1778). Revenu en France, en 1783, il fut d'abord nommé ministre d'État, puis il fut chargé de la maison du roi; c'était le département des lettres de cachet et du cabinet noir. On doit dire cependant que sous son administration le sort des prisonniers d'État fut amélioré, et qu'on commença à user à leur égard de quelque humanité. La mésintelligence s'étant mise entre Calonne et Breteuil, celui-ci donna sa démission, mais conserva toujours la confiance de Louis XVI. Il s'opposa de tout son pouvoir à la convocation des états généraux. Lors des insurrections de 1789, il offrit à la cour ses conseils, qui furent acceptés. Necker s'étant retiré, le baron de Breteuil fut mis à la tête d'un nouveau ministère hostile à l'opinion publique, et qui, dans sa courte existence, vit tomber les remparts de la Bastille devant le peuple de Paris. Forcé de céder à l'orage, il donna sa démission et émigra à Soleure. Là il reçut les pouvoirs du roi pour traiter avec les puissances étrangères, et proposer en son nom toutes les mesures propres à rétablir l'autorité royale. Bertrand de Molleville l'accuse, dans ses *Mémoires*, d'avoir abusé de ces pouvoirs en en faisant usage après leur révocation. En 1792, il quitta complétement les affaires, et se retira à Hambourg. Il ne rentra en France qu'en 1802.

Mémoires de Bouillé. — Bertrand de Molleville, *Mém. sur la Révolution.*— Le Bas, *Dictionnaire encyclopédique de la France.*

*BRETEUIL (*Achille-Charles-Stanislas-Émile* LE TONNELIER, comte DE), sénateur, né à Paris, le 29 mars 1781, fils d'un maréchal de camp de la même famille que le précédent. Il perdit son père à l'âge de trois ans, et était au collège du Plessis au moment où la révolution de 1789 éclata. Sa famille était à la veille de périr sur l'échafaud, lorsque la journée du 9 thermidor vint la délivrer. Admis à l'École polytechnique, il en sortit pour entrer comme élève diplomate dans les bureaux du ministère des affaires étrangères. Il était employé auprès de M. Jollivet, ministre plénipotentiaire à Mayence, lorsque M. de Talleyrant le fit venir à Strasbourg pour travailler dans son cabinet, l'emmena ensuite à Stuttgard, et l'attacha à la légation de M. Didelot, alors ministre de France dans la capitale du Wurtemberg. Nommé auditeur au conseil d'État en 1809, il fut chargé de porter en Allemagne, à la signature de l'empereur Napoléon, le travail des ministres, et resta à Vienne jusqu'à la bataille de Wagram. Appelé aux fonctions d'intendant de la province de Styrie, M. de Breteuil s'y fit remarquer par son zèle et son activité; il devint intendant de la basse Carniole, fut envoyé comme préfet dans le département de la Nièvre, et passa à la préfecture des Bouches-de-l'Elbe en février 1813. De retour à Paris après la reddition de Hambourg (1814), il fut nommé maître des requêtes par Louis XVIII, occupa successivement différentes préfectures, et fut élevé le 23 décembre 1823 à la dignité de pair de France. Éloigné des affaires politiques depuis la révolution de février 1848, il vivait fort retiré, lorsque le décret du 26 janvier 1852 l'appela à siéger dans le sénat.

SICARD.

*BRETEX (*Jacques*), poëte flamand, vivait vers la fin du treizième siècle; il était de Mons, et il décrivit en vers des tournois célébrés à Chanvency en 1285 avec beaucoup d'éclat. Son poëme, resté bien longtemps enfoui dans la poudre des archives, fut déterré et annoté par un philologue instruit, Philibert Delmotte, qui mourut sans avoir exécuté son projet de publication. Le livre parut enfin à Valenciennes en 1835; il forme un volume imprimé assez inutilement en caractères gothiques, mais qui présente des détails curieux, énoncés dans un style facile et parfois assez élégant.
G. B.

Raynouard, *Journal des Savants*, octobre 1835.

BRÉTIGNY (*Charles* PONCET DE), aventurier normand, mort en 1645. Il fut un de ces voyageurs qui, au dix-septième siècle, allèrent chercher dans la Guyane les trésors du merveilleux Eldorado, et n'y trouvèrent que les misères et une mort cruelle. De tous les colons envoyés dans cette île par la compagnie française des Indes, il n'en restait plus que cinq, quand Brétigny, nommé gouverneur en 1643, partit de Dieppe à la tête d'environ trois cents hommes, femmes et enfants, répartis sur deux bâtiments. Le cérémonial rigoureux qu'il établit autour de lui dès le commencement de la traversée, la domination tyrannique qu'il s'arrogea après le débarquement prouvèrent bientôt qu'il cherchait à se rendre indépendant. Ses officiers formèrent un complot contre lui, et le jetèrent dans une prison qu'il avait lui-même fait construire. Ayant réussi, peu de temps après, à rentrer en possession de son autorité, il ne tarda pas à céder de nouveau aux suggestions de son caractère violent et ambitieux en promulguant un code sanguinaire, en multipliant autour de lui les supplices, et en substituant partout ses armes à celles du roi. Mais il n'eut pas le temps de consolider son autorité. Ayant voulu poursuivre quelques indigènes fugitifs, il se trouva tout à coup enveloppé de sauvages, qui le massacrèrent.

Paul Boyer, *Relation du voyage de Brétigny*. — Le Bas, *Dictionnaire encyclopédique de la France*.

BRETIN (*Philibert*), médecin et poëte français, né à Auxonne en 1540, mort à Dijon le 29 juin 1595. On a de lui : *Poésies amoureuses, réduites en forme d'un discours de la nature d'amour*; Lyon, 1576, in-8°; — une traduction des *Œuvres* de Lucien; Paris, 1583, in-fol.; — une traduction des *Aphorismes* d'Hippocrate; — l'*Histoire de Bourgogne*, traduite du latin de Pontus Heuterus. — Il a corrigé le *Guidon de chirurgie* de Chauliac.

Papillon, *Bibliothèque de Bourgogne*. — La Croix du Maine, *Bibliothèque française*.

BRETOG (*Jean*), sieur de Saint-Sauveur, poëte français, natif de Saint-Laurent en Dyne, vivait dans la dernière moitié du seizième siècle. Il a laissé une *Tragédie française à huit personnages, traitant de l'amour d'un serviteur envers sa maîtresse, et de ce qui en advint;* Lyon, 1561, in-8°; 1571, in-12.

Duverdier et La Croix du Maine, *Biblioth. françaises*.

*BRETON (*Guillaume*), ou *Guillelmus Brito Armoricus*, poëte historien, né vers 1150 à Saint-Pol-de-Léon, en Bretagne, étudia à Nantes et à Paris, embrassa l'état ecclésiastique, et fut attaché, comme chapelain, à la cour de Philippe-Auguste; de 1193 à 1201, il alla plusieurs fois à Rome, au sujet du divorce de ce monarque, qui lui confia l'éducation de son fils naturel Carlottus. Il mourut en 1226, laissant deux histoires du roi qu'il avait servi : l'une, intitulée *Philippidos libri XII*, est en vers latins et comprend 9,201 hexamètres; elle se trouve dans les recueils de Pithon, de Duchesne, dans les *Scriptores rerum Francicarum*, t. XVII : l'édition donnée par C. Barth, 1657, renferme de bonnes notes. Une traduction de *la Philippide* se trouve dans la *Collection des Mémoires relatifs à l'histoire de France*, publiée par M. Guizot (t. XI, p. 181-251). L'autre histoire est en prose, et elle a été comprise dans les mêmes recueils. Breton ne manque pas de mérite sous le rapport poétique, et son récit des faits, dont il fut presque toujours le témoin oculaire, est important pour l'histoire. Il ne faut pas confondre ce poëte historien avec un autre Guillaume Breton qui était un moine originaire du pays de Galles, et qui mourut vers 1356, laissant des écrits sur la théologie, la philosophie, la géométrie, et des livres de grammaire restés inédits. Ses *Synonyma* eurent les honneurs d'une triple édition à Paris, 1496, 1498, 1504. G. B.

Fabricius, *Biblioth. lat.; Bibl. med. ævi*, t. III, 772. — Sainte-Palaye, *Mémoires de l'Academie des inscriptions*, t. VIII, p. 536; XII, 242. — Nicéron, *Memoires*, t. XXVIII, p. 91. — *Hist. littéraire de la France*, t. XVI, p. 190, XVII, 336. — Wadding, *Biblioth. script. ord. min.*, p. 151. — Oudin, *De script. eccles.*, III, 1019.

BRETON (*Louis-Julien*), littérateur français, mort en 1803. Il a laissé : *Atala, ou les Habitants du désert, parodie d'Atala, ornée de figures de rhétorique;* au grand village et à Paris, an IX (1801), in-12; — *la Famille Fitzler, ou le Jeune Tartufe;* Paris, 1803, in-12.

BRETON (*Luc-François*), sculpteur français, né à Besançon en 1731, mort en 1800. Ses parents, qui n'avaient aucune fortune, le mirent en apprentissage chez un menuisier; il eut le bonheur de trouver dans son patron un homme intelligent, qui reconnut et encouragea la vocation de son élève pour la sculpture. Étant parvenu à réunir quelques économies, Breton partit pour Rome, où il fut réduit, pour vivre, à sculpter des ornements d'architecture. En présence des œuvres des grands maîtres, il fit de rapides progrès; et en 1758 l'Académie de Saint-Luc lui décerna le premier prix pour un bas-relief représentant *l'Enlèvement du Palladium*. Admis pensionnaire à l'école française, il fit une statue de *saint André* pour l'église Saint-Claude des Bourguignons, et un bas-relief de *la Mort du général Wolf*. Il revint ensuite dans sa patrie, où il a laissé quelques ouvrages qui montrent plus d'intelligence et d'habileté que de génie. Breton fut membre associé de l'Institut de France.

Gabet, *Dictionnaire des Artistes*.

BRETON (*Raymond*), missionnaire, né à Beaune ou, selon d'autres, à Auxerre en 1609, mort en 1679. Il entra en 1634 dans l'ordre des Frères Prêcheurs, fut envoyé en 1635 en Amérique, y passa vingt ans à Saint-Domingue et aux Antilles; et, après avoir séjourné en divers couvents, mourut à Caen dans sa soixante-dixième année. Après son retour des pays d'outre-mer, et dans le but d'être utile aux prédicateurs qui marcheraient sur ses traces, il publia un *Dictionnaire français-caraïbe et caraïbe-français* (Auxerre, 1665, in-12; ibid., 1666, in-12); — une *Grammaire caraïbe* et un *petit Catéchisme* en cette langue (Auxerre, 1664, in-12). Ces quatre ouvrages, devenus rares et qu'on réunit bien difficilement, sont recherchés des bibliophiles. Indépendamment des lumières qu'ils jettent sur un idiome fort peu connu, ils présentent, le *Dictionnaire caraïbe-français* spécialement, sur les usages, sur les mœurs et sur les productions du pays, une foule de détails pleins d'intérêt, exposés dans ce style familier et naïf dont la relation des anciens missionnaires offre de gracieux modèles. Le P. Breton a laissé en outre un écrit inédit, intitulé *Relatio gestorum a primis ordinis prædicatorum missionariis in insulis americanis ditionis Galliæ, præsertim apud indigenas quos Caraibes vulgo dicunt, ab anno 1635 ad annum 1643.*

Brunet, *Manuel du Libraire.*

*BRETON (*François-Pierre-Hippolyte-Ernest*), littérateur et artiste français, né à Paris le 21 octobre 1812. Il visita l'Italie à diverses reprises, et ses voyages développèrent en lui le goût des arts et des études archéologiques. Après avoir suivi successivement les ateliers de Regnier, Wartelet et Champin, il exposa au salon des paysages. En même temps, il débuta dans la carrière littéraire par des articles insérés dans le *Magasin universel*, *l'Artiste*, le *Magasin pittoresque*, l'*Encyclopédie du dix-neuvième siècle*, etc. En 1838, il publia, en collaboration avec le marquis Achille de Jouffroy : *Introduction à l'histoire de France, ou Description physique, politique et monumentale de la Gaule, jusqu'à l'établissement de la monarchie*; 1 vol. in-fol. avec pl.; Paris, Firmin Didot.

M. Breton a été un des principaux collaborateurs des *Monuments anciens et modernes*, édités par MM. Didot, sous la direction de M. Jules Gailhabaud; et en 1843 il a publié, sous le titre de *Monuments de tous les peuples*, deux vol. gr. in-8°, accompagnés de 300 pl. sur bois dessinées par lui-même. Cet ouvrage, résumé de l'histoire de l'architecture chez tous les peuples du monde, a obtenu deux éditions françaises, et a été traduit en allemand, en italien, en espagnol et en russe. Enfin, il est auteur d'un grand nombre de mémoires insérés dans les recueils des diverses sociétés savantes dont il est membre. Il est aussi l'un des collaborateurs de la *Nouvelle Biographie universelle*. Comme dessinateur, M. Breton a coopéré à l'illustration d'un grand nombre d'ouvrages, tels que le *Musée des familles*, *Corinne*, *Picciola*, l'*Histoire de Paris* et l'*Histoire des environs de Paris* de Dulaure, le *Manuel d'Archéologie nationale* de J. Carblet, etc.

BRETON (LE). *Voy.* LE BRETON.

BRETON DE LOS HERREROS. *Voy.* HERREROS.

BRETONNAYAU (*René*), poëte et médecin, natif de Vernantes en Anjou, vivait à Loches vers le milieu du seizième siècle. Il mit en vers ce qu'il savait en fait de physiologie et de pathologie, et il composa un très-long poëme qu'il intitula *l'Esculape français*. L'œuvre parut trop étendue pour être imprimée en entier; l'auteur en détacha quelques épisodes, qui furent publiés à Paris en 1583, in-4°, sous le titre de *la Génération de l'homme*, et *le Temple de l'âme*. Si des détails trop techniques peuvent effaroucher le lecteur, cependant il faut reconnaître que ce médecin savait faire des vers préférables à la majeure partie de ceux qu'on composait à cette époque : il y a du coloris et parfois de la grandeur dans son style.   G. B.

Goujet, *Bibliothèque française*, XIII, 207. — Viollet-le-Duc, *Bibliothèque poétique*, I, 269.

BRETONNE (DE LA). *Voy.* RÉTIF.

BRETONNEAU (*François*), théologien français, né en Touraine le 31 décembre 1660, mort à Paris le 29 mai 1741. Il entra chez les jésuites, se voua pendant trente-quatre ans à la prédication. On a du P. Bretonneau : une *Oraison funèbre de Philippe de France, duc d'Orléans*; Paris, 1701, in-4°; — un *Abrégé de la vie de Jacques II*; Paris, 1703, in-12; — *Réflexions chrétiennes pour les jeunes gens qui entrent dans le monde*; Paris, 1708, in-12; — *Sermons, panégyriques et discours sur les mystères*; Paris, 1743, 7 vol. in-12, publiés par le P. Berruyer après la mort de l'auteur : ces sermons, s'ils n'ont pas une haute portée, ont le mérite d'être simples et clairs. Le P. Bretonneau a édité : *les Sermons* du P. Cheminais; Paris, 1690, 2 vol. in-12; 1729, 5 vol. in-12; — *les Sentiments de piété*, du même auteur; Paris, 1691, in-12; — *les Sermons* du P. Giroust; Paris, 1704, 5 vol. in-12; — *les Sermons* du P. Bourdaloue; Paris, 1707-1716, 14 vol in-8°; 1718, 18 vol. in-12; — *les Pensées du P. Bourdaloue sur divers sujets de religion et de morale*; Paris, 1735, 3 vol. in-12; — *les Panégyriques et sermons inédits* du P. de la Rue; Paris, 1740, 2 vol. in-12; — *les Œuvres spirituelles* du P. le Valois, jésuite, avec une préface sur la vie et les ouvrages de l'auteur; Paris, 1739, 3 vol. in-12.

Richard et Giraud, *Bibliothèque sacrée.*

BRETONNEAU (*Gui*), historien ecclésiastique français, natif de Pontoise, vivait dans la première moitié du dix-septième siècle. Il fut chanoine de Saint-Laurent de Plancy, et laissa : *Histoire généalogique de la maison des Briçonnet, représentant les plus héroïques actions des personnages d'icelle*; Paris, 1620, in-4°; — *Histoire de l'origine et fondation du vicariat de Pontoise*; Paris, 1636, in-4°; ouvrage qui inspira à Hippolyte Ferret, curé de Saint-Nicolas-du-Chardonnet, un livre intitulé *Véritable histoire de l'antiquité et prééminence du vicariat de Pontoise ou du Vexin français, servant de réponse à l'Histoire supposée de son origine et fondation*; Paris, 1637, in-8°; — *Examen désintéressé du livre de la Fréquente communion*; Rouen, 1645, in-8°.

Lelong, *Bibliothèque historique de la France.*

*BRETONNEAU (*Pierre*), médecin français, né à Tours en 1771. Il étudia la médecine à Paris, où il fut reçu docteur en 1815, et vint se fixer dans sa ville natale, où il jouit encore de la plus grande considération comme praticien et comme homme privé. Il est depuis de longues années médecin en chef de l'hôpital de Tours, et a formé des élèves distingués, parmi lesquels nous citerons M. Trousseau, professeur à la faculté de Paris. On a de M. Bretonneau : *De l'utilité de* *la compression dans les inflammations idiopathiques de la peau;* Paris, 1815, in-4° (thèse inaug.); — *des Inflammations spéciales du tissu muqueux, et en particulier de la diphthérite, ou inflammation pelliculaire, connue sous le nom de croup, d'angine maligne,* etc.; Paris, 1826, in-8°; — *Note sur l'emploi des caustiques comme moyen d'arrêter l'éruption varioleuse,* dans les *Archives gén. de méd.,* t. XVIII, 1825 : l'auteur y indique, longtemps avant M. Serres, l'usage de la méthode dite *ectrotique;* — *Sur la dothinentérite;* ibid., t. X, 1825, et dans les *Mém. de l'Acad. de méd.,* t. XXI, 1829; — *Notice sur l'emploi thérapeutique de l'alun dans la diphthérite,* dans les *Archiv. gén. de méd.,* t. XIII, 1827.

Callisen, *Medic. Schriftsteller-Lexicon.*

BRETONNERIE (*N...... DE LA*), agronome français, né à Paris vers 1720, mort vers 1795. Il consacra quarante années de sa vie à des expériences ayant pour but l'amélioration des diverses espèces de culture. L'indépendance de sa fortune lui permit de donner tous les développements possibles à ces sortes d'essais, dont il a consigné le résultat dans ses ouvrages. Il a laissé : *Correspondance rurale;* Paris, 1783, 3 vol. in-12; — *l'École du jardin fruitier;* ibid., 1784 ou 1791; nouvelle édit., corrigée et augmentée par Mordant de Launay; 1808, 2 vol. in-12; — *Délassements de mes travaux de la campagne;* Londres et Paris, 1785, 2 gros vol. in-12. La Bretonnerie a enrichi de nombreuses additions *la Nouvelle Maison rustique;* Paris, 1790 (*Voy.* BASTIEN).

Musset-Pathay, *Bibliothèque agronomique.*

BRETONNIER (*Barthélemy-Joseph*), jurisconsulte français, né à Montretier en Forez le 24 février 1646, mort à Paris le 21 avril 1727. Après avoir fait de bonnes études à Lyon, il vint s'établir dans la capitale, dans l'intention de suivre la carrière du barreau; il y termina son cours de droit, et fut reçu avocat en 1680. Originaire d'une province méridionale régie par le droit écrit, il s'attacha surtout à étudier l'esprit de ce droit, non pour établir l'autorité exclusive des lois romaines sur lesquelles il est particulièrement fondé, mais pour les rattacher plus judicieusement à la législation commune à toute la France, et pour parvenir à rendre la jurisprudence uniforme dans les tribunaux du royaume. Ces idées si raisonnables et si simples, Bretonnier les mûrit pendant plus de dix années, en amassant les matériaux qui devaient servir de base au travail qu'il se proposait de publier un jour. Mais le grand nombre d'affaires dont il était chargé ne lui permit pas de mettre de sitôt son projet à exécution. Il fut surtout occupé de la rédaction de mémoires sur des questions importantes qui lui étaient soumises par des particuliers ou des communautés du Lyonnais, du Forez et du Beaujolais, qui avaient en ses lumières la plus grande confiance. « Ces Mémoires, « dit Ferrière, sont autant de dissertations aussi « instructives pour le public qu'utiles pour les « parties qu'ils concernent. » Ce ne fut qu'en 1708 qu'il mit au jour ses observations, si longtemps élaborées, dans une édition des *Œuvres de Claude Henry,* habile jurisconsulte, né, comme lui, dans le Forez; Paris, 2 vol. in-fol. Le succès de cette publication et les conseils du chancelier d'Aguesseau (1) engagèrent l'auteur à entreprendre, d'après les mêmes principes, un ouvrage qui parut en 1718, sous le titre de *Recueil par ordre alphabétique des principales questions de droit qui se jugent diversement dans les différents tribunaux du royaume, avec des réflexions pour concilier la diversité de la jurisprudence, et la rendre uniforme dans tous les tribunaux;* Paris, in-12 de 500 pages. Le public et le barreau accueillirent avec faveur ce livre utile, qui fut réimprimé plus de sept fois dans le cours du dix-huitième siècle, et dont les dernières éditions, en deux volumes in-12, furent augmentées par Boucher d'Argis de ses propres observations et d'additions posthumes de Bretonnier. L'édition in-4° de 1782 contient de plus une liste des provinces, villes et autres lieux régis par le droit écrit. On trouve à la tête du *Recueil* une curieuse préface (de 97 pag.) de Bretonnier, où il expose les vues qui l'ont dirigé dans la composition de son ouvrage. Il y rend compte de ses débuts dans la lice du barreau, et passe en revue les principaux jurisconsultes qui ont brillé dans chaque parlement du royaume (à l'exception de celui de Paris), en portant un jugement sommaire sur leurs ouvrages. Bretonnier avait aussi recueilli beaucoup d'observations nouvelles pour une autre édition des œuvres de Henry. Elles ont été mises à profit par les éditeurs de celles qui ont été publiées en 1738 et en 1772; Paris, 4 vol. in-fol.   J. LAMOUREUX.

Ferrière, *Additions aux Vies des Jurisconsultes de Taisand.* — *Préface du Recueil alphabétique des questions de droit.*

*****BRETONNIÈRE** (*François DE LA*), bénédictin défroqué du dix-septième siècle, réfugié en Hollande. Tout ce qu'on sait sur son compte, c'est qu'une note insérée dans l'ouvrage publié en 1788 sous le titre de *la Bastille dévoilée* l'indique comme auteur d'un libelle très-violent, intitulé *le Cochon mitré,* et comme ayant été enlevé par les agents de la police française, et enfermé au mont Saint-Michel dans la cage dite *de fer,* où il aurait passé trente ans. Ces faits sont loin d'être prouvés. Une facétie qui parut en 1711, sous le nom de *la Musique du diable,* signale clairement l'auteur du *Cochon mitré* (sans le nommer) comme mort à cette époque, et le pamphlet avait paru en 1689. Quoi qu'il en soit, l'écrit en question, fort court d'ailleurs, est

(1) « J'ai entrepris cet ouvrage par le conseil d'*Aris-*« *tide* » *Préface de Bretonnier.*

un dialogue entre Scarron et Furetière. Madame de Maintenon et Maurice le Tellier, archevêque de Reims (frère de Louvois), sont attaqués avec beaucoup de violence, ainsi que plusieurs dames de la cour, dans ces pages gonflées de calomnie et de scandale. On comprend qu'un tel libelle ne circula pas sans peine; aussi, quoiqu'il ait eu deux éditions, l'une en 1689, l'autre sans date, toutes deux imprimées en Hollande, les exemplaires en sont devenus très-rares, et on les a vus dépasser le prix de 100 francs à la chaleur des enchères. Il en a été fait à Paris en 1850 une réimpression de fantaisie, tirée à très-petit nombre, et qui offre une imitation exacte des types elzéviriens. G. B.

Barbier, *Dictionnaire des Anonymes*, n° 2403. — Leber, *Catalogue*, t. II, p. 334. — Du Roure, *Analecta biblion.*, t. II, p. 412.

BRETSCHNEIDER (*Henri-Godefroi* DE), savant allemand, né à Gera le 6 mai 1739, mort le 1er novembre 1810. Envoyé à l'âge de six ans chez les frères hernhutes d'Ebersdorf, il sortit de chez eux avec une répugnance prononcée pour les pratiques de dévotion, et alla continuer ses études à Gera, dont son père était bourgmestre. Admis à la fin de ses études dans le régiment du comte de Brühl, avec le grade de cornette, il se trouva à la bataille de Kolin, et, devenu capitaine, il tomba aux mains des Français, et fut détenu à Hubertsbourg jusqu'à la paix. A son retour dans sa patrie, il obtint le gouvernement d'Usingen, dans les États de Nassau. La suppression de son emploi par mesure d'économie le détermina à voyager : il visita l'Angleterre et la France. Revenu en Allemagne, il travailla à Coblentz, dans les bureaux du ministre Hohenfeld. Une querelle d'intérieur, avec Mme de la Roche, le força à quitter le ministre. Recommandé par le conseiller Gebler, il devint vice-gouverneur du banat autrichien de Temeswar. En 1778, après l'incorporation du banat à la Hongrie, il fut nommé bibliothécaire à Bude, où il se fit, par sa haine ouverte pour les jésuites, de nombreux ennemis. Ses relations avec Nicolaï, auquel il fournit, dit-on, des documents pour ses *Voyages*, accrurent le nombre de ceux qui lui étaient hostiles, quoique Joseph II se fût déclaré son protecteur. Il dut se retirer à Lemberg, où il se trouva en présence des mêmes hostilités, provoquées par sa constante antipathie pour les membres de la compagnie de Jésus. Il se retira des emplois en 1809, et s'établit à Vienne, où il fut estropié au bras gauche, à la suite d'une chute occasionnée par un soldat qui courait. Il mourut à Krzimitz en Bohême, au château du comte Wrtlhby, son ami. On a de lui : *Eine entsetzliche Mordgeschichte von dem jungen Werther* (Effroyable récit de la funeste mort du jeune Werther); 1774 : c'était une satire du *wertherianisme* qui avait gagné toute l'Allemagne; — des *fables*, des *romances*, des *poésies diverses*; Pesth, 1781; — *Musen-Almanach* (Almanach des Muses); 1788 : recueil dû tout entier à la plume de Bretschneider; — *Waller's Leben und Sitten* (la Vie et les Mœurs de Waller); Cologne, 1793 : c'est un roman anonyme, dont le fond est emprunté aux mœurs de la population viennoise; — *Almanach der Heiligen auf das Jahr* 1788 (Almanach des Saints pour 1788); — *Voyage à Londres et à Paris*; Berlin, 1817; — *Entretiens philosophiques et litraires*; Cobourg, 1818.

Ersch et Gruber, *Allgemeine Encyclopædie*.

* **BRETSCHNEIDER** (*Charles-Théophile*), savant théologien allemand, né à Gersdorf le 11 février 1776, mort le 22 janvier 1848. Il étudia à Chemnitz et à l'université de Leipzig. En 1798, il accompagna à Altenburg les deux barons de Kotzau, et en 1807 il remplit des fonctions pastorales à Schneeberg et à Anneberg. Il refusa en 1812 la chaire de théologie à Berlin, qu'on lui avait offerte. Il remplit d'autres emplois dans le sacerdoce, et en 1840 il devint conseiller supérieur de consistoire. Ses principaux ouvrages sont : *Handbuch der Dogmatik der evang. Luth. Kirche* (Manuel dogmatique de l'Église luthérienne évangélique); Leipzig, 1814-1818; — *Systematische Darstellung der Dogmatik und Moral der apokryphichen Schrifsten des Alten Testaments* (Exposé systématique de la dogmatique et de la morale des écrits apocryphes de l'Ancien Testament); Leipzig, 1805; — *Der religiöse Glaube nach der Vernunft und der Offenbarung für denkende Leser* (la Croyance religieuse d'après la raison et la révélation, à l'usage du lecteur réfléchi); Halle, 1842; — *Die Grundlage des evangel. Pietismus* (les Principes du piétisme évangélique); Leipzig, 1833; — *Probabilia de evangelii et epistolarum Joannis Indole et Origine*; Leipzig, 1820; — *Lexicon manuale græco-latinum in libros Novi Testamenti*; Leipzig, 1824 et 1840; — *Der Freiherr von Sandau, oder die gemischte Ehe* (le Seigneur de Sandau, ou le Mariage mixte); Halle, 1839; — *Clementine, oder Die Frommen und Altglaubigen unserer Tage* (Clémentine ou les Croyants et dévots de notre temps); ibid., 1841; — *Christliches Andachtsbuch für denkende Verehrer Jesu* (le Livre des Méditations pour les adorateurs réfléchis de Jésus); ibid., 1845 et 1849; — *Joa. Calvini, Theod. Bezæ, Henrici IV epistolæ quædam nondum editæ*; Leipzig, 1835; — *Philippi Melanchthonis opera quæ supersunt omnia*, ou *Corpus reformatorum*, vol., I-XV; ibid., 1834-1848; — *Der vierjachrige Krieg der Verbündeten mit Napoleon*, 1812-1815 (la Guerre de quatre ans des alliés contre Napoléon, de 1812 à 1815); 1816.

Conversations-Lexicon.

BRETTEVILLE (*Étienne-Dubois* DE), théologien français, né à Bretteville-sur-Bordel, près de Caen, en 1650; mort en 1688. Il entra, en 1667, dans la compagnie de Jésus, d'où il sortit en 1678, et consacra son temps à ouvrir aux jeunes ecclésiastiques la carrière de l'éloquence.

Il a laissé : *Essais de sermons pour tous les jours de carême*; Paris, 3 vol. in-8° : l'auteur en publia plus tard un 4° vol., renfermant des plans de sermons pour chaque dimanche de l'année; cet ouvrage fut réimprimé à Paris, 1688, 1691 et 1703, 4 vol. in-8°. On a édité de l'abbé de Bretteville un ouvrage posthume, intitulé *l'Éloquence de la chaire et du barreau, selon les principes de la rhétorique sacrée et profane*; Paris, 1689, in-12.

Lelong, *Bibliothèque historique de la France*.

BRETZNER (*Christophe-Frédéric*), poète comique allemand, né à Leipzig le 10 septembre 1748, mort le 31 août 1807. Occupé d'affaires, il ne put cultiver les lettres que dans ses moments de loisir. Ses œuvres dramatiques pèchent par l'absence du goût et de l'élévation que donne une instruction solide. Cependant on y trouve de la gaieté et l'entente de la scène. Ses principales pièces sont : *Der argwöhnische Liebhaber* (l'Amant soupçonneux); Leipzig, 1783; — *Das Räuschchen* (la Légère ivresse); Leipzig, 1786; — *Belmont und Constanze*, ou *l'Enlèvement du sérail*, opéra-comique immortalisé par la musique de Mozart; Leipzig, 1788; — *Die Weibertreue, oder die Maedchen sind von Flandern* (la Fidélité des femmes, ou les filles sont Flamandes); Leipzig, 1794; — *Leben eines Liederlichen*, etc. (la Vie d'un mauvais sujet), roman satiricomoral, composé sur les dessins de Chodowiecki et de Hogarth; Leipzig, 1787-1788, 2° édition, ibid.; — *Comédies* (œuvres complètes), 2 vol.; Leipzig, 1792-1796, et Altona, 1820; — *Opéras-comiques* (recueil); Leipzig, 1796.

Conversations-Lexicon. — Ersch et Gruber, *Allgemeine Encyclopædie*.

BREUCK ou **DU BRUCQUE** (*Jacques* DE), dit *le Vieux*, sculpteur et architecte flamand, natif de Mons ou de Saint-Omer, vivait dans la première moitié du seizième siècle. Après son voyage d'Italie, il devint architecte et *tailleur d'images* de Marie, reine douairière de Hongrie et gouvernante des Pays-Bas, pour laquelle il construisit un palais à Binch et le château de Marimont. Breuck traça, en 1539, le plan d'après lequel on bâtit, pour Jean de Hermin, le château de Boussu, près de Mons. Il avait fait, pour l'église érigée dans cette ville à Saint-Vaudru, deux autels en marbre, ornés de statues et de bas-reliefs, et les embellissements du jubé, consistant dans les statues des Vertus théologales et cardinales, les statues de Jésus-Christ, de Moïse et de David, avec un grand nombre de bas-reliefs représentant la Résurrection, l'Ascension, la descente du Saint-Esprit, etc. Breuck fut le maître de Jean de Boulogne.

Nagler, *Neues Allgemeines Künstler-Lexicon*.

BREUCK (*Jacques*), dit *le Jeune*, architecte flamand, natif de Mons, vivait dans la première moitié du dix-septième siècle. Cet artiste, loué par le comte François Algarotti, qui vante le bon goût et la solidité de ses constructions, bâtit plusieurs édifices à Saint-Omer, et à Mons, en 1634, le monastère de Saint-Guilain.

Algarotti, *Œuvres*; Venise, 1791.

BREUER (*Jean*), typographe hongrois, né à Leutschau vers 1640, mort vers la fin du dix-septième siècle. Il prit le grade de docteur en médecine à l'université de Wittemberg; mais il abandonna cette science pour succéder à son père, qui exerçait la profession d'imprimeur. J. Breuer, jaloux de perfectionner l'art typographique dans l'intérêt de sa patrie, donna des éditions que leur netteté et leur élégance font rechercher encore. Son établissement, qu'il légua à ses neveux, fut presque entièrement consumé par deux incendies qui éclatèrent, l'un en 1746, l'autre en 1754.

Biographie universelle.

BREUGHEL. On connaît six peintres de ce nom : *Ambroise*, qui fut directeur de l'Académie d'Anvers de 1653 à 1670; — *Abraham*, dit *le Napolitain*, qu'on croit fils du précédent, né à Anvers, et mort à Naples vers 1690, où il fut surnommé *Ryn-Graef*, c'est-à-dire comte du Rhin (ses tableaux étaient, selon Descamps, fort estimés); — *Jean-Baptiste*, frère du précédent, qui comme lui avait travaillé à Rome, à Naples, et s'était fait un nom célèbre comme peintre de fleurs. En France et en Angleterre leurs tableaux sont peu connus; mais en Italie ils ont conservé beaucoup de réputation. Ces trois peintres ne sont pas de la même famille que les trois suivants, leurs compatriotes.

BREUGHEL (*Pierre*), peintre flamand, né vers 1530, mort vers 1590 à Bruxelles; il est ainsi nommé, parce qu'il naquit à Breughel, village près de Breda; son véritable nom est resté inconnu, et ses descendants n'en ont point eu d'autre. Élève de P. Kœck, dont il épousa la fille, il fut surnommé *le Drôle*, à cause du comique et de la franche gaieté qu'il savait répandre dans ses tableaux. Celui de *la Dispute entre le Carême et le Carnaval* est la plus plaisante scène qu'on ait jamais imaginée en peinture. Pour mieux se pénétrer des véritables expressions de la vie commune, Breughel avait coutume de s'habiller en paysan, et de s'introduire dans les noces et les fêtes de village : aussi n'a-t-il rien laissé échapper de ce qui caractérise les gens de la campagne. En général, ses compositions sont bien entendues, son dessin correct, ses mouvements vrais, ses têtes et ses mains touchées avec esprit. Téniers a beaucoup étudié d'après lui; il entendait parfaitement le paysage.

Pierre BREUGHEL, le fils, né à Bruxelles en 1569, et mort en 1625. Après la mort de son père, il devint élève de Coninghsloo. Il passa en Italie, s'attacha à peindre des siéges de villes, des incendies, des scènes de diables, ce qui lui fit donner le surnom d'*Enfer*. Il revint en Flandre, où il a joui d'une réputation inférieure à celle de son père.

Jean BREUGHEL, frère du précédent, est le

plus célèbre de sa famille; il naquit à Bruxelles vers 1589, et mourut, dit-on, en 1642. Ayant perdu fort jeune son père, il eut pour second maître Goe-Kind, qui lui montra à peindre des fleurs et des fruits; puis il se rendit à Cologne et de là en Italie, où il vit ses ouvrages fort recherchés. Il quitta son premier genre pour se livrer au paysage, et obtint les plus grands succès. Il ornait ses compositions de petites figures touchées avec beaucoup de finesse et de goût. De retour en Flandre, il vit les premiers artistes se faire un honneur d'associer leur pinceau au sien. On cite, entre autres, le fameux tableau du *Paradis terrestre*, dont Rubens a peint les figures, et Breughel tous les accessoires, paysages, quadrupèdes, oiseaux, poissons, fleurs, plantes, etc. Ce tableau, où deux artistes célèbres rivalisèrent de talent, est regardé comme l'un des plus précieux chefs-d'œuvre de l'école flamande; on le voit au Musée du Louvre. Les tableaux de Pierre Breughel sont tous de petite proportion : ils sont admirables par l'abondance de la composition, par la fraîcheur et la vivacité du coloris, par la correction du dessin, la pureté et l'esprit de la touche; le seul défaut que l'on y trouve généralement, c'est la teinte trop blanche et trop uniforme des lointains. Pendant longtemps les amateurs ont couvert d'or les tableaux de *Breughel*, dit *de Velours*, ainsi surnommé de son amour pour la bonne tenue, et de ce qu'il se vêtait ordinairement de velours; aujourd'hui ils ont beaucoup perdu de leur prix primitif. On cite comme ses chefs-d'œuvre *les Quatre éléments*, à l'Académie de Milan; et *la Foire de Boom*, qui est présentement à Vienne. [M. SOYER, dans l'*Enc. des g. du m.*].

Descamps, *Vies des Peintres flamands*.

BREUGIÈRE, sieur de Barante. *Voy.* BRUGIÈRE.

BREUIL (DU). *Voy.* DUBREUIL.

BREUNING (*Jean-Jacques*), voyageur allemand, né à Buchenbach, dans le duché de Wurtemberg, en 1552. Il voyagea d'abord en France, en Angleterre et en Italie. En 1579, il s'embarqua à Venise, et visita successivement Constantinople, Alexandrie, Rosette, le Caire, et les monts Horeb et Sinaï. De retour en Égypte, il se rendit par mer de Damiette à Jaffa, alla à Jérusalem, traversa le Liban, et revint en Europe par Tripoli de Syrie. En 1595, il accompagna à l'université de Tubingen Jean-Frédéric, duc de Wurtemberg, dont on l'avait nommé gouverneur; et ce fut à la demande de ce prince qu'il publia la relation de ses voyages, intitulée *Orientalische Reyss* (Voyage en Orient); Strasbourg, 1612, in-fol., avec figures.

Baumgarten, *Hall. Biblioth.*, t. VI, p. 66.

BREUNING (*Chrétien-Henri*), jurisconsulte allemand, né à Leipzig le 24 décembre 1719, mort en 1780. Il professa le droit dans sa ville natale, et laissa de nombreuses dissertations sur des points de droit naturel et politique. Les plus importantes sont : *De patria Potestate ejusque effectibus ex principiis juris naturæ*, tract. I et II ; Leipzig, 1751 et 1755, in-4°; — *De Præscriptione jure gentium incognita* ; ibid., 1752; — *Primæ Lineæ juris ecclesiastici universalis*; Francfort, 1759, in-8°; — *Primæ Lineæ juris naturæ*; ibid., 1767; — *De Matrimonio cum secunda conjuge contracto, priore non repudiata*; ibid., 1776, etc.; — *De Natura actionum contrariarum*; ibid., 1779, in-4°; — *De Successione legitimati per rescriptum Principis*; ibid., 1779, in-4°.

Adelung, suppl. à Jöcher, *Allgem. Gelehrten-Lexicon*.

BREVAL (*Jean-Durand* DE), voyageur et littérateur anglais, mort en 1739. Quelques difficultés qu'il eut avec le docteur Beulley, principal du collège de la Trinité à Cambridge, où il achevait ses études, déterminèrent Breval à passer en Flandre, où il prit du service dans l'armée anglaise, alors commandée par le duc de Marlborough. Élevé par ce général au grade de capitaine, il fut chargé de négocier avec plusieurs princes allemands. Il a publié : *Remarks on several parts of Europe, relating chiefly to the history, antiquities and geography* (Remarques sur différentes parties de l'Europe, etc.); Londres, 1723-1726, 2 tomes en 1 vol. in-fol., fig.; ibid., 1738; — des poésies et quelques pièces de théâtre : l'une de ces dernières, intitulée *les Confédérés* et dirigée contre Gay, Pope et Arbuthnot, valut à Breval une mention dans *la Dunciade*.

Biographia Britannica.

BREVENTANO (*Étienne*), historien italien, natif de Pavie, mort le 18 juillet 1577, a laissé : *Istoria dell' antichità, nobilità, e delle cose notabili della città di Pavia*; Pavie, 1570, in-4°; — *Trattato dell' Origine de' venti, de' nomi e della proprietà loro*; Venise, 1571, in-4°; — *Trattato della Infelicità e delle Miserie degli uomini*; Pavie, 1575, in-8°; — *Trattato del Terremoto, racolto da varj autori antichi e moderni*; — *Trattato de' Venti*; — *Divisione del Corpo umano*; — *Trattato delle Comete, nel quale si dichiara che sieno e di quante sorti, con lor portenti, significati,* etc.... Ces quatre derniers ouvrages et quelques autres du même auteur sont conservés manuscrits, à Milan, dans la bibliothèque Ambrosienne.

Mazzuchelli, *Scrittori d'Italia*.

BRÈVES (*François* SAVARY, comte DE), célèbre diplomate français, né en 1560, mort à Paris en 1628. Il accompagna, en 1580, son oncle Jacques de Savary Lancosme, envoyé par Henri III à Constantinople en qualité d'ambassadeur; et à sa mort, arrivée en 1591, il lui succéda. Il occupa ce poste jusqu'en 1506, sous les sultans Amurath III, Mahomet III et Achmet Ier. En 1593, il avait déjà pris sur Amurath III assez d'ascendant pour lui faire écrire une lettre aux Marseillais, dans le but de les détacher du parti de la Ligue, pour lequel ils tenaient encore, et de les engager à se soumettre à Henri IV. Cette lettre avait d'autant plus de gravité que la marine ottomane était alors prépondérante dans la Méditerranée. « Nous vous « invitons, y disait Amurath III, ou plutôt nous « vous enjoignons d'incliner vos chefs, et rendre obéissance au magnanime (entre les grands « et très-puissants seigneurs) Henri, roi de Navarre, à présent empereur de France. Si vous « persistez dans votre sinistre obstination, nous « vous déclarons que vos vaisseaux et les cargaisons seront confisqués, et les hommes faits « esclaves dans tous nos États et sur mer. « C'est à la prière de l'ambassadeur de France, « résidant près de nous, que nous avons donné « à nos capidjis nos très-hauts et très-sublimes « commandements, etc. » Le sultan Achmet Ier, que de Brèves accompagna trois fois à l'armée, l'honorait d'une confiance toute particulière. L'ambassadeur en profita pour faire conclure entre ce prince et Henri IV le fameux traité de 1604, qui rétablit ou confirma tous les avantages qu'avaient assurés à la France les traités obtenus par Jean de Laforest de Gabriel d'Aramont, sous François Ier et Henri II; par Claude de Boury, sous Charles IX; et par M. de Germiny, sous Henri III (1). De Brèves fit toujours un excellent usage de la faveur que lui avaient valu auprès des sultans ses rares talents de négociateur, et la connaissance qu'il avait du turc et des autres langues orientales. Il obtint pour les ambassadeurs de France la préséance sur ceux de l'empereur d'Allemagne, et établit une mission française à Constantinople. Enfin, avant de quitter cette ville, en 1605, il obtint du sultan Achmet des ordres qui enjoignaient aux deys d'Alger et de Tunis de délivrer les chrétiens esclaves, surtout les Français, et de restituer les vaisseaux et les effets pris par les corsaires barbaresques. De Brèves n'ignorait pas les difficultés qu'il y aurait à faire exécuter ces ordres; mais il eut le courage d'aller lui-même à Tunis et à Alger, où son habileté généreuse échoua contre la malveillance sauvage des Africains, et où il fut plusieurs fois en danger de perdre la vie. Il visita la terre sainte, l'Égypte, les îles de l'Archipel, une partie des côtes de l'Asie et de l'Afrique, et débarqua à Marseille le 19 novembre 1606, après un séjour de vingt-deux ans en Orient. Aucun ambassadeur n'a été entouré de plus de considération à Constantinople, sans excepter même le marquis de Nointel, qui représenta si dignement Louis XIV, mais dont les manières impérieuses finirent par indisposer la Porte Ottomane.

En 1607, de Brèves devint conseiller d'État et gentilhomme de la chambre. L'année suivante, il partit pour l'ambassade de Rome. Pendant les six années qu'il résida auprès de la cour pontificale, il s'appliqua à y maintenir l'équilibre entre l'influence française et l'influence espagnole; il s'occupa en outre, avec beaucoup d'activité, des négociations relatives aux successions de Clèves et de Mantoue. Après la mort de Henri IV, de Brèves fut rappelé en France, et nommé, par la reine-mère, gouverneur de Gaston, frère du roi. Son attachement pour Marie de Médicis lui fit du tort auprès du connétable de Luynes, qui ne tarda pas à devenir tout-puissant, et qui fit donner au comte de Lude la charge de gouverneur de Gaston. Lorsque Marie de Médicis eut repris son ascendant sur l'esprit du roi, de Brèves fut nommé écuyer de la reine; sa terre de Brèves fut érigée en comté, et il fut créé chevalier de l'ordre du Saint-Esprit. Il mourut à Paris, peu de temps après avoir obtenu entrée au conseil des dépêches.

Le comte de Brèves était fort instruit, et il a laissé plusieurs écrits qui ne sont pas sans mérite. On a de lui, à la Bibliothèque impériale, des lettres et pièces manuscrites relatives à ses négociations à Rome, dont il existe d'excellentes notices publiées par Gaillard. On trouve à la suite de ses *Voyages*, Paris, 1628, in-4°, les deux écrits suivants : *Discours abrégé des asseurez moyens de ruiner la monarchie des princes ottomans*: dans cet écrit, il suppose « que les Cosaques, qui sont chrétiens, dit-il, et que nous nommons Russiens, pourraient bien servir, au besoin, à inquiéter les Turcs de leur côté; » — *Discours sur l'alliance qu'a le Roi avec le Grand Seigneur*. Il montre dans cet écrit combien cette alliance est utile pour toute la chrétienté.

De Brèves rapporta du Levant plus de cent volumes turcs et persans, qui sont aujourd'hui à la Bibliothèque impériale. Il fit graver à Rome des caractères orientaux d'une incomparable beauté, et qui ont été acquis pour le compte du roi de France par l'imprimeur Vitré.

Moréri, *Dict. hist.* — Le Bas, *Dictionnaire encyclopédique de la France*.

BREVET (*N....*), agronome français, natif de la Rochelle, vécut dans la dernière moitié du dix-huitième siècle. S'étant rendu à Saint-Domingue, il fut secrétaire de la chambre d'agriculture au Port-au-Prince, et publia : *Mémoire sur la culture du gimgembre;* — *Essai sur la culture du café, avec l'histoire naturelle de cette plante*, 1768, in-8°.

Quérard, *la France littéraire*.

*****BREVIGLIERI** (*Giovanni*), peintre bolonais du dix-huitième siècle, mort en odeur de sainteté en 1755. Élève de Felice Torelli, il a laissé dans les églises de Bologne de nombreux ouvrages, dont les principaux sont aux : Filles de Sainte-Croix, *la Navité de J.-C.;* — *un saint Augustin*,

---

(1) Ce fut grâce aux sollicitations de ce dernier que les Anglais obtinrent d'Amurath III la faculté de naviguer dans les mers du Levant; et depuis cette époque ils en ont largement usé.

à la *Madonna delle Grazie*; et deux *traits de saint Pétrone*, dans l'église dédiée à ce saint.

E. B—N.

Malvasia, *Pitture, Scolture ed Architetture di Bologna*.

BREVINT (*Daniel*), théologien protestant, né à Jersey en 1616, mort en 1695. Il fut successivement associé du collège de Jésus à Oxford, pasteur d'une congrégation protestante en Normandie, chapelain du vicomte de Turenne, et l'un des théologiens chargés de concilier avec le catholicisme la religion protestante. Charles II, étant monté sur le trône, nomma Brevint à une prébende dans l'église de Durham. Ce théologien fut nommé, en 1681, doyen de Lincoln. Il a laissé, entre autres : *Missale romanum*; etc., Oxford, 1672 ; — *Eucharistiæ christianæ præsentia realis, et pontificia ficta*; etc.

Chalmers, *Biograph. Dict.*

BREVIO (*Giovanni*), conteur italien du seizième siècle. Il remplissait à Rome des fonctions élevées à la cour pontificale, et il fit paraître en 1545 ses *Rime e prose volgari*. Les *rime* n'ont rien de fort remarquable; les *prose* se composent de six nouvelles trop peu édifiantes, mais dont le style est fort estimé des connaisseurs. Ce qui donne à ce volume un grand intérêt de curiosité, c'est qu'on y trouve la nouvelle de *Belphégor*, publiée ici pour la première fois, attribuée à Brevio, et qui ne parut qu'en 1549, sous le nom de Machiavel, avec des variantes. Cette édition originale est devenue extrêmement rare : à la vente Libri en 1849, à Paris, un exemplaire a été porté au prix de 149 fr. Il en a été fait une réimpression à Milan en 1819, tirée à 85 exemplaires seulement; l'éditeur, Giovita Scalvini, s'est caché sous le nom de *Dionisio Pedagogo*.   G. B.

Dunlop, *History of Fiction*, II, 409. — Borromeo, *Novellieri*, p. 16. — Gamba, *delle Novelle italiane*, 1833, p. 89.

BREWER (*Henri*), historien allemand, né dans le duché de Juliers, mort à Aix-la-Chapelle vers 1680. Il fut, dans cette ville, curé de Saint-Jacques, après avoir été d'abord vicaire et chapelain de la collégiale de Bonn, et ensuite recteur de l'église des religieuses de Nazareth. Il a laissé : *Thomæ a Kempis biographia*; Cologne, 1681, in-8°. — Brewer a continué, de 1660 à 1672, l'ouvrage d'Adolphe Brachelius et de Christian-Adolphe Thundenus, intitulé *Historia universalis rerum memorabilium ubique pene terrarum gestarum*; Cologne, 1672, 6 vol. in-8°.

Harzheim, *Bibl. Colon.*

BREWER (*Samuel*), botaniste anglais, originaire de Trowbridge, dans le Wiltz; mort à Bradford en 1743. Il entra d'abord dans le commerce, y perdit presque toute sa fortune, et consacra ses loisirs à la botanique. Lié avec Dillenius, il l'aida dans la publication de son *Historia Muscorum*, 1741, et vers la fin de sa vie il se retira à Bradford, où les bienfaits de l'auteur de *Clarisse Harlowe*, Richardson, son voisin, l'ai-

dèrent à supporter sa mauvaise fortune. Brewer a laissé manuscrit et presque achevé un *Guide du botaniste*.

Biographie universelle

BREWSTER (*sir David*), célèbre physicien anglais, naquit à Sedburg (Écosse) le 11 décembre 1781. Destiné d'abord à l'état ecclésiastique, il fit ses études à l'université d'Édimbourg à une époque où Robison y professait les sciences naturelles, Playfair les mathématiques, et Dugald Stewart les sciences morales. Sous ces illustres maîtres, Brewster fit de rapides progrès; et, dès l'année 1800, il commença le cours de ses expériences, qui devaient élargir le domaine de l'optique. C'était le moment où les belles découvertes du docteur Young sur le phénomène de l'*interférence* fixaient l'attention des savants. Quelle que puisse être la destinée définitive de la théorie de Newton sur la lumière, en présence des progrès accomplis depuis le commencement du siècle, ces découvertes mêmes servirent à faire comprendre la merveilleuse sagacité de ce grand homme, et Brewster, plein de vénération pour ce père des sciences modernes, voulut débuter dans la carrière en reproduisant toutes ses expériences sur le phénomène de l'*inflexion*. Ces premiers travaux eurent pour résultat d'établir, d'une manière inébranlable, ce point important, que l'*inflexion*, entièrement indépendante de la nature du corps par lequel elle est produite, n'est modifiée que par l'état des surfaces. En 1808, M. Brewster entreprit l'édition de l'*Encyclopédie d'Edimbourg*, l'un de ces monuments scientifiques dont l'Angleterre peut à bon droit être fière. C'était une œuvre longue et laborieuse; elle ne fut terminée qu'en 1830, et elle renferme un très-grand nombre d'articles originaux, dus à la plume de Brewster.

Promu au doctorat par l'université d'Aberdeen, M. Brewster fut élu en 1808 membre de la Société royale d'Édimbourg, dont il devint quelque temps après le secrétaire. Malgré l'état de sa santé, qui l'obligea de renoncer à la carrière ecclésiastique, il poursuivit sans interruption ses expériences de 1801 à 1812, et le résultat en fut publié l'année suivante, sous ce titre : *Traité sur les nouveaux instruments scientifiques*. Ce livre, dédié au professeur Playfair, et qui fonda la réputation scientifique de son auteur, contient non-seulement la description d'un très-grand nombre d'appareils d'optique, tels que télescopes, goniomètres, micromètres et microscopes des plus ingénieux, mais encore une foule d'expériences nouvelles faites avec le secours de ces instruments sur les problèmes les plus importants de l'optique; on y remarque surtout une étude complète sur les différentes proportions qu'offrent les couleurs dans le spectre solaire, selon les substances qui le produisent, et plus encore un très-remarquable travail sur le pouvoir de dispersion et de réfraction des diverses substances, pouvoir dont M. Brewster a dressé, d'après des expériences toutes personnelles, la table la plus complète qui eût encore paru. Mais c'est particulièrement à ses belles découvertes sur la lumière polarisée qu'il a dû le rang élevé qu'il occupe dans la science.

La polarisation est cette propriété singulière que possède la molécule lumineuse de se comporter en quelque sorte comme un aimant, prenant, en certains cas, une direction déterminée : suivant qu'elle est réfléchie par une surface polie, ou réfractée par cette surface, ou transmise enfin à travers des corps cristallisés, doués de la double réfraction, elle acquiert de véritables pôles. Entrevue par Huyghens, presque devinée par Newton, cette propriété remarquable fut mise hors de doute, en 1808, par les beaux travaux de Malus. L'histoire de la science n'offre pas un mouvement comparable à celui qui éclata de toute part lorsque les mémoires de Malus, lus à l'Institut de France, apprirent au monde savant cette importante découverte. En France, en Angleterre, en Allemagne, commença dans ce champ tout nouveau une noble lutte, où brillèrent les noms des Arago, des Biot, des Fresnel, des Herschel, des Seebeck, des Wollaston, etc. Il n'entre pas dans notre plan de donner ici l'historique de ces travaux admirables, qui firent, en vingt ans, de la lumière polarisée l'une des branches les plus belles des sciences physiques. Brewster y soutint dignement la comparaison avec ses illustres rivaux ; et ses découvertes, consignées dans les nombreux mémoires qu'il fit paraître depuis 1812 jusqu'à nos jours dans les *Philosophical Transactions*, ne le cèdent à aucune autre ni pour la quantité ni pour l'importance : il serait impossible ici de les énumérer toutes, chaque branche de cette science nouvelle ayant attiré successivement son infatigable attention. Mais ses plus beaux titres sont sans contredit la découverte de la loi de la polarisation de la lumière par la réflexion, et ses travaux sur la double réfraction. Malus avait trouvé que toutes les surfaces réfléchissantes, à l'exception des métaux, polarisaient la lumière, et que l'angle de polarisation variait avec les substances ; il n'alla pas plus loin. Il était réservé à M. Brewster de découvrir qu'il existe une liaison nécessaire entre les pouvoirs polarisants et réfringents d'une substance donnée : il démontra, par une série d'expériences concluantes, que l'indice de réfraction est la tangente de l'angle de polarisation ; loi d'une simplicité admirable, confirmée par toutes les expériences qui ont suivi, et qui permet, l'indice de réfraction d'une substance étant facilement connu, de trouver immédiatement l'angle de polarisation.

Quant aux travaux sur la double réfraction, c'est à M. Brewster que l'on doit la constatation de la loi sur les cristaux à un axe, où l'axe de double réfraction, c'est-à-dire l'axe optique, coïncide toujours avec l'axe cristallographique. Il a découvert aussi des lois très-remarquables sur la liaison qui existe entre les formes des cristaux d'après le système du professeur Mohre de Freyberg, et leur propriété d'être des cristaux à un axe ou à deux axes ; enfin il nous faut citer encore ses travaux sur la polarisation par des réflexions *successives*. Si de la lumière parfaitement polarisée est réfléchie par une seconde surface dans le même plan et sur le même angle, le rayon réfléchi contiendra une plus grande quantité de lumière polarisée ; et en multipliant suffisamment les réflexions successives, la lumière finira par être complétement polarisée. Dans un beau travail publié en 1830, M. Brewster prouva que la lumière peut être polarisée, sous toute incidence, par un nombre suffisant de réflexions. Le premier, il a étudié le côté de la polarisation ; et on peut dire que la science lui doit presque tout ce qu'elle possède sur ce point.

Au milieu de ses études sur la lumière, M. Brewster trouva en 1817 ce joli petit instrument d'optique si connu sous le nom de *kaléidoscope* (du grec καλὸς, beau ; εἶδος, forme, et σκοπέω, je vois, c'est-à-dire qui voit de belles formes). Le kaléidoscope est composé d'un tube de carton, de fer blanc ou de cuivre, garni à ses extrémités de deux verres : un petit, formant un oculaire, et un large, dépoli, derrière lequel on place de petits objets différents. Dans son intérieur on peut glisser plusieurs lames de verre à miroir doublées de papier noir, et auxquelles on donne différentes inclinaisons. En remuant cette espèce de lunette, les objets placés à l'une des extrémités changent de position, sont répétés par les lames, et produisent différentes formes et de très-belles couleurs, selon la nature et la position des objets que l'on met à l'extrémité du tube opposé à l'œil. Cet instrument peut être très-utile aux dessinateurs, aux architectes, aux brodeurs, à tous ceux enfin qui dans les manufactures sont obligés de varier à l'infini la composition de leurs dessins. Quelque riche que soit leur imagination, elle ne peut jamais nuancer les formes et les couleurs autant que le fait un kaléidoscope. Il suffit, pour s'en servir commodément, de le placer sur une petite pièce de bois fixée avec une vis, lorsqu'on a sous les yeux le dessin que l'on veut copier : à travers la lunette on voit parfaitement les contours et les couleurs ; et on peut trouver ainsi des milliers de combinaisons pour les indiennes, les papiers de tenture, les dessins de broderie, le décor des appartements, etc. On citerait difficilement un exemple d'un succès comparable à celui qu'obtint, dès son apparition dans tous les pays de l'Europe, ce petit instrument. Dans l'Angleterre seule on en vendit en trois mois environ 200,000.

Il est encore une invention plus importante à laquelle M. Brewster a les droits les plus incontestables. Dans l'année 1811, pendant qu'il était occupé à écrire l'article sur les appareils comburants pour l'*Encyclopédie d'Édimbourg*, il essaya de construire, sur le plan proposé par Buffon, une lentille d'un grand diamètre composée d'une seule pièce de verre, et d'une forme analogue à celle employée pour observer les étoiles; mais, s'étant convaincu de l'impossibilité pratique de ce plan, il imagina une méthode pour établir des lentilles de toutes grandeurs avec des pièces séparées, dont l'effet était, du reste, bien inférieur à celui que l'on eût pu attendre des lentilles d'une seule pièce. Cette invention fut consignée dans l'*Encyclopédie*, avec des dessins qui permettaient au plus modeste artiste d'exécuter le modèle. M. Brewster décrivit aussi dans le même traité un appareil catadioptrique, où le pouvoir condensateur de la lentille principale était de beaucoup augmenté par des lentilles subsidiaires, garnies de réflecteurs planes. Cette invention fut longuement exposée dans les *Philosophical Transactions of Edinburgh*, en 1811. En 1822, Fresnel s'empara de cette idée; et le principe des lentilles polygonales et des lentilles subsidiaires, armées de réflecteurs, fut appliqué sous sa direction avec de nombreuses et importantes modifications aux phares français, et notamment à la tour de Cordouan. M. Brewster avait depuis longtemps essayé d'inutiles démarches pour arriver à l'application de sa découverte; il les renouvela alors, mais inutilement, auprès des trois administrations de l'Angleterre, de l'Irlande et de l'Écosse.

M. Brewster ne s'est pas borné à travailler pour la science dans le silence de son cabinet : peu d'hommes ont plus fait pour la vulgariser en Angleterre. Outre l'*Encyclopédie d'Édimbourg*, M. Brewster a fondé aussi dans cette ville, avec le professeur Jameson, l'importante publication scientifique connue sous ce titre : *the Philosophical Journal*. Il a usé de sa haute influence en Écosse pour y donner le plus grand élan aux études météorologiques, poursuivies d'un commun accord dans ces dernières années. En 1831, il a été le principal fondateur de la société connue sous le nom d'*Association britannique*, dont le but est de réunir les savants anglais et étrangers dans des *meetings* annuels, où les hautes questions scientifiques sont débattues, et les mesures les plus propres à servir les intérêts de la science discutées et résolues. Enfin, il n'a pas dédaigné de traduire ou d'éditer lui-même les œuvres qui lui paraissaient de nature à rendre aux élèves les plus grands services. C'est ainsi qu'il a traduit la *Géométrie* de Legendre, édité les leçons de Ferguson sur l'astronomie, et réuni en 4 volumes les œuvres complètes de son ancien professeur Robison. On doit encore à la plume de M. Brewster une série remarquable de lettres sur la *Magie naturelle*, adressées à l'illustre Walter Scott, et une *Vie de sir Isaac Newton*, qui a paru dans la *Librairie de Famille*, et qui est le travail biographique le plus important que l'Angleterre possède sur cet homme de génie. Les honneurs n'ont pas manqué à M. Brewster dans sa carrière si bien remplie : on lui a décerné de nombreuses médailles; il est membre de toutes les sociétés savantes de l'Angleterre; l'Institut de France l'a élu correspondant dès 1825, et membre associé en 1849, après la mort de l'illustre Berzelius; enfin en 1831, il a été créé baronnet.

Voici les titres de ses travaux : *A Treatise on new philosophical instruments for various purposes in the arts and sciences, with experiments on light and colours;* Édimbourg, in-8°, 1813; — *On some properties of light* (dans les *Philosophical-Transactions*, 1813); — *On the affection of light transmitted through crystallised bodies* (ibid., 1814); — *On the optical properties of sulphure and of carbon, carbonate of baryte and nitrate of potass, with inferences respectives to the structure of doubly refracting crystals* (ibid., 1814); — *On the Polarisation of light by oblique transmission through all bodies wether crystallised or uncrystallised* (dans les *Philosophical-Transactions*, 1814); — *On a new species of coloured fringes produced by the reflection of light between two plates of parallelle glass of equal thickness* (ibid., 1815); — *On the action of transparent bodies upon the differently coloured rays of light* (ibid., 1815); — *Description of a new darkening glass for solar observations, which has also the property of polarising the whole of transmitted light* (ibid., 1815); — *On the new optical properties of muriate of soda, fluate of lime and the diamond* (ibid., 1816); — *On the laws which regulate the distribution of the poralising force of plates*, etc. (ibid., 1818); — *On the effects of compression and dilatation in altering the polarising structure of doubly refracting crystals* (ibid., 1818); — *A Treatise on the Kaléidoscope;* Édimb., in-8°, 1819; — *the Edinburgh Encyclopædia*, grand in-4°, 1811-1830; — *the Edinburgh Journal of science*, 8 vol., 2ᵉ série, 6 vol.; Édimbourg, in-8°, 1824; — *the Life of sir Isaac Newton;* London, in-18, 1831; — *Letters on the natural magic;* London, in-18, 1832; — *the Martyrs of Science, or lives of Galilei, Tycho-Brahé and Kepler;* London, in-12, 1841; — un grand nombre de mémoires dans les *Transactions philosophiques* d'Édimbourg et dans beaucoup d'autres recueils. T. D.

Encyclopédie d'Edimbourg. — *Edinburgh Review*, 56, 37, 60, 71, 76, 80ᵉ. vol. — *Quarterly Review*, 11 et 46. — *National Gallery*, 5° vol.

BREYDEL (*Charles*), peintre flamand, né à Anvers en 1677, mort à Gand le 4 novembre 1744. Il eut pour maître un paysagiste, nommé Pierre Rysbraëck. Après avoir visité Francfort, Nuremberg, la cour de Hesse-Cassel, Amsterdam, il revint dans sa ville natale, s'y maria, et, abandonnant ensuite sa femme et ses enfants, alla peindre dans d'autres villes, où il dépensait tout ce qu'il gagnait. Sa facilité extrême lui donnait les moyens de satisfaire aux nombreuses demandes des amateurs. Selon Descamps, on voyait à Rouen, à Gand, à la Haye, à Rotterdam, beaucoup de tableaux de cet artiste; c'étaient des vues du Rhin, des batailles, des attaques, des embuscades, etc.

BREYDEL (*François*), peintre flamand, frère du précédent, né à Anvers le 8 septembre 1679, mort dans la même ville le 2 novembre 1750. Il dut à son talent pour le portrait le titre de peintre de la cour de Hesse-Cassel. Il quitta cependant l'Allemagne pour se rendre à Londres, où il n'obtint pas moins de succès. Anvers et Dordrecht possèdent plusieurs de ses tableaux, représentant des mascarades, des portraits, des paysages, etc.

Descamps, *Vies des Peintres flamands.*

BREYDENBACH ou **BREIDENBACH** (*Bernard* DE), voyageur allemand, doyen de l'église de Mayence, entreprit, en 1482, un pèlerinage à Jérusalem et au mont Sinaï; il partit accompagné de quelques personnages de distinction, Philippe de Bicken, Jean de Solmer et le dominicain Félix Fabri, qui devait plus tard revenir en Palestine et y mourir en 1502. Ces pèlerins s'embarquèrent à Venise, s'arrêtèrent à Corfou, à Modon, dans l'île de Candie, à Rhodes, et, au milieu de beaucoup de périls et de fatigues, accomplirent le but qu'ils s'étaient proposé. De retour à Mayence, Breydenbach y fit imprimer en latin la relation de son voyage (*Opusculum sanctarum peregrinationum*, etc.); elle parut en 1486, en un volume in-fol.; les cartes, plans et figures ne sont pas la partie la moins curieuse de ce livre. Breydenbach avait amené avec lui un artiste d'un véritable talent, le peintre Berwich. Les dessins de costumes sont d'une vérité frappante; ils ne ressemblent en rien aux Orientaux de fantaisie que présentent les tableaux ou les manuscrits à miniatures antérieurs à Breydenbach; ils ont une originalité, une couleur locale que ne possèdent point les nombreux ouvrages publiés sur l'Orient pendant près de trois siècles, et dans lesquels on ne rencontre guère que des souvenirs arrangés par la mode de chaque époque. La relation de Breydenbach obtint le succès que lui assuraient son mérite et l'intérêt que, à cette époque de foi, la terre sainte excitait partout. Elle reparut à Spire en 1490 et en 1502, sous le titre de *Peregrinatio Hierosolymitana*, etc. Un moine, Nicole Le Huen, s'empressa de la traduire en français, y ajouta du sien, et fit paraître à Lyon en 1486 ses *Saintes Pérégrinations*. Le volume rare s'est élevé une fois à Londres, à la vente du duc de Roxburghe, au prix excessif de 84 livres sterling; il renferme une carte de la Judée et des vues de diverses villes gravées sur cuivre. Ces planches sont les plus anciennes de ce genre qui se voient dans un livre français. On s'empressa de traduire dans diverses langues un ouvrage aussi goûté des lecteurs: il vit le jour en allemand, 1486 et 1488, en hollandais, 1486; il franchit même les Pyrénées, et parut en espagnol à Saragosse en 1498. Breydenbach mérite encore d'être lu: il trace avec naïveté et conscience le tableau fidèle des contrées qu'il a parcourues; il dirige sur tous les points son active curiosité; il fait dessiner les animaux les plus remarquables qu'il rencontre; il donne même un petit vocabulaire turc. Il est le premier qui ait publié des alphabets orientaux, et les meilleurs juges se sont empressés de lui rendre la justice à laquelle il a droit. G. BRUNET.

Feuerlin, *Mémoire sur les voyages de Breydenbach* (en allemand); Gottingue, 1750. — Dublin, *Bibliotheca Spenceriana*, t. III, p. 216-228. — Moser, dans le *Serapeum*, t. III (Leipzig, 1842); p. 58-84. — Léon de Laborde, *Revue française*, t. XI (1839), p. 192. — *Journal of the royal geogr. Society of London*, t. IX (18-39).

BREYÉ (*François-Xavier*), jurisconsulte français, né à Pierrefort (Meurthe) en 1694, mort à Nancy le 31 octobre 1736. Il fut un des avocats les plus savants du barreau de Nancy. On a de lui: *Dissertation sur le titre X des donations, de la coutume générale de Lorraine*; Nancy, 1725, in-12; — *Traité du retrait féodal*; Nancy, 1733-1736, 2 vol. in-4°; — *Amusements du sieur Breyé*; Nancy, in-4°, recueil de prose et de vers, où se trouvent entre autres une *Traduction de la Guerre des Rustauds*, de Laurent Pilladius; l'*Histoire de la sibylle de Marsal*, tirée de Richerius, moine de Senones, etc. Il a encore laissé quelques *Odes* et *Cantates*, enfin l'*Index de l'ordonnance de Lorraine*, et un *Commentaire sur les lois de Beaumont* (inachevé), texte fort curieux pour l'histoire des franchises du pays, et dont la perte est regrettable.

Le Bas, *Dictionnaire encyclopédique de la France.* — *Biographie universelle.*

BREYER (*Remi*), théologien français, né à Troyes en 1669, mort dans la même ville le 29 décembre 1749. Il était docteur en Sorbonne, chanoine et promoteur de Troyes. Il a laissé: une traduction des *Lettres de saint Loup, évêque de Troyes, et de saint Sydoine, évêque de Clermont*; Troyes, 1706, in-12; — *Catéchisme des riches*; ibid., 1711, in-8°; — *Mémoire où l'on prouve que la ville de Troyes en Champagne est la capitale de la province*; ibid., 1723, in-4°; — *Vita S. Aderaldi*; ibid., 1724, in-12: dans la préface de ce livre, dont l'auteur est anonyme, l'éditeur discute quelques points de l'histoire ecclésiastique de Troyes; — *Vies de saint Prudence, évêque de Troyes, et de sainte Maure, vierge*, avec des éclaircissements curieux; Paris, 1725, in-12; — *Défense de l'Église de Troyes, sur le culte qu'elle rend à sainte Prudence*; ibid., 1736, in-12; — *Nouvelle Dissertation sur les paroles de la sainte Eucharistie, où l'on montre que les liturgies orientales sont conformes à la romaine*, etc., ibid., 1738, in-8°. C'est d'après les notes laissées par Breyer qu'on a composé ses *Éphémérides troyennes*.

Chaudon et Delandine, *Dictionnaire historique*.

BREYN (*Jacques*), botaniste allemand, né à

Dantzick le 14 janvier 1637, mort dans la même ville le 25 janvier 1697. Il reçut de Mentzel les premiers éléments de botanique, continua ses études à Leyde, et se lia avec Jérôme Beverning, curateur de l'université de cette ville. Jacques Breyn a laissé : *Jacobi Breynii plantarum exoticarum aliarumque minus cognitarum, centuria prima*; Dantzick, 1678, in-fol., fig. ; il traduisit lui-même en latin cet ouvrage, qu'il avait d'abord écrit en allemand ; — *Prodromus primus*, 1680, in-4°, avec 5 pl.; — *Prodromus secundus*, 1689, in-4° : ces deux opuscules, augmentés de notes et de 30 pl., furent réimprimés en 1739 par Philippe, fils de Jacques. Celui-ci a inséré quelques mémoires dans les *Éphémérides des Curieux de la Nature*, et a laissé vingt-cinq dissertations manuscrites sur des plantes exotiques.

Jöcher, *Allgemeines Gelehrten-Lexicon*.

BREYN (*Jean-Philippe*), médecin et botaniste allemand, né à Dantzick en 1690, mort en 1764. Outre plusieurs mémoires adressés à l'Académie des curieux de la nature, et des *Observations* sur la botanique et l'histoire naturelle de l'Italie, insérées dans le 27e volume des *Transactions philosophiques* de la Société royale de Londres, Philippe Breyn a laissé : *de Radice ginseng, et chrysanthemo bidente Zeylanico, Acmella dicto*; Leyde, 1700, in-4°; Dantzick, 1700, 1731; — *de Fungis officinalibus*; Leyde, 1702, in-4°; — *Historia naturalis cocci radicum tinctorii, quod Polonicum vulgo audit, præmissis quibusdam coccum in genere et in specie, coccum ex ilice quod grana kermes, et alterum Americanarum quod cochinilla Hispanis dicitur, spectantibus*; Dantzick, 1731, in-4°, fig. : cet ouvrage a été inséré, avec un supplément, dans les *Acta Curiosorum Naturæ* de 1733 ; — *Schediasma de echinis*; Dantzick, 1732; — *Dissertatio de polythalamiis, nova testaceorum classe ; adjicitur commentarius de Belemnitis Prussicis*; Dantzick, 1732, in-4° ; — une dissertation latine sur une espèce de fougère appelée *polypodium Borasmetz*, considérée d'abord comme un zoophyte et nommée, *agnus scythicus*. Philippe Breyn a ajouté une préface à la *Flora quasimodo genita*, publiée par Helwig.

Adelung, suppl. à Jöcher, *Allgem. Gelehrten-Lexicon*.

BREZ (*Jacques*), botaniste et historien piémontais, né dans les vallées du Piémont en 1771, mort à Middelbourg en 1798. Il était ministre protestant. On a de lui : *Flore des insectophiles*, précédée d'un discours sur l'utilité de l'étude de l'entomologie; Utrecht, 1791, in-8° ; — *Voyage intéressant pour l'instruction et l'amusement de la jeunesse, dans le goût du recueil de M. Campe*; Utrecht, 1792, in-8°; — *Histoire des Vaudois, habitants des vallées occidentales du Piémont*; Lausanne, Leyde et Paris, 1797, 2 vol. in-8° : cet ouvrage, qui contient une traduction du catéchisme des Vaudois et quelques fragments d'un poëme en langue vaudoise, remontant à l'an 1100, est attribué par Barbier, *Diction. des ouvr. anonym. et pseud.*, à un Jacques Brez, mort en Zélande vers 1810.

Quérard, *la France littéraire*

BRÉZÉ ou **BRESZÉ**, ancienne famille noble d'Anjou, et considérable dès le treizième siècle. Parmi ses membres les plus célèbres, nous citerons les suivants :

I. **BRÉZÉ** (*Pierre* DE), 2e du nom, né vers le commencement du quinzième siècle, mort le 16 juillet 1465. Il était fils de Pierre Ier et de Clémence Carbonnel; indépendamment du nom de Brézé, il porta aussi le titre de seigneur de la Varenne, de Brissac, de Broon, etc., baron d'Anet, Erval, Montchauvet (1444), etc. Il servit de bonne heure le roi Charles VII, comme attaché à René d'Anjou et à Charles, comte du Maine. En 1432, il débuta dans la carrière politique par un coup de main que dirigeaient Charles d'Anjou et le connétable de Richemont. De concert avec l'amiral de Coëtivy, le seigneur de Bueil et d'autres, il se rendit nuitamment au château de Chinon, et enleva la Trémoille, favori et premier ministre de Charles VII. Le roi, qui se montra bientôt très-satisfait de cette expédition, employa de nouveau les services de Pierre de Brézé contre son fils Louis XI, lors de la révolte de la praguerie, qui eut lieu en 1440. Pierre de Brézé avait été fait chevalier par Charles d'Anjou au siège de Saint-Sélerin en février 1434. Le 18 novembre 1437, il prêta serment, comme sénéchal d'Anjou et capitaine du château d'Angers, entre les mains de l'évêque de cette ville, chancelier du roi René d'Anjou. Par lettres royales du 12 mai 1441, il fut pourvu de l'office de sénéchal de Poitou. Brézé justifia ces faveurs croissantes par la bravoure, le dévouement et les facultés intellectuelles qu'il déploya au service du roi. Vers la fin de 1443, la retraite de l'amiral de Coëtivy amena son entrée au gouvernement des affaires publiques, qui coïncida avec l'époque de la grande influence d'Agnès Sorel. Cette époque fut marquée par des actes de la plus grande importance, auxquels Pierre de Brézé prit la part d'un premier ministre. Tels furent l'établissement de l'armée permanente, la réforme des finances, de la justice, la trêve avec l'Angleterre, la guerre de Suisse, la campagne de Metz, la conquête de la Normandie, celle de la Guyenne, et enfin le complet affranchissement du territoire national (1453). Pierre de Brézé paya aussi de sa personne, avec un grand éclat, dans presque toutes les actions militaires de cette période. En 1457, après avoir chassé les Anglais de France, il porta l'offensive jusque dans leur île, et conduisit la brillante mais stérile expédition de Sandwich. Louis XI, à son avènement au trône, commença par mettre à prix la tête de Pierre de Brézé, dont il avait éprouvé la vigueur et chez lequel il avait trouvé un redoutable adversaire lors de la lutte de lui dauphin contre Charles VII, son père. Pierre désarma son courroux par la générosité, la bravoure de son caractère, par l'éclat de ses services passés et la perspective de ceux qu'il pouvait rendre encore à la monarchie. Après avoir tenu Brézé quelque temps en prison à Loches (1461), le roi donna en mariage à son fils, Jacques de Brézé, sa sœur naturelle Charlotte, fille aînée d'Agnès Sorel et de Charles VII. Il rendit à Pierre la liberté, ses pensions, son office de grand sénéchal et réformateur général de Normandie, qu'il exerçait depuis 1450; le comblant, en outre, d'honneurs et de marques extérieures d'affection, quoiqu'il couvât au fond de son cœur, à l'égard de son ancien ennemi, des ressentiments implacables. En 1463, il l'envoya avec des forces insuffisantes, comme pour le faire tuer, au secours de la célèbre et infortunée Marguerite d'Anjou. Brézé se tira sain et sauf de cette expédition chevaleresque, et sans réussite possible. De retour en France, Louis XI lui confia l'avant-garde à la bataille de Montlhéry, où le vieux et loyal serviteur trouva la mort d'un soldat. Louis XI passa (non sans de grandes apparences de probabilité) pour avoir été le promoteur volontaire de cette fin tragique. Pierre de Brézé avait un esprit enjoué. Il cultiva les arts et la littérature. On en trouve la preuve dans le roman du *Cœur d'amour épris* (1), de René d'Anjou, et dans les poésies de Charles, duc d'Orléans (2). Sa vie, qui n'a jamais été écrite, jetterait une lumière très-précieuse sur l'histoire de la curieuse époque dont il fut un des principaux contemporains.

VALLET DE VIRIVILLE.

Godefroy, *Recueil de Charles VII*, 1661, in-fol., passim. — G. Chastelain, édition Buchon, 1837, gr. in-8°, pages 183 à 251. — Michelet, *Histoire de France*, tomes V et VI, etc.

II. **BRÉZÉ** (*Jacques* DE), fils du précédent, naquit vers 1430, et mourut le 14 août 1494. Il succéda à son père comme sénéchal et maréchal héréditaire de Normandie. Dans la nuit du 13 au 14 mai 1476, ayant surpris sa femme en adultère, il la poignarda sur-le-champ, quoiqu'elle fût de sang royal. (Voy. ci-dessus, *Pierre II*.) Louis XI tira de cet acte une vengeance éclatante, et peu s'en fallut que le mari outragé ne payât de sa vie celle de la victime. Il fut seulement privé de sa liberté, de ses offices, et ruiné par une amende exorbitante de cent mille écus. Ces rigueurs cessèrent en 1484, après la mort du roi. Jacques de Brézé était quelque peu littérateur, comme son père. On a de lui (en manuscrit) : *le Livre de la Chasse*, etc.; *les Dits du bon chien Souillart*, in-4°, gothique sans date, et une ballade en l'honneur d'Anne de Beaujeu, qui se trouve parmi les poésies manuscrites de Robertel; Bibliothèque impériale, manuscrits français, supplément, n° 208. V. DE V.

(1) Voy. *Mémoires de l'Académie des inscriptions et belles-lettres*, tom. VIII, p. 592.
(2) Édition de M. A. Champollion, p. 29-30.

Le P. Anselme, *Histoire généalogique de la maison de France*, tom. VIII, p. 272. — *Bibliothèque de l'École des Chartes*, 2° série, tom. V, p. 211 et suivantes, et 3° série, tom. I, p. 478. — Livres manuscrits de la Biblioth impériale, au mot *Brézé*.

BRÉZÉ (*Urbain* DE MAILLÉ-). *Voy.* MAILLÉ.
BRÉZÉ (DREUX-). *Voy.* DREUX-BRÉZÉ.

BREZILLAC (*Jean-François*), érudit français et bénédictin de Saint-Maur, né en 1710 à Farjaux, diocèse de Mirepoix, mort en 1780, était neveu de dom Jacques-Martin, dont il continua l'*Histoire des Gaules*. Il publia en 1754 le deuxième volume (in-4°) de cet ouvrage, en y joignant un *Dictionnaire géographique et topographique des Gaules*. Il a en outre traduit de l'allemand, avec dom Antoine-Joseph Pernetti, le *Cours de mathématiques de Wolf*, 1743, 3 vol. in-8°. Il participa aussi, dit-on, au *Dictionnaire ecclésiastique et canonique portatif*, par une société de religieux et de jurisconsultes; Paris, 1769, 1 vol. in-8°.

Chaudon et Delandine, *Dict. hist.*

*****BRÉZIN** (*Michel*), célèbre industriel et philanthrope, né le 28 novembre 1758, mort le 21 janvier 1828. Il suivit la profession de son père, qui était serrurier mécanicien de la Monnaie de Paris. Peu de temps avant la révolution, il lui succéda en cette qualité. A cette époque quelques serruriers en bâtiment s'occupaient de la construction des machines, et prenaient le titre de serruriers mécaniciens; ce n'est que depuis le développement donné à l'industrie sous le règne de Napoléon que l'art de construire les machines est devenu une partie distincte de la serrurerie. Lors de la révolution de 89, la France, attaquée de toutes parts, vit ses arsenaux insuffisants; la confection des armes de toutes espèces fut confiée à des particuliers entreprenants et actifs : Michel Brézin fut chargé, à Paris, de la fourniture des canons de bronze. Cette entreprise lui fit établir une fonderie à l'Arsenal, en même temps qu'il monta une forerie mue par le courant de la Seine. Vers la même époque arriva la dépréciation des assignats; il fallut alors fabriquer des quantités si considérables de monnaie de cuivre, que les ateliers de monnayage du gouvernement ne purent suffire: les sieurs Monneron frères et Daumy entreprirent les pièces connues sous le nom de *monnerons*, et les sous de cinq et de dix centimes; Brézin fut chargé de la préparation des centimes; il en fit pour plus d'un million. Il se livra ensuite à l'exploitation des hauts fourneaux, et devint maître de forges en Normandie. Là se bornèrent les entreprises qui ont fondé son immense fortune : à sa mort, elle s'élevait à plus de cinq millions. Privé des avantages de l'éducation, il ne dut ses succès qu'à sa persévérance et à une justesse d'esprit remarquable. La reconnaissance dont il était pénétré pour les ouvriers qui avaient concouru à lui faire acquérir de si grands biens, lui fit concevoir le projet de consacrer le fruit de ses longs travaux à la fondation d'une maison destinée à la retraite des ouvriers âgés, infirmes et malheureux; maison à laquelle il donna le nom d'*Hospice de la Reconnaissance*, en mémoire du motif qui la lui avait fait ériger. Dans le premier codicile de son testament se trouvent expliquées les conditions que doivent remplir les candidats à l'Hospice de la Reconnaissance :

> Je crois ne pouvoir mieux disposer de ma fortune qu'en accomplissant un projet depuis longtemps médité, qui est de fonder un hospice sous le nom d'Hospice de la Reconnaissance ; il sera élevé pour la retraite des pauvres ouvriers âgés, dont le nombre sera déterminé suivant la fortune que je laisserai. Pour y être admis, il faudra faire partie de l'une des professions exercées par les ouvriers que j'ai employés, et qui m'ont aidé par leur travail à augmenter ma fortune. Il faudra en outre être âgé de plus de soixante ans, n'avoir pas été repris de justice, et fournir sur sa moralité des attestations dignes de foi ; enfin il faudra n'avoir pas d'autres ressources, et s'y conduire en honnête homme.

Comme Brézin fut successivement serrurier, mécanicien, fondeur et maître de forges, c'est à ces quatre classes d'ouvriers qu'il a consacré son héritage ; mais il faut avoir atteint soixante ans. L'œuvre de Michel Brézin a été complétée par la Société Brézin.

Documents inédits.

BRIAL (*Michel-Jean-Joseph*, dom), historien français, né à Perpignan en 1743, mort à Paris le 24 mai 1828. Il vint à Paris en 1771, pour continuer avec dom Clément le *Recueil des historiens de France*, et eut part à la publication des douzième et treizième volumes, qui parurent en 1786. Peu de temps après, la révolution vint interrompre les travaux des bénédictins. Quand il fut question de les reprendre, l'infatigable dom Brial se chargea seul de les continuer, et il publia en 1806 le quatorzième volume du recueil de nos historiens. Il avait été reçu l'année précédente à l'Institut (Académie des inscriptions), et chargé, avec trois de ses collègues, de continuer l'*Histoire littéraire de la France*, commencée par dom Rivet. Il a eu part aux volumes XIII à XVI de cet ouvrage, ainsi qu'aux *Notices et extraits des manuscrits de la bibliothèque du Roi*, et à la nouvelle série des *Mémoires de l'Académie*. On lui doit en outre l'*Éloge historique de dom Labat*, 1803, in-8°; — les tomes XII, XIII, XIV, XV, XVI, XVII et XVIII du *Recueil des historiens de France*. — Il a donné encore, dans les *Notices et extraits des manuscrits de la bibliothèque du Roi*, la *Notice des Lettres à Étienne*, abbé de Saint-Euverte d'Orléans, puis de Sainte-Geneviève à Paris, et évêque de Tournay, t. X, p. 66 ; — *Sur les poésies de Serlon*, chanoine de Bayeux au douzième siècle, t. II, p. 165 ; — dans la nouvelle série du recueil de l'Académie des inscriptions, t. III, p. 57, *Recherches historiques pour parvenir à l'intelligence de la cinquième lettre d'Yves de Chartres ;* — *Recherches sur l'origine et l'antiquité des colonnes ou croix qu'on voyait de nos jours sur le chemin de Paris à Saint-Denis ;* ibid., p. 71 ; — *Nouvelle interprétation du nom de Capet, donné au chef de la troisième race de nos rois ;* ibid., p. 77 ; — *Recherches historiques et diplomatiques sur la véritable époque de l'association de Louis le Gros au trône, avec le titre de roi désigné ;* ibid., t. VI, p. 489 ; — *Mémoire sur la véritable époque d'une assemblée tenue à Chartres relativement à la croisade de Louis le Jeune,* ibid., p. 508 ; — *Recherches sur l'objet d'un concile tenu à Chartres en* 1124 ; ibid., p. 530 ; — *Recherches sur la légitimité ou non légitimité d'une fille de Louis le Gros, dont la mère est inconnue,* t. V, p. 94, 1re part. ; — *Examen critique des historiens qui ont parlé du différend survenu l'an* 1141 *entre le roi Louis le Jeune et le pape Innocent II*, t. VI, p. 560 ; — *Examen d'un passage de l'abbé Suger relatif à l'histoire du Berry*, t. VII, p. 129, 1re part. Enfin dom Brial a publié : *Notice historique sur la découverte d'un tombeau à l'abbaye de Saint-Denis en* 1812 ; Paris, 1818, in-8°. Il a édité, en 1811, le *Supplément aux œuvres de Laberthonie*.

Notice sur D. Brial, en tête du t. XIX du *Recueil des Historiens de la France*. — *Revue encyclop.*, année 1828, t. III, p. 277.

* **BRIAND** (*P. César*), littérateur français, né à Paris le 30 novembre 1763, mort en 1850. On a de lui : *les Jeunes Voyageurs en Europe, ou Description raisonnée des divers pays*, etc. ; Paris, 1827, 5 vol. ; — *les Jeunes Voyageurs en Asie ;* Paris, 1829, 8 vol. in-18 ; — *les Petits Voyageurs en France ;* Paris, 1834, 1 vol. in-12 ; — *les Petits Voyageurs en Espagne et en Portugal ;* Paris, 1835, in-12 ; — *Philippe et Laure, ou Histoire de Philippe Harris et de Laure de Richepanse ;* Paris, 1823, 4 vol. in-12 ; — des *traductions* d'ouvrages anglais et allemands.

Quérard, *France littér.*, et supplément au même ouvrage.

BRIANT (*Denis*), bénédictin de la congrégation de Saint-Maur, né vers 1655 à Pleudehen (Côtes-du-Nord), mort, le 6 février 1716, à Redon, suivant dom Tassin, ou dans l'abbaye de Saint-Riom, en Basse-Bretagne, suivant M. Garaby, a beaucoup aidé le P. Lobineau dans son *Histoire de Bretagne*, dont il a fait la partie la plus difficile, celle qui concernait l'examen des faits. Doué d'une grande sagacité, il sut écarter tous les faits apocryphes, éclaircir les obscurités ; enfin il fit preuve d'une critique judicieuse. On a de lui, sous le titre de *Senomania*, une histoire du Maine, comprenant celle des comtes de la province. Elle est restée manuscrite ; mais il en existe des copies dans diverses bibliothèques. Dom Briant a aussi fourni beaucoup de mémoires aux auteurs de la *Gallia christiana*. Ceux qui concernent l'abbaye de Saint-Vincent du Mans peuvent, en raison de leur

étendue, être regardés comme une histoire abrégée de cette abbaye.
P. LEVOT.

Dom Tassin, *Histoire littéraire de la Congrégation de Saint-Maur.* — M. Garaby, *Annuaire des Côtes-du-Nord* de 1837, p. 85.

BRIANVILLE (*Claude-Oronce* FINÉ DE), historien et traducteur français, natif de Briançon, mort en 1675. Il fut aumônier du roi et abbé de Saint-Benoît de Quincy, en Poitou. Il a laissé : *Abrégé méthodique de l'histoire de France, avec les portraits des rois*; Paris, 1664, 1667, 1674, in-12; — *Projet de l'Histoire de France en tableaux, pour monseigneur le Dauphin*; Paris, 1665, in-fol.; — *Histoire sacrée en tableaux*, avec leur explication; Paris, 1670, 1671, 1675, 3 vol. in-12, avec des fig. de Séb. Leclerc; — *Lettres latines de Jacques Bongars, traduites en français*; Paris, 1668, 1695, 2 vol. in-12. Son ouvrage sur le jeu de cartes de blason n'est connu que par la mention suivante : « L'an 1660, dit le P. Menestrier, Brianville fit « un *Jeu de cartes de blason*, sur la forme de « ceux de l'histoire et de la géographie; et, « comme il avait composé ce jeu des armoiries « des princes du Nord, d'Italie, d'Espagne et de « France, la rencontre fâcheuse des armoiries de « quelques princes sous les titres de valets et « d'as lui fit des affaires. Les planches furent « saisies par les magistrats; il fut obligé de « changer les titres odieux en ceux de princes « et de chevaliers. Son ouvrage fut après cela « bien reçu, et il s'en fit plusieurs éditions. »

Menestrier, *Bibliothèque curieuse et instructive*; Trévoux, 1704. — Brunet, *Manuel du Libraire*.

BRIARD (*Gabriel*), peintre d'histoire, né à Paris en 1725, mort le 18 novembre 1777. Il fut élève de Natoire, et remporta le grand prix de peinture en 1749 : le sujet était *Un Mort ressuscité sur le tombeau d'Élisée*. Plus tard, Briard fut agréé à l'Académie, où il fut admis le 30 avril 1768; le tableau qu'il fit pour sa réception représentait *Herminie au milieu des bergers*. Doué d'un assez beau talent de composition, dessinateur facile, mais correct, peu coloriste, Briard a laissé quelques ouvrages recommandables : la chapelle de Sainte-Marguerite, au faubourg Saint-Antoine, à Paris, où il a peint *les Anges tirant les âmes du purgatoire*; le plafond de la salle du banquet royal à Versailles, représentant *l'Olympe assemblé*; celui de l'hôtel Mazarin, aujourd'hui la Bibliothèque impériale, retraçant les *noces de Psyché*; celui du salon de Louveciennes, représentant *les Plaisirs de la campagne*; telle est la liste de ses œuvres importantes.

Gabet, *Dict. des Artistes*. — Le Bas, *Dictionnaire encyclopédique de la France*.

BRIARD (*Jean*), théologien flamand, natif de Bailleul en Hainaut, mort le 15 janvier 1520. Il était docteur en théologie, et vice-chancelier de l'université de Louvain. Il a laissé, entre autres ouvrages : *Quæstiones quodlibeticæ*, réunies à celles du pape Adrien VI ; Lyon, 1546, in-8°; — *De Contractu Sortis, seu Loterix*; — *De causa indulgentiarum*, etc.

Érasme, *Epist.*, lib. I et VII. — Valère André, *Bibliotheca Belgica*.

BRIARD ou **BRIARDE** (*Lambert*), jurisconsulte flamand, né à Dunkerque, mort à Malines le 10 octobre 1547. Il a laissé plusieurs ouvrages de droit.

Érasme, *Epist.*, lib. I et VII. — Valère André, *Bibliotheca Belgica*.

BRIAXIS. Voy. BRYAXIS.
BRICCI. Voy. BRIZIO.

BRICCIO (*Jean*), polygraphe italien, né à Rome en 1581, mort dans la même ville en 1646. Il était fils d'un matelassier, et acquit, presque sans maître, un grand nombre de connaissances. Il composa, dit Prosper Mandosio, plus de quatre-vingts ouvrages, entre autres : l'*Histoire de la création du monde*; — les *Vies de saint François et de saint Charles*; — un *Calendrier* pour l'an 1613, à l'usage des séculiers; — des *Rimes* sur les maris qui vivent loin de leurs femmes; — une *Description* des pays septentrionaux; — *la Mort du Grand Turc*; — *la Description* d'une baleine trouvée à Saint-Sever; — l'*Éloge de l'ânesse et de la chèvre*, etc.

Son fils *Basile*, et sa fille *Plautille*, se rendirent recommandables, le premier comme mathématicien, musicien, architecte et peintre; la seconde, par son talent pour la peinture.

Prosper Mandosio, *Bibliotheca romana*, etc.

BRICCIO (*Paul*), historien ecclésiastique italien, mort en novembre 1665. Il entra dans l'ordre des Récollets, fut théologien de la duchesse de Savoie, et chargé d'une négociation en Espagne. Il obtint l'évêché d'Albe en 1642. Il a publié : *Seraphica, subalpinæ D. Thomæ provinciæ monumenta regio subalpinorum principi sacra*; Turin, 1647, in-fol.; — *De' progressi della Chiesa occidentale per sedici secoli*; Carmagnole, 1648, 1650; Turin, 1652, in-fol.

Mazzuchelli, *Scrittori d'Italia*.

BRICE (*saint*), prélat français, natif de Tours, mort dans cette ville le 13 novembre 444. Il fut élevé par saint Martin, à qui il causa de grands chagrins par son indocilité. Après son entrée dans le monde, Brice se fit remarquer d'abord par la dissolution de ses mœurs; mais, revenant ensuite à de meilleurs sentiments, il fit pénitence de ses erreurs, et fut élevé au siége épiscopal de Tours après la mort de saint Martin. Accusé de manichéisme par Lazare, qui, plus tard, fut évêque d'Aix-la-Chapelle, Brice parvint à se justifier, et convainquit de calomnie son adversaire. Quelque temps après, il ne fut point aussi heureux : chassé par ses diocésains, il se réfugia à Rome, jusqu'à ce qu'il eût été rappelé par les habitants de Tours.

Baillet, *Vies des Saints*, 13 novembre.

BRICE, en latin **BRIXIUS** (*Germain*), théologien français, natif d'Auxerre, mort dans le diocèse de Chartres en 1538. Il entra dans la carrière ecclésiastique, fut aumônier du roi et chanoine de la cathédrale de Paris. Outre quelques opuscules, il a laissé : *Germani Brixii carmina*; 1519, in-4°; — *Dialogus de episcopatu et sacerdotio, sive de dignitate et onere episcopi libri sex*; 1526, in-8°; — *Chrysostomi liber contra gentiles, Babylæ, Antiocheni episcopi et martyris, vitam continens*; 1528, in-4°; — *Sexdecim homiliæ Chrysostomi*; 1533, in-4°; — *Chrysostomi in epistolam ad Romanos homiliæ octo priores*; 1546.

Papillon, *Bibliothèque des auteurs de Bourgogne*.

* **BRICE** (*François*), capucin et orientaliste, né à Rennes vers la fin du quinzième siècle, après avoir été missionnaire en Égypte et en Palestine, où il acquit une profonde connaissance de la langue arabe, fut rappelé à Rome par la congrégation de la Propagande, qui l'employa à traduire plusieurs grands ouvrages dans cette langue. Ce sont : *Annalium ecclesiasticarum Cæsaris Baronii arabica epitome*; Romæ, 1653-1671, 3 vol. in-4°; — *Annalium sacr. a creatione mundi ad Christi incarnationem epitome latino-arabica*; Romæ, 1655, in-4°. C'est une version, quant à l'arabe seulement, des *Annales de l'Ancien Testament*, publiées par Salian, Rouen, 1646, in-fol. Il a aussi beaucoup travaillé à la version arabe de la Bible publiée par Nazari en 3 vol. in-fol., avec le texte de la Vulgate; Romæ, 1671. Les ouvrages du P. Brice sont fort rares, la plupart des exemplaires ayant été envoyés dans le Levant. Ce savant religieux est en outre auteur d'un ouvrage inédit, existant à la bibliothèque de Rennes (n° 11 des manuscrits), et intitulé *Evangelii sancti Matthæi expositio arabica, manuscripta a reverendissimo patre Britio, rhedonensi capucino, Damasi commorante*, 1647 et 1648, in-4° de 370 feuillets, à 24 lignes par page, en caractères arabes.

P. LEVOT.

Denys de Gênes, *Bibliothèque des Capucins*, p. 55. — *Catalogue de la Bibliothèque de Rennes*.

BRICE (*Germain*), écrivain français, né à Paris en 1652, mort le 16 novembre 1727, publia une *Description de Paris*, 1685, 2 vol. in-12; la dixième édition de cet ouvrage, en 4 vol. in-12, est de 1752; elle a été revue, pour les 3 premiers volumes, par Mariette, et, pour le dernier, par l'abbé Pérau.

Son neveu, *Étienne-Gabriel* BRICE, né à Paris en juin 1697, mort le 18 novembre 1755, quitta les chartreux pour entrer chez les bénédictins de la congrégation de Saint-Maur, travailla à la nouvelle *Gallia christiana*, et laissa une traduction inédite des *Lettres* de saint Basile.

Chaudon et Delandine, *Dictionnaire historique*.

BRICHE (*Louis-André* (1), vicomte DE), général français, né le 12 août 1772, mort à Marseille le 21 mai 1825. Il entra au service en 1789, et fit toutes les campagnes de la république et celles de l'empire jusqu'en 1814. Il était colonel,

(1) D'autres biographes lui donnent les prénoms d'*Adrien-Louis-Élisabeth-Marie*.

en 1806, d'un régiment de hussards. Ce fut avec ce régiment que, à la bataille de Saalfeld, il mit en déroute le corps prussien aux ordres du prince Louis; celui-ci fut tué par un maréchal des logis du 10° de hussards, nommé Guindé, avec lequel il avait engagé un combat corps à corps. Briche se distingua ensuite à Iéna par plusieurs charges brillantes. Envoyé en 1809 au siège de Saragosse, Briche exécuta, pour s'y rendre, une marche extrêmement pénible et dangereuse à travers les montagnes et des défilés gardés par les ennemis, et parvint enfin à sa destination. A la bataille d'Ocaña, où il commandait quatre régiments de cavalerie légère, il culbuta la droite des ennemis, et fut nommé général de brigade. Il ne se distingua pas moins à la bataille de Fuente de Cantos (1810), où il enleva aux ennemis six pièces de canon. Attaqué par les Espagnols à Talavera-la-Roa, il les poussa vigoureusement jusqu'auprès de Badajoz. Il se distingua encore à la bataille de Gébora et à celle d'Albufera, où il soutint, avec la cavalerie légère, l'attaque dirigée par le général Godinot à l'extrême droite de l'armée; et, après que cette bataille eut été perdue, il protégea la retraite sur Solano. Dans la retraite qui suivit la levée du siège de Badajoz, il commanda l'avant-garde. Il fit partie ensuite du corps aux ordres du général Gérard, qui força le général Castaños à se replier sur le Portugal. Attaché au 4° corps de l'armée d'Allemagne, il décida la victoire de Lutzen en attaquant à propos l'aile gauche victorieuse des ennemis après la bataille de Dresde. Briche reçut le commandement d'une division de cavalerie wurtembergeoise, et s'empara des redoutes du centre à la bataille de Bautzen (1813). La campagne de France ne lui fit pas moins d'honneur que les précédentes. Il se distingua surtout à Brienne, à Pont-Chéry près de Troyes, et à Rambervilliers. Briche s'attacha, en 1814, aux Bourbons, qui le nommèrent inspecteur général de la cavalerie. Après le débarquement de Cannes, Louis XVIII l'envoya à Nîmes, avec la mission de s'opposer à Napoléon, mission périlleuse, et qui faillit coûter la vie à Briche. Il fut destitué et exilé à Melun pendant les cent-jours. Après la seconde restauration, Briche fut nommé à la 9° division militaire, et accepta la présidence de la commission militaire qui condamna à mort le général Mouton-Duvernet (1816). Il commandait encore une division militaire quand il mourut, à l'âge de cinquante-trois ans.

Brevets militaires. — *Moniteur.* — De Courcelles, *Dictionnaire des Généraux français.* — *Biographie des Contemporains.*

***BRICHETEAU** (*Isidore*), médecin français, né à Saint-Christophe le 3 février 1789. Reçu docteur en médecine en 1815, il travailla avec Pinel au *Dictionnaire des sciences médicales*, et collabora au *Journal complémentaire* destiné à continuer ce *Dictionnaire*, ainsi qu'aux *Archives générales de médecine*. On a en outre de lui : *Traité théorique et pratique de l'hydrocéphale aiguë, ou fièvre cérébrale des enfants*; Paris, 1829, in-8°; — avec MM. A. Chevallier et Cottreau, *l'Art de doser les médicaments tant anciens que nouveaux, selon les différents âges*, etc.; Paris, 1829; — *Clinique médicale de l'hôpital Necker*; Paris, 1834; — *Traité analytique sur le croup*, 1826.

Sachalle (Lachaise), *les Médecins de Paris*.— Quérard, suppl. *à la France littéraire*.

BRICOGNE (N.....), administrateur français, mort en 1837. Il entra, en 1802, comme surnuméraire dans les bureaux du trésor public, où il devint premier commis en 1806. Il fut alors chargé de poursuivre le recouvrement de 140 millions dus au fisc par une compagnie de banquiers. Au second retour des Bourbons, il reprit ses fonctions, que le retour de Napoléon avait interrompues; mais il les abandonna quand le comte Corvetto remplaça aux finances le baron Louis. Nommé en 1816 maître des requêtes au conseil d'État, Bricogne fut destitué en 1819, pour avoir attaqué l'administration du baron Louis, et le rapport présenté par le comte Beugnot sur le budget de cette année. En 1820, il fut rappelé au trésor par le comte Roy, ministre des finances; il découvrit le vol fait au détriment de l'État par le caissier Mathéo, et quitta sa place quand M. de Villèle parvint au ministère. Il fut envoyé en 1822 à Marseille, en qualité de receveur général. Il a publié : *Opinion et observations sur le budget de 1814, sur le budget de 1815, et sur les différents systèmes de finances suivis en France depuis l'an VIII jusqu'au 8 juillet 1815, par un créancier de l'État*; Paris, 1815, in-8°; — *Quelques mots de consolation aux créanciers de l'État, en réponse à une opinion préliminaire sur les finances*; Paris, 1815, in-8°; — *Observations sommaires sur le projet de loi relatif à la cour des comptes, etc.*; Paris, 1815, in-8°; — *Examen impartial du budget présenté à la chambre des députés le 23 décembre 1815, et projets d'amendements*; Paris, 1816, in-8°; — *Situation des finances au vrai, mise à la portée des contribuables, pour prouver qu'une réduction de six millions sur la contribution foncière, dont cinq millions à la ville de Paris, doit être accordée dès 1819; suivie de trente-six doutes et questions sur les comptes et les budgets*; Paris, 1819, in-8°; — *Errata du rapport de M. le comte Beugnot sur les voies et moyens de 1819, pour faire suite à la Situation des finances au vrai*; Paris, 1819, in-8°; — *la Caisse usuraire dite hypothécaire examinée et calculée dans l'intérêt et pour le salut des propriétaires emprunteurs*; Paris, 1820, in-8°.

Quérard, *la France littéraire*. — *Journal des Débats*.

BRIÇONNET (*Guillaume*), connu sous le nom de *cardinal de Saint-Malo*, surintendant des finances et principal ministre de Charles VIII, roi de France, mort à Narbonne le 14 décembre 1514. Il fut d'abord, sous Louis XI, général des finances du Languedoc. Ce prince, en mourant, le recommanda à son fils, qui le nomma surintendant des finances, « et depuis, dit un historien, ne parla que par sa bouche, n'entreprit que par son conseil, et ne gouverna que par sa conduite. » Lorsque Louis le Maure, administrateur du duché de Milan, voulut engager Charles VIII à faire passer des troupes dans le royaume de Naples, ce fut Briçonnet que les ambassadeurs de ce prince cherchèrent d'abord à gagner; ce fut lui qui, flattant habilement l'ardeur guerrière du jeune roi, le poussa à accomplir cette romanesque entreprise. Charles, après avoir pris cette détermination, lui donna, dit Guicciardini, la première autorité pour le gouvernement du royaume. Vers ce temps, l'ambitieux financier, qui, devenu veuf, s'était fait donner, en 1491, l'évêché de Saint-Malo, entra dans les ordres d'après le conseil des ambassadeurs milanais, qui l'assuraient que le crédit du roi, à son arrivée à Rome, le ferait bientôt cardinal. Briçonnet vainquit la résistance que le duc et la duchesse de Bourbon opposaient dans le conseil à cette aventureuse invasion, en pressa les préparatifs, et y accompagna ensuite le roi dans tout le cours de l'expédition; il fit prévaloir, au conseil du prince, une mauvaise foi peu en harmonie avec sa devise : *Ditat errata fides*. A Rome, il amena la réconciliation de son souverain avec Alexandre VI. Cette condescendance lui valut immédiatement le chapeau de cardinal. Enfin, son incapacité et son obstination compromirent plus d'une fois le salut de l'armée. Après la mort de Charles VIII, il fut remplacé dans le ministère par le cardinal d'Amboise, et se retira à Rome. Louis XII le chargea plus tard de convoquer un concile à Pise, composé des cardinaux mécontents de Jules II, « pour corriger les mœurs du chef et des membres de l'Église catholique. » Briçonnet ouvrit ce concile, et le transporta ensuite à Milan et à Lyon : aussi fut-il excommunié et privé de la pourpre. Louis XII l'en dédommagea en lui donnant, en 1503, la riche abbaye de Saint-Germain-des-Prés et le gouvernement du Languedoc. Après la mort de Jules II, Briçonnet fut absous par Léon X, et passa de l'archevêché de Reims, qu'il avait obtenu en 1494, à celui de Narbonne.

Gui Bretonneau, *Hist. généalogique de la maison de Briçonnet*. — Guichardin, *Hist. de l'Italie*. — Le Bas, *Diction. encyclop. de la France*.

BRIÇONNET (*Guillaume*), prélat français, fils du précédent, mort en 1533, au château d'Esmant, près de Montereau. Il fut successivement évêque de Lodève et de Meaux. Avant de se retirer dans son diocèse, il avait été chargé par Louis XII et François Ier de diverses négociations auprès du pape. Revenu à Meaux, il attira auprès de lui plusieurs savants, tels que Guillaume Farel, Jacques Faber ou Le Fèvre, Gérard Roussel, Clichtove, François Vatable. Parmi ces savants se trouvaient des docteurs de l'université de Paris, zélés calvinistes, qui lui firent partager leur doctrine et leurs opinions. Mais bientôt, craignant de perdre son évêché et la faveur de la cour, Briçonnet changea de conduite, et poursuivit avec acharnement le parti qu'il avait favorisé. Aussi les cordeliers, qui l'avaient deux fois accusé d'hérésie et traduit au parlement, furent-ils considérés comme calomniateurs. Ainsi que son père, il protégea les lettres, et augmenta la bibliothèque de l'abbaye de Saint-Germain-des-Prés. On a de lui une traduction française des *Contemplationes idiotæ*.

Launoy, *Hist. Gymnasii Navarrei Parisiensis*. — Gui Bretonneau, *Hist. généal. de la maison de Briçonnet*.

BRIÇONNET (*Denis*), prélat français, frère du précédent, mort en 1536. Il fut successivement archidiacre de Reims et d'Avignon, puis évêque de Toulon et de Saint-Malo. François 1er, n'étant encore que comte d'Angoulême, le chargea de presser auprès de Léon X la canonisation de saint François de Paul, et l'envoya, dans la suite, en Bretagne pour apaiser les troubles qui s'élevèrent parmi les habitants de cette province, lorsqu'il voulut leur donner son fils aîné pour duc. Briçonnet assista au concile de Pise en 1511, et à celui de Latran en 1514. Il fut le protecteur des savants et le bienfaiteur des pauvres. Pénétré de l'étendue de ses devoirs, et craignant de ne pouvoir les accomplir assez exactement sur la fin de ses jours, il se démit de son évêché, et ne conserva que ses abbayes.

Gui Bretonneau, *Histoire généalogique de la maison de Briçonnet*. — Moréri, *Dict. hist.* — Berion, *Oratio de Laudibus Dionysii Briconneti*; Paris, 1536, in-8°.

BRIÇONNET (*Robert*), prélat français, oncle des précédents, mort à Moulins le 3 juin 1497. Il fut archevêque de Reims et chancelier de France; et dut son élévation rapide à la faveur dont jouissait son frère le cardinal de Saint-Malo.

Gui Bretonneau, *Hist. généalogique de la maison de Briçonnet*. — Moréri, *Dict. hist.*

***BRICOT** (*Thomas*), professeur de théologie à Paris, à la fin du treizième siècle; il composa sur les écrits d'Aristote, sur la logique et sur la philosophie scolastique, de nombreux ouvrages qui passèrent pour fort remarquables, et qui, à la fin du quinzième siècle, eurent à Paris, à Lyon, à Bâle, à Venise, des éditions multipliées. Aujourd'hui ses *Insolubilia*, son *Cursus optimarum quæstionum super Philosophiam Aristotelis*, ses traités sur la physique et la métaphysique, sont plongés dans un oubli égal à celui qui pèsera en l'an 2000 sur bien des ouvrages publiés de nos jours. G. B.

Fabricius, *Bibl. med. ævi*, t. VI, p. 691. — Morhof, *Polyhistor*, t. II, lib. I, 13.

BRICQUEVILLE. *Voy.* BRIQUEVILLE.

BRIDAINE ou **BRYDAINE** (*Jacques*), célèbre prédicateur français, né, le 21 mars 1701, à Chuslan (département du Gard); mort à Roquemaure près d'Avignon le 22 décembre 1767. Envoyé à Avignon pour y faire ses études, il les commença au collège des Jésuites, et les acheva au séminaire de la congrégation des Missions royales de Sainte-Croix. Ses supérieurs, qui avaient remarqué ses heureuses dispositions pour l'art de la parole, lui donnèrent un premier moyen de les exercer en le chargeant de l'enseignement du catéchisme; il apprit, en parlant aux enfants, à parler le langage simple qu'il devait plus tard faire entendre aux habitants des campagnes avec un si merveilleux succès; il n'en obtint aucun dans ses premières prédications, qui eurent lieu à Aigues-Mortes : son zèle n'en fut point découragé; et, usant d'un stratagème innocent pour attirer à lui des curieux dont il espérait faire des chrétiens, il sortit un jour de l'église en surplis, et, une clochette à la main, il se mit à parcourir les rues de la ville : quelques enfants le suivirent, avec des huées qui excitèrent l'attention des gens plus âgés. La foule de ceux qu'il entraînait après lui ne tarda pas à s'accroître, et, une heure après, la ville entière était réunie dans l'église autour de sa chaire, et l'écoutait avec une admiration d'autant plus vive qu'il s'y mêlait une surprise très-naturelle.

Il n'avait alors composé que trois sermons, et, le temps lui manquant pour en composer d'autres immédiatement, il essaya de parler d'abondance, en se ménageant, pour le travail intérieur de ses improvisations, le repos soit d'une prière, soit d'un cantique, soit d'une lecture. Cette première tentative lui réussit, et en amena d'autres qui furent encore plus heureuses. Les sermons qu'il prononça dans la suite furent médités, sans doute; mais ils ne furent jamais néanmoins que de simples canevas qu'il remplissait différemment, suivant le temps, le lieu, et les circonstances où il parlait : c'était surtout la composition de son auditoire qui décidait du choix des textes et de la manière dont il les développait. Il n'en faut pas conclure qu'il parlât sans avoir de plan; il avait ce qu'il nommait *des méthodes*. Ainsi il faisait précéder chacune de ses prédications du chant d'un cantique, d'une procession, d'un récit emprunté aux livres saints, d'une parabole; en outre, il attendait ordinairement la fin du jour pour monter en chaire; enfin, il graduait la marche de ses discours, en variait le caractère et la forme, et savait réserver pour la péroraison les parties qui prêtaient davantage au pathétique. Ce qu'il y avait d'incohérent, de négligé et quelquefois de grotesque chez lui n'empêchait pas les esprits attentifs de reconnaître son habileté à se ménager des contrastes, à suivre son raisonnement au milieu de divagations apparentes; son style était agreste, inégal, et heurté; mais il était plein de ces images qui saisissent la multitude, et de ces hardiesses où la nouveauté de l'expression se fait pardonner par le sublime de la pensée. Bridaine a été un Bossuet de village.

Les hommes de lettres ne sont pas les seuls qui admirent comme un morceau d'éloquence achevé l'exorde du discours qu'il prononça dans l'église de Saint-Sulpice de Paris, en présence de ce que cette ville renfermait alors de plus illustre : les hommes les plus étrangers aux études oratoires ne le peuvent lire sans en être frappés. Dans un autre sermon, qui avait la mort pour sujet, le missionnaire s'écria, en apostrophant la partie la plus jeune de son auditoire d'une manière aussi vive qu'inattendue :

« Et sur quoi vous fondez-vous, mes frères, « pour croire votre dernier jour si éloigné ? est« ce sur votre jeunesse ? Oui, répondez-vous, je « n'ai encore que vingt ans, que trente ans. « Ah ! ce n'est pas vous qui avez vingt ou trente « ans, c'est la mort qui a déjà vingt ou trente « ans d'avance sur vous. »

Ce qui suit est étrange pour la forme ; mais il en est des bizarreries de Bridaine comme de celles de Shakspeare, elles ne nuisent point à la pensée même, mais la recommandent au contraire à l'attention :

« L'éternité marque déjà sur votre front l'ins« tant fatal où elle doit commencer pour vous. « Eh ! savez-vous ce que c'est que l'éternité ? C'est « une pendule dont le balancier dit et redit sans « cesse ces deux mots seulement, dans le silence « des tombeaux : *toujours, jamais, toujours,* « *jamais.* Pendant ces effroyables révolutions, « un réprouvé demande : Quelle heure est-il ? et « la voix sombre d'un autre misérable lui ré« pond : *L'éternité !* »

Un soir, après un sermon dont le sujet était la brièveté de la vie, il dit à ses auditeurs : « Je vais vous reconduire chacun chez vous ; » et il les mena au cimetière.

Comme intelligence des effets oratoires, rien n'est comparable à l'apologue par lequel il termina une de ses conférences ; et en mettant en scène ses auditeurs sans qu'ils s'en doutassent, il les amena à se reconnaître tout à coup dans un jeune homme dont ils venaient de maudire la cruauté : rien peut-être de plus dramatique n'a jamais été imaginé, depuis la parabole de *Nathan* racontée au roi David. L'action oratoire de Bridaine, au dire de ceux qui l'ont entendu, tenait du prodige, et rend vraisemblable ce qu'on raconte de celle des plus grands orateurs : sa voix, naturellement douce, prenait, avec une inconcevable facilité, l'accent de la menace et de l'indignation, pour revenir ensuite à celui de la prière et de l'affection ; ses yeux étaient encore mouillés de larmes, qu'ils lançaient déjà des éclairs ; et, au moment où, gardant le silence, il paraissait vaincu par la fatigue ou l'émotion, sa voix, éclatant tout à coup comme la foudre, tonnait sur ses auditeurs épouvantés, lesquels, réunis, quelquefois au nombre de dix mille, l'entendaient néanmoins parfaitement.

Massillon, qui suivit assidûment les conférences de Bridaine, disait de lui : « Il eût effacé tous les « orateurs, si une heureuse culture eût perfec« tionné ses dons naturels ; il ressemble à une « mine d'or, où le précieux métal est confondu « avec le sable. » Marmontel ne craint pas de le comparer au poëte Tyrtée soumettant les soldats de Lacédémone à l'ascendant de son génie. La Harpe, madame Necker, Maury, sans le placer aussi haut, lui donnent de magnifiques éloges ; le peuple des campagnes, meilleur juge encore que ceux que nous venons de citer, accourait en foule aux missions de Bridaine, qui en prêcha deux cent cinquante-six, et qui, dans toutes, se montra le véritable successeur des apôtres pour le nombre des conversions qu'il opéra, et pour ses vertus évangéliques. Interprète de l'Église reconnaissante, le chapitre de Chartres fit frapper une médaille en l'honneur du célèbre prédicateur ; le pape Benoît XIV lui conféra le pouvoir de faire la mission dans toute la chrétienté.

On a de Bridaine un recueil de *Cantiques spirituels*; Montpellier, 1748, in-12, souvent réimprimés ; — *Sermons inédits*, publiés sur les manuscrits autographes ; Avignon, 1825, 5 vol. in-12.   ANOT DE MÉZIÈRES.

L'abbé Caron ; *Modèle des prêtres*; Paris, 1804-1805. — Madame Necker, *Mélanges littéraires*, t. II. — Marmontel, *Éléments de littérature*. — Maury, *Essai sur l'éloquence de la chaire.* — La Harpe, *Cours de littérature.*

BRIDAN (*Charles-Antoine*), sculpteur français, né en 1730 à Ruvière, en Champagne ; mort le 28 avril 1805. Il étudia à l'Académie de Paris, remporta en 1753 le grand prix de sculpture, et alla compléter en Italie son éducation artistique. De retour à Paris, il exécuta en 1772, en marbre, un groupe représentant *saint Barthélemy faisant sa prière avant d'être martyrisé*. La même année, il fut reçu à l'Académie. En 1776, il fit pour l'église de Chartres son groupe de *l'Assomption*, dont l'exécution, dans le style du dix-huitième siècle, offre un désaccord choquant avec toute la sculpture de cette métropole. En 1777, il exposa le modèle de *Vulcain présentant à Vénus les armes qu'il a forgées pour Énée*. Cette statue, l'un des ornements du Luxembourg, fut exécutée en marbre en 1781. En 1785, il fit sa belle statue du *maréchal de Vauban* (aujourd'hui à Versailles) ; *trois Jeunes filles*, une *Vierge*, et un *Amphion*. Il exposa, en 1787, sa statue de *Bayard complimentant l'épée avec laquelle il vient d'armer chevalier François Ier, après la bataille de Marignan* (à Versailles), et le buste de *Dupleix*, gouverneur de l'Inde française ; en 1789, le buste du *cardinal de Luynes* ; enfin, en 1791, son dernier ouvrage, le buste de *Cochin*, curé de Saint-Jacques-du-Haut-Pas et fondateur de l'hospice qui porte son nom, établissement dans lequel se trouve ce morceau. Bridan fut nommé professeur de l'Académie le 30 décembre 1780. Parmi ses élèves, nous citerons son fils, Cartelier et Lorta, jeune artiste qui a exposé en l'an XII la statue du *Peuple français*, représenté par un jeune homme vigoureux, qui se repose après avoir vaincu l'Europe coalisée.

Les emblèmes qui étaient aux pieds et dans la main de cette statue désignaient les résultats de la guerre, c'est-à-dire l'unité, la liberté et l'histoire.

Gabet, *Dict. des Artistes*. — Le Bas, *Dict. encyclopédique de la France*.

BRIDAN (*Pierre-Charles*), statuaire français, fils et élève du précédent, né à Paris le 10 décembre 1766, mort en 1836. Il remporta, en 1791, le grand prix de sculpture. Son premier ouvrage fut exposé en l'an VII ; c'était *Pâris présentant la pomme à Vénus*. L'année suivante, il exposa une statue de l'*Immortalité* (aux Invalides), et plusieurs bustes. Sous l'empire, il fut chargé de travaux importants ; nous citerons entre autres *le canonnier de l'arc du Carrousel* ; douze bas-reliefs de la colonne Vendôme ; *Du Guesclin*, pour le pont de la Concorde ; *le colosse de l'Éléphant*, pour la fontaine de la Bastille. On lui doit encore une statue d'*Épaminondas mourant* (au château de Saint-Cloud) ; plusieurs bas-reliefs, entre autres, dans l'escalier du Louvre, *Neptune et Cérès* ; *le tombeau de la reine de Sicile, Marguerite de Bourgogne*.

Le Bas, *Dictionnaire encyclopédique de la France*.

BRIDARD. Voy. LAGARDE.

BRIDAULT (*Jean-Pierre*), littérateur français, mort le 24 octobre 1761. Il fut maître de pension à Paris. On a de lui : *Phrases et sentences tirées des cinq livres de Phèdre, avec un abrégé de sa vie et de celle d'Esope* ; Paris, 1742, in-12 ; — *Phrases et sentences tirées des comédies de Térence* ; ibid., 1749, in-12 ; — *Mœurs et coutumes des Romains* ; ibid., 1745, in-12 ; édit. revue et corrigée, ibid., 1755, 2 vol. in-12.

Quérard, *la France littéraire*.

BRIDEL (*Jean-Louis*), littérateur suisse, né en décembre 1759, mort à Lausanne le 5 février 1821. Après avoir été précepteur en Suisse, puis en Hollande, il fut pasteur de l'Église française à Bâle, pasteur à Cossonay, dans le pays de Vaud ; enfin professeur d'interprétation des Livres saints et des langues orientales à Lausanne. Ses principaux ouvrages sont : *les Infortunes du jeune chevalier de Lalande* ; Lausanne et Paris, 1781, in-8° ; — *Introduction à la lecture des Odes de Pindare* ; Lausanne, 1785, in-12 ; — *Mémoire sur l'Abolition des redevances féodales* ; 1798, in-8° ; — *Discours prononcé à Vevey, à l'occasion d'un anniversaire patriotique* ; 1799, in-8° ; — *Réflexions sur la Révolution de la Suisse, sur le Principe de l'unité*, etc. ; 1800, in-8° ; — *le Pour et le Contre, ou Avis à ceux qui se proposent de passer dans les États-Unis d'Amérique* ; Paris et Bâle, 1803, in-8° ; — *le Lycée de Flore* ; Bâle, 1804 ; — *Lettre à M. Carion de Nisas sur la manière de traduire le Dante, suivie d'une traduction en vers français du cinquième chant de l'Enfer* ; ibid., 1805, in-4° ; — *Oraison funèbre* ; ibid., 1806, in-8° ; — *Discours chrétien à l'occasion des désastres du canton de Schwitz* ; ibid., 1807 ; — *Dissertation sur l'état et les fonctions des prophètes* ; Lausanne, 1808, in-4° ; — *Discours sur l'efficacité morale de la lecture des livres sacrés, et sur le style de leurs auteurs* ; ibid., 1809, in-8° ; — *Traité de l'année juive, antique et moderne* ; Bâle, 1810, in-8° ; — traduction nouvelle du *Livre de Job* ; Paris, 1818, in-8°.

Il ne faut pas confondre Jean-Louis avec son frère *Philippe-Sirach Bridel*, pasteur à Montreux, auquel on doit des sermons, des poésies, un *Essai statistique sur le canton de Vaud*, et une *Course de Bâle à Bienne par les vallées du Jura* ; Bâle, 1802, in-fol.

Revue encyclopédique, t. XXXVIII, p. 240.

BRIDEL (*Samuel-Élisée*, baron), poëte et botaniste suisse, frère du précédent, né en 1761 à Crassier (canton de Vaud), mort près de Gotha le 7 janvier 1828. Il était fils d'un pasteur protestant, et fut appelé, presque au sortir de ses études, pour faire l'éducation des deux princes Auguste et Frédéric de Saxe-Gotha. Cette tâche terminée, il devint secrétaire privé et bibliothécaire du prince héréditaire. A cette époque, il commença à se livrer à l'étude de la botanique. En 1807, il fut attaché, en qualité de secrétaire, à la légation chargée des négociations du duc de Gotha avec Napoléon. Il fut aussi envoyé à Rome pour négocier le retour du prince Frédéric, qui s'y était établi et avait embrassé le catholicisme. Bridel était membre de plusieurs sociétés savantes, et avait reçu du duc de Saxe-Gotha des lettres de noblesse et d'autres distinctions honorifiques. Vers la fin de sa vie, il se retira dans une maison de campagne aux environs de Gotha. Ses principaux ouvrages sont : *Cathon et Clessamor, suivi d'Athala*, etc. ; Paris, 1791 : la 1re édit. avait paru à Lausanne en 1788, sous le titre de *Délassements poétiques* ; — *le Temple de la Mode* ; Lausanne, 1789, in-8° ; — *Loisirs de Polyhymnie et d'Euterpe* ; Paris, 1808, in-8° ; — *Description des pierres gravées du cabinet du baron de Storch*, traduit de l'allemand de Schlichtegroll ; Nuremberg, 1795, in-4° ; — *Augusteum, ou Description des monuments antiques du cabinet de Dresde*, traduit de l'allemand de G.-G. Becker ; Leipzig, 1805-1812, 3 vol. in-fol. ; — *Réflexions sur l'état actuel de la littérature et des sciences en Allemagne*, imprimées en tête des *Paramythies* du baron de Bilderbeck ; 1791, in-12 ; — *Muscologia recentiorum, seu analytica historia et descriptio ; Methodus omnium muscorum frondosorum cognitorum, ad normam Hedwigii* ; Gotha, 1797, 1803, 2 vol. in-4° ; — *Muscologiæ recentiorum supplementum* ; 1807-1812, 2 vol. in-4° ; — *Methodus nova muscorum ad naturæ normam, seu Mantissa*, etc. ; Gotha, 1819, in-4° ; — *Bryologia universa, seu systematica ad novam methodum dis-*

positio, historia et descriptio omnium muscorum frondosorum huc usque cognitorum, cum synonymia ex auctoribus probatissimis; Leipzig, 1826-1827, 2 vol. in-8° : l'auteur, qui regardait les genres comme l'œuvre de l'esprit humain, et non de la nature, a beaucoup multiplié les espèces; — une *Dissertation sur la végétation hivernale*, dans le *Journal de Genève*, année 1791; — *Esquisse d'une Flore du pays de Saxe-Gotha*, en latin, dans la *Statistique de la Thuringe*; — *Description des os fossiles de l'ours des cavernes*, traduit de Rosenmüller; Weimar, 1804, in-fol.; — traduction des six premières livraisons de l'*Histoire naturelle des oiseaux de la Franconie;* Nuremberg, in-fol.; — *Flora antediluviana,* traduit en latin de l'allemand du baron de Schlotheim; Gotha, 1804, in-fol.

Monnard, *Notice sur Samuel-Élisée Bridel*, dans la *Revue encyclopédique*, t. XXXVIII; p. 240.

BRIDET (*Jacques-Pierre*), agronome français, né en 1746 à Louvilliers, près de Verneuil (Eure), mort à Paris en 1807. Il a rendu un service immense à l'agriculture et à la salubrité publique en découvrant le moyen de convertir, dans l'espace de quelques jours, une grande masse de matières fécales en une poudre inodore (poudrette) formant un excellent engrais. Breveté par le roi Louis XVI pour cette découverte, Bridet en fit l'application, dans le courant de l'année 1789, à la voirie de Montfaucon. Les succès qu'il obtint dans son entreprise excitèrent bientôt la concurrence. Il paraît qu'avant les travaux de Bridet on connaissait le moyen d'extraire une poudre des matières fécales; mais les procédés étaient lents, peu satisfaisants sous le rapport de la salubrité, et le produit conservait une odeur infecte. A l'aide de ce fait, des rivaux parvinrent d'abord à faire rapporter le brevet, que l'inventeur ressaisit pourtant; puis à le frustrer du bénéfice de ce brevet, en employant à Montfaucon même, d'où ils l'éconduisirent, des procédés analogues aux siens. Bridet avait dépensé beaucoup de temps et d'argent à défendre ses droits d'inventeur. Le chagrin qu'il éprouva en se voyant ravir le fruit de ses travaux lui fit contracter une maladie de langueur, à laquelle il succomba. Bridet avait le génie de l'agriculture. Plusieurs de ses travaux ont été récompensés par des médailles de la Société centrale. Le commerce de poudre végétative qui se fait dans les seuls départements de la basse Normandie est évalué de 4 à 5 millions par an. [*Enc. des g. du m.*]

Annales de la Société d'Agriculture.

BRIDFERTH, mathématicien anglo-saxon, religieux de l'ordre de Saint-Benoît, vivait dans la seconde moitié du dixième siècle. Ses principaux ouvrages sont : *De Principiis mathematicis;* — *De Institutione monachorum.* Ces deux traités, ainsi que quelques autres du même auteur, se trouvent dans le recueil des ouvrages de Bède le Vénérable.

Pits, *De Angliæ Scriptoribus.* — Bâle, *De Scriptoribus Britanniæ.* — Fabricius, *Biblioth. latina mediæ et infim. ætatis.* — Wright, *Biographia Britannica litteraria.*

BRIDGE (*Bewick*), mathématicien anglais, né à Linton vers 1766, mort à Cherry-Hinton le 15 mai 1833. Il fut professeur de mathématiques à Hertford, puis vicaire à Cherry-Hinton. On a de lui : *Leçons de Mathématiques;* 1810-1811, 2 vol. in-8°; — *Introduction à l'étude des principes mathématiques de la philosophie naturelle;* 1813, 2 vol. in-8°.

Annual Biography and Obituary. — *Biographie universelle.*

BRIDGES (*Jean*), antiquaire anglais, mort en 1724. Il employa une partie de sa grande fortune à recueillir des antiquités. La publication de l'histoire du comté de Northampton, dont il avait préparé les matériaux, fut commencée après sa mort, et achevée en 1791.

Gough, *Topography.*

BRIDGES (*Noé*), littérateur anglais, vivait dans le milieu du dix-septième siècle. On a de lui : *the Art of short and secret writing;* Londres, 1659, in-12; — *Lux mercatoria, arithmetik natural and decimal;* ibid., 1661.

Granger, *Biographical History of England.*

BRIDGEWATER (*Jean*), en latin *Aquapontanus*, théologien catholique anglais, de l'ordre des Jésuites, né dans le Yorkshire, vivait dans la seconde moitié du seizième siècle. Sous la reine Élisabeth, il se conforma d'abord extérieurement à la nouvelle religion, et fut successivement revêtu de différentes dignités ecclésiastiques. Tourmenté par des remords, il résigna ses bénéfices, et se rendit à Rome et en Allemagne. On a de lui : *Concertatio virulentæ disputationis theologicæ, in qua Georgius John, professor Academiæ Heidelbergensis, conatus est docere pontificem romanum esse antichristum;* ibid., 1589, in-4°; — *Concertatio Ecclesiæ catholicæ in Anglia contra calvino-papistas et puritanos, sub Elisabetha regina;* Trèves, 1594, in-4°; — *An account of the six articles, usually proposed to the missionaries in England,* etc.

Alegambe, *Bibliotheca Scriptorum societatis Jesu.* — Wood, *Athenæ Oxonienses.*

BRIDGEWATER (*François-Egerton*, duc DE). *Voyez* EGERTON.

BRIDIÈRE ou **BRIDIEU** (selon Moréri) (*Roger-Antoine*), théologien ascétique français, né en 1636 à Roche-Posay, sur les confins de la Touraine et du Poitou; mort à Beauvais en 1679. Accusé d'avoir pris part à des troubles qui eurent lieu à Beauvais, où il était chanoine, il fut exilé à Quimper. On le dénonça bientôt après avec cinq de ses confrères, comme ayant trempé dans une conspiration contre l'État, et on le conduisit à la Bastille. L'innocence de Bridière et de ses coaccusés fut prouvée par le procès, et leur dénonciateur fut pendu en place de Grève. Bridière a laissé en manuscrit des ouvrages ascétiques, et des mémoires sur sa captivité à Quimper.

Mézangui, *Idée de la vie et de l'esprit de M. de Bu- senval.* — Moréri, *Dictionnaire historique.*

BRIDOUL (le père *Toussaint*), théologien ascétique français, de l'ordre des Jésuites, né à Lille en 1595, mort dans la même ville le 28 juillet 1672. Ses principaux ouvrages sont : *la Boutique sacrée des saints et vertueux artisans, dressée en faveur des personnes de cette vocation*; Lille, 1650, in-12; — *l'École de l'Eucharistie établie sur le respect miraculeux que les bêtes, les oiseaux et les insectes ont rendu, en différentes occasions, au très-saint sacrement de l'autel*; ibid., 1672, in-12; traduit en anglais, Londres, 1688, in-12.

Alegambe, *Bibliotheca Script. Soc. Jesu.* — Paquot, *Mémoires.* — Lelong, *Biblioth. hist. de la France,* édit. Fontette.

BRIDPORT (*A. Hood*), amiral anglais, né vers 1724, mort à Bath en 1816. Il se distingua dans la guerre de la révolution d'Amérique. Chargé, en 1793, du commandement d'une flotte dans la Méditerranée, il occupa la ville de Toulon au nom de Louis XVII; mais il ne put s'y maintenir contre les forces républicaines : obligé de l'évacuer à la hâte, il fit incendier avec les arsenaux tous les vaisseaux qu'il ne put emmener. De là il cingla vers la Corse, s'en empara, et fut aussi forcé de l'abandonner. Il commanda ensuite une division de la grande flotte qui combattit l'escadre française près d'Ouessant, et protégea la descente de Quiberon. En 1799, ayant mécontenté le gouvernement par la manière dont il laissa sortir une flotte française de la rade de Brest, il céda son commandement, et se retira à Bath.

Rose, *New Biographical Dictionary.*

BRIE (*Catherine* LE CLERC, madame DE), comédienne française, morte le 19 novembre 1706. La tragédie et la haute comédie étaient les genres qu'elle avait adoptés. Elle excellait surtout dans le rôle d'*Agnès* de l'*École des femmes*. Quelques années avant sa retraite, on voulut l'engager à céder ce rôle à Mlle Ducroisi, nouvellement admise; mais le parterre demanda Mme de Brie avec tant d'instance qu'on alla la chercher chez elle, et on l'obligea de jouer dans son habit de ville. Son mari (*Edme Wilquin* de Brie), mort en 1676, fut l'un des acteurs de la troupe de Molière, et créa le rôle de M. Loyal, dans *Tartufe*.

Les frères Parfaict, *Histoire du Théâtre françois depuis son origine*, t. XI, p. 204, et t. XII, p. 471. — Lemazurier, *Galerie hist. des Acteurs du Théâtre français*, t. II, p. 174; t. I, p. 225-226.

BRIE (*Jehan* DE), surnommé *le Bon Berger*, écrivain français, natif de Coulommiers en Brie, vivait dans la seconde moitié du quatorzième siècle. Il fut longtemps berger dans sa province, vint à Paris vers 1379, y servit en qualité de domestique chez un chanoine de la Sainte-Chapelle, et composa, par l'ordre de Charles V, sur l'éducation des moutons, un petit ouvrage intitulé *le Vray régime et gouvernement des bergers et bergères, traitant de l'état, science et pratique de l'art de bergerie et de garder ouailles et bétes à laine, par le rustique Jehan de Brie, le Bon Berger*; Paris, 1542, in-12 en caract. goth., avec fig. Ce livre (qui paraît avoir été réimprimé en 1530, bien que le titre porte 1542) est aussi rare que curieux; on n'en connaît que deux exemplaires, dont l'un est à la bibliothèque de l'Arsenal.

Théâtre d'Agriculture d'Olivier de Serres, nouvelle édit.

BRIE (... DE), romancier français, mort à Paris vers 1715. On a de lui un roman d'un assez bon goût, intitulé *le Duc de Guise*, surnommé *le Balafré*; la Haye, 1693; Paris, 1694, in-12; ibid., 1695, 1698 et 1714.

Lenglet-Dufresnoy, *de l'Usage des Romans.* — Lelong, *Biblioth. hist. de la France*, édit. Fontette.

BRIE (*Germain* DE), en latin *Brixius*. *Voy.* BRICE.

BRIEN (O'). *Voy.* O'BRIEN.

BRIENNE (maison de), une des plus célèbres et des plus anciennes familles de France, remonte à *Engilbert Ier*, qui vivait en 990, et qui eut pour fils *Engilbert II*, dont il est question dans la Chronique d'Albéric. Son fils, *Gauthier Ier*, eut d'*Eustachie*, comtesse de Bar-sur-Seine, trois enfants; savoir, *Erard Ier*, *Milon*, qui fut la souche des comtes de Bar-sur-Seine, et *Gui*, qui mourut sans postérité. *Gauthier II*, fils d'Érard Ier, laissa quatre enfants, dont l'aîné, *Érard II*, fut le père de *Gauthier III*, roi de Sicile et duc de la Pouille, et de *Jean de Brienne*. Voici les membres de cette famille qui méritent une mention spéciale :

I. **BRIENNE** (*Jean* DE), fils d'Érard II, comte de Brienne, mort en 1237. Les chrétiens de la Palestine ayant fait demander à Philippe-Auguste un époux pour Marie, fille d'Isabelle et de Conrad de Montferrat, héritière du royaume de Jérusalem, le roi de France choisit Jean de Brienne, qui réunissait toutes les qualités d'un chevalier français. Il partit pour la terre sainte en 1209, épousa Marie, et se fit sacrer roi de Jérusalem dans la ville de Tyr. Son arrivée dans la Palestine fut signalée par quelques avantages remportés sur les Sarrasins; mais, comme il n'avait amené avec lui qu'un petit nombre de chevaliers, ses succès ne furent que passagers. Le pape lui conseilla, pour intéresser Frédéric II au sort du royaume de Jérusalem, de donner à cet empereur sa fille Yolande en mariage. Jean de Brienne y consentit, et Frédéric prit d'avance le titre de roi de Jérusalem, mais ne partit point pour la Palestine. Ce fut alors que l'Occident fut troublé par les querelles du pape et de l'empereur, et Jean de Brienne commanda les armées du souverain pontife contre son propre gendre. Il eut bientôt une autre couronne, celle de Constantinople, qui lui fut décernée par les barons français en 1229. Il défendit sa capitale contre les Grecs et les Bulgares, ruina leur flotte, les défit une seconde fois, et les épouvanta tellement qu'ils n'osèrent plus reparaître. Il était brave et prudent; mais son avarice ternit ces belles qualités, et hâta la ruine de l'empire.

Du Cange, *Histoire de Constantinople.* — Le P. Laffiteau, *Histoire de Jean de Brienne.*

* II. BRIENNE (Raoul DE), comte d'Eu, connétable de France, mort le 18 janvier 1344. Il fut pourvu de la charge de connétable en 1327, sur la démission de Gaucher de Châtillon. Nommé en 1331 lieutenant général du roi sur les frontières du Hainaut, de Brienne marcha à la tête d'une armée contre le duc de Brabant, qui avait donné aide à Robert d'Artois, et par les succès qu'il obtint força ce prince le contraignit d'éloigner Robert. L'année suivante, il signa la ligue défensive conclue entre la France et l'Espagne. De 1337 à 1339, il commanda dans le Languedoc, soumit la Guienne, Bourg, Blaye, Villeneuve-d'Agénois et Aiguillon au roi de France, et autorisa, en vertu de la charge de connétable, le comte de Foix à lever un plus grand nombre de troupes qu'il ne devait, et lui enjoignit de s'assurer de toutes les places qu'il rencontrerait sur la route quand il viendrait le trouver. De Brienne fut chargé, en 1339, de couvrir Saint-Quentin et la frontière de Picardie, menacés par les Anglais. Il s'enferma, en 1340, dans Tournay, assiégé par le roi d'Angleterre à la tête de 120 mille hommes, et défendit cette place pendant dix semaines, c'est-à-dire jusqu'à la trêve que conclurent les deux puissances belligérantes. En 1341, il prit le parti de Charles de Blois, duc de Bretagne, contre le comte de Montfort, et contribua à la prise de Nantes, où le comte fut fait prisonnier, et à celle de Rennes. Il fut tué dans un de ces divertissements meurtriers du moyen âge, dans un tournoi donné à Paris à l'occasion du mariage de Philippe de France, duc d'Orléans.

Chronologie militaire, t. I, p. 81. — Froissart, *Chron.*, 1er vol., éd. 1559, p. 29 et suiv. — *Histoire des grands Officiers de la couronne*, t. VI. — De Courcelles, *Dictionnaire des Généraux français*.

* III. BRIENNE (*Raoul II* DE), comte d'Eu, etc., connétable de France, fils du précédent, décapité le 19 novembre 1350. De Brienne se distingua au siège de Tournay en 1340, et dans la guerre de Bretagne (1341 et 1342). Créé connétable en 1344, après la mort de son père, il servit en Gascogne, sous les ordres du duc de Normandie, contre les Anglais. Après la soumission de plusieurs places, de Brienne fut envoyé, pendant le siège d'Aiguillon, près du roi Philippe IV, pour savoir si l'on devait continuer ou abandonner le siège; mais les Anglais ayant fait une descente en Normandie, il se rendit à Caen : là, pressé par les bourgeois, il livra une bataille où il fut vaincu et fait prisonnier. De Brienne passa le reste de sa vie à la cour du roi d'Angleterre et en voyages en France. Il fut soupçonné de trahison contre la France, arrêté et livré aux tribunaux, qui le condamnèrent à la peine de mort. Comme noble, il fut simplement décapité.

Chronologie militaire, t. I, p. 83. — Froissart, 1er vol., p. 130 et suiv. — Anquetil, *Histoire de France*, t. I, pp. 364 et 365. — De Courcelles, *Dictionnaire des Généraux français*.

BRIENNE (*Gauthier* DE), VIe du nom, duc d'Athènes, connétable de France, mort le 19 septembre 1356. Fils de Gauthier de Brienne, Ve du nom, qui avait été tué en 1310, dans la bataille livrée à la grande compagnie catalane sur les bords du lac Copaïs, le jeune Gauthier suivit sa mère Jeanne de Châtillon, qui était venue (1312), après la perte du duché d'Athènes, chercher un refuge à la cour de Robert, roi de Naples et de Sicile. Gauthier de Brienne, élevé à la cour de Robert, fut envoyé en 1326 à Florence, en qualité de vicaire du duc de Calabre. Pendant les deux mois qu'il remplit cette charge, il sut acquérir l'estime des Florentins, qui plus tard le rappelèrent parmi eux. De retour à Naples, et soutenu par Robert, oncle de sa femme Marguerite d'Anjou-Tarente, Gauthier conçut l'espoir de reprendre aux Catalans le duché d'Athènes, dont ils s'étaient emparés après la mort de son père, et sur lequel il avait des droits du chef de sa mère. Il partit donc de Brindes en août 1331, à la tête de 800 chevaliers français, de 500 fantassins toscans d'élite, et de beaucoup d'autres qui l'avaient suivi de la Pouille ; mais, soit qu'il ait échoué, soit, comme le dit Jean Boccace, que la mort de son fils unique, tué dans un des combats, lui ait enlevé toute idée d'ambition, Gauthier, après avoir séjourné quelque temps dans ses duchés de Lecce et de Brienne, aida Philippe VI de Valois dans les guerres qu'il soutint contre les Anglais en 1339 et 1340. Les Pisans ayant chassé, le 2 octobre 1341, les Florentins de la ville de Lucques, ces derniers eurent tout à la fois recours à Robert et à Gauthier, qu'ils préférèrent à Malatesta de Rimini, auquel ils avaient confié le commandement militaire de la ville de Florence. Arrivé en cette ville dans les premiers jours de juin 1341, Gauthier fut bientôt investi d'une autorité sans bornes; mais, non content d'une puissance qui devait naturellement finir avec la circonstance qui la lui avait fait accorder, et aveuglé par les conseils que ne cessaient de lui donner certains nobles florentins et français qui espéraient partager le pouvoir avec lui, Gauthier de Brienne fut déclaré seigneur de Florence à vie. Gauthier prit alors possession du palais vieux, en fit augmenter les fortifications, désarma les citoyens, fit placer sa bannière au-dessus des gonfanons de l'État, et accabla le peuple d'impôts qui étaient consacrés à couvrir les folles dépenses de la cour et à acheter à prix d'or la paix des Pisans. Exaspérée de cette tyrannie, le 26 juillet 1343, jour de la Sainte-Anne, la ville se lève en masse, court aux armes: et Gauthier, qui avait à peine gouverné un an, est contraint, pour sauver sa vie et celle de ses partisans, d'abdiquer solennellement toute autorité, et de sortir de Florence. La haine du peuple fut telle, que non-seulement il effaça partout les armoiries, que dans un premier moment de faveur, il avait placées en plusieurs endroits de la ville, mais il fut ordonné que le jour de son expulsion serait célébré comme une fête. De retour en France, Gauthier servit sous le roi Jean, qui le créa connétable le 6 mai 1356, sur la démission de Jacques de Bourbon, comte de la Marche. Il fut tué à la bataille de Poitiers le 19 septembre suivant, et son corps rapporté à l'abbaye de Beaulieu, dans le comté de Brienne. Sur son tombeau on lisait l'épitaphe suivante : « Cy-gist très-« excellent prince monseigneur Gauthier, duc « d'Athènes, comte de Brienne, seigneur de « Lecce et connétable de France, qui trépassa en « 1356 en la bataille devant Poitiers, quand le « roy y fut pris. »   A. S....y.

Pinard, *Chronol. milit.*, t. Ier, p. 87.

BRIENNE-LOMÉNIE. *Voy.* LOMÉNIE.

BRIÈRE DE BOISMONT (*A.*), médecin, né à Rouen vers 1796, reçu docteur à Paris en 1825. Outre un grand nombre d'articles sur les maladies mentales, dont il s'occupe spécialement, on a de lui : *Éléments de Botanique*; Paris, 1825, in-8°; — *Traité d'anatomie*; ibid., 1826, in-8°; — *Traité d'hygiène*, 1833, in-8°.

BRIE-SERRANT (*Clément-Alexandre*), marquis DE), économiste français, né le 29 mai 1748, à Dampierre en Anjou, de l'ancienne maison de Laval; mort le 23 décembre 1814. Il consuma sa vie entière et sa fortune à former et à exécuter des projets utiles. Vers 1780, il proposa au gouvernement de faire de Pornic, dans le pays de Retz, un port militaire, et de donner à Nantes l'importance d'une ville de commerce de premier ordre, en établissant entre ces deux ports un canal de communication par lequel on éviterait les bancs de sable qui encombrent l'embouchure de la Loire. De Brie-Serrant publia à cet effet et adressa au roi et aux états généraux deux *Mémoires*, Paris, 1789, in-4°. Mais bientôt la révolution fit oublier le marquis et ses projets. Cependant, malgré la perte de ses droits seigneuriaux, malgré les dépenses et les peines que lui coûtait la poursuite de son idée favorite, Brie-Serrant ne cessa de la présenter vainement à tous les gouvernements qui se succédèrent depuis en France. Il mourut dans une misérable mansarde. Outre le mémoire cité, il a publié entre autres : *Écrit adressé à l'Académie de Châlons-sur-Marne, sur une question proposée par voie de concours, concernant le patriotisme* : Quels sont les moyens de prévenir l'extinction du patriotisme dans l'âme du citoyen; 1788, in-12; — *Pétition ampliative en faveur des blancs et des noirs; Projet d'un traité important pour les colonies et pour l'État*, 1792, in-4°; — *Études contenant un appel au public lui-même du jugement du public sur J.-J. Rousseau*; Paris, 1803, in-8°.

Le Bas, *Dict. encycl. de la France.*

BRIET (*Philippe*), savant jésuite, né à Abbeville en 1601, mort le 9 décembre 1668. Il enseigna les lettres dans plusieurs collèges, et se fit principalement connaître par son ouvrage intitulé *Parallela geographiæ veteris et novæ*; Paris, 1648 et 1649, 3 vol. in-4°, avec cent vingt-cinq cartes. Malheureusement cet ouvrage, qui est écrit avec méthode, n'a pas été intégralement publié : trois autres volumes devaient contenir l'Asie et l'Afrique. Briet a encore laissé : *Annales mundi, sive chronicon, ab orbe condito ad annum Christi;* Paris, 1663, in-12, 7 volumes; Venise, 1693, 7 vol. in-12; — *Elogium patris Sirmondi;* Paris, 1651, in-4°; — *Theatrum geographicum Europæ veteris*, 1653, in-fol.; — *Xenia Delphino oblata, nomine collegii Rothomagensis;* Rouen, 1659, in-4°; — *Continuatio Tursellinianæ epitomes historiarum;* Paris, 1659; — *Acuta dicta omnium veterum poetarum latinorum; præfixum de omnibus iisdem poetis syntagma*; ibid., 1664, 1684 et 1691, in-12; — cinquième volume de la *Concorde chronologique* du P. Labbe.

Alegambe, *Biblioth. script. societ. Jesu.* — Hendreich, *Pandectæ brandenburgicæ.* — Moréri, *Dict. hist.*

BRIEUC, BRIOC ou **BRIOCK** (*saint*), en latin *Briocus, Brioccius, Briomaclus, Vriomaclus,* et en breton *Briec*, né de 410 à 415, mort au commencement du sixième siècle. Originaire de la Bretagne insulaire, que les documents latins et gallois les plus anciens appellent *Keretica regio* ou *Keretckiawn*, aujourd'hui le comté de Cardigan dans le pays de Galles, il appartenait à une famille qui n'était pas chrétienne. Lors de sa première mission dans la Grande-Bretagne, saint Germain d'Auxerre admit Brieuc au nombre de ses disciples, le ramena avec lui dans les Gaules, l'y instruisit, et l'ordonna prêtre. Après un assez long séjour auprès de son maître, tourmenté de l'idée que son père et sa mère n'avaient pas encore abjuré leurs erreurs, Brieuc revint auprès d'eux, les convertit, et en obtint les moyens de construire dans un lieu désert, nommé la Grande-Lande, une église où il transmit à de nombreux disciples les préceptes de saint Germain. Une grande partie du pays s'étant montrée docile à sa voix, il fit élever plusieurs autres églises, et appela, institua même des prêtres; ce qui fait supposer qu'il était tout au moins évêque régionnaire (une inscription trouvée dans sa châsse en 1210 le qualifie en effet d'évêque). Il remplit ainsi le triple office d'apôtre, de pasteur et d'évêque. Animé du désir d'évangéliser la Bretagne continentale, il quitta sa maison de Grande-Lande de 480 à 485, avec cent soixante-dix de ses disciples, et, vint bâtir sur le fleuve du Jaudy un premier monastère, où il séjourna plusieurs années. Quand il jugea que cet établissement était assez solide, il en laissa la direction à son neveu Tugdwal, et, s'embarquant avec quatre-vingts de ses moines (probablement à l'embouchure du Jaudy), il fit voile vers l'est en rasant continuellement la côte. Il arriva ainsi au fond de la baie actuelle de Saint-Brieuc, à l'endroit où le Gouet se jette dans la mer. Là, attiré sans doute par

13.

la beauté du manoir du champ du Rouvre (*aula campi Roboris*), résidence de Riwal Ier, chef ou duc de cette partie de la Domnonée armoricaine, manoir qui s'élevait sur le rivage, il débarqua, et se rendit au château. Riwal, son compatriote, chassé de l'Angleterre par l'invasion saxonne, s'était établi, vers 1465, dans ce pays, qu'il cherchait le premier à coloniser. Il était alors malade. Brieuc le guérit, grâce aux connaissances médicales dont, seuls alors, les moines conservaient le dépôt. En retour de ce service, Riwal lui octroya tout le territoire dépendant du champ du Rouvre; et Brieuc se mit aussitôt à construire, au milieu des bois (*in valle nemorosa*), une petite église environnée de cellules, sur l'emplacement où a depuis été bâtie la ville de Saint-Brieuc. Quelque temps après, Riwal céda sa propre habitation pour accroître le monastère, et alla demeurer un peu plus loin à l'est, de l'autre côté du petit bras de mer où s'épanche l'Urne, au manoir de Koz-Kraw (*Vieille étable*), dans la paroisse qui porte aujourd'hui le nom d'Hillion. A sa mort, vers l'an 500, il donna à Brieuc ce dernier manoir, ainsi que les colons et les domaines ou redevances qui en dépendaient. Brieuc survécut peu à Riwal; car ses biographes s'accordent à dire qu'il mourut âgé d'un peu plus de quatre-vingt-dix ans, ce qui porterait sa mort de 501 à 506. Ses reliques, transportées par Érispoé à l'abbaye de Saint-Serge d'Angers, lors de l'incursion des Normands en 860, furent en partie restituées en 1210 à la cathédrale de Saint-Brieuc. P. LEVOT.

Vies des saints de dom Lobineau, p. 11-19. — Id. d'Albert le Grand. — *Ancien Bréviaire de Saint-Brieuc*. — Bollandistes, mai, t. I, p. 93. — L.-G. de la Devison, *Vie et miracles de saint Brieuc et de saint Guillaume* (ensemble la translation des reliques dudit saint Brieuc et la canonisation dudit saint Guillaume, etc.; Saint-Brieuc, 1837, in-8°.

BRIEUX (*Jacques* MOYSSANT DE). *Voy.* MOISSANT.

BRIEZ (N...), conventionnel, mort en 1795. Il fut député du département du Nord à la convention nationale, vota la mort dans le procès de Louis XVI, en ajoutant : « Dans le cas où la majorité serait pour la réclusion, je fais la motion expresse que, si d'ici au 15 avril les puissances n'ont pas renoncé au dessein de détruire notre liberté, on leur envoie sa tête. » Chargé d'une mission à l'armée du Nord, il fut accusé d'avoir des intelligences avec Cobourg, se disculpa, et continua ses fonctions. Il se trouvait à Valenciennes lorsque cette ville, investie par les Autrichiens, fut forcée de capituler. Membre du comité des secours publics, il fit subvenir aux besoins des indigents (dont le mont-de-piété détenait les outils), des réfugiés étrangers, des citoyens victimes des invasions, et parents des défenseurs de la patrie. Le 4 juin 1794, il fut nommé secrétaire de la convention, et envoyé en mission dans la Belgique après la révolution du 9 thermidor.

Le Bas, *Diction. encyclop. de la France*. — Arnault, Jay, etc., *Biographie nouvelle des Contemporains*.

*****BRIFAUT** (*Charles*), poëte et publiciste français, né à Dijon le 15 février 1781. Il fit ses premières études, sous les auspices de l'abbé Volfius, à l'école centrale de Dijon. Il débuta dans la carrière littéraire par plusieurs articles insérés dans la *Gazette de France*, et par une tragédie, *Jeanne Gray*, qui, reçue au Théâtre-Français en 1807, ne put être jouée par ordre supérieur qu'en 1814. Sa tragédie de *Ninus II*, jouée en 1814 et 1815, fut très-applaudie, en dépit de quelques critiques. Parmi les autres écrits dus à la plume élégante de M. Brifaut, nous citerons *les Dieux rivaux*, ou *les Fêtes de Cythère*, opéra-ballet en deux actes; — *Rosamonde* (1813), poëme en trois chants, tiré de l'opéra d'Addison; — *Charles de Navarre* (1820), qui eut deux éditions; — *Olympie*, tragédie lyrique en trois actes (musique de Spontini), d'abord suspendue (1820), puis remise au théâtre (1826), eut un succès mérité; — *Dialogues et Contes*, 2 vol. in-8°, 1824. Il faut y ajouter encore : *Ode sur la naissance du roi de Rome*, 1811; — une comédie en un acte, *les Déguisements*, ou *une folie de grands hommes*, pièce faite pour l'ouverture (1829) du théâtre de Dijon; — *Droit de vie et de mort*, poëme, 1829; — une notice en tête d'une traduction de l'anglais de *Laure de Montreville*, ou *l'empire sur soi-même*, de Mme Brunton. M. Brifaut fut reçu, en 1826, membre de l'Académie française. Il s'est toujours tenu éloigné de tout esprit de coterie.

Dict. de la Conversat.

BRIGA (*Melchior della*), mathématicien italien, de l'ordre des Jésuites, né à Césène en 1686, mort à Sienne le 25 juillet 1749. Il fut professeur de philosophie à Florence, et de théologie à Sienne. Ses principaux ouvrages sont : *Fascia isiaca staticæ capitolinæ*; Rome, 1716, dans les *Acta erudit. Lipsien.*, 1722; — *Sphæræ geographicæ paradoxa*; Florence, 1721; — *Philosophiæ veteris et novæ concordia*; ibid., 1725; — *Scientia eclipsium, ex imperio et commercio Sinarum illustrata*; Rome et Lucques, 1744-1745-1747, 4 vol. in-4°.

Alegambe, *Biblioth. Scriptorum Societatis Jesu*. — Mazzuchelli, *Scrittori d'Italia*.

BRIGANT (*Jacques* LE), linguiste français, né à Pontrieux le 18 juillet 1720, mort à Tréguier le 3 février 1804. Il abandonna le droit pour se livrer à l'étude des langues, qu'il faisait toutes dériver du celtique; il soutenait cet absurde système avec beaucoup d'esprit et d'érudition : aussi eut-il des disciples et des admirateurs passionnés. Il s'occupa aussi de minéralogie, et découvrit en Bretagne des carrières de marbre que l'on n'a jamais exploitées. Ses principaux ouvrages sont : une *Dissertation adressée aux Académies savantes de l'Europe, sur un peuple celte nommé Brigantes* ou *Brigants*; 1762, in-8°; — *Petit Glossaire, ou Manuel instructif pour faciliter l'intelligence de quelques termes de la coutume de Bretagne*, *contenant leur définition et leur étymologie;* Brest, 1774, in-12; — *Éléments de la langue des Celtes Gomérites ou Bretons; introduction à cette langue, et par elle à celle de tous les peuples connus;* Strasbourg, 1779, in-8° : cette grammaire est due presque en entier à Oberlin; — *Observations fondamentales sur les langues anciennes et modernes;* Paris, 1787, in-4°; — *Mémoire sur la langue des Français, la même que la langue des Gaulois, leurs ancêtres;* ibid., 1787; — *Détachements de la langue primitive, celle des Parisiens avant l'invasion des Germains, la venue de César, et le ravage des Gaules;* ibid., 1787, in-8°; — *Observations sur un ouvrage de M. Jamgrane, jurisconsulte anglais, ayant donné pour titre : de l'Origine des sociétés et du langage;* ibid., 1788, in-8°; — *Réflexions sur les études;* ibid., 1788; — *Notions générales ou encyclopédiques;* Avranches, 1791, in-8°; — *Nouvel avis concernant la langue primitive retrouvée;* 1770, in-8°; — des brochures politiques. Le Brigant a encore laissé plusieurs manuscrits, qui sont les uns entre les mains de son fils aîné, les autres entre celles de M. Kergariou, de Lannion.

Lelong, *Bibliothèque historique de la France*, édit. Fontette. — Arnault, Jay, etc., *Biographie nouvelle des Contemporains.*

BRIGANTI (*Annibal*), médecin et naturaliste italien, natif de Chiéti, vivait dans la seconde moitié du seizième siècle. Il avait composé un ouvrage sur la production de la manne et sur la manière de la récolter. Le manuscrit de cet ouvrage étant venu à la connaissance de Donato Ættomare, celui-ci s'en servit pour composer son traité *De mannæ differentiis ac vicibus, deque cas dignoscendi via ac ratione;* Venise, 1562, in-4°. On a de Briganti : *Avvisi ed avertimenti intorno alla preservazione e curazione de' morbilli*, etc.; ibid., 1577, in-4°; — *Avvisi ed avertimenti intorno al governo di preservarsi di pestilenza;* Naples, 1577, in-4°; — *Due libri dell' istoria dei simplici aromate e altre cose che vengono portate dall' Indie orientali, pertinenti all' uso della medicina di Garzia dall' Orto, medico portughese, con alcune brevi annotazioni di Carlo Clusio; e due altri libri parimente di quelle che si portano dall' Indie occidentali di Nicolo Monardes, medico di Siviglia, tradotti in italiano;* Venise, 1582, in-4°; 1605, in-8°.

Toppi, *Biblioth. Napoletana.*

BRIGANTI (*Philippe*), économiste italien, né à Gallipoli en 1725, mort en 1804. Sur les instances de son père, savant jurisconsulte et auteur du *Praticien criminaliste*, il quitta la carrière des armes pour suivre celle du barreau et des lettres. Dès lors il fit une étude approfondie de la législation; il cultiva aussi la poésie. On a de lui : *Esame analitico del sistema legale;* Naples, 1777, in-4°; — *Esame economico del sistema civile;* 1770, in-4°; — *Mémoire sur l'é-* *loquence du barreau;* — *Mémoire pour la défense de Beccaria;* — *le Quattro Stagioni,* canzonette; 1795; — *Frammenti lirici de' fasti greci e romani;* Lecce, 1797. Les œuvres posthumes de Briganti, 2 vol. in-8°, ont été éditées à Gallipoli par le marquis de Tommaso.

Papedia, *Vite d' alcuni Uomini Salentini;* Naples, 1806, in-8°. — *Éloge historique de Briganti*, en tête de ses œuvres posthumes.

BRIGENTI (*Ambroise*), glossographe italien, de l'ordre des Capucins, vivait à Mantoue au commencement du dix-huitième siècle. On a de lui : *Glossographia onomatographica, id est, declaratio nominum et vocabulorum exoticorum quæ habent aut ancipitem, aut obscuram, aut valde difficilem, aut ex hellenismo significationem et explicationem;* Mantoue, 1702, in-fol.

Mazzuchelli, *Scrittori d'Italia.*

BRIGENTI (*André*), poète italien, né en 1680 à Agna, près de Padoue; mort en 1750. Il cultiva la poésie latine, et fut précepteur des enfants du prince Borghèse. Outre plusieurs pièces de vers insérées dans des recueils périodiques, on a de lui : *Villa Borghesia, vulgo Pinciana, poetice descripta;* Rome, 1716, in-8°; — *Oratio habita Arbæ, dum pontificus Bizza Arbensem episcopatum iniret;* Padoue, 1759.

Mazzuchelli, *Scrittori d'Italia.*

BRIGGS (*Guillaume*), médecin anglais, né à Norwich en 1641, mort le 4 septembre 1704. Il fit une étude particulière de l'organe de la vue et de ses maladies. On a de lui : *Theory of Vision*, insérée en 1662 dans les *Transactions philosophiques*, traduite en latin par l'auteur sous le titre de *Theoria Visionis*, et imprimée à la suite de l'ouvrage suivant; — *Ophthalmographia;* Cambridge, 1676, in-12; Londres, 1685, in-12; Leyde, 1686, in-12. Les *Transactions* renferment encore plusieurs observations de Briggs.

Bayle, *Dict. hist.*

BRIGGS (*Henri*), mathématicien anglais, né vers 1556 à Warley-Wood, dans l'Yorkshire; mort à Oxford le 26 janvier 1630. Nommé en 1596 professeur de géométrie à Oxford, il adopta avec ardeur les principes du calcul logarithmique exposés par Neper en 1614. Ayant fait un voyage à Édimbourg en 1616, pour conférer avec l'auteur de cette mémorable invention, il suggéra à Neper, ou, selon d'autres, il reçut de Neper lui-même l'idée d'employer le nombre 10, base de notre numération, comme base du système des logarithmes, tandis que Neper avait adopté, pour les logarithmes qu'on appelle aujourd'hui de son nom *népériens*, une base moins arbitraire, si l'on considère la question sous un point de vue abstrait, mais beaucoup moins commode dans la pratique du calcul. La mort de Neper étant survenue en 1618, Briggs eut le mérite de réaliser cette idée; et encore maintenant on appelle les logarithmes dont nous faisons usage *logarithmes de Briggs*, ou logarithmes vulgaires, pour les distinguer de ceux de Neper, qui ne trouvent d'application que dans le calcul intégral, et qu'on peut toujours calculer facilement au moyen des autres. Briggs publia d'abord, comme échantillon de son travail, une table des logarithmes des nombres, depuis 1 jusqu'à 1,000. En 1624, il fit imprimer à Londres, en 1 vol. in-fol., sous le titre d'*Arithmetica logarithmica*, une table des logarithmes des nombres, depuis 1 jusqu'à 20,000, et depuis 90,000 jusqu'à 101,000; ces logarithmes ont 14 chiffres. On dit que Briggs employa sept personnes à ce travail, dont l'immensité effraye quand on songe que les méthodes expéditives imaginées par les modernes étaient alors inconnues. Briggs se proposait de calculer de même les logarithmes des sinus et tangentes; mais la mort l'empêcha d'en terminer la table. Elle parut en 1630, par les soins de Henri Gellibrand, sous le titre de *Trigonometria britannica*, in-fol. Outre les ouvrages cités, on a de Briggs : *Tables for the improvement of navigation*, insérées dans la 2ᵉ édit. des *Erreurs de la navigation de Wright, découvertes et corrigées*; Londres, 1610; — *Euclidis elementorum libri VI priores*; ibid., 1620; — *Mathematica ab antiquis minus cognita*; inséré dans les *Vies des professeurs du collège Gresham*; — *A treatise of the northwest passage to the south sea*; Londres, 1622, in-4°; — *A table to find the height of the pole*, dans les *Theories of the seven planets*, de Blondeville; Londres, 1602, in-4°; — *A description of an instrumental table to find the part proportional*; ibid., 1616; — *Lucubrationes; annotationes in opera posthuma J. Naperi*; Édimbourg, 1619, in-4°. [*Enc. des g. du m.*, avec addit.]

T. Smith, *Vie de Henri Briggs*, dans les *Acta eruditorum Lips.* — Wood, *Athenæ Oxonienses*.

BRIGHAM (*Nicolas*), poète et jurisconsulte anglais, natif de Coversham, mort à Westminster en 1559. On a de lui : *De Venationibus rerum memorabilium*; — *Memoirs, by way of diary*; — *Miscellæneous poems*.

Wood, *Athenæ Oxonienses*.

*BRIGHAM (*le Jeune*), ou **BRIGHAM-YOUNG**, né en 1810, chef actuel et second prophète souverain des *Mormons*, ou, comme ils s'appellent, des *Saints des derniers jours*. Les succès obtenus par cette nouvelle secte, depuis une vingtaine d'années, aux États-Unis et dans quelques contrées de l'Europe, l'audace et l'impudence des livres qu'ils ont publiés et des révélations qu'ils prétendent avoir reçues, ont produit une telle sensation depuis quelque temps, qu'on s'inquiète des moyens par lesquels ils y sont parvenus. L'un des plus zélés et des plus éloquents défenseurs des Églises protestantes, M. Agénor de Gasparin, vient de jeter un cri d'alarme, et de reprocher à ses coreligionnaires de ne les avoir pas démasqués plus tôt. « Il ne s'agit pas, s'écrie-t-il, d'une nouvelle secte chrétienne, usant du libre droit d'examen à l'égard des saintes Écritures, mais d'une *religion nouvelle*, qui n'a que l'apparence d'une secte chrétienne, et qui se rapproche davantage du mahométisme. L'imposture du livre de Mormon est bien autre que celle du Koran; car celui-ci a du moins respecté les révélations de l'Ancien et du Nouveau Testament, tandis que le fondateur du mormonisme les a falsifiées, et prétend les remplacer par une révélation nouvelle et permanente. »

M. Mérimée, en exposant le système des Mormons, ne se dissimule pas l'importance actuelle du mormonisme. Une religion nouvelle en plein dix-neuvième siècle est un phénomène qui mérite sans doute l'attention de tous les hommes éclairés, et la recherche de tous les faits importants qui s'y rattachent! Déjà, en 1843, la *Revue Britannique* avait emprunté aux sérieuses publications de la Grande-Bretagne, émanées d'écrivains expérimentés et toujours bien informés, un exposé historique de ces faits, qui semblait suffisant pour fixer l'opinion. Mais, depuis cette époque, le fondateur du mormonisme a péri d'une manière qui, malheureusement, lui donne le caractère d'un martyr aux yeux de ses sectateurs. L'impunité dont ont joui ses meurtriers, les actes de vandalisme exercés sur le temple et sur la ville de Nauvoo, et les expulsions successives de trois États, dont les Mormonistes ont été victimes, ressemblent à de la persécution. Pourquoi faut-il que les lumières de notre époque et les faits qui se sont passés au grand jour, au sein de la libre république américaine, n'aient pas suffi pour opérer la dissolution des Mormons, et pour faire justice de l'immoralité qu'on leur impute avec grande apparence de vérité?

Quoi qu'il en soit, Brigham est chargé aujourd'hui des destinées religieuses des Mormons, et, ce qui importe plus à la civilisation peut-être, de l'avenir de l'État qu'il a fondé sur le territoire américain, aux confins de la Californie et des anciens États de la république du Nord. Les faits indiqueront les moyens de gouvernement politique et religieux que les événements ont mis dans ses mains et les ressources qu'il a trouvées dans sa capacité personnelle, depuis sept ans qu'il est investi du pouvoir suprême. Brigham n'est pas du nombre des fondateurs du mormonisme; il ne s'est associé à Joseph Smith et à ses sectateurs que quatre ans avant le meurtre de cet aventurier; mais, puisqu'il a accepté le rôle de prophète et de chef des Mormons, il faut rappeler l'origine de cette secte. — C'est une tradition répandue chez les aborigènes de l'Amérique, quoiqu'il soit impossible d'administrer la moindre preuve de sa réalité historique, qu'ils sont issus d'une tribu juive qui serait parvenue à débarquer sur ses rivages, soit avant l'ère chrétienne, soit pendant le moyen âge, avant la découverte de Christophe Colomb. La seule chose qui soit certaine, c'est qu'il existe sur le continent américain d'imposantes ruines, indiquant que ces vastes contrées ont été autrefois peuplées par des peuples fort avancés en civilisation, quoique professant les rites d'une religion barbare et avide de sang. Un gradué des États-Unis, habitant la petite ville de Pittsburg, dans l'État de Pensylvanie, amusa ses loisirs à rédiger en style biblique la double tradition dont nous avons parlé. Il supposa que dès les temps mythologique, même chez les Juifs, de la confusion des langues, lors de la construction de la tour de Babel, une colonie hébraïque, sous la conduite de Jared, aurait quitté la Babylonie, et serait parvenue jusqu'en Amérique : il n'osa décrire l'itinéraire de ces hardis et antiques pionniers. Il imagina ensuite qu'à l'époque de l'invasion de Nabuchadnezzar en Palestine et de la captivité de Sédécias, dernier roi de la race de David, une autre tribu, sous la conduite de Nephi, se serait éloignée de Jérusalem, du côté de la mer Rouge, et se serait embarquée, à l'extrémité de cette mer, pour le continent américain. Mais, dépourvu de connaissances géographiques ou d'imagination, craignant d'ailleurs de se heurter contre l'histoire véritable, il décrivit d'une manière très-obscure les vicissitudes des Néphites au milieu des tribus soit juives, soit arabes, soit aborigènes.

Ce livre très-diffus, très-absurde, très-ennuyeux, ne put trouver d'éditeur; et son auteur le laissa manuscrit à sa veuve, après en avoir donné communication à plusieurs notables de Pittsburg : ce manuscrit s'égara, et tomba, on ne sait comment, entre les mains soit de Sidney Rigdon, soit de Joseph Smith (*voy.* ce mot). Celui-ci, né en 1805 dans l'État de Vermont, était fils d'un pauvre fermier, livré à la recherche des trésors au moyen de la baguette divinatoire. Joseph fut élevé dans cette pitoyable industrie, et y apprit à spéculer sur la crédulité humaine. « Il est plus facile, a dit un spirituel écrivain, de recruter des milliers d'imbéciles, que de trouver de véritables trésors. » Rigdon et Joseph Smith, en possession du manuscrit de Spalding, y virent un moyen d'exploiter l'amour des Américains du Nord pour les traditions bibliques; Joseph prit le principal rôle, et Rigdon se borna à le seconder. Il publia, sous le titre de *Livre des Mormons*, en avril 1830, les élucubrations de Spalding, qu'il n'eut pas l'habileté de réduire à un récit simple et intéressant. Mais pour donner crédit à cette indigeste compilation, il publia qu'il avait reçu une première révélation (1823) d'un ange du Seigneur, annonçant qu'il serait mis en possession d'un livre sacré, et qu'il serait le prophète d'une nouvelle religion. Dans la seconde, du 22 septembre 1827, à Manchester, État de New-York, l'envoyé céleste lui avait indiqué le monticule où il trouverait des plaques d'or superposées, contenant des caractères inconnus, avec une clef d'interprétation, l'Urim et le Thumim, empruntée aux traditions juives. Ces caractères n'étaient pourtant pas en lettres samaritaines ni en langue hébraïque.

Comme il fallait du nouveau, il leur donna le nom de bas-égyptien, sans pourtant que ce fût du copte. Au reste, il ne les montra à personne (1); il se borna à faire certifier par trois de ses adeptes, hommes sans nom ni responsabilité, qu'ils les avaient vus, et qu'ils ne mentaient pas, puisque Dieu leur en rendait témoignage. Cette jonglerie eut du succès; et quoique, par suite de l'ignorance de Smith et de son coadjuteur Cowdery, peut-être même de sa femme Emma, la prétendue traduction anglaise contint des fautes de toute sorte contre la grammaire, les personnes crédules furent si enthousiasmées du nom de *saints des derniers jours*, qu'il octroyait à ses adeptes, des promesses merveilleuses qu'il leur fit pour leur salut, et des titres pompeux qu'il leur donna dans sa hiérarchie cléricale, que la secte se répandit dans l'État de New-York. En vain la veuve de Spalding et les personnes raisonnables qui avaient eu connaissance du manuscrit anglais primitif se récrièrent contre l'imposture du falsificateur, et affirmèrent authentiquement le vol fait à l'auteur connu ; le char était lancé : les associés de Smith, qui n'étaient d'abord qu'au nombre de cinq, s'élevaient à plusieurs milliers; on avait choisi parmi eux des apôtres, des patriarches, des grands prêtres, des évêques, des prêtres, des anciens; tout le monde était pourvu, et prêt à profiter de la dîme qu'ils avaient rétablie, et de l'espèce de communisme que la superstition entraîne avec elle.

En vain plus tard, en 1836, Smith se vit obligé lui-même d'excommunier ses trois témoins; Cowdery pour sa cupidité; Harris, qui lui avait fourni les premiers fonds, pour ses variations continuelles et sa stupide crédulité; le troisième, comme faussaire; Rigdon lui-même, comme le plus ambitieux et le moins dévoué, avec lequel il fallait toujours se réconcilier dans l'intérêt commun : ces révélations n'empêchèrent pas la masse intéressée à suivre le torrent.

Smith, le prophète, forma son premier établissement, le 6 avril 1830, à Manchester, comté d'Ontario, État de New-York, avec six membres; puis à Fayetteville le 1er juin, où ils étaient trente, y compris sa famille. Il la transporta ensuite à Kirkland, État de l'Ohio, sous une forme théocratique, dont il se déclara le chef. Il nommait à tous les emplois; mais il disait que l'élection était leur titre, conformément au principe démocratique américain, puisque tous ses choix étaient ratifiés par le peuple.

Dès l'origine, la société des *Mormons* s'était donné ce nom, composé d'un mot hébreu corrompu qui signifie bon, et du mot more, *meilleur*, comme se rapprochant de celui de *saints*, qu'ils préféraient. Il doubla l'établissement de

(1) L'auteur de l'article de *l'Illustration*, du 9 avril 1853, a emprunté les caractères prétendus de bas égyptien, dont il a donné un fac simile, à des signes sans forme découverts le 23 avril 1843 à Kinderhook, par conséquent étrangers à l'imposture de Smith.

Kirkland, où il fonda une banque, avec une colonie plus lointaine, qu'il établit dans le Missouri. Là, elle rencontra une forte opposition, parce qu'on y vit le communisme, institution odieuse chez un peuple aussi positif que celui des États-Unis, et parce que Rigdon, le confident de Smith, pour attirer des sectaires par l'attrait du plaisir, inaugura la polygamie sous le titre de *doctrine de la femme spirituelle*. Ce qui a fait périr le saint-simonisme à Paris a fait expulser les Mormons une première fois. Smith, quoiqu'il eût censuré son associé Rigdon, et qu'il eût à sa solde une imprimerie, un journal et des articles payés dans les nombreux journaux de l'Union, était souvent hué, chassé à coups de pierres; il fut même un jour saisi, dépouillé nu, et roulé, couvert de goudron, dans un lit de plume. Sa femme Emma, qui n'était pas sans moyens, l'avait secondé; mais elle rompit avec lui quand il prétendit, à l'aide d'une inspiration prophétique, autoriser la polygamie, et l'imposer chez lui.

Il faut réserver à la biographie de cet imposteur, qui d'ailleurs paraît l'avoir écrite lui-même, quoiqu'elle n'ait pas encore vu le jour, comme son *Book of Doctrine and Covenants*, le récit des vicissitudes qu'il eut à subir, avec sa secte, de 1832 à 1841, et qui les firent expulser successivement de leur troisième établissement, *Indépendence*, ou la nouvelle *Sion* du comté de Jackson, au Missouri (1833), et de leur quatrième colonie, le Farwest et Adam ou Diahman, au comté de Clay, même État (1838). Mais il est nécessaire de parler de la catastrophe qui mit fin à leur cinquième établissement à Nauvoo, dans l'Illinois, et qui fit périr à trente-neuf ans le premier prophète des Mormons, au milieu de sa carrière, afin que l'on sache dans quelles circonstances Brigham arriva au suprême pouvoir, et devint lui-même le fondateur du sixième, qui, quoique mieux constitué, ne paraît pas avoir atteint encore le même degré de prospérité que le précédent.

Les Mormons font descendre les Indiens ou peaux rouges (dont ils se soucient peu, quoiqu'apôtres prétendus de l'humanité et de la liberté universelle) des Lamanites, prétendue tribu israélite, adversaire longtemps victorieuse des Néphites, qui est la tribu privilégiée dont ils se prétendent les descendants directs. Ils disent que les cultes sont libres, et que nul ne peut être forcé d'adopter leur religion; mais leur histoire fourmille déjà de faits d'oppression intolérable contre les dissidents, qu'ils appellent les *Gentils*. Enfin, ils ajoutent que le sacerdoce est et doit rester gratuit; mais ils ont soin de donner tous les emplois publics aux favoris du prophète, et de laisser à celui-ci la disposition absolue de la dîme. Ils la lèvent sur toutes les propriétés des adeptes, à leur entrée dans la réunion des saints, annuellement, sur tous les revenus et sur le service de la personne une fois tous les dix jours. En 1841, Smith avait posé les fondements d'un temple de cent vingt-huit pieds de long, large de quatre-vingt-trois, haut de soixante, divisé en trois nefs, qui en quatre ou cinq ans aurait été achevé; il a coûté, dit-on, la somme énorme de 10 millions de dollars (50 millions) (1), quoique la ville n'eût encore qu'environ quinze mille âmes. Ce chiffre fabuleux, qu'il faut sans doute réduire à 500,000 francs, puisqu'achevé il ne devait coûter que $2\frac{1}{2}$ à 3 millions, et qu'à peine au tiers de sa hauteur l'incendie qui l'a détruit ne permet plus d'en constater la magnificence, aurait été fourni par les affiliés, au nombre de plus de cent mille, que Smith aurait conquis dans les États de l'Union et à l'étranger.

Le prophète prétend être parvenu à établir parmi ses adeptes l'unité religieuse et politique, au point qu'ils peuvent servir d'exemple à toutes les autres religions et sectes; mais plusieurs divisions sont déjà nées parmi eux, et celle-ci a manqué d'opérer leur dissolution; elle a été du moins cause de sa mort. Il avait excommunié un de ses prêtres, Élias *Higbée*, comme ayant séduit plusieurs femmes. Celui-ci était un personnage considérable de la secte. Il avait, le 28 novembre 1840, signé avec Robert B. Thompson, comme délégué des Mormons, une pétition remarquable au congrès, exposant tous les griefs de cette société; et elle avait été renvoyée, le 21 décembre, au comité judiciaire. Higbée accusa Smith de diffamation devant la cour municipale de Nauvoo; mais les membres de cette cour étaient des Mormons constitués en dignité, qui n'avaient accepté le titre d'aldermen, tandis que le prophète lui-même se contentait en apparence du nom de maire, que par une feinte soumission aux institutions démocratiques de l'Union américaine. Smith fut donc acquitté. Higbée publia immédiatement, sous le titre d'*Expositor*, un journal dont le premier numéro contenait l'affirmation, sous serment, de seize dames qui déclaraient que le prophète, Rigdon le grand prêtre, et d'autres chefs, avaient essayé d'attenter à leur honneur. Quoique mariés et ne devant avoir qu'une seule femme, ils étaient autorisés par le prophète à se donner plusieurs concubines. Le frère de Smith, Hiram, tenait registre des plus jolies à leur usage; et beaucoup d'entre elles avaient cédé, par l'impuissance où elles étaient de résister à l'autorité du prophète. Car celui-ci s'était attribué dès l'origine une autorité absolue; il dictait ses ordres comme des oracles, et osait, au nom du ciel, permettre cette polygamie. Aussitôt

---

(1) Dans *l'Illustration* du 9 avril 1853, M. G. Depping le réduit déjà de moitié, à 5 millions de dollars, mais sans citer son autorité. L'apôtre Phelps, dans un journal de New-York, en 1845, disait lui-même qu'après son achèvement il aurait coûté 500 à 600,000 dollars (2 millions 500 à 3 millions de francs), et qu'il n'était parvenu qu'à la hauteur des piliers. Son clocher devait être de 100 à 200 pieds anglais (30 à 60 mètres), tandis que la tour de Strasbourg a 142 mètres, et celles de Notre-Dame de Paris 66. Voilà comme ce fameux temple devait, selon les Mormons, effacer ce qu'on avait jamais vu de plus magnifique dans l'ancien monde.

les presses de ce journal furent envahies par les Mormons, et la maison rasée. Higbée et ses partisans s'étaient réfugiés à Carthage, chef-lieu du comté, où ils rendirent plainte aux autorités. Des mandats furent lancés contre Joseph Smith et son frère; mais le constable fut éconduit de Nauvoo avec despect. Le gouverneur dut alors prendre des mesures pour que force restât à justice, et il invita le maire Smith et son frère, leur promettant sa sauvegarde, à éviter l'effusion du sang humain, qui avait plusieurs fois coulé auparavant, et à se rendre d'eux-mêmes prisonniers. Il obéit; et tous deux, avec quelques-uns de leurs adeptes, vinrent à Carthage, où ils furent reçus dans la prison, défendue par un faible poste. On répandit le bruit que le gouverneur voulait les sauver. Aussitôt deux cents miliciens prirent leurs armes, se déguisèrent, et pendant la nuit forcèrent la geôle, dans laquelle Joseph et son frère essayèrent vainement de se défendre avec les armes qu'ils avaient gardées par précaution. Ils succombèrent sous le nombre; les meurtriers épargnèrent pourtant les deux Mormons qui les visitaient et avaient aidé à leur défense. Ces attentats, trop communs aux États-Unis comme en Californie, où l'on prétend les défendre, comme un droit primitif populaire qu'on ose appeler *la loi lynch*, demeurèrent impunis. On mit en jugement quelques individus, pour la forme; mais ils furent acquittés (1).

Un critique (2) cherche à faire comprendre que l'assassinat des frères Smith n'a été que l'effet de la prise d'armes de la secte contre les citoyens de l'Illinois, qui les avaient reçus comme des frères, et que c'est très-justement (3) que plusieurs ont péri. Il aurait pu ajouter, il est vrai, que Smith avait été mis trente-neuf fois en jugement (4), mais vainement. Si les États du Missouri et de l'Illinois ne les avaient pas expulsés ou *détruits*, ajoute ce disciple de Calvin, que serait-il advenu de leur repos? Si les États-Unis supportent la constitution théocratique du *Déseret*, ils payeront cher cette tolérance; il faudra qu'ils leur fassent, avant dix ans, la guerre d'extermination qu'on a poursuivie au seizième siècle contre les anabaptistes. De telles paroles nuisent aux meilleures causes; on va voir quel parti les Mormons ont su tirer de la persécution dont ils ont été la victime, dans ces États, de la part des républicains démocrates.

Ici commence la carrière de Brigham, charpentier de son état, mais pourvu d'une intelligence et d'une instruction supérieures à celles de son prédécesseur; il ne fut affilié que vers 1840, au milieu des tribulations que la secte eut à supporter. « Il a, dit-il lui-même, pen- « dant quatre ans; marché dans le désert, les « souliers pleins de sang. » Au moment du meurtre de Smith, il était le président du conseil des douze, appelés apôtres. Sidney Rigdon, l'associé primitif de Smith, se présenta pour lui succéder, et prétendit y être autorisé par une apparition de l'ange de la secte, *Moroni*, qui avait révélé le précieux dépôt des fameuses plaques d'or. Mais les chefs des Mormons savaient à quoi s'en tenir sur les révélations de ce genre; ils répondirent à Rigdon qu'il était inspiré du diable, l'excommunièrent, et nommèrent Brigham pour leur prophète. Rigdon ne put trouver pour former une nouvelle église que douze apôtres du plus bas degré, et en se séparant il est tombé depuis dans l'obscurité la plus profonde (1). Brigham débuta dans le gouvernement de la secte par un acte d'une haute prudence : au lieu de chercher à venger le meurtre des deux Smith par la voie des armes, avec la légion de Nauvoo, qui n'y était que trop résolue, il préféra les invoquer comme des martyrs, et remit la punition des coupables entre les mains de Dieu. Il publia une proclamation à ce sujet (2). Nous prenons la suite de son histoire dans la relation du capitaine Stanbury, chef de l'exploration envoyée en avril 1849, par le gouvernement des États Unis, pour reconnaître la nouvelle colonie du grand lac Salé. Cet officier a résidé plus d'un an au milieu des Mormons; il a vu et pratiqué tous les chefs, et spécialement Brigham; il a suivi la même route qu'eux. Son ouvrage, publié en 1852, n'est autre que la relation officielle de son exploration, adressée à son gouvernement, et imprimée par ordre du congrès, en présence de tous ceux qui l'ont accompagné. Il porte donc les marques de la plus haute impartialité. Il n'est pas Mormon, quoiqu'il admire la discipline introduite parmi eux, et qu'il ait cherché à les disculper des incriminations qui pèsent sur eux et sur leur chef. Mais nous y avons trouvé des lacunes, notamment sur la destruction de Nauvoo, et une apologie excessive de la polygamie autorisée chez les Mormons.

Smith avait donc été massacré dans sa prison par une multitude d'enragés, comme dit Stan-

---

(1) *Adresse de l'apôtre Taylor*, 1852, p. 11.
(2) *Archiv. du Christ.*, 22 janvier 1853.
(3) Ibid., p. 44.
(4) *Aveu de Taylor*, ibid.

(1) Rigdon a été excommunié le 16 septembre 1844, dans une assemblée générale où il refusa de se rendre, avec Orson Hyde, Oliver Cowdery, Martin Harris, et autres anciens associés déjà répudiés par Joseph Smith; il avait annoncé des révélations sur ce qui s'était passé à Pittsburg, dans l'origine de la secte; mais il s'est tu.
(2) Sa proclamation est en forme d'épître, et adressée, le 15 août, à l'église et aux saints qui reconnaissaient pour leur roi et leur Christ Joseph, devenu martyr. L'initiative de la paix avait été prise dès le jour des funérailles à Nauvoo, le 27 juin, par Phelps, apôtre rédacteur du journal; le 1er juillet, par les apôtres témoins de l'assassinat, et le 15 par quatre d'entre eux, sans que Brigham eût signé, sans doute parce qu'il ne fut élu que le 15 août, et qu'il ne voulut pas encourir le reproche qu'il fit le 15 septembre, dans son accusation contre Rigdon, de s'être emparé du pontificat avant d'y être autorisé. Du reste, dans cette proclamation Brigham annonçait la continuation des travaux du temple, et s'imaginait que la mort de Smith ferait cesser tout antagonisme contre son église de Nauvoo. C'était une grande erreur. Les prétentions de cette église paraissent incompatibles avec toutes les autres.

bury (27 juin 1844). L'année ne se passa pas sans que, malgré la prudence de Brigham, les hostilités ne continuassent entre eux et les Illinois. En 1845, elles prirent un nouveau caractère de violence tel, que le conseil des Mormons, trouvant la position désormais intolérable, résolut d'abandonner, avec leurs femmes et leurs enfants, leurs maisons et leurs terres cultivées, leurs bourgs et leur ville déjà considérable, ainsi que le fameux temple dont nous avons parlé, et de transporter leur religion et leur culte dans des contrées lointaines et nouvelles, où ils n'auraient plus de rivalité à craindre. Quel énorme sacrifice! Brigham, l'Énée de la nouvelle Albe, ou plutôt, comme disent les Mormons, ce Moïse du nouvel Exode, se mit à la tête de cette émigration. Ils échangèrent tout ce qu'ils possédaient contre des wagons, chevaux, armes et provisions, et stipulèrent qu'on n'évacuerait Nauvoo qu'après le départ de la dernière colonne. En février 1846, la première colonie, dirigée par Brigham, passa le Mississipi à Nauvoo, et se donna rendez-vous près de Montrose, dans le Iowa. Là ils demeurèrent jusqu'en mars 1847, époque où ils furent rejoints par quelques centaines de wagons et une multitude de femmes et d'enfants.

Nous savons d'ailleurs, mais d'une manière non suffisamment authentique, que deux mille Illinois, avec des canons, se présentèrent aux portes de Nauvoo avant le départ de la dernière colonne des Mormons, et qu'ils voulurent entrer dans la ville. Trois cents des saints, armés et commandés par le courageux Wells, qu'on retrouve plus tard sous le titre de général du territoire de Déseret, et dont Stanbury célèbre les sentiments patriotiques comme Américain, les repoussèrent. Mais le lendemain ils pénétrèrent dans la cité sans défense, et brûlèrent le temple du dieu Mormon, qui avait tant coûté, comme s'il n'était pas préférable de le conserver, en le purifiant de la souillure. D'autres rapportent que le siège dura trois jours avec bombardement, et qu'il n'y eut d'autre dommage contre les édifices et le temple que celui qui résulta de cet engagement, et des actes de despect commis au baptistère du temple. Ce monument, déjà avancé, ne fut incendié que deux ans après, le 19 novembre 1848, par un malfaiteur. Les Icariens de Cabet, qui s'y réfugièrent en 1850, y trouvèrent les maisons et des restes importants du temple, qu'ils voulaient continuer, mais qu'une tempête du 27 mai acheva de renverser.

Quoi qu'il en soit, dans leur route vers l'ouest, les colonnes mormonistes atteignirent les bords du Missouri, en dehors des limites du territoire d'Iova, à travers l'État du Missouri, dont les habitants se livrèrent encore envers eux à des hostilités provenant d'une inimitié déjà ancienne. Ils y plantèrent, cultivèrent, et firent des provisions pour ceux qui devaient les suivre. Dans cette position, un officier du gouvernement des États-Unis vint les requérir, au nom du président, de fournir le contingent d'un bataillon à la guerre déclarée au Mexique. Ils étaient en apparence bien fondés à décliner cet appel d'un gouvernement qui était resté sourd à leurs pétitions et à leurs plaintes répétées contre une persécution de dix années; mais ils ne voulurent pas rompre le lien qui les attachait à la mère-patrie, et Brigham détacha quatre cent cinquante hommes des plus valides, qui joignirent l'armée fédérale, et ne reçurent que des éloges pour leur service (1). Cependant l'émigration affaiblie ne put poursuivre cette année son voyage vers l'ouest. Les Mormons passèrent l'hiver sous des huttes et des tentes, ou sur leurs wagons, de 1846 à 1847 : ils firent de grandes pertes par des maladies, au milieu des privations de tout genre qu'ils eurent à supporter : leurs propriétés furent pillées par les Indiens.

Au printemps de 1847, ils reprirent leur marche vers l'ouest le 8 avril. Une colonne d'avant-garde, composée de 144 hommes, 65 wagons, 102 têtes de chevaux, mulets et bœufs, avec des vivres pour six mois, des instruments d'agriculture et des semences, s'avança, franchit les montagnes Rocheuses, puis des chaînes secondaires, et arriva dans la vallée du grand lac Salé, à 1165 milles des bords du Mississipi, le 21 juillet. Le 24, elle fut rejointe par le président Brigham, son conseil, et le corps principal des Mormons. Le pays était nu, mais on reconnut qu'il était fertile, et surtout bien arrosé; le grand lac Salé est en communication par le sud avec un lac d'eau douce, appelé Utah, au moyen d'un canal de 40 milles, qu'on appela le Jourdain : le lac Salé leur représentait la mer Morte de la Palestine, et ses eaux sont en effet à peu près de la même densité (1,17) (2). Ils appelèrent mont Nébo la chaîne orientale et méridionale du lac Utah, qui a 25 milles (anglais) de long sur 8 ½ de large.

Le grand lac Salé n'est pas moindre de 74 milles de long sur 38 de largeur (80 à 61 kil.). Le territoire est merveilleusement arrosé du côté de l'est ; et on a calculé qu'il pourrait fournir une population agricole de 1500 à 2 millions d'âmes, sans compter les déserts qu'il renferme, à l'ouest du côté de la Californie et de l'océan Pacifique, au sud du côté du golfe de Californie ou mer Vermeille, et à l'est entre la chaîne secondaire des Wahsatcht, habitée par les Indiens Utah, et les montagnes Rocheuses. Au sud-est il est limité par le Nouveau-Mexique, 37° latit. nord ; au nord, par l'Orégon et le 42°. Le lac Salé reçoit deux grandes rivières, la Bear et

(1) Ces Mormons, sous la conduite du général Kearney, licenciés à la fin de 1847, ont, dit-on, découvert les mines d'or de la Nueva-Helvetia, en Californie.
(2) En 1843-1844, les États-Unis avaient fait explorer ces contrées par le courageux ingénieur Fremont, qui en 1845 avait publié un rapport peu avantageux sur le grand lac Salé lui-même, mais très-encourageant sur la fertilité des environs du lac Utah.

la Weber, en outre du canal du Jourdain ; il a des baies remarquables, avec des îles. C'est dix milles au sud de ce lac, sur le Jourdain et sur des cours d'eau charmants, que Brigham fonda la cité du grand lac, qu'il appela *Déseret*, ou Nouvelle-Sion, et qui est destinée à devenir une grande ville. Elle a quatre milles de long, sur trois milles de large ; ses rues sont droites, larges, et arrosées par des canaux formés des cours d'eau qui la traversent : dès 1848 elle avait cinq mille habitants, et Stanbury à son départ, au milieu de 1850, lui en accorde huit ; mais elle est très-susceptible d'accroissement. On y a construit une salle d'assemblée pour trois mille personnes, le Bowery, en attendant la construction d'une cathédrale qui doit, si les offrandes affluent comme pour celle de Nauvoo, surpasser tous les temples de l'Amérique. En attendant que ces promesses présomptueuses soient en voie de réalisation, on y a construit une école normale, qu'on décore du nom d'université, une grande maison de bains, des édifices publics, et surtout un fort servant de prison, pour résister à toute attaque de la part des sauvages ; déjà nombre d'entre eux y ont été renfermés pour leurs déprédations.

En trois ans, de 1847 à 1850, la colonie a fait tant de progrès, qu'elle a obtenu du gouvernement fédéral d'être érigée en territoire, comme l'Orégon, avec faculté d'envoyer un délégué à Washington (acte du congrès du 9 septembre 1850, qui lui donne le nom d'Utah, et non de Déseret)(1). Mais Stanbury lui reconnaît déjà une vingtaine de mille de citoyens, répandus dans les fermes isolées et dans les petites villes fondées, savoir : à Ogden, près du confluent de cette rivière avec la Weber, riche affluent du lac Salé, à 22 milles nord de Déseret ; à Prévaux, ou fort Utah, sur le Timpanogos, à 38 milles au sud ; à Pleasant, ou Paysant, dans la vallée San-Pete, à 21 milles sud du lac Utah ; et à Manti, dans le City-Creek-Valley, à 48 milles du même lac. Ces prétendues cités ne sont pas encore indiquées sur les deux belles cartes de l'exploration de Stanbury, gravées en 1852, si ce n'est à l'égard d'Ogden. Ce territoire a la prétention, comme la Californie en 1850, d'arriver presque immédiatement au rang d'État de l'Union, afin d'avoir sa constitution à part, et d'y faire prévaloir ses institutions théocratiques, peut-être son système de polygamie.

Stanbury, dont le témoignage est le plus favorable aux Mormons et à leur chef, prétend qu'ils méritent cette faveur, vivement contestée, par l'admirable discipline établie parmi eux, et par l'habileté de Brigham, leur gouverneur provisoire, et celle des autres chefs ; surtout par l'esprit véritablement patriotique américain, et plein de condescendance, adopté par Brigham et par le général Wells. Le premier, dans un de ses sermons, a dit que la constitution américaine avait été inspirée à ses fondateurs par le Dieu qui est reconnu des Mormons, et qui, selon eux, se manifeste incessamment par des révélations appropriées au besoin des temps ; le second s'est vanté d'être descendant des héros fondateurs de l'Union, Washington et autres, et il a accusé leurs persécuteurs d'être démagogues. Ce langage ne manque pas d'habileté ; mais que dire de cette apologie de la polygamie, que Stanbury a entendue de la bouche de Brigham : « Je défie qu'on me prouve par la Bible que « je n'aie pas le droit de prendre mille femmes, « si cela me convient ? » Comment ! les Mormons feignent de reconnaître le Nouveau comme l'Ancien Testament, et ils oublient cette parole de saint Paul, le plus grand des apôtres de Jésus-Christ, celui-là même qui le premier a inauguré la venue des saints au milieu du paganisme : « Soyez le mari d'une seule femme (1) ! »

Il est vrai, selon que l'affirme Stanbury, que les second, troisième, quatrième ou subséquents mariages ne sont pas contractés en secret, mais avec les cérémonies du culte, en présence et du consentement des parties et de leurs parents ; que ce mariage est indissoluble comme le premier ; qu'il ne peut avoir lieu sur l'autorisation expresse du chef religieux ; que celui-ci ne l'accorde qu'en vue de l'accroissement de la population, et pour multiplier les saints. On se réserve dans la constitution définitive de punir de peines sévères, et même de mort, les délits contre la chasteté et la fidélité au mariage ; mais les maris n'ont qu'une fidélité bien facile à satisfaire, s'ils sont amis du prophète ! Il ne paraît pas d'ailleurs qu'on soit parvenu à maintenir l'union entre ces femmes, ni l'égalité entre les enfants.

Le 5 mars 1849, Brigham a réuni en convention tous les citoyens de son nouvel État ; et le 10, cette législature, par suffrage universel, a rédigé une constitution provisoire pour l'érection de la communauté en État, sous le titre de Déseret, avec le droit d'élire son gouverneur, son sénat et sa chambre représentative, mais sous la condition de prêter serment à la constitution des États-Unis.

---

(1) Dans cet acte en dix articles, publié officiellement, le congrès ne reconnaît pas la hiérarchie des Mormons ; car il compose le conseil législatif de 13 membres (et non de 12 apôtres), et la législature de trente-six (et non de soixante-dix disciples) élus pour quatre ans, et non révocables. Le nouveau territoire a pour limites, au nord, l'Orégon ; à l'est, le sommet des montagnes Rocheuses ; à l'ouest, la Californie ; au sud, le 37e parallèle nord, ce qui le rapproche beaucoup du Mexique. Il est stipulé que la législature ne pourra faire aucune loi contre celles des États-Unis, et par conséquent annule la polygamie. Le gouverneur est institué surintendant des Indiens ; et révocable à la volonté du président des États-Unis. Ses fonctions sont limitées à quatre ans. Il ne peut établir d'impôt personnel sur les étrangers. Comment la théocratie et la dîme pourront-elles tenir contre cette constitution d'en haut ? La cour locale de justice est d'ailleurs soumise à la cour suprême des États-Unis.

(1) Corinthiens, VII, 2 ; I Timoth., V, 9.

Le 2 juillet 1849, elle a nommé au congrès son délégué, qui s'est rendu à Washington, avec un mémoire pour prouver qu'au moyen des immigrations successives qui ont lieu, soit des États-Unis, soit des îles Sandwich, soit de l'Europe par Liverpool, ils allaient infailliblement atteindre le chiffre de 60,000 âmes, nécessaire pour envoyer un représentant au congrès, et pour obtenir les priviléges d'un État. Mais le congrès a interdit le vote aux émigrants, et le délégué du territoire a été expulsé de son sein dans la session de 1850-1851. Ils ont élu pour gouverneur Brigham, son premier conseiller ecclésiastique pour sous-gouverneur, et son deuxième pour secrétaire d'État. Le président des États-Unis a bien voulu ratifier ces choix, et Stanbury loue cet acte comme éminemment juste et politique ; c'est pour les Mormons un gage qu'ils ne seront plus persécutés. Cet écrivain fait à trois reprises différentes un pompeux et complet éloge de Brigham. Sa probité pécuniaire et sa moralité sont parfaites ; sa prudence, sa justice, son activité, son dévouement aux intérêts de son peuple, les preuves qu'il a données de son désir d'améliorer leur condition physique et morale, ne sont méconnus de personne. Il est aimé, respecté de tous ; on le considère comme le Moïse de la nation régénérée, et comme son sauveur. Il a montré à l'égard des Gentils, c'est-à-dire des étrangers qui séjournent à Déseret, ou qui traversent cet État pour se rendre en Californie ou retourner par terre aux États-Unis, une équité parfaite : aucune exaction n'a été tolérée ; les délits commis envers eux ou par eux ont été punis, comme ils le sont chez les peuples les plus civilisés.

On a voulu fonder à Déseret une maison pour le soulagement des pauvres ; mais tout le monde travaillait, et se suffisait à soi-même ; on y a renoncé. On y a établi un hôtel des monnaies, où l'on frappe des pièces en harmonie avec le système américain (1), du produit de la poudre d'or importée de la Californie. On a fait un fonds considérable pour favoriser l'émigration des saints répandus dans les autres pays, et qui envoient la dîme de leurs biens et de leurs revenus. Les Gentils résidants payent une contribution proportionnelle sur leurs terres et possessions ; on a frappé les liqueurs fortes d'un droit égal à la moitié de leur valeur, pour en diminuer l'usage : la paix et la soumission sont partout. Stanbury ne peut s'empêcher d'en témoigner sa profonde admiration. Il n'a pas aperçu dans la constitution de la propriété la moindre trace de communisme. Chacun y jouit distinctement de son patrimoine, sauf la contribution nécessaire aux besoins religieux et temporels de la communauté. Le gouvernement est certainement théocratique ; et les citoyens forment comme une caste sacerdotale, qu'ils prétendent renouvelée de Melchisédech. Il en est résulté que cette société s'est formée d'une manière tout à fait séparée des autres. Stanbury aurait dû ajouter que les mariages mixtes n'y sont pas autorisés, de peur d'affaiblir la foi des Mormons. C'est à cette intolérance (mais à bien d'autres causes encore, selon nous) que le capitaine attribue les hostilités dont ils ont été l'objet, au milieu des anciens États de l'Union. Il prévoit que ce sera une des grandes objections pour la réception du territoire de l'Utah parmi les États : on préférera le laisser en état de sujétion sous les gouverneurs, juges et officiers militaires qu'on leur enverra, afin de profiter de l'accroissement du territoire, et de l'excellente station qu'ils fournissent entre la Californie et les États de l'est. D'ailleurs Brigham a su persuader au capitaine Stanbury qu'il allait prochainement ouvrir un débouché nouveau avec l'océan Pacifique par le port San-Diego, vers le 33e degré de latitude, ou même avec l'extrémité de la mer Vermeille, au Mexique, dont les États-Unis ont, en 1848, stipulé la libre navigation. Cet espace de 1046 kil. ou 650 milles est déjà, dit-on, en cours d'exécution par le petit lac Salé, à 250 milles. Une expédition s'y est rendue en 1850, pour y fonder *Cedar city*; les pionniers, partis en octobre, décembre et mars 1848-1849, se pressent les uns les autres, et fondent des fermes intermédiaires, de manière à ce que la route soit praticable en tout temps. Aussi appelle-t-on maintenant les émigrants à se rendre par l'isthme de Panama à San-Diego et en Déseret, afin d'éviter quatre cents lieues de navigation et de route de terre à travers l'Amérique centrale ; mais il y a un désert très-long dans l'intervalle, et l'émigration se dirigera plutôt par le golfe de Californie, en remontant le Colorado et la rivière Virgin, afin d'éviter cet affreux désert, maudit par Fremont. Enfin, Stanbury atteste que les Mormons, après les sacrifices qu'ils ont faits à l'intolérance, sont résolus à faire respecter, même par la force, leur indépendance religieuse. Ils se sont isolés, afin qu'on ne les accusât plus de troubler la tranquillité des anciennes sectes ; et ils ne souffriront pas qu'on vienne leur faire la loi dans le pays lointain qu'ils se sont choisi, et où nul n'est autorisé à se rendre, s'il n'est résolu à les respecter.

Brigham est, dit-on, un homme résolu et courageux, pénétré des droits de son peuple : on le dit respecté et honoré au milieu de la nombreuse famille qui l'entoure. Les imputations dirigées contre lui ont paru sans aucun fondement à Stanbury ; cependant, pour l'appréciation des doctrines et de la pratique des Mormons, il s'en rapporte au récit que se proposait d'en faire le lieutenant Gunnison, son collègue, qui a passé

---

(1) *L'Illustration* a publié le type d'une pièce d'or de 2 dollars 1/2, d'après le livre de May-hew, portant pour légende TO THE LORD HOLLINESS, avec un œil surmonté d'un chapeau ou bonnet ; au revers, TWO AND HALF DO. 6. S. L. C. P. G. avec deux mains jointes, et le millésime 1849. Nous ne connaissons pas de numismate qui en possède. Nos renseignements parlent de pièces de 5 et de 10 dollars à l'aigle, et d'un dépôt de 94,080 onces d'or en réserve à Déseret. Ce dépôt équivaut à 376,320 livres sterling à raison de 4 liv. sterl. par once, environ 9,408,000 f.

l'hiver de 1849 à 1850 dans la ville de Déseret. L'ouvrage de celui-ci a également paru à Philadelphie en 1852, et il est aussi favorable aux Mormons. Mais ce qui serait important à connaître, c'est le rapport de la commission judiciaire envoyée en 1850, par le gouvernement fédéral, pour y établir une justice souveraine régulière; car le jugement par jurés, dans un pays dominé par des préjugés religieux aussi extraordinaires que ceux des Mormons, et par une théocratie qui ne permet aucune indépendance aux opinions, a bien ses dangers. Le gouvernement fédéral a institué dans chacun des territoires de l'union un grand juge, un juge assesseur et un secrétaire, payés sur les fonds de l'État, avec deux officiers de justice, rétribués par les justiciables et choisis dans le pays. Or, il paraît que les trois magistrats envoyés de Washington, sans éprouver de résistance matérielle, ont vu leur autorité méconnue ou délaissée, et qu'ils se sont retirés. On a été obligé de les remplacer en 1852 par une seconde commission.

Un apôtre mormon, Orson Platt, a publié à Washington, dans une revue mensuelle (le *Seer* ou *le Prophète*), un article qui vante la polygamie comme autorisée par la révélation de Dieu, pourvu qu'elle ne dépasse pas sept femmes, et qu'elle soit autorisée par le prophète. On dit que Brigham s'en est adjugé jusqu'à trente; mais Stanbury, sans s'expliquer à ce sujet, se borne à dire qu'il a une nombreuse famille; qu'il est loin d'autoriser la gaieté excessive des jeunes gens; qu'il est grave et tempéré, et souvent termine les réunions de société par une prière.

Un autre Mormon, l'elder Spencer, a osé publier le 13 janvier 1853, à Liverpool, en pleine Angleterre, dans une brochure de 16 pages en forme de lettre, que la monogamie est du diable, et la polygamie de Dieu. John Bennett, qui a été le major général de la légion de Nauvoo, a donné au public des détails révoltants par leur turpitude (1). Ce serait la troisième scission opérée dans le sein des Mormons, qui se vantent tant de l'unité qui les relie tous. Les renseignements ultérieurs que nous avons sous les yeux sont une circulaire du gouverneur Brigham, publiée en France par ses adeptes, sous la date du 6 avril 1851 (2). Elle est intitulée *Cinquième Épître générale, adressée à tous les saints répandus sur la terre* : c'est une espèce de compte-rendu de l'état de la colonie; elle fait regretter l'absence des lettres qui doivent s'être succédé depuis le 24 juillet 1847.

Le nouveau prophète, par cet acte, religieux autant que politique, pour rassurer les chrétiens de toutes les communions, définit sa religion, la foi en Jésus-Christ (sauf la polygamie), le repentir (c'est-à-dire la confession), le baptême pour la rémission des péchés (qui s'administre aux adultes par immersion dans l'eau des fleuves, et aux morts par procuration), l'imposition des mains pour la réception du Saint-Esprit (ce qui comprend le don des langues et celui des miracles, ou au moins la guérison des malades, et ce qui doit attirer beaucoup d'ignorants), la cène (qui correspond aux institutions catholique et protestante), le rassemblement des saints à Sion (c'est-à-dire Déseret ou Nouvelle-Jérusalem, où les douze tribus seront réunies), la résurrection des morts (qui arrivera après le règne personnel de Jésus-Christ, pendant mille ans), et le jugement éternel. Il affirme que des centaines de mille ont cru; mais jusqu'à présent on ne trouve aucun chiffre fixe au delà de vingt mille âmes. Il attend le nouvel avènement de Jésus-Christ sur le mont des Oliviers. Il n'a pas encore indiqué, dans les montagnes peu élevées qui dominent Déseret et Ogden, le mont privilégié qui verra cette merveille. Il célèbre son prédécesseur comme vrai prophète, apôtre, voyant, révélateur des derniers jours, et instituteur du sacerdoce éternel, dont la prédication fut vraie, puisqu'il l'a scellée de son sang (avis aux persécuteurs sanguinaires). Enfin, il se présente comme seul appelé à rétablir l'unité, pour faire cesser les divisions sans fin des innombrables confessions soi-disant *chrétiennes*. Nous doutons que ce passage soit de nature à plaire beaucoup aux représentants des États de l'Union réunis en congrès, pour qu'ils admettent un État indépendant cette prétention théocratique. Puis, descendant à des objets plus matériels, Brigham fait un appel à l'immigration de tous les saints répandus dans les îles de la mer Pacifique, aux Indes orientales et occidentales, en Afrique, en Asie, en Europe; il vante la douceur du climat de son pays, qui en 1850 n'a éprouvé qu'un hiver très-doux. On a, dit-il, bâti et cultivé avec succès; on a établi partout des cités (que nous avons désignées comme marquées sur le papier seulement), et le régime municipal électif, avec des présidents et des évêques il affirme que la ville de Cédar est fondée à Irom-Comté, au petit lac Salé, à deux cent cinquante milles; et ajoute le comté de Davis, sans doute avec une ville du même nom, à ceux que nous avons cités d'après Stanbury. Il indique San-Diego comme lieu du débarquement des immigrants; mais ces saints feront bien de se défier des lézards du grand Désert. Brigham a fait construire une maison de bains à la source d'eau chaude que le pays possède, et qui est, en effet, d'une atmosphère très-élevée (53° centigr.), où la main ne peut entrer, une bibliothèque et une maison où les dîmes affluent. Il indique l'itinéraire qu'il a tracé à ses douze apôtres, et nomme ceux qui ont traduit le livre de Mormon en allemand et en

---

(1) M. Fréd. Monod, *Archives du Christ.*, 23 avril 1853. Mais ce Bennett est signalé lui-même comme un aventurier, sans délicatesse dans la vente de ses services (liv. de Mayhew).

(2) *Étoile du Déseret.*

français, et celui qui préside à Liverpool, en Angleterre, au grand recrutement des saints. Ces choix ont été confirmés le 11 octobre 1850 par le conseil des anciens, qui n'a pas envoyé moins de quatre-vingt-dix-huit missionnaires, tous véritables gentlemen, pourvus des fonds nécessaires pour faire une propagande sérieuse.

La France a eu le bonheur d'avoir non un simple elder, mais un apôtre véritable, qualifié de ce nom, M. John Taylor, qui, en 1852, a publié une adresse aux Français; sur la fin de cette année, une édition stéréotypée du fameux livre de Mormon, avec l'aide de Français plus instruits que lui dans la langue ; et enfin douze feuilles d'une publication non périodique, de mai 1851 à août 1852, intitulée l'Étoile du Déseret. Puisqu'on s'alarme des progrès de ce prosélytisme en France et dans les pays voisins, il est vrai qu'un des elders, soumis à l'apôtre Taylor, s'est vanté d'avoir, en novembre 1851, baptisé près du Havre, dans le ruisseau de Harfleur et dans la Seine, jusqu'à une dizaine de personnes, y compris une catholique très-dévote de soixante-quatre ans, et une mère avec tous ses enfants, en s'écriant : « Heureuse mère ! » Mais le même prêtre mormon se plaint vivement (en mars 1852) qu'il est resté près d'un an solitaire en France, où le vrai Dieu (celui de Mormon) n'est pas connu, où le sabbat n'est pas respecté, où toute foi, où toute croyance sont presque éteintes. Il a quitté le pays pour l'Angleterre. L'apôtre Taylor a été plus persévérant; mais, après avoir plusieurs fois changé de résidence, il est parvenu à se cacher mystérieusement, ainsi que sa religion, qu'il appelle un mystère (1) ; et il a cessé depuis un an toute publication, sans avoir pu avoir une seule réunion. Il est possible qu'en Suisse et en Angleterre, pays bibliques, on n'ait pas été aussi indifférent aux emprunts ou additions que le prophète a faits à l'Ancien et au Nouveau Testament. En Prusse, le gouvernement vient d'appeler l'attention des autorités sur la propagande de ces étrangers ; en Danemark on parle de 1300 émigrations. Si l'on ne veut pas appeler l'intérêt sur ces illuminés, on doit soigneusement s'abstenir de tout ce qui aurait le caractère de persécution ; il suffit d'emprunter à leurs écrits et surtout aux faits avérés de quoi confondre l'imposture. Surtout qu'on n'oublie pas avec quelle naïveté l'un de leurs patriarches, John Smith, vieillard, oncle du prophète, et seul survivant de quatre frères, écrit de la cité du grand lac, le 8 novembre 1851, aux prétendus saints répandus sur la terre :

« Rendez-vous promptement dans les vallées des « montagnes éternelles. Apportez avec vous vos « machines, votre or, votre argent, votre airain et « votre cuivre, avec toutes les graines et objets pré- « cieux de la terre. Payez vos dîmes. »

Quand les Mormons de Déseret seront réduits à leurs propres ressources, ils peuvent encore,

(1) P. 189 de l'Étoile.

sous la direction de Brigham et avec leur esprit de persévérance, établir une colonie stable et permanente dans cette partie éloignée de l'Amérique, surtout s'ils ont la sagesse de se conformer aux institutions générales des États-Unis ; mais il ne leur est pas donné, à eux plus qu'à leurs devanciers, de conquérir le monde, et de renverser des religions anciennes épurées, auxquelles ils n'ont fait qu'ajouter des superstitions indignes du dix-neuvième siècle, sans une seule idée nouvelle profitable à l'humanité.

ISAMBERT.

Revue Britanique, 1843, p. 382-388,'pièces relatives aux Mormons, (May-hew); Lond., 1853, 3e édit., 320 p. — How. Stanbury, Explorations and survey; etc., imprimé par ordre du congrès en date de mars 1851; Philad., 1852, In-8°, 487 p., avec 35 plans et vues. — the Mormons on the Valley, of the great Salt-Lake, par le lieutenant Gunnison, ingénieur topogr. ; Philad., 1852, 168 p. — Rapport du chef de justice Buffington et ses collègues. —Livre de Mormon, in-18 (et non in-8°) ; Paris, 1852, 1re édit., 1853, 2e (c'est la même). — Évangile des Mormons, à George Town, en Galles Anglet, feuille in-12. — Adresse de l'apôtre John Taylor, feuille in-8°. — L'Étoile du Déseret, 12 f. in-8°; Paris, rue de Tournon, n° 7 (hôtel garni). — M. Gasparin (Ag.) et Fréd. Monod, dans les Archiv. du Christ., 6 num. 11 décemb., 1852, 14 mai 1853. — Illustration, t. XV, p. 251, et 9 avril 1853 — M. Mérimée, dans le Monit. 4 avril, 28 , 31 mars 1853. — Des États-Unis, G. Minot, 1849-1850 ; in-8°, p. 453-458. — Statuts 1852-1853, acte du 3 mars 1853.

BRIGITTE (*sainte*), abbesse et patronne d'Irlande, née à Fochard, dans le comté d'Armagh, vivait au commencement du sixième siècle. Elle se construisit sous un gros chêne une cellule, autour de laquelle vinrent se ranger plusieurs personnes de son sexe, qui la prirent pour mère et pour fondatrice. Un grand nombre de monastères d'Irlande adoptèrent sa règle. Son corps, découvert en 1185, fut conservé dans la cathédrale de Down-Patrick, jusqu'à l'établissement de la réforme en Angleterre.

Acta Sanctorum des Bollandistes. — Baillet, Vies des Saints, 13 juillet.

BRIGITTE ou **BIRGITE** (*sainte*), fille de Birger, prince de Suède, née en 1302, morte à Rome le 23 juillet 1373. Elle fut mariée très-jeune à Ulf-Gudmarson, prince de Néricie. Après avoir eu huit enfants, dont le dernier fut sainte Catherine de Suède, les deux époux firent vœu de continence, et allèrent ensemble à Saint-Jacques de Compostelle. Ulf mourut le monastère d'Alvastre, et Brigitte fonda l'abbaye de Wadstena, dans le diocèse de Linköping. Son ordre, comme celui de Fontevrault, était composé de religieux et de religieuses qui célébraient l'office en commun, les femmes dans le bas de l'église, et les hommes au-dessus. L'abbesse avait l'autorité suprême. Sur une vision qu'elle eut, Brigitte partit pour Rome, où elle établit un hospice pour les pèlerins et les étudiants suédois. De Rome, elle se rendit à Jérusalem, afin de satisfaire sa dévotion en visitant les lieux saints. Elle mourut peu de temps après son retour à Rome. Son corps fut transporté par deux Suédois au monastère de Wadstena. Le concile de Constance, tenu en 1415, confirma sa canonisation. Les révélations de Brigitte, *Revelationum libri octo*, écrites par ses confesseurs, Pierre, prieur d'Alvastre, et Mathias, chanoine de Linköping, et vivement attaquées par le célèbre Gerson, obtinrent l'approbation du concile de Bâle, qui en permit l'impression. Ce livre a eu de nombreuses éditions : les meilleures sont celles d'Anvers, 1611, de Rome, 2 vol. in-fol., et de Cologne, 1 vol. in-fol. Le plus bel exemplaire manuscrit de ces *Révélations* se voyait dans la bibliothèque du comte de Brahe, au château de Skogkloster, près d'Upsal. L'ouvrage a été traduit dans toutes les langues, et particulièrement en français. On attribue encore à sainte Brigitte : *Regula S. Salvatoris, data divinitus ab ore Jesu Christi devotæ sponsæ suæ B. Brigittæ, cap. XXXI comprehensa; — Sermo angelicus de excellentia B. Mariæ Virginis; — Orationes quindecim de Passione Domini*; 1630, in-8°.

Dupin, *Biblioth. des Auteurs ecclésiastiques*. — Baillet, *Vies des Saints*, mois de mars. — Hermant, *Hist. des ordres religieux*. — Sa vie dans la Bulle de canonisation, et par un auteur anonyme, dans Surius. — Chladen, *Disput. de Revelat. Brigittæ Sueciæ*, Wurtemberg, 1715.

BRIGNOLE-SALE (*Antoine-Jules*), poète et littérateur italien, noble et sénateur génois, né le 23 juin 1605, mort à Gênes le 24 mars 1665. Fils d'un doge, il remplit différentes charges honorables dans sa patrie. Ayant perdu sa femme, il se crut appelé à l'état ecclésiastique, se fit prêtre, et entra dans la société des Jésuites à l'âge de quarante-sept ans. Ses principaux ouvrages sont : *le Instabilità dell' ingegno, divise in otto giornate*, en prose et en vers; Bologne, 1635, in-4°; 1637, in-12; Venise, 1641 et 1652, in-12; — *Tacito abburattato, discorsi politici e morali*; Venise, 1636, in-12; — *Maria Maddalena peccatrice e convertita*, en vers; Gênes, 1636, in-8°; traduit en français; Aix, 1674, in-8°; — *il Carnovale di Gotilvannio Salliebregno*, en vers; Venise, 1639, 1641, 1663, in-12 : le jésuite Brignole-Sale regretta d'avoir écrit cet ouvrage, un peu trop libre; — *il Geloso, commedia di Gotilvannio Salliebregno*; Venise, 1639, in-12; 2ᵉ édit. sous le titre de *il Geloso, non geloso*; ibid., 1663, in-12; — *Dell' Istoria spagnuola*; Gênes, 1640 et 1646, in-4°; — *il Satirico innocente, epigrammi trasportati dal greco all' italiano, e commentati dal marchese Antonio Giulio Brignole-Sale*; ibid., 1648, in-4° et in-12 : ces épigrammes, qui n'ont jamais existé en grec, sont de la composition de Brignole; — *Panegirici sacri, recitati nella chiesa di San-Ciro in Genova*, etc.; ibid., 1652, in-8°, 1656, in-12; — *li Due Anelli, opera scenica*; Lucques, 1664, in-12; — *li Comici schiavi, commedia*, publiée sous le nom de *Gio.-Gabrielle-Anton. Lusino*; Coni, 1666, in-12; — *il Fazzoletto, opera scenica, tragi-comica*; Venise, 1675; Bologne, 1683, in-12.

J.-Marie Visconti, *Vie du P. Brignole-Sale*, écrite en italien, sous le titre de *Mémoires*; Milan, 1666, in-12. — Alegambe, *Biblioth. Script. soc. Jesu*. — Soprani, *Scriptori Liguri*.

BRIGNON (*Jean*), théologien ascétique français, de l'ordre des Jésuites, mort en 1725. Il composa ou traduisit divers ouvrages de piété. Les principaux sont : *Instructions spirituelles et pensées consolantes pour les âmes affligées ou scrupuleuses*; Paris, 1706, 1711, in-12; — une traduction de l'*Imitation de Jésus-Christ*; ibid., 1694, in-12, très-souvent réimprimée; — *le Combat spirituel*, traduit de l'italien; ibid., 1688, in-24; — *le Guide spirituel*, traduit de l'espagnol du P. Dupont; ibid., 1689, 2 vol. in-8°; — *les Méditations sur les Mystères de la foi*, traduites de l'espagnol du même auteur; ibid., 1702, 2 vol. in-4°, ou 7 vol. in-12; — une traduction des *opuscules* de Bellarmin; ibid., 1701, 5 vol. in-12; — une traduction du *Traité des sept paroles de Jésus-Christ sur la croix*, du même cardinal; ibid., 1700, 2 vol. in-12.

Alegambe, *Biblioth. Script. soc. Jesu*. — Quérard, *la France littéraire*.

BRIGUET (*Sébastien*), historien suisse, mort en 1780. Il fut chanoine à Sion dans le Valais, et fit de laborieuses recherches sur les antiquités de son pays. On a de lui : *Concilium Epaunense, assertione clara et veridica loco suo ac proprio fixum in Epaunensi, parochia Vallensium, vulgo Epenassex*; Sion, 1741, in-8°; — *Vallesia christiana, seu diœcesis Sedunensis historia sacra, Vallensium episcoporum serie observata, addito in fine eorumdem Syllabo*; ibid., 1744, in-8°; — *Oraison funèbre de Louis XIV*; Paris, 1726, in-4°; ibid., 1734, in-12.

Haller, *Catalog. Script. Helvet*. — Lelong, *Biblioth. histor. de la France*, édit. Fontette. — Quérard, *la France littéraire*.

BRIJON (*E.-R.*), musicographe français, vivait dans la seconde moitié du dix-huitième siècle. On a de lui : *Réflexions sur la musique, et la vraie manière de l'exécuter sur le violon*; Paris, 1763, in-4°; — *l'Apollon moderne, ou Développement intellectuel par les soins de la musique*; Lyon, 1782, in-8°; — *Deux œuvres pour le violon*; 1782, in-4°. Brijon est appelé *Brigon* dans *la France littéraire*.

Quérard, *la France littéraire*. — Fétis, *Dict. des Musiciens*.

BRIL (*Mathieu*), peintre flamand, né à Anvers en 1550, mort à Rome en 1584. Il alla de bonne heure à Rome, et travailla dans les galeries et les salons du Vatican. Il y peignit de beaux paysages à fresque.

Descamps, *Vie des Peintres flamands et hollandais*.

BRIL (*Paul*), peintre flamand, frère du précédent, né à Anvers en 1556, mort à Rome en 1626. Il alla rejoindre son frère à Rome, fut d'abord son élève, et le surpassa bientôt. Il prit pour modèles les paysages du Titien et d'Annibal Carache. On voit plusieurs de ses tableaux au musée du Louvre, dans les galeries de Dresde, de Florence, de Dusseldorf, de Vienne. Mais ses principaux ouvrages sont à Rome. On admire surtout dans le salon du pape une fresque de soixante-huit pieds de long; elle représente le *Martyre de saint Clément*. Dans sa vieillesse, Paul Bril peignit sur cuivre des paysages d'une grande délicatesse et d'un fini exquis.

Descamps, *Vies des Peintres flamands*. — Félibien, *Entretien sur les Vies des Peintres*.

BRILLAT-SAVARIN (*Anthelme*), magistrat et littérateur français, né à Bellay le 1er avril 1755, mort à Paris le 2 février 1826. C'est le célèbre auteur de la *Physiologie du goût*. Avant la publication de cet ouvrage, où la grâce et l'esprit français se remarquent à chaque phrase, Brillat-Savarin avait rempli diverses fonctions publiques. Député aux états généraux de 1789, il n'y joua qu'un rôle fort secondaire : cependant sa conduite pure et honorable lui mérita d'être élu juge au tribunal de cassation, puis maire de Bellay en 1793. Obligé de s'exiler pour échapper au tribunal révolutionnaire, qui le poursuivait comme fédéraliste, il se retira d'abord en Suisse, ensuite aux États-Unis. Il revint en France en 1796, et rentra à la cour de cassation pendant le consulat. Dès lors il partagea sa vie entre les travaux sérieux de la magistrature et la composition de son ouvrage favori. Indifférent aux révolutions politiques, il les accepta toutes, et aucune, comme on l'a dit fort spirituellement, ne troubla ses digestions. Son traité de la *Physiologie du goût* est pour ainsi dire le code des gastronomes, un traité de gastronomie; Paris, 1825, in-8°, 1834, 2 vol. petit in-8°: on le trouve aussi dans les *Classiques de la table*, 2 vol. in-8°, ouvrage orné de portraits; Paris, 1844. Il est écrit dans un style attrayant, et contient une foule de réflexions spirituelles sur les plaisirs les plus délicats de la table, des règles pour préparer certains mets, des recommandations pour épurer le goût, des anecdotes piquantes; enfin toutes ces matières si diverses, alternativement graves et légères, sont traitées avec une élégance et une pureté de style que leur charme seul peut égaler. Outre l'ouvrage déjà cité, on a encore de Brillat-Savarin : *Vues et projets d'économie politique;* Paris, 1802, in-8°; — *Fragments d'un ouvrage manuscrit intitulé* Théorie judiciaire; ibid., 1818, in-8°; — *Essai historique et critique sur le duel, d'après notre législation et nos mœurs;* ibid., 1819, in-8°; — *Sur l'Archéologie du département de l'Ain*, dans les *Mémoires de la Société royale des Antiquaires*, année 1820.

Brillat-Savarin a eu un frère, colonel de l'empire, mort vers 1836, et dont la veuve vit encore.

Richerand, *Notice sur la Vie de Brillat-Savarin*, dans son édition de la *Physiologie du goût ;* Paris, 1834.
Le Bas, *Dict. encyc. de la France*. — Henri Roux, *Notice nécrologique sur Anth. Brillat-Savarin*.

BRILLON (*Pierre-Jacques*), jurisconsulte et moraliste, naquit à Paris le 15 janvier 1671, et mourut dans la même ville le 29 juillet 1736. Son père, riche marchand de soieries, lui fit donner une bonne éducation, et le destinait à la profession de notaire ou d'avocat; mais les goûts du jeune Brillon se portaient plutôt vers la littérature. Se croyant doué d'un génie observateur, il s'imagina être appelé à marcher sur les traces de Pascal et de la Bruyère, et fit paraître pour essai un livre intitulé *Portraits sérieux, galands* (sic) *et critiques;* Paris, Brunet, 1696, in-12. La mode des portraits, si répandue dans les premières années du règne de Louis XIV, commençait à se passer; l'auteur entreprit de la faire revivre en ajoutant à sa galerie la classe des portraits satiriques; mais une série de tableaux fictifs ne pouvait avoir aucun intérêt, et la touche du peintre n'était pas faite pour les relever de ce défaut capital; il échoua donc complètement dans son entreprise. Il ne fut pas plus heureux lorsqu'il mit au jour son *Ouvrage dans le goût des caractères de Théophraste et des pensées de Pascal ;* Paris, 1698, in-12. Reçu avocat en 1796, Brillon avait payé sa bienvenue au barreau par la publication d'un *Nouveau Dictionnaire civil et canonique de droit et de pratique*, Paris, 1697, in-4°, qui, entièrement oublié aujourd'hui, eut cependant plusieurs éditions. Après quelques années d'exercice comme avocat, il fut attaché au grand conseil en qualité de substitut du procureur général, et remplit ensuite, pendant huit années, les fonctions d'avocat général près de la même juridiction. En 1710, il fut élu échevin de la ville de Paris; puis, ayant obtenu la confiance du duc du Maine, il fut appelé par ce prince à la charge importante d'intendant général de sa maison, et nommé conseiller au conseil souverain de Dombes. Ces diverses occupations ne détournèrent pas Brillon du projet qu'il avait conçu de *continuer* la Bruyère. Ce fut en 1700 qu'il fit paraître son *Théophraste moderne*, ou *Nouveaux Caractères des mœurs ;* Paris, Brand, in-12, et réimprimé la même année en Hollande. Malgré l'annonce faite par l'auteur dans sa préface, « qu'il avait reçu des conseils de M. de la « Bruyère lui-même, et que cet illustre moderne « n'était point si idolâtre de ses productions, « qu'il ne tombât d'accord qu'on pouvait ajouter « à ce qu'il a dit, » le public, qui reçut d'abord ces Nouveaux Caractères avec l'espèce de faveur qui s'attachait alors à tous les ouvrages de ce genre, ne tarda pas à être frappé de l'immense distance qui existait entre le modèle et son prétendu continuateur : « Il n'a pas tenu à lui « qu'on ne le prît pour un autre la Bruyère « (dit un critique connu pour la sévérité de son « goût); mais il ne suffit pas de traiter le même « sujet, pour mériter les mêmes honneurs. « Celui-ci est à son modèle ce qu'un peintre « d'enseignes est à Rubens (1). » Le défaut principal qu'on peut reprocher au Théophraste

(1) *Les Trois Siècles de la littérature française*, par Sabatier de Castres, tom. I.

moderne est d'avoir délayé dans un style lâche et sans couleur des idées communes, des observations sans portée. Ce n'est pas qu'on n'y trouve quelques aperçus ingénieux ; mais ils n'apparaissent qu'en petit nombre. Quand le moraliste veut lancer un trait contre quelque vice ou quelque ridicule, ce trait n'arrive qu'émoussé à sa destination, à travers les courbes qu'il lui fait prendre. Sous le titre fallacieux d'*Apologie de M. de la Bruyère*, Paris, 1701, in-12, Brillon prit moins la défense de son maître que celle de son propre ouvrage, en cherchant à réfuter les critiques qui en avaient été faites. Le littérateur, redevenu jurisconsulte, fit paraître en 1711 un *Dictionnaire des Arrêts, ou Jurisprudence universelle des parlements et autres tribunaux*, 3 vol. in-fol., qui lui avait coûté quinze années de travail. Une seconde édition, augmentée de plus de moitié, fut publiée en 1727, 6 vol. in-fol. Il faut bien le reconnaître, cet ouvrage, qui épargnait aux magistrats et aux gens du barreau de longues et minutieuses recherches, fut reçu d'abord avec faveur ; mais les fautes inséparables d'un travail aussi considérable, et quelques imperfections de détail, telles que le peu d'exactitude d'un certain nombre de citations, la fréquence des renvois d'un article à un autre, l'admission d'anecdotes enjouées et de saillies d'esprit dans un ouvrage essentiellement sérieux, contribuèrent à discréditer l'ouvrage. Camus ne craint pas de le qualifier de *mauvais*, en reconnaissant néanmoins que c'est une *table nécessaire*. Plus d'un jurisconsulte, tout en professant peu d'estime pour cette utile compilation, n'a pas manqué d'y puiser des matériaux. Le soin que Brillon a pris de recueillir toutes les décisions des tribunaux a été jusqu'au point de lui faire admettre comme réels les arrêts fictifs imaginés par Raoul Spitame, et publiés sous le titre de *Dinarchix Henrici regis christianissimi, progymnasmata* (1556). Prost de Roger, avocat à Lyon, avait commencé la publication d'une nouvelle édition du *Dictionnaire des Arrêts*; mais il n'en parut que sept volumes in-4°, de 1781 à 1787 : le septième volume finit seulement au mot *Assignation*. Il était difficile qu'une entreprise conçue dans des proportions aussi vastes pût se poursuivre jusqu'à la fin. L'édition du dictionnaire, en 6 vol. in-fol., est précédée d'une dédicace au duc du Maine, de laquelle l'auteur attend pour son ouvrage l'*immortalité*, « que le nom d'un aussi grand prince doit lui faire espérer. »   J. LAMOUREUX.

Ferrière, *Additions aux Vies des jurisconsultes* de Taisand.

*BRIMONT (*François-Jean-René* RUINART, vicomte DE), économiste, né à Reims le 30 novembre 1770, mort 6 janvier 1850. Sorti d'une famille illustrée par le savant bénédictin dom Ruinart et par Tronson du Coudray, avocat qui défendit la reine de France Marie-Antoinette, Ruinart de Brimont fut par lui-même un homme d'un rare mérite : comme négociant, il ouvrit au commerce de vins de Champagne de nouveaux et immenses débouchés en Russie et en Angleterre; comme administrateur, il établit à Reims un mont-de-piété, une caisse d'épargne et de prévoyance, de nouvelles prisons, un cours gratuit de géométrie appliquée aux arts, une association de secours mutuels entre les chevaliers de la Légion d'honneur; comme agriculteur, il prit à sa charge les frais d'une foule d'essais et d'innovations qui ont puissamment contribué à améliorer le sol de la Champagne; enfin, comme particulier, il fut pour les ouvriers et pour les pauvres de la plus magnifique libéralité; mais ce fut seulement à la mort de l'abbé Anot, autre homme de bien dont il avait fait son auxiliaire, que l'on connut toute l'étendue de ses aumônes, sur lesquelles il demanda que le silence fût gardé. Peu d'hommes avec plus de vertu ont eu plus de modestie, peu d'hommes avec plus de simplicité et de bonne grâce ont fait autant de bien; malheureusement, comme tant d'autres, il fut puni de ses bienfaits, qui le dénonçaient comme riche : on l'accusa d'accaparer les grains dans des bouteilles, de les expédier à l'étranger pour affamer le peuple. On mit le feu à son château ; mais ses enfants et lui se ressentirent seuls de cette perte : les pauvres purent continuer de croire qu'il était toujours aussi riche.

ANOT DE MAIZIÈRES.

*BRINA ou BRINI (*Francesco*), peintre de l'école florentine du dix-septième siècle. Il a laissé à Volterra un bon tableau d'autel, l'*Immaculée Conception*; et à Florence, une *Vierge* au palais Gino-Capponi, une *Sainte Famille* au couvent de Sainte-Marie-Nouvelle, et une bonne *Annonciation* au maître-autel de l'église de la *Nunziatina*.   E. B—N.

Lanzi, *Storia pittorica*. — Fantozzi, *Nuova Guida di Firenze*.

BRINDLEY (*Jacques*), mécanicien et ingénieur anglais, né en 1716 à Thomsett, dans le comté de Derby, mort le 22 septembre 1772. Son éducation première fut presque nulle. A l'âge de dix-sept ans, il entra, comme apprenti, chez un constructeur de moulins, et se fit connaître par la construction d'une machine propre à élever l'eau, d'une machine à filer la soie, et par quelques autres travaux de ce genre. Le célèbre duc de Bridgewater, qui le prit en amitié, lui confia l'exécution du plan gigantesque qu'il avait formé pour établir une communication par eau entre ses propriétés de Worsley et les villes de Manchester et de Liverpool. Dès lors on eut toujours recours aux conseils de Brindley dans tous les travaux de ce genre qui furent entrepris en Angleterre. Il avait conçu le projet de dessécher les marais du Lincolnshire, de débarrasser les docks de Liverpool de la boue qui les obstrue, et d'unir l'Irlande à l'Angleterre au moyen d'un pont de bateaux. Ses inventions étaient aussi diverses qu'ingénieuses, et il atteignit le but qu'il se proposait par les moyens les plus simples. Il se mettait rarement sous les yeux un plan, un modèle. Rencontrait-il une difficulté sérieuse, il se mettait au lit, et y restait quelquefois plusieurs jours sans prendre aucune nourriture, absorbé tout entier dans la recherche des moyens d'en triompher.

Rose, *New Biographical Dictionary*.

BRINGERN (*Jean*), cabaliste allemand, vivait au commencement du dix-septième siècle. On a de lui (en allemand) : *Manifeste et confession de foi des frères de la Rose-Croix*; Francfort, 1615, in-8°.

Biographie universelle.

BRINKLEY (*John*), mathématicien et astronome anglais, né en 1763, mort le 13 septembre 1835. Il fixa par ses brillantes études l'attention des directeurs de Trinity-College, à Dublin, et fut nommé en 1792 professeur d'astronomie à l'université de cette ville. Brinkley se donna tout entier aux devoirs de l'enseignement. Il publia pour ses élèves un livre d'astronomie élémentaire qui est devenu classique, et eut à sa disposition l'observatoire de Dunsink, près de Dublin, fourni d'une admirable collection d'instruments astronomiques. Dès ce moment Brinkley fit une série de mémoires importants qui sont consignés dans les *Transactions* d'Irlande, dans les *Transactions philosophiques* de Londres, et dans d'autres recueils. Parmi ces mémoires, nous ne signalerons que les suivants : *Sur les orbites que les corps décrivent quand ils éprouvent l'action d'une force centripète, dont l'intensité varie suivant une puissance quelconque de la distance* (dans les *Transactions de l'Acad. roy. d'Irlande*, t. VIII); — *Examen des différentes solutions qui ont été données du problème de Kepler* (ibid., t. IX); — *Recherches concernant le problème destiné à corriger les distances apparentes de la lune au soleil ou aux étoiles, des effets de la parallaxe et de la réfraction* (ibid., t. XI); — *Sur la parallaxe annuelle de certaines étoiles* (ibid., t. XII); — *Méthode pour calculer les réfractions astronomiques pour deux objets voisins de l'horizon* (ibid., t. XIII); — *Sur la parallaxe α de la Lyre* (dans les *Transactions philosophiques de Londres*, année 1824). Armé d'un excellent méridien de Ramsden, Brinkley crut avoir trouvé une parallaxe sensible à l'étoile α de la Lyre. L'astronome Pond, de Greenwich, contesta la découverte; une discussion s'engagea, qui dura plusieurs années et tint en émoi le monde savant. Une série d'excellentes expériences fut faite à Greenwich sur cette question, et le professeur Airy, dans un mémoire définitif présenté à la Société astronomique, conclut que la parallaxe de la Lyre, bien que positivement démontrée par la théorie qui en donnait même la mesure rigoureuse, n'était pas sensible, dans l'état actuel de la science, aux instruments les plus délicats.

Cette décision ne put nuire en rien à la haute position que Brinkley s'était créée dans le monde scientifique. Il fut nommé président de la Société royale d'Irlande; et lorsque George IV visita ce pays, il nomma Brinkley évêque (anglican) de Cloyne. Brinkley a été le maître du célèbre sir William Hamilton. Son ouvrage classique *Elements of Astronomy*, Dublin, 1819 in-8°, est réimprimé presque annuellement.

T. D.

Obituary, 1835. — *Biograph. univ.*

***BRINCKMANN** (*Charles-Gustave*, baron DE), diplomate et poète suédois, né le 24 février 1764, mort le 10 janvier 1848. Après avoir étudié à Upsal, il visita les universités de Halle, de Leipzig et d'Iéna. A son retour en Suède en 1790, il entra dans la carrière diplomatique. En 1792, il fut secrétaire de l'ambassade de Suède à Dresde, chargé d'affaires à Paris en 1798, et envoyé en la même qualité à la cour de Prusse en 1801. Rappelé de ce poste par suite des changements politiques, il y fut accrédité de nouveau quelque temps après, et suivit la cour fugitive de Prusse en 1806. De 1807 à 1810 il remplit les fonctions d'ambassadeur à Londres. L'Académie royale de Stockholm l'appela dans son sein en 1829. Il légua en 1835 à l'université d'Upsal sa bibliothèque, riche déjà de 10,000 volumes, et la faculté de philosophie de cette université lui conféra le titre de docteur honoraire. Il fut longtemps en correspondance avec Mme de Staël. On a de lui : *Poésies*; Leipzig, 1789, sous le pseudonyme de Selmar; — *Pensées philosophiques et Poésies*; Berlin, 1801; — *Tankbilder*, dans le journal *Svea* de 1828.

Conversations-Lexicon.

BRINON (madame DE), première supérieure de l'institution de Saint-Cyr, vivait dans la première moitié du dix-huitième siècle. Fille d'un président du parlement de Normandie, elle devint religieuse ursuline; se voua, avec Mlle de Saint-Pierre, à l'instruction des jeunes filles; fit la connaissance de Mme de Maintenon lorsque celle-ci n'était encore que la veuve de Scarron; et, après une vie assez tourmentée par l'insuccès et l'indigence, elle se transporta avec son associée, de Montmorency, où elle se trouvait en 1682, à Ruel, où elle compta bientôt, grâce à l'appui de Mme de Maintenon, une centaine de pensionnaires. L'année suivante, elle s'établit à Noisy, obtint 1,000 liv. de pension; et bientôt après, par suite de la résolution prise par le roi de faire une fondation pour deux cent cinquante demoiselles appartenant à la noblesse indigente, et du choix de la maison des bénédictins de Saint-Cyr pour le siège de l'institution, elle fut chargée d'en dresser les règlements. Elle en fut d'abord la supérieure temporaire, puis la supérieure perpétuelle, et se distingua beaucoup plus par ses talents que par sa manière de gouverner cette maison. Assez aimée des élèves, elle se rendit insupportable aux dames professes par sa hauteur. Les faveurs de la fortune l'avaient éblouie : elle ne souffrait aucune espèce de contradiction ou de remontrances.

Il fallut enfin lui retirer ses fonctions de supérieure. C'est ce qui eut lieu le 3 décembre 1688. Elle quitta la communauté le lendemain. « Voici un fait, écrivait alors Mme de Sévigné : l'âme de Saint-Cyr, l'amie intime de Mme de Maintenon, n'est plus à Saint-Cyr... Elle ne paraît pas mal avec Mme de Maintenon, car elle envoie tous les jours savoir de ses nouvelles; cela augmente la curiosité de savoir la cause de sa disgrâce. Tout le monde en parle tout bas, sans que personne en sache davantage. » Après avoir vainement tenté de fléchir sa toute-puissante protectrice et amie d'autrefois, Mme de Brinon se retira à Maubuisson, où elle correspondit encore avec Mme de Maintenon, qui la consola de son mieux. « Elle aimait les vers et la comédie, dit Mme de Caylus, et au défaut des pièces de Corneille et de Racine, qu'elle n'osait faire jouer, elle en composait de détestables, à la vérité; mais c'est cependant à son goût pour le théâtre qu'on doit les deux pièces que Racine a faites pour Saint-Cyr. Mme de Brinon avait de l'esprit, et une facilité incroyable d'écrire et de parler; car elle faisait aussi des espèces de sermons fort éloquents; et tous les dimanches, après la messe, elle expliquait l'Évangile, comme aurait pu le faire M. le Tourneur. » Une des pièces de théâtre de sa composition qu'elle faisait jouer par les élèves fut trouvée si mauvaise par Mme de Maintenon, qu'elle l'engagea à se contenter de faire représenter du Corneille et du Racine. Elle dut alors se résigner.

Lettres de Mme de Sévigné. — *Souvenirs de Mme de Caylus,* — *Lettres de Mme de Maintenon.* — La Vallée, *Histoire de la Maison de Saint-Cyr.*

BRINON (*Pierre*), poëte dramatique français, mort vers 1658. Il fut conseiller au parlement de Normandie. On a de lui : *l'Éphésienne*, tragi-comédie en vers; 1614, in-12 ; — *Baptiste,* ou *la Calomnie,* tragédie en vers, traduite du latin de George Buchanan; 1613, in-12 ; — *Jephté,* ou *le Vœu,* tragédie en vers, traduite du latin de Buchanan; 1614, in-12.

La Croix du Maine, *Bibliothèque française.*

BRINVILLIERS (*Marie-Marguerite* D'AUBRAY, marquise DE), célèbre empoisonneuse, exécutée le 16 juillet 1676. Fille de Dreux d'Aubray, lieutenant civil de Paris, elle épousa en 1651 le marquis de Brinvilliers, mestre de camp du régiment de Normandie, et possédant trente mille livres de rente. Il avait été séduit, dit-on, par la physionomie agréable, l'air doux et modeste de Mlle d'Aubray. Soit que ces apparences trompeuses lui inspirassent une entière confiance, soit que, peu susceptible de jalousie, il voulût laisser à sa femme une liberté dont il était bien aise de jouir lui-même, il s'inquiéta peu de sa conduite. Le marquis de Brinvilliers eut même l'imprudence d'introduire chez lui un jeune officier nommé Gaudin de Sainte-Croix, bâtard d'une illustre famille qui ne l'avouait pas. Cet homme était très-beau, et avait dans le caractère le même fonds de perversité que la marquise : il lui inspira une violente passion. De Brinvilliers ne la troubla point : occupé de ses plaisirs, livré à de folles dépenses, il ne tarda pas à dissiper sa fortune. La marquise, qui n'attendait qu'un prétexte, demanda et obtint une séparation. Dès lors elle ne garda plus aucune mesure; son mari ne fit pas de plainte ; mais le lieutenant civil, outré de la conduite de sa fille, fit arrêter Sainte-Croix dans le carrosse même de sa maîtresse. Il fut conduit à la Bastille, où il resta un an. Ce fut là qu'il fit la connaissance d'un Italien nommé Exili, qui lui apprit l'art de préparer des poisons. L'élève surpassa bientôt le maître dans cet art abominable. Devenu libre, il l'enseigna à la marquise, qui reçut avec avidité ces funestes leçons. Mme de Brinvilliers, pendant la captivité de son amant, avait affiché les dehors de la plus grande dévotion; elle visitait les hôpitaux, soignait les malades, et était parvenue au moyen de cette hypocrisie à en imposer si bien à l'opinion et à sa famille, qu'il lui fut facile de se réconcilier avec son père, dont elle méditait la mort. Bientôt la cupidité s'unit à la vengeance; Sainte-Croix partagea le crime, dans l'espoir d'en partager l'héritage. Il composa le poison, et la marquise se chargea d'en faire l'essai sur les malades de l'Hôtel-Dieu. Sous l'affreux prétexte de les secourir, elle leur donnait des biscuits empoisonnés, et veillait attentivement sur l'effet et les progrès du toxique. « Elle empoisonnait, dit Mme de Sé-
« vigné, des tortes de pigeonnaux, dont mou-
« raient plusieurs qu'elle n'avait pas dessein de
« tuer; le chevalier du Guet a été de ces jolis
« repas, et s'en meurt depuis deux ou trois ans. »

Elle fit l'essai sur sa femme de chambre, à qui elle donna une tranche de jambon, mais qui n'était pas, à ce qu'il paraît, suffisamment assaisonnée : cette fille en fut quitte pour une longue maladie. Mme de Brinvilliers eut l'atroce courage de faire même sur son père différents essais de poison; « elle mit huit mois à le tuer et à recevoir toutes
« ses caresses et toutes ses douceurs, à quoi elle
« ne répondait qu'en doublant toujours la dose. »
Qu'est-ce qu'un assassinat auprès de cela ? Enfin elle composa un poison très-violent, qu'elle donna à d'Aubray dans un bouillon. Il mourut, et nul ne soupçonna sa fille de ce crime. Elle empoisonna de même ses deux frères, par l'entremise d'un nommé Lachaussée, ancien domestique de Sainte-Croix, et qu'elle avait placé à leur service. Personne ne gênait plus la marquise que son mari ; elle l'empoisonna, pour épouser son amant. « Mais Sainte-Croix, qui ne voulait pas, dit
« Mme de Sévigné, d'une femme aussi méchante
« que lui, donna du contre-poison au marquis; si
« bien que le pauvre mari, tantôt empoisonné,
« tantôt *désempoisonné*, vécut malgré sa femme;
« mais ce fut pour être témoin de son supplice. »

Tant de forfaits devaient avoir leur terme et leur châtiment. Sainte-Croix finit par être victime de son art diabolique : en préparant un poison subtil, un masque de verre dont il se servait pour se garantir vint à tomber, et il mourut sur-le-champ. En mettant les scellés dans son appartement, on y trouva une cassette accompagnée d'une lettre qui recommandait de la remettre, sans l'ouvrir, à Mme de Brinvilliers. Le commissaire passa outre, et fit ouvrir la cassette : on la trouva pleine de paquets de poison étiquetés et indiquant sur l'étiquette l'effet qu'ils devaient produire. L'un de ces paquets contenait, dit-on, jusqu'à soixante et quinze livres de sublimé. On y trouva encore un grand nombre de lettres passionnées, et une promesse de trente mille livres que Sainte-Croix avait exigée pour s'assurer le fruit de ses crimes. La marquise se sauva à l'étranger. On n'avait pas encore de preuve contre elle, lorsque Lachaussée, qui avait été son complice dans l'empoisonnement de ses frères, fit faire opposition aux scellés mis chez Sainte-Croix, sous prétexte qu'il lui était dû une assez forte somme. Mme de Villarceaux, veuve de l'un des frères de la marquise, eut des soupçons, et le fit arrêter : il avoua tout, et fut condamné à être roué vif. L'arrêt fut rendu contre la marquise par coutumace ; il y était dit qu'elle aurait la tête tranchée. Mme de Brinvilliers s'était retirée à Liége, et vivait dans un couvent, où elle se croyait parfaitement en sûreté ; on obtint son extradition, et on envoya pour l'arrêter un exempt nommé Dégrais. Cet homme se déguisa en abbé, fit la cour à la marquise, et fut accepté pour amant. Sous le prétexte d'une promenade, il l'emmena hors de la ville, et la remit entre les mains des archers. On trouva dans ses papiers une confession générale, écrite de sa main. Elle s'y accusait d'avoir cessé d'être fille à sept ans, d'avoir brûlé une maison, d'avoir empoisonné son père, ses frères, un de ses enfants, et de s'être empoisonnée elle-même. Cette confession manuscrite fut regardée comme un aveu et admise comme tel, malgré la dénégation obstinée de l'accusée. La marquise avait deux confesseurs : l'un disait qu'il fallait tout dire, et l'autre non. Elle riait de cette diversité d'opinions : « Je puis donc, disait-elle, faire en conscience tout ce qui me plaira. » Mais le testament de mort de Lachaussée, la fuite de Mme de Brinvilliers, et quelques propos qui lui étaient échappés, établirent suffisamment sa culpabilité. Un jour qu'elle s'était enivrée, elle avait montré à une femme une boîte, en lui disant : « Il y a là-dedans bien des successions. » Cette femme, qui était fille d'apothicaire, avait reconnu facilement du sublimé. La marquise avait en outre un mot favori, qu'elle répétait souvent : « Quand un homme déplaît, il « faut lui donner un coup de pistolet dans un « bouillon. »

Toutes ces preuves morales firent passer sur les preuves matérielles. La Brinvilliers fut condamnée à la question, à faire amende honorable et à être brûlée, après avoir eu la tête tranchée. Elle eut, dit-on, assez de courage dans sa prison ; cependant elle chercha deux ou trois fois à se tuer. Lorsqu'elle entra dans la chambre de la question, apercevant trois seaux d'eau : « C'est « assurément pour me noyer, dit-elle ; car, de la « taille dont je suis, on ne prétend pas que je boive « tout cela. » La marquise avait la taille fort petite. A peine menacée de la question, elle confessa tous ses crimes, plus nombreux et plus affreux qu'on ne se l'était imaginé : elle eut avec le procureur général une longue conférence, qui ne fut jamais rendue publique. Le marquis de Brinvilliers sollicita la grâce de sa coupable épouse, et ne put l'obtenir. Elle l'espéra cependant jusqu'au dernier moment, au point qu'en montant à l'échafaud elle dit : « C'est donc pour tout de bon ! » Elle montra du sang-froid, un grand repentir, et une ferveur de dévote. Les dispositions prises pour son supplice, dont on fit grand bruit dans le public, changèrent l'horreur qu'elle inspirait en pitié, presque en sympathie et en vénération, tant sont mobiles et bizarres les impressions populaires.

Écoutons à cet égard Mme de Sévigné : « Le 16 juillet 1676, vers les six heures du soir, on l'a menée nue en chemise, la corde au cou, à Notre-Dame, faire amende honorable ; et puis on l'a remise dans le même tombereau, où je l'ai vu jeter à reculons sur la paille, avec une cornette basse et en chemise ; un docteur auprès d'elle, le bourreau de l'autre côté. En vérité, cela m'a fait frémir. Ceux qui ont vu l'exécution disent qu'elle est montée sur l'échafaud avec bien du courage. Pour moi, j'étais sur le pont Notre-Dame avec la bonne d'Escars : jamais il ne s'est vu tant de monde, jamais Paris n'a été si ému ni si attentif... Elle dit à son confesseur, en chemin, de faire mettre le bourreau devant elle, afin, dit-elle, « de ne pas voir ce coquin de Dégrais qui m'a prise. » Son confesseur la reprit de ce sentiment : « Ah ! mon Dieu, je vous en demande pardon. Qu'on me laisse donc cette étrange vue. » Ayant rencontré sur son passage des dames de distinction et de sa connaissance, fort avides de la voir, elle les reprit avec beaucoup de courage de leur curiosité, et leur dit : « Voilà un beau spectacle à voir ! » Le fameux peintre le Brun se plaça dans un lieu où il pût saisir les traits d'une criminelle qui a sans cesse devant ses yeux l'image de la mort. Elle monta seule et nupieds sur l'échafaud, et fut un quart d'heure mirodée, rasée, dressée et redressée par le bourreau ; ce fut un grand murmure et une grande cruauté. Le lendemain, on cherchait ses os, parce que le peuple disait qu'elle était sainte.... Enfin, c'en est fait, la Brinvilliers est en l'air ; son pauvre petit corps a été jeté après l'exécution dans un fort grand feu, et ses cendres au vent ; de sorte que nous la respirerons, et par la communication des petits esprits il nous prendra quelque humeur empoisonnante dont nous serons tous étonnés. Plusieurs domestiques de la Brinvilliers qui avaient été arrêtés, furent relâchés après sa mort. On rendit aussi la liberté à Mme de Sainte-Croix, qui avait ignoré l'infâme conduite de son mari; mais on retint longtemps M. de Penautier, receveur général du clergé, qui avait été fort compromis dans cette affaire : un des paquets de la fameuse cassette de Sainte-Croix portait son adresse. La protection de l'archevêque de Paris, celle de Colbert, et de l'argent qui fut répandu à propos, le tirèrent de prison; mais il ne fut pas justifié dans l'opinion publique. » Le maréchal de Grammont, célèbre par ses bons mots, disait à ce propos : « Il en sera quitte pour supprimer sa table. » — Le rapport des médecins, dans le procès de la Brinvilliers, ne constate que l'ignorance de cette époque : « Le poison de Sainte-Croix, dirent-ils, a passé par toutes les épreuves; il surmonte l'art et la capacité du médecin, il se joue de toutes les expériences. Ce poison nage sur l'eau; il est supérieur, et fait obéir cet élément; il se sauve de l'expérience du feu, où il ne laisse qu'une matière douce et innocente. Dans les animaux il se cache avec tant d'art et d'adresse, qu'on ne peut le connaître : toutes les parties de l'animal sont saines et vivantes, dans le même temps qu'il fait couler une source de mort; le poison artificieux y laisse l'image et la marque de la vie. »

Tel est le rapport de Mme de Sévigné. Ce poison subtil, qui échappait avec tant de perfidie aux investigations des médecins, paraît avoir été l'arsenic, que la chimie moderne sait retrouver facilement.
ROSANNE DE CURTON.

Histoire du procès de la marquise de Brinvilliers; Paris, 1676, in-12. — Sévigné, *Lettres.* — Richer, *Causes célèbres;* Paris, 1772-1788.

BRIOCHÉ (*Jean*), fameux joueur de marionnettes, vivait au milieu du dix-septième siècle. Il fut le premier qui mit en vogue, à Paris, les marionnettes en plein vent. Ce fut vers 1650 qu'il ouvrit, aux foires Saint-Laurent et de Saint-Germain, sur le Pont-Neuf et sur les boulevards, son théâtre, où il faisait jouer ses petits acteurs avec une adresse merveilleuse. Après avoir longtemps amusé Paris et les provinces, il passa en Suisse, et donna des représentations à Soleure. Mais les braves spectateurs qu'il y rencontra, surpris, épouvantés par la figure, les gestes et les discours de Polichinelle, tinrent conseil sur cet effroyable spectacle. Après longue et mûre délibération, Brioché, reconnu chef d'une troupe de diablotins, fut dénoncé et emprisonné. On allait le juger comme magicien, quand il obtint son élargissement, après avoir expliqué au magistrat le mécanisme de ses marionnettes. Son fils, *François* ou *Fanchon* BRIOCHÉ, ne fut pas moins célèbre que lui dans son *noble métier.*

Le Bas, *Dict. encycl. de la France.*

*****BRIOLOTTO** (....), ingénieux et habile sculpteur véronais du onzième siècle. Il a beaucoup travaillé pour l'église Saint-Zénon, pour laquelle, outre les fonts baptismaux, il a sculpté la fameuse rose représentant la *roue de Fortune.* Une longue inscription, encastrée dans le mur de l'église, nous fait connaître le nom de cet artiste vraiment étonnant pour son époque.
E. B—N.

Cicognara, *Storia della Scoltura.*

BRION (.....), théologien ascétique français, vivait au commencement du dix-huitième siècle. Ses principaux ouvrages sont : *la Retraite de M. de Brion;* Paris, 1717 et 1724, in-12; — *Paraphrase sur le psaume* Beati immaculati in via; ibid., 1718, in-12; — *Paraphrases sur divers psaumes mystérieux;* ibid., 1718, 3 vol. in-12; 1722, 2 vol. in-12; — *Vie de la très-sublime, contemplative sœur Marie de Sainte-Thérèse, carmélite de Bordeaux, avec ses lettres;* ibid., 1720, 3 vol. in-12; — *Paraphrase sur les trente premiers Psaumes;* Paris, 1722, 2 vol. in-12; — *Suite de la Paraphrase sur les Psaumes;* ibid., 1723, 2 vol. in-12; — *Considérations sur les plus importantes vérités du Christianisme, avec un Traité de la Perfection chrétienne;* 2e édit., ibid., 1724, in-12; — *Traité de la vraie et fausse spiritualité, avec un examen de quelques livres attribués à M. de Fénelon;* ibid., 1728, 2 vol. in-12; — *Vie de madame Guyon;* Cologne, 1720, 3 vol. in-12.

Journal des Savants, 1725. — Lelong, *Biblioth. hist. de la France.* — Quérard, *la France littéraire.*

BRION (l'amiral DE). *Voy.* CHABOT.

BRION (....), médecin français, vivait à Lyon dans la seconde moitié du dix-huitième siècle. On a de lui : *Essai de médecine théorique et pratique,* en société avec d'Yvoiry; Genève et Lyon, 1784, in-8°; — *le Conservateur de la Santé, journal d'hygiène et de prophylactique,* en société avec Bellay; — *De la vertu de l'opium dans les maladies vénériennes,* ouvrage traduit de l'italien de Pasta.

Quérard, *la France littéraire.*

BRION (*Louis*), marin colombien, né à Curaçao en 1782, mort en 1821. Destiné au commerce, il se sentit entraîné vers la carrière maritime. C'est aux États-Unis qu'il étudia la navigation. A la mort de son père, il revint dans son pays, acquit une grande influence, prit une large part aux événements de 1809 et de 1810, et fut, en 1816, l'actif coopérateur de Bolivar. On lui reproche sa partialité presque barbare dans l'affaire du général Piar. C'est la seule tache dont on puisse charger sa mémoire. Il mourut pauvre, et ne laissa pas même de quoi subvenir aux frais de ses funérailles.

Rose, *New Biographical Dictionary.*

BRION DE LA RENAUDIÈRE (*René*), chirurgien et poëte français, vivait à Thouars, en Poitou, dans la première moitié du dix-septième siècle. On a de lui : *Anatomie en vers français, contenant l'ostéologie,* etc.; 1668, in-12. C'est la description du corps humain, en cinq à six mille vers alexandrins.

Dreux du Radier, *Bibl. du Poitou.*

BRION DE LA TOUR (*Louis*), ingénieur et

géographe français, vivait dans la seconde moitié du dix-huitième siècle. On a de lui : *Tableau périodique du monde, ou la Géographie raisonnée et critique, avec l'histoire de l'état de cette science dans tous les temps*; Paris, 1765, in-8°; — *Errata de l'Atlas du sieur Latré*; ibid., 1766, in-12; — *Atlas général, civil et ecclésiastique*; ibid., 1766, in-12; — *la France considérée sous tous les principaux points de vue qui forment le tableau géographique et politique de ce royaume*; ibid., 1767, in-fol.; — *Journal du monde, ou Géographie historique*; ibid., 1771, in-8°; — *Tablettes astronomiques, ou Abrégé élémentaire de la sphère et des différents systèmes de l'univers*; Amsterdam et Paris, 1774, in-12; — *l'Atlas itinéraire portatif de l'Europe adapté, quant à la France, aux diligences et aux messageries royales*; Paris, 1776, in-8°; — *Atlas et tables élémentaires de géographie ancienne et moderne*; Paris, 1787, in-8°; — *du Partage de la peau de l'ours, ou Lettre à l'auteur du Rêve politique sur le partage de l'empire ottoman, à l'auteur des Considérations sur la guerre actuelle des Turcs*; Belgrade et Paris, 1788, in-12; — *Tableau de la population de la France*; Paris, 1789, in-4°; — *Coup d'œil général sur la France*; Paris, 1789, in-4°; — *Résultats par approximation des nombreuses recherches de la population des généralités de la France, et des villes principales*, etc.; Paris, 1790, in-8°; — *Voyage dans les départements de la France*; Paris, 1792, in-8°; — *Description générale de l'Europe, de l'Asie, de l'Afrique et de l'Amérique*; Paris, 1795, in-4°; — *Description géographique de l'empire d'Allemagne*, etc.; Paris, 1796, in-8°; — *Mappemonde philosophique et politique*; Paris, 1800, grand in-fol.; — *Atlas géographique et statistique de la France, divisée en cent huit départements*; Paris, 1803, in-4°.

Quérard, *la France littéraire*.

* **BRIOSCHI** (*Vincenzo*), peintre florentin contemporain, dont le portrait, peint en 1828, fait partie de la collection iconographique de Florence. On voit de lui une belle *Vierge* au palais Torrigiani. E. B—N.

Galerie impériale et royale de Florence.

BRIOSCO (*Andrea*, dit *Andrea* RICCIO), sculpteur et architecte italien, né à Padoue après 1450. Il fit une étude spéciale des ouvrages de Donatello, et se plaça au niveau des plus grands sculpteurs de son époque. Cicognara le nomme *le Lysippe des bronzes vénitiens*. C'est à lui qu'on doit ce grand et célèbre candélabre de Saint-Antoine de Padoue, qui passe pour le plus beau du monde. Le travail parut si merveilleux, qu'on frappa une médaille en l'honneur de son auteur, avec cette légende : *Andreas Crispus Patavinus æneum D. Ant. candelabrum F.* Le mot Crispinus est la traduction du surnom Riccio (frisé), que justifie et explique le portrait de Briosco, que la médaille nous a conservé. Cet artiste a laissé dans la même église deux beaux bas-reliefs, *David combattant Goliath*, et *David dansant devant l'arche*. Il avait fait pour le tombeau des Turriani, à l'église San-Fermo de Vérone, huit bas-reliefs de bronze comparables à ceux de Ghiberti aux portes du baptistère de Florence. Les chefs-d'œuvre emportés à Paris y sont heureusement restés, et sont encastrés dans la porte de bronze de la salle des Caryatides au Louvre. Au commencement du seizième siècle, Briosco, en compagnie d'Alexandre Leopardo, donna le dessin de l'église Sainte-Justine de Padoue, qui, quoique privée de façade, n'en est pas moins un des temples les plus magnifiques de l'Italie. E. B—N.

Ticozzi, *Dizionar*. — Cicognara, *Storia della Scoltura*.

BRIOT (*Nicolas*), mécanicien français, et graveur des monnaies sous Louis XIII. Il est regardé, mais à tort, comme l'inventeur du balancier. Le balancier fut inventé par *Brucher*, sous le règne de Henri II, et appliqué dès lors à la fabrication des monnaies; mais, en 1585, Henri III avait rétabli le monnayage au marteau, à cause de la cherté du premier. Le monnayage au marteau ne produisant que des monnaies imparfaites et très-inégales, les faux monnayeurs pouvaient très-facilement les imiter impunément. Briot publia, pour remédier à ces inconvénients, un livre intitulé *Raisons, moyens et propositions pour faire toutes les monnaies du royaume à l'avenir uniformes, et faire cesser toutes falsifications, et les mettre en forme générale*; Paris, 1615, in-8°. Il est probable que, dans ces projets, se trouvait le rétablissement du monnayage au balancier, et que c'est pour ce motif qu'on l'en a cru l'inventeur. Briot n'ayant pu réussir à faire adopter en France ses idées, passa en Angleterre, où on les accepta.

Le Bas, *Dict. encyclop. de la France*. — *Essai sur les monnaies anciennes et modernes*; Paris, 1792, in-8°. — Lelong, *Biblioth. hist. de la France*, édit. Fontette.

BRIOT (*Pierre*), traducteur français, vivait dans le milieu du dix-septième siècle. On a de lui : *Histoire naturelle d'Irlande*, ouvrage traduit de l'anglais de Gérard Boate; Paris, 1666, in-12; — *Histoire de la religion des Banians*, traduit de l'anglais de Henri Lord; ibid., 1667, in-12; *Histoire des singularités naturelles d'Angleterre, d'Écosse et du pays de Galles*, traduit de l'anglais de Childrey; ibid., 1667, in-12; — *Histoire de l'état présent de l'empire Ottoman, contenant les maximes politiques des Turcs, les principaux points de la religion mahométane*, etc., traduit de l'anglais de Ricault; ibid., 1670, in-4° et in-12; — *Histoire des trois derniers empereurs turcs, de 1583 à 1677*, traduit de Ricalt. On a réimprimé ces deux derniers ouvrages sous le titre de : *Histoire de l'Empire Ottoman*; la Haye, 1709, 6 vol. in-12.

Lelong, *Biblioth. hist. de la France*, édit. Fontette.

BRIOT (*Pierre-Joseph*), politique français, né, le 17 avril 1771, à Orchamps, en Franche-Comté; mort à Auteuil le 16 mai 1827. Admis au barreau en 1789, et nommé professeur de rhétorique en 1790, il s'enrôla, avec ses élèves, en 1792. De retour à Besançon, il s'y livra à la littérature politique, écrivit contre Marat et Robespierre, et fut député par les sociétés populaires du Doubs à la convention nationale. Forcé de retourner à la profession des armes pour se soustraire aux dangers qui menaçaient les partisans de la Gironde, il devint aide de camp du général Réede, puis abandonna encore une fois la carrière militaire pour une place de secrétaire à l'agence de la manufacture d'horlogerie à Besançon, établissement dont cette ville lui est redevable en grande partie. Ce fut alors qu'il eut une violente contestation avec Robespierre jeune, qui le dénonça. Atteint par la loi d'incarcération, il ne recouvra la liberté qu'après le 9 thermidor. Il fit alors une énergique opposition aux réacteurs, et fut emprisonné comme terroriste. Après avoir vainement réclamé des juges, il fut mis en liberté par ordre de la convention, puis élu officier municipal de Besançon. Proscrit de nouveau, il se réfugia encore dans les camps, entra dans le 8e régiment de hussards, et assista à la célèbre retraite de Moreau, pendant laquelle il fut fait prisonnier. Étant parvenu à s'échapper, Briot fut nommé, par le Directoire, accusateur public près le tribunal criminel du Doubs, et devint, en l'an VI, membre du conseil des cinq-cents, où il renforça le parti républicain. L'assemblée l'appela, peu de temps après, aux fonctions de secrétaire, pendant lesquelles il prononça un discours sur la nécessité de créer une commission spéciale pour les mesures législatives qui pourraient être utiles en cas de guerre. Ce fut lui qui proposa d'assimiler aux émigrés les prêtres condamnés à la déportation, qui ne se présenteraient pas dans le délai d'un mois. Dans l'affaire des naufragés de Calais, il combattit fortement l'opinion de Duviquet, qui voulait qu'on appliquât à ces malheureux les peines contre les émigrés rentrés; et, en entraînant l'assemblée à son avis, il arracha soixante-deux personnes à une mort certaine. Plusieurs fois il attaqua vivement les dilapidateurs de la fortune publique; à la séance du 30 août, il fit un tableau aussi vrai qu'affligeant de la situation intérieure et extérieure de la république. Plusieurs fois il dénonça le diplomate Talleyrand, et s'éleva contre les actes arbitraires du Directoire. Au 18 brumaire, Briot se fit remarquer parmi les membres les plus énergiques de l'opposition républicaine : ce fut lui qui, au moment où Lucien Bonaparte, l'un des principaux conjurés, descendait de la tribune après avoir renouvelé le serment à la constitution de l'an III, s'écria : *Moniteur, écrivez !* Il sortit l'un des derniers de la salle, avec huit de ses collègues ayant, comme lui, le pistolet à la main.

Affranchi de la surveillance de la police, Briot fut successivement appelé, par l'entremise de Lucien, aux fonctions de secrétaire général de la préfecture du Doubs et de commissaire du gouvernement à l'île d'Elbe. Là, de violents démêlés s'élevèrent entre lui et le général Rusca, gouverneur de l'île; et il offrit plusieurs fois sa démission, que l'on refusa constamment. En 1806, il se rendit à Naples, où le roi Joseph le choisit pour intendant des Abruzzes. Nommé ensuite au même poste dans la Calabre, il s'y distingua par une vigoureuse résistance lors du débarquement des Anglais en 1809; ce qui le fit entrer au conseil d'État napolitain dès les premiers jours du règne de Joachim Murat. Celui-ci s'étant déclaré contre la France, Briot ne voulut plus continuer ses services auprès de lui, et revint dans son pays. Il y vécut dès lors dans la retraite, exclusivement occupé d'agriculture et d'opérations industrielles. On a de lui divers écrits et lettres politiques.

Petite Biographie conventionnelle. — Le Bas, *Dictionnaire encyclopédique de la France.*

BRIOT (*Pierre-François*), chirurgien français, frère du précédent, né en 1773 à Orchamps, en Franche-Comté; mort le 29 décembre 1826. Après avoir été successivement employé dans les hôpitaux des armées du Rhin, d'Helvétie et d'Italie, il prit sa retraite en 1802, et vint exercer son art à Besançon. En 1806, il fut nommé professeur d'anatomie dans cette dernière ville. Ses principaux ouvrages sont : *Examen de la lettre du docteur Méglin au docteur Lorentz, premier médecin de l'armée du Rhin, sur les maladies qui ont régné épidémiquement l'hiver et le printemps derniers à l'armée du Rhin*; Besançon, 1793, in-8°; — *Seconde partie de l'apologie du docteur Méglin, ou Quelques réflexions d'avant-garde sur les ouvrages de cet auteur, relativement aux maladies qui ont régné épidémiquement à l'armée du Rhin en 1793*; ibid., 1794, in-8°; — *Essai sur les tumeurs formées par le sang artériel*; Paris, 1802, in-8°; — *Traité des accouchements*, traduit de l'allemand de G.-G. Stein; ibid., 1804, 2 vol. in-8°; — *Mémoire sur les forceps*; Besançon, 1809, in-8°; — *Histoire des progrès de la chirurgie militaire en France pendant les guerres de la Révolution*; ibid., 1817, in-8° : cet ouvrage fut couronné, en 1815, par la Société médicale de Paris; — *De l'influence de la Peyronie sur le lustre et les progrès de la chirurgie française*; ibid., 1820, in-8°. Briot a encore laissé plusieurs ouvrages inédits.

Pécot, *Éloge de Briot*, dans les recueils de l'Académie de Besançon, année 1828. — Quérard, *la France littéraire*.

BRIOT (*Simon*), historien français, de l'ordre des Bénédictins, mort en 1701. Il a laissé en manuscrit : *Histoire de l'abbaye de Molesme*.

Lelong, *Bibliothèque historique de la France*, édition Fontette.

*BRIOTET (*Jacques*), médecin français, né en 1746 en Bourgogne, mort le 25 mai 1819. Il était premier chirurgien à l'Hôtel-Dieu, et directeur de l'hôpital Saint-Louis, à Paris, lorsqu'il fut appelé, en 1777, par le prince-évêque Massalska, à l'université de Wilna. Il y contribua puissamment à l'organisation de la faculté de médecine, devenue depuis l'une des plus célèbres de l'Europe.

Le Bas, *Dictionnaire encyclopédique de la France*.

BRIOU. Voy. PARSEVAL (comte DE).

*BRIQUEBEC (*Robert-Bertrand*, VIIe du nom, baron DE), maréchal de France, mort en 1348. Capitaine lieutenant du roi Charles le Bel lors de la guerre de Gascogne, et commandant dans la province de Languedoc, il se joignit au comte d'Eu, et fit la guerre aux Gascons et aux Anglais. Créé maréchal de France le 5 juillet 1328, après la démission de Bernard de Moreuil, il prit le commandement de l'armée de Guyenne et de Saintonge, qu'Alphonse d'Espagne, seigneur de Lunel, venait de quitter. Plus tard, il fut envoyé à Bruges et à Thérouanne, où devait se tenir une diète pour les Flamands. Briquebec assista à Reims en 1328 au sacre de Philippe de Valois, ainsi qu'à l'hommage qu'Édouard III, roi d'Angleterre, lui rendit à Amiens le 6 juin 1329. Après avoir défendu (1340) Tournay, qu'assiégeait le roi d'Angleterre, il servit (1342) dans la guerre que Jeanne, comtesse de Penthièvre, eut à soutenir contre Charles de Blois, relativement à l'héritage du duc Jean III, dont elle se prétendait unique héritière; il assista en 1344 à l'échiquier que tint à Rouen Jean, duc de Normandie, et alla au secours de la ville de Caen, assiégée par les Anglais. Suivant la *Chronologie militaire*, Briquebec possédait encore la charge de maréchal de France le 10 décembre 1343, et il s'en démit au mois de mars 1344.

Chronique de J. Froissart. — *Art de vérifier les dates*, t. II, p. 397. — Pinard, *Chronol. milit.*, t. II, p. 120. — Anselme, *Chronol. des maréchaux*, t. VI, p. 688.

BRIQUEMAUT et CAVAGNES, gentilshommes français protestants, furent exécutés, sur la fin du règne de Charles IX, comme complices de Coligny. L'arrêt qui les condamna au gibet fut rendu le 27 octobre 1572, deux mois après le massacre de la Saint-Barthélemy. Le premier, vieillard septuagénaire, offrit, si le roi voulait lui faire grâce, de faire connaître un moyen infaillible de prendre la Rochelle, principal boulevard des confédérés. Sa proposition fut rejetée, et on le mena au supplice avec Cavagnes. Briquemaut s'attendrissant sur souvenir de ses enfants, Cavagnes, occupé à réciter des psaumes, l'interrompit, et dit à son ami : « Rappelle en ton cœur ce courage que tu as si souvent montré dans les combats. » L'effigie de Coligny fut attachée au poteau où ils furent pendus. Charles IX était avec sa mère à l'une des fenêtres de l'hôtel de ville, et le jeune roi de Navarre (depuis Henri IV), placé près de Catherine, fut forcé d'être témoin de cette exécution.

Recueil des Mémoires relatifs à l'Histoire de France. — Le Bas, *Dict. encyclop. de la France*.

BRIQUET (*L.-Hilaire-Alexandre*), littérateur français, né à Chasseneuil, près de Poitiers, le 30 octobre 1762; mort à Niort le 28 mars 1833. Il se fit prêtre, adopta les principes de la révolution, renonça à son état, et se maria. Il fut membre du tribunal révolutionnaire de Poitiers, et devint professeur de belles-lettres à l'école centrale des Deux-Sèvres. Ses principaux ouvrages sont : *Oraison funèbre de la royauté française*; Poitiers, 1792, in-8°; — *la Légitimité du mariage des prêtres*; ibid., 1794, in-8°; — *Justification de H.-A. Briquet*; Rochefort, 1795, in-8°; — *Mémoire justificatif pour trois marins condamnés à quatre ans de détention par la cour martiale de Rochefort*; ibid., 1795, in-4°; — *Éloge de Jean de la Quintinie*, couronné par la Société d'agriculture des Deux-Sèvres, in-8°; — *Éloge de Boileau*; 1805, in-8°; — *Éloge de J.-C. Scaliger*, couronné par l'Académie d'Agen; Niort, 1812, in-4°; — *Histoire de la ville de Niort depuis son origine jusqu'au règne de Louis-Philippe Ier*, etc.; ibid., 1832-1833, 2 vol. in-8°; — *Almanach des Muses de l'École centrale des Deux-Sèvres*, publié de 1798 à 1800; ibid., 3 vol. in-12.

Quérard, *la France littéraire*.

BRIQUET (*Marguerite-Ursule-Fortunée* BERNIER), femme de lettres, épouse du précédent, née à Niort le 16 juin 1782, morte dans la même ville le 14 mai 1825. Les ouvrages qu'elle a composés sont plus connus que ceux de son mari. Les principaux sont : *Ode sur les vertus civiles*; Paris, 1801, in-8°; *Ode à le Brun*; ibid., 1802, in-8°; — *Ode sur la mort de Dolomieu*; ibid., 1802, in-8°; — *Dictionnaire historique, littéraire et bibliographique des françaises et des étrangères naturalisées en France*; ibid., 1804, in-8°.

Galerie historique des Contemporains.

*BRIQUEVILLE ou BRICQUEVILLE (1) (*Armand-François-Bon-Claude*), guerrier et homme politique français, né à Bretteville en 1785, mort en 1844. Issu d'une famille noble, il entra à l'École militaire; en sortit avec le grade de sous-lieutenant; devint, après la bataille d'Eylau, aide de camp du colonel Lebrun; fut nommé capitaine le 8 juin 1807 par l'empereur lui-même, témoin de son courage, et fit ensuite successivement les campagnes de Prusse, de Pologne, d'Espagne et de Portugal. Il fit partie de l'expédition de Russie, et se distingua dans les campagnes de 1813 et 1814. Au retour de Napoléon de l'île d'Elbe, Briqueville reprit le service, qu'il avait abandonné à la première restauration. Colonel du 20e régiment de dragons, il contribua, par des charges brillantes, au gain de la bataille de Ligny. Rentré dans la vie privée lors du second retour des princes de la maison de Bourbon, il en sortit à partir de 1827, pour siéger

(1) Nous suivons pour ce nom l'orthographe du *Moniteur*.

à la chambre des députés. Il parla et vota constamment avec l'opposition. Ce fut lui qui proposa le bannissement de la branche aînée des Bourbons, ce qui lui valut de la part de M. de Chateaubriand une réponse éloquente; ce fut lui aussi qui demanda que, par respect pour le principe de l'égale exécution des lois pour tous, on jugeât la duchesse de Berry. On a de lui : *Lettre à M. de Chateaubriand*, en réponse à sa brochure intitulée *De la nouvelle proposition relative au bannissement de Charles X et de sa famille*; Paris, 1831; — *Société des droits de l'homme et du citoyen*; *Discours prononcé lors de la discussion du budget de la guerre à la chambre des députés*; Paris, 1831.   V. R.

Moniteur universel. — Lesur, *Annuaire historique.* — Saint-Edme, *Biog. des hommes du jour.* — Quérard, *la France littéraire*, supplément.

BRIQUEVILLE (*François* DE COLOMBIÈRES). *Voy.* COLOMBIÈRES.

* **BRISA** (*Charles*), ingénieur français, vivait dans la seconde moitié du seizième siècle. Il servit comme bombardier dans l'armée de Henri IV, à la bataille d'Arques. Ce fut lui qui, pour la première fois, fit usage de l'artillerie légère. Le 24 septembre 1589, Biron vint attaquer les lignes de Mayenne avec un corps de cavalerie, qui s'ouvrit et laissa voir deux grosses coulevrines attelées qui manœuvraient avec autant de légèreté que les cavaliers, et qui firent un feu terrible sur les ligueurs. L'invention de Brisa fut ensuite comme oubliée pendant longtemps. Le grand Frédéric fut le premier qui s'en servit depuis.

Le Bas, *Dict. encyclop. de la France.*

BRISACIER (*Jean* DE), théologien français, de l'ordre des Jésuites, né à Blois en 1603, mort dans la même ville en 1668. Il enseigna les humanités et la philosophie dans plusieurs colléges, et se livra ensuite à la prédication. Son zèle contre Port-Royal lui donna un grand crédit dans sa société. Il fut successivement recteur de plusieurs maisons, provincial en Portugal, recteur du collége de Clermont à Paris, et mourut à Blois en 1668. Parmi ses écrits, d'ailleurs peu remarquables, on cite celui qui est intitulé *le Jansénisme confondu*; Paris, 1651, in-4°; ouvrage censuré par l'archevêque de Paris M. de Gondi, et vivement réfuté par le docteur Arnauld.

Le Bas, *Dict. encyclop. de la France.* — Alegambe, *Biblioth. Scriptorum societatis Jesu.* — Dupin, *Histoire ecclésiastique du seizième siècle.*

BRISACIER (*Jacques-Charles* DE), théologien français, né vers 1646, mort en 1736. Il fut pendant soixante-dix ans supérieur du séminaire des Missions étrangères. Ses principaux ouvrages sont : *Oraison funèbre de la duchesse d'Aiguillon*; Paris, 1675, in-4°; — *Oraison funèbre de mademoiselle de Bouillon*; Rouen, 1683, in-4°.

Moréri, *Dictionnaire historique.* — Lelong, *Biblioth. historique de la France*, édit. Fontette.

BRISACIER (*Nicolas* DE), théologien français, neveu du précédent, vivait dans la première moitié du dix-huitième siècle. On a de lui : une *Lettre* adressée à l'abbé général de Prémontré, 1737; — *Oraison funèbre de Louise-Charlotte de Châtillon, abbesse de Saint-Loup*; Paris, 1711, in-4°.

Lelong, *Bibliothèque historique de la France*, édition Fontette.

BRISEUX (*Charles-Étienne*), architecte français, né vers 1680 à Baume-les-Dames, en Franche-Comté; mort le 23 septembre 1754. Il s'est particulièrement occupé de la théorie de son art. On a de lui : *l'Architecture moderne*; Paris, 1728, 2 vol. in-4°; édit. augmentée, 1764, 2 vol. in-4°; — *l'Art de bâtir les maisons de campagne*; ibid., 1743, 2 vol. in-4°; — *Traité du beau essentiel dans les arts, appliqué particulièrement à l'architecture, suivi d'un traité des proportions harmoniques*; ibid., 1752, 2 tom. en 1 vol. in-fol. avec figures.

Le Bas, *Dict. encyclop. de la France.* — Quérard, *la France littéraire.*

BRISOUT. *Voy.* BRIZOUT.

BRISSAC-COSSÉ. *Voy.* COSSÉ-BRISSAC.

BRISSEAU (*Pierre*), médecin français, né à Paris en 1631, mort à Douai le 10 septembre 1717. Il pratiqua son art à Mons, à Tournay et à Douay. On a de lui : *Traité des mouvements sympathiques*; Valence, 1682, in-12; Mons, 1692, in-12; — *Dissertation sur la saignée*; Tournay, 1692, in-12; — *Lettre à M. Fagon, premier médecin du roi, touchant une fontaine minérale découverte dans le diocèse de Tournay*; — *Lettre touchant les remèdes secrets*, 1707, in-12; — *Traité de la Cataracte et du Gleucoma*; Paris, 1709, in-12; traduit en allemand; Berlin, 1743, in-8°. Cet écrit, dans lequel l'auteur établit que le siège de la cataracte est dans le cristallin, et que la Faculté refusa d'approuver, est de deux ans antérieur à celui d'Antoine Maître-Jean, auquel on attribue à tort d'avoir signalé le premier la cause immédiate de cette maladie.

Le Bas, *Dict. encyc. de la France.* — Éloy, *Dict. de la Médecine.* — Quérard, *la France littéraire.*

BRISSEAU (*Michel*), médecin belge, fils du précédent, natif de Tournay, mort en 1743. On a de lui : *Observations anatomiques*; Douay, 1716, in-12, dans l'*Anatomie chirurgicale* de J. Palfin; Paris, 1734, 2 vol. in-8°; — *la Buvette des philosophes*, ode bachique; Douay, 1726, in-8°; — *Histoire d'un paralytique qui avait perdu le sentiment, mais non la faculté de mouvoir la partie devenue insensible*, insérée dans le *Recueil de l'Académie des sciences*, année 1743.

Éloy, *Dictionn. de la Médecine.* — Quérard, *la France littéraire.*

BRISSET (*Roland*), sieur du Sauvage, littérateur français, natif de Tours, vivait dans la seconde moitié du seizième siècle. On a de lui : *Premier livre des œuvres poétiques de R. B. G. T.*; Tours, 1589 et 1590, in-4°. Ce volume renferme cinq tragédies : *Hercule furieux*,

Thyeste, Agamemnon, et *Octavie,* traduites librement de Sénèque, et *Baptiste,* ou *la Calomnie,* traduite du latin de Buchanan ; — *La Diéromène, ou le Repentir d'amour,* traduite de l'italien ; ibid., 1591 ; Paris, 1595, in-12 ; — *Alcée,* comédie, traduite de l'italien ; — *les Étranges et merveilleuses traverses d'Amour,* 1605.

<small>La Croix du Maine, *Bibliothèque française.*</small>

BRISSIO (*César*), historien italien, natif de Césène, vivait dans la seconde moitié du seizième siècle. On a de lui : *Relazione dell' antica e nobile città di Cesena ;* Ferrare, 1598, in-4° ; traduite en latin et insérée dans le t. IX du *Thesaurus antiquit. Italiæ* de Pierre Burmann.

<small>Mazzuchelli, *Scritt. d'Italia.*</small>

BRISSON (*Barnabé*), jurisconsulte français, né en 1531, mort à Paris le 15 novembre 1591. Il se livra à l'étude de la jurisprudence, et s'y distingua de bonne heure. Henri III disait de lui « qu'il n'y avait aucun prince de l'Europe qui pût se vanter d'avoir un homme aussi savant que Brisson. » Avocat général au parlement de Paris en 1575, président à mortier en 1583, il fut bientôt après nommé conseiller par Henri III, qui lui confia plusieurs négociations importantes, et l'envoya en ambassade en Angleterre. A son retour, il fut chargé de recueillir et mettre en ordre les ordonnances rendues sous le règne de Henri III, ainsi que celles des prédécesseurs de ce prince. Ce recueil, connu sous le nom de *Code de Henri III,* fut achevé en trois mois, et mérita à son éditeur de grands éloges. Brisson fut encore président de la commission établie sous le nom de *chambre royale,* pour faire le procès aux partisans qui avaient alimenté les troubles civils. Lorsque plus tard, par suite de la journée des Barricades (12 mai 1588), le roi sortit de Paris, et convoqua le parlement à Tours, Barnabé Brisson fut du nombre des membres qui ne voulurent pas obéir à l'édit qui transférait le parlement, et restèrent à Paris. La Ligue le nomma premier président, à la place d'Achille de Harlay, prisonnier à la Bastille. La conduite de Brisson en cette occasion a été diversement interprétée. On prétend qu'il protesta secrètement, devant deux notaires, contre tout ce qu'il pourrait faire de préjudiciable aux intérêts du roi, déclarant qu'il ne cédait qu'à la force, et pour sauver sa vie et celle de sa femme. On l'accusa, d'un autre côté, d'avoir contribué à la captivité d'Achille de Harlay, qui l'appelait *Barrabas,* au lieu de *Barnabas* ou *Barnabé.* Quoi qu'il en soit, le parti qu'il avait embrassé le conduisit à sa perte. Il devint suspect aux Seize, qui résolurent de se débarrasser de lui, ainsi que de deux autres magistrats, Larcher et Tardif. Le 15 novembre 1591, en allant au palais, il fut arrêté à neuf heures du matin, confessé à dix, pendu à onze, à une poutre de la chambre du conseil. Brisson avait demandé qu'on lui laissât achever en prison un de ses ouvrages, déjà fort avancé ; on ne l'écouta pas. Voyant qu'il fallait mourir, il s'écria « O Dieu, que tes jugements sont grands ! » Il lui prit une telle sueur entre les mains du bourreau, qu'on vit l'eau dégoutter de sa chemise, comme si on l'eût trempée dans l'eau. Le lendemain, son corps fut pendu à la Grève, avec un écriteau portant : *Barnabé Brisson, chef des hérétiques et des politiques.* Le duc de Mayenne vengea sa mort, et fit pendre quatre des Seize qui l'avaient ordonnée.

Le président de Thou dit que plusieurs personnes furent touchées de la fin malheureuse de Brisson, mais que, suivant quelques autres, la république des lettres y avait plus perdu que l'État. Mézeray lui reproche d'avoir voulu « nager entre deux eaux. » Toutefois, si les auteurs varient dans leur opinion sur sa conduite politique, tous conviennent de ses talents et de sa science. En effet, il joignit au plus haut degré la connaissance du droit à celle des littératures anciennes et de l'histoire. Aujourd'hui son érudition nous paraît un peu indigeste, et incomplète en bien des points. Toutefois, son ouvrage *De regio Persarum Principatu* (réimprimé à Strasbourg, 1710, in-8°) est encore consulté avec fruit. Quant à son traité *De Formulis,* etc. (Paris, 1583, in-fol. ; Leipzig, 1754, in-4°), qui eut pendant longtemps beaucoup d'autorité dans la science, il est devenu bien défectueux, surtout depuis la découverte des Institutes de Gaïus. Déjà même de son temps Cujas n'en jugeait pas très-favorablement, car il disait de Brisson : *Duos infelicissimos edidit partus, Formulas et Filium majorem,* et il l'appelait ironiquement *Præsidem Formularium.* Les autres ouvrages de Brisson ont pour titre : *Observationum divini et humani juris liber,* 1564, in-12 ; — *de Verborum quæ ad jus pertinent significatione libri XIX ;* 1557, infol. ; — *Notæ in Titum Livium* (dans le Tite-Live de Fr. Modius ; Paris, 1588, in-fol.). — Les *Opera varia* de Brisson ont paru à Paris, 1606, in-4°, et à Leyde, 1749, in-fol. (avec les notes de Trekel).

<small>Blount, *Censura celebrium Auctorum.* — Leiekher, *Vita clarissimorum jurisconsultorum.* — Sainte-Marthe, *Éloge.* — Blanchard, *Histoire des Présidents.* — Besli, *Hist. du Poitou.* — De Thou, *Hist.* — Le Bas, *Dict. encyclop. de la France.*</small>

BRISSON (*Pierre*), historien français, frère du précédent, natif de Fontenay-le-Comte, mort en 1590. On a de lui : *Histoire et vrai discours des guerres civiles ès pays de Poictou, Aulnis, Xainctonge et Angoumois, depuis 1574 jusqu'en 1576 ;* Paris, 1578, in-8° ; — *L'Instruction et nourriture du prince, départie en VIII livres ;* ibid., 1583, in-fol. C'est la traduction du *De regis Institutione et Disciplina,* de Jérôme Osorio.

<small>Cave, *Historia litteraria Scriptorum ecclesiast.* — Lelong, *Biblioth. hist. de la France.*</small>

BRISSON (*Barnabé*) (1), ingénieur français, né à Lyon le 12 octobre 1777, mort à Nevers le

<small>(1) On ignore s'il est de la même famille que le précédent.</small>

25 septembre 1828. Après avoir fait des études brillantes au collège de Juilly, il fut admis, à l'âge de seize ans, à l'école des ponts et chaussées, et bientôt après à l'école centrale des travaux publics, qui prit ensuite le nom d'École polytechnique. Il se fit remarquer par une grande capacité pour les mathématiques, et mérita l'affection de Monge. Étant employé au canal de Saint-Quentin, il déploya toutes les ressources d'un génie actif et fécond. Il publia alors un *Mémoire sur la configuration de la surface du globe, et sur la détermination des points de partage des canaux*. Ce mémoire, qu'il rédigea avec son ami Dupuis de Torcy, mort à la fleur de l'âge, ingénieur en chef à Cayenne, a été inséré en partie dans le 14ᵉ volume du *Journal polytechnique*. Par l'application de ses principes, Brisson, à la seule vue des cartes, fixa, sur la chaîne de montagnes qui s'élève entre la Sarre et le Rhin, le point le plus propre au passage d'un canal destiné à réunir ces deux cours d'eau. Il fixa de même, dans les environs de Saint-Étienne, le point le moins élevé de la chaîne qui sépare le Rhône de la Loire. Brisson, ingénieur en chef à trente ans, a décrit lui-même, dans une notice détaillée (voir le *Recueil lithographique de l'école des ponts et chaussées*), les travaux immenses dont il fut chargé dans le département de l'Escaut, pour protéger le pays contre les marées de l'Océan. En 1814, les événements politiques le ramenèrent dans l'intérieur de la France. Becquey, directeur général des ponts et chaussées, le chargea d'abord des études d'un canal de Paris à Tours et à Nantes, puis le nomma inspecteur de l'école des ponts et chaussées, et secrétaire du conseil général d'administration. En 1824, il obtint le grade d'inspecteur divisionnaire. Outre le *Mémoire sur la configuration de la surface du globe*, Brisson a publié un *Traité des ombres*, à la suite de la *Géométrie descriptive de Monge* ; une *Notice sur Monge*; quelques *Mémoires sur l'Analyse*, présentés à l'Institut ; enfin des *Observations sur divers travaux de construction*, insérées dans les collections lithographiques des ponts et chaussées. Depuis sa mort on a fait paraître, en un volume in-4° de 20 feuilles, son *Essai d'un système général de navigation intérieure de la France*, précédé d'un *Essai sur l'art de projeter les canaux à point de partage*, fait en société avec Dupuis de Torcy. M. Charles Dupin, chargé par l'Académie des sciences de faire un rapport sur ces ouvrages, a dit de l'*Essai sur la navigation de la France* : « C'est un vaste répertoire que les administrateurs, les ingénieurs et les capitalistes pourront consulter avec fruit, et devront souvent consulter. » [*Enc. des g. du m.*].

Biographie des Contemporains.

BRISSON (*Mathurin-Jacques*), naturaliste et physicien français, né à Fontenay-le-Comte le 30 avril 1723, mort le 23 juin 1806, à Croissy, près de Versailles. Attaché à Réaumur dans sa jeunesse, il l'aida dans ses travaux. Il remplaça l'abbé Nollet dans sa chaire de physique au collège de Navarre. Le gouvernement le chargea de l'établissement des paratonnerres sur plusieurs édifices publics. En 1796, Brisson fut nommé professeur aux écoles centrales de Paris ; il comptait alors trente-quatre années d'enseignement. Outre une traduction française du *Système du Règne animal*, de Th. Klein, 1754, 3 vol. in-8°, on a de Brisson : le *Règne animal*, divisé en neuf classes ; 1756, in-4°, figures : cet ouvrage a été traduit en latin par Allamand, Leyde, 1762, in-8°, mais il ne comprend que les quadrupèdes et les cétacés ; — *Ornithologie, ou Méthode contenant la division des oiseaux en ordres, sections, genres, espèces, et leurs variétés* ; Paris, 1760, 6 vol. in-4° : le texte est en français et en latin, sur deux colonnes ; il contient la description de 1,500 espèces. Les planches, au nombre de plus de 220, présentent 500 oiseaux, gravés par Martinet; et sur ce nombre 320 n'avaient jamais été décrits. C'était l'ouvrage le plus complet qui eût paru avant la publication de l'*Histoire des Oiseaux*, de Buffon ; — *Histoire de l'Électricité*, traduite de Priestley ; Paris, 1771, 3 vol. in-12 ; — *Dictionnaire raisonné de Physique* ; Paris, 1781, 2 vol. in-4°, avec atlas ; deuxième édition, 1800, 4 vol. in-4° ; il y a aussi une édition en 5 vol. in-8° : le rapide progrès des sciences physiques, depuis la publication de ce dictionnaire, l'a rendu aujourd'hui à peu près inutile ; — *Observations sur les nouvelles découvertes aérostatiques, et sur la possibilité de pouvoir diriger les ballons*, 1784, in-4° et in-8° ; — *Pesanteur spécifique des corps*, 1787, in-4° : cet ouvrage est resté classique pour les physiciens et les minéralogistes ; il contient le résultat d'un grand nombre d'expériences, et passe pour le plus important des travaux de Brisson. Enfin, on trouve de ce savant plusieurs mémoires dans le recueil de l'Académie des sciences.

Quelque temps avant sa mort, une attaque d'apoplexie avait oblitéré toutes ses idées, effacé toutes ses connaissances, même celle de la langue française ; et il ne prononçait plus que des mots du patois poitevin, qu'il avait parlé dans son enfance. [VILLENAVE, dans l'*Enc. des g. du m.*]

Quérard, *la France littéraire.* — Arnault, Jay, etc., *Biographie nouvelle des Contemporains.*

BRISSON (*Marcoul*), conventionnel français, né en 1740 à Saint-Aignan, mort à Blois en 1803. Il exerça d'abord quelques fonctions municipales, et fut député en 1791 à l'assemblée législative. En 1792, il fut réélu à la convention nationale, et son nom figure parmi ceux qui votèrent la mort de Louis XVI. La session terminée, Brisson obtint la place de commissaire du Directoire dans son département ; il occupa ensuite celle de juge au tribunal de Blois.

Le Bas, *Dictionnaire encyclopédique de la France.*

BRISSON (*Pierre-Raymond* DE), voyageur français, né à Moissac le 22 janvier 1745, mort vers 1820. Il entra dans l'administration de la marine, et remplit les fonctions de garde-magasin au Sénégal, après que l'escadre commandée par le marquis de Vaudreuil se fut emparée de ce pays en 1779. Ce qui a surtout fixé l'attention sur lui, c'est le naufrage qu'il fit, en 1785, sur la côte d'Afrique, et dont il a donné lui-même une relation curieuse sous ce titre : *Histoire du naufrage et de la captivité de M. de Brisson, avec la description des déserts d'Afrique depuis le Sénégal jusqu'à Maroc*; Genève et Paris, 1789, in-8°.

Il revenait de la France, où il était allé passer quelque temps en congé, lorsque le navire qu'il montait, entraîné par les courants, fut jeté au rivage un peu au-dessus du cap Blanc. Les naufragés tombèrent dans les mains des Maures Ledbessebas, qui les emmenèrent en captivité, les accablèrent de mauvais traitements, et se les partagèrent. Brisson eut particulièrement à souffrir : il fut chargé de garder les troupeaux, et employé à toutes sortes de travaux; son maître le louait quelquefois à d'autres pour une ration de lait. Un juif qui passait lui ayant procuré du papier, de l'encre et une plume, il écrivit une lettre portant cette adresse : *Au consul de France ou à tout autre chrétien demeurant à Mogador*, ville du royaume de Maroc; il y exposait les malheurs des naufragés, et indiquait le moyen de les délivrer. Ce moyen ne lui réussit pas; mais il eut le bonheur d'être vendu au beau-frère de son maître, qui partait pour le Maroc. Après soixante-six jours de marche, la petite caravane atteignit Mogador, où Brisson fut accueilli comme un frère par MM. Duprat et Chabannes. De tous ses compagnons de voyage, un seul, le cuisinier du navire, avait survécu aux tourments de l'esclavage, et était revenu avec lui. Après un voyage à Maroc, où il fut présenté à l'empereur, qui lui rendit la liberté, Brisson retourna à Mogador, s'y embarqua pour Cadix, et de là regagna la France. Pendant la révolution, ses principes le forcèrent de se démettre des fonctions de sous-commissaire de marine, qu'il exerçait à Bayonne. Sorti du service en 1798, il retourna à Moissac, sa ville natale, à l'âge de soixante-quinze ans.

Ce qui donne plus d'importance à l'ouvrage de Brisson, c'est qu'il a vécu dans des lieux et avec des hommes généralement peu connus. D'après une carte de l'Afrique septentrionale dressée par la Borde, et sur laquelle la route de Brisson est marquée, on voit que ce voyageur fut conduit dans un canton éloigné de soixante-dix myriamètres au sud-est du cap Blanc, et situé sous le 13ᵉ méridien à l'ouest de Paris. Il a dépeint avec de grands détails les mœurs des Maures du Sahara, dont il est porté, par le souvenir de ses douleurs, à exagérer les vices, qu'il avait si profondément étudiés. Plusieurs auteur ont fait des emprunts au tableau qu'il en a tracé.

Biographie des Contemporains. — Le Bas, *Dictionnaire encyclopédique de la France.*

BRISSOT DE WARVILLE (*Jean-Pierre*), conventionnel et célèbre écrivain politique, né à Chartres le 14 janvier 1754, mort le 30 octobre 1793. Il était fils d'un honnête traiteur, qui fit donner à ses enfants l'éducation qu'il n'avait pas reçue lui-même. Brisson en était le treizième; il fut appelé Ouarville, du nom du village où il avait été élevé; depuis, il changea ce nom en celui de *Warville*. Après avoir fait ses études avec le poëte Guillard et plusieurs jeunes gens tels que Bouvet, Bouteroue, Sergent, l'abbé Chasles et Pétion, qui ont figuré comme lui dans la révolution, Brissot vint à Paris chez un procureur, où se trouvait déjà Robespierre. L'étude de la chicane avait peu d'attraits pour lui : dévoré du besoin de se livrer à quelques travaux utiles, il conçut le plan de sa *Théorie des lois criminelles*, et en adressa la préface à Voltaire. Voltaire, au milieu de ses derniers triomphes, ne dédaigna pas de le remercier de cet envoi par une lettre encourageante et flatteuse. D'Alembert, auquel le jeune écrivain s'était présenté, avait été moins bienveillant; et Brissot, blessé de cet accueil froid, et touché de celui qu'il reçut de Linguet, se voua tout entier au fameux auteur des *Annales*. Linguet lui donna d'excellents conseils, et le chargea de quelques articles pour le *Mercure*; mais une intrigue lui fit enlever ce journal; et Brissot, qui s'obstinait à suivre une carrière dans laquelle son père ne voulait point le voir entrer, fut obligé d'aller rédiger le *Courrier de l'Europe*, feuille anglaise dont on publiait une traduction à Boulogne-sur-Mer. Brissot, qui avait cru y trouver une tribune indépendante, se vit bientôt imposer un censeur, qui réduisit son travail à la plate traduction du journal de Londres; il l'abandonna. De retour à Paris, il s'y livra à l'étude des sciences physiques. En même temps qu'il s'occupait de chimie avec Fourcroy et avec Marat, il se fit recevoir avocat à Reims, remporta deux prix à l'Académie de Châlons, prépara son *Traité de la vérité*, publia sa *Théorie* et sa *Bibliothèque des lois criminelles*, collection remarquable commencée à Paris, finie à Londres, imprimée à Neufchâtel, et au sujet de laquelle Servan lui écrivit : « Vous avez réalisé l'un de mes vœux les plus anciens, la réunion de tous les ouvrages qui ont traité des lois criminelles. Crions, monsieur, crions, tout un siècle! Peut-être à la fin un roi dira : Je crois qu'ils me parlent; peut-être il réformera. » Servan avait raison, excepté sur un point, disait à ce sujet Brissot : « c'est le peuple qui a entendu, et qui a réformé. »

Les premiers ouvrages de Brissot, qui ne sont pas sans mérite, lui avaient valu l'amitié de quelques-uns des jurisconsultes et des littérateurs les plus célèbres; mais ses libraires seuls avaient profité du fruit de ses veilles. Sans fortune, il avait besoin de s'en créer une par ses travaux. Il imagina d'aller établir à Londres une espèce de lycée ou muséum, qui devait servir de point de réunion à tous les savants de l'Europe, un foyer d'où se répandraient toutes les connaissances renfermées dans chaque nation, et souvent inconnues chez les autres. Ce projet séduisit une foule de personnes, et d'Alembert chercha à y intéresser ses amis. Après un voyage en Suisse, nécessité par la publication de ses ouvrages et le désir de se donner des correspondants, Brissot partit pour l'Angleterre; mais il fut abandonné de tous ceux dont il attendait l'appui, et, après y avoir publié le *Journal du Lycée de Londres*, qui renferme sur la littérature anglaise des notices pleines d'intérêt, il se vit forcé d'abandonner son établissement commencé. Quelques jours après son retour en France, il fut arrêté, et enfermé à la Bastille. On l'avait dénoncé comme l'auteur d'un pamphlet contre la reine, écrit par le marquis de Pelleporc; il fallut quatre mois, et les sollicitations puissantes de Mme de Genlis et du duc d'Orléans, pour faire reconnaître son innocence. Quatre ans après, le 14 juillet au soir, ce fut dans ses mains que les vainqueurs de la Bastille déposèrent les clefs du château à la chute duquel il venait d'assister.

Échappé de la Bastille, Brissot alla demeurer chez Clavières, avec lequel il s'était lié pendant son voyage en Suisse; et ils composèrent ensemble plusieurs ouvrages sur les finances, qui parurent sous le nom de Mirabeau. Mirabeau vivait alors dans leur intimité, et se préparait, comme eux, aux grands combats de la révolution. A cette époque le marquis Ducrest, frère de Mme de Genlis, fut mis à la tête de la fortune du duc d'Orléans : il songea à s'entourer d'hommes instruits et de publicistes, dont les conseils et les écrits pussent servir ses projets de réforme, et la guerre qu'il voulait faire aux ministres. Brissot, dont la femme était lectrice de Mlle Adélaïde, se laissa séduire par les projets de Ducrest, et accepta près de lui une place à la chancellerie du Palais-Royal. Là il s'aperçut combien il fallait peu compter sur les principes et le caractère d'hommes qu'il voyait conspirer au milieu des orgies du palais, et parler de réforme et de liberté dans les boudoirs, avec des filles. A la suite d'un complot qui éclata au parlement, et qui avait été concerté à la chancellerie d'Orléans, le prince fut exilé, et une lettre de cachet fut lancée contre Brissot. Prévenu à temps, il se réfugia à Londres.

Pendant ce nouveau séjour en Angleterre, Brissot avait été présenté à la Société de l'abolition de la traite des noirs. A son retour à Paris, il résolut d'établir une société semblable; elle fut appelée *Société des amis des noirs*, et commença ses travaux au mois de février 1788. Parmi les membres signataires du procès-verbal de la première séance, on remarque Clavières et Mirabeau. Il faut les considérer, avec Brissot, comme les fondateurs de cette société, qui exerça une si grande influence sur le sort des colonies; la Fayette, Bergasse, la Rochefoucauld, Lacépède, Volney, Tracy, Lavoisier, Pastoret, Pétion, Sieyes, et plus tard l'abbé Grégoire, furent au nombre de ses membres les plus actifs et les plus dévoués. Brissot se chargea en son nom d'aller étudier aux États-Unis les moyens d'émanciper les populations que l'on voulait rendre libres et dignes de la liberté.

A son retour d'Amérique, la révolution allait éclater; Brissot y poussa de tous ses vœux et de toutes ses forces. Il publia une foule d'écrits qui fixèrent dès lors l'attention sur lui. Quelque temps avant la prise de la Bastille, il créa *le Patriote français*, journal qui aurait suffi pour rendre son nom fameux dans la révolution, quand même il n'aurait pas eu d'autres titres à la célébrité. Il ne lui avait manqué que quelques voix pour être député suppléant aux états généraux avec ses amis Sieyes et Pétion. Il fut membre de la première commune et du comité des recherches de la ville de Paris; et, quoique étranger à l'assemblée nationale, on l'appela, comme publiciste, dans le sein de son comité de constitution. Malgré la vive opposition de la cour et du parti modéré, Brissot fut porté à l'assemblée nationale par les électeurs de Paris. Ses travaux à cette assemblée, et surtout la part qu'il prit à la politique extérieure, sont trop connus et ont eu trop d'influence sur la marche des événements pour que nous ayons besoin de les rappeler ici. Alors il était regardé comme le chef puissant de ce parti *brissotin* ou *girondin* dont la force s'évanouit avec la royauté qu'il avait renversée, et sur les débris de laquelle il voulait établir un ordre de choses nouveau. Appelé à la convention nationale par le département d'Eure-et-Loir, il y combattit sans cesse l'anarchie; il flétrit de toute son indignation les septembriseurs, et s'éleva avec tant d'énergie contre la condamnation à mort du roi, qu'il regardait comme impolitique, qu'en entendant son arrêt Louis XVI s'écria : « Je croyais que M. Brissot m'avait sauvé! » Brissot cependant, convaincu de l'inutilité de ses efforts, avait voté la mort, mais avec la condition expresse que le jugement ne serait exécuté qu'après avoir été ratifié par le peuple. Ce vote ne servit qu'à exaspérer les montagnards, sans sauver le roi ni même retarder sa mort. Brissot, qui comprenait tout ce que la France républicaine devait montrer d'audace devant l'Europe monarchique, et qui n'était pas assez inhabile pour croire qu'on la laisserait paisiblement organiser ses forces, fit encore déclarer la guerre à l'Angleterre et à la Hollande: c'est le dernier acte politique par lequel il s'est signalé. Sans cesse attaqué par la faction montagnarde, tour à tour accusé de royalisme et de fédéralisme, il succomba avec tous ses amis au 31 mai. Arrêté à Moulins, et ramené à l'Abbaye, il s'y prépara à la mort qu'il prévoyait, en écrivant des mémoires qu'il a laissés sous le titre de *Legs à mes enfants*. Ce fut tout leur héritage, et un homme dont la voix avait été l'arbitre des destinées de l'Europe, et que l'on accusait d'avoir reçu des millions de l'Angleterre, ne laissa pas à sa veuve de quoi imprimer sa noble et éloquente défense devant le tribunal révolutionnaire. Condamné à mort le 30 octobre 1793, avec vingt et un de ses collègues, Brissot mourut le lendemain, à l'âge de trente-neuf ans.

Brissot fut l'un des écrivains qui ont exercé le plus d'influence sur la marche de la révolution française, ou qui du moins ont le plus accéléré son mouvement. Ses premiers ouvrages sur la législation, ses nombreuses brochures, ses discours à l'assemblée législative et à la convention, attestent son dévouement aux grands principes de la révolution française.

Voici les titres de ses principaux écrits : *Bibliothèque philosophique du Législateur, du Politique et du Jurisconsulte*; Berlin et Paris, 1782-1786, 10 vol. in-8°; — *Moyens d'adoucir la rigueur des lois pénales en France sans nuire à la sécurité publique, ou Discours couronnés par l'Académie de Châlons-sur-Marne en 1780*; Châlons, 1781, in-8°; — *Théorie des lois criminelles*; Paris, 1781, 2 vol. in-8°; — *De la Vérité, ou Méditations sur les moyens de parvenir à la vérité dans toutes les connaissances humaines*; Neufchâtel et Paris, 1782, in-8°; — *Correspondance universelle sur ce qui intéresse le bonheur de l'homme et de la société*; Londres et Neufchâtel, 1783, 2 vol. in-8°; — *Journal du Lycée de Londres, ou Tableau des sciences et des arts en Angleterre*; Londres et Paris, 1784; — *Tableau de la situation actuelle des Anglais dans les Indes orientales, et Tableau de l'Inde en général*; ibid., 1784, in-8°; — *l'Autorité législative de Rome anéantie*; Paris, 1785, in-8°, réimprimé sous le titre : *Rome jugée, l'autorité du pape anéantie, pour servir de réponse aux bulles passées, nouvelles et futures du pape*; ibid., 1791, in-8°; — *Discours sur la Rareté du numéraire, et sur les moyens d'y remédier*; 1790, in-8°; — *Mémoire sur les Noirs de l'Amérique septentrionale*, 1790, in-8°.

Moraliste de l'école de Jean-Jacques, il eut toutes les vertus qu'il prêchait dans ses écrits. Enthousiaste des mœurs américaines longtemps avant d'avoir visité l'Amérique, c'était un véritable quaker. Son désintéressement et son austère simplicité étaient faits pour honorer cette république, qu'il se glorifiait d'avoir aidé à fonder.
[M. de MONTROL, dans l'*Enc. des g. du m.*]

Moniteur. — Biographie des Contemporains.

BRISSOT (*Pierre*), médecin français, né en 1478 à Fontenay-le-Comte, mort en 1522 à Evora en Portugal. Il professa la philosophie à Paris pendant dix ans, avant de se faire recevoir docteur. Admis en 1514 à la faculté de médecine, il tenta de réformer la pratique médicale en substituant la doctrine d'Hippocrate à celle des Arabes. La Faculté s'étant soulevée contre lui, il résolut de voyager pour acquérir des connaissances en botanique, partit pour le Portugal, et s'arrêta à Evora. Là il eut encore des démêlés avec Denys, médecin du roi, sur une question qu'il avait déjà agitée à Paris. Il s'agissait de savoir si, dans la pleurésie, la saignée doit être pratiquée du même côté que le mal, ou du côté opposé. Brissot s'était prononcé pour la première méthode. Il mourut avant d'avoir pu réaliser le projet qu'il avait formé d'aller en Amérique, pour y étudier les plantes de cette partie du monde. On a de lui : *Apologetica disceptatio de vena secanda in pleuretide*; Bâle, 1529, in-8°; Paris, 1535, in-4°; ibid., 1538, 1622, 1630, in-8°; Venise, 1539. Les éditions de 1622 et de 1630 ont été augmentées par René Moreau. Cet ouvrage fit grand bruit lorsqu'il parut, et fait encore époque dans l'histoire de la médecine pratique.

Bayle, *Dict. hist.* — Moréri, *Dict. hist.*

BRISTOW (*Richard*), théologien anglais, né à Worcester en 1538, mort le 18 octobre 1581. Il fit ses études à Oxford. Converti et attaché à la religion catholique, il fut obligé de se retirer à Louvain en 1569, y fut admis au doctorat, et s'y lia avec William Allen, qui lui conféra la prêtrise, et l'employa comme professeur dans le collége de Douay. Plus tard, il alla à Reims, où il remplit des fonctions analogues. Obligé par l'état de sa santé d'aller respirer l'air natal, il mourut sur la route, à Harrow. On a de lui : *A brief Treatise of divers plain and sure ways to find out the truth in this doubtful and dangerous time of Heresy, containing sundry motives unto the catholic faith* (Court Traité des voies et moyens de découvrir la vérité en ces temps d'hérésie, contenant les motifs particuliers à l'appui de la foi catholique); Anvers, 1599; — *Reply to W. Fulke, in defence of Dr Allen's scroul of articles and Book of Purgatory* (Réplique au docteur Fulk, en défense des théories du docteur Allen sur le Purgatoire); Louvain, 1580; — *Demands (fifty-one in number) to be proposed by catholics to the heretics* (Questions, au nombre de cinquante, proposées aux hérétiques par les catholiques), in-8°; — *Veritates aureæ S. R. Ecclesiæ*, 1616; — *Tabula in Summam theologicam Thomæ Aquinatis*.

Rose, *New Biographical Dictionary.* — Le Mire, *De Scriptoribus sæculi XVI.*

BRITANNICUS (*Tiberius-Claudius-Germanicus*), prince romain, né dans la première moitié du premier siècle de l'ère chrétienne, mort l'an de J.-C. 56. Il était fils de Claude, à qui l'an 42 le sénat avait donné le surnom de *Britannicus* à cause de la conquête de la Bretagne, et de Messaline; il naquit quelques jours après l'élévation de son père à l'empire, et fut regardé comme l'héritier présomptif du trône des Césars. Mais quand Messaline fut morte, Agrippine, seconde femme de Claude, fit adopter Néron, qu'elle avait eu d'un premier époux : elle maria ce fils adoptif, qu'elle fit en même temps déclarer l'aîné, à la sœur de Britannicus, Octavie ; empoisonna le vieux prince, dont elle n'avait plus besoin, et fit proclamer Néron empereur par les gardes prétoriennes. Tout ce qui restait de partisans au sang de Claude fut contraint par de sourdes persécutions à se taire. Enfin, le jour vint où la discorde éclata entre l'impérieuse Agrippine et son fils. Elle osa parler de révolte, de détrônement, de Britannicus. Néron, inquiet déjà des talents qu'annonçait son jeune rival malgré la mauvaise éducation qu'on lui donnait, affecta une bienveillance toute nouvelle pour celui qu'il redoutait, et voulut qu'un festin signalât leur réconciliation. Britannicus eut l'imprudence d'y venir, et de porter à ses lèvres une coupe que lui offrait Néron ; il tomba mort à l'instant. Cette catastrophe a fourni à Racine le sujet de sa tragédie de *Britannicus*. [*Enc. des g. du m.*]

Tacite, *Annales*.

BRITANNICUS (*Jean*), savant humaniste italien, natif de Palazzolo, dans le Bressan, mort à Brescia en 1510. On a de lui des *Commentaires sur Perse*; Venise, 1491, in-fol. ; Paris, 1507, in-4° ; — sur Térence, Stace, Ovide, et Juvénal. Ses commentaires sur ce dernier auteur furent réimprimés à Paris, 1613, in-4°. J. Britannicus a laissé encore un panégyrique de Barthélemy Caïétan, des lettres et des opuscules.

Trithème, *De Scriptor. ecclesiast.*

BRITIUS (*François*), missionnaire et orientaliste français, natif de Rennes, vivait dans la dernière moitié du dix-septième siècle. Il alla d'abord prêcher l'Évangile dans le Levant. Il revint ensuite à Rome par l'ordre de ses supérieurs, qui l'employèrent à traduire en arabe un abrégé des *Annales ecclésiastiques* de Baronius, continuées par Sponde jusqu'à l'an 1646 ; Rome, 1653-1655-1671, 3 vol. in-4°. Britius a aussi coopéré à la version arabe de la *Bible*, publiée par Nazari ; Rome, 1671, 3 vol. in-fol., avec le texte de la Vulgate en regard.

Giraud, *Bibliothèque sacrée*.

BRITO (*Bernardo* DE), célèbre historien portugais, né à Villa de Almeida, dans la province de Beira, le 20 août 1569 ; mort dans la même bourgade le 27 février 1617. Il nous apprend lui-même qu'il se sentit invinciblement appelé dès l'enfance à s'occuper de travaux historiques. Il alla à Coïmbre ; il y étudia sérieusement ; puis il se rendit en Italie avec l'intention d'embrasser la carrière des armes, dans laquelle son père s'était distingué. Sa première vocation l'emporta bientôt ; il revint en Portugal, embrassa la vie religieuse dans le couvent de Saint-Bernard d'Alcobaça en 1585, et se voua dès lors exclusivement aux recherches historiques qui lui ont valu une réputation beaucoup trop grande au dix-septième siècle pour qu'elle ait pu se conserver intacte jusqu'à notre temps, où on la rabaisse peut-être trop. Comme grand chroniqueur du royaume, il succéda en 1616 à Francisco de Andrade, et il n'occupa cet emploi qu'un an environ ; il avait refusé plusieurs fois l'épiscopat, et il alla mourir dans son pays natal en revenant de Madrid, épuisé, dit-on, par des infirmités précoces. Doué d'une grande activité pour le travail, il consulta constamment les archives des monastères, et exhuma grand nombre de documents que nous ne posséderions pas sans ses recherches ; mais il admit des faits rejetés depuis par la saine critique, et il est surtout impossible d'accepter, avec l'antiquité qu'il leur assigne, certains documents qu'il fait remonter au huitième siècle. Ceux qui appartiennent au début de la monarchie ne présentent guère plus d'authenticité. Dans le récit des grands événements ou dans la description des batailles, son style est empreint d'ailleurs d'une visible exagération : il a commencé le vaste corps d'histoire connu sous le titre suivant, titre altéré dans presque toutes les bibliographies : *Monarchia Lusytana, composta por Frey Bernardo de Brito, chronista geral, e religioso da ordem de S.-Bernardo, proffesso no real mosteiro de Alcobaça. Parte primeira, que contem as historias de Portugal desde a criação do munno te o nascimento de Nosso Sñor Jesv Christo; dirigida ao catholico rei Do Philippe II do nome, rei de Esponha, emperador do Novo Mundo ; impressa no insigne mosteiro de Alcobaça, anno de 1597* ; ce titre est gravé au burin, et la suscription rappelle que les quatre premiers livres de *la Monarchie* ont été publiés par le réformateur de l'ordre des Bernardins, P. F. Francisco de Sancta-Clara, abbé d'Alcobaça : ce corps d'histoire, devenu fort rare, a été réimprimé à Lisbonne chez Craesbeeck en 1690, in-fol., et par les ordres de l'Académie des sciences, 1806, 4 vol. in-8° ; — *Segunda parte da Monarchia Lusitana, em que se continuam as historias de Portugal desde o nascimento de Nosso Salvador Jesu Christo, a té ser dado em dote ao conde D. Henrique, etc.; impresso em Lisboa, no mosteiro de São-Bernardo, por Pedro Craesbeeck*, 1690. Cette seconde partie a été réimprimée également deux fois en 1690, chez les successeurs de Craesbeeck, in-fol., et de 1808 à 1809, à Lisbonne, par ordre de l'Académie, en 2 t. in-8°. Cette dernière édition est incomplète.

On a encore du même historien un ouvrage qui est généralement plus consulté que le précédent, bien qu'il ne l'égale pas en importance ; l'iconographie moderne émet avec raison de grands doutes sur l'exactitude des effigies royales qu'il renferme : *Elogios dos Reis de Portugal, com os mais verdadeiros retratos que se puderam achar dirigidos ao catholico rey D. Philippe, terceiro do nome ; impresso em Lisboa pro Pedor Craesbeeck*. 1603, in-4°. Les éloges des rois de Portugal ont été réimprimés avec des additions par D. Jozé Barbosa en 1726, in-4°; puis en 1761 et 1786, in-8°. La dernière édition, publiée en 1825, est de format in-12. Ce livre peut être encore consulté avec fruit. Bernardo de Brito est mis au rang des écrivains classiques, et il a laissé quelques poésies.

FERDINAND DENIS.

Barbosa Machado, *Bibliotheca Lusitana.* —*Catalogo dos Autores*, dans le grand Dictionnaire pub. par l'Académie. — César de Figanière, *Bibliographia historica Portugueza.* — Ferdinand Denis, *Résumé de l'histoire littéraire du Portugal et du Brésil.* — Jozé Carlos Pinto de Souza, *Bibliotheca historica de Portugal e seus dominios ultramarinos*, 1801, pet. in-4°.

BRITO FREIRE (*Francisco* DE), historien portugais, natif de Villa-de-Coruche dans l'Alem-Tejo; mort en 1692. Il se destina d'abord à la carrière des armes. Nommé capitaine d'une compagnie de cavalerie dans la province de Beira, il passa deux fois au Brésil avec le titre d'*amirante* de la flotte de Portugal. La première fois il coopéra singulièrement à l'expulsion des Hollandais, qui furent, comme on sait, contraints d'abandonner Pernambuco, en vertu d'une capitulation signée le 26 janvier 1654; la seconde fois, il ramena dans le port de Lisbonne sept navires qui rapportaient une somme de neuf millions. Brito Freire avait été choisi pour conduire l'infortuné Alfonse VI à sa prison de Tercère; il refusa cette mission, qui n'allait point avec sa délicatesse et son vif sentiment du point d'honneur. Malgré les avantages réels attachés au poste qu'on lui confiait, il sut persister dans son refus. Cette action courageuse attira sur sa tête bien des persécutions et bien des calamités, qu'il supporta avec courage : il mourut à Lisbonne le 8 novembre. On vante son savoir, sa sagacité pénétrante, et son affabilité : il avait épousé une fille de Pedro Alvarez Cabral, seigneur de Azurara, descendant direct de l'heureux navigateur auquel on doit la découverte du Brésil; et il en eut un fils, qui mourut gouverneur de Rio de Janeiro. Il a laissé une relation de son voyage, qui porte le titre suivant : *Relação da viagem que fez ao Estado do Brasil e armada da Companhia anno* 1655; Lisboa, 1657, in-12. Son livre relatif aux guerres de la Hollande est intitulé *Nova Lusitania, historia da Guerra Brasilica*; Lisboa, João Galrão, 1675, in-fol. C'est un ouvrage fort rare et fort recherché.

FERDINAND DENIS.

Barbosa Machado, *Bib. Lusit.* — J.-César de Figanière, *Bibliographia historica de Portugal.* — Pinto de Souza, *Bibliotheca historica*; Lisboa, 1801, pet. in-4°.

BRITO ou **BRITO-NICOTE** (*Philippe* DE), voyageur et capitaine portugais, né à Lisbonne vers 1550, mort en 1613 (1), fils de Jules Nicot

(1) Ce personnage, dont la destinée fut si extraordinaire, n'était nullement d'une basse origine, comme le donnent à entendre la Clède et ceux qui l'ont copié; il appartenait même à l'une des illustrations de la France. Né à Lisbonne, il avait pour père Jules Nicot, le propre frère de l'ambassadeur de Henri II, ce Jean Nicot, sieur de Villemain, auquel on doit la seconde importation du tabac parmi nous.

et de Marguerite de Brito, fille de Philippe de Brito, *porteiro mor*, ou chef des gardes de la porte de l'infant D. Duarte; il passa dès l'âge de dix ans aux Indes orientales, et ne tarda pas à se fixer dans le Pégou, où nombre de Portugais s'étaient habitués depuis l'année 1546. Il est difficile de croire qu'il ait exercé d'abord dans l'Orient le métier de charbonnier, comme le dit la Clède; mais il est possible qu'il ait joint le commerce des charbons à celui des sels, lorsqu'il eut affermé les vastes salines de *Sundina* que possédait le roi d'Arakan. Il paraît certain qu'avant de devenir le conseiller de ce roi, il acquit une fortune que Cardoso n'évalue pas à moins de deux cent cinquante mille cruzades.

Brito-Nicote était doué de facultés peu communes; il sut dès l'origine se concilier au plus haut degré la faveur du roi d'Arakan, et en même temps celle du gouvernement portugais. Vers 1601 il obtint la faculté d'élever devant Syriam, cité que les Birmans désignaient sous le nom de *Thalyen* ou *Thalayen*, une forteresse capable de résister aux radjahs du voisinage. Bientôt, grâce à son énergie et à son intelligence, cette portion du Pégou devint un point central, où purent se réfugier les populations dispersées par les guerres précédentes. Les transactions commerciales y présentèrent une telle activité que le roi d'Arakan regretta la cession d'un pareil territoire, bien qu'il l'eût faite à titre de suzerain. Devenu l'ennemi d'un étranger dont il avait fait la fortune, il déclara la guerre au chef européen, et fut vaincu dans toutes les batailles qu'il lui présenta. Au mois de janvier 1605, après une affaire longtemps indécise, Brito-Nicote remporta encore un avantage signalé, et vit le fils du roi d'Arakan tomber en son pouvoir. Il usa de la victoire avec magnanimité, et, grâce à la médiation du P. Natal-Salerno, jésuite portugais, qui paraît avoir joui d'un haut crédit dans ces contrées, la paix fut conclue au prix de la cession de l'île de Sundina, qui peut avoir une trentaine de lieues de circuit, et dont les salines permettaient de réaliser un immense revenu. Ces conventions de la part du radjah n'étaient qu'un leurre; il fit massacrer par esprit de vengeance Marco de Brito, fils de Philippe, qui s'était rendu dans ses États pour l'exécution du traité. Dès lors toute réconciliation devint impossible, et la guerre recommença avec plus d'acharnement.

Brito-Nicote trouva auprès du gouvernement portugais les secours qu'il avait droit d'en attendre; car depuis longtemps et tout en régnant d'une façon indépendante, puisque Barbosa n'hésite pas à lui donner le titre de roi, il avait réclamé la protection immédiate de la cour de Lisbonne. En 1607, sous la vice-royauté d'Aleyxo de Menezes, il anéantit encore la flotte du roi d'Arakan, unie à celle du roi de Tangou; et il fit alors des prodiges de valeur; il soutint même contre les deux souverains orientaux un siège dont l'issue glorieuse le classa parmi les plus habiles capitaines. Grâce à son courage et à ses talents comme administrateur, il obtint enfin quelques années de repos; ce fut durant l'espace de temps qui s'écoula entre l'année 1607 et 1613, qu'il écrivit la relation de ses dernières campagnes sous le titre suivant: *Relação do sitio que os reys de Arracão e Tangù puzerão por mar, e terra à Fortaleza de Serião na India, no anno de 1607, sendo Philippe de Brito, governador della.* Il est remarquable qu'à la fin de cet ouvrage, qui ne fut jamais imprimé et que l'on conservait dans la bibliothèque du roi d'Espagne, Brito ne prenne plus le nom de son père, que lui donnent néanmoins tous les historiens contemporains. Il était devenu en effet complétement Portugais, et il avait même épousé une fille naturelle du vice-roi des Indes Ayres de Saldanha. Son union avec dona Luiza, qui ne le rendit pas heureux, contribua incontestablement à affermir sa puissance. Dans le cours de son administration, que l'on pourrait appeler un règne, Brito réédifia la forteresse de Syriam, qu'un incendie avait détruite; et il fonda de nouveau la ville de Dala, siége d'un commerce considérable. C'était pendant qu'on rebâtissait Syriam sur un plan destiné à la rendre plus formidable, que deux capitaines portugais, Melchior Godinho et Sébastien Gonçalez, allaient, par les ordres de Brito, ravager les possessions du roi d'Arakan.

Quelques historiens prétendent que tant de luttes aigrirent son caractère, que la vanité l'enfla, et qu'il commit des actes d'une telle cruauté, que le roi de Brama résolut enfin de détruire Syriam. Au dire de Barbosa et de Cardoso, ce radjah puissant, qui est désigné sous le nom de roi d'Ova par la Clède, rassembla une armée de 150,000 hommes d'infanterie et de 15,000 cavaliers pour attaquer Brito par terre, tandis qu'une flotte composée de 3,000 embarcations devait opérer un débarquement au pied de la forteresse. Ainsi que le fait observer très-judicieusement M. de Jancigny, il y a sans doute de l'exagération dans ces chiffres. Quoiqu'il n'eût avec lui que 60 Portugais, Brito-Nicote fit une défense héroïque, et résista pendant quarante-huit jours. Douze mille hommes succombèrent même durant ses derniers efforts, au rapport de Cardoso, qui se montre ici beaucoup plus modéré que ses autres biographes. Contraint à se rendre, le chef portugais se présenta au roi de Brama; mais il ne voulut pas fléchir le genou devant lui, et il sut garder héroïquement le nom de chrétien. Le féroce vainqueur le fit empaler; et telle fut l'épouvantable habileté du bourreau, que sa victime vécut un jour entier, fixée au pal. Cette mort a excité à un tel degré l'admiration de Cardoso qu'il n'a pas hésité à placer Brito-Nicote parmi les martyrs de la foi; il fixe le jour de son supplice au 30 mars 1613. Dona Luiza de Saldanha, tombée entre les mains du vainqueur, montra durant sa captivité une fermeté qui fit oublier les torts que lui reprochaient ses contemporains; elle vivait encore en 1646.

FERDINAND DENIS.

P.-Fernão Guerreiro, *Relações ann. dos progressos da fé no Oriente*. — Luiz Coelho de Barbuda, *Emprezas militares*, liv. XVII. — Manuel de Abreu, *Discurso do conquista do Pegù*. — Cardoso, *Agiologio Lusitano*, t. II, p. 3. 69 et 377. — Barbosa, *Bibl. Lusit.* — La Clède, *Hist. de Portugal*. — De Jancigny, *Japon Indo-Chine*, dans l'*Univers*.

* **BRITO** (*Francisco-Jozé-Maria*, chevalier DE), diplomate portugais, né vers 1759, mort en 1825. Il débuta dans la diplomatie comme secrétaire de la légation portugaise en Hollande, puis il fut chargé de plusieurs missions importantes, qu'il sut remplir avec habileté. Nommé envoyé extraordinaire, ministre plénipotentiaire du roi de Portugal près du cabinet des Tuileries, il signa en cette qualité le traité de 1815, ainsi que la convention de la rétrocession de la Guyane, qui fut faite à la France à cette époque. Le chevalier de Brito fut ensuite envoyé près du roi des Pays-Bas, et il mit à profit les loisirs que lui laissait la diplomatie pour former une excellente bibliothèque. Brito fut l'ami d'Araujo d'Azevedo, de Bonifacio de Andrade, et du célèbre Francisco Manoël do Nascimento, qui lui dut plus d'un adoucissement à sa triste position. Comme littérateur, Brito a peu produit. Balbi lui attribue l'*Essai rapide sur la littérature portugaise*, publié à Paris en 1808, avec les poésies lyriques de Francesco Manoel : ce travail, dans tous les cas, a été remanié par Sané. On lui doit plusieurs articles biographiques, et sous le nom de *Candido Lusitano*, ou d'*Amador patricio*, il en a donné plusieurs dans un journal portugais publié à Londres, et que l'on appelait *le Padre Amaro*. Le chevalier de Brito était un homme de manières éminemment distinguées. F. D.

* **BRITTI** (*Paulo*), poëte populaire vénitien, vivait au milieu du dix-septième siècle. On ne possède point de détails sur sa biographie, mais on sait du moins qu'il était aveugle; c'est ce qu'il indique lui-même à la tête de chacune de ses compositions, qui sont pour la plupart fort courtes; elles ont été imprimées de 1623 à 1659. Il ne faut y chercher ni profondeur de pensée, ni noblesse d'expression, ni recherche délicate dans la forme; on doit les accepter telles qu'elles ont été écrites, dans leur naturel, dans leur simplicité, dans leur naïve énergie, et on comprendra aussitôt que ce poëte, ayant communauté entière de préjugés, d'opinions, de désirs avec ses vulgaires auditeurs, obtint aisément un succès notable, une popularité de bon aloi. Ses *canzonette*, ses *opuscules* sont devenus excessivement rares; les bibliographies en ont énuméré jusqu'à quarante-quatre, et il en existe sans doute d'autres; mais qui pourrait se flatter d'en réunir la collection bien complète? G. BRUNET.

C. Duplessis, *Notice sur P. Britti*; dans le *Bulletin du Bibliophile*, 1843, p. 295. — *Bibliographie paréniologique*, p. 278.

* **BRITTON**, évêque de Hertford, juriscon-

sulte anglais, mort en 1275. Il professa avec distinction le droit civil et canonique au milieu du treizième siècle, et fut récompensé de son mérite par Henri III, qui lui fit obtenir un évêché : il paraît qu'il avait rédigé, sous forme d'articles, les principales décisions féodales et coutumières de son temps; car on a publié sous son nom un recueil de cent vingt-six articles ou capitules qui portent dans leur intitulé celui d'Édouard (1er), roi d'Angleterre et seigneur d'Irlande. En effet, les historiens du droit anglais disent que ce recueil de Britton contient les anciennes décisions de la couronne : il est écrit en français, et a été imprimé à Londres, d'abord sans date, in-8°, avec une lettre en anglais, et, comme source de la loi, par Redman, d'après deux manuscrits de la Bibliothèque harlésienne; puis en 1640, in-12, par Vingute. Il a été traduit en anglais avec des notes par Robert Kilhaen, in-8°, 1762, et publié de nouveau en français avec des remarques par Houard, t. IV de son *Recueil des coutumes anglo-normandes*, 1776, in-4°. Le jurisconsulte français semble placer Britton au-dessus de Bracton, son devancier, comme plus national; et comme meilleur organe du droit coutumier de l'Angleterre. Il ajoute que c'est le plus ancien praticien, et s'appuie, sur ce point, sur un passage d'un plaidoyer de d'Aguesseau (VII, 246); mais l'illustre chancelier n'a cité Britton que pour l'explication d'un droit féodal, et n'a point commis l'erreur grave qu'on lui attribue d'avoir oublié qu'en Angleterre Britton a été précédé par Bracton, Glanvil et même Vicari, auteur d'un premier *Traité de droit universel*, et en France par Beaumanoir et de Fontaine. Au reste, la compilation de Britton, adoptée par le roi Édouard, est sans ordre, et ne se fonde sur aucun principe de droit; ce n'est qu'un monument du droit public anglais, existant au commencement du quatorzième siècle, comme la charte de Henri Ier en quatre-vingt-quatorze articles sur la prétention de l'être, quoique non exécutée en 1100. M. Beugnot (1) attribue cependant, comme Houard, une supériorité à Britton sur Bracton, et félicite Beaumanoir d'avoir su, comme l'Anglo-Normand Britton, résister à l'entraînement général qui portait les esprits éclairés de cette époque à accorder à la loi romaine une autorité absolue; mais il suffit de lire les cent vingt-six capitules de Britton pour voir quelle était la barbarie du droit féodal et coutumier d'alors, et de consulter l'histoire de Hume pour se convaincre des inconvénients de l'oppression féodale : la disposition des esprits, que blâme M. Beugnot, est, au contraire, une preuve de bon sens; et ce sera l'éternel honneur de Bracton, d'avoir cherché à rattacher le droit coutumier non écrit et le droit féodal aux principes de droit naturel professé par les jurisconsultes romains. Il s'en faut que les Anglais, si jaloux de leurs lois, même féodales, aient conservé pour la mémoire

(1) *Notice sur Beaumanoir*, p. CXIX, 1284.

de Britton la même vénération que pour celle de Bracton, qui n'est rien moins qu'un esprit servile, puisqu'on l'accuse d'avoir trop élevé les droits des barons contre la royauté. Britton n'a pas même trouvé une place dans les grandes biographies anglaises, notamment dans celle de Chalmers; et nous ne pouvons, par l'œuvre qu'on lui attribue, nous plaindre beaucoup d'une injustice que cependant nous réparons ici. ISAMBERT.

Tanner, *Biblioth. Hiberno-Britan.* — *Penny-Cyclopædia.*

BRITTON (*Thomas*), célèbre musicien et antiquaire anglais, né vers 1650, près Higham-Ferrers (Northamptonshire); mort en septembre 1714. A l'âge de huit ans il fut mis, à Londres, en apprentissage chez un charbonnier. Il resta pendant sept ans serviteur chez ce maître; après quoi celui-ci, reconnaissant que l'éducation de son élève était terminée, lui donna une petite somme d'argent et le renvoya. Le jeune Tom, emportant son petit pécule, retourna dans son pays natal, et y passa plusieurs années. Assidu aux leçons de l'école du village, prêtant pendant le service divin une oreille attentive et charmée aux improvisations du vieil organiste, il consacra à l'étude le loisir que lui avait fait son patron; il devint musicien. Curieux d'apprendre, il copia les antiennes, les hymnes sacrées des vieux maîtres anglais, contenues dans le livre du chantre. Dès lors commencèrent pour lui ces habitudes de travail et d'étude qu'il ne devait plus quitter. Plus tard, il revint à Londres, et y reprit pour vivre le métier de charbonnier, mais sans quitter sa passion pour les vieux livres et la vieille musique. La recherche des bouquins étant alors un goût à la mode chez les grands seigneurs anglais, qui se réunissaient toutes les semaines chez le libraire Bateman, Britton fut admis régulièrement à ces réunions hebdomadaires.

« Lorsque Thomas Britton, dit M. Halévy, après ses courses fatigantes dans la ville, rapportait chez lui ce sac vide, ce sac, son cher gagnepain, le porteur de charbon redevenait musicien; il prenait sa basse de viole, sa *viola di gamba*, et s'enfermait soigneusement dans son domicile. Mais il faut dire ce qu'était ce domicile. C'était une écurie, que Britton avait louée à son arrivée à Londres, et dans laquelle il s'était arrangé le mieux qu'il avait pu, lui et ses sacs de charbon. Peu à peu les bénéfices de son petit commerce lui avaient permis d'en faire une habitation supportable, un magasin et une bibliothèque. Tandis qu'ainsi renfermé, et caché à tous les yeux, il exécutait sur sa basse de viole quelques compositions de Jenkins, de Simpson, du célèbre Purcell, le plus renommé des maîtres du temps, ou peut-être une sonate manuscrite de Corelli, dont la réputation naissante avait déjà pénétré en Angleterre, Thomas Britton avait vivement excité la curiosité d'un de ses voisins; mais l'habitation singulière de ce voisin avait aussi, de son côté, attiré l'attention de Britton ; car si la demeure de Britton, située au rez-de-chaussée, ne se distinguait le soir que par l'obscurité dans laquelle elle restait plongée, et ne trahissait la présence du propriétaire que par les sons discrets et mystérieux de la basse de viole, la demeure de l'inconnu, au contraire, située à l'étage le plus élevé de la maison voisine, resplendissait souvent de lueurs singulières. On voyait briller à travers les vitres des feux sombres, dont l'éclat colorait d'une teinte rougeâtre des cornues, des alambics, qu'une main hardie soulevait au milieu de ces nuages et de ces flammes. Cette demeure aérienne était celle d'un alchimiste, d'un frère de la Rose-Croix, très-versé dans l'art de la magie et de la cabale, et qui poursuivait le grand œuvre. Un soir, l'alchimiste, une lampe à la main, descendit de son laboratoire, et, guidé par la musique de Britton, il vint frapper à sa porte, que celui-ci ne craignit pas d'ouvrir. L'alchimiste, vu de près, n'était plus qu'un pauvre diable ruiné par ses fourneaux, auxquels le charbon de Britton allait donner une activité nouvelle ; car tel était le but secret de la visite de l'alchimiste aux abois. »

Ce savant malheureux, cet illuminé, était un Français, un Parisien, le docteur Théophile de Garencières, médecin de la faculté de Caen. Britton se laissa séduire aux discours de Garencières ; il étudia avec lui la chimie et l'art du chercheur d'or, et bientôt, avec l'intelligence qu'il portait en toutes choses, il construisit pour Garencières un laboratoire portatif qui excita l'admiration des ministres de Londres, et qu'on vint visiter avec empressement de toutes parts. Cet incident, qui détournait Britton de ses études habituelles, et qui aurait pu le ruiner, puisqu'il l'attaquait au vif dans son commerce, fut pour lui un bonheur. Un gentilhomme du pays de Galles, qui avait vu le fameux laboratoire, obtint de Tom qu'il lui en construirait un semblable. Il l'emmena dans son pays, et le récompensa généreusement. Tom revint à Londres, muni d'une somme assez importante. Heureusement pour Britton, Garencières mourut bientôt après, emportant avec lui ses rêves dorés et peut-être ceux de Britton, que la mort de son ami rendit à ses premiers travaux. L'argent qu'il avait rapporté du pays de Galles le mit à même d'agrandir son habitation, et de réaliser un projet conçu depuis longtemps. Il réunit chez lui les premiers artistes de Londres, les amateurs les plus distingués, mit à leur disposition la bibliothèque musicale qu'il avait fondée, qu'il augmentait encore tous les jours, et donna à ses frais des concerts auxquels il invitait gratuitement la belle société de la ville. Ces concerts se soutinrent pendant trente-six ans, depuis 1678 jusqu'à 1714, époque de la mort de Thomas Britton ; et pendant ce long espace de temps le personnel des exécutants, aussi bien que celui des auditeurs, dut se renouveler plusieurs fois avec des chances diverses. L'exemple donné par Thomas Britton ne fut pas stérile. Déjà, de son vivant, la Société de l'ancienne musique avait été fondée. Le sol de l'Angleterre fut bientôt couvert de nombreuses associations de ce genre, aujourd'hui en pleine voie de prospérité.

Halévy, *Éloge de Britton*, dans le *Journal des Débats*, 27 octobre 1852. — *Penny-Cyclopædia*.

BRIVES (*Martial* DE). Voy. MARTIAL.

* **BRIVIO** (*Joseph*), poëte italien, né à Milan en 1370, devint chanoine de la cathédrale de cette ville, et mourut à Rome en 1450, âgé de quatre-vingts ans. Il composa un grand nombre de poésies latines ; mais on n'a imprimé de lui que quelques fragments, entre autres une épître à Niccolo Nicoli. G. B.

Argelati, *Biblioth. Script. Mediol.*, t. I, part. II, p. 230. — Mazzuchelli, *Scrittori d'Italia*, vol. II, part. IV, p. 2115. — Endlicher, *Anal. Vindobon*, p. 269.

BRIXHE (*Jean-Guillaume*), homme politique belge, né à Spa en 1758, mort en février 1807. Notaire dans sa ville natale, il adopta avec enthousiasme les principes de la révolution, et fut nommé d'abord bourgmestre de la commune de Spa, ensuite membre et secrétaire perpétuel de la commune de Franchimont. Il fut élu, en 1790, député suppléant du tiers état de Liége. L'année suivante, le rétablissement du prince-évêque le força à se réfugier en France. De retour dans sa patrie en 1792, à la suite de l'armée française, Brixhe reprit sa place dans la municipalité de Liége, d'où la retraite de Dumouriez le fit encore sortir. Depuis cette époque jusqu'à la suppression des assignats, Brixhe fut employé en France, et à la suite des armées, comme vérificateur de ce papier-monnaie. Il fut ensuite et successivement avocat dans les départements de l'Ourthe, de Sambre-et-Meuse et de la Meuse-Inférieure, député au conseil des cinq-cents en 1799, et avocat dans sa patrie après le 18 brumaire. Il a laissé : *Journal des séances du congrès du marquisat de Franchimont, tenu au village de Polleur*, commencé le 26 août 1789 ; Liége, 1789, in-4° ; — la suite de ce journal fut publiée dans le *Journal patriotique* de Liége ; — *Plan de municipalité pour le bourg et la communauté de Spa, à suivre provisoirement à la prochaine élection, et dont la rectification finale est laissée aux cinq sections* ; Spa, 1790, in-4° ; — plusieurs articles dans des recueils de jurisprudence.

Quérard, *la France littéraire*. — *Biographie Belge*.

BRIZARD (*Gabriel*), littérateur français, mort à Paris le 23 janvier 1793. Il était avocat au parlement, et premier commis à la chancellerie du Saint-Esprit. Il finit ses jours dans la misère, et navré de douleur par les excès de la révolution. Il a laissé : *Éloge de Charles V, dit le Sage, roi de France* ; Paris, 1768, in-8° ; — *Histoire généalogique de la maison de Beaumont, en Dauphiné, avec les pièces justificatives* ; Paris, 1779, 2 vol. in-fol. ; — *Frag-*

15.

ment de *Xénophon, nouvellement trouvé dans les ruines de Palmyre par un Anglais, traduit du grec en français*; Paris, 1783, in-24 : cet ouvrage, où l'auteur représente sous des noms grecs la révolution d'Amérique, a été traduit en allemand par Meyer; — *de l'Amour de Henri IV pour les lettres*; Paris, 1785 et 1786; — *Lettre à un ami sur l'assemblée des notables* (sous le pseudonyme de Gallophile); Paris, 1787, in-8°; — *Éloge historique de l'abbé de Mably*; Paris, 1787, in-8° : l'Académie française partagea, entre ce discours et celui de Lévesque, le prix qu'elle avait proposé; — *Analyse du Voyage pittoresque de Naples et de Sicile, de l'abbé de Saint-Non*; Paris, 1787-1792, 2 tom. en 1 vol. in-8°; — une édit. des *Observations sur l'histoire de France* de Mably, etc.; Kehl, 1788, 6 vol. in-12; — une édition des *Œuvres complètes de J.-J. Rousseau*, classées par ordre de matières, avec des notes; Paris, 1788 et ann. suiv., 39 vol. in-8°; — *Modestes observations sur le mémoire des princes*; Paris, 1788, in-8°; — *Du massacre de la Saint-Barthélemy et de l'influence des étrangers en France durant la Ligue, discours historique avec les preuves*, etc.; Paris, 1790, 2 part. in-8°; trad. en allem.; Leipzig, 1791, in-8°; — *Discours historiques sur le caractère et la politique de Louis XI*, par un citoyen de la section du Théâtre-Français; Paris, 1791, in-8°; — *Notice sur J.-Cl. Richard de Saint-Non*; Paris, 1792, in-8°.

<small>Arnault, Jay, etc., *Biographie des Contemporains*.</small>

BRIZARD (*Nicolas*), poëte latin moderne, né à Attigny (Ardennes) vers 1520, mort en 1565. Après avoir voyagé en Allemagne et en Italie, il professait en 1556 les belles-lettres au collége de la Marche, où il mourut victime d'une épidémie qui frappa un grand nombre de ses élèves. On a de lui : *Cruenta syllogismorum dialecticorum Forma*; Paris, Vascosan (sans date), in-8° : cet opuscule en prose est une critique badine de la philosophie scolastique; on y trouve des saillies spirituelles et des plaisanteries assez fines; — *Metamorphoses amoris, quibus adjectæ sunt elegiæ amatoriæ* (1); Paris, 1556, in-8°. L'ouvrage, divisé en deux parties, contient vingt métamorphoses et seize élégies. On reconnaît les premières le lecteur amoureux d'Ovide; mais Brizard n'en a ni la délicatesse de sentiments, ni la finesse de pensées. Ses élégies valent certainement mieux, et sont écrites avec plus de feu. Il y célèbre, sous le nom de Chloris, la beauté d'une femme dont il était épris : son cœur était meilleur poëte que son imagination. N. M—y.

<small>(1) François Habert d'Issoudun, quoiqu'il n'ait pas nommé son modèle, a imité et pour ainsi dire traduit les seize premières métamorphoses de Brizard, sous ce titre: *Métamorphoses de Cupidon, fils de la déesse Cithérée, qui se mua en diverses formes*; Paris, Kerver, 1561, in-8°.</small>

<small>Duverdier, *Bibliothèque française*. — Boulliot, *Biographie Ardennaise*.</small>

BRIZARD (*Jean-Baptiste* BRITARD, dit), artiste dramatique français, né à Orléans en 1721, mort à Paris le 30 janvier 1791. Il était venu fort jeune à Paris, où son goût pour la peinture l'avait attiré. Il eut pour maître Carle Vanloo, premier peintre du roi. Mais, bientôt entraîné par sa vocation pour les jeux de la scène, il s'exerça sur les théâtres de province. Pendant ses excursions dramatiques, une petite barque sur laquelle il descendait le Rhône ayant chaviré sous les arches d'un pont, il saisit un anneau de fer, et y resta suspendu jusqu'à ce qu'on vînt le dégager. Mais son angoisse fut telle en ce suprême danger, que ses beaux cheveux blanchirent rapidement; et cette circonstance tourna au profit de son art. Brizard débuta au Théâtre-Français le 30 juillet 1757, par le rôle d'Alphonse dans *Inès de Castro*, et fut reçu le 13 mars 1758. Il ne tarda pas à remplacer, dans l'emploi des pères nobles et des rois, le fameux Sarrazin. La nature semblait l'avoir comblé, pour cet emploi, de ses dons. Sa figure était noble et imposante; il exprimait les grandes douleurs sans que ses traits fussent altérés; il y avait de la majesté jusque dans sa tristesse; sa voix sonore allait au fond des cœurs; sa diction, à la fois simple et noble, toujours intelligente, manquait quelquefois de chaleur; mais son jeu était vrai, naturel, expressif; il paraissait n'avoir préparé ni le ton ni l'accent de ses rôles, et il semblait trouver dans une inspiration soudaine des effets puissants et quelquefois sublimes. Pendant les trente ans qu'il brilla sur la scène, il créa un grand nombre de rôles dans les tragédies nouvelles et dans plusieurs drames et comédies de cette époque. Ducis reconnaissait devoir au talent de Brizard une grande partie du succès de ses pièces, principalement de celles d'*Œdipe à Colonne* et du *Roi Lear*. Mais la Harpe, dont la tragédien n'avait pu préserver *les Brames* d'une chute complète, se montra, dans sa *Correspondance avec le grand-duc de Russie*, injuste et passionné, et sembla n'attribuer d'autre mérite à Brizard que celui de ses *cheveux blancs*.

Le 1er avril 1786, Brizard fit ses derniers adieux au public dans le rôle du vieil Horace, et dans celui de Henri IV de la *Partie de chasse*; il laissa éclater son émotion, et fut couvert d'applaudissements lorsque le vieux Romain, se séparant de son gendre et de son fils, dit :

<small>Moi-même, en ce moment, j'ai les larmes aux yeux !</small>

Ducis composa l'épitaphe de Brizard. [VILLENAVE, dans l'*Enc. des g. du m.*]

<small>*Biographie des Contemporains*.</small>

BRIZ-MARTINEZ (*Juan*), théologien espagnol, natif de Saragosse, vivait dans la première moitié du dix-septième siècle. Il était abbé du monastère de Saint-Jean de la Peña, dans les Pyrénées; il a laissé, entre autres ouvrages :

Obsèques du roi Philippe Ier d'Aragon (en espagnol), 1599; — *Historia de la fundacion y antiquedades de S.-Juan de la Peña, y de los reies de Sobrarbe, Aragon y Navarra*; Saragosse, 1620, in-fol.; —*Lettre* à Barthélemy-Léon de Argensola, sur quelques renseignements pour une nouvelle histoire de Navarre en espagnol; Pampelune, 1628, in-4°; — *Pro Cæsar-Augustana Sancti Salvatoris ecclesiæ antiquissima et perpetua cathedralitate*, ouvrage inséré dans la *Catedra episcopal de Çaragoza* de Jean Arruego, 1650, in-fol., etc.

Antonio, *Biblioth. Hispana nova.*

BRIZÉ (*Corneille*), peintre hollandais, né vers 1655. Il a été fort célébré par son compatriote le poëte Voudel, et s'est acquis une grande réputation, moins par les sujets qu'il a représentés, que par le mérite de son exécution. On montrait, à l'hôtel de ville d'Amsterdam, un de ses tableaux où il avait peint, en forme de trophée, un amas de registres et de liasses de papiers.

Descamps, *Vies des Peintres flamands.*

BRIZEUX (*Julien-Auguste-Pélage*) (1), poëte français, né à Lorient le 12 septembre 1806. Il fut élevé par un prêtre, de sa famille, sur les bords du Scorff et de l'Ellé. C'est là qu'il connut et aima cette jeune *Marie* chantée par lui, et dont il a fait ensuite un symbole de la Bretagne, et de cette poésie rustique qu'il voulait introduire dans la littérature française. Après la publication de *Marie*, à la fin de 1832, l'auteur visita l'Italie, d'où il revint pour faire un cours de poésie à Marseille.

M. Brizeux a de nouveau parcouru la noble terre des arts. En 1841, il en rapporta le livre lyrique des *Ternaires*, aujourd'hui *la Fleur d'or*, et une traduction en prose de *la Divine Comédie* de Dante. Après un long séjour dans son pays natal il donna en 1846 le poëme *les Bretons*, épopée rustique, couronnée par l'Académie française; puis, en 1850, *Primel et Nola*, qui sont comme le frère et la sœur de *Marie*. Enfin, ses compatriotes lui doivent un volume de chants en langue bretonne, *le Télen Arvor*, ou *Harpe d'Armorique* : plusieurs de ces chants sont très-populaires. Élève du philologue Legonidec, qu'il assista dans ses derniers travaux, il fit, avec l'aide de ses amis et d'une souscription nationale, transporter les restes de ce savant dévoué dans le bourg du Conquet, et publia sur lui une Notice qui est imprimée en tête de la *Grammaire celto-bretonne*.

M. Brizeux, appuyant la poésie sur les origines, s'occupe depuis longtemps de la rédaction d'un *Dictionnaire topologique et historique des noms de lieux de la Bretagne*.

(1) Ce prénom de Pélage (en celtique Morgan, c'est-à-dire né de la mer, ou Armoricain) était héréditaire d'aîné en aîné dans sa famille, qui depuis plusieurs générations habitait, en Bretagne, le bourg du Faouët. Au surplus, le nom même de *Brizeux* ou plutôt *Brizeuc* ne veut dire autre chose que Breton.

BRIZOUT ou **BRISOUT DE BARNEVILLE**, industriel et mécanicien français, né à Rouen le 7 septembre 1749, mort le 26 mars 1842. Fils d'un inventeur distingué auquel l'industrie dut, vers 1759, une machine à filer très-fin le coton, il témoigna de bonne heure le même penchant pour les arts mécaniques. A seize ans, il construisit une horloge en bois dont le mécanisme laissait voir, au moment où l'heure sonnait, une classe nombreuse. Plus tard, il perfectionna la machine que son père avait inventée et fait fonctionner; mais, n'ayant pas les ressources nécessaires pour l'exploiter à son tour, il dut remplir, en 1773, les fonctions de secrétaire d'un inspecteur de troupes. Devenu sous-lieutenant en 1779, il suivit en 1780 le baron de Vioménil, commandant des troupes françaises en Amérique, remplit pendant un an les fonctions de secrétaire général de l'armée, et se trouva au siége d'York, ainsi qu'à plusieurs autres engagements. Revenu en France en 1783, et nommé commissaire des guerres, il fit de nouvelles et heureuses expériences de sa machine, et obtint, par arrêt du conseil, une prime d'encouragement jusqu'à concurrence de 15,000 livres pendant dix ans, sur les mousselines superfines qu'il tirerait, à l'imitation de celles des Indes, du coton qu'il aurait filé. Au mois de mars 1786, un local situé aux Quinze-Vingts fut mis à sa disposition par M. de Calonne, pour l'établissement des métiers; et un rapport de M. Tillet, de l'Académie des sciences, constata que les mousselines de Brizout de Barneville étaient supérieures à celles de l'Inde. Son coton atteignait en effet un tel degré de finesse, qu'on tirait d'une livre trois cent mille aunes de fil.

Louis XVI, qui avait, comme on sait, le goût des arts mécaniques, visita et examina l'établissement de Brizout, qui fut acquis par le gouvernement en février 1788, sur le rapport de M. de Tolozan, intendant général du commerce. Brizout obtint 2,000 francs de pension, et 20,000 fr. pour prix de deux machines livrées au gouvernement. Une de ces machines, envoyée à Rouen par ordre du ministre, y fut brisée dans une émeute qui éclata dans cette ville le 20 juillet 1789, à l'occasion de l'introduction des métiers anglais. Cette fois, l'inventeur fut obligé d'abandonner de nouveau la voie dans laquelle le poussait sa vocation, pour entrer dans celle que lui indiquait la nécessité. Il devint commissaire des guerres. Décrété d'accusation lors de la prise de Namur en 1793, par suite de la capture, dont il était innocent, de quelques bateaux contenant de l'artillerie, il fut enfermé au Luxembourg à Paris, et n'en sortit qu'au 9 thermidor. Se retrouvant alors en face de son ancienne détresse, il s'adressa à la convention pour tirer parti de sa machine; et, le 7 frimaire an III, un décret mit à sa disposition, pour la création d'une manufacture de mousselines superfines, une somme de 200,000 fr. sans intérêt, pendant dix ans. Cent vingt mille francs lui furent versés immédiatement, mais malheureusement en assignats. Cependant le Lycée des arts lui décernait une couronne et une médaille, tandis que d'autre part sa position ne s'améliorait guère, par suite de l'inexécution du décret que la convention avait rendu en sa faveur. Il se tourna alors de nouveau vers l'administration militaire. Envoyé à l'armée d'Italie, il fit les campagnes de l'an VIII et de l'an IX, et fut nommé ordonnateur. En l'an X, il fut appelé à Valenciennes, où il resta jusqu'en 1814. A l'époque de sa retraite, il tenta de faire entrer le gouvernement dans l'idée d'une construction nouvelle de sa machine, dont il avait retrouvé quelques débris au Conservatoire des arts et métiers. Le ministre auquel il s'adressa lui objecta la pénurie du trésor. Il était écrit que le pauvre inventeur en serait pour ses frais de temps et de méditations. Un autre, comme cela arrive si souvent, en recueillera quelque jour les fruits.

V. R.

Écho de la Frontière (année 1842). — M. Lebreton, dans la *Revue de Rouen*, sept. 1849.

BRIZZI ou **BRIZIO** (*Francesco*), peintre italien, né à Bologne en 1574, mort en 1623. Issu de parents pauvres, il servit jusqu'à vingt ans dans la boutique d'un cordonnier; mais, entraîné par sa vocation, il parvint à se faire recevoir dans l'atelier du Passarotto, puis dans celui de Louis Carrache, dont il devint un des meilleurs élèves. Il étudia seul les règles de la perspective et de l'architecture, et bientôt il fut en état de les enseigner, et d'en aider son maître lui-même. Habile dessinateur à la plume, il reçut des leçons de gravure d'Augustin Carrache, qu'il seconda dans ses travaux, et dont il termina même après sa mort une des planches les plus importantes, le *Saint Jérôme*. Il a gravé seul plusieurs estampes, dont les principales sont : un *grand paysage*, *Saint Roch et son chien*, et le *Retour d'Égypte*. Ses tableaux ont un beau coloris; on y trouve de gracieux paysages et une architecture majestueuse; ses figures sont correctes, et on admire surtout la beauté de ses anges. Malheureusement le manque d'éducation empêcha Brizzi de former des amitiés utiles, et il fut presque toujours réduit à mendier des commandes qu'il était forcé d'exécuter à vil prix. On voit de lui, à Sainte-Pétrone de Bologne, un très-grand et très-beau tableau d'autel, *le Couronnement de la Madonna del Borgo*. Dans une cour du palais Malvezzi-Bonfioli, il a peint à fresque plusieurs scènes de *la Jérusalem délivrée*. Il existe de sa main un assez grand nombre de petits tableaux sur cuivre, dans lesquels il s'élève quelquefois jusqu'à la hauteur du Guide. Brizzi mourut à l'âge de quarante-neuf ans, et on soupçonna la jalousie de ne pas avoir été étrangère à sa fin prématurée. Il eut pour élèves son fils Filippo et Domenico degli Ambrogi, surnommé *Medichino del Brizzi*.
E. B—N.

Malvasia, *Felsina pittrice*. — Lanzi, *Storia pittorica*. — Winckelmann, *Neues Mahler-Lexikon*.

* **BRIZZI** (*Filippo*), peintre italien, né à Bologne en 1603, mort en 1675. Fils et élève de Francesco Brizzi, il resta orphelin à l'âge de vingt ans, et fut accueilli par le Guide, qui le prit en amitié, et à l'école duquel il devint bon coloriste et habile dessinateur. Un de ses meilleurs ouvrages est *la Madone entre saint Sylvestre et saint Jean-Baptiste*, qu'il peignit pour l'église Saint-Sylvestre de Bologne.
E. B—N.

Orlandi, *Abbecedario*. — Lanzi, *Storia pittorica*. — Ticozzi, *Dizionario*. — Malvasia, *Pitture, Scolture e Architecture di Bologna*.

* **BRIZZI** (*Serafino*), peintre, né à Bologne en 1684, mort en 1737. Il fut un des meilleurs élèves des Bibiena, et fit à l'huile un grand nombre de tableaux de perspective justement estimés.
E. B—N.

Zanotti, *Storia dell' Accademia Clementina*.

* **BROC** (*Pierre-Paul*), médecin français, né à Mégin (Lot-et-Garonne) en 1782, mort à Chaillot en 1848, à l'hospice de Sainte-Périne. Il enseignait l'anatomie à Paris, lorsqu'en 1817, à la suite de quelques discussions qu'il eut avec le professeur Richerand, il crut devoir s'expatrier; et c'est ainsi qu'il habita longtemps l'Amérique du Sud. Revenu en France vers 1830, il publia plusieurs de ses ouvrages, et se présenta, en 1836, au concours ouvert pour la chaire d'anatomie vacante à la faculté de Paris, chaire à laquelle Breschet, plus heureux, fut nommé. Il continua depuis lors d'enseigner l'anatomie à l'École pratique, où l'originalité de sa méthode et la netteté de sa parole attira de nombreux élèves. On a de Broc : *De la vraie Méthode d'enseignement, traité complet d'anatomie descriptive et raisonnée*; Paris, 1833 et 1835, 2 vol. in-8°; — *Introduction à l'étude de l'Anatomie, ou l'Homme considéré en grand, sous le rapport des appareils et des fonctions*; Paris, 1836, in-8°, avec atlas; — *Essai sur les races humaines*; Paris, 1836, in-8°; — *Réponse à l'analyse du premier volume d'Anatomie*; Paris, 1834, in-8°; — *Entretiens sur l'organisation du corps humain*; Paris, 1840, in-18.
JEAN LAFOSSE.

Moniteur de 1848, p. 2888. — *Recueil de thèses de la Faculté de Médecine*, année 1839. — Quérard, *la France littéraire*, supplément.

BROCARD, **BORCHARD** ou plutôt **BURCKHARD**, voyageur allemand, natif de la Westphalie ou de Strasbourg, vivait dans la première moitié du treizième siècle. Il entra dans l'ordre des Dominicains, et se rendit dans le Levant en 1232. Il parcourut l'Arménie et l'Égypte, et passa dix années au monastère du mont Sion en Palestine. Il ne revint en Europe que dans un âge avancé. On ignore l'époque de sa mort. La relation de son voyage révèle chez ce moine des qualités remarquables; un esprit de recherche et de comparaison se manifeste dans ses écrits, et l'on y trouve des sentiments de charité encore plus rares à cette époque. Ces populations hérétiques ou infidèles au milieu desquelles Brocard se trouve jeté, les nestoriens, les Arméniens, les Syriens sont pour lui comme des frères. Il décrit les localités avec une telle exactitude, que le judicieux d'Anville l'a plusieurs fois pris pour guide. Plus que tous les autres voyageurs ses contemporains, il montre ce singulier mélange de courage et d'humilité, de foi et de curiosité qui semble le caractère du siècle de saint Louis, le siècle héroïque du moyen âge. Il put visiter des villes aujourd'hui détruites, des localités maintenant inaccessibles. Il n'est sans doute point exempt de crédulité : à côté d'observations sagaces il place des récits fabuleux ; mais il serait injuste de se montrer trop sévère pour lui ; il croyait ce que l'on croyait de son temps, c'est à peu près le même point où nous en sommes au dix-neuvième siècle ; et il faut reconnaître chez ce religieux « un esprit fort « élevé, qui, au moment où les croisades finissent, raconte avec une naïveté admirable ce « qu'il a vu ou cru voir. Nous devons à sa curiosité attentive des observations importantes « de géographie et d'histoire naturelle. » Nous ne saurions rien ajouter à ce jugement, rendu par M. V. Le Clerc. La première et la meilleure édition de la relation de Brocard parut à Lubeck en 1475, dans la *Catena temporum* (2 vol. in-fol.), vaste compilation, espèce d'histoire universelle, comme le moyen âge en produisit un grand nombre. Divers recueils, tels que le *Novus orbis* de Grynæus et les *Lectiones antiquæ* de Canisius, ont reproduit l'œuvre du dominicain allemand, mais en la défigurant ; les suppressions, les interpolations que se permirent les scribes qui en multiplièrent les copies, ont, dans une foule de manuscrits, altéré, de la façon la plus sensible, le texte primitif. G. BRUNET.

Quétif, *Script. ord. Prædicat.*, t. I, p. 391. — Beckmann, *Literatur der Reisebeschreibungen*, t. II, p. 31-70. — M. V. Le Clerc, dans l'*Histoire littéraire de la France*, t. XXI, p. 180-215.

BROCARD (*Jacques*), sectaire italien, né à Venise ou dans le Piémont, vivait dans la dernière moitié du seizième siècle. Il prétendait avoir eu à Venise, en 1563, une vision qui lui avait révélé le rapport de quelques passages de l'Écriture sainte avec les événements de son époque. Ségur-Pardaillan se laissa persuader par cet insensé, et lui donna les moyens d'imprimer ses ouvrages. Brocard, chassé de Middelbourg, dont le synode l'avait condamné, parcourut diverses contrées de l'Europe, et s'établit à Nuremberg, où il mourut. J. Brocard a laissé : *Paraphrasis rhetorica Aristotelis, partitionesque oratoriæ* ; Paris, 1549 ; Venise, 1558, in-8° ; — *Mystica et prophetica Geneseos interpretatio* ; Leyde, 1580, in-8° ; — *De antibaptismo jurantium in papam et in Ecclesiam romanam, deque eorum idolo zeli* ; Leyde, 1580 ; — *Mystica et prophetica Levitici, Cantici Canticorum, Aggæi, Zachariæ et Malachiæ interpretatio* ; Leyde, 1580, in-8° ; — *Interpretatio et paraphrasis in Apocalypsin* ; ibid., 1580 et 1610,

in-8°, trad. en anglais par Jacques Stanfort ; Londres, 1582, in-4°.

Bayle, *Dictionnaire critique*. — Fabricius, *Bibliotheca latina mediæ et infimæ ætatis*.

BROCARIO (*Arnaud-Guillaume* DE), typographe espagnol, vécut dans la première moitié du seizième siècle. Il imprima, dans l'université d'Alcala de Hénarès, la *Bible polyglotte*, dite *d'Alcala, de Ximénès*, ou *de Complute* ; 1514-1516, 6 vol. in-fol. Cette vaste entreprise, qui n'avait encore été tentée nulle part, et qui servit de modèle à toutes celles du même genre, s'exécuta sous le patronage du cardinal de Ximénès, qui y dépensa 50,000 écus d'or. Afin de reproduire plus exactement le texte des anciens manuscrits, Brocario fondit pour cette édition des caractères grecs sans accents et sans esprits, et des caractères hébreux sans points massorétiques. Pour exécuter cet ouvrage, Léon X communiqua les manuscrits grecs du Vatican. Ximénès acheta sept manuscrits hébreux ; et les savants qui prêtèrent leur collaboration à cette entreprise sont Démétrius Ducas, Antoine de Lebrixa, Ferdinand Nuñez de Guzman, Jean de Vergara, Paul Caronel, Jacques Lopez de Zuniga, Alfonse de Zamora. Un bref de Léon X, daté du 28 mars 1520, autorisa l'impression de la *Polyglotte* de Ximénès.

Nicolas Antonio, *Biblioth. hispana*.

BROCCHI (*Jean-Baptiste*), naturaliste et voyageur italien, né à Bassano le 18 février 1772, mort à Charthum le 25 septembre 1826. Destiné à l'étude du droit, il préféra les sciences naturelles, les antiquités et les langues étrangères. Il se rendit à Rome, puis à Venise, et publia dans cette dernière ville : *Sulla scoltura egiziaca*, 1792. On le vit ensuite se lier avec Lanzi, mettre en ordre le cabinet minéralogique du patricien Ascanio Molin, et à Bassano la galerie Zannuzzi. Puis il publia un nouvel écrit intitulé *Delle piante odorifere*, Bassano, 1796, et ses *Lettere sopra Dante*, Venise, 1797. En 1801 il se rendit à Brescia, y professa la botanique, et fut chargé de l'inspection du jardin des plantes de cette ville, avec mission de fonder un cabinet d'histoire naturelle. En même temps il écrivit sur les *Mines de Mella et de Valtrompia* (Brescia, 1808), et en 1809 il fut nommé inspecteur des mines du Milanais. En 1810 il visita le Tyrol méridional, et en 1811 et 1812, la plus grande partie de l'Italie. Le résultat de tous ces voyages se trouve consigné dans sa *Conchyologia fossilis subapennina* ; Milan, 1814. Privé de ses emplois en 1814, par suite des événements politiques, il reprit ses voyages, dont on trouve la relation dans la *Bibliotheca italiana*. Il mit aussi la dernière main à son œuvre d'exploration antique, intitulée *Dello stato fisico del suolo di Roma* ; 1820. Ayant connu Forni à Milan en 1821, il se laissa engager par lui au service du vice-roi d'Égypte. Il arriva au Caire le 1er décembre 1822, visita le désert, le Liban, et mourut atteint par la fièvre dans le Sennaar. Son testament, écrit en 1822, léguait à sa ville natale tout ce qu'il possédait. Tipaldo (*Biografia degli Italiani*) donne la liste des nombreux articles ou mémoires publiés par Brocchi.

Tipaldo, *Biografia degli Italiani illustri*, I, 311. — *Conversations-Lexicon*.

BROCCHI (*Joseph-Marie*), théologien et typographe italien, né à Florence en 1687, mort le 8 juin 1751. Il fut prieur de Sainte-Marie-aux-Ormes, près du bourg de Saint-Laurent, recteur du séminaire des jeunes ecclésiastiques, protonotaire apostolique, et membre de la *Società Colomboria*. En 1726, la dernière héritière de la famille des Lutatiani légua par son testament, à Brocchi, l'antique château de Lutiano, ce qui donna lieu à cet écrivain de publier l'ouvrage intitulé : *Descrizione della provincia del Mugello, con la carta geografica del medesimo, aggiuntavi un' antica cronica della nobile famiglia da Luttano, illustrata con annotazioni*, etc.; Florence, 1748, in-4°. On lui doit aussi un recueil de *Vies des Saints* (Florence, 1742-1761, 3 vol. in-4°), et quelques ouvrages de théologie.

Mazzuchelli, *Scrittori d'Italia*.

BROCHANT DE VILLIERS (*André-Jean-François-Marie*), géologue et minéralogiste, né à Paris en 1773, mort en cette ville le 16 mai 1840. Après avoir fait ses études à l'École polytechnique, il devint successivement professeur de géologie, inspecteur général des mines, directeur de la manufacture des glaces de Saint-Gobain, et membre de l'Académie des sciences. La carrière de ce savant n'a été qu'une suite non interrompue de travaux. Entre autres ouvrages, on lui doit : un *Traité élémentaire de Minéralogie*; Paris, 1801 et 1802, 2 vol. in-8°; 2° édit., 1808; — *De la Cristallisation considérée géométriquement et physiquement, ou Traité abrégé de cristallographie, suivi d'un précis de nos connaissances sur les phénomènes physiques de la cristallisation*; Paris, 1818, 1 vol. in-8°, avec planches; — *Observations géologiques sur des terrains de transition qui se trouvent dans la Tarentaise et autres parties des Alpes* (dans le *Journal des Mines*, t. XXIII, année 1808); — *Mémoire sur les terrains de gypse ancien qui se trouvent dans les Alpes*, etc., lu à l'Institut (année 1817). Mais son œuvre capitale, c'est la *Carte géologique de la France*, avec 3 volumes in-4° de texte explicatif. Ce travail, entrepris avec le concours de MM. Dufresnoy et Élie de Beaumont, a duré vingt ans, et n'a pu paraître qu'après la mort de celui qui en avait été le directeur. Voici au reste comment, dans la préface de cet ouvrage, MM. de Beaumont et Dufresnoy s'expriment à l'égard de leur collaborateur : « Des « retards imprévus ont été cause que notre ex-« cellent maître, M. Brochant de Villiers, enlevé « aux sciences et à l'amitié par une mort préma-« turée, n'a pu voir se terminer un travail dont « il avait présenté le plan il y a trente ans.

« Presque complétement achevé sous ses yeux, « ce travail est resté en tous points conforme à « ses principes, et nous croyons qu'il réalisera à « peu près ses pensées. Puissions-nous espérer « aussi qu'il ajoutera à la reconnaissance que les « travaux de M. Brochant ont si bien méritée! »

JEAN LAFOSSE.

Éloge de Brochant de Villiers, prononcé par Alex. Brongniart le 19 mai 1840.

BROCHARD (*Bonaventure*), voyageur français, vivait dans la première moitié du seizième siècle. Il était cordelier au couvent de Bernay, en Normandie, et, accompagné de Greffin Arfagart, seigneur de Courteilles, chevalier du Saint-Sépulcre, il alla, comme il le dit lui-même, en *Hyerusalem et au mont Sinaï*. C'est ce qui l'a fait confondre par Canisius, Bayle, Dupin et quelques autres, avec le dominicain allemand *Brocard*. La relation manuscrite des trois voyages de Brochard et de Greffin en terre sainte existe à la Bibliothèque impériale, sous le n° 10265.

Catalog. de la Bibl. imp. (manuscrits).

BROCHARD (*Michel*), bibliophile français, mort vers 1729. Il était prêtre, et professeur au collége Mazarin. On lui doit la *Bibliotheca Fayana*, imprimée par Martin; Paris, 1725, in-8°, avec une bonne table des auteurs. Il avait fait aussi le catalogue de sa propre bibliothèque, qui fut publié de même par Martin, avec une table d'auteurs, sous le titre de *Museum selectum*; Paris, 1725, in-8°. L'abbé Brochard a laissé encore : *Lexicon philosophicon*, sous le pseudonyme de *Plexiacus*; Haguenau, 1716, in-4°; — des éditions de *l'Imitation de Jésus-Christ*; — de Catulle, Tibulle et Properce; Paris, 1723, in-4°; — d'Horace, 1728. Il aida la Monnoye et l'abbé de Boissy à corriger le texte de l'ouvrage du Pogge, *De Varietate fortunæ*; Paris, 1723, in-4°.

Barbier, *Dictionnaire des anonymes*, etc. — *Journal des Savants*.

BROCHET (*Jean-Étienne*), homme politique français, mort le 31 avril 1823. Il était ancien garde de la connétablie, juré au tribunal révolutionnaire, et admirateur enthousiaste de Marat, dont il avait déposé le cœur dans un vase précieux pris au Garde-Meuble. Il fut arrêté après le 9 thermidor, et ne recouvra définitivement sa liberté qu'au 13 vendémiaire. Il établit alors une boutique d'épicerie. Mais, à la suite de l'attentat du 3 nivôse an IX, il fut compris dans le sénatus-consulte de déportation, et conduit à Oléron, puis à Cayenne, d'où il obtint, huit mois après, l'autorisation de rentrer en France, mais à la condition de résider à quarante myriamètres de Paris.

Le Bas, *Dictionnaire encyclopédique de la France*. — *Biographie universelle*.

BROCKE (*Henri-Christian* DE), agronome allemand, né à Blanckenbourg, le 6 février 1713, mort le 22 juillet 1778. Il fut conseiller du duc de Brunswick-Lüneburg et membre de la Société d'agriculture de Celle. On a de lui : *Von der Natur, Eigenschaft und Fortpflanzung* *der wilden Bäume under dem Schatten* (de la Nature, Propriété et Propagation des arbres sauvages à l'ombre); Wolfenbüttel, 1754, in-4°; ouvrage intéressant, publié sous le pseudonyme de *Sylvander*; — *Wahre Gründe der Physikalischen und Experimentalischen allgemeinen Forstwissenschaft* (Fondements de la science forestière physique et expérimentale); Leipzig, 1768-1775, en 4 parties in-8°; — *Beobachtungen von einigen Blumen, deren Bau- und Zubereitung der Erde* (Observations sur quelques fleurs, sur leur culture et la préparation de la terre qui leur convient); ibid., 1769, in-8°; — *Beantwortung auf die Frage : Wie ohne Nachtheil des Holzes das Wachsthum des Forstes beschleunigt werden könne* (Réponse à cette question : Comment peut-on hâter le développement d'une forêt sans nuire au bois?); Berlin, 1774, in-4°; mémoire couronné par l'Académie des sciences de Berlin.

Meusel, *Gelehrtes-Deutschland*.

BROCKELSBY (*Richard*), médecin anglais, né à Minenead, dans le comté de Sommerset, le 11 août 1722, mort à Londres le 12 décembre 1797. Il fut, en 1758, médecin de l'armée anglaise, et, après l'avoir suivie durant la guerre de sept ans, il vint s'établir à Londres, où il se livra à la pratique de son art. On a de lui, entre autres : *Dissert. inauguralis de Saliva sana et morbosa*; Leyde, 1745, in-4°; — *An Essay concerning the mortality of the horned cattle*; Londres, 1746, in-8°; — *Eulogium medicum, sive oratio anniversaria Harveiana, habita in theatris collegii regalis medicorum Londinensium*, 1760, in-4°; — *Œconomical and medical observationes, from 1738 to 1763, tending to the improvement of medical hospitales*; Londres, 1764, in-8°.

Biographie médicale.

BROCKES (*Berthold-Henri*), poëte allemand, né à Hambourg le 22 septembre 1680, mort dans la même ville le 16 janvier 1747. Il étudia le droit à Leyde, et visita la Hollande, la France et l'Italie. Il est auteur de poésies pieuses, qu'il publia sous ce titre : *Irdische Vergnügen in Gott* (Plaisirs terrestres en Dieu); Hambourg, 1726-1746, 9 vol. in-8°. Brockes a traduit en allemand quelques ouvrages de Pope, Thompson et Marino.

Jöcher, *Allgemeines Gelehrten-Lexicon*.

BROCKES. Voy. BROKES.

BROCKHAUS (*Frédéric-Arnold*), libraire allemand, né à Dortmund, en Westphalie, le 4 mai 1772; mort à Leipzig le 20 août 1823. Il s'établit d'abord dans sa ville natale; plus tard, il transféra son domicile en Hollande; il ouvrit en 1805 une librairie à Amsterdam. Après l'occupation de la Hollande par les Français, Brockhaus retourna dans sa patrie, et ce fut à Altenbourg qu'il fixa sa résidence (1810); là il fit l'acquisition de la première édition du *Conversations-Lexicon*, sorte d'encyclopédie qu'il améliora successivement dans les éditions subséquentes; on en publie actuellement (1853) la 10e édition. Cet ouvrage, d'abord mis à l'index par le cabinet de Berlin, devint le fondement de la fortune de Brockhaus, et lui fournit les moyens de multiplier ses entreprises commerciales. Ayant transporté sa maison d'Altenbourg à Leipzig, où elle continue de prospérer, Brockhaus publia les journaux suivants, la plupart mensuels : le *Conversations-Blatt* (Feuille pour la Conversation), l'*Isis* d'Oken, le *Hermès* de Krug, les *Zeitgenossen* (Contemporains), et l'almanach annuel intitulé *Uranie*. Parmi les grands ouvrages entrepris par lui, nous citerons l'*Histoire des Hohenstaufen* de M. de Raumer, et le *Lexique bibliographique* d'Ébert.

Ses fils *Frédéric*, né à Dortmund le 23 septembre 1800, et *Henri*, né à Amsterdam le 4 février 1804, suivent avec succès la même carrière. Parmi les grandes publications sorties de leur établissement à Leipzig, on remarque : *die Allgemeine Encyclopædie* d'Ersch et Gruber, vaste répertoire commencé en 1818, et qui se composera, lorsqu'il sera achevé, de plus de cent vol. in-4°; — *Conversations-Lexicon der Gegenwart* (1838-1841); — *Deutsche Allgemeine Zeitung*, feuille périodique, rivale de la *Gazette d'Augsbourg*, etc. En 1834, MM. Brockhaus et Avenarius fondèrent à Paris (rue Richelieu) un établissement de librairie, qui appartient aujourd'hui à M. Franck.

Hermann BROCKHAUS, troisième fils de Frédéric-Arnold, né à Amsterdam le 28 janvier 1806, est depuis 1848 professeur titulaire de sanscrit à l'université de Leipzig; il a publié, entre autres : *Kathâ sarit sagara*, recueil de légendes de Sonadeva, en sanscrit et en allemand; Leipzig, 1839, in-8°; — une édition de *Prabodha candrodaya*, drame de Krishna Misra; ibid., 1845, et une édition du *Vendidad sade*, ibid., 1850.

Conversations-Lexicon.

BROCKMANN (*Jean-François-Jérôme*), artiste dramatique allemand, né à Gratz, en Styrie, en 1745; mort à Vienne en 1812. Après s'être formé sous les auspices de Schrœter à Hambourg, il acquit sur le théâtre de Vienne une grande célébrité, et conserva près du public une longue faveur. Les pièces que cet artiste distingué a composées pour la scène sont aujourd'hui oubliées. [*Enc. des g. du m.*]

Conversations-Lexicon.

BROCQ (dom *Théodore* TALON DE), historien français, né à Châlons-sur-Marne vers 1680, mort à Metz en 1762. Il était religieux de l'abbaye de Saint-Arnould de Metz, et a laissé un manuscrit auquel il avait consacré dix-neuf années de travail, sous le titre de *Recueil historique de ce qui est arrivé de plus remarquable dans la ville de Metz, depuis le temps de Jules César jusqu'à présent* (1756), 2 tomes in-4°. Cet ouvrage, où l'on trouve beaucoup de détails curieux, faisait partie de la bibliothèque de M. Teissier, mort récemment préfet de l'Aude.

<small>Bégin, *Biographie de la Moselle*.</small>

BROCQUIÈRE (*Bertrandon* DE LA), voyageur français, natif du duché de Guienne, vivait dans la première partie du quinzième siècle. Il était seigneur du Vieux-Château, conseiller et écuyer tranchant de Philippe le Bon, duc de Bourgogne. Pendant les années 1432 et 1433, il fit un pèlerinage en terre sainte. A son retour, il présenta au duc de Bourgogne les vêtements et le cheval qu'il avait au sortir de Damas, la vie de Mahomet et le Koran, l'un et l'autre en latin. Le duc l'accueillit avec bienveillance, et, par l'ordre de ce prince, la Brocquière écrivit la relation de son voyage, que Legrand d'Aussy a traduite en français moderne, à laquelle il a mis une introduction, et qui a été insérée dans les *Mémoires de la classe des sciences morales et politiques de l'Institut*, t. V, p. 422-637. Cette relation a été traduite en anglais par Th. Johnes, qui l'a intitulée : *At the Hafod press, Henderson*, 1807, gr. in-8°, fig.

<small>*Mémoires pour servir à l'histoire de France et de Bourgogne.*</small>

BRODEAU, nom d'une famille originaire de Tours, et qui a produit plusieurs hommes distingués dans les lettres et dans la jurisprudence. Les membres les plus connus sont :

I. **BRODEAU** (*Victor*), poëte français, mort en septembre 1540. Il était valet de chambre et secrétaire de Marguerite de Navarre et de François Iᵉʳ. Ses productions, assez peu nombreuses, sont : un poëme en vers de six syllabes, intitulé *Louange de Jésus-Christ*, Lyon, 1540, in-8°; et une *Épître d'un pécheur à Notre-Seigneur*, censurée en 1541 par la faculté de théologie. Ces pièces ne sont pas absolument sans mérite. La versification en est assez facile, le style coulant et naïf; les idées sont souvent ingénieuses. Par une confusion qui fait honneur à Brodeau, on attribua son *Huitain pour deux frères mineurs* à Clément Marot. Du reste, ce poëte estimait Brodeau, et il le cite dans ses œuvres avec éloge.

<small>La Croix du Maine et du Verdier, *Bibl. franç.*</small>

II. **BRODEAU** (*Jean*), érudit français, né en 1500, mort à Tours en 1563, probablement le frère du précédent. Il était lié avec les plus célèbres érudits du seizième siècle, parmi lesquels il occupe lui-même un rang distingué. On lui doit, entre autres : *Dix livres de Mélanges*; Bâle, 1555, in-8°; — un Commentaire sur l'*Anthologie grecque*, imprimé à Bâle en 1549, in-fol., sous le titre : *Epigramm. græc. libri septem*; — des *Notes sur Martial*; Leyde; — et un *Commentaire sur les tragédies d'Euripide*; Bâle, 1558.

<small>La Croix du Maine et du Verdier, *Bibl. franç.*</small>

III. **BRODEAU** (*Julien*), jurisconsulte français, mort à Paris le 19 avril 1653. On a de lui : *Notes sur les arrêts de Louet*, qui ont été souvent réimprimées; — *Vie de Charles Dumoulin*; Paris, 1654, in-4°; — *Commentaires sur la Coutume de Paris*; 1658, 2 volumes in-folio.

Son fils *Pierre-Julien* BRODEAU, et son petit-fils *Julien-Simon* BRODEAU, remplirent des fonctions importantes dans l'administration, et se distinguèrent aussi par leurs talents comme littérateurs. Le premier a laissé : *Preuves des existences et nouveau système de l'univers, ou Idée d'une nouvelle philosophie*; Paris, 1702, in-8°; — *Jeux d'esprit et de mémoire*; Paris, 1702; — *Moralité curieuse sur les six premiers jours de la création*; Tours, 1703; — *Nouveaux jeux d'esprit et de mémoire* (publié sous le nom du marquis de Châtres); Lyon, 1709, 1721, in-12. On a du second une traduction du *Divorce céleste* de Ferrante Pallavicino.

<small>Le Bas, *Dict. encycl. p. de la France*.</small>

BRODERIC (*Étienne*), prélat et homme d'État hongrois, mort en 1540. Il était Esclavon d'origine, alla à Rome solliciter des secours pour le roi de Hongrie Louis II, menacé par les Turcs, et se rendit ensuite auprès de François Iᵉʳ, prisonnier de Charles-Quint, afin de consoler le roi de France. Nommé chancelier de Hongrie, il accompagna Louis II à la bataille de Mohacz, qui coûta la vie à ce prince, et il embrassa ensuite le parti de Jean Zapoli. On a de Broderic une relation de la bataille de Mohacz, intitulée *De Clade Ludovici II, regis Hungariæ*, insérée dans le recueil (2ᵉ édit.) des *Rerum Hungaricarum Decades* d'A. Bonfini; Francfort, 1581; elle fut réimprimée sous le titre : *Narratio de prælio quo ad Mohatzium, anno 1526, etc.*, *cum commentariis J.-G. Kuhnii*; Strasbourg, 1688, in-8°.

<small>Horanyi, *Memor. Hungar.*</small>

BRODERSON (*Abraham*), homme d'État suédois, mort au château de Sonderbourg en 1410. Il sut par ses qualités captiver le cœur de Marguerite, fille de Valdemar, reine de Danemark et de Norwége; et, au milieu des obstacles suscités à Albert de Mecklenbourg, Broderson profita de ses alliances avec les plus puissantes familles de son pays, pour acquérir à Marguerite la couronne de Suède. Il concourut aussi à assurer la succession de cette reine à Éric de Poméranie. Mais ce prince, associé au gouvernement de Marguerite, prit ombrage des richesses et du pouvoir dont on avait récompensé les services de Broderson. Il le fit arrêter dans le Holstein, et décapiter dans le château de Sonderbourg.

<small>Gezelius, *Biograf. Lexicon*.</small>

BRODIE (sir *Benjamin* COLLINS), chirurgien anglais, né en 1783. Il débuta dans la carrière scientifique à l'école libre de Windmillstreet, où il suppléa en 1805 le professeur Wilson, le dernier des disciples du célèbre Hunter. En 1808 M. Brodie fut nommé chirurgien à l'hôpital Saint-George, où il est resté jusqu'en 1830. Sir Banske lui confia les poisons que le docteur Bancroft avait apportés de son expédition de

Guinée; et ses belles expériences sur les substances toxiques, dont les résultats sont consignés dans les *Transactions philosophiques* de 1819, lui valurent la médaille de Copley, la plus haute récompense dont dispose la Société royale de Londres. Depuis ce moment, la carrière de Brodie ne fut plus qu'une suite d'honneurs. Professeur d'anatomie au Collège royal des chirurgiens (1819-1823), baronnet en 1832, professeur à la Société médico-chirurgicale (1839-1840), président et vice-président du Collège royal des chirurgiens, membre du Conseil de la Société royale, correspondant de l'Institut de France (1844), il occupe, depuis la retraite de sir Astley Cooper (1827), la position lucrative et honorable de premier chirurgien de la reine d'Angleterre. Brodie a apporté de très-nombreuses améliorations à la plupart des instruments de chirurgie. Plus que personne il a contribué en Angleterre à rendre plus rare l'emploi des moyens violents. Sans parler de ses ouvrages sur les affections des voies urinaires et sur les maladies des articulations, on lui doit de nombreux et importants mémoires dans la plupart des journaux médicaux de la Grande-Bretagne, et surtout de remarquables travaux physiologiques, publiés de 1810 à 1812 dans les *Transactions philosophiques*, sur l'action des centres nerveux dans la production de la chaleur animale. Les ouvrages de M. Brodie sont : *Lectures on the deseases of the urinary organs*; la dernière édition est de Londres, 1849; — *Observations pathological et surgical, on the deseases of joints*, 5ᵉ édit., in-8°; Londres, 1851; — *Physiological remarks, collected and republished from the Philosophical Transactions*; Londres, 1851. T. D.

The Lancet, 1850. — *Archives générales de Médecine*, 1ᵉʳ vol., 2ᵉ série.

* **BRODZINSKI** (*Casimir*), poëte polonais, né à Krolowko en 1791, mort le 10 octobre 1835. Il entra dans l'artillerie en 1809, et publia dès 1811 ses premières poésies, intitulées *Picnia Wieskie*; Cracovie, 1811. Après avoir été en garnison à Varsovie et à Modlin, il fit partie de l'expédition de Russie en 1812. Revenu à Cracovie avec les débris de l'armée polonaise, il fit les campagnes de Saxe et d'Autriche en 1813. Il était alors officier d'artillerie. A la bataille de Leipzig, il fut fait prisonnier; relâché sur parole, il vint séjourner à Cracovie. A Varsovie, où il se rendit ensuite, il fut chargé de professer l'esthétique à l'université. En même temps il se posa, dans les journaux, en défenseur de la poésie romantique, et se plaça au premier rang des critiques polonais. La suppression de l'université le laissa sans emploi. Atteint d'une maladie de poitrine, il obtint à grand'peine la permission de se rendre aux bains de Bohême. Il mourut à Dresde. Ses *Poésies complètes* ont été publiées à Wilna, 1842, 4 vol.

Conversations-Lexicon.

BROË (*Jacques-Nicolas* DE), magistrat français, né à Beauvais en 1790, mort en 1840. Il fut chargé, sous la restauration, des fonctions du ministère public dans presque tous les procès politiques de cette époque; les principaux sont, en 1822, l'affaire de la souscription nationale, et, en 1826, le procès de tendance dirigé contre *le Constitutionnel*; le plaidoyer qu'il prononça pour l'affaire de la souscription a pris place dans le *Recueil du barreau français* de Panckoucke. De Broë eut l'honneur de terminer débat qui depuis trois cents ans existait entre l'État et le duc de Bourbon au sujet de l'ancien comté de Vertus, assigné autrefois pour dot à la fille du roi Jean; le procureur général, dont le réquisitoire occupa quatre audiences, fit preuve, en cette occasion, de l'érudition historique la plus consommée. Dans l'affaire de Paul-Louis Courier, il montra toute sa modération en arrêtant de nouvelles poursuites que ce publiciste s'était attirées par ses attaques contre les jurés, le président et le ministère public. Dans le procès auquel donna lieu l'empoisonnement Castaing, de Broë posa des principes qui ont fixé la jurisprudence relativement au corps du délit. Ce magistrat, nommé maître des requêtes au conseil d'État, refusa, en 1827, d'entrer au conseil de surveillance des journaux; fut élevé, en 1828, au poste d'avocat général à la cour de cassation, et plus tard à celui de conseiller. Parmi les discours de rentrée qu'il a prononcés, on remarque celui de 1823, *sur l'Amour du vrai*, et celui de 1827, *sur la Conscience*.

Biographie des Contemporains.

BROECK (*Crépin* ou *Crispin Van den*), peintre et graveur flamand, né à Anvers en 1530, mort en Hollande vers 1601. Il fut élève de François Floris, que les Flamands comparent à Raphaël, et il orna de ses tableaux plusieurs galeries princières et municipales. Comme graveur, il a principalement traité des sujets religieux : *la Création du monde*, en sept pièces; — *la Création du monde, depuis Adam jusqu'à la Construction de la tour de Babel*, en neuf pièces; — *Jésus-Christ assis dans un baptistère*; — *un Christ en croix*; — *la Vie de la Vierge*, en dix-neuf pièces; — *l'Annonciation, la Visitation, la Nativité, l'Adoration des mages*, médaillons exécutés en clair-obscur.

Descamps, *Vies des Peintres flamands*.

BROECK (*Barbe Van den*), femme graveur flamande, fille du précédent, née à Anvers en 1560. Son père, qui fut son premier maître, la confia aux soins de Jean Collaert, dessinateur anversois, qui développa avec succès les heureuses dispositions de cette fille remarquable. Les principaux ouvrages de Barbe Van den Broeck sont : une *Sainte Famille*, d'après Broeck père; — *Samson et Dalila*; — *Vénus et Adonis*; — *Mandonia aux pieds de Scipion*; — *le Jugement dernier*, qui est le chef-d'œuvre de cette artiste.

Huber, *Manuel des Amateurs de gravures*.

BROECK (*Peter Van den*), navigateur hollandais, vivait dans la première moitié du dix-septième siècle. Il fit plusieurs voyages, un entre autres au cap Vert. Il partit pour cette destination le 10 novembre 1605, et arriva, le 15 janvier suivant, non loin de ce cap, à la ville de Portodali. Le 24 du même mois, cette contrée fut couverte de sauterelles de la grosseur du pouce, et il en résulta une si grande disette que les naturels du pays venaient vendre leurs femmes, leurs enfants, et parfois se vendaient eux-mêmes. Il était un jour sur le point d'être dévoré par un serpent énorme, lorsqu'il fut, dit-il, éveillé, et arraché à ce péril par le frottement d'un lézard.

Biographie Néerlandaise.

BROEKHUISEN (*Jean Van*), plus connu sous les noms latinisés de *Janus* Broukhusius, érudit et poëte hollandais, né à Amsterdam en 1649, mort le 15 décembre 1707. Il eut pour maître de littérature Adrien Fumius, recteur du gymnase d'Amsterdam, et fut ensuite placé chez un apothicaire. Quelques années après, il s'engagea dans un corps d'infanterie, fit la campagne de 1672, servit en Amérique, sous Ruyter, en 1674, et, revenu en Hollande cette même année, dut à l'amitié de Grævius d'échapper à la peine de mort, qu'il avait encourue en prenant part à un duel. Il fut nommé capitaine dans la milice d'Amsterdam, et congédié, avec une pension, en 1697. Dans ces positions diverses Broekhuisen ne cessa jamais de cultiver avec ardeur la littérature. On a de lui : des *poésies latines*, dont la première édition parut à Utrecht en 1684 ; la deuxième a pour titre : *Jani Broukhusii poematum libri sexdecim*; 1711, in-4° ; — une édition de *Sannazari opera latina...; item trium fratrum Amaltheorum, Hieronymi, J.-Baptistæ, Cornelii, Carmina*; Amsterdam, 1689, in-12 ; — une édition des *Aonii palearii Verulani opera*; Amsterdam, 1696, in-8° ; — une édit. de Properce ; Amsterdam, 1702, 1726, in-4° ; — une édit. de Tibulle ; Amsterdam, 1708, 1727, in-4° ; — une traduction latine de la *Comparaison de Virgile et d'Homère* du P. Rapin. Broekhuisen publia, en faveur du professeur Francius, son ami intime, un pamphlet intitulé *Querela ad publicum*, sous le pseudonyme de *Rutger Hermanides*: ce pamphlet valut à son auteur les injures des ennemis de Francius.

Jöcher, *Allgemeines Gelehrten-Lexicon.*

BROEKHUIZEN (*Benjamin*), médecin et philosophe hollandais, mort vers 1686. Il fut d'abord chirurgien-major dans un régiment, et professa plus tard, à Bois-le-Duc, la médecine et la philosophie. Il a laissé : *Œconomia corporis animalis, sive cogitationes succinctæ de mente, corpore, et utriusque conjunctione*; Nimègue, 1672, in-12; Amsterdam, 1683, in-4° : la troisième édition de cet ouvrage est intitulée *Rationes philosophico-medicæ, theoretico-practicæ*; la Haye, 1687, in-4°.

Acta Erudit. — Jöcher, *Allgem. Gelehrten-Lexicon.*

* **BRŒNDSTED** (*Peter Oluf*), célèbre archéologue et philologue danois, né le 17 novembre 1780 en Jutland, mort à Copenhague le 26 juin 1842. Ayant terminé avec distinction ses études de théologie et de philosophie à l'université de Copenhague, il se rendit en 1806 à Paris, où il resta deux ans; il visita ensuite l'Italie, d'où il partit en 1810, accompagné de trois savants allemands (Haller Van Hallerstein, Linck et Stackelberg), pour la Grèce et l'Asie Mineure, et y fit des recherches et des fouilles de la plus haute importance pour l'étude des antiquités classiques. Nommé professeur de philologie grecque à l'université de Copenhague en 1813, il fut en 1818 envoyé en mission près la cour papale, et profita de cette occasion pour visiter en 1820-1821 l'Italie méridionale, les îles Ioniennes et la Sicile, et faire exécuter à Rome les gravures pour son grand ouvrage sur la Grèce, qu'il publia à Paris, où il retourna en 1824. Il visita en 1826 l'Angleterre, et se fixa depuis 1832 à Copenhague. Là Brœndsted fut nommé directeur du cabinet d'antiquités et de médailles du roi, et un public nombreux et choisi fréquenta ses cours si instructifs sur la littérature et l'archéologie classique. Il mourut, recteur de l'université, par suite d'une chute de cheval.

Les importants résultats de ses voyages ont été consignés dans son ouvrage écrit en français sous ce titre : *Voyages dans la Grèce, accompagnés de recherches archéologiques, et suivis d'un aperçu sur toutes les entreprises scientifiques qui ont eu lieu en Grèce depuis Pausanias jusqu'à nos jours, avec un grand nombre de monuments inédits, ainsi que de cartes et de vignettes*; Paris, Firmin Didot, 1826-1830, 12 volumes in-4°. Parmi ses nombreux travaux spéciaux et disséminés, on remarque : *Bidrag til den danske Historie af nordfranske Manuskripter fra Middelalderen* (Histoire danoise, éclairée par des manuscrits du nord de la France du moyen âge); Copenhague, 1817-1818; — *Sopra una iscrizione greca, scolpita in un antico elmo di bronzo rinvenuto nelle rovine di Olympia*; Napoli, 1820, in-8°; — *A brief Description of 32 ancient greek painted vases, found near Vulci*; Londres, 1832; — *De cista ænea Præneste reperta*; Hafniæ, 1834; — *the Bronzes of Syris*; Londres, 1836; en allemand, Copenhague, 1837. Enfin Brœndsted a traduit en danois diverses tragédies d'Eschyle et de Sophocle. Sa biographie par J.-P. Mynster, évêque de Sélande, précède un ouvrage posthume de Brœndsted *sur les conditions, les peuples*, etc., *de la Grèce actuelle*; Copenhague, 1844-1845. P.-L. MÖLLER.

Erslew, *Forfatter-Lexicon.*

BROEUCQUEZ (*Jean-François DE*), médecin flamand, né à Mons en 1690, mort dans la même ville le 11 juillet 1740, a publié : *Réflexions sur la méthode de traiter les fièvres par le quinquina*; Mons, 1725, in-12 ; — *Preuve de* *la nécessité de regarder les urines, et de l'usage que le médecin doit en faire pour la guérison des maladies;* ibid., 1729, in-12.

Son quatrième fils, *Antoine-François* BROEUCQUEZ, médecin flamand, né à Belœil, village près d'Ath, en 1723, mort à Mons en 1767, a composé : *Discours sur les erreurs vulgaires qui se commettent dans le traitement des enfants, depuis leur naissance jusqu'à leur âge adulte;* Mons, 1754, in-12; — *Réfutation des erreurs vulgaires sur le régime que la médecine prescrit aux malades et convalescents;* Mons, 1757.

Biographie médicale.

BROGHILL. Voy. BOYLE (*Roger*).

BROGIANI (*Dominique*), médecin italien, né à Florence en 1716. Il fut reçu docteur en 1738, fut nommé en 1747 à la chaire des éléments de médecine, et, en 1754, à celle d'anatomie. Il a laissé : *Miscellanea physico-medica ex germanicis academicis deprompta;* Pise, 1747, in-4°; — *De Veneno animantium naturali et adquisito Tractatus;* Florence, 1752, 1755, in-4°.

Mazzuchelli, *Scrittori d'Italia.*

BROGITARUS, roi de Galatie, vivait dans la première moitié du premier siècle avant l'ère chrétienne. Il était gendre de Déjotarus, qui avait réuni sous sa domination les douze tétrarchies de la Gallo-Grèce. Brogitarus voulut démembrer ce royaume à son profit; et, tandis que son beau-père tenait de César et du sénat le titre et le pouvoir de roi des Galates, il se fit donner le même titre et la même autorité par une assemblée du peuple, qui lui décerna l'un et l'autre. Sur la proposition du tribun Claudius, celui-ci mit le nouveau souverain en possession de Pessinunte et du temple de cette ville, où Cybèle était honorée. Mais Déjotarus prit les armes contre son gendre, le déposséda de Pessinunte, et le chassa du temple, qu'il restitua au grand-prêtre de la mère des dieux. Brogitarus, pour se venger de sa défaite, envoya à Rome Castor, petit-fils de Déjotarus, afin d'accuser ce monarque d'avoir conspiré contre César, ce qui donna lieu au beau discours de Cicéron *Pro rege Dejotaro*. La courte domination de Brogitarus, attestée par cet orateur, est confirmée par un beau tétradrachme en argent, sur lequel ce prince prend le titre de roi et la qualité *d'ami des Romains*.

Cicéron, *De aruspicum Responsis.* — *Magasin encyclopédique,* année 1798, t. V, p. 460.

BROGLIE ou **BROGLIA** (*Maison* DE). Cette ancienne maison, originaire de Quiers en Piémont, a produit beaucoup d'hommes remarquables, parmi lesquels on compte plusieurs archevêques, évêques, lieutenants, et trois maréchaux de France. Elle se compose de quatre branches. Albéric de Broglia, fameux capitaine de son temps, après s'être emparé de la ville d'Assise, quitta Turin, et alla s'établir à Rumini, où il forma la première branche, sur laquelle il ne reste aucun renseignement. Simon de Broglia, mort avant 1394, est l'auteur commun des trois autres branches, dont la première fut établie en Provence, la seconde à Paris, et la troisième en Piémont.

Parmi les diverses et nombreuses illustrations de cette famille, on remarque :

*I. **BROGLIE** (*Louis* DE), né en 1500, mort en 1571, chevalier, grand-croix de Saint-Jean-de-Jérusalem, et amiral. Il commandait le fort de Saint-Elme dans l'île de Malte en 1565, lorsque Soliman, empereur des Turcs, vint l'assiéger; il se défendit vigoureusement, quoiqu'il ne lui restât plus que sept hommes en état de combattre.

Dict. de la Noblesse, t. III.

II. **BROGLIE** (*François-Marie* DE), chevalier, comte de Revel en Piémont par lettres du duc de Savoie du 11 novembre 1643, dit *le comte de Broglie*, lieutenant général des armées du roi, né vers 1600, mort le 2 juillet 1656. Tour à tour page, gentilhomme de la chambre, et capitaine des arquebusiers à cheval de la garde de Maurice de Savoie, François de Broglie, qui s'était signalé en 1639 aux prises de Chivas et d'Yvrée, suivit le prince Maurice dans ses expéditions de Saluces, de Fossano, ainsi qu'au siège de Cimeo. Après avoir défendu pendant trois mois (1641) la ville de Coni, qu'assiégeait l'armée du roi Louis XIII, il passa (1644) au service de France sur les instigations du cardinal Mazarin, qui lui fit donner le grade de maréchal-lieutenant de son régiment de cavalerie italienne. S'étant signalé en Catalogne en 1645, il reçut, le 26 août de la même année, le brevet de maréchal de camp, et déploya le plus grand courage au siège de Lérida, à la prise d'Alger, ainsi qu'à la levée du siège de Constantine par les Espagnols. Créé lieutenant général durant les guerres civiles, ce fut lui qui le premier monta à l'escalade pour prendre Charenton. Grièvement blessé à l'attaque des lignes d'Arras, le roi, pour le récompenser de ses services, lui promit la première charge de maréchal qui viendrait à vaquer; mais de Broglie ne put profiter d'une récompense si bien méritée, ayant été tué à l'âge de cinquante-six ans d'un coup de mousquet dans la tranchée de Valence sur le Pô. Quoique François-Marie de Broglie n'eût point été reçu chevalier des ordres, à l'époque de sa mort Louis XIV autorisa sa famille, par brevet du 10 janvier 1657, « à orner son « tombeau et ses effigies des marques des ordres « du Saint-Esprit et de Saint-Michel. » Le nom de ce guerrier est inscrit sur les tables de bronze du palais de Versailles.

Chronol. militaire, t. IV, p. 88.

III. **BROGLIE** (*Victor-Maurice,* comte DE), marquis de Brezolles et de Senonches, maréchal de France, fils aîné de François-Marie de Broglie, né vers 1647, mort le 4 août 1727. Guidon des gendarmes de la garde le 28 juin 1666, il fit les campagnes de Flandre en 1667, et de Franche-

Comté en 1668; commanda la compagnie des chevau-légers de Bourgogne aux siéges d'Épinal et de Chaste en 1670; suivit en 1672 le roi dans la conquête de Hollande; se trouva aux prises de Maestricht en 1672, de Gray et de Dôle en 1674, et se couvrit de gloire à la bataille de Seneff. Commandant de gendarmerie le 12 mars 1675, il servit en Flandre sous le roi et sous le prince de Condé au siége de Limbourg, qui capitula le 21 juin. Maréchal de camp le 25 août 1676, il fut envoyé sur les bords du Rhin, où il se distingua sous les ordres du maréchal de Créqui. Nommé lieutenant général des armées du roi lors du siége de Luxembourg (24 août 1684), il passa en Flandre et de là en Languedoc pour comprimer les mouvements des religionnaires. Doyen des lieutenants généraux, il fut le premier maréchal de France créé par Louis XV le 2 février 1724. A. S....Y.

Pinard, *Chron. militaire*, t. III, p. 198.

*IV. **BROGLIE** (*François-Marie*, 2e du nom, duc DE), troisième fils de Victor-Maurice, comte de Broglie, et de Marie de Lamoignon, maréchal de France, né le 11 janvier 1671, mort le 22 mai 1745. Successivement connu sous les noms de comte de Butri et de chevalier de Broglie, il entra dans la compagnie des cadets de Besançon en 1685, passa cornette de cuirassiers le 15 janvier 1687, et se trouva le 27 août 1689 au combat de Valcourt, sous le maréchal d'Humières, et à Fleurus le 1er juillet 1690. Capitaine au même régiment, il servit en Allemagne en 1691, fut envoyé l'année suivante à l'armée d'Italie, combattit en 1693 sous le maréchal de Catinat, et contribua à la prise du fort de Sainte-Brigitte le 4 octobre. Mestre de camp, lieutenant du régiment du Roi cavalerie le 20 janvier 1694, il fit la guerre dans les Pays-Bas jusqu'à la paix de Ryswick, en 1697. Après avoir fait partie de l'armée qui, sous les ordres du maréchal de Boufflers, ouvrit la campagne de Flandre en 1701, il fut promu aux grades de brigadier des armées du roi le 23 décembre 1702, et de maréchal de camp le 26 octobre 1704. Employé à l'armée d'Italie en 1705 et à celle du Rhin de 1706 à 1709, il obtint le 3 février 1707 la commission d'inspecteur général de la cavalerie et des dragons, et se signala à l'attaque et à la prise des retranchements de Stoloffen. Lieutenant général des armées du roi le 29 mars 1710, il servit en Flandre sous les maréchaux de Villars et de Montesquiou. Il emporta l'épée à la main (2 juin 1710) le poste de Biache, où il fit deux cent vingt prisonniers, et se distingua à Denain, à Spire et à Fribourg. Ambassadeur en Angleterre (janvier 1724), il fut promu à la dignité de maréchal de France le 14 juin 1734, et donna de grandes marques d'intrépidité à la bataille de Parme, où il commandait conjointement avec le maréchal de Coigny. Désigné (2 décembre 1741) pour commander l'armée de Bohême, sous l'électeur palatin, il força les Autrichiens à lever le siége de Frauenberg, et à abandonner la ville de Thein. Créé duc en juin 1742, il commanda l'armée française en Bavière jusqu'en juillet 1743, qu'ayant obtenu le gouvernement de Strasbourg, il quitta le service. Il mourut deux ans après, à l'âge de soixante-quatorze ans.

A. S....Y.

Pinard, *Chronol. militaire*, t. III, p. 290.

V. **BROGLIE** (*Victor-François*, duc DE), maréchal de France, fils du précédent, né le 19 octobre 1718, mort à Munster en 1804. Capitaine au régiment Dauphin cavalerie le 15 mars 1734, il se trouva aux batailles de Parme et de Guastalla, sous le maréchal de Coigny, et fut choisi pour annoncer cette dernière victoire à Louis XV, qui lui donna le commandement du régiment de Luxembourg infanterie, avec lequel il servit en Italie jusqu'en 1736. S'étant distingué en 1741 aux attaques de Prague et d'Égra, il fut nommé, le 26 avril 1742, brigadier des armées du roi, major général de l'armée de Bavière le 1er avril 1743; il fut employé à celle de la haute Alsace, sous le maréchal de Coigny, et à celle du Rhin en 1744 et 1745. Passé à l'armée de Flandre en 1746, il fut créé inspecteur général de l'infanterie le 21 mai, combattit à Rocoux le 11 octobre, à Lawfeld le 2 juillet 1747, et servit au siége de Maestricht, où furent signés les préliminaires de la paix. Lieutenant général le 10 mai 1748, il se trouva en 1757 à la bataille de Hastembeck, sous le commandement du maréchal d'Estrées, et assista, le 5 novembre, au désastre de Rosbach. Ayant battu en 1758 les Prussiens au combat de Sondershausen, il eut encore sa part de la victoire de Lutzelberg. Voulant récompenser de si brillants faits d'armes, Louis XV le créa chevalier de ses ordres le 1er janvier 1759. La bataille qu'il gagna à Berghen sur les Hessois et les Prussiens, le 13 avril de la même année, lui valut le titre de prince de l'Empire, que lui donna François Ier, empereur d'Allemagne, par diplôme du 28 du même mois. Après avoir couvert la retraite des troupes françaises après la malheureuse journée de Minden, il reçut le commandement en chef de l'armée d'Allemagne en remplacement du maréchal de Contades, et fut élevé à la dignité de maréchal de France le 16 décembre 1759. Dans la campagne de 1760, le maréchal de Broglie battit encore les ennemis à Corbach, et l'année suivante il partagea avec le prince de Soubise la défaite de Villinghausen. Chacun des deux maréchaux rejetant cette défaite sur son collègue, la cause fut portée devant le conseil d'État, et le maréchal de Broglie fut exilé. Ce jugement, peut-être mérité, mais tout au moins sévère, lui acquit les sympathies du public, qui, saisissant l'occasion de protester contre la décision des juges, força Mlle Clairon de répéter ces deux vers de la tragédie de *Tancrède*, qui se trouvaient être de circonstance :

On dépouille Tancrède, on l'exile, on l'outrage
C'est le sort des héros d'être persécutés.

Rappelé en 1764, le duc-maréchal de Broglie reeut le commandement du camp rassemblé sous les murs de Metz le 15 février 1771, et devint ministre de la guerre en 1789. Forcé de quitter la France, il se retira à Luxembourg, et se trouva en 1792 à la tête d'un corps d'émigrés qui, aidé de l'armée prussienne, envahit la Champagne. Il mourut à l'âge de quatre-vingt-six ans. M. de Bourcet a rédigé, sous le titre de *Mémoires historiques sur la guerre*, un ouvrage extrait des papiers du maréchal de Broglie. A. S....Y.

Pinard, *Chronol. milit.*, t. III, p. 458. — *Vict. et conquêtes*, t. Ier. — *Archives de la Guerre*.

VI. **BROGLIE** (*Maurice-Jean-Madeleine* DE), prélat français, frère du précédent, né au château de Broglie le 5 septembre 1766, mort à Paris le 20 juillet 1821. Il émigra en Pologne pendant la révolution. A son retour en France en 1803, il fut nommé aumônier de l'empereur, et, en 1805, évêque d'Acqui en Piémont. A cette époque, il épuisa, dans ses mandements, les formules de la plus pompeuse adulation envers le vainqueur d'Austerlitz ; mais son langage et sa conduite changèrent étrangement lorsqu'il fut devenu évêque de Gand. Alors on le vit refuser des mains de l'empereur la décoration de la Légion d'honneur, et manifester une opposition constante dans le concile national de 1811. Le lendemain de la dissolution de cette assemblée, le prélat fut enfermé à Vincennes, puis exilé à Beaune, et enfin relégué dans l'île de Sainte-Marguerite, sur les côtes de la Provence. Après la chute de Napoléon, M. de Broglie rentra dans son diocèse, auquel il avait été deux fois obligé de renoncer. Là encore son zèle, peut-être outré, pour la défense de la religion, ses luttes déplorables avec le pouvoir, son refus de prières pour le roi Guillaume, lui attirèrent bien des traverses et des persécutions. Enfin, condamné par contumace à la déportation par la cour d'assises de Bruxelles, il se retira en France.

Le Bas, *Dictionnaire encyclopédique de la France*.

VII. **BROGLIE** (*Claude-Victor*, prince DE), fils de Victor-François de Broglie, né à Paris en 1757, guillotiné le 27 juin 1794. Aide de camp de son père, il fut élu député aux états généraux de 1789 par la noblesse de Colmar et de Schélestadt, et voua ses services à la cause populaire, en votant, dans la séance du 24 décembre 1789, l'admissibilité de tous les citoyens aux emplois de la magistrature et de l'armée. Nommé secrétaire de l'assemblée au commencement de 1790, il s'occupa activement de la nouvelle organisation militaire. Membre de la Société des amis de la constitution en février 1791, il fut chargé, le 2 mai, de faire un rapport sur les troubles des départements du Midi, et fit décréter le licenciement de la légion d'Aspe, qui avait causé les troubles de Toulouse. Président de l'assemblée nationale du 14 août au 31 du même mois, le prince de Broglie, sur le point de rentrer dans la vie privée, demanda à reprendre la carrière des armes, et fut employé dans le grade de maréchal de camp à l'armée du Rhin. Sa conduite lui mérita les éloges du pouvoir jusqu'au 10 août 1792 : à cette époque, ne voulant pas reconnaître le décret qui suspendait le roi de ses droits, il donna sa démission, et se retira à Bourbonneles-Bains. Bientôt arrêté, et traduit devant le tribunal révolutionnaire, il fut condamné à mort à l'âge de trente-sept ans. On a de lui un *Mémoire sur la défense des frontières de la Sarre et du Rhin*. A. S....Y.

Vict. et Conquêtes, t. Ier. — *Moniteur universel*.

* VIII **BROGLIE** (*Albertine-Ida-Gustavine* DE STAEL), duchesse DE), née à Paris vers l'an 1797, morte en septembre 1838. Fille de madame de Staël, qui veilla seule sur son éducation, on conçoit aisément tout ce que les soins d'une pareille mère, joints au spectacle des graves événements dont sa jeunesse fut témoin, durent faire pour cultiver une heureuse nature. Aussi a-t-elle dignement soutenu l'héritage de ce beau nom. Mariée en 1816 à M. le duc de Broglie, elle trouva dans cette union, qui ne fut jamais altérée par le plus léger nuage, tout ce qui peut contribuer au bonheur de la vie ; et, quel que fût l'éclat de sa position, il est juste de dire qu'elle l'a rehaussée par l'exemple admirable qu'elle a donné de toutes les vertus domestiques. A son tour, elle présida elle-même à l'éducation de ses enfants ; et ce n'était qu'après avoir pleinement satisfait à tous les devoirs de famille qu'elle donnait une partie de son temps au monde, dont elle fut un des plus beaux ornements. Son salon n'était pas seulement le rendez-vous de toutes les illustrations politiques, c'était un de ces salons qui deviennent de plus en plus rares à Paris, et où, comme aux beaux jours du dix-huitième siècle, la haute société venait chercher les plaisirs de l'esprit. Là se rendait l'élite des écrivains, des orateurs, des artistes, et tout ce qu'il y avait à Paris d'étrangers célèbres par le rang ou par les talents.

Mme la duchesse de Broglie était zélée protestante, et dans sa religion même elle appartenait à une secte connue par la rigidité de ses principes et par l'austérité de ses pratiques : mais la sévérité du méthodisme n'avait pas réagi sur son caractère, et en elle la piété se conciliait avec une extrême bienveillance ; son souvenir vit dans le cœur reconnaissant des malheureux qu'elle a secourus. Sans jamais produire son nom au public, Mme la duchesse de Broglie a écrit elle-même plusieurs morceaux aussi remarquables par la délicatesse de l'expression que par la tendance morale ; ce sont pour la plupart des *essais de morale*. Après la mort de son frère M. Auguste de Staël, elle regarda comme un devoir de donner une édition complète de ses ouvrages : elle la fit précéder d'une notice pleine d'intérêt sur les travaux de M. de Staël, et où se trouvent aussi de curieux détails sur la vie de leur illustre mère. Les autres essais de Mme de Broglie ont été recueillis depuis sa mort sous ce titre : *Fragments sur divers sujets de religion et de morale* (Paris, 1840, imprimerie royale). Le premier de ces opuscules est une préface à la traduction de l'*Histoire des Quakers*, publiée en 1820 ; puis les préfaces de deux ouvrages d'Erskine : l'un, *Réflexions sur l'évidence intrinsèque du christianisme* ; l'autre, *Essai sur la foi*. Un des écrits les plus remarquables de ce recueil est celui qui est intitulé *Sur les associations bibliques de femmes* (1824). L'auteur y traite du rôle qui appartient aux femmes dans les associations philanthropiques, et montre la part qui leur est réservée dans la tâche difficile de moraliser les populations. A la suite viennent quatre *Comptes-rendus de la Société auxiliaire des femmes, à la Société des missions évangéliques de Paris*, pour les années 1827, 1831, 1834, 1837. Enfin, ce volume contient encore trois morceaux inédits, savoir : *Introduction à la traduction du Salut gratuit* d'Erskine; le *Caractère de Christ, paraphrase de la parabole de l'Enfant prodigue*.

Au milieu des plus brillantes prospérités, Mme la duchesse de Broglie avait en elle-même de pénibles épreuves à soutenir. Peu après la mort de son frère, enlevé dans le fort de l'âge, elle fut cruellement frappée par la perte d'une fille à peine âgée de quinze ans. Elle avait marié en 1836 sa seconde fille à M. le comte d'Haussonville, et venait d'être témoin des succès de son jeune fils, couronné dans les concours de l'université, lorsqu'elle fut subitement enlevée à l'amour des siens et au respectueux attachement de tous ceux qui la connaissaient.

Le corps de Mme la duchesse de Broglie a été transporté dans la sépulture de sa famille, à Coppet, où reposaient déjà les corps de sa mère et de son frère, auprès de ceux de M. et Mme Necker.

ARTAUD.

IX **BROGLIE** (*Achille-Léonce-Victor-Charles*, duc DE), homme d'État français, fils de Claude. Victor, naquit à Paris, le 28 novembre 1785. A neuf ans il perdit son père ; Sophie de Rauzan, sa mère, petite-fille du maréchal de France qui essaya de rendre à Jacques II le trône d'Angleterre, était en prison à Vesoul. Le dévouement de quelques amis et sa présence d'esprit l'arrachèrent aux persécutions qu'elle éprouvait. La veuve de Victor de Broglie avait besoin d'un auxiliaire au milieu de ces circonstances difficiles : elle le trouva dans M. d'Argenson, qu'elle épousa vers cette époque, et qui ainsi se trouva chargé de l'éducation du jeune de Broglie. Il y consacra tous ses instants, et s'adjoignit M. Schweighæuser fils. Le jeune Victor de Broglie dut à M. d'Argenson d'être libéré du service militaire, dont personne, pour ainsi dire, n'était exempt ; il lui dut son talent d'improvisation, ses études politiques, sa mission en Illyrie, l'amitié de M. de Narbonne, ambassadeur à Vienne, enfin la possession de la belle terre de Broglie, que M. d'Argenson réussit à lui conserver. M. de Broglie se lia alors avec M. de Talleyrand, et fut proposé par ce nouveau protecteur comme membre de la première formation de la chambre des pairs en juin 1814. Dans les Cent-Jours, il devint officier supérieur de la garde nationale. M. de Broglie épousa à Livourne, le 15 février 1816, la fille de Mme de Staël. Après la seconde restauration, il prit le titre de duc, qui n'avait pas été porté depuis le maréchal. C'est à cette époque que commença la carrière politique de M. de Broglie. Livré à l'étude de l'économie politique et des législations comparées, il se rendit familières les théories sociales, et les formes diverses qu'ont affectées chez les différents peuples les libertés publiques. Mais trop jeune encore pour prendre part aux délibérations de la chambre, il ne laissa pas d'y porter, dans les discussions, le fruit de ses connaissances, et d'y préluder avec avantage aux succès de tribune que ses travaux législatifs devaient lui assurer un jour. L'une des circonstances où il fit voir alors le plus d'entraînement et de chaleur fut le procès de l'infortuné maréchal Ney. Il en avait suivi avec anxiété tous les débats sans prendre part aux décisions, quand, parvenu à sa trentième année, la veille même du jour du jugement, il se hâta, dans un noble but, de revendiquer son droit délibératif ; et il en usa pour voter l'absolution pure et simple, après avoir lutté à plusieurs reprises, durant la nuit fatale, pour arracher la victime à sa destinée. Ce procès était à peine terminé, que s'ouvrit la discussion sur la loi d'amnistie, loi de colère qui laissait subsister les listes de proscription, et que M. de Broglie combattit avec la même et chaleureuse conviction. Si l'on voulait suivre pas à pas M. de Broglie dans tout le cours de ses travaux parlementaires, il faudrait tracer l'histoire de cette multitude de discussions qui animèrent la chambre des pairs pendant ces quinze ou vingt dernières années ; car il en est peu où il n'ait apporté le tribut de ses vastes connaissances en jurisprudence positive et en philosophie politique. Il répandit particulièrement de vives lumières sur la législation de la presse, qu'il avait étudiée profondément dans les institutions des peuples libres, et soumise à ses propres méditations.

En 1822 (28 mars), M. de Broglie, dans un discours prononcé à la chambre des pairs, invoqua les lois éternelles de la morale, de la religion, de l'humanité, violées chaque jour par la continuation du trafic des noirs, au mépris des traités existants. Mais, comme l'avait pressenti l'orateur, les désastres qu'une philanthropie imprudente avait fait fondre, il y a quarante ans, sur la plus importante de nos anciennes colonies, préoccupaient encore un grand nombre de citoyens : on admira la beauté du travail de l'orateur ; on s'indigna au récit des scènes atroces dont il peignait les malheureuses victimes. Mais le ministère combattit la proposition, sous le prétexte que la législation en vigueur était suffisante pour la répression ; les préoccupations de quelques pairs vinrent en aide à ces vains arguments, et dès lors les sympathies qu'avait rencontrées la proposition furent stériles : l'ajournement fut prononcé. Ce fut seulement depuis la révolution de Juillet que M. de Broglie compléta, par une convention supplémentaire signée entre la France et la Grande-Bretagne, une mesure répressive préparée sur ce point par son prédécesseur, M. le général Sébastiani.

La révolution de Juillet, dont M. le duc de Broglie avait été l'un des premiers appuis, vint lui ouvrir les conseils du roi. Il fut nommé, le 11 août 1830, ministre de l'instruction publique et des cultes, et président du conseil d'État. L'accord s'étant rompu entre les ministres dont se composait avec lui le conseil du roi (MM. Périer, Guizot, Molé, Louis, etc.), et des opinions favorables à un mouvement trop rapide et à des réformes instantanées ayant prévalu, il donna sa démission le 2 novembre suivant, pour reprendre, dans la chambre des pairs, son poste d'orateur influent. Rappelé aux affaires le 11 octobre 1832, il fut chargé cette fois du portefeuille des affaires étrangères, qu'il garda jusqu'au 4 avril 1834. C'est sous son ministère et par l'influence de sa parole que les chambres ont accepté le traité relatif à l'indépendance et à l'emprunt de la Grèce ; et il se retira devant l'opposition qu'il rencontra relativement à deux créances de l'Amérique. Outre ses discours prononcés aux chambres, on a de lui, dans la *Revue française*, d'excellents articles d'économie politique, etc. Après la révolution de Février, M. de Broglie reparut un moment sur la scène politique ; il représenta, en 1849, le département de l'Eure à l'assemblée législative, où il fut un des chefs de la droite. Depuis le 2 décembre 1851, il vit dans la retraite.

Son fils aîné, *Albert*, prince de Broglie, né en 1821, a publié quelques articles remarquables de littérature dans la *Revue des Deux Mondes* et dans d'autres recueils.

Biographie des Contemp. — Lesur, *Annuaire histor.*

BROGLIO (le comte *André-Maximilien*), guerrier italien, né à Recanati, dans l'État romain, le 31 mai 1788 ; mort le 23 mai 1828. Il s'engagea à l'âge de vingt ans, et servit d'abord dans la garde du vice-roi d'Italie, ensuite dans le corps des chasseurs italiens. Il se comporta courageusement au combat de Smolensk et sur le champ de bataille de Malojaroslawitz, où on le laissa pour mort ; il fut fait prisonnier par les Russes, qui l'envoyèrent en Sibérie. A son retour, il combattit dans l'armée de Murat. Après la chute de ce prince et celle de Napoléon, le comte Broglio, après avoir voyagé en Orient, ramena dans sa patrie, en 1820, la comtesse Edwige Sulmienski, qu'il avait épousée à Varsovie. En 1827, il alla combattre sous les ordres du général Church pour l'indépendance de la Grèce, et fut tué au siége d'Anatolico au moment où il montait à l'assaut de cette place.

Tipaldo, *Biografia degli Italiani*. — *Biographie universelle*.

BROGNOLI (*Antoine*), littérateur et biographe italien, né à Brescia en 1723, mort en février 1807. Il termina ses études littéraires à Milan et à Parme, et se livra à l'étude des mathématiques. Plusieurs académies lui durent leur établissement ou leur restauration ; il dota d'un théâtre sa ville natale, et fut le Mécène des littérateurs de son temps. Ses principaux ouvrages sont : *il Pregiudizio, canto* ; Brescia, 1766, in-8° ; — *Memorie aneddote spettanti all' assedio de Brescia dell' anno 1438* ; ibid. 1780, in-8° ; — *Elogj de' Bresciani per dottrina eccelenti del secolo XVIII* ; ibid., 1783 ; — *Elogio del cardinal Quirini*, dans la *Raccolta* de l'abbé Rubbi, t. X.

Tipaldo, *Biografia degli Italiani illustri*.

BROGNY (1) (*Jean* ALLARMET, cardinal DE), connu aussi sous le titre de cardinal de Viviers ou d'Ostie (du nom des siéges épiscopaux qu'il a occupés), mérite d'être compté au premier rang des princes de l'Église qui se firent remarquer au moyen âge par l'esprit de tolérance et de douceur évangélique, et par leurs vertus bienfaisantes. Il naquit en 1342 au village de Brogny, près d'Annecy en Savoie, et mourut à Rome le 16 février 1426. Ses biographes sont partagés au sujet de son extraction. Les uns lui donnent pour père un paysan de Brogny ; d'autres le considèrent comme issu de la noble famille d'Alouzier, du comtat Venaissin. Quoi qu'il en soit, il paraît certain que, dans son jeune âge, il gardait les cochons, non loin de son village, lorsque des religieux en voyage, l'ayant rencontré sur leur route, remarquèrent sa physionomie heureuse ; et qu'ayant lié conversation avec lui, ils furent tellement charmés de ses réponses pleines d'à-propos, qu'ils lui proposèrent de le suivre à Genève, en s'engageant à lui procurer les moyens d'entreprendre et de continuer ses études. Il accepta leur offre avec le consentement de ses parents, et récompensa les soins de ces bons pères par des progrès rapides dans toutes les sciences. Sa capacité bien reconnue le fit appeler par la suite à un canonicat de la cathédrale de Genève. On ne sait par quel motif il abandonna ce poste honorable pour se retirer à la chartreuse de Dijon. Mais le bruit de son mérite était parvenu jusqu'au duc de Bourgogne Philippe le Hardi : ce prince le tira de la vie claustrale pour l'accréditer en qualité d'envoyé près de Clément VII (antipape) d'Avignon, avec mission de faire acte d'obéissance. Le pontife, ayant apprécié son habileté, le chargea de l'éducation d'Humbert

(1) Ce nom est écrit diversement par les auteurs que nous avons consultés. Moréri appelle le cardinal *Jean de Brogniar* ou *de Brogniac* ; Levrier (*Chronologie des comtes de Genevois*, tom. II, p. 28), *Jean de Brognia*, Senebier (*Histoire littéraire de Genève*, t. I.), *Jean de Brogny*. Nous avons donné la préférence à cette dernière version.

de Toire de Vilars, son neveu, qui fit de grands progrès sous un pareil maître. Les marques de reconnaissance du pape ne se firent pas attendre : en 1380, il nomma l'instituteur évêque de Viviers, et l'éleva à la dignité de cardinal en 1382, sous le titre de Saint-Anastase. La faveur dont Brogny jouissait à la cour pontificale se maintint sous les successeurs de Clément VII. Benoît XIII le nomma évêque d'Ostie et vice-chancelier de l'Église romaine. Alexandre V et Jean XXIII confirmèrent ces diverses nominations, et, de plus, le dernier le pourvut de l'archevêché d'Arles. Durant le grand schisme qui divisa l'Église pendant plus de quarante ans, Brogny n'employa son influence et ses talents que pour concilier les esprits ; ramena surtout l'élection des souverains pontifes à l'observance des règles canoniques, très-souvent violées par les prétentions ambitieuses des aspirants à la tiare et de leurs adhérents. Mais ce fut sans succès qu'il se chargea d'une mission plus délicate. Il s'agissait d'engager Benoît XIII (Pierre de Lune) à mettre un terme au schisme par une abdication volontaire. Le pape Jean XXIII, de concert avec l'empereur Sigismond, avait ordonné la convocation du concile de Constance pour parvenir à ce grand résultat. Il présida les six premières sessions ; mais sa déposition ayant été prononcée, ce fut le cardinal de Brogny qui, en qualité de doyen du sacré collége, présida le concile jusqu'à la quarante et unième session (14 novembre 1417), dans laquelle le cardinal Colonne fut élu souverain pontife sous le nom de Martin V, après la déposition de Benoît XIII et l'abdication de Grégoire XII. On croit qu'il n'eût tenu qu'à lui d'obtenir les suffrages du sacré collége ; mais, étranger aux talents de l'ambition, il contribua à faire pencher la balance en faveur du cardinal Colonne. Avant son élection, le concile avait procédé au jugement des doctrines et de la personne de Jean Hus, qui, obtempérant à la citation qu'il avait reçue, s'était rendu à Constance, à l'aide d'un sauf-conduit de l'empereur Sigismond. Le cardinal de Brogny le visita plusieurs fois dans sa prison, pour obtenir de lui une rétractation qui eût peut-être sauvé ses jours. Mais les exhortations pleines de mansuétude du digne pontife ne purent triompher de l'inflexibilité du sectaire. Comme président du concile, le cardinal se vit obligé de prononcer la sentence qui condamnait Jean Hus à la dégradation, et le livrait au bras séculier. On sait que ce malheureux subit en martyr le supplice du feu, et quelles catastrophes sanglantes et funestes cette abominable exécution attira sur l'Allemagne. Nous ne croyons pas inutile de rappeler ici qu'un de nos plus ingénieux auteurs dramatiques a mis en scène le cardinal de Brogny dans l'opéra de *la Juive*, qui a obtenu un succès si légitime sur notre premier théâtre lyrique ; mais nous croyons devoir faire observer que si le poëte a, dès l'abord, fait agir et parler son personnage en prince de l'Église tolérant et miséricordieux, tel que l'histoire nous le dépeint, il s'est vu obligé, pour le besoin du dénoûment, de transformer ce même pontife en inquisiteur impitoyable, qui fait rallumer, pour un Israélite et une pauvre jeune fille, les flammes du bûcher de Jean Hus.

Après la clôture du concile, le cardinal accompagna Martin V à Genève et ensuite à Rome, où le nouveau pape fut reçu avec des transports de joie qu'expliquait l'absence trop longtemps prolongée de la cour pontificale. Le cardinal ne mit à profit la faveur dont il jouissait que pour obtenir sa translation du siége d'Arles à celui de Genève, quoique les revenus du dernier fussent inférieurs ; mais il ne consulta que la satisfaction d'être placé à la tête d'un diocèse dans lequel il était né, et où il pourrait être plus utile à ses compatriotes qu'un étranger. Il ne put prendre possession de cet évêché que par procuration, son grand âge ne lui ayant pas permis de quitter Rome, où il mourut en 1426. Suivant ses intentions, son corps fut transporté à Genève, pour être inhumé dans la chapelle des Machabées, qu'il avait fondée. Cette cérémonie eut lieu avec pompe, par les soins de François de Mies, son neveu et son successeur à l'évêché, et depuis cardinal sous le titre de Saint-Marcel.

On doit à la bienfaisance générale du cardinal de Brogny un grand nombre d'établissements utiles ou pieux. Il fonda l'hôpital d'Annecy, le grand collége de Saint-Nicolas à Avignon. « Il « maria souvent de jeunes garçons et de jeunes « filles qu'il dotait ; il bâtissait des maisons aux « pauvres. Il avait des manufactures pour habiller « les indigents. » (*Histoire littéraire de Genève*, par Senebier, t. I, p. 112.) Il avait eu l'intention d'établir une université à Genève ; mais il éprouva de la résistance de la part des habitants, qui craignaient les désordres qu'entraînent toujours les agglomérations d'étudiants. On doit compter parmi les livres rares et presque introuvables une *Histoire de Jean d'Alouzier de Brogny, cardinal de Viviers*, par l'abbé Soulavie ; Paris, 1774, in-12. En qualité de doyen du collége de Saint-Nicolas, dont il a aussi écrit l'histoire, cet abbé avait pu obtenir copie des actes, mémoires et autres pièces déposées aux archives de Savoie, concernant la personne du cardinal et la fondation du collége. L'auteur de cet article possède la *Notice* (autographe, signée) *des manuscrits composant la collection de l'abbé Soulavie*, 8 pag. in-4°. On y remarque l'indication suivante (n°s 16 et 17) au n° 16 : « J'ai « fait imprimer en 1773 cinquante exemplaires « de la vie du cardinal, qui n'a été annoncée « nulle part, mais distribuée à quelques amis, « je joins ici, néanmoins, la copie originale ; « car je n'ai pas un seul exemplaire imprimé. » Au n° 17 : « Correspondance particulière du cardi- « nal de Viviers, président du concile général de « Constance, avec Jean Hus, pour sa conversion ;

« savoir, Formulaire de rétractation offert par « le cardinal, réponse de Jean Hus, etc. » On trouve le portrait de Brogny dans l'*Histoire du concile de Constance* (par Lenfant), t. 1, p. 11; on y voit aussi gravé un bas-relief représentant un enfant qui garde des pourceaux sous un arbre: ce monument avait été destiné par Brogny lui-même à figurer dans la chapelle des Machabées, comme souvenir de son humble origine. Les historiens de Genève, et notamment Senebier, nous apprennent que ce morceau de sculpture existait encore de leur temps dans la bibliothèque de Genève. Nous ne croyons pouvoir mieux terminer cet article qu'en rapportant le passage suivant du même Senebier, qui, quoique ministre protestant, rend un hommage bien mérité aux vertus du cardinal de Viviers. « On trouve dans la correspondance de Jean Hus « une conversation avec le prélat, où tâche de « vaincre la fermeté du martyr par le raison« nement que la compassion, la douceur et la « charité chrétienne lui dictaient. Quel éloge ! « un cardinal qui respecte les lois de la tolé« rance et de la charité dans ce siècle, et au « concile de Constance ! » J. LAMOUREUX.

Moréri, *Dictionnaire histor.* — *Histoire littéraire de Genève*, par Senebier. — *Biographie universelle*, au mot Brogny, article de C.-M. Pillet. — *Notice inédite des manuscrits* de l'abbé Soulavie.

BROHAN (Suzanne), artiste dramatique française, née en 1807. Fille d'un ancien militaire, elle manifesta de bonne heure un vif penchant pour l'art dramatique. Élève du Conservatoire en 1819, elle obtint en 1820 le second prix de déclamation, et le premier prix en 1821. A Orléans, où elle se rendit au sortir du Conservatoire, elle remplit les rôles de soubrette; et le second Théâtre-Français de Paris la vit bientôt débuter dans la soubrette par excellence, dans la *Dorine du Tartuffe*. Ce début fut heureux. En 1828, Mme Suzanne Brohan passa de l'Odéon au théâtre du Vaudeville; elle y resta sept années, qui furent sept années de succès. Il était, en effet, difficile d'avoir plus de finesse, de grâce et de distinction. A son tour le Théâtre-Français voulut se l'attacher; mais elle ne fit que paraître dans la maison de Molière, peut-être parce que l'intrigue n'y règne pas seulement dans les œuvres. Elle régnait donc au Vaudeville, où *Marie Mignot*, *Un Monsieur et une Dame*, et en général toutes les pièces où elle avait un rôle, firent ressortir son talent. Mme Suzanne Brohan s'est retirée du théâtre lorsque son succès était encore dans toute sa vogue. V. R.

BROHAN (Augustine), fille de la précédente, artiste dramatique française, née en 1825. Elle débuta en 1841, et, comme sa mère, elle représenta les héroïnes en cornette et en jupon court de la vieille comédie: elle leur imprima même un cachet quelque peu moderne, auquel les Molière, les Regnard et les le Sage ne songeaient guère. Le Théâtre-Français n'eut rien de plus pressé que de s'attacher par des liens solides la jeune soubrette, et de lui escompter, à dix-neuf ans, les qualités qu'elle avait certainement en germe. Mlle Augustine Brohan ne se contente pas de jouer, elle écrit aussi la comédie. Ses *proverbes* sentent leur Marivaux; ils annoncent en même temps que Mlle Brohan sait mettre à profit les occasions qu'elle a de bien observer. V. R.

BROHAN (Madeleine), sœur de la précédente, artiste dramatique française, née le 22 octobre 1833. Élève du Conservatoire, elle obtint, le 25 juillet 1850, le prix de comédie; et, le 15 septembre de la même année, elle débutait au Théâtre-Français dans l'œuvre de MM. Scribe et Legouvé: *les Contes de la reine de Navarre*. L'ancien répertoire eut son tour: *Célimène* et *Sylvie*, deux rôles de nature, par leur opposition même, à faire ressortir toutes les faces d'un talent, mirent assez en lumière celui de la troisième des Brohan, pour que le Théâtre-Français se hâtât encore de se l'adjoindre. Mlle Madeleine Brohan est aujourd'hui sociétaire, comme sa sœur. V. R.

J. Janin, *Histoire de la littérature dramatique.* — M. Le Moine, dans le *Dictionnaire de la Conversation.* — *Journaux de Théâtre*, 1829-1850.

BROHON (Jacqueline-Aimée), née à Paris le 30 novembre 1731. Après avoir écrit deux romans fort médiocres, *les Amants philosophes* et les *Tablettes enchantées*, elle se retira du monde et s'enferma dans une solitude entière, où elle passa quatorze ans, livrée à la contemplation et à la prière. Elle mourut le 18 octobre 1778. En 1791, il sortit des presses de Didot un ouvrage en deux volumes in-octavo, imprimé avec élégance aux frais de la princesse de Conti, et intitulé *Réflexions édifiantes sur l'auteur des Instructions édifiantes sur le jeûne de Jésus-Christ au désert*. « C'est, dit M. Renouard, « l'ouvrage d'une femme dont l'imagination était « allumée par les tourments d'un cancer qui « causa sa mort; c'est une production désor« donnée, dans laquelle l'ardeur de la dévotion « est poussée à un excès qui prend une physio« nomie et un langage beaucoup trop terrestres; « et s'il peut enflammer la dévotion des âmes « tendres, il ne fournit aux plaisants que trop « d'allusions fort peu chastes. On y trouve aussi « plus d'une très-claire prédiction sur la révo« lution française, et cependant la mort de l'au« teur datait déjà de plusieurs années; mais dans « le manuscrit original ces prédictions étaient « d'une autre écriture, et ajoutées entre les lignes. » G. B.

Renouard, *Catalogue de la bibliothèque d'un amateur*, t. I, p. 102. — Barbier, *Bibliothèque d'un homme de goût*, t. V, p. 67. — Grégoire, *Hist. des sectes religieuses.*

BROHON *(Jean)*, médecin français, natif de Coutances, vivait dans la première moitié du seizième siècle. On a de lui : *De stirpibus et plantis ordine alphabetico digestis epitome*; Caen, 1541, in-8°: c'est le même ouvrage que l'*Epitome in Ruellium* publié par Léger-Duchesne

16.

en 1539; — *Description d'une merveilleuse et prodigieuse comète*, etc.; Paris, 1568, in-8°; — *Almanach* ou *Journal astrologique, avec les jugements prognostiques pour l'an* 1572; Rouen, 1571.

Éloy, *Dictionnaire hist. de la médecine.*

BROKES (*Henri*), jurisconsulte allemand, né à Lubeck en 1706, mort dans la même ville le 21 mai 1773. Il fut, en 1740, professeur de droit à Wittemberg, et, en 1768, bourgmestre dans sa ville natale. Il a laissé, entre autres ouvrages : *Historia juris Romani succincta*; Wittemberg, 1732, in-8°; 1742, in-12 ; — *Collegium juristheticum, prima juris civilis fundamenta juxta seriem Pandectarum exhibens*; ibid., 1732, in-8°; — *De Cicerone juris civilis teste ac interprete, dissertationes tres*; 1738-1739-1741; — *Selectæ observationes forenses*; Iéna, 1748-1775; Lubeck, 1765, in-4° et in-fol.; etc.

Adelung, suppl. à Jöcher, *Allgem. Gelehrten-Lexicon.*

BROKÈS. Voy. BROCKES.

BROKESBY (*François*), théologien anglais non conformiste, natif de Stoke (comté de Leicester), mort vers 1718, a publié, entre autres, une *Histoire du gouvernement de la primitive Église, pendant les trois premiers siècles et le commencement du quatrième* (en anglais), 1712, in-8°.

Biographia Britannica.

BROME (*Alexandre*), poète anglais, né en 1620, mort en 1666. Il composa la plupart des odes, chansons, sonnets, épigrammes publiés, pendant la république et sous le protectorat de Cromwell, contre les ennemis des Stuarts. Sous le règne de Charles II, il fut procureur près la cour du lord maire de Londres. Ses poésies, publiées en 1661, forment 1 vol. in-8°. Brome a pris part, avec quelques autres auteurs, à une traduction d'Horace qui n'est pas sans mérite, et l'on a de lui une comédie ayant pour titre : *les Amants rusés*.

Aikin, *Biogr. Dict.*

BROME (*Jacques*), voyageur anglais, vivait dans la première moitié du dix-huitième siècle. On lui doit quelques relations de voyages, dont les plus estimées sont : *Travels in England, to Scotland and Wales*; Londres, 1700, in-8°, sous le pseudonyme de *Roger*; — *Travels through Portugal, Spain and Italy*; Londres, 1712.

Chalmers, *Biographical Dictionary.*

BROME (*Richard*), auteur comique anglais, mort en 1652. Il a laissé quinze pièces qui, dans leur nouveauté, furent bien accueillies du public. Modifiées plus tard, elles ont été représentées avec un égal succès, principalement celle qui a pour titre : *la Troupe joviale*. Alexandre Brome a publié dix des comédies de Richard, 1653-1659, 2 vol. in-8°.

Gorton, *General Biograph. Dict.*

BROMEL (*Oluf*), médecin et botaniste suédois, né dans la province de Néricie en 1639, mort en 1705. Il a publié : *Chloris Gothica*; Gothembourg, 1694, in-8°: c'est un ouvrage sur les plantes des environs de Gothembourg; — *Lupulogia*, etc.; ibid., 1687; Stockholm, 1740; — *De Pleuritide, disputatio medica*; Upsal, 1667, in-4°; — *De Lumbricis terrestribus, illorumque in medicina proprietatibus atque recto usu*; la Haye, 1673, in-4°; — *Catalogus generalis, seu Prodromus indicis specialioris rerum curiosarum, tam artificialium quam naturalium, quæ inveniuntur in pinacotheca Olaï Bromelii*; Gothembourg, 1698, in-4°.

Son fils, *Magnus* VON BROMEL, médecin suédois, né à Stockholm en 1679, mort en 1731, fit ses études à Leyde et à Oxford, et fut reçu docteur à Reims. Le roi de Suède le choisit pour son premier médecin, et le collège de médecine de Stockholm pour son président. Magnus Von Bromel a publié dans les *Acta litteraria Sueciæ*, de 1725 à 1730 : *Lithographiæ suecanæ specimen*, etc., et, dans le même recueil, année 1730 : *Historia numismatica senatorum et magnatum Sueciæ*.

Biographie médicale.

BROMFIELD (*Guillaume*), chirurgien anglais, né en 1712, mort le 24 septembre 1792. Il fut attaché, en qualité de chirurgien, à la princesse de Galles, au roi d'Angleterre, à l'hôpital Saint-George. Il modifia et inventa pour son art un grand nombre d'instruments. En 1755, il fit représenter, sur le théâtre de Drury-Lane, une ancienne comédie qu'il avait retouchée, et qui a pour titre : *the City Math*; il en consacra la recette à l'hôpital Lock, dont il fut le premier chirurgien. On a de Bromfield : *Syllabus anatomicus generalium humani corporis partium ideam comprehendens; adjungitur syllabus chirurgicus, præcipuas chirurgicæ operationes complectens*; Londres, 1748, in-4°; — *Account of the englishe nightshades and their effects, also pratical observations on the use of corrosive sublimate and salsaparilla* (Observations sur les vertus de la morelle, du sublimé corrosif, de la salseparelle); Londres, 1757, in-8°; trad. en français; Paris, 1760, in-12; — *Thoughts concerning the present particular method of treating persons inoculated for the small-pox*; Londres, 1767, in-8°; — *Chirurgical observations ad cases*; Londres, 1773, 2 vol. in-8°.

Biographie médicale.

BROMME ou **BROMMY** (*Charles-Rodolphe*), marin allemand, né à Anger, près de Leipzig, le 10 septembre 1804. Il fit ses études à l'école de marine de Hambourg, s'embarqua ensuite pour les Indes occidentales, et visita les côtes de l'Amérique, l'Asie, l'Afrique. Il prit part jusqu'en 1829 à la campagne maritime dirigée par lord Cochrane, lors de la guerre de l'émancipation des Hellènes en 1827. Devenu capitaine sous l'amiral Miaulis, il fut chargé d'organiser la marine grecque. En 1833, il fut appelé à diriger le port de Paros, fut nommé membre de la préfecture maritime, et en 1836 il obtint le commandement de l'école militaire du Pirée, à laquelle on se proposait de réunir une école de marine. Mis en disponibilité par suite des embarras financiers amenés par la révolution du 3 septembre 1843, il eut cependant la présidence du conseil de guerre maritime d'Athènes, et publia un travail intitulé *Die Marine*; Berlin, 1848. Cet ouvrage attira sur lui l'attention, et Bromme fut appelé en 1849 à faire partie de la commission maritime instituée par l'assemblée nationale allemande de Francfort. Il fut ensuite envoyé comme commissaire de l'Empire au port de Brême, pour y créer une flotte et fonder un arsenal de la marine. Grâce à son activité, il fut en état de repousser, à la tête de trois bâtiments à vapeur, les vaisseaux danois, et de les empêcher de pénétrer dans les bouches du Weser. Il fut nommé commodore en juin 1849, et contre-amiral le 21 novembre de la même année.

Conversations-Lexicon.

BROMPTON (*Jean*), théologien anglais, vivait au seizième siècle. Il était bénédictin et abbé de Jorevall, ou Jerevall, dans le comté d'York. C'est à lui qu'on est redevable de la découverte d'une chronique comprenant ce qui s'est passé en Angleterre de 588 à 1198, c'est-à-dire depuis l'arrivée du moine saint Augustin dans cette île jusqu'à la mort de Richard 1er. Cette chronique et neuf autres ouvrages du même genre, publiés à Londres en 1652, forment un volume in-fol.

Tanner, *Bibl. hist. Brit.*

BROMRARD (*Jean*), théologien anglais, vivait dans le quatorzième siècle. Il professa la théologie, et composa une *Somme des prédicateurs*.

Biographie universelle.

BRON ou **BRONTIUS** (*Nicolas* DE), littérateur flamand, natif de Douai, vivait dans la première moitié du seizième siècle. On a de lui : *Libellus, compendiariam tum virtutis adipiscendæ, tum litterarum parandarum rationem perdocens*; Anvers, 1541, petit in-8°, avec fig. en bois; — *De utilitate et harmonia artium libellus*; ibid., 1541, petit in-8°, fig.; — *Nicolai Brontii Carmina*; ibid., 1541, petit in-8°.

Paquot, *Mémoires pour servir à l'Histoire littéraire des Provinces-Unies.*

BRONCHORST ou **NOVIOMAGUS** (*Jean*), philosophe et mathématicien, né à Nimègue en 1494, mort à Cologne en 1570. Il professa les mathématiques à l'université de Rostock, et la philosophie à Cologne, où il vint finir ses jours lorsque les troubles excités en Flandre par la réforme l'eurent forcé d'abandonner l'école de Deventer, dont on l'avait nommé recteur. Il a laissé : *De astrolabii compositione*; Cologne, 1533, in-12; — *Apologia pro identitate auctoris librorum de cœlesti hierarchia cum Dionysio Areopagita, de quo Paulus in Actis Apost., cap. XVII*; — *S. Dionysii Areopagitæ martyrium latine versum* : ces deux opuscules sont imprimés avec les commentaires de Denis le Chartreux sur saint Denis l'Aréopagite; Cologne, 1536; — *Scholia in Dialecticam Georgii Trapezuntii, adjecto Gilberti Perretani libello de Principiis, interprete Hermolao Barbaro, et suis ad eum scholiis*; Cologne, 1536, in-8°; Paris et Lyon, 1537, in-8°; — *Bedæ presbyteri opuscula complura de temporum ratione diligenter castigata*; Cologne, 1537, in-fol.; — *De humeris libri duo*, 1539, in-12; 1544, in-12; — *Ptolemæi libri octo de geographia, e græco denuo traducti*; Cologne, 1540, in-12; — *Etymologia grammaticæ latinæ*; Deventer, 1559, in-12; — une édit. de l'*Introductio ad Sapientiam Joannis Ludovici Vivis*; Deventer, 1558, in-12 : Bronchorst a mis une préface à cet ouvrage. Il avait aussi composé, sur plusieurs livres d'Aristote, des commentaires qui sont restés manuscrits.

Son fils BRONCHORST (*Éverard*), jurisconsulte flamand, né à Deventer en 1554, mort le 27 mai 1627, professa le droit à Erfurt et à Leyde. Outre plusieurs ouvrages de droit, il donna une traduction latine des *Proverbia græca* de Jos.-Juste Scaliger.

Pacquot, *Mémoires*, etc.

BRONCKHORST (*Pierre*), peintre hollandais, né à Delft le 16 mai 1588, mort le 22 juin 1661. Des vues d'églises intérieures ou extérieures, animées de quelques traits historiques, furent les sujets qu'affectionna surtout P. Bronckhorst. Il composa pour sa ville natale deux tableaux de ce genre : *le Temple où Salomon prononce son premier jugement*; — *le Temple d'où Jésus-Christ chasse les marchands*.

Descamps, *Vie des Peintres flamands.*

BRONCKHORST (*Jean Van*), peintre hollandais de la même famille que le précédent, né à Utrecht en 1603, mort vers 1680. Il fut l'élève de Jean Verburg, peintre sur verre; mais il peignit d'abord à l'huile, par déférence pour les conseils de son ami Corneille Poëlembourg. Après le départ de cet artiste pour l'Angleterre, Bronckhorst suivit la route que son premier maître lui avait ouverte. On estime surtout les peintures sur verre dont il a décoré la nouvelle église d'Amsterdam.

Descamps, *Vies des Peintres flamands.*

BRONCKHORST (*Jean*), peintre hollandais, natif de Leyde, vivait dans la dernière moitié du dix-septième siècle. Il fut placé par sa mère chez un pâtissier de Harlem, et il exerça ce métier à Hoorn, où il se maria en 1670. Il consacra ses moments de loisir à la peinture, et se fit une réputation dans cet art. Il laissa, dit-on, un volume de dessins, dont quelques-uns sont coloriés.

Descamps, *Vies des Peintres flamands.*

BRONDEX (*Albert*), littérateur français, né à Sainte-Barbe vers 1750, mort vers la fin du dix-huitième siècle. D'une famille d'honnêtes laboureurs, il dut au maître d'école du village et à lui-même tout ce qu'il fut un jour. Les bénédictins de Sainte-Barbe lui témoignaient les dispositions les plus bienveillantes, mais il ne se livra d'abord qu'aux entraînements du monde. Ayant traité du privilége des *Petites Affiches des Trois-Évêchés*, il fit dans ses moments de loisir des vers tantôt français, tantôt en patois, qui eurent, ces derniers surtout, beaucoup de succès dans le pays Messin. Cependant ses affaires allaient mal; et ses travaux ne suffisant pas à ses dépenses, à son goût des plaisirs et de la bonne chère, il prit la direction de plusieurs domaines, entre autres celui de M. de Flavigny. Mais Brondex n'ayant pu payer tous ses arrérages, il fut emprisonné, et composa dans cette retraite un poëme dédié à Mme de Caraman, femme du gouverneur. Elle en témoigna sa satisfaction en arrangeant les affaires du poëte, et en le faisant relâcher. Il vint à Paris, y mena de front les travaux littéraires et les spéculations commerciales. Il mourut de la rupture d'un anévrisme au cœur, au sortir d'une partie de jeu qui avait été fort heureuse pour lui. Brondex laissa en patois : *Chan Heurlin*, ou *les Fiançailles de Fanchon*, poëme en patois messin en sept chants, par B. et M. de Metz, 1787 : ce poëme traite des amours de Fanchon, fille de Chan Heurlin, et de Marice, jeune sergent, avec les obstacles et péripéties qui de tout temps ont marqué dans le monde l'état des amants. Les détails ont de l'exactitude, de la fraîcheur et de la grâce. On trouve une excellente analyse de ce petit poëme dans l'ouvrage de M. Bégin.

Bégin, *Biographie de la Moselle*, t. I. — Quérard, *la France littéraire*.

BRONGNIART (*Alexandre-Théodore*), célèbre architecte français, né à Paris le 15 février 1739, mort dans la même ville le 6 juin 1815. Il était fils d'un pharmacien. Son père, le destinant à la médecine, lui avait fait faire les études littéraires et commencer les études scientifiques que l'art médical exige ; mais la nature en avait autrement ordonné. Malgré les directions paternelles, le jeune Brongniart se livra dès son jeune âge aux arts libéraux. Initié dans les sciences, il choisit l'art qui en nécessite constamment l'application : il embrassa l'architecture. Il fut disciple de Boulée, architecte de mérite, qui, sans avoir eu l'avantage d'attacher son nom à aucun monument public, avait établi sa réputation par un grand nombre d'édifices privés. C'est par de semblables travaux que son élève commença sa carrière, vers 1773. L'époque était favorable : le quartier nouveau de la Chaussée-d'Antin et les boulevards neufs se couvraient d'habitations que de riches particuliers faisaient bâtir à l'envi, et qui réunissaient tous les agréments avec toutes les convenances.

Brongniart construisit l'hôtel du petit palais d'Orléans; attenant à ce palais, l'hôtel de Mme de Montesson, devenue l'épouse du prince; l'hôtel de Bondy, plus connu sous le nom de Frascati. Ce sont ces demeures charmantes que nous voyons abattre de nos jours, pour faire place à des propriétés productives. L'hôtel d'Osmond, l'hôtel Monaco, plusieurs des plus belles maisons qui bordent le boulevard neuf, les avenues qui mettent l'hôtel des Invalides et l'École militaire en communication avec ce boulevard par de magnifiques promenades, sont l'ouvrage de Brongniart. Citons comme édifices d'un caractère plus monumental exécutés par lui, le couvent des Capucins avec son église (aujourd'hui le collége Bourbon), et la salle de spectacle de la rue de Louvois, qui n'existe plus. La coupe heureuse de celle-ci dans ses petites dimensions fit choisir son auteur pour aller construire à Bordeaux un second théâtre, dont les circonstances politiques interrompirent l'exécution. Recherché dans les sociétés distinguées de la capitale à cause de son talent et de ses autres qualités personnelles, Brongniart eut occasion de bâtir ou d'arranger différentes maisons de plaisance, et de planter plusieurs parcs, entre autres celui de Maupertuis, chanté par Delille dans son poëme des *Jardins*. La pureté de son goût se montra en outre dans beaucoup de dessins de meubles, de vases et d'ornements qu'il composa tant pour le garde-meuble de la Couronne, dont il était inspecteur, que pour la manufacture de porcelaines de Sèvres, dont son fils fut depuis directeur, et pour les fabriques particulières.

Élu membre de l'Académie d'architecture à l'âge de trente-huit ans, attaché comme architecte pendant toute sa vie à d'importantes administrations publiques, ce n'est que dans sa vieillesse qu'il fut nommé architecte du palais de la Bourse et du cimetière de l'Est. Dans le cimetière il chercha à tirer parti du terrain, des plantations et des tombeaux, de manière à lui imprimer un caractère de mélancolie sans tristesse. Il projeta pour ce champ de repos une chapelle sous la forme d'une pyramide, les entrées principales, et plusieurs monuments funèbres; il n'exécuta que la sépulture de la famille Greffulh. Quant à la Bourse, dont la disposition aurait pu être spécialement appropriée à sa destination, elle présente dans sa masse, dans ses portiques sans frontons, dans sa colonnade périptère, dans tout son intérieur, un caractère vraiment monumental. Mais l'artiste atteignit le terme de son existence avant d'avoir achevé ses travaux. Entre autres changements que son successeur crut devoir faire à la disposition primitive, il est regrettable que l'intérieur ait subi autant de modifications. Dans le projet de Brongniart, les arcades du premier étage, bien proportionnées, accompagnées de colonnes engagées soutenant un plafond ouvert dans son milieu et orné de caissons dans son pourtour, développaient partout l'intention et l'aspect d'une salle faite exprès pour recevoir une nombreuse réunion d'hommes. Cette disposition s'accordait, du reste, avec les nombreuses colonnes qui supportent, au premier étage, la belle salle des Pas-Perdus. Dans l'exécution, au contraire, cette vaste pièce ne paraît plus être qu'une cour couverte. Le 24 mars 1808, Brongniart avait posé la première pierre du palais de la Bourse. Cinq ans après, sa dépouille mortelle, apportée devant le monument, en traversait l'enceinte pour se rendre de là au cimetière de l'Est, et pour être déposée dans un emplacement concédé en don par les magistrats municipaux de la ville de Paris, comme un hommage à la mémoire de l'architecte qui avait honoré leur confiance. [*Enc. des g. du m.*]

Biographie des Contemporains.

BRONGNIART (*Antoine-Louis*), chimiste français, frère d'Alexandre-Théodore, mort à Paris le 24 février 1804. Il était apothicaire du roi Louis XVI, fut d'abord professeur au collège de pharmacie, puis professeur de chimie appliquée aux arts, et collègue de Fourcroy au lycée républicain et au Jardin des Plantes, après avoir été pharmacien militaire pendant une partie de la révolution. Il a laissé : *Tableau analytique des combinaisons et des décompositions de différentes substances*, ou *Procédés de chimie pour servir à l'intelligence de cette science*; Paris, 1778, gros in-8°. A.-L. Brongniart a concouru à la rédaction de quelques feuilles périodiques, entre autres, avec Hassenfratz, en 1792, à la publication du *Journal des sciences, arts et métiers*. Enfin on a de lui : deux mémoires, dont l'un, *Analyse de la terre d'ombre de Cologne rapportée par M. Faujas*, a été inséré dans les *Annales du Muséum d'histoire naturelle*, t. III, ann. 1803; l'autre : *Sur les principes constituants de l'eau minérale de Balance*, se trouve dans les mêmes *Annales*, t. IV, ann. 1804.

Biographie des Contemporains.

* **BRONGNIART** (*Alexandre*), célèbre chimiste et géologue français, fils d'Alexandre-Théodore, né à Paris en 1770, et mort dans la même ville en 1847. Il débuta jeune dans la carrière des sciences ; car dès 1790, et à la suite d'un voyage en Angleterre, il s'employait à perfectionner en France *l'art de l'émailleur*. Envoyé ensuite à l'armée, où il servit dans la médecine militaire, il en revint pour être nommé, en 1801, directeur de la manufacture de Sèvres. En 1807, il composait pour l'université un *Traité élémentaire de Minéralogie*, avec ce style original et lumineux qui lui était particulier. Tout en professant au Muséum d'histoire naturelle cette science minéralogique qu'il décrivait si bien, il s'occupait de zoologie, classait les reptiles, et faisait connaître les trisolites, singulière famille des crustacés, qui diffèrent si étrangement de tout ce qui existe aujourd'hui. C'était alors le temps où Cuvier s'occupait à retrouver les races perdues dans les premiers âges du monde, et Brongniart lui vint puissamment en aide pour classer les fossiles trouvés à Montmartre. C'est donc à l'union de ces deux savants que l'on doit le livre, depuis si célèbre, intitulé *Essai sur la géographie minéralogique des environs de Paris*, ouvrage qui fut imprimé d'abord en 1810, et qui reparut ensuite en 1822, considérablement augmenté, sous ce titre : *Description géologique des environs de Paris*. Toujours voyageant du nord au midi, tantôt visitant les blocs erratiques de la Suède, et posant en Norwége, avec Berzelius, les bases des plus anciens gîtes fossilifères; tantôt décrivant les terrains du bassin de Paris, ou ceux de la Morée, et donnant ainsi la première chronologie certaine qui ait paru sur les différentes couches supérieures de la terre, Alex. Brongniart trouvait encore le moyen de finir le *Traité des arts céramiques*, publié en 1845, et qui est le fruit de quarante ans de travaux et d'études. Alex. Brongniart était, depuis 1815, membre de l'Académie des sciences. JANNE-LAFOSSE.

Biographie des Contemporains.—Discours de MM. de Beaumont, Ebelmen et Virlet d'Aoust, dans le *Moniteur* de 1847, p. 2682.

BRONGNIART (*Adolphe-Théophile*), botaniste français, fils du précédent, naquit à Paris le 14 janvier 1801. Il étudia d'abord la médecine, fut reçu docteur en 1826, et fit ensuite de la phytologie antédiluvienne et de la physiologie botanique son occupation spéciale. Admis dès 1834 à l'Académie des sciences, où il a succédé à Desfontaines, il est, depuis plus de quinze ans, professeur au Jardin des Plantes. Ses travaux sont : *Essai d'une classification naturelle des champignons*; Strasbourg, 1825, in-8° avec huit planches; — *Histoire des végétaux fossiles, ou Recherches botaniques et géologiques sur les végétaux renfermés dans les diverses couches du globe*; Paris, 1828 et suiv., 2 vol. in-4°, avec 160 pl. Cet ouvrage, souvent cité, a valu à son auteur une réputation méritée; — *Prodrome d'une histoire des végétaux fossiles*; Strasbourg et Paris, 1828, in-8°; — *Considérations sur la nature des végétaux qui ont couvert la surface de la terre aux diverses époques de sa formation*; Paris, 1838, br. in-4° (extrait du t. XVI des *Mémoires de l'Académie des sciences*); — *Énumération des genres de plantes cultivées au Muséum d'histoire naturelle de Paris, suivant l'ordre établi dans l'École de botanique en 1843*; Paris, 1843, in-12; — *Mémoire sur la famille des Rhamnées*; Paris, 1826, in-4°; — *Mémoire sur la génération et les développements de l'embryon dans les végétaux phanérogames*; ibid., 1828, in-4°; — *Mémoire sur la structure et les fonctions des feuilles*; 1831, in-4° (en collaboration avec M. Amici); — *la Description des plantes phanérogames*, dans le *Voyage autour du monde* du capitaine Duperrey; — un grand nombre d'articles de botanique dans les *Annales des sciences naturelles*, dans les *Annales du Musée d'histoire naturelle*, et dans le *Dictionnaire classique d'histoire naturelle*.

L'une des sœurs de M. Ad. Brongniart a épousé le célèbre chimiste et sénateur M. Dumas.

Dictionnaire de la Conversation. — Quérard, *la France littéraire*, supplément.

* **BRONIKOWSKI** (*Alexandre-Auguste-Ferdinand* D'OPELN), romancier allemand, né à Dresde le 28 février 1783, mort le 21 janvier 1834. Il débuta par l'état militaire. Ayant été fait prisonnier à Breslau en 1807, il vécut, après avoir recouvré sa liberté, tour à tour dans cette ville, à Prague et à Dresde. Il entra au service de Pologne en 1812. A la paix il se retira à Varsovie avec le grade de major, et en 1823 il se fixa à Dresde, où il mourut. Le besoin fit de lui, à quarante-deux ans, un écrivain. On a de lui : *Hippolyte Boratynski*; 4 vol., Dresde, 1825-1826 ; — *Olgierd et Olga*, ou *la Pologne au onzième siècle*; 5 vol., Dresde, 1832 ; — *Polen im 17 Jahrhundert, oder Johannes III Sobieski und sein Hof* (la Pologne au dix-septième siècle, ou la Cour de Jean Sobieski III.) Leipzig ; 1844; — *Die Frauen Koniecpolski* (les Femmes Koniecpolski); 4 vol., Dresde, 1833-1835 ; — *Geschichte Polens* (Histoire de Pologne); 4 vol., Dresde, 1827. Les *œuvres complètes* de Bronikowski ont paru à Dresde en 1825-1835, et à Halberstadt, 1829-1834, 28 vol.

Conversations-Lexikon.

BRONIOVIUS ou **BRONIOWSKI** (*Martin*), historien et topographe polonais, vivait dans la première moitié du dix-septième siècle. Il fut chargé de deux ambassades en Tartarie. Il a laissé, outre une description de la Moldavie et de la Valachie : *Relation de deux victoires remportées sur les Tartares par les Polonais en 1620 et 1624*, ouvrage écrit en polonais ; — *Descriptio Tartariæ*, imprimée à la suite de la *Moscovia* d'Ant. Possevin; Cologne, 1595, in-fol.

Encyclop. Polon.

***BRONN** (*Henri-George*), naturaliste allemand, né à Ziegelhausen le 3 mars 1800. Il étudia à Manheim et à Heidelberg, et s'adonna surtout aux sciences naturelles. Reçu docteur en philosophie en 1821, il fut nommé professeur extraordinaire d'histoire naturelle en 1828, et professeur ordinaire en 1833. Puis il fut chargé du cours de zoologie et de la direction des collections zoologiques de l'université. On a de lui : *De Formis plantarum leguminosarum primitivis et derivativis*; Heidelberg, 1822 ; — *System der Urweltlichen Conchylien* (Système des coquillages antédiluviens); Heidelberg, 1824 ; — *System der Urwetlinchen Pflanzenthiere* Système des zoophytes antédiluviens); ibid., 1825 ; — *Ergebniss meiner naturhistorischen und oekonomischen Reisen* (Détails sur mes voyages historiques et économiques), 2 vol.; ibid., 1825-1830 ; — *Gaea Heidelbergensis* : c'est une description minéralogique du pays de Heidelberg; ibid., 1830 ; — *Lethæa geognostica*, 2 vol., 2ᵉ édition, Stuttgart, 1834-1838 ; — *Palæontologischen Collectaneen* (Collections paléontologiques); Stuttgard, 1843 ; — *Geschichte der Natur* (Histoire Naturelle), 4 vol.; Stuttgard, 1841-1849 ; — *Allgemeine Zoologie* (Zoologie générale); Stuttgard, 1850 ; — des *travaux scientifiques* dans le *Jahrbuch für Mineralogie, Geologie, Geognosie und Petrefacten-Kunde* (Annales de Minéralogie, Géologie, Géognosie et Science des fossiles), commencées avec Léonard, à partir de 1830.

Conversations-Lexicon.

* **BRONNER** (*François-Xavier*), poëte allemand, né à Höchstädt, mort à Aarau le 17 août 1850. Fils d'un manouvrier employé dans une tuilerie, il fut cependant instruit par le maître d'école du village, qui avait remarqué les dispositions précoces de l'enfant. Bronner entra ensuite dans l'ordre des Bénédictins, et prit en religion le nom de Boniface. A partir de ce moment, il s'adonna à la physique, aux mathématiques, à la philosophie, à la poésie et surtout à la musique. Il composa des poésies, pastorales et des idylles. En 1784, ennuyé de la vie claustrale, il s'enfuit à Bâle sous le nom de Jean Winfried. A Zurich, où il se rendit ensuite, il trouva de l'emploi dans une imprimerie où Fussli l'avait recommandé. En même temps il publia ses *Fischer-Gedichte und Erzählungen* (Chants des pêcheurs, et contes), 3 vol.; Zürich, 1787-1794, avec une préface de Salomon Gessner ; — *Lebensbeschreibung* (Autobiographie); Zurich, 1795-1797. Cependant Bronner se laissa persuader de retourner dans un couvent à Augsbourg, d'où il s'enfuit encore. Il vint à Aarau, et y professa les sciences naturelles. En 1810 il fut professeur à Casan ; et, en 1817, il retourna à Aarau, devint secrétaire du gouvernement, archiviste et bibliothécaire. Ses autres ouvrages sont : *Abenteuerliche Geschichte Herzog's Werner von Urslingen* (Aventures du duc Werner d'Urslingen); Aarau, 1828 ; — *Lustfahrten ins Idyllenland* (Voyage d'agrément dans le pays des Idylles), 2 vol. ; Aarau, 1833 ; — *Der Canton Aargau* (le Canton d'Argovie), 2 vol. ; Saint-Gall et Berne, 1844.

Conversations-Lexicon.

***BRONNER** (*Jean-Philippe*), économiste et viticulteur allemand, né en 1792. Il étudia d'abord la pharmacie, mais à partir de 1820 il s'occupa surtout de la culture de la vigne ; et, pour arriver aux meilleures méthodes, il fit de nombreux voyages en Allemagne, en Suisse, en Italie, en France. Ses principaux ouvrages sont : *Die Verbesserung des Weinbaus durch praktische Anweisung*, etc. (l'Amélioration de la Viticulture par des enseignements pratiques); Heidelberg, 1830 ; — *Der Weinbau am Hardtgebirge von Landau bis Worms* (la Culture de la Vigne du Hardtgebirge, depuis Landau jusqu'à Worms); Heidelberg, 1833 ; — *Der Weinbau in der Provinz Rhein-Hessen, im Nahethal und Moselthal* (la Culture de la Vigne dans la Hesse Rhénane, dans le Nahethal, et dans les pays de la

Moselle); Heidelberg, 1834; — *Der Weinbau im Rheingaue von Hochheim bis Koblentz* (la Culture de la Vigne dans le Rhingau, depuis Hochheim jusqu'à Coblentz); Heidelberg, 1836; — *Der Weinbau und die Weinbereitung in der Champagne* (la Culture de la Vigne et la Préparation du Vin dans la Champagne); ibid., 1840; — *Die Deutschen Schaumweine für deutsche Weinzucht und deutsche Weintrinker* (les Vins mousseux allemands considérés au point de vue de la culture des vins allemands et des buveurs allemands); Heidelberg, 1842.

Conversations-Lexicon.

*BRONTE (*Charlotte*)*, ou CURRER-BELL, romancière anglaise, née dans le Cumberland en 1824. Son père était un simple vicaire de campagne. Les sites qui l'entouraient furent la source et l'occasion de son talent. *Jane Eyre* et *Shirley*, romans publiés à Londres en 1848 et 1849 sous le pseudonyme de *Currer-Bell*, firent sensation, et dénotèrent chez leur auteur une grande connaissance du cœur humain, surtout du cœur féminin.

BRONTE (*Anne* et *Émily*), sœurs de la précédente, mortes, *Émily* le 19 décembre 1848, et *Anne* le 28 mai 1849, publièrent, sous les pseudonymes d'*Acton Bell* et d'*Ellis* : *Wuthering Heights* et *Agnès Grey*; Londres, 1850. La mort d'*Emily* fut surtout regrettable : elle eût surpassé ses deux sœurs.

Conversations-Lexicon.

* BRONZINO (*Angelo*), peintre et poëte italien, né à Florence en 1501, mort en 1570. C'est à tort que beaucoup d'auteurs lui donnent le nom d'Allori, qui n'appartient qu'à son neveu Alessandro et à son petit-neveu Christofano (*voy.* ALLORI), qui lui empruntèrent leur surnom de Bronzino, sous lequel ils sont surtout connus. Angelo Bronzino, après avoir étudié les littératures latine et italienne, entra dans l'atelier du Pontormo, dont il devint l'élève favori et l'ami; il fut également lié avec Vasari. Quoique imitateur de son maître, Bronzino sut emprunter aussi beaucoup à Michel-Ange, ce grand génie qui dominait toute cette époque. Une connaissance profonde de l'anatomie, un dessin pur et sévère, d'une composition pleine de grâce, une imagination riche et variée, lui assurent dans l'école florentine une place presque au rang de celle d'Andrea del Sarto, bien que sa perspective ne soit pas irréprochable, et que son coloris, tantôt plombé, tantôt rouge, rose ou jaune, soit toujours à côté de la nature. Ces défauts sont cependant moins frappants dans ses portraits que dans ses tableaux, qui sont d'un mérite très-inégal. Quelques-uns de ceux-ci sont des ouvrages de premier ordre; telle est la fameuse *Descente du Christ aux limbes*, qu'il avait peinte pour Santa-Croce, et qui, emportée à Paris, est revenue prendre place dans le musée de Florence. Nous citerons encore dans la même ville, parmi les nombreux ouvrages du Bronzino, la belle *Piété* de Santa-Croce, le *Martyre du saint*, grande fresque à Saint-Laurent, *la Samaritaine* à Sainte-Marie-Nouvelle, *la Sainte Famille* du palais Pitti, et *la Descente de croix* de la galerie publique. A Rome, nous remarquons le *Christ aidé par Simon*, au palais Doria; et une *Sainte Famille*, au palais Colonna; au musée de Naples une *Sainte Anne*, et à la Pinacothèque de Munich une *Tête couronnée de lauriers*. Le musée du Louvre possède de ce maître le superbe *Portrait d'un sculpteur*, et le *Christ apparaissant à la Madeleine*, provenant du Santo-Spirito de Florence.

Bronzino eut une école florissante, d'où sortirent Alessandro Allori, G. B. Butteri, Biechierai, Montanini, etc. Il a laissé en outre des poésies héroïques ou *bernesques*, et des lettres sur la peinture, qui ont été publiées par Bottari.

E. BRETON.

Orlandi, *Abbecedario*. — Vasari, *Vite*. — Borghini, *Riposo*. — Lanzi, *Storia pittorica*. — Winckelmann, *Neues Mahler-Lexicon*. — Villot, *Musée du Louvre*.

BROOKE (*Françoise*), romancière anglaise, morte à Londres en 1789. Elle était fille d'un ecclésiastique anglican nommé Moore. Son mari, qui exerçait la même profession, fut nommé chapelain de la garnison de Québec; mistriss Brooke l'y suivit, et trouva dans le Canada l'idée des scènes pittoresques dont elle a embelli un de ses romans. De retour à Londres, elle se lia avec ce que cette ville possédait de plus distingué dans le monde et dans la littérature. Elle a laissé: *la Vieille fille*, journal commencé le 15 novembre 1755, continué jusqu'à la fin de juillet 1756, et formant 1 vol. in-12; — *Virginie, tragédie, suivie d'odes, de pastorales et de traductions*; 1756, in-8°; — *Histoire de Julie Mandeville*; 1763, roman trad. en français par Bouchaud ; Paris, 1764, 2 part. in-12; — une trad. anglaise des *Lettres de Julie Catesby*, roman de madame Riccoboni; — *Histoire d'Émilie Montague*; 1769, 4 vol. in-12, roman trad. en français par Frenais; Paris, 1770, 5 part. in-12, et par Robinet; Amsterdam et Paris, 1770, 4 vol. in-12; — *Mémoires de M. le marquis de Saint-Forlaix*, trad. en français par Framery; Paris, 1770, 4 vol. in-12; — *Éléments de l'histoire d'Angleterre*, trad. du français de l'abbé Millot; 1771, 4 vol. in-12; — *l'Excursion*, ou *l'Escapade*; 1777, 2 vol. in-12, trad. en français par Henri Rieu; Lausanne, 1778, 2 part. in-12 ; — *le Siége de Sinope*, tragédie jouée à Covent-Garden en 1781; — *Rosine*, drame en musique, représenté au même théâtre en 1782; — *Louisa et Maria*, ou *les Illusions de la jeunesse*, dont la traduct. française a été publiée à Paris en 1820, 2 vol. in-12.

Rose. *New Biograph. Dict.*

BROOKE (*Henri*), poëte anglais, né en 1706, mort en 1783. Il exerça d'abord la profession d'avocat consultant pour subvenir aux besoins de sa nombreuse famille; mais, entraîné vers la poésie par son penchant naturel, que fortifiait sa liaison avec Pope et Swift, il donna successivement un poëme philosophique sur la beauté universelle, une tragédie de *Gustave Wasa*, jouée d'abord à Dublin, puis défendue par le parlement à cause des sentiments de liberté dont elle était empreinte. La publication de cette pièce, qui lui rapporta autant qu'une représentation nouvelle, lui acquit la protection du prince de Galles et plus tard celle de lord Chesterfield, qui le plaça dans l'administration. Retiré ensuite à la campagne, il s'y livra exclusivement à la culture des lettres jusqu'à la fin de ses jours, hâtée par la mort de sa femme et de celui de ses enfants qu'il aimait le plus. Outre les ouvrages mentionnés ci-dessus, H. Brooke a laissé : *le Fou de qualité*, roman, 1766; trad. en français par de la Beaume ; Paris, 1789, 2 vol. petit in-12 ; — *Juliette de Grenville*, roman, 1774; trad. en français; Paris, 1801, 2 vol. in-12 ; — *le Comte de Westmoreland*, tragédie représentée à Dublin en 1745 ; — *le Comte d'Essex*, tragédie jouée dans la même ville en 1749, et à Drury-Lane en 1760 ; — plusieurs autres pièces qui ne furent reçues à aucun théâtre ; — quelques poésies, parmi lesquelles on remarque *the Female seducers*, fable insérée dans le recueil de Moore intitulé *Fables for the female sex*. Les ouvrages de H. Brooke, à l'exception de ses romans, ont été réimprimés en 4 vol. in-8°, 1780. Sa tragédie de *Gustave Wasa* a été traduite en français par Maillet du Clairon ; Londres et Paris, 1766, in-8°.

Johnson, *Poètes anglais*.

*BROOKE (*James*), voyageur anglais, né le 29 avril 1803. Il préluda de bonne heure à la carrière aventureuse qui devait faire d'un citoyen de la Grande-Bretagne le rajah souverain d'une province de Bornéo. Lieutenant dans l'armée des Indes, il reçut au siége d'Assam une blessure presque mortelle, qui l'obligea de venir au sein de sa famille rétablir sa santé. Il laissa passer les délais que les règlements assignaient à son retour, et, voyant à son arrivée dans les Indes sa carrière militaire perdue, il poussa jusqu'à la Chine. Dans ce voyage, il visita l'archipel de Bornéo, où la beauté du climat et la misère des habitants lui inspirèrent le singulier projet auquel il doit sa renommée. Devenu, par la mort de son père, possesseur d'une grande fortune, il acheta un yacht armé en guerre, *le Royaliste*, mit deux ans à se composer un équipage entièrement sûr, et, bien qu'il n'eût pas obtenu des lettres de marque, partit en 1838 avec le projet réel ou apparent de purger les mers de Bornéo des pirates qui les infestaient. — Il s'attacha dans un premier voyage à gagner l'affection de Muda-Hassim, oncle du sultan de Bornéo et rajah de Saravack. Dans une seconde visite, il apaisa, pour le compte de son nouvel ami, une révolte formidable, et se fit en récompense accorder le gouvernement de Saravack, avec le titre de rajah indépendant (1841). Le sultan de Bornéo, Proper, qui avait d'abord paru favorable aux nouveaux venus, s'alarma bientôt de leur puissance, massacra Muda-Hassim avec les principaux membres du parti anglais, dont il était le chef, et tenta d'infliger le même traitement à Brooke et à ses compagnons. Aidé puissamment par une escadre anglaise sous les ordres de sir Cochrane, Brooke menaça de bombarder Bornéo, terrifia le sultan, et le réduisit à céder aux Anglais l'île de Laboan, point intermédiaire entre Hong-Kong et Singapore. L'île de Laboan est un admirable port de refuge sur cette périlleuse mer de Chine, que traverse chaque année un commerce évalué à plus de quatre millions de livres sterling. Comme position commerciale, elle est appelée à devenir un entrepôt de premier ordre entre la Chine, les Indes et l'île de Bornéo. Séparée par un bras de mer de cette île, la seconde du globe en étendue, Laboan est pour l'Angleterre la clef de ce beau pays, et sa possession lui assure la domination exclusive de l'Océanie. A ce point de vue l'œuvre de James Brooke a une véritable importance historique, et ses compatriotes ne s'y sont pas trompés. Les honneurs les plus grands dans une visite à Singapore, le titre de gouverneur de Laboan, trois expéditions successives qui sont venues lui donner dans le pays une immense force morale, témoignent que l'Angleterre a complétement apprécié la grandeur de ses services. A l'exception du courage dont il a fait preuve au plus haut degré, Brooke n'a, du reste, aucune des qualités que l'imagination prête aux héros de ces aventures extraordinaires. C'est un véritable Anglais positif et flegmatique, et se préoccupant beaucoup plus de la partie utile que du côté brillant de son entreprise ; il n'en a pas moins déployé des facultés remarquables, une suite et une force de volonté et une habileté très-rares : il faut reconnaître de plus que, s'il y a beaucoup du trafiquant chez lui, Brooke comprend cependant d'une manière très-élevée la mission civilisatrice qu'il s'est donnée. Rien n'était plus misérable que l'état de ces magnifiques contrées, où la présence de quelques comptoirs hollandais n'avait rien fait pour l'amélioration des idées morales. L'administration ferme et éclairée de Brooke a changé complètement la face de Saravack. L'anthropophagie a été détruite les notions de morale et de religion répandues : un puissant parti organisé est définitivement acquis à l'influence européenne. Brooke poursuit activement et avec succès sa lutte à mort contre les pirates, qu'il a détruits en grande partie. Le commerce se développe sur les côtes avec une remarquable vigueur, et promet de les conquérir à la civilisation avec plus de certitude et de rapidité que ne le pourraient faire les armées les plus considérables. Si un jour cette grande œuvre de moralisation s'accomplit dans ce pays immense, l'histoire dira qu'elle fut due à l'audacieuse initiative de l'homme dont nous venons d'esquisser la vie. T. D.

Documents inédits. — Keppel *Expedition to Borneo, etc.*; Lond., 1847. — Mundy, *Borneo and Celebes;* Lond., 1848, 2 vol. in-8°.

BROOKES (*Richard*), médecin anglais, vivait à Londres dans la première moitié du dix-huitième siècle. Il a laissé entre autres : *Natural history of chocolate;* Londres, 1730, in-8°; — *An introduction to physic and surgery;* ibid., 1754, in-8°; — *Histoire de la Chine, de la Tartarie chinoise, de la Corée et du Thibet*, d'après les PP. du Halde et Lecomte; Londres, 1741, 4 vol. in-4°, fig. ; — *A New and accurate systema of natural history;* ibid., 1763, in-12 ; — *Art of angling-rod and sea fishing,* 2ᵉ édit. ; Londres, 1743, petit in-12, 133 fig. : ce dernier ouvrage est attribué à Brookes par Böhmer.

Carrère, *Bibliothèque historique de la Médecine.*

BROOKES (*François*), marin anglais, natif de Bristol, vivait dans la dernière moitié du dix-septième siècle. Parti de Marseille pour se rendre dans sa patrie, il fut pris par un corsaire de Tanger, qui le conduisit successivement à Salé et à Miquenez; Brookes trouva dans cette dernière ville plusieurs de ses compatriotes, et fut sur le point d'être délivré avec eux par un agent de Charles II, roi d'Angleterre; mais des juifs comptèrent à Muley-Ismaël, empereur de Maroc, une somme égale à celle que donnait l'agent de Charles II, et par là retinrent dans les fers les captifs anglais, qu'ils employèrent à bâtir un de leurs villages. Brookes retomba ainsi dans l'esclavage, et n'en sortit, avec deux de ses compatriotes, que par les secours d'un More qui, après un long voyage, des souffrances inouïes et de nombreux périls, le conduisit à la colonie portugaise de Mazagam. Brookes s'y embarqua pour Lisbonne, fut présenté au roi de Portugal, et revint dans sa patrie, où il publia : *Navigation en Barbarie;* Utrecht, 1757, in-12 (ouvrage assez rare).

Bulletin de la Soc. géogr. de Londres.

BROOKES (*Josué*), anatomiste anglais, né le 24 novembre 1761, mort le 10 janvier 1833. Il se destina de bonne heure à professer l'anatomie, et, après avoir obtenu le diplôme de chirurgien, il voyagea sur le continent pour se perfectionner dans son art. Plusieurs belles collections anatomiques, entre autres celle de Hunter, qu'il eut l'occasion d'admirer, lui inspirèrent le désir d'en former une semblable. Il y travailla durant quarante années, et il y réussit à l'aide de ses relations, qui, de tous les points du globe, lui faisaient parvenir des objets. Il dut aussi à de puissants protecteurs et à la bienveillance du roi plusieurs des morceaux rares qui enrichirent son muséum, pour lequel il dépensa d'ailleurs jusqu'à 75,000 francs. Les expériences chimiques auxquelles il s'était livré pour assurer la conservation de ses pièces anatomiques avaient contribué à la salubrité de ses salles de cours. On a conservé durant quatre mois à l'amphithéâtre, des cadavres soumis à son procédé antiseptique, sans qu'on y aperçût le moindre symptôme de décomposition; et aucun de ses auditeurs ne fut jamais atteint des affections causées par des miasmes putrides, quoiqu'il ait professé pendant quarante ans et formé plus de sept mille élèves. Il cessa volontairement ses leçons en 1827, et fut forcé, en 1828, par des embarras financiers, à vendre son cabinet d'anatomie. Plus tard, il brigua inutilement la chaire d'anatomie de l'Académie royale, et une place de chirurgien à l'hôpital de Middlesex. Il a laissé, entre autres : *Mémoire sur l'ostéologie, et particulièrement sur la dentition du genre lagostomus* (dans les *Transactions de la Société linnéenne*, 1829); — *Lettre sur un remède à faire en cas d'empoisonnement par l'acide oxalique* (dans *la Lancette*).

Rose, *New Biographical Dictionary.*

BROOMAN (*Louis*), jurisconsulte et musicien flamand, né à Bruxelles en 1527, mort dans la même ville le 8 janvier 1597. Il naquit aveugle, et ne laissa pas d'acquérir les grades de maître ès arts et de licencié en droit; il se fit surtout une réputation par son talent musical. Voici l'épitaphe que composa pour Brooman Jean Boclius, secrétaire de la ville d'Anvers :

Luminis expertem genitrix perduxit in auras;
  Major et ingenio lux fuit orta tuo.
Junonem natura, Jovem se præstitit auctor
  Illius, et varia damna levavit ope.
De grege Tiresias vatum fuit unus; at alter
  Haud tibi par docta musicus arte fuit.

Son petit-fils *Louis* BROOMAN, poëte latin et flamand, né à Bruxelles au commencement du dix-septième siècle, mort en 1667, voyagea dans sa jeunesse, et, de retour dans sa patrie, se voua à la culture des lettres. On a de lui : un poëme intitulé *Serenissimo principi Ferdinando Austriaco, S. R. E. cardinali, felicissimum in aulam oppidumque Bruxellense ingressam adgratulatur L. Broomannus;* Bruxelles, 1635, in-4° ; — les *Héroïdes d'Ovide*, traduites en vers flamands, avec des explications par J. B.

Paquot, *Mémoires.* — Sweert, *Monum sepulchr.*, p. 294 et 295.

BROOME (*Guillaume*), littérateur anglais, mort à Bath en 1745. Il se fit d'abord connaître par une traduction de *l'Odyssée*, dans laquelle il fut aidé par Ozell et Oldisworth. Il fournit à Pope les extraits d'Eustathe, d'après lesquels ce poëte rédigea les notes de sa traduction de *l'Iliade*. Broome concourut aussi à la traduction de *l'Odyssée* entreprise par le même auteur; et, n'ayant reçu pour son travail que 500 livres sterling avec cent exemplaires de l'ouvrage, il éclata en reproches. Pope s'en vengea en citant avec mépris le nom de Broome dans la *Dunciade* et dans son traité des *Baths*. Outre les travaux ci-dessus mentionnés, Broome a laissé un recueil de poésies, et la traduction en vers anglais de quelques odes d'Anacréon, qu'il a publiée dans le *Gentleman's Magazine*, sous le pseudonyme de Chester.

Rose, *New Biographical Dictionary*.

BROQUARD ou **BRONQUARD** (*Jacques*), théologien français, né à Thionville vers 1588, mort en 1660. En 1608 il entra dans la société de Jésus, et alla résider à Luxembourg. On a de lui : une *traduction* en latin du *Pédagogue chrétien*, du jésuite Philippe Oultremann de Valenciennes, ouvrage dont l'édition originale parut à Mons en 1641, in-8°, 3 vol.; un 4e volume annoncé par l'auteur n'a point été publié; — une *traduction* en latin de l'ouvrage intitulé *Pensez-y bien*, ou *Moyen assuré de se sauver;* Rouen, 1648, in-18; — une *traduction* latine du *Testament de l'homme chrétien*, d'Antoine Sucquet; — une *traduction de la Vraie philosophie du chrétien*, de Charles Musart.

D. Calmet, *Hist. de Lorraine.* — Bégin, *Biographie de la Moselle*.

* **BRORSON** (*Hans-Adolphe*), poëte danois, né en Jutland le 20 juin 1694, mort en 1764. Il fut curé en 1721, et en 1741 évêque à Ripe. Ses poésies religieuses sont d'une haute inspiration, et se trouvent dans plusieurs recueils : *Troens Klenodie* (le Trésor de la foi); Copenh., 1730 et 1742, et *Svanesang* (Chant du Cygne), ibid., 1765.   P.-L. M.

Kraft et Nyerup, *Dansk-Norsk Litteratur-Lexicon*.

* **BROSBÖLL** (*Charles*), romancier et auteur dramatique danois, né en Jutland le 7 août 1820. Il entra à l'âge de quatorze ans à l'Académie des beaux-arts de Copenhague; mais, orphelin et sans fortune, il quitta les arts, et se mit, pour gagner sa vie, à écrire dans les journaux et à composer des pièces pour les théâtres. On a de lui : *De to Studenter* (les Deux Étudiants), l'*Organiste de Jellinge;* Copenhaque, 1838; — *Slægtskabet* (le Parentage); *Smuglerens Sön* (le Fils du Contrebandier); ibid., 1839; — *Hedemanden* (l'Habitant des Landes), et *Foldingbro;* ibid., 1840; — *Madsalune;* ibid., 1841; — *Livets Conflicter* (les Conflits de la vie); ibid., 1844; — *Eiaghs Sönner* (les Fils d'Eiagh), drame en quatre actes; ibid., 1845; — *Ayella;* ibid., 1847; — *Contes et légendes du Jutland;* ibid., 1847 et 1848; — *Jeanne Tuyon;* ibid., 1849; — *Herregaards fortællinger* (Récits de châteaux de campagne); ibid., 1853. La plupart de ses romans ont été en partie traduits en anglais, en allemand et en hollandais.   P.-L. M.

BROSCHI (*Charles*). *Voy.* FARINELLI.

BROSHAMER (*Hans* ou *Jean*), peintre, dessinateur et graveur allemand, né à Fulde vers 1506, mort vers 1560. Il fut, à ce qu'il paraît, élève d'Aldegrever, dont il reproduisit la manière sèche et roide, quoique ses sujets ne manquent point de finesse. Il imita aussi Burgmayr, dont le monogramme se rapproche assez du sien pour que sa signature soit nécessaire pour reconnaître ses œuvres. Il est rangé, à raison des petites dimensions de son cadre, parmi ceux que l'on appelle les *petits maîtres*. Les compositions suivantes paraissent être dues à son burin : *Un Christ sur la Croix et saint Jean et la Vierge*, avec cette mention : *Johannes Brosghamer Fuldæ degens faciebat*, 1542; — *Bethsabée au bain*, 1545; — *Salomon sacrifiant aux idoles*, 1545; — *Samson et Dalila*, 1545; — *Laocoon*, 1538; — *Portrait de Jean, abbé de Fulde*, 1541; — *Marcus Curtius à cheval*, 1540; — *Théophraste Paracelse assis dans son cabinet*, 1540; — *Un Homme endormi dans une écurie, et en face de lui une femme qui le considère avec un flambeau;* — *Procession de héros à cheval*, attribuée à tort à Burgmayr; — une *suite* de *sujets bibliques*, d'après Holbein, 1552.

Nagler, *Neues Allgemeines Künstler-Lexicon*.

BROSIUS, publiciste luxembourgeois, vivait dans la seconde moitié du dix-huitième siècle. Il se montra partisan de la révolution de 1790, rédigea le *Journal philosophique et chrétien*, et fut un de ceux qui tentèrent, mais en vain, d'insurger le Luxembourg. C'est à cette occasion qu'il publia la brochure intitulée *Lettre adressée par quelques notables de la province de Luxembourg à M. l'abbé Brosius*, en date du 8 mai 1790, *contenant un tableau intéressant des dispositions de la ville et du pays;* Louvain, in-8°.

Biographie Belge.

BROSIUS (*Jean-Thomas*), annaliste allemand, vivait au dix-huitième siècle. Il fut conseiller intime de l'électeur palatin pour les duchés de Juliers et de Berg, et vice-chancelier. Il laissa : *Annales Juliæ montiumque comitum, marchionum et ducum*, œuvre posthume; Cologne, 1731, 3 vol. in-fol. On attribue aussi cet ouvrage à Jean Buchel, de Heidelberg.

Adelung, suppl. à Jöcher, *Allgem. Gelehrt.-Lexicon*.

BROSSARD (*David*), agronome français, vivait dans la seconde moitié du seizième siècle. Il était religieux de l'abbaye de Saint-Vincent, au Mans, et laissa : *la Manière de semer et faire pépinière d'arbres sauvageons, enter toutes sortes d'arbres*, etc.; *avecques un autre traité de la manière de semer graines en jardin*, etc.; Paris, veuve Buffet, 1552; ouvrage imprimé plusieurs fois avant 1584, d'après la Croix du Maine. On le trouve aussi dans un recueil publié en 1560 par Langelier, sous ce titre : *Quatre traictés utiles et délectables de l'agriculture;* réimprimé à part, Orléans, 1571; enfin on le trouve dans le recueil publié en 1607 par Robert Fouet, sous le titre de *Maison champêtre et agriculture d'Élie Vinet, Xantongeois, et Antoine Mizauld*. Le livre de Brossard prouve que l'on pratiquait, dès 1550, l'art de greffer le rosier : « En ceste maniere, y est-il dit, d'enter à escusson, vous pouvez aussi facilement enter les rosiers blancs dedans les rouges et les rouges dedans les blancs, tellement que vous aurez des roses de plusieurs sortes en un mesme rosier. » Dupetit-Thouars fait de ce livre le plus grand éloge : « Ce livre, dit-il, malgré sa brièveté, est très-remarquable; il se distingue non-seulement de ceux qui existaient à cette époque, mais encore de tous ceux qui ont paru longtemps après, parce que l'auteur, au lieu de chercher dans les anciens les principes de la culture, les déduisait de sa propre expérience. »

B. Hauréau, *Histoire littéraire du Mans*, t. II. — La Croix du Maine, *Bibl. franç.* — A. Dupetit-Thouars, dans la *Biographie universelle*.

BROSSARD (*Sébastien* DE), ecclésiastique et musicien français, né en 1660, mort le 10 août 1730. C'est l'auteur du premier dictionnaire de musique qui ait été publié en France, et son ouvrage est souvent cité par J.-J. Rousseau, qui n'a pas rendu à ses travaux consciencieux toute la justice qu'ils méritaient. Brossard n'était pas moins praticien que théoricien; mais c'est surtout sous ce dernier point de vue qu'il mérite d'être considéré. Ses œuvres musicales concernent principalement la musique d'église. Son *Dictionnaire de musique*, imprimé pour la première fois en 1703, in-folio, et dont il y a plusieurs éditions, est un ouvrage intéressant auquel J.-J. Rousseau a fait de nombreux emprunts, tout en le critiquant. Il avait rassemblé une bibliothèque musicale extrêmement curieuse, qu'il légua au roi Louis XIV, et qui fut déposée à la Bibliothèque royale. [*Enc. des g. du m.*]

Du Tillet, *le Parnasse français*.

BROSSE (*Ange* DE LA). *Voy*. LA BROSSE.

BROSSE (*Gui* DE LA), médecin et botaniste français, natif de Rouen, mort en 1641. Grand-oncle du célèbre Fagon, médecin de Louis XIV, il fut lui-même médecin de Louis XIII, et communiqua à ce prince le premier plan de la fondation du Jardin des Plantes de Paris; mais ce plan ne fut réalisé qu'en 1626, après de vives instances auprès du cardinal de Richelieu. De la Brosse fut nommé (c'était justice) le premier intendant de ce bel établissement, qui portait d'abord le nom de *Jardin royal de médecine* ou *des plantes médicinales*; et en 1636 il donna la description des plantes médicinales et autres que l'on avait fait venir de diverses contrées, et qu'on y cultivait déjà en assez grand nombre. Son corps fut inhumé dans la chapelle qui occupait autrefois une partie des salles du Muséum. On a de Gui de la Brosse : *Traité de la peste*; Paris, 1623, in-8°; — *Dessin du Jardin royal pour la culture des plantes médicinales, à Paris, avec l'édit du roi touchant l'établissement de ce jardin en 1626*; Paris, 1626, in-8°; — *De la nature, vertu et utilité des plantes, et dessin du Jardin royal de médecine*; Paris, 1626, in-8°; 1640, in-fol., avec 50 planches sur cuivre: c'est un ouvrage curieux pour l'histoire de la botanique; — *Avis pour le Jardin royal des plantes que le roi Louis XIII veut établir*; Paris, 1631, in-4°; le même ouvrage sous ce titre : *Avis défensif du Jardin royal des plantes médicinales*; Paris, 1636, in-4° : voici les différentes pièces qu'on y trouve : 1° mémoire des plantes usagères et de leurs parties, que l'on doit trouver à toutes les occurrences, soit récentes ou sèches, selon la saison, au Jardin royal des Plantes, ensemble les sucs, eaux simples et distillées, les sels et les essences; 2° édit du roi Louis XIII pour l'établissement du jardin des plantes médicinales, du mois de janvier 1626; 3° cinq lettres de l'auteur, écrites à M. Bouvart, à Louis XIII, au cardinal de Richelieu, au garde des sceaux et surintendant des finances, au sujet de l'établissement de ce jardin; 4° description du Jardin royal des plantes médicinales, avec le catalogue des plantes qui y sont; — *Description du Jardin royal des plantes médicinales, établi par le roi Louis le Juste à Paris*, contenant le catalogue des Plantes qui y sont à présent cultivées, ensemble le plan du jardin; Paris, 1636, 1641 et 1665, in-4°; — *Éclaircissement contre le livre de Beaugrand, intitulé Géostatique*; Paris, 1637, in-4°; — *Ouverture du Jardin royal des plantes médicinales de Paris*; Paris, 1640, in-fol.; — *Recueil des plantes du Jardin du Roi*, gr. in-fol.; c'est une collection d'une cinquantaine de planches, et qui devait en avoir plus de quatre cents. Voici ce qu'en rapporte Antoine de Jussieu : « Gui de la Brosse, dans le dessein de faire connaître la supériorité du Jardin du Roi, se servit de la main d'Abraham Brosse pour représenter en un volume in-folio les plantes singulières qu'il y élevait, et qui manquaient aux autres jardins. C'était un ouvrage d'une grande entreprise, dont l'échantillon duquel nous avons cinquante planches; dans ce nombre, il y a certaines espèces qu'aucun botaniste depuis lui ne peut se vanter d'avoir possédées. Ces cinquante planches, que feu M. Fagon, son neveu maternel, sauva longtemps après des mains d'un chaudronnier auquel les héritiers de la Brosse, qui connaissaient peu leur mérite, les avaient livrées, étaient les restes de près de quatre cents autres, déjà gravées. » (*Mém. de l'Acad. des sciences*, ann. 1727.) Vaillant, l'auteur du *Botanicon Parisiense*, et Antoine de Jussieu sauvèrent ces débris, et en firent tirer seulement une soixantaine d'exemplaires, qu'ils distribuèrent à leurs amis ou collègues. Haller en possédait un, et on en voit un autre au cabinet des estampes de la Bibliothèque impériale de Paris. — Plumier a consacré, sous le nom de *Brossæa*, à la mémoire de Gui de la Brosse, un genre de plantes d'Amérique qui n'a pas été généralement adopté.   F. H.

Éloy, *Dict. hist. de la médecine*. — Ant. de Jussieu, dans les *Mém. de l'Acad. des sciences*, année 1727.

BROSSE (*Jean* DE), connu sous le nom de *maréchal de Boussac*, né vers 1375, mort en 1433. Il fut un de ces indignes courtisans qui dominèrent si longtemps l'esprit du faible et indolent Charles VII. Ce fut lui qui, avec la reine Yolande de Sicile, pressa le connétable de Richemont de tuer le Camus de Beaulieu, favori du roi, et lui-même choisit les deux meurtriers. Dans la suite cependant, il rendit au roi des services plus honorables. Il se signala en plusieurs occasions contre les Anglais, auxquels il fit lever les sièges de Compiègne et de Lagny.

Jean Chartier, *Histoire de Charles VII*. — Monstrelet, *Chronique*.

BROSSE (... DE), auteur dramatique, vivait vers la seconde moitié du dix-septième siècle. Il composa : *la Stratonice, ou le Malade d'amour*, tragi-comédie en 5 actes et en vers, 1644; — *les Innocents coupables*, comédie en 5 actes et en vers, 1645 ; — *le Turne de Virgile*; tragédie, 1647 ; — *l'Aveugle clairvoyant*, comédie en 5 actes et en vers, 1650, in-4°.

Son frère s'est fait connaître par une comédie intitulée *le Curieux impertinent*; Paris, 1645, in-4°.

Chaudon et Delandine, *Nouveau Dictionnaire historique*.

BROSSE (*Jacques* DE), architecte français, vivait au commencement du dix-septième siècle. On ignore le lieu et la date de la naissance de ce grand artiste, auquel la France est redevable de plusieurs de ses plus beaux monuments. Ce fut lui qui, vers 1611, construisit pour Marie de Médicis, veuve de Henri IV, le palais du Luxembourg, qui n'a, quoi qu'on en ait dit, d'autre rapport que l'emploi du bossage avec le palais Pitti. Pendant le cours de ces travaux, il élevait en 1616 le magnifique portail de Saint-Gervais, et en 1622 l'immense salle des *Pas-perdus* au palais de Justice. Son dernier ouvrage est le grand aqueduc d'Arcueil, achevé en 1624. Dans tous ces travaux, de Brosse fit preuve d'une imagination riche et féconde, d'un goût exquis, et d'une connaissance profonde des lois de l'architecture et des règles de la construction. J. de Brosse a publié : *Règle générale d'architecture des cinq manières de colonnes*; Paris, 1619, in-fol.   E. B—N.

Quatremère de Quincy, *Vie des Architectes*. — Gisors, *le Palais du Luxembourg*; Paris, 1847.

BROSSE (*Louis-Philippe* LA), physicien et mathématicien lorrain, vivait dans la première moitié du dix-huitième siècle. D. Calmet ne fait que le citer. On a de La Brosse : *Traité du baromètre, ouvrage mathématique, physique et critique, dans lequel on fait voir quelle est la nature de toutes sortes de baromètres, la manière de s'en servir, etc., avec une dissertation sur la cause et l'origine des vents*; Nancy, J.-B. Cusson, 1718, in-8°.

D. Calmet, *Bibliothèque de Lorraine*.

BROSSE ou **BROCHE** (*Pierre* DE LA), chirurgien et ministre français, né en Touraine, mort en 1276. Il était de basse extraction. S'étant rendu habile dans la chirurgie, il vint à la cour du roi saint Louis, et fut chirurgien du prince Philippe, qui, devenu roi de France sous le nom de Philippe-le-Hardi, fit de lui son chambellan et son favori. Cette élévation éblouit la Brosse, et le poussa même au crime. En 1276, il empoisonna Louis de France, fils aîné du roi, et rejeta ce crime sur la reine Marie de Brabant, seconde femme du roi. D'autres forfaits du favori ouvrirent enfin les yeux à Philippe. Après un conseil tenu par le roi à Vincennes, la Brosse, fut arrêté, conduit à Paris, et condamné, en présence de plusieurs barons, à être pendu; ce qui eut lieu.

Dupuy, *Histoire des Favoris*; Leyde, 1689. — De Vaux, *Index funereus chirurgicorum*. — Sismondi, *Histoire des Français*.

BROSSE (*Louis-Gabriel*), poëte ascétique français, né à Auxerre en 1619, mort le 1er août 1685. Il appartenait à la congrégation de Saint-Maur, et avait un tel penchant pour la poésie, qu'il mit en vers tous ses ouvrages. Il mourut à l'abbaye de Saint-Denis, où il était infirmier. Il soignait les malades avec un dévouement qui devait abréger ses jours. On a de lui : *les Tombeaux et mausolées des rois inhumés dans l'église de Saint-Denis, depuis le roi Dagobert jusqu'à Louis XIII, avec un abrégé des choses les plus notables arrivées pendant leur règne, en vers*; Paris, 1656, in-8° ; — *la Vie de la très-illustre vierge et martyre sainte Marguerite, nouvellement mise en vers françois, avec les riches anagrammes tirés du nom de la royne sans changement d'aucune lettre*, etc.; Paris, 1669, in-12; — *Vie de sainte Euphrosine, tirée des anciens auteurs et traduite en vers françois*; Paris, 1649, in-12.

Moréri, *Dictionnaire historique*. — Tassin, *Histoire historique et critique des auteurs de la congrégation de Saint-Maur*. — Goujet, *Bibliothèque française*. — E. Dupin, *Tables des auteurs ecclésiastiques*. — D. Le Cerf, *Bibl. des auteurs de la congrégation de Saint-Maur*.

BROSSELARD (*Emmanuel*), littérateur français, né à Paris en 1763, mort vers 1840. Il fut avocat, électeur en 1789, membre du conseil de la commune, commissaire du gouvernement près les tribunaux. Sous le gouvernement directorial, il rédigea avec Chazot *le Républicain français*, depuis *la Chronique universelle*. Il faillit être déporté au 18 fructidor, et après le 18 brumaire son journal fut supprimé. Plus tard il fut chef du bureau de législation étrangère, qu'il avait fait créer au ministère de la justice. Sous la restauration, il devint et resta jusqu'en 1830 chef du bureau des grâces. On a de lui : *Ode sur la mort du prince de Brunswick*, 1787 et 1807, in-4° ; — une traduction du traité *de Officiis* de Cicéron ; 1792, un vol. in-8° ; — une Traduction du *Code général pour les États prussiens*, 1801, 5 vol. in-8°, en société avec Veiss et Lemierre d'Argy, ouvrage qui eut l'approbation du roi de Prusse; — des *Observations* (fort judicieuses) au sujet du Dictionnaire de l'Académie.

Biographie des Hommes vivants. — Quérard, *la France littéraire*.

BROSSES (*Charles* DE), historien et archéologue français, né à Dijon le 17 juin 1709, mort le 17 mars 1777. Il s'appliqua en même temps à l'étude des sciences, des lettres, et à celle des lois. Très-versé dans l'histoire romaine, il voulut compléter ses connaissances par des voyages, et il visita l'Italie avec Lacurne de Sainte-Palaye. Revenu en France, il fit marcher de front les travaux littéraires et les fonctions de la magistrature, entretint des correspondances avec les savants et les gens de lettres, parvint au poste de premier président du parlement de Dijon, et fut nommé en 1746 membre de l'Académie des inscriptions. Il se mit, à diverses reprises, sur les rangs pour l'Académie française ; mais l'inimitié de Voltaire nuisit, dit-on, à sa candidature. Il faut dire aussi que les ouvrages du président ne sont pas des modèles de style. La suspension des parlements, en 1771, lui procura de longs loisirs, qu'il se hâta d'utiliser et auxquels on doit une grande partie de ses travaux. Enfin il mourut à Paris pendant un voyage qu'il faisait dans cette capitale. Les principaux ouvrages du président de Brosses sont : *Lettres sur l'état actuel de la ville d'Herculanum* ; Dijon, 1750, in-8° (le plus ancien écrit sur ce sujet) ; — *Dissertation sur le culte des dieux fétiches* ; 1760, 1 vol. in-12 : cet écrit fut inspiré par cette idée fausse que l'ancienne religion égyptienne était le fétichisme actuel de l'Afrique ; — *Histoire des navigations aux terres australes* ; 1756, 2 vol. in-4° ; histoire entreprise sur le conseil de Buffon : c'est dans cet ouvrage vraiment estimable qu'ont été risquées pour la première fois les dénominations d'*Australasie* et de *Polynésie* ; celle de *Magellanie*, imaginée alors pour désigner les terres australes ou le continent que l'on s'attendait à trouver en avançant vers le pôle antarctique, est aujourd'hui oubliée ; — *Traité de la formation mécanique des langues* ; 1765, 2 vol. in-12, et an xi ; ouvrage trop systématique et de tendances un peu étroites, mais où l'on trouve, en dernière analyse, des idées de travail et des hypothèses qui n'ont point été inutiles aux linguistes plus modernes ; — *Histoire du septième siècle de la république romaine* ; Dijon, 1777, 3 vol. in-4°, mosaïque prodigieuse, dans laquelle l'auteur a su rassembler des centaines de fragments de Salluste, et les réunir, en comblant les lacunes, en un tout homogène complet. Un quatrième volume devait contenir le texte même des fragments et des suppléments latins : le manuscrit en était achevé quand de Brosses mourut ; on se contenta d'en imprimer la moindre partie à la fin du troisième volume. On possède encore de lui beaucoup d'articles, mémoires, etc., dans le *Dictionnaire encyclopédique* et dans les collections de l'Académie des inscriptions, ainsi que dans celles de l'Académie royale de Dijon. Il laissa, de plus, divers manuscrits qui ont été perdus pendant la révolution. Enfin les *Lettres historiques et critiques*, écrites d'Italie, ont été publiées sous son nom en l'an VIII, 3 vol. in-8°. [*Enc. des g. du m.*]

<small>Villemain, *Tableau de la littérature au dix-huitième siècle*. — *Encycl. méth.* — *Mémoires de l'Académie des inscriptions*, tom. XLII.</small>

BROSSES (*René*, comte DE), administrateur français, fils du précédent, naquit à Dijon le 12 mars 1771, et mourut à Paris le 2 décembre 1834. Après avoir reçu sa première instruction à Dijon, sous la direction de l'abbé Wolfius, il vint étudier avec succès au collège d'Harcourt à Paris. Revenu à Dijon en 1790, il émigra avec M. Legouz de Saint-Saine, son tuteur, et en 1792 il rejoignit l'armée des princes. En 1796 il put revoir la France, s'y marier, et tenter de recueillir ce qui restait de sa fortune confisquée ; mais, forcé de s'expatrier de nouveau au 18 fructidor, il ne rentra en France qu'en 1800. En 1808 il devint conseiller à la cour de Paris, et le 10 juin 1814 il fut nommé préfet du Doubs. Appelé à la préfecture de la Loire-Inférieure au mois de juillet 1815, il réussit, malgré la gravité des conjonctures, à rétablir le calme dans ce département. Son refus de laisser mettre Nantes en état de siège après la découverte de la conspiration de la Rochelle, le fit révoquer de ses fonctions. Il ne fit ensuite que paraître à la préfecture du Doubs, pour devenir en 1823 préfet du Rhône.

<small>*Moniteur universel.* — Louis Blanc, *Histoire de dix ans.*</small>

BROSSETTE (*Claude*), seigneur de Varennes-Rappetour, érudit français, né à Lyon en 1671, mort dans la même ville en 1743. Il a écrit quelques ouvrages de droit et d'histoire, et nous a laissé des commentaires et de curieux renseignements sur Regnier et sur Boileau. Il tenait chez lui une assemblée de gens de lettres et de savants, qui fut autorisée, en 1700, à prendre le titre d'*Académie de Lyon*, et qui le choisit pour son secrétaire perpétuel. L'avocat Aubert ayant donné, en 1741, sa collection de livres à la ville de Lyon, à la condition qu'elle serait mise à la disposition du public, Brossette accepta la direction de cette bibliothèque, qu'il enrichit lui-même d'un grand nombre de volumes. On a de lui une *Histoire abrégée ou éloge historique de la ville de Lyon*, 1711, in-4°.

C'est de Boileau lui-même, avec lequel il entretint une longue correspondance, que Brossette tenait la plupart des particularités qu'il a données dans son édition des *Œuvres de Boileau, avec des éclaircissements historiques* ; 1716, 2 vol. in-4°. Le voyant absorbé dans des recherches sur sa personne, Boileau lui dit un jour : « A l'air dont vous y allez, vous saurez « mieux votre Boileau que moi-même. » Brossette a également donné une édition des *Œuvres de Regnier, avec des éclaircissements historiques* ; Londres, chez Voodman, et Lyon, 1729, in-4° et in-8°. Il avait fait aussi un commentaire sur Molière. Il est d'autant plus regrettable que cet ouvrage ait été perdu, que la plupart des renseignements avaient été fournis à Brossette par Despréaux, par Baron, et d'autres personnes qui avaient vécu familièrement avec notre grand comique. Le recueil des *Lettres de J.-B. Rousseau sur différents sujets de littérature*, publié par Louis Racine, avait été préparé par Brossette.

<small>Colonia, *Hist. litt. de Lyon.* — Péricaud, *Notice sur Claude Brossette*, dans le *Journal de Lyon* du 31 juillet 1821.</small>

BROSSIER (*Marthe*), illuminée française, née en 1547, morte vers le commencement du dix-septième siècle. Atteinte à vingt-deux ans d'une maladie nerveuse, elle se fit exorciser comme possédée, fit de cette circonstance une industrie, et courut le monde avec son père, qui partageait avec elle l'argent que la crédulité populaire lui procurait. Reconduite à Romorantin par ordre du parlement, elle s'échappa de la maison paternelle, pendant que les ligueurs l'appelaient « une voix miraculeuse dont Dieu voulait se servir pour convaincre les hérétiques. » Elle alla, en compagnie d'un abbé de Saint-Martin, se faire exorciser à Clermont, d'où un nouvel arrêt du parlement la fit sortir. Elle se rendit alors à Rome, toujours avec le même abbé ; mais cette fois le cardinal d'Ossat la fit enfermer dans un couvent, où le diable lui laissa du repos.

<small>Marescot, *Discours véritable sur le fait de Marthe Brossier* ; Paris, 1590. — Cardin. d'Ossat, *Lettres*. — Bayle, *Dictionnaire critique*.</small>

*BROTERO (*Félix DE AVELLAR*), célèbre botaniste portugais, né à Santo-Antão de Tojah, près de Lisbonne, le 25 novembre 1744 ; mort le 4 août 1828. Demeuré orphelin à l'âge de deux ans, l'éducation du jeune Félix fut confiée à son aïeul paternel, et plus tard au père de sa mère, qui le fit étudier au collége fondé par les religieux de Mafra. Chose assez bizarre, le savant que l'on devait considérer plus tard comme le premier botaniste qu'ait produit le Portugal fut contraint d'accepter, pour vivre, l'emploi de chantre dans l'église patriarcale de Lisbonne ; il occupait cette position en 1763. Ses fonctions ne l'empêchèrent point de se livrer avec ardeur à l'étude des langues mortes, et même à celle du droit canon. Une chaire de grec lui fut offerte ; mais, comme il fallait aller résider à Bahia, dans l'ancienne capitale du Brésil, il n'accepta pas. Durant ces études, le jeune chantre, qui n'avait voulu prendre que les ordres mineurs, s'était lié d'une étroite amitié avec Fylinto Élysio. Comme lui il fut compromis auprès du saint office, et échappa en 1778 à la captivité dont il était menacé, grâce à la vigilante bonté de Timothée le Cussan Verdier. Ce fut à Paris seulement que le jeune Félix de Avellar prit le nom, dérivé du grec, sous lequel il s'est fait connaître au monde savant (1). Protégé, entre autres, par Souza Coutinho, il put demeurer douze ans dans la capitale de la France, occupé sans cesse de ses études favorites. Il eut pour maîtres à cette époque Daubenton, Vicq-d'Azyr, Brisson, Laurent de Jussieu ; et plus tard il fut admis dans la société de Condorcet, de Cuvier et de Lamarck.

Durant les premières années de son séjour en France, le jeune Brotero s'était occupé pour ainsi dire exclusivement de l'étude des sciences naturelles, et surtout de la botanique. Les débuts de la révolution le chassèrent de Paris, et au printemps de l'année 1790 il retourna en Portugal, où il obtint la chaire de botanique et d'agriculture de Coïmbre, le 25 février 1791. Il n'était encore connu que par son *Discours* et par le *Compendio elementar de Botanica*, publiés à Paris dès 1788, en 2 vol. in-8°. Pour doter la science d'un livre tout spécial, il donna bientôt sa *Flora Lusitanica*, publiée à Lisbonne en 1804, et écrite peut-être avec trop de précipitation, puisque l'on conserve à la bibliothèque royale de Lisbonne un exemplaire chargé de corrections, et indiquant surtout certaines lacunes que lui-même avait reconnues.

Au mois d'avril 1800, Brotero avait été nommé par le prince régent directeur du musée royal et du jardin botanique, et il procéda dès lors à une classification méthodique, qu'il appliqua même à la minéralogie et à la zoologie ; classification dont avant lui il n'y avait guère de traces dans l'établissement confié à ses services, et qui se basait sur le système de Linné. L'invasion française interrompit Brotero dans ses travaux scientifiques, et eut sur sa vie privée une influence désastreuse. Chassé par les événements et par des tracasseries intérieures du muséum qu'il avait si bien administré, il était allé cacher sa détresse dans un faubourg de Lisbonne ; et il y fût mort peut-être de besoin, si une âme généreuse ne lui fût venue en aide. Grâce à l'intervention active de Geoffroy Saint-Hilaire, il fut résolu que le gouvernement français, représenté alors par le duc d'Abrantès, donnerait à Brotero 7,650 francs, pour les arrérages de son traitement (1).

<small>(1) De βρότος, mortel, et d'ἔρως, amour.</small>

<small>(1) L'illustre professeur, qui a laissé de si nobles souvenirs de son passage à Lisbonne, avait conçu pour Brotero une estime qu'il garda jusque dans les derniers temps de sa vie. L'auteur de cette notice tient les détails biographiques rapportés ici, d'un document écrit par Geoffroy Saint-Hilaire lui-même, et qui en contient un autre qu'on ne saurait passer sous silence, parce que le savant portugais avait d'ailleurs toute espèce de droit, comme administrateur, au payement régulier de son traitement. « Brotero..., professeur de botanique à Coïmbre, vivait à Lisbonne dans la disgrâce de son évêque, le recteur de l'université. Quand je fus à Lisbonne, j'allai voir souvent l'auteur de la *Flora Lusitanica*, retiré et misérable dans un faubourg de Lisbonne. Un jour, j'appris en son absence sa détresse extrême. Je lui fis remettre quinze napoléons, lui disant, pour vaincre sa délicatesse, que c'était une faveur du duc d'Abrantès : vous n'en toucherez mot. Brotero fit le contraire. Le duc prend les remerciments pour une ironie ; il veut que Brotero soit arrêté, et demande à moi-même de m'expliquer. « Au lieu de ces vifs emportements, lui dis-je, acceptez le rôle qui vous est attribué. » Ce fut en effet à la suite de cette discussion orageuse que, grâce à un sentiment plus conforme aux lois de l'équité, on rendit au savant botaniste le traitement qui n'eût pas dû lui être retiré.</small>

Les excursions souvent périlleuses que Brotero entreprenait soigneusement au sein des montagnes escarpées de l'Estrella, trois chutes déplorables qu'il avait faites et dont il ne s'était jamais complétement remis, avaient affaibli peu à peu sa forte constitution. En 1811, il obtint sa retraite comme professeur de l'université, après avoir fait ses cours régulièrement pendant plus de vingt années. Ce fut alors que, restreint à ses fonctions de directeur du musée royal d'histoire naturelle, il sollicita de la régence l'exécution du plan d'un jardin botanique semblable à celui qu'il avait fondé pour l'université. Les circonstances difficiles dans lesquelles se trouvait le pays l'empêchèrent seules de réussir. En 1821, le directeur Brotero fut élu député aux cortès générales extraordinaires et constituantes du Portugal pour la province de l'Estramadure; il prit séance le 21 janvier de la même année; mais, après avoir siégé quelque temps à cette assemblée législative, il abandonna ces hautes fonctions avec le plus noble désintéressement, disant qu'il ne pouvait garder un emploi salarié dont sa santé ne lui permettait plus de remplir les devoirs assidûment; il se retira dès le 27 mai 1821. Il lui restait bien peu d'années à vivre : il les employa à poursuivre les études qui l'avaient occupé toute sa vie, et il mourut à Acolenade Belem, à l'âge de quatre-vingt-quatre ans.

L'ouvrage le plus important de Brotero est sa *Phytographia Lusitanica Selectior*, qui, commencée en 1801, ne fut terminée que vingt-six ans plus tard. Le premier vol. a paru en 1816, et le second en 1827; les gravures sont d'une bonne exécution. Comme le premier fascicule était déparé par une foule d'erreurs, on l'a réimprimé; et il a été inséré avec ses corrections dans le tome I. Brotero a donné encore plusieurs mémoires aux recueils de la Société Linnéenne et de l'Académie des sciences de Lisbonne.

FERDINAND DENIS.

Noticia biographical do doutor Felix do Avellar Brotero; Lisbonne, 1847, in-8°. — De Hautfort, *Coup d'œil sur Lisbonne et Madrid*, in-8°. — Balbi, *Essai de statistique sur le royaume de Portugal*, 2 vol. in-8°.

*BROTHERS (*Richard*), illuminé anglais, né à Terre-Neuve, dans la ville de Placentia, vers 1760; mort à Bedlam vers 1830. Entré jeune dans la marine, il parvint au grade de lieutenant. Mais bientôt il fut en proie à des visions, se posa en apôtre d'une religion nouvelle, et se disait « neveu d'Almighty, prince des Juifs, envoyé pour ramener le peuple dans la terre de Chanaan et le rétablir dans son ancienne splendeur. » Puis il donne en même temps une description complète de la Jérusalem nouvelle, avec l'Éden au milieu. Il écrivait à une miss Cott, son acolyte, des lettres avec cette suscription : « A la fille authentique du roi David, à la future reine des Hébreux. » Enfin il prédit la ruine de la cité de Londres par un tremblement de terre, et la chute définitive des empires de Turquie, de Russie, d'Allemagne. Il eut ses prosélytes; et leur confiance était telle, qu'ils vendirent leurs biens pour le suivre à Jérusalem. Une vive controverse s'éleva à son sujet. Le gouvernement s'en effraya : Brothers fut enlevé de nuit, soumis à une enquête médicale, déclaré fou, et comme tel enfermé à Bedlam, où il est mort après une longue captivité. On a de lui : *A revealed knowledge of the prophecies and times, book I wrote under the direction of the lord God, and published by his sacred command*; Londres, in-8°, 1794; — *Book containing the fall of the Turkish, German and Russian empires*; in-8°, 1794; — *An exposition of the Trinity with a farther explication of Daniel*, chap. XII, *in letters to the king and to M. Pitt*; 1795; — *A letter to miss Cott, the daughter of king David and future queen of the Hebrews*; in-8°, 1798; — *A description of Jerusalem with the garden of Eden*; 1802. T. D.

Documents inédits.

BROTIER (*Gabriel*), humaniste français, né à Tannay le 5 septembre 1723, mort à Paris le 12 février 1789. Il appartenait à l'ordre des Jésuites, fut bibliothécaire du collége Louis-le-Grand; et lorsque la compagnie de Jésus fut dispersée, il passa les dernières années de sa vie chez son ami M. de Latour, imprimeur. L'abbé Brotier fit partie depuis 1781 de l'Académie des belles-lettres. Il avait des connaissances très-variées. On a de lui : *Examen de l'apologie de l'abbé de Prades*; Paris, 1753, in-8°; — *Conclusiones ex universa theologia*, etc.; Paris, 1754, in-4°; — *Traité des monnaies romaines, grecques et hébraïques, comparées avec les monnaies de France*; Paris, 1760, in-4°; — *Vie de l'abbé de la Caille* (en latin), Paris, 1763, in-4°; et en tête du *Cœlum australe stelliferum*; — *Corn. Taciti Opera, recognovit, emendavit, supplevit, explevit*, etc.; Paris, 1771, 4 vol. in-4°, et 1776, 7 vol. in-12 : la seconde édition renferme des observations qui ne se trouvent pas dans la première, et réciproquement; elle est remarquable par sa belle exécution typographique; — *C. Plinii Secundi Hist. natural.*, etc.; Paris, Barbou, 6 vol. in-12, avec des notes; — *Mémoires du Levant*; Paris, 1780, in-8°; — une *édition* du poëme du P. Rapin, sous ce titre: *R. Rapini Hortorum lib. IV; culturam hortensem et hortorum historium addidit J. Brotier*; Paris, Barbou, 1780, in-12; — une *édition* de *Phèdre* avec des notes; Paris, Barbou, 1783, in-12; — une *édition* du *Plutarque d'Amyot*; Paris, 1783 et années suivantes, 22 vol. in-8°, réimprimés à Paris, 1801.

Dussault, *Journal des Débats*, 9 nov. 1845. — Quérard, *la France littéraire*.

BROTIER (*André-Charles*), neveu du précédent, mathématicien et humaniste français, né à Tannay en 1751, mort le 13 septembre 1798. Au sortir de ses études, qu'il fit au collége Sainte-Barbe à Paris, il embrassa l'état ecclésiastique, et obtint une chaire de mathématiques à l'École militaire. En 1791, il rédigea le *Journal général* de France, dirigé jusqu'alors par l'abbé Fontenay. Après la journée du 10 août, il vécut retiré pendant quelques années. Impliqué en 1796 dans la conspiration royaliste de Lemaître, mais acquitté cette fois, il fut condamné à mort en 1797 dans l'affaire Lavilleheurnois et Duverne de Presle, pour crime d'embauchage et de conspiration. La peine capitale ayant été commuée en une détention de dix ans, il fut déporté à Cayenne, et s'y acquit, auprès des administrateurs de la colonie, assez d'influence pour qu'il pût faire adoucir le sort de ses compagnons d'exil. On a de lui : une édition des *Œuvres morales de La Rochefoucauld*; Paris, 1789 : il y critique sérieusement l'édition entreprise en 1778 par ordre de Turgot, et sortie de l'Imprimerie royale; — *Paroles mémorables*; Paris, 1790; — *Manuel d'Épictète, nouvellement traduit du grec, précédé d'un discours sur la vie et la morale d'Épictète*; Paris, 1794; — une traduction d'*Aristophane* dans le *Théâtre des Grecs* du P. Brumoy. L'abbé Brotier travailla aussi à l'édition du *Plutarque d'Amyot*, entreprise par son oncle.

Arnault, Jouy, etc., *Biograp. nouvelle des Contemp.* — *Moniteur universel.* — *Galerie historique des Contemporains.*

BROU. *Voy.* FEYDEAU.

BROUARD (*Étienne*), général français, né à Vire, dans le Calvados, le 29 août 1765; mort à Paris en août 1833. Avocat en 1791, il s'enrôla, à cette époque, dans les volontaires du Calvados. Chef de bataillon en 1793, il osa blâmer le système de terreur en vigueur alors, fut incarcéré pour ce motif, et ne recouvra la liberté qu'au 9 thermidor. En 1795, il fut nommé chef de brigade à l'armée du Nord, servit en Italie en 1797, et fit partie de l'expédition d'Égypte. A Malte, où il se trouvait en qualité de chef d'état-major, il se fit remarquer par sa fermeté et son patriotisme, notamment lors de la révolte des Maltais qui éclata après la défaite de la flotte française dans la rade d'Aboukir; et plus tard il s'opposa, jusqu'au dernier moment, à la reddition de cette place. Le *Guillaume Tell*, à bord duquel il revint en France, ayant été attaqué par les Anglais, Brouard, après avoir pris part à l'action, fut emmené prisonnier en Angleterre et échangé bientôt après. En 1803, il fut chargé de commander à l'Ile-Dieu. En 1805 et en 1806, il fit les campagnes de Pologne et de Prusse. Il devint lieutenant général dans les Cent-Jours, et membre de la chambre des représentants.

Arnault, Jouy, etc., *Biograph. nouvelle des Contempor.*

BROUAUT, en latin **BREVOTIUS** (*Jean*), alchimiste et médecin, vivait dans la première moitié du dix-septième siècle. On a peu de détails sur lui. Il voyagea dans les Pays-Bas, et fit quelques expériences intéressantes. On a de lui : *Traité de l'eau-de-vie*, ou *Anatomie théorique et pratique du vin; divisé en 3 livres*; Paris, 1646, in-4°, publié par J. Balesdens sur le manuscrit de l'auteur. L'usage de l'eau-de-vie y est recommandé comme un spécifique : « J'ai connu, dit l'auteur, un homme qui, pour en avoir pris tous les jours, a vécu par delà cent ans, sans avoir jamais éprouvé de maladies ni d'infirmités. » Il reconnut aussi qu'il y a un principe alcoolique dans toutes les substances alimentaires. On trouve encore dans ce curieux ouvrage une description d'un fourneau d'épargne qui se rapproche de ce qu'on appelle aujourd'hui un fourneau économique. Brouaut a écrit en outre un *Abrégé de l'astronomie inférieure, expliquant le système des planètes et autres constellations du ciel hermétique, avec un essai de l'astronomie naturelle*; Paris, 1644, in-4°. Cet ouvrage est peut-être le même que celui dont il est parlé dans le *Traité de l'eau-de-vie*, sous le titre *De l'Esprit du monde et l'Esprit de vie*.

Lenglet-Dufresnoy, *Hist. de la philosophie hermétique*, t. III. — Hoefer, *Hist. de la Chimie*, II. — Adelung, suppl. à Jöcher, *Allgem. Gelehrt.-Lexicon*. — Carrère, *Bibliothèque littéraire de la médecine*. — Gmelin, *Gesch der Chemie*.

BROUCHIER (*Jean*), poëte français, natif de Troyes, vivait dans la première moitié du seizième siècle. On a de lui : un *Commentaire* sur le poëme de Baptiste Mantouan intitulé *De fortuna Francisci Gonzagæ*; Paris, 1512, in-4°; — des *Poésies latines*, à la suite d'autres *Commentaires in Luciani Scaphidium et Libellum de Luctu; in Erasmi Nœniam de senectute*; Simon de Colines 1528, in-8°; — les *Adages d'Érasme, abrégés*; 1523, in-8°; — les *Quatrains* sur quelques proverbes choisis. Il en est un qui porte sur le singulier sujet que voici : *De Muliere Tornacensi quæ, anno MDXVII, reperta fuit in Campania gallicana sexum mentita virilem, duas duxisse uxores, easque simulato membro virili stuprasse*; 3ᵉ éd.; Paris, 1534, in-8°; — d'autres *poésies*, dans Gruter.

Gruter, *Deliciæ Poetarum Gallorum*, t. I. — Chaudon et Delandine, *Nouveau Dict. hist.*

BROUCHOVEN (*Jean-Baptiste*), homme d'État flamand, mort à Toulouse le 13 novembre 1681. Membre du conseil d'État et des finances aux Pays-Bas, il alla deux fois en Angleterre avec le titre d'envoyé extraordinaire, et en 1668 il fut plénipotentiaire à Aix-la-Chapelle. D'autres missions lui furent confiées auprès des princes-électeurs de l'Empire et auprès des états généraux des Provinces-Unies. Il fut récompensé du titre de comte de Bergeyck et épousa la veuve de Rubens.

De Reiffenberg, *Recherches sur la famille de Rubens*, dans les *Mém. de l'Acad. de Bruxelles*.

BROUCHOVEN (*Jean* DE), homme d'État flamand, fils aîné de Jean-Baptiste, naquit à Anvers le 9 octobre 1644, et mourut le 21 mai 1725. Successivement surintendant des finances, ministre de la guerre, membre du conseil de Charles II, il fut aussi l'envoyé de ce prince à la cour de Louis XIV, son plénipotentiaire au congrès d'Utrecht en 1711, enfin son premier ministre

En 1704 il se retira dans ses terres des Pays-Bas.

BROUCHOVEN (*Hyacinthe-Marie* DE), fils de Jean-Baptiste Brouchoven, diplomate flamand, natif de Bruxelles, mort à Malines le 28 septembre 1707. Chanoine de la cathédrale de Gand en 1673, conseiller à Namur en 1678, à Malines en 1680, il revint aux Pays-Bas en 1699, et fut chargé de suivre, conjointement avec le comte de Tirimond, les conférences de Lille ayant pour objet de régler, conformément au traité de Riswyk, les limites qui eurent leur fixation définitive le 3 décembre 1699. Le 7 mai de la même année, Brouchoven fut appelé à la présidence du grand conseil de Malines.

De Reiffenberg, *Recherches sur la famille de Rubens*, dans les *Mém. de l'Acad. de Bruxelles.*

BROUE (*Pierre* DE LA), théologien français, né à Toulouse en 1643, mort le 20 septembre 1720. Issu d'une ancienne famille parlementaire, il remporta plusieurs prix à l'Académie des Jeux Floraux; puis il laissa la poésie pour la prédication. Il prêcha avec tant de succès devant Louis XIV, qu'il fut nommé évêque de Mirepoix. Appliqué à la conversion des protestants, il publia sur ce sujet six lettres pastorales, dont trois surtout, à l'adresse des nouveaux réunis, forment un savant traité sur l'eucharistie. Il échangea aussi avec Bossuet une correspondance sur les moyens les plus efficaces d'opérer la conversion des protestants. L'intervalle qui s'écoula jusqu'à sa mort fut rempli par la part qu'il prit à l'opposition suscitée par la bulle *Unigenitus*. Il se rangea du côté des évêques qui voulaient des explications avant de se soumettre à la bulle. Ses motifs, déduits dans un mandement en date du mois de mars 1714, ayant été rejetés, il en appela, de concert avec les évêques de Senez, de Boulogne et de Montpellier. Outre les écrits cités, on a de P. de la Broue : *Catéchisme pour l'instruction de ses diocésains; — Statuts synodaux; — Oraison funèbre d'Anne-Christine de Bavière*; Paris, 1690, in-4°; — *Relation des conférences tenues en 1716 à l'archevêché de Paris et au Palais-Royal, sur les accommodements proposés dans l'affaire de la bulle Unigenitus*, insérée dans l'*Histoire du livre des Réflexions morales* de l'abbé Louail; — *Défense de la grâce efficace par elle-même*, contre Fénelon et le P. Daniel.

Biographie Toulousaine. — Moréri, *Dict. hist.*

BROUERIUS ou **BROWER VAN NIEDEK** (*Daniel*), théologien et missionnaire hollandais, vivait dans la seconde moitié du dix-septième siècle. Ministre du saint Évangile, d'abord à Helvotë-S.-Luys en Hollande, puis dans les établissements hollandais des Indes orientales, il publia une *traduction malaise de la Genèse*, Amsterdam, 1662, in-4°, et du *Nouveau Testament*, Amsterdam, 1668, in-8° : l'une et l'autre avec le texte hollandais et la prononciation du malais.

Allgemeines historisches-Lexicon. — Jöcher, *Allgemeines Gelehrten-Lexicon.*

BROUERIUS VAN NYEDEK ou **NIEDEK** (*Mathieu*), jurisconsulte et archéologue hollandais, né à Amsterdam en 1667, mort en 1735. Sa famille était d'origine suédoise. L'étude des antiquités l'occupa autant que la jurisprudence. On a de lui : *de Populorum veterum ac recentiorum adorationibus*; Amsterdam, 1713, in-12, et dans Poleni; — la continuation du *Théâtre des Provinces-Unies* de Halma, dans l'édition de 1725, 2 vol. in-fol.; — *Kabinet Van Nederlandsche*, etc. (le Cabinet des antiquités des Pays-Bas); 1727-1733, 6 parties in-4°, en société avec Lelong.

Poleni, *Utriusque thesauri antiquit. roman. græc. suppl.*, t. II. — Adelung, suppl. à Jöcher, *Allgem. Gelehrten-Lexicon.*

*****BROUGHAM** (lord *Henri*), littérateur, jurisconsulte et homme d'État anglais, né à Édimbourg le 19 septembre 1779. Il est neveu, par sa mère, du célèbre historien écossais Robertson. Son éducation se fit au haut collège d'Édimbourg, où sa première jeunesse s'écoula, tantôt dans le travail et l'étude, tantôt dans la distraction et le plaisir. A peine âgé de seize ans, il publia un traité sur l'*optique*, qui eut l'honneur d'être inséré dans les *Transactions philosophiques*, le premier recueil scientifique, de l'Angleterre; un second traité sur les *Problèmes généraux de la géométrie transcendante*, qui parut dans le même recueil, valut à son jeune auteur une réputation dans le monde scientifique, et les éloges publics du savant Prevost de Genève. Cinq ans après (1803), Brougham eut l'honneur, malgré son extrême jeunesse, d'être élu membre de la Société royale de l'Angleterre. Les travaux qu'il a dernièrement soumis à l'Institut de France démontrent qu'au milieu des agitations d'une vie la plus active qui fut jamais, il est toujours resté fidèle à ses études, auxquelles il doit sa première renommée. En 1802, Jeffrey fonda *la Revue d'Edimbourg*, célèbre par le talent que déployèrent ses rédacteurs, par l'audace et la verve de leurs attaques contre la masse des opinions oligarchiques qui dominaient alors en Angleterre. Ce recueil obtint une popularité depuis sans exemple, et fut dès son apparition un véritable événement politique. Brougham devint un de ses collaborateurs les plus assidus; et, dans une série presque innombrable d'articles sur les sujets les plus divers, il déploya le sens pratique, cette libéralité de vues, la souplesse inépuisable et surtout la redoutable puissance satirique qui devaient le placer au premier rang. En 1803, il publia son livre sur la *Politique des colonies*, ouvrage dans lequel, en justifiant l'esclavage, il a déployé beaucoup plus d'habileté que de logique. Ce livre lui a souvent été reproché, et ses adversaires n'ont jamais manqué de s'en faire une arme dans la lutte qu'il a soutenue depuis en faveur des hommes de couleur. Mais si rien n'est plus attristant que la versatilité des opinions, peut-

17.

on, sans injustice, prendre l'œuvre pour ainsi dire académique d'un jeune homme de vingt-deux ans, pour criterium des opinions politiques de l'homme d'État expérimenté? En 1806, Brougham vint à Londres, appelé au barreau anglais par la Société de Lincoln's Inn. Ses talents fixèrent assez l'attention publique pour lui faire confier l'une des affaires les plus importantes. Napoléon venait de décréter à Berlin son fameux système du blocus continental. Le conseil du roi répondit par les ordonnances célèbres qui fermaient les ports de l'Angleterre à tous les produits étrangers. Cette mesure, dictée par la passion bien plutôt que par une sage politique, frappait surtout les nations neutres. Des commerçants de Londres, de Manchester, de Liverpool en appelèrent à la chambre des communes, qui les autorisa à présenter à sa barre une requête contre les ordonnances. Brougham fut chargé de porter la parole; et, bien que la demande fût repoussée, il parla de manière à se conquérir dès l'abord une place distinguée parmi les hommes politiques du temps. Il entra au parlement en 1810, comme député de Camelford, bourg pourri de lord d'Arlington. Les tories étaient alors au pouvoir, qu'ils devaient garder vingt ans. Castelreagh et Liverpool étaient ministres : au dehors ils représentaient la lutte contre Napoléon; au dedans, l'exclusivisme anglican, la conservation de tous les priviléges, et plus tard l'abolition du régime parlementaire au bénéfice de la prérogative royale. Appuyés sur le clergé officiel, sur l'aristocratie alors toute-puissante, ils puisèrent une force singulière dans les sentiments nationaux que la guerre avec la France avait surexcités jusqu'à la fureur. Brougham, dès les premiers jours de sa vie parlementaire, se plaça résolûment du côté des whigs; et d'abord dans leurs rangs, bientôt à leur tête, tour à tour avocat, écrivain, orateur politique, il commença contre le torysme, au nom de la liberté, cette lutte sans trêve ni merci qui devait, après vingt ans, changer la face de l'Angleterre. Comme avocat, il fut chargé de la plupart des procès de presse, qui se multipliaient alors chaque jour. Il défendit entre autres le célèbre démocrate Hunt, poursuivi pour un article de l'*Examiner*, où il s'était vigoureusement élevé contre la peine du fouet appliquée dans l'armée anglaise : M. Hunt fut acquitté, et le lord chancelier Ellenborough ne put s'empêcher de rendre justice au talent de l'avocat. Mais de ses discours au barreau les plus célèbres, sans contredit, sont ceux qu'il prononça dans une affaire toute politique, la défense de la reine Caroline de Brunswick. Cette infortunée princesse, mariée toute jeune au prince de Galles, depuis George IV, avait été dès les premiers jours de son union l'objet d'une aversion extrême de la part de son époux. La reine sa belle-mère, et à son exemple tous les courtisans, cherchaient les occasions de l'humilier. Seul le roi George III avait pris sa défense; mais, lorsqu'il fut devenu fou, la position de la princesse devint tellement intolérable, qu'elle prit le parti de se retirer sur le continent, où elle demeura quelques années, presque oubliée du peuple anglais. Seulement, de temps à autre, le bruit se répandait de quelque aventure qui n'était pas à son avantage. Cependant George III mourut, et George IV débuta par faire effacer le nom de sa femme de la liturgie anglaise. Ce dernier outrage révolta la reine Caroline. Malgré les offres que lord Hutchinson vint lui faire à Saint-Omer au nom du ministère, malgré les conseils de Brougham, qui avait toujours été son appui, elle revint en Angleterre en 1820. Son retour prit les proportions d'un événement politique de la plus haute importance : le peuple se passionna avec frénésie pour cette princesse, poursuivie par un mari coupable. Le ministère, après une enquête sur la conduite de Caroline, présenta un bill à la chambre des lords sur les peines à lui appliquer. Brougham fut chargé, comme avocat de la reine, de combattre cette proposition. Il y déploya toutes les ressources de son talent, l'énergie singulière de son intelligence et de sa voix, la puissance irrésistible de son sarcasme, et les dons pathétiques de son éloquence. La troisième lecture du bill ne fut emportée qu'à une faible majorité de neuf voix, et le ministère n'osa pas le soumettre à l'approbation de la chambre des communes. Les amis de la reine triomphaient; mais les détails vulgaires et scandaleux du procès avaient refroidi l'opinion, et Caroline mourut deux ans après, dans l'isolement et le désespoir.

Il semble que ce procès porta bonheur à Brougham. Il était à peine terminé, que Williams, libraire à Durham, fut poursuivi pour un violent pamphlet contre le puissant clergé de cette province, qui avait refusé toute marque de respect à la mort de la reine. Brougham fut chargé de le défendre : son âme ardente était encore pleine des émotions de cette grande lutte; il s'y était souvent trouvé face à face avec le clergé, qui, faisant taire la justice au profit de l'intérêt, s'était prononcé pour le plus fort. Abandonnant tout à coup la cause de son client, l'avocat donna cours à sa colère concentrée dans la plus terrible apostrophe contre l'Église anglicane. Réunissant, dans une admirable improvisation, toutes les accusations en un faisceau, il poursuivit de ses terribles sarcasmes la vénalité du clergé, sa rapacité, sa servilité pour le pouvoir; et, s'élevant tout à coup aux plus hautes considérations de l'histoire, il lui prédit sa ruine, et fit tomber sur sa tête la plus solennelle condamnation. L'effet fut immense. L'auditoire transporté applaudit (fait sans exemple dans les annales judiciaires de l'Angleterre); et l'opinion, profondément remuée, plaça Brougham au rang des premiers orateurs du pays.

Sa vie politique ne fut ni moins brillante ni moins utile. Héritiers des principes immortels du célèbre Fox, les whigs donnaient pour but à ce gouvernement le développement de toutes les forces vives d'une nation par la paix et par la liberté : leur action s'était alors concentrée sur trois questions capitales qui résumaient tout un système politique : à l'intolérant bigotisme des courtisans ils exposaient l'émancipation des catholiques irlandais, à leurs vues aristocratiques une réforme parlementaire, à leur politique violente la paix avec la France. Certes il fallait du courage pour demander à l'Angleterre, au nom de la justice, l'émancipation des catholiques irlandais, au moment même où l'opinion publique les accusait d'appeler de leurs vœux le triomphe de Napoléon; il fallait du courage, au milieu des péripéties de cette lutte, qui exaltèrent jusqu'à la folie l'orgueil national, pour rappeler les esprits aux principes éternels de la raison et de la paix. Par l'indépendance de son esprit, par son audace inébranlable, par les ressources inépuisables de son intelligence, Brougham était né pour cette tâche, et il s'y dévoua avec l'infatigable activité qui est sa vertu caractéristique. Il serait impossible de le suivre dans cette lutte de plusieurs années; accusant des ministres à qui tout réussissait ; attaquant des expéditions militaires dont le succès enflammait la nation ; toujours vaincu, toujours sur la brèche; profitant de toutes les fautes; opposant à tous les désirs de la victoire l'imperturbable fermeté de ses convictions pacifiques ; bravant l'impopularité au nom de la vérité immuable, et, de sa voix éloquente, proclamant les bienfaits de la paix et les désastres de la guerre jusqu'au lendemain de Waterloo. Cette lutte finissait enfin par une victoire complète, qui allait pour longtemps assurer le pouvoir aux torys. Alors commença pour l'Angleterre une période d'épreuves que devaient trop bien justifier les prophéties de Brougham. La guerre avait épuisé tous les peuples. Le commerce ne pouvait se relever du coup qu'elle lui avait porté; et le pays souffrait d'une misère inconnue aux plus mauvais jours de la lutte. D'un autre côté, le long usage de la force avait familiarisé les esprits avec elle; et une tendance générale se manifestait à trancher par ce moyen les difficultés politiques. Les peuples affamés se soulevèrent, et le sang coula à Manchester, à Birmingham, dans les villes les plus industrielles. Le ministère tory, qui n'était pas étranger à ces malheurs, ne sut les combattre que par la force. L'Angleterre paya son triomphe par la suppression de l'*Habeas corpus*. Brougham était loin d'approuver les excès des révoltés ; mais il s'opposa fortement à toutes les mesures violentes qui n'étaient pas absolument indispensables. Chaque année le ramenait à la tribune, proposant une loi en faveur de la presse (1816); luttant contre la suppression de l'*Habeas corpus* (1817), et contre les fameux *Six actes* (1819); exposant avec force les misères de l'Angleterre (1820); combattant enfin dans ses discours (1822) les abus de la prérogative royale et le ministère, qui ne sut rien faire pour satisfaire les besoins du peuple. Tant d'efforts et de courage commençaient enfin à porter leurs fruits; l'opinion publique se formait; la chambre des communes avait donné en 1821, sur l'émancipation des catholiques irlandais, un vote favorable, que l'opposition de la chambre des lords avait rendu inutile. En 1822, quand lord Castlereagh mit fin à ses jours, ce fut Canning qui le remplaça. Canning, moitié whig, moitié tory, opposé à la réforme parlementaire, mais qui avait promis d'appuyer l'émancipation des catholiques, et qui en 1823, abandonnant tout à coup la politique absolutiste, protesta contre l'intervention française en Espagne en faveur de Ferdinand VII.

Brougham prêta quelquefois son appui au ministère. Souvent aussi, et surtout sur la question d'Irlande, que Canning avait abandonnée, il s'éleva entre les deux hommes célèbres des luttes qui rappellent, par l'éloquence et aussi par la violence, les beaux jours de Fox et de Chatham. A la retraite de Liverpool en 1827, Canning, porté au ministère par la faveur publique, malgré les répugnances absolutistes de Georges IV, appela les whigs au pouvoir; mais la mort soudaine de ce brillant homme d'État interrompit une expérience à peine commencée, et la volonté royale rappela les torys. Un ministère se forma donc; le duc de Wellington en fut le chef. Brougham, qui avait, dans les derniers temps, presque soutenu Canning, surtout dans la double intervention en faveur de la Grèce et du Portugal, rentra de nouveau dans l'opposition la plus active. Mais cette fois l'opinion était avec lui : l'université de Glascow venait de l'élire pour son lord chancelier (1825), en concurrence avec l'illustre Walter Scott. Les sympathies qui l'entouraient donnaient à sa voix une irrésistible autorité, et le ministère lui-même se vit contraint en 1829 de proposer l'émancipation des catholiques d'Irlande. Les vieux torys crièrent à la trahison ; mais il fallut céder et se rendre.

Sur ces entrefaites, Georges IV mourut (1830); et Guillaume IV, qui lui succéda, apportait sur le trône une rancune personnelle contre Wellington. En même temps la révolution de 1830 renversait Charles X, et inaugurait en France le triomphe des idées constitutionnelles. Le contre-coup fut immense en Angleterre; les élections s'y firent sous cette impression, et le parlement s'ouvrit sous les plus mauvais auspices pour le ministère. Brougham y parut avec un caractère tout nouveau : jusque-là il avait toujours été envoyé aux communes par le bourg pourri de quelques nobles de son parti. Il avait plusieurs fois disputé la représentation du petit comté de Westmoreland à une famille puissante de Dowther, et il avait toujours été vaincu. Maintenant il revenait comme en triomphe sans sollicitations ni brigues, élu d'enthousiasme par la grande majorité des habitants du Yorkshire, le plus important comté de l'Angleterre. Il dénonça avec véhémence la tendance du ministère à maintenir les traités de 1815 contre la marche des événements en France et en Belgique; et, reprenant tout à coup la plus décisive des mesures que son parti semblait depuis longtemps avoir abandonnée, il annonça l'intention où il était de déposer une proposition touchant la réforme parlementaire. L'orage approchait, les ministres le comprirent, et ils déposèrent leur démission après une discussion sur la liste civile, où Brougham enleva contre eux la majorité. Les whigs rentrèrent alors au pouvoir, non plus en seconde ligne, mais sans contrôle, et portés par la confiance du pays. Le patriarche des whigs, lord Grey, l'élève de Fox, fut le chef du ministère; Brougham, nommé pair d'Angleterre, fut élevé à la dignité importante de lord chancelier, la plus haute à laquelle un homme de loi puisse aspirer en Angleterre. Ainsi, dans cette terre de l'aristocratie, un simple citoyen, sans parents, sans fortune, sans appui, pur de brigues et de toute intrigue, parvint au rang le plus élevé, par la seule puissance du talent et de la vertu politique. Arrivé au pouvoir, le parti whig voulut d'abord assurer le triomphe du principe dont il était le représentant; et le parlement fut immédiatement saisi d'une proposition de réforme parlementaire assez large pour satisfaire tous ceux qui ne voulaient pas le complet renversement de la constitution anglaise. La loi donnait autrefois au pouvoir royal le privilége d'affranchir les bourgs et les corporations, à mesure que leur importance devenait assez considérable. La jalousie de l'aristocratie enleva aux princes, en 1672, le droit d'affranchissement; et depuis lors le corps électoral était resté le même, malgré les changements radicaux que le développement commercial avait amenés dans l'état du pays. Ainsi, Birmingham et Manchester n'avaient pas de représentants, pas même le droit de vote; pendant que ce droit était exercé par le bourg d'Old-Sarum, bourg nominal, dont il n'existait plus que des ruines. On comprend ce qu'un pareil état de choses devait amener d'abus. La nouvelle loi était le vote à tous les bourgs au-dessous de deux mille âmes, proportionnait le nombre des représentants à l'importance de chaque localité; on admettait au vote tout citoyen propriétaire ou locataire d'une maison d'un revenu de dix livres sterling. Le sort de ce bill est connu; il échoua devant la chambre même qui avait renversé Wellington, et les ministres durent dissoudre le parlement. Les élections nouvelles renvoyèrent une majorité whig assez considérable, qui adopta la loi.

Mais alors on vit commencer dans la chambre des lords une lutte désespérée, dont tout le poids retomba sur Brougham; ses discours sur cette question se placent au premier rang de ses œuvres oratoires. En vain déploya-t-il toutes les ressources de son éloquence; en vain, tombant à genoux devant la chambre dans un irrésistible élan, évoqua-t-il à ses yeux le fantôme de la guerre civile prêt à déchirer la patrie: les lords résistèrent jusqu'au moment où le roi, qui voulait changer son ministère, menaça les lords de créer un nombre assez considérable de pairs nouveaux pour changer la majorité. La chambre haute, se déclarant solennellement privée de sa liberté par l'attentat dont elle était menacée, cessa une lutte inutile, et la loi fut votée. Il n'entre pas dans notre cadre d'étudier en détail les mesures considérables qui marquèrent l'existence des whigs au pouvoir, l'organisation municipale, la réforme judiciaire, une loi en faveur des pauvres, de grandes réductions dans l'impôt, et un dégrèvement considérable sur les objets de consommation usuelle, une série de lois qui mettaient des bornes à l'autorité despotique du clergé protestant en Irlande; l'abolition de l'esclavage; l'appui prêté au dehors à toutes les tentatives constitutionnelles, et particulièrement à la Belgique: toutes ces lois enfin qui, si elles n'accomplirent pas entièrement une révolution radicale impossible en Angleterre, firent entrer du moins ce pays dans une voie de progrès où depuis, sous les torys comme sous les whigs, il n'a plus reculé.

Brougham était alors à l'apogée de sa gloire. Mais ces réformes radicales n'avaient pu se faire sans blesser un nombre d'intérêts établis. Une fois que le premier moment de l'enthousiasme populaire fut passé, des haines nombreuses, des rancunes irréconciliables se dressèrent contre les whigs sur tous les points du pays: faiblement défendus par ceux-là même en faveur desquels les réformes avaient été accomplies, ils virent leur position devenir chaque jour plus difficile. Déjà le comte Grey avait dû couvrir en 1834, sous l'honorable prétexte de son grand âge, une retraite nécessaire. Mais c'est surtout contre Brougham que fut dirigé le changement soudain dans l'opinion publique. Ses sarcasmes, les blessures de son ironie lui avaient créé des ennemis personnels en très-grand nombre: ils se réunirent dans un commun effort, tournèrent contre lui la soudaineté même de son élévation, firent parler l'envie; et dans quelques semaines l'idole du peuple devint l'objet de sa haine et de son mépris. Aussi, lorsqu'après une tentative prématurée de Robert Peel et des torys, lord Melbourne, qui avait succédé à lord Grey dans la direction du parti whig, reprit une seconde fois le pouvoir (1835), Brougham fut sacrifié à l'opinion publique, et laissé en dehors de la combinaison. Alors commença dans l'histoire politique des partis une période transitoire, où les anciennes classifications disparurent; les noms de whig et de tory furent conservés, mais ils représentèrent désormais beaucoup plutôt de simples partis d'hommes que des catégories d'idées. Les programmes se confondirent; et l'on vit le whig Palmerston compromettre en 1840 la paix avec la France sur la question d'Orient, tandis que plus tard Robert Peel attachait son nom à toutes les réformes qui sapaient les fondements de la puissance territoriale, base si longtemps inébranlable de l'influence aristocratique.

Dans cette situation toute nouvelle, lord Brougham ne s'est fait l'homme d'aucun parti : orateur des plus influents à la chambre des lords, il est peu de questions importantes qu'il ne traite à son point de vue, sans se préoccuper si le ministre qui l'a mise en avant est whig ou tory. Il offre, en un mot, l'exemple bien rare, dans les assemblées politiques, d'un homme indépendant de toute préoccupation de parti. Ce rôle est de ceux que la postérité apprécie beaucoup mieux que les contemporains : il est surtout très-propre à faire taxer de versatilité l'homme qui se l'impose. Cette accusation a été souvent portée contre lord Brougham, et elle est la moindre de toutes celles qui lui ont été adressées. Un résumé rapide de ses votes, depuis qu'il est sorti du ministère, permettra d'apprécier justement la ligne politique qu'il a suivie. En 1837, il rompit entièrement avec ses anciens amis à l'occasion du Canada. Cette vieille province, autrefois française, élevait, contre le gouvernement que l'Angleterre lui avait donné, les plaintes les plus justes et les mieux fondées. Lord Russell, abandonnant la vieille politique des whigs, répondit par les mesures les plus violentes, qui amenèrent dans la colonie un formidable soulèvement. Brougham combattit, quoique seul, énergiquement ces mesures; il blâma aussi fortement en 1841 la conduite de lord Palmerston, qui avait failli compromettre sur la fameuse question d'Orient l'entente cordiale avec la France. En 1842, il fut l'un des premiers à se déclarer contre l'impôt sur les céréales; il conseilla même d'abolir tout droit sur les blés étrangers; et Robert Peel n'eut pas à la chambre des lords d'auxiliaire plus ardent lorsqu'il proposa ces mesures que toute l'Angleterre bénit aujourd'hui. En 1845, lord Brougham, fidèle à la liberté religieuse, vota pour l'allocation du clergé catholique de Maynooth. Lorsqu'en 1848 l'avénement de la république française surprit le monde, il s'effraya de ces questions nouvelles, qu'il n'avait point prévues; et les discours qu'il a prononcés plusieurs fois depuis sur la situation de l'Europe s'en sont vivement ressentis. Telle est dans son développement cette longue carrière politique, qui appartient déjà à l'histoire.

Descendant direct de la philosophie écossaise et des libres penseurs du dix-huitième siècle, lord Brougham a mis au service de leurs principes non pas la discussion lumineuse et la fermeté patiente des Wilberforce et autres, mais une opiniâtreté sans exemple; et, s'il a cessé de faire entendre à son pays la voix de l'avenir, la deuxième période de sa vie n'en offre pas moins, comme la première, une lutte tout aussi ferme, sinon aussi violente, en faveur des principes qui inspirèrent sa jeunesse. Au point de vue littéraire, l'activité pratique de lord Brougham se reflète dans son style et dans ses idées. L'homme de parti et l'avocat reparaissent malgré lui dans ce style tourmenté, quelquefois diffus, mais qui semble tout à coup se réveiller à l'aspect de l'ennemi, se précipiter pour le combattre, s'aiguiser pour le blesser. S'il écrit en français la *Vie de Voltaire et de Rousseau*, c'est encore l'intolérantisme du clergé anglican qu'il poursuit, en défendant ces grands écrivains contre l'accusation d'athéisme. S'il burine la vie des hommes d'État et des hommes de lettres du temps de George III, c'est toujours ses amis qu'il exalte, ses adversaires qu'il écrase, dans ces luttes d'un siècle écoulé. La nature, du reste, semble l'avoir créé pour la lutte; grand, osseux, disgracieux, il semble taillé pour endurer les fatigues du corps et de l'esprit. Peu d'hommes sans doute ont vécu si longtemps avec si peu de sommeil. Lorsqu'il briguait la représentation du Yorkshire en 1830, il lui est arrivé d'assister à huit meetings dans des lieux différents; de prononcer dans chacun d'eux un discours animé; faire cent vingt milles, et reparaître le lendemain aux assises d'York. Lorsqu'il commence à parler, son débit est lent, sa prononciation irrégulière, son geste nul. Vienne une interruption ou une pensée qui le réveille, l'orateur s'anime rapidement, son œil se lève, sa lèvre frémit, ses longs bras s'ouvrent comme pour envelopper l'adversaire, sa feinte modération s'évanouit, ses pensées s'élèvent et se précipitent; et dès ce moment le flot tumultueux de son éloquence ne s'arrête plus avant d'avoir englouti sa victime. Sa nature est toute d'action; et, bien que peu d'écrivains l'égalent en grandeur, lorsque son style l'amène à traiter les hautes spéculations de la littérature et de la philosophie, il faut moins chercher ses titres dans ce qu'il a écrit que dans ce qu'il a fait.

A côté de ses travaux politiques, il est une autre tâche qu'il s'est donnée dans le même ordre d'idées, mais à un point de vue plus solide et d'une utilité plus universelle. Abolir l'esclavage des noirs, réformer les lois d'Angleterre, organiser dans sa patrie l'instruction des masses, telle est l'œuvre favorite au service de laquelle il semble avoir mis surtout sa haute intelligence. L'esclavage des noirs avait fait dès 1803 le sujet de ses premières études; il avait, nous l'avons dit, conclu, sur un premier examen, à la nécessité de l'esclavage. Une étude plus attentive, et surtout les excès même des planteurs, le ramenèrent bientôt à la conviction certaine. Dès ce moment, il ne se passa pas une année qu'il ne protestât contre la traite et l'esclavage des noirs, jusqu'à ce qu'en 1833, sur la proposition de lord Althorp, l'abolition radicale fut décrétée en principe. Dès l'année 1812, il avait saisi le parlement d'une proposition touchant la réforme des lois. On sait ce qu'était la législation anglaise, amas confus des traditions saxonnes, des lois normandes, de la loi romaine et des coutumes ecclésiastiques. En 1827, dans un discours resté célèbre, Brougham passa les vices en revue, et proposa les remèdes. Sur sa proposition, du moins avec son concours, la procédure a été depuis simplifiée, les dépenses diminuées, les lenteurs proverbiales abrégées, les cours ecclésiastiques renfermées dans leur domaine naturel, la cour de la chancellerie réformée, et des cours locales substituées aux sessions périodiques, insuffisantes et très-coûteuses. Enfin, le code criminel a été beaucoup adouci, après un discours où il s'est ouvertement prononcé contre la peine de mort.

Mais son œuvre propre, celle qu'il a poursuivie chaque jour et qu'il a accomplie, c'est l'organisation de l'instruction pour les masses. Il serait impossible d'énumérer les ouvrages sans nombre à la publication desquels il a pris une part plus ou moins directe. La Société des ouvriers de Londres (1823), celle pour la diffusion des connaissances utiles (1825) (1), l'université de Londres, lui doivent leur existence. Jamais il n'a laissé passer une occasion pour déclarer hautement qu'à ses yeux le remède capital aux maux de la société moderne, c'est l'instruction des pauvres; et l'Angleterre lui doit tout ce qu'elle a d'organisé dans ce genre. C'est là sans contredit le titre de gloire le plus durable de lord Brougham. T. D.

Annual Register.

BROUGHTON (*Guillaume-Robert*), navigateur anglais, né dans le comté de Glocester en 1763, mort à Florence le 12 mars 1822. Il s'embarqua en 1774, lorsqu'il n'avait pas douze ans. En 1776, il prit part à la guerre d'Amérique, et y fut fait prisonnier. Rendu à la liberté, il revint en Angleterre en 1784, après avoir voyagé sur l'Atlantique et sur la mer des Indes. En 1790, il fit partie, avec le brick *le Chatham*, qu'il commandait, de l'expédition de Vancouver. Séparé de ce navigateur par un ouragan le 23 novembre 1791, il découvrit les îles Knight, puis, le 29, les Deux-Sœurs et l'île Chatham, habitées par des sauvages dont il eut à repousser l'attaque. Ce fut à Taïti, le 30 décembre, qu'il put se réunir de nouveau à Vancouver, qui, en raison de l'active coopération de son compagnon de voyage, donna le nom d'*archipel Broughton* aux îles situées sous environ 50° et demi de latitude nord. En octobre 1792, Broughton remonta la rivière de Colombia jusqu'à une distance de 125 milles de l'embouchure. Revenu en Angleterre en 1793, il prit le commandement de la corvette *la Providence*, et le 15 février 1795 il appareilla de Plymouth, toucha à Rio-Janeiro, tourna à l'est, et, après avoir reconnu la côte sud de Van-Diémen, relâcha au port Stephens, puis à Sidney, à Taïti, à Mowi et Ouahaou, dans les îles Sandwich. Le 15 mars 1796, il s'arrêta dans la rade de Nootka, d'où il partit le 21 mai; et, s'avançant

(1) La *Society for the diffusion of useful knowledge*, dont lord Brougham est le fondateur et président, a publié, entre autres ouvrages populaires, le *Penny Cyclopædia*, sans contredit la meilleure encyclopédie populaire qui ait été publiée à notre époque.

vers le sud, fit la reconnaissance de la côte jusqu'à Monterey. Aux îles Sandwich, où il revint, il eut deux soldats tués par les habitants d'Ouahaou, et, le 6 septembre, il put reconnaître la côte du Niphon. Remontant ensuite vers le nord, il reconnut la baie des Volcans. Les officiers japonais du port d'Endermo, dans lequel il mouilla, firent tous leurs efforts pour l'empêcher de communiquer avec les indigènes. En octobre, il passa dans le canal du Pic, puis dans la mer d'Okhotsk, et, par le canal de la Boussole, il revint dans le grand Océan. Le 18 du même mois, il eut le bras droit cassé par suite d'une chute sur le pont de la corvette. Cependant il longea la côte du Japon depuis Jeddo, et le 12 décembre il se trouva devant Macao. Arrivé en avril aux îles Madjicosema, où il fut bien accueilli des habitants, il toucha, le 17 du même mois, sur des brisants qui se trouvent au nord de Typinsan, ce qui entraîna la perte de la corvette qui venait de toucher. Une goëlette qu'il avait achetée précédemment lui offrit un refuge à lui et aux autres naufragés, et d'ailleurs les insulaires leur vinrent en aide. Le 4 juin, Broughton entra dans le fleuve de Canton; et le 26 juin il se remit en route, muni de vivres et de munitions qu'il s'était procurés au comptoir anglais. Son projet était de reconnaître une partie des côtes de Tartarie et de Corée, et, comme il le disait lui-même, « d'explorer quelque partie inconnue du globe, et contribuer aux progrès de la géographie et des sciences. » Le 19 juillet il mouilla devant Napachan, et s'y procura de l'eau; mais on lui interdit de pénétrer dans l'intérieur. Il revint une seconde fois dans le port d'Endermo, où, comme précédemment, il eut à subir la surveillance des officiers japonais. S'étant engagé le 21 dans le détroit de Sangaar, il lui trouva une moindre largeur que celle indiquée sur les cartes. De là s'avançant vers le nord, il côtoya à l'est Tarakai, qu'il appela Seghalien. Du 12 au 16 septembre, il reconnut ce qu'il appelle, lui, *le golfe* et ce que La Pérouse, dont il ignorait les travaux, nomme *la manche de Tartarie*; et il s'avança même à quinze milles plus au nord que le navigateur français. L'approche de l'équinoxe le fit virer de bord; à partir de la fin de septembre, il fit route au sud, et, après avoir longé les côtes orientales de Tartarie et de Corée, il se trouva, le 14 octobre, dans le port de Tchosau, et, le 27 novembre, il s'arrêta à Macao. De Madras, où il se rendit en mars 1798, il passa à Trinkemale; et, comme il avait perdu un bâtiment, il subit l'accusation usitée en pareille occurrence, et fut acquitté. Il resta sans emploi jusqu'en 1801. D'abord commandant du *Batavia*, ensuite de *la Pénélope*, il croisa, lors du retour des hostilités sur les côtes de Hollande, dans la Manche, et dans la mer du Nord. En 1809, il se trouva, comme commandant de l'escadre, à l'engagement qui eut lieu dans la rade des Basques, puis à Walcheren, à la prise de l'île de France et à celle de Batavia. A son retour en Angleterre il fut élevé au grade de colonel des soldats de marine. Il s'établit ensuite à Florence, où il mourut. On a de lui : *Voyage of Discovery to the north Pacific Ocean*; Londres, 1804, in-4°; traduit en français par Eyriès, Paris, 1807, 2 vol. in-8°, avec cartes et figures. Broughton complète la Pérouse.

Feller, *Dictionnaire historique*. — Broughton, *Voyage of Discovery to the nord Pacific Ocean*; Londres, 1804. — Quérard, *la France littéraire* (art. BROUGHTON et EYRIÈS).

BROUGHTON (*Hugues*), célèbre théologien et hébraïsant anglais, né à Olldbury en 1549, mort en 1612. Il reçut sa première instruction à Houghton, chez Bernard Gilpin, qui l'avait recueilli sur la route d'Oxford, après avoir reconnu chez l'enfant des dispositions peu communes. De l'école de son bienfaiteur, Broughton passa à Cambridge, où il fit de remarquables progrès, surtout dans le grec et l'hébreu. A Londres, où il vint au sortir de ses études universitaires, il s'acquit une certaine popularité par la hardiesse et la singularité de sa manière de prêcher. En 1588, il publia un ouvrage intitulé *the Concert of Scriptures* (l'Accord des Écritures), réimprimé à Londres en 1596, et dans lequel il soutient que la langue des saintes Écritures est celle d'Adam et d'Ève, et qu'elle s'est maintenue jusqu'à la captivité de Babylone. Ce livre ayant été attaqué, il obtint d'ouvrir sur les matières controversées des conférences hebdomadaires dans l'église Saint-Paul, à la condition de faire connaître les noms et demeures de ses auditeurs. Mais les évêques firent bientôt révoquer cette permission. A son retour d'Allemagne, où il se rendit en 1589 comme gouverneur d'un jeune homme, il publia *An Explication of the article of Christ's descent into hell* (une Explication de la descente du Christ en enfer). Quoique accueillie d'abord avec la plus violente opposition, l'opinion émise dans ce livre est devenue celle de l'Église anglicane. Dans le *Treatise of Melchisedech*, 1591, il soutient que ce personnage n'était autre que Jean, fils de Noé. Le reste de la vie de Broughton fut marqué par ses voyages à Mayence, où il s'acquit la bienveillance de l'archevêque, et à Middelbourg, où il précha pendant plusieurs années; par ses efforts pour la conversion des Juifs, sujet qu'il paraît avoir eu fort à cœur, à en juger par ses écrits; enfin, par sa polémique avec plusieurs personnages, notamment le fameux Bèze, qu'il prit à partie dans une épître en grec à l'adresse des Genevois; Mayence, 1601. « C'est lui, dit Bayle, qui lui reprocha (à Bèze) ce que l'on a vu ailleurs, c'est-à-dire les changements continuels de ses notes sur le Nouveau Testament à chaque nouvelle édition. » En 1611, Broughton revint en Angleterre, où il mourut. La plupart de ses œuvres, et elles sont nombreuses, ont été publiées à Londres en 1662, sous ce titre assez curieux : *the Works of the Great Albionean divine, renowned in many Nations for rare skill in Salem and Athens tongues, and familiar acquaintance with all Rabbinical Learning*. Le *British Museum* possède quelques manuscrits de ce théologien. V. R.

Bayle, *Dict*. — *Biographia Britannica*. — Rose, *New Biographical Dictionary*.

BROUGHTON (*Richard*), historien et théologien anglais, mort en 1634. Il commença ses études à Oxford, et les continua au collége anglais de Reims. Ordonné prêtre en 1593, il revint dans son pays comme missionnaire, se fixa à Oxford, y devint vicaire général de l'évêque de Chalcédoine, et, pendant quarante-deux ans, se consacra en même temps à ses fonctions pastorales et à l'étude des antiquités. Ses principaux ouvrages sont : *Ecclesiastical history of Great Britain, from the Nativity to the conversion of the Saxons*; Douay, 1633, in-fol.; — *A true memorial of the ancient, most holy and religious state of Great Britain in the Time of the Britons and primitive church of the Saxons*; 1650, in-8°; — *Monasticon Britannicum*, 1655, in-8°; — *Jugements des temps apostoliques sur les trente-neuf articles de la Confession de foi anglicane*; Douay, 1632, in-8°.

Chalmers, *Biograph. Diction*.

BROUGHTON (*Thomas*), théologien anglais, né à Londres en 1704, mort à Bristol en 1774. Il étudia à Eton et à Cambridge, entra dans les ordres et, par la protection de la famille Russell, devint recteur de Stibington en 1739. Il fut pourvu plus tard d'autres bénéfices ecclésiastiques. Ses principaux ouvrages sont : *Christianity distinct from the Religion of Nature*; en trois parties, en réponse à l'ouvrage de Tindal intitulé *Christianity : as old as the Creation*; — *Bibliotheca historico-sacra, or Dictionary of all religions*; 2 vol. in-fol., 1756; — *Four dissertation on the Prospect of Futurity*; — *Hercules, a musical drama*; — de nombreux articles dans la *Biographia Britannica* dont il fut l'un des fondateurs.

Gorton, *Biographical Dictionary*. — *Biographia Britannica*.

BROUGHTON (*Thomas-Duer*), voyageur anglais, vivait au commencement de notre siècle. Il voyagea dans l'Inde et surtout dans le pays des Mahrattes, sur lequel il publia des *Lettres*, Londres, 1813, traduites en français par M. J.-B. Breton, sous ce titre : *les Mahrattes*; Paris, 1816.

Annual Register. — Beuchot, *Journal de la Librairie*.

BROUNCKER ou **BROUNKER** (*Guillaume*, vicomte), mathématicien irlandais, né en 1620, mort en 1684. Il reçut le doctorat en physique à Oxford au mois de juin 1646, et ne se fit pas seulement remarquer par ses connaissances en mathématiques, par ses nombreuses relations scientifiques, notamment avec Wallis; il se montra encore extrêmement attaché à la cause de Charles Ier, et fut l'un des signataires de la déclaration par laquelle, au mois d'avril 1660, Monk fut proclamé le restaurateur des lois et priviléges de la nation anglaise. Lors du rétablissement de la royauté, il fut nommé chancelier de la reine et commissaire de la marine. Il fut un des fondateurs de la Société royale, qu'il présida jusqu'en 1677. On a de lui : une *traduction du Musicæ Compendium de Descartes*, 1653 ; — des *lettres* sur des sujets scientifiques, dans le *Commercium epistolicum* de Wallis ; Oxford, 1658 ; — et quelques mémoires dans les *Philosophical Transactions* de Londres.

Biographia Britannica.

BROUSSAIS (*François-Joseph-Victor*), célèbre médecin français, né à Saint-Malo le 17 décembre 1772, mort le 17 novembre 1838. C'est dans le village de Pleurtuit, où son père exerçait la médecine, que s'écoulèrent ses premières années. Broussais avait douze ans lorsqu'il fut envoyé au collége de Dinan ; il y terminait ses études lorsque éclata la révolution. Enrôlé dans une compagnie de volontaires, il fut obligé de revenir au bout de deux ans, pour se rétablir d'une grave maladie, près de ses parents, qui le décidèrent à embrasser la profession médicale. Admis successivement comme officier de santé aux hôpitaux de Saint-Malo et de Bryt, il obtint en peu de temps une commission de chirurgien de marine, et se distingua dans plusieurs campagnes contre les Anglais. Bien qu'occupant de 1795 à 1798 un poste important à Bryt, Broussais sentait que son éducation médicale ne pouvait s'achever qu'à Paris ; il vint donc, déjà marié, s'y fixer en 1799. De tous les hommes d'élite qui répandaient alors sur l'école restaurée l'éclat de leurs travaux, Bichat, dont le futur réformateur devint le disciple et l'ami, était celui qui était appelé à exercer l'influence la plus profonde sur sa destinée scientifique. Cependant, partisan, au début, des idées de Pinel, dont il devait être un jour le plus formidable adversaire, Broussais, qui ne pouvait rien être à demi, défendait, dans sa thèse inaugurale *sur la Fièvre, hectique* (1802) la doctrine de l'*essentialité*. Deux ans plus tard, il obtint par l'influence de Desgenettes un emploi de médecin militaire ; et en 1806 il partait pour l'armée de Boulogne, qu'il était appelé à suivre dans sa marche victorieuse à travers l'Europe. C'est dans la vie des camps, où l'esprit scientifique est si rare, où les loisirs sont si courts, que va se révéler cette puissante intelligence ; c'est là que, mettant à profit une halte au bivouac ou quelques instants de repos au sein d'un modeste hôpital du Frioul, Broussais amassait les matériaux de cet ouvrage monumental, où se trouvait en germe une doctrine destinée à changer la face de la science. Après trois ans de recherches persévérantes, il obtint un congé, et vint à Paris en 1808, pour y surveiller l'impression de son ouvrage.

On sait combien étaient rares, incomplets, peu concluants, les faits acquis jusque-là à la science sur les maladies chroniques. A défaut de livres, observant la nature, et demandant à la mort ce que la vie seule n'a pu lui apprendre, l'infatigable observateur parvient enfin à dégager l'inconnue du problème qu'il poursuivait depuis son entrée dans la carrière : l'*inflammation*, voilà le secret de tous les désordres fonctionnels et organiques dont il a été jusqu'alors l'impuissant spectateur. Prenant dès-lors ce mode pathologique pour point de départ de toutes ses recherches, il en étudie les caractères dans tous les tissus, il le poursuit dans tous ses résultats ; il annonce qu'entretenu même à un faible degré dans les organes, il est la source de la plupart des transformations alors rangées dans la classe des lésions organiques. Ainsi les affections des diverses parties de l'appareil respiratoire, liées entre elles par une étroite affinité, se transforment incessamment les unes dans les autres, pour aboutir ordinairement, lorsqu'elles deviennent chroniques, à la phthisie. Les affections encore si obscures du tube digestif sont, dans un grand nombre de cas, le siège des maladies dont on avait placé le point de départ ailleurs, ou que l'on considérait comme générales. Si le temps et la marche de la science ont apporté d'importantes modifications à ces idées, de combien néanmoins n'était pas supérieure aux tentatives essayées jusque-là l'*Histoire des phlegmasies chroniques* (Paris, 1808, in-8° ; 5e édit., 1838, 3 vol. in-8°), où des observations nombreuses, écrites avec un talent plein d'animation, rapprochées entre elles par l'étude physiologique de leurs rapports, étaient mises en regard des lésions cadavériques décrites elles-mêmes avec un zèle si rare encore à cette époque ! Ce livre faisait mieux que de « combler une lacune dans la science, » comme le disait Pinel : il ouvrait devant lui un nouvel horizon. Cependant l'*Histoire des phlegmasies chroniques* resta dans l'obscurité, malgré son immense mérite. Mentionnée honorablement par l'Institut dans un concours décennal, il la vendit à grand'peine 800 fr. à un libraire, qui conserva l'édition presque entière jusqu'en 1816.

Apprécié cependant, dans le corps de santé militaire, comme il méritait de l'être, Broussais fut, à la même époque, nommé médecin principal d'un corps d'armée en Espagne, où il resta six ans, poursuivant ses recherches malgré tous les obstacles, amassant de nouvelles observations pour le moment où il pourrait les coordonner en une doctrine complète. Les circonstances ne tardèrent pas à lui en fournir l'occasion. De retour à Paris en 1814, et nommé professeur en second du Val-de-Grâce, Broussais y ouvrit un cours de médecine pratique, où, fort de ses convictions, de l'importance de ses recherches, il se posait résolument en face de l'enseignement officiel, appelant à lui la jeunesse des écoles, et annonçant l'intention de renouveler jusque dans ses fondements le vieil édifice médical. Quoique son cours n'eussent pas été sans retentissement, l'ardent réformateur, qui trouvait sans doute qu'il n'arrivait pas ainsi assez directement à son but, résolut de frapper un grand coup ; et ce fut une circonstance fortuite qui lui en fournit l'occasion. Chargé par le rédacteur en chef d'un journal de l'analyse d'un ouvrage aujourd'hui oublié d'Hernandez sur le typhus, il en prit prétexte pour donner cours à sa verve caustique, et pour fulminer contre l'école de Pinel un réquisitoire plein de logique audacieuse et passionnée. L'article ayant été refusé, Broussais, qui ne se rebutait pas pour si peu, reprit son travail ; et, loin de l'atténuer, il lui donna de nouveaux développements qui en firent ce mémorable manifeste paru en 1816 sous le titre d'*Examen de la doctrine médicale généralement adoptée*. Il fallait avant tout renverser l'autorité de Pinel, resté jusqu'à cette heure le législateur de la pathologie. C'est à quoi tendait cet *Examen*, dont la 1re édition était plutôt une œuvre de polémique que de système. Écrit avec une verve incisive, une puissance de logique remarquable, dans un style animé, clair, souvent inégal, incorrect même, mais plein de mouvement et de vie, cet ouvrage, où Broussais avait presque toujours raison contre ses adversaires, si ce n'est dans la forme, au moins dans le fond, commenté et développé dans ses cours avec la liberté d'allure qu'autorise l'improvisation, et avec l'indépendance d'un homme qui a mis de côté tout vain ménagement, cet ouvrage consommait la révolution médicale à laquelle s'attachera désormais le nom de Broussais. L'*école physiologique* entrait, enseignes déployées, en possession de la faveur publique.

Trois phases distinctes partagent l'histoire de cette école. Dans la première (de 1816 à 1821), on voit Broussais attaquer l'*essentialité* des fièvres, et développer, tout en poursuivant son œuvre de critique, l'histoire des phlegmasies aiguës et chroniques : c'est la période de lutte. Dans la seconde (de 1821 à 1828), chef de l'école physiologique, il reste vainqueur, s'efforce de faire reconnaître l'irritation comme la loi unitaire de pathologie : c'est la période d'organisation et de diffusion qui succède à celle de critique et de destruction, où son chef s'était montré si puissant, si habile. Désormais Broussais ne se présente plus seulement comme combattant, il se pose en législateur de la nouvelle école ; il ne prêche plus, il dogmatise. La doctrine de l'irritation est présentée sous la forme d'axiomes placés en quelque sorte au-dessus de toute discussion : c'est la charte de la médecine physiologique. Enfin, la troisième période est marquée par le discrédit de plus en plus complet dans lequel tombe la doctrine de Broussais.

Sans entrer, parce que ce n'est pas ici le lieu, dans l'examen approfondi de cette doctrine, je me bornerai à la caractériser en peu de mots. Bichat, trop tôt ravi à la science, avait laissé inachevée la grande réforme qu'il méditait ; à l'étude des tissus sains manquait encore celle des tissus malades. La pathologie continuait de marcher indépendante de la physiologie. Nul, depuis l'illustre auteur de l'*Anatomie générale*, n'avait tenté de montrer par quelle transition on passe de l'état normal à l'état morbide. Broussais déclare qu'il étudiera les organes en rapport avec les modificateurs ; et, s'annonçant comme le continuateur de Bichat (bien que son dichotomisme pathologique ne soit nullement conforme aux idées de ce grand maître), il donne à sa doctrine le nom de *médecine physiologique*. En effet, la physiologie est pour lui le flambeau de la pathologie. L'homme sain explique l'homme malade. L'irritabilité, ou la propriété de se contracter sous l'influence des stimulants qui entretiennent la vie, étant la faculté fondamentale de tous les tissus vivants, toute maladie provient d'un accroissement ou d'une diminution dans cette propriété (*sthénie* ou *asthénie*) (1). La très-grande majorité des maladies est irritative et primitivement locale. Enfin, la muqueuse digestive, que ses nombreuses sympathies associent à tous les autres organes, étant la partie la plus fréquemment lésée, notamment dans les fièvres dites essentielles, qu'il faut toutes rapporter à la phlegmasie de cette membrane, la gastro-entérite est comme le centre d'où rayonnent et où viennent converger tous les autres états morbides. En somme, étudier les lois de l'irritation, sa marche, sa manière de se propager, l'état du tissu qu'elle attaque, les dégénérescences qui s'ensuivent et le traitement qu'il faut lui opposer, c'est embrasser la médecine presque entière. L'étude de l'inflammation dans toutes ses nuances, sous toutes ses formes, dans toutes ses terminaisons, a donc été la préoccupation la plus constante de l'école physiologique.

Si Broussais ne fit, à quelques égards, que féconder des idées pressenties avant lui, il n'y aurait pas moins d'injustice à aller chercher, sous la poussière des bibliothèques, des vérités qui n'avaient eu aucune influence sur la médecine contemporaine. Laissons donc au chef de l'école physiologique l'honneur ou le blâme qui peuvent lui en revenir.

La doctrine avait vaincu. Accourus de tous les points du globe pour s'initier à ses principes, ses disciples allaient reporter dans leur patrie les idées qui leur étaient inculquées. En France, elle avait conquis la majorité des suffrages et pénétré jusque dans l'enseignement avant que son auteur y prît place lui-même.

Cependant les propositions mises en tête de l'*Examen* laissaient subsister des lacunes, et réclamaient des développements qui déterminèrent Broussais à publier le *Traité de Physiologie appliquée à la pathologie* ; Paris, 1822-1824 ; 2e édit., 1834, 2 vol. in-8°. En 1822, il créa, dans un but semblable, les *Annales de la doctrine physiologique*, espèce de tribune d'où il pouvait exercer sur le public cette action vive et pénétrante

---

(1) C'est exactement ce qu'avait professé J. Brown, une trentaine d'années avant Broussais : ce que ce dernier appelle *irritabilité*, le premier le nomma *excitabilité*, et partit de là pour diviser les maladies en deux grandes classes, en *sthéniques* et *asthéniques*, suivant qu'il y a excitabilité en plus ou en moins. *Voy.* l'article F. BROWN. (*Note du Directeur.*)

qui appartient surtout à la presse périodique.

Mais le réformateur ne devait pas jouir longtemps du triomphe de ses idées : les abstractions ne peuvent guère vivre à côté des faits sans trahir leur côté faible. Les résultats cliniques n'avaient pas répondu aux fastueuses promesses du théoricien. Les disciples les plus brillants de la nouvelle école manifestaient hautement eux-mêmes leur dissidence en plusieurs points. L'irritation était divisée, subdivisée; on était venu jusqu'à reconnaître des phlegmasies spécifiques, des altérations du sang; c'en était fait dès lors de l'unité de la doctrine elle-même. Les rares concessions que Broussais se trouvait obligé de faire ne pouvaient la sauver : elle entrait dans une nouvelle phase, marquée par la décadence de plus en plus rapide de son influence. La publication du traité *De l'irritation et de la folie* (1828-1829) fait moins date dans la médecine physiologique, qui désormais avait fait son temps, que dans la vie scientifique de son auteur, à qui elle devait ouvrir l'Institut (Académie des sciences morales et politiques). La position officielle où la révolution de 1830 appela Broussais, en le chargeant du cours de pathologie et de thérapeutique générales à la faculté de Paris, loin de ranimer le *physiologisme* expirant, put à peine prolonger son agonie. Si le chef de cette doctrine avait pu se faire illusion à cet égard, l'isolement dans lequel il faisait son cours, le peu de succès du traité volumineux auquel ce cours donna lieu (*Cours de pathologie*, etc., 1834-1835, 5 vol. in-8°), étaient bien de nature à le désabuser. Mais c'était une de ces organisations fortement trempées qui ne se reposent que dans la mort; et, soit activité dévorante d'esprit, besoin de lutte ou désir d'échapper à l'oubli, on vit Broussais chercher dans les données récentes et encore si vagues de la phrénologie, dont il s'était naguère montré l'adversaire, le moyen d'imprimer à la psychologie physiologique un caractère plus expérimental. Ce cours et l'ouvrage qui en sortit (*Cours de phrénologie*; Paris, 1836, in-8°) eurent pendant quelque temps un succès de vogue qui, s'il consola un instant le vieil athlète de ses nombreuses blessures, n'avait rien qui pût augmenter ses titres à l'estime de la postérité. Ces travaux furent les derniers efforts de cette vaillante intelligence. En proie à une lente et pénible maladie, Broussais, auquel sa constitution robuste semblait promettre une plus longue carrière, et qui avait conservé jusqu'à la fin avec le calme de l'esprit toute la lucidité de ses idées, mourut à l'âge de soixante-six ans, dans sa campagne de Vitry-sur-Seine. En 1841, on lui a élevé une statue au Val-de-Grâce, où ses leçons avaient attiré de si nombreux élèves.

Son fils, *Casimir* BROUSSAIS, né en 1803, mort en 1847, a publié plusieurs mémoires qui dénotent un bon esprit d'observation.

Dr C. SAUCEROTTE.

Dubois d'Amiens, *Éloge de Broussais*. — Costes, *Hist. critique de la doctrine physiologique de Broussais.*

BROUSSE (*Jacques*), théologien français, natif d'Auzance, mort en novembre 1673. On a de lui : *Sermon sur la Grâce*; — *Lettre au sujet de ce sermon*; — *Requêtes et Mémoires au sujet de l'affaire des cinq Propositions de Jansénius*; — *Tableau de l'Homme juste*; — *Oraison funèbre de Louis le Juste*; — *Vie du P. Ange de Joyeuse*.

Lelong, *Biblioth. hist. de la France*, I, III et IV.

BROUSSE (*Joachim* BERNIER DE LA), poëte et jurisconsulte français, vivait dans la première moitié du dix-septième siècle. Il fut élevé par l'abbé Deplanches, son oncle, et cultiva la poésie avec autant d'ardeur que la jurisprudence. Ses *Œuvres poétiques*; Poitiers, 1618, in-12, se divisent en cinq parties : les *Amours d'Hélène, de Thysbé, de Chloris et de Marphise* remplissent la première partie; les *Odes* sont dans la seconde partie; la troisième est consacrée aux *Bergeries*; il y a des tragédies dans la quatrième, et la cinquième contient les *Mélanges*.

Dreux-du-Radier, *Bibl. du Poitou*.

BROUSSE (*Pascal-François* DE LA), jurisconsulte français, vivait dans la seconde moitié du dix-septième siècle. Il laissa : *Pro Clemente V pontif. max. Vindiciæ, seu de primatu Aquitaniæ dissertatio*; Paris, 1657, in-4°. On y trouve d'utiles recherches sur la Guienne.

Lelong, *Bibliothèque historique de la France*, édition Fontette, t. I.

BROUSSÉ DES FAUCHERETS (*V.* DESPAUCHERETS).

BROUSSEL (*Pierre*), magistrat français, vivait dans la seconde moitié du dix-septième siècle. Reçu conseiller-clerc au parlement de Paris en 1637, il fit de l'opposition sous la régence d'Anne d'Autriche, se rendit populaire, fut arrêté le 26 août 1648, et devint, pendant qu'on l'amenait, l'objet d'une ovation de la part du peuple, qui s'écriait : *Broussel et la liberté!* La Bastille ayant été prise par la multitude en 1649, Broussel en fut nommé gouverneur. Il fut récusé dans le procès qui eut lieu au sujet du projet d'assassiner le prince de Condé; et lors de l'exclusion de Mazarin du ministère, il voulut faire appliquer la mesure à tous les cardinaux. En 1651, Broussel fut appelé par les frondeurs à remplacer le prévôt des marchands, et obligé de se démettre après la cessation des troubles. Il vécut dans la retraite, à partir du lit de justice où Louis XIV lui ordonna, ainsi qu'à d'autres magistrats, de sortir de Paris.

Retz, *Mémoires*. — Saint-Aulaire, *Histoire de la Fronde*.

BROUSSIER (*Jean-Baptiste*, comte), général français, né à Ville-sur-Saulx, près de Bar-le-Duc, le 10 mai 1766; mort à Bar-le-Duc le 13 décembre 1814. Après de fortes études classiques, il se préparait à suivre un cours de théologie lorsque la révolution éclata, et lui ouvrit une autre carrière. Élu capitaine en 1791 par le troisième bataillon des volontaires de la Meuse, il se rendit à l'armée de Trèves, commandée par le général Beurnonville, et contribua à la prise des retranchements de Warren. Nommé chef de bataillon en 1794, il se fit remarquer au combat d'Amberg, à l'armée de Sambre-et-Meuse; et à l'armée d'Italie, au combat de la Stupizza et à l'assaut de la Chiusa, où il gagna les épaulettes de colonel. L'an vii, à l'armée de Naples, attaqué près de Bénévent par un corps de dix mille hommes, et n'ayant avec lui que la dix-septième demi-brigade et trente-six chevaux, Broussier dressa une embuscade au lieu même où les Romains passèrent sous le joug des Samnites; il y attira l'ennemi, et le tailla en pièces. Le grade de général de brigade fut le prix de cette action. Broussier ne se distingua pas moins à la prise de Naples. A la tête d'une des colonnes d'attaque, il pénétra dans la ville après un combat opiniâtre, enleva le pont de la Madeleine, fit mettre bas les armes aux troupes albanaises, et s'empara du fort des Carmes. Il fut envoyé ensuite contre le cardinal Ruffo, qui avait fait insurger la province de la Pouille et menaçait les derrières de l'armée. Andria fut prise de vive force, ainsi que Trani, qui avait une garnison de huit mille hommes et cinquante pièces de canon sur ses remparts; Bari fut débloqué, l'ennemi battu à Egli et à Montrone; en quinze jours, l'armée de Ruffo fut anéantie, quatre-vingt mille insurgés soumis, et tout le pays pacifié. Le Directoire décerna des armes d'honneur à Broussier; mais celui-ci ne les reçut pas, et partagea la proscription dont la haine du commissaire civil enveloppait le général en chef Championnet et son état-major. Au commencement de l'année 1800, il contribua au succès de la bataille de Marengo.

En contenant un corps de troupes ennemies qui se trouvait derrière l'Adda, il le battit à Cava et Aspinadi. Gouverneur pendant les années 1801, 1802 et 1803, d'abord de la place de Milan, ensuite du duché de Parme et de Plaisance, il fut appelé, en 1804, au commandement de Paris. Dans le cours de l'année 1805, il devint successivement général de division, commandeur de la Légion d'honneur, puis chef d'état-major général de l'armée du Nord. En 1809, lorsque l'Autriche reprit les armes contre la France, Broussier était à la tête d'une division de l'armée d'Italie. Le 16 avril, le vice-roi fit attaquer l'ennemi entre Frontana-Fredda et Pordenone, à Sacile. Cette attaque ne fut pas heureuse : les Français furent repoussés, et eussent été culbutés dans la Livenza, sans une habile manœuvre du général Broussier, qui prit l'ennemi en flanc et assura la retraite de l'armée. Broussier rendit encore d'importants services à la bataille de la Piave; il força les défilés de Prewald, fit le blocus du château de Gratz, et battit plusieurs fois Giulay et Chasteles. Seule contre trois armées, la division Broussier manœuvra pendant un mois sans être percée ni entamée. Ce fut dans une de ces rencontres que deux bataillons du quatre-vingt-quatrième régiment livrèrent le célèbre combat qui leur valut la divise *Un contre dix*. Par ordre de l'empereur, ce glorieux témoignage d'un brillant fait d'armes fut inscrit sur leur drapeau. Le 1er juillet, Broussier opéra sa jonction avec le corps d'armée du général Marmont. Il arriva le 5 à Wagram, y combattit le 6, et s'y couvrit de gloire. Tel fut le témoignage de Napoléon, qui le créa comte de l'empire et grand officier de la Légion d'honneur. Broussier fut, à cette époque, envoyé pour pacifier le Tyrol soulevé contre nous, et son énergie accoutumée le fit rentrer dans l'obéissance. En 1812, le général Broussier, que le vice-roi aimait à avoir toujours à ses côtés, reçut un commandement dans le quatrième corps de la grande-armée. Sa division formait la première ligne au combat de Witepsk, et eut la gloire de cette journée. A la bataille de la Moscowa, elle contribua puissamment à l'enlèvement de la grande redoute, en repoussant les masses que les Russes envoyèrent pour reprendre ce boulevard de leur position; elle se distingua à Maloïaroslawetz, et, réduite à de faibles débris, elle soutint encore avec vigueur le choc de l'armée ennemie à Krasnoï. Rentré en France en 1813, le général Broussier sentit ses forces l'abandonner et sa santé décliner. Il prit néanmoins, sur l'ordre de Napoléon, le commandement supérieur de Strasbourg et du fort de Kehl, qu'il sut défendre et conserver jusqu'à la paix. En 1814, Louis XVIII lui donna le commandement du département de la Meuse, en le chargeant de réunir les troupes françaises éparses sur la ligne du Rhin. Une attaque d'apoplexie l'enleva dès son arrivée à Bar-le-Duc, où sa fille lui a fait élever un tombeau.

Le comte ÉDOUARD FAYE.

Victoires et Conquêtes des Français (passim). — Arnault, Jouy, etc., *Biographie nouvelle des Contemporains.* — Doc. inéd.

BROUSSON (*Claude*), théologien et jurisconsulte protestant, né à Nîmes en 1647, mort le 4 novembre 1698. Issu d'une famille bourgeoise de Nîmes, il exerça d'abord la profession d'avocat à la chambre mi-partie de Castres et de Castelnaudary, puis au parlement de Toulouse, devant lequel il défendit avec talent et intégrité la cause des églises réformées. Les députés de ces églises se réunirent chez lui en mai 1683, et cette réunion fut le point de départ de ce qu'on appela depuis *les assemblées du Désert*. Brousson, exclu de l'amnistie qui suivit les séditions et les répressions amenées par ces assemblées, se réfugia à Genève, puis à Lausanne, où il fit paraître : *l'État des réformés en France* en 1684, la Haye, 1685; et bientôt après : les *Lettres au clergé de France*, 1685; — les *Lettres des protestants de France à tous les autres protestants de l'Europe*; Berlin, 1688; — enfin, les

Lettres aux catholiques romains, 1689. Pour mieux répandre ses écrits, il revint prêcher dans les Cévennes. En Hollande, où il se rendit en 1694, il obtint une pension des états généraux, et publia : *Relation sommaire des merveilles que Dieu fait en France dans les Cévennes et dans le bas Languedoc, pour la consolation et l'instruction de son Église désolée*; 1694, in-8°. Revenu en France en 1695, il parcourut plusieurs provinces pour exciter le zèle et soutenir le courage de ses coreligionnaires. Arrêté à Orléans lors d'un troisième voyage (1), il fut jugé à Montpellier, condamné à être rompu vif, et exécuté le 4 novembre 1698. Les motifs de la condamnation étaient puisés dans de prétendues intelligences avec les ennemis du royaume, et dans un prétendu projet d'invasion qu'il aurait envoyé au comte de Schomberg, alors au service de Savoie. Mais ce dernier fait est révoqué en doute par la Beaumelle (*Lettres à Voltaire*), et M. Barbier reproduit et confirme ce doute. Outre les ouvrages cités, on a de Brousson : *Remarques sur le Nouveau Testament du P. Amelotte*; — *Traité de la Génuflexion*; — *Lettres pastorales sur le Cantique des Cantiques*; — *Lettres aux fidèles persécutés*; — *Considérations sur le rétablissement de la Jérusalem mystique*; — *Réponses aux objections contre le rétablissement de l'édit de Nantes*. — Sa Vie, ses *Lettres* et *Opuscules* ont été imprimés à Utrecht en 1701.

<small>La Beaumelle, *Lettres à Voltaire*. — Barbier, *Examen critique des Dict. hist*. — Weiss, *Hist. des Réfugiés protestants*.</small>

BROUSSONNET (*Pierre-Auguste*), médecin et naturaliste français, naquit à Montpellier le 28 février 1761, et mourut dans cette ville le 27 juillet 1807. Il s'appliqua dès son jeune âge à la botanique. Sa thèse, imprimée en 1778, *sur la Respiration*, fut accueillie avec faveur. Broussonnet fut le premier en France qui chercha à introduire dans la zoologie la cassification de Linné. Pendant un séjour à Londres en 1782, il publia la première livraison de l'ouvrage *Ichthyologiæ decas I*, qui n'a pas été continué. Daubenton, quoique contraire au système de Linné, choisit Broussonnet pour son suppléant au collège de France, et bientôt celui-ci fut reçu membre de l'Académie des sciences. En 1789, il entra à l'assemblée nationale, et plus tard il fut chargé avec Vauvilliers du soin de l'approvisionnement de la ville de Paris. Du reste, il fut remarqué comme membre de la constituante; mais sous la convention il fut persécuté comme girondin, et forcé de s'expatrier. Il vécut successivement à Madrid, à Lisbonne, à Maroc; la dernière de ces villes lui offrit un asile agréable : il s'y attacha, et fut nommé, sous l'empire, consul français à Maroc. La peste l'en chassa, et Chaptal, son parent, le fit nommer professeur de botanique à Montpellier, où il mourut, après avoir mis au jour son *Elenchus plantarum horti Montispeliensis*, Montp., 1805. En 1805 Napoléon l'avait nommé membre du corps législatif. Outre les ouvrages cités, on a de Broussonnet de nombreux *mémoires*, dont on trouve l'énumération dans son éloge, lu à l'Institut le 4 janvier 1808 par Cuvier, et parmi lesquels nous citerons : *Description des chiens de mer*; — *Plan d'Ichthyologie*; — *Sur le loup de mer anarrhicus lupus* (année 1785); — *Comparaison des mouvements des plantes avec ceux des animaux*, 1787; — *Mémoires pour servir à l'histoire de la respiration des poissons*, 1787; — *Sur le poisson appelé Silure trembleur*, 1785; — *Sur le Voilier (Scomber Glabius)*, 1786; — *Sur les vaisseaux spermatiques des poissons épineux*, 1787; — *Sur la reproduction des nageoires des poissons*; — *Considérations sur les dents en général et sur les organes qui en tiennent lieu*, année 1789; — *Sur l'art de faire de la toile avec les tiges du genêt d'Espagne*, dans les Mémoires de la Société d'agriculture. [*Enc. des g. du m.*, avec add.]

<small>*Mémoires de l'Académie des sciences.* — *Journal de Physique.* — Cuvier, *Éloges*, t. I. — Quérard, *la France littéraire*.</small>

BROUVER. *Voy.* BROUWER.

BROUZEL (*N.*), médecin français, natif de Béziers, mort à Fontainebleau vers 1772. Reçu docteur à Montpellier vers 1736, il devint médecin ordinaire de Louis XV, membre de l'Académie des sciences de Paris, puis médecin des hôpitaux de Fontainebleau. On a de lui : *Essai sur l'éducation médicinale des enfants et sur leurs maladies*; Paris, 1754, 2 vol. in-12, et Altenburg, 1774, 2 vol. in-8°; — *Analyse des anciennes eaux minérales de Passy*, 1755.

<small>Éloy, *Dict. de Méd.* — *Acad. des Sciences* (recueil des sav. étr.), IIᵉ ann., 1755.</small>

BROWALL ou **BROWALLIUS** (*Jean*), théologien, naturaliste et botaniste suédois, né à Westräs le 30 août 1707, mort le 25 juillet 1755. Il étudia la théologie à Upsal, devint en 1737 professeur d'histoire naturelle à Abo, plus tard évêque de la même ville, et membre de l'Académie des sciences de Stockholm. Ses ouvrages sont : *Dissertatio de Scientia naturali ejusque methodo*; Upsal, 1737; — *Discursus de introducende in scholas et gymnasia historiæ naturalis lectione*, dans le *Critica Botanica Linnæi*; Leyde, 1737; — *Disputatio de Agricultura Tavastensium*; — Abo, 1741, in-4°; — *Examen epicriseos in systema plantarum sexuale clariss. Linnæi anno 1737, Petropoli evulgatæ, authore Joanne-Georgio Siegesbeck*; Abo, 1739, in-4°, réimprimé avec le discours de Linné, intitulé *De Necessitate peregrinationum* : l'ouvrage de Browall est une défense de Linné contre Siegesbeck; — *Specimen de Transmutatione specierum in regno vegetabili*; Abo, 1745, in-4°; —

<small>(1) Une circonstance remarquable de cette arrestation, c'est qu'ayant d'abord protesté qu'il n'était point celui que l'on cherchait il se ravisa, et dit : « Mes amis, il n'est pas permis de mentir pour sauver sa vie; je suis Claude Brousson, ministre de l'Évangile de la vérité. »</small>

Traité de la diminution des eaux (en suédois); Stockholm, 1755, in-8° : il y combat l'opinion de Celsius, que le niveau de la mer ne cesse de baisser; — *De Harmonia fructificationis plantarum cum generatione animalium*; Abo, 1774. Linné dédia à Browall un genre de plantes sous le nom de *Browallid*.

Gezelius, *Biog. Lexic.* — Ersch et Gruber, *Allgem. Encycl.* — Adelung, suppl. à Jöcher, *Allgem. Gelehrten-Lexicon.*

BROWER (*Christophe*), historien et théologien néerlandais, né à Arnheim dans la Gueldre vers 1560, mort à Trèves le 2 juin 1617. En 1580, il se fit jésuite à Cologne, professa les humanités et la philosophie à Trèves, fut recteur du collège de Fulde, et mourut après deux jours de léthargie, causée, dit-on, par le travail excessif auquel il se livrait. On a de lui : *Antiquitates annalium Trevirensium libri XXIII*; Cologne, 1626, et 1670, Liége; revu cette fois par Masenius, qui conduisit le récit depuis 1600 jusqu'en 1652. Cet ouvrage, commandé par l'électeur Jacques de Eltz, coûta à son auteur trente ans de recherches, et la première édition subit les changements qu'y introduisirent des censeurs nommés par l'électeur Lothaire de Metternich. Les autres ouvrages de Brower sont : *Fortunati et Rhabani Mauri poemata, cum notis*; Fulde, 1603, et Mayence, 1616, in-4°; — *Fuldensium antiquitatum libri IV*; Anvers, 1612 : l'ouvrage va jusqu'en 1606; — *Sidera illustrium et sanctorum virorum qui Germaniam ornarunt*; Mayence, 1616.

J. Ph. Reiffenberg, *Notæ in Annales Browerianos Trevirorum.* — Alegambe, *Bibl. Script. Societat. Jesu.* — Valère André, *Bibl. Belg.*

BROWER (*Adrien*). Voy. BRAUWER.

BROWER (*Jacques* DE), théologien flamand, natif de Hoochstraet, mort à Anvers le 4 novembre 1637. Il était de l'ordre de Saint-Dominique, et professa la philosophie et la théologie à Douay, d'où il fut envoyé en Danemark pour y organiser les missions. Il inspecta aussi celles de Hollande, et mourut prieur de son couvent et définiteur de sa province. On a de lui : Édition corrigée des *Commentaires* de Dominique Soto sur la *Physique d'Aristote*; Douay, 1613; — *Clavis apostolica*, ouvrage tendant à prouver que Paul V était vrai pape; Douay, 1621.

Biog. univ. (éd. belge).

*BROWN (*Charles* BROCKDEN), romancier et publiciste américain, né à Philadelphie le 17 janvier 1771, mort le 22 février 1810. Il était fils d'un cultivateur pensylvanien appartenant à la secte des quakers. Le premier en date des romanciers américains, et l'un des plus remarquables, il fut aussi le premier citoyen des États-Unis qui se fit de la littérature une profession. Après avoir achevé ses humanités sous Robert Proud, l'historien de la Pensylvanie, il s'appliqua vers l'âge de seize ans à l'étude du droit; mais au moment où il allait entrer dans la carrière du barreau, il y renonça, dégoûté par les subtilités d'un métier pour lequel il annonçait cependant quelque talent. La faiblesse de sa constitution et son goût passionné pour les lettres le rendaient d'ailleurs peu propre à ce genre d'occupation. Il débuta en 1793 dans la carrière littéraire par une série de publications qui parurent sous le titre général de *Sky-Walks* (Promenades au ciel). Un dialogue sur les droits des femmes, intitulé *Alcuin*, qu'il mit au jour en 1797, n'ayant point eu de succès, il se tourna tout à fait alors vers les fictions romanesques. En 1798, parut le premier de ses romans, *Wieland*, ou *la Transformation*, dont la composition remontait à 1795, et où il fait ressortir, sous la forme la plus dramatique, les aberrations et les cruautés sanguinaires auxquelles peut se laisser aller l'homme que domine un violent mais froid fanatisme religieux. Cette œuvre forte et originale ne tarda pas à faire la réputation de son auteur. De 1798 à 1804, six autres romans lui succédèrent : *Ormond* (1798), dont la scène se passe à New-York et à Philadelphie, durant les ravages de la fièvre jaune, dans les dernières années du dix-huitième siècle; — *Arthur Mervyn* (1799-1800), qui se rapporte à la même époque, mais dont la valeur littéraire est de beaucoup inférieure; — *Edgar Huntley*, ou *Mémoires d'un somnambule* (1799), qui renferme des tableaux saisissants de la vie aventureuse et du caractère des Peaux-Rouges, au milieu de scènes d'un très-grand intérêt romanesque; — *Clara Howard* et les *Mémoires d'Étienne Calvert* (1801), où, malgré la rapidité de la composition, on retrouve encore la plupart des qualités qui distinguent les précédents; — enfin *Jane Talbot* (1804), le dernier, le plus court et le plus faible des romans de Brown.

Ces publications avaient été loin d'absorber toute l'activité intellectuelle de Brown. En 1799, il fit paraître le premier numéro du *Monthly Magazine and American Review*, recueil dont il continua la rédaction pendant près d'un an et demi, avec beaucoup d'assiduité et de talent. En 1805, il entreprit la publication d'un autre recueil périodique, *the Literary Magazine and American Register*, qui subsista cinq années, et dont il fut l'un des plus actifs collaborateurs. Ces travaux ne l'empêchèrent pas de commencer, en 1806, la publication de l'*Annual register*, recueil paraissant semestriellement par demi-volume, et que sa mort vint interrompre au cinquième volume. Les cinq volumes publiés forment encore un corps d'annales très-utile à consulter. Indépendamment de tous ces travaux, d'une traduction de l'ouvrage de Volney sur les États-Unis, de trois brochures politiques très-étendues, et d'un fort grand nombre d'articles détachés, insérés dans diverses revues, Brown a laissé, en manuscrit, une géographie universelle qui ne le cède point, dit-on, à celle de Malte-Brun, et qui eût tenu lieu de celle-ci aux États-Unis, si l'auteur avait eu le temps de terminer la partie qui regarde son propre pays. On a aussi de Brown des dessins d'architecture exécutés dans les dernières années de sa vie, et dont le fini est tel qu'on les croirait gravés au burin.

Brown est un écrivain d'un talent incontestable; c'était en outre un homme fort instruit. Ses romans, qui l'ont fait surnommer *le Godwin des États-Unis*, ont un cachet particulier de vigueur et d'originalité. Les défauts de style et de composition qu'on leur reproche sont dus en grande partie à la rapidité avec laquelle ils ont été écrits. On les a souvent réimprimés, tant aux États-Unis qu'en Angleterre.

Outre les ouvrages cités, on a de Brown : *Mémoires of Carwin, the biloguist*, imprimés, après la mort de l'auteur, dans le tome II (p. 200 à 261) de Dunlap's, *Life and selections from the works of Brown*; — *An address to the government of the United States on the cession of Louisiana to the French and on the late breach of treaty by the Spaniards*, 1805; — *the Britisth treaty*, 1806; — *An address to the congress of the United States on the utility and justice of restrictions upon foreign commerce, with reflections upon foreign trade in general, and the future prospects of America*, 1808.

PAUL TIBY.

Dunlap, *Life and selections from the Works of Brown*. — *Revue britannique*, tome X° de la 2° série, page 15, et tome XV° de la 3° série, page 56; — Vail, *De la littérature et des hommes de lettres des États-Unis d'Amérique*, vol. in-8°, Paris, 1841, p. 478 ; — Griswold, *the Prose-writers of America*, vol. gr. in-8° ; Philadelphie, 1850 (p. 107); — Godwin, *Handbook of universel Biography*, vol. in-8°; New-York, 1852.

BROWN (*Édouard*), théologien anglais de la fin du dix-septième siècle. Il était curé dans le comté de Kent. On a de lui: une seconde édition du *Fasciculus rerum expetendarum et fugiendarum*, d'Ortwinus Gratius; Londres, 1690, 2 vol. C'est un recueil de pièces relatives au concile de Bâle.

Biographia Britannica.

BROWN ou **BROWNE** (*George*), général russe, d'origine irlandaise, né le 15 juin 1698, mort le 18 septembre 1792. Il étudia à Limerick; mais sa qualité d'Irlandais ne lui faisant rien espérer dans son pays, il le quitta, et vint, à vingt-sept ans, se mettre au service de l'électeur palatin. En 1730 il entra dans les armées russes comme lieutenant capitaine, et eut un rapide avancement, à partir du jour où il étouffa une émeute de la garde contre l'impératrice Anne. Il fit ensuite la guerre en Pologne, et contre les Français sur le Rhin, puis contre les Turcs, sous le maréchal Munnich, en 1737 et 1738. Fait prisonnier à la malheureuse rencontre de Krotke, il fut conduit à Adrianople, et trois fois vendu comme esclave. Cependant il recouvra sa liberté, grâce à l'intervention de l'ambassadeur français Villeneuve. De Constantinople il se rendit à pied à Saint-Pétersbourg, y révéla les plans secrets du divan, qu'il avait eu l'art de découvrir pendant qu'il était esclave, et obtint pour ce service important le grade de général-major. Il se distingua ensuite pendant la guerre de sept ans. Devenu feld-maréchal sous Pierre III, il osa s'exposer au courroux de ce monarque en lui remontrant l'injustice de la guerre contre le Danemark. Pierre, d'abord irrité, rendit justice à l'intention de Brown, et le nomma gouverneur de Livonie, fonctions qu'il conserva sous Catherine II. Son âge avancé l'ayant déterminé à offrir sa démission à l'impératrice : « Monsieur le comte, répondit-elle, rien ne doit nous séparer que la mort. »

OEuvres du prince de Ligne, t. VI.— Ersch et Gruber, *Allgem. encycl.* — *Hist. de la Vie de Georges Browne*, 1794.

BROWN (*Guillaume-Laurent*), théologien hollandais, né à Utrecht le 7 janvier 1755, mort vers le commencement de notre siècle. Sa famille était écossaise. Le 14 février 1788, il fut chargé de professer l'histoire ecclésiastique et la philosophie morale, en remplacement d'Isbrand Van Hamelsveld, qui avait embrassé le parti patriotique; et, le 20 mars 1790, il joignait à ce double enseignement celui du droit naturel. En 1794, il se retira en Écosse, et professa la théologie à Aberdeen. On a de lui : *Oratio de religionis et philosophiæ Societate et Concordia maxime salutari*; Utrecht, 1788; — *Oratio de Imaginatione, in vitæ institutione regenda*; Utrecht, 1790; — *An Essay on the natural equality*; Londres et Harlem, 1794; Harlem, 1797; — *Sermons pour les signes des temps*; Utrecht, 1793.

Héringa, *Annales de l'université d'Utrecht.*

BROWN (*Jean*), peintre et écrivain artistique écossais, né à Édimbourg en 1752, mort dans la même ville en 1787. Il était fils d'un horloger attaché comme dessinateur à sir W. Young et à Townley ; il séjourna dix ans à Rome et en Sicile, ce qui lui donna l'occasion d'étudier la langue et les arts italiens. Revenu à Londres en 1786, il peignit avec succès le portrait. C'est alors aussi qu'il se lia avec lord Monboddo, auquel il adressa son élégant ouvrage intitulé *Letters on the Poetry and Music of the italian opera*, publié en 1789 par ce lord, qui y joignit une introduction.

Chalmers, *Biographical Dictionary.*

BROWN (*John*), célèbre médecin anglais, né en 1735 à Lintlaws ou Preston, dans le Berwickshire, mort à Londres le 7 octobre 1788. Fils d'un pauvre fermier, il reçut son instruction élémentaire à l'école de Douse, et fut destiné par sa famille au métier de tisserand. Mais comme il avait montré beaucoup d'aptitude pour les lettres, son maître, Cruikshank, offrit à ses parents de se charger gratuitement de son éducation. Ce maître d'école, ainsi que les parents de son élève, appartenait à la secte presbytérienne des *seceders* ; le jeune Brown devait donc étudier la théologie. Le latin et le grec lui devinrent bientôt familiers, et il fit des progrès si rapides dans la connaissance de la Bible, que ses coreligionnaires voyaient déjà en lui le soutien de leurs doctrines. Mais l'élève choyé révéla de bonne heure son esprit d'indépendance : il rompit avec les *seceders*, et vint chercher fortune à Édimbourg. Là il eut, comme la plupart des hommes élevés à la rude école de la Providence, un double problème à résoudre : vivre pour étudier, et enseigner pour vivre. Il donna des leçons pour gagner sa vie et pouvoir suivre les cours de théologie, qu'il abandonna bientôt pour se livrer exclusivement à la médecine. Le genre de vie qu'il avait adopté le mit en relation avec un grand nombre d'étudiants, et, après s'être marié, il établit un pensionnat pour les élèves en médecine. Il ne tarda pas à être admis à la Société médicale d'Édimbourg, dont il fut, grâce à son éloquence, élu président en 1776 et en 1780.

Ce fut vers ce temps que Brown songeait à se rendre en Amérique pour y occuper une chaire. Mais le célèbre Cullen, qui lui avait confié l'instruction de ses enfants, le retint, et promit de l'appuyer dans sa demande pour la première place de professeur qui deviendrait vacante à l'université d'Édimbourg. Cullen faillit à sa promesse; Brown s'en vengea en attaquant avec violence les doctrines médicales de son ancien patron; et bientôt ces deux hommes, qui avaient vécu jusque-là dans l'intimité la plus grande et en quelque sorte sous le même toit, offrirent, opposant système à système, le spectacle d'une lutte à outrance. Cette lutte passionna la jeunesse, et divisa toute l'université en deux camps ennemis : les cullénistes et les brownistes ne disputaient pas seulement sur les bancs de l'école; ils se livraient des combats en règle dans les rues mêmes d'Édimbourg.

Ces incidents déterminèrent Brown à se rendre en 1786 à Londres, où, en raison de sa renommée, il croyait aisément trouver les moyens de fortune que son pays natal semblait lui refuser. Il ouvrit un cours de médecine, d'abord chez lui dans Golden-Square, puis à Devil-Tavern, dans Fleet-Street. Mais il n'en recueillit que de faibles avantages. Les clients ne vinrent point, et les dépenses augmentèrent par une nombreuse famille ainsi que par l'inconduite de Brown, qui était joueur et ivrogne. Criblé de dettes et traqué par ses créanciers, le malheureux chef d'école fut enfermé dans la prison du Banc-du-Roi, d'où il ne fut tiré, au bout de plusieurs mois, que par la générosité de quelques amis. Brown se disposait à mettre ordre à ses papiers et à partir pour le continent, lorsqu'il fut frappé d'une attaque d'apoplexie qui termina, à l'âge de cinquante-trois ans, une vie si tourmentée.

L'ouvrage qui fit connaître le nom de Brown dans tout le monde médical a pour titre : *Elementa medicinæ*; Édimbourg, 1780, in-8°. Beddoes en fit une édition anglaise; Lond., 1795, 2 vol. in-8° : Bertin en a donné une traduction française, Paris, 1805. Les autres ouvrages de Brown sont : *An inquiry into the state of medicine on the principles of the inductive philosophy*, Londres, 1781, in-8°, publié sous le pseudonyme de *Robert Jones*; — *Observations on the principles of the old system of physic, exhibiting a compend of the new doctrine*; ibid., 1787, in-8° (sous le voile de l'anonyme). Les œuvres complètes ont été publiées par son fils William Cullen Brown; Londres, 1804, 3 vol. in-8°.

La célèbre doctrine à laquelle Brown a attaché son nom se résume en ces termes : L'homme, avec tous les animaux, ne diffère des corps inanimés que par la propriété de ressentir l'action de certains agents extérieurs, et de certaines fonctions particulières à la vie. Cette propriété a reçu le nom d'*excitabilité*. Les agents extérieurs qui la mettent en jeu sont (nous citons ici textuellement l'auteur) : les aliments, la chaleur, l'air, le sang, les humeurs qui en sont séparées. Les fonctions du corps qui produisent le même effet, sont : la contraction musculaire, les sécrétions, l'énergie du cerveau dans la production de la pensée, et les passions. Toutes ces actions, l'auteur les appelle *forces excitantes* ou *stimulantes*; leur réunion produit, selon lui, la vie; leur défaut, la mort. L'état de santé, c'est l'harmonie ou l'équilibre entre l'excitabilité et les forces excitantes; l'état de maladie, c'est la rupture de cet équilibre : l'auteur appelle *sthéniques* les maladies générales produites par un excès de forces stimulantes, et *asthéniques* celles qui sont dues à un manque de stimulants. Tout le traitement consiste à rendre à celles-ci ce qui leur manque, et à ôter à celles-là ce qu'elles ont de trop. Tel est le système du médecin anglais, qui nous raconte lui-même comment il y parvint : « Ce ne fut, dit-il, qu'entre la quinzième et la vingtième année de mes études que je me trouvai dans la situation d'un voyageur égaré, errant dans l'ombre de la nuit. A cette époque, c'est-à-dire vers l'âge de trente-six ans, j'éprouvai pour la première fois un accès de goutte; j'avais fait bonne chère plusieurs années auparavant; mais, pendant les six mois qui précédèrent ce premier accès, je me livrai à un régime moins nourrissant qu'à l'ordinaire. Ce paroxysme dura environ quarante jours; il ne se reproduisit qu'au bout de six ans, et ce fut encore après quelques mois d'un régime moins substantiel qu'à l'ordinaire. J'étais alors dans la force de l'âge, et, sauf la goutte, je jouissais d'une bonne constitution. D'après l'opinion des anciens médecins, on attribua cette maladie à la pléthore ou à un excès de vigueur. On me prescrivit une nourriture végétale, et on me défendit le vin. Ce régime, qui devait prévenir le retour des accès, je le suivis toute une année, pendant laquelle j'eus quatre accès très-violents et très-longs (1). »

Cette observation fut le germe de la doctrine brownienne : « Si, en effet, l'excès de force était

(1) *Éléments de Médecine*; préface de l'auteur.

la cause de la goutte, pourquoi cette maladie, se demandait l'auteur, ne s'est-elle pas manifestée douze à quinze ans auparavant, lorsqu'il y avait plus de sang et de vigueur? Pourquoi n'a-t-elle paru, au contraire, qu'après une diète considérable et de longue durée? Pourquoi s'est-il écoulé entre ce premier accès et les autres un si long intervalle, pendant lequel j'avais repris mon genre de vie ordinaire? Pourquoi, enfin, deux accès étaient-ils survenus presque coup sur coup depuis que je vivais plus sobrement? Je méditais sur toutes ces idées, lorsqu'une question plus importante me donna la solution de la précédente. Quel est l'effet des aliments, des boissons et des autres puissances qui soutiennent la vie dans sa première période? C'est de fortifier. Quel est leur effet ultérieur? De fortifier de moins en moins. Quel est leur effet au déclin de la vie? Ils affaiblissent, loin de fortifier (1). » Le régime fortifiant auquel l'auteur eut alors recours lui réussit si bien pendant deux ans, qu'il n'éprouva qu'un très-léger accès vers la fin de la deuxième année.

Le système de Brown fut, trente ans après, renouvelé, sous une autre forme, par Broussais, qui, un peu moins métaphysicien, assignait à toutes les maladies une cause visible, palpable, l'inflammation. Celui-ci appelait *irritabilité* ce que le médecin anglais nommait *excitability*, et il divisait de même toutes les maladies en *sthéniques* et en *asthéniques*. Si les doctrines de l'un et de l'autre ont été battues en brèche par des faits nouveaux mieux observés. Il en reste encore, pour consoler leurs partisans, les noms de *stimulants*, *excitabilité*, *sthéniques*, *asthéniques*, etc., journellement employés par les médecins pour expliquer ce qui est souvent inexplicable. Girtanner répandit le système de Brown en Allemagne, et Rasori en Italie.   F. H.

Vie de J. Brown, en tête de ses œuvres; Lond., 1804.

BROWN ou **BROWNE** (*Maximilien-Ulysse*), feld-maréchal général autrichien, né à Bâle en 1705, mort à Prague en 1757; il fut un des meilleurs capitaines de son temps. Son père, issu de la même famille irlandaise que le précédent, était colonel dans la cavalerie impériale, et son oncle grand-maître d'artillerie. Le jeune Brown embrassa aussi de bonne heure l'état militaire, et avança d'un grade à l'autre : dans la guerre pour la succession d'Autriche, le 15 juin 1746, il commanda l'aile gauche à la bataille de Plaisance, prit ensuite Gênes, et fit de là une attaque contre la France, sur le Var. En 1753, il devint feld-maréchal général; mais le prince Charles de Lorraine ayant pris le commandement en chef de l'armée de Bohème, le comte de Brown vit souvent ses sages conseils négligés, et son grand talent militaire s'user dans une position secondaire. Il fut blessé à la bataille de Prague et transporté dans cette ville, où il mourut quelques instants après avoir reçu la nouvelle de la victoire de Collin. Frédéric II l'a appelé son maître. [*Enc. des g. du m.*].

Conversations-Lexicon. — Archenholz, *Histoire de la guerre de sept ans.*

BROWN (*Moïse*), poëte et littérateur anglais, né en 1703, mort le 13 septembre 1787. D'abord simple tailleur de plumes, il devint bientôt un poëte distingué. Il entra dans les ordres, et fut vicaire d'Olney, puis chapelain du collège de Morden. On a de lui : *Polidus, or distressed Love*, tragédie; 1723; — *All Bedevilled*, espèce de farce; — *Percy Lodges*, poëme; 1756; — *Sunday thoughts*, en vers blancs; — d'autres poésies, dans le *Gentlemann's Magazine*; — des *Sermons*.

Gentleman's Magazine. — Rose, *New biogr. Dict.*

BROWN (*Robert*), sectaire anglais, mort en 1630. Il appartenait à une ancienne famille du Rutland, et était allié à lord Cécil, ministre d'Élisabeth. Il étudia à Cambridge, et s'y fit dès lors connaître par son penchant à innover. En 1580, il attaqua ouvertement l'organisation et la liturgie, antichrétienne selon lui, de l'Église d'Angleterre, et prêcha sa doctrine à Norwick devant un auditoire composé en grande partie de Hollandais, qu'il convertit. Traduit pour ce fait devant une commission ecclésiastique, il défendit insolemment sa doctrine, fut incarcéré, puis relâché par l'intervention de lord Burleigh. Il se rendit alors à Middelbourg, y fonda une église, et écrivit un ouvrage intitulé *A Treatise of Reformation without tarrying for any man*; Middelbourg, 1582. A son retour en Angleterre en 1585, il fut cité devant l'archevêque de Cantorbéry, qui tenta, mais en vain, de le faire revenir de ce que le prélat regardait comme des erreurs. L'évêque de Péterborough excommunia Brown. Celui-ci finit par se soumettre, devint recteur d'une paroisse, toucha les revenus de son emploi, et paya, pour se faire remplacer, un autre ecclésiastique. Brown mourut en prison, où il avait été conduit pour avoir frappé un constable qui lui avait réclamé une taxe. Malgré sa défection le nombre de ses disciples s'accrut; on en comptait plus de 20,000 dès 1592.

Biographia Britannica.

BROWN (*Robert*), agronome écossais, né à East-Linton vers 1770, mort à Drylawhill le 14 février 1831. Après avoir étudié le droit, il employa sa fortune aux travaux agricoles. Il se fixa d'abord à Wertfort, puis à Markle, où il introduisit d'utiles découvertes. Il enrichit aussi de ses observations les journaux et recueils d'agriculture et d'agronomie d'Édimbourg. On a de lui : *Tableau général de l'agriculture du district ouest du comté d'York*, 1799, in-8°; — *On rural Affairs* (de l'Économie rurale), 1811, 2 vol. in-8°.

Annual Biography and Obituary. — *Le Magasin du Fermier d'Édimbourg.* — *Encyclopédie d'Édimbourg.*

BROWN (*Thomas*), théologien anglais, né dans le Middlesex en 1604, mort le 6 décembre

(1) *Éléments de Médecine*, ibid.

1673. Privé de ses bénéfices par suite de sa fidélité à Charles Ier, il fut obligé de se retirer en Hollande, où il divint chapelain de la princesse d'Orange. Il rentra dans ses bénéfices lors de la restauration de Charles II, et mourut chanoine de Windsor. Il eut pour exécuteur testamentaire Isaac Vossius, qui lui consacra une épitaphe. On a de lui : une traduction des *Annales de la reine Élisabeth*, par Camden ; Londres, 1629, in-4° ; — *la Clef du cabinet du roi* ; Oxford, 1645, in-4° ; — une *réponse à la critique de l'ouvrage de Grotius sur l'Eucharistie, par Saumaise*, 1647 ; — *Dissert. de Therapeutis Philonis adversus Henricum Valesium* ; Lond., 1687, in-8°.
Biographia Britannica.

BROWN (*Thomas*), surnommé *Tom Brown*, poëte anglais, natif du Shropshire, mort en 1704. Fils d'un fermier, il fut soigneusement élevé. De la modeste école du pays, il fut envoyé à l'université d'Oxford, d'où sa inconduite le fit chasser. Il ne retourna pas alors dans la maison paternelle, mais se rendit à Londres, où sa misère devint telle qu'il dut se faire maître d'école à Kingston. Ses principes et sa conduite relâchés l'obligèrent de laisser cet emploi pour revenir chercher fortune à Londres. Il s'y fit connaître par son enjouement et ses bons mots. Il se fit enfin auteur pour vivre, et publia divers écrits, intitulés *Dialogues, Essays, Declamations* ; *Satires* ; *Letters from the Dead to The Living* ; *Translations* ; *Amusements*. On y trouve de l'érudition, et ce que les Anglais appellent *humour*. — Les œuvres complètes de Th. Brown ont été publiées après la mort de l'auteur ; Londres, 1707.
Cibber, *Lives of English poets*, III, 204.

*BROWN (*Thomas*), médecin, métaphysicien et poëte écossais, né à Kirkmabreck le 9 janvier 1778, mort à Brompton, près de Londres, le 2 avril 1820. Il était fils d'un ministre protestant. De bonne heure il fit preuve d'un esprit très-pénétrant et d'un grand désir de s'instruire. Son éducation, commencée dans le voisinage de Londres, se compléta à Édimbourg ; à l'âge de vingt ans, il publia une réfutation de la *Zoonomia* de Darwin, réfutation écrite de main de maître. Lorsque la *Revue d'Édimbourg* se fonda, il devint l'un de ses collaborateurs pour les matières philosophiques, tout en continuant d'exercer, mais sans goût, la profession de médecin. Sa nomination en 1810 à la chaire de philosophie morale à l'université d'Édimbourg, en remplacement du célèbre Dugald Stewart, combla tous ses vœux. Il y conquit l'admiration générale par son éloquence, et se concilia par sa bienveillance l'affection de ses élèves. C'est durant ce temps qu'il publia ses *Lectures sur la philosophie de l'esprit humain*, ouvrage qui jouit d'une très-grande popularité, et qui est encore aujourd'hui l'un des livres classiques de l'université. Brown fut enlevé par une maladie de poitrine, à peine âgé de trente-trois ans. Voici les titres de ses œuvres philosophiques : *Review of Darwin's Zoonomia*, vol. in-8° ; Édimbourg, 1798 ; — *An inquiry into the relation of cause and effect* ; — *Lectures on the philosophy of the human mind* ; — *Physiology of the mind*.
Ses œuvres poétiques (réunies ultérieurement en deux volumes) sont : *Agnès* ; — *the Paradise of coquettes* ; 1814 ; — *the Wanderer of Norway*, 1815 ; — *the Bower of spring*, 1816. Quoiqu'elles ne soient pas dépourvues de mérite, elles sont aujourd'hui totalement oubliées.

PAUL TIBY.

Chambers, *Cyclopædia of English literature* ; Edinburg, 1844 (t. II, page 648). — Godwin, *Handbook of universal biography*, New-York, 1852.

*BROWN (*Robert*), célèbre botaniste anglais, naquit en 1781. Il se livra de bonne heure à l'étude des sciences naturelles, et fut, à peine âgé de vingt ans, sur la recommandation du célèbre Joseph Banks, attaché comme botaniste à l'expédition qui, sous les ordres du capitaine Flinders, explora en 1801 une partie des côtes de la Nouvelle-Hollande. Empêché de poursuivre cette expédition par le mauvais état de son navire, Flinders allait retourner en Europe lorsqu'il tomba entre les mains des Français, qui le retinrent pendant quelques années prisonnier à l'île de France. M. Brown était resté à la Nouvelle-Hollande, où il visita, avec le peintre de fleurs Ferdinand Bauer, bien des contrées alors sauvages, et qui sont aujourd'hui garnies de florissantes colonies ; il se transporta ensuite à la terre de Van-Diémen, parcourut les îles du détroit de Basse, et revint en 1805 en Angleterre, avec une collection de plus de quatre mille espèces de plantes de la Nouvelle-Hollande. Nommé conservateur de la bibliothèque et des collections de son savant protecteur Joseph Banks, il put travailler tout à son aise aux progrès de la science ; aussi mit-il plusieurs années à faire le classement des plantes qu'il avait rapportées de son voyage, et il n'en publia qu'une partie sous son *Prodromus floræ Novæ Hollandiæ* ; Londres, 1810, in-4°. Mais, mécontent de ce travail remarquable, il essaya d'en supprimer tous les exemplaires : heureusement que Oken l'avait fait réimprimer dans son *Isis*, et Nees d'Esenbeck en avait donné une édition augmentée (Nuremberg, 1827). C'est réellement à M. Robert Brown que l'on doit la première connaissance exacte des plantes de la Nouvelle-Hollande, de cette flore si étrange, et qui offre tant de contrastes avec les autres espèces du globe : il en a fait pour ainsi dire l'étude de toute sa vie, comme l'attestent ses *General Remarks on the botany of terra Australis* ; Londres, 1814, in-4°, et son *Supplementum primum floræ Novæ Hollandiæ*, etc., ibid., 1830.

A ces travaux, qui ont singulièrement élargi le domaine de la science, il faut ajouter la description des plantes cueillies par Horsfield, de 1802 à 1815, sur l'île de Java ; des herbiers rapportés de l'Abyssinie par Salt, de l'intérieur de l'Afrique par Oudney et Clapperton ; enfin de l'herbier que Christian Smith a pu sauver de la malheureuse expédition du capitaine Tuckey à l'embouchure du Zaïre. Il a aussi enrichi de précieuses notices botaniques les rapports des voyageurs arctiques, tels que Ross, Parry et Édouard Sabine; enfin il a aidé de tous ses moyens le chirurgien Richardson, le compagnon de l'infortuné Franklin.

En 1820, M. Rob. Brown hérita de la belle bibliothèque et des riches collections (1) du Mécène des naturalistes, de Joseph Banks, et il justifie, par l'emploi qu'il a fait de ces matériaux, le titre de premier botaniste de notre époque. Ennemi de toute innovation inutile, il a lui-même perfectionné les anciennes classifications, créé plusieurs familles nouvelles, sans compter les nombreux genres et espèces qui lui doivent leurs noms et leur caractéristique. La physiologie végétale lui doit aussi plusieurs découvertes importantes; ainsi M. Rob. Brown a le premier signalé le mouvement particulier des molécules de la poussière fécondante, mouvement connu des micrographes sous le nom de *brownien*; enfin il a le premier démontré que les corpuscules polliniques des anthères arrivent, à travers le style, jusqu'aux ovules. Ces observations, ainsi que beaucoup d'autres non moins intéressantes, M. Brown les a consignées dans ses *Mélanges* ou *Opuscules de botanique*, dont Nees d'Esenbeck a donné une édition avec des notes; Nuremberg, 1827-1834, 5 vol. in-8°.

M. Robert Brown, lié d'amitié avec les savants les plus célèbres du monde, particulièrement avec M. Alexandre de Humboldt, est un des plus anciens membres de la Société royale de Londres, et membre associé de l'Académie des sciences de Paris. En décembre 1849, il a succédé à l'évêque de Norwich comme président de la *Société Linéenne* de Londres. F. H.

Conversations-Lexicon.

BROWNE (*Alexandre*), chirurgien et botaniste anglais, vivait vers la fin du dix-septième siècle. Il fit un voyage dans les Indes orientales, et y recueillit un grand nombre de plantes. Pinkenet les a publiées dans ses ouvrages. Linné a donné le nom de *Brownia* à une espèce de nerprun.

Biogr. Brit.

BROWNE (*André*), médecin écossais, vivait vers la fin du dix-septième siècle. On a de lui : *De febribus tentamen theoretico-practicum*; Édimbourg, 1695, in-8°.

Carrère, Bibliothèque de la Médecine.

BROWNE (*Édouard*), médecin anglais, fils du précédent, né en 1642, mort le 27 août 1708. Il fit sur le continent plusieurs voyages, dans lesquels il visita les principaux États de l'Europe, et recueillit beaucoup d'observations sur l'histoire naturelle. Après la mort de Charles II, dont il était médecin, il fut attaché à un hôpital, puis nommé président du collége royal. Les ouvrages de Browne se composent de la collection de ses voyages, en anglais, Londres, 1673, in-4°; réimprimés avec des augmentations, ibid., 1685; traduits en français, Paris, 1674, in-4°. Browne a aussi traduit du grec de Plutarque la *vie de Thémistocle* et celle *de Sertorius*, que l'on trouve dans l'édition de Dryden.

Rose, *New biograph. Dict.*

BROWNE (*George*), prélat anglican, mort en 1556. Il était moine augustin à Londres; s'étant montré favorable à la doctrine de Luther, il fut promu en 1534, par Henri VIII, à l'archevêché de Dublin. A son arrivée en Irlande, il engagea ses diocésains à renoncer à la suprématie du pape, et fit adopter, non sans peine, l'acte de suprématie au parlement de Dublin. Nommé en 1551 primat d'Irlande, il fut dépouillé de ce titre et de celui d'archevêque en 1554 par la reine Marie. On a de lui : un *sermon* contre le culte des images et l'usage de prier en latin, imprimé à la suite de sa vie; Londres, 1681, in-4°; — des *lettres*, relatives aux affaires d'Irlande.

Wood, *Athenæ Oxonienses.*

BROWNE (*Guillaume*), poëte anglais, né en 1590 à Tavistock, dans le Devonshire; mort en 1645. Ses principaux ouvrages sont : *Britannia's pastorals*; Londres, 1655, 2 volumes in-8°; — *The shepherd's pipe*; ibid., 1614, in-8°. Davies a donné une édition des poésies de Browne; ibid., 1772, 3 petits vol. in-12.

Wood, *Athenæ Oxonienses.*

BROWNE (*Guillaume*), botaniste anglais, né en 1628, mort en 1678. On a de lui : *Catalogus horti Oxoniensis*; Oxford, 1658, in-8°.

Haller, *Bibl. Botan.*

BROWNE (sir *Guillaume*), médecin et littérateur anglais, né en 1692 dans le comté de Norfolk, mort à Londres en 1774. Il exerça successivement la médecine à Lynn et à Londres, fonda une école à Peter-House, et légua par testament une somme pour trois prix à décerner aux élèves de Cambridge. On a de lui : une traduction anglaise des *Éléments de captoptrique et de dioptrique* de Grégory; Londres, 1715, in-8°; — plusieurs essais en vers et en prose.

Rose, *New biograph. Dict.*

BROWNE (*Guillaume-George*), voyageur anglais, né à Londres le 25 juillet 1768, mort vers la fin de l'été de 1813. Il est devenu célèbre par ses excursions dans l'intérieur de l'Afrique et en Asie. Son premier voyage, entrepris en 1791, au milieu des plus grands dangers, dans le but d'explorer les sources du Nil, ne donna aucun résultat important. En 1793, Browne s'engagea dans l'intérieur de l'Afrique : il était déjà parvenu au sein du royaume de Darfour, lorsqu'il fut arrêté et retenu prisonnier dans la capitale par les naturels du pays jusqu'en 1796. Il partit pour un second voyage, et visita en-

(1) Cette bibliothèque et ces collections appartiendront, après la mort de M. Brown, au *British Museum*.

core une fois l'Egypte, où il arriva après avoir parcouru la Grèce, qu'il revit à son retour. Enfin, en 1812, il résolut de retourner en Orient, et se dirigea pour la seconde fois vers Constantinople, et de là à Smyrne. Il voulut visiter les bords de la mer Caspienne, pour passer ensuite à Samarcande et à Bokhara, et terminer son excursion par la Tartarie; mais arrivé à Tabriz, il y fut assassiné par des brigands. Browne était ambitieux, et possédé de l'idée d'accomplir quelque grande action : un passage de Pindare (*Olymp.*, I, 131), où le poëte célèbre l'amour de la gloire et le noble mépris de la mort, lui servait de devise. On a de lui : *Travels in Africa, Egypt and Syria, from the year 1792 to 1798;* Londres, 1799, in-4°; traduit en français par Castéra, sous le titre : *Nouveau Voyage dans la haute et basse Égypte, la Syrie, le Darfour, où aucun Européen n'avait pénétré,* etc.; Paris, 1800, 2 vol. in-8°: cet ouvrage contient des renseignements curieux; — *Voyage de Constantinople en Asie mineure, fait en* 1802, dans le recueil intitulé *Travels in various countries of the east;* Londres, 1820, in-4°. [*Enc. des g. du m.*, avec addit.]

Hoefer, *Afrique centrale,* etc.; Paris, 1848. — *Zeitgenossen,* t. VI, n° XXII, p. 105-128.

BROWNE (*Isaac-Hawkins*), poëte anglais, né en 1706 à Burton-sur-Trent, dans le comté de Stafford; mort en 1760. Il abandonna l'étude de la jurisprudence pour se livrer à la culture des lettres. En 1744 et 1748, il fut élu membre du parlement. On a de lui : *Poem on design and beauty;* — *Pipe of Tobacco;* — *De animi immortalitate;* Londres, 1754, in-8°. Il existe plusieurs traductions anglaises de ce poëme; la meilleure est celle de Soame Jenyns. Toutes les productions poétiques de Browne ont été réunies et publiées par son fils; Londres, 1768, 1 vol. in-8°.

Biographia Britannica.

BROWNE (*Jean*), chirurgien anglais, né en 1642, mort vers 1700. Il pratiqua successivement la chirurgie à Norwich et à Londres, et devint chirurgien ordinaire de Charles II. On a de lui : *Compleat treatise of præternatural tumours;* Lond., 1678; — *Compleat discourse of wounds;* ibid., 1678, in-4°; — *Myography;* ibid., 1681 et 1697, in-fol., en allemand; Berlin, 1704; Leipzig, 1715, in-fol.; en latin sous ce titre : *Myographia nova, sive musculorum omnium in corpore humano hactenus repertorum accuratissima descriptio;* Londres, 1684, in-fol.; Leyde, 1687, 1690, in-fol.; Amsterdam, 1694, in-fol.; — *Adenochoiradelogia, or an anatomico-chirurgical treatise of glandules and strumals;* ibid., 1684, in-4°.

Il parait être le même que Jean Brown, auteur des *Institutions a Physic;* Londres, 1714, in-8°, et de quelques mémoires insérés dans les *Philosoph. Transactions.*

Kestner, *Medicinisches Gelehrten-Lexicon.* — Rose, *New Biogr. Dict.*

BROWNE (*Joseph*), médecin anglais, vivait dans la première moitié du dix-huitième siècle. Ses principaux ouvrages sont : *Lecture of anatomy against the circulation of the blood;* Londres, 1698, 1701, in-4°; — *The modern practice of physic vindicated;* ibid., 1703, 1704, 1705, in-12; — *Institutions of Physic;* ibid., 1714, in-8°; — *Practical treatise on the plague;* ibid., 1720, in-8°; — *Antidotaria, or a collation of Antidotes against the plague, and other malignant diseases;* ibid., 1721, in-8°.

Carrère, *Bibliothèque de la Médecine.* — Rose, *New Biographical Dictionary.*

BROWNE (*Patrice*), médecin et botaniste anglais, né en 1720 à Crosboyne en Irlande, mort en 1790 à Rusbrook. Il fit six fois le voyage des Indes, et se livra à une étude approfondie de toutes les productions naturelles de la Jamaïque. Revenu en Angleterre en 1782, il se fixa à Bellinok, où il étudia spécialement les végétaux cryptogames. On a de lui : *Civil und natural History of Jamaica;* Londres, 1756, in-fol.; ibid., 1789; — deux *catalogues,* l'un des oiseaux et l'autre des plantes de l'Irlande, dans le *Magazine d'Exshaw.*

Vallerius, *Hist. litter. mineralogica.* — Rose, *New Biographical Dictionary.*

BROWNE (*Pierre*), théologien anglican, mort à Cork le 25 août 1735. Il remplit d'abord les fonctions de recteur de l'université de Dublin. Nommé, en 1709, évêque de Cork et de Ross, il entreprit de réformer par ses instructions et son exemple le mauvais goût des prédicateurs de son temps. Ses revenus furent employés à soulager les pauvres, et à construire un édifice pour recevoir une bibliothèque publique et des écoles de charité. Ses principaux ouvrages sont : *Refutation of Tolandi Chrystianity not mysterious;* Londres, 1696, in-8°; — *Against the cunstom of drinking to the memory of the dead;* Dublin, 1713, 1714 et 1715, 3 vol. in-12; — *la Doctrine des partis et des circonstances en fait de religion exposée* (en anglais), 1715, in-12; — *Discours contre la coutume de boire aux santés* (en anglais); Dublin, 1716, in-12; — *the Progress, extent, and limits of the human understanding;* Londres et Dublin, 1728, in-8°; — *les Choses surnaturelles et divines, conçues par l'analogie des choses naturelles et humaines* (en anglais); Londres, 1733, in-8°; — plusieurs *sermons.*

Chalmers, *Biographical Dictionary.*

BROWNE (*Richard*), médecin anglais, vivait dans la première moitié du dix-huitième siècle. On a de lui : *Essai sur les effets du chant, de la musique et de la danse sur le corps humain;* en anglais, 1729; — en latin, sous ce titre : *Musica nova;* Londres, 1735.

Carrère, *Bibliothèque de la médecine.*

BROWNE (*Samuel*), chirurgien anglais, vivait à Madras sur la fin du dix-septième siècle. Il rendit des services à la science de la botanique, en envoyant des plantes de l'Inde aux savants botanistes de l'Angleterre. Les *Philosophical Transactions*, année 1700, t. XXIJ, donnent le catalogue de celles qu'il avait découvertes.

Haller, Bibliotheca chirurgica.

BROWNE (*Simon*), théologien anglican, né en 1680 à Shepton-Mallet, dans le comté de Sommerset, mort en 1732. Ecclésiastique dissident, il fut successivement pasteur d'une congrégation à Portsmouth et à Londres. Ayant perdu en 1723 sa femme et son fils unique, il fut tellement affecté de cette double perte, qu'il résigna ses fonctions pour se retirer dans son lieu natal. Il assurait que ses facultés intellectuelles étaient affaiblies; néanmoins il publia divers ouvrages, où l'on trouve du savoir, de l'esprit et du talent. Ses principaux ouvrages sont : *A sober and charitable disquisition concerning the importance of the doctrine of the Trinity, particulary with regard to worship, and the doctrine of the satisfaction*, 1732; — *A fit rebuke to a ludicrous infidel, with a preface concerning the persecution of such writers by the civil powers*, 1732; — *Defence of the religion of nature, and the christian revelation, against the defective account of the one, and the exceptions against the other, in a book entitled, christianity as the creation*, 1732. Ces deux derniers ouvrages étaient dirigés contre Woolston et Tindal. On doit encore à Browne quelques *sermons*, et un recueil d'hymnes et de cantiques.

Rose, New Biographical Dictionary. — *Gorton, General Biographical Dictionary.*

BROWNE (*Thomas*), médecin et antiquaire anglais, né à Londres en 1605, mort à Norwich le 19 octobre 1682. En 1629, il alla visiter les principales universités du continent, et séjourna quelque temps à Leyde, où il se fit recevoir docteur en médecine; rentré dans sa patrie en 1631, il s'établit à Norwich. Ses principaux ouvrages sont : *Physician's religion*; 1642, in-8°; traduit en latin, Leyde, 1644, in-12; avec des notes de L.-N. Moltke; Strasbourg, 1652, in-12; traduit en français, la Haye, 1668, in-12; — *Pseudodoxia epidemica or enquiries in the vulgar errors*; Londres, 1646, in-fol.; 1650, in-fol.; 1658, 1664, 1666, 1672, in-4°; 1673, in-fol.; traduit en hollandais, Amsterdam, 1668, in-8°; en allemand, Nuremberg, 1680, in-4°; en français, sous le titre d'*Essai sur les erreurs populaires*; Paris, 1733; ibid., 1742, 2 vol. in-12; — *Garden of Cyrus, or the quincuncial*, etc.; *Plantations of the ancients*; Londres, 1658, 1 vol. in-8°. On n'a de Browne qu'un seul écrit, une lettre, qui ait rapport à sa profession. Ses œuvres réunies, qui parurent en 1666, furent traduites en allemand et enrichies de notes par Christian Peganius; Francfort et Leipzig, 1680, in-4°. Ses dissertations inédites sur des antiquités font partie de l'édition plus complète publiée à Londres en 1686, in-fol.

Vie de Thomas Browne, en tête de ses œuvres, edit. de Londres, 1686. — Johnson, *Vie de Thomas Browne*. — Wood, *Athenæ Oxonienses*. — Nicéron, *Memoires*. — Rose, *New Biographical Dictionary*.

BROWNIKOWSKI ou **BRONIKOWKI** (*Alexandre*). Voy. BRONIKOWSKI.

***BROWNING** (*Élisabeth*), femme poëte anglaise, née vers 1809, plus connue sous son propre nom de famille : *Barrett* (miss Élisabeth). C'est sous ce dernier nom qu'elle révéla, en 1833, au public anglais le haut et mâle talent poétique qui la distingue, et qui, de prime abord, lui a conquis une place à côté de miss Landon, de miss Hemans et de miss Norton. Les événements de sa vie sont peu saillants. Elle a vécu dans la plus profonde retraite, à Londres, jusqu'en novembre 1846, époque de son mariage avec M. Robert Browning; et, durant ce temps, elle a été éprouvée par de cruels malheurs domestiques, au nombre desquels nous citerons la mort d'un frère chéri qu'elle vit se noyer, par accident, sous ses yeux mêmes. La fragilité de sa santé l'a obligée à passer plusieurs années en Italie, particulièrement à Florence, où elle est retournée en 1846 avec son mari. Très-versée dans la langue grecque, elle marqua son début dans les lettres par une traduction en vers du *Prométhée* d'Eschyle, qui est très-estimée des érudits, et par un volume de *poésies diverses*, dont quelques-unes sont de véritables petits chefs-d'œuvre. La plus importante de ses dernières publications est le *Drame de l'exil*, dont les héros sont Adam et Ève. On ne sent, dans ce poëme, nulle imitation, nulle réminiscence du *Paradis perdu*; et il est cependant empreint d'un charme, d'une originalité, d'une vigueur de talent que n'éclipsent en rien les magnificences de l'œuvre de Milton. — Miss Browning a fourni à l'*Athenæum* (où ont été successivement insérées ses meilleures pièces de vers) une série de bons articles en prose sur la poésie des temps primitifs de l'Église. Elle a travaillé en outre, avec Wordsworth, Leigh-Hunt et Horne, au *Chaucer modernized*. Ses poésies ont paru sous les titres suivants : *Prometheus bound*; London, 1833, 1 vol.; — *Miscellaneous poems*; London, 1838, 1 vol.; — *the Seraphim and other poems*; London, 1838, 1 vol.; — *the Romaunt of the page*; London, 1839, 1 vol.; — *Collected poems*; London, 1839, 2 vol.; — *A Drama of exile, and other poems*; London, 1840, 2 vol.

PAUL TIBY.

Powell, *the Living authors of England*; London, 1849, vol. in-12 (p. 13 et 137). — Chambers, *Cyclopædia of english literature*; Edimbourg, 1844, 2 vol. grand in-8° (tome II, p. 461). — Griswold, *the Poets and poetry of England*; Philadelphie, 1846, vol. grand in-8° (p. 422). — Gilfillan, *Modern literature and literary men*; London, 1851, vol. in-12 (p. 239). — *Revue des Deux Mondes* du 15 janvier 1852, p. 348 (article de M. Milsand).

***BROWNING** (*Robert*), littérateur anglais, né à Camberwell, près de Londres, en 1812. Il débuta en 1835 par la publication de *Paracelsus*, sorte de drame épique qui n'est guère autre chose qu'un long monologue de l'acteur principal, auquel un petit nombre de personnages secondaires fournissent de temps en temps la réplique. Les autres œuvres sont : *Stafford*, drame historique ; Londres, 1837, in-8° ; — *Sordello*, poëme ; Londres, 1840, in-8° ; — *Betts and Somegranates, series of poems* ; Londres, 1842-1846, in-8° : tous ces poëmes, sauf *Sordello*, ont été réunis en une édition générale ; Londres, 1849, 2 vol. in-8° ; — *Christmas, Eve, etc., a poem* ; Londres, 1850.   T. D.

Edinburgh Review, LXVe vol. — *Fraser's Magazine*, LXIIIe vol., 1851. — *Revue des Deux Mondes*, t. XIX, année 1847 et suiv.

BROWNRIG ou **BROMRIG** (*Raoul*), théologien anglais, né en 1592 à Ipswich, dans le comté de Suffolk ; mort en 1659. Il était évêque d'Exeter lorsque éclata la révolution anglaise. Exposé aux violences du parti qui triomphait, il n'en persista pas moins dans son attachement à son souverain, et conseilla, dit-on, à Cromwell de rappeler Charles II. Nommé prédicateur du temple en 1658, il mourut sans avoir vu s'accomplir la restauration qu'il appelait de tous ses vœux. On a de lui des *sermons* ; Londres, 1662, 1664, 2 vol. in-fol.

Rose, *New Biographical Dictionary*.

BROWNRIGG (*Robert*), officier et administrateur anglais, né à Rockingham vers 1759, mort à Holston-House le 27 avril 1833. Il prit part à différentes expéditions dans la Manche et à la Jamaïque, aux opérations de l'armée anglaise contre la France en Flandre, et fut secrétaire du duc d'York de 1795 à 1803. Vers ce temps-là il parvint au grade de lieutenant général, suivit l'expédition anglaise contre l'Écluse, et assista au siége de Flessingue et aux opérations dans l'île Licyd-Béveland. Nommé en 1813 gouverneur de Ceylan, il fit la conquête du royaume de Candi, et revint en Angleterre en 1820, pour se fixer dans le comté de Monmouth.

Rose, *New Biographical Dictionary*.

BROWNSON (*Orestes*), théologien, métaphysicien, philosophe et publiciste américain, né vers 1802 à Windsorcounty (Vermont). Il perdit son père de très-bonne heure, et l'on croit que les premiers temps de sa vie se passèrent en dehors de toute culture intellectuelle. Il fut successivement ministre presbytérien, universaliste et déiste. En 1828 il revint au christianisme, et recommença ses prédications. Bientôt il se passionna pour les philosophes français contemporains, étudia leurs systèmes, et commença lui-même à publier, dans le *Christian examiner*, une série d'articles philosophiques très-hardis. En 1836, il fit paraître un petit volume intitulé *New view of Christianity, society, and the Church*. L'année suivante, nous le voyons ministre d'une *Société pour l'union chrétienne et les progrès du christianisme*, au sein de laquelle il prononça des discours que la presse répandit à un très-grand nombre d'exemplaires. En 1837, il commença la publication du *Boston quarterly Review* ; et en 1840 il donna au public *Charles Elwood, or the infidel Converted*, roman où il fait l'histoire de ses propres sentiments religieux. Depuis lors, il se mit à composer une foule d'écrits sur des sujets métaphysiques, théologiques et même politiques, et les inséra en majeure partie dans le *Boston Quarterly Review*, qu'il rédigea presque seul pendant cinq années consécutives, et qu'il rédige de même encore aujourd'hui sous le titre de *Brownson's Quarterly Review*. L'énergie et la liberté des idées qu'il y a exposées lui ont acquis une très-grande renommée en Amérique. Ses opinions religieuses et politiques ont encore subi dans ces derniers temps une nouvelle transformation ; et l'Église catholique romaine le compte aujourd'hui au nombre de ses plus fervents défenseurs.

PAUL TIBY.

Griswold ; *the Prose-writers of America* ; Philadelphie, 1852, vol. grand in-8° (pages 39, 42, 422, 433).

BRU (*Moïse-Vincent*), peintre espagnol, né à Valence en 1682, mort dans la même ville en 1703. Il eut pour maître Juan Conchillos. Les trois tableaux qu'il a laissés dans l'église de Saint-Jean-del-Mercada de Valence annoncent la main d'un grand maître et une grande force de génie. Ces tableaux sont : *le Passage du Jourdain*, *Saint François de Paule*, et *Un groupe de saints*.

Quillet, *Dict. des peintres espagnols*.

BRUAND (*Anne-Joseph*), archéologue français, né à Besançon le 20 janvier 1787, mort à Belley le 19 avril 1820. Il quitta la carrière militaire pour étudier le droit, se fit recevoir avocat, et fut successivement secrétaire de préfecture et sous-préfet dans plusieurs départements. Ses principaux ouvrages sont : *Annuaires statistiques et archéologiques du département du Jura*, pour les années 1813 et 1814 ; Lons-le-Saulnier, in-8° : ces deux volumes sont pleins de recherches curieuses sur les antiquités du Jura ; — *Mélanges littéraires* ; Toulouse, 1814, in-8° ; — *Dissertation sur une Mosaïque découverte près de la ville de Poligny* ; Tours, 1815 ; Paris, 1816, in-8° ; — *Essai sur les effets réels de la musique chez les anciens et les modernes* ; Tours, 1815, in-8°.

Mahul, *Annuaire nécrologique*. — Quérard, *la France littéraire*.

BRUAND (*Pierre-François*), médecin français, né à Besançon en 1716, mort dans cette ville en 1786. Il consacra sa vie au soulagement des malades et surtout des pauvres, et refusa les offres les plus brillantes que lui fit le roi de Prusse pour l'engager à passer dans ses États. On a de lui : *Moyens de rappeler à la vie les noyés, de même que ceux qui sont évanouis par la fumée du charbon* ; Besançon, 1763, in-8° ; — *Mémoires sur les maladies contagieuses et épidémiques des bêtes à cornes* ; ibid., 1766, 2 vol. in-12 ; réimprimé avec des additions sous le titre : *Traité des maladies épizootiques et contagieuses des bestiaux et des animaux* *les plus utiles à l'homme;* ibid., 1782, 2 vol. in-12.

Quérard, *la France littéraire*, supplément.

BRUANT (*Libéral*), célèbre architecte français, mort vers 1697. « Il partagea, dit Quatremère de Quincy, avec d'autres architectes ses contemporains, la construction et la conduite de plusieurs ouvrages, comme, avec le Vau, l'exécution de l'hospice connu sous le nom de la Salpétrière; comme avec Le Muet, la conduite de l'église des Augustins de la place des Victoires. Mais le plus grand et sans comparaison le plus beau monument de Libéral Bruant fut l'hôtel des Invalides, dont il donna seul les plans et conduisit l'exécution, à la réserve de l'addition faite à son église par le dôme, dont Jules-Hardouin Mansart fut l'architecte. Or, dans ce grand ensemble de bâtiments, on distinguera toujours la magnifique cour de cet établissement, composée de deux ordres de grands portiques élevés l'un au-dessus de l'autre; ouvrage qui, par la pureté de son architecture, la grandeur de ses proportions et le caractère même de sa construction, rappelle avec succès les grands *cortile* de l'Italie, et ne leur cède peut-être que par le manque de voûte. L'œil est blessé de voir que d'aussi nobles galeries et d'une si belle exécution ne soient couvertes que par de pauvres plafonds en bois. »

C'est sur les dessins de Bruant que furent construits, en 1657, l'église de la Salpêtrière, et, en 1662, le château de Richemont, en Angleterre. Cet artiste, qui avait le titre d'architecte du roi, fut un des huit membres fondateurs de l'Académie d'architecture. On ignore le lieu et la date de sa naissance; quant à sa mort, elle dut arriver vers 1697, puisqu'il fut remplacé l'année suivante par le Maistre à l'Académie d'architecture. Il a laissé un ouvrage intitulé *Visite des ponts de Seine, Yonne, Armançon et autres, faite en 1684 par le sieur Bruant, architecte du roi, avec les plans dessinés par Pierre Bruant, son neveu,* in-4° (1). Trois autres Bruant furent également architectes : *Pierre Bruant,* qui, comme on vient de le voir, dessina les plans de l'ouvrage de son oncle; le fils aîné de Libéral, qui construisit la porte du bureau des marchands drapiers, à Paris; Jacques Bruant, fils aussi de Libéral, qui construisit, en 1721, l'hôtel de Belle-Ile.

BRUC-MONTPLAISIR. Voy. MONTPLAISIR.

BRUCÆUS (*Henri*), mathématicien et médecin flamand, né à Alost en 1531, mort à Rostock le 31 décembre 1593. Il fut successivement professeur de mathématiques à Rome et à Rostock. On a de lui : *Propositiones de Morbo gallico;* Rostock, 1569, in-8°; — *De motu primo;* 1580, in-12; 1604, in-12; — *Institutiones*

(1) « Cet ouvrage, dit l'auteur de l'article *Bruant* dans la *Biographie universelle*, se conservait, en manuscrit, dans la bibliothèque de M. Pelletier, qui a été vendue et dispersée. »

sphæræ; 1584; — *de Scorbuto, propositiones Rostochi disputatæ;* 1589, 1591, dans le livre de Severin Eugalenus intitulé *Epistolæ de variis Rebus et Argumentis medicis;* Francfort, 1611, in-8°.

Adam, *Vitæ eruditorum.* — Van der Linden, *De Scriptorum med.* — Kestner, *Med. Gelehrten-Lexicon.* — Sweert, *Athenæ belgicæ.*

BRUCCIOLI. *Voy.* BRUCIOLI.

BRUCE (*famille* DES). Leur souvenir se rattache aux temps héroïques de l'Écosse, et se lie à celui des Bailleul, des Wallace, etc. Voici les principaux membres de cette ancienne famille :

I. **BRUCE** (*Robert*), comte d'Annandale, fils de Robert Bruce, le noble, et d'Isabelle d'Écosse, est le premier personnage que nous rencontrons dans cette famille de guerriers. En 1285, à la mort du roi d'Écosse Alexandre III, les droits à la couronne étaient dévolus aux descendants de David, comte de Hungtington, c'est-à-dire à Jean Bailleul, descendant de la fille aînée, et à Robert Bruce, issu de sa seconde fille, mais d'un degré plus proche que son compétiteur Bailleul. La décision fut remise à Édouard Ier d'Angleterre, qui prit parti pour Jean Bailleul, lequel à son tour se reconnut vassal de son protecteur; plus tard cependant il se révolta contre lui, tandis que Bruce, par esprit de vengeance et de rivalité, prit service dans l'armée anglaise. L'Écosse fut soumise, son roi emprisonné; mais William Wallace délivra son pays, et se fit régent du royaume. Robert Bruce l'accusa d'aspirer à la royauté même, rentra dans les rangs anglais, et assista à la bataille de Falkirk en 1298, où Wallace fut défait. C'est ici que Drummond, Lesly et Buchanan placent l'entrevue romanesque de Robert et de Wallace sur les bords du Carron, contrairement à Hume, qui la met sur le compte du fils de Robert (1). Quoi qu'il en soit, le héros écossais, infidèle jusqu'ici à sa patrie, écouta la voix qui lui parlait par la bouche de Wallace, et revint à la cause nationale. Sa mort doit être placée bientôt après cet événement.

II. **BRUCE** (*Robert*), fils du précédent, comte de Carrick et ensuite roi d'Écosse, mort le 9 juillet 1329. Sept années de paix et de trêve, de soumission et de résistance, avaient suivi la bataille de Falkirk, lorsque Édouard Ier retournait à Londres, pour la troisième fois vainqueur de l'Écosse, et emmenant à sa suite Robert Bruce et Jean Cumyn, qui, rivaux autrefois, conspiraient alors pour se délivrer du perfide Édouard. Mais Cumyn, peu fidèle à cette nouvelle amitié, livra les plans de son compatriote au roi anglais. Une paire d'éperons et une bourse remplie d'or qu'une main inconnue fait parvenir à Robert lui font entrevoir, par langage symbolique, tout le danger qu'il court; il s'échappe, gagne

(1) Cette entrevue a été chantée par Felicia Hemans; le poète écossais Bruns a aussi célébré cette famille son *Chant de guerre de Bruce* est un des plus beaux morceaux lyriques de la langue anglaise.

l'Écosse, assemble ses amis à Dumfries, et se sent par eux fortifié dans sa résolution de braver le roi d'Angleterre, et de poser sur sa tête la couronne d'Écosse. Cumyn seul n'avait point ouvert d'avis; au sortir de cette assemblée, Bruce attaqua cet ennemi dans un cloître, et le perça d'outre en outre. Couronné à Scone, puis défait à deux reprises, il se réfugie dans les Hébrides, tandis que sa femme est emmenée prisonnière à Londres et que ses trois frères sont pendus. Il revient avec une nouvelle armée, et livre la bataille de Banockburn en 1314, qui assura l'indépendance de son pays. Édouard III, lors de son avénement en 1329, reconnut en droit ce qui était déjà établi en fait, et Robert Bruce put mourir en paix; son œuvre était accomplie.
[*Enc. des g. du m.*]

III. **BRUCE** (*David II*), fils de Robert Ier, né vers 1320, mort en 1370. Il n'avait que neuf ans à la mort de son père, et fut obligé, pour échapper aux troubles de son royaume, de se laisser emmener à la cour de France, dont la politique, dictée par la position critique vis-à-vis des rois anglais, soutenait constamment les rois d'Écosse. Dans l'intervalle cependant, les Murray, les Douglas et Robert Stuart firent triompher la cause du roi, qui rentra dans sa patrie en 1342. A deux reprises, David fit une invasion en Angleterre : la première fois il pénétra jusqu'au pays de Galles; la seconde, il fut battu, conduit prisonnier à Londres, où il languit près de dix ans avant d'être relâché, moyennant un traité honteux. Pendant le reste de son règne, David s'appliqua à guérir les blessures de son pays, et il mourut laissant sa couronne à son neveu Robert Stuart. La ligne directe des Bruce s'éteignit avec lui.

IV. **BRUCE** (*Édouard*) était frère de Robert Ier, roi d'Écosse, qui l'envoya aux Irlandais lorsqu'ils vinrent lui demander un roi de sa famille. En 1315, Édouard Bruce descendit à terre avec six mille Écossais près de Carrick-Fergus, et se fit couronner à Dundalk. Le gouvernement anglais se maintint cependant à Dublin, et parvint, après une longue guerre, à dompter ce dangereux ennemi. A la bataille de Dundalk, un chevalier anglais, Maupas, s'étant fait jour jusqu'à Bruce, les deux champions s'entre-tuèrent. Le chef anglais, Jean Birmingham, coupa la tête du roi vaincu, et l'envoya au roi d'Angleterre. [*Enc. d. g. du m.*]

W. Scott, *History of Scotland*. — Robertson, *History of Scotland*. — Rose, *New Biographical Dictionary*.

BRUCE (*Guillaume*), voyageur et officier écossais, vivait dans la seconde moitié du quinzième siècle. On a de lui : *Guillelmi Brussii diarium de Tartaria*; Cologne, 1593; Francfort, 1598, in-8°.

Fabricius, *Biblioth. latina mediæ ætatis*.

BRUCE (*Édouard*), éditeur probablement écossais, vivait dans la première moitié du dix-huitième siècle. On a de lui : *Poetæ latini rei venaticæ scriptores et buccolici antiqui, videlicet Gratii Falisci, atque Aur. Olymp. Nemesiani Cynegeticon, Halieuticon, et de Aucupio, cum notis integris Gasp. Barthii, Jani Vlitii, Th. Johnson, Ed. Brucei*, etc.; Leyde, 1728, 2 vol. in-4° : c'est une édition des poëtes latins qui ont écrit sur la chasse.

Rose, *New Biographical Dictionary*.

BRUCE (*James*), célèbre voyageur écossais, né à Kinnaird le 14 décembre 1730, mort en juin 1794. Sa famille le destina au barreau. L'aride étude des lois et de la procédure n'avait aucun attrait pour le jeune Écossais; il préférait les exercices du *sport* et la culture des arts. Un mariage avec la fille du chef d'une importante maison de commerce de Londres lui ouvrit une autre carrière; mais bientôt madame Bruce, atteinte d'une maladie de poitrine, reçut des médecins le conseil d'aller, bien loin des brouillards de la Tamise, chercher la température bienfaisante du midi de la France; elle rendit à Paris le dernier soupir dans les bras de son époux. Livré à un désespoir sincère, Bruce chercha des distractions dans des voyages. Il se rendit à Madrid, et, vif dans ses enthousiasmes, ardent dans ses projets, il voulut étudier et publier les nombreux monuments arabes qui dormaient à l'Escurial sous une épaisse couche de poussière, et qui y reposent encore dans une paix profonde. Le gouvernement s'opposa à cette tentative. Bruce revint à Londres; et son goût pour les langues de l'Orient ne faisant que s'accroître, il entreprit l'étude de l'éthiopien, que l'on ne connaissait encore que par les travaux incomplets de Ludolf.

Lord Halifax, tourmenté de cette curiosité qui, depuis Cambyse, a stimulé tant de grandes imaginations, proposa un jour à Bruce d'entreprendre la découverte des sources du Nil. Bruce ne cherchait qu'une occasion d'exercer son activité; il embrassa ce projet avec ardeur, et il se disposa aussitôt à se mettre en route. Il était né voyageur; il avait les connaissances générales que réclame cette carrière, et il était dans la force de l'âge. Sa santé était robuste, son énergique résolution méprisait les périls et bravait les obstacles. Il partit au mois de juin 1768, et parcourut rapidement quelques îles de l'Archipel, la Syrie, l'Égypte. Le roi de Danemark avait chargé Niebuhr et ses compagnons d'explorer ces contrées; le gouvernement anglais, usant d'une courtoisie assez rare, prescrivit à Bruce de se borner à les traverser pour son amusement, mais de ne commencer sérieusement ses travaux qu'au delà des cataractes. Pénétrant hardiment à travers les déserts, Bruce atteignit enfin cette mystérieuse Abyssinie si mal connue jusqu'alors, si imparfaitement appréciée encore aujourd'hui. Il visita les ruines d'Axum; il atteignit Gondar, séjour du monarque, et il fut accueilli à la cour avec empressement. Il prit part à de nombreux faits d'armes; il commanda des corps de cavalerie, et il eut aussi l'occasion de parcourir le pays en tous sens, et de recueillir des observations sur une foule d'objets divers, sans oublier le but de sa mission, la découverte des sources du Nil. Il crut les avoir trouvées dans celles du Bahr-el-Azrek (fleuve bleu), ou Nil des Abyssins. Mais le véritable Nil est un autre cours d'eau, c'est le *Bahr-el-Abiad* (fleuve blanc), dont les sources sont cachées dans les flancs d'une chaîne élevée qui porte depuis longtemps chez nos géographes le nom assez peu rationnel de montagne de la Lune; et nul Européen n'est encore parvenu jusque-là. Quant aux sources que Bruce a visitées, un missionnaire portugais, le P. Puez, les avait déjà reconnues et décrites.

Après un séjour de quatre ans en Abyssinie, Bruce quitta ces contrées, où la barbarie lutte d'une façon étrange avec une civilisation imparfaite; il s'enfonça dans la Nubie, réussit à déjouer de perfides complots dont il fut sur le point d'être la victime, traversa le désert, échappa à des tempêtes de sable mouvant et au souffle mortel du simoûn, et gagna enfin l'Égypte. De là jusqu'en Écosse, la route n'était qu'un jeu pour lui. De retour dans sa patrie en 1772, il trouva sa fortune partagée entre ses parents; le bruit de sa mort s'était répandu, et d'avides héritiers, déjà tout consolés de cette perte, s'étaient mis en possession de ses biens avec le plus vif empressement. Grand fut leur désappointement lorsqu'ils virent que le défunt vivait encore. Il reprit ses domaines avec beaucoup d'humeur; et, voulant punir sa famille, il se maria par dépit, et eut un fils, pour ainsi dire, par vengeance. Retiré dans sa terre de Kinnaird, il travailla seize ans à mettre en ordre ses notes, et en 1790 il fit enfin paraître la relation de ses voyages sous ce titre : *Travels to discover the sorces of the Nile, the years* 1768-1772; Édimbourg, 5 vol. in-4°; 2° édit., par A. Murray, 1805, 7 vol. in-8° et atlas in-4°. Cet ouvrage a été traduit en français par J.-H. Castéra; Paris, 5 vol. in-4°, et 10 vol. in-8° avec un atlas de cartes et de 84 pl. in-4°. Les deux premiers renferment l'histoire de l'Abyssinie et de ses rois; le troisième, le voyage depuis l'Égypte jusqu'à Gondar, et sa course aux sources du Nil; le quatrième, le retour à Gondar et de là à Alexandrie, en traversant le Sennaar et le désert; le cinquième volume est consacré à l'histoire naturelle. L'ouvrage de Bruce passa aussi dans la langue allemande, et divers abrégés le popularisèrent.

Une vive controverse s'engagea bientôt; la véracité de Bruce fut chaudement contestée; on prétendit que la plupart des incidents répandus dans sa relation étaient le fruit de son imagination; et il faut avouer que le caractère romanesque, que les détails merveilleux de quelques récits justifiaient un peu cette façon de voir. Lord Valentia, qui parcourut en 1804 l'Abyssinie, a dirigé contre son devancier de dures expressions et des soupçons offensants; mais ce système de dénigrement tient à un parti pris de détruire la valeur des anciennes recherches, afin de relever l'importance des nouvelles. Plus équitables, des voyageurs plus récents se sont exprimés en termes bien différents. MM. Combe et Tamisier reconnaissent que la grande analogie qu'ils ont trouvée entre les récits de Bruce, et les détails qu'ils ont puisés dans les annales du pays, leur prouvent que le voyageur anglais a travaillé consciencieusement. De son côté, un judicieux écrivain, M. Léon de Laborde, a rendu un éclatant témoignage en l'honneur de l'intrépide Écossais : « Bruce n'a-t-il pas été attaqué, méconnu, déconsidéré ? Ce voyageur entreprenant, habile, si bien préparé à un voyage si habilement conduit, n'a-t-il pas été frappé des coups de l'envie et de la calomnie? Eh bien ! il n'y a d'imposteurs que ses adversaires, de faux et d'inventé que leur calomnie. Chaque année a vu confirmer quelque assertion du noble *aventurier*. Nouvel Hérodote, à la taille de notre époque, il eut les mêmes dégoûts que le père de l'histoire. » (*Revue française*, 1838, VII, 124.) Bruce rapporta de l'Abyssinie des plantes utiles (par exemple le *poa abyssinica*), et des manuscrits, entre autres trois copies du fameux livre d'Enoch; il en céda deux à la bibliothèque Bodléienne à Oxford, et il déposa la troisième à la Bibliothèque impériale, à Paris. La fin de sa vie fut attristée par la perte du fils qu'il avait eu de son second mariage, et auquel il ne survécut pas longtemps ; une chute qu'il fit à l'âge de soixante-quatre ans mit, en peu de jours, fin à sa carrière.   G. BRUNET.

R. Wharton, *Observations on the authenticity of Bruce's Travels*, 1800. — Al. Murray, *Account of the life and writings of Bruce*, 1808 (voir la *Bibliothèque britannique de Genève*, tom. XLII, XLIV et XLV). — Boucher de la Richarderie, *Bibliothèque des Voyages*, t. III.

BRUCE (*Jacques-Daniel*, comte), ingénieur russe, d'origine écossaise, né à Moscou en 1670, mort en 1735. Il entra dans l'artillerie, et fut nommé gouverneur de Novgorod. Le mauvais succès de l'attaque qu'il dirigea en 1701 contre Narva lui attira un moment la disgrâce de Pierre le Grand. Bruce se justifia, et devint, en 1711, grand maître de l'artillerie, arme qu'il organisa sur un excellent pied. En 1709 il commanda l'artillerie russe à la bataille de Pultava ; plus tard, il institua une école du génie militaire, et en 1721 il fut l'un des négociateurs de la paix de Nystadt. Peu d'hommes ont connu aussi bien que Bruce l'état et les ressources de la Russie; par ordre de Pierre, il correspondit pendant quelque temps avec Leibnitz sur l'origine de la nation. Il entreprit aussi beaucoup de travaux scientifiques. Dans ses moments de loisir il traduisit en russe des ouvrages anglais et allemands; il composa un traité de géométrie et un calendrier séculaire connu sous le nom de *Calendrier de Bruce* ou de *Livre noir* (*tchornaïa kniga*). Il possédait de riches collections, surtout en objets d'histoire naturelle, en instruments de mathématiques et d'astronomie, et en médailles, ainsi qu'une belle bibliothèque; l'Académie des sciences de Saint-Pétersbourg a fait l'acquisition de ces collections en 1736. Comme il ne laissa pas d'enfants, l'impératrice Anne Ivanovna, voulant honorer la mémoire d'un homme qui avait rendu de si grands services à l'empire, conféra le titre de comte à l'un de ses parents éloignés, *Alexandre* ROMANOVITCH, général major. Celui-ci eut un fils, le comte *Jacques-Alexandrovitch* BRUCE, qui fut général en chef de l'infanterie, sénateur, gouverneur général de Moscou, et qui avait épousé une sœur du feld-maréchal Roumantsof. C'est cette comtesse Bruce qui fut dame d'honneur, et devint, selon Castéra, l'une des plus intimes confidentes de Catherine II.

Schnitzler, *Statistique de l'empire russe*. — Castéra, *Vie de Catherine II;* 1798, 3 vol. in-8°.

BRUCE (*Jean*), économiste et philosophe écossais, né en 1744, mort à Nuthil, dans le comté de Fife, le 15 avril 1826. Après avoir été professeur de philosophie à l'université d'Édimbourg, il fut appelé à remplir des fonctions non moins lucratives qu'honorifiques, et devint membre de la chambre des communes pour Ilchester. Ses principaux ouvrages sont : *First principles of philosophy;* 1780, in-8°; — *Elements of the science of ethics;* 1786, in-8°; — *An historical view of plans for the government of British India, and the regulation of the trade of the east Indies;* 1793, in-4°; — *A report on the Renewal of the E. I. company's exclusive privileges;* 1794; — *Annales of the E. I. Company, from their establishment in 1600 to the union of the London and English east India companies;* 1707, 1810, 3 vol. in-4°.

Gentleman's Magazine.

BRUCE (*Michel*), poëte anglais, né en 1746 à Kinnawood, en Écosse; mort en 1767. Il fut malheureux et souffrant; aussi ses ouvrages portent-ils l'empreinte d'une profonde et touchante mélancolie. On croit entendre le dernier chant du cygne en lisant son élégie sur le printemps. John Logan a publié les vers de ce poëte élégiaque; Édimbourg, 1770.

Campbell, *Specimen of British poets*. — Ersch et Gruber, *Allgemeine Encyclopædie.*

BRUCE (*Pierre-Henri*), officier du génie, né en Westphalie, en 1692, d'une famille écossaise; mort en Écosse en 1751. Il fut successivement au service du Brandebourg et de la Russie. En 1724, il revint en Écosse, et, en 1740, le gouvernement anglais lui donna mission de se rendre en Amérique pour faire réparer les fortifications des places de guerre des colonies anglaises. On a de lui un ouvrage posthume : *Memoirs of P.-H. Bruce, containing an account of his travels in Germany, Russia, Tartary, Turkey, the New-Indies;* Londres, 1782; traduit en allemand, Leipzig, 1784, in-8°.

Rose, *New Biographical Dictionary.*

***BRUCHER** ou **AUBRY OLIVIER**, mécanicien français, vivait dans le milieu du seizième siècle. Inventeur du monnayage au moulin, c'est-à-dire du balancier, il s'associa Rondel et Étienne Delaulne, graveurs célèbres, qui firent les poinçons et les carrés, et fut créé, par lettres de 1553, maître et conducteur de la monnaie au moulin. Ce procédé étant trop dispendieux, Henri III établit, en 1585, le monnayage au marteau. Ce fut seulement en 1645 que Louis XIV, sur les instances et d'après les perfectionnements du célèbre Varin, rétablit le monnayage au balancier.

Le Bas, *Dict. encyc. de la France.*

BRUCIOLI ou **BRUCCIOLI** (*Antoine*), traducteur et littérateur italien, natif de Florence, vivait dans la première moitié du seizième siècle. Il entra dans la conspiration formée en 1522 contre le cardinal Jules de Médicis. Obligé de s'expatrier, il vint chercher un asile en France; mais les Médicis ayant été chassés de Florence en 1527, il rentra dans sa patrie, où il ne resta pas longtemps dans un état de tranquillité. La liberté avec laquelle il parlait contre les moines et les prêtres le fit soupçonner d'être attaché aux opinions, alors nouvelles, des réformateurs. Il fut emprisonné, et n'échappa au dernier supplice que par le crédit de quelques amis, qui firent commuer la peine en deux années d'exil. Il se retira alors à Venise avec ses frères, qui étaient imprimeurs et libraires, et publia des ouvrages, dont les principaux sont : *Biblia tradotta in lingua toscana;* 1532, in-fol., avec de longs commentaires; Venise, 1544-1548, 3 vol. in-fol.: cette traduction, que Brucioli, peu versé dans l'hébreu, avait faite sur la version latine du P. Santes Pagnini, fut mise au nombre des livres hérétiques de première classe; — traduction italienne de la *Politique* d'Aristote; Venise, 1547, in-8°; — traduction de la *Physique* du même; ibid., 1551, in-8°; — traduction du traité *du Ciel et de la terre* du même; ibid., 1556, in-8°; — trad. de la *Rhétorique* de Cicéron; ibid., 1538 et 1542; — une édition de Pétrarque; ibid., 1548, in-8°; — trad. de Boccace; ibid., 1538, in-4°; — *i Dialoghi della morale Filosofia;* ibid., 1528, in-8°; — *i Dialoghi faceti;* ibid., 1535, in-4°.

Tiraboschi, *Storia della Lett. ital.* — Richard Simon, *Hist. critique du Vieux Testament* et *Hist. critique des versions du Nouveau Testament.*

***BRUCK** (*Charles-Louis* DE), homme d'État allemand, né à Elberfeld le 18 octobre 1798. Issu d'une honnête famille bourgeoise, il apprit et pratiqua d'abord le commerce à Bonn, où, après avoir fait aussi son service militaire, il suivit les cours d'économie politique de l'université. De Bonn il se rendit et se fixa à Trieste, où il épousa la fille du riche négociant Buscheck. Devenu directeur du Lloyd, il donna à cette institution la vigoureuse direction qui lui a assigné dans le commerce un rang si important. En 1848, de Bruck fut appelé à représenter ses concitoyens de Trieste à l'assemblée nationale de Francfort; et le gouvernement autrichien fit de lui son ministre auprès du lieutenant général de l'Empire.

Après la révolution qui éclata à Vienne en octobre 1848, il fut chargé, dans le ministère Stadion-Schwarzenberg, du portefeuille du commerce et des travaux publics, prit part à tous les actes importants de ce cabinet, concourut à la constitution du 4 mars 1849, négocia la paix avec le Piémont, et organisa son propre département sur un plan nouveau qui obtint la sanction de l'empereur. On lui doit d'utiles innovations : la création de chambres de commerce, de lignes télégraphiques; l'amélioration du système postal, des chemins de fer; la cessation de nombreuses entraves douanières, et les premières bases d'un droit maritime autrichien. Il travailla surtout avec activité à l'adoption d'un projet d'union commerciale entre son gouvernement et le reste de l'Allemagne : c'est à ce point de vue qu'il adressa aux puissances allemandes deux *Mémoires*, l'un à la date de février 1849, l'autre du mois de mai 1850. En mai 1851 il se démit de ses fonctions, par suite, dit-on, d'un dissentiment avec ses collègues sur les moyens de rétablir l'équilibre dans les finances autrichiennes.

Convers.-Lexicon. — Gazette d'Augsbourg, 1848-1851.

BRUCKER (*Jean-Henri*), historien et philologue suisse, né à Bâle en 1725, mort dans la même ville en 1754. Il professa l'histoire à l'université de sa ville natale. Ses principaux ouvrages sont : *Observationes philologicæ circa causas obscuritatis in scriptoribus græcis*; Bâle, 1744, in-4°; — *Scriptores rerum Basileensium minores*, t. Ier; ibid., 1752, in-8°. Cette collection n'a pas été continuée.

Athenæ Rauricæ.

BRUCKER (*Jean-Jacques*), historien allemand, né à Augsbourg le 22 janvier 1696, mort dans la même ville en 1770. Il fut en quelque sorte le père de l'histoire de la philosophie. Avant son *Historia critica philosophiæ* (5 vol., Leipzig, 1741 et suiv.), nous n'avions en ce genre que des compilations faites sans choix, sans esprit philosophique, assemblages incohérents de notices biographiques et de citations partielles, incomplètes, souvent inintelligibles. Bayle, en traitant des points particuliers de la philosophie ancienne avec cette sévérité de critique qui le distingue, pouvait bien déjà, sous ce rapport, fournir à Brucker un excellent modèle; mais personne encore n'avait songé à présenter dans un vaste ensemble tous les systèmes enfantés par la philosophie depuis sa naissance. C'est la gloire de Brucker de l'avoir fait. Son ouvrage est le premier qui soit complet, et qui offre un plan et une méthode. Il a sans doute plusieurs défauts qu'on ne retrouve pas dans les écrits postérieurs du même genre; néanmoins, encore aujourd'hui, il est précieux à plus d'un titre. Ce qui le distingue par-dessus tout, c'est sa vaste et consciencieuse érudition. Pour la biographie des philosophes en particulier, il est généralement plus complet qu'aucun autre. Il a, de plus, le très-grand mérite de l'indépendance et d'une entière impartialité. Outre l'ouvrage cité, on doit à Brucker : *Tentamen introductionis in historiam doctrinæ de ideis*; Iéna, 1719, in-4°; — *Historia philosophica doctrinæ de ideis*; Augsbourg, 1723, in-8°; — *Otium vindelicum, seu Meletematum historico-philosophicorum Triga*; ibid., 1729, in-8°; — *Institutiones historiæ philosophicæ*; Leipzig, 1747, 1756, in-8°, édition augmentée, donnée par Frédéric Born; ibid., 1790, in-8°; — *Diss. epist. de vita Hier. Wolfii*; ibid., 1739, in-4°; — *Pinacotheca scriptorum nostra ætate litteris illustrium*; Augsbourg, 1741-1755, in-fol.; — *Ehrentempel der deutschen Gelehrsamkeit, in welchen die Bildnisse gelehrter Männer unter den Deutschen aus dem 15 ten, 16 ten und 17 ten Jahrhunderte aufgestellt werden* (Monument élevé à l'honneur de l'érudition allemande, ou Vies des savants allemands des quinzième, seizième et dix-septième siècles); ibid., 1747, in-4°; — *Miscellanea historica philosophicæ litterariæ criticæ olim sparsim edita, nunc uno fasce collecta*; ibid., 1748, in-8°; — *Die heil. Schrift altes und neues Testamentes, nebst einer Erklärung aus den Anmerkungen engländischer Schriftsteller* (l'Ancien et le Nouveau Testament, avec une explication tirée des théologiens anglais); Leipzig, 1758-1770, in-fol.; — *Disputatio de comparatione philosophiæ gentilis cum Scriptura*; Iéna, 1720, in-4°; — *Kurze Fragen aus der philosophischen Historie vom Anfange der Welt bis auf die Geburt Christi* (Questions sur l'histoire de la philosophie depuis le commencement du monde jusqu'à la naissance de J.-C.); Ulm, 1731-1736, 7 vol. in-12.

Götte, Jetzt lebendes Europa. — Moser, Lexicon Jetzt lebender Theologen. — Hamberger, l'Allemagne savante (en allemand).

BRUCKER (*Philippe-Adam*), théologien protestant suisse, né à Kilchberg, près de Bâle, le 20 juin 1676; mort en mars 1751. Ses principaux ouvrages sont : *De quarto imperio a Daniele descripto*; Bâle, 1692, in-4°; — *Pensées sur la réunion des églises protestantes*; Heidelberg, 1723, in-4°.

Athenæ Rauricæ, append.

BRUCKMANN (*François-Ernest*), médecin et naturaliste allemand, né à Marienthal, près de Helmstædt, le 27 septembre 1697; mort à Wolfenbüttel le 21 mars 1753. Il pratiqua la médecine à Helmstædt et à Brunswick, parcourut en 1723 presque toute l'Allemagne, recueillant des plantes, des pierres et des échantillons de minéraux, dont il forma une riche collection, et revint exercer son art à Wolfenbüttel. Ses principaux ouvrages sont : *Specimen botanicum, exhibens fungos subterraneos, vulgo tubera terræ dictos*; Helmstædt, 1720, in-4°; — *Specimen physicum, exhibens historiam naturalem Oolithi*; ibid., 1721, in-4°; — *Diss. medica de avellana mexicana vulgo* CACAO *dicta*; ibid., 1721; Brunswick, 1728, in-4°; — *Relatio historico-physico-medica de cerevi-*

sia *Regio-Lothariensi vulgo' Duckstein dicta*; Helmstædt, 1722, in-4°; — *Catalogus exhibens appellationes et denominationes omnium potus generum quæ olim in usu fuerunt et adhuc sunt per totum terrarum orbem*; ibid., 1722, in-4°; — *Historia naturalis curiosa lapidis* τοῦ ἀσβέστου, *ejusque præparatorum, chartæ lini lintei et ellychniorum incombustibilium*; Brunswick et Leipzig, 1727, in-4°; — *Theses physicæ ex historia lapidis* τοῦ ἀσβέστου, *ejusque præparatorum adsumptæ*; ibid., 1727, in-4°; — *Bibliotheca numismatica*; Wolfenbüttel, 1729, in-8°; supplément 1 et 2, 1732-1741, 2 vol. in-8°; — *Bibliotheca animalis*; ibid., 1743, 1747, in-8°; — *Magnalia Dei in locis subterraneis*, Ire partie; Helmstædt, 1727-1730, 2 vol. in-fol.; supplément, Wolfenbüttel, 1734, in-fol.; — *Epistolæ itinerariæ centuria prima*; ibid., 1742, in-4°; — *Centuria secunda*; ibid., 1749; — *Centuria tertia*; ibid., 1750. On doit encore à cet auteur des traductions latines d'ouvrages italiens, et un grand nombre de dissertations insérées dans différents recueils. Selon la remarque de Brackman, les plantes transsudent par l'extrémité de leurs racines une matière comparable aux excréments des animaux, et nuisible aux autres végétaux.

Börner, *Ietzt lebende Aerzte*. — Götte, *Gelehrtes Europa*. — Brucker, *Ehrentempel der Deutschen Gelehrsamkeit*. — Meusel, *Dict. des écrivains allemands morts de 1530 à 1800* (en allem.).

BRUCKNER ou **BRUKNER** (*Isaac*), géomètre et mécanicien suisse, né à Bâle en 1686, mort dans la même ville en 1762. Il vint perfectionner ses connaissances à Paris, où il demeura plusieurs années; fut seize ans mécanicien de l'Académie de Saint-Pétersbourg, visita la Hollande et l'Angleterre, revint en 1750 à Paris, où il exécuta une machine pour déterminer les longitudes, et en 1752 à Bâle, où il donna des cours publics de géographie. Ses principaux ouvrages sont: *Bericht über den nützlichen Gebrauch und alles das, was anzumerken auf dem Globo terrestri, dessen Diameter einen halben Schuh haltet*; Bâle, 1722, in-16; — *Beschreibung einer Universal-sonnenuhr* (Description d'un cadran solaire universel); Pétersbourg, 1735, in-f°; — *Nouvel Atlas de marine*; Berlin, 1749, in-fol.; — *Table de longitudes et latitudes des principaux lieux* marqués sur le grand globe de cuivre doré construit en 1752; — *Carte générale du globe terrestre*; Bâle, 1755, in-fol.

Athenæ Rauricæ. — Ersch et Gruber, *Allgem. encycl*. — Quérard, *la France littéraire*.

BRUCKNER (*Daniel*), historien suisse, neveu du précédent, mort en 1785. Il fut l'un des rédacteurs de la *Statistique* du canton de Bâle (en allemand); continua la chronique bâloise de Wursteisen, de 1580 à 1620, Bâle, 1765-1779, 3 vol. in-fol., et laissa en manuscrit des travaux importants sur la ville de Bâle.

Athenæ Rauricæ

BRUCKNER (*Jérôme*), voyageur allemand, vivait dans la seconde moitié du dix-septième siècle. On trouve dans le *Nouveau Magasin géographique* de Fabri des extraits des relations qu'il publia sur ses voyages à Genève en 1668, et sur les voyages du prince H. Albert de Saxe-Gotha en Danemark et en Suède, en 1670.

Fabri, *Nouveau Magasin géographique*. — Jöcher, *Allgem. Gel.-Lex.*.

BRUDO (*Abraham*), commentateur juif, mort à Jérusalem en 1710. Il fut rabbin à Constantinople. On a de lui: *Bircad Avraam* (Bénédiction d'Abraham); Venise, 1696.

Wolf, *Biblioth. Hebr*. — Rossi, *Dizion. de' Ebrei*, etc.

BRUE (*André*), administrateur français, vivait dans la seconde moitié du dix-septième siècle. Il contribua puissamment à la prospérité du commerce français dans le Sénégal, où il fut envoyé en qualité de directeur et de commandant général pour la compagnie du Sénégal et d'Afrique. Les voyages qu'il fit dans toute l'étendue des possessions de la compagnie lui avaient permis d'acquérir des renseignements exacts sur leurs gouvernements et sur les peuples qui les habitent. C'est presque entièrement sur ses mémoires qu'a été composée la *Nouvelle relation de l'Afrique occidentale*, publiée en 1729 par le P. Labat, qui avait beaucoup voyagé dans le nouveau monde, mais n'avait jamais été en Afrique.

Par suite des changements fréquents qui avaient eu lieu dans l'administration, le commerce du Sénégal était dans un fort mauvais état, lorsque la compagnie d'Afrique, établie le 23 janvier 1696, y envoya André Brue avec de grands pouvoirs. Cet administrateur avait tout le talent nécessaire pour relever cet établissement. Il n'est personne qui ne connaisse l'importance de la colonie du Sénégal : quant à son ancienneté, si elle ne remonte pas aussi haut que le croit le P. Labat, qui mentionne une compagnie de Normands de Rouen et de Dieppe possédant, de temps immémorial, un comptoir dans la rivière de Sénégambie, nous avons du moins la série des gouverneurs qui furent chargés des affaires d'une compagnie de négociants de ces deux villes, depuis 1626 jusqu'en 1664. A cette époque, cette compagnie céda son commerce et vendit ses établissements à la compagnie des Indes occidentales. Celle-ci, par ses fautes, obligea le gouvernement à lui retirer son privilége, et elle fut remplacée successivement par trois autres compagnies. C'était par la dernière qu'André Brue avait été envoyé au Sénégal, avec mission de régir les établissements des deux rivières du Sénégal et de Gambie, qui étaient comprises dans la concession.

Le Sénégal fixa principalement l'attention du nouveau directeur, qui visita tous les comptoirs, mit un terme à de grands abus qui s'étaient glissés dans l'administration, traita avec tous les princes dont le territoire était traversé par le fleuve, et gagna leur amitié par ses prévenances, et leur respect par sa fermeté. Il essaya de pénétrer dans le lac Cayar, qui communique par un canal à la partie la plus septentrionale du cours du fleuve, et qui avoisine les forêts où l'on recueille la gomme arabique ; mais des bancs couverts de joncs impénétrables étaient un obstacle invincible à la navigation. Dans le but de se rapprocher des pays d'où l'on tire de l'or, il remonta le Sénégal, et atteignit deux fois le rocher Felou, près duquel se trouve un village où passent les caravanes qui viennent de Ten-Boktou (Tombouctou) avec de l'or et des esclaves. Il construisit un fort sur la rive sud du fleuve, à peu de distance de ce village, et à sept ou huit lieues du confluent de la rivière de Falemé, qui prend sa source près de la rivière de Gambie. Son but était de procurer ainsi à la France la plus grande partie des marchandises que les caravanes portaient aux Anglais établis sur cette dernière rivière. Il voulait surtout se rapprocher des mines du royaume de Bambouc, qu'il avait découvertes lui-même presque sur les bords de la rivière de Falemé ; c'est ce qui le porta à faire construire le fort Saint-Pierre sur cette rivière, et à concevoir de nouvelles entreprises que son rappel, motivé par le mauvais état des affaires de la compagnie, ne lui permit pas de réaliser.

Appelé de nouveau, en 1714, à la direction du Sénégal pour le compte de la nouvelle compagnie des Indes, Brue donna cette fois ses principaux soins au commerce de la rivière de Gambie ; et c'est à lui que l'on doit le rétablissement du comptoir d'Albreda, situé sur la rive droite, vis-à-vis de James-Fort. Il alla jusqu'à Cachéo, qui appartient aux Portugais, contractant partout sur son passage des alliances avec les princes indigènes ; et il plaça un nouveau comptoir à la pointe nord-est de l'île Bissao. Brue retourna ensuite en France, après avoir rendu notre commerce dans ces contrées plus florissant que jamais. En 1723, il revint en Afrique, avec la qualité de commissaire de la compagnie, sur une escadre qui, ayant échoué dans une entreprise sur l'île d'Arguin, s'empara de Portendic. — D'après le portrait qu'en a tracé le P. Labat, André Brue était plus qu'un administrateur distingué ; c'était un homme d'État, que la versatilité des différentes compagnies qu'il représenta à seule empêché de faire de plus grandes choses.

Le Bas, *Dict. encycl. de la France*. — Labat, *Nouvelle relation de l'Afrique occidentale*.

BRUÉ (*Étienne-Robert*), géographe français, né à Paris le 20 mars 1786, mort à Sceaux le 16 juillet 1832. Il fut un des géographes les plus distingués de l'Europe. Il avait fait partie de l'expédition célèbre du capitaine Baudin. A son retour à Paris, il appliqua à la confection des cartes l'ingénieux procédé du dessin sur le cuivre, procédé qui assure plus d'exactitude, et permet de donner aux contours plus de finesse et de netteté. Ce fut après le succès des premières cartes de ce genre qu'il conçut le plan d'un *Atlas universel*, destiné à reproduire sans cesse les progrès de la géographie par le remplacement successif des cartes, à mesure que de nouveaux documents viendraient en modifier le tracé. Cet atlas, qui a été publié aux frais de l'auteur en 1816, se compose aujourd'hui de soixante-cinq cartes, et forme un recueil vraiment classique pour l'enseignement de la géographie. On a également de lui un *Atlas classique* de trente-six cartes. Bruć venait de terminer sa belle carte des *États-Unis de l'Amérique du Nord* lorsque le délabrement de sa santé, naturellement délicate, le contraignit à interrompre ses travaux. Il s'occupait aussi à refaire, d'après de nouvelles découvertes, *les deux Amériques, le Mexique, les Antilles*, et d'autres cartes, qui ont été terminées depuis sa mort. Parmi les travaux qu'il projetait, il ne faut pas oublier une grande *carte d'Afrique*, enrichie de toutes les nouvelles découvertes. Son *Atlas universel* essuya, de la part du baron de Zach, des critiques sans fondement. Malte-Brun jugea aussi la *Carte de la dispersion des peuples jusqu'à Moïse* avec une très-grande sévérité, ainsi que le prouva la réponse de Bruć. Voici, au reste, comment s'exprime un juge compétent, M. Eyriès, sur l'*Atlas universel* de Bruć : « On remarque dans cet atlas une grande supériorité sur celui qui l'avait précédé, un emploi judicieux de matériaux bien choisis, un dessin pur et net, une manière très-heureuse d'indiquer les reliefs de terrain : s'il n'est pas exempt de fautes dans l'orthographe des noms, en revanche on ne peut qu'applaudir à sa sagacité. Un voyageur qui a récemment parcouru l'Amérique méridionale a jugé que la physionomie du terrain est rendue plus fidèlement dans l'atlas de Bruć que sur la carte de plus grande dimension, pour laquelle il s'était servi de documents qui lui avaient été fournis par divers observateurs. »

Le Bas, *Dictionn. encycl. de la France*. — Quérard *la France littér.* — Beuchot, *Journal de la Librairie*.

*BRUEGGEMANN (*Charles-Henri*), publiciste allemand, né à Hopsten le 29 août 1810. Il reçut sa première instruction à Meppen et à Münster, et se rendit de là à l'université de Bonn, où il s'appliqua aux études juridiques et administratives. Un penchant pour la discussion des questions politiques le porta à s'affilier à la *Burschenschaft* de 1830. Comme tel, et comme membre de l'Association de la presse, il se trouva aux fêtes de Hambach et de Wilhelmsbad, et à cette occasion il fut deux fois incarcéré, d'abord en mai, puis en juillet 1832. Une instruction ayant été commencée, il fut livré, en septembre 1832 à la Bavière, emprisonné jusqu'au 3 juin 1833 à Frankenthal, puis remis au gouvernement prussien, et enfermé jusqu'en mars 1834 d'abord à Münster, ensuite, jusqu'en octobre 1835, à Berlin. Au commencement de 1837, il fut, lui troisième, condamné au supplice de la roue ; mais la peine fut successivement commuée en détention perpétuelle dans une forteresse, en trente années de prison ; enfin il fut compris dans l'amnistie du mois d'août 1840. On a de lui : *Kritische Beleuchtung Doctor List's National-systems der politischen Œconomie* (Éclaircissement critique du système d'économie politique du docteur List); Berlin, 1842 ; — *Preussens Beruf in der Preussischen Staatsentwickelung* (Du rôle que doit jouer la Prusse dans le développement de l'État prussien); Berlin, 1843; — *Der Deutsche Zollverein und das Schutzsystem* (l'Union douanière allemande et le système protecteur); Berlin, 1845.

Conversations-Lexicon.

BRUEIS. *Voy.* BRUEYS.

BRUEL (*Joachim*), en latin *Brulius*, théologien flamand de l'ordre des Augustins, né à Vorst, dans le Brabant; mort le 29 juin 1653. Après avoir professé la philosophie et la théologie, il fut élu deux fois provincial de son ordre en Flandre. On a de lui : *Breves resolutiones casuum apud regulares reservatorum*; Cologne, 1640 ; — *les Confessions du bienheureux P. Alphonse d'Orasco, traduites de l'espagnol en français;* ibid., 1610, in-16 ; — *Vita B. Joannis Chisii;* Anvers, 1645, in-16 ; — *Historiæ Peruanæ ordinis Eremitarum S. P. Augustini libri octodecim;* ibid., 1651, in-fol. — *De Sequestratione religiosorum*, 1653 ; — *Rerum morumque in regno Chinensi maxime notabilium historia, ex ipsis Chinensium libris, et religiosorum, qui in illo primi fuerunt, litteris et relatione concinnata; item Patrum augustinianorum et franciscanorum in illud ingressus, per J.-G. de Mendoza;* ibid., 1655, in-4°.

Jöcher, *Allgem. Gelehrten-Lexicon.*

BRUEL (*Jean-Antoine*), instituteur français, vivait à la fin du dix-huitième siècle. Il s'établit à Dresde, où il publia entre autres : *Tableaux nouveaux et historiques*; 1781, in-8° ; — *Bibliothèque d'éducation et de langue française;* 1798-1800, 6 vol. in-8° ; — *Dictionnaire portatif des gallicismes et des germanismes;* 1800, in-8°, 2e édit., 1810, in-8° ; — *Panorama de la langue et de la littérature française;* 1820, in-8°.

Quérard, *la France littéraire.*

BRUEL (DU). *Voy.* DUBRUEL.

*****BRUELLOW** (*Charles*), peintre russe, né à Saint-Pétersbourg en 1800. Après avoir reçu sa première instruction à l'Académie de cette ville, il fit, en 1823, le voyage d'Italie aux frais d'une Société des amis des arts, et protégé par l'impératrice Élisabeth ; il y peignit d'excellentes copies de Raphaël, et acquit la célébrité par son tableau du *Dernier jour de Pompéi*, d'après le récit de Pline le Jeune. Cette œuvre remarquable, qui a une longueur de dix mètres, renferme vingt-trois figures principales de grandeur naturelle. A partir de ce moment, les honneurs ne manquèrent pas à Bruellow : il fut nommé peintre de la cour et membre de plusieurs académies. A son retour en Russie, il peignit, pour la cathédrale de Kasan, une *Ascension* et plusieurs *Saints.* Son tableau du *Siége de Pskow* témoigne que son talent est resté stationnaire. Il y a cependant de la vigueur dans le coloris de ses portraits, et ses tableaux de genre sont recherchés. Il a décoré aussi l'église nouvellement construite d'Isaac.

*****BRUELLOW** (*Alexandre*), architecte russe, frère du précédent, qu'il a accompagné en Italie, est venu aussi à Paris. Il a bâti l'église évangélique de Saint-Pierre, le théâtre de Michaïloff, l'Observatoire de l'Académie des sciences, et restauré avec Strassof le palais d'hiver.

Conversations-Lexicon.

BRUENING (*George-Florian-Henri*), médecin allemand, né en 1734 à Essen, en Westphalie. Il enseigna l'anatomie et la chirurgie à Utrecht, et revint en 1761 dans sa ville natale, où il exerça la médecine. On a de lui : *Constitutio epidemica Essendiensis, anni 1769-1770, sistens historiam febris scarlatino-miliaris anginosæ, cique adhibitam medelam; accessit observationum medicarum huc pertinentium decas;* Leipzig, 1771, in-8° ; — *Tractatus de ictero spasmodico infantum Essendiæ, anno 1772 epidemico; accessit historia icteri periodici lethalis;* ibid., 1773, in-8°.

Burmann, *Trajectum eruditum.*

BRUÈRE (*Charles-Antoine* LECLERC DE LA). *Voy.* LECLERC.

*****BRUEYS** (*Charles*), poëte provençal, né à Aix, florissait au commencement du dix-septième siècle. On manque de renseignements bien précis sur sa carrière ; mais on sait du moins qu'il est l'auteur d'un volume intéressant à plus d'un titre, et qui parut sous le titre de *Jardin deys musos provensalos, divisat in quatre partidos*; Aix, 1628, 2 vol. in-16 : cet ouvrage, divisé en quatre parties, contient cinq comédies ; il est devenu rare, et s'est payé au delà de 100 fr. dans des ventes publiques. Quelques-unes de ces pièces ont reparu dans un autre *Jardin deys musos*, publié par Ch. Jean ; Marseille, 1665. Un avocat distingué, M. Anselme Montreuil, en avait entrepris, il y a quelques années, une réimpression, exécutée avec beaucoup de soin et tirée à cent exemplaires seulement ; il n'en a paru, à ce que nous croyons, que le premier volume. Il y a de la gaieté, du mouvement, de l'originalité dans les comédies de Brueys ; les mœurs de la Provence au commencement du dix-septième siècle s'y montrent avec un laisser-aller remarquable. Bon nombre des plaisanteries qui se succèdent dans ces dialogues rapides et au milieu de ces folles intrigues sans art, choqueraient aujourd'hui les oreilles les moins scrupuleuses ; mais alors surtout le patois avait tous les priviléges du latin. G. BRUNET.

Bibliothèque du Théâtre français, 1768, t. II, p. 19-26.

BRUEYS (*David-Augustin* DE), théologien et écrivain dramatique, né à Aix en 1640, mort le 25 novembre 1723. Il se livra d'abord au barreau. Le zèle qu'il montra de bonne heure pour la défense de la religion protestante, à laquelle il appartenait, le fit choisir par le consistoire de Montpellier pour répondre à l'*Exposition de la Doctrine catholique de Bossuet*. Mais la lutte était trop inégale; Bossuet le réfuta si bien, qu'il le convertit. Devenu catholique, Brueys peu de temps après se fit prêtre, et combattit son ancienne religion avec autant de zèle qu'il l'avait défendue d'abord. Mais, malgré le nombre de ses écrits de controverse, qui ne forment pas moins de dix volumes, il serait oublié si, mêlant au sacré le profane, il n'avait pas fait jouer des comédies. Ce fut un ecclésiastique qui transporta sur notre scène l'*Eunuque* de Térence, en supprimant, il est vrai, les détails trop libres de cette pièce, et en substituant un muet au personnage qui lui donne son nom. Brueys n'imita personne dans *le Grondeur*, qui est le meilleur de ses ouvrages : mais il eut pour collaborateur Palaprat, qui fut en même temps son ami, et qui avait aussi pris part à la composition du *Muet*. Toutefois, ils ne s'entendirent pas toujours sur la part qui revenait à chacun dans les pièces qu'ils signaient tous deux : Palaprat souffrait un peu trop qu'on le louât sur des passages qui étaient de son ami. Brueys écrivait au sujet du *Grondeur* : « Le premier acte est entière- « ment de moi, et il est excellent; le second a « été gâté par quelques scènes de farce de Pa- « laprat, et il est médiocre; le troisième est en- « tièrement de lui, et il est détestable. » Brueys en parlant ainsi ne se vantait pas, et la Harpe a raison d'applaudir au comique que répand dans les deux premiers actes le personnage de *M. Grichard*, dont l'esprit grondeur est naturellement peint. Brueys écrivit, avec Palaprat, l'*Avocat patelin*, où, quoi qu'en dise Voltaire, l'ouvrage des *clercs de la Basoche* n'a pas été surpassé. Quelquefois même, en l'habillant d'un langage moderne et en le rapprochant de nos usages, Brueys l'affaiblit; et il y a des scènes où la supériorité appartient à ce vieux monument de la gaieté française. Parmi les autres comédies de Brueys, il n'y en a point à remarquer, si ce n'est celle du *Sot toujours sot*, à cause du singulier débat auquel elle donna lieu. La troupe des Italiens allait la représenter lorsqu'elle apprit que la même pièce, trouvée dans les papiers de Palaprat, mort à cette époque, se répétait aux Français. De là une contestation que termina le lieutenant civil, en décidant la pièce appartiendrait au théâtre où elle aurait le mieux réussi. Les Italiens l'emportèrent. Deux autres pièces appartiennent à la collaboration de Brueys et de Palaprat; ce sont : *le Concert ridicule*, et *le Secret révélé*; mais *l'Important* et *l'Opiniâtre* sont entièrement de Brueys. Outre les ouvrages cités, on a de l'abbé Brueys : *Examen des raisons qui ont donné lieu à la séparation des protestants*, etc.; Paris, 1682 et 1706, in-12; — *Traité de la sainte Messe*; ibid., 1683, in-12; — *Défense du culte extérieur de l'Église catholique*; ibid., 1686; — *Réponse aux plaintes des protestants contre les moyens qu'on a employés pour leur réunion, et contre le livre intitulé,* « *la Politique du clergé de France;* » 1686, in-8°; — *Traité de l'Eucharistie, en forme d'entretiens*; 1686; — *Traité de l'Église*; Paris, 1687, 1700; — *Histoire du Fanatisme*; 1692, 1709 et 1713, 4 vol. in-12; Utrecht (Paris), 1737, 3 vol. in-12; — *Traité de l'obéissance des chrétiens aux puissances temporelles*; ibid., 1709, 1735, in-12; — *Traité du légitime usage de la raison, principalement sur les objets de la foi*; Paris, 1717, in-16. — Les *Œuvres dramatiques* de Brueys ont été publiées à Paris, 1735, 3 vol. in-12, et avec les *Œuvres de Palaprat*; ibid., 1755, 5 vol. in-18.

De Launay, *Vie de Dav.-Aug. de Brueys*. — Quérard, *la France littéraire*. — *Répertoire du Théâtre-Français*. — Lelong, *Biblioth. hist. de la France*, édit. Fontette. — La Harpe, t. III, p. 649 (éd. Didot).

BRUEYS D'AIGALLIERS (*François-Paul*), amiral français, né à Uzès en 1753, mort le 24 août 1798. Issu d'une famille noble du Languedoc, il fut destiné à la marine dès l'âge de treize ans, et fit sa première campagne en 1766, comme volontaire, sur le vaisseau *le Protecteur*. Nommé garde de la marine en 1768, il fut employé dans l'escadre destinée à agir contre les Barbaresques. En 1780 il servit, comme lieutenant de vaisseau, dans l'armée du comte de Grasse, et il participa aux cinq combats que livra cette armée aux amiraux Hood et Graves.

Nommé au commandement de l'aviso *le Chien de chasse* en 1784, il employa quatre années à parcourir les îles de l'archipel américain, ainsi que la Côte-Ferme, depuis l'île de la Trinité jusqu'à Puerto-Cabello; fit de nombreux relèvements, leva les plans des places fortifiées, et recueillit des renseignements précieux sur la navigation et le commerce de ces parages. Devenu capitaine de vaisseau en 1792, il fut chargé de l'installation du nouveau pavillon national dans les Échelles du Levant et dans les ports de l'Adriatique. Promu au grade de contre-amiral en 1796, il alla établir une croisière dans la Méditerranée. Au mois de mai 1799, il venait d'être nommé vice-amiral, lorsqu'il fut chargé du commandement de la flotte destinée à transporter en Égypte l'armée sous les ordres du général Bonaparte. Cette flotte était composée de treize vaisseaux, quatre frégates, trois bricks et trois bombardes, qui escortaient un nombre considérable de bâtiments de transport, portant environ 21,000 hommes de troupes de débarquement. Elle appareilla de Toulon le 19 mai. Le 10 juin suivant, elle parut devant Malte; et, après avoir coopéré à la prise de cette île, elle se dirigea sur Alexandrie. Le 1er juillet, à la pointe du jour, on signala la côte d'Afrique, et à huit heures du matin la flotte mouilla vers le fort Marabou, à l'ouest d'Alexandrie. Le général en chef donna les ordres pour le débarquement des troupes, qui commença immédiatement ; et, quoique la mer fût très-houleuse, il se trouva complétement achevé dans la nuit. Nous croyons devoir entrer ici dans quelques détails sur le combat d'Aboukir.

Le 2 juillet, l'amiral Brueys appela à bord de *l'Orient* les officiers généraux et les capitaines des vaisseaux de la flotte; et s'adressant au contre-amiral Duchayla, qui montait *le Franklin*, il le consulta sur la meilleure position à donner à la flotte française, dans le cas où elle serait attaquée par les Anglais. Cet officier général lui démontra le danger de combattre à l'ancre, et son avis ayant été aussi celui du plus grand nombre des capitaines, l'amiral fit connaître que son intention était, au cas que l'ennemi parût, de mettre à la voile et d'aller à sa rencontre. La flotte appareilla le lendemain, et vint mouiller dans la baie d'Aboukir, à trois lieues environ nord-est d'Alexandrie. La ligne d'embossage fut établie nord-nord-ouest et sud-sud-est, qui est celle du vent régnant dans ces parages pendant une partie de l'été, et celle suivant laquelle les vaisseaux devaient naturellement présenter le travers au large. Le vaisseau de tête mouilla à plus d'une demi-lieue de la côte d'Aboukir, et à un quart de lieue d'un îlot qui prolongeait l'île du côté de la flotte. On y établit deux canons de douze et deux mortiers; deux bombardes y furent aussi placées. Ces dispositions étaient sagement combinées; mais on va voir qu'elles devinrent funestes à l'armée, par la sécurité qu'elles inspirèrent à l'amiral, et qui le porta à croire qu'il n'avait rien à craindre de l'ennemi dans ce mouillage.

L'armée anglaise, sous le commandement de Nelson, se présenta devant Alexandrie le 1er août, à deux heures du soir ; elle était composée de quatorze vaisseaux ; Nous avons dit que celle de l'amiral Brueys n'était que de treize, dont un seul à trois ponts. Lorsque la manœuvre de l'ennemi ne permit plus à Brueys de douter qu'il allait être attaqué le soir même, il signala à l'armée que son intention était de combattre à l'ancre. Les vaisseaux anglais, qui jusque-là avaient manœuvré sans ordre, se formèrent rapidement en ligne de bataille, tribord amures, et se dirigèrent sur le premier vaisseau de tête de la ligne française. *Le Culloden*, qui était le chef de file, échoua sur un haut-fond, et servit en quelque sorte de balise aux autres navires. Cinq vaisseaux avaient déjà doublé la tête de la flotte française, et étaient venus se placer entre la terre et elle, lorsque Nelson, qui montait *le Wanguard*, laissa arriver en dehors, et, suivi du reste de son escadre, mit ainsi l'avant-garde de l'armée entre deux feux. A six heures et demie, les deux escadres étaient engagées : l'acharnement devint égal de part et d'autre ; la nuit ne suspendit point le combat, et, malgré l'obscurité, il continua avec une ardeur extraordinaire, et d'autant plus remarquable de la part des Français, que leurs vaisseaux, attaqués des deux bords, furent bientôt, pour la plupart, mis hors de combat. *L'Orient*, le *Franklin*, le *Tonnant*, le *Spartiate*, le *Guerrier* et *le Conquérant* firent des prodiges de valeur, et opposèrent une résistance opiniâtre à leurs nombreux adversaires. Dans la première heure du combat l'amiral Brueys avait été blessé à la joue et à la main. Néanmoins il n'avait point quitté le gaillard, lorsqu'à huit heures il fut atteint d'un boulet qui le coupa presque en deux. On voulait le transporter au poste, pour lui donner les secours que réclamait sa blessure ; mais il s'y opposa, en disant « qu'un amiral français devait mourir sur son banc de quart. » Quelques moments, après il expira. Ainsi finit l'amiral Brueys, à l'âge de quarante-cinq ans. Son capitaine de pavillon, Casabianca, grièvement blessé, tomba non loin de lui. A neuf heures un quart, le feu éclata sur la dunette et dans la chambre de conseil de *l'Orient*. On avait été obligé d'abandonner la troisième batterie pour armer plus complétement les deux autres ; de cette manière les parties hautes du vaisseau demeurèrent presque désertes, et ce fut probablement la cause des progrès rapides et effrayants que fit l'incendie. Bientôt les flammes dévorèrent la mâture de *l'Orient*, et tout espoir d'arrêter l'incendie fut perdu. Néanmoins on continuait toujours de tirer sur les vaisseaux ennemis qu'on pouvait atteindre. Les marins n'abandonnaient un poste que lorsqu'ils en étaient chassés par les flammes ; c'est ainsi qu'ils quittèrent la batterie de vingt-quatre pour se porter dans celle de trente-six, et s'y battre encore. Ce ne fut que lorsqu'enfin le feu vint les y atteindre qu'ils se précipitèrent à la mer par les sabords. Les uns cherchèrent à gagner à la nage la terre, ou l'un des vaisseaux les plus proches; les autres s'accrochaient aux nombreux débris dont *l'Orient* était entouré. A dix heures trois quarts l'explosion eut lieu : une immense gerbe de feu, s'élançant avec un bruit terrible des flancs du vaisseau embrasé, éclaira tout l'horizon. A cette éblouissante clarté, à cette épouvantable détonation succédèrent une obscurité profonde et un silence plus effrayant encore. Ce silence n'était interrompu que par la chute des mâts, des canons et des débris de toute espèce, qui retombaient dans la mer avec fracas. Les vaisseaux qui environnaient *l'Orient* coururent les plus grands dangers ; des morceaux de fer rouge, des tronçons de bois et de cordages enflammés tombèrent à bord de quelques-uns, et y mirent le feu. Neuf vaisseaux pris, un vaisseau et une frégate brûlés par leurs équipages, une frégate coulée, tel fut le résultat d'un combat où la valeur française ne put opposer que d'inutiles efforts à l'audace et à l'intrépidité des Anglais.

Il ne nous appartient pas d'exprimer une opinion sur la conduite de l'amiral Brueys au combat d'Aboukir. On a dit qu'il avait commis deux fautes, qui ont amené la perte de son escadre : l'une est d'avoir attendu et combattu l'ennemi à l'ancre, sans être suffisamment protégé par des batteries; l'autre, de n'avoir pas fait appareiller l'arrière-garde pour venir au secours des vaisseaux enveloppés. Quoi qu'il en puisse être, Brueys a payé de sa vie sa trop grande confiance dans sa position ; mais nous dirons, pour être justes envers les marins français, qu'il n'est pas aussi facile de fixer la fortune sur mer que sur terre, où la bravoure, jointe aux talents, peut faire surmonter tous les obstacles. [M. F. HENNEQUIN, dans l'*Enc. des g. du m.*]

Arnault, Jay, etc., *Biographie nouvelle des Contemporains*. — Thiers, *Hist. de la Rév. franc.* — Lamartine, *le Civilisateur (Vie de Nelson).*

BRUGANZA (*Gaëtan*), théologien et humaniste italien, né à Mantoue en 1732, mort vers 1800. Il professa la rhétorique et les humanités dans plusieurs collèges, et la philosophie à Pérouse. Membre de la société de Jésus, il se retira dans sa ville natale lors de la suppression de l'ordre, et il ne s'occupa plus que de travaux littéraires et de ses fonctions sacerdotales. On a de lui : *de Modo conscribendo inscriptiones;* Mantoue, 1779, in-8°; — *la Poesia in aiuto alla prosa;* ibid., 1781, in-8°; — *Carmina;* Florence, 1786, in-8°; — *Eloquenza ridotta alla pratica;* Mantoue, 1800, in-8°.

Tipaldo, *Biografia degli Italiani illustri*, etc.

BRUGÈLES (D. *Louis-Clément*), chroniqueur français, vivait vers la seconde moitié du dix-huitième siècle, et laissa : *les Chroniques ecclésiastiques du diocèse d'Auch, suivies de celles du même diocèse;* Toulouse, 1746, in-4°.

BRUGES (*Jean* DE). *Voy.* EYCK (Jean VAN).

BRUGES (*Louis* DE), seigneur de la Gruthuyse. *Voy.* GRUTHUYSE (DE LA).

BRUGES (*Henri-Alphonse*, vicomte DE), marin français, né dans le comtat Venaissin en 1764, mort le 4 novembre 1820. Il entra dans la marine à seize ans, fit les campagnes de 1780 à 1782, et mérita le grade de lieutenant de vaisseau. Lors de la révolution, à laquelle il était fort opposé, il émigra, et se distingua dans l'armée de Condé. Cette armée ayant été licenciée, il servit, et devint colonel aux Antilles dans les troupes anglaises dirigées contre Toussaint Louverture. Il revint en Angleterre avec la flotte anglaise. Au retour de Louis XVIII, il fut adjoint à l'inspecteur général d'infanterie de la huitième division militaire, et nommé maréchal de camp. Lorsque Napoléon revint de l'île d'Elbe, il fut chargé par Masséna et le général Ernouf de faire connaître au roi l'état du midi de la France. Il remit cet état au comte d'Artois, qu'il rencontra à Lyon; puis il suivit le duc d'Angoulême en Espagne. Après Waterloo, il vint à Marseille, prit le commandement de la huitième division militaire, et fut ensuite chargé de négocier auprès des puissances alliées au sujet de l'obligation contractée pour les prisonniers de guerre. Opposé aux idées libérales au moment où elles reprenaient faveur, il fut mis à la réforme, avec une pension de 4,000 fr.

Galerie historique des Contemporains. — Moniteur universel.

BRUGGEN (*Jean Van der*), graveur flamand, né à Bruxelles en 1649. On ignore l'époque où il mourut. Après avoir reçu sa première instruction d'artiste dans sa ville natale, il parcourut la Flandre, travailla avec plusieurs maîtres, et vint faire le commerce d'estampes à Paris. Ses œuvres, empreintes de beaucoup de facilité, se reconnaissent, quand elles ne sont pas signées en toutes lettres, aux initiales I. V. B., ou à un monogramme. Les plus remarquables sont *les Portraits de Louis XIV* (1681), *de Vandyck*, et de *l'artiste* lui-même; — *le Peseur d'or*, d'après Rembrandt ; — *Une Vieille occupée à peser de l'or; — Un Homme se retranchant derrière une table contre une femme en colère ; — Un Homme assis et endormi; — Cupidon et Psyché endormis; — Un Vieux paysan et une jeune fille jouant de la flûte dans une auberg*, d'après Teniers; — *Un Cabaret où se trouve une jeune fille la pipe à la bouche; — Un Homme assis sur un tronc d'arbre et allumant sa pipe*, d'après Brouwer; — *le Portrait de la Faye*, d'après Largillière.

Nagler, *Neues Allgemeines Künstler-Lexicon.*

* **BRUGHI** (*Giovanni-Battista*), peintre, né à Rome en 1678, mort en 1744. Il fut élève du Baciccio, qu'il aida dans ses travaux, et a laissé à Rome plusieurs tableaux qui ne s'élèvent pas au-dessus de la médiocrité. Il sentit lui-même son infériorité; car il quitta la peinture pour s'adonner à la mosaïque, art dans lequel il le mieux réussi.   E. B—N.

Lanzi, *Storia pittorica.* — Ticozzi, *Dizionario.* — Pistolesi, *Descrizione di Roma.*

BRUGHIUS. *Voy.* BRUXIUS.

BRUGIANTINO. *Voy.* BRUSANTINI.

BRUGIANTINO (*Vincent*). *Voy.* BRUSANTI.

BRUGIÈRE (*Claude-Ignace*), sieur de Barante. *Voy.* BARANTE.

BRUGIÈRE (*Pierre*), théologien et publiciste français, né à Thiers le 3 octobre 1740, mort en 1803. D'abord de la collégiale de cette ville, il prêcha à Clermont, à Riom, à Brioude et à Paris, où il vint en 1768, et resta pendant douze ans dans la communauté de Saint-Roch. En 1777, il publia, sous le voile de l'anonyme, une *Instruction catholique sur la dévotion au Sacré Cœur*, in-8°. En 1789 il écrivit ses *Doléances des Églises, soutaniers ou prêtres des paroisses de Paris*, in-8° : le jansénisme qu'il y professait le fit nommer curé constitutionnel de Saint-Paul. M. de Juigné, archevêque de Paris, ayant protesté contre l'organisation du clergé, Brugière répondit par le *Discours patriotique au sujet des brefs du pape*. On voit que jusqu'alors il était bien dans les idées de l'époque; mais l'institution canonique donnée par Gobel à Aubert, prêtre marié, changea, à ce qu'il paraît, ses sentiments. Il protesta avec trois autres curés constitutionnels, et fut, pour ce fait, enfermé aux Madelonnettes, traduit devant le tribunal révolutionnaire et acquitté. Remis deux fois en prison, parce qu'il continuait à exercer son ministère, il n'en adressa pas moins les instructions à ses paroissiens. Il assista au concile de 1797 et à celui de 1801. On a de lui, outre les écrits déjà cités : *le Nouveau disciple de Luther, ou le Prêtre *** convaincu par les lois d'être concubinaire publiquement scandaleux*; Paris, 1791, in-8°; — *Appel au peuple, concernant l'admission de la langue française dans l'administration des sacrements*; — *Instruction sur le mariage, sur la soumission aux puissances*, etc.; 1797, in-8°; — *Avis aux fidèles sur la rétractation du serment politique fait par le clergé et le curé de* (Saint-Germain-l'Auxerrois),*et leur rentrée dans le sein de l'Église*; 1800, in-8°; — *Instructions choisies*; 1804, 2 vol. in-8° (œuvre posth. publiée par Degola).

Feller, *Dictionnaire historique*.

* **BRUGIERI** (*Giovanni-Domenico*),peintre,né dans l'État romain en 1678, mort en 1744. Lanzi, d'après l'*Abbecedario fiorentino*, lui donne sans preuve Lucques pour patrie, peut-être parce qu'il a peint dans cette ville le chœur de *Santa-Trinità*. Élève du Baldi et du Maratta, Brugieri eut cependant un style plus en rapport avec celui du Cortone qu'avec celui de ses maîtres.

E. B—N.

Lanzi, *Storia pittorica*. — Mazzarosa, *Guida di Lucca*.

BRUGMAN ou **BRUGMANS** (*Jean*), prédicateur flamand, mort en 1473. Il était de l'ordre des Franciscains du diocèse de Cologne, et se fit une telle réputation d'éloquence, que, pour donner l'idée d'un grand orateur, on disait : *Parler comme Brugman*. Il exerçait, à ce qu'il paraît, un grand empire sur la multitude. M. de Reiffenberg, dans la *Biographie universelle*, cite de lui ce trait curieux, qu'on le vit un jour tirer en chaire un billet de sa manche, et s'adresser ces questions : « Brugman, vas-tu armé de longs
« couteaux pour défendre les lieux de prostitu-
« tion? Non, certes. Cours-tu après les charges
« et les bénéfices? Non, certes; plutôt que d'être
« simoniaque, tu préfères d'aller simplement avec
« un pauvre froc rapiécé. Donnes-tu l'absolu-
« tion pour de l'argent? Non, certes; tu confesses
« tout le monde gratuitement pour plaire à Dieu,
« et tu ne dépouilles pas les brebis de leur laine.
« Quand il y aura des pestiférés, les abandon-
« neras-tu comme font quelques-uns? Non,certes;
« pauvres ou riches, tu colleras ta bouche sur la
« leur, tu les assisteras jusqu'à leur dernier sou-
« pir. » Cette manière, qui rappelle Barletta et Bridaine, était faite pour remuer les masses, et Brugman y réussissait : sa parole contribua à calmer les troubles que suscitaient les Hoecks et les Kabillauws. Il enseigna la théologie au couvent de Saint-Omer; il fut depuis provincial, et mourut à Nimègue. On a de lui : *Vita S. Lidvinæ, virginis*; Schiedam, 1498, in-4°. C'était la troisième traduction de cette vie qu'en avait faite Brugman, ainsi qu'il le dit lui-même : « *Et hæc est translatio tertia.* » On la trouve encore dans les *Acta Sanctorum*, avril.

Foppens, *Bibliotheca belgica*. — Sweert, *Athenæ Belgicæ*. — Paquot, *Mémoires pour servir à l'Histoire littéraire des Pays-Bas*. — André, *Bibliotheca Belgica*.

BRUGMANS (*Sébald-Justin*), naturaliste hollandais, né à Franeker en 1763, mort à Leyde le 22 juillet 1819. Il fit ses études à Groningue, où son père professait les sciences exactes, et alla à Leyde terminer son éducation. Ses progrès furent si rapides, qu'il fut reçu à dix-huit ans docteur en philosophie. En 1781, Brugmans publia une *Description lithologique des environs de Groningue*, disposée d'après le système de Wallerius. La même année, il composa un mémoire sur la question proposée par l'Académie de Dijon, concernant la *destruction des plantes inutiles ou vénéneuses qui infectent les prairies*, et remporta le prix. En 1782, Brugmans remporta un nouveau prix accordé par l'Académie de Bordeaux sur cette proposition : *Des indices sensibles déterminant le temps où les arbres cessent de croître*. En 1784, l'Académie de Berlin le couronna de nouveau pour un mémoire sur l'*ivraie*. Il remplaça, peu après, Van Swinden à l'université de Franeker. Nommé en 1786 professeur de botanique à Leyde, il publia un discours *sur l'utilité d'une étude exacte des plantes indigènes*. L'étendue de ses connaissances fit adjoindre la chaire d'histoire naturelle à celle qu'il possédait déjà, et bientôt celle de chimie lui fut encore dévolue. Réunissant des fonctions administratives à ses occupations scientifiques, il organisa le service de santé des armées hollandaises, et présida à la rédaction de la pharmacopée batave publiée en 1805. En 1815, le roi Guillaume le nomma inspecteur général du service de santé de terre et de mer, et lui confia la mission délicate de réclamer à la France les objets d'histoire naturelle enlevés à la Hollande. Outre les écrits cités, on a de Brugmans : *Éloge de Boerhaave*; — *Mémoire sur le sol de la Frise*; — *Dissertation sur un météore observé en 1783*.

Bory de Saint-Vincent, dans les *Annales générales des sciences physiques*, t. II.

BRUGNATELLI (*Louis-Gaspard*), médecin, physicien et chimiste italien, né à Pavie en 1761, mort le 24 août 1818. Il préféra la médecine au commerce, et s'appliqua surtout à la chimie. Devenu docteur en médecine en 1784, il fut nommé répétiteur de chimie au collège Ghislieri ; et, après avoir suppléé, à l'université de Pavie, Scopoli et

19.

Brusati, il devint professeur titulaire en 1796. Il fit de nombreux et incessants efforts pour répandre le goût des études chimiques en Italie. Il créa plusieurs journaux scientifiques, et introduisit un vocabulaire à son usage. Dans ce vocabulaire il désigne, par exemple, le calorique par l'expression de *thermique*, et divise les gaz en deux catégories, fondées sur ce que, selon lui, il s'y trouve toujours du calorique (*thermoxygène*) ou de l'acide. A cette dernière catégorie appartient l'oxycarbonique, l'oxymuriatique, l'oxysulfurique, etc. On a de Brugnatelli : *Bibliothèque physique de l'Europe*; 1788-1791, 2 vol. in-4°; — *Journal physico-médical*, 1792-1796, 20 vol. in-4°, continué depuis sous le titre de *Avanzamenti delle scienze*, etc.; — *Annales de chimie*, 1790-1805; 22 vol.; — Mémoires de médecine (*Commentari medici*), un volume; — *Journal de physique, de chimie et d'histoire naturelle*, ou *Journal de Pavie*; 1808-1818, 11 vol. in-4°: parmi ses articles on remarque : les *Observations sur le galvanisme* (1800); — *Pharmacopée générale à l'usage des pharmaciens et médecins modernes*, ou *Dictionnaire des préparations pharmaceutiques médicales, simples et composées, suivant les nouvelles théories chimiques*; Paris, 1811, 2 vol in-8°; trad. par L.-A. Planche; — *Lithologie humaine, ou Recherches chimiques et médicales sur les substances pierreuses qui se forment dans diverses parties du corps humain, particulièrement dans la vessie*; Paris, 1819, 1 vol. in-fol. L'auteur se montre opposé aux dissolvants acides ou alcalins par voie d'injection; il conseille, lorsque la pierre est encore à l'état de désagrégation, de prendre en boisson une dissolution de chaux dans un excès d'acide carbonique.

Tipaldo, *Biografia degli Ital. illustri*. — *Galerie historique des Contemporains*. — Quérard; *la France littéraire*.

BRUGNIÈBE (*Jean-Pierre*), général français, né à Samnien le 22 juin 1772, mort le 22 mars 1813. D'abord simple soldat, il monta rapidement de grade en grade jusqu'à celui de chef d'escadron, qu'il mérita à Marengo. A Iéna, où il était colonel, il se distingua de manière à être élevé au grade de général de brigade. La campagne d'Autriche, en 1809, lui valut sa nomination de général de division. Il se fit encore remarquer en 1812 à Smolensk, à la Moscowa, et s'illustra en 1813. Un boulet l'atteignit mortellement le 22 mars au combat de Würtchen, sous les yeux de Napoléon.

Victoires et conquêtes des Français. — *Moniteur universel*.

*****BRUGNOLI** (*Bernardo*), architecte, neveu de Sammicheli, vivait dans la première moitié du seizième siècle; c'est à lui qu'on doit le magnifique maître-autel de *S.-Giorgio-Maggiore* de Venise. E. B—N.

Valéry, *Voyage en Italie*.

BRUGNONE (*Jean*), vétérinaire italien, né à Ricaldone, près d'Acqui, le 27 août 1741; mort le 3 mars 1818. Devenu chirurgien à Turin, il s'appliqua particulièrement à la médecine vétérinaire, et vint, par ordre du roi de Sardaigne, compléter ses connaissances à l'école de Bourgelat, à Lyon. Revenu dans son pays, il y fut chargé de la direction de l'école vétérinaire, récemment fondée. En 1780, il fut nommé professeur à l'université, et en 1791 directeur des haras. On a de lui : *la Mascalcia ossia la medicina veterinaria, ridotta a' suoi principii*; Turin, 1774, in-8°; — *Trattato delle razze dei cavalli*; Turin, 1781; — *Descrizione e cura preservativa dell' epizootia delle galline, serpeggiante in questa città e nei suoi contorni*; Turin, 1790, in-8°; — *Descrizione e cura del morbo contagioso serpeggiante sulle bestie bovine*; Turin, 1795, in-8°; — *Ippoiatria ad uso degli studenti della scuola veterinaria*; Turin, 1802, in-8°; — *Bometria ad uso degli studenti della scuola veterinaria*; Turin, 1802; — une édition des *Œuvres de Bertrandi*; 17861802, 14 v. in-8° (en collaboration avec Penchienati).

Quérard, *la France littéraire*.

BRUGNONE (*Jean-Baptiste-Charles*), poëte français, né à Painblanc le 17 octobre 1798, mort le 11 septembre 1831. Instruit d'abord dans son village, il étudia ensuite à Beaune, et y suivit des cours de chirurgie, qu'il abandonna en 1815. Il eut à lutter alors contre les difficultés qui naissaient pour lui des charges de famille auxquelles il ne pouvait subvenir qu'à l'aide d'un modeste revenu et de quelques leçons données à des enfants. Cependant il obtint un emploi dans l'université en 1821. Professeur d'humanités à Troyes en 1828, il abandonna ses fonctions par suite d'une maladie, et fonda le journal *le Provincial*, qui dura peu. Une chaire de littérature à Besançon, qu'il obtint en 1829, fut supprimée avant qu'il en eût pris possession. Il se fit imprimeur à Dijon en 1830, y fonda le journal *le Spectateur*, et succomba aux fatigues de sa position nouvelle. On a de lui : *Adieux de lord Byron à la Grèce*; Paris, 1824; — une traduction de l'*Éloge de la folie*, du latin d'Érasme (sous le pseudonyme de C.-B. Panalbe); — des *poésies*, publiées après sa mort par M. Foisset.

Foisset, *Notice biographique sur Brugnot*, en tête de ses poésies. — Quérard, *la France littéraire*, et supplément au même ouvrage.

BRUGUIER (*Jean*), théologien protestant français, natif de Nîmes, mort à Genève en 1684. Ses principaux ouvrages sont : *Discours sur le chant des Psaumes*; 1663, in-12 : l'auteur y prouve l'innocuité du chant des psaumes dans les lieux où le culte protestant était autorisé; le livre fut condamné par arrêt du conseil, et l'auteur suspendu de ses fonctions, puis exilé; — *Réponse sommaire au livre de M. Arnauld, intitulé* Renversement de la morale de Jésus-Christ par les calvinistes; Quevilly, 1673 in-12; — *Idea totius philosophiæ in qua*, etc.; 1676, in-8°.

Nicolas, *Biogr. du Gard*.

BRUGUIÈRE (*Antoine-André*), littérateur français, né à Marseille en juillet 1773, mort à Paris le 7 octobre 1823. Il débuta par le commerce, voyagea dans les Antilles et à Cayenne. A son retour d'Amérique, il fut attaché à l'administration de l'armée d'Italie, et suivit à l'armée du Rhin le général Dessoles, avec lequel il se lia. Après la paix d'Amiens, il se consacra aux travaux littéraires, et obtint en 1807 une mention au concours de poésie ouvert par l'Institut. Devenu secrétaire général du ministère de la guerre en Westphalie, puis secrétaire du cabinet, il continua de cultiver les lettres. On a de lui : *Sacuntala, ou l'Anneau fatal*, drame traduit du sanscrit en anglais, par W. Jones, et de l'anglais en français; 1803, in-8°; — *le Voyageur*, discours en vers; 1807, in-8°;— *Lao-sang-ceul*, comédie chinoise, conte chinois, traduit de l'anglais de Davis; 1819, in-8°; — *Œuvres poétiques de Robert Southey*, trad. de l'anglais; 1820, 3 vol. in-12 ; — *Traduction en vers blancs des Chefs-d'œuvre de Shakspeare*, avec des *poésies diverses*; 1826, 2 vol. (publication posthume), revue par M. de Chênedollé ; — *le Clair de la lune de l'intelligence*; drame allégorique resté manuscrit.

Rabbe, Boisjolin, etc., *Biogr. nouv. des Contempor.* — *Revue encyclop.*, novemb. 1823. — *Journal asiatique*, t. III, p. 252.

BRUGUIÈRE DU GARD (*J.-T.*), publiciste français, né à Sommières, près de Nîmes, en 1765; mort à Paris en 1834. Protégé par l'archevêque de Toulouse Loménie, il étudia à Brienne, se fit prêtre, et fut vicaire de Saint-Julien-du-Saut, près de Sens, jusqu'en 1792, époque à laquelle il devint secrétaire de son bienfaiteur, auquel il procura l'opium que Loménie prit pour ne pas monter sur l'échafaud. Il vint à Paris pendant la terreur, s'y maria, et puisa des ressources dans les travaux littéraires. Il concourut d'abord à la rédaction du *Journal des Arts*, devint administrateur de l'Académie de législation, et, plus tard, se montra partisan zélé de Napoléon. Ses principaux écrits sont : *Martial*, roman pastoral; Paris, 1790, 3 vol. in-18; — *Nécessité de la paix et moyens de la rendre durable*, ou *Dissertations politiques sur les négociations ouvertes par le premier consul et repoussées par l'Angleterre*; 1800, in-8°; — *Ode à la valeur des armées françaises*; 1801, in-4°; — *Discussion politique sur l'usure et le prêt sur gage*; 1802, in-8°; — *Napoléon en Prusse*, poëme épique en 12 chants et en vers; 1809, in-8°; — *Jurisprudence de l'Académie de Législation*, précédée d'un discours sur la législation en général; 1809, 2 vol. in-4°; — *le Roi et le Peuple*; 1814, in-8°.

Rabbe, etc., *Biographie portative des Contemporains*. — Nicolas, *Biograph. du Gard*.

BRUGUIÈRES (*Jean-Guillaume*), médecin naturaliste et voyageur français, né à Montpellier en 1750, mort le 1er octobre 1799. Il montra dès son jeune âge un goût prononcé pour les sciences naturelles. En 1773 il fit partie, avec le capitaine Kerguelen, de l'expédition envoyée à la découverte dans les mers du Sud, et fit alors des observations intéressantes. C'est ainsi qu'il remarqua un reptile singulier qu'il appela *langaha*. Quelques-unes de ces observations ont été insérées dans le *Journal de Physique*. A son retour à Montpellier, il concourut à la découverte d'une mine de charbon; puis il s'adonna à l'étude des mollusques testacés, et, profitant de ses connaissances, il fit à Paris, pour l'*Encyclopédie méthodique*, l'*Histoire naturelle des vers* (2 vol. publiés en 1791 et en 1792), ouvrage qu'il a écrit avec beaucoup de clarté et de méthode, et en ajoutant des espèces nouvelles jusqu'à la lettre C. En 1792, il entreprit avec Olivier, sur l'invitation de Roland, ministre de l'intérieur, un voyage en Perse. Après avoir visité Constantinople, l'Archipel, l'Égypte et la Syrie, il parcourut la partie ouest de la Perse, séjourna à Téhéran, et revint par l'Asie Mineure, la Grèce et les îles Ioniennes. Il mourut à Ancône. En passant par l'île Santorin, il avait découvert et fait connaître au gouvernement turc une carrière de pouzzolane. M. Dupetit-Thouars lui dédia, sous le nom de *Bruguiera*, un genre de plantes de la famille des onagraires.

Rabbe, Boisjolin, etc., *Biographie nouvelle des Contemporains*. — Quérard, *la France littéraire*.

BRUHESIUS ou **VAN BRUHESEN** (*Pierre*), médecin flamand, né à Rythoven, en Brabant; mort vers 1571. Il étudia la médecine, s'y fit une grande réputation, devint médecin d'Éléonore d'Autriche, sœur de Charles-Quint, et se retira à Bruges, où il fut médecin-pensionnaire. On a de lui *le Grand et perpétuel Almanach*; Bruges, 1550; ouvrage où, selon les principes de l'astrologie judiciaire, il va jusqu'à préciser les moments convenables pour la purgation, les bains, la saignée. Il indique même les jours où il convient de ne pas se faire raser. Le magistrat de Bruges se montra si édifié sur ce dernier chapitre, qu'il fit défense aux barbiers de rien entreprendre sur le menton de ses concitoyens pendant les jours que le nouvel astrologue avait déclarés contraires à cette opération. Les autres ouvrages de Bruhesius sont : *de Thermarum Aquisgranensium viribus, causa ac legitimo usu, Epistolæ duo scriptæ anno 1550, in quibus etiam acidarum Aquarum, ultra Leodium existentium facultas et sumendi ratio explicatur*; Anvers, 1550, in-12; — *de Ratione medendi morbi articularis Epistolæ duo*; Francfort, 1592, in-8°, et dans les *Consilia Variorum de Arthride* de Garet; — *de Usu et ratione cauteriorum*; ibid.

Éloy, *Dictionnaire de la Médecine*.

BRUHIER D'ABLAINCOURT (*Jean-Jacques*), médecin français, natif de Beauvais, mort à Paris le 24 octobre 1756. Il fut reçu docteur en médecine à Angers, où il devint censeur royal et membre de l'Académie. Il séjourna cependant à Paris. On a de lui : *Observations sur le Manuel des Accouchements*, traduit du latin de Deventer ; Paris, 1733, in-4° ; — *la Médecine raisonnée*, traduite du latin d'Hoffmann ; Paris, 1739, 9 vol. in-12 ; — *la Politique du médecin*, traduit de l'allemand du même ; Paris, 1741 et 1751, in-12 ; — *Traité des Fièvres*, traduit du même ; Paris, 1746, 3 vol. in-12 ; — *Observations sur la Cure de la Goutte et du Rhumatisme*, traduit du même ; Paris, 1751, in-12 ; — *Traité des Aliments*, par Lemery, troisième édition ; Paris, 1755 ; — *Dissertation sur l'incertitude des signes de la mort et l'abus des enterrements et embaumements précipités* ; 1re partie, Paris, 1742 ; 2e partie, Paris, 1745 : son opinion sur ce sujet, émise à l'occasion d'une thèse proposée en 1740 par Winslow, trouva un ardent contradicteur dans le docteur Louis ; — *Mémoire sur la nécessité d'un règlement au sujet des enterrements* ; Paris, 1745, et avec un supplément, 1746. Ses travaux sur cette question lui valurent, de la part de la Soumière, une épître dont nous citerons le commencement et la fin :

> Bruhier, ton immortel ouvrage
> Ouvre les yeux à bien des gens
> Sur l'abus, le cruel usage
> D'enterrer les morts tout vivants.
> . . . .
> Collatéraux auront beau faire ;
> Ils attendront assurément
> Quatre jours impatiemment :
> Ce n'est pas trop en telle affaire ;
> Car je t'avouerai sans mystère,
> Bruhier, qu'il me déplairait fort,
> Bien à l'étroit dans une bière,
> De me voir vif après ma mort.

La thèse de Bruhier a été reprise de nos jours, et a occupé plusieurs esprits sérieux.

Éloi, *Dictionnaire de la Médecine*.

BRÜHL (*Henri*, comte DE), homme d'État allemand, né en 1700 dans la Thuringe, mort le 28 octobre 1764. Il fut reçu, en qualité de page, à la cour d'Élisabeth, veuve du duc Jean-George de Saxe-Weissenfels, où ses manières franches et l'aménité de son caractère lui firent gagner la bienveillance de la princesse, et bientôt après celle d'Auguste II. Le roi de Pologne le nomma dans la suite chambellan, et se fit accompagner par lui dans tous ses voyages. Brühl avait déjà obtenu plusieurs emplois quand son protecteur mourut (1733). Le hasard voulut que la couronne de Pologne et les trésors du royaume fussent confiés à la garde du jeune chambellan. Sans perdre de temps, Brühl partit pour Dresde, les remit au nouvel électeur, Auguste III, et il se montra très-actif à lui assurer le trône. Depuis ce temps, Brühl jouit d'une faveur constante, dont il sut merveilleusement tirer parti. Il gouverna son maître avec art et talent, éloignant tous ceux qui auraient pu être tentés de marcher à la faveur par les mêmes voies. Le 12 mars 1733, il fut nommé président de la chambre royale et ministre de l'intérieur, et en 1742 il devint général de l'infanterie. Auguste III ayant accordé ses bonnes grâces au comte Sulkowski, Brühl, qui ne se sentit pas encore assez puissant pour le repousser, devint l'ami de son rival, et partagea le ministère avec lui ; mais lorsqu'il eut épousé la comtesse Kollowrath, qui était en grande faveur auprès de la reine, il fit, par l'entremise de cette dernière, éloigner son rival. Vers la fin de 1748, il fut nommé premier ministre. Il dominait entièrement le roi ; personne ne s'approchait du monarque sans son autorisation, et sans elle pas un laquais ne pouvait entrer au service d'Auguste. Quand le roi se rendait à la chapelle, le chemin qui y conduit était d'abord débarrassé de spectateurs. Le roi aimait le luxe, et le comte lui fournit les moyens de s'y livrer ; lui-même avait deux cents domestiques, et payait sa garde d'honneur plus magnifiquement que le roi ne payait la sienne. Sa table, sa garde-robe, ses meubles, tout était chez lui d'une extrême richesse. Jamais un prince ne fut plus servilement servi qu'Auguste III : Brühl se trouva des jours entiers dans la suite du roi sans parler ; et celui-ci, occupé à fumer, jetait les yeux sur lui sans le regarder. « Brühl, ai-je de l'argent? » était sa question ordinaire, à laquelle Brühl n'avait d'autre réponse que celle-ci : *Oui, sire*. Mais pour répondre ainsi il épuisa le trésor, surchargea le pays d'impôts, et réduisit même l'armée à ce point que, lorsque la guerre de sept ans éclata, la Saxe n'eut que dix-sept mille hommes à mettre sous les armes. Cette armée ayant été obligée de se rendre près de Pirna, par défaut de vivres, Brühl s'enfuit avec le roi en Pologne. On avait sauvé les tableaux et la porcelaine, mais abandonné au vainqueur les archives de l'État. Aussi vain qu'avide de domination, Brühl s'était fait passer pour un descendant du comte Brühl, vayvode de Poznanie. L'impératrice Élisabeth lui avait donné la croix de Saint-André, et Charles VI l'avait élevé à la dignité de comte de l'Empire. Après la mort de la reine, devenue sa plus mortelle ennemie, le roi lui en donna tout l'apanage pour le dédommager de ses pertes en Saxe. Auguste mourut à Dresde le 5 octobre 1764, et le 28 Brühl le suivit dans la tombe. Les biens de Brühl, confisqués par le prince Xavier de Saxe, furent plus tard rendus à ses descendants. Ces biens, dus à la munificence d'Auguste, ont souvent servi à l'encouragement des sciences et des arts. La bibliothèque de Brühl, vendue 60,000 écus, fait maintenant partie de la bibliothèque publique de Dresde, dont elle constitue une partie importante, précieuse par sa valeur intrinsèque et par l'élégance des reliures. La belle terrasse qui longe à Dresde une partie des bords de l'Elbe porte le nom du favori d'Auguste III. [*Enc. des g. du m.*]

Vie du comte de Brühl, par Justi, 3 vol. in-8°, 1760-1764.

BRÜHL (*Frédéric-Aloysius*, comte DE), fils aîné du précédent, naquit à Dresde le 31 juillet 1739, et mourut le 30 janvier 1793. Il fut élevé par sa mère, femme qui avait de grandes qualités, avec autant de soin et de prudence que de sévérité. Il étudia à Leipzig, puis à Leyde, et fut promu, à l'âge de dix-neuf ans, au grade de grand maître de l'artillerie en Pologne. Après avoir voyagé en Europe, il assista pendant la guerre de sept ans à quelques affaires dans l'armée autrichienne. Ayant perdu tous ses emplois en Pologne après la mort d'Auguste III, il en recouvra plusieurs sous Stanislas, successeur d'Auguste. Son séjour favori fut Pfœrten, dans la basse Lusace, retraite où il cultivait les sciences au sein de l'amitié. Étant allé voir son frère *Charles* à Berlin, il y mourut. La nature et l'étude l'avaient formé homme du monde. Il s'exprimait avec beaucoup de facilité dans plusieurs langues européennes. Écrivain distingué, musicien excellent, il dessinait très-bien, et il fut peintre habile. Il appliqua à l'artillerie les connaissances qu'il avait en mathématiques. Outre plusieurs traductions, on a de lui un recueil de comédies sous le titre de *Divertissement de théâtre*; Dresde, 1785-1790, 5 vol. in-8°; — *Recherches sur divers sujets d'économie politique*; ibid., 1781, in-8°; — *Lettres sur le Duel*; Pfœrten, 1786, in-8°.

Schlichtegroll, *Nécrologe*, année 1793, t. II.

BRÜHL (*Jean-Maurice* DE), cousin du précédent, naquit le 20 décembre 1736 à Wiederau, et mourut vers 1800. Il fut, pendant son séjour à l'université de Leipzig, le favori de Gellert et de Cronegk. Envoyé en 1755 pour affaires de la Saxe à Paris, et de là en 1759 à Varsovie, il fut, dans cette dernière ville, nommé par Auguste III chambellan et commandant en Thuringe. Sous l'administration du prince Xavier, il fut envoyé à Paris (1764) en qualité d'ambassadeur; de là il alla à Londres, où il mourut. Il cultiva avec soin l'astronomie, perfectionna plusieurs instruments utiles à cette science, et engagea le baron de Zach à s'y livrer. Il a publié en français des *Recherches sur divers objets de l'économie politique*, et il a légué ses instruments précieux d'astronomie à l'observatoire de Leipzig. [*Enc. des g. du m.*]

Meusel, *Gelehrt. Deutschland*. — Ersch et Gruber, *Allgemeine Encyclopædie*.

BRUIN. Voy. BRUYN.

BRUIX (...... DE), littérateur français, né à Bayonne en 1728, mort à Paris en 1780. On a de lui : *le Conservateur, ou Choix de morceaux rares et d'ouvrages anciens*; 1756-1761, 30 vol. in-12 (plus tard en société avec Turben et le Blanc de Guillet; — *les Après-soupers de la campagne, ou Recueil d'histoires courtes, amusantes et intéressantes* (en société avec Ant. de Léris); Amsterdam et Paris, 1759, 4 vol. in-12; — *le Discoureur*; 1762, 4 vol. in-8°, recueil périodique en collaboration avec Turben et d'autres; — *Cécile*, drame en 3 actes et en prose, 1776, non représenté; — *Sennemours et Rosalie de Civraye, histoire française*; Londres et Paris, 1773, 3 vol. in-12. Bruix laissa manuscrits d'autres écrits sur diverses matières.

Quérard, *la France littéraire*.

BRUIX (*Eustache*), amiral français, né à Saint-Domingue le 17 juillet 1759, mort le 18 mars 1805. La marine française a donné sous l'empire de nombreux exemples de courage; et si elle ne rendit pas tous les services qu'on pouvait en attendre, la faute doit en être imputée à la mauvaise fortune de quelques officiers supérieurs. L'amiral Bruix fut un des marins les plus remarquables de cette glorieuse époque. Il s'embarqua comme volontaire sur un vaisseau marchand. Deux ans après il fut nommé garde de la marine, fit sa première campagne sur la frégate *le Fox*, et sa seconde sur *la Concorde*. Il servit dans les diverses escadres qui vinrent au secours des États-Unis, et fut fait ensuite enseigne de vaisseau. Nommé plus tard commandant du *Pivert*, il fut associé à M. de Puységur pour la confection des cartes destinées à retracer les côtes et les débouquements de Saint-Domingue. Nommé lieutenant de vaisseau et membre de l'Académie de marine, il fut envoyé en 1791 dans la Manche avec le brick *le Fanfaron*; en 1792, aux îles du Vent, avec la frégate *la Sémillante*. L'année suivante, il monta à bord de *l'Indomptable*; mais, renvoyé comme noble, il ne fut employé de nouveau que sous le ministère de Truguet, qui lui confia *l'Éole* jusqu'au moment où il fut envoyé sur l'escadre de l'amiral Villaret-Joyeuse, en qualité de major général. Il fit partie de l'expédition d'Irlande, et fut nommé contre-amiral, puis ministre de la marine. Masséna assiégé dans Gênes avait besoin de secours; Bruix court à Brest, où notre flotte était bloquée par les Anglais, profite d'un coup de vent qui disperse les vaisseaux ennemis, va en toute hâte ravitailler Gênes, rallie à son retour les Espagnols, et rentre avec eux dans le port de Brest. Ce coup de main était hardi; mais Bruix aurait pu rendre un bien plus grand service à la France s'il eût été au secours de Napoléon, dont l'armée faisait de si grandes choses en Égypte. Après cette expédition, Bruix rendit le portefeuille de la marine, et prit le commandement de la flotte assemblée à l'île d'Aix, d'où elle devait faire voile pour l'Espagne. Mais l'ennemi renforça la croisière, l'amiral tomba malade, et la paix d'Amiens vint empêcher la flotte de sortir. La guerre ayant de nouveau éclaté, Napoléon conçut le projet d'une nouvelle descente en Angleterre, et confia à Bruix le commandement de la flottille qui devait transporter l'armée; mais les forces de ce brave officier l'abandonnèrent, et il fut obligé de revenir à Paris, où il mourut, à peine âgé de quarante-cinq ans. Ses restes avaient été déposés dans l'un des quartiers du cimetière de l'Est que l'on consacrait alors aux sépultures provisoires. Le ministre de la marine, M. Rosamel, lui a fait élever en 1838 un monument durable, avec une inscription qui retrace les services qu'il a rendus au pays.

Archives de la Marine. — Le Bas, *Dict. enc. de la Fr.*

— Muzères, *Notice historique sur Eustache Bruix*; 1805, in-8°. — *Biographie des Contemporains.*

BRULART DE SILLERY. *Voy.* SILLERY et PUYSIEUX.

* **BRULIFER** ou **BRULEFER** (*Étienne*), franciscain français, natif de Saint-Malo, mort en 1483. Il était docteur de l'université de Paris. Voici la liste de ses ouvrages, qui sont tous relatifs à la théologie : *Reportata in IV libros Sententiarum sancti Bonaventuræ*; Bâle, 1501; Venise, 1504, et Paris, 1507 et 1570. — *Libellus de Sanctissima Trinitate* : l'auteur y relève les erreurs des peintres qui représentent d'une manière inexacte les trois personnes de la sainte Trinité; — *Sermones Varii de paupertate Christi et Apostolorum*, publiés avec le livre précédent; Paris, 1500. Les autres opuscules ont été imprimés à Paris en 1499 et 1500, in-8°.
TH. RICH.

Luc. Wadding, *Bibliotheca ordinis Minorum*, p. 320. — Oudin, *de Script. eccles.*, t. III.

* **BRULLIARD** (*Philibert*), prélat français, né à Dijon le 11 septembre 1765. Après avoir été curé de Saint-Étienne-du-Mont à Paris, il fut nommé évêque de Grenoble par ordonnance royale du 28 décembre 1825, et sacré le 6 août 1826. Le bruit s'étant répandu que, le 19 septembre 1846, la sainte Vierge avait apparu à deux bergers sur une montagne des Alpes, dans la paroisse de la Salette, Mgr Brulliard prescrivit une enquête canonique. Dans le cours de cette enquête, qui dura cinq ans, de nombreux doutes surgirent, des dénégations furent produites, des conflits s'élevèrent entre plusieurs ecclésiastiques; mais un jugement doctrinal étant intervenu, la polémique cessa. Voici le passage principal de ce jugement, qui porte la date du 19 septembre 1851 : « Nous jugeons que l'apparition de la sainte Vierge à deux bergers le 19 septembre 1846, sur une montagne de la chaîne des Alpes, située dans la paroisse de la Salette, de l'archiprêtré de Corps, porte en elle-même tous les caractères de la vérité, et que les fidèles sont fondés à la croire certaine et véritable. » Monseigneur Brulliard a quitté le siège épiscopal de Grenoble pour venir finir ses jours au chapitre impérial de Saint-Denis, dont il a été nommé chanoine du premier ordre par décret du 7 décembre 1852.
A. R.

Ami de la religion. — *Almanach du Clergé de France.*

* **BRULLIOT** (*François*), graveur allemand, né le 16 février 1780, mort le 13 novembre 1836. Il étudia d'abord à Düsseldorf, puis à Munich. Attaché, en 1808, au Musée de gravure de cette dernière ville, il voulut agrandir ce riche dépôt, et parcourut dans ce dessein l'Allemagne, la France, la Hollande et l'Italie. Il enrichit en effet le musée de plus de cent mille pièces nouvelles, en dressa l'inventaire et le catalogue, et mérita de le diriger comme conservateur. On a de lui : *Dictionnaire des Monogrammes*; Leipzig, 1817-1818, petit in-fol.; — *Table générale des Monogrammes*; Munich, 1820; les deux ouvrages réunis, Stuttgard, 1832-1843.

Conversation-Lexicon.

BRUMAULD DE BEAUREGARD (*Jean*), prélat français, né à Poitiers le 1er décembre 1749, mort le 26 novembre 1841. Il fut d'abord chanoine et grand-vicaire du diocèse de Luçon. Au moment de la révolution, il émigra en Angleterre, s'intéressa vivement au succès de la guerre de la Vendée, sollicita du gouvernement anglais des secours pour ce pays, et y vint exercer les fonctions de son ministère. Les républicains l'arrêtèrent deux fois, et le remirent deux fois en liberté. L'abbé de Beauregard se retira à Nantes, puis à Poitiers. Ayant voulu reprendre l'exercice de ses fonctions, il fut de nouveau arrêté, condamné à la déportation, et embarqué pour Cayenne. De retour en France, il devint curé de la cathédrale de Poitiers en 1803, puis évêque de Montauban à la seconde restauration. En 1839 il donna sa démission, et fut nommé chanoine de Saint-Denis. On a de lui : *Dissertation sur le lieu où s'est donnée la bataille de Vauclade, etc., où Clovis défit Alaric II*, insérée par extraits dans les *Mémoires de la Société des antiquaires de l'ouest*; — *Voyages en Angleterre et en Vendée, de 1793 à 1796*; — *Voyage à la Guyane en 1798, écrit en 1802*. M. Parent de Curzon a publié ces deux voyages avec une vie de l'auteur; Poitiers, 1842, 2 vol. in-8°; — *Notes sur les évêques de Luçon*, depuis Prève de la Vodrie jusqu'à de Borellon.

Parent de Curzon, *Vie de Jean Brumauld de Beauregard.*

BRUMER (*Frédéric*), jurisconsulte allemand, né à Leipzig en 1642, mort à quelque distance de Lyon le 3 décembre 1661. Il se noya dans la rivière d'Albérine. On a de lui : *Commentarius in legem Cenciam*; Paris, 1668, in-4°; — *Declamatio contra otium, studiorum pessimam pestem*; Leipzig, 1668, in-4°; — *Disputatio de locatione, conductione*; — *Brummeriana*, opuscules publiés par George Beyer; ibid., 1712, in-8°.

Acta eruditorum latina. — Jöcher, *Allgemeines Gelehrten Lexicon.*

BRUMMER (*Jean*), poëte dramatique allemand, né dans le duché d'Hoya en Westphalie, vivait dans la seconde moitié du seizième siècle. Il fut recteur des écoles latines de Kaufbeuren en Souabe. On a de lui : *S. Ignatii epistolæ*, grec-latin; 1559, in-fol.; — *Tragico-comœdia apostolica*; Langingen, 1592, in-4°. C'est l'histoire des *Actes des Apôtres* en vers allemands et en forme de comédie.

Jöcher, *Allgemeines Gelehrten-Lexicon.*

BRUMOY (*Pierre*), littérateur et philologue français, né à Rouen en 1688, l'un des membres les plus distingués de la société des Jésuites, eut part aux travaux historiques de plusieurs de ses confrères, tels que les *Révolutions d'Espagne*, du P. d'Orléans (Paris, 1734, 3 vol. in-4°); l'*Histoire de Rienzi*, du P. Du Cerceau (Paris,

1733, in-12). Chargé de continuer l'*Histoire de l'Église gallicane*, des PP. Longueval et Fontenay, il en publia le 11ᵉ vol. (Paris, 1744, in-4°), et achevait le 12ᵉ lorsqu'il mourut, à Paris, le 16 avril 1742. Dès 1722, le P. Brumoy s'était fait connaître par des *Pensées sur la décadence de la poésie latine* (Mémoires de Trévoux, mai). Lui-même cultiva avec succès la poésie latine, et laissa, entre autres pièces dans ce genre, deux excellents poëmes latins, l'un sur *les passions*, et l'autre sur *la verrerie*. Ces morceaux ont été réunis sous le titre d'*Œuvres diverses;* Paris, 1741, 4 vol. in-12, avec des discours, trois tragédies et deux comédies en vers, jouées dans les colléges. De tous les ouvrages du P. Brumoy le plus connu est son *Théâtre des Grecs* (Paris, 1730, 3 vol. in-4°, et 1747, 6 vol. in-12), dans lequel on prétend qu'il fut aidé par le P. Fleuriau. Rien ne prouve mieux le mérite réel de l'ouvrage du P. Brumoy que le succès qu'il obtint à l'époque où il parut. Depuis longtemps les auteurs grecs et surtout ceux qui illustrèrent la scène antique n'étaient accessibles qu'aux savants de profession et à un petit nombre d'érudits, hommes de goût. L'heureuse idée du savant jésuite et son exécution, tout imparfaite qu'elle fut d'abord, répandirent et popularisèrent en France la connaissance et la juste appréciation des chefs-d'œuvre du théâtre d'Athènes : cependant le plan primitif du P. Brumoy ne donne que les traductions entières de sept des pièces grecques. Il s'est borné à donner des analyses et des examens des autres pièces; le tout est précédé de trois discours : *sur le théâtre grec;* — *sur l'origine de la tragédie;* — *sur le parallèle du théâtre ancien et du moderne.* C'est dans ces discours et ces examens que le P. Brumoy fait preuve d'une profonde connaissance de l'histoire et des mœurs des anciens, mais quelquefois aussi de plus de science que de goût. On a reproché à ses commentaires une partialité souvent aveugle pour les anciens, et à ses traductions d'assez nombreuses infidélités. Mais malgré ces défauts, dont une partie peut être attribuée au peu de secours que fournissait de son temps la philologie, l'œuvre du P. Brumoy a rendu un service réel et incontestable à l'étude des lettres grecques, et fut complétée dans l'édition qu'en a donnée A.-Ch. Brotier en 1785 (13 vol. in-8°.) On y a fait entrer les traductions complètes d'Eschyle par Laporte-Dutheil, de Sophocle par Rochefort, d'Euripide par Prévost, et d'Aristophane par l'éditeur. Une réimpression de cette dernière édition, avec des notes et remarques, a été publiée par M. Raoul-Rochette (Paris, 1820-1825, 16 vol. in-8°), qui la fit suivre des fragments de Ménandre et de Philémon, nouvellement traduits. Mais en lisant cette traduction, on regrette que le savant académicien se soit si fort pressé de donner son nom à un travail peu digne de sa réputation, copie souvent inexacte de la traduction de Poinsinet de Sivry, et traduction de la version latine de Leclerc, souvent mal comprise. Cette publication a donné lieu à une vive et spirituelle critique, quoiqu'en même temps savante et juste, sous le titre de *Supplément à la dernière édition du Théâtre des Grecs, ou Lettres critiques d'un professeur de l'université sur la traduction des fragments de Ménandre et de Philémon par M. Raoul-Rochette;* Paris, Bobée, 1828, in-8°.   A. PILLON.

Quérard, *la France littéraire.* — Du Tillet, suppl. à la descrip. du Parnasse français.

BRUN (*Antoine*), diplomate franc-comtois, né à Dôle en 1600, mort à la Haye le 11 janvier 1654. Il étudia le droit, devint procureur général au parlement de Dôle en 1632, puis membre du conseil de défense de la ville. La cour d'Espagne le chargea de la représenter aux diètes de Worms et de Ratisbonne; et, en 1643, il fut plénipotentiaire au congrès de Münster. La paix entre l'Espagne et la Hollande fut, comme on sait, le résultat de cette négociation; et Brun, qui y avait habilement contribué, fut envoyé en ambassade en Hollande, et nommé membre du conseil suprême de Flandre à Madrid. Il jouit en Hollande de l'autorité que ses lumières et sa droiture lui avaient acquise à Dôle aussi bien qu'à la cour d'Espagne. Balzac l'appelait *le Démosthène de Dôle.* On a de Brun : *Choix des Épîtres de Juste-Lipse*, traduites du latin en français; Lyon, 1619, in-8°; — *les Pieux Devoirs du sieur Brun à la glorieuse mémoire de Philippe III, monarque des Espagnes, et d'Albert, archiduc d'Autriche, duc et comte de Bourgogne;* Besançon, 1621, in-4°, ouvrage faussement attribué à Jean-Laurent Brun, frère d'Antoine Brun; — *Bibliotheca Gallo-Suecica; Erasmus Irenicus collegit;* Utopiæ (Paris), 1642, in-4°; nouvelle édition in-4°, très-rare et attribué par les uns à Isaac Wolmar, par d'autres à Antoine Brun : c'est un catalogue de livres contre la France; un arrêt du parlement de Paris le supprima, et l'imprimeur fut condamné au fouet; — *Amico-critica Monitio ad Galliæ legatos, monasterium Westfalorum pacis tractandæ titulo missos, auct. Adolph. Sprengero;* Francfort, 1644, in-4°; — *Spongia Franco-Gallicæ lituræ a Wilhelmo-Rudolpho Gemberlakhio, apud Triboces consule;* Inspruck, 1646, in-4°; — *Oratio libera Wolfgangi Ernesti a Papenhauzen, liberi baronis*, in-4° : ces deux derniers ouvrages sont une réplique à une critique de Mathieu de Morogues; — *Politiscimus Gallicus, seu Fœdus triplex Gallo-Turcicum, Gallo-Hollandicum, Gallo-Suecicum;* Cosmopoli, 1646, in-4°; attribué à Brun par Barbier; — *Pierre de touche des véritables intérêts des Provinces-Unies des Pays-Bas, et les intentions des deux couronnes* (de France et d'Espagne) *sur le traité de paix;* 1650, in-8°; réimprimé plusieurs fois; — des *poésies* imprimées dans divers recueils.

Il ne faut pas confondre cet écrivain avec un autre, Antoine Brun, auteur d'*Arte para aprender a escrivir*; Saragosse, 1612.

Lelong, *Bibliothèque historique de la France*, édition Fontette. — Vicquefort, *Traité de l'ambassadeur et de ses fonctions*. — Le P. Bougeant, *Histoire du Traité de Westphalie*. — Dunod, *Mémoires pour servir à l'Hist. du comté de Bourgogne.*

BRUN (*Sophie-Christiane-Friederike*, née Münter), femme de lettres, née en Allemagne près de Gotha le 3 juin 1765, morte le 25 mars 1835 à Copenhague. Sœur de Münter, le savant évêque protestant de Séeland, elle fut élevée dans la maison de son père, prédicateur de l'Église allemande. Mariée en 1783 à M. Brun, riche négociant, et plus tard conseiller intime à Copenhague (mort en 1836), elle visita Saint-Pétersbourg et Hambourg, où elle devint l'amie de Klopstock. Ayant perdu l'ouïe dans l'hiver de 1789, elle passa dès 1791 jusqu'à 1810 presque toute sa vie en voyages, dont elle publia les impressions dans de nombreux écrits. A Genève elle connut le célèbre Bonstetten, et partit en 1796 avec Matthison et la princesse de Dessau pour l'Italie, où elle vit à Rome Zoëga, Fernow et Thorwaldsen. Après son retour en Danemarck, elle passa l'hiver de 1801 à Coppet avec M. Necker et Mme de Staël, et fit un séjour de plusieurs années en Italie, d'où elle retourna à Genève. Elle séjourna quelque temps avec Sismondi et Bonstetten dans le canton de Vaud. La maladie de sa fille Ida, comtesse de Bombelles, l'appela en 1807 à Rome; mais en 1810 elle retourna à Copenhague pour y rester. Sa maison était le rendez-vous de tout ce qu'il y avait de distingué dans les sciences et les arts, ainsi que de tous les étrangers de marque qui venaient visiter cette capitale. La plupart de ses œuvres sont écrites en allemand.

Outre de nombreux articles, dans des journaux et des revues, sur l'art et l'archéologie, on a de Mme Brun : *Cyane und Amander, eine Schweizergeschichte*; Hambourg, 1792; — *Gedichte* (Poésies), éditées par Matthison; Zurich, 1795 (4 éditions); — *Prosaische Schriften*, t. IV; Zurich, 1799-1801; — *Tagebuch einer Reise durch die östliche südliche u. italiänische Schweiz* (Journal d'un voyage en Suisse); Copenhague, 1800; — *Episoden aus Reisen*, en 1801-1805; Zurich, 1808-1809; — *Neue Gedichte*; Darmstadt, 1812; — *Briefe aus Rom*, en 1808-1810; Dresde, 1816; — *Neueste Gedichte*; Bonn, 1820; — *Wahrheit aus Morgenträumen u. das ästhetische Entwickelung*; Aarau, 1824 (la Vérité tirée des songes du matin, etc.); — *Römisches Leben*, t. II; Leipzig, 1833. P.-L. Möller.

Conversations-Lexicon. — Bonstetten, *Briefe an Friderike Brun* (publié par Matthison, 1829). — Œhlenschläger, *Erinnerungen II*. — Erslew, *Forfatter-Lexicon*.

BRUN (le). *Voy.* Lebrun.

BRUN (*Jean-Baptiste*), savant français de l'ordre de l'Oratoire, mort à Paris en mars 1825 (1). On a de lui : *Leçons de géographie ancienne et moderne, par demandes et par réponses*; Genève, 1787, in-8°; — *Leçons idéologiques pour apprendre à la jeunesse à contracter des habitudes sociales et des habitudes morales*; Paris, 1822; — *Mémoire sur cette question proposée par l'Institut national : l'Émulation est-elle un bon moyen d'éducation? dans lequel l'auteur la considère comme un moyen funeste, et indique comment on peut la remplacer*; Paris, 1801.

Quérard, *la France littéraire*.

BRUN (*Jérôme*), historien espagnol, vivait dans la seconde moitié du seizième siècle. On a de lui : *lo Mas noble Cerco de Paris, que hizo el duque de Nemurs, gobernador de los cercados*, etc.; Saragosse, 1591, in-8°.

Antonio, *Bibliotheca Hispana nova*.

***BRUN** (*Johan-Nordahl*), poëte norvégien, né le 21 mars 1745, mort en 1816. Il étudia la théologie à Copenhague, fut curé en 1774, et en 1803 évêque à Bergen, en Norwège. On a de lui : un célèbre chant national; des sermons sacrés d'une rare éloquence, et les premières tragédies en langue danoise, d'après les modèles de Corneille et de Racine, alors combattus par l'école allemande. Les plus connues de ses œuvres sont : *Zarine*; Copenhague, 1772; — *Einer Tambeskielver*, tragédie en cinq actes; ibid. P.-L. M.

Kraft et Nyerup, *Dansk-norsk Letteratur-Lexicon*. — Sa biographie par Zettlitz; Copenhague, 1805.

BRUN (*Joseph-André*, l'abbé), publiciste français, né en Provence, vivait dans la seconde moitié du dix-huitième siècle. Il était oratorien; mais ses principes le firent exclure de l'ordre. On a de lui : *le Triomphe du nouveau monde : réponses académiques formant un nouveau système de confédération, fondé sur les besoins actuels des nations chrétiennes commerçantes*, etc., 2 vol.; Paris, 1785; — *Nouveau plan de législation financière, relatif aux circonstances présentes*; Paris, 1786, in-8°; — *Lettres sur le ministère de Necker*, etc.; 1788; — *Aux Notables assemblés*; 1788; — *le Nœud Gordien sur les États généraux* (sans date); — *le Point de ralliement des citoyens français sur les bases d'une constitution et sur les pouvoirs des députés*; 1789; — *Réponse laconique aux observations sommaires sur les biens ecclésiastiques*; Paris, 1790; — *Motion d'un campagnard sur la déclaration des droits*; Paris, 1790; — *Doutes sur les principes du jour concernant une constitution nationale*; Paris, 1790; — *Lettre au président de l'Assemblée nationale sur les avantages politiques à retirer du premier décret concernant les municipalités*; Paris, 1790; — *le Coup foudroyant, ou le Fisc anéanti, la Dette et l'Impôt organisés, les Droits féodaux rachetables rachetés, les Accapareurs d'argent confondus*;

(1) En 1824, suivant Quérard, *la France littéraire*.

Paris, 1791, in-8°; — *Coup d'œil sur les lois à former par la Convention nationale*; Paris, an III (1795), in-8°; — *la Science de l'organisation sociale démontrée dans ses premiers éléments, ou Nouvelle Méthode d'étudier l'histoire, les voyages, l'économie politique, la morale, le droit des nations*, etc.; Paris, Cerioux, an VII (1799), 1 vol. in-8°.

Quérard, *la France littéraire*.

BRUN (*Marie-Marguerite* DE MAISON-FORTE), femme auteur française, née à Coligny le 25 juin 1713, morte à Besançon en juillet 1794. Elle épousa en 1730 M. Brun, depuis procureur du roi aux finances de Franche-Comté. C'est chez elle que se réunissait l'élite des esprits distingués de la province. On a de cette dame : *Essai d'un Dictionnaire comtois-français*; Besançon, 1753, in-8°, et 1755, avec la collaboration de Petit-Benoist; — *l'Amour maternel*; 1773, Besançon; ouvrage mentionné par l'Académie française; — *l'Amour des Français pour leur roi*, poëme; Besançon, 1774, in-4°.

Quérard, *la France littéraire*.

BRUN (*Rodolphe*), magistrat suisse, mort le 18 octobre 1360. D'une ancienne famille de Zurich, il se posa en tribun. En 1336, il fit établir dans cette ville une constitution nouvelle qui donnait le pouvoir aux communautés d'artisans. Lui-même il fut revêtu des fonctions de bourgmestre, dans lesquelles il fut confirmé par l'empereur Louis de Bavière. Les magistrats déposés en appelèrent à Jean de Habsbourg, seigneur de Rapperschwyl. Brun triompha de ses ennemis, contre lesquels il déploya de telles rigueurs, qu'un complot éclata en 1350. Ce complot fut découvert : trente-sept conjurés périrent sur la roue et sur l'échafaud. Le bourgmestre alla ensuite dévaster la ville de Rapperschwyll; c'était s'exposer au ressentiment de l'Autriche, en raison de la parenté des Habsbourg avec cette maison. Pour parer à ce danger, Brun fit alliance avec les quatre cantons confédérés, et bientôt avec Glaris et Zug. Le duc Albert d'Autriche, fit alors la guerre aux confédérés, et l'empereur, qui se joignit au duc, eut recours à la corruption; une pension et de l'argent comptant firent souscrire à Brun des engagements que les confédérés avaient le droit de regarder comme une violation de l'alliance contractée avec Zurich. Après la mort de Brun, sa veuve et ses fils furent bannis.

Jean de Müller, *Histoire des Suisses*, t. II.

BRUN-MALTE. *Voy.* MALTE-BRUN.

BRUNACCI OU **BRUNAZI** (*Jean*), savant italien, né à Montfelice dans le Padouan le 2 décembre 1711, mort le 30 octobre 1772. En 1723 il entra au séminaire de Padoue, où il obtint le doctorat en 1734. Il avait une vocation prononcée pour l'étude des antiquités et de l'histoire; aussi visita-t-il et mit-il à contribution les archives padouanes et vénitiennes. Le cardinal Rezzonico, devenu pape sous le nom de Clément XIII, le chargea d'écrire l'histoire de l'Église de Padoue. Il mena cette œuvre, restée manuscrite, jusqu'à la moitié du douzième siècle. Parmi ses autres écrits nous ne mentionnerons que: *de Re Nummaria Patavinorum*; Venise, 1744, in-4°; — *Ragionamento sopra il titolo di canonichesse nelle monache di S.-Pietro di Padova*; Padoue, 1745, in-8°; — *Pomponatius Jo. Brunatii*, dans le t. XLI du *Raccolta d' opuscoli scientifici et filologici* du P. Ange Calogera; — *Epistola al P. Anselmo Costadoni*, ibid., t. XLVI; — *Supplemento al Teatro nummario del Muratori*; Ferrare, 1756; — *Lezione d' ingresso nell' Accademia de' Ricovrati di Padova, ove si tratta delle antiche origini della lingua volgare de' Padovani e d' Italia*; Venise, 1759; — *Chartarum S.-Justinæ Explicatio*; Padoue, 1763, in-4°; — *Conforti della medicatura degli occhi*; Padoue, 1765, in-4°; — *De Leprosis apud Patavinos*; Padoue, 1772; — *il Conforti della medicina degli occhi*; 1765.

Tipaldo, *Biografia degli Italiani illustri*, t. V.

BRUNACCI (*Gaudence*), médecin italien, vivait à Venise vers le milieu du dix-septième siècle. On a de lui : *De Pseudo-stella, seu Cometa, quæ apparuit an. Dom.* 1654, Venise, 1655, in-12; — *De Cinaccina, seu pulvere ad febres, syntagma physiologicum*; Venise, 1661, in-8° : c'est un traité sur le quinquina, alors récemment découvert; — *la Vita di G. Fr. Loredano*; ibid., 1662, in-12; — *Oda nella nascità di Leopoldo I d'Austria*; ibid., 1667, in-4°.

Mazzuchelli, *Scrittori d'Italia*.

BRUNACCI (*Vincent*), mathématicien italien, né à Pise le 3 mars 1768, mort à Pavie le 16 juin 1818. D'abord destiné au barreau, il abandonna l'étude du droit pour les mathématiques, auxquelles il consacra dès lors tous ses loisirs. Riccio et Canovai furent ses maîtres, Euler et Lagrange ses modèles. Il n'avait que vingt-quatre ans lorsqu'il écrivit déjà un traité d'*Analyse*. En 1788, il fut nommé professeur surnuméraire de physique à l'université de Pise; et, en 1796, il fut appelé à la chaire de science nautique à l'école de marine de Livourne. En 1801, il fut chargé de professer les mathématiques transcendantes à Pavie. Comme professeur et comme écrivain, il s'acquit une juste célébrité. C'est ainsi qu'il donna pour base à l'exposition de l'analyse transcendante : *la théorie des fonctions analytiques de Lagrange*. Il prit aussi part à des travaux d'administration. En 1807, il fut chargé de diriger les travaux du canal de Pavie, commencé en 1805, et achevé seulement en 1819. Déjà inspecteur général des eaux et chemins dès l'année 1807, il fut appelé, en 1811, à diriger l'instruction publique. Ses principaux ouvrages sont : *Opuscolo analitico sopra l' Integrazione delle equazioni a differenze finite*; Livourne, 1792; — *Calcolo delle Equazioni lineari*; Florence, 1798; — *Analisi derivata*; Pavie, 1802; — *Memoria sopra i prin-*

cipj del calcolo differenziale e integrale, dans les Mém. de l'Institut de Bologne, 1806; — *Memoria su i criterj per distinguere i massimi dei minimi nell' ordinario calcolo delle variazioni*, ibid.; — *Corso di matematica sublime;* 1804-1810, 4 vol.; Florence; — *Varie memorie di mecanica animale*, dans le *Journal de Physique et de Chimie;* Pavie; — *Discorso sugli effetti delle ali nelle frecce;* ibid.; — *Tentativa per aumentare la portata de' mortai di bomba;* ibid.; — *Discorso sul retrocedimento che lo scappare de' fluidi produce ne' vasi che li contengono;* ibid.; — *Memorie sulla dottrina dell' attrazione capillare;* ibid.; — *Sul' urto de' fluidi;* ibid. ; — *Sulla misura della percossa dell' acqua sull' acqua;* ibid.; — *Memoria sopra le soluzioni particolari delle equazioni alle differenze finite;* Vérone, 1808; — *Memoria sopra le matiche usate in Italia per la distribuzione delle acque correnti;* Vérone, 1814; — *Trattato dell' ariete idraulico;* 1810-1815; — un traité posthume sur *la nautique;* Liv., 1819.

Tipaldo, *Biografia degli Italiani illustri*. — Ersch et Gruber, *Allgem. encycl*. — *Bibliotheca scelta di opere italiane antiche e moderne;* Milan, 1827.

BRUNCK (*Richard-François-Philippe*), philologue allemand, né à Strasbourg le 30 décembre 1729, mort le 12 juin 1803. Destiné par sa famille à la carrière de l'administration, il y entra au sortir du collége, et devint en peu de temps commissaire des guerres. Il fit, en cette qualité, les campagnes du Hanovre ; et c'est alors que les conseils et l'exemple d'un professeur chez lequel il se trouva logé à Giessen éveillèrent en lui cette passion de l'antiquité, qui le rendit depuis si célèbre. Revenu à Strasbourg, il consacra à l'étude du grec tous les moments dont il pouvait disposer. On le vit à l'âge de trente ans, et revêtu de fonctions publiques, aller, ses livres sous le bras, aux leçons particulières du professeur de grec de l'université. Il fit dans l'étude de cette langue des progrès rapides ; et l'enthousiasme qui la lui avait fait entreprendre s'augmenta tellement par le plaisir d'en avoir surmonté les difficultés, qu'il en vint à se persuader que toutes les négligences qu'il remarquait dans les poëtes grecs n'étaient que des négligences de copistes. Dominé par cette idée, il corrigeait les vers, les déplaçait, les bouleversait avec une audace quelquefois heureuse sous le rapport du goût et du sentiment poétique, mais condamnable sous celui de la critique. Presque tous les livres qui lui ont appartenu sont couverts de notes marginales, dans lesquelles il se livre sans contrainte à toute la hardiesse de ses corrections. Malheureusement on retrouve aussi dans les éditions qu'il a publiées des traces de cette manie capricieuse de refaire les textes. Néanmoins, malgré ce défaut assez grave pour un éditeur, il serait injuste de méconnaître les services que Brunck a rendus à la littérature grecque; peu d'hommes, depuis la renaissance des lettres, ont aussi efficacement contribué à ses progrès. Il a fait imprimer, dans l'espace de vingt ans, un nombre étonnant d'ouvrages, dont un seul, l'*Anthologie* par exemple, aurait demandé à un autre savant la moitié du temps que Brunck avait mis à les faire tous. Son premier ouvrage est l'Anthologie grecque, qu'il publia sous le titre de *Analecta veterum poetarum græcorum*, 3 vol. in-8°; Strasbourg, 1776 : c'est celle de ses éditions où l'on remarque le plus de corrections arbitraires ; elle a été réimprimée à Leipzig, 5 vol. in-8°, 1794 à 1795, par M. Jacobs, qui y a ajouté depuis un savant commentaire. On lui doit en outre : *Anacreontis carmina, cui accedunt quædam e lyricorum reliquiis;* Strasbourg, 1778, in-16, réimprimé dans la même ville en 1786, in-24 et in-18; — *Sophoclis Electra, Œdipus Tyrannus; Euripidis Andromache, Orestes, græc*, 2 vol. in-12 ; Strasbourg, 1779; — *Æschyli Prometheus, Persæ, Septem duces ad Thebas; Euripidis Medea*, 1 vol. in-12; Strasbourg, 1779 : dans ces différentes éditions, Brunck montra une critique sage et réservée; — *Apollonii Rhodii Argonautica emendata*, gr. et lat.; Strasbourg, 1780, in-8°; — *Aristophanis Comœdiæ XI*, gr. et lat.; Strasbourg, 1781-1783, 4 vol. grand in-4° et in-8° : cette édition, où l'on trouve quelques marques de précipitation, était de beaucoup supérieure, pour la critique, à toutes celles qui avaient paru précédemment; — *Gnomici poetæ græci;* Strasbourg, 1784, in-8°; — *Virgilii Opera;* Strasbourg, 1785, in-8°, et 1789, in-4°; édition fort estimée pour la correction du texte; — *Sophoclis quæ exstant omnia, cum scholiis gr. recensuit, versione et notis illustravit*, etc.; Strasbourg, 1786, 2 vol. in-4°, reproduite en 1788, 3 vol. in-8°, et en 1786-1789, 4 vol. in-8° : c'est le chef-d'œuvre de Brunck ; le roi, à qui il en avait offert un exemplaire in-4°, imprimé sur peau de vélin, lui accorda en récompense de ses travaux une pension annuelle de 2,000 francs, qu'il perdit à la révolution; — *Plauti Comœdiæ omnes;* Deux-Ponts, 3 vol. in-8°; — *Terentii Comœdiæ, ad fidem optimar. edition. recensitæ;* Bâle, 1797, in-4°.

Les travaux de Brunck furent interrompus par la révolution, dont il embrassa les principes avec chaleur : il fut un des premiers membres de la société populaire de Strasbourg. Après avoir été riche pendant la plus grande partie de sa vie, il se vit, en 1791, réduit à vendre une portion de sa bibliothèque, et fut encore obligé, en 1801, d'avoir recours à cette ressource. Ce sacrifice lui fut très-pénible, et les larmes lui venaient aux yeux lorsqu'on parlait devant lui de quelque auteur qu'il avait possédé. Dès ce moment les lettres grecques lui devinrent odieuses, et il ne conserva quelque goût que pour les poëtes latins. Après avoir donné sa belle édition de Térence en 1797, il se proposait de faire paraître Plaute dans le même format; et son travail était tout prêt pour l'impression lorsqu'il mourut. Brunck, qui a publié tant de poëtes grecs, ne remit jamais à l'imprimeur un exemplaire imprimé d'une édition antérieure; il donnait toujours un texte écrit de sa propre main. Lorsque, après avoir fait une copie bien nette d'un auteur qu'il destinait à l'impression, il trouvait nécessaire d'y faire de nombreux changements, il la transcrivait de nouveau d'un bout à l'autre. C'est ainsi qu'il copia deux fois tout Aristophane, et Apollonius au moins cinq fois. Plusieurs de ces copies et beaucoup d'autres papiers de la main de Brunck sont conservés à la Bibliothèque impériale de Paris. On y remarque, entre autres pièces, une lettre sur le *Longus* de Villoison, dans laquelle ce critique est traité avec fort peu de ménagement.

Le Bas, *Dictionnaire encyc. de la France.* — *Conversations-Lexicon.* — Ersch et Gruber, *Allgem. Encyclop.*

BRUNDAN (*Luiz-Pereira*), poëte portugais, natif de Porto, vivait dans le milieu du seizième siècle. Nommé gouverneur de Malacca, il défendit cette ville contre le roi d'Ackem, en 1568. On a de lui : *Elegiada*. Ce poëme épique, en dix-huit chants, lui fut inspiré par la fatale journée d'Alcaça-Kébir, dans laquelle il fut fait prisonnier.

Barbosa Machado, *Bibl. Lusitana.*

BRUNE (*Guillaume-Marie-Anne*), maréchal de France, était né à Brives-la-Gaillarde (Corrèze) en 1763. Fils d'un avocat au présidial de cette ville, il fut envoyé à Paris pour achever ses études. Il adopta avec chaleur les principes de la révolution, embrassa d'abord l'état de typographie, se fit connaître par quelques brochures sur les affaires du temps, prit part en 1790 et 1791 à la rédaction du *Journal de la cour et de la ville*, et contribua avec Danton, son ami, à fonder le club des Cordeliers. En 1791, après la conquête de la Belgique, il fut envoyé dans ce pays en qualité de commissaire civil. De retour à Paris, il prit du service, il fut élu adjudant-major; parvenu au grade de général de brigade, il fut employé dans l'intérieur, et passa ensuite à l'armée d'Italie à l'époque où le général Bonaparte venait d'en obtenir le commandement en chef. Il s'y distingua en plusieurs occasions, entre autres à Arcole et à Rivoli, où il fut fait général de division et obtint le commandement de l'avant-garde. Nommé ambassadeur de la république à Naples, il refusa; le Directoire l'envoya alors en Suisse. Cette mission ayant été remplie par Brune à la satisfaction du gouvernement, il fut, en 1799, appelé au commandement de l'armée qui entra en Hollande; les talents qu'il y déploya le firent placer au nombre des meilleurs généraux de cette époque. Il vainquit les Anglo-Russes à Bergen (19 septembre 1799), et força le duc d'York, général en chef de l'armée combinée, à une capitulation humiliante. Chargé en 1800 du commandement des troupes qui occupaient la Vendée, il eut une grande part à la pacification de ce pays. Placé à la tête de l'armée d'Italie, il montra encore son habileté ordinaire. En 1803, il fut nommé ambassadeur à Constantinople; et, après avoir exercé cette mission pendant deux ans, il revint à Paris en 1805. En son absence, Bonaparte l'avait fait maréchal de l'empire et grand-croix de la Légion d'honneur. En 1807, Brune devint gouverneur général des villes hanséatiques, et fut chargé de faire la conquête de la Poméranie. Il prit Stralsund, et se vit rappelé, on ne sait par quel motif. Il cessa dès lors d'être employé jusqu'à la chute de Napoléon; et, le 1er avril 1814, il envoya au sénat son adhésion aux changements politiques provoqués par l'entrée des alliés dans Paris; mais, mal accueilli par les Bourbons, il se rangea du côté des mécontents, et se déclara pour Napoléon à son retour de l'île d'Elbe. Celui-ci lui donna un commandement dans le midi de la France, et l'admit dans sa nouvelle chambre des pairs. C'est sans doute comme chef de l'armée du Var qu'il encourut la haine des verdets et des fanatiques du midi. A la seconde rentrée de Louis XVIII, il fit de nouveau sa soumission; mais, comme il se disposait à revenir à Paris, il fut lâchement assassiné à Avignon, le 2 août 1815, par des hommes de la populace que le fameux Trestaillon avait ameutée contre lui. Il reçut le coup de mort de la main même de ce chef d'assassins. Ce crime horrible, qu'on a essayé de justifier par les allégations les plus fausses et les plus révoltantes, est resté impuni; les meurtriers ont échappé à toutes les recherches et aux poursuites judiciaires ordonnées contre eux par le roi, sur les instances de la veuve de l'infortuné maréchal. Un seul coupable, le portefaix Guindon, fut traduit devant la cour d'assises de Riom, et condamné à mort par contumace en février 1821, six ans après l'événement. [*Enc. d. g. du m.*]

Biographie nouv. des Contempor. — *Notice histor. sur la vie du maréch. Brune*; Paris, 1821, 8°. — Lambot, *le Maréch. Brune à Avignon en 1815*, Paris; 1840, in-8°.

*** BRUNE** (*Christian*), peintre de paysages et d'aquarelles, professeur de topographie, né à Paris le 17 septembre 1789, mort en la même ville le 16 avril 1849. Attaché en 1817 au bureau de la guerre, il obtint à la suite d'un brillant concours la place de professeur de dessin topographique à l'École polytechnique. En 1826, il fut nommé professeur de paysage au même établissement; jusqu'à sa mort il y a rempli ces doubles fonctions. Il est auteur d'un *Cours de topographie* spécialement destiné aux élèves de l'École. — En dehors de l'enseignement, Christian Brune a exécuté plusieurs grands tableaux pour le palais d'Orsay, et pour les musées d'Orléans, de Marseille, d'Aix, de Lyon, de Narbonne, de Lisieux, etc. — Dès 1819, il débuta à l'exposition par diverses vues, dont l'une du *Château de Coucy*, etc. — En 1822, il exposa trois aquarelles : un *Site* des *Vosges*, un *Paysage* composé, et une *Vue d'Alsace*; — en 1824, un *Effet de brouillard*, un *Effet du matin*, un *Effet du soir*, *Danse de paysans*; — en 1827, *Souvenir des Pyrénées* (aquarelle); *Site des Alpes, pris à Voreppe*; — en 1831, deux paysages à l'huile, *Ruines dans les Alpes* et *Site des Pyrénées*. Dans les années suivantes, il exposa diverses *Vues*, notamment, en 1839, une *Vue prise sur la route de Luz à Pierre-Fitte* (Pyrénées), et une seconde prise à *Sèvres*; — en 1840, une *Vue de Nemours* et un *Site des Alpes*; — en 1841, trois paysages pris sur les bords de la Seine au parc de Saint-Cloud, etc., et un tableau remarquable entre tous, *Saint Bruno dans le Tyrol*, d'une harmonie de tons, d'une science et d'une exécution au-dessus de tout éloge; — en 1842, quatre *Vues* des environs de Besançon, de Nemours, du Dauphiné, et des Alpes; — en 1843, une *Vue du département du Loiret* (effet du soir); — en 1844, un paysage, *Souvenir d'Automne* (Dauphiné); — en 1846, trois œuvres nouvelles, dont une étude, etc. J. F. D.

*BRUNE (Mme), épouse du précédent, née AIMÉE PAGÈS, peintre d'histoire et de genre, élève de Meynier, débuta très-jeune, à l'exposition de 1822, par une œuvre ayant pour sujet *Psyché enlevée par Zéphire*, et un portrait de femme. — En 1824, elle exposa deux tableaux de chevalet, *Daphnis et Chloé*, *Clotilde et Aurélien*, et des portraits. En 1826, elle exécuta divers tableaux pour la maison du roi et pour le ministère de l'intérieur. — En 1827, son nom reparut au salon avec une *Étude de femme et d'enfant*, grands comme nature, et des portraits; et, dans la même année, elle fournit son contingent de talent à la galerie Lebrun, pour l'extinction de la mendicité, en exposant deux tableaux de chevalet : *la Pauvre fille*, d'après une élégie de Soumet, et *la Grand'mère*, d'après une ballade de Victor Hugo. — En 1841, le *Sommeil*, le *Réveil*, *Ondine* et l'*Enlèvement* valurent à leur auteur, qui était encore Mlle AIMÉE PAGÈS, une médaille d'or de deuxième classe. — En 1834, Mme Brune exposa une œuvre d'un sentiment exquis ayant pour sujet *la Jeune Femme qui vient d'apprendre la mort de son mari*; — en 1835, *Silvio Pellico à Venise* et l'*Aumône de l'Invalide*; — en 1841, *Moïse sauvé des eaux*, tableau de genre historique, d'une composition savante et gracieuse, acheté pour le musée de Bordeaux; — en 1842, *la Fille de Zaïre* et *la Grand'mère*, précédemment citée à propos de la galerie Lebrun; — en 1844, un portrait d'homme seulement; — en 1846, *la Fille de Jephté*. J. F. DESTIGNY (de Caen).

Salons de 1824 et années suiv.

BRUNEAU (*Antoine*), jurisconsulte français, né à Chevreuse le 10 avril 1640, mort à Paris vers 1720. « Sorti, pour mon entrée dans le monde, de parents fort semblables, pour les biens, à ceux de Socrate...., j'ai été réduit pour tout partage à un petit fonds d'esprit que j'ai cultivé par la miséricorde du Seigneur. » C'est Bruneau lui-même qui nous fait connaître cette particularité dans la préface d'un de ses ouvrages. Il vint de bonne heure à Paris pour se créer un état; il suivit l'École de droit, fréquenta le palais, et finit par se faire recevoir avocat au parlement. Il y a lieu de croire que l'exercice de cette profession eut pour lui des résultats avantageux. Le barreau lui dut la publication de plusieurs ouvrages qui jouirent autrefois de quelque estime. Le premier qui le fit connaître est un *Nouveau Traité des Criées*; Paris, Guignard, 1676, in-12; 2e édition, 1685. Cette matière délicate fut traitée par lui avec une précision et une netteté qu'on ne retrouve plus dans une prétendue suite qu'il fit paraître sous le titre de *Supplément au Nouveau Traité des Criées*, « contenant en abrégé l'institution et fondation des vingt universités de France, les noms des sections les plus connues dans le droit civil et canonique, ensemble le catalogue des commentateurs de coutumes, la table des arrestographes, et le tableau des avocats du parlement; » Paris, 1686, in-12. Si les praticiens avaient accueilli la première partie, les amateurs de *miscellanées* judiciaires recherchèrent la seconde, qui est devenue rare, mais qui a si peu de rapport à la matière des *Criées*, qu'on aurait pu l'annexer sous son titre de *Supplément* à tout autre recueil jurisprudentiel. C'est ainsi que M. Dupin (*Bibliothèque du droit de Camus*, n° 19) le cite comme un supplément à la *Bibliothèque historique des auteurs de droit*, par Simon. Ce supplément a été refondu dans la 3e édition du *Traité des Criées*, publiée à Paris, 1704, in-4°. Le manuscrit de la quatrième, tout entier de la main de l'auteur, se trouvait entre les mains de l'abbé Goujet, et fut remis, à ce qu'il paraît, à M. d'Héricourt, qui, au lieu de la faire paraître après l'avoir revisée, préféra composer un nouvel ouvrage sur la même matière, et publia en 1727 son *Traité de la Vente des immeubles par décret*. Dans celui de Bruneau, le sujet principal n'occupe que la moindre place. Cédant à l'envie d'étaler *son petit fonds d'esprit*, l'auteur se livre à des digressions sur toutes sortes d'objets; il s'amuse, par exemple, à rechercher l'origine des moulins à vent et des chapeaux, etc., avec grand renfort de citations. Les formes bizarres du style ajoutent à la singularité de l'œuvre, que cette bizarrerie pourrait seule faire rechercher aujourd'hui. Il paraît que Bruneau était doué d'un caractère fort original; il avait fait graver son portrait en l'accompagnant de cette devise : *Non sum sicut cæteri hominum*. Il s'était attaché particulièrement à l'étude du droit criminel, et avait été assidu aux audiences de la Tournelle, ce qui le mit en état de recueillir un grand nombre d'arrêts qui n'avaient pas encore été publiés. Il les fit entrer, comme élément principal, dans les *Observations et Maximes sur les matières* *criminelles;* Paris, Cavallier, 1715, in-4°; mais, selon son habitude, il se livre à de longues et fréquentes digressions hors de son sujet, et abuse jusqu'à satiété de la manie des citations. Il cherche à s'excuser sur ce dernier point par l'exemple de saint Jérôme et de Justinien, d'où il conclut que ses *témérités* en ce genre étaient *nécessaires*. Notre auteur infatigable avait entrepris un travail qui aurait eu pour nous plus qu'un intérêt de curiosité. Depuis l'année 1661, il rédigeait une sorte de journal de ce qui s'était passé, de son temps, de plus remarquable au palais, et des faits singuliers arrivés à Paris. Il avait consigné le résultat de ses informations sur des feuillets blancs intercalés dans l'*Almanach historial* qui s'imprimait à Paris et à Troyes, in-8°. Ce travail s'était continué jusqu'en 1703; c'est notre savant bibliographe M. Brunet qui nous a fait connaître cette particularité (1). Les almanachs ainsi annotés sont aujourd'hui perdus; mais M. Brunet en possédait un, extrait de la main de Mercier de Saint-Léger. Il en a détaché deux anecdotes très-curieuses qui concernent deux pauvres garçons, l'un imprimeur, l'autre relieur, qui furent condamnés par M. de la Reynie à *être pendus à la Grève, et appliqués préalablement à la question ordinaire et extraordinaire*, pour avoir imprimé, relié, vendu et débité des libelles contre le roi et Mme de Maintenon. Un second jugement semblable fut rendu contre un nommé Chavane, garçon libraire; mais, au moment de l'exécution, un ordre d'y surseoir intervint, parce que Chavane était, dit-on, parent du P. la Chaise. Il y avait des lacunes de quelques années dans la série des almanachs ainsi annotés; néanmoins M. Brunet pense que la série était complète, ce qui aurait formé une suite de *Nouvelles à la main* pendant un demi-siècle. Leur perte est d'autant plus regrettable qu'on y aurait indubitablement trouvé des particularités qu'on chercherait vainement ailleurs. J. LAMOUREUX.

Dictionnaire de Moréri (édition de 1759). — *Bibliothèque de droit de Camus*, nouvelle édition donnée par M. Dupin. — Lelong, *Biblioth. hist. de la France.*

BRUNEAU (*François*), biographe français, connu par une *Vie de saint Phalier, patron de Saint-Cabry en Berri*; Paris, 1643, in-8°.

Deux autres BRUNEAU ont écrit, l'un, un *État présent des affaires d'Allemagne*; Paris, Cologne; 1675, anonyme; l'autre, une *Historia rerum Andegavensium*, citée par Ménage.

Lelong, *Bibliothèque hist. de la France*, édition Fontette. — Ménage, *Vita Petri Ænodii*, 1675, notes.— Barbier, *Examen critique des Dictionnaires historiques.*

BRUNEAUX (*Jean-Édouard*), auteur dramatique, né au Havre le 27 décembre 1773, mort en 1819. Il fit de bonnes études, entra dans le commerce et continua de cultiver les lettres, pour lesquelles il avait déjà témoigné beaucoup de goût. On a de lui : *Arioviste, roi des Celtes*,

(1) *Bulletin du Bibliophile*, publié par Techener; décembre 1836, p. 31.

tragédie en cinq actes; Paris, 1823; — *Pyrame et Thisbé*, tragédie en trois actes; Paris, 1823; — *Ulysse*, tragédie en trois actes; Paris, 1823. Ces trois pièces sont posthumes, et n'ont pas été représentées.

Quérard, *la France littéraire.*

BRUNEHAUT ou **BRUNEHILDE**, fameuse reine d'Austrasie, née en 534, tuée en 614. Elle était fille d'Athanagilde, roi des Wisigoths d'Espagne; épousa Sigebert, roi d'Austrasie (568); abjura le schisme d'Arius, et se fit catholique. Fortunat, évêque de Poitiers, a célébré, dans un poëme, l'union de Brunehaut et de Sigebert, et ses vers; qui sont parvenus jusqu'à nous, font connaître le goût de l'époque (1). Chilpéric, roi de Neustrie, voulut alors suivre l'exemple de son frère, et s'allier à la puissante famille qui commandait en Espagne : il épousa Galswinthe, la plus jeune des filles d'Athanagilde. Mais bientôt il eut regret d'avoir contracté ce mariage; et, à l'instigation de Frédégonde qu'il aimait, il fit périr Galswinthe. Brunehaut se sentit animée du désir de venger sa sœur, et engagea son mari à attaquer Chilpéric, qui d'ailleurs avait envahi une portion de l'Austrasie pendant que Sigebert repoussait les Saxons au delà du Rhin : il battit Chilpéric, le poursuivit, et l'assiégea dans Tournay, où il s'était réfugié. Déjà Brunehaut se préparait à tirer de Chilpéric et de Frédégonde une éclatante vengeance, lorsque des assassins, envoyés par la reine de Neustrie, vinrent tuer Sigebert au milieu de son camp. L'armée austrasienne se dissipa aussitôt, et Brunehaut tomba au pouvoir de Chilpéric (*Voy.* CHILPÉRIC). Elle était prisonnière à Rouen lorsqu'elle séduisit Mérovée, l'un des fils du roi de Neustrie. Elle l'épousa, et, quelque temps après ce mariage, qui avait été favorisé par l'évêque de Rouen Prétextat, elle parvint à se sauver et à gagner l'Austrasie, où gouvernait son fils Childebert. Repoussée d'abord par les seigneurs

(1) Les personnages obligés de l'épithalame, Vénus et Amour, paraissent avec leur attirail de flèches, de roses et de flambeaux. L'Amour tire une flèche droit au cœur du roi Sigebert, et va conter à sa mère ce grand exploit : « Ma mère dit-il , j'ai terminé le combat ! » Alors la déesse et son fils volent à travers les airs jusqu'à la cité de Metz, entrent dans le palais, et vont orner de fleurs la chambre nuptiale. Là une dispute s'engage entre eux sur le mérite des deux époux ; l'Amour tient pour Sigebert, qu'il appelle un nouvel Achille; mais Vénus préfère Brunehilde, dont elle trace ainsi le portrait :
« O vierge que j'admire et qu'adorera ton époux, Brunehilde, plus brillante, plus radieuse que la lampe éthérée, le feu des pierreries cède à l'éclat de ton visage; tu es une autre Vénus, et ta dot est l'empire de la beauté. Parmi les néréides qui nagent dans les mers d'Ibérie, aux sources de l'Océan, aucune ne peut se dire ton égale; aucune napée n'est plus belle, et les nymphes des fleuves s'inclinent devant toi ! La blancheur du lait et le rouge le plus vif sont les couleurs de ton teint ; les lis mêlés aux roses, la pourpre tissue avec l'or, n'offrent rien qui lui soit comparable, et se retirent devant toi. Le saphir, le diamant, le cristal, l'émeraude et le jaspe, sont vaincus ; l'Espagne a mis au monde une perle nouvelle (*novam genuit Hispania gemmam*). Voy. Augustin Thierry, *Récits des temps mérovingiens* ; Paris, 1840, t. I, p. 337.

austrasiens, elle reprit bientôt son autorité, et exerça un grand ascendant sur le jeune roi. Cependant elle eut plus d'une fois encore à se défendre contre les embûches de Frédégonde, qui avait fait tuer Prétextat et Mérovée. (*Voy.* Frédégonde.)

En 587, Brunehaut, qui gouvernait pour son fils Childebert II, conclut avec Gontran le traité d'Andelot, qui fixe les limites de l'Austrasie et de la Bourgogne, et qui renferme les premières traces de l'hérédité des fiefs. Quand son fils mourut, elle conserva son autorité et son influence sous le règne de ses petits-fils Thierry et Théodebert. Elle résidait en Austrasie auprès de Théodebert, lorsque les grands la chassèrent et la forcèrent de se réfugier dans la Bourgogne, qui était le royaume de Thierry. Elle parvint alors à allumer la guerre entre les deux frères. Au commencement de la lutte, les succès furent partagés; mais enfin les Bourguignons obtinrent l'avantage. Thierry, ayant réuni une armée considérable, battit son frère près de Toul et de Tolbiac, et bientôt le fit mettre à mort avec ses enfants (612). Maître de l'Austrasie, Thierry se préparait à attaquer Clotaire, quand il mourut à Metz (613) presque subitement. Encouragé par cet événement inattendu, et appelé par les grands, qui craignaient de voir Brunehaut ressaisir encore une fois le pouvoir durant la minorité des fils de Thierry, Clotaire prit les armes; les Bourguignons et les Austrasiens, sous les ordres de Varnachaire, maire de Bourgogne, et de Pepin, chef d'une puissante famille austrasienne, marchèrent à sa rencontre jusque sur les bords de l'Aisne. Quand Brunehaut fit donner le signal du combat, ses troupes, que les grands avaient séduites tournèrent le dos, et la vieille reine, âgée de plus de quatre-vingts ans, tomba aux mains du fils de Frédégonde. Celui-ci lui reprocha la mort de dix rois ou fils de rois, et, après l'avoir livrée pendant trois jours aux outrages des soldats, il la fit lier par les cheveux à la queue d'un cheval indompté. Les lambeaux de son corps furent brûlés, et les cendres jetées au vent. — Ainsi mourut cette reine célèbre, qui a été jugée si diversement par les historiens. Sa mémoire a été livrée à l'opprobre par quelques chroniqueurs; mais il faut remarquer que ceux qui ont poursuivi Brunehaut avec tant de haine lui étaient postérieurs au moins d'un siècle. Les contemporains au contraire, dans leurs écrits, la comblèrent de louanges exagérées. Parmi eux Fortunat loue ses grâces et sa beauté; Grégoire de Tours la cite comme un modèle de vertu, de sagesse et de douceur; et le pape saint Grégoire, comme une reine pieuse, une vertueuse régente, une mère chrétienne. Les écrivains modernes qui ont défendu sa mémoire sont Mariana, du Tillet, Papire Masson, Paul Émile, Boccace, Pasquier, Cordemoi, Velli, Sismondi, Augustin Thierry, etc. Ceux qui lui sont hostiles sont : le moine Jonas Frédégaire, l'évêque de Vienne Adon, et le bénédictin Aimoin. Au reste, quelque chose de grand s'attacha au nom de Brunehaut dans les traditions populaires. Dans la Flandre, la Picardie et la Bourgogne, on lui attribua la construction des chaussées et des grands édifices dont on voit encore les imposants vestiges.

Grégoire de Tours. — Sismondi, *Histoire des Français*. — Thierry, *Récits des temps mérovingiens*. — Michelet, *Histoire de France*.

BRUNEL (*Jean*), littérateur français, né à Arles en 1743, mort à Lyon le 6 janvier 1818. Il étudia chez les jésuites, vint enseigner la grammaire à Lyon et rédigea avec Domergue le *Journal de la langue française*. Il faisait facilement des poésies de circonstance, dont quelques-unes ont été publiées dans plusieurs recueils. On a de lui : *Cours de mythologie, orné de morceaux de poésie ingénieux, agréables, décents, et analogues à chaque article*; Lyon, 1800, in-12, et Avignon, 1823, in-12; — *le Phèdre français, ou Choix de fables françaises pour la jeunesse*; Paris, 1812, in-12; — *le Parnasse latin moderne, ou Choix des meilleurs morceaux des poëtes latins qui se sont le plus distingués depuis la renaissance des lettres, avec la traduction française et des notices biographiques*; Lyon, 1808, 2 vol. in-12.

*BRUNEL (*Marc-Isambart*), ingénieur français, vice-président de la Société royale des ingénieurs d'Angleterre et membre correspondant de l'Institut de France, né à Haqueville (Normandie) le 25 avril 1769, mort le 12 novembre 1844. Destiné d'abord à l'état ecclésiastique, mais emporté vers les études scientifiques par un irrésistible penchant, Brunel, du séminaire de Saint-Nicaise à Rouen, passa sur un vaisseau de l'État, à bord duquel il fit jusqu'en 1792 plusieurs campagnes dans les Indes occidentales. Il revint alors en France, au fort de la tourmente révolutionnaire. Ses opinions royalistes bien connues lui ayant fait courir quelque danger, il se réfugia dans l'Amérique du Nord, où il adopta la profession d'ingénieur; il s'y distingua dès l'abord, et le gouvernement lui confia l'érection du théâtre Bowery, les travaux de fortification du fort de New-York, la direction d'un arsenal, et l'établissement d'une fonderie de canons, où son génie se signala par l'invention de nouveaux alésoirs par un mécanisme ingénieux, appliqué au forage des canons et enfin par d'innombrables perfectionnements qui seuls assureraient au besoin sa célébrité. Après quelques années de séjour, Brunel passa en Angleterre, où la fortune et la gloire l'attendaient. Il fixa l'attention du monde savant par la découverte d'une nouvelle et remarquable machine pour la fabrication des poulies en bois. Chargé par le gouvernement anglais de la mettre en application dans les ateliers de Portsmouth, il termina son œuvre en 1806. L'économie annuelle donnée par le nouveau procédé fut évaluée à 500,000 francs, somme dont le gouvernement gratifia généreusement l'ingénieur; et même aujourd'hui, après le merveilleux progrès de la mécanique, son invention est demeurée sans rivale. Enfin, il se plaça au premier rang et s'acquit une renommée universelle par la construction d'un tunnel sous la Tamise, qui est un des plus beaux triomphes que la science ait remportés de nos temps sur la nature. Brunel avait eu d'abord l'idée d'une construction de ce genre pour la Néva, où les glaces de l'hiver rendent un pont presque impossible; il en fit la proposition à l'empereur Alexandre lors de sa visite en Angleterre en 1815; mais elle ne fut pas acceptée. Une société anglaise, présidée par le duc de Wellington, dont le concours éclairé ne fit jamais défaut à l'ingénieur, adopta l'idée pour la Tamise, où ce tunnel offrait l'avantage de relier les deux parties de Londres sans embarrasser la navigation. Commencé en 1823; arrêté plusieurs fois par l'irruption des eaux; suspendu pendant sept ans par l'épuisement de la compagnie, qui y avait dépensé plus de quatre millions de livres sterling; repris sur un bill spécial du gouvernement et aux frais de l'État, ce magnifique ouvrage fut enfin terminé malgré toutes les prédictions contraires, et livré au public en 1843. Le tunnel se compose de deux galeries parallèles de 365 mètres de longueur sur 4 mètres 67^c de hauteur, et 3 mètres 65^c de largeur à la base. Ces galeries sont séparées par un piédroit de 1 mètre 20^c, percé d'arcades qui établissent la communication entre les galeries, et où sont suspendus les becs de gaz qui éclairent l'intérieur de l'édifice. Tout l'ouvrage forme un tube sphéroïdal, dont les parties construites en briques et liées par du ciment romain se prêtent un mutuel et insurmontable appui. Brunel avait vaincu tous les obstacles par une persévérance à toute épreuve, et surtout par les prodigieuses ressources de son esprit. Mais ses forces étaient à bout : une maladie, fruit des émotions et de l'épuisement, ne lui laissa plus de repos jusqu'à sa mort. Brunel n'a rien écrit : venu au monde avant cette période où les principes féconds de la révolution française devaient développer toutes les sciences, et leur imprimer un si magnifique développement, Brunel n'avait certainement pas les connaissances théoriques de ses élèves et de ses rivaux; mais en lui la nature suppléait à tout. Son génie inépuisable enfantait facilement les productions les plus remarquables. Nous citerons : une machine, dite *autographe*, destinée à reproduire l'écriture et le dessin; une scie circulaire, détaillant en planches de deux millimètres d'épaisseur une pièce immense d'acajou; la machine à fabriquer les boites en bois; celle à faire les clous; la presse hydraulique pour emballage; une petite machine destinée à tordre, à mesurer et à pelotonner le fil à coudre, et une autre au moyen de laquelle se fabriquaient pour l'armée des souliers sans couture. Chargé de la construction de l'un des premiers bateaux à vapeur à Ramsgate, il y ajouta, dit-on, le principe des doubles pompes : c'est lui aussi qui inventa la machine à remorquer, opération jusque-là regardée comme impossible. L'Angleterre, dont il avait fait sa patrie adoptive et qui récompensa si magnifiquement ses services, lui doit la réorganisation de la plupart de ses ports, et un nombre considérable de constructions remarquables par leur élégante solidité. Sur les indications de l'illustre Humphrey Davy, il essaya enfin de substituer les gaz comprimés à la vapeur, comme force locomotive; mais il échoua devant l'impossibilité de trouver des enveloppes métalliques capables de résister à la puissante tension de la vapeur d'acide carbonique. Si jamais la science soumet ce formidable agent à son pouvoir, Brunel aura la gloire d'avoir le premier tenté cette œuvre, dont les résultats seraient incommensurables.

T. D.

Obituary. — Biographie des Contemporains.

BRUNELLESCHI (*Filippo*), poète florentin du treizième siècle. Il écrivit une nouvelle intitulée *il Libro del Birria e del Geta*, *in ottava rima*, qui fut revue et terminée par Domenico da Prato, et dont il existe quelques éditions extrêmement rares, publiées à la fin du quinzième siècle. Ce petit poëme n'est autre chose que l'histoire d'Amphitryon mise en vers, d'après un écrit en vers latins sur le même sujet, attribué à Vital de Blois, qui a été plusieurs fois imprimé depuis une vingtaine d'années, et à l'égard duquel on peut consulter une curieuse notice de M. Anatole de Montaiglon, insérée dans la *Bibliothèque de l'École des Chartes*, 2e série, t. IV, p. 474. Quant au livre italien, Marcheselli et Crescimbeni avaient cru pouvoir l'attribuer à Boccace; mais Mazzuchelli et Bandin l'ont, d'après l'autorité des manuscrits, restitué à son véritable auteur.

G. B.

Marcheselli, *Nuova Raccolta d'opusc. scient.*, t. XX, n° VIII, p. 48. — Crescimbeni, *Istoria delle poesia*, t. I, p. 342. — Mazzuchelli, *Scrittori d'Italia*, t. II, t. III. — Bandini, *Catal. codd. bibl. Laurent.*, t. V, p. 193. — Brunet, *Manuel du Libraire*, t. I, 474; III, 128.

BRUNELLESCHI (*Filippo di Ser B. Lappi*), célèbre architecte italien, né à Florence en 1377, mort en 1444. L'architecture gothique régnait depuis plus de dix siècles, et la construction de la célèbre cathédrale de Milan, commencée en 1386, et que les travaux de huit générations d'ouvriers devaient à peine conduire à son terme, semblait devoir à jamais en perpétuer l'empire, lorsque Philippe Brunelleschi, par son seul génie, vint donner à l'art une impulsion nouvelle, et le ramener vers cette simplicité, cette majesté antique dont les ruines de Rome lui dévoilèrent les secrets. Entraîné par sa vocation pour les sciences exactes et les beaux-arts, il refusa d'embrasser l'état de son père Lippo Lappi, qui était notaire, pour suivre ses études favorites : le dessin, les mathématiques, la physique, la mécanique, la perspective, l'occupèrent tour à tour. Ce fut lui qui enseigna cette dernière science au Masaccio, le premier peintre qui la connût. L'orfévrerie, espèce de sculpture en petit, eut de l'attrait pour lui pendant quelque temps; et l'on cite avec éloge des statuettes d'argent qu'il exécuta pour diverses églises. Il fut, avec le Donatello, son ami, l'un des concurrents pour ces célèbres portes du baptistère de Florence, ouvrage de Ghiberti, et que Michel-Ange qualifiait de divines. Dans cette circonstance, ces deux artistes donnèrent un rare exemple de générosité et d'amour de leur art. Brunelleschi et Donatello, voyant qu'on balançait la couronne entre leurs modèles et celui de Ghiberti, le seul qui leur parût la mériter, se retirèrent du concours, et déterminèrent ainsi la préférence qu'il obtint. Les deux amis firent de compagnie le voyage de Rome, pour y suivre chacun ses études favorites; c'est alors que la vue des ruines antiques de cette cité des arts fit naître dans l'esprit de Brunelleschi les deux projets qui devaient illustrer son nom : l'un, de recréer l'art de l'architecture sur les principes des Grecs et des Romains; l'autre, d'achever par une coupole l'église de Sainte-Marie-des-Fleurs de Florence, restée inachevée depuis longtemps par la mort d'Arnolfe Lappi, son premier architecte. Animé par ces deux grandes idées, Brunelleschi allait partout relevant, mesurant, dessinant les monuments qui s'offraient à ses yeux, donnant une attention toute particulière à la coupe, à la structure des voûtes des thermes, des tombeaux, des temples, parmi lesquels assurément le Panthéon ne fut point oublié. De cette étude assidue et réfléchie naquit pour lui la découverte des trois ordres d'architecture créés par les anciens, et cette vérité si fertile plus tard en résultats heureux, que les Grecs, les maîtres des Romains, avaient placé la base fondamentale de toute bonne architecture dans les justes rapports des colonnes avec les diverses parties qui composent chaque ordre, et que c'est de l'emploi judicieux de ceux-ci que résultent le caractère propre des édifices, leur proportion, leur harmonie, leur beauté.

En 1407 et 1419, deux assemblées d'architectes et d'ingénieurs ayant été convoquées pour aviser aux moyens de terminer convenablement la cathédrale de Florence, Brunelleschi s'y rendit; mais ses projets furent chaque fois jugés inexécutables. En dernier lieu on manqua même, d'une manière offensante, aux égards que méritaient sa personne et son talent, parce qu'il avait avancé qu'il terminerait l'église par une coupole de 130 pieds de diamètre et de 330 pieds d'élévation du sol jusqu'à la croix, et qu'au milieu de cette coupole il en construirait une autre de moindre dimension. Cette idée neuve, extraordinaire, que Michel-Ange, cent cinquante ans plus tard, reproduisit dans son dôme de Saint-Pierre, parut le fait d'un homme en délire : l'irritation de l'assemblée, qui croyait qu'on voulait la mystifier, fut à son comble lorsque Brunelleschi avança qu'il n'emploierait dans sa construction aucune armature en fer, et pas même d'échafaudage en charpente, pour cintrer les voûtes; on poussa alors l'irrévérence jusqu'à le faire sortir. Toutefois, le ton d'assurance avec lequel il soutenait son projet ayant fini par intimider ses juges, on le rappela pourtant, afin de connaître à fond ses moyens d'exécution : pour toute réponse il prit un œuf, dont il supprima l'une des extrémités, et le fit tenir debout sur la table. Chacun de s'écrier, comme plus tard au temps de Christophe Colomb, qu'il en eût fait autant. Néanmoins l'entreprise lui fut confiée. Pour justifier de l'infaillibilité de son nouveau système de construction des voûtes, Brunelleschi éleva deux petites chapelles qui réduisirent au silence ses rivaux et ses envieux, et leur firent connaître toute l'étendue de son génie et de sa science. Néanmoins, soit par un reste de méfiance, soit par suite de mauvaises intrigues, les magistrats adjoignirent Ghiberti à Brunelleschi dans la conduite des travaux du dôme. Blessé de ce que Ghiberti avait oublié son procédé généreux lors du concours pour les portes du baptistère, et d'avoir à partager avec lui la gloire d'une entreprise dont tout le mérite lui appartenait, Brunelleschi résolut de mettre au grand jour l'ignorance de son collègue comme architecte en le laissant quelques instants diriger seul les travaux. Une indisposition feinte lui en fournit les moyens. Redevenu maître absolu, on le vit, avec un zèle infatigable, suivre de l'œil tous les ouvriers, inspecter lui-même le choix, la taille, le placement de tous les matériaux, et surveiller, jusque dans les moindres détails, les travaux sans nombre de cet édifice, dans lequel il mettait ses plus chères espérances. Soit que la disposition de la base ne permit pas à Brunelleschi de donner à sa coupole la forme sphérique du Panthéon; soit qu'il préférât la forme angulaire, comme plus propre à faire briller son talent de constructeur; soit, ce qui est plus probable, que le style de l'édifice, commencé un siècle avant lui, voulût qu'il en agît ainsi, il la fit à huit pans, ainsi que la voûte du tambour. Par le judicieux emploi qu'il fit de l'arc en tiers-point, il prouva toute l'étendue de sa science; et par le caractère simple et majestueux du monument, qui n'est ni dorique, ni ionique, ni corinthien, il montra que les secrets de l'antiquité lui étaient connus, et qu'il méritait l'honneur d'être proclamé le régénérateur du bon goût. Les plans et les élévations de cette immense fabrique ont été gravés plusieurs fois, et notamment dans d'Agincourt. Brunelleschi éleva une foule d'autres monuments, parmi lesquels il faut distinguer les églises de Saint-Laurent et du Saint-Esprit à Florence, où les ordres d'architecture ne sont point encore totalement dégagés des formes gothiques; la petite église, octogone à l'intérieur et à seize pans à l'extérieur, du monastère de Sainte-Marie *degli Angeli*, restée non achevée faute d'argent, mais dont d'Agincourt, dans l'ouvrage déjà cité, a donné la gravure; cette charmante chapelle de la famille Pazzi, dans l'église de *Santa-Croce*, où, pour la première fois, il osa substituer aux arcs une architrave en plate-bande passant horizontalement d'une colonne à l'autre; enfin le palais Pitti, qu'il n'éleva que jusqu'à l'entablement du premier étage. Dans la plupart de ces monuments l'emploi fréquent que fit Brunelleschi des ordres porta le coup le plus funeste à l'architecture gothique, et prépara la voie aux Alberti, Bramante Balthasar Peruzzi, da San Gallo, Vignole, Palladio et autres artistes qui, après lui, par des productions où le génie de l'antiquité était allié aux exigences des temps modernes, achevèrent de régénérer l'art, et de le porter à une perfection qu'il n'a pas toujours su conserver depuis. Comme ingénieur militaire, Brunelleschi a rendu des services signalés; les forteresses de Milan, de Vicopisano, de Pesaro, les deux citadelles de Pise, les digues du Pô, ont été élevées ou par lui ou sur ses dessins.

La nature n'avait point doué Brunelleschi d'un physique flatteur; mais elle l'en dédommagea par le don de l'esprit, par une bonté d'âme et une noblesse de sentiments bien rares; de son vivant sa réputation fut européenne; de toutes parts on lui demandait des projets pour les monuments que l'on voulait élever. Sa patrie récompensa ses longs et honorables services en l'élevant à la magistrature. Après sa mort, arrivée dans l'année même où naquit Bramante, son corps fut porté avec pompe dans l'église de Sainte-Marie *del Fiore*, sous ce dôme qui devait témoigner, à la postérité la plus reculée, de sa science et de son génie. Son buste fut exécuté et placé sur sa tombe par l'un de ses élèves, Buggiano. C'est un fait assez remarquable, que la plupart des artistes cités comme ayant été les élèves de Brunelleschi furent des sculpteurs. [M. Soyer, dans l'*Enc. des g. du m.*]

Vasari, *Vite*. — Quatremère de Quincy, *Vies des Architectes*. — Agincourt, *Histoire de l'Art par les monuments*.

*BRUNELLESCHI (*Giulio*), peintre de l'école vénitienne, né à Udine en 1551, vivait encore en 1609. Une *Annonciation* qui existe dans une communauté d'Udine indique un élève ou un bon imitateur de Pellegrino.   E. B—N.

Lanzi, *Storia pittorica*.

BRUNELLI (*Gabriello*), sculpteur bolonais, travaillait vers le milieu du dix-septième siècle. Il fut élève de l'Algarde, et fit pour la plupart des villes de la Lombardie, et même pour Naples, une foule de statues, de bas-reliefs, de tombeaux et de fontaines. La seule ville de Bologne possède quarante-quatre de ses ouvrages, dans lesquels on reconnaît plus d'imagination et d'habileté de main que de goût.   E. B—N.

Orlandi, *Abbecedario*.

*BRUNELLI (*Giovanni-Battista*), peintre bolonais, florissait de 1718 à 1760. Il excella dans la peinture d'ornement. Ses principaux ouvrages se voient à *Santa-Trinità* de Bologne.
E. B—N.

Malvasia, *Pitture*, etc., *di Bologna*. — Bennassuti, *Guida di Verona*.

BRUNELLI ou BRUNELLUS (*Jérôme*), helléniste et orientaliste italien, né à Sienne en 1550, mort le 22 février 1613. Il professa le grec et l'hébreu au collége romain, traduisit quelques homélies de saint Chrysostome. On trouve ces traductions dans l'édition d'Anvers, t. VI, 1614. On a en outre de Brunelli : une édition des *hymnes de Synesius*; Rome, 1609.

Alegambe, *Bibliotheca Scriptorum Societatis Jesu*.

BRUNET (*Hugues*), troubadour, né à Rodez, mort en 1222 (1). Il embrassa d'abord l'état ecclésiastique; mais des dispositions poétiques, et probablement le penchant qui l'entraînait vers le beau sexe, en firent un troubadour. Il ne composait pas les airs de ses chansons, *Non fetz sons*, comme on disait alors; mais il en chantait agréablement les paroles, et cela le mit en renom. L'amour, on le pense bien, fait le fond de ses poésies. Il adressa surtout ses hommages à une bourgeoise d'Aurillac appelée *Juliana* ou *Galiana*. L'aima-t-elle d'abord? On ne saurait l'affirmer. Ce qu'il y a de certain, c'est qu'elle le congédia pour un comte de Rodez. Le pauvre troubadour eût dû prévoir ce malheur; mais, pour être troubadour, on ne connaît pas toujours le cœur de la femme. Peut-être aussi eût-il bien fait de se consoler. Comme poëte, il se désespéra, et alla finir ses jours dans un monastère de chartreux. Nous citerons ici quelques passages de Brunet sur le thème obligé des poésies des troubadours :

Amors, que esus esperitez cortez,
Que nos laissa vezer mas per semblans,
Quar d'huelh en huelh Salh et fai sos dons lans
E d'huelh en cor, et de coratge en pes.

*L'amour, genie séduisant,
Qui se laisse seulement entrevoir,
Qui d'un œil à l'autre va, s'élançant gaiement
Et de l'œil au cœur, et du cœur à la pensée.*

Le dernier vers est assurément plein de grâce et de fraîcheur. Les vers suivants sont puisés à la vraie source de l'inspiration : le cœur.

E sol qu'il cor aya de mi membransa.
Del plus serai attendans et sufrire,
Ab que l'esquar se baizon e il sospire
Per qu'el dezirs amoros no s'estansa.

*Ah! que son cœur seulement se ressouvienne de moi,
Je saurai attendre et souffrir,   [rions,
Pourvu que nos yeux se baissent et que nous soupi-
Afin qu'amoureux désir point ne s'éteigne.*

V. R.

Histoire littéraire de la France, t. XVII. — D. Vaissette, *Histoire de Languedoc*. — Raynouard, *Choix de poésies originales des troubadours*.

BRUNET-LATIN ou BRUNETTO-LATINI. *Voy.* LATINI.

BRUNET (....), théologien et humaniste français, vivait dans la seconde moitié du dix-huitième siècle. Il était docteur en théologie, et

(1) C'est la date donnée par Nostradamus, et qui mérite le plus de confiance

curé de Bernières. On a de lui : *Traduction de l'histoire romaine* de Tite-Live ; — *Homélie pour tous les dimanches, en forme de prônes* ; Paris, 1776, 2 vol. in-12 ; — *Ode sur la paix* ; Paris, 1783.

Quérard, *la France littéraire*.

BRUNET (*Claude*), médecin et philosophe, vivait dans la première moitié du dix-huitième siècle. On ne sait ni le lieu de sa naissance, ni l'époque de sa mort. Le 22 avril 1717, il soutint une thèse sur ce sujet curieux, et qui mériterait en effet d'être approfondi : *A diversis alimentis indoles ingeniis diversa*. Ses autres principaux ouvrages sont : *Traité du progrès de la médecine* ; Paris, 1709, in-12 ; — *le Progrès de la médecine, contenant un recueil de tout ce qui s'observe d'utile à la pratique, avec un jugement de tous les ouvrages qui ont rapport à la théorie de cette science* ; Paris, 1695, 1709, 3 vol. in-12 ; — *Traité raisonné sur la Structure des organes des deux sexes destinés à la génération*, 1696 ; — *Ergo a diverso glandularum situ secretiones* ; Paris, 1737 ; thèse citée par Haller, dans son édition du *Methodus studii medici* de Boerhaave, 1, 426 ; — *Projet d'une nouvelle métaphysique* ; Paris, 1703 ou 1704. C'est un système d'idéalisme, dans le genre de celui de Berkeley et de Fichte.

Hubert Gauthier, *Bibliothèque des Philosophes*, etc. — Flachat Saint-Sauveur, *Pièces fugitives d'histoire et de littérature*. — Carrère, *Bibliothèque littéraire de la médecine*. — Quérard, *la France littéraire*.

BRUNET (*François-Florentin*), théologien français, natif de Vitel en Lorraine, mort à Paris le 15 septembre 1806. Entré jeune dans la congrégation de la Mission, il fut chargé de professer la philosophie au séminaire de Toul, et plus tard de diriger celui de Châlon-sur-Marne. Devenu assistant général de l'ordre, il accompagna Cayla de la Garde à Rome lorsque ce supérieur y chercha un refuge contre les dangers de la révolution. Brunet revint en France en 1804. On a de lui : *Parallèle des Religions* ; Paris, 1792, 3 tom. en 5 vol. in-4° . La mauvaise exécution typographique de cet ouvrage, complet d'ailleurs, a fait passer l'édition presque entière au Brésil ; — *Elementa theologiæ ad omnium scholarum catholicarum usum, ordine novo, aptatæ* ; Rome, 1804, 5 vol. in-4° ; — *Traité des devoirs des pénitents et confesseurs* ; Metz et Paris, 1788, in-12.

Le Bas, *Dictionnaire encyclopédique de la France*.

BRUNET (*Gaspard-Jean-Baptiste*), général des armées républicaines, né à Valensol, en Dauphiné, obtint le grade de maréchal de camp en 1791, fit partie de l'armée du Var, et fut promu, le 20 mars 1793, au commandement en chef de l'armée d'Italie. Il éprouva quelques revers, et fut bientôt accusé d'intelligence avec les aristocrates, qui venaient de livrer Toulon aux Anglais. Mis en arrestation et conduit à Paris, il y fut incarcéré à l'Abbaye, condamné à mort, et exécuté le 6 novembre 1793.

Moniteur universel. — Le Bas, *Dictionnaire encyclopédique de la France*.

BRUNET (*Jean*), théologien français de l'ordre des Dominicains. On a de lui : une traduction des *Lettres de milady Worthley Montaigu* ; Paris, 1763 ; — *Abrégé des libertés de l'Église gallicane, avec des réflexions et des preuves qui en démontrent la pratique et la justice* ; Genève et Paris, 1765.

Quérard, *la France littéraire*.

BRUNET (*Jean-Baptiste*), général français, né à Reims en 1765, mort en 1824, arriva rapidement au grade de colonel ; fit la campagne de 1794 à l'armée de Sambre-et-Meuse, où il se distingua ; devint général de brigade à l'armée du Rhin (1798), et se signala dans la campagne d'Italie (1800). Chargé du commandement de l'avant-garde de la division Rochambeau dans l'expédition de Saint-Domingue (1801), il remporta plusieurs avantages sur les insurgés, et s'empara de Toussaint Louverture. Il fut nommé général de division en 1803. Forcé ensuite de quitter Saint-Domingue, il fut pris dans la traversée par les Anglais, qui le retinrent prisonnier pendant plusieurs années. Il reprit du service au mois de juin 1815, mais fut mis à la retraite par les Bourbons.

Le Bas, *Dictionnaire encyclopédique de la France*. — De Courcelles, *Dictionnaire des Généraux français*.

*****BRUNET** (*Jean-Joseph* Mira, dit), acteur comique très-populaire, né à Paris le 17 novembre 1766, mort à Fontainebleau le 21 février 1853. Son père était maître boulanger, rue Aubry-le-Boucher, et ce ne fut que quelques années plus tard qu'il joignit à son commerce la perception d'un bureau de loterie. Le jeune Mira reçut l'éducation que tout enfant d'honnêtes bourgeois recevait à cette époque, c'est-à-dire qu'on lui enseigna la lecture, l'écriture, et les quatre premières règles de l'arithmétique. Par un de ces bizarres incidents du hasard, Jean-Joseph eut pour condisciple un autre Joseph qui devait un jour illustrer la scène française. Ce camarade d'école, que le voisinage lui avait donné, était Talma. Cependant l'idée du théâtre était loin de parler encore à ces jeunes imaginations ; et bien que le petit Mira montrât dès son enfance un goût assez prononcé pour le spectacle, bien que lui-même dans la suite eût quelquefois paru en *comédie bourgeoise*, jamais sa pensée n'avait franchi l'horizon du comptoir paternel. Les circonstances modifièrent ses premiers projets. La suppression des loteries ayant restreint les ressources de sa famille, Joseph Mira résolut de tirer parti de son talent d'amateur en demandant à la profession de comédien des moyens d'existence ; mais, ne voulant pas prendre cette détermination contre la volonté de ses parents, il sollicita leur consentement, qu'il obtint non sans avoir eu à combattre une vive opposition entretenue surtout par un de ses oncles, le père Mira, qui, soit dit en passant, inventa ou plutôt perfectionna la fameuse *eau des Carmes*. Après avoir préalablement adopté le pseudonyme de *Brunet*, il s'engagea dans une troupe de comédiens ambulants qui se rendaient à Mantes. L'emploi qui lui fut dévolu dans cette association, véritable reflet du *Roman comique*, était des plus humbles. Il cumulait avec les rôles accessoires les fonctions de copiste, de souffleur, au besoin même d'allumeur de chandelles.

Un vieux comédien nommé la Rotière, traversant Mantes, eut occasion de voir jouer Brunet, dont il devina le talent futur. Arrivé au Havre, où l'avait amené son engagement, il parla du jeune acteur comique, des services qu'il rendait, et réussit à décider le directeur du théâtre à l'admettre au nombre de ses acteurs. Deux ans après, Brunet alla à Rouen, qu'il quitta ensuite en novembre 1795, pour entrer au théâtre de Mlle Montansier (aujourd'hui théâtre du Palais-royal), où il débuta, dans le *Désespoir de Jocrisse*, par le rôle principal, que Baptiste cadet avait établi avec un très-grand succès. Lorsque cette salle fut fermée en vertu du décret de 1807, Brunet, qui avait suivi la fortune de Mlle Montansier au théâtre de la Cité, devint acquéreur d'un quart de propriété dans la nouvelle salle qu'on venait d'élever sur le boulevard Montmartre; et, quoiqu'il se montrât un des administrateurs les plus actifs du théâtre des Variétés, jamais ses devoirs d'acteur ne souffrirent de ce cumul. En effet, pendant sa longue carrière théâtrale, il établit plus de six cents rôles, dont un très-grand nombre ont marqué sa place parmi les acteurs d'un comique vrai, franc et naturel. Il était infatigable; et hormis le jour de sa fête, qu'il consacrait à sa famille, il se serait fait scrupule d'être une seule soirée sans paraître le public. On a prétendu qu'il portait si loin la conscience de sa profession, que dans *les Couturières*, vaudeville de Désaugiers, où il n'avait à débiter que quelques mots hors de la vue des spectateurs, il allait jusqu'à revêtir le costume du rôle. Le fait est controuvé. Ce qui est plus positif, c'est que, s'étant chargé dans le même ouvrage d'imiter les aboiements d'un chien, il ne voulut, pendant plus de trente représentations, abandonner à personne le droit d'aboyer ; il ne céda que devant un enrouement. Ceci peut assurément passer pour de la bizarrerie, pour de la puérilité ; mais un fait plus concluant vient à l'appui de la sollicitude qu'il apportait aux intérêts de ses auteurs et de ses camarades. Dans *l'Égoïste par régime*, comédie où Potier remplissait le rôle principal, Brunet tint à se charger d'un simple accessoire n'ayant, pour ainsi dire, qu'une lettre à porter, afin que l'exécution de la pièce n'eût point à souffrir de l'inexpérience ou de la maladresse d'un figurant. Il avait près de cinquante ans lorsqu'il joua Cendrillon, et qu'il produisit sous le costume féminin l'illusion la plus complète.

Malgré l'affaiblissement de sa mémoire, Brunet resta attaché au théâtre des Variétés jusqu'en mai 1830. A cette époque il céda sa part dans la direction à M. A. Dartois, et continua son service comme pensionnaire pendant dix-huit mois encore. Il fit une rentrée le 11 novembre 1832, et donna quelques représentations. Le 8 juin 1841, à l'âge de soixante-quinze ans, il reparut sur la scène, et joua jusqu'à sa représentation de retraite, le 21 décembre 1841. Ce fut la dernière fois qu'il parut en public. Cet acte de faiblesse ne laissa pas d'inspirer un sentiment pénible à ceux qui, voyant un vieillard caduc se battre les flancs pour provoquer le rire, ignoraient que c'était afin de remédier à des malheurs de famille qu'il était venu, lui septuagénaire, redemander au théâtre des ressources que le théâtre n'eût pu lui refuser sans ingratitude, puisqu'après avoir acquis dans l'exercice de sa profession une fortune assez considérable, des événements désastreux étaient venus le frapper dans son bien-être et dans ses affections.

E. DE MANNE.

BRUNET (*Jean-Louis* (1)), canoniste français, né à Arles en 1688, mort en 1747. Reçu avocat au parlement de Paris en 1717, il mourut, « comme la plupart des savants, sans fortune et sans récompense, mais jouissant d'une considération qui rejaillit sur leur nom. » Cet éloge qu'a fait de Brunet Durand de Maillane est toute une biographie. On a de lui : *le Parfait notaire apostolique*; Paris, 1728, 1734, 2 vol. in-4°, et Lyon, 1775, avec les notes de Durand de Maillane, 2 vol. in-4°; — *Histoire du droit canonique et du gouvernement de l'Église*; Paris, 1720, ou avec la date de 1729, in-12; — *Traité du Champart*, à la suite de la nouvelle édition qu'il donna du *Recueil des principales décisions sur les dîmes* de R. Drapier, 1741; — une nouvelle édition du *Traité de l'Abus*, de Févret, avec des notes ; Lyon, 1736, 2 vol. in-fol.; — une nouvelle édition du *Traité des droits et des libertés de l'Église gallicane*; Paris, 1731, 4 vol. in-fol., avec des notes et une dissertation en forme de lettres, sur la conférence de Vincennes en 1329; — une édition des *Maximes du droit canonique de France*, de Louis Dubois.

Richard et Giraud, *Bibliothèque sacrée*. — Durand de Maillane, *Dict. du droit canonique*. — Quérard, *la Fr. litter*. — *Dict. des ouvrages anonymes et pseudonymes*.

BRUNET (*Pierre-Nicolas*), poëte et auteur dramatique français, né à Paris en 1733, mort le 4 novembre 1771. Il débuta par un poëme héroïque en quatre chants, intitulé *Minorque conquise*; Paris, 1756, in-8°. Ses autres ouvrages sont : *les Noms changés*, ou *l'Indifférent corrigé*, comédie en trois actes et en vers, représentée en 1758 sur le Théâtre-Français; — *les Faux Devins*, en trois actes et en vers, avec des divertissements, 1759; — *la Rentrée des*

(1) *Jean-Baptiste*, selon Quérard, *France littéraire*.

théâtres, un acte, en vers, 1760; — *Abrégé chronologique des grands fiefs de la couronne de France;* Paris, 1759, in-8°, en collaboration avec son père; — *la Fausse Turque*, pour le théâtre de la Foire, pièce qui n'a pas été imprimée; — *Hippomène et Atalante*, ballet en un acte, représenté en 1769; — *Apollon et Daphné*, un acte, 1769; — *le Passe-temps*, ou *Recueil de contes, historiettes, intéressants et récréatifs*, d'abord publiés dans le *Mercure de France*.

Quérard, *la France littéraire*.

*BRUNET (*Pierre*), médecin français, né à Nantes le 12 avril 1770, mort à Pontanézen, près de Brest, le 22 novembre 1832. Il fut reçu maître ès arts à sa sortie du collège des Oratoriens de Nantes, où il avait eu Fouché pour professeur de physique. Après avoir pris quelques leçons d'anatomie à l'hôtel-Dieu de sa ville natale, il s'embarqua, au mois de juillet 1792, sur un bâtiment de commerce faisant partie de la grande expédition envoyée à Saint-Domingue, où, à son arrivée, il fut attaché, comme chirurgien, à l'hôpital des Pères. Forcé, par l'incendie du 20 juin 1793, de quitter le Cap, il se rendit à New-York, fut employé quelque temps dans l'hôpital français ouvert dans cette ville, et revint en France au mois de juin 1794. Après avoir servi dans les hôpitaux militaires de l'armée de l'Ouest, il vint à Paris en 1799, et y suivit les cours de l'École de médecine. Forcé, par des circonstances, de quitter la capitale, il revint à Nantes, et s'embarqua, au mois de janvier 1803, sur le bâtiment de commerce *la Célestine*, qui tomba au pouvoir des Anglais au mois de décembre suivant; conduit à Madras, il obtint, après quelques jours de captivité dans le fort de cette ville, la permission de résider à Pounamalie, joli village des environs. Doué de l'esprit d'observation, il employa les trois années qu'il fut contraint d'y passer à recueillir sur la géographie, la météorologie, les mœurs, l'usage et l'histoire du pays, des matériaux qu'il publia plus tard, sous forme de mémoires, à la suite de son *Voyage à l'île de France*. Au bout de ces trois années, il fut transféré d'abord à Sainte-Hélène, ensuite en Angleterre, et jeté sur un ponton. Toutefois le général Clinton, qu'il avait connu dans l'Inde, obtint qu'il lui fût permis d'être libre sur parole dans la petite ville de Thame, comté d'Oxford. Revenu en France vers 1815, il acheva ses études médicales, et exerça sa profession dans son pays natal. On a de lui : *Dissertation médico-philosophique sur le sommeil et les songes*, présentée à la Faculté de médecine de Paris le 20 juillet 1820; Paris, 1820, in-4° : cette thèse, où l'auteur établit qu'on peut se procurer des songes agréables, est extraite d'un de ses ouvrages inédits *sur les songes et les visions*; — *Voyage à l'île de France, dans l'Inde et en Angleterre, suivi de mémoires sur les Indiens, sur les vents des mers de l'Inde, et d'une notice sur la vie du général Benoît Deboigne, commandant de l'armée maratte sous Scindia;* Paris, 1825, in-8° de IV et 390 pages. L'auteur reproche à Bernardin de Saint-Pierre d'avoir beaucoup exagéré l'avilissement des parias, dont l'infériorité ne répond pas, selon lui, à la terrible proscription dont on les croit l'objet; il se prononce aussi pour l'impossibilité ou du moins l'extrême improbabilité d'une conversion des Indous au christianisme; et cette opinion, conforme à celle qu'exprime l'abbé Dubois dans son ouvrage *sur les mœurs et institutions des peuples de l'Inde*, s'appuie sur des raisons qui ne sont pas sans importance. M. Quérard (*France littéraire*, t. 1, p. 540) dit qu'indépendamment de l'ouvrage *sur les songes*, que nous avons cité, Brunet a laissé en portefeuille : une *Notice sur la vie et les ouvrages d'Em. Swedenborg*; — un nouveau *Dictionnaire des correspondances, ou Significations spirituelles des paroles, sentences, nombres*, etc., employés dans les saintes Écritures, extraites des ouvrages théologiques d'Em. Swedenborg; — une traduction de la *Clef pour l'interprétation spirituelle des nombres, et des poids et mesures*, etc.   LEVOT.

Archives de la Marine. — Documents inédits.

*BRUNET (*Jacques-Charles*), bibliographe français, né à Paris en 1780, s'adonna de bonne heure à la bibliographie. Après la mort de son père, il suivit pendant quelque temps la profession à laquelle il succédait; mais comme elle ne répondait ni à son goût ni à ses vues, il quitta la librairie, se chargea de ventes de livres, en rédigea les catalogues, et étendit ainsi la connaissance qu'il avait des éditions, des livres rares, et de la bibliographie en général. Après avoir publié, en 1802, un *Supplément au Dictionnaire bibliographique de Duclos*, qui avait paru sous le nom de Cailleau (1790, 3 vol. in-8°), il composa le *Manuel du libraire et de l'amateur des livres* (1810), dont la quatrième édition, 1842-1844, de beaucoup la plus complète, a été publiée par le libraire Sylvestre, et fort bien imprimée par MM. Maulde et Renou (5 vol. in-8°). Ce livre, justement apprécié, est d'une utilité reconnue des bibliographes de tous les pays. Le 5e volume est consacré à une table méthodique où les ouvrages, au nombre de 31,872, sont rangés par ordre de matières. Ce recueil, qui a exigé un immense travail, est aussi instructif qu'utile à consulter. En 1852, M. J.-C. Brunet a publié un ouvrage intéressant, intitulé *Recherches bibliographiques et critiques sur les éditions originales des cinq livres du roman satirique de Rabelais*, suivi du texte original des grandes et inestimables chroniques de Gargantua, in-8°. [*Enc. des g. du m.*, avec addit.]

Quérard, *la France littéraire*.

*BRUNET (*Pierre-Gustave*), littérateur et économiste français, né à Bordeaux le 18 novembre 1807. Il a été successivement secrétaire et président de l'Académie des sciences, lettres et arts de Bordeaux, adjoint au maire de cette ville. On a de lui divers écrits sur des questions commerciales et l'industrie vinicole, ainsi que sur les dialectes provinciaux, dont Charles Nodier l'avait engagé à s'occuper. Parmi ses écrits nous citerons : *Lettre à M. de***, sur les ouvrages écrits en patois ;* 1839 ; — *Notices et extraits de quelques ouvrages écrits en patois du midi de la France ;* 1840, etc. M. Brunet a donné aussi des traductions, souvent accompagnées de notes, de différents ouvrages, tels que la *Légende dorée*, 2 vol.; — *Propos de table*, de Luther ; — *Eothen (récit d'un voyage en Orient)* ; — les *Évangiles apocryphes*, les *Lettres de madame la duchesse d'Orléans, mère du régent*, etc. Indépendamment d'une collaboration assez active à divers journaux, M. Brunet a fourni des articles à un grand nombre d'ouvrages ou de publications littéraires et bibliographiques, tels que le *Bulletin du bibliophile*, le *Serapeum* publié à Leipzig, le *Dictionnaire de la Conversation*, le *Moyen Age et la Renaissance*, etc. Il est actuellement un des principaux collaborateurs de la *Nouvelle Biographie universelle*. X.

BRUNET DE PRESLE. Voy. PRESLE.

***BRUNETTI** (*Sebastiano*), peintre bolonais, né vers 1609, mort en 1649. Il fut d'abord élève de Lucio Massari, à qui il servait de modèle pour les anges. Après sa mort, il entra dans l'atelier du Guide, qu'il perdit aussi peu de temps après. Il copiait les maîtres avec une perfection qui trompait les plus habiles connaisseurs. Quant à ses ouvrages originaux, ils n'ont de remarquable qu'une touche délicate et gracieuse. E. B—N.

Oretti, *Memorie*. — Orlandi, *Abbecedario*. — Lanzi, *Storia pittorica*.

***BRUNETTI** (*Santi*), sculpteur, né à Pistoja au commencement du dix-septième siècle, mort vers 1670. Il fut élève de Giovannone Zeti. Il sculpta un grand nombre de beaux crucifix d'ivoire et de bois. On en voit plusieurs dans sa patrie à *Santa-Maria della Neve*, et à Saint-Dominique. Il a aussi travaillé le marbre, et il est auteur de deux bustes de la famille Forteguerri à *Santa-Maria delle Grazie*. E. B—N.

Tolmoci, *Guida di Pistoja*.

BRUNETTO-LATINI. Voy. LATINI.

BRUNFELS ou **BRUNSFELS** (*Othon*), botaniste et médecin allemand, né vers 1464 aux environs de Mayence (probablement au village de Brunfels), mort à Berne le 23 novembre 1534. C'est le restaurateur de la botanique au seizième siècle. Fils d'un tonnelier, il fut, dès son jeune âge, entraîné vers l'étude des sciences, et acquit même le grade de licencié en théologie et en philosophie. Mais, comme ses parents lui refusèrent les moyens de continuer ses études, il se retira par dépit dans un couvent de chartreux près de Mayence. A cette époque, les doctrines de Luther commençaient déjà à se répandre en Allemagne. Brunfels embrassa la cause de la réforme, quitta son couvent, et se fit prédicateur protestant. Mais, d'une constitution faible et maladive, il dut bientôt renoncer à son zèle de néophyte. Il fut cependant neuf ans maître d'école à Strasbourg ; en même temps il étudia la médecine, obtint en 1530, à Bâle, le grade de docteur, et remplit pendant deux ou trois ans les fonctions de médecin-inspecteur à Berne. Les derniers moments de sa vie paraissent avoir été exclusivement consacrés à la botanique et à la rédaction de ses ouvrages. On a de Brunfels : *Catalogus illustrium medicorum, seu de primis medicinæ scriptoribus ;* Strasbourg, 1530, in-4° ; — *Herbarium vivæ icones ad naturæ imitationem summa cum diligentia et artificio effigiatæ, una cum effectibus earumdem ;* t. Ier, Strasbourg, 1530, in-fol. ; t. IIe, ibid., 1531, in-fol. ; — t. IIIe (posthume) ; ibid, 1536, in-fol. ; avec un appendice contenant divers documents relatifs à la botanique : les figures que l'on voit au t. I et au t. III sont supérieures, pour le dessin, à celles des autres ouvrages de botanique publiés au seizième siècle ; le t. II donne le résumé de tout ce que les anciens botanistes ont dit sur les plantes indiquées ; dans le t. III, on trouve les opinions propres de l'auteur. Il existe de cet ouvrage capital plusieurs éditions allemandes, dont les plus anciennes sont : *Contrafayt Kräuterbuch;* Strasbourg, 1532, in-fol. ;— *Kräuterbuch contrafayt vollkummen ;* ibid., 1534, in-4° ; — *Theses seu communes loci totius rei medicæ ;* — *de Usu pharmacorum, deque artificio suppressam alvum ciendi ;* Strasbourg, 1532, in-8° ; — *Iatreion medicamentorum simplicium, continens remedia omnium morborum qui tam hominibus quam pecudibus accidere possunt, in lib. IV. ;* ibid., 1533, 2 vol. in-8° ; — *Neotericorum aliquot medicorum in medicinam practicam introductiones ;* ibid., 1533, in-24 ; — *Onomasticon, seu Lexicon Medicinæ simplicis ;* ibid., 1534, 1543, in-fol., avec les ouvrages de Théophraste ; — *Epitome Medices, summam totius Medicinæ complectens ;* Anvers, 1540, in-8° ; Paris, 1540, in-8° ; Venise, 1542, in-8° ; — *Chirurgia parva ;* Francfort, 1569, in-8°.

Brunfels traça à la science une route nouvelle, en donnant lui-même l'exemple des herborisations, pour connaître les plantes indigènes. Il fit aussi connaître plus de cent trente espèces inconnues à ses prédécesseurs. Plumier lui a consacré, sous le nom de *Brunfelsia*, un genre de solanées de l'Amérique. F. H.

Adam, *Vitæ eruditorum*. — Kestner, *Medicinisches Lexicon*. — Eloy, *Dict. hist. de la Médecine*.

BRUNI (*Antoine*), poète italien, vivait dans la seconde moitié du seizième siècle. Il fut secrétaire de François-Marie II, duc d'Urbin. Lié avec le Marini, il en adopta les principes et en imita le style, alors fort à la mode. Il mourut à la suite d'excès de table. On a de lui : *Epistole eroiche, libri II ;* Milan, 1626 et 1627 ; Venise, 1636 ; Rome, 1647 ; cette dernière passe pour la meilleure édition : chaque épître est ornée d'une gravure d'après le Guide, le Dominiquin et d'autres peintres; — *Selva di Parnaso;* Venise, 1615, in-12; — *le Tre Grazie, rime con la Pallade, cioè proposte e risposte;* Rome, 1630, in-12; — *le Veneri, cioè la celeste e la terrestre; Poesie; e il Pomo d'oro, proposte e risposte;* Rome, 1633 et 1634; — *le Metamorfosi, poema in ottava rima;* — *Radaminto,* tragédie.

Allatius, *Apes urbanæ.*

BRUNI (*Antoine-Barthélemy*), violoniste et compositeur dramatique, né à Coni, en Piémont, le 2 février 1759; mort dans sa ville natale en 1823. Il eut maître Pugnani de Turin, et il étudia la composition sous Speziani, à Novare. En France, où il vint en 1784, et où il fit partie de l'orchestre de la Comédie italienne de Paris, Bruni fit représenter en janvier 1786 un opéra en trois actes, intitulé *Coradin.* Un autre opéra, *Célestine,* en trois actes, fut représenté l'année suivante; mais les deux pièces eurent peu de succès. En 1789, Bruni fut nommé chef d'orchestre du théâtre de Monsieur. Il fit jouer dans la même année au Théâtre Montansier, *Spinette et Marini* et *le Mort imaginaire.* Ses autres compositions, mieux accueillies, sont: *l'Officier de fortune,* ou *les Deux Militaires,* en deux actes, paroles de Patrat; 1792; — *Claudine,* ou *le Petit Commissionnaire,* un acte; 1794; — *le Mariage de J.-J. Rousseau,* un acte; 1794; — *Toberne,* ou *le Pécheur suédois,* deux actes, 1795; — *les Sabotiers,* un acte; 1796; — *le Major Palmer;* deux actes, 1797; — *la Rencontre en Voyage,* un acte, 1798; — *l'Auteur dans son ménage,* un acte; 1799; — *l'Esclave,* un acte; 1800; — *Augustine et Benjamin;* 1800; — *la Bonne Sœur;* 1801; — *le Règne de douze heures;* 1814; — *le Mariage par commission;* 1816.

Biographie portative des Contemporains.

BRUNI (*Domenico*), peintre de l'école vénitienne, né à Brescia en 1591, mort en 1666. Il fut élève de Tommaso Sandrini, qu'il égala dans l'art de peindre les ornements, la perspective et l'architecture. Un de ses meilleurs ouvrages est le chœur de l'église des Carmes de Brescia, qu'il peignit en 1634. E. B—N.

Scanelli, *il Microcosmo della pittura.* — Ridolfi, *l'ite de' pittori Veneti.* — Cozzando, *Storia Bresciana.* — Averaldi, *Guida di Brescia.*

BRUNI (*Dominique*), jurisconsulte et littérateur italien, vivait dans la première moitié du seizième siècle. On a de lui: *Difese delle Donne;* Florence, 1552, in-8°; et 1559, in-8°.

Mazzuchelli, *Scrittori d'Italia.*

* **BRUNI** (*Giovanni*), peintre siennois contemporain. Ses ouvrages sont nombreux dans sa patrie; les principaux sont une *Présentation au temple,* à la collégiale de Provenzano; et un *Trait de la vie de saint Joseph Calansanzio* à Saint-Augustin.

Romagnoli, *Cenni storico-artistici di Siena.*

* **BRUNI** (*Giulio*), peintre de l'école génoise, né en Piémont à la fin du seizième siècle. Il fut élève, à Gênes, de Lazzaro; mais n'ayant pu s'accorder avec son maître, il le quitta pour le Paggi. Il dessina et composa bien, mais ne sut pas finir ses tableaux. On trouve ces qualités et ce défaut dans le *Saint Thomas de Villeneuve distribuant des aumônes,* à Saint-Jacques et Saint-Philippe de Gênes. Par suite des guerres de Savoie, il dut quitter Gênes en 1625, et retourner dans sa patrie, où il mourut. Il eut pour élève son frère Giovanni Battista. E. B—N.

Orlandi, *Abbecedario.*

BRUNI (*Léonard*), surnommé *l'Arétin,* littérateur italien, né à Arezzo en 1369, mort en 1444. A quinze ans il vit dévaster sa ville natale par les troupes françaises d'Enguerrand de Coucy et par les bannis d'Arezzo. Pendant qu'on emmenait prisonnier son père, il fut enfermé de son côté. Un portrait de Pétrarque qu'il trouva dans la pièce où il était détenu, lui inspira le désir d'imiter ce grand poète. En effet, redevenu libre, il alla continuer à Florence, sous Jean de Ravenne, ses études commencées à Arezzo. Il voulut aussi apprendre la jurisprudence; mais il abandonna cette étude pour suivre les cours de langue grecque ouverts par Chrysoloras. Il étudia avec une telle ardeur, qu'il répétait (c'est lui-même qui le dit) ses leçons dans le sommeil. Après le départ de Chrysoloras, il devint secrétaire apostolique d'Innocent VII. Après la mort de ce pontife, à la destinée duquel il s'associa entièrement, il remplit successivement les mêmes fonctions de secrétaire apostolique auprès de Grégoire XII, d'Alexandre V, et sous le pape Jean XXIII. Ce pontife ayant été déposé au concile de Constance, Léonard Bruni revint à Florence. Il était dans cette ville lorsqu'on y *chansonna* le pape Martin V (1), et ce fut lui qui fléchit le courroux du souverain pontife. Déjà une fois chancelier de la république, il fut appelé alors une seconde fois à cette dignité, qu'il remplit jusqu'à sa mort. On lui fit des obsèques dignes de lui; son éloge funèbre fut prononcé par Giannonne Manetti, qui fut autorisé à le couronner de laurier. On plaça sur sa poitrine son *Histoire de Florence,* et on lui éleva dans l'église de Sainte-Croix de Florence un mausolée en marbre, que l'on y voit encore. C'était un homme d'un mérite éclatant, et surtout rempli de modestie. Les étrangers faisaient le voyage de Florence uniquement pour le voir. On lui reprochait un peu d'avarice. Il était fidèle en amitié, et lorsqu'il lui arrivait d'avoir des torts il savait, comme tous les grands cœurs, noblement réparer les choses; témoin ce jour où, s'étant laissé aller à médire d'un jeune homme de Florence nommé Manetti, il lui parla publiquement en ces termes: « Je n'ai pu trouver ni sommeil ni repos, que je ne fusse venu vous avouer sincèrement ma faute, et vous en demander excuse. » Il laissa une *Histoire de Florence* en 12 livres

(1) *Papa Martino non vale un quatrino:* tel était le refrain de la chanson.

jusqu'à l'an 1404 : écrite en latin en 1415, elle fut traduite en italien par Acciajuoli, et imprimée en cet état à Venise en 1473. L'original fut imprimé à Strasbourg seulement en 1610; — *De Temporibus suis*; Venise, 1475, 1485; — *De Bello italico adversus Gothas gesto*; Foligno, 1470, et Venise, 1471; — *Commentarium rerum græcarum*; Lyon, 1539; Leipzig, 1546; — les *Vies de Pétrarque et de Dante*; Pérouse, 1671, in-12. V. R.

<small>Ginguené, *Histoire littéraire d'Italie*, t. I et III. — Tiraboschi, *Storia della Lett*.</small>

*BRUNI (*Lucio*), peintre de l'école vénitienne, vivait à la fin du seizième siècle. On ne sait s'il était étranger, ou né dans l'État vénitien. Il fit en 1585, pour Saint-Jacques de Vicence, un *Mariage de sainte Catherine*, qui rappelle la belle époque de l'art. E. B—N.

<small>*Descrizione delle Architetture*, etc., di *Vicenza*.</small>

BRUNI (*Théophile*), mathématicien italien, né à Vérone (1) en 1569, mort à Vicence en 1638. Ce fut un mathématicien et un astronome distingué. On a de lui : *Trattato di fare gli Orologj ed altri istrumenti matematici*; Venise, 1617; — *Armonia astronomica e geometrica dove s'insegna la ragione di tutti gli orologj*; Venise, 1621 et 1622, in-4°; — *Frutti singulari della Geometria*; ibid., 1623, in-4°; — *Novum Planisphærium seu universale Astrolabium* ibid., 1625, 1626.

<small>Mazzuchelli, *Scrittori d'Italia*.</small>

BRUNINGS (*Chrétien*), théologien protestant allemand, né à Brême le 16 janvier 1702, mort à Heidelberg le 6 mars 1763. Il étudia à Brême et à Heidelberg; et, de 1725 à 1763, il remplit diverses fonctions ecclésiastiques. En dernier lieu il professait la théologie à Heidelberg. Ses principaux ouvrages sont : *Compendium antiquitatum græcarum e profanis sacrarum*; Francfort-sur-le-Mein, 1734 et 1759; — *Primæ lineæ, studii homiletici*; Francfort, 1744; — Τὰ τῆς βασιλείας τοῦ Θεοῦ, *id est Doctrina de Deo, seu systema brevius theologicum didactico-practicum*; Francfort, 1755; — *Ad Orat. Dominic. circa ejus auctorem scopum, materiam, formam et usum*; Heidelberg, 1752; — *Theses miscellan. de excommunic. judaica*, 1753; — *Compendium antiquitatum Hebraicarum*, 1703.

<small>Jöcher, *Allgem. Gelehrten-Lexicon*, avec le supplément d'Adelung.</small>

BRUNINGS (*Chrétien*), ingénieur hollandais, né en 1736, mort à Harlem en 1805, directeur général des digues en Hollande. Il est l'un des hommes qui se sont le plus distingués dans l'architecture hydraulique. Toute la vie de cet ingénieur, auquel on doit des machines et des procédés nouveaux, ne fut qu'une lutte constante contre les invasions de la mer. [*Enc. des g. du m.*]

BRUNINGS (*Chrétien*), ingénieur de la famille

<small>(1) Et non à Venise.</small>

du précédent, mort à Leyde le 23 mars 1826. Il fut membre de l'Institut des Pays-Bas depuis 1811, et a publié : *Dissertation sur l'angle le plus avantageux des portes d'une écluse*; 1797.

BRUNINGS (*Conrad-Louis*), ingénieur et physicien hollandais, d'origine allemande, né en 1775, mort à Nimègue en 1816. Membre de l'Institut néerlandais, inspecteur des ponts et chaussées (Water-Staat), il a laissé en langue hollandaise plusieurs mémoires, dont voici les principaux : *Traité sur la situation superficielle des rivières en général*, dans les *Mém. de l'Acad. des sciences*, année 1812; — *Traité de la formation de la glace et de son dégel, d'après la température indiquée par le thermomètre*, dans les *Mém. de l'Acad. des sciences*, 1816; — *Mémoire sur la pression latérale de la terre, et les dimensions des murailles à régler en conséquence*, ibid.; — *Traité de la dispersion de la marée qui remonte les différentes rivières et leurs embranchements*; — *Examen d'un problème sur l'équilibre*; Utrecht, 1803, in-8°; — *Essai d'une nouvelle théorie de l'effet des moulins à roues verticales et à palettes*, in-4°; ouvrage de Stipriaan Luisculs, intitulé *Beschryving van een Zeipeter of bathometer*, 1805, in-8°.

<small>*Bibliograph. Neerl.*</small>

BRUNINGS (*Godefroi-Chrétien*), prédicateur allemand, né à Creutznach en 1727, mort en 1793. On a de lui : des *Sermons*; Francfort, 1770; — des *Principes d'Homilétique* (en allemand); Manheim, 1776.

<small>Adelung, supplément à Jöcher.</small>

BRUNN ou BRUNNER (*Jean-Conrad*), médecin suisse, né à Diessenhofen le 16 janvier 1653, mort à Manheim le 2 octobre 1727. Il fut reçu docteur à Strasbourg en 1672, après avoir soutenu une thèse sur un fœtus à deux têtes qu'il avait disséqué. Il alla ensuite à Paris, dont il mit à profit le séjour en ajoutant à la somme de ses connaissances. De Paris il se rendit en Angleterre, puis à Amsterdam. Dans chacune de ces villes il se lia avec les célébrités médicales et scientifiques : avec Duverney, Dionis, Willis, Lower, Ruisch et Swammerdam. Ce fut à Amsterdam qu'il publia ses observations sur le pancréas. Brunn fut l'objet de la confiance de plusieurs têtes couronnées. Frédéric Ier, roi de Prusse, le roi d'Angleterre George Ier, la famille royale de Danemark, et d'autres, réclamèrent souvent ses conseils. Il fut membre de l'Académie des Curieux de la Nature, et, en 1687, il devint professeur de médecine à Heidelberg. On a de lui : *Experimenta nova circa pancreas, accedit diatriba de lympha et genuino pancreatis usu*; Amsterdam, 1682, et Leyde, 1722, in-8°; — *Dissertatio anatomica de Glandula pituitaria*; Heidelberg, 1688; — *Glandulæ duodeni, seu pancreas secundarium detectum*; Francfort et Heidelberg, 1715; — *Methodus tuta ac facilis circa salivationem curandi luem ve-*

neream, 1739; œuvre posthume, publiée par le fils de l'auteur.

Ersch et Gruber, *Allgemeine Encyclopædie.*

BRUNN (*Jean-Jacques*), médecin suisse, né à Bâle en 1591, mort le 22 janvier 1660. Admis au doctorat en 1615, il se rendit à Montpellier pour y compléter ses études, parcourut l'Europe, et, de retour dans sa patrie, professa l'anatomie et la botanique à l'université de Bâle. On a de lui : *Systema materiæ medicæ, continens medicamentorum universalium et particularium (simplicium et compositorum) seriem ac sylvam, methodo medendi ac formulis remediorum præscribendis accommodatam*; Bâle, 1630; Amsterdam et la Haye, 1680 : cette dernière édition contient des additions de Gérard Blasius; — une *édition* de l'ouvrage de Morel, intitulé *Methodus præscribendi formulas remediorum*; — *Vita Joh.-Jacob Grynæi*, aïeul de l'auteur.

Biographie médicale.

BRUNN (*Lucas*), mathématicien allemand, né à Annaberg, mort à Dresde en 1640. Mathématicien en titre de la cour de Saxe, et inspecteur du musée de Dresde, il publia : *Praxis Perspectivæ*; Nuremberg, 1615, et Leipzig, 1616; traduit plus tard en allemand par l'auteur lui-même; — *Euclidis Elementa practica*; Nuremberg, 1625.

Will, *Nürnbergisches Gelehrten-Lexicon.*

BRUNNEMANN (*Jean*), jurisconsulte allemand, né à Coln en 1608, mort en décembre 1672. Fils d'un inspecteur ecclésiastique, il étudia à Wittemberg jusqu'en 1630. En 1632 il se rendit à Francfort-sur-l'Oder, s'y fit remarquer par les professeurs de l'Académie, et plus tard, en 1636, il y professa la logique. Il avait d'abord voulu se consacrer à la théologie; mais la faiblesse de sa santé ne se prêtant pas à la prédication, il s'adonna à la jurisprudence, et professa à Francfort les Institutes, puis les autres branches du droit. On a de lui : *Commentaire* sur les *Pandectes* et sur le *Code*; Leipzig, 1714; Genève, 1755 et 1762, 4 vol. in-fol.; — *de Jure ecclesiastico*; Francfort, 1709, in-4°, et avec des commentaires de Samuel Stryck; Francfort-sur-l'Oder, 1681, in-4°; — *Processus civilis et criminalis*; ibid., 1737.

Freher, *Theatrum illustrium virorum.* — *Catalogue biblioth. Brunav.*, t. II, n° 1112.

BRUNNEMANN (*Jacques*), neveu du précédent, également jurisconsulte, né à Colberg en 1674, mort à Stuttgard en 1735. On a de lui un ouvrage intitulé *Introductio in juris publici prudentiam*; Halle, 1702, in-4°.

Adelung, suppl. à Jöcher, *Allgem. Gelehrten-Lexicon.*

BRUNNER (*André*), archéologue et historien allemand de l'ordre des Jésuites, né à Halle, en Tyrol, en 1589; mort le 20 avril 1650. On a lui : *Annales virtutis et fortunæ Boiorum, a primis initiis ad annum 1314*; Munich, 1626, 1629 et 1637, 3 vol.; ouvrage entrepris sur l'invitation de Maximilien de Bavière. Il valut à son auteur le surnom de *Tite-Live bavarois*. On le trouve aussi dans les *Annales Boicæ gentis* d'Adelsreiter; Francfort, 1710, avec une préface de Leibniz. On a en outre de Brunner : *Fasti Mariani*, anonyme en latin et en allemand; — *Excubiæ tutelares Ferd.-Mariæ, ducis Bavariæ,* etc.; Munich, 1637. Les portraits des ducs de Bavière, au nombre de soixante, ont été gravés par Kilian.

Alegambe, *Bibliotheca Scriptorum Societatis Jesu.* — Moréri, *Dictionnaire historique.*

BRUNNER (*Balthazar*), médecin allemand, né à Halle, en Saxe, en 1533; mort dans la même ville en 1604. Il étudia à Erfurt, à Iéna et à Leipzig, et reçut dans cette dernière ville une chaire de professeur suppléant. Il visita ensuite l'Italie, où il séjourna trois ans; puis la France, l'Espagne, l'Angleterre, la Hollande et la Suisse. A son retour dans sa patrie, il refusa d'aller professer à Heidelberg et à Bâle, pour se consacrer uniquement à la pratique. Cependant il consentit à être en même temps le médecin du prince d'Anhalt. Brunner étudia avec ardeur la chimie. Mais, au point où en était cette science à cette époque, on n'est pas étonné de voir Brunner dépenser seize mille écus à la recherche de la pierre philosophale. Il laissa : *Consilia medica, summo studio collecta et revisa a Laur. Hoffmanno*; Halle, 1617; — un *Traité du Scorbut*; — un *Traité de la Peste*. Son ouvrage *De morbis mesenterii*, annoncé par Stubendorf dans sa préface à Eugalenus, n'a pas été publié.

Witte, *Diarium biographicum.* — Kestner, *Medicinisches Gelehrten-Lexicon.*

BRUNNER (*Martin*), helléniste suédois, mort en 1679. Il professa la langue grecque à Upsal, et publia une *édition* estimée de l'ouvrage de Paléphate, *De Incredibilibus*, texte grec-latin; Upsal, 1663.

Murhof, *Polyhistor.*

BRUNETTI (*Angelo*). Voy. CICERUACCHIO.

***BRUNNOW** (*Philippe* DE), diplomate russe, d'origine saxonne, né à Dresde le 31 août 1797. Il étudia à Leipzig à partir de 1815; et en 1818, lors du congrès d'Aix-la-Chapelle, il entra au service de l'empereur de Russie, et eut pour protecteur le conseiller d'État Stourdza, auquel il fut adjoint pour la rédaction d'un projet de code civil destiné à la Bessarabie. Il assista aux congrès de Troppau et de Laybach, fut secrétaire de l'ambassade de Londres, prit part au congrès de Vérone, et revint occuper à Saint-Pétersbourg un haut emploi dans l'administration. Plus tard, il fut attaché à la personne du comte Woronzow, gouverneur d'Odessa, et fit les campagnes de 1828 et de 1829 contre les Turcs. Devenu ensuite conseiller d'État et attaché au chancelier comte de Nesselrode, il fut premier rédacteur au ministère des affaires étrangères. En 1839, il fut pendant quelques mois ministre plénipotentiaire de son gouvernement auprès des cours de Stuttgard et de Hesse-Darmstadt, puis envoyé en mission spéciale à Londres, à l'effet de profiter du refroidissement survenu entre les cours de France et d'Angleterre. Le succès de cette tentative de rapprochement entre le cabinet de Saint-James et celui de Saint-Pétersbourg n'étant pas aussi rapide qu'il s'y attendait, il revint en Allemagne. Quelques semaines plus tard, M. de Brunnow retourna à Londres pour y reprendre les négociations commencées. Accrédité enfin à Londres d'une manière permanente, il y amena la conclusion du traité du 15 juillet 1840, qui fit entrer l'Angleterre dans la politique russe au sujet de la question d'Orient, et brisa son alliance avec la France. Il contribua aussi au traité de commerce de 1849 entre la Russie et la Grande-Bretagne. Dans d'autres occasions, notamment lors des réclamations élevées en 1850 par lord Palmerston contre la Grèce et d'autres pays, M. de Brunnow déploya cette même habileté qui le place au premier rang des diplomates contemporains.

Convers.-Lexic. — *Journaux anglais* de 1840-1850. — Lesur, *Annuaire historique*. — *Annuaire des Deux Mondes*.

* **BRUNNOW** (*Ernest-George* DE), frère du précédent, romancier, jurisconsulte et homœopathe allemand, né à Dresde le 6 avril 1796, mort dans la même ville le 4 mai 1845. Pendant qu'il était à Leipzig, une maladie d'yeux le mit en rapport avec Hahnemann : il se trouva si bien du traitement du fondateur de l'homœopathie, qu'il se fit le propagateur des doctrines homœopathiques. On a de lui : *Organon der Heilkunde* (Organon de l'art médical de Hahnemann), traduit en français; Dresde, 1824 et 1832; — une *traduction* en français de *Reine Arzneimittellehre* (la Doctrine médicale pure) de Hahnemann; 1825-1826; — *Ein Blick auf Hahnemann und seine Homœopathie* (un Coup d'œil sur Hahnemann et sa doctrine); 1844; — *Dichtungen* (poésies); Dresde, 1833, et Leipzig, 1844; — *Die Neue Psyché* (la Nouvelle Psyché); Bunzlau, 1837; — *Der Troubadour*, roman; Dresde, 1839 et 1843; — *Ulrich von Hutten*, 3 vol.; Leipzig, 1842-1843; — *Der Obrist von Carpezan* (le Colonel de Carpezan); Leipzig, 1844.

Conversation-Lexicon.

BRUNO ou **BRUNON** dit *le Grand*, archevêque de Cologne et duc de Lorraine, fils de l'empereur Henri I (de Saxe), surnommé *l'Oiseleur*, né en 925, mort à Reims le 11 octobre 965, eut pour gouverneur Baldric, évêque d'Utrecht, qui lui inspira le goût des lettres. Il fut élu à l'archevêché de Cologne à la mort de Wicfred, en 953. L'empereur Othon I, son frère, lui donna en même temps le gouvernement de la Lorraine, devenu vacant par la rébellion du duc Lindolphe. Bruno a composé un *Commentaire sur les Évangélistes*, un autre sur les *Livres de Moïse*, quelques *Vies de saints*, etc.

Alberic, *Chron.* — Moréri, *Dict. hist.* — Giraud, *Bibliothèque sacrée*.

BRUNO, nom de trois saints, qui ont été souvent confondus entre eux.

* I. **BRUNO** ou **BRUNON** (*saint*), évêque de Rodez, mort en 1008. Il était d'origine italienne, et moine de Saint-Benoît. Entraîné par sa vocation et son zèle pour la foi catholique, il se fit missionnaire en Prusse, et reçut la couronne du martyre; il fut décapité après avoir eu les mains et les pieds coupés. Il avait écrit plusieurs opuscules fort remarquables, parmi lesquels deux livres sur *la Genèse*.

Trithelm, *De Scriptor. eccles.*, c. 336. — *Martyrolog. roman.*, 14 octobre. — Christophe Hartknoch, *Histoire ecclésiastique de Prusse* (en allemand), pag. 24.

* II. **BRUNO** ou **BRUNON** (*saint*), évêque de Würzbourg (*Bruno Herbipolensis*), mort l'an 1045. Allemand de nation, et cousin germain par son père de l'empereur Conrad II, il mérita par sa vie exemplaire d'être inscrit au catalogue des saints, et devint le patron spécial de la France orientale. On a de lui : *Commentaria in Psalterium, et in Cantica tam Novi quam Veteris Testamenti; item, in Orationem Dominicam, in Symbolum Apostolorum et Athanasii*, ouvrages qui, tous revus par J. Cochlæus, se trouvent au tom. XVIII de la *Bibliotheca Patrum*, éd. de Lyon, 1677.

Trithem, c. 316. — Fabricius, *Biblioth. eccles.*

III. **BRUNO** (*saint*), fondateur de l'ordre des Chartreux, né à Cologne vers le milieu du onzième siècle, mort à Della-Torre (Calabre) en 1101. Après avoir étudié à Paris, puis à Reims, il fut nommé chanoine dans cette ville, directeur des études et chancelier de l'Église; mais s'étant élevé avec force contre l'archevêque simoniaque Manassès, celui-ci, irrité, le priva de son canonicat. C'est à cette époque que saint Bruno conçut le projet de renoncer au monde : ce projet lui avait été, dit-on, inspiré par une apparition miraculeuse, dont la réalité devint l'objet d'une vive controverse au dix-septième siècle. Saint Bruno, renonçant aux dignités ecclésiastiques auxquelles il pouvait prétendre, songea à s'ensevelir dans l'obscurité et la retraite, et se retira d'abord à Saisse-Fontaine, près de Langres; puis à la Chartreuse (1086), dans le diocèse de saint Hugues, évêque de Grenoble, son ancien disciple. Il ne pouvait trouver un lieu plus favorable à ses projets : des abords difficiles devaient le protéger contre le monde qu'il fuyait, et la nature environnante, âpre et sauvage, était merveilleusement propre à seconder une vie contemplative. Saint Bruno ne fut, dans l'origine, suivi que de six de ses amis, parmi lesquels se trouvait Landwin, qui devint prieur de l'ordre après lui. On n'est pas d'accord sur la date de leur établissement, que les uns placent en 1084, et les autres en 1086; cette dernière opinion semble la plus probable.

Les chartreux ne reçurent point de statuts particuliers; mais, comme les ordres de Cluny et de Cîteaux, ils adoptèrent la règle de Saint-Benoît. Loin de s'abandonner à l'oisiveté, ils se livrèrent à une industrie active, exploitant des bois et des mines, établissant des usines, et s'appliquant particulièrement à transcrire des manuscrits. Un de leurs règlements leur enjoignait positivement cette dernière occupation.

Saint Bruno ne jouit pas longtemps du repos qu'il s'était préparé : en 1089, le pape Urbain II, qui avait été son disciple à Reims, réclama ses conseils, et l'appela auprès de lui. Les chartreux, après l'avoir suivi à Rome, retournèrent bientôt dans leur retraite ; et c'est après cette séparation que saint Bruno leur adressa l'épître qui nous a été conservée. Cependant, au milieu des honneurs dont il jouissait, et malgré l'intimité d'Urbain II, il aspirait toujours à la solitude. Ayant obtenu la permission de se retirer au désert Della-Torre, en Calabre, il y fonda une seconde chartreuse; c'est là qu'il mourut. Les historiens de sa vie racontent gravement les nombreux miracles qui eurent lieu à cette occasion, et entre autres celui d'une fontaine qui jaillit de son tombeau, et dont les eaux possédaient la vertu de guérir les malades. Après la mort de son fondateur, le monastère de la Calabre se relâcha beaucoup, et fut abandonné aux religieux de Citeaux, puis rendu aux chartreux en 1513. Saint Bruno fut canonisé en 1514.

Saint Bruno était savant pour son siècle ; sa latinité est remarquable. On a de lui deux *Épitres*, un *Commentaire sur les Psaumes*, un autre sur les *Épitres de saint Paul*. On trouve ses écrits réunis, mais mêlés avec des productions qui ne lui appartiennent point, dans l'édition de Théod. Petreius ; Cologne, 1640, en trois tomes. Celle de Badius Ascenscius, 1524, in-fol., est rare. Les principaux faits de sa vie ont été peints par le Sueur au couvent des Chartreux de Paris.

Vies des Saints. — Guill. Cave, *De Script. eccles.* — Dorlant, *Chronique des Chartreux.* — Onuphre, Genebrad, Sigeber, Chron. — Possevin, *Appar. Sacer.* — Bellarmin, *De Script. eccles.* — Le P. Tracy, *Vie de saint Bruno*; Paris, 1786, in-12. — *Hist. litt. de la France*, t. IX.

BRUNO (*Giordano*), philosophe italien, né à Noles, dans le royaume de Naples, vers le milieu du seizième siècle, brûlé à Rome le 17 février 1600. Il entra jeune dans l'ordre de Saint-Dominique. En 1582, il se rendit à Genève, probablement pour se dérober aux persécutions que lui attiraient ses doutes sur certains points de la religion et ses railleries contre les moines. Il embrassa le calvinisme ; mais son humeur guerroyante et les paradoxes qu'il ne cessa de produire le brouillèrent avec ses nouveaux coreligionnaires, et en 1583 Giordano Bruno quitta Genève pour aller à Paris. Là il combattit avec ardeur la philosophie d'Aristote, et professa la méthode du fameux Raymond Lulle, connue sous le nom d'*Art général* ou d'*Ars lulliana*. Il eut de nombreux adversaires, alla à Londres, revint à Paris, et passa ensuite à Wittemberg, où il enseigna la philosophie, de 1586 à 1588. On ignore pour quel motif il quitta la Saxe ; mais il est certain qu'il se rendit en 1588 à Helmstædt, et, selon quelques-uns de ses biographes, il aurait fait, peu de temps auparavant, un voyage à Prague. Protégé par le duc Jules de Wolfenbüttel, il resta à Helmstædt jusqu'à la mort de ce prince (1589). Plus tard il habita Francfort, où il fit imprimer quelques-uns de ses ouvrages ; enfin, en 1592, il retourna en Italie, et s'établit à Pavie. Là il vivait dans une grande retraite, lorsqu'en 1598 l'inquisition de Venise le fit arrêter, et livrer au saint office de Rome. Celui-ci, après avoir tenu Bruno enfermé pendant deux années, dans la vaine attente de le voir désavouer ses doctrines, le fit brûler, le 17 février 1600, comme coupable d'apostasie, d'hérésie, et d'avoir rompu ses vœux. Il subit avec fermeté ce supplice, qu'il pouvait prévenir par une simple rétractation. Si Bruno rencontra partout des ennemis, c'est qu'il avait attaqué les formes et les doctrines de la philosophie d'Aristote, qui comptait encore un très-grand nombre de partisans dans les écoles philosophiques comme dans celles de théologie. Ce furent son orgueil et son étourderie qui le firent tomber entre les mains de ses implacables adversaires.

Les écrits philosophiques et didactiques de Bruno sont devenus fort rares ; ils prouvent un grand fonds d'érudition, une intelligence parfaite de la philosophie des anciens, des connaissances profondes en physique et dans les mathématiques, beaucoup d'imagination et de verve satirique. La plupart ont été imprimés de 1584 à 1591, comme on le voit dans le Dictionnaire bibliographique d'Ébert (Leipzig, 1821, vol. 1er, p. 238), qui en indique les plus anciennes éditions. C'est en 1584 que parut son célèbre ouvrage intitulé *Spaccio della bestia trionfante* (Expulsion de la bête triomphante), Paris (Londres), in-8°, qui est une allégorie morale, entremêlée de traits contre les mœurs du seizième siècle. Dans la même année, il publia deux autres ouvrages (dédiés à Mauvissière) ayant pour titres : *Della causa, principio e uno*, Venise (Londres), in-8°, et *Del infinito universo e mondi*, ibid., in-8° : dans le premier l'auteur expose ses principes de métaphysique, et dans le second leur application. Sur les deux ouvrages, Venise est indiquée comme le lieu de l'impression ; mais il est bien plus probable qu'ils furent édités à Londres. On y trouve un panthéisme bien à des idées sublimes sur Dieu ; panthéisme plus complet que tous ceux connus antérieurement, et pareil à celui que Spinosa développa depuis d'une manière plus méthodique : ce dernier, à l'exemple de son maître Descartes, avait mis à profit le système de Bruno. Que Bruno regardât Dieu comme l'âme de l'univers, et l'univers comme un organisme vivant, c'est ce que ses contemporains lui eussent encore pardonné ; mais la conséquence qu'il en tira, savoir, que l'univers était infini et incommensurable, et sa doctrine de la pluralité des mondes, ne pouvaient manquer de lui être imputées à crime dans un temps où le système de Copernic, pour lequel il se montra si zélé, était en butte à des attaques universelles.

Bruno a donné à la plupart de ses écrits la forme du dialogue. Son langage est un mélange bizarre de latin et d'italien, et son ton presque toujours chaleureux ou véhément. La hardiesse et le sublime de ses idées étonnent ceux qui les comprennent. Plus obscurs et moins estimables sont ses ouvrages de logique, où il développe avec affectation les topiques et la mnémonique de Raymond Lulle. Parmi les singularités de Bruno, il faut compter une forte croyance à l'astrologie et à la magie, réunie à des notions très-claires sur la nature des choses. Outre les ouvrages cités, Bruno a donné une comédie : *il Candelaio* (Paris, 1582, in-12), et plusieurs poëmes, parmi lesquels on remarque celui qui porte le titre de *Degl' eroici furori*; Paris (Londres).

Les plus distingués des philosophes modernes ont tiré parti des œuvres de Bruno, qui sont d'ailleurs assez rares. Parmi ceux de notre époque, M. de Schelling s'est le plus approché de lui, quant à la métaphysique et à la manière d'envisager la nature. Il a même choisi son nom pour titre d'un de ses ouvrages (*Bruno*, ou *Recherches sur le principe divin et naturel des choses;* Berlin, 1802).

Les *Opere di Giordano Bruno* ont été publiées par M. Adolphe Wagner (Leipzig, 1830, en 2 vol.). M. Grœfer a donné à Paris, en 1834, une édition des ouvrages écrits en latin, *Jordani Bruni Nolani scripta quæ latine redegit omnia*, 1 vol. in-8°. [*Enc. des g. du m.*]

Jac. Brucker, *Histor. crit. philosoph.* — Tiedemann, Tennemann, Ritter, *Hist. de la Phil.* — *Dictionnaire des sciences philosophiques.* — Freytag., *Analecta litteraria*, p. 186. — David Clément, *Bibliothèque curieuse*, t. V, p. 290. — Rixner, *Doctrines des célèbres physiciens*; Sulzbach, 1824. — Bartholmèss, *Jordano Bruno*; Paris, 1847, 2 vol. in-8° (il a été rendu compte de cet ouvrage dans la *Rome nouvelle*, article de M. Ch. Jourdain), 1er mars 1847. t. XIII, p. 468-486; dans la *Revue des Deux Mondes* (art. de M. Saisset; 15 juin 1847). — Nicéron, *Mémoires*, t. XVII, p. 201. — Buhle, *Geschichte der new. philosophie*, t. II, p. 703. — Libri, *Hist. des Sciences math. en Italie*, IV, 141. — Gérando, *Hist. comparée des systèmes de philophie*, 2e partie, 1847, t. II, p. 386-412. — Martin, *Hist. de France*, t. XIII. — Cousin, *Revue des Deux Mondes*, 1er décembre 1843; — Debs, *Bruni Nolani Vita et Placita*, 1840. — Meyer, *Etudes de critique ancienne et moderne* 1830, p. 89. — Carrière, *Philos. Weltanschauung der Reformation*, 1847, p. 365-4 94· — Ginguené, *Hist. litt. d'Italie*, t. VII — Hallam, *Litterature of Europ*, t. II. — Lauckhardt, *Disput. de J. Bruno* (Halæ, 1783. — Jordan, *Disquis. hist. litt. de J. Bruno*, sans date, in-8°. — Fleson, *Giord. Bruno;* Hambourg, 1846, in-8°.

BRUNO ou **BRUNON** (*saint*), théologien italien, né à Soleria, dans le diocèse d'Asti, en Piémont; mort en 1123. Il devint chanoine de la cathédrale, fut engagé dans une vive controverse contre Bérenger, à Rome, en 1077, devant Grégoire VII, qui l'appela à l'évêché de Segni, dans la Campanie. En 1104 il embrassa la vie monastique au mont Cassin, dont il devint abbé en 1107. Cependant il remonta sur son siège épiscopal à la sollicitation du pape Pascal II et des habitants de Segni. Ses œuvres, publiées à Venise, en 1652, par D. Marchesi, doyen du mont Cassin, et à Venise, avec des notes du P. Bruni, Rome, 1789-1791, contiennent : cent quarante-cinq *sermons* ou *homélies;* — un commentaire sur le *Cantique des Cantiques;* — des traités sur le *Cantique de Zacharie;* — un *Traité sur la Corruption de son siècle;* l'auteur attribue cette corruption à la simonie; — des *lettres* au pape Pascal II et à l'évêque de Porto; — des livres de *Sentences* ou *Discours moraux*, intitulés aussi *Des Louanges de l'Église;* — *Expositio de Consecratione Ecclesiæ, deque vestimentis episcopalibus*, dans le t. XII du *Spicilegium* de d'Achéry.

D. Ceillier, *Hist. des auteurs ecclésiastiques*, t. XXI. — Giraud, *Bibl. sacrée.*

BRUNO ou **BRUNON**, bénédictin allemand, vivait dans le onzième siècle : il écrivit l'histoire de la guerre que l'empereur Henri IV fit contre Magnus et Herman, ducs de Saxe, de 1073 à 1082. L'empereur y est peu ménagé.

Moréri. *Dictionnaire historique.*

*****BRUNO** (*Giovanni*), peintre florentin, vivait vers 1300. Avec Buffalmacco et Nello Pisano, il composa ce joyeux triumvirat dont Boccace a célébré les hauts faits. Il fut, dit-on, élève d'Andrea Tafi. Il eut la singulière manie de faire sortir de la bouche de ses personnages des légendes qui expliquaient leur pensée, qu'il désespérait de rendre autrement. Il aida Buffalmacco dans ses travaux à Saint-Paul d'Arno, à Pise.

E. B—N.

Lanzi, *Storia pittorica.* — Ticozzi, *Dizionario.*

*****BRUNO** (*Francesco*), peintre et graveur, né à Port-Maurice, dans l'État de Gênes, en 1648; mort en 1726. Il fit dans sa patrie quelques tableaux d'autel qui rappellent la manière de Pierre de Cortone. Ce peintre fut fort inégal, à moins qu'on ne convienne avec Ratti que certains ouvrages très-faibles lui ont été attribués à tort : comme graveur, son chef-d'œuvre est une *Assomption*, d'après le beau tableau du Guide à l'*Annunziata* de Gênes. E. B—N.

Lanzi, *Storia pittorica.* — Ticozzi, *Dizionario.*

BRUNO (*Jacques-Pancrace*), médecin suisse, fils de Jacques Bruno, naquit à Altorf en 1629, et mourut dans la même ville le 23 octobre 1709. Il étudia à Altorf, à Iéna et à Padoue; et, après avoir obtenu ses grades, il vint pratiquer à Nuremberg. En 1662, il alla remplir dans sa ville natale la chaire de médecine. On a de lui entre autres : *Dogmata medicinæ generalia in ordinem noviter redacta;* Nuremberg, 1670, in-8°; — *Remoræ ac impedimenta purgationis in scriptis Hippocratis delecta;* Altorf, 1676, in-4°; — *Castellus renovatus, hoc est Lexicon medicum Bartholomæi Castelli correctum,* etc.; Nuremberg, 1682, in-4°; Genève, 1748, in-4°; — *Mantissa nomenclaturæ medicæ hexaglottæ*, etc.; Nuremberg, 1682, in-4°; — *Epitome elementa veræ medicinæ complectens*; Altorf, 1696, in-8°; — *Monita et Porismata medicinæ miscellanea*; Altorf, 1698, in-4°; — des *éditions* de l'*Isagoge medica* d'Hoffmann, du *Judicium de Sanguine, Vena secta* de Jessen, etc.

Könng, *Bibl. vet. et nov.* — Sax, *Onomasticon litterarium*.

BRUNO ou **BRAUN** (*Samuel*), chirurgien suisse, natif de Bâle, vivait dans la seconde moitié du seizième siècle. En 1611, il s'embarqua en Hollande pour le Congo, visita jusqu'en 1621 la côte d'Afrique jusqu'à Angola, et fit deux fois le voyage de la Méditerranée. Il étudia surtout les mœurs et le climat africain. La relation allemande de ce voyage se trouve dans les *Petits Voyages* publiés en 1625 par les héritiers de Debry, et en latin dans l'édition latine du même recueil, sous le titre de : *Appendix regni Congo, qua continentur navigationes quinque Samuelis Brunonis, civis et chirurgi Basileensis*, 1625, traduit par J.-L. Gotefredus (c'est-à-dire, selon Meusel, par J.-Ph. Abelin).

Meusel, *Gelehrtes Deutschland*.

*BRUNO DE SAINT-YVES (*Yves d'Alam*, connu en religion sous le nom de), prieur de l'ordre du Carmel et missionnaire, que les uns firent naître à Beuzec-Cap-Sizun (Finistère), les autres à Herbuzce près de Pontcroix (même département), au mois d'avril 1600, mourut à Alep le 5 juillet 1661. Ayant perdu sa mère presque en naissant, il fut chassé de la maison paternelle par une marâtre qui le poursuivit de sa haine jusque dans le collège de Quimper, où un de ses oncles l'avait placé. Obligé de quitter ce collége, il fut recueilli par un habitant de Morlaix, qui le donna pour précepteur à ses enfants : cette bonne fortune lui permit de continuer lui-même ses études. Chargé ensuite de l'éducation de deux jeunes gentilshommes bretons, il les accompagna au collége de Rennes et de Clermont, à Paris, où il fit profession dans la maison des Carmes déchaussés en 1623. Peu d'années après, son mérite et son éminente piété le firent élire successivement sous-prieur et prieur de la maison des Carmes de Vannes. En 1634, il fut élu prieur de la maison de Pont-à-Mousson, et remplit cette charge jusqu'en 1640, époque où il s'en démit pour entrer, comme simple religieux, dans la maison de Paris. Dévoré depuis longtemps du désir d'aller exercer l'apostolat dans les missions étrangères, il obtint d'y être envoyé, et partit de Paris le 16 avril 1644, avec un autre religieux de son ordre, pour se rendre à Alep, où, pendant un séjour de dix-sept ans, il fit par ses prédications un grand nombre de conversions, dues autant à son inépuisable charité qu'à sa parole persuasive. Il avait plusieurs fois échappé au fléau presque périodique de la peste, lorsqu'il finit par y succomber. Familier avec la langue arabe, le P. Bruno avait composé, dans cette langue, un *Livre de controverse* sur les hérésies de l'O-rient, un *Office des morts* et un *Office de la Vierge*. Nous croyons qu'aucun de ces ouvrages n'a été imprimé.

Biographie Bretonne.

BRUNO SILVESTRO. Voy. Morvillo.
BRUNOÏ. Voy. Paris de Mont-Martel.
BRUNON. Voy. Bruno.

*BRUNORI ou BRUNOINI (*Federigo*), peintre, né à Gubbio, travaillait vers 1600. Quoique par sa patrie et par son maître, Felice Damiani, il appartienne à l'école romaine, il tient plutôt de l'école vénitienne par son style, son coloris et sa manière d'empâter. Il s'appliqua à imiter la nature, et montra une prédilection particulière pour les costumes étrangers, qu'il aimait à introduire dans ses compositions. E. B—N.

Ranghiasci, *Elenco de' professori Eugubini*.

BRUNQUELL (*Jean-Salomon*), jurisconsulte allemand, né à Quedlinbourg en 1693, mort le 21 mai 1735. Il étudia le droit à Leipzig et à Iéna, où il le professa plus tard, après avoir exercé la profession d'avocat à Quedlinbourg. Nommé conseiller aulique des ducs de Saxe-Gotha et de Saxe-Eisenach en 1733, il fut élevé à la même dignité en 1735 par le roi d'Angleterre, et appelé à la chaire de droit de Gœttingue. Ses principaux ouvrages sont : *Dissertationes de criminum Abolitione; — de Codice Theodosiano; — de Pictura honesta et utili; — de Usu linguæ germanicæ veteris in studio juris feudalis Longobardico; — de Utilitate ex historia atque antiquitatibus sacris in jurisprudentiæ ecclesiasticæ studio capienda*; en tête d'une édition des *Observationes juris canonici* d'Innocent Ciron, 1726; — *Historia juris romano-germanici*; Iéna, 1727; Amsterdam, 1738; Francfort et Leipzig, 1742 : c'est une œuvre estimable, et toujours bonne à consulter; — *Opuscula ad historiam et jurisprudentiam spectantia*; Halle, 1774, éd. Kœnig : c'est l'ensemble des *dissertations* de Brunquell sur diverses matières.

Rottermund, *Gelehrtes Hanover*.

BRUNS (*Paul-Jacques*), savant anglais, vivait dans la seconde moitié du dix-huitième siècle. Il découvrit en 1772 un fragment de Tite-Live. « En examinant dans la bibliothèque du Vatican, dit M. Ginguené, un beau manuscrit timbré 24, qui paraît du huitième siècle, contenant les livres de Tobie, de Job et d'Esther, Bruns s'aperçut que le texte avait été écrit par-dessus une écriture plus ancienne; il reconnut que le vélin avait été arraché de différents manuscrits, et qu'on trouvait dans ce livre des fragments de plusieurs autres livres. Quelques feuillets contenaient autrefois des oraisons de Cicéron, mais rien qui n'ait été publié. Quatre autres feuillets lui offrirent un fragment de l'un des livres de Tite-Live qui nous manquent (le quatre-vingtième). » Et l'auteur de l'*Histoire littéraire d'Italie* induit de là que ces feuillets furent arrachés d'un ancien manuscrit de Tite-Live, comme les autres le furent d'un manuscrit de Cicéron, par un copiste du huitième siècle qui, manquant de vélin, aurait employé ce moyen de s'en procurer.

Ginguené, *Histoire littéraire de l'Italie*, t. I.

BRUNSCHWYG ou **BRUNSWICH** (*Jérôme*), apothicaire et chirurgien alsacien, vivait à Strasbourg dans la première moitié du quinzième siècle. On a de lui : *Von dem Cyrurgicus*; Strasbourg, 1497, in-fol., fig. en bois; — un *Livre sur l'art de distiller et sur les plantes usuelles*, en allemand; Strasbourg, 1500, in-fol. avec gravures sur bois, publié en latin sous ce titre : *de Arte distillandi*, et plus tard, 1529, sous cet autre titre : *Apotheca vulgi*; et enfin, par Brunfels, sous ce dernier titre : *Hieronymi, herbarii Argentoratensis Apodexis vulgi*. Le nom d'*Hieronymus* que portait aussi Bock ou Tragus a trompé Séguier, qui a attribué au premier l'*Apotheca* ou *Apodexis* de Brunschwyg.

Jöcher, au mot *Hieronymus*.— Séguier, *Biblioth. botanica*.

BRUNSWICK, maison princière d'Allemagne divisée en plusieurs branches, dont il serait trop long d'établir ici la filiation généalogique. Les principaux membres sont :

I. BRUNSWICK (*Othon*, dit *l'Enfant*, duc DE), mort le 9 juin 1252. Il n'avait que dix ans lorsqu'il succéda au duc Guillaume de Lünebourg, son père. Les filles du palatin du Rhin, qui avait été possesseur d'une grande partie des États de Brunswick, ayant voulu vendre à l'empereur Frédéric II les pays que leur père avait eus dans la basse Saxe, Othon s'y opposa, en se fondant sur ce que l'existence d'un seul héritier mâle, même du degré le plus éloigné, était exclusive de la succession féminine. En 1227 il entra, dans Brunswick, dont les habitants l'appelaient, et prit le titre de duc. Son succès dura peu : à la suite d'une guerre contre les comtes de Holstein et de Lübeck, il fut pris par le comte de Schwerin. Pendant qu'il était détenu, les nobles du duché se soulevèrent; mais, grâce à ses beaux-frères, fils d'Albert, margrave de Brandebourg, il recouvra sa liberté, châtia les insurgés, et fit sa paix avec l'Empereur, auquel il fit hommage en 1235, à la diète de Mayence, de la ville de Lünebourg et de ses dépendances; puis il les reprit, comme fiefs de l'Empire, sous le titre de duc de Brunswick et de Lünebourg. La fin de son règne fut marquée par de louables efforts pour rétablir l'ordre dans ses États, et par quelques expéditions militaires en vue de porter secours aux chevaliers teutoniques et au margrave Othon de Brandebourg.

II. BRUNSWICK-LÜNEBOURG (*Jean*, duc DE), fils du précédent, mort en 1277. Il régna alternativement avec son frère Albert jusqu'en 1267. A cette époque, les deux frères se partagèrent les États paternels. Albert, qui obtint le duché de Brunswick, le pays entre le Deister et la Leine, la principauté d'Oberwald, le district du Weser et le Harz, alla s'établir au château de Dankwarderode, et fonda la branche aînée de Wolfenbüttel. Les autres États restèrent à Jean, qui s'établit au château de Lünebourg, et fut le fondateur de la branche de ce nom.

III. BRUNSWICK-LÜNEBOURG (*Othon*), surnommé *le Sévère*, fils du précédent, mourut en 1330, après avoir accru ses États par l'achat d'un grand nombre de seigneuries.

IV. BRUNSWICK-LÜNEBOURG (*Othon* et *Guillaume*, ducs DE), fils du précédent. Othon mourut en 1352, et Guillaume en 1369. Les deux frères gouvernèrent alternativement jusqu'à la mort d'Othon. Guillaume eut deux filles, dont l'une épousa Louis, fils du duc Magnus Ier, qui mourut avant son beau-père. Guillaume voulut alors assurer l'héritage du duché à un homme détesté : *Magnus*, surnommé *au Collier*. Mais ce projet fut traversé par les ducs de Wittemberg, appuyés par l'empereur Charles IV. Ce fut ainsi que commença la guerre de la succession de Lünebourg. La mort de Guillaume mit fin à la première ligne de cette maison. A l'issue de la guerre, ses États passèrent à la seconde ligne de Lünebourg.

V. BRUNSWICK (*Othon*), prince cadet de la première ligne, mort en 1399. Il alla en Italie en 1363, et s'y fit *condottiere*. Entré au service du marquis de Montferrat, il se distingua en guerroyant avec ce prince contre les Visconti. C'est ainsi qu'il mérita de devenir le conseiller, le ministre du marquis, et le tuteur des enfants de ce dernier. Après avoir contraint les Visconti à lever le siège d'Asti, il alla ravager le Milanais, dont les seigneurs reconnurent enfin les droits des enfants du marquis de Montferrat. Le 25 mars 1376, il épousa Jeanne I, reine de Naples, veuve de son troisième mari, l'infant d'Aragon. Lorsque cette princesse, attaquée par Charles de Durazzo, se fut réfugiée dans le château du Pont-Neuf, Othon de Brunswick présenta la bataille à Durazzo, fut vaincu le 25 août 1381, fait prisonnier, et trois ans plus tard tiré de la captivité par le nouveau roi Charles III, auquel il donna des conseils stratégiques. Il profita de la mort de Charles et de la minorité de Ladislas, fils de ce souverain, pour venger Jeanne. En juin 1387, il marcha contre Naples; et le 20 juillet il s'en empara, et châtia tous les complices du meurtre de la reine. Cependant il abandonna le parti de Louis d'Anjou, qui n'avait pas eu pour lui les égards qu'il méritait, pour se rallier à Ladislas; et dans une bataille livrée aux Severini, partisans de Louis, il fut fait prisonnier, et ne recouvra la liberté que moyennant une rançon de deux mille florins, et sa parole de ne rien entreprendre d'hostile pendant dix ans. Il ne laissa point d'enfant.

VI. BRUNSWICK-LÜNEBOURG (*Ernest, le Confesseur*, duc DE), fils de Henri le Jeune, naquit le 26 juin 1497, et mourut le 11 juin 1546. Il étudia à Wittemberg, et y devint l'auditeur des doctrines de Luther. Il voyagea ensuite en France, et revint en Allemagne pour prendre parti en faveur de la réforme. Il fut un des signataires de la confession d'Augsbourg, adhéra à la ligue de Smalkalde, et introduisit dans ses États le culte nouveau. Il fit en même temps tous ses efforts pour assurer le repos de ses sujets. Son éloge a été prononcé par Mélanchthon.

VII. **BRUNSWICK-LUNEBOURG** (*Éric*, surnommé *l'Ancien*, duc DE), né le 16 février 1470, mort le 26 juillet 1540. Élevé à la cour d'Albert, duc de Bavière, il fit, à l'âge de dix-huit ans, un voyage dans la terre sainte; et, au retour, il visita la cour de Maximilien 1er, qui lui accorda toute sa faveur. En 1493, il se distingua dans la guerre contre les Turcs; et en 1504, à la bataille de Ratisbonne, il défendit avec un tel courage Maximilien blessé et tombé de cheval, que l'empereur eut le temps de combattre de nouveau. Aussi magnanime que vaillant, il osa seul, lors de la prise de Kufstein, braver la colère de Maximilien, qui avait juré de n'accorder aucune merci à la population, et même de souffleter celui qui le premier parlerait de faire grâce. Le duc consentit à recevoir cet outrage, lorsque déjà dix-sept soldats avaient subi le dernier supplice. Après la mort de Maximilien, le duc de Brunswick fut vaincu et fait prisonnier par Jean, évêque de Hildesheim, duc de Saxe-Lauenbourg, et ne fut rendu à la liberté que par l'intervention de Charles-Quint, sans pourtant recouvrer la totalité de ses États. Les dissensions religieuses de l'époque le trouvèrent tolérant, quoique attaché au culte de ses ancêtres.

VIII. **BRUNSWICK-LUNEBOURG** (*Éric*, duc DE), surnommé *le Jeune*, fils du précédent, né le 10 août 1528, mort à Padoue en 1584. Il fut élevé dans la religion luthérienne par sa mère; mais, après avoir vu Luther à Wittemberg, il revint aux principes de la religion catholique, prit parti pour Charles-Quint contre les princes de la confession d'Augsbourg; et, revenu dans ses États, il s'y opposa d'abord aux progrès de la réforme. Cependant, devenu l'allié du margrave de Brandebourg, puis ayant besoin d'être secouru par les cités hanséatiques, enfin cédant aux remontrances de sa mère, il revint à des procédés plus tolérants, rendit à la liberté les prédicateurs luthériens emprisonnés par son ordre, et en 1553 il autorisa l'exercice du culte réformé. Il fut au service de Philippe II dans les guerres de ce monarque contre la France, et nommé chevalier de la Toison d'or. Il mourut sans postérité, et ses États firent retour à la branche aînée de Wolfenbüttel.

IX. **BRUNSWICK-WOLFENBÜTTEL** (*Henri*, duc DE), surnommé *le Jeune*, né le 10 novembre 1489, mort le 12 juin 1568. Il eut d'abord de violentes contentions avec l'évêque d'Hildesheim, et s'efforça, en 1525, de réprimer la *guerre des paysans*. En 1528, il suivit Charles-Quint en Italie, mais revint presque seul, par suite de la désertion de ses troupes. D'abord prévenu pour les réformateurs, il revint aux catholiques, après s'être brouillé avec les princes du parti opposé, entre autres l'électeur de Saxe, auquel il refusa, en 1538, un sauf-conduit pour venir assister à Brunswick à l'assemblée des chefs de la nouvelle communion. Aussi fut-il un de ceux qui entraînèrent la formation de la ligue catholique de Nuremberg. Il ne fut pas mieux avec ses voisins: c'est ainsi qu'il brouilla le prince George, duc de Saxe, avec son frère Henri, et qu'il fut en querelle avec Éric le Jeune, duc de Brunswick, avec le landgrave de Hesse, le margrave de Brandebourg, et d'autres princes. Tour à tour chassé de ses États et rappelé, il vécut dans une agitation extrême. Avant de mourir, il se fit luthérien.

X. **BRUNSWICK-WOLFENBÜTTEL** (*Jules*, duc DE), fils de Henri le Jeune, mourut le 3 mai 1589. Zélé protestant, il fit triompher dans ses États le culte nouveau, et créa l'université de Helmstædt. En 1576, il publia son *Corpus doctrinæ Julium*, qui contenait les trois symboles de la confession d'Augsbourg, les articles de Smalkalde et les catéchismes de Luther. L'extinction de la ligne collatérale en 1584 accrut encore le duché de Brunswick.

XI. **BRUNSWICK-WOLFENBÜTTEL** (*Henri-Jules*), fils aîné du précédent, mourut en 1613. Plus instruit encore que son père, il s'appuya comme lui sur le droit romain pour consolider son pouvoir. En 1596, il ajouta à ses États ceux de la ligne de Grubenhagen, et améliora la position des paysans dans leurs rapports avec les seigneurs.

XII. **BRUNSWICK-WOLFENBÜTTEL** (*Frédéric-Ulric*), fils du précédent, naquit le 5 avril 1591, mourut le 11 août 1634. Il étudia à Helmstædt et à Tubingue, voyagea en France, en Angleterre et dans les Pays-Bas, et revint en Allemagne en 1612, pour se trouver à l'élection de l'empereur Mathias. Devenu possesseur, à la mort de son père, en 1613, des principautés de Wolfenbüttel, Calemberg et Grubenhagen, il dut, en 1617, laisser la dernière au duc de Brunswick-Lunebourg. Pendant la guerre de trente ans, il fut d'abord pour l'empereur; puis il s'unit contre ce pr ce avec les États saxons, alliés de Christian, roi de Danemark, opposé à l'Empire. A la suite de la bataille de Luttern, perdue en 1626, il dut contracter d'autres alliances; et en 1631 il obtint celle de Gustave-Adolphe. En 1633, il recouvra Calemberg. Ses États, à défaut d'héritiers, passèrent dans la maison de Brunswick-Lunebourg.

XIII. **BRUNSWICK-LUNEBOURG** (*Auguste*, duc DE), surnommé *le Jeune*, né le 10 avril 1579, mort le 17 septembre 1666. Il étudia à Rostock, à Tubingue et à Strasbourg; visita une partie de l'Europe, et se fit remarquer par son amour des lettres, en même temps qu'il excellait dans les exercices du corps. Il se trouva en Angleterre au couronnement de Jacques 1er, et fut, en France, l'ami de Henri IV. Devenu, par la mort de Frédéric-Ulrick en 1634, souverain du duché de

Brunswick-Wolfenbüttel, de la principauté de Calemberg et des comtés d'Ober-Hoya et de Blankembourg, il céda la principauté aux Brunswick-Zelle, Hoya et Diepholz à Brunswick-Haarbourg. Il protégea les lettres, fit transporter d'Hizaker à Wolfenbüttel une bibliothèque qui comptait, en 1614, près de quatre-vingt mille volumes. Les besoins matériels de ses sujets ne le préoccupaient pas moins. C'est ainsi qu'il fit reprendre les travaux d'exploitation des mines de métal et de sel. Il a publié ses ouvrages sous le nom de Gustave *Selenus*, tiré du grec σελήνη, *lune*, la première partie du mot *Lunebourg*. On a de lui : un *Traité du jeu d'Échecs*, avec gravures; Leipzig, 1616 (en allemand); — *Cryptomenityces et Cryptographiæ, in quibus et planissima stenographiæ a Jos. Trithemio magice et ænigmatice conscriptæ enodatio traditur, inspersis ubique authoris ac aliorum noncontemnendis inventis*; Lunebourg, 1624, in-fol.; — *Traité sur la culture des Vergers*, 1636; — *Histoire de la Passion, de la Mort et de la Sépulture du Christ*; Lunebourg, 1640.

XIV. **BRUNSWICK-WOLFENBÜTTEL** (*Rodolphe-Auguste*, duc DE), fils du précédent, né le 16 mai 1627, mort le 26 janvier 1704. Il étudia à Helmstædt, et vint ensuite se former à l'école de Frédéric-Guillaume, électeur de Brandebourg. A la mort de son père, il partagea le pouvoir avec Antoine-Ulrich, son frère. En 1671, il s'empara de la ville de Brunswick; mais il dut céder Danneberg au duc de Brunswick. Ce prince était doué d'une grande piété : *Moriamur quando voluerit Deus*, disait-il; *modo quomodo relit vivamus*.

XV. **BRUNSWICK-WOLFENBÜTTEL** (*Antoine-Ulrich*, duc DE), frère du précédent, né à Hitzaker le 4 octobre 1633, mort le 27 mars 1714. Son précepteur, Juste-George Schottel, lui inspira le goût des lettres, qu'il aima comme fit son frère. Il étudia à Helmstædt, puis il visita la France, l'Angleterre et l'Italie. A son retour en Allemagne et à la mort de son père, il devint lieutenant du duc Rodolphe-Auguste, qui l'associa ensuite à son gouvernement, et vécut avec lui dans une parfaite union. Antoine fut aux démêlés du duché avec la couronne de Suède. L'élévation de la maison de Hanovre, qu'il vit avec peine, le fit soupçonner d'avoir voulu, pour l'entraver, s'allier avec la France; et l'empereur ayant menacé de lui retirer sa participation au gouvernement du duché, il fallut qu'il signât le traité conclu entre Rodolphe et l'électeur de Hanovre. Devenu seul duc par la mort de son frère, il s'attacha à la maison d'Autriche, et maria sa fille Élisabeth à l'empereur Charles VI. En 1710, il embrassa le catholicisme, sans empêcher ses sujets d'exercer librement leur culte. On lui doit l'augmentation de la bibliothèque fondée par son père. Ses principaux ouvrages sont : *Aramène, princesse de Syrie*; Nuremberg, 1669, in-8°, avec un épisode intitulé *Jacob trompé par Rachel*; — *Octavie*; Nuremberg, 1685 et 1707, in-8° : c'est l'histoire de Rome depuis Claude jusqu'à Vespasien.

XVI. **BRUNSWICK-LÜNEBOURG-BEVERN** (*Ferdinand-Albert*, duc DE), autre fils d'Auguste dit *le Jeune*, naquit en 1636, et mourut en 1687. Il eut pour précepteur Sigismond de Bircken (*Betulius*), sous la direction duquel il apprit dix langues. Encore enfant, il se trouva déjà en état de traduire du latin en allemand plusieurs ouvrages. En 1666, époque de la mort de son père, il s'établit au château de Bevern, et fonda la branche de ce nom. Le reste de sa vie se passa en grande partie en voyages. Il visita la France, étudia l'équitation et l'escrime à Lyon, et revint en Allemagne par Trèves et Cassel. A partir de 1662 il parcourut l'Italie, la Sicile, Malte, et en 1664 il monta sur l'Etna. Revenu par Salzbourg et Passau, il visita les Pays-Bas, et en 1664 l'Angleterre, où il séjourna dix mois. Après s'être marié en 1667, il voyagea en Suède en 1670. En 1675, il alla à Vienne, vint en Hongrie et en Silésie; et au retour de tous ces voyages il en publia en deux parties la relation sous ce titre : 1re partie : *Aventures admirables et état admirable dans ce monde admirablement pervers; le tout recueilli par la propre expérience et dans les écrits des hommes pieux, sensés et expérimentés, par celui que l'on appelle, dans la Société des Fructifiants* (1) L'ADMIRABLE DANS LES FRUITS; *contenant la vie et les ouvrages de l'Admirable*; Bevern, 1678, 1 vol. ; — Seconde partie, *contenant les choses miraculeuses et divines de l'Ancien Testament*; Bevern, 1680, in-4°. L'une et l'autre parties sont écrites en allemand. Le singulier titre de cet ouvrage ne prouve pas chez l'auteur une raison bien solide; et, en effet, elle se trouvait, sur la fin de la vie du duc, singulièrement affaiblie.

XVII. **BRUNSWICK-BEVERN** (*Antoine-Ulrich*, duc DE), naquit en 1714, et mourut à Kolmogori au mois de mai 1775. Colonel au service de Russie en 1730, il épousa, en 1739, Anne, fille de Charles-Léopold, duc de Mecklembourg, et de Catherine, nièce de Pierre le Grand. Le prince Iwan, issu de ce mariage en 1740, fut désigné par la czarine Anne pour être son héritier, sous la tutelle du duc de Courlande. Celui-ci fut d'abord écarté par la mère d'Iwan, qui s'était emparée de la régence. Mais une nouvelle révolution, fomentée par Élisabeth, fille de Pierre le Grand, le précipita du trône, et fit perdre le pouvoir à sa mère. Elle fut exilée en Sibérie avec le duc de Brunswick, son mari, qui passa ainsi une grande partie de sa vie dans la captivité.

XVIII. **BRUNSWICK-LÜNEBOURG-BEVERN** (*Auguste-Guillaume-Albert*, duc DE), né à Brunswick en 1715, mort le 1er août 1781. Il fit la campagne du Rhin au service de la Prusse en

(1) L'auteur était membre de la Société des *Fruchtbringende* (fructifiants).

1734, fut blessé à Molwitz en 1740, et se distingua à Hohenredberg. Au début de la guerre de sept ans, il commanda en Bohême un corps de troupes; vainquit, le 21 avril 1757, à Reichenberg; contribua à battre les Autrichiens à Prague, et se distingua par sa valeur à Kollin. Devenu prisonnier des Autrichiens le 27 novembre 1757, il recouvra sa liberté en 1758, alla à la rencontre des Suédois et des Russes, campés aux environs de Stettin, et finit ses jours dans cette ville, où il s'était retiré après d'autres actions d'éclat.

XIX. **BRUNSWICK-LÜNEBOURG** (deuxième branche) (*Christian*, duc DE), évêque d'Halberstaedt, né le 10 septembre 1599, mort le 9 juin 1626. Son infatigable valeur pendant la guerre de trente ans, et surtout son dévouement à la cause de Frédéric V, roi de Bohême, le rendirent célèbre. Après la bataille de Prague et la fuite de Frédéric, le duc de Brunswick jura qu'il rétablirait sur le trône le prince malheureux. Il ravagea la Hesse, prit Zoest, Lippe, Paderborn, et accompagna ses expéditions du pillage des églises. C'est ainsi qu'il prit à Paderborn la statue de saint Liboire en or massif, et du poids de soixante livres. Cependant il fit frapper des écus avec cette devise : « Ami de Dieu, ennemi des prêtres. » Il traita de la même façon le diocèse de Mayence. Vaincu au passage du Mein, il se joignit au comte de Mansfeld, se dirigea vers l'Alsace, et en 1622 il fit accepter ses services aux Hollandais, qui avaient à lutter contre le roi d'Espagne et Gonzalve de Cordoue. A la bataille de Fleury qu'il leur livra, et dont l'issue fut incertaine, il fut blessé au bras, et se fit couper, au son des tambours et des trompettes, le membre blessé; puis fit lever le siège de Berg-op-Zoom. Comme il refusa de faire la paix avec l'Empereur, parce qu'elle ne devait pas s'appliquer à l'électeur palatin et à ses autres alliés, il continua la guerre, fut battu par le général Tilly, et forcé d'aller demander des secours en Angleterre et en Hollande. La mort interrompit les succès qu'il eut au retour. Ce fut, dit-on, le poison qui mit fin à ses jours.

XX. **BRUNSWICK-LÜNEBOURG** (*Auguste* DE), né le 19 novembre 1568, mort le 10 octobre 1636. Après avoir étudié à Wittemberg, à Leipzig et à Strasbourg, il suivit en France le prince Christian d'Anhalt, qui marchait au secours du roi Henri IV; puis il se maria, de la main gauche, avec une jeune fille appartenant à la bourgeoisie de Zelle, et en eut des enfants qui prirent le nom de seigneurs de Lünebourg. En 1635, il adhéra, dans l'assemblée qu'il avait convoquée à cet effet à Lünebourg, et d'accord en cela avec les états de la basse Saxe, au traité entre l'empereur Ferdinand II et Jean-George, électeur de Saxe, traité que le chancelier Oxenstiern avait voulu empêcher.

XXI. **BRUNSWICK-LÜNEBOURG-ZELLE** (*George-Guillaume*, duc DE), né le 16 janvier 1624, mort le 28 août 1705. Des contestations au sujet des droits de succession de son père le duc George, et de son frère aîné le duc Christian-Louis, s'élevèrent entre lui et son troisième frère le duc Jean-Frédéric. Un traité conclu à Hildesheim en 1666 les réconcilia. George-Guillaume prit part ensuite aux diverses guerres extérieures qui se faisaient alors. En 1668 il seconda le prince d'Orange dans sa descente en Angleterre, et reçut, en récompense, l'ordre de la Jarretière. A la mort du dernier duc de Saxe-Lünebourg en 1680, il s'empara d'abord des États de ce prince; puis il se confirma dans cette possession par un payement de 1,100,000 écus; seulement il fut stipulé qu'en cas de décès sans héritiers mâles, les États cédés reviendraient à la maison électorale de Saxe; ce qui eut lieu en effet. Il épousa une protestante française, Mlle d'Olbreuse, et obtint pour elle, de l'empereur, le titre de princesse de Harbourg. Elle fut renommée pour son esprit et ses talents, et attira à la cour ducale plusieurs de ses compatriotes.

XXII. **BRUNSWICK-WOLFENBÜTTEL** (*Charlotte* DE), femme d'Alexis, fils de Pierre le Grand, morte le 2 novembre 1715. Alexis, envoyé en Allemagne par son père, y épousa, par ordre de Pierre, la princesse Charlotte, qu'il outragea en lui préférant une paysanne finnoise, et qui mourut en couches en 1715. Une version plus romanesque présente autrement les choses : d'après cette version, le prince Alexis, ayant maltraité sa femme pendant qu'elle était grosse, se serait immédiatement retiré à la campagne; et, touchées de pitié, les personnes de l'entourage de la princesse l'auraient fait évader pendant que l'on annonçait sa mort, et auraient fait enterrer une bûche à sa place. Charlotte serait alors passée en France, d'où elle se serait rendue à la Louisiane, où elle aurait épousé un gentilhomme français, nommé d'Aubant. Revenue en France, elle y aurait été reconnue, dans le jardin des Tuileries, par le maréchal de Saxe. Après de nouveaux voyages, elle aurait épousé en troisièmes noces un M. de Moldack, et, devenue une dernière fois veuve, elle serait venue finir ses jours à Vitry-le-Français. Voltaire révoque en doute toute cette odyssée, et il le fait dans ce style incisif et persifleur qui le caractérise. « Une Polonaise, en 1722, vint à Paris, dit-il, et se logea à quelques pas de la maison que j'occupais; elle avait quelques traits de ressemblance avec l'épouse du czarowich. Un officier français, nommé d'Aubant, qui avait servi en Russie, fut frappé de la ressemblance. Cette méprise donna envie à la dame d'être princesse. Elle avoua ingénument à l'officier qu'elle était la veuve de l'héritier de la Russie; qu'elle avait fait enterrer une bûche à sa place pour se sauver de son mari. D'Aubant fut amoureux d'elle et de sa principauté; d'Aubant, nommé gouverneur dans une partie de la Louisiane, mena sa princesse en Amérique. Le bon homme est mort, croyant fermement avoir eu pour femme une belle-fille d'un empereur de Russie ; ses enfants le croient aussi, et ses petits-enfants n'en douteront pas. » (Lettre de Voltaire, insérée dans le *Journal de Paris* du 19 février 1782).

XXIII. **BRUNSWICK** (*Ferdinand*, duc DE), fils cadet de Ferdinand-Albert, duc de Brunswick-Wolfenbüttel, naquit le 11 janvier 1721, et mourut dans son château de Vechette en 1792. Il entra de bonne heure au service de la Prusse, qui, en 1739, lui confia un régiment. Dès le commencement de la guerre de sept ans, il se distingua à la bataille de Prague ; et bientôt après, en 1757, il reçut de Frédéric II le commandement en chef de l'armée de Westphalie. Dans cette guerre il gagna les batailles de Crefeld et de Minden. Une mésintelligence qui s'éleva entre lui et le roi le décida à prendre son congé après la paix ; et depuis il vécut dans son pays, faisant du bien à la classe indigente, favorisant l'instruction populaire, et prenant plaisir à protéger les beaux-arts, surtout la musique et la peinture.

XXIV. **BRUNSWICK-LUNEBOURG** (*Charles-Guillaume-Ferdinand*, duc DE), neveu du précédent, homme d'un rare mérite, mais, vers la fin d'une vie agitée, l'un des plus malheureux princes des temps modernes, naquit le 9 oct. 1735, et mourut le 10 novembre 1806. Il était fils aîné du duc Charles de Brunswick, alors régnant, et d'une sœur de Frédéric le Grand. Il fut mis, à l'âge de sept ans, entre les mains du célèbre Jérusalem, alors prédicateur aulique, et fréquenta depuis sa douzième année, sous la direction de son gouverneur, le *collegium Carolinum* de sa ville natale, nouvellement fondé. L'amour de la gloire germa de bonne heure dans son âme, que les exploits de Frédéric II achevèrent d'enflammer. La guerre de sept ans lui fournit la première occasion de déployer ses talents : il conduisit au camp des alliés les troupes de Brunswick, et, de l'avis même de Frédéric, il prouva, dans la malheureuse bataille de Hastenbeck, en reprenant sur les Français une batterie dont ils s'étaient emparés au centre de l'armée alliée, que la nature l'avait destiné à devenir un héros. Le 23 juin 1758, il décida la victoire de Crefeld, remportée par son oncle. Après la guerre de sept ans, il épousa la princesse Auguste de Galles. Entré au service de Prusse en 1773 avec le rang de général d'infanterie, l'occasion lui manqua de perfectionner ses talents militaires. A la mort de son père (1780), il prit les rênes du gouvernement : d'abord il s'occupa de l'amélioration, devenue urgente, des finances ; il réduisit l'état de sa maison, diminua les charges publiques, encouragea l'agriculture, et favorisa la liberté du commerce. Malgré ses bonnes intentions, il eut néanmoins le malheur de manquer souvent son but ou de ne l'atteindre qu'à demi, surtout lorsque, pour l'amélioration de l'instruction publique et de l'éducation, il attira à grands frais dans ses États des savants qui, entravés par les nombreux obstacles qu'ils rencontrèrent, ne furent d'aucune utilité au pays, pour lequel leurs traitements élevés devinrent une charge onéreuse.

En 1787, il fut appelé à se mettre à la tête d'une armée prussienne pour soutenir les droits du stathouder ; entreprise dans laquelle il réussit. Lors de la révolution française, le duc prit le commandement général des armées autrichienne et prussienne, et publia le 15 juillet 1792, à Coblentz, son fameux *manifeste*. Le plan du duc était de marcher par la Lorraine sur Paris, et, en coupant les communications à cette ville, de la forcer par la famine à se rendre. Maîtresse de Longwy (le 23 août 1792) et de Verdun (le 2 septembre), l'armée des alliés se vit arrêtée dans la Champagne, où d'étroits passages et les forêts de l'Argonne rendaient extrêmement difficile l'arrivée de ses convois. Dumouriez (*voy.* ce nom) se renfermait dans son camp près de Sainte-Menehould ; chaque jour, les deux armées en venaient aux mains pour mesurer leurs forces ; mais le général français eut la prudence d'éviter une bataille décisive, dans laquelle il eût risqué le sort de la France, prévoyant bien d'ailleurs que la disette et les maladies forceraient tôt ou tard les Allemands à la retraite. Ces redoutables auxiliaires des Français ne tardèrent pas, en effet, à se faire sentir dans l'armée du duc : alors Charles-Guillaume-Ferdinand, pour forcer Dumouriez à une bataille, attaqua le 20 septembre, à Valmy, le corps sous les ordres de Kellermann ; mais les Français conservèrent leur position, et les alliés se virent contraints, deux jours après, de conclure un armistice, et d'évacuer la Champagne le 29 septembre. Pendant cette retraite, le général de Custine s'empara des villes de Spire, de Worms, de Mayence le 21 octobre, et bientôt après de Francfort, qui ne tarda pas cependant à être reprise par les Prussiens et les Hessois. Uni aux Autrichiens, le duc ouvrit en 1793 la campagne sur le haut Rhin, prit la forteresse de Kœnigstein le 7 mars, et s'empara de nouveau de Mayence le 22 juillet. Les Français, de leur côté, entreprirent, le 14 septembre, une attaque générale, depuis Strasbourg jusqu'à Saarbruck, contre le général Wurmser et le duc de Brunswick, qui, ce même jour, livrait près de Pirmasens (grand-duché de Darmstadt) une bataille sanglante au général Moreau : les Français furent repoussés de leur camp près Hornbach jusqu'aux bords de la Saar. Un mois après, le 13 octobre, le duc, conjointement avec le général Wurmser, réussit à rompre les lignes de Wissembourg et à s'approcher ainsi de Landau. Pour s'assurer un nouveau point d'appui, il tenta, dans la nuit du 16 au 17 octobre, un assaut infructueux contre le fort de Bitche, qui est la clef des Vosges, et où convergent les routes de Landau, de Pirmasens, de Wissembourg et de Strasbourg. Cependant il défit une division de l'armée de la Moselle, qui, sous les ordres du général Hoche, s'avançait pour délivrer Landau. Néanmoins les coalisés se trouvèrent dans la nécessité de repasser le Rhin, pour se soustraire aux nombreuses attaques que les généraux Hoche et Pichegru dirigèrent contre eux ; les lignes autrichiennes furent même forcées par Pichegru, le 22 décembre, près de Froschweiler. Bientôt après, des difficultés s'étant élevées entre la Prusse et l'Autriche, le duc se démit, au commencement de 1794, du commandement en chef, qui fut remis au général Mœllendorf.

Rendu à son pays, il lui consacra tout son temps, et travailla sans relâche à son bonheur, jusqu'à l'année 1806, si malheureuse pour la Prusse, pour son duché, et pour lui. Quoique déjà avancé en âge, il exécuta des travaux étendus, et rendit un édit très-remarquable sur les dettes. Au commencement de 1806, il fit, par ordre du roi de Prusse et dans la prévision de la guerre qui devait éclater, un voyage à Saint-Pétersbourg ; puis de retour, lorsque la guerre fut commencée, il se mit à la tête de l'armée prussienne en qualité de généralissime ; mais ses forces physiques et morales n'étaient plus à la hauteur d'une telle mission, ainsi qu'on put s'en apercevoir dans les batailles d'Iéna et d'Auerstædt. Mortellement blessé, le duc de Brunswick termina ses jours à Ottensee, près d'Altona. Le gouvernement de ce prince, qui sans doute présumait trop de ses forces, mais dont l'héroïsme mérite des hommages, fut un des plus heureux pour son pays. [*Enc. des g. du m.*]

XXV. **BRUNSWICK-WOLFENBÜTTEL-OELS**, frère de Charles-Guillaume-Ferdinand, naquit en 1740, et mourut à Weimar le 8 octobre 1805. Il cultiva avec succès les lettres, et fut nommé membre de l'Académie de Berlin. On lui doit : une *Traduction italienne des Considérations sur la Grandeur et la Décadence des Romains*, de Montesquieu ; — *Histoire d'Alexandre le Grand* ; — des pièces de théâtre en allemand et en français, jouées à Berlin et à Strasbourg.

XXVI. **BRUNSWICK-WOLFENBÜTTEL-OELS** (*Guillaume-Adolphe*), frère du précédent, naquit en 1745 et mourut en 1771, des suites d'une fièvre dont il fut atteint en allant combattre dans l'armée russe contre les Turcs. On a de lui : *Traduction de Salluste* ; — *Discours sur la Guerre*, ouvrage très-estimé du grand Frédéric ; — *la Mexicade*, poëme en vers français, resté manuscrit.

XXVII. **BRUNSWICK** (*Léopold*, prince DE), général prussien, le plus jeune des frères du duc Charles-Guillaume-Ferdinand, naquit à Wolfenbüttel en 1752, et mourut le 27 avril 1785. Comme ses frères, il eut pour gouverneur l'abbé Jérusalem, étudia ensuite à Strasbourg, voyagea en Italie sous les directions de Lessing, et devint, en 1776, officier au service de Prusse. A son retour de la guerre de la succession de Bavière, il s'établit à Francfort-sur-l'Oder. En 1780, il empêcha presque seul que l'inondation de cette année ne rompît la digue et ne s'abattît sur le faubourg. Il se signala par le même dévouement dans plusieurs incendies, et il perdit la vie en voulant sauver les victimes de nouvelles inondations. Cette rare philanthropie dans un homme placé au sommet de l'échelle sociale fut admirée de l'Europe entière, et l'Académie française en fit le sujet d'un concours de poésie.

XXVIII. **BRUNSWICK-OELS** (*Frédéric-Guillaume*), quatrième fils du duc Charles-Guillaume-Ferdinand, naquit le 9 novembre 1771, et mourut le 16 juin 1815. En 1786, il devint duc d'Oels et Bernstadt, et fit en 1792 la campagne contre la France, comme officier prussien. Contre toute attente, il fut appelé en 1806 à la succession de son père, par la mort de son frère aîné et l'abdication des deux autres ; mais la paix de Tilsitt en décida autrement. Pendant la campagne d'Autriche, en 1809, il organisa à ses frais un corps franc, et continua la guerre, même après que l'empereur eut conclu la paix avec Napoléon. Une expédition hardie, mais aventureuse, le mena jusque dans sa ville natale ; et de là, menacé de toutes parts, ayant sur ses derrières les troupes westphaliennes, hollandaises, danoises, il marcha par Hanovre à Brême, parcourant le duché d'Oldenbourg ; et il faisait mine de vouloir entrer dans l'Ost-Frise lorsqu'il parut à Elsfleth, et y saisit tous les bâtiments marchands. Ces navires lui servirent à embarquer ses troupes, et il réussit à gagner la mer au moment où le général westphalien Reubel arrivait avec des forces bien supérieures. Il cingla vers Helgoland, et arriva le 8 août 1809 en Angleterre, où le parlement lui assigna une pension. Il fut employé dans la guerre de Portugal et d'Espagne ; le 22 décembre 1813, il fut réintégré dans ses États, où il rapporta des intentions généreuses ; mais trop de précipitation lui suscita de graves embarras. En 1815, le retour de Napoléon le rappela sous les armes : les troupes de Brunswick se joignirent aux Anglais dans la Belgique ; mais à la bataille des Quatre-Bras, le 16 juin 1815, cet ardent et implacable ennemi de la France mordit la poussière sur le champ de bataille.

*XXIX. **BRUNSWICK** (*Charles*, ex-duc DE), l'aîné des deux derniers rejetons de la branche aînée des Guelfes ou Welfes, naquit à Brunswick, en 1804, de Frédéric-Guillaume, duc de Brunswick, et de Marie-Élisabeth de Bade. Partageant de bonne heure les malheurs de sa famille, il se réfugia (1807) en Suède avec sa mère, dont la sœur était femme de Gustave IV, et il l'accompagna ensuite à Carlsruhe, où la famille ducale se réunit de nouveau. Mais le repos dont elle jouit alors fut de courte durée : la mort enleva bientôt leur mère à Charles et à son jeune frère, et les chances de la guerre éloignèrent loin d'eux leur père, qu'une entreprise aventureuse (voyez l'article précédent) mena bientôt en Angleterre, où les princes le rejoignirent en 1809. Depuis, Charles vécut successivement à Bruchsal, à Lausanne, à Vienne, peu appliqué à ses études, se livrant à beaucoup d'écarts, et si peu docile aux suggestions de son gouverneur, que le roi d'Angleterre, oncle des deux princes et chargé de leur tutelle depuis la mort de leur père (1815), se vit obligé de l'en séparer. Voyant la direction funeste que prenait son neveu, George IV ne se pressa pas de l'émanciper, et attendit le terme rigoureusement exigé par la loi pour proclamer sa majorité. Cependant, de concert avec les cours de Vienne et de Berlin, il lui remit le gouvernement du duché le 23 octobre 1823.

En saisissant les rênes du gouvernement, à l'âge de dix-neuf ans, le duc Charles abandonna à son frère Guillaume la principauté d'Oels. Il se mêla d'abord peu des affaires, voyagea beaucoup, se distingua partout par des mœurs peu conformes à sa haute position, et par des succès qu'il serait inutile de rapporter ici.

Le conseiller intime de Schmidt-Phiseldeck resta chargé de la direction des affaires; mais, ne pouvant décider le duc à convoquer les états, il donna, au mois d'octobre 1826, sa démission, qui ne fut pas acceptée. En même temps commença la querelle avec le roi George IV, ancien tuteur du duc. M. de Schmidt-Phiseldeck échappa par la fuite (avril 1827) au mandat d'arrêt dont il était menacé, et chercha un asile dans le Hanovre. Alors le duc attaqua ouvertement, par lettres patentes du 10 mai 1827, l'administration de son tuteur, dirigea des libelles contre lui; et quand le comte de Münster y répondit, il l'appela en duel par un de ses officiers. L'arbitraire qu'il déploya dans ses actes, sa police secrète et son esprit de vengeance, joints à une conduite peu édifiante, le rendirent odieux. Les traitements injustes qu'eurent à endurer plusieurs dignitaires du duché, la violation de l'indépendance des juges, le refus d'écouter les conseils des cours voisines, eurent enfin pour suite que les états se réunirent d'eux-mêmes (21 mai 1829), suivant les formes prescrites par la constitution de 1820, et implorèrent la protection de la Confédération germanique pour maintenir cette constitution. La diète fit droit à ces sollicitations, mais le duc ne voulut pas se soumettre à son arbitrage. Alors, par un arrêté pris le 20 août 1829, le roi de Saxe fut invité par elle à occuper militairement le duché de Brunswick. Charles feignit de se soumettre; mais il réunit toutes ses ressources, remplit par toutes sortes de moyens son trésor, et partit pour Paris (janvier 1830), laissant son autorité entre les mains d'un favori appelé Bitter. La révolution de Juillet lui fit quitter la ville de Paris, et il retourna dans son duché, où des intentions hostiles se manifestèrent bientôt dans tous ses actes. Les avertissements et les supplications des magistrats et des citoyens ne furent point écoutés, et, pour calmer l'exaspération, il voulut recourir au canon. Alors l'indignation du peuple fut à son comble, et devint menaçante pour le duc. Il avait résolu pour la seconde fois de quitter le pays, pour passer à l'étranger avec ses richesses, lorsqu'une révolution éclata dans la soirée du 7 septembre. La populace pénétra dans le château, d'où le duc ne se sauva qu'à grand'-peine; tout fut détruit, et les archives devinrent la proie des flammes. La plus grande partie du château était incendiée avant que les citoyens accourus eussent pu se rendre maîtres de la révolte. Le duc Guillaume, frère de Charles, quitta aussitôt Berlin, et, sur l'invitation de la diète et à la demande du peuple, prit provisoirement les rênes du gouvernement (28 septembre). L'ancien ministère fut dissous, et le comte de Veltheim eut la présidence du nouveau cabinet. Le conseil de famille (les agnats) déclara le duc incapable de régner, et les rois de Prusse et d'Angleterre adhérèrent à cette décision. Depuis lors le duc Charles a vécu alternativement en France et en Angleterre, et a fait d'inutiles efforts pour recouvrer son duché. [*Enc. des g. du m.*]

*XXX. **BRUNSWICK** (*Auguste-Louis-Maximilien-Frédéric-Guillaume*, duc régnant DE), né le 25 avril 1806. Il fut élevé avec le duc Charles, son frère, jusqu'en 1822. A cette époque, pendant que le duc Charles se rendait de Lausanne à Vienne, Guillaume alla à Goettingue et de là à Berlin, où il devint major au service de Prusse. En 1826, il obtint de son frère Charles, monté sur le trône, la principauté d'Oels en Silésie. A la suite des événements du 7 septembre 1830 et de l'expulsion de son frère, il consentit à accepter, à Brunswick, la présidence d'un gouvernement provisoire. Le trône ayant été déclaré vacant en février 1831, il prit les rênes du pouvoir, en vertu du consentement des agnats et de son droit personnel. En même temps il confirma au sein des états leurs droits et priviléges. Le 30 septembre 1831, au retour d'un voyage à Londres, il fit l'ouverture des états, qui délibérèrent et votèrent la constitution nouvelle, qui fut sanctionnée par le duc le 12 octobre 1832. Le 14 mai 1833, il fut chargé par les agnats de la famille de la curatelle de l'ex-duc son frère, prévenu de prodigalité. Le château de Brunswick ayant été incendié dans les journées de septembre, il le fit reconstruire, et en posa la première pierre le 26 mars 1833.

Sources pour tous les Brunswick réunis :
Bethmeier, *Chronique de Brunswick.* – Leibniz *Scriptores rerum Brunswicensium.* – Burckhard, *Historia bibliothecæ Augustæ.* – Spangenberg, *Vaterl. Archiv.* – Luden, *Hist. de l'Allemagne.* – *Conversations-Lexicon.* – *Zeitgenossen*, t. III.

BRUNSWICK - LÜNEBOURG (*Ernest-Auguste*), premier électeur de Hanovre. *Voy.* HANOVRE.

BRUNSWICK-LÜNEBOURG-ZELLE (*Sophie-Dorothée* DE). *Voy.* SOPHIE-DOROTHÉE.

BRUNSWICK (*Caroline*). *Voy.* CAROLINE.

BRUNTON (*Marie*), romancière anglaise, née en 1778, morte le 19 décembre 1818. Fille du colonel Balfour, elle fut élevée avec soin, et sa mère fut sa meilleure institutrice. Elle fit d'abord de la poésie. Elle avait moins de quinze ans alors. Mais elle renonça aux vers pour le roman. Mariée au ministre anglican Brunton, elle demeura avec lui à Bolton, puis à Édimbourg. Tous ses ouvrages portent sur un fond moral. Elle mourut en couches. On a d'elle : *Self controul* (l'Empire sur soi-même), 1810, traduit en français sous ce titre : *Laure de Montreville*, avec une préface attribuée à M. V***, de *l'Académie française* : l'auteur s'y attaque à cette maxime reçue dans un certain monde, que le libertin corrigé fait le meilleur mari; son œuvre eut beaucoup de succès ; — *la Discipline*, traduit en français sous le titre d'*Hélène Percy*, ou *les Leçons de l'adversité*, 18..., 3 vol. in-12, ouvrage également bien accueilli du public; — *Emmeline* : ce dernier roman, interrompu par la mort de l'auteur, a été continué et publié par son mari, avec des mémoires sur sa femme, en français; Paris, 1830, 4 vol.

Dr Brunton, *Life of Mary Brunton*. — Gorton, *General biographical Dictionary*. — Rose, *New Biographical Dictionary*.

BRUNULFE, prince français, vivait dans la seconde moitié du septième siècle. Oncle d'Aribert ou Charibert et de Dagobert Ier, il soutint les prétentions du premier au trône contre le second. Dagobert l'emporta par la force des armes et de la politique. Quant à Aribert, nommé roi d'Aquitaine, il régna dans Toulouse. Brunulfe fit sa soumission, et suivit même Dagobert en Bourgogne; mais celui-ci le fit arrêter et mettre à mort par trois seigneurs de la cour.

Sismondi, *Hist. des Français*.

BRUNUS (...), médecin italien du quatorzième siècle, fut l'ami de Pétrarque, et professa à Padoue; il composa en 1352 une *Chirurgia magna et parva*, qui fut imprimée à Bergame en 1497, et qui se trouve jointe à diverses éditions de la *Cirurgia* de Gui de Chauliac, publiées à Venise à la fin du quinzième et au commencement du seizième siècle. C'est un recueil de maximes empruntées à Galien, à Avicenne, à Abulhacem, etc. On y trouve quelques détails utiles pour l'histoire des sciences médicales. G. B.

Freind, *Hist. de la Médecine*, t. III, p. 124. — Sprengel, *Geschichte der Arzneykunde*, II, 595. — Portal, *Hist. de l'Anatomie*, t. I, p. 178.

BRUNUS (*Albert*), jurisconsulte italien, natif d'Asti, vivait dans la seconde moitié du seizième siècle. Il fut sénateur à Milan, et en 1541 avocat fiscal du duc de Savoie. On a de lui : *de Forma et Solemnitate jurium ; — de Augmento et Diminutione monetarum ; — de Constitutionibus ; — de Consuetudine* : tous ces ouvrages se trouvent dans le *Tractatus juris*, t. II, XII, XVII, XXVIII; Venise, 1550; — *Consilia Feudalia*, 2 vol. in-fol.; Venise, 1579.

BRUNUS ou **BRUN** (*Conrad*), jurisconsulte allemand, né dans le Wurtemberg, mort en juin 1563. Il étudia le droit civil et canon à Tübingen, passa sept années à la cour épiscopale de Würtzbourg, et neuf autres années au service du prince de Bavière. Il remplit aussi les fonctions d'assesseur à Spire et de conseiller de l'évêque d'Augsbourg. Il fut chargé avec Conrad Visch, par Charles, de rédiger les règlements de la chambre impériale d'Augsbourg, et assista aux diètes de cette ville, de Spire, de Worms et de Ratisbonne; enfin il devint chanoine d'Augsbourg. Consulté à Inspruck par l'empereur Ferdinand , il mourut à son retour. Ses principaux ouvrages sont : *de Legationibus*, etc.; Mayence, 1548, in-fol. ; — *de Hæreticis in genere libri VI;* Mayence, 1549, in-fol. ; — *de Seditionibus libri VI;* Mayence, 1550, in-fol.; — *de Calumniis libri III;* — *de Universali Concilio libri IX*, 1550, in-fol. ; — *Adversus novam Histor. ecclesiasticam quam Mathias Illyricus et ejus collegæ Magdeburgici per centurias nuper ediderunt ;* — *Versuch einer Abhandlung vondem Anschn und der Gewaltder Catholischen Kirche;* Dillingen, 1565, in-8°.

Hendreich, *Pandectæ Brandenburgicæ*. — Nicéron , *Memoires*.

BRUNY (... DE), littérateur français, vivait dans la seconde moitié du dix-huitième siècle. On a de lui : *Examen du ministère de M. Colbert;* Paris, 1774, in-8°; — *Éloge de Michel de l'Hôpital, chancelier de France;* Paris, 1777, in-8° ; — *Lettre sur J.-J.*, adressée à M. d'Esch. (d'Escherny); Genève et Paris, 1780, in-8°, réimprimée dans les Œuvres de Rousseau; Genève, 1782.

Quérard, *la France littéraire*.

BRUNYER ou **BRUNIER** (*Abel*), médecin français, né à Uzès le 22 décembre 1573, mort le 14 juillet 1665. Il était protestant, et descendait de Jacques Brunyer, chancelier du dernier dauphin du Viennois. Il étudia à Montpellier la médecine, afin d'éviter d'être contraint de porter les armes contre le roi. Il vint ensuite à Paris, où il se fit remarquer dans la pratique médicale, et fut nommé médecin des enfants du roi Henri IV. Louis XIII l'appela à son conseil , et Richelieu fit de lui le premier médecin de Gaston, duc d'Orléans , et lui confia des missions importantes auprès des protestants languedociens. C'est de lui qu'il est question dans les passages suivants de Scarron :

> Son altesse peu de temps but;
> Car dessus ses jambes il chut
> Une très-douloureuse goutte,
> Mais où nul vivant ne voit goutte,
> Fût-ce Brunier, son médecin.
> N'en déplaise à feu Jean Calvin,
> C'est grand dommage que cet homme
> Ne croit pas au pape de Rome ;
> Car à tout le monde il est cher,
> Quoiqu'en carême mangeant chair.

On a de lui : *Hortus regius Blesensis*, 1653 et 1655, en collaboration avec Marchant; c'est une description du jardin de botanique fondé à Blois par Gaston d'Orléans. Dans cette dernière édition, il dit avoir augmenté ce jardin de cinq cents plantes nouvelles.

Éloi, *Dict. hist. de la Médecine*. — Bazin, *Histoire de Louis XIII*. — Scarron, *OEuvres*.

BRUS. *Voy.* BRUCE.

* **BRUSANFERRO** (*Girolamo*), peintre vénitien, né à la fin du dix-septième siècle, mort en 1760. Élève de Niccolo Bambini, il s'éloigna de la manière de son maître pour suivre celle de Sebastiano Ricci, et sut se faire un style mixte qui ne manque pas d'originalité. On voit à Rovigo quelques peintures qui peuvent donner une idée avantageuse de son talent. E. B—N.

Guida di Rovigo.

BRUSANTINI (*Vincent*, comte), poëte italien du seizième siècle, mort à Ferrare en 1570. Il alla à Rome pour y chercher fortune, fut déçu dans son attente, s'y rendit indiscret et imprudent, fut incarcéré pour ce motif, et sortit de prison dans le plus grand dénûment. Il parcourut ensuite l'Italie, et réussit auprès des princes par son esprit et ses talents. Mais ce même esprit lui faisait perdre ce qu'il avait acquis. Revenu à Ferrare, il y fut protégé par le duc Hercule II, et y mourut d'une maladie contagieuse. Il laissa : *Angelica inamorata*, poëme en 37 chants ; Venise, 1550, 1553, in-4°, avec des figures gravées sur bois et des allégories, continuant le *Roland furieux* de l'Arioste : Brusantini prit pour sujet la mort de Roger, mis à mort par la vengeance de Bradamante. Quant à Angélique, qui occupe une grande place dans le poëme, elle est, il faut bien le dire, amoureuse de tout le monde, par l'effet des vengeances de la fée Alcine, qui lui avait jeté un sort. Au jugement de Ginguené, le style de Brusantini est lourd, froid, et sans grâce. On a encore du même : *le Cento Novelle di Vincenzo Brusantini dette in ottava rima*; Venise, 1554, in-4° ; sa lutte avec Boccace ne fut pas plus heureuse que celle avec l'Arioste.

Mazzuchelli, *Scrittori d'Italia.* — Ginguene, *Hist. litt. d'Italia*, t. IV. — Clément, *Bibliothèque curieuse*, t. IV.

BRUSASORCI. *Voy.* RICCIO (*Domenico*) et RICCIO (*Felice*).

BRUSATI (*Jules-César*), littérateur italien, né à Belinzago vers 1693, mort le 1er janvier 1743. Après avoir fait rapidement et avec succès ses études, il parcourut l'Italie, les Pays-Bas, l'Espagne, la France, la Hollande et l'Allemagne, et profita de ses voyages pour étudier les langues et les littératures de ce pays. A son retour, il entra dans la compagnie de Jésus à Gênes ; et il attira alors l'attention par une traduction latine des Mémoires du marquis de Saint-Philippe, qu'il avait connu en voyageant avec lui en Hollande. Après avoir professé dans plusieurs villes la littérature, la philosophie et la théologie, il fut appelé par le sénat de Milan à la chaire de logique récemment fondée à l'université de Pavie. Il se disposa à remplir une chaire de mathématiques quand la mort, amenée sans doute par ses travaux multipliés, vint interrompre cette carrière si bien remplie. Outre les *Mémoires de Saint-Philippe*, publiés à Gênes en 1723, sous ce titre, *De fœderatorum contra Phillippum V, Hispaniarum regem, bello Commentaria*, on a de Brusati les dissertations et préfaces placées en tête des *Monumenti della famiglia del Verme*; des *Traités élémentaires*; des *Lettres*, des *Observations météorologiques* en manuscrit.

Guido Ferrari, *Racolta Calogerana*, t. XXXII, et *Opuscula latina*. — Mazzuchelli, *Scrittori d'Italia*.

BRUSATI (*Tipaldo*), seigneur de Brescia, vivait dans la première moitié du quatorzième siècle. Guelfe comme sa famille, qui avait émigré, il fut rappelé par Henri VII. Il se montra peu reconnaissant de cette grâce, se mit à la tête des Brescians, qui furent assiégés dans leur ville le 19 mai 1311. Brusati, fait prisonnier dans une sortie, fut traîné à quatre chevaux sous les murs de la cité, et mourut en adjurant ses concitoyens de persister à se défendre.

Sismondi, *Hist. des Républiques italiennes.*

BRUSCA (*Jérôme*), peintre italien, né à Savone en 1742, mort dans la même ville le 30 mars 1820. Élève de Mengs et de Buttoni, il peignit avec talent. Ses tableaux les plus admirés sont : la *Judith* du palais Grimaldi ; l'*Assomption* de l'église Notre-Dame de la Vigne à Gênes ; — *Sainte Hélène au Calvaire*, dans la même église.

Nagler, *Neues Allgemeines Künstler-Lexicon.*

BRUSCAMBILLE. *Voy.* DESLAURIERS.

BRUSCH ou **BRUSCHIUS** ou **BRUSCHELIUS** (*Gaspard*), poëte et historien allemand, naquit à Schlackenwald au mois d'août 1518, mourut en 1559. Il fut élevé à Égra, d'où sa famille était originaire. En 1552, il fut couronné poëte lauréat et nommé comte palatin par Ferdinand, roi des Romains, qui récompensait ainsi le talent de Brusch pour la poésie latine. Il se fixa ensuite à Pussau, sur l'invitation de Wolfgang de Solms, évêque de Passau, et s'y occupa de travaux sur l'histoire ecclésiastique d'Allemagne. Il fut assassiné dans un bois, par des gentilshommes contre lesquels il fut soupçonné d'avoir écrit. La publication de ses ouvrages l'avait presque ruiné, et réduit à vivre des présents des abbés dont il décrivait les monastères. Ses ouvrages témoignent de quelque penchant pour les doctrines de Luther et de Mélanchthon. Les principaux ont pour titre : *De Germaniæ episcopatibus Epitome*; Nuremberg, 1549, in-8° : malgré la généralité du titre, il n'est question dans l'ouvrage que de Mayence et de Bamberg ; —*Monasteriorum Germaniæ præcipuorum Chronologia*; Ingolstadt, in-fol., 1551, et Sulzbach, 1585 et 1652 ; — *Odæporicon et alia minutiora poëmata*, à la suite d'une édition de l'ouvrage de l'abbé Engelbert, intitulé *De Ortu et fine imperii romani*; Bâle, 1553, in-8°.

Hendreich, *Pandectæ Brandenburgicæ.* — Bayle, *Dictionnaire critique.*

* **BRUSCOLI**, peintre florentin, vivait au milieu du seizième siècle, et aida Federigo Zuccari dans ses travaux à la cathédrale de Florence.

Fantozzi, *Guida di Firenze.*

BRUSLART (*Louis-Guérin* DE), général français, né à Thionville le 22 mai 1752, mort à Paris en décembre 1829. Sous-lieutenant à seize ans, capitaine en 1783, il se trouva et se distingua aux siéges de Mahon et de Gibraltar. Il émigra en 1791, fut nommé aide de camp du duc de Bourbon, puis capitaine de hussards, et assista aux campagnes de 1792, 1793 et 1794. En 1798, il remplit une mission auprès de Louis XVIII à Mittau, et, revenu en Normandie, il fut d'abord nommé commandant en second, et prit, en 1800, le commandement en chef de l'armée royale, en remplacement de Frotté, qui venait d'être fusillé. Il revint en Normandie en 1801, pour faire cesser les hostilités, ainsi que l'avait prescrit le comte d'Artois. En 1808 il fut envoyé auprès de Napoléon par Louis XVIII, avec une lettre autographe où le prince exilé disait : « Je voudrais qu'il n'y eût pas un Français qui ne connût aussi bien que vous mon cœur et celui de tous les miens. » En 1812, il fut envoyé auprès de Bernadotte ; et en 1814 il vint préparer sur les côtes de Normandie l'arrivée du duc de Berri. A la restauration, Bruslart, déjà maréchal de camp, fut appelé à commander la 23ᵉ division militaire. En 1823, il fut élevé au grade de lieutenant général, et mourut six ans après.

De Courcelles, *Hist. des généraux français.*

BRUSLÉ DE MONPLAINCHAMP (*Jean*), biographe flamand, vivait dans la première moitié du dix-huitième siècle. Il était natif de Namur, et chanoine à Bruxelles. On a de lui : *Histoire de Philippe-Emmanuel de Lorraine, duc de Mercœur* ; Cologne, 1689, in-12 ; 1692, 1697, in-12 ; — *Histoire de don Jean d'Autriche, fils naturel de Charles-Quint* ; Amsterdam, 1690, in-12 ; — *Histoire d'Emmanuel-Philibert, duc de Savoie, gouverneur général de la Belgique* ; Amsterdam, 1692, in-12 ; — *Histoire d'Alexandre Farnèse, duc de Parme et de Plaisance, gouverneur de la Belgique* ; Amsterdam, 1692, in-12 ; — *Histoire de l'archiduc Albert, gouverneur et puis prince souverain de la Belgique* ; Cologne, 1693, in-12 ; — *Ésope en belle humeur, dernière traduction, augmentée de ses fables en prose et en vers* ; Bruxelles, Foppens, 1695, in-12 ; 2ᵉ édition, 1700, 2 vol, in-12, avec quelques fables de Furetière et de la Fontaine ; — *le Festin nuptial dressé dans l'Arabie Heureuse au mariage d'Ésope, de Phèdre et de Pilpai, avec trois fées* (Ésope, Phédrine et Pilpine!), *divisé en trois tables ; à Pirou, en basse Normandie* (Bruxelles)!, *à l'enseigne de la Vérité dévoilée* ; 1700, petit in-8°, avec des fables de la composition de l'éditeur. Dans cet ouvrage, comme dans la seconde édition d'*Ésope en belle humeur,* l'auteur s'est livré à des applications qui, de notre temps, lui eussent valu de nombreux procès en diffamation.

Lelong, *Bibliothèque historique de la France,* édit. Fontette.

BRUSLÉ DE VALZUZENAY. *Voy.* VALZUZENAY.

BRUSONI (*Jérôme*), historien et poëte italien, natif de Legnano, vivait dans la première moitié du dix-septième siècle. Après s'être distingué dans ses études, à Venise, à Ferrare et à Padoue, il se fit connaître dans le monde lettré par des poésies latines et italiennes, prit et laissa, pour le reprendre et le laisser encore, l'habit de chartreux. Ces variations lui valurent une incarcération temporaire à Venise. Redevenu libre et tranquille, il écrivit de nombreux ouvrages ; et en 1644 il contribua à rétablir la paix entre l'Espagne et le duc de Parme. Il fut, sous le nom d'*Aggirato*, membre de l'Académie des *incogniti*. On a de lui : *la Fugitiva* ; Venise, 1640, in-12 ; c'est l'histoire de Pellegrina Buonaventuri, fille de Bianca Capello, et femme du comte Ulysse Bentivoglio Manzoli de Bologne ; — *Del Camerotto, parti III* ; Venise, 1645, in-12 ; recueil facétieux, écrit dans les prisons de Venise ; — *la Vita di Ferrante Pallavicino* ; Venise, 1651 et 1655, in-12, sous le nom d'*Incognito Aggirato* ; Venise, 1660 ; — *Istoria d'Italia* (de 1635 à 1655) ; Venise, 1656, in-4° ; (de 1627 à 1656) ; ibid., 1657, in-4° ; (de 1625 à 1670) ; ibid., 1671, in-4° ; (de 1625 à 1679) ; Turin, 1680, petit in-fol. ; — *Delle Istorie universali d'Europa, compendiate da Girolamo Brusoni* ; Venise, 1657, 2 vol. in-4° ; — *il Perfetto elucidario poetico* ; Venise, 1657, 1664 et 1669, in-12 ; — *la Gondola a tre remi, passatempo carnavalesco* ; Venise, 1662, mis à l'index en 1663 ; — *il Carrozino alla moda, trattenimento estivo* ; 1669, également mis à l'index ; — *le Campagne dell' Ungheria, degli anni 1663 e 1664* ; Venise, 1665, in-4° ; — *Istoria dell' ultima guerra tra i Veneziani e i Turchi,* etc. (de 1644 à 1671) ; Venise, 1673, in-4° ; (de 1644 à 1672) ; Bologne, 1674, in-4° ; — *Poesie, parti IV* ; Venise, sans date, in-12 ; — *Frammenti storici della guerra in Dalmatia* ; Venise, 1692, in-12.

Ginguené, *Hist. litt. de l'Italie.* — Jöcher, *Allgem. Gelehrten-Lexicon.*

BRUSONI ou **BRUSONIO** (*Lucio-Domitio*), jurisconsulte italien, natif de Conturse, vivait dans la première moitié du seizième siècle. On a peu de détails sur lui. Il fut protégé par le cardinal Pompée Colonna, et publia : *Facetiarum exemplorumque libri VII* ; Rome, Mazochius, 1518, in-fol., et 1536 ; Bâle, 1559, in-4°, édit. Lycosthènes ; et ailleurs sous le titre de *Sæculum mundi.* La première édition est la seule qui n'ait pas été tronquée.

Debure, *Bibliothèque instructive,* n° 3598. — Toppi, *Bibliotheca Napoletana.*

BRUSQUET (....), bouffon de cour français, né en Provence, mort en 1563. Il eut après Triboulet l'emploi de fou des rois François Iᵉʳ, Henri II, François II et Charles IX. En 1536, au camp d'Avignon, il se posa en chirurgien, et « donna aux hommes (c'étoient, il est vrai, des

Suisses et des Lansquenets) de bonnes médecines de chevaux; et ceux qui ne les pouvoient supporter *alloient ad patres* drus comme des mouches. » C'est Brantôme qui fait ce procès-verbal de la thérapeutique de Brusquet et de ses résultats. Peu s'en fallut qu'elle ne lui valût d'être pendu par ordre du connétable de Montmorency. Heureusement pour Brusquet que le Dauphin, depuis Henri II, rit de ses saillies, et le sauva. Lorsque les conseillers de François Ier eurent décidé que l'on envahirait le Milanais, Brusquet les qualifia de fous. François Ier lui en demanda la raison : « C'est, répondit Brusquet, qu'ils ont seulement décidé comment vous entreriez en Italie, sans penser comment vous en sortiriez. » Ce bouffon-là ne manquait en effet pas de bon sens. La suite le prouva bien. Il inscrivit sur son *Calendrier des fous* l'empereur Charles-Quint, traversant la France pour aller à Gand. François Ier ayant voulu savoir la cause de cet enregistrement, « C'est, dit Brusquet, qu'il faut être fou pour passer dans les États d'un prince qu'on a maltraité. » Et le roi lui ayant demandé ce qu'il dirait en voyant l'empereur repasser dans le royaume avec autant de sûreté et d'éclat que s'il était en Espagne : « Je ne dirais rien, répliqua le bouffon; mais j'effacerais sur-le-champ le nom de Charles-Quint, et je mettrais sur mon registre celui de Votre Majesté. » Brusquet ne remplit pas seulement le rôle de fou officiel; il fut aussi valet de chambre du Dauphin, et maître de la poste aux chevaux de Paris. Les princes et les ambassadeurs lui faisaient des présents. Il suivit le cardinal de Lorraine envoyé à Bruxelles, et plut également à Philippe II. Sa maison ayant été pillée dans les troubles de 1562, il trouva un refuge et alla mourir chez la duchesse de Valentinois. Parmi les mots qu'on lui prête, nous citerons encore le suivant. Il était question devant lui de la difficulté de prendre Calais : « Il n'y a, dit-il, qu'à envoyer N... (conseiller au parlement, d'une probité assez louche); il prendra Calais : il n'y a rien qu'il ne prenne. » Les courtisans, qu'il mystifiait, le lui rendaient quelquefois avec une cruelle usure; témoin ce trait, cité par Brantôme, du maréchal Strozzi, qui, ayant fait courir le bruit de la mort de Brusquet, maria la femme de ce pauvre bouffon à un autre, qui, dit Brantôme, « coucha avec elle un bon mois, et tira d'elle de bons escus par bon contrat de mariage; mais sur ces entrefaites Brusquet, qu'on tenoit pour mort, pourtant arriva, et fut bien esbahi. »

Brantôme, *Discours* 82e; *Vies des hommes illustres; Vie du maréchal Strozzi.*

BRUSSEL (*Nicolas*), jurisconsulte et humaniste français, natif de Paris, mort le 8 janvier 1750. Il fut auditeur des comptes, et publia : *Nouvel examen de l'usage général des fiefs en France pendant les onzième, douzième, treizième et quatorzième siècles;* Paris, 1727 et 1750; — *Recherches sur la langue latine, principalement par rapport au verbe;* Paris, 1747, 2 vol. in-12.

Quérard, *la France littéraire.*

BRUSSEL (*Pierre*), neveu du précédent, et écrivain facétieux, mort vers 1781. Il fut également auditeur des comptes. Au rapport de Chavray de Boissy, qui cite de lui quelques vers, Pierre Brussel aurait également excellé dans la musique et la peinture. Il laissa : *Suite du Virgile travesti* (livres VIII, IX, X, XI et XII); la Haye (Paris), 1767, in-12; — *la Promenade utile et récréative de deux Parisiens, en cent soixante-cinq jours ;* Avignon et Paris, 1768, et Paris, 1791, 2 vol. in-12. C'est le récit d'un voyage en Italie.

Chavray de Boissy, *l'Avocat,* ou *Réflexions sur l'exercice du barreau;* Paris, 1778.

BRUSSEL (*Pierre* VAN), théologien, de l'ordre des Jésuites, né à Bois-le-Duc en 1612, mort à Hildesheim le 7 mai 1664. Après avoir professé les humanités, la rhétorique et la philosophie, il fut missionnaire dans le duché de Berg. Il publia en allemand : *la Résurrection spirituelle,* ou *Défense d'un docteur en médecine nouvellement converti, contre le consistoire de Duisbourg ;* Cologne, 1664, in-8°.

Adelung, suppl. à Jöcher, *Allgem. Gelehrten-Lexicon.*

BRUSSERI (*Philippe*), chronologiste italien, natif de Savone, vivait dans la première moitié du quatorzième siècle. Il écrivit la chronique de l'ordre de Saint-François, dont il faisait partie, sous ce titre : *Sepulchrum terræ sanctæ.*

Wadding, *Annales ordinis Minorum.*

BRUSTHEM ou **BRUSTHEIM** (*Jean* DE), chronologiste flamand, né à Saint-Trond, vivait vers la seconde moitié du seizième siècle. Il appartenait à l'ordre de Saint-François, et laissa : *Res gestæ episcoporum Leodiensium et ducum Brabantiæ, a temporibus S. Materni ad ann.* 1505 : on voyait en 1762 un manuscrit de cet ouvrage à l'abbaye d'Éverbode.

Sander, *Bibl. Belg. manuscr,* t. I, p. 24.— Lelong, *Bibl. hist. de la France,* édit. Fontette.

*****BRUSTOLONI** (*Andrea*), sculpteur italien, né à Bellune en 1662, mort en 1732. Après s'être exercé dans sa patrie et à la plastique, il partit pour Venise et Rome, où la vue des chefs-d'œuvre de l'antiquité lui apprit à s'éloigner du mauvais goût des maniéristes, ses contemporains. A son retour, il travailla beaucoup à Sinigaglia et à Venise; puis enfin revint se fixer dans sa patrie, théâtre moins vaste, mais plus approprié à la simplicité de ses mœurs. Savant anatomiste, il excella surtout dans les crucifix, qu'il entourait de petits anges voltigeant avec grâce. Il fit aussi beaucoup de retables d'autel, de tabernacles et de reliquaires. Il sculpta peu le marbre, et employa ordinairement le stuc et le bois.   E. B—N.

Cicognara, *Storia della Scoltura.*

BRUTE DE NIERVILLE, vaudevilliste français, mort le 10 mars 1834. Il est auteur du

Gastronome sans argent, comédie-vaudeville.

Quérard, *la France littéraire*.

BRUTEL DE LARIVIÈRE (*Jean-Baptiste*), théologien protestant hollandais, d'origine française, né à Montpellier en 1669, mort en août 1742. On a de lui : une *édition du Dictionnaire* de furetières, moins l'histoire et la géographie; la Haye, 1725, 4 vol. in-fol. ; — une *traduction* anonyme de l'*Histoire des Juifs et des peuples voisins*, de H. Prideaux ; Amsterdam, 1728, 6 vol., ou 1744, 2 vol. in-4°; — *Sermons sur divers textes de l'Écriture sainte*; Amsterdam, 1746.

BRUTEL DE CHAMPLEVARD, connu par une comédie (*l'Amour vainqueur*) en 3 actes et en vers ; Paris, 1767.

Quérard, *la France littéraire*.

BRUTIDIUS NIGER. *Voy.* NIGER.

BRUTO ou **BRUTI** (*Jean-Michel*), historien italien, né à Venise vers 1515, mort en Transylvanie en 1594. Obligé, pour une cause restée inconnue, de s'exiler de sa patrie, il passa presque toute sa vie à voyager. A Padoue, où il resta quelque temps, il se lia avec Lazare Buonamici; et à Florence avec Pierre Vettori, Pierre Angelio da Barga, et d'autres. Il vint deux fois en France, et se fit en Espagne un ami de Paul Tiepolo, ambassadeur de Venise. En Transylvanie, il fut chargé par Étienne Battori d'écrire l'histoire de ce pays. Après la mort de ce prince, qu'il avait suivi à Cracovie, il devint à Vienne l'historiographe de l'empereur Rodolphe II, puis de l'empereur Maximilien, et mourut en Transylvanie, où il était retourné. Ses dernières années ne furent pas heureuses, malgré la faveur dont il jouissait; ses traitements étaient mal payés, et il se plaint dans ses lettres de la rigueur de ses créanciers. Outre la pureté et l'élégance de sa latinité, on remarque la franchise et la vérité qui règnent dans ses ouvrages. On a de lui : *Florentinæ historiæ libri octo priores, cum indice locupletissimo;* Lyon, 1562, in-8°; Venise, 1764, in-4° : cette histoire est peu favorable aux Médicis, qui en ont fait rechercher les exemplaires pour la supprimer; tout en blâmant les attaques souvent injustes de l'auteur, Tiraboschi fait de lui le plus grand éloge ; — *Epistolæ clarorum virorum*, suivies *de Origine Venetiarum;* Lyon, 1561 ; — *Selectarum Epistolarum libri;* — *de Historiæ laudibus, sive de certa Via et Ratione qua sunt rerum scriptores legendi liber;* — *Præceptorum conjugalium liber* ; Cracovie, 1588 et 1589, in-8°; — *Vita Callimachi Experientis;* Cracovie, 1582, in-4°, jointe à une édition de *Callimachus Experiens;* — *de Rebus a Carolo V imperatore gestis Oratio* ; Anvers, 1555, in-8°; — *la Instituzione di una fanciulla nata nobilmente;* Anvers, Plantin, 1552, petit in-8°. Ce fut, dit-on, le premier ouvrage sorti des presses de Plantin; une édition de *Rebus gestis ab Alphonso I, Neapol. rege*, de Barthélemy Fazio; Lyon, 1560 et 1566; — *Epistolæ;* Cracovie et Berlin, 1597 ; — des *Notes et Commentaires* sur plusieurs classiques, Horace, Jules César, Cicéron, etc.

Ginguené, *Hist. litt. de l'Italie*.

BRUTUS, nom porté par plusieurs Romains fameux, que voici dans l'ordre chronologique :

BRUTUS (*Lucius-Junius*), fondateur de la république romaine, eut pour père Marcus-Junius, et pour mère une fille de Tarquin l'Ancien, sœur de Tarquin le Superbe. Celui-ci, voulant s'emparer des biens de cette famille, fit assassiner Marcus et ses fils. Tous périrent, à l'exception d'un seul qui simulait la folie; et le sobriquet de *Brutus* (brute) témoigna combien on était loin de redouter l'homme. Cependant les Tarquins, envoyés à Delphes, avaient demandé à l'oracle quel serait celui d'entre eux qui aurait le pouvoir à Rome; et la pythie avait répondu : « Celui qui le premier embrassera sa mère. » Les jeunes députés, à leur retour en Italie, s'épuisèrent en stratagèmes pour se devancer les uns les autres. Brutus se laissa tomber, baisa la terre, appelée la mère commune, et passa pour avoir accompli la condition imposée par l'oracle. Admis à la cour des Tarquins, Brutus fut un des amis qui accompagnaient Collatin à Collatie le jour de la mort de Lucrèce. C'est lui qui, tirant du sein du cadavre le poignard fumant, s'écria : « Je jure, par ce sang, de poursuivre par le fer et par la flamme Tarquin, sa femme et tous leurs fils. » Il fit prêter le même serment à tous les assistants, leur traça les mesures pour une prompte vengeance, ordonna de fermer les portes de Rome (toute la famille royale était sous les murs d'Ardée), convoqua le peuple, et, en présence du cadavre de Lucrèce, fit décréter que Tarquin et les siens seraient à jamais exilés de Rome; que la royauté demeurait abolie ; que la puissance suprême serait partagée entre deux magistrats, et ne resterait qu'un an entre leurs mains. Telle fut l'origine de la république à Rome. Cette institution ne fut pas dans l'origine tout ce qu'on se l'imagine : les deux magistrats annuels, salués d'abord du nom de préteurs et non de consuls, parce que leur tâche principale était de rendre la justice, avaient toute la puissance exécutive, comme les rois mêmes; c'est longtemps après que l'on affaiblit leur pouvoir en déléguant successivement plusieurs de leurs fonctions aux préteurs, aux édiles, aux censeurs, aux questeurs, aux tribuns. Toutefois les attributions sacerdotales du roi furent dès cette époque remises à un nouveau fonctionnaire, qui même eut seul le titre de roi (*rex sacrificulus*). Brutus et Collatin furent les premiers préteurs, ou les premiers consuls. Tarquin, bientôt instruit de ces nouvelles, se rendit en hâte aux portes de Rome : il ne put se les faire ouvrir; il revint alors au camp d'Ardée pour donner l'ordre à ses troupes de marcher sur la ville; mais déjà il n'avait pas plus d'armée que de capitale.

Brutus avait profité de son absence pour paraître au camp et détacher les soldats. Tarquin n'eut d'autre ressource que d'aller implorer des secours étrangers, et de fomenter des complots dans Rome. Plusieurs jeunes gens des premières familles, amis des princes, conspirèrent. L'esclave Vindex dénonça le complot, et tous les coupables reçurent la mort. Les deux fils de Brutus même ne trouvèrent point grâce devant leur inflexible père : ils furent conduits au supplice pour avoir conspiré. Peu après, une armée venue de Véies et de Tarquinie marcha sur Rome ; Brutus partit pour aller à sa rencontre. Un des fils du roi banni, Aruns, était à la tête de la cavalerie de ces villes : Brutus s'élança aussitôt sur son adversaire, et ils s'entre-tuèrent tous deux. Le champ de bataille resta aux Romains. Le corps de Brutus fut rapporté à Rome avec larmes et en triomphe; les dames romaines portèrent son deuil pendant un an. Ces faits se rapportent à l'année 509-508 avant J.-C. Brutus ne laissa point d'enfant. [Enc. des g. du m.]

Tite-Live, I, 56. — Denys d'Halicarnasse, IV, 67. — Dion, XLII, 45.

BRUTUS (*Lucius-Junius*), orateur romain, vivait en 494 avant J.-C. Il fut un des meneurs du peuple au mont Sacré, et, pour donner une plus haute opinion de son dévouement, il avait pris le surnom de *Brutus*. Ce fut lui qui demanda et obtint l'institution des tribuns du peuple, dont l'influence fut ensuite si grande sur les destinées de la république. Le premier aussi il fut l'un de ceux que l'on investit de cette magistrature. Plus tard, à l'époque où Coriolan fut accusé, il remplit les fonctions d'édile. Il n'est mentionné que par Denys d'Halicarnasse et Plutarque; Niebuhr va jusqu'à nier son existence.

Denys d'Halicarnasse, *Antiq. rom.*, VI, 70, 87-89, VII, 14, 26. — Plutarque, *Coriolan*. — Niebuhr, *Hist. Rom.*, I.

BRUTUS-DAMASIPPUS (*Lucius-Junius*), était préteur urbain à Rome 82 avant J.-C., lorsqu'il reçut de Marius, réduit à l'extrémité à Préneste, l'ordre d'immoler les principaux sénateurs, tels qu'Antistius, Papirius, Carbon, L. Domitius, et le grand pontife Scévola. Il réunit en effet le sénat, sous le prétexte d'une communication; au même moment, des meurtriers entraient dans l'enceinte et égorgeaient les victimes désignées. Leurs cadavres furent jetés dans le Tibre. A la vue de ces horribles exécutions, Calpurnie, femme d'Antistius, se donna la mort. Sylla vengea les sénateurs ; et Brutus, qui, après une inutile tentative sur Préneste, s'était avancé sur Rome, tomba aux mains de Sylla, qui le fit mettre à mort.

Appien, *B. C.*, I, 92-93. — Velleius Paterculus, II, 26. — Dion Cassius, *Fragments*, 135, éd. Reimar. — Salluste, *Catilina*, 51.

BRUTUS (*Marcus-Junius*), père du meurtrier de César. Il suivit Marius, et combattit sous les ordres de ce Romain fameux. Après la mort de Sylla et lors des nouveaux troubles civils, il fut assiégé par Pompée dans Modène, et capitula. Le vainqueur, qui lui avait promis la liberté et la vie, le fit suivre par Géminus, qui le massacra. Ce Brutus avait eu de Servilie, sœur de Caton, Marcus-Junius Brutus, l'un des meurtriers de César. Il est question dans *l'Orateur* de Cicéron d'un traité sur le droit civil, composé par Marcus-Junius Brutus.

Cicéron, *De Oratore*. — Plutarque, *Brutus*.

BRUTUS (*Marcus-Junius*), né quatre-vingt-six ans avant J.-C., mort l'an 12 avant J.-C. Il descendait, par son père, du fondateur de la république romaine. La philosophie stoïcienne lui plut dès son adolescence. Joignant la pratique à la théorie, il se fit très-jeune connaître par une austérité, par un désintéressement sans bornes. C'est lui qui fut chargé par Caton de l'administration de la succession de Ptolémée, roi d'Égypte, qui avait légué ses biens aux Romains. Dans le procès de Milon, il se prononça pour l'accusé. Lors de la scission qui éclata entre Pompée et César, il suivit le parti du premier parce qu'il le regardait comme celui de la république ; et pourtant Pompée avait ordonné la mort de son père pendant les guerres civiles de Sylla et de Marius. César, au contraire, avait pour lui un vif attachement. Par suite de ses liaisons intimes avec Servilie, mère du sévère stoïcien, il regardait Brutus comme son fils. Après la bataille de Pharsale (l'an 48 av. J.-C.), Brutus n'eut pas de peine à rentrer en grâce auprès du dictateur, qui lui confia le gouvernement de la Gaule Cisalpine, tandis que Caton et Scipion tenaient encore en Afrique (47). César ensuite lui fit obtenir la préture urbaine (45).

Brutus exerça cette charge l'année suivante ; mais chaque jour d'amers reproches retentissaient à ses oreilles : on lui disait qu'il trahissait la cause de Rome, qu'il servait un tyran ; et il trouva au pied de la statue de son homonyme, le vieux fondateur de la république, ces mots expressifs : *Tu dors, Brutus !* Le pouvoir toujours croissant de César, qui portait la réforme dans les institutions décrépites, qui renversait les barrières établies entre les classes du peuple, et achevait la ruine de l'aristocratie au profit du peuple de l'Italie et du monde romain, mais quelquefois aussi au profit d'un ignoble entourage, détermina Brutus à s'armer contre le rénovateur de Rome : il entra dans la conspiration tramée par Cassius, et en devint le chef. César périt assassiné en plein sénat le 15 mars ; Brutus ne fut pas le dernier à remplir ce qu'il croyait son devoir. « Et toi aussi, mon fils ! » s'écria César en voyant le poignard briller dans la main de Brutus ; et il s'enveloppa de sa robe, sans résister davantage. Quelques acclamations se firent d'abord entendre dans Rome ; mais bientôt les meurtriers s'aperçurent de leur erreur. Ils n'avaient pour eux qu'un sénat sans consistance et sans génie ; le Capitole, leur premier refuge, ne leur sembla plus tenable : les uns se dirigèrent vers la Gaule Cisalpine (Décimus Brutus, etc.), les autres partirent pour l'Orient (Brutus, Cassius et les principaux conjurés). Athènes, la Grèce, la Macédoine devinrent leurs places d'armes; mais Octave et Antoine, déjà vainqueurs de Décimus et presque tout-puissants en Occident, les y poursuivirent bientôt. Cassius, qui s'entendait à la guerre et qui l'aimait, était d'avis de la traîner en longueur, d'intéresser l'Orient entier à la querelle, d'y entraîner l'Égypte. Brutus, moins belliqueux, voulait en finir; un profond découragement s'était emparé de lui : le jour, il apercevait des signes de défection dans son armée; la nuit, il voyait des fantômes. Enfin la bataille fut résolue; Philippes en fut le théâtre. La nuit qui précéda ce grand jour, Brutus, veillant dans sa tente, crut voir et entendre un spectre qui longtemps auparavant s'était déclaré son mauvais génie, et qui s'était écrié : « Je te retrouverai à Philippes. — Eh bien! à Philippes! » avait répété Brutus. La bataille se donna le lendemain; et tandis que l'aile gauche, commandée par Cassius et attaquée par Antoine, pliait, Brutus, à la tête de l'aile droite, enfonçait le corps d'armée que le prudent Octave, sous prétexte de maladie, ne commandait point; mais Brutus commit la faute de poursuivre l'ennemi, au lieu d'aller au secours de l'autre aile. Antoine tailla en pièces les colonnes qu'il avait en tête, et Cassius, pour éviter de tomber aux mains du vainqueur, se tua. Le lendemain, la bataille recommença : Brutus se surpassa comme soldat et comme général ; mais vaincre n'était plus possible, et, comme Cassius, il se perça sur les cadavres de ses défenseurs. Antoine versa des larmes sur ce corps qu'animait un courage irréfléchi ; mais Octave lui fit trancher la tête pour l'envoyer à Rome, aux pieds de la statue de César.

Brutus avait une éloquence concise et mâle. Cicéron lui a dédié son livre *de Claris Oratoribus*. Il avait composé plusieurs ouvrages, entre autres un éloge de Caton d'Utique, son beau-père. On l'a appelé *le dernier des Romains* [*Enc des g. du m.*].

Smith, *Dictionnary of Greek and Roman Biography*. — Plutarque, *Vie de Brutus*. — Appien, *Bel. Civ.*, l. II. — Dion, XLI.

BRUTUS (*Decimus-Junius*, surnommé *Albinus*), fils adoptif d'Aulus-Posthumus-Albinus, prit, comme le précédent (avec lequel il ne doit pas être confondu), part à l'assassinat de César. César, sous les ordres duquel il servit dans les Gaules, lui confia le commandement de la flotte chargée d'attaquer les Vénètes en l'an 56 avant J-C. En 52, il combattit Vercingétorix, et revint à Rome deux ans après. Lorsque, en 49, la guerre civile se ralluma, il fut chargé par César d'assiéger Massilia (Marseille), dont il prit possession. César lui promit le gouvernement de la Gaule Cisalpine. On ignore les motifs qui le rendirent un des meurtriers du dictateur. Seulement on sait qu'au jour marqué il alla chercher César, que Calpurnie effrayée voulait empêcher de se rendre au sénat. Après la mort de César, Brutus, quoique soutenu par Cicéron et le sénat, n'en vint pas d'abord aux mains avec Antoine dans la Gaule, où il se rendit; il s'enferma dans Modène, qu'Antoine assiégea : mais l'arrivée des consuls Hirtius et Pansa, accompagnés d'Octave, fit lever le siége. Le sénat combla Brutus d'honneurs, et le chargea de poursuivre Antoine, auquel Octave vint se joindre. Menacé au nord par le premier, au sud par l'autre, et abandonné par ses troupes, Brutus, déguisé en Gaulois, tenta de passer en Italie par la Gaule, et, conduit devant un chef de Gaulois du nom de Camillus, qui avait été l'objet de ses bienfaits, il fut trahi par cet homme et livré par lui à Antoine, qui lui fit trancher la tête.

Cicéron, *Lettres ; Philippiques*. — Dion Cassius, XLV, 9, 14; XLVI, 35. — Velleius Paterculus, II, 64. — Appien, *B. C.*, III. — Smith, *Dictionary of Greek and Roman Biography*.

BRUTUS (*Pierre*), théologien italien, natif de Venise, vivait dans la seconde moitié du quinzième siècle. Les efforts qu'il fit pour amener la conversion des Juifs lui valurent d'être nommé évêque de Cattaro en Dalmatie. Outre de nombreux ouvrages, énumérés dans Trithème, on a de lui : *Victoria contra Judæos*; 1489, in-fol.

Trithème, *De Scriptoribus eccles.* — Moréri, *Dictionnaire*.

BRUUN, appelé aussi *Candidus* ou *Candide*, peintre et poëte allemand, vivait au neuvième siècle. Moine à l'abbaye de Fulde, il décora de peintures, vers l'an 821, les murs et le chœur de l'église de son couvent, et célébra en vers latins la beauté de cette église et les mérites de ses abbés. Ce poëme a été publié par Mabillon et d'Achery.

Hist. litt. de la Fr., t. V, p. 10. — Brower, *Antiquitates Fuldensium*.

*** BRUUN** (*Thomas-Christophe*), poëte danois, né le 2 novembre 1750 en Sélande, mort à Copenhague le 24 juin 1834. Initié dans les langues et littératures étrangères, il fut, depuis 1802, le professeur d'anglais à l'université de Copenhague. Partisan ardent de Voltaire, il imita l'école française du dix-huitième siècle, mais sans l'atteindre. On a de lui quelques comédies et plusieurs recueils en vers, dont les meilleurs furent réimprimés dans : *Samled poetiske Skriffler af T. C. B.*; Copenhague, 1812-1832; — *Josephidem*, poëme en 10 chants, 1831 ; — *Choleras Fodsel, Vaudl, Hedenfard* (Naissance, Vie et Mort du Choléra), poëme en 6 chants; — *Dronning Esther*, poëme en 9 chants, 1832 ; — et *Svend Tveskjæh*, poëme en 5 chants, 1833; — diverses grammaires françaises et anglaises; une traduction danoise des *fables* de la Fontaine (en vers); Copenhague 1821.

P.-L. M.

Erslew, *Forfatter-Lexicon*.

*** BRUUN** (*Niels-Thorup*), littérateur danois, fils du précédent, né à Copenhague le 12 janvier 1778, mort le 8 juin 1823. Il a traduit pour le théâtre royal de Copenhague un grand nombre de pièces allemandes et françaises. Il a laissé aussi quelques recueils de chansons.

Erslew, *Forfatter-Lexicon*.

BRUXIUS ou **BRUGHIUS** (*Adam*), médecin et mnémoniste allemand, mort dans la première moitié du dix-septième siècle. Il fut un de ceux qui cherchèrent à retrouver l'art de la mnémonique, en usage chez les anciens. On a de lui : *Ars reminiscentiæ*, sous le nom de *Sebald Smaragisius*; Leipzig, 1608, in-8° : c'est un traité sur l'utilité de la mnémonique; — *Simonides redivivus, seu ars memoriæ et oblivionis tabulis comprehensa, cum nomenclatore mnemonico*; ibid., 1610 et 1640, in-4° : c'est un ouvrage en tableaux, et l'un des plus complets sur cette matière; — *Balsambuchlein* (le Livre des Baumes); Nuremberg, 1625.

Adelung, suppl. à Jöcher, *Allgem. Gelehrten-Lexicon*.

BRUYÈRE (*Jean* DE LA). *Voy*. LA BRUYÈRE.

BRUYÈRE (*Louis*), ingénieur français, né à Lyon le 19 mars 1758, mort à Paris le 31 décembre 1831. Admis, en 1783, à l'École des ponts-et-chaussées de Péronnet, il fut chargé plus tard de travaux d'embellissement au Mans. Professeur à l'École des ponts-et-chaussées, il y introduisit des méthodes nouvelles, devint ingénieur en chef en 1804, et en 1805 secrétaire du conseil général de cette administration. Inspecteur divisionnaire adjoint en 1808, il fut nommé maître des requêtes en 1810, et chargé en cette qualité de diriger les travaux publics de Paris. On lui doit les premiers plans du canal de Saint-Maur, et presque tous les projets de ce genre ou autres adoptés ou exécutés sous l'empire. Ce fut sous sa direction que s'élevèrent ou furent commencés les marchés du Temple, Saint-Honoré, de la Volaille, de Saint-Germain-des-Prés, des Prouvaires, les cinq abattoirs, et l'Entrepôt général des vins. Il conserva cette direction des travaux de Paris jusqu'en 1820, quoique ses autres titres et honneurs eussent parfois varié avec les vicissitudes politiques. On a de lui : *Études relatives à l'art des constructions*; Paris, 1822 et années suivantes, in-fol., avec planches.

Ad. Jullien, dans la *Revue encyclop.*, LXII. — Navier, *Annales des Ponts-et-Chaussées*. — Quérard, suppl. à la *France littéraire*.

BRUYÈRES (... baron DE), général français, mort le 3 décembre 1808. Il accompagna le général Leclerc en Portugal et à Saint-Domingue. A son retour en Europe, il fit à la tête de son régiment les campagnes d'Allemagne. A Eylau, il chargea si vigoureusement les Russes qu'il fut nommé général de brigade. Envoyé en Espagne, il reçut la mort au milieu d'une émeute du peuple de Madrid, qu'il avait tenté de réprimer.

Biographie des Contemporains.

BRUYÈRES (... comte DE), marin français, né en 1734, mort en juillet 1821. Entré jeune dans la marine, il se distingua dans la guerre d'Amérique, sous d'Estaing et le bailli de Suffren. Chargé du commandement de l'*Illustre*, et resté seul avec un autre navire *le Héros*, il repoussa douze vaisseaux anglais. Revenu en Europe en 1784, il fut privé, sous la révolution, de ses grades, de sa fortune et, en 1793, de sa liberté, qu'il recouvra au 9 thermidor. Il se retira alors au château de Chalabre, où il reçut de Louis XVIII les insignes mérités de la grand-croix de Saint-Louis.

Biographie des Contemporains.

BRUYERIN-CHAMPIER ou **LA BRUYÈRE-CHAMPIER**, en latin *Bruyerinus Campegius* (*Jean-Baptiste*), médecin français, natif de Lyon, vivait dans la première moitié du seizième siècle. Neveu de Symphorien Champier, il fut appelé à la cour de François Ier, et devint médecin de Henri II. On a de lui : une *édition* de la traduction latine de Dioscoride par Ruel, sous ce titre : *Pedacii Dioscoridis Anazarbæi de medicinali Materia libri sex*; Lyon, 1550, avec les figures de l'histoire des plantes de Fuchs; — une *traduction* latine du traité d'Avicenne : *Du Cœur et de ses Facultés*; Lyon, 1559; — une *traduction* du *Colliget* d'Averroës, sous ce titre : *Joannes Bruyerinus Campegius, Averrhois Collectaneorum sectiones tres, secundo, sexto et septimo colliget libris respondentes, in latinum sermonem convertit*, dans l'édition d'Averroës; Venise, les Junte, 1553, in-fol.; — *De Re cibaria*; Périgueux, 1560, in-8°, dédié à l'hôpital de Francfort; ibid., 1600 et 1606, sous ce titre : *Dipnosophia et Sitologia revisa, et indice locupletata*; — *Collectanea de sanitatis Functionibus, de Sanitate tuenda, et de curandis morbis, ex Averrhoe sumpta*; Lyon, 1537.

Éloy, *Dict. hist. de la médecine*.

BRUYN (*Abraham* VAN), peintre et graveur flamand, natif d'Anvers, vivait dans la seconde moitié du seizième siècle. Il peignit dans le genre des Wiericx. Mais ses gravures ont de la sécheresse, et ses extrémités sont négligées. On estime ses portraits et ses arabesques. Parmi les premiers on cite : les *Portraits de l'électeur Philippe-Louis et de l'électrice Anna*; — le *Portrait d'Albert-Frédéric de Prusse*; — *Charles IX*, roi de France; — *Anne d'Autriche*, fille de Charles V; — *le Buisson ardent*; — *les Quatre évangélistes*; — *le Christ et la Samaritaine*; — *la Résurrection de Lazare*. On a en outre de lui : *Imperii ac sacerdotii ornatus, diversarum gentium vestitus*; 1757; — *Diversarum gentium armatura equestris*; 1577; — *Omnium fere gentium imagines*; 1587, in-4°.

Nagler, *N cues Allgemeines Künstler-Lexicon*.

BRUYN (*Nicolas* DE), peintre, dessinateur et graveur flamand, fils d'Abraham Bruyn, naquit à Anvers en 1570. Il eut pour maître son père Abraham, qu'il surpassa. Il adopta la manière gothique, dans le genre de Lucas de Leyde, qu'il n'égala cependant pas. Il y a de la sécheresse dans son faire, et l'usage du clair-obscur lui est étranger. Ses têtes de femmes surtout ont de la variété et de la grâce. Ses œuvres les plus remarquables sont : *Des Paysages et des Foires*, d'après Winkenbooms; — *l'Age d'or*, d'après Abraham Bloëmaert, réduit par Th. de Bry; — *le Roi Balak s'entretenant avec Balaam;* — *la Vision d'Ézéchiel;* — *Adam et Ève en Paradis;* — *la Passion*, 1632; — *la Résurrection*, 1631; — *l'Adoration des Mages;* — *David et Goliath*, 1609; — *Abigaïl allant au-devant de David*, 1608; — *la Reine de Saba à la cour de Salomon*, 1621. On a en outre de lui des *Quadrupèdes*, 1621; des *Oiseaux*, 13 planches; et *des Poissons*.

Heinecke, *Dictionnaire des Artistes*.

BRUYN (*Corneille* DE), peintre voyageur hollandais, né à la Haye en 1652. On ignore l'époque où il mourut. Il eut pour premier maître Théodore Van der Schuur. En 1674 il visita l'Allemagne et l'Italie. A Rome, où il rencontra Robert Duval, qui le mit en rapport avec les artistes alors renommés, il fut admis « dans la bande académique, comme dit Decamps, et nommé Adonis; ce qui donne une idée de son extérieur. » Il profita de ce séjour dans la ville éternelle pour en dessiner les paysages et l'intérieur; il en fit de même à Naples. Le 16 juin 1677, il s'embarqua pour Livourne, et l'année suivante pour Smyrne. La nature, les monuments, les usages, les modes, il recueillit tout durant ce voyage. A Venise, où il séjourna au retour, il travailla huit ans sous la direction de Carlo Lothi. Le 19 mars 1693, il revint dans sa patrie, où il publia son premier ouvrage sous ce titre : *Voyage au Levant et dans les principales parties de l'Asie Mineure* (en hollandais); Delft, 1698; en français, même ville, 1700, in-fol., et Paris, 1704, sous le nom altéré de *Corneille le Brun*. Le 28 mai 1701 Bruyn, encouragé par le succès de cette première relation, reprit ses voyages; il visita la Moscovie, la Perse, les Indes, Ceylan, Batavia, Bantam; et, muni d'un nouveau trésor d'observations et de dessins, il revint dans sa patrie le 24 octobre 1708, et y publia son *Voyage par la Moscovie, en Perse et aux Indes orientales*, en hollandais; à Delft et à Amsterdam, 1711, in-fol., et, même ville, 1714; en français, 1718, 2 vol. in-fol. L'abbé Banier retoucha, annota et publia avec succès cette traduction; Rouen, 1725, 5 vol. in-4°. Les gravures des éditions hollandaises sont les meilleures. Bruyn est un des premiers qui ait donné des détails sur les Samoyèdes et la contrée qu'ils habitent. Il a dessiné aussi (et il le proclame à juste titre) plus exactement que Kaempfer et Chardin les ruines de Persépolis et les tombes des rois de Perse. En général, ses dessins sont plus instructifs que ses observations. Il mourut à Utrecht chez son ami Van Mollem, où il s'était retiré pour ne plus s'occuper que de son art.

Descamps, *Vies des Peintres flamands, allemands et hollandais*, t. II. — Nagler, *Neues Allgemeines Künstler-Lexicon*. — *Penny Cyclop.*

BRUYN (*Jean* DE), mathématicien et jurisconsulte hollandais, né à Gorkum le 25 août 1620, mort le 21 octobre 1675. Il étudia la philosophie à Leyde et les mathématiques à Utrecht, sous le professeur Ravensberg, qu'il remplaça dans la chaire de physique et de mathématiques. On le vit ensuite expliquer en même temps le droit public, et faire des démonstrations anatomiques. Il réussissait surtout à disséquer les animaux. L'astronomie lui était également familière. Son oraison funèbre fut prononcée par Grævius le 6 novembre 1675. On a de lui plusieurs dissertations citées par Burmann, et parmi lesquelles : *Epistola ad Isaacum Vossium, de natura et proprietate lucis;* Amsterdam, 1663, in-4°: c'est une défense du cartésianisme; — *Defensio philosophiæ cartesianæ contra Vogelsangum*, 1670, in-4°; — *De vi ultrice;* — *De corporum gravitate ac levitate*.

Bayle, *Dictionn. crit.* — Burmann, *Trajectum eruditum.* — Le même, J.-C. *Grævii Orationes quas Ultrajecti habuit;* Leyde, 1717, Orat. II, in-8°.

BRUYN (*Nicolas*), poëte hollandais, né à Amsterdam en 1671, mort en 1752. Fils d'un ministre protestant, il embrassa la carrière commerciale, et mourut teneur de livres. Un tremblement de terre qui eut lieu en Hollande, en 1692, inspira à Bruyn son premier poëme. On a en outre de lui : *Aandagtige Bespieglingen*, poésies sur des sujets de piété; — des *tragédies*, parmi lesquelles *l'Origine de la liberté de Rome;* — *Arcadie de Clèves et de Sud-Hollande;* poëme; — *Arcadie de Nord-Hollande*, autre poëme; — *Voyage le long de la rivière de Vechte*, et *Voyage dans les environs de Harlem*.

Biographie Néerlandaise.

BRUYS (*Pierre* DE), hérésiarque, mort en 1147. A la tête d'une des bandes de manichéens qui, chassées de l'Asie, se répandirent en Lombardie, puis en France, il dévasta pendant vingt-cinq ans les provinces, et s'attaqua surtout au clergé et à tout ce qui était révéré. Expulsé du Dauphiné, il s'abattit sur la Provence et le Languedoc. Ayant osé enfin venir brûler publiquement sur la place de Saint-Gilles des croix brisées et d'autres objets du culte, il fut saisi par les catholiques et jeté dans les flammes. Au rapport du ministre Perrin, contredit par Bossuet, Bruys aurait composé, vers l'an 1120, un livre de *l'Antechrist*. Il soutenait l'inutilité du baptême des enfants hors d'état de faire un acte de foi; l'inutilité des églises et de l'adoration de la croix; l'inefficacité des prières des vivants pour les morts; et il ajoutait, quant à l'eucharistie, qu'elle ne contient ni la chair, ni le sang, ni la figure ou l'apparence du corps de Jésus-Christ.

Bossuet, *Hist. des Variations*. — Perrin, *Hist. des Vaudois.* — Meissner, *Dissertatio de Petro B., Brusianis et Henricianis;* Wittenberg, 1682.

BRUYS (*François*), littérateur français, né à Serrières, dans le Mâconnais, le 7 février 1708; mort à Dijon le 20 mai 1738. Fils d'un marchand, il reçut sa première instruction sous la direction du curé de Chavagny, son oncle, et étudia les humanités chez les moines de Cluny, et la philosophie chez les pères de l'Oratoire à Notre-Dame-des-Grâces, en Forez, d'où il se rendit à Genève. A la Haye, où il alla en 1728, il se fit protestant, devint auteur par nécessité, et publia la Critique désintéressée des journaux littéraires et des ouvrages des savants, 1730; ouvrage qui fut supprimé par la cour de Hollande, parce que l'auteur s'y prononçait pour Saurin contre la Chapelle, sur le mensonge officieux. Et cependant il fut abandonné dans cette affaire par celui qu'il défendait : dans une lettre adressée aux gazettes le 7 octobre 1730, Saurin déclarait formellement n'avoir aucune part à l'ouvrage de Bruys. Celui-ci partit alors pour Emmerick, s'y maria, devint bibliothécaire du comte de Neuwied en 1735, et, revenu en France en 1736, il y abjura le protestantisme. En même temps il voulut se faire recevoir avocat; mais, le jour même où il prit ses grades à Dijon, il fut atteint de la maladie qui le conduisit au tombeau. Outre l'ouvrage cité, on a de lui : l'Art de connaître les femmes, avec une dissertation sur l'adultère, sous le pseudonyme de chevalier Plante-Amour; la Haye, 1730; — Histoire des Papes, depuis saint Pierre jusqu'à Benoît XIII; la Haye, 1732-1734, 5 vol. in-4° : « le véritable auteur du fond de cet ouvrage, dit Barbier, est un bénédictin de la congrégation de Saint-Maur; » — le Postillon, ouvrage historique, critique, etc.; 1733, 4 vol. in-12; — une Traduction de Tacite, avec des notes politiques et historiques : c'est une continuation de l'ouvrage d'Amelot de la Houssaye; — Mémoires historiques, critiques et littéraires, suivis de Borboniana, ou Fragments de littérature et d'histoire de Nicolas de Bourbon, etc., édité par l'abbé Joly; Paris, 1751.

Nicéron, Mémoires, t. XLII. — Quérard, la France littéraire. — Barbier, Dict. des ouvrages anonymes. — Journal des savants, juin et août 1752.

BRUYSET (*Jean-Marie*), libraire, publiciste et historien français, né à Lyon le 7 février 1749, mort le 16 avril 1817. Après avoir fait avec succès ses études au collége de la Trinité de cette ville, il devint imprimeur-libraire à Lyon. Ce fut lui qui, lors du siége de cette ville en 1793, fit créer les *billets obsidionaux* pour les dépenses de la ville; et cependant ce fut son frère Pierre-Marie qui, emprisonné en même temps que lui, comparut devant le tribunal révolutionnaire pendant que la maladie retenait Jean-Marie, et paya à sa place et de sa tête, et sans vouloir s'en justifier, la création des billets de siége, dont il accepta la signature comme sienne. Jean-Marie Bruyset adopta les enfants de ce frère dont le dévouement l'avait sauvé. En 1808 il se retira des affaires; et, en 1812, il fut nommé inspecteur de l'imprimerie à Lyon. Il fut un des collaborateurs du *Dictionnaire* de Chaudon et Delandine, et travailla à la *Gazette littéraire* et au *Journal étranger* de l'abbé Arnaud. On a, en outre, de lui : *Histoire de la dernière révolution de Suède*, trad. de l'anglais de Shéridan; Lyon, 1783, in-12; Paris, 1794; — *Essai sur le contrat collybistique des anciens, et particulièrement des Romains*; Lyon, 1786, br. in-4°; — *Sur la régénération du commerce de Lyon*; Lyon, 1802; — *Caractère de la propriété littéraire*; — *De la nécessité d'une administration particulière pour la librairie*; Lyon, 1808; — une *Traduction de l'Histoire romaine* de Goldsmith; Paris, 1812, in-12; — une *Traduction* de Cornélius Népos; Lyon, 1812, in-12.

Galerie historique des Contemporains. — Quérard, la France littéraire.

BRY ou **BRIE** (*Théodore* DE), dessinateur, graveur au burin et à la pointe, imprimeur et libraire hollandais, naquit à Liége en 1528, et mourut en 1598 à Francfort-sur-le-Mein, où il était venu s'établir vers 1570. C'est dans cette ville qu'il entreprit comme graveur, et publia comme libraire, nombre de grands ouvrages, dans l'exécution desquels il se fit aider par ses fils *Jean-Théodore* et *Jean-Israël*, graveurs non moins distingués que lui, principalement Jean-Théodore, qui lui fut supérieur dans le maniement du burin et pour le goût du dessin. Ces artistes sont rangés dans la classe des *petits maîtres*, quoique la plupart des pièces de leur œuvre soient d'une dimension ordinaire. Parmi les gravures du père, on recherche *la Procession des chevaliers de l'ordre de la Jarretière*, en 12 planches, que Hollar a regravée; — trois dessins de *soucoupes*, devenus très-rares, ayant au milieu des médaillons à double sens, représentant l'Orgueil et la Folie; — *Saint Jean assis dans le désert*, à l'eau-forte (rare et estimée).

De Jean-Théodore (né en 1561, et mort en 1620) on cite principalement *les Noces de Rébecca*, petite frise d'après Peruzzi, admirable de finesse et de précision d'exécution; — *l'Age d'or*, d'après A. Bloëmaert. Les ouvrages importants auxquels prirent part les trois De Bry sont : *Icones quinquaginta virorum illustrium*; Francfort, 1669, in-4°, livre qui devint par la suite le tome Ier des 9 volumes de la *Bibliotheca chalcographica*, publiée par Robert Boissard, etc.; — le livre très-rare que le père publia d'abord de 1590 à 1598, sous le titre de *Narratio Regionum Indicarum per Hispanos quondam devastatarum verissima*, orné de 123 planches; ses fils l'ont continué et publié en 12 parties, sous ce titre : *Descriptio generalis totius Indix orientalis*, 1598-1628; — *Stamm-und Wappen-Büchlein*, publié par le père en 1592, avec 21 emblèmes, et réimprimé et porté à 74 planches par le fils en 1627. L'œuvre des De Bry est considérable; Mariette n'en possédait pas moins de 600 pièces.

Heinecken, Dictionn. des Artistes. — Nagler, Neues Allgemeines Künstler-Lexicon.

BRY DE LA CLERGERIE (*Gilles*), jurisconsulte français, vivait au seizième siècle. Fils de François Bry, lieutenant au bailliage du Perche, il fut avocat au parlement de Paris. On a de lui : *Histoire des pays et comté du Perche et duché d'Alençon*; Paris, 1620, in-4°; — *Additions aux Recherches d'Alençon et du Perche*; Paris, 1621, in-4°; — *les Coutumes des pays, comté et bailliage du grand Perche, avec les apostilles de Dumoulin*; 1629, in-8°; — *les Francs-Fiefs du Perche*; 1635, in-8°.

BRYAN (*Augustin*), critique anglais, mort en 1726. On n'a presque point de détails sur la vie de ce savant; on sait seulement qu'il étudia à Cambridge en 1711. Il n'eut pas le temps d'achever une édition grecque-latine des *Vies de Plutarque*, continuée et publiée par Moïse du Soul (Solanus); Londres, 1729, 5 vol. in-4°. On y joint habituellement les *Apophthegmes*.

Hare, Préface de l'édition de Térence. — Rose, *New Biographical Dictionary*.

BRYAN-EDWARDS. *Voy.* EDWARDS.

BRYAN ou **BRIANT** (*Francis*), général, diplomate et poëte anglais, mort à Waterford en 1550. Il étudia à Oxford, et embrassa d'abord la profession des armes. En 1522, il s'empara de la ville de Morlaix, qu'il livra aux flammes. En 1528, il fut envoyé en mission à la cour de France, et en 1529 à Rome, pour négocier le divorce de Henri VIII, dont il fut chambellan, comme il le devint ensuite d'Édouard VI. A la bataille de Musselbourg, où il accompagna le Protecteur, il commandait sa cavalerie légère. En 1548, il fut nommé gouverneur général de l'Irlande, où il se maria avec la comtesse d'Ormond. Il mourut bientôt après. Ses principaux ouvrages sont : *Dispraise of the Life of a Courtier*; Londres, 1548, in-8°; traduit du français d'Allègre, qui l'avait emprunté à Guevara; — des *Chansons*; — des *Sonnets*.

Biographia Britannica.

BRYANT (*Jacques*), antiquaire et philologue anglais, natif de Plymouth, mort en novembre 1804. Il fut précepteur et secrétaire du comte de Marlborough, qui l'attacha à l'amirauté. Ses principaux ouvrages sont : *Observations and Inquiries relating to various parts of Ancient History*; 1767, in-4°; — *New System or Analysis of Ancient Mythology*; 1773-1776, 3 vol. in-4°, avec fig.; — *A treatise on the truth of Christianity*; Londres, 1795, in-8°, ouvrage qui eut dans la même année onze éditions; — d'autres ouvrages, parmi lesquels : *Défense de la médaille d'Apamée*; Londres, 1775; — *Observations sur le poëme de Rowley*, 2 vol. in-8°; — *Dissertation sur la guerre de Troie*.

Chalmers, *Biog. Dict.* — Nichols, *Lit. Anecd.*, of 18th century.

BRYANT (*Georges*), magistrat et philanthrope américain, né à Dublin, mort à Philadelphie le 20 janvier 1791, passa fort jeune en Amérique, où il devint juge suprême de la Pensylvanie, et rédigea l'acte pour l'entière abolition de l'esclavage.

Alen, *Amer. Biograph.*

BRYANT (*Michel*), biographe anglais, né à Newcastle en 1757, mort le 21 mars 1821, voyagea longtemps en Flandre, où il devint habile connaisseur en tableaux, et y épousa la sœur du comte de Shrewsbury (1781-1790). Il fut chargé en 1794, par le duc de Bridgewater, le marquis de Stafford et le comte de Carlisle, d'acheter la galerie d'Orléans, et s'acquitta de cette mission à la satisfaction des acquéreurs. Bryant a publié, en 1816, *Dictionary of Painters and Engravers*, 2 vol. in-4°; Londres : c'est un ouvrage utile et souvent consulté.

BRYANT (*William-Cullen*), poëte, prosateur et journaliste américain, né le 3 novembre 1794, à Cummington (Massachusets), compte dans ses ascendants trois générations successives de médecins. Son père, homme de goût et d'érudition, sut lui donner une très-bonne éducation. A treize ans, il composa une satire politique fort remarquable, *l'Embargo*, dirigée contre le président Jefferson et son parti : elle eut tant de succès, qu'une seconde édition suivit d'assez près la première. A seize ans, M. Bryant, étant entré au collége Williams, s'y distingua par ses progrès dans les hautes facultés classiques. En 1812 il commença l'étude du droit, et, trois ans après, il était admis dans le barreau. C'est à Great-Barrington, où il ne tarda pas à se marier, qu'il débuta dans la profession d'avocat. Il avait à peine dix-huit ans lorsqu'il composa son beau poëme de *Thanatopsie*, qui parut pour la première fois en 1816, dans la *North-American-Review*. En 1821 il lut devant la société Phi-Beta-Kappa, du collége d'Harvard, la plus longue de ses compositions poétiques, *les Ages*. Dans ce poëme il passe en revue le monde entier depuis les siècles anciens, et, montrant les progrès successifs de l'humanité dans la voie *des lumières, de la vertu et du bonheur*, il cherche à justifier les magnifiques espérances des philanthropes sur les destinées futures de l'homme. Ce poëme et plusieurs autres lui acquièrent dans son pays une grande renommée littéraire. Le culte des Muses ne l'empêcha point cependant de vaquer, pendant dix années, à ses fonctions *d'attorney*, puis de conseiller à Great-Barrington, et de s'y faire la réputation d'un légiste sensé et instruit; mais la littérature étant beaucoup plus dans ses goûts et dans sa vocation naturelle, il renonça à la carrière juridique, et partit en 1825 pour New-York. Là, avec le concours d'un brillant écrivain américain, Robert Sands, il fonda le *New-York Review and Athenæum Magazine*, et il y publia plusieurs de ses meilleures pièces de vers, entre autres *l'Hymne à la Mort*, où il paye le plus touchant tribut de regrets à la mémoire de son père, mort cette même année 1825. Il collabora ensuite à plusieurs journaux, parmi lesquels nous citerons *l'Evening-Post*, l'une des gazettes politiques et commerciales les plus anciennes et les plus influentes de New-York. En 1827, il s'associa à MM. Verplanck et Sands pour la publication du

Talisman, sorte de Keepsake qui parut, pendant trois années, sous le nom d'un auteur imaginaire, *Francis Herbert, esquire*. C'est le meilleur recueil de ce genre qui soit sorti des presses américaines. En 1832, il composa trois nouvelles en prose pour un recueil analogue, *the Tales of Glauber Spa*, auquel coopérèrent William Leggett, miss Sedgwick, et MM. Verplanck et Sands. Une intime amitié unissait M. Bryant à ce dernier; aussi, lorsqu'il mourut en 1832, ses œuvres furent-elles réunies et publiées par ses soins et ceux de M. Verplanck.

Dans l'été de 1834, M. Bryant partit avec sa famille pour visiter l'Europe. Il parcourut la France, l'Allemagne, l'Italie, et résida plusieurs mois à Florence, à Pise, à Munich et à Heidelberg; mais M. Leggett, son associé et son collaborateur à l'*Evening-Post*, étant tombé très-dangereusement malade, il se vit contraint, au commencement de 1836, de repartir pour New-York, où il resta jusqu'en 1840. A cette époque (ou en 1843), il fit un voyage dans la vallée du Mississipi, dans la Floride, et dans les États du sud de l'Union. Après un nouveau séjour à New-York, il en repartit en 1844, pour retourner en Europe. Il visita l'Angleterre, parcourut encore la France, l'Allemagne et l'Italie, et consigna, dans une correspondance qui fut insérée en son absence dans l'*Evening-Post*, ses impressions de touriste, et la description des pays qu'il traversait. Cette correspondance est considérée aux États-Unis comme l'une des meilleures relations de ce genre qui ait été publiée. Mais c'est surtout dans les colonnes de l'*Evening-Post* que M. Bryant s'est fait remarquer comme écrivain. Il y a aujourd'hui plus d'un quart de siècle qu'il dirige la rédaction de ce journal du parti démocratique; durant ce temps il a pris la part la plus active et la plus remarquable à la plupart des controverses politiques qui ont agité son pays, et, comme antagoniste du parti fédéraliste, il a exercé une puissante influence sur l'opinion publique.

Les principales productions de M. Bryant sont : *the Embargo*; Boston, 1808; — *Thanatopsis*; Boston, 1816; — *the Ages*; Boston, 1821; — *To a Waterfowl, Inscription for an entrance to a wood*, et autres pièces de vers publiées de 1816 à 1825; — *the Hymn to Death*; New-York, 1825; — *the Fontains and other Poems*; New-York, 1842; — *the White-footed deer and other Poems*; New-York, 1844. Une magnifique édition des poésies complètes de M. Bryant, illustrées d'après les dessins de Leutze, a été publiée à Philadelphie en 1846.   Paul Tiby.

Griswold, *the Poets and Poetry of America*; Philadelphie, 1852, gr. in-8°, p. 157. — *The Prose writers of America*; Philadelphie, 1852, gr. in-8°, p. 326. — Powell, *the living Authors of America*; New-York, 1850, in-12, p. 189. — Vail, *De la Littérature et des Hommes de lettres des États-Unis d'Amérique*; Paris, 1841, in-8°, p. 575. — Ph. Chasles, *Études sur la litt. et les mœurs des Anglo-Américains au dix-neuvième siècle*; Paris, 1851, in-12, p. 291.

— *Revue Britannique*, tome X de la 2ᵉ série (1832), p. 29. — *Monthly Review*, 1832. — *The North American Review*, passim. — *Revue des Deux Mondes* du 15 mars 1853 (article de M. Ampère).

BRYANT (*John-Howard*), poëte américain, frère du précédent, né le 22 juillet 1807 à Cummington (Massachusets). Sa première pièce de vers, *Mon Village natal*, parut en 1726 dans *the United States Review and literary Gazette*. Tout en cultivant la poésie, M. Bryant s'est livré à l'étude des sciences mathématiques et naturelles. Depuis 1831, il s'est établi dans l'Illinois, où il s'est marié en 1833, et où il s'occupe d'exploitations rurales. Son talent poétique est de la même nature que celui de son frère. On cite parmi ses meilleures pièces : *My native Village*; *the New-England Pilgrim's funeral*; *a Recollection*; *the Indian Summer*, et *the Blind restored to sight*.   P.-A. T.

Griswold, *the Poets of America*; Philadelphie, 1852, gr. in-8°; p. 332.

BRYAXIS, sculpteur grec, vivait l'an 380 avant J.-C. Il fut choisi avec Scopas, Timothée et Léocare par Artémise, reine de Carie, pour élever un tombeau à Mausole, son mari. Les façades de ce monument étaient de 21 mètres; son élévation totale était de 47 mètres; trente-six colonnes soutenaient l'édifice. Bryaxis avait décoré le nord, Scopas le levant, Timothée le midi, Léocare le couchant; et un autre artiste nommé Pythis plaça un quadrige sur la pyramide qui surmontait le mausolée. — Bryaxis exécuta encore à Rhodes cinq statues colossales, et un *Apollon* placé par Julien l'Apostat à Daphné. Ce dernier chef-d'œuvre fut détruit dans l'incendie du temple qu'il ornait.

Cedrenus, *Annal*. — Clément d'Alexandrie. — Pline, lib. 36, cap. 5. — Moréri, *Dictionnaire historique* (édit. de 1759).

BRYCZYNSKI (*Joseph*), littérateur polonais, né à Praga en 1797, mort poitrinaire en France en 1823. Il fit ses études et son droit à Varsovie, et commença très-jeune à faire paraître des articles critiques. Devenu suspect aux autorités russes, il fut obligé de s'expatrier, et parcourut l'Allemagne, l'Italie, l'Angleterre et la France. Outre un grand nombre de poésies et de morceaux littéraires, Bryczynski a laissé une traduction en vers polonais des *Plaideurs* de Racine.

Encyclopédie Polonaise.

BRYDAINE. *Voy*. BRIDAINE.

BRYDONE (*Patrice*), voyageur anglais, né en 1741, mort en 1818, reçut une brillante éducation, et s'adonna spécialement à la physique, surtout à l'étude des phénomènes électriques. Il visita la Suisse, les Alpes et les Apennins, dans le but de préciser la température des principales montagnes de l'Europe. Ses observations ne furent cependant pas complètes. Il visita de nouveau l'Italie et les îles méditerranéennes en 1767. Il ne revint en Angleterre qu'en 1771, après avoir fait beaucoup d'expériences sur la déclinaison de l'aiguille aimantée. On a de lui : *Tour through Sicily and Malta*; Londres, 1774-1776,

2 vol. in-8°; Paris, 1780, 2 vol. in-12, trad. en français par Demeunier; Amsterdam et Paris, 1775, 2 vol. in-8°; — divers *Mémoires sur l'électricité*; — *Voyage en Sicile et à Malte*, revisé par B.-P. A., avec notes de Derveil; 2 vol. in-8°, fig.; Londres et Neufchâtel, 1776, 2 vol. in-12, avec carte; la Haye, 1776; Amsterdam et Paris, 1781, 2 vol. in-12, avec carte; Paris, 1803. Il en existe aussi une traduction française en 2 vol. in-18, Paris, 1802, dans la *Bibliothèque géographique des jeunes gens*. Le comte de Borch a publié des *Lettres pour servir de supplément au voyage de Brydone*, 2 vol. in-8°, avec fig.; Turin, 1782.

Transactions philosophiques de la Société royale de Londres.

BRYENNE (Βουέννιος) (*Nicéphore*), empereur grec, né à Orestia (Macédoine), était général en 1074, et commandait avec succès les armées de Michel Parapinace en Croatie et en Bulgarie. Cet empereur, reconnaissant son mérite, voulait l'élever à la dignité de César; mais les courtisans l'en détournèrent, et lui rendirent Nicéphore suspect : celui-ci, indigné, écouta les conseils de Jean de Bryenne, son frère, menacé comme lui, et se fit proclamer empereur à Dyrrachium le 3 octobre 1077. Il marchait sur Constantinople lorsqu'un autre usurpateur, Nicéphore Botoniate, le prévint, renversa Michel, et s'empara du gouvernement le 31 mars 1078. Bryenne voyait chaque jour son parti augmenter, lorsque le nouvel empereur envoya contre lui Alexis Comnène. Une bataille fut livrée à Calabrya (Thrace), et, malgré sa valeur personnelle, Bryenne fut vaincu. Remis entre les mains de Nicéphore Botoniate, Basile, premier ministre de ce monarque, fit crever les yeux au prince vaincu (1080).

Zonoras, *Annal.*, t. III. — Smith, *Diction. of Roman and Greek Biography*.

BRYENNE NICÉPHORE (Νικηφόρος Βρυέννιος), historien byzantin, fils du précédent, était natif d'Orestias en Macédoine, et vivait dans la seconde moitié du onzième siècle. Ses avantages extérieurs, ses talents, et son expérience comme homme d'État, lui valurent la faveur d'Alexis Comnène, qui créa pour lui la dignité de *Panhypersebastos* (auguste superlatif), l'appela tantôt à commander les armées, tantôt à diriger les affaires intérieures, et lui fit épouser Anne Comnène. Bryenne se distingua durant la guerre entre Alexis et Bohémond, prince d'Antioche, et négocia la paix de 1108 à l'entière satisfaction de son souverain, auquel Anne Comnène et Irène eussent voulu le faire succéder. Mais Alexis s'y refusa opiniâtrement. A la mort de cet empereur en 1118, Bryenne et Anne conspirèrent contre Jean, fils d'Alexis. Le complot avorta. Bryenne et sa femme furent exilés à Œnoé, aujourd'hui Unich, sur la mer Noire, et leurs biens furent confisqués. Après quelques années de bannissement, ils revinrent, et Bryenne recouvra la faveur de l'empereur. En 1137 il fut envoyé en Cilicie et en Syrie, pour y faire lever le siége d'Antioche; mais sa santé l'obligea de retourner à Constantinople, où il mourut bientôt après. On a de lui : "Ὕλη ἱστορίας; c'est l'histoire des empereurs Isaac I, Comnène, Constantin XI, Ducas, Romain II, Diogène, et Michel VII. La mort l'empêcha de pousser plus loin son œuvre. Divisée en quatre livres, cette histoire est la meilleure que l'on ait sur cette période; il y règne beaucoup de clarté, et s'étend de 1057 à 1070. La première édition a été publiée à Paris par Pierre Poussin, à la suite de Procope; Paris, 1661, in-fol., avec des notes et la version latine. L'éditeur mit à profit un manuscrit de Cujas et de Favre de Saint-Joire, et Du Cange annota l'ouvrage à la suite de son édition de Cinnamus, 1670, in-fol. Le président Cousin en a donné une traduction française dans son *Histoire de Constantinople*. La meilleure édition est celle de Meineke : *Nicephori Bryennii Commentarii*; Bonn, 1836, in-8°, texte grec et version latine, avec les notes de Pierre Poussin et de Du Cange.

Anne Comnène, *Alexias*. — Hankeus, *de Byzant. Rerum Scriptoribus græcis*. — Gibbon, *Decline and fall of Roman empire*. — Le Beau, *Histoire du Bas-Empire*.

BRYENNE (*Jean* DE). *Voy.* BRIENNE.

BRYNTESSON (*Magnus*), sénateur suédois, seigneur de Graëfnäis, chevalier de Liliehœck, décapité en 1519 à Stockholm, se fit proclamer roi en 1529; mais, vaincu par Gustave Wasa, il subit le dernier supplice quelque temps après sa rébellion.

Gezelius, *Biograph. Lexicon*.

*BRYSON, fils de Stilpon et l'un des derniers représentants de l'école de Mégare, florissait vers l'an 334 avant l'ère chrétienne. Le nom de ce philosophe est à peu près la seule chose que l'on connaisse de lui. Encore ce nom se trouve-t-il écrit de deux manières (*Bryson* et *Dryson*) par les historiens de la philosophie. Après avoir été le disciple de Clinomaque, il devint le maître de Pyrrhon, le fondateur de la secte sceptique. Il faut se garder de confondre ce Bryson, fils de Stilpon, disciple de Clinomaque et maître de Pyrrhon, avec un autre Bryson qui fut le maître de Cratès de Thèbes, philosophe de la secte cynique.   C. MALLET.

Diogène de Laerte, dans la *Vie de Pyrrhon*.

BUACHE (*Philippe*), géographe français, né le 7 février 1700, mort le 24 janvier 1773. Successeur de Delisle, auquel il s'était attaché, et prédécesseur de d'Anville à l'Académie des sciences, Buache est loin d'avoir rendu à la géographie les mêmes services que ces deux hommes célèbres. Il est principalement connu par son système de géographie physique et naturelle. Il y divise le globe en autant de cavités ou bassins, subordonnés les uns aux autres selon le cours des rivières, partageant de même les mers par une suite de montagnes sous-marines indiquées, suivant lui, par les îles, rochers ou vigies. Ce système, ingénieux et vrai en partie, fut beaucoup trop généralisé par Buache, et exerce encore une influence funeste pour la géographie sur nos dessinateurs de cartes les plus connus, qui, au moyen de cette théorie, substituent l'art à la science, et le travail du pinceau à celui de l'étude et de la critique. Malgré l'abus que l'on fait du système de Buache, abus que lui-même a poussé jusqu'à l'extrême, nous devons observer qu'en le combinant avec la découverte de Behing, il est parvenu à deviner la liaison qui se trouve entre l'Amérique et l'Asie, par le moyen de la presqu'île d'Alashka, qu'il a tracée passablement sur ces cartes avant qu'on en eût constaté l'existence. Les efforts qu'il fit pour suppléer au vide immense que présentaient encore, il y a peu d'années, nos connaissances géographiques sur le nord-ouest de l'Amérique, sont aussi très-louables ; et il n'eut pas autant de tort qu'on le croit communément d'employer, au défaut de renseignements plus précis, la relation de l'amiral de Fonte ou de Fuente.

Buache publia le résultat des recherches relatives à cet objet sous le titre de *Considérations géographiques et physiques sur les nouvelles découvertes de la grande mer*, d'abord dans les *Mémoires de l'Académie des sciences*, 1752, et ensuite séparément ; Paris, 1753, in-4°. Depuis que les progrès de la navigation et les voyages de découvertes ont jeté une vive lumière sur l'état du globe vers le pôle sud, les hypothèses les plus importantes de Buache ont été trouvées fausses. On ne peut s'empêcher de sourire aujourd'hui en voyant sur les cartes de cet auteur quelques petites portions de la Nouvelle-Zélande dont on n'avait pas encore fait le tour, et quelques autres terres moins considérables et dont l'existence est même douteuse, converties en deux immenses continents, tout à fait distincts de la Nouvelle-Hollande et même de la terre de Diémen. Buache en dessine les rivages, et nous assure gravement que le plus grand de ces nouveaux mondes doit avoir, le long et près des côtes, une chaîne de montagnes comme les Cordillières d'Amérique, et des fleuves aussi considérables que ceux de la Sibérie. Cette idée d'un grand continent austral a été empruntée aux anciens. Manilius en fait mention dans son poëme sur l'astronomie, et Pomponius Méla y place la grande nation des Antichthones.

L'*Atlas physique* de Buache, publié en 1754, est composé de 20 planches petit in-fol., dont quelques-unes sont relatives au nivellement de Paris ; mais on n'y a pas inséré la carte qui contient le parallèle des fleuves de toutes les parties du monde, une des plus ingénieuses de l'auteur, et une des plus utiles pour l'intelligence de son système. On la trouve dans l'*Histoire de l'Académie des sciences*, année 1733, p. 587, pl. XXIV. Les autres travaux de Buache sont : *Recherches géographiques sur l'étendue de l'empire d'Alexandre* (dans les Mémoires de l'Acad. des sciences, année 1733) ; — *Considérations sur une nouvelle boussole*, etc. (ibid., 1735) ; — *Exposé d'un plan hydrographique de Paris* (ibid., 1745) ; — *Essai de géographie physique* (ibid., 1756) ; — *Mémoire sur la comète qui a été observée en 1531, 1607, 1682, et qu'on attend en 1757 ou 1758*; Paris, 1757, in-4°; — *le Parallèle des fleuves des quatre parties du monde, pour savoir déterminer les hauteurs des montagnes*, etc. (ibid., 1757) ; — *Mémoire sur la traversée de la mer Glaciale arctique* (ibid., 1759) ; — *Considérations géographiques sur les terres Australes et Antarctiques* (ibid., 1761) ; — *Raisons d'une nouvelle disposition de mappemonde pour étudier les premières peuplades* (ibid., 1761) ; — *Observations géographiques et physiques sur les Antarctiques et leur mer Glaciale intérieure* (ibid., 1763) ; — *Sur la construction de l'ancienne carte itinéraire de Peutinger* (ibid., 1764) ; — *Observations géographiques sur les îles de France et de Bourbon* (ibid., 1767). [WALCKENAER, dans l'*Enc. des g. du m.*].

Quérard, *la France littéraire*. — Chaudon et Delandine, *Dict. hist.* — Walckenaer, *Vie des Hommes célèbres*, t. I.

BUACHE DE LA NEUVILLE (*Jean-Nicolas*), géographe français, neveu du précédent, né à la-Neuville-en-Pont le 15 février 1741, mort le 21 novembre 1825. Protégé par son oncle Philippe, qui le fit participer à ses travaux, il reçut de Louis XV une pension de 500 francs pour avoir préparé l'éducation géographique des princes depuis rois Louis XVI, Louis XVIII et Charles X. Après la mort de son oncle, Buache fut attaché au dépôt des cartes de la marine par la protection de M. Fleurieu, et s'appliqua principalement à l'hydrographie. En 1781, il lut à l'Académie des sciences un *Mémoire sur la terre des Arsacides*, que Surville prétendait avoir découverte en 1569, lorsque Mandana l'avait déjà relevée en 1567, sous le nom d'*îles Salomon* : ce travail lui valut son entrée à l'Académie, et la place de géographe du roi ; en cette qualité, il fut chargé de dresser les cartes qui devaient guider l'infortuné la Pérouse dans son voyage de circumnavigation. — Buache, comme son oncle Philippe, ignorait complétement les langues étrangères, même les plus usuelles : ce défaut de connaissances l'entraîna souvent à des erreurs matérielles, dont les principales ont porté sur la configuration intérieure de l'Afrique. Buache avait un logement au Louvre et un traitement de 24,000 francs, comme premier géographe du roi et garde adjoint du dépôt des cartes et journaux de la marine. En 1788, lorsque Louis XVI se décida à convoquer les états généraux, Buache fut chargé, par le garde des sceaux Lamoignon de Malesherbes, de dresser rapidement les cartes des bailliages. Le géographe, « bien qu'il travaillât jour et nuit, » ne put terminer que deux cartes en trois mois. Aussi, reconnaissant son travail inutile, il y renonça, ne demandant que le prix de son temps. Buache fut, depuis 1792, professeur de géométrie à l'École normale jusqu'en 1794. Outre le mémoire cité, on a de lui : *Traité de géographie élémentaire ancienne et moderne;* Paris, 1769-1772, deux vol. in-12 ; — *Mémoire sur Trébizonde, Arzeroum et quelques autres villes de l'Asie occidentale,* dans les *Mémoires de l'Académie des sciences,* année 1782 ; — *Mémoire sur l'île de Frislande,* avec une carte (ibid., 1788) : — *Mémoire sur les découvertes faites par la Pérouse à la côte de Tartarie et au nord du Japon* (ibid., 1798) ; — *Considérations sur les limites méridionales de la Guyane française* (ibid., 1797); — *Mémoire sur les découvertes à faire dans le grand Océan; — Observations sur quelques îles situées entre le Japon et la Californie,* 1 carte (ibid., 1798) ; — *Recherches sur l'île de Juan de Lisboa* (ibid., 1801); — *Considérations géographiques sur les îles Dina et Marsevien,* 1 carte (ibid., 1801); — *Observations sur la carte itinéraire romaine de Peutinger, et sur la géographie de l'anonyme de Ravenne* (1804) ; — *Recherches sur l'île Antillia et sur l'époque de la découverte de l'Amérique* (ibid., 1806).

Quérard, *la France littéraire.* — *Biographie des Contemporains.*

BUAT-NANÇAY (*Louis-Gabriel,* comte DU), diplomate et historien français, né en Normandie le 2 mars 1732, mort à Nançay (Berry) le 18 septembre 1787. Il entra fort jeune dans l'ordre de Malte, et y fit connaissance avec le chevalier de Folard, qui le prit sous sa protection, et lui inspira une rigidité de conduite dont il ne se départit jamais. M. de Folard le fit nommer ministre de France à Ratisbonne, puis à Dresde; mais quelques ennuis le déterminèrent à abandonner cette carrière en 1776. Il ne manquait pas d'une certaine connaissance des affaires, et plusieurs fois on lui entendit dire : « La monarchie française finira avec Louis-Auguste, comme l'empire romain a fini avec Augustule. » Ayant perdu sa première femme, il se remaria en Bavière avec la baronne de Falkenberg. Son nom et ses ouvrages sont plus connus en Allemagne qu'en France. On a de lui : *Histoire ancienne des peuples de l'Europe ;* Paris, 1772, 12 vol. in-12; ouvrage publié d'abord à Munich, 1762, in-4°, dans lequel il affirme avoir trouvé l'origine de la nation bavaroise; — *Tableau du gouvernement de l'empire d'Allemagne,* d'après J.-J. Schmauss, avec notes ; Paris, 1755, in-12 ; — *les Origines ou l'Ancien gouvernement de la France, de l'Italie et de l'Allemagne,* 4 vol. in-12; la Haye, 1757; la Haye (Paris), 3 vol. in-8°, 1789; trad. en allemand, Bamberg, 1764 : cet ouvrage est remarquable par les recherches immenses qu'il a dû causer, mais on peut y blâmer une trop grande admiration des mœurs féodales ; — *les Éléments de la politique,* ou *Recherches sur les vrais principes de l'économie sociale ;* Londres, 1773, 6 vol. in-8° : il manque de cet ouvrage deux livres qui traitaient des devoirs des monarques envers les peuples ; — *Maximes du gouvernement monarchique,* pour servir de suite aux *Éléments de la politique :* on y remarque un parallèle très-bien fait entre Frédéric II et Louis XV (Londres, 1778, 4 vol. in-8°) ; — *Remarques d'un Français,* ou *Examen impartial du livre de M. Necker sur les finances;* Genève, 1785, in-8° ; — *Charlemagne,* ou *le Triomphe des lois,* tragédie en 5 actes; Vienne, 1764, in-8° ; — *Observations sur le caractère de Xénophon,* et plusieurs articles historiques ou littéraires.

Journal encyclopédique. — *Gazette littéraire de l'Europe.* — *Variétés littéraires,* t. IV.

BUBENBERG (*Adrien* DE), diplomate suisse, mort à Berne en 1479, prit de bonne heure le parti des armes, et occupa diverses fonctions importantes dans le gouvernement de son pays. Un différend avec Nicolas de Diesbach le fit écarter de la direction des affaires. Il était très-lié avec Charles le Téméraire, duc de Bourgogne, auprès duquel il avait été envoyé en ambassade en 1470. Cependant il n'hésita pas à offrir ses services à sa patrie lorsque ce prince en décida l'invasion en 1476, et attaqua Morat à la tête de soixante mille hommes. Les Suisses prièrent Bubenberg de défendre la ville attaquée. L'ancien avoyer, oubliant ses affections personnelles pour le duc e l'injustice de ses concitoyens, accepta le rôle dangereux qui lui était offert, et déploya une grande activité. Il sauva la ville assiégée, et contribua puissamment au gain de la bataille terrible qui se livra sous ses murs. Député vers Louis XI, il fut traité à la cour de France avec munificence et courtoisie, ce qui ne l'empêcha pas de s'opposer de toutes ses forces aux vues ambitieuses de ce monarque dans ses prétentions à la succession de Charles (1468). Lorsque ses collègues Waldmann de Zurich et Imhof d'Uri eurent cédé à l'adroit Louis XI, Bubenberg sortit de France déguisé en ménétrier, et revint à Berne finir ses jours dans la retraite.

Zischokke, *Histoire de la Suisse.*

BUBNA-LITTIZ (*Ferdinand,* comte DE), général autrichien, né à Zamersk (Bohême) en 1772, mort à Milan le 6 juin 1825. Se trouvant sans fortune, il s'engagea à seize ans comme cadet dans un régiment d'infanterie, assista d'abord au siége de Belgrade, et fut nommé porte-drapeau le 16 décembre 1788. Le comte Kinski le fit, peu après, lieutenant dans son régiment de dragons. Bubna eut alors l'occasion de signaler son sang-froid et son courage dans les campagnes contre la France; il se distingua surtout à l'attaque de Manheim (18 octobre 1795), et fut nommé capitaine. Au combat d'Arlon (août 1796), sa bravoure lui mérita les éloges des archiducs Jean et Charles. Chargé d'une expédition sur Neumark (3 octobre 1796), il réussit complétement. Ce fait d'armes lui valut le grade de chef d'escadron, puis celui de major. Le prince Charles l'attacha à son état-major, et l'envoya en Italie près du général russe Souwarow. De retour en Allemagne, il prit une part active au combat de Neckerau, à la prise de Manheim (18 septembre 1799), aux affaires de Stockach, d'Engen et de Hach, fut ensuite nommé colonel, et chargé de l'approvisionnement et de la défense de la Bohême (1er mars 1801). Plusieurs négociations importantes lui furent aussi confiées pour arriver à la paix. En 1805, il fut élu président du conseil aulique; et, bien qu'il eût eu une jambe fracassée, il fit encore les campagnes de 1807 et 1809. Après les batailles d'Aspern et de Wagram, Bubna obtint enfin la dignité de feld-maréchal : c'est ainsi qu'il passa par tous les grades pour arriver à cette haute distinction, et son service ne cessa jamais d'être actif. Désigné en 1813 comme ambassadeur en France, il quitta Paris au retour des hostilités. Lutzen, Bautzen, Dresde et Leipzig le virent bientôt à la tête d'un corps d'armée. En 1814 et 1815, il envahit la Suisse, le Piémont, la Savoie, et fit capituler Lyon deux fois. Chargé en 1821 de réprimer l'insurrection du nord de l'Italie, il y parvint par sa célérité et ses bonnes dispositions; aussi en eut-il le gouvernement. Tant de services éminents lui avaient attiré de nombreux honneurs.

Conversations-Lexicon.

BUBOICI (*Jean-Nicolas*), historien et évêque de Sagone (Corse), vivait dans le quinzième siècle. Il est auteur d'un livre intitulé *De Origine et Rebus gestis Turcarum*; Naples, 1496, in-4°, réimprimé dans l'*Historiæ Turcarum* de Chalcacondyle; Paris, 1650, in-fol.

Mazzuchelli, *Scrittori d'Italia.*

BUC (*George*), gentilhomme et antiquaire anglais, né au commencement du dix-septième siècle dans le Lincolnshire, était chambellan privé et intendant des menus plaisirs de Jacques Ier. Son érudition était grande, et il a laissé plusieurs ouvrages. Nous citerons de lui : *la Vie et le règne de Richard III*, en anglais, 5 parties; Londres, 1641 et 1646, in-fol.; réimprimé dans l'*Histoire d'Angleterre* de Kennet. L'auteur s'attache à justifier Richard, et se trouve en contradiction avec les faits attribués à ce monarque par tous les historiens sérieux; — *la Troisième Université d'Angleterre*, dans la *Chronique* de Stow; Londres, 1631, in-fol. : c'est la statistique des établissements destinés à l'éducation dans Londres et le Midlesex-Shire.

Stow, *Chronique.*

BUC (*Jean-Baptiste* DU), économiste français, né à la Martinique en 1717, mort à Paris en 1795. Il commença ses études à Condom, et les acheva à Paris. Retourné dans sa patrie, il s'y maria jeune, et en 1761 fut délégué près du duc de Choiseul, pour y représenter les chambres d'agriculture de la colonie. Le ministre, charmé de ses vues, le nomma, après *une seule heure* d'audition, chef du bureau des colonies, place qu'il occupa jusqu'en 1770, où il prit le titre honoraire d'intendant des deux Indes. La compagnie française des Indes l'avait déjà élu pour syndic. Du Buc n'était pas moins estimé pour sa probité et son indépendance que pour ses talents. Il publia divers *mémoires* qui amenèrent enfin l'arrêt du 30 août 1784, lequel modifia sensiblement le système prohibitif adopté jusque-là pour les colonies. Pour arriver à ce résultat, du Buc rencontra de nombreuses préventions, qu'il fallut vaincre. Il y parvint par son esprit et sa logique, secondés efficacement d'un extérieur imposant et gracieux. Fort bien en cour, et ami de tout ce que Versailles contenait alors de puissant, il n'en témoigna pas moins énergiquement son horreur pour l'assassinat juridique de l'infortuné général Lally-Tolendal. Du Buc répétait souvent que les économistes devraient mettre comme épigraphe sur leurs publications : « Le malade pourra bien en mourir; « mais ce n'en sera pas moins une très-belle « opération. » D'une logique sévère, il disait que « l'homme qui avait fait dans sa vie une « douzaine de définitions claires et exactes « n'avait pas perdu son temps. » Voici comment l'abbé Raynal s'exprime sur lui, au sujet des changements qu'il fit apporter dans les transactions entre la métropole et les colonies : « La « France ne s'était jamais écartée des lois prohi- « bitives, lorsqu'un homme de génie, J.-B. du « Buc, fort connu par l'étendue de ses idées, l'é- « nergie de ses expressions, voulut tempérer la « rigidité de principe. »

Le P. Labat, *Nouveau voyage aux Iles d'Amérique*, t. II, p. 42. — Raynal, *Hist. phil. et pol.*; Amsterdam, t. V, p. 167. — Mme Necker, *Mélanges.*

BUC (*Louis-François* DU), administrateur français, né à la Martinique en 1779, mort à Paris le 12 décembre 1827. Il embrassa d'abord la carrière militaire, et servit avec distinction en France durant plusieurs années. Il retourna dans sa patrie en 1801; le parti des planteurs ou de l'opposition le porta à la présidence de l'assemblée coloniale. Par sa modération et sa fermeté, il sauva l'île de la fureur des divers partis. Il réussit encore, plus tard, à obtenir un traité de l'Angleterre qui assura à la Martinique sa non-occupation. En 1814, du Buc fut nommé par Louis XVIII intendant de la colonie, et siégea comme député dans la chambre de 1827.

BUCCA-FERREI. *Voy.* BOCCA-DI-FERRO.

BUCELLA (Nicolas), anatomiste italien, natif de Padoue, mort à Cracovie en 1610. Il fit, de 1573 à 1576, des démonstrations anatomiques à l'université de Padoue, qu'il quitta pour passer en Pologne, où il devint médecin du roi Étienne Bathori. Il traita ce prince dans la maladie qui le conduisit au tombeau. Il fut attaqué, à cette occasion, par un libelle de Simon Simoni, et il y répliqua par *Refutatio Scripti Simonis Simonii Lucensis*, etc.; Cracovie, 1588, in-4°.

Éloy, *Dict. hist. de la Méd.*

BUCELIN (*Gabriel*), bénédictin et historien allemand, né à Diessenhoffen (Turgovie), mort dans l'abbaye de Weingarten (Würtemberg) en 1691. Il était prieur du couvent de Feldkirch (Rhinthal), et a laissé un grand nombre d'ouvrages, dont les principaux sont : *Aquila imperii benedictina, de ordinis Sancti Benedicti per universum imperium romanum immortalibus meritis;* Venise, 1651, in-4°; — *Menologium benedictinum;* Venise, 1655, in-fol.; — *Annales Benedictini;* Vienne, 1655, et Augsbourg, 1656, in-fol.; — *Nucleus historiæ universalis;* 1654-1658, 2 vol. in-12; — *Germania topo-chrono-stemmata-graphica sacra et profana,* 4 vol. in-fol., 1655, 1662 et 1678; Ulm et Francfort, 1671; — *Rhetia, Etrusca, Romana, Gallica, Germanica Europæ provinciarum situ altissima;* Augsbourg, 1666, in-4° : c'est une description assez exacte de la ligue grisonne; — *Constantia Rhenana, Lacus, Mæsii olim, hodie Acronii et Polamici metropolis sacra et profana;* Francfort, 1667, in-4° avec carte; ouvrage curieux sur la topographie du lac de Constance; — *Benedictus redivivus;* Augsbourg, 1679; — *S. Imperii romani Majestas;* Francfort, 1680, in-12.

David Clément, *Biblioth. cur.*, t. V, p. 348. — Haller, *Bibliothèque de l'Hist. suisse*, t. IV, p. 827.

BUCELIN (*Jean*), jésuite et historien français, né à Cambray en 1571, mort en 1629, a laissé une histoire de l'Artois et de la Flandre wallone, sous le titre de *Gallo-Flandria sacra et profana;* Douai, 1625, 2 vol. in-fol.

Annales Gallo-Flandrici. — Alegambe, *Script. soc. Jesu.*

BUCER (*Martin*), ministre et prédicateur protestant allemand, né à Schelestadt en 1491, mort à Cambridge le 27 février 1551. Il avait pour nom de famille *Kuhhorn*, en allemand *Corne de vache*, et, selon l'habitude des savants de cette époque, il le changea en celui de *Bucer* (du grec βοῦς, bœuf; et κέρας, corne). D'abord dominicain (1506), il embrassa chaleureusement la religion réformée, après la lecture de plusieurs ouvrages de Luther. Il eut même à Heidelberg et à Worms (1521) quelques conférences avec ce célèbre réformateur, dont il accepta d'abord la doctrine, qu'il abandonna plus tard pour celle de Zwingle (1530). Bucer fit de nombreux disciples à Strasbourg, où il professa vingt ans. C'était un orateur très-habile, d'un talent souple, adroit, qui charmait par sa belle diction en même temps qu'il imposait par sa tolérance. Cependant, appelé par l'archevêque Hermann Vida à Cologne pour y expliquer le nouveau dogme, il eut peu de succès; l'opposition des chanoines le força même à s'éloigner. Député en 1529, par Strasbourg, Memmingen, Landau et Constance, aux conférences de Marbourg, provoquées par Philippe, landgrave de Hesse, à l'effet de réconcilier Luther et Zwingle, Bucer y déploya toute la flexibilité de son éloquence; chaque secte parut satisfaite des concessions apparentes qu'il semblait lui faire, et le rapprochement s'opéra sous cette influence. Cependant bientôt après la division se renouvela : Bucer alors publia, au nom des quatre villes dont il était l'apôtre, une profession de foi, où il biaisait sur la cène et sur plusieurs autres articles discutés. Les deux partis furent peu satisfaits de cette politique, et la lutte continua plus vive que jamais. Une seconde formule aussi équivoque ne fit qu'amener une dissidence de plus : les uns conservèrent les doctrines de Luther et de Zwingle, d'autres se rallièrent au système mixte professé par Bucer. Les universités de Strasbourg, de Memmingen, liguées d'abord pour la défense du sens figuré, éblouis par le style précieux de leur prédicateur, acceptèrent bientôt la présence réelle. Bucer tenta encore un accommodement en 1536 à Würtemberg, et rédigea une nouvelle confession avec tant d'art, que Luther et Mélanchthon y crurent voir une rétractation ambiguë de la part des sacramentaires : les chefs des deux écoles firent même la cène en commun, en signe de réconciliation. Bucer ne réussit pourtant pas à faire admettre sa formule dans tous les temples dissidents; et, malgré sa tolérance, il refusa de souscrire au fameux *Interim* proposé par Charles-Quint, afin d'amener une fusion générale (1548). Appelé l'année suivante en Angleterre par Cramer, archevêque de Cantorbéry, il y professa jusqu'à sa mort. Sous le règne de Marie, son corps fut déterré et brûlé (1556). Mais Élisabeth étant montée sur le trône, un monument fut élevé à sa mémoire. Pour bien faire apprécier Bucer, nous citerons un mot de Bossuet, qui l'appelait « le grand architecte des « subtilités. » Calvin, lorsqu'il voulait peindre quelque chose d'équivoque, disait « que Bucer « lui-même n'a rien de si obscur, de si tortueux, « de si ambigu. » Bucer, au surplus, a hésité constamment entre les luthériens et les zwingliens. Luther lui semblait trop accorder à la réalité; Zwingle, au contraire, lui paraissait trop s'éloigner de l'Écriture et de la tradition. Bucer soutenait surtout « que les péchés n'excluent « jamais du paradis; qu'il n'y a que l'incrédulité « qui soit punie de damnation. » On fait grand cas de son *Commentaire sur les Évangiles*, Strasbourg, 1527, in-8°, qui eut plusieurs autres éditions en Allemagne, mais très-défigurées, et on a accusé à tort Calvin de les avoir altérées. Les *Commentaires sur les Psaumes*, publiés par Bucer sous le pseudonyme d'*Aretius Felinus*, Strasbourg, 1529, in-4°, sont aussi très-recherchés. Dans les *Scripta anglicana*, Bâle, 1577, in-fol., on trouve la vie de l'auteur.

Genébrard, *Chron.* — Richard Simon, *Lettres choisies* — Bayle, *Dictionnaire critique.* — Bossuet, *Histoire des Variations*, etc. — Possevin. *Lib. de Atheis*, cap. 8. — Melchior Adam, *Vitæ theolog. germanorum.* — De Thou, *Hist.* — Moréri, *Dictionnaire historique.*

BUCH ou **BUCHE** (*Henri-Michel*), économiste français, né en 1600 à Arlon, dans le grand-duché de Luxembourg, diocèse de Trèves, mort le 9 juin 1666. Ses parents étaient de pauvres ouvriers d'Arlon, qui lui firent apprendre le métier de cordonnier. Le jeune Buch, à dix-sept ans, alla travailler de ville en ville, suivant l'usage des compagnons, et parcourut ainsi l'Allemagne rhénane et l'est de la France. La douceur de ses mœurs et son empressement à obliger ses camarades le firent surnommer *le bon Henri*. Tout dévoué à ses camarades les compagnons cordonniers, et persuadé qu'ils pouvaient se rendre, sinon heureux, au moins tranquilles dans leur position, il s'efforçait de leur inspirer des idées de travail, d'économie, d'ordre, et de leur inculquer la pratique de la religion. Il était convaincu que le bonheur de la vie dépend de nous en partie. Aux conseils et aux encouragements il joignait, autant que possible, les services d'argent. Il s'imposait pour cela l'économie la plus sévère et les plus dures privations : souvent il lui arrivait de donner jusqu'à ses habits. L'idée d'organiser les ouvriers en associations volontaires lui vint pendant son séjour à Metz. A partir de ce moment, elle ne le quitta plus, et il en fit, en quelque sorte, le sujet de toutes ses études et de toutes ses observations. Il y avait vingt-cinq ans que Michel Buch habitait Paris, lorsqu'il put enfin réaliser son projet le 2 février 1645. L'archevêque de Paris, François de Gondi, approuva et confirma les statuts de l'association cordonnière, et M. de Mesme, président à mortier au parlement de Paris, s'en déclara le protecteur. Le directeur de la société était élu, à la majorité des voix, par les sociétaires, qui nommèrent, en cette qualité, le *bon Henri*. L'association avait pris, sans aucun doute, le caractère religieux du dix-septième siècle ; mais elle n'en restait pas moins une œuvre remarquable pour l'époque, œuvre que l'on devait uniquement à la persévérance, aux efforts et à l'influence de Michel Buch. En 1647, il parvint à constituer une association de compagnons tailleurs. Ces ouvriers associés mangeaient à la même table, disaient la prière en commun, se couchaient à neuf heures du soir, se levaient à cinq heures du matin, assistaient aux offices les dimanches et les fêtes, et portaient le même costume. Ils avaient une nourriture simple, mais saine, substantielle, et buvaient du vin aux deux repas principaux, le dîner et le souper. Chacun contribuait dans une proportion égale aux dépenses de loyer, d'entretien et de nourriture. Si un sociétaire venait à se retirer, soit pour se marier, soit pour retourner dans son pays, le directeur faisait son décompte en lui remettant ce qui lui revenait, déduction faite de sa part dans les frais. Tous les trois mois, le directeur rendait compte de l'état de la société, et tous les ans il y avait une réunion générale présidée par M. de Mesme.

Ces deux associations attirèrent l'attention publique. Le baron de Renty, officier de mérite et possesseur d'une fortune considérable, conçut une idée avantageuse de Michel Buch, chercha à se lier avec lui, et, après l'avoir apprécié, il résolut de s'associer à son œuvre intéressante. Le baron de Renty avait le grade de maréchal de camp, et passait pour un officier supérieur très-capable, quoiqu'il n'eût que trente et un ans ; il envoya sa démission au roi. Cette démarche fit beaucoup de bruit ; ce qui occupa la cour et la ville. Les uns en riaient, d'autres traitaient le baron de fou. Il n'en consacra pas moins tous ses moments à l'organisation des sociétés ouvrières jusqu'à sa mort, et il se lia d'une étroite amitié avec le *bon Henri*. Ces associations se répandirent à Soissons, à Metz, à Toul, à Nancy, dans plusieurs villes rhénanes, et dans presque tout le Languedoc.

Michel Buch s'exprimait avec facilité ; mais il n'a rien écrit. La famille de Renty possédait de lui quelques notes et des lettres trouvées dans les papiers du baron, lettres précieuses. On ignore ce qu'elles sont devenues. Les sociétés ouvrières que cet homme courageux avait formées existaient encore, mais avec des modifications, au moment de la révolution de 1789.

BENOIST.

Le P. le Vacher, *l'Artisan chrétien*. — Le P. Hélyot, *Histoire des ordres religieux*, t. VIII. — Le P. de Saint-Jure, *Vie du baron de Renty*.

* **BUCH** (*Léopold* DE), célèbre géologue allemand, né le 25 avril 1774 à Stolpe, dans l'Uckermark ; mort à Berlin le 4 mars 1853. En 1790, il fit ses études sous le célèbre Werner (*voy.* ce nom) à l'école des mines de Freiberg, où il eut pour condisciple Alex. de Humboldt, de cinq ans plus âgé que lui. Dès l'âge de vingt-trois ans, il révéla une aptitude spéciale pour la science qu'il devait illustrer par la publication de son *Versuch einer mineralogischen Beschreibung von Landeck* (Essai d'une description minéralogique de Landeck), et de son *Versuch einer geognostischer Beschreibung von Schlesiens* (Essai d'une description géognostique de la Silésie), 1797, où sont consignés les résultats de ses observations géologiques sur les montagnes alors presque inexplorées de la Silésie. Partisan zélé de la théorie neptunienne de Werner, il y classe encore le basalte, le gneiss et le micaschiste parmi les formations aqueuses. En 1797, il retrouva son condisciple à Salzbourg ; et, pendant qu'il parcourait la Styrie et les Alpes des environs, M. de Humboldt faisait d'importantes recherches météorologiques et eudiométriques. Au printemps de l'année suivante, Buch poussa ses excursions géologiques jusqu'en Italie. Ce voyage ébranla sa foi dans le neptunisme wernerien : déjà il commence à reconnaître aux roches basaltiques, à la leucite et au pyroxène, une origine volcanique, ignée. En février 1799, il vit pour la première fois le Vésuve ; puis une seconde fois, en compagnie de Humboldt et de Gay-Lussac, le 12 août 1805, au moment de l'éruption de ce volcan. Dès 1802, il parcourut le midi de la France, et examina les volcans éteints de l'Auvergne. L'aspect du Puy-de-Dôme, avec son cône de trachyte (roche que

Buch appelait *trapp-porphyre* ou *domite*), et avec ses assises de laves basaltiques, lui fit peu à peu et définitivement abandonner la doctrine de son maître pour la formation de ces roches. Les faits dont ces excursions enrichirent les sciences se trouvent consignés dans *Geognostische Beobachtungen auf Reisen durch Deutschland und Italien*; Berlin, 1802-1809, 2 vol. in-8°.

Du midi de l'Europe, l'infatigable observateur se dirigea vers le nord. Il parcourut, pendant plus de deux ans (de juillet 1806 en octobre 1808), les îles Scandinaves, pénétra jusqu'au cap Nord, et établit un centre d'observations dans l'île déserte de Mager-Oe. Les découvertes les plus précieuses, relatives à la constitution géologique du globe, à la géographie des plantes, à la climatologie, furent le résultat de ce voyage. Il y signala aussi le premier l'élévation lente et graduelle de la Suède au-dessus du niveau de la mer, depuis Frederikshall jusqu'à Abo. Pour tous ces détails, il faut consulter son *Voyage en Norwége et en Laponie*; Berlin, 1810, 2 vol. in-8°.

Les recherches qu'il fit, à diverses reprises, sur les montagnes de l'Allemagne, et particulièrement sur les Alpes, et qui ont été publiées dans le *Taschenbuch der Mineralogie* de M. de Leonhard, année 1824, le conduisirent à la théorie, depuis généralisée par M. Élie de Beaumont, savoir : que les chaînes les plus élevées n'ont jamais été couvertes par la mer, et qu'elles sont le résultat de soulèvements successifs à travers les fissures de la croûte terrestre, dont le parallélisme est indiqué par la direction des principales chaînes des Alpes (1). Vers la même époque il donna aussi sa théorie, confirmée depuis par les travaux de M. Nöggerath, sur la formation des amygdales d'agate dans les porosités du mélaphyre.

En 1815, L. de Buch visita les îles Canaries, en compagnie de Christian Smith, botaniste norvégien, qui périt peu d'années après, dans la malheureuse expédition du capitaine Tuckey à l'embouchure du Zaïre. Ces îles volcaniques, que le pic de Ténériffe signale de loin au navigateur, devinrent pour le grand géologue berlinois le point de départ d'une étude complète sur la production et l'activité des volcans, comme l'atteste son ouvrage, qui fait autorité en cette matière : *Physikalische Beschreibung der Canarischen Inseln*; Berlin, 1825, in-8°, avec atlas.

A son retour des îles Canaries, il visita le groupe basaltique des Hébrides, les côtes de l'Écosse et de l'Irlande. Ses pérégrinations géologiques, même dans des contrées que déjà il avait vues plusieurs fois, se continuèrent presque sans interruption jusqu'à l'âge de soixante-dix-huit ans : huit mois avant sa mort (en l'été de 1852), il avait encore visité l'Auvergne; ce fut sa dernière excursion. Célibataire, et libre des soins si assujettissants de la famille, il quittait Berlin et y revenait, sans que ses amis même en eussent souvent connaissance. Presque toutes ses courses, il les faisait à pied, un bâton à la main, et les immenses poches de son paletot remplies de notes, de plans et d'outils de géologue : le passant n'aurait pas reconnu sous cet accoutrement celui que le juge le plus compétent, Alex. de Humboldt, appelle « le plus grand géologue de notre époque. » L'espace ne nous permet pas de donner ici la liste complète des mémoires et des monographies dont L. de Buch a enrichi la science, et qui se trouvent pour la plupart dans le recueil de l'Académie des sciences de Berlin; mais nous ne pouvons nous dispenser d'indiquer au moins les titres de quelques-uns de ses travaux relatifs à la paléontologie, qui lui doit ses progrès les plus notables : *Sur les ammonites*; Berlin, 1832; — *Sur les térébratules*; ibid., 1834; — *Sur les Delthyris et Ortis*; ibid., 1838; — *Sur les leptènes*; ibid., 1842; — *Sur les cystidées*; ibid., 1845; — *Sur les cératites*; ibid., 1849. — Un des principaux titres à la reconnaissance de sa patrie, c'est sa magnifique *Carte géologique de l'Allemagne*, en 42 feuilles; Berlin, 1832, 2° édit. Les montagnes de la Russie furent aussi l'objet de ses investigations (*Beiträge zur Bestimmung der Gebirgsformationen in Russland*; Berlin, 1847. Son dernier travail fut un mémoire sur la formation jurassique, lu, le 16 décembre 1852, à l'Académie de Berlin. Quatre mois plus tard, le grand et infatigable géologue expira après une courte maladie. L. de Buch, comme son ami Alex. de Humboldt, n'a vécu que pour la science. Il fut insensible aux vanités de ce monde, comme l'est toute intelligence supérieure qui s'applique sérieusement aux œuvres du Créateur. F. H.

Al. de Humboldt, *Kosmos*, t. 1; *Éloge de Léop. de Buch*. — Hoffman, *Geschichte der Geognosie*, Berlin, 1838. — Nöggerath, *Notice sur L. de Buch*, dans la *Gazette de Cologne*, 13 mars 1853.

* BUCHAN (*Jean Stuart*, comte DE), connétable de France, second fils de Robert dit *le Jeune*, duc d'Albanie, régent du royaume d'Écosse, et petit-fils de Robert Stuart II, roi d'Écosse, né vers 1380, mort en 1450. Étant passé en France en 1420, avec plusieurs seigneurs écossais qui amenaient un corps d'armée de 6,000 hommes de troupes au secours de Charles VII, alors dauphin, dont la situation devenait très-critique par les succès des Anglais, Buchan, aidé du maréchal de la Fayette, remporta sur eux le 22 mars 1422, à Baugé en Anjou, une victoire éclatante; 3,000 ennemis et le duc de Clarence, qui commandait les Anglais, restèrent sur le champ de bataille. Commandant en 1423 l'armée qui faisait le siège de Crevant, il tomba au pouvoir du général anglais Salisbury. Échangé contre un frère de Suffolk, il reçut du roi le comté d'Évreux et la charge de connétable de France, par provisions données à Bourges le 24 avril 1424.

---

(1) Nous avons fait voir ailleurs (*Histoire de la Chimie*, t. 1) que la théorie des soulèvements se trouve déjà indiquée dans les écrits d'Avicenne.

Il surprit Verneuil-au-Perche le 15 août suivant; mais, attaqué deux jours après par le duc de Bedford, Buchan perdit la bataille par l'imprudence du comte de Narbonne, qui ne suivit pas les ordres donnés par le connétable. Les historiens ne sont pas d'accord sur l'époque de sa mort : les uns le font périr à la bataille de Verneuil, d'autres retardent sa mort de quelques années. Nicole Gilles, secrétaire de Louis XII, dit dans ses *Annales* que ce fut en 1428, à la Journée des Harengs, pendant le siége d'Orléans, que le connétable et son frère furent tués, ainsi que les seigneurs d'Orval, de Chasteaubrun, de Lesgot. Dans les Mémoires concernant la Pucelle d'Orléans (collection Petitot), il est dit « que Jean « Stuart, ayant imprudemment attaqué le parc « des Anglais près de Rouvray, le 12 février « 1428, périt dans le combat avec plusieurs no-« bles célèbres par leur valeur. » Le nom de ce connétable est inscrit sur les tables de bronze du palais de Versailles.   A. S....Y.

Pinard, *Chronol. militaire*, t. Ier, p. 121. — Anselme, *Hist. des Connétables*, t. VI, p. 225. — *Mémoires concernant la Pucelle d'Orléans* (collection Petitot). — George Chastellain, *Chronique du duc Philippe de Bourgogne*, § LXVII.

*BUCHAN (*David*), voyageur anglais, né en 1780, mort en 1839. C'est l'un de ces intrépides et savants officiers qui ont dirigé les expéditions britanniques dans les mers polaires. Il commandait en 1810, en qualité de lieutenant, le shooner *l'Adonis* dans la station de Terre-Neuve. Il fut envoyé par l'amiral sir John Dukworth à la rivière des Exploits, avec mission de pénétrer dans l'intérieur à la recherche des naturels, et, s'il pouvait en découvrir, de lier avec eux des relations amicales. Buchan parvint à l'embouchure de la rivière au commencement de janvier 1811, et y fut presque immédiatement enveloppé par les glaces. Suivi d'un détachement de trente-quatre hommes et conduit par trois guides, Buchan s'avança dans les terres au milieu des plus grandes difficultés, et pénétra jusqu'à une distance de 130 mètres. Il découvrit enfin quelques wigwams, et surprit les habitants au nombre de soixante-quinze personnes; les bons traitements dont il les combla semblèrent triompher bientôt de leurs craintes. Buchan put croire qu'il avait rempli le but de sa mission, lorsque quatre Indiens, au nombre desquels se trouvait le chef, consentirent à l'accompagner jusqu'aux lieux où il leur fit comprendre qu'il avait déposé pour eux des présents. Sa confiance était si grande, qu'il laissa deux matelots en otage pendant son absence. Mais telle était la haine que les cruautés des premiers voyageurs avaient allumée dans l'âme de cette race à moitié détruite, que Buchan, à son retour, trouva les wigwams abandonnés, ses matelots décapités, et leurs troncs, horriblement mutilés, emportés sur la glace à l'endroit le plus apparent. On trouvera, dans l'*Histoire chronologique des expéditions polaires* par sir John Barrow, le récit détaillé des efforts que Buchan et ses successeurs tentèrent à plusieurs reprises pour lier des relations avec les habitants de ces sauvages contrées. Le capitaine Glascock, qui a donné de leur langue un dialogue assez complet, et qui a eu avec eux les communications les plus fréquentes, n'a pas moins complètement échoué dans cette entreprise, dont le résultat eût été d'une si haute importance pour la colonisation de ce pays.

Nommé commandeur en 1816, Buchan reçut, deux ans après, un éclatant témoignage de l'estime qu'il avait inspirée à son gouvernement. Il y avait bien longtemps déjà que l'idée de se frayer un passage par les mers polaires entre l'Atlantique et l'océan Pacifique avait préoccupé tous les esprits; on sait les efforts que l'Angleterre avait tentés dans ce but. Vers la fin du dix-huitième siècle, le capitaine Philipps, l'un des plus hardis navigateurs, avait dû en 1793 s'arrêter devant une infranchissable barrière de glace, et il avait rapporté cette conviction que le succès était impossible. La guerre avec la France, et l'incendie qui pendant vingt ans dévora toute l'Europe, firent oublier toute expédition scientifique; mais à la conclusion de la paix générale, en 1815, la question du passage par les mers du Nord fut celle qui, malgré les conclusions contraires du capitaine Philipps, préoccupa le plus vivement les esprits en Angleterre. En 1818, les rapports unanimes des pêcheurs ayant établi que les glaces paraissaient beaucoup diminuées, l'opinion publique se prononça, et, sur l'ordre formel du prince royal, l'amirauté prépara une expédition considérable. *L'Isabella* et *l'Alexander*, commandés par le capitaine Ross et le lieutenant Parry, se dirigèrent par le nord-est à travers le détroit de Davis. Une deuxième expédition, composée de *la Dorothée* et du *Trent*, dut s'avancer en ligne directe vers le pôle à travers les mers du Spitzberg, aussi loin que la route serait praticable. Le commandement fut confié au capitaine Buchan; et John Franklin, dont le nom est devenu depuis si célèbre, lui fut donné pour lieutenant. Aucun soin ne fut négligé pour assurer la réussite de l'entreprise : les bâtiments furent bardés en fer. L'équipage, composé d'hommes choisis, habitués à ces régions, compta parmi ses officiers George Back et William Brekey, qui s'acquirent depuis dans ces mers une si belle renommée. De plus, *la Dorothée* fut abondamment pourvue d'une collection des meilleurs instruments scientifiques; et George Fisher, qui a depuis fait partie de la seconde expédition du capitaine Ross, fut chargé des observations intéressantes pour la physique ou l'astronomie. Les deux vaisseaux quittèrent la Tamise le 10 mai, traversèrent le cercle arctique le 14; et le 24 ils furent en vue de l'île Cherry, sous le 74° 33′ de latitude nord, à moitié chemin entre la Norwége et le Spitzberg. Ils continuèrent leur route presque sans difficulté le long de la côte occidentale de cette île jusqu'à ce qu'ils eurent atteint Cloven-Cliff, point extrême où se dressa devant eux cette formidable barrière de glace qui avait arrêté le capitaine Philipps. Deux fois des apparences flatteuses leur donnèrent le courage de s'engager au milieu de ces masses effrayantes ; deux fois la glace se ferma sur eux et les emprisonna de toutes parts, sans qu'ils pussent avancer ni reculer. La première fois ils restèrent trente jours dans cette affreuse situation, à trois milles de la terre, et dans des eaux si basses qu'ils pouvaient en distinguer facilement le fond. Dans la seconde occasion, ils s'avancèrent jusqu'au 80° 14' lat. nord, et leurs vaisseaux restèrent près d'un mois au milieu des glaces. Ces montagnes flottantes venaient frapper les bords avec une si grande violence, que les planches du pont se brisaient, et que plus d'une fois les bâtiments, soulevés de plusieurs pieds, retombèrent sur les côtés avec d'épouvantables craquements. Il fallut, pour résister à de semblables chocs, toute la solidité extraordinaire dont on avait eu soin de les munir. Buchan essaya, mais en vain, de couper la glace ; les essais qu'il fit dans ce genre n'eurent d'autres résultats que de coûter la vie à plusieurs hommes. Il fallut enfin renoncer à une entreprise qui, dans cette direction, était certainement impossible. Les vaisseaux avaient cruellement souffert, et Buchan eut besoin de toute son habileté pour ramener en Angleterre son équipage sain et sauf.

Le mauvais succès de cette expédition priva le capitaine Buchan de la gloire que son courage et son habileté lui avaient si justement méritée. Pendant que les noms de ses rivaux plus heureux, sinon plus dignes, sont dans toutes les bouches, le sien n'est guère connu que des hommes qui ont fait de ces expéditions une étude particulière. Il semble, du reste, qu'une sorte de fatalité se soit attachée à cet officier accompli. Nommé capitaine en 1823, il commanda longtemps la station de Terre-Neuve à bord du *Grasshoper*. Il fut, deux ans après, nommé haut shérif de cette colonie ; et il occupa plusieurs années ce poste important. Enfin, chargé d'une nouvelle expédition dans les mers qu'il avait plus que tout autre sillonnées, il disparut, victime, à ce que l'on présume, d'un incendie, sans que l'on ait pu jamais acquérir la certitude de ce désastre. L'amirauté, en 1839, dut effacer son nom de la liste des capitaines vivants. Découragé sans doute par son insuccès, le capitaine Buchan n'avait pas cru devoir écrire la relation de son voyage. La science lui est redevable d'observations très-importantes sur les courants sous-marins, sur la direction et l'intensité magnétique et les variations de l'aiguille aimantée, sur la température de la mer comparée à celle de la surface, enfin sur la compression du globe à ses extrémités polaires.   T. D.

Barrow, *Chronological History of Voyages into the arctic regions* ; Londres, 1828.

BUCHAN (*David Stewart Erskine*, lord CARDROSS), biographe et érudit écossais, né le 1er juin 1742, mort le 19 avril 1829. Après avoir reçu sa première instruction chez son père et sous la direction de Jacques Buchanan, il alla étudier à l'université de Glasgow, puis il devint lieutenant d'infanterie. Ennuyé de l'infécondité de cette carrière, il entra dans la diplomatie sous les auspices de Chatham, et fut nommé, en novembre 1766, secrétaire de l'ambassade anglaise en Espagne. A la mort de son père en 1767, i se retira des affaires pour cultiver et protéger les lettres, et pour secourir les savants et les artistes. Parmi ceux qu'il favorisa de ses conseils et de ses secours, on cite le poëte Burns, le peintre Barry, l'historien Pinkerton, et le traducteur de Callimaque, Titler. Il fonda, dans l'université d'Aberdeen, un prix annuel destiné au meilleur élève ; et l'on peut le considérer comme le créateur de la société des antiquaires d'Écosse. On a de lui : *Discours qu'on avait intention de prononcer à l'Assemblée des pairs d'Écosse, sur l'élection générale des représentants de la pairie* ; 1780 ; — *Remarques sur le progrès des armes romaines en Écosse durant la sixième campagne d'Agricola*, dans le *Gentleman's Magazine* de 1784 ; — *Essai sur la vie, les écrits et les inventions de Napier de Merchiston* ; 1787, in-4° ; — *Essai sur la vie et les écrits de Fletcher, de Saltoun et du poëte Thomson* ; 1792 ; — plusieurs articles dans les *Transactions de la Société des antiquaires*, et dans d'autres recueils.

Gentleman's Magazine. — *Biog. britann.* — *Annual obituary.*

BUCHAN (*Élisabeth*), sectaire écossaise, née en 1738, morte en 1791. A vingt-un ans elle épousa à Glasgow un ouvrier appelé Robert Buchan, qui était de la secte des *seceders*, dont elle adopta les opinions. En 1779, elle devint à son tour chef de secte, et donna son nom aux *buchanistes*. Elle fit d'abord beaucoup de prosélytes dans un pays où les sectes se multiplient à l'infini. Une émeute de la populace l'obligea en 1790 de se retirer d'Irvine, où elle s'était établie, pour aller avec ses partisans aux environs de Thornhill. A l'entendre, « la fin du monde serait proche ; les méchants seuls périraient, tandis que les buchanistes, ravis dans le ciel, y verraient Dieu face à face, pour redescendre sur la terre avec Jésus, qui régnerait sur eux pendant mille ans ; après quoi le diable les viendrait attaquer, mais serait mis en fuite, grâce à Jésus, leur commandant. » Les buchanistes ne se mariaient point, et vivaient en commun comme les Moraves ; seulement, à la différence de ceux-ci, ils travaillaient rarement, c'est-à-dire qu'ils menaient une vie doublement stérile.

Biographie universelle (éd. belge.)

BUCHAN (*Guillaume*), médecin anglais, né à Ancran (Roxburghshire) en 1729, mort à Londres le 25 février 1805, joignait une grande connaissance médicale pratique à un esprit supérieur. Il doit surtout sa grande réputation à la publication de la *Domestic Medicine*, ouvrage dans lequel l'auteur met les notions relatives à la connaissance et au traitement des maladies à la portée des gens du monde. Malgré la prudence et l'exactitude avec lesquelles il s'y exprime, son travail fut critiqué vivement par ses confrères, qui le blâmèrent de mettre le vulgaire dans les secrets de l'hygiène. Malgré cette désapprobation, qui n'était pas tout à fait désintéressée, la *Médecine domestique* eut un succès énorme : elle avait déjà dix-huit éditions en 1803; depuis on la réimprime presque chaque année en un fort volume in-8°. La première édition parut à Édimbourg, 1770, un vol. in-8°; des traductions en ont été faites en plusieurs langues, principalement en français par Duplanil, avec notes et additions, 1776, 5 vol. in-8°, publiée de nouveau en 1780, 1782, 1788, 1791, 1802 et 1805, avec un dictionnaire explicatif de tous les termes de médecine. Cet ouvrage porte en français le titre de *la Médecine domestique*, ou *Traité sur les moyens de prévenir et de guérir les maladies par le régime et les remèdes communs*. — Outre la *Domestic Medicine*, nous avons encore de Buchan : *Thesis de Infantum vita conservanda*; — *Cautions concerning cold Bathings and drinking the Mineral waters*; Londres, 1786, in-8°; — *On the medical Properties of fleeu hosiery*; Londres, 1790; — *Advice to Mothers on their own health and that of their offspring*; Londres, 1803; traduit en français par Duverne de Presle, sous ce titre : *le Conservateur de la santé des mères et des enfants*; Paris, 1804, in-8°; — *Venereal disease*; Londres, 1796 et 1803.

Gent. Magazine. — Rose, *Biogr. Dict.*

BUCHANAN (George), poète et historien écossais, né à Kilkerne, comté de Lennox, en février 1506; mort le 28 septembre 1582. Fils de parents nobles, mais pauvres, il fut envoyé par son oncle à Paris (1522), où, au bout de deux ans, le manque de ressources l'obligea à s'engager comme soldat dans les troupes auxiliaires que la France envoya en Écosse. Là il abandonna bientôt l'état militaire, se rendit en 1524 à Saint-André, et accompagna ensuite son maître John Major à Paris, où il parvint, après beaucoup d'efforts, à se placer comme professeur de grammaire au collège Sainte-Barbe. Il devint ensuite précepteur de Gilbert Kilkerne, comte Cassils, avec lequel il retourna en Écosse en 1534. Jacques V le nomma précepteur de son fils naturel Jacques Stuart, comte de Murray, qui fut dans la suite régent. Un poème satirique contre les franciscains, intitulé *Somnium*, qu'il composa par ordre du roi, lui attira la haine du clergé. Le roi l'abandonna, et Buchanan fut mis en prison en 1539. Il se sauva, se rendit à Paris et ensuite à Bordeaux, où, protégé par le recteur de l'école de cette ville, le savant portugais Govea, il y enseigna pendant quelques années. Il écrivit à cette époque quelques tragédies latines, et traduisit deux pièces d'Euripide. En 1543, une maladie épidémique le chassa de Bordeaux; et, après avoir donné pendant quelque temps des leçons à Montaigne, il retourna à Paris, où il enseigna jusqu'en 1547. A cette époque, Govea, nommé administrateur supérieur de l'université de Coïmbre, l'engagea à le suivre en Portugal; mais, après la mort de son protecteur, il ne put résister aux ennemis que la liberté de ses opinions lui avait suscités; et il fut encore mis en prison, où il resta deux années. C'est alors qu'il commença sa traduction métrique des *Psaumes* en latin. Rendu à la liberté en 1551, il revit l'Angleterre; mais les troubles qui y éclatèrent aussitôt le ramenèrent à Paris, où il resta jusqu'en 1560. Enfin il retourna en Écosse, et embrassa publiquement le protestantisme, dont il avait depuis longtemps professé les principes. Sa réputation lui fit recevoir un bon accueil à la cour de Marie Stuart, dont il dirigea les études. Il mérita la reconnaissance de ses concitoyens par les améliorations qu'il introduisit dans les universités, et fut nommé recteur de celle de Saint-André. Ses principes religieux et politiques le portèrent à entrer dans le parti de son ancien élève Murray; et après le renversement de la reine il fut nommé précepteur de Jacques VI, qui, sous la direction de cet habile maître, acquit une instruction classique, dont il aimait à faire parade dans ses discours (1). Plus tard, Buchanan accompagna Murray en Angleterre pour appuyer des accusations contre Marie Stuart, alors prisonnière. Après la mort de Murray, il resta en faveur auprès du parti dominant, et fut nommé membre du conseil d'État et garde des sceaux. Cependant Buchanan mourut dans une grande misère, et fut inhumé aux frais de la ville. Son caractère a été l'objet de vives attaques, et sa conduite dans sa première jeunesse paraît avoir été dissolue. Buchanan montrait peu de scrupules dans le choix des moyens pour satisfaire ses goûts dispendieux. L'esprit de parti l'exaspérait souvent, et la conscience de sa supériorité intellectuelle le rendait dur et exclusif; mais on peut croire que c'est par conviction qu'il avait adopté et conservé les principes politiques qu'il a défendus. Comme savant, il fut l'ornement de l'Écosse, et le premier parmi les poètes de la latinité moderne.

Outre la satire déjà citée sous le titre de *Somnium*, 1539, on a de Buchanan : un autre poème sur le même sujet, intitulé *Franciscanus*, traduit en français, Sedan, 1599, in-8°; ce poème est connu sous le nom de *le Cordelier de Buchanan*; — *Jean-Baptiste*, tragédie latine; Bordeaux, 1540, traduite en vers français par Brisset dans ses *Œuvres poétiques*; — *Jephté*, autre tragédie latine; Bordeaux, 1540, traduite en vers français par Cl. Vesel; Paris, Robert Estienne, 1566, in-8°; trad. par Florent Chrétien, Orléans, 1567, in-4°, et avec le *Théâtre* de Desmazures, Paris, 1587 et 1593, in-12; et enfin par Pierre

---

(1) Quand on reprochait à Buchanan de n'avoir fait de son élève qu'un pédant, il répondait que c'était tout ce qu'il avait pu en faire.

Brinon, Rouen, 1613, 1614, in-12. Buchanan traduisit aussi la *Médée* et l'*Alceste* d'Euripide; son but était de dégoûter ses élèves des allégories, alors à la mode.

Les poésies de Buchanan ont été aussi recueillies sous le titre de *G. Buchani Poemata quæ exstant*; Leyde, Elzevir, 1628, in-8°; — *De jure regni apud Scotos*; Édimbourg, 1580, in-4°, et 1581, in-8°. Bien qu'il fût professeur d'un roi, l'auteur y défend les droits du peuple; — *Rerum Scoticarum Historia*, ouvrage remarquable s'il était plus impartial; Édimbourg, 1582; — *De Maria, regina Scotorum, totaque ejus contra regem conspiratione*; 1571; pamphlet des plus violents contre la reine, traduit en anglais, in-4° goth., sans lieu ni date, sous le titre de *Detectioun of the duinges of Marie*, et en français par Camus : *Histoire de Marie, reine d'Écosse, touchant la conjuration faite contre le roi et l'adultère commis avec le comte de Bothwell*; Édimbourg, 1572, in-8° : cette histoire a été réfutée par Belleforest, Paris, 1572, in-8°. — Enfin Buchanan a publié en latin : *Paraphrasis psalmorum Davidis poetica*; Paris, Robert Estienne, in-8°; Strasbourg, 1570, in-12; Leyde, Elzevir, 1621, in-18, édit. rare; Paris, 1729, 2 vol. in-12; Glasgow, 1750, in-8°. — Ses œuvres complètes ont paru à Édimbourg, 1715, 2 vol. in-fol.; et à Leyde, 1725, 2 vol. in-4°, précédées d'une préface de Burmann : cette dernière édition est la préférable.

De Thou, *Hist.* t. 1, p. 578. — Dempster, *de Clar. Scot.* — Grotius, epist. 5. - Baillet, *Jugement des savants*, tome VII. — Bayle, *Dict. critiq.* — *Biographia Britannica*.

BUCHANAN (*Claude*), théologien écossais, né dans le voisinage de Glasgow le 12 mars 1766, mort le 9 février 1815. Il étudia à Glasgow, et vint à Londres en 1787. En 1796, il alla aux Indes orientales, et fut pendant plusieurs années vice-président du collège de Fort-William au Bengale. Pour étudier les religions asiatiques ainsi que l'état du christianisme dans cette contrée, il voyagea depuis Calcutta jusqu'au cap Comorn, et visita trois fois Ceylan. Après neuf mois d'absence il revint à Calcutta; puis il visita une seconde fois les juifs de Malabar, dont il voulait connaître les usages, et les chrétiens syriens de la même contrée, ainsi que du Travancore. Pour suivre les progrès des traductions des Bibles en malais, il passa quelque temps à Poulo-Pinang (île du Prince de Galles), et en 1808 il revint en Angleterre. La mort ne lui permit pas de réaliser un nouveau projet de voyage dans le but qui lui avait fait entreprendre ses premières pérégrinations. On a de lui : *Christian researches in Asia*; — *the First four years of the college at Fort-William*; — *Memoir on the Expediency of an ecclesiastical Establishment in India*; — *A brief view of the colonies of Great-Britain and her Asiatic empire in respect to religious Instruction*; — *Sermons on interesting subjects*; — *A letter to the East India Company in reply to the statements of M*^r. *Büller, concerning the Idol Jaggernaut.*

Parson, *Memoirs of life and writings of Buchanan.* — Rose, *New Biog. Dict.*

***BUCHEL** (*Jean* DE), évêque belge, né à Tournay, mort en cette ville en 1266, fut d'abord maître d'école, puis chanoine de Saint-Quentin et doyen de Notre-Dame; enfin évêque en 1262. Il était si jaloux de ses prérogatives épiscopales, qu'il excommunia son père, alors prévôt de Tournay, pour avoir usurpé la juridiction de son église. Il a laissé pourtant une réputation de vertu, et surtout d'ami des arts.

Moréri, *Dict. Hist.*

BUCHEL (*Arnold*), antiquaire et botaniste hollandais, né à Utrecht le 17 mars 1565, mort le 15 juillet 1644. Il étudia le droit à Leyde sous le célèbre Lipsius, visita la France, l'Allemagne et l'Italie, et vint ensuite exercer la profession d'avocat dans sa ville natale, où il fut mis à la tête de la compagnie des Indes orientales. Après la mort de son fils unique, il renonça à la vie publique, pour ne s'occuper que d'archéologie et de sciences naturelles. On a de lui : *Descriptio urbis Ultrajectinæ*, avec une carte; Utrecht, 1605, in-4°; — *Diatribe de veteri regimine provinciæ Ultrajectinæ*, dans J. de Laet, *Belgii confederati Respublica*; Leyde, 1632, in-12; — *Descriptio florum, fructuum, herbarum*, etc., a C.-R. Rossoto F. æri incisorum; 1641, in-8°; — *Appendice* à l'atlas de Gerh. Mercator; Amsterdam (Houd), 1630, in-4°; — *Nassovische Orangienboom* (Arbre généalogique de Nassau-Orange), publié sous le voile de l'anonyme; — plusieurs lettres dans les recueils de Vossius, Mellius et Matthæus. Quant à ses éditions de l'*Historia Ultrajectina* de Beka, et de *Tractatus de episcopis Trajectinis*, elles ne furent publiées qu'après sa mort par L. Waveren; Utrecht, 1643, in-fol.

Burmann, *Trajectum eruditum.* — Valère André, *Bibliotheca belgica.*

***BUCHER** (*Jacques*), historien suisse, vivait à Berne dans la dernière moitié du dix-septième siècle. Il a laissé, sous le titre de *Theatrum reipublicæ Bernensis*, une chronique du canton de Berne, qui ne paraît pas encore avoir été imprimée.

Haller, *Hist. de la Suisse*, t. V, p. 289.

BUCHER (*Michel-Gottlieb*), agronome allemand, vivait vers le milieu du dix-huitième siècle. On a de lui : *Prospectus d'un calendrier d'agriculture*, etc., Leipzig, 1768, in-8° : l'idée de ce livre, écrit en allemand, est empruntée au *Calendrier des jardiniers*, de Richard Bradley; — *Versuch einen Haushofmeister zu bilden* (Instructions pour former un bon intendant); Francfort et Leipzig, 1765, in-8°.

Biographie universelle.

BUCHER (*Samuel-Frédéric*), archéologue allemand, né le 16 septembre 1822 à Rengersdorf, dans la Lusace; mort, le 12 mai 1765, à Zittau, où il était recteur du gymnase. Ses prin-

cipaux ouvrages sont : *Antiquitates de velatis Hebræorum et Græcorum fœminis;* Wittemberg, 1717, in-12; — *Grammatica Hebræa;*. ibid., 1722, in-8°; — *De sapientum honoribus, et Τραπέζη Αἰγύπτια,* etc.; ibid., 1723, in-4°; — *Antiquitales selectæ in universam scripturam;* ibid., 1723, in-8°; — *Thesaurus Orientis;* Francfort, 1725, in-4°; — *Antiquitates biblicæ;* Wittemberg, 1729, in-4°.

Adelung, supplément à Jöcher, *Gelehr. Lex.*

BUCHER (*Urbain-Godefroi*), savant allemand, vivait dans la première moitié du dix-huitième siècle. On a de lui : *Vom Ursprung der Donau in der Landgrafschaft Fürstenberg* (Des sources du Danube dans le landgraviat de Fürstemberg); Nuremberg, 1720, in-8°, avec 3 planches; — *Notice biographique sur J.-Joachim Bucher;* Nuremberg et Altorf; 1722, in-8°; — *Histoire naturelle de la Saxe;* Dresde, 1723, in-8°; ouvrage resté inachevé.

Adelung, supplément à Jöcher, *Gelehr.-Lex.*

BUCHERIUS. *Voy.* BOUCHER (*Gilles*).

BUCHET (*Germain-Collin*), poëte français, natif d'Angers, vivait au seizième siècle. Il était ami de Nevarot et secrétaire de Philippe de Villiers de l'Isle-Adam, grand maître de l'ordre de Malte. Goujet cite de lui quelques vers.

Goujet, *Biblioth. franç.,* t. XI, p. 348.

BUCHET (*Pierre-François*), publiciste français, né à Sancerre le 19 décembre 1679, mort le 21 mai 1749. Il fut un des principaux rédacteurs de l'ancien *Mercure de France,* auquel il donna depuis 1717 le titre de *Nouveau Mercure.* Il a publié aussi un *Abrégé de la vie du czar Pierre Alexiowitz;* Paris, 1717, in-12.

Lelong, *Bibl. hist. de la France.*

BUCHETTI (*Louis-Marie*), littérateur italien, né à Milan le 13 mars 1747, mort le 28 octobre 1804. Il appartenait à la société de Jésus. Lors de la suppression de cet ordre, il professa la rhétorique dans sa ville natale. Puis il parcourut, avec de jeunes patriciens dont il avait entrepris l'éducation, toute l'Italie, l'Allemagne, la Hollande et la France. A Paris, où il se trouvait en 1793, il fut l'objet d'un mandat d'arrêt, pour avoir témoigné de l'horreur à la vue des excès de cette époque. Heureusement qu'il avait eu le temps de gagner Venise. Après avoir été à Rome, il revint encore à Venise, où il mourut. On a de lui : *Idilli di Mosco, Bione et Teocrito;* Milan, 1784; — *de Vita et scriptis Jul.-Cæs. Cordaris;* 1804; — *Lettere al cittadino Bolgeni,* etc.; 1804.

Tipaldo, *Biografla degli Italiani.*

BUCHEZ (*Philippe-Joseph-Benjamin*), publiciste français, né à Matagne, département des Ardennes (aujourd'hui pays wallon), le 31 mars 1796. Après avoir terminé son éducation à Paris, il se livra à l'étude des sciences naturelles, et particulièrement de la médecine, et fut reçu docteur en 1825. Comme une grande partie de la jeunesse de cette époque, il était animé de sentiments antipathiques au gouvernement de la restauration, et il fut un de ceux qui, vers 1820, fondèrent la charbonnerie française. Après avoir subi quelques poursuites pour avoir pris part à ces associations secrètes, il revint à ses travaux scientifiques, publia un *Traité d'hygiène* en commun avec le docteur Trélat, et fut le principal rédacteur du *Journal des progrès des sciences et institutions médicales.* En 1826, il coopéra à la rédaction du *Producteur,* fondé par Bazard, Enfantin, Rodrigue et Cerclet. Dans ce recueil, dont le point de départ avait été purement industriel, se trouvent les germes de la doctrine saint-simonienne, modifiée dans la suite par des idées mystiques, qui avaient été étrangères à son origine. M. Buchez, dans le temps même où il était le collaborateur des écrivains que nous avons nommés, se trouvait en dissentiment avec eux sur plus d'un point. Enfin, après avoir pris part à leurs travaux pendant ce qu'on peut appeler la première et la seconde époque du saint-simonisme, il se sépara d'eux tout à fait lors de la transformation par laquelle cette doctrine annonça la prétention de devenir une religion, dont le fond était le panthéisme. M. Buchez fonda alors un journal des sciences morales et politiques, intitulé *l'Européen;* puis il publia le résultat de ses méditations personnelles dans un ouvrage auquel il donna pour titre : *Introduction à la science de l'histoire, ou Science du développement de l'humanité* (1 vol. in-8°, 1833). Ce livre, qui renfermait des vues originales mêlées à un certain nombre d'idées hasardées, eut une seconde édition en 2 vol., complétement refondue par l'auteur. En même temps M. Buchez faisait paraître, en commun avec M. Roux, l'*Histoire parlementaire de la révolution française,* en 40 vol. Enfin, le dernier et le plus important de ses ouvrages est l'*Essai d'un traité complet de philosophie, au point de vue du catholicisme et du progrès* (3 vol. in-8°, 1840). Le 4ᵉ volume, qui devait contenir la politique, n'a pas encore paru.

Sans pouvoir entrer ici dans l'analyse détaillée des travaux de M. Buchez, nous nous bornerons à indiquer les deux vues fondamentales qui paraissent avoir présidé au développement de ses idées. Soit dans ses études sur les sciences naturelles, soit dans ses investigations historiques, il paraît avoir été frappé surtout de la conception du progrès. La géologie lui offrait une série d'époques bien tranchées, dans lesquelles on ne peut méconnaître une marche continue. La physiologie, l'étude des espèces organisées et animées, lui montrait également une série d'organisations de plus en plus compliquées, de plus en plus parfaites; en un mot, là aussi il reconnaissait la loi du progrès. Observons en passant que M. Buchez est le premier auteur de ce parallélisme ingénieux entre la géologie, l'embryogénie et l'anatomie comparée. Mais le progrès ne peut se concevoir sans un but, et ce but ne saurait être accidentel ou fortuit : il doit être marqué d'avance, ou, selon M. Buchez, *révélé*. Voilà comment la notion du progrès a conduit M. Buchez non-seulement à l'idée de la puissance divine, mais à la *révélation*.

Une autre préoccupation de l'esprit de M. Buchez, c'est la nécessité d'organiser les sciences par la méthode synthétique *à priori*, au lieu de la méthode analytique et expérimentale, qui y domine depuis plusieurs siècles : tel est le double aperçu qui a présidé à la rédaction de son *Traité de philosophie au point de vue du catholicisme et du progrès*; Paris, 1839, 3 vol. in-8°. Quoique cet ouvrage ait obtenu un succès réel dans le monde catholique, et qu'il ait servi de base à l'enseignement philosophique de quelques écoles du clergé, nous ne savons jusqu'à quel point la doctrine du progrès, si franchement professée par l'auteur, peut se promettre d'obtenir droit de bourgeoisie au sein de l'Église catholique. Quoi qu'il en soit, les ouvrages de M. Buchez sont animés de cette chaleur qui naît de la conviction ; mais ils ne sont pas exempts d'une certaine obscurité, résultat nécessaire d'idées qui ne sont pas toujours parfaitement digérées, ni même suffisamment démêlées.

Tels étaient les travaux par lesquels M. Buchez s'était fait connaître, lorsque éclata la révolution de février 1848. Ses anciennes liaisons avec plusieurs des hommes qui y prirent une part active le jetèrent pour quelque temps dans la vie politique. Il occupa momentanément la place de maire de Paris, après Garnier-Pagès et Marrast. Il fut élu membre de l'assemblée constituante, et occupa le fauteuil de la présidence dans la déplorable journée du 15 mai. En présence de l'assemblée envahie par des factieux, et de la violence faite à la représentation nationale, on regretta l'indécision du président, hésitant à signer un ordre de battre le rappel, qui lui était demandé de toutes parts. Il a expliqué plus tard son inaction, par la crainte de compromettre la vie de ses collègues devant un péril si imminent. Sans révoquer en doute la pureté des intentions de M. Buchez, et sans nous ériger en juges de faits qui appartiennent au tribunal de l'histoire, bornons-nous à rappeler qu'il est des positions où les qualités de l'âme la plus honnête ne suffisent pas sans un certain degré de résolution. Tout homme qui entre dans la vie publique doit s'être dit d'avance qu'à un jour donné il peut être appelé à payer de sa personne. Après la dissolution de l'assemblée nationale, M. Buchez ne fut pas réélu ; il est rentré depuis lors dans la vie privée. ARTAUD.

BUCHHOLZ ou **BUCHHOLTZER** (*André-Henri*), littérateur allemand, né à Schœningen le 25 novembre 1607, mort à Brunswick le 20 mai 1671. Il fit ses études à Wittemberg, fut nommé tour à tour recteur à Lemgo (1637), professeur de poésie à Rinteln, et enfin inspecteur des études de Brunswick. Il a laissé (en allemand) l'*Histoire merveilleuse du prince allemand Chrétien-Hercule, et de la princesse bohême Naliska* : ce roman de chevalerie eut un grand succès, bien qu'il fût froid de style et d'action. Il fut réimprimé à Brunswick, 1639, in-4°; 1676, in-4°; 1693, in-4°; 1744, in-8° avec des additions; enfin à Leipzig, 1781-1783, in-8°; il parut complètement refondu et arrangé sous le titre : *les Princes allemands du troisième siècle*; — *Histoire merveilleuse du prince Herculisque et de la princesse Herculadiska*; Brunswick, 1659, in-4°; 1676, in-4°; Francfort, 1715, in-8° : ce roman a tous les défauts du premier, le génie en est le même ; — des *poésies latines* et une traduction allemande des *Psaumes*; Rinteln, 1640, in-12.

<small>Witte, *Memoriæ theologorum et jurisconsultorum*.— Ersch et Gruber, *Allgemeine Encyclopædie*.</small>

BUCHHOLZ (*George*), théologien et naturaliste allemand, né à Kœsmarck (comitat de Zips) le 3 novembre 1688, mort le 3 août 1737. Il commença ses études sous la direction de son père, puis les continua à Vimani, à Rosenau, et vint enfin à Dantzig se perfectionner en théologie (1709). Il quitta ensuite cette ville pour échapper à une maladie épidémique, et vint à Greifswald, où il continua ses travaux jusqu'en 1711, époque à laquelle la guerre le força encore de s'éloigner. Il fit alors un voyage en Saxe, et fut nommé recteur à Hagy-Palugya (1714), puis à Kœsmarck (1723). Il y reçut même le diaconat. Mais la vue des monts Karpathes l'avait tellement impressionné, qu'il abandonna la théologie pour se livrer à la géologie. Il fit le relevé des Alpes Karpathiennes, pris du sommet du Grand-Lomnitz; plus tard, il exécuta ce plan en relief, désignant les diverses couches terrestres et les minéraux qui les caractérisent. La Société des Curieux de la nature l'avait déjà admis dans son sein sous le nom de *Chrysippus Cappadox, presbyter Hierosolymitanus*. Ses principaux écrits sont : *Sur la pêche des truites dans la Poprad et le Dounaietz*; — *Sur la salubrité des eaux calcaires de l'Ober-Rauschenbach*; — *Sur les Vents qui soufflent au sommet des karpathes*; — *Sur les Grottes souterraines de Deminfalva et de Szentivan* : ces écrits, ainsi que plusieurs autres, ont été publiés dans divers recueils.

<small>Wesypren, *Biographia medicorum Hungariæ*.</small>

BUCHHOLZ (*Chrétien-Frédéric*), chimiste saxon, né à Eisleben (comté de Mansfeld) le 19 septembre 1770, mort le 9 juin 1818. Il fut élevé à Erfurt par son beau-père Voigt, habile pharmacien, auquel la science doit plusieurs découvertes importantes. Son goût pour la chimie se développa rapidement, et en 1794 il découvrit l'acétate de baryte, et publia un mémoire sur sa cristallisation. Buchholz prit la même année l'établissement de Voigt, qu'il garda jusqu'en 1808; il se fit recevoir docteur, et fut nommé professeur à Erfurt. Ayant été emprisonné lors du siége de cette ville en 1813, sa santé s'altéra si sensiblement, qu'il fut obligé de renoncer à ses travaux scientifiques. Outre un grand nombre d'écrits aussi curieux que divers, ce savant a laissé les écrits suivants, tous en allemand : *Manuel pour la prescription et l'essai des médicaments;* Erfurt, 1795 et 1796, in-8°; — *Expériences sur la préparation du Cinabre par la voie humide;* ibid., 1801, in-8°; — *Éléments de pharmacie;* ibid., 1802, in-8°; — *Mémoires sur la chimie;* ibid., 1799 à 1803, in-8°; — *Éléments de l'art pharmaceutique;* ibid., 1810, in-8°.

Ersch et Gruber, *Allgemeine Encyclopædie.*

BUCHHOLZ (*Guillaume-Henri-Sébastien*), médecin allemand, né à Brenbourg le 23 décembre 1734, mort à Weimar le 16 décembre 1798, fit ses études à Magdebourg, où il exerça d'abord la pharmacie, qu'il quitta pour la médecine, et obtint le doctorat à Iéna. Appelé auprès du grand-duc de Weimar en qualité de conseiller des mines, il publia un grand nombre de traités et d'opuscules sur la médecine légale et la chimie pharmaceutique; nous citerons : *Tractatus de sulphure minerali;* Iéna, 1762, in-4°; — *Description de l'épidémie de fièvre pétéchiale et militaire;* en allemand, Weimar, 1772, in-8°; — *Essai sur la médecine légale et son histoire;* Weimar, 1782-1792; — *sur le Rheum palmatum*, publié dans Baldinger, *Nouveau Magasin*, t. VI, p. 3; — *sur les Bains de Ruhla;* Eisenach, 1795, in-4°.

Biographie étrangère; Paris, 1819.

*****BUCHHOLZ** (*Paul-Ferdinand-Frédéric*), littérateur allemand, né en 1768 à Alt-Ruppin, en Prusse ; mort le 24 février 1843. Il fit ses premières études aux écoles de Perleberg, Neu-Ruppin et Berlin, et il se rendit à l'université de Halle pour y étudier la théologie. Cependant les grands progrès qu'il avait faits dans la philologie, sous la direction de Lieberkuhn et Gedicke, le décidèrent à abandonner ce projet. Il se familiarisa avec les littératures française, anglaise et italienne, et retourna, à l'âge de dix-neuf ans, dans sa ville natale. Une chaire à l'Académie militaire de Brandebourg lui ayant été offerte, il l'accepta; mais lorsque, quelques années plus tard, cette académie fut réorganisée, Buchholz donna sa démission, afin de se livrer à des études qui le rendissent propre à remplir une place politique. Il avait alors trente-deux ans. Dépourvu de fortune, il composa d'abord des ouvrages pour vivre; puis il s'attacha à la carrière littéraire, par amour de l'indépendance.

On peut dire que depuis cette époque toute la vie de M. Buchholz est dans ses écrits. Leur nombre est grand; mais ils diffèrent quant à leur valeur intrinsèque. Des recherches profondes sur la révolution française lui suggérèrent l'idée d'une *loi de gravitation pour le monde moral*, idée qu'il a essayé de développer dans une série d'ouvrages, tels que le *Nouveau Léviathan;* *Rome et Londres; Tableau de l'état social dans le royaume de Prusse; Hermès*, ou *sur la nature de la société, avec des considérations sur son avenir*, etc. Ces productions, si elles ne sont pas entièrement à l'abri de la critique, prouvent du moins que l'auteur a fait des efforts consciencieux pour approfondir les phénomènes moraux, et en rapporter les causes à une loi unique.

Outre l'*Histoire des États européens*, qu'il a publiée sous la forme d'almanach, et le *Nouveau Journal mensuel de l'Allemagne*, on a de Buchholz : *Recherches philosophiques sur l'histoire des Romains* (Berlin, 1819, 3 vol. in-8°); — *Recherches philosophiques sur le moyen âge* (Berlin, 1819); — *Histoire de Napoléon Bonaparte* (Berlin, 1827-1830, 3 vol. in-8°). [*Enc. d. g. du m.*]

Conversations-Lexicon.

BUCHMANN. *Voy.* BIBLIANDER.

***BÜCHNER** (*George*), poète allemand, né à Goddelau, près de Darmstadt, le 17 octobre 1813; mort à Zurich le 19 février 1837. Il reçut sa première instruction à Darmstadt. En 1831 il étudia la zoologie et l'anatomie comparée à Strasbourg, et en 1833 la médecine à Giessen. Lors des troubles politiques dont le duché de Hesse fut le théâtre en 1834, il publia des brochures socialistes, entre autres : *Der Hessische Landbote* (le Messager Hessois). Menacé d'arrestation, il se sauva à Strasbourg, et s'y livra avec une ardeur extrême à la philosophie moderne. Au mois d'octobre 1836 il se rendit à Zurich, où il mourut. Cette mort prématurée arrêtait dans son essor un génie poétique incontestable. On a de lui : *Dantons Tod, dramatische Bilder aus der Schreckzeit* (la Mort de Danton, scène dramatique et de terreur); Francfort, 1835; — *Leonte et Léna*, comédie pleine de verve; — une *traduction* de la *Lucrèce Borgia* de Victor Hugo; — une *traduction de Marie Tudor* du même auteur. Ses Œuvres complètes ont été publiées à Francfort, 1850. P. L. M.

Conversations-Lexicon.

*****BUCHNER** (*Jean-André*), pharmacien allemand, né à Munich en 1783. Formé dès 1805 à l'école de Trommsdorf, à Erfurt, il fut nommé en 1809 pharmacien en chef de l'établissement central fondé à cette époque à Munich. En 1818, il posa les bases de l'union pharmaceutique bavaroise, y rédigea pendant quatre années le journal de la Société polytechnique, et en 1815, après la mort de Gehlen, il continua jusqu'en 1851 le *Repertorium für Pharmacie*, recueil précieux et utile, commencé par ce savant. On a en outre de lui : *Erster Entwurf eines Systems der chemischen Wissenschaft* (Premier projet d'un système des sciences chimiques); Munich, 1815; — *Imbegriff der Pharmacie* (Encyclopédie pharmaceutique), 1827-1836; il y fit les articles de toxicologie, de pharmacie, de physique et de chimie; — *Lehrbuch der analytischen*

Chemie und Stœchiometrie (Manuel de Chimie analytique et de Stœchiométrie); Nuremberg, 1836, in-8°.

BUCHNER (Louis-André), fils du précédent. Il a secondé son père dans ses travaux scientifiques. Professeur extraordinaire de chimie et de pharmacie à l'université de Munich depuis 1847, il est en même temps membre de l'Académie des sciences de cette ville. Il a découvert quelques acides organiques, et écrit de nombreuses notices dans le *Repertorium für Pharmacie*.

Conversations-Lexicon. — Repertorium für Pharmacie; Munich, 1815-1851.

BUCHNER (*Jean-Godefroi*), agronome et minéralogiste allemand, vivait dans la première moitié du dix-huitième siècle. On a de lui : *Récit détaillé de divers exemples d'une véritable augmentation des produits des champs*, en allemand; — *Dissertation sur une seule touffe de quatre-vingt-dix-sept épis de blé provenus d'un seul grain*, en allemand; Schneeberg; — *Schediasma de vitiorum inter eruditos occurrentium scriptoribus*; Leipzig, 1718, in-12; 1718, in-4°; — *Dissertationes epistolicæ quinque de memorabilibus Voigtlandiæ subterraneis*; Plauen, 1743, in-4°. On trouve encore des dissertations de cet auteur dans les volumes II, IV et VII des *Miscellanea naturæ Curiosorum*.

Jöcher, Allgemeines Gelehrten-Lexicon, avec le supplément d'Adelung.

BUCHNER (*Philippe-Frédéric*), musicographe allemand, vivait dans la seconde moitié du dix-septième siècle. On a de lui : *Plectrum musicum harmonicis fidibus sonorum*; Francfort, 1662, in-fol. ; — *Chants sacrés*, à 3, 4 et 5 voix; Constance, 1656, in-4°; — *Sonates pour divers instruments*; Francfort, 1660, in-fol.

Fétis, Biographie universelle des Musiciens. — Jöcher, Allgemeines Gelehrten-Lexicon.

BUCHNER (*Jean-Sigismond*), ingénieur allemand, vivait à la fin du dix-septième siècle. On a de lui : *Théorie et pratique de l'artillerie*, en allemand; Nuremberg, 1682.

Jöcher, Allgem. Gelehrten-Lexicon.

BUCHOLTZER (*Abraham*), littérateur et historien allemand, né le 28 septembre 1529, mort à Freistadt le 14 juin 1584. Il étudia à Wittemberg sous Mélanchthon, et fut successivement pasteur luthérien à Sprottau, à Crossen et à Freisdadt. On a de lui : *Chronologica isagoge*; Görlitz, 1580, in-fol. ; — *Index chronologicus*, 1re édition ; ibid., 1585, in-fol. ; 5e édit., Francfort., 1634, in-8°; — *Catalogus consulum romanorum*; Gorlitz, 1590, in-8°; réimprimé en 1598, in-8°; — *Epistolæ chronologicæ ad Davidem Parœum et Elium Reusnerum*; — *Admonitio ad chronologiæ studiosos de emendatione duarum quæstionum chronologicarum annum nativitatis et tempus ministerii Christi concernentium*; — *De consolatione decumbentium*; — *De concionibus funebribus*; — *De idea boni pastoris*.

Vossius, De scient. mathemat., part. V, p. 221. — Freytag, Adparat. Litter., t. III, p. 510. — Catal. Bibl. Bunav. — Melchior Adam, Vit. Theol. Germ.

BUCHOLZ ou **BUCHHOLZ** (*Samuel*), historien allemand, né à Pritzwalk (Marche de Prignitz) le 21 septembre 1717, mort à Cremmen le 29 avril 1774, fit ses études à Halle, et fut recteur à Werben (1744) et à Karelsberg (1757). Ses principaux écrits sont : *Versuch einer eschichte des Herzogthums Mecklenburg* (Essai d'une Histoire du duché de Mecklembourg); Rostock, 1753, in-4°; — *Abhandlung von der topographischen Beschaffenheit der Churmark Brandenburg* (Dissertation sur l'ancien état topographique de Brandebourg); Berlin, 1764, in-4°; — *Versuch einer Geschichte der Churmark Brandenburg* (Essai d'une histoire de la Marche de Brandebourg); Berlin, 1759-1775); — *Constantin der Grosse* (Constantin le Grand); Berlin, 1772; — *Rhetra und dessen Gœtzen* (Rhétra et ses idoles); Lützow, 1773.

Adelung, suppl. à Jöcher, Allgem. Gelehrten-Lexicon. — Ersch et Gruber, Allgemeine Encyclopädie.

*BUCHON (*Jean-Alexandre*), historien français, né le 21 mai 1791 à Menetou-Salon, dans le département du Cher, mort à Paris le 29 août 1846. Mêlé aux luttes des partis durant la restauration, il travailla d'abord au *Censeur européen*, et en 1820 au journal *la Renommée*. Arrêté comme suspect lors des troubles de l'École de droit en 1820, et détenu pendant un certain temps, il n'interrompit cependant pas les travaux sérieux qu'il avait entrepris. En 1821, il fit à l'Athénée de Paris des cours sur l'art dramatique en Angleterre; et en 1822 il parcourut une partie de l'Europe, dans le but de rechercher tous les documents qui pouvaient porter la lumière dans les ténèbres du moyen âge. Nommé inspecteur des archives et des bibliothèques de France en 1828, il fut mis à l'écart sous le ministère Polignac. Après 1830, il fut chargé d'une mission en Grèce, d'où il rapporta les matériaux d'un ouvrage important. On a de lui : *Vie du Tasse*; Paris, 1817, pour servir d'introduction à la *Jérusalem délivrée*, traduite par M. Baour-Lormian; — *Collection des chroniques nationales françaises*, écrites en langue vulgaire du treizième au seizième siècle; Paris, 1824-1829, 47 vol., in-8°; — *Situation des établissements municipaux de littérature, sciences et arts dans vingt départements*; Paris, 1829; — *Chroniques de Froissart*, 15 vol.; 1824-1826; — *Chroniques étrangères, relatives aux expéditions françaises pendant le treizième siècle*; Paris, 1840, dans le *Panthéon littéraire*; — *Esquisse des principaux faits de nos annales nationales, du treizième au dix-septième siècle*; Paris, 1840; — *Histoire populaire des Français*; Paris, 1832; — *Quelques souvenirs de courses en Suisse et dans le pays de Bade*; Paris, 1836; — *la Grèce continentale et la Morée*; Paris, 1843; — *Recherches et maté-*

riaux pour servir à une histoire de la domination française dans les provinces démembrées de l'empire grec; Paris, 1840; — Nouvelles Recherches historiques sur la principauté française de Morée; 2 vol.; Paris, 1843-1844; — Histoire universelle des religions, théogonies, symboles, mystères, dogmes; t. I, III, Paris, 1844; — Histoire des conquêtes et de l'établissement des Français dans les Etats de l'ancienne Grèce sous les Ville-Hardouin; Paris, 1846; ouvrage resté inachevé; — des Articles dans plusieurs recueils, tels que la Biographie universelle, la Revue indépendante, etc.

Quérard, la France littéraire, et suppl. au même ouvrage. — Beuchot, Journal de la Librairie.

BUCHOT (*Philibert*), homme politique français, né en 1748 à Maynal, près de Lons-le-Saulnier; mort en 1812. Il fut pendant quelques mois commissaire des affaires extérieures de la république. Entré au ministère le 9 avril 1794, alors que la république, en guerre avec toutes les puissances, n'entretenait de relations qu'avec la Suède, Gênes, Saint-Marin et les États-Unis d'Amérique, il sortit des affaires au mois de novembre de la même année, avec la réputation d'un administrateur distingué, mais sans grande élévation dans les idées, sans l'énergie nécessaire pour un temps de crise. Avant d'être appelé à ces hautes fonctions, l'abbé Buchot (car il avait embrassé l'état ecclésiastique) s'était fait remarquer à Lons-le-Saulnier par son attachement aux principes révolutionnaires, et avait été nommé membre de l'administration centrale du département du Jura. Forcé de se retirer en 1793, Buchot avait été envoyé par le conventionnel Prost dans le Jura, pour y combattre le fédéralisme. Dans cette mission, il mécontenta les habitants de Pontarlier, qui lui reprochaient une modération excessive; et, pour échapper à leurs menaces, il vint se réfugier à Paris, où il fut recommandé particulièrement à Robespierre. Nommé d'abord substitut de l'agent national Payant, Buchot finit par remplacer, au ministère des affaires étrangères, Herman, qui lui-même avait été nommé et révoqué le même jour, 9 avril 1794. Lorsque, au mois de novembre de la même année, Buchot quitta le ministère, il était si pauvre, que les employés de ses bureaux, reconnaissants des égards qu'il leur avait toujours témoignés, se cotisèrent pour lui procurer des moyens d'existence. Pour ne pas importuner ses amis, Buchot accepta une place de commis sur le port au charbon, aux appointements de six cents francs par an. Il resta dans cette humble position jusque sous le consulat. Alors une note remise par un compatriote de Buchot sur le bureau de Bonaparte apprit au premier consul qu'un ancien ministre de la république était simple commis sur le port au charbon de Paris. Avec sa délicatesse ordinaire, Bonaparte écrivit à la marge : *Six mille francs de pension*.

Le Bas, *Dictionnaire encyclopédique de la France*.

BUC'HOZ (*Pierre-Joseph*), naturaliste et botaniste français, né à Metz le 27 janvier 1731, mort à Paris le 30 janvier 1807. Parmi les nombreux ouvrages de ce laborieux compilateur, nous citerons seulement les suivants : *Histoire naturelle de la Lorraine*; Nancy et Paris, 1762 et années suivantes, 13 vol. in-12; — *Histoire naturelle de la France*, 14 vol. in-8°; — *Histoire universelle du règne végétal*; Paris, in-8° et in-fol, orné de plus de 1,200 planches. Tous les ouvrages de Buc'hoz forment plus de 300 vol., dont 95 in-fol., et les autres in-8° et in-12.

Deleuze, *Notice historique sur Buc'hoz*, dans la *Revue encyclopédique*. — *Liste chronologique des ouvrages publiés par M. Pierre-Jos. Buc'hoz*; Paris, 1775, in-4°. — Quérard, *la France littéraire*.

BUCHWALD (*Frédéric*), écrivain danois, vivait dans la seconde moitié du dix-huitième siècle. On a de lui en danois : *Extrait du journal d'un voyage dans le Mecklembourg, la Poméranie et le Holstein*; Copenhague, 1784, in-8°; traduit en allemand, ibid., 1786, in-8°.

Almindeligt Forfatter-Lexicon.

BUCHWALD (*Jean* DE), médecin et botaniste danois, né en 1658, mort en 1738. On a de lui : *Specimen medico-practico-botanicum, vel brevis et lucida explicatio virtutum plantarum et stirpium indigenarum in officinis pharmaceutis quam plurimum usitatarum*, etc.; Copenhague, 1720, in-4°. Cet ouvrage est une nomenclature alphabétique des plantes usuelles les plus communes, avec leurs noms en quatre langues.

Moller, *Cimbria litterata*.

BUCHWALD (*Balthazar-Jean* DE), médecin et traducteur danois, fils du précédent, né en 1697, mort en 1733. Il fut professeur de médecine à Copenhague. On a de lui une traduction en allemand du *Specimen medico-botanicum*, sous le titre d'*Herbier vivant*; Copenhague, 1721, in-8°.

Bœrner, *les Médecins contemporains* (en allemand).

BUCHWALD (*Johan-Heinrich* DE), littérateur et poète danois, né à Vienne le 2 octobre 1787, pendant un voyage de ses parents. Après avoir étudié à l'École militaire de Copenhague, il se brouilla avec sa famille, et partit en 1806, comme mousse, pour Batavia, revint sur un navire anglais, et entra en 1807 au service de la France comme aspirant. Bientôt il quitta la marine pour l'armée, et fit comme sous-lieutenant d'infanterie les campagnes d'Autriche, d'Espagne et de Portugal. En 1813, il servit en Hollande sous l'amiral Verhuell, chef des troupes qui restèrent fidèles à l'empereur Napoléon. Sous la restauration, il fut nommé lieutenant dans la légion de Hohenlohe. Il y servit pendant sept ans en France et en Corse. En 1823 il prit son congé, et fut décoré de la Légion d'honneur. De retour dans sa patrie, il obtint en 1828 la chaire de littérature française à l'université de Kiel. La révolution des duchés en 1848 le fit quitter cette place, qu'il n'a pas reprise. Parmi ses écrits, tant en français qu'en danois, on remarque : *Souvenirs d'un émigré du Nord;* Copenhague, 1822 ; — *l'Age poétique d'un Scandinave;* Paris, 1823 ; — *Dernières pensées d'un jeune invalide;* Copenhague, 1824 ; — *les Regrets d'Alfred* (poésies) ; ibid., 1824 ; — *Erindringer* (Souvenirs), 2 vol. ; Copenhague, 1827-1829 ; — *Constant et Elvire,* nouvelle; Copenhague, 1827 ; — *Caprices d'un officier français;* Kiel, 1830 ; — *Tankelege og Digterforsög* (poésies) ; Copenhague, 1831 ; — *Fleurs de Kiel*, 1831 ; — *Mon Auditoire et le Jeune invalide*, 2ᵉ édition ; Copenhague, 1852. Il a traduit du danois en français : *Kiærlighed uden Strömper* (l'Amour sans bas), tragédie comique de M. Wessel; Kiel , 1838 ; et en danois *Zaïre*, *Mérope* et *Alzire* de Voltaire, et *Hernani* de V. Hugo. P.-L. MÖLLER.

Erslew, *Forfatter-Lexicon.*

BUCKELDIUS ou **BUCKELZS.** *Voy.* BEUCKELS.

BUCKERIDGE ou **BUCKARIDGE** (*Jean*), théologien anglican, natif de Draycott, dans le comté de Witt, mort en 1631. Il fut successivement évêque de Rochester et d'Ely. On a de lui : *De potestate papæ in rebus temporibus, sive in regibus deponendis usurpata, adversus Robertum, cardinalem Bellarminum;* Londres, 1614, in-4° ; — *des sermons;* ibid., 1606, in-4°.

Witte, *Diarium biographicum.* — Wood, *Athenæ Oxonienses.* — Rose, *New Biographical Dictionary.*

BUCKINCK (*Arnold*), graveur sur cuivre allemand, vivait dans le milieu du quinzième siècle. Il fut le premier qui grava et imprima des cartes géographiques sur cuivre. Sweinheym, imprimeur à Rome, voulant donner une édition de Ptolémée, avait eu l'idée de cet ingénieux procédé, et s'était associé Buckinck pour le réaliser; mais il mourut avant d'avoir mis la dernière main à ce travail. Buckinck l'acheva, et le porta à un très-haut degré de perfection. Le trait et les montagnes sont gravés au burin ; mais la lettre est frappée au marteau, par le procédé des orfévres. L'égalité de l'*enfonçage* de chaque lettre est très-remarquable. Buckinck donna la première édition de Ptolémée à Rome en 1478, in-fol. ; réimprimée, ibid., 1490, avec les mêmes planches gravées. L'auteur de cette dernière édition, Pierre de Turre, chercha à s'attribuer le mérite de cette belle découverte.

Rose, *New Biographical Dictionary.* — *Vie de Buckinck,* par M. Walckenaer, *Mélanges,* t. I, p. 328.

BUCKINGHAM (comtes et ducs DE). Le premier qui porta le titre de comte de Buckingham fut *Gauthier Gifford*, qui avait suivi Guillaume le Conquérant. Le fils de Gifford étant mort sans héritiers mâles, le comté fit retour à la couronne. En 1377, Richard II le conféra à Thomas de Woodstock, dernier né des fils d'Édouard III. En 1445, ce comté passa à la maison de Stafford, dans la personne d'*Edmond*, comte de Stafford, qui fut fait duc de Buckingham l'année suivante. En 1483, *Henri*, duc de Buckingham mourut sur l'échafaud, sous Richard III. Henri VII rendit les titres et les possessions du supplicié à son fils Edmond, qui eut le même sort que son père, parce que le cardinal Wolsey l'accusa, en 1521, d'avoir élevé des prétentions à la couronne d'Angleterre en sa qualité d'héritier d'Édouard III par Thomas de Woodstock. Dès lors la famille de Stafford ne conserva que le comté de ce nom. Enfin Jacques Iᵉʳ nomma en 1623 son favori *George Villiers* d'abord marquis, puis duc de Buckingham. Avec le fils de celui-ci s'éteignit la maison de Villiers. En 1703, la reine Anne nomma John Sheffield duc de Buckingham. Ce nouveau dignitaire mourut en 1735 sans descendants.

Parmi les autres membres de cette famille (ligne féminine), on remarque :

I. *George Villiers*, duc de Buckingham, ministre et favori des rois Jacques Iᵉʳ et Charles Iᵉʳ, né en 1592 à Brooksby en Leicestershire, mort le 23 août 1628. Après la mort de son père, sa mère l'envoya en France pour en faire un cavalier accompli. Beau, élégant, spirituel avant de partir, il revint brillant, irrésistible, mais sans principes. Il s'agissait de le présenter et de le faire agréer au roi : l'occasion s'offrit dans un divertissement classique que les étudiants de Cambridge exécutèrent devant Jacques Iᵉʳ en 1615. Les nobles traits du jeune Villiers attirèrent sur-le-champ l'attention du faible monarque, qui le nomma à la charge d'échanson du roi (*kopbearer of the king*). C'était le moment où Sommerset déclinait à la cour; Villiers s'éleva sur ses ruines. En moins de deux ans il est fait baron, vicomte, duc, lord, grand amiral, grand écuyer, etc... Lui, sa famille, ses créatures se gorgent d'or et de richesses ; le peuple souffre, mais personne n'ose élever la voix. Il restait à renverser le comte de Bristol, ministre aussi prudent qu'honnête, et s'assurer la faveur de l'héritier de la couronne. Depuis quelque temps Bristol négociait en Espagne la main de l'infante Marie pour le prince Charles, fils de Jacques Iᵉʳ : Villiers persuada à Charles de faire lui-même le voyage, et de l'emmener, lui, à Madrid (1643). Jamais Jacques ne pardonna cette intrigue; mais, faible qu'il était, ce fut précisément pendant l'absence de Villiers qu'il le nomma duc de Buckingham. Les manières libres et presque grossières de Buckingham déplurent à Madrid ; une rupture s'ensuivit : Buckingham la fit envisager comme ayant été nécessaire pour soustraire le prince royal à de grands dangers. La guerre avec l'Espagne éclata; le duc de Bristol fut incarcéré, et puni de l'exil, quoiqu'il fût parvenu à se justifier. Au milieu de ces intrigues Jacques mourut (1625). Alors le parlement se prépara à attaquer le duc : l'accusation de haute trahison fut portée contre lui. Mais ses filets étaient déjà jetés sur le nouveau roi, qui prononça sans hésiter la dissolution du parlement, quoiqu'il eût un besoin pressant de subsides pour la guerre contre l'Espagne. De là, le recours aux taxes illégales ; de là, ce genre de haine populaire contre le roi et son insolent favori, dont la main insensée conduisit Charles Ier sur la route de l'échafaud. Malgré l'expédition malheureuse de Cadix, le duc trouva encore le moyen de brouiller son maître avec la France. Envoyé à Paris pour chercher Henriette de France, fiancée de Charles Ier, il jeta, dit-on, ses yeux fascinateurs sur la femme de Louis XIII; et, à peine de retour en Angleterre, il allait se faire nommer ambassadeur à Paris, lorsque le roi de France, averti par Richelieu, refusa de recevoir à sa cour un homme aussi dangereux aux nations, aux rois et aux maris. Buckingham se livra à de nouvelles intrigues, et jeta le voile de la religion sur son amour-propre et son cœur ulcérés. La guerre qui en résulta commença aussi sous des auspices funestes; l'expédition de la Rochelle et de Rhé (en 1627) devint fatale aux Anglais. Tous les partis, protestants et catholiques, détestaient alors le favori; celui-ci montra toujours un front d'airain, convoqua le parlement, l'ouvrit par un discours insensé, et finit, sur un ordre du roi, par se mettre lui-même à la tête de l'armée. Il était à Portsmouth, prêt à s'embarquer pour la Rochelle, lorsque le poignard d'un fanatique, John Felton, qui avait à venger et son pays et des offenses personnelles, le frappa à trente-six ans. La faveur de Charles Ier passa à la famille du duc, qui laissa deux fils, George et Francis, issus de son mariage avec la fille du duc de Newcastle. Il l'avait épousée forcément, à ce qu'on dit, après l'avoir séduite. Aussi fanfaron que libertin, il prétendait avoir été aimé de trois reines. Intrigant et rusé, il domina deux rois, sans jamais maîtriser ses propres passions. Buckingham est resté le type de la légèreté courtisanesque et du vice aimable.

II. *George Villiers*, duc de Buckingham, fils du précédent, naquit en 1627, un an et demi avant l'assassinat de son père, qui lui transmit et ses passions dissolues et sa souplesse. La guerre civile avait déjà éclaté, lorsque George et son frère revinrent d'un voyage sur le continent. Le parti qu'ils prendraient ne pouvait être douteux : ils s'attachèrent au comte de Holland, qui rassemblait les partisans du roi dans le comté de Surrey; mais ce corps ayant été défait par Fairfax, George se sauva sur la flotte du prince de Galles. Il fit avec lui l'expédition d'Écosse (en 1651); puis, la défaite de Worcester coupant court à toute espérance de restauration instantanée, le jeune Buckingham se retira en France, où il assista comme volontaire aux sièges d'Arras et de Valenciennes. A cette époque le sort de Buckingham changea. Le parlement avait donné à Fairfax une partie des biens de sa famille; mais Fairfax, noble et généreux, avait rétrocédé une grande portion des revenus à la mère du jeune Villiers. Celui-ci, prenant courage d'après ce procédé, se rendit en Angleterre, quoique la peine de mort planât sur sa tête, demanda et obtint la main de la fille de Fairfax, et vécut dès lors sur les biens de son beau-père, malgré les menaces de Cromwell. Pendant une excursion qu'il fit pour visiter sa sœur, il fut pris, et jeté dans la Tour. La restauration lui rendit la liberté, et Charles II le promut aux plus hautes dignités. Néanmoins il entra en 1666 dans un complot qui tendait à renverser Clarendon : il échoua, mais il obtint son pardon. En 1671, il se vit de nouveau en pleine faveur; il remplit une ambassade en France, finit par renverser Clarendon, et par former le fameux ministère appelé *the Cabal*, des cinq lettres initiales de ses membres : Clifford, Ashley comte de Shaftesbury, Buckingham, Arlington, Lauderdale, et dont il fut le président. A peine Shaftesbury eut-il quitté le cabinet que le parlement accusa Buckingham de toutes les maladresses commises dans les dernières années, et d'une correspondance secrète avec les ennemis du roi. Il échappa à ce procès, se jeta dans l'opposition, et après la mort de Charles II se retira dans ses terres, où il se voua aux lettres, qu'il avait déjà cultivées avec succès. Essentiellement ironique, il écrivit des satires, auxquelles un autre courtisan aussi souple et aussi corrompu, aussi spirituel que lui, le comte de Rochester, mit aussi la main, à ce que l'on prétend. Le principal ouvrage du duc de Buckingham est sans contredit la comédie intitulée *the Rehearsal*, dirigée contre Dryden, que le noble auteur persifle de la manière la plus spirituelle et la plus piquante. On assure que Thomas Sprat, Clifford et Butler avaient assisté le noble duc dans la confection de cette pièce, qui fut suivie d'une autre comédie (*the Chances*, 1682) et d'une farce. Il a aussi écrit un discours sur la question : « Est-il raisonnable que l'homme ait une religion ou un culte divin? » Il avait fini par se jeter dans les folies astrologiques et alchimiques, lorsqu'il mourut des suites d'une chasse au renard en 1688, digne fils de son père, et dernier rejeton de l'ancienne famille des Villiers.

III. *John Sheffield*, duc de Buckingham, fils du comte Edmond de Mulgrave, naquit en 1649. Il avait dix-sept ans lorsqu'éclata la guerre avec la Hollande; il servit comme volontaire, se forma à l'école de Turenne, commanda en 1680 l'expédition de Tanger, et écrivit pendant la traversée son poëme galant *the Vision*; car il aspirait à la double gloire des poëtes et des guerriers. A l'avénement de Jacques II, Sheffield fut comblé d'honneurs : aussi bouda-t-il pendant quelque temps le roi Guillaume, qui ne le détermina qu'en 1694 à entrer dans son conseil. Lorsque la reine Anne, que Mulgrave avait autrefois courtisée, monta sur le trône, il fut fait *lord of the privy seal*, et en 1703 duc de Buckingham et de Normanby. Jaloux de Marlborough, il pencha du côté des torys, quitta les affaires, et n'y revint qu'en 1710, comme président du conseil. Sous George Ier, il se jeta complétement dans l'opposition, et mourut en 1720. Mulgrave s'était marié trois fois, et toujours avec une veuve; sa der-

23.

nière femme, fille naturelle de Jacques II, lui avait donné un fils, qui mourut en 1731 à Rome, sans laisser de descendants mâles. Les poésies du duc de Buckingham durent leur renommée à la haute position de l'auteur; ses vers galants sont hors de mode; parmi ses essais didactiques, on remarque celui sur la poésie, qu'il a le plus retravaillé. Il a fait des Mémoires spirituels, et remanié maladroitement le *César* de Shakspeare (*Œuvres de Mulgrave*, duc de Buckingham; Londres, 1723 et 1729, 2 volumes). Ses doctrines religieuses ou plutôt antireligieuses étaient celles de Hobbes; sa morale relâchée, celle des deux ducs ses prédécesseurs. Ambitieux, jaloux, intrigant, il recueillit dignement l'héritage qui semblait s'attacher au titre de duc de Buckingham. [*Enc. des g. du m.*]

Biog. Brit. — Cibber, *Lives of Engl. Poets.* — Lingard, *Hist. of England.*

BUCKINGHAM (*Richard - Plantagenet - Temple-Nugent-Brydges-Chandos-Grenville*, duc DE), homme d'État anglais, chef de la famille de Grenville (*voy.* ce nom), né le 11 février 1797. Connu d'abord sous le nom de lord Temple, qu'il porta jusqu'en 1822, et puis sous le titre de marquis de Chandos, qu'il échangea en 1839 contre celui de Buckingham, il fut nommé, jeune encore, membre du parlement, et s'attacha aux torys. C'est ainsi qu'il se fit le défenseur de la loi des céréales, et qu'il demanda, dans l'intérêt des grands propriétaires, la suppression de l'impôt de la drèche. En 1832, lors de la délibération sur le bill de la réforme parlementaire, il proposa d'accorder le droit électoral dans les comtés aux fermiers payant 50 livres sterling. En même temps il se rendit si populaire par son affabilité et son hospitalité aristocratiques, qu'on le surnommait *the Farmers friend*. Lors du premier ministère de Robert Peel (novembre 1834, août 1835), il refusa son concours au nouveau cabinet, parce qu'il ne voulait pas la suppression de l'impôt de la drèche. Devenu membre de la chambre haute par la mort de son père, le duc de Buckingham entra dans un autre ministère Peel, dont il se sépara en 1845, parce qu'il se refusait à l'abolition de la loi des céréales. A partir de ce moment, il ne s'occupa plus de politique; sa fortune, déjà ébréchée par son père, s'écroula entièrement. Les débris devinrent la proie de ses créanciers, et l'héritier de cette opulente et historique famille a dû se résigner à vivre d'une modeste rente que lui fait le marquis de Chandos, son fils.

Conversations-Lexicon. — *Annual register.* — *The Times.* — *The Morning-Chronicle.*

BUCKINGHAMSHIRE (*Jean Sheffield*, duc DE). *Voy.* SHEFFIELD (*Jean*, duc DE).

BUCKLAND (*Ralph*), théologien catholique anglais, né en 1564 à Westhatch, dans le comté de Sommerset, mort en 1611. Il suivit quelque temps la carrière du barreau. Ayant fait une étude approfondie des questions religieuses qui agitaient alors l'Angleterre il rentra dans le sein de l'É-glise catholique, se fit ordonner prêtre à Douay, se rendit à Rome, et revint dans sa patrie, où il remplit les fonctions de missionnaire pendant vingt ans. On a de lui : *A translation of the lives of the saints, from Surius;* — *A persuasive, against frequenting protestant churches;* — *Seven sparks of the enkindled flame, with four lamentations, composed in the hard times of queen Elizabeth;* — *On the persecution of the Vandals*, traduit du latin de Victor, évêque de Biserte, ou Utique.

Witte, *Diarium biographicum.* — Wood, *Athenæ Oxonienses.*

BUCKLAND (*D. William*), célèbre géologue anglais, naquit en 1782 près de Eastminster. Il étudia d'abord la théologie au collége du *Corpus Christi*, dans l'université d'Oxford, dont il fut élu membre et professeur de minéralogie en 1813; trois ans après, il y obtint la chaire nouvellement fondée de paléontologie. Sa connaissance profonde de la matière, et un remarquable talent d'exposition, valurent à son cours un des plus étonnants succès; et le charme qu'il sut donner à ses leçons détermina dans le sein de l'université une réaction considérable en faveur des sciences physiques, qui avaient jusqu'alors été complétement négligées. Buckland y gagna une immense renommée en Angleterre, et il ne tarda pas à se faire connaître dans tout le monde savant par des travaux de la plus haute valeur. Le premier fut son compte-rendu des *débris fossiles* trouvés dans une caverne à Kirkdale, dans la partie méridionale des montagnes du Yorkshire, connues sous le nom de mont Cleveland, découverte par hasard en 1821. Cette caverne, située à plus de cent pieds au-dessus du niveau de la mer, renfermait des os de lion, de tigre, de hyène, et de trente-trois autres carnivores. Buckland les décrivit et les classa avec une sagacité admirable. Ce travail, publié dans les *Transactions philosophiques*, lui valut la médaille de Copley (1821). Deux ans après, il publia son livre des *Reliquiæ diluvianæ* (Londres, 1824, 2e édit.): c'était le résultat d'une étude attentive de la plupart des cavernes fossiles de l'Angleterre, de l'Allemagne et de l'Italie. L'auteur se proposait d'y établir, par la science géologique, la vérité du récit de Moïse sur l'existence du déluge universel; il la déduisait, 1° de l'aspect des cavernes, ainsi que des animaux fossiles qui s'y voient; 2° des couches de gravier et des lits de marne que l'on rencontre sur toute la surface terrestre et dans les lieux même les plus élevés; 3° enfin, des excavations des vallées et des alluvions formées par les courants. Mais le plus beau titre de M. Buckland est, sans contredit, le traité publié dans la collection Bridgewater sous ce titre: *Geology and mineralogy, considered with reference to natural theology;* Lond., 1836, 2 vol. in-8°. Cet important ouvrage, qui embrasse l'ensemble de cette science compliquée, se divise en deux grandes parties : 1° l'histoire de la formation de la croûte terrestre; 2° l'histoire des êtres organisés qui l'ont couverte à une époque antérieure à la nôtre. La première partie, bien que traitée avec beaucoup d'éloquence et d'érudition, laisse cependant à désirer sous le rapport de la portée philosophique. L'auteur n'ose s'y prononcer sur les deux systèmes qui expliquent la formation de notre surface, soit par un foyer de chaleur intérieure et le refroidissement successif des parties les plus éloignées, soit par l'action chimique des bases métalliques, s'oxydant sans cesse sous l'action de l'air et de l'eau. Quant à la deuxième partie, elle peut être considérée comme un manuel complet de paléontologie. L'immensité des matériaux, l'exécution des cartes, un admirable tableau du monde antédiluvien, une étude neuve et complète sur les insectes et sur les zoophytes fossiles, un remarquable travail sur les données insuffisantes que nous possédons du règne végétal éteint; placent sans contredit ce livre au premier rang des travaux sur cette matière.

M. Buckland a consacré l'influence que lui ont value ses travaux si distingués au développement des études géologiques dans sa patrie. C'est à lui que l'Angleterre doit la belle collection qui est maintenant dans la librairie de Radcliffe, à Oxford, ainsi que l'établissement du muséum géologique de Jermynstre et à Londres. M. Buckland occupe aujourd'hui (depuis 1845) l'important doyenné de Westminster; et peu d'hommes ont su, dans les fonctions de leur ministère, se concilier plus d'estime et de sympathie. Outre les ouvrages cités, on a de lui : *Account of on assemblage of fossil and bones discovered in the cave of Kirkdale*, 1821, inséré dans les *Philosophic transactions*; Londres, 1822, in-4°; — *Order of superposition of strata in the British isles*, in-fol.; — *Reliquiæ diluvianæ*; Londres, 1823, in-4°; — *A description of fossil romains*; Londres, 1834; — *Geology and mineralogy, considered with reference to the natural theology. With plates and supplementary notes* (*Bridgewater treatise*); Londres, 2 vol., 1836-1837, in-8°; — *In inquiry whether the sentence of death pronounced at the fall of man, included the whole animal creation, or was restricted to the human race*; Londres, 1839, in-8°. T. D.

Quarterly Review, 25e, 27e, 29e, 34e, 36e, 56e vol. — *Edimburg Review*, 52e, 53e, 65e vol.

* **BUCKMINSTER** (*Joseph Stevens*), célèbre prédicateur américain, né le 26 mai 1784 à Portsmouth (New-Hampshire), mort à Boston le 9 juin 1812. Il descendait, tant du côté paternel que du côté maternel de plusieurs générations de ministres protestants, parmi lesquels on compte quelques hommes distingués, notamment son père, excellent prédicateur, mort comme lui en 1812. Entré au collège d'Haward en 1797, Buckminster y fut gradué en 1800. Il employa la presque totalité des quatre années suivantes à l'étude de la théologie. Au mois de janvier 1805, il fut ordonné, et nommé ministre de la société de Brattle-Street. Dès le début, ses sermons firent la plus grande sensation; mais une affection épileptique dont il souffrait depuis longtemps s'étant aggravée, il se vit contraint de suspendre ses fonctions, et partit pour l'Europe au printemps de 1806. Il ne revint qu'en septembre 1807 à Boston, où il reprit ses prédications, qui ne furent plus interrompues qu'à sa mort. Membre de plusieurs sociétés littéraires et charitables, Buckminster était fort instruit, d'une rare piété, et très-occupé de l'amélioration morale, intellectuelle et religieuse du peuple. Orateur éloquent, il savait captiver et toucher au plus haut point ses nombreux auditeurs. La collection de ses sermons a été publiée après sa mort en deux ou trois volumes. Ses principaux écrits sont : *Collection of hymns*, 1808; — *the Advantages of sickness*; — *the Right hand of fellowship*; — *A sermon on the death of governor Sullivan*, 1809; — *On the death of W. Emerson*; — *An address before the Phi Beta Kappa society*, et un certain nombre d'articles dans *the Monthly Anthology* et autres recueils périodiques. P.-A. T.

Andrews Norton, *Éloge de Buckminster*, 1812. — Vail, *De la littérature et des hommes de lettres des États-Unis d'Amérique*; Paris, 1841, in-8°, p. 182. — Grifwold, *Prose writers of America*; Philadelphie, 1852, grand in-8°, p. 38 et 223. — Godwin, *Handbook of universal Biography*; New-York, 1852, in-12.

BUCOLDIANUS (*Gérard Bucoldz* ou *Bucholds*, plus connu sous le nom latin DE), philologue et médecin allemand, né dans l'électorat de Cologne, vivait dans la première moitié du seizième siècle. Il exerça la médecine à Spire, et devint médecin de Ferdinand, roi des Romains. On a de lui : *Minervæ cum Musis in Germaniam profectio*, poëme que l'on trouve à la suite de l'opuscule suivant : — *De ebrietate oratio*; Cologne, 1529, in-8°; — *De inventione et amplificatione oratoria, seu usu locorum libri tres*; Lyon, 1534, in-4°; Strasbourg, 1534, in-4°; Cologne et Lyon, 1535, in-8°; — *De puella quæ sine cibo et potu vitam transigit brevis narratio*; Paris, 1542, in-8°; réimprimé à la suite de l'*Historia mirandæ Apolloniæ Schregeræ virginis inedix*; Berne, 1604, in-4°, et dans une collection de thèses médicales; Giessen, 1673, in-fol.; — un commentaire sur le discours *pro rege Dejotaro*, dans l'édition des discours de Cicéron; Bâle, 1553, in-fol.; — une édition de Quintilien; Cologne, 1527-1538, in-fol.

Hamelmannl *Opera*; Lemgo, 1711, in-4°. — Hartzheim, *Biblioth. Coloniensis*.

BUCQUET (*Jean-Baptiste-Marie*), médecin et chimiste français, né à Paris en 1746, mort le 24 janvier 1780. Il professa pendant dix ans la chimie à Paris. Sans avoir fait des découvertes importantes, Bucquet a préparé par ses travaux la révolution opérée par la connaissance des gaz. Il fut membre de l'Académie des sciences. On a de lui : *Ergo digestio alimentorum vera digestio chimica, dissertatio;* Paris, 1769, in-4°; — *Introduction à l'étude des corps naturels tirés du règne minéral;* ibid., 1771, 2 vol. in-12; — *Introduction à l'étude des corps naturels tirés du règne végétal;* ibid., 1773, 2 vol. in-12 : « Ce dernier ouvrage, dit Fourcroy, était en son temps le plus complet et le plus méthodique tableau de l'analyse végétale; » — *Mémoire sur la manière dont les animaux sont affectés par les différents fluides aériformes méphitiques;* ibid., 1778, in-12; — *Rapport sur l'analyse du rob antisyphilitique de Boyveau-Laffecteur;* ibid., 1779, in-8°. Bucquet a encore inséré quelques dissertations ou mémoires dans les recueils académiques.

Condorcet, *Éloge de Jean-Baptiste-Marie Bucquet*, dans les Mémoires de l'Académie des sciences. — Vicq-d'Azyr, *Éloge de Jean-Baptiste-Marie Bucquet*, dans les Mémoires de la Société royale de médecine. — Quérard, *la France littéraire*.

BUCQUET (*César*). *Voy.* BUQUET.

BUCQUET (*Louis-Jean-Baptiste*), jurisconsulte, historien, antiquaire et littérateur français, né à Beauvais le 10 mars 1731, mort au château de Marguerie, près de la même ville, le 13 avril 1801. Il fut procureur du roi au présidial de Beauvais. Il composa sur l'histoire de son pays un grand nombre d'ouvrages, dont la plupart sont restés manuscrits. Les principaux sont : *Mémoires pour servir à l'histoire de l'Amiénois et du Beauvoisis;* — *Histoire du Beauvoisis jusqu'à l'an 1022;* — *Dissertation sur la position de Bratuspantium;* — *Éclaircissements sur les mesures itinéraires des Gaulois, et sur le mille romain dont parle César;* — *Dissertation où l'on essaye de prouver que Litanobriga de l'itinéraire d'Antonin n'est autre que Pont-Sainte-Maxence; que Curmiliaca est Cormeilles, et que Petromantatum est la petite ville de Magny-en-Vexin;* — *Essai sur la souveraineté, et sur le droit de justice qui y est attaché;* Paris, 1767, in-8°; — *Deux discours académiques;* Beauvais, 1788 et 1789, in-4°; — beaucoup d'autres manuscrits sur différents sujets.

Lelong, *Biblioth. hist. de la France*, édit. Fontette.

BUCQUOI (*Charles-Bonaventure* DE LONGUEVAL, comte DE), général autrichien, d'une famille originaire de l'Artois, né en 1561, mort le 10 juillet 1621. Il entra de bonne heure au service de l'Espagne, fut protégé, au début de sa carrière, par Alexandre Farnèse, et servit dans l'armée aux ordres de l'archiduc Albert d'Autriche. En 1598, il obtint le grade de général d'artillerie; fut battu en 1600, à Nieuport, par Maurice de Nassau; tomba en disgrâce, rentra bientôt en faveur, et fut nommé en 1613 grand bailli du Hainaut. Après avoir rendu les plus grands services à l'empereur dans la lutte qu'il eut à soutenir contre les révoltés de la Bohême et contre Bethlen-Gabor, il périt au siège de Neuhausel, en Hongrie, frappé mortellement d'un coup de lance. Il avait déjà reçu seize blessures dans cette sanglante affaire. Son fils Albert de Bucquoi, grand bailli du Hainaut, mourut en 1663; et son petit-fils, Charles, fut créé prince en 1681 par le roi d'Espagne.

Ersch et Gruber, *Allgemeines Encyclopædie.* — *Conversations-Lexicon.*

BUCQUOY (*Jacques* DE), voyageur hollandais, né à Amsterdam le 26 octobre 1693, mort en 1760. Il visita la plus grande partie de l'Europe, entra en 1719, comme ingénieur, au service de la compagnie des Indes orientales, et fut envoyé sur la côte orientale d'Afrique pour y surveiller la construction de quelques forts. Au mois d'avril 1722, des pirates anglais s'emparèrent d'un fort, enlevèrent Bucquoy et ses compagnons, et les débarquèrent sur la côte occidentale de Madagascar. Après un séjour de huit mois parmi les habitants du pays, les Hollandais montèrent sur un petit vaisseau qu'ils avaient construit, et abordèrent à Mozambique, et de là à Goa. Enfin Bucquoy arriva sur un navire hollandais, en 1725, dans le port de Batavia, se mit encore quelque temps au service de la compagnie, et revint en Europe en 1735. On a de lui, en hollandais : *Voyages de seize ans aux Indes, remplis d'événements remarquables, notamment du récit des aventures de l'auteur dans son expédition au Rio de Lagoa,* etc., le tout accompagné d'observations sur la géographie des lieux, les mœurs des peuples, etc.; Harlem, 1745; ibid., 1757, in-4°; traduit en allemand, Leipzig, 1771, in-12. A la suite de cet ouvrage, se trouvent une *Hydrographie générale abrégée*, et des *Remarques sur l'utilité de la navigation.*

Walckenaer, *Histoire générale des Voyages*, t. XXI.

BUCQUOY (*Jean-Albert* D'ARCHAMBAUD, comte DE, plus connu sous le nom d'abbé DE), littérateur français, né en Champagne vers 1650, mort le 14 novembre 1740. Il est surtout connu par la singularité de ses aventures. Tour à tour militaire, chartreux, trappiste, mendiant couvert de haillons, maître d'école à Rouen, fondateur d'ordre à Paris, il finit par donner dans le scepticisme. S'étant permis des déclamations contre le despotisme et l'abus du pouvoir, il fut enfermé au For-l'Évêque et à la Bastille. Parvenu à s'en échapper, il se rendit en Suisse, de là en Hollande, puis à Hanovre, où il se fixa et obtint une pension de George Ier, qu'il amusait par ses saillies. Sur la fin de ses jours, l'abbé de Bucquoy reprit sa vie aventureuse. Ses principaux ouvrages sont : *Événements les plus rares, ou l'Histoire du sieur abbé comte de Bucquoy, singulièrement son évasion du For-l'Évêque et de la Bastille, avec plusieurs de ses ouvrages, vers et prose, et particulièrement la Gamme des femmes;* 1719; — *de Dieu, de la vraie et fausse religion*, en vers; Hanovre, 1732, in-8°; — *Lettres sur l'autorité;* — *Pensées sur l'existence de Dieu;* — *l'Antidote à l'effroi de la* mort; — *Préparatifs à l'Antidote à l'effroi de la mort;* — *le Véritable esprit de la belle gloire;—la Force d'esprit, ou la Belle mort; récit de ce qui s'est passé au décès d'Antoine Ulric, duc de Brunswig*; Lunebourg, 1714; — *Essai de méditations sur la mort et sur la gloire;* 1736.

†? Madame Dunoyer, *Lettres historiques et galantes,* t. III. — Quérard, *la France littéraire.*

BUDDÆUS (*Augustin*), médecin allemand, né à Anclam le 7 août 1695, mort le 25 décembre 1753. Il exerça la médecine et professa l'anatomie à Berlin. On a de lui : *Disput. inaug. de musculorum actione et antagonismo;* Leyde, 1721, in-4°. Il a encore inséré quelques dissertations dans les *Miscellanea Berolinensia.*

Hist. de l'Académie de Berlin, 1753. — *Biblioth. nouvelle germanique.*

BUDDÆUS (*Charles-François*), philosophe et homme d'État allemand, fils du précédent, né à Halle en 1695, mort à Gotha le 5 juillet 1753. Il fut conseiller aulique et vice-chancelier du prince de Saxe-Gotha. Au retour d'une mission qu'il eut à remplir à Vienne, il occupa des postes importants à la cour de Weimar et à celle de Gotha. Ses principaux ouvrages sont : *Untersuchung von der Meinung vieler Griechischen Philosophen, dass die Seele sich nicht von sich selbst bewege* (Examen d'une opinion de plusieurs philosophes grecs sur la non-spontanéité du mouvement de l'âme), dans les *Acta eruditorum,* t. V.; — *Untersuchung des wahren Grundes, aus welchem die Gewalt eines Fürsten in der Kirche herzuleiten* (Essai sur le principe d'où découle l'autorité du prince sur l'Église); Halle, 1719, in-8°; — *Schreiben an seine Kinder von seinem Leben* (des Mémoires sur la vie, à l'usage de ses enfants); Gotha, 1748, in-4°.

Schmersahl, *Neue Nachrichten von jungst verstorbenen Gelehrten;* Leipzig, 1753, in-8°. — Jugler, *Beiträge zur juristichen Biographie;* Leipzig, 1773.

BUDDÆUS (*Jean-François*), théologien luthérien allemand, né à Anclam, en Poméranie, le 25 juin 1667; mort le 29 novembre 1729. Il professa la philosophie à Halle, puis la théologie à Iéna. Penseur éclairé, modeste et plein de mesure dans ses écrits, Buddæus est auteur d'un grand nombre d'ouvrages très-estimables, surtout sur la philosophie morale. Les principaux sont : *de Peregrinationibus Pythagoræ;* Iéna, 1692, in-4°; — *Historia juris naturæ, et synopsis juris naturæ et gentium, juxta disciplinam Hebræorum;* Iéna, 1695; — *Dissertationes academicæ de præcipuis stoicorum in philosophia morali erroribus;* Iéna, 1695; — *Elementa philosophiæ practicæ;* — Halle, 1697; — *Introductio ad historiam philosophiæ Hebræorum;* ibid., 1702, 1720, in-8°; — *Quæstio politica : An alchemistæ sint in republica tolerandi,* 1702, in-4°, avec fig.; — *Elementa philosophiæ instrumentalis,* 3 vol. in-8°; ibid., 1703, 1727; — *Selecta juris naturæ et gentium;* ibid., 1704, in-8°; — *Institutiones theologiæ moralis;* Leipzig, 1711, in-4°; — *Historia ecclesiastica Veteris Testamenti;* Halle, 1709, 4 vol. in-4°; et 1729, 2 vol. in-4°; — *Theses theologicæ de atheismo et superstitione;* Iéna, 1716, in-8°; — *Institutiones theologicæ dogmaticæ;* Leipzig, 1723, 1724, 1726, in-4°; — *Historia critica theologiæ dogmaticæ et moralis;* Francfort, 1725, in-4°; — *Compendium historiæ philosophicæ*; Halle, 1731, in-8°. — Buddæus a contribué aux *Acta eruditorum* de Leipzig, et au grand *Dictionnaire historique* imprimé à Leipzig, 1709, in-fol. Les dissertations qu'il a publiées pour défendre les prétentions de la maison d'Autriche sur le royaume d'Espagne ont été réunies sous le titre de *Jus Austriacum.*

Brunckeri *Histor. crit. philosoph.,* t. V. — *Catal. Bibl. Bunav.,* t. I, vol. II, p. 1117. — *Programma academicum in funere Joan.-Franc. Buddæi;* Ien., 1729, fol. — Buddæus, *Notitia dissertationum aliorumque scriptorum a se, aut suis auspiciis, editorum;* Ien., 1724. — Nicéron, *Mémoires,* t. XXI.

BUDÉ (*Guillaume* BUDEUS ou BUDÆUS), le plus savant homme de France au commencement du seizième siècle, n'était pas seulement un érudit ; il fut le restaurateur des lettres grecques, le conseiller fondateur du collége de France et de la bibliothèque du Roi, par sa fortune et par son crédit le protecteur des lettres et des lettrés. Il naquit à Paris en 1467, sous Louis XI, la même année qu'Érasme, son ami et son émule, à Rotterdam, et mourut le 23 août 1540. Ce n'est pas aux rangs de la bourgeoisie seulement qu'il appartenait par sa naissance, parce que son aïeul Dreux-Budé avait été prévôt des marchands en 1452, comme il l'a été lui-même plus tard, mais à la noblesse ou au moins aux possesseurs de fiefs ayant charge à la cour. Il comptait parmi ses ancêtres un conseiller du roi, maître des requêtes; et son père, homme opulent, était l'un des quatre grands audienciers de France (premiers officiers de la chancellerie). On lui donna un précepteur qui lui enseigna assez mal le mauvais latin qui régnait alors, et on l'envoya ensuite étudier pendant trois ans le droit à Orléans. Soit que les goûts de son âge fussent cause de ses distractions, soit qu'il manquât de l'instruction plus avancée qu'il eût trouvée dans l'université de Paris, il avoua lui-même plus tard en avoir peu profité, et s'être livré, à son retour, aux plaisirs de l'équitation et de la chasse avec ardeur. Mais, à l'âge de vingt-trois ou vingt-quatre ans (1491), il conçut tout à coup un vif amour pour l'étude. Son père aimait les lettres, et surtout les livres, *librorum emacissimus* : Budé en profita pour remplir les lacunes de sa première éducation, et il alla plus loin : il recueillit dans sa maison un des Grecs réfugiés par suite de la prise de Constantinople, G. Hermotyme, de Sparte, et s'attacha à une langue alors presque inconnue en France. Quoique ce maître fût peu habile dans le grec ancien, il put cependant avec lui apprendre à lire

Homère dans sa langue; et il le goûta tellement, qu'après sa mort on trouva l'édition *princeps* de Florence de 1488 annotée de sa main, et qu'on attacha du prix à la posséder, quoique ses notes soient d'une écriture difficile. Ses succès dans la langue grecque furent singulièrement favorisés par Jean Lascaris, autre Grec plus illustre, venu en France à la suite de l'expédition de Charles VIII en 1494. Lascaris lui donna une vingtaine de leçons. En congédiant Hermotyme, Budé le gratifia de plus de 500 écus d'or (5720 fr.), somme alors considérable. Son père, qui voulait lui faire obtenir une charge de conseiller au parlement, et qui craignait pour sa vie, à cause d'une maladie grave dont il fut affecté, le dirigeait vers l'étude du droit coutumier et du droit romain. Guillaume préféra se livrer à l'étude approfondie du grec. Son père mourut en 1500; et quoiqu'il laissât douze enfants, dont Guillaume n'était pas l'aîné, son *once* ou douzième lui constitua un patrimoine indépendant, qui lui permit de décliner la charge de conseiller au parlement. Il fit d'ailleurs, vers cette époque, un mariage avantageux dans la personne de R. Lelyeur, fille d'un possesseur de fief, et femme éclairée, qui plus tard, en lui donnant à lui-même beaucoup d'enfants, l'aida dans ses travaux littéraires, et le soulagea de toute l'administration de sa maison. Le jour de ce mariage, il consacra trois heures entières à ses études ordinaires, et n'en aima pas moins sa femme, qui, comme il l'a dit lui-même, n'eut pas d'autre rivale que la philologie.

Le mérite de Budé, dû à ces fortes études, avait transpiré. Le chancelier Guy de Rochefort le présenta au roi Charles VIII, et ce prince le nomma à une de charges de secrétaire (1) en 1497.

Huit mois après la mort de ce prince, il pensa que les devoirs actifs de cette charge l'occupaient trop ; et, profitant de la tolérance qui permettait de les laisser à d'autres, obligés d'accompagner le roi dans ses voyages, il se retira de la cour, mais en conservant son titre. Car il avoue y être retourné quelquefois ; et, dans les opuscules qu'il a publiés de 1502 à 1522, il n'a cessé de le prendre. Ses premiers ouvrages furent des traductions du grec en latin, et principalement de Plutarque, 1502 et 1503. Budé publia à Rome son troisième opuscule, sur le traité de Plutarque *de Tranquillitate animæ*, cal. de mars 1505. Il avait été nommé par Louis XII l'un des membres de la nombreuse légation qui fut envoyée à Rome, à l'avènement du pape Jules II (2). Cette légation a duré deux ans, ainsi qu'on le voit par la préface dédiée à ce pontife, dont les passions guerrières ont fait tort à la papauté. Budé ne lui aurait pas rendu cet hommage, s'il avait connu à quels excès il se porterait un jour, et l'outrage qu'il ferait à sa nation en faisant frapper une médaille dans laquelle il était représenté, le fouet à la main , chassant les Français d'Italie, et foulant aux pieds leur écusson.

M. Saint-Marc Girardin reproche à Louis XII d'avoir négligé Budé, parce qu'il n'aurait pas été aussi favorable aux lettres que Charles VIII et François Ier ; mais c'est à tort ; car Budé dit que c'est par sa propre volonté qu'il s'éloignait de la cour pour se livrer à ses études ; et Louis XII a laissé un monument remarquable de ses lumières dans son édit de 1513, en faveur de l'université de Paris ; on y lit un éloge de l'imprimerie, que repoussent aujourd'hui bien des esprits chagrins : « Pour le grand bien qui est
« advenu en notre royaume au moyen de l'art et
« *science* d'impression , l'invention de laquelle
« semble être plus divine qu'humaine ; laquelle,
« grâce à Dieu , a été inventée et trouvée de
« notre temps par le moyen et industrie des
« libraires ; par laquelle notre sainte foi catho-
« lique a été grandement augmentée et corrobo-
« rée , la justice mieux entendue et administrée ;
« et au moyen de quoi tant de bonnes et salu-
« taires doctrines ont été manifestées, commu-
« niquées et publiées à tout chacun ; notre
« royaume précède tous autres, et autres innu-
« mérables biens qui en sont procédés et procé-
« dent encore chacun jour.... »

La rédaction de cet édit est due à un évêque, Ét. Poncher, garde des sceaux en 1512. Il est vrai cependant que, sur la fin de son traité de l'As, dans lequel il célèbre les dispositions libérales du nouveau chancelier de France Duprat, Budé se plaint du délaissement des gens de lettres, et loue François Ier de l'aurore qui s'élève, et que la fin du règne effaça, s'il est vrai qu'en 1546 un édit, que ne donnent pas les collections ordinaires, ait flétri l'imprimerie comme une institution dangereuse.

Budé, en 1508, dédia au chancelier de Ganay ses *Annotations* sur les vingt-quatre premiers livres des *Pandectes*, qu'il améliora plus tard , d'après les conseils du savant italien Alciat. Il avait visité à Aix ce savant, qui était alors professeur de droit à Avignon ; il y ajouta les *Forensia*, ou Questions de droit. Mais ce n'est pas comme jurisconsulte que Budé a brillé ; il a seulement ouvert une nouvelle voie à cette étude, en combattant la méthode d'Accurse et en envisageant le droit romain sous le rapport historique ; ce qui le rend un des précurseurs de l'école de Cujas. Budé ne fut jamais magistrat de profession, et son nom n'apparaît pas même sur la liste des avocats de son époque.

Mais l'ouvrage capital de Budé est son traité *de Asse*, qu'il publia en 1514 , à l'âge de quarante et un ans : ce fut le fondement de sa répu-

---

(1) Quum sub mortem suam, Carolus in aulam me evocasset, jam tum studii litterarii commendatione *innotescentem*, in quibus nonnihil profeceram, jam in ore præcipue hominum esse cœperam, ob græcæ linguæ studium, quam *sine rivali* tum amabam. Jam enim regis non a secretis, sed secretarius eram. (*Lettre* à Rich. Pace, première du Recueil de la correspondance latine de Budé, mai 1818.)

(2) Quum dudum ad te legatus, Julii secundo, cum aliis claris viris , a rege christianissimo. *Voy.* aussi la lettre de Budé à R. Pace, de 1518.

tation à l'étranger. Il mit quinze mois à le composer (1), mais il usa de toute l'érudition qu'il avait acquise depuis plus de vingt ans. Le sujet était neuf; il s'agissait d'expliquer, outre la division de l'unité romaine ou as, le système monétaire tout entier, comparé à la monnaie des autres pays et au système français. Cet ouvrage est divisé en cinq livres, et surchargé de digressions; la latinité en est obscure, et le style recherché. Érasme l'a reproché avec raison à l'auteur, son ami. Budé a corrigé beaucoup de textes : il est arrivé du premier coup à une appréciation exacte de la livre romaine, en l'évaluant aux deux tiers de la livre française de 16 onces (326 gram. 6144 grains environ), puisque les recherches multipliées des érudits, depuis trois siècles, tournent autour de ce chiffre. Il n'a pas cherché à y mettre une précision absolue, et il a même confondu le denier romain et la drachme attique, la livre des Romains et la mine grecque. On remarque dans ses digressions un jugement sur Tacite qui prouve que Budé n'avait pas le goût sûr, et ne comprenait même pas les grandes qualités de l'historien. Il a avoué lui-même être doué de plus de mémoire ou d'aptitude pour les langues que pour les hautes conceptions, quoique ses apologistes lui donnent un style énergique et plein d'idées : il dit donc de Tacite (2), auquel il reproche d'avoir été un des fonctionnaires de Domitien, comme si lui Budé n'avait pas été le protégé de Poyet, chancelier prévaricateur : *Sceleratiore historiæ stylo, toxico mendacii oblito, repetere instituit, vecordium omnium scriptorum perditissimus, si recte verba ejus æstimentur;* et il résume sa pensée en le qualifiant de *sceleratissimus scriptor*. Sans doute Tacite a porté des jugements sévères sur les Césars de Rome, et il a assez maltraité les chrétiens du temps de Néron; mais, avec un peu de critique, Budé aurait vu qu'il s'agissait plutôt des juifs que des chrétiens; et il était lui-même assez dégoûté du despotisme qui régnait à la cour, dont il se vante tant d'être resté dix-huit ans éloigné, pour pardonner à celui qui faisait l'histoire de princes aussi méprisables que la plupart des Césars.

Quoi qu'il en soit, le traité *de Asse* obtint un succès qui, malgré son mérite réel, ne peut être expliqué que par le goût universel que la renaissance des lettres avait fait naître en Europe pour l'érudition. Cet ouvrage, traduit en italien par Gualaudi (Florence, 1562, in-8°), a été réimprimé en France en 1522, en 1541, 1555, 1695. Un exemplaire sur vélin a été vendu dernièrement jusqu'à 1500 francs (vente *Maccarty*). Il en existe de nombreux abrégés, 1522, 1529, 1538, 1551, 1558, 1568, 1585, et les digressions qu'il renferme les ont rendus nécessaires. Au reste jamais livre d'érudition n'a eu un succès aussi étendu et aussi soutenu. Il mit Budé en rapport avec tous les hommes éminents de l'étranger : en Angleterre, avec le chancelier de Henri VIII, Th. Morus, auteur de *l'Utopie*, qui eut le mérite de résigner sa charge quand ce prince changea de religion; avec l'ex-secrétaire d'État du même prince, R. Pace; avec Érasme, alors professeur de grec à Oxford et à Cambridge; avec l'Espagnol Vivès, instituteur de la fille du même prince; avec Bembo et Sadolet, secrétaires des brefs à Rome; et avec bien d'autres savants hommes. Il entretint désormais avec eux une correspondance latine et grecque, qui a son prix. Léonard Portius, en Italie, et Agricola, en Allemagne, voulurent lui disputer la priorité et le mérite du résultat de ses recherches. Budé, qui s'était vanté d'avoir composé son ouvrage pour lever le voile qui pesait sur l'antiquité et pour honorer sa patrie, s'en montra très-irrité; mais Lascaris apaisa cette querelle, et en remit le jugement à la postérité, qui a oublié l'ouvrage de Portius, et qui, dans l'écrit d'ailleurs postérieur d'Agricola (*voy.* ce mot), n'a trouvé que la substance de l'œuvre de Budé.

L'avénement de François Ier date du 1er janvier 1514, et le traité *de Asse* n'a paru que quelques mois après. On remarque qu'il y est fait allusion aux espérances que le nouveau règne donnait pour l'accroissement des lettres. Cette circonstance peut faire penser que Budé sortit un moment de la retraite de ses livres. Un de ses biographes dit, en effet, qu'en 1515 François Ier lui aurait donné un mandat auprès de Léon X, nouveau pontife, protecteur des lettres, pour négocier avec ce pape une alliance offensive contre César (Charles-Quint) et les Helvétiens (1); son témoignage est confirmé par l'autorité peu importante de Varillas (2). On ajoute que le pape reçut Budé avec honneur, pour la renommée de son savoir, mais qu'il le trompa dans la négociation; ce qui, au reste, n'aurait fait que confirmer Budé dans le jugement qu'il portait sur la cour de Rome. Budé, dans sa correspondance postérieure, ne parle point de cette nouvelle ambassade, soit à cause de cet insuccès, soit plutôt parce qu'il n'était qu'adjoint à la légation dévolue à de plus grands personnages (*proceres*), comme le dit le même biographe; soit enfin parce que ce dernier a confondu cette légation avec celle que remplit Budé auprès de Jules II, de 1503 à 1505, dont Sainte-Marthe ne parle pas. J. Sainte-Marthe-Pictau, oncle du précédent, et Leroy, autres biographes de Budé, ne mentionnent pas la seconde ambassade.

Quoi qu'il en soit, il resta éloigné de la cour pendant cette partie du règne de François Ier, puisque, dans sa correspondance de 1518, il fait remonter à dix-huit ans son éloignement des affaires. A cette époque il avait déjà sept enfants, quoique sa femme n'eût que trente et un ans, et il était parvenu à l'âge de cinquante et un ans;

---

(1) Ch. 46 de son *Traité de l'Institution du prince*.
(2) Liv. IV, p. 501, éd. de Grype, 1551.

(1) Scévole de Sainte-Marthe, *Elogia*, 1698.
(2) *Histoire de France*, publiée sous Louis XIV, 1683.

il se plaint de maladies fréquentes, surtout à la tête, qu'il faisait remonter à la première atteinte qu'il en avait eue pendant l'ardeur de ses premières études. Il passait avec sa famille la belle saison à Marly-le-Bourg, dont il était seigneur (*vicus meus*); il faisait bâtir sa maison de la rue Saint-Martin, quartier alors retiré, et il fréquentait aussi Saint-Maur, abbaye près de laquelle il possédait une seconde seigneurie, celle de Villeneuve. En 1519, François Ier paraît l'avoir appelé auprès de lui; et il obéit, malgré sa répugnance pour les devoirs de cour. En 1520, on le voit au camp du Drap d'or, à l'entrevue de François Ier et de Henri VIII, et il en décrit la magnificence. Le 16 août 1522, il est élu par la corporation municipale de Paris à la dignité de prévôt des marchands, qu'il occupa deux ans, suivant l'usage. La ville de Paris a conservé ce souvenir; et son conseil municipal, en 1842, a consacré la statue de Budé parmi celles de ses premiers magistrats. François Ier le nomma lui-même, le 22 du même mois, maître des requêtes; charge alors considérable, car il n'y avait pas d'autres conseillers d'État en titre, et ils n'étaient que huit. Dans le cours de ces années, on voit, par sa correspondance, qu'il accompagnait le prince dans ses voyages, excepté à l'armée. Il était *maître de la librairie*; et si ce titre ne veut dire que bibliothécaire du roi, il est certain qu'il en profita pour faire transférer la bibliothèque naissante de Blois à Fontainebleau, et qu'il l'enrichit beaucoup de livres imprimés et de manuscrits grecs. Lascaris a dit, au sujet de ce fait littéraire :

Augusti ut Varro, Francisci bibliothecam
Auget Budæus, Palladis auspiciis.

Il fut ainsi l'un des fondateurs de la bibliothèque impériale de France, transférée en 1595 de Fontainebleau à Paris, et depuis devenue l'une des premières du monde. Il publia en 1526 ses traductions des traités d'Aristote et de Philon, *de Mundo*. Ce n'est que plus tard, et au retour de la captivité de François Ier, qu'il aurait, avec Jean du Bellay, alors évêque de Narbonne, mais personnage très-lettré, obtenu de François Ier l'érection, en dehors de l'université de Paris, de trois chaires libres de grec, d'hébreu, et de haute latinité; l'une des épitaphes publiées à la mort de Budé par Richer semble même lui en attribuer tout l'honneur.

Per te, rex linguis præmia certa dedit.

Cette fondation a eu lieu, dit-on, de 1528 à 1530, mais n'a été réalisée que plus tard; c'est le noyau de l'institution si importante du collège de France, qui fait tant d'honneur à la France par ses éminents professeurs.

On a mêlé, en 1529, le nom de Budé à la condamnation du seigneur de Berquin, ami d'Érasme, à la peine du feu pour crime d'hérésie, sentence qui fut exécutée. Nous avons expliqué (*voy.* BERQUIN) comment Budé, s'il fut un de ses juges (ce que l'arrêt non retrouvé aux archives judiciaires pourrait seul prouver), fut au contraire le constant défenseur de ce savant et courageux gentilhomme en 1523 et en 1526 : il ne tint pas à lui qu'il n'échappât à cette exécution déplorable. Aussi jamais le parti protestant n'en a fait un reproche à la mémoire de Budé, qui fut le constant protecteur des gens de lettres. Ceux-ci, surtout les hellénistes, étaient vivement attaqués par les fanatiques de cette époque, comme propagateurs de l'hérésie de Luther et de celle que Calvin méditait en France, et qu'il réalisa bientôt à Genève.

Budé composa en 1534 un écrit spécial, intitulé *de Transitu ad Hellenismum*, dans lequel il justifie les lettres grecques du reproche d'hérésie qu'on leur adressait sous ce nom dès le temps de Justinien, témoin l'écrit étrange de ce prince contre Origène, et qu'on leur fait encore aujourd'hui dans une polémique qui divise l'épiscopat français, mais que le pape actuel a su contenir en s'abstenant de condamner les études classiques. Cependant, dans la préface de cet écrit, développé en trois parties, que Budé adressa à François Ier, il loue ce prince avec exagération des garanties qu'il avait données à la foi catholique par la célèbre procession de 1528; et il s'exprime avec emportement contre les fauteurs de la nouvelle secte, qu'il appelle *les derniers des hommes*. Érasme, qui avait été moine et s'était fait relever de ses vœux, a été plus modéré que lui.

J. Tusan a publié, de 1526 à 1531, cinq livres des lettres grecques de Budé : elles sont curieuses pour l'histoire littéraire de cette époque. On reproche avec raison à l'éditeur, autorisé par Budé, de n'avoir pas substitué, à ses notes grammaticales insignifiantes, des notes historiques qui auraient éclairci les faits quelquefois obscurs de la vie antérieure de son héros et des contemporains ses correspondants. On y aurait vu l'explication de ses démêlés et de quelque aigreur qui eut lieu entre Budé et Érasme, retiré depuis 1521 à Bâle.

Les lettres grecques de Budé sont au nombre de 56, et mériteraient d'être traduites en français, comme elles l'ont été en latin (Ponchon, 1574). Lascaris, accoutumé à flatter les princes et les hommes opulents, dit qu'elles avaient le sel attique; plusieurs (6) lui sont adressées, 3 à Érasme, une à Rabelais; la plupart le sont à G. Mainus, précepteur de ses enfants, pendant les voyages qu'il faisait à la suite de la cour. Les lettres latines ont le défaut de style reproché par Érasme à Budé, et sont pénibles à lire; il y en a une qui contient des conseils à Dracon, son fils aîné. Elles sont adressées à Pace, à Morus, à P. Bembo, à J. Sadolet, à Alciat, à Érasme, à Lascaris.

Les œuvres de Budé ont été recueillies en 4 vol. in-fol.; Bâle, 1557 : le tome IV contient ses commentaires grecs. On n'y a pas compris l'ouvrage qu'il a publié en assez mauvais français vers 1535, et qu'il a adressé à François Ier, sur l'Institution du prince. Il n'y a de remarquable que le chapitre où il parle assez modestement de son traité *de Asse*, et donne des conseils au roi sur la faveur due aux gens de lettres, pour l'avantage de la France. Cet écrit a été imprimé par J. de Luxembourg, prince abbé d'Ivry, à l'Arrivour (1547, petit in-fol. de 204 p.). Enfin Budé a laissé en manuscrit un lexique grec-latin, imprimé à Genève, 1554, in-fol., Baduel; et 1562, Crépin : ce qui a servi considérablement au *Trésor* de Henri Estienne.

On dit que le crédit de Budé auprès de François Ier fit ombrage au chancelier Duprat, qui causa sa disgrâce; et qu'il ne fut rappelé à la cour que par le chancelier Poyet, son ami, en 1538. Il est vrai qu'on ne trouve pas le nom de Budé parmi les huit maîtres des requêtes qui siégèrent aux lits de justice tenus de 1527 à 1528 pour l'enregistrement du traité de Madrid (Registres manuscrits du parlement). Mais comment Budé aurait-il été en 1529 l'un des douze commissaires nommés par le roi pour le procès de Berquin? Comment, dans son traité de 1534, Budé aurait-il parlé des entretiens qu'il avait avec le roi pendant ses repas sur les sujets littéraires? On voit seulement, dans son biographe Scévole de Sainte-Marthe, qu'il dut à Poyet la mission d'accompagner le roi en Normandie, et qu'il y gagna la fièvre, dont il mourut le 24 août 1540. Il défendit par son testament qu'on lui rendît aucuns honneurs, et il voulut être enterré de nuit à Saint-Nicolas-des-Champs, sa paroisse. Cette prescription le fit accuser de tendance aux opinions nouvelles répandues par Calvin, et on lui reprocha d'avoir empêché cette manifestation catholique, essentielle dans les circonstances où l'on se trouvait. La considération dont jouissait Budé, et son rang, rendaient le fait assez remarquable, et il l'est devenu encore davantage par l'abjuration ultérieure de sa veuve et de la plus grande partie de sa famille. Des nombreuses épitaphes qui lui ont été consacrées, nous ne citerons que celle-ci, due à la plume de Salmon, paraphrasée en huit vers français par Melin de Saint-Gelais :

Budæus voluit media de nocte sepulcro
Inferri, et nullas prorsus adesse faces;
Non factum ratione caret, clarissima quando
Ipse sibi lampas luxque corusca fuit.

ISAMBERT.

Vie de Budé, par L. Leroy (Regius), adressée au chanc. Poyet, janvier 1541. — J. de Sainte-Marthe-Pictau. 1540. — Scévole de Sainte-Marthe neveu, *Elogia*, 1598. — Moréri. — Bayle. — Boivin jeune, *Acad. des inscrip. et bell. let*, V, 350, 351; 1725, 1729. — Saint-Marc Girardin, *J. des Débats*, 27 décembre 1833 — Guichenon, *Geneal. de la Bresse*, 1660, 8e partie, p. 251. — *Hist. des Maîtres des requêtes*, par Blanchard, 1670, p. 171-280. — D'Hozier, *Généalog. de la maison de Budé*. — Chevillard, *Des Prévôts de Paris*, 1720. — Nicéron, t. VIII.

BUDÉ (*Jean-Louis* et *Mathieu*), fils du précédent, abjurèrent le catholicisme, et se retirèrent en 1549, avec R. Lelyeur, leur mère, et avec leurs sœurs, à Genève, pour faire profession de la religion réformée par Calvin.

Jean, 2e fils de Budé, fut un des premiers magistrats de la république de Genève, et envoyé en 1558, par les calvinistes, en députation auprès des princes d'Allemagne, pour cimenter l'alliance avec les luthériens de la confession d'Augsbourg. Il avait hérité de son père et de son aïeul la seigneurie de Vérace. Il fit bâtir un collège à Genève, et traduisit en français, avec Ch. de Joinvilliers, les *Leçons de J. Calvin sur Daniel*; Genève, 1552, in-fol. Louis, son frère, y fut professeur de langues orientales, et a publié à Genève en 1551, in-8°, une *Traduction des psaumes*. Henri Estienne parle aussi de la science de Mathieu Budé dans la langue hébraïque.

La maison des Budé, l'une des plus distinguées de Genève, s'est maintenue jusqu'à nos jours, en contractant des alliances avec de nobles familles de France et de l'étranger; tandis que la branche aînée, issue de Dracon et des autres fils restés en France, paraît s'être éteinte. Elle a possédé la seigneurie de Ferney, acquise par Voltaire en 1758.

ISAMBERT.

Généalogie de la Bresse, par Guichenon. — D'Hozier et Bayle. — *Corresp. de Voltaire*, éd. Beuchot, t. LVII, p. 617 et suiv.

BUDÉ (....), médecin français, natif d'Orléans, vivait dans la première moitié du seizième siècle. On a de lui : *De curandis articularibus morbis*; Paris, 1539.

Kestner, *Medicinisches Gelehrten-Lexicon*.

BUDÉE (*Guillaume*), médecin et historien allemand, natif d'Halberstadt, mort en 1625. Il devint médecin du duc de Brunswick-Lunebourg, et s'occupa de recherches historiques. Ses principaux ouvrages sont : *Chronicon quoddam Halberstad. episcoporum;* — *Vita Alberti II, episcopi Halberstad.;* 1re partie, Halberstadt, 1624, in-4° ; la seconde partie n'a pas paru; — Θανατολογία, *seu dynastæ hujus seculi*; imprimé dans la *Collectio scriptor. rerum germanicarum* de Leuckfeld; Francfort, 1717, in-fol.; — *Familia et patrimonium B. Stephani Halberstad.*; 1615, in-4°; — *Chronologiæ centuria prima; Series imperatorum roman.*, etc.

Reiman, *De Libris genealogicis*.

RUDEL ou **RUDELIUS** (*René*), jurisconsulte flamand, natif de Ruremonde, vivait dans la seconde moitié du seizième siècle. Il fut directeur des monnaies du duc de Bavière et des électeurs ecclésiastiques. On a de lui : *De Monetis et Re nummaria libri duo : his accesserunt tractatus varii atque utiles tam veterum quam neotericorum authorum*; Cologne, 1591, in-4°.

Valère André, *Biblioth. belgica*. — Sweert, *Athenæ belgicæ*.

BUDER (*Christian-Gottlieb*), jurisconsulte et historien allemand, né à Kittlitz, dans la haute Lusace, le 29 octobre 1693; mort le 9 novembre 1763. Il fut conseiller aulique, et professeur de droit à Iéna. Ses principaux ouvrages sont : *Bibliotheca juris struviana adaucta*; Iéna, 1720, 1725, 1743, 1756, in-8°; la 7e édition, de 1743, contient des augmentations; — *Vitæ clarissimorum jurisconsultorum selectæ*; ibid.,

1722, in-8°; — *Kurzer Begriff der neuesten Reichs-Historie von* 1714-1730 (Tableau abrégé de l'histoire moderne de l'Empire, depuis 1714 jusqu'en 1730); ibid., 1730, 1731, 1740, 1748, in-8°; — *Sammlung allerhand meistens ungedruckter Schriften, zur Erläuterung des Natur-Völker und Deutschen Staatsrechtes* (Recueil d'écrits non imprimés, de pièces justificatives, de documents, etc., relatifs à l'histoire du droit naturel et public de l'Allemagne); Francfort et Leipzig, 1735, in-8°; — *Bibliotheca historica selecta, in suas classes distributa, cujus primas lineas duxit B.-G-Struvius, emendavit et copiose locupletavit C.-G. Buder*, etc.; Leipzig, 1740, 2 vol. in-8°; ouvrage refondu et complété par Meusel; — *Amœnitates juris feudalis*, etc.; Iéna, 1741, in-4°; — *Opuscula quibus selectiora juris publici, feudalis, ecclesiastici germanici et historiæ patriæ ac litterariæ argumenta exhibentur*; ibid., 1743, in-8°; — *Bibliotheca Scriptorum rerum germanicarum, easdem universim illustrantium*, placée en tête du *Corpus historiæ gentis German.*, de Struve; Iéna, 1730, 1753, in-fol. Buder a encore laissé un grand nombre de mémoires ou dissertations.

J. Chr Fischer, *Memoria divis manibus C.-G. Buderi vindicata*; Iéna; 1777, in-8°. — Moser, *Lexicon zetzt lebender Rechts-Gelehrten*. — Weidlich, *Geschichte der letzt lebenden Rechts-Gelehrten in Deutschland*. — Mylius, *Blühendes Iéna*. — Pütther, *Litteratur des deutschen Staatsrechtes*.

BUDES (*Jean-Baptiste*). Voyez Guébriant.

BUDES (*Sylvestre* de), guerrier français, seigneur d'Uzel (Côtes-du-Nord), naquit vraisemblablement dans cette commune, et mourut à Mâcon en 1379. Parent de du Guesclin, il combattit à ses côtés à la bataille d'Auray en 1364, le suivit en Espagne, et porta sa bannière aux journées de Navarette et de Montiel. Revenu en France avec une grande réputation de bravoure, il s'impatienta bientôt de la trêve qui avait été conclue; et, voulant donner carrière à son humeur aventureuse, il alla offrir au pape Grégoire XI, alors résidant à Avignon, le secours de six mille Bretons, dont il partageait le commandement avec Jean de Malestroit, son frère d'armes, et qu'il voulait employer à rétablir l'ordre et l'autorité du pape dans l'Italie, en proie aux désordres les plus effrayants. Muni des instructions du souverain pontife, Budes franchit le Pas de Suze, pénétra dans le Piémont, puis dans la Lombardie, et fit éprouver des pertes considérables aux révoltés de Bologne et de Césène. Les habitants de cette dernière ville, qui avaient consenti à lui ouvrir leurs portes, ayant massacré une partie de ses troupes par trahison, il les fit presque tous passer au fil de l'épée. Après cette première expédition, il se rendit à Rome (1377), où Grégoire XI était revenu depuis l'année précédente; les deux mois qu'il y séjourna se passèrent en fêtes, qui ne furent qu'un instant interrompues par un combat acharné, renouvelé de celui des Trente, entre dix Bretons, champions de l'Église, et dix Allemands, qui soutenaient la cause des révoltés contre celle du pape. Cinq Allemands furent tués, et cinq autres grièvement blessés. Lors des compétitions suscitées par la mort de Grégoire XI en 1378, Budes se prononça en faveur de Clément VII, reconnu par la France, l'Espagne, la Sicile et l'Écosse, et battit les troupes d'Urbain VI, que soutenait une partie de l'Italie. Ce fut très-probablement à cette époque qu'il fut nommé lieutenant général et gonfalonier des armées de l'Église. Ne tenant aucun compte de l'excommunication fulminée contre lui par Urbain VI, irrité de ce qu'il avait pris Viterbe et Anagni, il marcha sur Rome, et s'empara du faubourg Saint-Pierre ainsi que du château Saint-Ange, dont il confia la garde à cent cinquante de ses soldats. Cette petite garnison résista une année entière aux attaques réitérées des Romains, et ne capitula que quand elle fut à bout de vivres et de munitions. Budes guerroyait alors dans la campagne de Rome. Furieux de l'évacuation de Saint-Ange, il refusa de ratifier la capitulation; et, informé que les notables de la ville devaient un jour s'assembler au Capitole, il revint en toute hâte à Rome par des chemins détournés, arriva devant le Capitole au moment où le conseil en sortait, massacra plus de deux cents des plus riches seigneurs ou bourgeois, et s'éloigna sans que personne songeât à l'inquiéter dans sa retraite.

A quelque temps de là, un capitaine anglais, nommé John Hawkwood, partisan non moins audacieux que Budes, résolut de délivrer la ville de San-Marino, assiégée par le capitaine breton, conjointement avec Bernard de la Salle et le comte de Montjoie. Ces derniers, prévenant Hawkwood, marchèrent à sa rencontre, et lui livrèrent une sanglante bataille, dans laquelle ils perdirent cinq mille hommes et furent faits tous trois prisonniers. Conduit devant Urbain VI, Budes en reçut un accueil bienveillant; et le pape, soit admiration de sa valeur, soit désir de se l'attacher, lui accorda sa liberté moyennant une faible rançon. Cette indulgence fut funeste à Budes. Lorsqu'il vint à Avignon avec un gentilhomme nommé Guillaume Boileau, Clément VII l'accusa de s'être laissé gagner par son antagoniste, et, entretenu dans ses mauvaises dispositions par le cardinal d'Amiens, il lui fit trancher la tête à Mâcon, au mois de janvier 1379.

P. Levot.

Histoires de France, de Bretagne et d'Italie. — *Gestes des Bretons en Italie*, sous le pape Grégoire XI, par Guillaume de la Pérenne, poëme d'environ 3,000 vers, inséré dans les *Preuves de l'histoire de Bretagne* de dom Maurice, t. II, col. 134 et suiv., et dans le *Thesaurus Anecdotorum* de dom Martène, t. XIII, p. 1462 et suiv.

BUDGELL (*Eustache*), littérateur anglais, né vers 1685 à Saint-Thomas, près d'Exeter; mort en 1736. Écrivain peu profond, mais spirituel et élégant, il sut donner à la morale un tour piquant. Addison, dont il fut le collaborateur dans la composition du *Spectateur* et des autres feuilles dont cet auteur enrichit sa patrie, le fit nommer contrôleur général des revenus d'Irlande. Budgell, pour se venger d'un sujet de mécontentement que lui avait donné le duc de Bolton, vice-roi d'Irlande, écrivit contre lui une violente satire, et perdit sa place. A ce malheur s'en joignit un autre : des revers de fortune le ruinèrent en 1720. Tindall, son ami, lui laissa 2000 livres sterling. Budgell avait assisté au testament; on l'accusa d'y avoir inséré cet article, et le legs fut annulé. Privé dès lors de toute ressource, il mit fin à ses jours en se noyant dans la Tamise. Ses principaux ouvrages sont : *the Characters of Theophrastus*, traduits du grec, 1714; — *A Poem to the queen upon his Majesty's journey to Cambridge*, 1732; — *A letter to his excell. Ubrick, d'Ypres*; poëme satirique, 1732; — *Memoirs of the live and character of the late earl of Orrery*; Londres, 1732.

Cibber, *Lives of English. Poets.* — *Biographia Britannica.* — Ersch et Gruber, *Allgemeine Encyclopädie.* — Rose, *New Biographical Dictionary.*

BUDNÉE ou **BUDNY** (*Simon*), en latin *Budnæus*, théologien protestant polonais, né en Mazovie, vivait dans la seconde moitié du seizième siècle. Il fut ministre à Klécénie, puis à Lost. Disciple de Servet et chef d'une secte d'unitaires, il poussa la doctrine de Socin jusqu'à ses dernières conséquences. Il était doué du talent de la parole; aussi fit-il de nombreux prosélytes dans la Lithuanie, dans la Prusse et ailleurs. Effrayé des suites que pouvait avoir l'excommunication prononcée contre lui, en 1582, par le synode de Luclan, il devint plus circonspect, abjura ses principes, et se réunit aux pinczoviens, secte socinienne. Ses principaux ouvrages sont : *Libellus de duabus naturis in Christo*; — *Apologia Polonica*; — une traduction polonaise de l'Ancien et du Nouveau Testament; Zaslaw, 1572, in-4°; le Nouveau Testament imprimé séparément, Leszko, 1574, in-8°; — *Refutatio argumentorum, etc., Ezecchevicii*; Leszko, 1574.

Bock, *Hist. antitrinitarum.*

*BUDO (*Antonio*), sculpteur, travaillait à Venise à la fin du dix-septième siècle. Il fut un des artistes qui exécutèrent les nombreuses statues de la façade de l'église des Jésuites, triste témoignage du malheureux état de la sculpture à cette époque. E. B—N.

Ticozzi, *Dizionario.*

BUDOWEZ ou **BUDOWA** (*Venceslas*), controversiste protestant allemand, né en Bohême en 1551, mort en 1621. Il quitta la cour, où il était conseiller, sous prétexte de suivre entièrement l'éducation de ses enfants; mais dans le fond pour se livrer à la controverse, dont il avait puisé le goût parmi les théologiens de la secte des calvinistes, à laquelle il appartenait. Dénoncé aux magistrats comme se livrant à des déclamations qui pouvaient amener des troubles, il fut arrêté, condamné à mort, et décapité. On a de lui : une traduction en langue bohémienne de l'*Anti-Alcoran* de Bernard Perez de Chircone, prêtre espagnol; — *Circulus horologii lunaris ac solaris, seu de variis Ecclesiæ et mundi mutationibus*; Hanau, 1616, in-4°.

Historia persecutionum ecclesiæ Bohemiæ; 1648, in-12. — Kœnig, *Biblioth. vetus et nova.* — Witte, *Diarium biographicum.* — Clément, *Bibliothèque curieuse.* — Baumgarten, *Nachrichten von merkwürdigen Büchern.*

BUDRIO (*Giacomone* DA). *Voy.* LIPPI (*Giacomo*).

BUÉE (*Adrien-Quentin*), littérateur et mathématicien français, né à Paris en 1748, mort dans la même ville le 11 octobre 1826. Il entra de bonne heure dans l'état ecclésiastique, fut d'abord organiste de Saint-Martin de Tours, revint à Paris en 1786, émigra après la journée du 10 août, et, après un séjour de vingt et un ans en Angleterre, rentra en France, et devint chanoine honoraire de Paris. Les loisirs de l'abbé Buée furent toujours consacrés à l'étude des sciences exactes et de la musique. Outre un *Dictionnaire des termes de la révolution*, Paris, 1792, in-8°, on lui attribue quelques brochures qui ne sont que des facéties. Il a encore laissé un grand nombre de manuscrits, où sont traitées différentes questions de mathématiques.

Quérard, *la France littéraire.*

BUÉE (*Pierre-Louis*), théologien français, frère du précédent, né le 5 septembre 1740, mort à Paris le 28 juin 1827. Comme son frère, il se réfugia en Angleterre pendant la révolution. A son retour en France en 1802, il devint chanoine de la métropole. On a de lui : *Eulogie paschale*; Paris, 1792; — *Obstacle à ma conversion constitutionnelle*; ibid., 1792.

BUELLIUS. *Voy.* BUIL.

*BUENO DA SYLVA (*Bartholomeu*), surnommé *Anhanguera* ou le grand Diable, célèbre explorateur brésilien, né dans la première moitié du dix-septième siècle, mort dans la seconde. On attribue à cet intrépide Pauliste la découverte de la province de Goyaz, vaste région du Brésil, qui surpasse la France en étendue. Il paraît néanmoins certain qu'un autre Pauliste, nommé Manoel Correa, avait visité ces contrées aurifères dès l'année 1670. Ce dernier était d'une telle ignorance, que les manuscrits où il avait consigné ses découvertes ne purent être utilisés après sa mort. Bueno se mit en marche pour ses lointaines explorations vers l'année 1680, et, après d'indicibles fatigues, arriva dans l'endroit qu'habitait jadis la pacifique nation Goya. Pour subjuguer cette peuplade, il mit en usage un stratagème presque puéril, et qui devait d'autant moins manquer son effet qu'il réussit, employé plus tard dans l'Amérique du nord par M. Tissonet. Il fit brûler un peu d'eau-de-vie dans un plat d'étain, et déclara aux Goyaz que s'ils ne se soumettaient à l'instant, il embraserait aussitôt leurs lacs et leurs fleuves. Après avoir poursuivi le cours de ses explorations, et acquis la certitude des richesses que renfermait le pays des Goyaz, Bueno revint à Saint-Paul, où il mourut. Quand cet intrépide voyageur suivit les traces de Correa, il avait emmené avec lui un de ses fils qui avait alors environ douze ans, et qui s'appelait comme lui Bartholomeu Bueno. Parvenu à un âge déjà assez avancé, celui-ci voulut renouveler les découvertes de son père, et, sous les auspices du gouverneur Menezes, partit pour les régions qu'il avait visitées étant enfant. Il se fit accompagner par son gendre nommé Hortiz, et par deux religieux, que suivaient une troupe nombreuse d'aventuriers. La mésintelligence ne tarda pas à se mettre entre les deux chefs de bande; et une fois parvenus à une rivière qui prit plus tard le nom de *Rio-Rico*, on fut sur le point d'en venir aux mains. L'esprit conciliant de l'ecclésiastique arrêta seul l'effusion du sang. Ce défaut d'union, dans un pays qui devait produire d'immenses richesses, n'amena que de fâcheux résultats. Bueno retourna bientôt à Saint-Paul, accablé par le découragement, et fuyant même les regards du gouverneur.

Menezes avait une telle idée de l'invincible persévérance de Bueno, qu'il eut une entrevue avec lui, et le décida une seconde fois à prendre le commandement d'une de ces troupes d'explorations que l'on désigne au Brésil sous le nom de bandeiras, et à s'enfoncer dans les solitudes. Le fils d'Anhanguera partit en 1726, et, après avoir subi d'incroyables fatigues, parvint enfin à un défilé de montagnes, où la rencontre d'un mors de cheval et la découverte de quelques objets ayant appartenu à des Européens lui prouvèrent qu'il n'avait point fait fausse route. Là il entra en rapport avec deux Indiens fort âgés, auxquels il demanda s'ils ne pourraient le guider vers les lieux qu'avait visités, plusieurs années auparavant, la bandeira que dirigeait son père : ceux-ci le conduisirent à environ deux lieues de là, et Bueno reconnut les lieux qu'il avait visités jadis avec lui. Le pays de la nation des Goyaz était enfin retrouvé, et avec lui l'indice d'immenses richesses métalliques. Comme preuve irrécusable de l'importance de sa découverte, Bueno se rendit immédiatement à Saint-Paul avec une valeur de huit mille *oitavas* d'or, qui représentent 75,000 fr.

L'heureux explorateur retourna immédiatement au pays des Goyaz, mais il y retourna revêtu du titre officiel de *capitão mór regente*. Une immense population quitta la côte pour suivre ses traces, et le lavage des sables aurifères commença. L'exploitation des mines et la lutte contre les Indiens décidèrent le massacre ou l'émigration des infortunés habitants de ces contrées; les Goyaz disparurent complètement, ne laissant après eux qu'un nom et qu'une légende. Les sommes que la découverte de Bueno fit entrer dans les coffres de l'État sont considérables, mais elles ont peut-être été exagérées; et dans tous les cas elles diminuèrent dans un court espace de temps. Il en fut de même de la fortune acquise par Bueno : elle fut d'abord immense, et par des causes diverses elle s'anéantit de telle sorte, que les meubles de l'infortuné Pauliste furent vendus à l'encan. Celui qui avait donné au Portugal un territoire égal en étendue à celui de l'Allemagne ne laissa pas à ses descendants de quoi vivre à l'abri du besoin; et en l'année 1824, lorsque le général Cunha Mattos explora scientifiquement la vaste province de Goyaz, aujourd'hui si déchue, il trouva les arrière-petits-enfants des deux Bueno dans un état voisin de la misère : ils la supportaient noblement, et l'on avait été contraint, pour les préserver d'une détresse absolue, de leur concéder le péage d'un pont qui donne entrée dans le vaste pays découvert jadis par leur aïeul.

FERDINAND DENIS.

Ayres de Casal, *Corografia Brasilica*; Rio de Janeiro, 1817, 2 vol. petit in-4°. — Auguste de Saint-Hilaire, *Voyages aux sources du Rio de S.-Francisco et dans la province de Goyaz*; Paris, 1849, 2 vol. in-8°. — R.-J. da Cunha-Mattos, *Itinerario do Rio de Janeiro ao Para*. — Ferdinand Denis, *Brésil* (Univers).

BUFFALMACCO (*Buonamico di Cristofano*, dit), peintre italien, né à Florence en 1262, mort en 1340 (1). Ses saillies et ses aventures joyeuses lui valurent son surnom, sous lequel il est célébré par Boccace (*Decam.*, giorn. VIII, nov. 3 et 6) et par Franco Sacchetti (nov. 161, 169, 191 et 192). Quoiqu'il soit un des plus incorrects parmi les peintres qui travaillèrent au Campo-Santo de Pise, il joue un rôle important dans l'histoire de l'art par son ancienneté, et par des qualités rares à cette époque de barbarie. Élève du mosaïste Andrea Tafi, il connaissait peu le dessin; et, rempli des souvenirs des maîtres byzantins, il suivit des principes entièrement opposés à cette légèreté, cette grâce qui caractérisent l'école de Giotto. Ses figures de femmes sont communes, et déformées par des bouches énormes; il réussissait mieux dans les têtes d'hommes, qui ont quelquefois de l'expression, de la physionomie; et dans les ajustements, qui sont variés et assez élégants. En général, ce maître paraît encore viser à la grandeur du style, plutôt qu'à la recherche sèche et minutieuse du détail, ordinaire aux peintres de son temps. Il est du reste assez difficile d'apprécier sa manière, ses peintures ayant toutes subi des restaurations qui en ont presque entièrement détruit l'originalité. Ses peintures au Campo-Santo sont le *Crucifiement*, la *Résurrection* et l'*Ascension de J.-C.*, et le fameux *Père éternel*, la plus bizarre composition que puisse concevoir l'imagination : cette figure gigantesque, ayant à ses pieds saint Augustin et saint Thomas d'Aquin, tient dans ses bras l'univers, sous la forme d'un disque composé d'une réunion de zones concentriques; les zones extérieures, remplies de ché-

(1) Vasari dit que Buffalmacco peignit dans Saint-Pétrone de Bologne : c'est une erreur manifeste, puisque cette église ne fut commencée qu'en 1390. Les peintures que Vasari lui attribue datent de 1408.

rubins, représentent le Paradis ; vient ensuite le ciel avec le soleil, les autres astres, et le zodiaque ; enfin au centre est la terre, sur laquelle on lit ces mots : *Europa, Asia, Africa*. La tête du Père éternel a souffert ; mais les extrémités, qui sont bien conservées, sont traitées avec soin, et la figure, quoique colossale et svelte, est d'un bon ensemble. Je ne parlerai pas de trois autres fresques du Campo-Santo, que quelques auteurs attribuent aussi à Buffalmacco, et que je crois l'ouvrage de Pierre d'Orvieto ; j'indiquerai seulement encore deux grandes figures de saints sur un des piliers de Saint-Paul d'Arno, à Pise ; un *Couronnement de la Vierge*, au dessus de la porte du clocher de *Sainte-Marie-Nouvelle* de Florence ; une *Madone*, peinte dans un tabernacle de la rue du *Cocomero*. D'autres fresques dont, selon Vasari, il avait décoré Saint-Dominique de Pérouse et la *Badia* de Florence, ont disparu.

E. Breton.

Vasari, *Vite*. — Lanzi, *Storia pittorica*. — Morrona, *Pisa illustrata*. — Rosini, *Campo-Santo di Pisa*. — C. Lasinio, *Campo-Santo*. — D'Agincourt, *Histoire de l'art par les monuments*.

BUFFARD (*Gabriel-Charles*), canoniste français, né à Caen en 1683, mort à Paris le 3 décembre 1763. Il professa la théologie à l'université de Caen. Obligé de quitter sa chaire à cause de son attachement à la doctrine de Jansénius, il se retira à Paris, où il fut détenu quelque temps à la Bastille. On a de lui : *Défense de la déclaration de l'assemblée du clergé de 1682*, traduite du latin de Bossuet ; Paris, 1735, in-4° ; — *Essai de Dissertation pour faire voir l'inutilité des nouveaux formulaires* ; ibid., 1738, in-4°.

L'abbé Goujet, *Éloge de Gabriel-Charles Buffard*. — Lelong, *Bibliothèque historique de la France*, édit. Fontette.

***BUFFETI** (*Lodovico-Giuseppe*), peintre véronais, vivait à la fin du siècle dernier. Il a travaillé surtout à Vicence, où il a laissé deux tableaux représentant la *Vierge, sainte Anne et saint Joachim*, aux *Scalzi* et à Saint-Philippe ; les *Cinq Saints*, à *Saint-Éleuthère* ; le *B. Gregorio Barbarigo* ; à Saint-Marcel ; et un *Calvaire*, à Sainte-Marie-Madeleine.

E. B—n.

Descrizione di Vicenza. — Rennassuti, *Guida di Verona*.

BUFFIER (*Claude*), grammairien et littérateur français, de l'ordre des Jésuites, né en Pologne, de parents français, le 25 mai 1661 ; mort à Paris le 17 mai 1737. Il fut élevé à Rouen, où sa famille se fixa après son retour en France. Il quitta ensuite cette ville, à la suite de démélés théologiques avec l'archevêque Colbert, fit un voyage à Rome, puis vint s'établir à Paris, où il fut associé à la rédaction du *Journal de Trévoux*. On a de lui : *Cours général et particulier des sciences sur des principes nouveaux et simples, pour former le langage, le cœur et l'esprit* ; Paris, 1732, in-fol. Quelques chapitres de cet ouvrage avaient été déjà publiés séparément : telle est, entre autres, sa *Grammaire française sur un plan nouveau* ; Paris, 1809, in-12 ; l'auteur y montre un grand esprit d'analyse, et redresse plusieurs définitions. Cette grammaire, avant sa publication, avait été lue dans les réunions de l'Académie ; les qualités qui la distinguent se retrouvent dans les autres parties du *Cours des sciences*, où règne une heureuse alliance de philosophie et de goût. L'*Encyclopédie méthodique* s'en est souvent approprié des pages entières, sans nommer l'auteur. On doit encore au P. Buffier : *Pratique de la mémoire artificielle pour apprendre et retenir la chronologie, l'histoire et la géographie* ; Paris, 1701 à 1715, 4 vol. in-12 ; il a appliqué à l'étude de l'histoire et de la géographie la méthode mnémotechnique employée par Lancelot pour les racines grecques ; — *Abrégé de l'Histoire d'Espagne* ; ibid., 1704, in-12 ; — *Histoire de l'Origine du royaume de Sicile et de Naples* ; ibid., 1701, in-12 ; — *Histoire chronologique du dernier siècle* ; ibid., 1715, in-12 ; — *Introduction à l'histoire des maisons souveraines de l'Europe* ; ibid., 1717, 3 vol. in-12 ; — quelques poésies, et plusieurs traités de religion et de piété.

Journal de Verdun, novembre 1837. — Moréri, *Dictionnaire historique*. — Lelong, *Bibliothèque historique de la France*, édit. Fontette. — Quérard, *la France littéraire*.

***BUFFINI** (*Michele*), peintre florentin, coopéra, en 1620, aux fresques qui décorent la belle façade du palais *de' signori del Borgo*, sur la place *Santa-Croce*.

E. B—n.

Fantozzi, *Nuova Guida di Firenze*.

BUFFON (*Jean-Louis* Leclerc, comte de), célèbre écrivain et naturaliste français, né à Montbard (Côte-d'Or) le 7 septembre 1707, mort à Paris le 16 avril 1788. Fils de Benjamin Leclerc, conseiller au parlement de Dijon, il reçut une éducation soignée, et fit des études brillantes. Jouissant d'une honnête aisance, et sans savoir quelle direction il donnerait à ses pensées, il était arrivé à cet âge où les passions commencent à fermenter, lorsqu'il fit connaissance, à Dijon, d'un jeune Anglais, le duc de Kingston, qui voyageait sous la direction d'un précepteur instruit, cultivant les sciences par goût et les enseignant sans pédantisme. Il obtint de son père la permission d'accompagner ses deux nouveaux amis dans leurs voyages. Ils visitèrent ainsi ensemble une partie de la France, la Suisse et l'Italie. Dans ces dix-huit mois de courses, le jeune Buffon ne vit, dit son biographe (Condorcet), que « la nature à la fois riante, majestueuse et terrible ; offrant des asiles voluptueux et de paisibles retraites entre des torrents de laves et sur les débris des volcans ; prodiguant ses richesses à des campagnes qu'elle menace d'engloutir sous des monceaux de cendres ou de fleuves enflammés, et montrant à chaque pas les vestiges et les preuves des antiques révolutions du globe. La perfection des ouvrages des hommes, tout ce que leur faiblesse a pu y imprimer de grandeur, tout ce que le temps a pu y donner d'intérêt ou de majesté, disparut à ses yeux devant les œuvres de cette main créatrice dont la puissance s'étend sur tous les mondes, et pour qui, dans son éternelle activité, les générations humaines sont à peine un instant. Dès lors il apprit à voir la nature avec transport comme avec réflexion ; il réunit le goût de l'observation à celui des sciences contemplatives, et, les embrassant toutes dans l'universalité de ses connaissances, il forma la résolution de leur dévouer exclusivement sa vie. »

Buffon avait accompagné ses deux amis à Londres. Là, pour se perfectionner dans la langue anglaise et justifier de ses progrès, il se mit, en 1733, à traduire des ouvrages de sujets tout différents : Hales, *Statique des végétaux et analyse de l'air*, et Newton, *Méthode des fluxions et des suites infinies*. De retour en France, le traducteur offrit ses deux manuscrits à l'Académie des sciences de Paris ; ils furent accueillis très-favorablement, et parurent (le premier en 1735, et le second en 1740, in-4°), revêtus de l'approbation de cette illustre compagnie.

Buffon parut d'abord vouloir se livrer exclusivement aux mathématiques. Regardées, surtout depuis Newton, comme le fondement et la clef des connaissances naturelles, elles étaient en quelque sorte devenues une science à la mode, avantage qu'elles devaient en partie à ce que de Maupertuis, le savant alors le plus connu des gens du monde, était un géomètre. Mais si Buffon s'occupa quelque temps de recherches mathématiques, c'était surtout pour s'étudier lui-même, essayer ses forces, et connaître la trempe de son génie. Bientôt il sentit que la nature l'appelait à d'autres travaux, et il essaya une nouvelle route que le goût du public lui indiquait encore. A l'exemple de Duhamel, il voulait appliquer les connaissances physiques à des objets d'une utilité immédiate : il étudia en physicien les bois dont il était obligé de s'occuper comme propriétaire, et publia sur cette partie de l'agriculture plusieurs mémoires remarquables surtout par la sagesse avec laquelle, écartant tout système, toute vue générale et incertaine, il se borne à raconter des faits, à détailler des expériences.

On le vit ainsi successivement s'assurer de l'effet du bois de chêne pour le tannage des cuirs (1736) ; étudier la formation des couches ligneuses, l'action des hivers ordinaires, des grands froids et des gelées du printemps sur les végétaux (1737) ; chercher à connaître les qualités du bois dans sa croissance et sa reproduction, le degré de dureté qu'il a quand on lui laisse son écorce ou qu'on l'enlève ; suivre, répéter, contrôler les expériences de Réaumur et de Duhamel sur le même sujet, et leur donner tout le degré d'intérêt que réclament l'agriculture et l'industrie (1738-1742). Revenant ensuite à l'étude de la physique, il émit (1745) sur les lois d'attraction un système que Clairaut combattit avec succès.

Enfin, il essaya (1747) de démontrer par le fait la possibilité des miroirs ardents d'Archimède et de Proclus. Les essais tentés par le P. Kircher ne laissaient aucun doute sur le succès ; Dufay avait répété cette expérience, Hartsoëker avait même commencé une machine construite sur ce principe : mais il restait à Buffon l'honneur d'avoir montré, le premier parmi les modernes, l'expérience extraordinaire d'un incendie allumé à deux cents pieds de distance, expérience qui n'avait été vue avant lui qu'à Syracuse et à Constantinople. Bientôt après, il proposa (1748) l'idée d'une loupe à échelons, n'exigeant plus ces masses énormes de verres si difficiles à fondre et à travailler ; absorbant une moindre quantité de lumière, parce qu'elle peut n'avoir jamais qu'une petite épaisseur ; offrant l'avantage de corriger une grande partie de l'aberration de sphéricité. Obligé d'étudier les détails de cette science si vaste, de parcourir les compilations immenses où l'on avait recueilli les observations de tous les pays et de tous les siècles, bientôt son imagination éprouva le besoin de peindre ce que les autres avaient décrit ; sa tête, exercée à former des combinaisons, sentit celui de saisir des ensembles où les observateurs ne lui offraient que des faits épars et sans liaison. Il osa donc concevoir le projet de rassembler tous ces faits, d'en tirer des résultats généraux qui devinssent la théorie de la nature, dont les observations ne sont que l'histoire ; de donner de l'intérêt et de la vie à celle des animaux, en mêlant le tableau philosophique de leurs mœurs et de leurs habitudes à des descriptions embellies de toutes les couleurs dont l'art d'écrire pouvait les orner ; de créer enfin pour les philosophes, pour tous les hommes qui ont exercé leur esprit ou leur âme, une science qui n'existait encore que pour les naturalistes. Dix années furent employées à préparer des matériaux, à former des combinaisons, à s'instruire dans la science des faits, à s'exercer dans l'art d'écrire ; et au bout de ce terme le premier volume de l'*Histoire naturelle* vint étonner l'Europe.

Les mémoires que Buffon avait donnés sur ces importantes matières lui ouvrirent, le 18 mars 1739, les portes de l'Académie des sciences. Dans la même année, il fut nommé intendant du Jardin du Roi. Les devoirs de cette place importante fixèrent pour jamais son goût, jusqu'alors partagé entre différentes sciences ; et, sans renoncer à aucune, ce ne fut plus que dans leurs rapports avec l'histoire naturelle qu'il se permit de les envisager. Il se représenta Aristote rédigeant ses traités immortels, réunissant autour de lui les productions diverses de la nature, les faisant venir de toutes les contrées alors connues, et les décrivant avec exactitude ; il se représenta le naturaliste de Vérone embrassant un monde en quelque sorte agrandi, s'érigeant l'historiographe de la terre, et peignant avec talent et simplicité les êtres qui la peuplent. Son imagination s'enflamme : il va reprendre le plan d'Aristote et de Pline, lui donner plus de développements; profiter des investigations de tant de siècles écoulés; y comprendre les richesses du second hémisphère, retrouvé par Christophe Colomb, et celles que fournissaient journellement les voyages maritimes et les progrès de la civilisation; il veut rendre à l'étude la plus belle, la plus utile, la plus curieuse, cette vie, cet intérêt, cette poésie que les arides nomenclatures des compilateurs avaient bannis du tableau de la nature. S'associant à Daubenton, il charge ce savant collaborateur de la description des formes et de la partie anatomique, tandis qu'il garde pour lui tout ce qui a rapport aux grands phénomènes de la nature, aux mœurs, qualités et habitudes des animaux, aux vues générales, aux liens d'ensemble. Pendant dix ans les deux amis travaillent de concert, sans relâche et dans le silence. Les pages brillantes, pleines de sensibilité, de haute morale, d'un noble enthousiasme, se multiplient sous la plume féconde de Buffon, et dès 1749 parurent les trois premiers volumes de l'*Histoire naturelle*; douze autres suivirent régulièrement jusqu'en 1767.

Aussitôt que parut cette œuvre immense, il s'opéra dans les esprits une révolution remarquable : le goût de la science se fit jour dans toutes les classes de la société; chacun se sentit comme électrisé; on se mit partout à étudier les productions de la terre, à fouiller le sol pour offrir à Buffon des notes utiles, de nouveaux matériaux, pour l'aider à parcourir entièrement la vaste carrière ouverte devant son génie. La *Théorie de la terre* eut de nombreux partisans et d'ardents détracteurs; les plus sages s'étonnèrent que celui qui avait dit (pag. 4 de la préface de Newton) : « Le système de la nature dé« pend peut-être de plusieurs principes; ces « principes nous sont inconnus, leur combinai« son ne l'est pas moins : comment ose-t-on, « d'après cela, se flatter de dévoiler ces mysté« res sans autre guide que son imagination? » se fût laissé emporter lui-même à cette imagination pour expliquer la formation du globe que nous habitons, ses révolutions sans nombre, ses changements successifs. Les *Idées générales sur les animaux* et l'*Histoire de l'homme* eurent un succès plus complet; ces ouvrages plurent à tous les esprits, malgré l'obscurité des molécules organiques, le moule intérieur pour rendre compte de la génération, et la contradiction des termes employés. Rien n'est comparable à l'éloquent tableau du développement physique et moral de l'homme : avec quel plaisir on y étudie les lois de cette correspondance constante entre les changements physiques des sens ou des organes, et ceux qui s'opèrent dans l'entendement ou dans les passions! on apprend à connaître le mécanisme de nos sens, ses rapports avec nos sensations ou nos idées, les erreurs auxquelles ils nous exposent, la manière dont nous apprenons à voir, à toucher, à entendre, et comment l'enfant, de qui les yeux faibles et incertains apercevaient à peine un amas confus de couleurs, parvient, par l'habitude et la réflexion, à saisir d'un coup d'œil le tableau d'un vaste horizon, et s'élève jusqu'au pouvoir de créer et de combiner des images. La première classe d'animaux décrite par Buffon est celle des quadrupèdes; la seconde, celle des oiseaux; et c'est à ces deux classes que s'est borné son travail. Une si longue suite de descriptions semblait devoir être monotone, et ne pouvoir intéresser que les savants; mais le talent a su triompher de cet obstacle. Esclaves ou ennemis de l'homme, destinés à sa nourriture ou n'étant pour lui qu'un obstacle, tous ces êtres, sous le pinceau de Buffon, excitent alternativement la terreur, l'intérêt, la pitié ou la curiosité. Le peintre philosophe n'en appelle aucun sur cette scène toujours attachante, toujours animée, sans marquer la place qu'il occupe dans l'univers, sans montrer ses rapports avec nous. Mais s'agit-il des animaux qui sont connus seulement par les relations des voyageurs, qui ont reçu d'eux des noms différents, dont il faut chercher l'histoire et quelquefois discuter la réalité au milieu des récits vagues et souvent défigurés par le merveilleux ? le savant naturaliste impose silence à son imagination; il a tout lu, tout extrait, tout analysé, tout discuté : on est étonné de trouver un nomenclateur infatigable dans celui de qui on n'attendait que des tableaux imposants ou agréables; on lui sait gré d'avoir plié son génie à des recherches si pénibles; et ceux qui lui auraient reproché peut-être d'avoir sacrifié l'exactitude à l'effet lui pardonnent, et sentent ranimer leur confiance. Des réflexions philosophiques, mêlées aux descriptions, à l'exposition des faits et à la peinture des mœurs, ajoutent à l'intérêt, aux charmes de cette lecture, et à son utilité. Ces réflexions ne sont pas celles d'un philosophe qui soumet toutes ses pensées à une analyse rigoureuse, qui suit sur les divers objets les principes d'une philosophie toujours nue; ce ne sont pas non plus ces réflexions que chaque sujet offre à l'esprit, qui se présentent d'elles-mêmes, et n'ont qu'une vérité passagère et locale : celles de Buffon s'attachent toujours à quelque loi générale de la nature, ou du moins à quelque grande idée.

L'*Histoire des animaux domestiques*, imprimée de 1753 à 1756, intéressa vivement l'agriculteur, l'homme du monde et le savant; celle des animaux carnassiers et autres vivipares (1758 à 1767) embrassa plus de 3000 espèces ou variétés. Buffon a le tort de substituer à l'instinct si merveilleux des animaux une sorte de mécanisme que Descartes lui-même désapprouverait, et d'établir de la sorte un singulier contraste entre ses peintures fortes ou délicates, mais toujours vraies, et un système qui ne peut être soutenu.

Les huit volumes suivants, publiés de 1770 à 1781, renferment l'*Histoire des oiseaux*. Daubenton cesse de travailler avec Buffon, et celui-ci s'associe Gueneau de Montbelliard, l'abbé Bexon et Sonnini de Manoncourt. L'ouvrage ne perd rien pour la pompe du style, mais la partie anatomique n'a plus la même rigueur; on n'y trouve plus cette sévérité critique qui préside à l'*Histoire des quadrupèdes*, mais il y a plus d'ordre; l'on sent même que, malgré sa répugnance outrée pour les méthodes, Buffon en reconnaît enfin la nécessité; il y cède pour mieux classer ses idées, pour mieux saisir les rapports et les différences qui lient ou séparent les êtres les uns des autres.

En 1783 et 1785 parut l'*Histoire des minéraux*, et de 1788 datent les *Époques de la nature*. Le premier de ces ouvrages est le plus faible de ceux qui sont sortis de la plume de Buffon : il s'y abandonne aux hypothèses les plus bizarres, parce qu'il ne s'aide point des ressources de la chimie, et qu'il néglige les travaux importants de Romé de Lisle, de Bergmann, de Saussure et de Haüy, qui marchait déjà à l'égal de ses maîtres. Quant aux *Époques de la nature*, c'est le chef-d'œuvre de Buffon : son génie sublime s'y montre dans toute sa puissance; son style a encore plus de force, d'harmonie, d'entraînement; les images qu'il emploie sont encore plus majestueuses, plus variées, plus séduisantes. Si la théorie qu'il soutient est aujourd'hui une pure fiction, il n'est pas moins vrai que c'est à elle que nous devons la direction donnée aux recherches solides que l'on fait de nos jours; c'est à elle qu'il faut rapporter la découverte de ces témoins irrécusables des nombreuses révolutions du globe, et dont les paroles muettes sont écrites aux flancs de nos montagnes, au sein des plus profondes cavernes.

Mais de longues souffrances vinrent arrêter cette carrière de quarante années; Buffon dut quitter les travaux assidus de son cabinet, pour ralentir les progrès d'une maladie grave à laquelle il faillit succomber à deux époques assez rapprochées. Il donna dès lors tous ses soins à l'agrandissement du Jardin des Plantes et à son embellissement, par des décorations simples et assorties à leur destination. Il écrivit une *Dissertation sur le style*, sujet dont il avait déjà fait la matière de son discours de réception à l'Académie française (25 août 1753); mais il n'eut pas le temps de l'achever (1); et après avoir vu sa statue, sculptée par Pajou, placée avec pompe à l'entrée du Cabinet d'histoire naturelle; après avoir vu ses ouvrages traduits dans toutes les langues de l'Europe; après avoir vu des pirates respecter les caisses qui lui venaient d'outre-mer, dans le moment où ils capturaient tout sans pitié; après avoir conservé la plénitude de sa raison et de ses affections jusqu'aux derniers instants, il mourut âgé de quatre-vingt un ans (1). On lit sur le piédestal de la

(1) Voici quelques fragments de cet admirable discours, où se trouve, entre autres, ce mot devenu célèbre : *Le style est de l'homme* (et non, ce qui est bien différent : *Le style, c'est l'homme*) : « Bien écrire, c'est tout à la fois bien penser, bien sentir, et bien rendre; c'est avoir en même temps de l'esprit, de l'âme et du goût. Le style suppose la réunion et l'exercice de toutes les facultés intellectuelles : les idées seules forment le fond du style; l'harmonie des paroles n'en est que l'accessoire, et ne dépend que de la sensibilité des organes. Il suffit d'avoir un peu d'oreille pour éviter les dissonances; de l'avoir exercée, perfectionnée par la lecture des poètes et des orateurs, pour que mécaniquement on soit porté à l'imitation de la cadence poétique et des tours oratoires. Or jamais l'imitation n'a rien créé : aussi cette harmonie des mots ne fait ni le fond ni le ton du style, et se trouve souvent dans des écrits vides d'idées. Le ton n'est que la convenance du style à la nature du sujet; il ne doit jamais être forcé; il naîtra naturellement du fond même de la chose, et dépendra beaucoup du point de généralité auquel on aura porté ses pensées. Si l'on s'est élevé aux idées les plus générales, et si l'objet en lui-même est grand, le ton paraîtra s'élever à la même hauteur; et si, en le soutenant même à cette élévation, le génie fournit assez pour donner à chaque objet une forte lumière, si l'on peut ajouter la beauté du coloris à l'énergie du dessin, si l'on peut, en un mot, représenter chaque idée par une image vive et bien terminée, et former de chaque suite d'idées un tableau harmonieux et mouvant, le ton sera non-seulement élevé, mais sublime.

« Les ouvrages bien écrits seront les seuls qui passeront à la postérité. La quantité des connaissances, la singularité des faits, la nouveauté même des découvertes, ne sont pas de sûrs garants de l'immortalité; si les ouvrages qui les contiennent ne roulent que sur de petits objets, s'ils sont écrits sans goût, sans noblesse et sans génie, ils périront, parce que les connaissances, les faits et les découvertes s'enlèvent aisément, se transportent, et gagnent même à être mis en œuvre par des mains plus habiles. Ces choses sont hors de l'homme; *le style est de l'homme même*. Le style ne peut donc ni s'enlever, ni se transporter, ni s'altérer : s'il est élevé, noble, sublime, l'auteur sera également admiré dans tous les temps; car il n'y a que la vérité qui soit durable et même éternelle. Or, un beau style n'est tel, en effet, que par le nombre infini des vérités qu'il présente. Toutes les beautés intellectuelles qui s'y trouvent, tous les rapports dont il est composé, sont autant de vérités aussi utiles et peut-être plus précieuses pour l'esprit humain que celles qui peuvent faire le fond du sujet. Le sublime ne peut se trouver que dans les grands sujets. La poésie, l'histoire et la philosophie ont toutes le même objet, et un très-grand objet, l'homme et la nature. La philosophie décrit et peint la nature; la poésie la peint et l'embellit; elle peint aussi les hommes, elle les agrandit, elle les exagère, elle crée les héros et les dieux : l'histoire ne peint que l'homme, et le peint tel qu'il est; ainsi le ton de l'historien ne deviendra sublime que quand il fera le portrait des plus grands hommes, quand il exposera les plus grandes actions, les plus grands mouvements, les plus grandes révolutions; et partout ailleurs il suffira qu'il soit majestueux et grave. Le ton du philosophe pourra devenir sublime toutes les fois qu'il parlera des lois de la nature, des êtres en général, de l'espace, de la matière, du mouvement et du temps, de l'âme, de l'esprit humain, des sentiments, des passions : dans le reste, il suffira qu'il soit noble et élevé. Mais le ton de l'orateur et du poète, dès que le sujet est grand, doit toujours être sublime, parce qu'ils sont les maîtres de joindre à la grandeur du sujet autant de couleur, autant de mouvement, autant d'illusion qu'il leur plaît, et que, devant toujours peindre et toujours agrandir les objets, ils doivent aussi partout employer toute la force et déployer toute l'étendue de leur génie. »

(1) Nous passons sous silence les habitudes de sybarite qu'on lui attribuait à la fin de ses jours dans ses retraites à la campagne. On disait de lui, entre autres, qu'il n'écrivait qu'en grande toilette ou en manchettes de dentelle, etc.

statue qui lui fut élevée cette inscription : *Majestati naturæ par ingenium.*

Buffon avait la figure noble et mâle, portant l'empreinte extérieure de sa haute intelligence ; sa taille était imposante. On lui a reproché de l'affectation dans les habits, dans les manières ; cependant ceux qui ont vécu dans son intimité ont vanté sa bonhomie, son obligeance, la joie qu'il éprouvait du succès des autres, et son empressement à les soutenir.

Le plus grand titre de Buffon à la reconnaissance de la postérité, c'est d'avoir le premier popularisé l'histoire naturelle par la magie du style, et sous ce rapport il a été parfaitement apprécié par Condorcet. « M. de Buffon, dit-il, est poète dans ses descriptions ; mais, comme les grands poètes, il sait rendre intéressante la peinture des objets physiques en y mêlant avec art des idées morales qui intéressent l'âme, en même temps que l'imagination est amusée ou étonnée. Son style est harmonieux, non de cette harmonie qui appartient à tous les écrivains corrects à qui le sens de l'oreille n'a pas été refusé, et qui consiste presque uniquement à éviter les sons durs ou pénibles, mais de cette harmonie qui est une partie du talent, ajoute aux beautés par une sorte d'analogie entre les idées et les sons, et fait que la phrase est douce et sonore, majestueuse ou légère, suivant les objets qu'elle doit peindre et les sentiments qu'elle doit réveiller.

« Si M. de Buffon est plus abondant que précis, cette abondance est plutôt dans les choses que dans les mots : il ne s'arrête pas à une idée simple, il en multiplie les nuances ; mais chacune d'elles est exprimée avec précision. Son style est de la majesté, de la pompe ; mais c'est parce qu'il présente des idées vastes et de grandes images. La force et l'énergie lui paraissent naturelles ; il semble qu'il lui ait été impossible de parler ou plutôt de penser autrement. On a loué la variété de ses tons, on s'est plaint de sa monotonie ; mais ce qui peut être fondé dans cette censure est encore un sujet d'éloge. En peignant la nature sublime ou terrible, douce ou riante ; en décrivant la fureur du tigre, la majesté du cheval, la fierté et la rapidité de l'aigle, les couleurs brillantes du colibri, la légèreté de l'oiseau-mouche, son style prend le caractère des objets ; mais il conserve sa dignité imposante : c'est toujours la nature qu'il peint, et il sait que même dans les petits objets elle a manifesté toute sa puissance. Frappé d'une sorte de respect religieux pour les grands phénomènes de l'univers, pour les lois générales auxquelles obéissent les diverses parties du vaste ensemble qu'il a entrepris de tracer, ce sentiment se montre partout, et forme en quelque sorte le fond sur lequel il répand de la variété, sans que cependant on cesse jamais de l'apercevoir. Cet art de peindre en ne paraissant que raconter, ce grand talent du style porté aux objets qu'on avait traités avec clarté, avec élégance, et même embellis par des réflexions ingénieuses, mais auxquels jusqu'alors l'éloquence avait paru étrangère, frappèrent bientôt tous les esprits : la langue française était déjà devenue la langue de l'Europe, et M. de Buffon eut partout des lecteurs et des disciples. Mais ce qui est plus glorieux, parce qu'il s'y joint une utilité réelle, le succès de ce grand ouvrage fut l'époque d'une révolution dans les esprits ; on ne put le lire sans avoir envie de jeter au moins un coup d'œil sur la nature, et l'histoire naturelle devint une connaissance presque vulgaire ; elle fut pour toutes les classes de la société ou un amusement ou une occupation. On voulut avoir une bibliothèque. Peut-être le talent d'inspirer aux autres son enthousiasme, de les forcer de concourir aux mêmes vues, n'est pas moins nécessaire que celui des découvertes au perfectionnement de l'espèce humaine ; peut-être n'est-il pas moins rare, n'exige-t-il pas moins ces grandes qualités de l'esprit qui nous forcent à l'admiration. Nous l'accordons à ces harangues célèbres que l'antiquité nous a transmises, et dont l'effet n'a duré qu'un seul jour : pourrions-nous la refuser à ceux dont les ouvrages produisent sur les hommes dispersés des effets plus répétés et plus durables ? Nous l'accordons à celui dont l'éloquence, disposant des cœurs d'un peuple assemblé, lui a inspiré une résolution généreuse ou salutaire : pourrait-on la refuser à celui dont les ouvrages ont changé la pente des esprits, les ont portés à une étude utile, et ont produit une révolution qui peut faire époque dans l'histoire des sciences ? On peut diviser en deux classes les grands écrivains dont les ouvrages excitent une admiration durable, et sont lus encore lorsque les idées qu'ils renferment, rendues communes par cette lecture même, ont perdu leur intérêt et leur utilité. Les uns, doués d'un tact fin et sûr, d'une âme sensible, d'un esprit juste, ne laissent dans leurs ouvrages rien qui ne soit écrit avec clarté, avec noblesse, avec élégance, avec cette propriété de termes, cette précision d'idées et d'expressions qui permet au lecteur d'en goûter les beautés sans fatigue, sans qu'aucune sensation pénible vienne troubler son plaisir. Quelque sujet qu'ils traitent, quelques pensées qui naissent dans leur esprit, quelque sentiment qui occupe leur âme, ils l'expriment tel qu'il est, avec toutes ses nuances, avec toutes les images qui l'accompagnent. Ils ne cherchent point l'expression, elle s'offre à eux ; mais ils savent en éloigner tout ce qui nuirait à l'harmonie, à l'effet, à la clarté : tels furent Despréaux, Racine, Fénelon, Massillon, Voltaire. On peut sans danger les prendre pour modèles : comme le grand secret de leur art est de bien exprimer ce qu'ils pensent ou ce qu'ils sentent, celui qui l'aura saisi dans leurs ouvrages, qui aura su se le rendre propre, s'approchera d'eux, si ses pensées sont dignes des leurs ; l'imitation ne paraîtra point servile, si ses idées sont à lui,

24.

et il ne sera exposé ni à contracter des défauts, ni à perdre de son originalité. Dans d'autres écrivains, le style paraît se confondre davantage avec les pensées. Non-seulement, si on cherche à les séparer, on détruit les beautés, mais les idées elles-mêmes semblent disparaître, parce que l'expression leur imprimait le caractère particulier de l'âme et de l'esprit de l'auteur, caractère qui s'évanouit avec elle : tels furent Corneille, Bossuet, Montesquieu, Rousseau; tel fut M. de Buffon. »

Voilà comment Buffon *écrivain* a été jugé par Condorcet. Le charme du style avec lequel il a su le premier rendre la science attrayante est en effet son principal titre de gloire. Comme *naturaliste*, il a été apprécié par un juge également compétent, par M. Flourens (*Buffon, Histoire de ses travaux et de ses idées*; Paris, 1844). Sous ce dernier rapport, Buffon a tout à la fois inspiré Cuvier et Geoffroy Saint-Hilaire : il est leur précurseur légitime. L'idée de *l'uniformité du plan de la nature*, cette idée si grande, indiquée par Buffon, a été développée par Geoffroy Saint-Hilaire.

La loi de la prééminence relative des organes a été de même pour la première fois établie par Buffon, et plus nettement formulée par Cuvier. Une autre loi, non moins belle, porte sur la distribution des animaux sur le globe : chaque continent, ou plutôt chaque partie méridionale des deux continents, a, selon Buffon, sa population d'animaux distincte. On se rappelle ici la fameuse polémique de Vosmaër. Le directeur du cabinet d'histoire naturelle de Leyde avait reçu du Cap un animal qui, comme le fourmilier d'Amérique, se nourrit de fourmis; et il se flattait de renverser la loi de Buffon, qui avait dit que tous les fourmiliers étaient d'Amérique. Voici la réponse de Buffon : « Nous avons dit et répété souvent qu'aucune espèce des animaux de l'Afrique ne s'est trouvée dans l'Amérique méridionale, et que, réciproquement, aucun des animaux de cette partie de l'Amérique ne s'est trouvé dans l'ancien continent. L'animal dont il est ici question a pu induire en erreur des observateurs peu attentifs, tels que M. Vosmaër; mais on va voir, par sa description et par la comparaison de sa figure avec celle des fourmiliers d'Amérique, qu'il est d'une espèce très-différente. » En effet, le fourmilier du Cap, le cochon de terre ou *oricterotype*, comme on le nomme aujourd'hui, est un animal tout à fait distinct des fourmiliers d'Amérique.

En démontrant nettement l'unité de l'espèce humaine, Buffon a préparé la voie aux travaux de Camper, de Blumenbach et de Cuvier. Quant à la multiplicité des races, il y attachait beaucoup moins d'importance qu'à l'unité de l'espèce; et en cela encore il se montra d'un génie supérieur. Cuvier admet trois races principales, Camper en admet quatre, Blumenbach cinq; des naturalistes plus récents en proposent douze, quinze, et un plus grand nombre. Cette différence d'opinions même démontre qu'il n'y a pas là de caractères constants, et que l'objet est superficiel et variable, selon l'esprit de chacun. Toutes les races humaines ne font qu'une seule espèce, parce que, comme le dit si bien Buffon, elles peuvent s'unir ensemble, et propager en commun la grande et unique famille du genre humain.

« Ce qu'il y a de plus constant, de plus inaltérable dans la nature, c'est l'empreinte ou le moule de chaque espèce; ce qu'il y a de plus variable et de plus corruptible, c'est la substance. » Cette grande et belle loi, que Buffon transporta le premier du domaine de la philosophie dans celui de la physiologie, M. Flourens l'a le premier mise hors de doute par ses remarquables expériences sur la coloration des os.

On a reproché à Buffon sa répugnance pour ce qu'il appelait les *méthodes*; et, en effet, son histoire naturelle n'est pas coordonnée d'après des classifications d'ordres, de familles, de tribus, genres, etc., dont les naturalistes modernes font abus. Mais Buffon en donne lui-même la raison : « Il n'existe, dit-il, réellement dans la nature que des individus : les genres, les ordres et les classes n'existent que dans notre imagination. » Cette idée de Buffon, que combat M. Flourens, est le fond même des fameuses querelles des réalistes et des nominalistes ou conceptualistes au moyen âge. Le système des conceptualistes nous semble le plus approcher de la vérité. En effet, il n'y a dans le règne organique que des individus; leur classification n'est que l'expression du besoin de notre raison, qui cherche sans cesse l'unité dans la variété des choses (1).

Tous les ouvrages de Buffon ont été édités un grand nombre de fois, et traduits dans presque toutes les langues de l'Europe. Parmi les principales éditions françaises, nous ne mentionnerons que les quatre suivantes : *Histoire naturelle et particulière*, etc.; Paris (Imprimerie royale), 1749-1804, 44 vol. in-4°, avec de nombreuses gravures : le seul défaut de cette édition, fort recherchée, c'est que les volumes et surtout les planches ne sont pas d'une exécution également belle; — *Histoire naturelle de Buffon, mise dans un nouvel ordre; précédée d'une notice sur les ouvrages et la vie de Buffon*, par M. le baron Cuvier; Paris, Ménard et Desenne, 1825-1826, 36 vol. in-8°, ornée de 400 planches; — *Œuvres complètes, mises en ordre et précédées d'une notice historique*, par M. A. Richard; ibid., Baudouin frères, 1824 et suiv., 30 vol. in-8°, ornées de 200 planches; — *Œuvres complètes de Buffon*; ibid., Furne, 1837-1839, 6 vol. gr. in-8°, ornées de 120 planches contenant 400 sujets, coloriés d'après

(1) Voy. *Nouvelle Revue encyclopédique*, t. I, p. 482-494 (article critique de F. Hœfer sur l'ouvrage de M. Flourens : *Buffon, Histoire de ses travaux et de ses idées*.

les dessins d'Éd. Traviès. — Parmi les *Œuvres choisies de Buffon*, nous citerons, pour sa correction, l'édition de MM. Firmin Didot; Paris, 1850, 2 vol. in-18 (très-compactes). X.

Condorcet, *Éloge de Buffon*. — Cuvier, *Éloge de Buffon*, en tête de son édition. — Richard, *Notice historique sur Buffon*, en tête de son édition. — *Encyclopédie des gens du monde*. — Flourens, *Buffon, Histoire de sa vie et de ses ouvrages*. — Article de F. Hœfer sur l'ouvrage précédent, dans la *Nouvelle Revue encyclopédique*, t. I.

BUGATTI (*Gaetano*), orientaliste et antiquaire italien, né à Milan le 14 août 1745, mort dans la même ville le 20 avril 1816. Il fut nommé directeur de la bibliothèque Ambrosienne, et se consacra tout entier à l'exploration des manuscrits qu'elle renferme. On a de lui : *Memorie storico-critiche intorno le reliquie e il culto di S. Cesso, martyre;* Milan, 1782, in-4°. On lui doit encore des notes savantes sur le texte des *Psaumes*, et une traduction latine d'un manuscrit syrien dont il publia le premier tome, contenant le livre de Daniel.

Feller, *Dictionnaire historique*.

BUGEAUD DE LA PICONNERIE (*Thomas-Robert*, duc D'ISLY), maréchal de France, né à Limoges le 15 octobre 1784, mort à Paris le 10 juin 1849. Son père, Jean-Ambroise Bugeaud, seigneur de la Piconnerie, était un gentilhomme du Périgord; et sa mère, Françoise de Sutton de Clonard, appartenait à une noble famille d'Irlande, dont quelques membres s'expatrièrent avec Jacques II, et se fixèrent en France. Cependant, aux termes d'une lettre qu'il aurait écrite au rédacteur de *la Tribune*, le maréchal Bugeaud aurait fait remonter une branche de sa généalogie à une source quelque peu roturière. « Mon grand-père, y est-il dit, était un forgeron : avec un bras vigoureux, et en se brûlant les yeux et les doigts, il acquit une propriété, que mon père, aristocrate oisif, exploita avec intelligence et activité. » Le style bien connu du maréchal ferait croire à l'authenticité de ces paroles, qu'on lui attribue. Quoi qu'il en soit, il était homme à se frayer à lui seul un chemin dans la vie. Âgé de cinq ans en 1789, et quoique sa famille, dont quelques membres émigrèrent, ne fût pas favorable aux idées de l'époque, il resta en France, et se voua plus tard à la carrière militaire. Enrôlé en juin 1804 comme simple grenadier vélite, il fit ses premières campagnes, d'abord sur les côtes de la Manche, puis, en 1805, au sein de la grande-armée. Caporal à Austerlitz, où il montra du courage, il fut nommé, l'année suivante, sous-lieutenant au 64ᵉ de ligne.

Il fit avec son nouveau régiment les campagnes de Prusse et de Pologne, et fut blessé à Pultusk le 26 novembre 1806. Envoyé en Espagne en qualité de lieutenant adjudant-major, il y fut élevé à de nouveaux grades, et y séjourna avec l'armée d'Aragon jusqu'en 1814. Ajoutons qu'il se distingua durant ces longues guerres, et fut souvent l'objet des publics éloges du maréchal Suchet, commandant en chef. De même qu'il s'était fait remarquer par l'imprévu et le succès du coup de main aux sièges de Lérida, de Tortose et de Tarragone (1810-1811), de même il se conduisit au combat d'Ordal en Catalogne, où il mit en déroute tout un régiment anglais. Nommé lieutenant-colonel en récompense de ce beau fait d'armes, et placé à la tête du 14ᵉ régiment de ligne, il rentra en France à la suite du maréchal Suchet, et fut nommé colonel. Il se montra d'abord favorable à la cause des Bourbons; et, guerrier, il déposa un moment son épée pour chanter l'ancienne dynastie. En 1815, aux Cent-Jours, il fit comme toute l'armée, et se rallia à l'empereur. Envoyé à l'armée des Alpes avec son régiment, il eut avec les troupes autrichiennes un engagement que l'histoire doit enregistrer.

Se trouvant, au mois de juin 1815, à l'Hôpital-sous-Conflans en Savoie, avec 1700 hommes et 40 chevaux, il culbuta une division autrichienne de 6,000 hommes, soutenue par 500 chevaux et six pièces de canon : 2,000 Autrichiens périrent dans cette journée, et les Français demeurèrent maîtres du champ de bataille. Compris dans le licenciement qui atteignit alors l'armée, il se retira dans ses domaines, et, comme beaucoup de débris des anciennes armées, s'y consacra aux travaux agricoles, et y introduisit d'utiles innovations, non sans peine et non sans avoir à lutter contre la routine. En 1831, il vint siéger au sein de la chambre des députés. Il venait d'être nommé maréchal de camp.

Ici commence la seconde phase de la vie de ce guerrier, déjà inscrit dans les fastes de l'histoire; et cette nouvelle période présente un double intérêt. On y voit marcher de front l'homme politique et le général.

Son genre oratoire fut ce que l'on devait attendre de son passé, et ce que l'avenir réalisa : *Abrupte et rustique*, quoique doué d'un grand fonds de bon sens, il excita parfois au début l'hilarité moqueuse de ses adversaires ; mais sa persistance, qui ne manquait pas de courage, son dévouement à la dynastie nouvelle, le firent enfin écouter, et le rendirent l'homme nécessaire de la monarchie de 1830. Des souvenirs regrettables, des pages de deuil se mêlent ici à la vie politique du général Bugeaud. Ce fut lui que le gouvernement chargea de garder à Blaye la duchesse de Berry, et plus tard de l'accompagner à Palerme. Une allusion incidente à ce rôle du général, faite à une séance de la chambre par un député, M. Dulong, donna lieu à un duel avec M. Bugeaud, qui coûta la vie au premier le 27 janvier 1834. En avril 1834, le général Bugeaud reçut la difficile mission de commander une brigade placée en face de l'émeute. Il s'est toujours défendu des rigueurs qui lui furent imputées alors, et de ce que la polémique appela les *massacres de la rue Transnonain*. A juger le général Bugeaud par l'ensemble de sa vie, il répugne de laisser planer cette accusation de rigueur extrême sur sa mémoire. Son concours fut presque toujours acquis au roi et aux divers cabinets ministériels qui se succédèrent. Il avait horreur des théories et de ce qu'il voulait bien appeler *l'aristocratie de l'écritoire*, la première après tout, puisqu'elle a sa source dans l'intelligence et dans les efforts constants du travail individuel. Envoyé en Afrique sous le ministère Molé, il battit les Arabes, et releva dans ces parages le prestige du nom français. Il déploya dans cette courte campagne les qualités qui depuis l'ont rendu l'homme nécessaire de l'Algérie. Nous citerons ici un de ses adversaires politiques, qui, cette fois, l'apprécie avec vérité : « Homme actif, dit M. Marrast ; prompt au coup de main ; façonné en Espagne à la guerre des guérillas ; soigneux du soldat, veillant à son bien-être ; populaire dans la troupe, à l'aide de cette camaraderie de caserne qui a le flair du vieux troupier ; brave d'ailleurs, et ne s'épargnant jamais, Bugeaud, par la rapidité même de ses mouvements, montra qu'il valait mieux qu'un autre dans cette poursuite de Nomades. » Envoyé avec trois régiments au secours de la brigade d'Arlange, bloquée par les Arabes à l'embouchure de la Tafna, il y débarque le 6 juin 1836 ; le 12, il se dirige vers Oran, pour mieux reconstituer sa colonne avant d'entrer en campagne ; atteint le même jour et attaqué par Abd-el-Kader, il prend immédiatement l'offensive ; et, après plusieurs engagements, il force le chef arabe à la retraite. Reconstitué à Oran, il marche sur Tlemcen le 17, avec un convoi destiné à la garnison, en proie à la disette. Attaqué le 23, il se détourne, et tue à l'ennemi, fort de trois ou quatre cents cavaliers, une centaine d'hommes environ, et le met en déroute. Le 6 juillet, nouvelle attaque d'Abd-el-Kader sur la Sickekah, avec dix mille cavaliers et douze mille fantassins : une demi-heure plus tard, l'émir était battu et son infanterie était presque entièrement détruite. Cent-trente Arabes furent faits prisonniers, et le vainqueur fut élevé au grade de lieutenant général.

En 1837, à l'époque où l'opinion publique inclinait à l'occupation restreinte de l'Algérie, le général Bugeaud, envoyé dans la province d'Oran, y conclut le célèbre traité de la Tafna, qui fut, et à bon droit, vivement critiqué. Le traité reconnaissait à Abd-el-Kader le titre d'émir, et lui assignait, en quelque sorte, une souveraineté dont on lui traçait la limite.

Le général négociateur rendit compte à la chambre, dans ce langage qui le caractérisait, des détails de son entrevue avec le chef arabe. Après quarante minutes de conversation, le général s'était levé : « Abd-el-Kader, dit-il, resta assis. Je crus voir dans cet acte un certain air de supériorité ; alors je lui fis dire par mon interprète : « Quand un général français se lève devant toi, tu « dois te lever aussi. » Et, pendant que mon interprète lui traduisait ces paroles, avant même qu'il eût fini de les traduire, je pris la main d'Ab-el-Kader, et je le soulevai : il n'est pas très lourd. »

A ces négociations avec l'émir se rattache l'épisode du général de Brossard, où, pour la première et la seule fois, le nom du général Bugeaud se trouva compromis. Il avait accepté (il l'a lui-même déclaré) une somme d'argent, qu'il appliqua, il est vrai, à un service public, aux chemins vicinaux d'Exideuil. M. Bugeaud fit l'aveu de cette irrégularité : « J'ai manqué, dit-il, à la dignité du commandement. » Reconnaître ainsi ses torts, c'est presque les réparer, en même temps que c'est habilement désarmer ses adversaires.

Nommé gouverneur général des possessions africaines par le ministère du 1er mars 1840, le général Bugeaud, voyant la France profondément engagée par l'occupation de Constantine, Sétif, Milianah et Médéah, jugea que, pour aboutir enfin à une colonisation sérieuse, il ne fallait rien négliger pour soumettre le pays entier. C'est ce qu'il explique dans sa proclamation en date du 21 février 1841, adressée aux habitants de l'Algérie, et dans laquelle il expose en même temps ses vues sur la colonisation. « A la tribune, dit-il, comme dans l'exercice du commandement militaire en Afrique, j'ai fait des efforts pour détourner mon pays de s'engager dans la conquête absolue de l'Algérie. Ma voix n'était pas assez puissante pour arrêter un élan qui est peut-être l'ouvrage du destin. Le pays s'est engagé, je dois le suivre. Il faut que les Arabes soient soumis ; que le drapeau de la France soit seul debout sur cette terre d'Afrique. Je serai donc colonisateur ardent ; car j'attache moins de gloire à vaincre dans les combats, qu'à fonder quelque chose d'utilement durable pour la France. L'expérience faite dans la Mitidja n'a que trop prouvé l'impossibilité de protéger la colonisation par fermes isolées. Ne recommençons pas cette épreuve avant que le temps soit venu. Commençons la colonisation par agglomération dans des villages défensifs, en même temps commodes pour l'agriculture, et assez militairement organisés et harmonisés entre eux pour donner le temps à une force centrale d'arriver à leur secours. Formez de grandes associations de colonisateurs. L'agriculture et la colonisation sont tout un. Il est utile et n'est pas sans doute d'augmenter la population des villes et d'y créer des édifices ; mais ce n'est pas là coloniser. Il faut d'abord assurer la subsistance du peuple nouveau et de ses défenseurs, que la mer sépare de la France ; il faut donc demander à la terre ce qu'elle peut donner. La fertilisation des campagnes est au premier rang des nécessités coloniales ; les villes ne seront pas moins l'objet de ma sollicitude, mais je les pousserai autant que je le pourrai à porter leur industrie et leurs capitaux vers les champs ; car avec les villes seules nous n'aurions que la tête de la civilisation, et pas le corps ; notre situation serait précaire, et intolérable à la longue pour la mère patrie.

Dans cette période nouvelle des campagnes d'Afrique, le gouverneur général changea le système suivi jusqu'alors, et supprima d'abord les postes réputés non indispensables. Puis il appliqua dans les détails ses idées générales sur cette guerre toute spéciale. Elles ont assez d'intérêt pour être résumées ici : selon M. Bugeaud, pour vaincre les Arabes il faut se faire Arabe ; il y a entre la multiplicité des postes fortifiés et le système de mobilité la différence de la portée du fusil à celle des jambes ; il faut en tout point se poster de manière à ne laisser aux Arabes aucun repos, à ne leur permettre ni de semer, ni de récolter, ni de pâturer ; enfin (et ceci est puisé dans la nature même des choses), les Arabes n'ayant à défendre que des intérêts agricoles, on ne peut les atteindre que par des courses rapides à travers le pays.

C'est en suivant ces maximes qu'en trois ans le gouverneur général soumit le territoire arabe depuis la frontière de Tunis jusqu'à celle du Maroc, et la Kabylie depuis l'Isser jusqu'aux mêmes limites. D'autre part, les combats des 12 et 17 mai 1844 entamèrent fortement le Jurjura. Ici commence cette campagne du Maroc, si glorieuse pour la France et pour le maréchal Bugeaud. Ayant appris le 18 mai les premières hostilités du Maroc, il traita avec les tribus kabyles disposées à se soumettre, s'embarqua à Dellys, se porta rapidement vers la frontière de l'ouest ; puis, après avoir tenté vainement de négocier avec l'empereur, qui exigeait l'évacuation du sol de Lalla-Maghrania et du territoire occupé par les Turcs, sur la rive gauche de la Tafna, il prit l'offensive contre l'ennemi, qui venait d'attaquer l'arrière-garde française. L'action eut lieu le 15 juin, et dura à peine une demi-heure : 400 Marocains restèrent sur le terrain ; le reste était en fuite. Le 3 juillet, après être entré à Ouchda, le général français simula une retraite ; puis, se retournant tout à coup contre l'ennemi, qui venait l'attaquer, il lui fit subir un échec complet. Aux offres de paix que fit alors l'empereur, qui exigeait la retraite de l'armée française sur la rive droite de la Tafna, il fut répondu par le maréchal que Dieu seul pourrait le contraindre à cette retraite. Cependant le chiffre de l'armée marocaine allait croissant, et se montait déjà à environ quarante mille hommes. Le maréchal, simulant un grand fourrage, s'approcha alors de l'armée marocaine. C'était le 13 juillet au soir. Le lendemain 14, s'engagea la bataille d'Isly. Avec des forces très-inférieures il se précipita sur l'armée marocaine, et la culbuta en quelques heures. « De tels faits, dit M. Marrast, honorent à la fois le général et son armée ; ils continuent dans notre pays les belles traditions de notre gloire militaire. » Le maréchal Bugeaud fut récompensé par le titre de duc d'Isly. Le gouvernement le dispensa même des droits du sceau, fixés à 18,000 fr., que le vainqueur ne voulait pas payer.

Revenu en France au mois de décembre, le duc d'Isly fut rappelé en Afrique par les mémorables événements qui suivirent. Abd-el-Kader et ses lieutenants avaient voulu prendre une revanche de l'insuccès qui suivit les derniers soulèvements dans l'Ouarencenis et le Dhara. On se souvient encore en France de Sidi-Braham, et de l'héroïsme de ces quatre cent cinquante hommes commandés par le lieutenant colonel Montagnac, qui se dévouèrent comme les Spartiates aux Thermopyles. Le 15 octobre 1846, le maréchal Bugeaud débarquait à Alger. Au commencement de l'année suivante, il fit rentrer dans l'ordre les tribus de l'Ouarencenis ; et dans le courant de juillet il revint en France. L'Algérie le revit, en avril 1847, pénétrer en Kabylie, et réduire, dans la nuit du 15 au 16 mai, les montagnards qui venaient d'attaquer les troupes françaises, et qui, cette fois, acceptèrent toutes les conditions imposées par le *maître de la Fortune*, comme leur fatalisme oriental qualifiait le duc d'Isly.

Remplacé dans le gouvernement général, le 11 septembre 1847, par le duc d'Aumale, il fut nommé par MM. Barrot et Thiers, le 24 février 1848, à trois heures du matin, commandant supérieur de l'armée et des gardes nationales de Paris. Il comptait, comme il l'écrivait à M. Thiers, vaincre ce qu'il appelait une émeute, et ce qui, cette fois encore, se trouvait être une révolution ; mais il dut donner l'ordre de cesser le feu partout, et abandonner le service à la garde nationale. Cependant il offrit son concours à la république, qui le laissa dans l'inactivité. Il fut mieux accueilli par le président Louis-Napoléon, qui lui confia le commandement en chef de l'armée des Alpes. La Dordogne ne l'ayant pas envoyé à l'assemblée nationale, il fut plus heureux auprès des électeurs de la Charente-Inférieure. On doit au maréchal cette justice, qu'il vint siéger parmi les représentants de la France avec des idées de conciliation : « Les majorités, disait-il un jour à la tribune, sont tenues à plus de modération que les minorités. » Sa carrière touchait à sa fin : il fut une des trop nombreuses victimes du choléra de 1849. Sa vie tout entière se résume dans cette devise qu'il avait adoptée : *Ense et aratro*. C'est dans le calme qui succède à l'orage que l'histoire peut faire entendre sa voix. Les opinions, les doctrines, les actes même du maréchal Bugeaud ont pu souvent être discutés et critiqués ; mais les services qu'il a rendus à son pays ne sauraient être méconnus. On a de lui : *Essai sur quelques manœuvres d'infanterie que l'auteur propose d'ajouter à l'ordonnance*, Lyon, 1815, in-12 ; — *Mémoire sur l'impôt du sel* ; Paris, 1831 ; — *Aperçus sur quelques détails de la guerre*, avec planches ; Paris, 1832 ; — *De l'organisation unitaire de l'armée, avec l'infanterie partie détachée et partie cantonnée* ; Paris, 1835 ; — *Mémoire sur notre établissement dans la province d'Oran, par suite de la paix*, juillet 1837 ; Paris, 1838 ; — *De l'Établissement de légions de colons militaires dans les possessions françaises du nord de l'Afrique;* Paris, Didot, 1838; — *De l'Établissement des troupes à cheval dans les grandes fermes;* Paris, 1841; — *l'Algérie; des Moyens de conserver et d'utiliser cette conquête;* Paris, 1842.   ROSENWALD.

Moniteur-universel. — Lesur, *Annuaire historique universel.* — Maréchal Suchet, *Mémoires, 1808-1814.* — Marrast, dans le *Dictionnaire de la Conversation.* — Besancenez, *la France algérienne, biographie complète de M. le maréchal Bugeaud.*—F. Hœfer, *Hist. du Maroc* (dans la collection de *l'Univers*). — Quérard, supplément à *la France littéraire.* — *Galerie des Contemporains illustres.*

BUGENHAGEN (*Jean*), surnommé *Pomeranus*, du nom de sa patrie, théologien protestant allemand, né dans l'île et la ville de Wollin le 24 juin 1485, mort à Wittemberg le 21 mars 1558. Il étudia à l'université de Greifswald, et fut nommé recteur de l'école de Treptow, à laquelle il donna quelque célébrité. Il fut chargé, par le chef d'un monastère, de faire des cours bibliques. Un travail d'un autre genre lui fut demandé par son souverain, le duc Boleslas X : c'était une histoire de son pays. Bugenhagen se mit aussitôt à en fouiller les archives, à en étudier les chroniques. L'an 1518, il put présenter à son maître l'ouvrage qui lui était demandé. Longtemps inédit, son travail ne parut qu'en 1728, sous ce titre : *Joh. Bugenhagii Pomerania, sive de antiquitate, conversione et principum Pomeranorum gestis*, édition J.-H. Balthasar. A cette époque l'Allemagne lisait avec avidité les premiers écrits de Luther. Bugenhagen d'abord les goûta peu; mais bientôt le *Traité de la captivité de Babylone* l'ébranla fortement, et l'entraîna à Wittemberg. Bugenhagen y expliqua les Psaumes, fut nommé pasteur et professeur de théologie, eut quelquefois Mélanchthon pour auditeur, et devint l'un des amis comme l'un des collaborateurs de Luther. Lors de la visite des églises protestantes de Saxe en 1528, le recteur de Treptow se montra propre à donner aux paroisses et aux écoles du protestantisme l'organisation qu'elles réclamaient. On apprécia son talent, et on l'appela successivement dans le même but à Brunswick, à Hambourg, à Lubeck, en Danemark, en Poméranie. Quand il eut terminé l'organisation des églises de Danemark, Christiern II lui offrit le riche évêché de Schleswig; mais le pasteur de Wittemberg le refusa, en disant qu'il lui convenait moins qu'à tout autre de succéder aux anciens évêques. Plus tard il refusa de même, après quelque hésitation pourtant, l'évêché de Camin. Malgré tous les travaux que lui imposaient ses charges, il trouva le temps d'aider Luther dans la traduction de la Bible, et de mettre cette version en bas allemand pour les régions septentrionales de l'Allemagne. Il publia aussi un grand nombre d'ouvrages de théologie, peu lus de nos jours, et une relation encore curieuse de son voyage en Danemark. Les principaux sont : *Historia Christi passi et glorificati;* — *Explicatio Psalmorum;* — *Fragmentum de migrationibus et mutationibus gentium in occidentis imperio;* Francfort, 1614.

Camerarius, *Vita Melancht.* — De Thou, *Hist.*, liv. 31. — Melchior Adam, *In vit. theol. German.* — Nicéron, *Mémoires*, tom. XIV et XX.

BUGGE (*Thomas*), astronome danois, né à Copenhague en 1740, mort en 1815. Il avait à peine vingt et un ans lorsqu'il fut envoyé en Norwége pour faire des observations relativement au passage de Vénus devant le disque du soleil. Il devint directeur de l'arpentage public, et fut chargé de la direction du cadastre et des cartes topographiques; les cartes topographiques de Danemark, qui furent exécutées sous sa direction, sont d'un mérite reconnu. En 1777, il fut nommé professeur d'astronomie à l'université de Copenhague; et, en 1798, il fut envoyé à Paris pour se mettre en rapport avec la commission instituée à l'effet d'établir les bases de l'uniformité des poids et mesures. Trois ans plus tard, il fut nommé secrétaire perpétuel de la Société des sciences de Danemark, et en 1809 il fut décoré de l'ordre de Danebrog. Il a publié : *Forske Grunde til regnekonsten ag algebra* (Principes d'arithmétique et d'algèbre); Copenh., 1772; — *Observationes astronomicæ anniis 1781, 1782 et 1783, factæ in observatorio regio Havniensi et Havniæ*; 1784; — *Mathemateske Forelosninger* (Cours de mathématique), 2 vol.; Copenh., 1795-1798; — *De forste Grunde til den sphoriske ag theoretique astronomie* (Principes d'astronomie sphérique et théoriques); Copenhague, 1796; — *Reise til Paris aarene 1798 ag 1799* (Voyage à Paris en 1798 et 1799); Copenh., 1799 1800; — *Éléments des mathématiques pures*; 1813-1814. Il est encore auteur d'un grand nombre de discours et de traités insérés dans les Mémoires de la Société des sciences de Copenhague, dans les *Philosophical Transactions*, dans l'*Annuaire astronomique de Bode*, dans le *Correspondant mensuel de Zach*, etc. Il rédigea l'*Almanach danois* de 1779 jusqu'à 1815.   ABRAHAMS.

De Bugge, *Autobiographe*, dans le *Dictionn. des hommes savants de Worm*.

*****BUGIANO**, sculpteur florentin du quinzième siècle, auteur du buste de F. Brunelleschi placé sur son tombeau dans la cathédrale de Florence.

E. B—N.

Valéry, *Voyage en Italie.*

*****BUGIARDINI** (*Giuliano*), peintre, né à Florence en 1477, mort en 1552. Il fut d'abord élève du sculpteur Bertoldo, puis condisciple de Michel-Ange dans l'école du Ghirlandajo. Quoiqu'il ait su se rendre ridicule par son amour-propre, Bugiardini n'était pas sans talent, et ne méritait pas d'être aussi maltraité par Vasari. Dépourvu d'imagination, il n'adopta aucune manière bien prononcée, et emprunta çà et là le faire et les idées des autres peintres; mais, si l'on considère chacune de ses figures isolément, on ne peut s'empêcher de reconnaître qu'il est très-heureux dans ses imitations. Il était bon dessinateur, et son coloris ne manque pas de vérité. Michel-Ange, tout en le prenant parfois pour le but de ses plaisanteries, savait lui rendre justice, puisqu'il lui fit faire son portrait, conservé encore aujourd'hui au palais Buonarotti. Bugiardini peignait très-lentement, et, si l'on en croit Vasari, il n'employa pas moins de douze ans à achever son *Martyre de sainte Catherine*, de Sainte-Marie-Nouvelle, bien que le Tribolo l'ait aidé de ses conseils, et que Michel-Ange l'ait tiré d'embarras en dessinant le groupe de soldats du premier plan. On voit de lui au musée de Florence une *Vierge allaitant l'Enfant*, qui avait été longtemps attribuée à Mariotto Albertinelli.

E. B—N.

Vasari, *Vite*. — Malvasia, *Pitture di Bologna*. — Orlandi, *Abbecedario*. — Lanzi, *Storia pittorica*.

*BUGIARDINI (*Agostino*), sculpteur florentin du dix-septième siècle, désigné quelquefois sous le nom d'*Agostino Ubaldini*. Élève de Giovanni Caccini, il donnait de grands espérances, que sa mort prématurée ne lui permit pas de réaliser entièrement. On lui doit une statue de *la Piété entourée d'enfants*, placée dans une grotte au fond de la cour du palais Pitti ; quatre anges et le ciboire de *Santo-Spirito*, ouvrage qu'il exécuta en compagnie de Gherardo Silvani, autre élève de Caccini. Ce travail, quoique n'étant pas d'un goût parfait, et se ressentant du style maniéré et bizarre de l'époque, ne laisse pas de témoigner de l'habileté du Bugiardini. Il avait été chargé, par la grande-duchesse Marie-Madeleine, d'élever dans *Santa-Felicità* un tombeau à Angelica Puladini, poète, improvisatrice, peintre, cantatrice et brodeuse célèbre. Il avait déjà terminé le buste et ébauché les deux figures de femme de demi-relief, qui plus tard furent achevées par Novelli, quand il périt victime d'une mauvaise plaisanterie. Il allait quelquefois dîner à la campagne chez le curé de l'*Impruneta*, où on lui soumit un ragoût de chat. Averti par les rires des convives du tour qui lui avait été joué, il éprouva en revenant chez lui de si violentes convulsions d'estomac, que, dans ses efforts pour vomir, il se rompit un vaisseau dans la poitrine, et ne tarda pas à expirer.

E. B—N.

Cigognara, *Storia della Scoltura*. — Baldinucci, *Notizie*.

BUGLIO (*Louis*), missionnaire italien, de l'ordre des Jésuites, né à Palerme le 26 janvier 1606, mort à Pékin le 7 octobre 1682. Destiné aux missions de l'Orient par les supérieurs de la compagnie, dans laquelle il était entré à l'âge de dix-sept ans, il s'embarqua à Lisbonne, arriva à Goa en 1636, se dirigea vers le Japon ; mais, ayant appris que les ports de cette île étaient rigoureusement fermés à tous les missionnaires, il passa en Chine, et se dévoua tout entier à la conversion des Chinois. Après avoir couru beaucoup de dangers, surmonté bien des obstacles, il se concilia l'estime et captiva la bienveillance de l'empereur, au point de se faire donner le rang et le titre de mandarin. Le père Buglio fut quarante-cinq ans missionnaire en Chine, et parlait la langue du pays avec beaucoup de facilité. Outre un grand nombre de petits ouvrages qu'il composa en chinois, il traduisit dans la même langue, et fit imprimer à Pékin, le *Missel* et le *Rituel romain*; — un *Recueil de décisions de cas de conscience*; — un *Abrégé de la Somme théologique de saint Thomas*; — une *Apologie de la Religion chrétienne*.

Dominique Alberti, *Éloge du P. Buglio*, dans l'*Histoire des Jésuites de Sicile*. — Mazzuchelli, *Scrittori d'Italia*.

*BUGLIONI (*Benedetto*), sculpteur florentin, vivait au milieu du quinzième siècle. Ayant appris, d'une femme de la maison de Luca della Robbia, le secret de vernisser la terre cuite, il fit de cette manière, à Florence et dans d'autres lieux de la Toscane, un grand nombre de travaux qui presque tous ont péri. Il transmit le procédé à Santi Buglioni, qui fut probablement son fils.

E. B—N.

Vasari, *Vite*.

BUGLIONI (*Francesco*), savant, bon musicien et habile sculpteur, attaché à la maison de Léon X, né en 1462, mort en 1520. Il est enterré à Rome dans l'église de Saint-Onuphre, où l'on voit son tombeau orné de son médaillon.

E. B—N.

Orlandi, *Abbecedario*.

*BUGLIONI (*Santi*), sculpteur florentin, élève de Tribolo, vivait dans la première moitié du seizième siècle. Ayant reçu de Benedetto Buglioni, sans doute son père, le secret de vernisser la terre cuite, il fit quelques sculptures en ce genre. Vasari nous apprend que ce fut lui qui exécuta le beau buste de Michel-Ange placé sur son catafalque à ses funérailles.

E. B—N.

Vasari, *Vite*.

*BUGNET (......), jurisconsulte français, né vers 1800. On raconte qu'il fut d'abord employé à garder les troupeaux dans une ferme du comte de V., en Franche-Comté, et que ce gentilhomme se chargea de son éducation, et le plaça dans un séminaire. La carrière ecclésiastique convenait peu au jeune séminariste : il préférait l'étude du droit. Il laissa donc la soutane ; et, après avoir étudié le droit à Dijon, il vint à Paris, où il sut mériter l'amitié de Delvincourt. Grâce à de persévérants efforts, unis à des talents naturels, M. Bugnet compte aujourd'hui parmi les professeurs les plus distingués de l'École de droit, où, marchant sur les traces de Vinnius, et adoptant la méthode analytique, il expose le texte de la loi avec une clarté et souvent une bonhomie qui rappelle son humble et rustique passé. M. Bugnet est beaucoup plus connu comme professeur que comme écrivain. On a de lui : *Édition des œuvres complètes de Pothier, annotées et mises en corrélation avec le Code civil et la législation actuelle*; I—X ; 1845-1848 ; — des *articles* dans le *Dictionnaire encyclopédique de droit et de jurisprudence*, de Sebire et Carteret.

V. R.

Beuchot, *Journal de la Librairie*, 1845-1848. — Quérard, supplément à *la France littéraire*.

BUGNON (*Didier*), ingénieur et géographe lorrain, vivait dans la première moitié du dix-huitième siècle. On a de lui : *Relation exacte concernant les caravanes en cortége des marchands d'Asie*; Nancy, 1707, in-8°; — *Mémoires inédits*, contenant le pouillé (*polium*) des duchés de Lorraine et de Bar et des Trois-Évêchés.

D. Calmet, *Bibliothèque de la Lorraine*. — Lelong, *Biblioth. hist. de la France*, édit. Fontette.

BUGNOT (*Étienne*), biographe français, vivait dans la seconde moitié du dix-septième siècle. On a de lui : *Vie d'André Bugnot, colonel d'infanterie*; Orléans, 1665, in-12.

Lelong, *Biblioth. hist. de la France*, édit. Fontette.

BUGNOT (*Gabriel*), littérateur français, bénédictin de la congrégation de Saint-Maur, né à Saint-Dizier, en Champagne; mort le 21 septembre 1673. Il fut prieur de Bernay. Outre plusieurs manuscrits, on a de lui : *Vita et regula Sancti-Benedicti carminibus expressa*; Paris, 1662, in-12; — *Sacra elogia sanctorum ordinis Sancti-Benediciti versibus reddita*; ibid., 1663, in-12; — *J. Barclaii Argenidis pars secunda et tertia*, sous le titre d'*Archombratus et Theopompus*; ibid., 1669, in-8°.

Le Cerf, *Biblioth. des bénéd. de la congrég. de Saint-Maur*. — Petzius, *Biblioth. benedictin. Mauriana*. — Lelong, *Bibl. hist. de la France*, édit. Fontette.

BUGNYON (*Philibert*), en latin *Bugnonius*, jurisconsulte et poëte français, natif de Mâcon, mort en 1590. Ses principaux ouvrages sont : *Erotasmes de Phidie et Gélasie, plus le chant panégyrique de l'isle Pontine, avec la gaieté de mai*; Lyon, 1557, in-8°; — *Legum abrogatarum in curiis regni Franciæ Tractatus*; ibid., 1564, in-8°; Bruxelles, 1702, in-fol.; traduit en français, Lyon 1568, in-8°; Paris, 1602, in-4° : l'auteur s'y élève contre la vénalité des charges de magistrature; — *Remontrances pour la paix* (aux états de Blois); Lyon, 1576, in-12; — *Commentarius de iis quæ in comitiis blesensibus acta sunt*; 1577, in-8°; — une édition du *Chronicon urbis Matissanæ*; Lyon, 1559, in-8°.

Papillon, *Biblioth. des Auteurs de Bourgogne*. — La Croix du Maine, *Biblioth. de France*. — Lelong, *Bibliothèque historique de la France*, édit. Fontette.

BUHAHYLYHA-BYNGEZLA, médecin arabe, mort en 493 de l'hégire (1099 de J.-C.). Les vrais noms de ce médecin, surnommé *Ibn-Djazlah*, sont *Abou-Ali-Yahia*. Il quitta le christianisme, dans lequel il était né, pour embrasser l'islamisme. On a de lui : *Tecouym el-Abdan fy tadbyr el-Insan*, traduit en latin par le juif Sarraguth, sous ce titre : *Tacuini ægritudinum et morborum ferme omnium corporis humani, cum curis eorumdem*; Strasbourg, 1532, in-fol.; — *Menhadj el-beyan fy me yestemel el-Insan* : c'est un *Dictionnaire des drogues*; — divers autres opuscules.

Carrère, *Bibliothèque de la Médecine*. — Éloy, *Diction. de la médecine*.

BUHAN (*Joseph-Michel-Pascal*), littérateur et jurisconsulte français, né à Bordeaux le 17 avril 1770, mort dans la même ville le 24 février 1822. Il suivit quelque temps la carrière militaire, vint à Paris après le 9 thermidor, et se lia avec quelques vaudevillistes, qu'il eut pour collaborateurs dans plusieurs pièces qu'il composa pour le théâtre. Après le 18 brumaire, il retourna à Bordeaux, et se livra à la profession d'avocat. On a de lui : *les Français à Cythère*, avec de Chazet, Creuzé de Lesser et Dupaty; 1797, in-8°; — *Hippocrate amoureux*, avec Armand Gouffé; 1797; — *Jacques le Fataliste*, avec Armand Gouffé; — *Il faut un état*, ou *la Revue de l'an VI*, avec Léger et de Chazet; 1798, in-8°; — *Colombine-Arlequin* ou *Arlequin sorcier*; 1799; — *Gilles aéronaute*, ou *l'Amérique n'est pas loin*, avec Armand Gouffé et Desfougerais; 1799, in-8°; — *Réflexions sur l'étude de la législation*; 1799, in-8°; — *Revue des auteurs vivants, grands et petits; coup d'œil sur la république des lettres en France, par un impartial s'il en fut*; Lausanne et Paris, 1799, in-18. Les journaux et les recueils du temps, entre autres le *Journal des Muses*, renferment des pièces de poésie de Buhan.

Mahul, *Annuaire nécrologique*. — Quérard, *la France littéraire*. — *Biographie des vivants*. — Quérard, *la France littéraire*.

BUHLE (*Jean-Théophile*), savant allemand, né à Brunswick le 29 septembre 1763, mort en août 1821. Après s'être livré à de profondes études philologiques et philosophiques, il fut nommé en 1787 professeur extraordinaire, et cinq ans après professeur de philosophie à Gœttingue. Par suite des événements politiques, il se rendit en Russie, où il devint successivement professeur de philosophie, d'histoire et de littérature ancienne à l'université de Moscou, bibliothécaire de la grande-duchesse Catherine, et membre du conseil du prince d'Oldenbourg. En 1814, il revint dans sa ville natale, où il eut une chaire au collége de Charles. Les fonctions de censeur, que lui confia le gouvernement, furent pour lui une source de chagrins. Les principaux ouvrages de Buhle sont : *Traité de l'histoire de la philosophie et d'une bibliothèque critique de cette science* (en allemand); Gœttingue, 1796-1804, 8 vol. in-8°; — *Histoire de la philosophie moderne depuis la renaissance des lettres jusqu'à Kant*, en allemand; ibid., 1800-1805, 6 vol. in-8°; traduit en français, Paris, 1816, 7 vol. in-8°; — *Observations critiques sur les monuments historiques de la civilisation des anciens peuples celtes et scandinaves*, en allemand; Gœttingue, 1788, in-8°; — *Précis de la philosophie transcendante*; ibid., 1798, in-8°; — *Manuel du Droit naturel*; ibid., 1799, in-8°; — *Origine et histoire des Rose-Croix et Francs-Maçons*; ibid., 1803, in-8°; — *Deoptima ratione qua historia populorum qui, ante seculum nonum, terras nunc imperio russico* *subjectas, præsertim meridionales, inhabitasse aut pertransisse feruntur, condi posse videatur;* Moscou, 1806, in-4°; — *Prolusio de Auctoribus suppellectilis litterariæ ad historiam russicam maxime spectantibus;* — *Sur l'Origine de l'espèce humaine et le sort de l'homme après sa mort;* 1821; — *Sextus Empiricus,* traduit en allemand; — une édition de l'*Organum,* de la *Rhétorique* et de la *Politique* d'Aristote; Deux-Ponts, 1792, 5 vol. in-8°; Strasbourg, 1800; — une édition des *Phénomènes* d'*Aratus;* Leipzig, 1793-1801, 2 vol. in-8°; — une édition de la *Correspondance littéraire* de J.-D. Michaelis; ibid., 1794, 2 vol. in-8°; — *Recherches sur les dieux pénates apportés, suivant la tradition, par Énée dans le Latium;* Moscou, 1805, in-4°. Buhle fut un des collaborateurs de l'*Encyclopédie* d'Ersch et Gruber. Il a aussi inséré plusieurs articles dans les recueils périodiques allemands et russes.

Conversations-Lexicon. — Feller, *Diction. historique.*

BUHON (*Louis*), prédicateur français, de l'ordre des Dominicains, né vers 1640 à Quingey, en Bourgogne; mort vers 1700. Il se distingua par ses talents pour la prédication, et fut le dernier inquisiteur de la foi dans le comté de Bourgogne.

E. Dupin, *Bibl. ecclés.*

BUHON (*Gaspard*), théologien français, de l'ordre des Jésuites, neveu du précédent, mort le 5 juin 1726. Il professa successivement la théologie à Besançon, et la philosophie à Lyon. On a de lui: *Cours de philosophie,* en latin; Lyon, 1723, 4 vol. in-12.

E. Dupin, *Bibl. ecclés.*

BUHY (*Félix*), théologien français, de l'ordre des Carmes, né à Lyon en 1634, mort en 1687. Il fut le premier qui osa soutenir les dix articles de doctrine publiés en 1682 par le clergé de France, sur la nature et l'étendue de la puissance ecclésiastique. Son principal ouvrage est: *Abrégé des conciles généraux;* Paris, 1699, 2 vol. in-12; ouvrage fort estimé.

Hist. des Lyonnais illustres.

BUIAH. Voy. IMAD-EDDAULAH.

BUIL (*Bernardo*), missionnaire catalan, compagnon de Christophe Colomb, mort en 1520. Ce fut le premier missionnaire qui passa dans le nouveau monde; il appartenait au couvent des bénédictins de Monserrate, et fut choisi par Isabelle et Ferdinand pour aller convertir les naturels d'Hispaniola. C'était, dit-on, un homme instruit, et connu par la sainteté de ses mœurs; il amena avec lui une douzaine de prêtres et de religieux, et porta dans l'île nouvellement découverte les ornements propres à célébrer le culte divin. S'il faut en croire Torquemada, Bernardo Buil tomba tout d'abord en complet dissentiment avec Christophe Colomb, et protégea les Indiens contre les exactions cruelles de ses compagnons. Il baptisa quelques indigènes, et ne demeura que deux années dans Haïti, presque toujours en discussions véhémentes avec l'amiral. Le roi fut appelé à juger leurs différends, et Colomb l'emporta. A son retour en Europe, Bernardo Buil fut nommé abbé du couvent de Cuxà; ce fut dans cette retraite qu'il mourut.

A ce bénédictin succéda comme directeur spirituel des nouvelles découvertes, mais en qualité d'évêque, Frai Garcia de Padilla, de l'ordre des Franciscains. On adjoignit à ce prélat Pero Xuares de Deça, qui devait régir l'évêché de la Véga. Ce dernier seul passa dans le nouveau monde; Frai Garcia de Padilla mourut en Espagne premier évêque des Indes.   FERDINAND DENIS.

F. Juan de Torquemada, *Monarchia indiana*, in-fol. — *Coleccion de los viages y descubrimientos que hicieron por mar los Españoles;* coordinada por D. Martin Fernandez de Navarrette, t. II.

BUILLOUD. Voy. BULLIOUD.

BUIRETTE (*Jacques*), sculpteur français, né à Paris en 1630, mort le 3 mars 1699. Il fut reçu à l'Académie le 27 août 1661, sur un morceau qui donnait lieu d'espérer qu'il serait un jour un grand maître. C'était un bas-relief en marbre, dont le sujet était l'union de la peinture et de la sculpture, représentées par un groupe de deux jeunes filles, dont l'une tenait des pinceaux et une palette, tandis que l'autre s'appuyait sur un torse. Mais, peu après sa réception, Buirette devint aveugle: ce malheur ne l'empêcha point toutefois de continuer l'étude de son art, dont il acquit bientôt une telle connaissance, qu'il jugeait et corrigeait, en les touchant, les modèles qu'on lui soumettait. Versailles possède plusieurs ouvrages de ce sculpteur, si digne d'intérêt. Il fut, en effet, l'un de ces nombreux artistes qui, sous la direction de le Brun, décorèrent le palais du grand roi. On cite particulièrement les quatre groupes d'enfants et l'Amazone d'après l'antique, placés à la demi-lune qui termine l'Allée d'Eau. Il a fait, pour Saint-Gervais, les statues de saint Jean et de la sainte Vierge.

Le Bas, *Dictionnaire encyclopédique de la France.*

BUIS. Voy. BUSIUS.

BUISERO (*Thierry*), poëte flamand, né à Flessingue vers 1640, mort en 1721. Il traduisit en hollandais quelques pièces de Molière, et fit imprimer, vers la fin du dix-septième siècle, des tragédies et des comédies à Middelbourg, la Haye et Leyde.

Biog. univ., éd. belge.

BUISSERET ou **BUSSERET** (*François*), théologien et historien flamand, né en 1549 à Mons, dans le Hainaut; mort le 2 mai 1615. Il fut successivement official, archidiacre et grand vicaire de Cambrai, évêque de Namur en 1602, et archevêque de Cambrai en 1614. On a de lui: *Histoire d'une religieuse de Mons possédée;* 1585; — *Histoire du concile provincial de Mons;* 1586; — la *Vie de Sainte-Marie d'Oignine;* 1608.

Valère André, *Biblioth. Belgica.* — Gazey, *Hist. eccles. des Pays-Bas.* — Carpentier, *Hist. de Cambrai.* — Sainte-Marthe, *Gallia christiana.* — *Biog. générale des Belges.*

BUISSIÈRE *Paul* chirurgien français, vivait à Copenhague vers la fin du dix-septième siècle. On a de lui : *Lettre pour servir de réponse au sieur Méry, sur l'usage du trou ovale dans le fœtus*; Paris, 1700, in-12; — *Nouvelle description anatomique du cœur des tortues terrestres de l'Amérique et de ses vaisseaux*; ibid., 1713, in-12. Il inséra les articles suivants dans le recueil de l'Académie des sciences : *Examen des faits observés par M. Duverney, du cœur de la tortue de terre*, année 1703; — *Réponse à la critique du même*; 1705; — *Observations sur des grains qui ont germé dans l'estomac, et sur une grossesse*; — *Observations sur des épingles avalées*. On trouve encore du même auteur, dans les *Transactions philosophiques* : *Lettre sur un œuf trouvé dans la trompe de Fallope d'une femme, avec des remarques sur la génération*; 1694; — *Lettre au docteur Sloane, contenant l'histoire d'une nouvelle manière de faire l'opération de la pierre, mise en usage par un religieux de France, avec des remarques sur cette pratique*; 1699; — *Lettre sur une substance crachée en toussant, et qui ressemble à un vaisseau pulmonaire*; 1700; — *Description anatomique du cœur des tortues de terre*; 1700; — *Lettre au docteur Sloane sur une Vessie triple*; 1701.

Journal des Savants, septembre 1695. — *Acta eruditorum*, mai 1701 et janvier 1702.

* **BUISSON** (*Germain*), historien et agronome français, né à Reims vers 1789, mort à Dinan le 12 mai 1849. Il étudia le droit, fut reçu licencié le 13 décembre 1810, et devint substitut du procureur impérial près le tribunal de Saint-Malo. N'ayant point été compris dans la réorganisation en 1816, il passa aux îles Britanniques et, après un premier séjour à Guernesey, il alla se fixer à Londres, où il donna des leçons de langue française. Il passa ensuite quelque temps à Windsor; et, à l'aide de ses lectures et de ses propres observations, il prit sur cette résidence royale des notes étendues qu'il avait projeté de publier, mais qui sont restées manuscrites. Revenu à Guernesey, il traduisit l'ouvrage qu'il publia sous ce titre : *Histoire du Mahométisme, comprenant la vie et le caractère du prophète arabe, une relation succincte des empires fondés par les armées mahométanes, des recherches sur la théologie, la morale, les lois, la littérature et les usages des Musulmans, avec un tableau de l'état actuel et de l'étendue de la religion mahométane*; ouvrage traduit de l'anglais de C. Mills; Guernesey, 1826, in-8°. Étant venu se fixer à Dinan en 1833, il entra dans le comice agricole de cette ville, et en fut bientôt nommé secrétaire. On a encore de lui : *Mémoires sur le Noir animal*, etc., *sur l'Emploi du sel en agriculture*, etc.; — *Notice biographique sur M. Gauthier*, etc. P. LEVOT.

BUISSON (*Mathieu-François-Régis*), médecin français, né à Lyon en 1776, mort en 1805. Il était le cousin du célèbre Bichat, et l'aida dans la composition des trois premiers volumes de son *Anatomie descriptive*; il rédigea seul une partie du t. III et le t. IV. On a encore de lui : *De la division la plus naturelle des phénomènes physiologiques considérés dans l'homme, avec un précis historique sur M.-F.-X. Bichat*, dissertation inaugurale; Paris, 1802, un vol. in-8°.

Quérard, *la France littéraire*. — Arnault, etc., *Biog. nouv. des Contemp.*

BUISSON (*Jean* DU), en latin *Rubus*, théologien flamand, né vers 1536, mort le 15 avril 1595. Il fut successivement professeur à l'université de Louvain et chancelier de l'université de Douay; il légua tous ses biens à de pauvres étudiants. On a de lui : une *version* de la *Logique* d'Aristote; Cologne, 1572, in-4°; — *Historia et Harmonia evangelica, seu Vita Jesu Christi, quatuor evangelistis in unum caput congestis*, Rome, 1576; Liége, 1693, in-12.

Valère-André, *Biblioth. Belgica*. — Sweert, *Athenæ Belgicæ*. — Moréri, *Dictionnaire historique*.

BUISTER (*Philippe*), sculpteur flamand, né à Bruxelles en 1595. Il passa une partie de sa vie à Paris. Son principal ouvrage est le tombeau du cardinal de la Rochefoucauld, que l'on voyait autrefois dans une chapelle de Sainte-Geneviève; il sculpta aussi pour le parc de Versailles deux *Satyres*, une *Flore*, un *Joueur de tambour de basque*, le *Poëme satirique*.

Biographie générale des Belges.

BUJAULT (*Jacques*), économiste français, surnommé *maître Jacques*, né, le 1er janvier 1771, à la Forêt-sur-Sèvre, près de Bressuire, département des Deux-Sèvres; mort le 24 décembre 1842. D'abord imprimeur obscur, avocat ignoré, il hérite d'une ferme et se fait cultivateur : c'était sa vocation. Là, soutenu d'une volonté puissante, d'un grand esprit d'observation, il introduit l'usage des prairies artificielles, et donne à son pays natal l'exemple et le précepte d'une culture intelligente. Mais il ne lui suffit pas d'accroître le bien-être matériel de ses concitoyens, il veut aussi contribuer à leur perfectionnement moral. Dans ce but, il rédige de petits écrits où, sous le nom d'*almanachs*, et tout en parlant d'agriculture, il enseigne aux hommes à se conduire avec sagesse. Ses vœux sont remplis; car ces petits livres, écrits de manière à être lus par les habitants des campagnes (ce qui n'est pas toujours chose facile), sont recherchés de tout le monde, et produisent un bien immense. C'est en cela que consiste le mérite de Bujault, on peut même dire sa gloire. On lui doit, outre ses almanachs, *le Guide des Propriétaires et des Comices agricoles*. Enfin, cet honnête agronome, si utile pendant sa vie, a voulu encore l'être après sa mort; il laissa des legs considérables aux pauvres de Melle (Deux-Sèvres), et fonda un prix annuel de 600 fr., destiné à celui qui continuera le mieux l'instruction simple et franche qu'il n'a cessé de donner à ses bons laboureurs.   J.-L.

Moniteur de 1843, page 498, et Moniteur de 1850, page 1088. — Quérard, la France littéraire. — Beuchot, Journal de la Librairie.

BUKENTOP (*Henri* DE), théologien flamand, de l'ordre des Récollets, mort à Louvain le 27 mai 1716. Il est auteur de plusieurs ouvrages de controverse, dont le principal est : *Lux de luce, libri III....*; Bruxelles, 1710, in-4°.

Journal des Savants, 1710.

BULÆUS. *Voy.* BOULAY.

BULARQUE, peintre grec, et auteur de la première peinture que mentionne l'histoire, vivait 700 ans avant J.-C.

« Il est notoire, *in confesso est*, dit Pline (*Hist. « Nat.*, VII, 38; XXXV, 34), que le tableau du pein-
« tre Bularque, représentant la destruction des
« Magnètes, et qui était d'une dimension consi-
« dérable, fut acheté son pesant d'or par Can-
« daule, roi de Lydie, tant on attachait déjà de
« prix à la peinture! Cette acquisition eut lieu
« vers le temps de Romulus, car Candaule périt
« dans la XVIIIe olympiade, » 708 ans avant J.-C.
Selon Sévin, dans son *Mémoire sur les rois de Lydie*, les Grecs asiatiques cultivèrent à cette époque les arts avec beaucoup de succès. Cependant il met fort en doute l'authenticité du récit concernant l'acquisition faite par Candaule, et Otff. Muller partage cette opinion. M. Rossignol, dans une savante dissertation, maintient l'exactitude du fait avancé par Pline. « L'é-
« poque, dit-il, où Bularque a fleuri se trouve
« renfermée dans un espace de vingt-deux ans. Il
« faut, en effet, qu'il soit postérieur à la troisième
« invasion des Cimmériens, qui eut lieu en 737,
« et qui entraîna la ruine de Magnésie; d'une
« autre part, qu'il soit antérieur à la mort de
« Candaule, arrivée en 715. On doit donc suppo-
« ser que c'est à l'artiste lui-même que fut payé
« son tableau au poids de l'or. Candaule devait
« être un ami des arts aussi éclairé que généreux. »

M. Rossignol donne un tableau chronologique des diverses invasions des Cimmériens dans l'Asie Mineure.   A.-F. D.

Rossignol. Specimen d'un ouvrage intitulé Histoire critique des artistes omis, insérés à tort ou mal appréciés dans les catalogues des artistes de l'antiquité; Janvier 1853, in-8°.

BULFINGER (*George-Bernard*), théologien et naturaliste allemand, né en 1693, mort en 1750. Il fut professeur de théologie à Tubingen. On a de lui : *Specimen doctrinæ veterum Sinarum mor. et polit.*; Francfort, 1724, in-8°; — *Varia in fasciculos collecta*; Stuttgard, 1743, in-8° : c'est un recueil de mémoires; — *De Tracheis plantarum ex melone Observatio*, dans les Mémoires de l'Académie des sciences de Saint-Pétersbourg, 4e vol.; — *De Radicibus et Foliis cichorii*; ibid., 5e vol.; — *Observationes botanicæ*; ibid., 6e vol. Bulfinger a contribué aux progrès de la physiologie végétale.

BULGARIS. *Voy.* EUGÈNE BULGARIS.

*BULGHERINI (*Martino*), peintre de l'école de Sienne, florissait en 1407. Il a laissé quelques fresques à la confrérie de Madone, dans l'hôpital de la *Scala*; mais c'est au palais public de Sienne que se voit son principal ouvrage. Dans la salle de la *Balia*, il a représenté l'*Histoire d'Alexandre III* en seize fresques, dont malheureusement plusieurs ont beaucoup souffert. Sur l'arc qui partage la salle, il a peint les têtes des *évangélistes*. Ces peintures, laissées inachevées par Bulgherini, furent terminées par Spinelli Arétino et son fils Parri Spinelli.   E. B—N.

Della Valle, Lettere sanesi. — Mancini, Considerazioni sulla Pittura, mss. — Meucci, Siena.

BULHARYN (*Thadée*). *Voy.* BOULGARINE.

BULIFON (*Antoine*), historien et antiquaire italien, d'origine française, vivait à Naples dans la seconde moitié du dix-septième siècle. Ses principaux ouvrages sont : *l'Assedio di Vienna, scritto da G.-C. Voclikeren, vulgarizzato*; Naples, 1684, in-12; — *Lettere*; Pouzzoles, 1685, in-12; — *Compendio delle vite de' re di Napoli*; Naples, 1688, in-12; — *Cronica minore, ovvero annali e giornali istorici della città e regno di Napoli*; ibid., 1690, in-12; — *Compendio istorico degl' incendj del monte Vesuvio*; ibid., 1698 et 1701, in-12; — *le Guide des étrangers pour voir Pouzzoles et ses environs*, traduit de P. Sarnelli; ibid., 1702, in-12; — *Journal du voyage d'Italie de Philippe V*; ibid., 1704, in-12.

Misson, Voyage d'Italie, t. III.

BULIS. *Voy.* XERXÈS.

BULL (*George*), théologien anglican, né à Wels le 25 mars 1634, mort le 28 février 1610. Après avoir occupé successivement plusieurs bénéfices, il fut nommé évêque de Saint-David en 1705. Prélat vertueux, il se livra avec zèle aux devoirs de son ministère sans négliger l'objet principal de ses études, l'antiquité ecclésiastique. Ses principaux ouvrages sont : *Defensio fidei Nicenæ*; Oxford, 1685-1688, in-4° : cet ouvrage eut l'approbation de toutes les communions chrétiennes; — *Judicium Ecclesiæ catholicæ trium priorum seculorum*; ibid., 1694, in-4° : le grand Bossuet lut cet ouvrage, et en fut si content, qu'il écrivit à Nelson de témoigner à l'auteur sa satisfaction et celle de l'assemblée du clergé; — *Primitiva et apostolica traditio dogmatis in Ecclesia catholica recepti de Jesu Christi divinitate*; 1705, in-fol.; — *Harmonia apostolica*; Londres, 1669, in-4°. Les théologiens protestants attaquèrent vivement cet ouvrage; Bull leur répondit par l'*Examen censuræ*; 1676, in-4°, et dans son *Apologia pro Harmonia*, etc. Grabbe a édité les différents ouvrages que nous venons de citer, sous ce titre : *Georgii Bulli opera omnia*; Londres, 1703, in-fol. On a encore de Bull des sermons en anglais, imprimés après sa mort; Londres, 1703, 3 vol. in-8°.

Nelson, *Life of Bull*; Londres, 1713, in-8°. — Nicéron, *Mémoires*, t. I. — Rose, *New Biographical Dictionary*.

BULL (*John*), musicien anglais, né vers 1563 dans le comté de Somerset, mort vers 1622 à Lubeck ou à Hambourg. En 1591, il devint organiste de la chapelle de la reine Élisabeth, et en 1607 musicien de la chambre du roi. En 1613, il se rendit dans les Pays-Bas. On lui attribue plus de deux cents compositions tant vocales qu'instrumentales.

Marpourg, *Vie de John Bull*, 1740. — Rose, *New Biogr. Dict.* — Wood, *Athenæ Oxonienses*. — *Harmonicon*.

BULL (*Ole* BORNEMANN), célèbre violiniste norwégien, né à Bergen le 5 février 1810. Son père, qui le destinait à l'état ecclésiastique, lui ôta le mauvais violon sur lequel, encore enfant, il témoignait déjà de ses dispositions musicales. Mais la rigueur paternelle ne fit qu'augmenter sa passion naissante. Envoyé à l'âge de dix-huit ans à l'université de Christiania, il y fit si peu de progrès, que ce fut à grand'peine qu'il parvint à être reçu bachelier. Quand enfin il trouva l'occasion de faire valoir le talent musical auquel il était parvenu par d'incessants efforts, ce fut comme une révolution, et il devint l'objet de l'enthousiasme de ses compatriotes : c'était d'ailleurs la première fois que la Norwége produisait un génie musical. Malgré son ignorance de la théorie, il se trouva cependant en état de remplir pendant quelque temps les fonctions de directeur de musique. En 1829, il alla perfectionner son talent à l'école du célèbre Spohr, à Cassel; mais le jeune Scandinave fut si mal reçu et si peu compris dans cette ville, que, tout désespéré, il se rendit à Goettingue pour étudier le droit. Cependant l'amour de la musique reprit le dessus. Un jour de l'année 1831, sans argent et sans recommandations, il se rendit à Paris. On perd sa trace à partir de ce moment, et l'on ne peut faire que des conjectures sur sa manière de vivre : toujours est-il qu'il ne fut pas heureux. On raconte qu'il fut un jour dévalisé par des filous, qui lui enlevèrent jusqu'à son violon, et que, dans son désespoir, il voulut mettre fin à ses jours en se jetant dans la Seine. On ajoute qu'arraché à la mort par une cause restée ignorée, il fit la rencontre d'une vieille dame qui venait de perdre son fils, avec lequel elle lui trouva une telle ressemblance qu'elle l'accueillit et le traita comme son enfant. Plus tard, il aurait réussi à se faire entendre dans un concert public où il eut du succès, et qui lui rapporta environ 2,000 francs, qui le mirent en état de se rendre en Suisse et en Italie.

L'exécution chez cet artiste rappelle son origine et, jusqu'à un certain point, reproduit les phénomènes et les aspirations du Nord : parfois cependant on sent chez lui l'influence de Paganini et de son école. Il eut un succès d'enthousiasme en Italie; et un jour que, grâce à la célèbre Malibran, il était parvenu à jouer à San-Carlo de Naples, il fut embrassé en pleine scène par la grande cantatrice. De retour à Paris en 1835, le succès l'y suivit; la fortune et la renommée lui vinrent en même temps. En 1846, il épousa une Parisienne, de la famille de sa première bienfaitrice. Alors commença pour lui une série de triomphes, à Londres et dans toute la Grande-Bretagne, en Belgique, en Espagne, en Allemagne et en Russie. En 1838, il retourna dans son pays, enchanta Copenhague, et put jouir chez ses compatriotes de la célébrité qui l'y avait devancé. Déjà riche, il acheta des terres en Norwége, y mena sa femme, et passa quelques années à revoir ses compositions et à en écrire de nouvelles. En 1843, il visita de nouveau, avec le violoncelliste danois Kellermann, l'Allemagne et la Russie, et partit ensuite pour l'Amérique, où son voyage à travers les États-Unis fut une suite de triomphes. Mais ici, encore une fois, il échappe au biographe. Les uns disent que, brandissant la hache du *farmer*, il s'est retiré dans les forêts vierges de l'Ohio; selon d'autres, il aurait assisté, avec le général Jussuf à une campagne contre les Kabyles d'Afrique. Soudain on le voit revenir en Norwége en 1849, et y fonder le théâtre national de Bergen. L'entreprise prospère, mais lui-même se brouille avec la police et les bourgeois de ce pays inculte; sa femme, qui ne supporte pas le climat, est frappée d'aliénation mentale, et l'artiste quitte sa patrie pour peut-être n'y plus revenir. Il s'installe en Amérique, achète en Pensylvanie 125,000 acres d'excellentes terres, qu'il vend à trois dollars par acre, et fonde ainsi une colonie républicaine de Scandinaves, qui compte déjà 700 habitants. Tous les ivrognes sont exclus de la nouvelle colonie, qui s'appelle *Olebullia*; de grandes routes sont tracées, des écoles et des édifices publics, des fonderies de canons, etc., sont construits aux frais du fondateur; et quand il lui manque de l'argent pour ses projets, pour un établissement de sciage ou pour une fabrique quelconque, il fait une excursion aux grandes villes voisines, à New-York ou New-Orléans, y donne des concerts, et rapporte, au temps voulu et par milliers, les dollars dont il a besoin.

P.-L. MÖLLER.

BULLANT (*Jean*), architecte et sculpteur, mort à Écouen le 10 octobre 1578. On ignore le lieu et la date de sa naissance, et les biographes ne nous apprennent aucune particularité sur ce célèbre artiste. Nous savons par lui-même qu'il avait étudié son art en Italie. De retour en France, il fut chargé, vers 1540, de construire pour le connétable Anne de Montmorency le château d'Écouen, l'un des plus beaux monuments de l'art chez les modernes. On y voyait, dans deux niches placées entre les colonnes du péristyle de la façade du sud-ouest de la cour, les admirables statues de captifs sculptées par Michel-Ange, et données au connétable par François Ier, qui les avait reçues en présent de Robert Strozzi. La chapelle était remarquable surtout par l'autel, œuvre de Bullant, et dont la face était ornée de bas-reliefs représentant les quatre évangélistes, la Religion et la Force (1). Des lettres patentes, données à Saint-Germain-en-Laye le 25 octobre 1557, nomment *maistre Jean Bullant, personnage grandement expérimenté en faict d'architecture*, contrôleur des bâtiments du roi, au lieu de Pierre des Hôtels, décédé. Il recevait, en 1558, suivant un compte de Simon Goille, trésorier des bâtiments, 200 livres pour une demi-année de ses gages.

Catherine de Médicis ayant acquis de Diane de Poitiers, en 1560, le château de Chenonceaux en échange de celui de Chaumont, fit élever le grand bâtiment qui se trouve au levant de l'avant-cour, et fit agrandir et embellir les jardins. Bullant fut chargé de ces travaux. Il fut encore employé par la reine au moment où, renonçant à son habitation du Louvre, elle faisait construire le palais des Tuileries, dont Philibert de Lorme avait fourni les plans et exécuté les parties les plus anciennes. Sauval attribue à Bullant le charmant pavillon auquel aboutit, du côté de la rivière, l'une des ailes ou galeries contiguës au pavillon de l'Horloge. Vers 1572, Catherine de Médicis fit suspendre ces travaux, et résolut de fixer sa demeure dans un hôtel occupé, depuis le règne de Louis XII, par une communauté de filles repenties. Les embellissements et les additions que la reine y fit faire par Bullant changèrent en un magnifique séjour cette habitation, qui porta le nom d'*Hôtel de la reine*, et qui, adjugée en 1606 à Charles de Bourbon, comte de Soissons, prit le nom de son nouveau propriétaire. Ce palais, alors le plus grand édifice de Paris après le Louvre, a été abattu pour faire place à la Halle au blé, et aux maisons de la rue circulaire qui l'entoure. Il n'en reste que la colonne monumentale engagée dans le mur de la halle; mais on en peut juger par les dessins d'Israël Silvestre, et par l'une des vues du plan de Gomboust, qui représente le Paris du dix-septième siècle (1652). Après la mort du connétable Anne, Madeleine de Savoie, sa veuve, chargea Bullant de lui ériger un mausolée dans l'église Saint-Martin de Montmorency; on y voyait les statues du connétable et de sa femme, œuvre de Barthélemy Prieur, couchées sous une coupole demi-sphérique (2). Ce magnifique monument, encore inachevé à la mort de Bullant, était orné de dix colonnes de marbre, dont quatre de vert antique, élevées sur un soubassement circulaire en forme de piédestal. On en trouve la description dans le *Mercure de France* de juillet 1740, et il a été gravé par Réville et Lavallée. Henri III chargea Bullant de terminer le tombeau des Valois à Saint-Denis, d'abord commencé par Philibert de Lorme et le Primatice, et de faire le tombeau de Henri II et de Catherine de Médicis. On voit,

(1) Cet autel est maintenant dans la chapelle du château de Chantilly.
(2) Ces statues sont au musée du Louvre.

par un compte de l'an 1575 qu'à cette époque Bullant était encore employé par le roi; mais c'est par erreur que Callet nous le présente comme chargé par Henri IV, en 1596, de la construction des cinq premiers frontons de la galerie du Louvre, côté de la rivière, à la suite du pavillon de Flore. Notre grand artiste avait alors depuis longtemps cessé de vivre.

Bullant gravait avec habileté. La bibliothèque de l'Arsenal (collection Accart, vol. XI) possède une estampe signée de lui, datée d'Écouen 1566, et dont un exemplaire se trouve dans le cabinet de M. Achille Leclère, membre de l'Académie des beaux-arts. Il mourut âgé de soixante-dix-huit ans. Par son testament, daté du 8 octobre 1578, il demande à être inhumé dans l'église d'Écouen, et lègue à cette église une pièce de terre, afin d'assurer à perpétuité un service pour le salut de son âme. Suivant le *Dictionnaire historique* de Chaudon et Delandine, son tombeau aurait été transféré au Musée des monuments français; mais A. Lenoir y avait seulement élevé à sa mémoire un beau monument que décorait un buste dont l'authenticité n'est pas établie, et qui a sans doute servi de modèle au portrait gravé par Baltard.

Bullant fut l'un des artistes éminents de son siècle; il jouissait d'une grande renommée parmi ses contemporains, et le judicieux Chambray l'a nommé *le premier de nos architectes français*. On fit pour lui cette épitaphe, que son auteur suppose placée sur le mausolée du connétable Anne de Montmorency :

> Joannes jacet hoc Bullantius ille sepulcro,
> Quo non fabrili major in arte fuit.
> Regi et reginæ, palatia regia, matri
> Mausolo et dignos struxerat hic tumulos.
> Cur non et tumulo digno jacet ipse? Viator,
> Quæris : non habuit qui struat arte parem.

Bullant a laissé deux ouvrages composés à Écouen, où il paraît avoir passé une partie de sa vie : *Recueil d'horlogiographie, contenant la description, fabrication et usage des horloges solaires*; Paris, 1561, in-4° (dédié au connétable Anne de Montmorency). L'auteur expose toutes les méthodes propres à la construction et au tracé des horloges solaires, lunaires ou astrales, « pour avoir l'heure avec les rays du soleil et de la lune, et pour cognoistre les heures de nuict par les étoiles. » Le même ouvrage, revu et corrigé, parut sous ce titre : *Petit traité de géométrie et d'horlogiographie pratique*; Paris, 1562, in-4°; ibid., 1564, in-4°; et sous celui de *Géométrie et horlogiographie pratique*; Paris, 1599, in-4°; ibid., 1608, in-4°, avec des augmentations d'Oronce Finé et de Pierre Appian, publiées par Claude de Boissière; — *Reigle génerale d'architecture des cinq manières de colonnes, à sçavoir : toscane, dorique, ionique, corinthe et composite, à l'exemple de l'antique, suivant les reigles et doctrines de Vitruve*; Paris, 1564, in-fol. (dédié au maréchal François de Montmorency, fils du connétable);

ibid., 1568, in-fol. De Brosse, architecte du roi, en a donné une 3e édition revue et corrigée, Paris, 1619, in-fol., dont le titre porte par erreur : *Seconde et dernière édition*. Une 4e édition a été publiée à Rouen, 1647, in-fol.

ÉMILE REGNARD.

Archives municipales d'Éconen. — Chambray, *Parallèle de l'architecture antique et de la moderne;* Paris, 1650, in-fol. — J. Le Laboureur, les *Mémoires de Michel de Castelnau, illustrez et augmentez;* Paris, 1660, t. II, p. 848. — J. Marot, *Recueil des plans, profils et élévations de plusieurs palais, chasteaux,* etc. — Sauval, *Histoires des antiquités de la ville de Paris,* t. II, p. 53. — Réville et Lavallée, *Vues pittoresques et perspectives des salles du Musée des monuments français,* etc. — Quatremère de Quincy, *Vies des plus célèbres architectes.* — J.-E. Biet, *Souvenirs du Musée des monuments français.* — Callet, *Notice historique sur la vie artistique et les ouvrages de quelques architectes français du seizième siècle,* 2e éd.; Paris, 1843, in-8°. — M. de Laborde, *la Renaissance des arts à la cour de France;* Paris, 1850, t. I. — M. Vitet, *le Louvre;* Paris, 1853, in-8°.

BULLART (*Isaac*), historien flamand, d'origine hollandaise, né à Rotterdam le 5 janvier 1599, mort le 17 avril 1672. Il mourut avant d'avoir pu mettre la dernière main à un ouvrage auquel il travaillait depuis trente ans; ce fut son fils Jacques-Bénigne qui l'édita. Cet ouvrage a pour titre : *Académie des sciences et des arts, contenant les vies et les éloges historiques des hommes illustres;* Paris, 1682, 2 vol. in-fol.

Acta erudit., 1683. — Möhsen, *Bildnisse berühmter Aerzte.* — Clément, *Biblioth. curieuse.* — Lelong, *Bibliothèque historique de la France,* édit. Fontette.

***BULLER** (*Charles*), né en 1806 à Calcutta, mort en 1849. Il entra au parlement en 1828, par un bourg pourri qui appartenait à sa famille. Il n'en vota pas moins en 1830 pour le bill de réforme, qui devait le priver de son siège. Renvoyé au parlement par l'estime des électeurs, il se montra toujours dévoué aux intérêts populaires; nommé secrétaire de lord Durham dans sa dictature au Canada, il rédigea un magnifique rapport qui est considéré comme l'une des œuvres diplomatiques les plus remarquables; il prit une part active à tous les genres de colonisation que l'Angleterre accomplit alors sur plusieurs points de la Nouvelle-Zélande. Orateur distingué par la sûreté et l'élévation de ses vues, par la netteté et la force de sa diction, M. Charles Buller s'était conquis à la chambre des communes une position élevée; lors de la formation du cabinet whig en 1846, il fut nommé membre du conseil privé de la reine; enfin peu d'hommes avaient devant eux un plus bel avenir politique, lorsqu'une mort presque soudaine, qui a excité en Angleterre d'universels regrets, l'enleva. Buller était un écrivain de goût : outre plusieurs discours qui ont été imprimés et qui sont d'un style très-élevé, il a écrit de nombreux articles dans le *Globe* et dans les revues. La critique des *Girondins* de M. de Lamartine, dans la *Revue d'Édimburgh,* est due à sa plume. T. D.

BULLET (*Jean-Baptiste*), théologien français, né à Besançon en 1699, mort le 6 septembre 1775. Il fut professeur de théologie à l'université de sa ville natale. Ses principaux ouvrages sont : *De apostolica Ecclesiæ gallicanæ Origine;* Besançon, 1752, in-12; — *Histoire de l'établissement du christianisme, tirée des seuls auteurs juifs et payens, où l'on trouve une preuve solide de la vérité de cette religion;* Lyon et Paris, 1764, in-4°; Paris, 1814, in-8°; ibid., 1825; — *l'Existence de Dieu démontrée par les merveilles de la nature;* ibid., 1768, 1773, 2 vol. in-12; — *Recherches historiques sur les cartes à jouer;* Lyon, 1757, in-8°; — *Dissertations sur différents sujets de l'histoire de France;* Besançon et Paris, 1759, in-8°; — *Dissertations sur la Mythologie française et sur plusieurs points curieux de l'histoire de France;* Paris, 1771, in-12; elles sont estimées; — *Mémoire sur la langue celtique, contenant l'histoire de cette langue;* une *Description étymologique des villes, rivières, montagnes,* etc., *des Gaules;* un *Dictionnaire celtique;* Besançon, 1754, 1759 et 1770, 3 vol. in-fol. : cet ouvrage, rempli d'érudition, est recherché des linguistes; — *Réponses critiques aux difficultés proposées par les incrédules sur divers endroits des livres saints;* ibid., 1773-1775, 3 vol. in-12; Besançon, 4 vol. in-12 ou in-8°; Paris, 1826 4 vol. in-12.

Lelong, *Biblioth. hist. de la France,* édit. Fontette. — Quérard, supplément à la *France littéraire.*

BULLET (*Pierre*), architecte français, né en 1639, mort en 1716. Il fut élève de François Blondel, qui l'employa comme dessinateur et comme appareilleur à la construction de plusieurs édifices, entre autres de la porte Saint-Denis. Le plus célèbre de ses ouvrages est la porte Saint-Martin, qu'il éleva en 1674 : cet arc de triomphe, plus rapproché des monuments antiques par sa disposition générale, est cependant très-inférieur à celui de Blondel sous le rapport de la composition et de la décoration(1). L'église de Saint-Thomas d'Aquin, le trottoir du quai Pelletier, supporté par une voussure coupée dans son cintre en quart de cercle (1675), la fontaine de la place Saint-Michel, plusieurs hôtels et d'autres travaux très-importants le firent recevoir, en 1685, à l'Académie d'architecture. Il a publié plusieurs ouvrages importants : *Traité de l'usage du pantomètre;* 1675; — *Traité du nivellement;* 1688; — *l'Architecture pratique;* 1691, etc.

Son fils, *Jean-Baptiste* BULLET, seigneur de Chamblain, né en 1667, exerça avec distinction la même profession que son père. Il fut reçu membre de l'Académie d'architecture en 1699. On ne connaît rien de plus sur sa vie. On cite

(1) Les deux bas-reliefs du côté du boulevard représentent la prise de Besançon et la triple alliance; ceux du côté du faubourg, la prise de Limbourg et la défaite des Allemands. Ces sculptures sont de Desjardins, Marly, le Hongre et le Gros.

parmi ses ouvrages *le château de Champs*, à vingt kilomètres de Paris.

<small>Le Bas, *Dictionnaire encyclopédique de la France*. — Quatremère de Quincy, *Vies des architectes célèbres*.</small>

BULLEYN (*Guillaume*), médecin anglais, né dans l'île d'Ély vers 1500, mort en 1576. Il résigna les fonctions de recteur d'une paroisse, pour suivre la carrière médicale. Les derniers temps de sa vie ne furent qu'une suite de malheurs. Il mourut dans une prison, où l'avait fait mettre un de ses créanciers, qui l'accusait d'avoir tué son frère, Thomas Hilton. On a de Bulleyn : *Government of health*; Londres, 1558, 1 vol. in-8°; — *Boulwarke of defence against all sicknes*; ibid., 1562, in-fol.; — *A dialogue both pleasant and pitteful against the fever pestilence*; ibid., 1564, 1569, 1573, 1578, in-8°; — *A confortable regimen against the pleurisie*; ibid., 1562, in-8°.

<small>Tanner, *Notice sur la vie de Bulleyn*. — *Biographia Britannica*. — Granger, *Biograph. hist. of England*.</small>

BULLIALDUS. *Voy*. BOULLIAU.

BULLIARD (!*Pierre*), botaniste français, né à Aubepierre, près de Langres, vers 1742 ; mort à Paris au mois de septembre 1793. Il vint à Paris pour y continuer ses études médicales, qu'il avait commencées à Clairvaux ; mais son goût pour l'histoire naturelle l'emporta. Il se livra surtout à la botanique. Aux talents de l'observateur il joignit ceux de l'artiste, dessina et grava les plantes qu'il décrivit. On a de lui : *Flora Parisiensis*, ou *Descriptions et figures de toutes les plantes qui croissent aux environs de Paris*; Paris, 1774, 6 vol. in-8° ; — *Aviceptologie française*, ou *Traité général de toutes les ruses dont on peut se servir pour prendre les oiseaux*; ibid., 1778 et 1796 ; édit. revue et augmentée, 1820, in-12 ; — *Herbier de la France*, ou *Collection des plantes indigènes de ce royaume*; ibid., 1780 à 1793; — *Dictionnaire élémentaire de botanique*; ibid., 1783, petit in-fol.; entièrement refondu par Richard de Hautesieu; ibid., 1802; on n'y trouve que l'explication des termes physiologiques et organographiques ; — *Histoire des plantes vénéneuses et suspectes de la France*; ibid., 1784, in-fol.; 1798, in-8°; — *Histoire des champignons de la France*; ibid., 1791-1812, in-fol. Sans avoir reculé les bornes de la science, les ouvrages de Bulliard ont au moins contribué à en répandre le goût.

<small>Quérard, *la France littéraire*. — *Biographie médicale*.</small>

BULLINGER (*Henri*), théologien protestant suisse, né à Bremgärten en 1504, mort à Zurich le 17 septembre 1575. Il embrassa la religion réformée, et se lia avec les théologiens de Zurich, surtout avec Zwingle, auquel il succéda comme premier pasteur de la ville ; il eut part à la rédaction de la première confession helvétique, et fut la principale cause des relations étroites qui s'établirent entre l'Église anglicane et l'Église helvétique. Les ouvrages imprimés de Bullinger se composent d'environ quatre-vingts traités sur des matières théologiques, et forment 10 vol. in-fol. Plusieurs de ces traités ont été traduits en français.

<small>Nicéron, *Mémoires*, t. XXVIII. — Moréri, *Dict. hist*. — Melchior Adam, *Vit. Theol. german*. — De Thou *Histoire*. — Bayle, *Dictionnaire critique*.</small>

BULLINGER (*Jean-Gaspard*), chroniqueur suisse, né à Zurich en 1690, mort en 1764. Il occupa avec distinction une chaire d'histoire dans sa ville natale. Il a continué jusqu'en 1740 la *Chronique de Zurich* de Blunschli, et en a donné une nouvelle édition ; Zurich, 1742, in-4°.

<small>Adelung, suppl. à Jöcher, *Lexicon*.</small>

BULLINGER (*Jean-Balthasar*), peintre et graveur suisse, né à Langenau, canton de Zurich, le 31 décembre 1713, mort vers la fin du dix-huitième siècle. Après avoir étudié son art sous Jean Simler, son compatriote, il se rendit à Venise, où il se forma à l'école du célèbre Tiépolo. De retour en Suisse, il travailla quelque temps à Soleure, et visita la Hollande. Le climat ne lui convenant pas, il revint par l'Allemagne à Zurich, où il fut nommé en 1773 premier professeur à l'école de dessin. En Italie, il avait cultivé le genre historique ; mais depuis son séjour à Amsterdam il l'abandonna, pour se livrer au paysage. Ses tableaux dans ce dernier genre tiennent de la manière flamande ; il gravait aussi à l'eau-forte.

<small>Nagler, *Neues Allgem. Künstler-Lexicon*.</small>

BULLION (*Claude* DE), sieur de Bonelles, administrateur français, mort le 22 décembre 1640. Il fut surintendant des finances et ministre d'État sous Louis XIII. Nommé maître des requêtes par Henri IV en 1605, il conduisit avec succès plusieurs négociations. En 1611, Marie de Médicis l'envoya, en qualité de commissaire, auprès de la fameuse assemblée tenue par les calvinistes à Saumur, et présidée par Duplessis-Mornay. En 1614, il assista aux conférences de Soissons, et contribua à la conclusion du traité de paix qui les suivit. En 1624, Bullion entra au conseil du gouvernement, composé du duc de la Vieuville, du cardinal de la Rochefoucauld, du duc de Lesdiguières et du garde des sceaux d'Aligre. Il fut nommé surintendant des finances en 1632. La même année, il négocia le raccommodement de Gaston, duc d'Orléans, avec le roi son frère. Lorsqu'en 1636 Richelieu voulut abandonner le gouvernement de l'État, Bullion le dissuada vivement de ce projet : « Richelieu en aurait fait la folie, dit Vittorio-Siri, sans le P. Joseph, qui le rassura ; et ce père fut bien secondé par le surintendant de Bullion. » Ce ne fut pas le seul service qu'il rendit à Richelieu. Il inclina toujours vers le parti du cardinal, dont il savait apprécier le génie, et par l'influence duquel il semble avoir été poussé aux affaires. Ce qu'il y a de certain, c'est qu'il commença à faire partie du conseil dès 1624, l'année même où le chancelier de Sillery et de Puisieux, son fils, qui avaient entravé la promotion de Richelieu au cardinalat, tombèrent en disgrâce, et qu'il conserva son crédit après que le cardinal de la Rochefoucauld et d'Aligre, ses collègues, eurent perdu le leur. Ce qu'il y a de certain encore, c'est qu'il continua à posséder ou gagna depuis la confiance de Richelieu, à ce point que ce dernier se reposa sur lui du soin de le représenter dans le fameux conseil assemblé en 1639 par Louis XIII, et dans lequel le cardinal, instigateur secret de la mesure qui allait être prise, crut prudent de ne pas paraitre. Il fallait persuader au roi que le retour de Marie de Médicis ne pouvait qu'être nuisible à lui-même et à l'État. Bullion, un des cinq ministres consultés, ne trompa pas la prévision de Richelieu; il déclara « que les puissants motifs pour engager Louis XIII à ne pas recevoir sa mère étaient de nature à ne se devoir dire qu'à *l'oreille du maître*; qu'il était de la prudence du roi de presser Marie de s'établir à Florence, où il lui ferait tenir son bien et son douaire, ainsi qu'il le lui avait offert plusieurs fois. » Bullion fut récompensé par le titre de garde des sceaux des ordres du roi, et par la création, en sa faveur, d'une nouvelle charge de président à mortier au parlement de Paris. Richelieu, comme on le voit, n'était pas ingrat envers ses serviteurs dévoués. Il était même trop indulgent envers eux, s'il est vrai, ainsi qu'on l'a prétendu, que Bullion se soit permis un jour, dans un dîner qu'il donnait au maréchal de Grammont, au maréchal de Villars, au marquis de Souvré, et au comte d'Hautefeuille, de faire servir comme plat de dessert trois bassins remplis de louis d'or, dont chaque convive aurait pris sa charge : mais le fait n'est rien moins que prouvé. Ce fut sous sa surintendance, dans le cours de l'année 1640, que furent frappés les premiers louis d'or; et cette circonstance a bien pu servir de prétexte à l'anecdote qui précède. La bienveillance de Richelieu pour Claude de Bullion se reporta sur sa famille : *Noël* DE BULLION, marquis de Gallardon, seigneur de Bonelles, lui succéda dans la charge de garde des sceaux.

Dupleix, *Histoire de France*. — Blanchard, *Histoire des présidents de Paris*. — Le P. Anselme, *Catalogue des chevaliers du Saint-Esprit*. — Le Bas, *Dictionnaire encyclopédique de la France*.

BULLIOUD (*Symphorien*), prélat français, né à Lyon en 1480, mort le 5 janvier 1533. Il fut successivement évêque de Glandèves, de Bazas et de Soissons. Louis XII l'établit gouverneur du Milanais en 1509, et l'envoya ensuite comme ambassadeur à Rome, pour y terminer les différends qu'il avait avec le pape Jules II. Il assista au concile de Pise et à celui de Latran, convoqué par Léon X, et dirigea en grande partie les deux assemblées tenues sous François Ier pour la confiscation des biens du connétable de Bourbon, et pour arrêter les conditions du traité de Madrid. Bullioud fut un négociateur éclairé, aima les sciences, et protégea les savants. On a de lui : *Statuta synodalia*, pour le diocèse de Soissons; Paris, 1532, in-4° et in-8°. C'est au cousin de ce prélat, Maurice Bullioud, mort le 27 mai 1541, que Benoît Court dédia son commentaire sur les *Arresta amorum*.

Moréri, *Dictionnaire historique*. — Lelong, *Biblioth. hist. de la France*; édit. Fontette.

BULLIOUD (*Pierre*), magistrat et littérateur français, parent du précédent; mort à Paris en 1593. Il fut procureur général du parlement de Dombes. Les langues hébraïque, syriaque, grecque, etc., lui étaient familières. On a de lui plusieurs ouvrages, dont le principal est : *la Fleur des explications anciennes et nouvelles sur les quatre évangélistes*; Lyon, 1596, in-4°.

Colonia, *Hist. litt. de Lyon*. — Lelong, *Bibliothèque historique de la France*.

BULLIOUD (*Pierre*), historien français, fils du précédent, de l'ordre des Jésuites; né à Lyon en 1588, mort dans la même ville en 1661. Ses principaux ouvrages sont : *Symphorianus de Bullioud e tenebris historiæ eductus in lucem*; Lyon, 1645, in-4°; — *Lugdunum sacroprofanum*; ibid., 1647, in-4°; c'est le prospectus d'une histoire de Lyon restée inédite : — des notes sur la vie de saint Trivier, solitaire de Bresse.

Colonia, *Hist. litt. de Lyon*. — Lelong, *Bibliothèque historique de France*.

BULLIOUD (...., chevalier DE), capitaine et poète français, né en 1741, mort en 1763. A l'âge de dix-huit ans il se distingua par sa bravoure à la bataille de Crevelt. On a de lui : *la Pétrissée*, ou *Voyage de sir Pierre en Dunois*, badinage en vers; la Haye (Paris), 1763.

Lelong, *Bibliothèque historique de la France*, édit. Fontette. — Quérard, *la France littéraire*.

BULMER (*Guillaume*), typographe anglais, né à Newcastle-sur-Tyne en 1758, mort à Clapham-Risse le 9 septembre 1830. Un des premiers produits de ses presses a été une édition de Perse (1790-1794); et l'on doit compter au nombre des chefs-d'œuvre de la typographie anglaise les éditions de luxe des œuvres de Shakspeare (1792-1801, 2 vol. in-fol.), et une édition de Milton (1794-1797, 3 vol. in-fol.). La première de ces publications a fait donner à son imprimerie le nom ou la raison de *Shakspeare-press*. Il était le favori des bibliomanes anglais, et c'est à lui que l'on confiait de préférence les impressions pour le *Roxburgh club*. Mais, tout en reconnaissant le talent distingué de Bulmer, ainsi que, dans ses éditions, la beauté des types, celle de l'encre et la bonne qualité du papier, il faut dire qu'on trouve beaucoup de fautes d'impression dans les ouvrages sortis de ses presses. [*Enc. des g. du m.*]

Rose, *New Biographical Dictionary*. — *Conversations-Lexicon*.

BÜLOW, ancienne famille allemande, originaire du pays de Mecklembourg, et établie depuis longtemps en Prusse. Parmi ses membres les plus distingués, on remarque les suivants :

1. BÜLOW (*Frédéric-Guillaume* DE), comte DE DENNEWITZ, général prussien, naquit en 1755 à Falkenberg, dans la Vieille-Marche, domaine où résidait son père, et mourut à Königsberg le 25 fé-

vrier 1816. A quatorze ans il entra dans l'armée prussienne; et lorsqu'il eut obtenu le grade de capitaine en 1793, il fut nommé gouverneur du prince Louis-Ferdinand de Prusse. Il fit en cette qualité la campagne du Rhin, et gagna le grade de major. Au siége de Mayence, son intrépidité fit échouer une attaque des Français près de Marienborne. Après avoir rempli sa mission près du prince, Bülow consacra tout son temps au service militaire. En 1808, il devint général de brigade. Lorsque la Prusse, infidèle à son alliance avec l'empereur des Français, tourna ses armes contre la France, ce fut le général Bülow qui, le 5 avril 1813, remporta près de Mœckern le premier succès dont les Prussiens eussent à se vanter dans cette guerre; le 2 mai suivant, il prit Halle, et défendit, par la victoire qu'il remporta près de Lukau le 4 juin, la capitale de la Prusse, menacée par les Français. Après l'armistice, il sauva pour la seconde fois Berlin, le 23 août, par la bataille de Grossbeeren; et pour la troisième fois, le 6 septembre, par la victoire qu'il remporta près de Dennewitz. Le roi lui en témoigna sa reconnaissance en le nommant chevalier grand-croix de l'Aigle noir, et à la paix il lui conféra le titre de comte de Dennewitz. Ce général eut aussi une grande part à la bataille de Leipzig (19 octobre); puis il combattit avec le même courage en Westphalie, en Hollande, en Belgique, près du Rhin, à Laon, à Soissons, à la Fère, et il termina la campagne par son entrée à Paris. Il fut nommé ensuite commandant général de la Prusse orientale et de la Lithuanie (prussienne). Lorsque s'ouvrit la campagne de 1815, il fut chargé du commandement supérieur du quatrième corps d'armée prussien; sa coopération à la bataille de Waterloo est assez connue pour qu'il soit inutile d'en parler. Pour l'en récompenser le roi le nomma chef du quinzième régiment de ligne, qui porta dès lors son nom. Le 11 janvier 1816, Bülow retourna à son commandement général à Kœnigsberg, et il mourut le 25 février suivant. Une statue en marbre blanc lui a été élevée quelques années après à Berlin, dans la belle allée des Tilleuls, où elle forme le pendant de celle du général Scharnhorst. Ces deux statues sont placées des deux côtés du grand poste, en face de celle de Blücher. [*Enc. des g. du m.*]

II. **BÜLOW** (*Henri-Guillaume*, baron DE), écrivain et critique allemand, frère du précédent, né à Falkenberg en 1760, mort en juillet 1807. Après avoir reçu, dans la maison de son père, une excellente éducation, il vint à Berlin, entra à l'Académie militaire, et servit dans l'infanterie, puis dans la cavalerie; mais, bientôt dégoûté de la vie militaire, il quitta le service pour se livrer entièrement à la science. Cependant, lorsque éclata dans la Belgique l'insurrection contre Joseph II, il s'y rendit, et fut placé dans un régiment sans trouver l'occasion de se distinguer. Trompé dans son espoir, il retourna dans sa patrie, s'adonna au théâtre avec passion, et forma une troupe d'acteurs. Ensuite il se rendit en Amérique. De nouveau trompé dans son espérance de trouver dans ce pays la liberté qu'il cherchait, il revint en Europe. Épris alors du goût du commerce, il s'y livra, et s'embarqua à Hambourg avec un de ses frères, pour se rendre, une seconde fois, en Amérique, après y avoir expédié un chargement de verreries. Ayant dans cette expédition perdu, par défaut d'expérience, ce qui leur était resté de leur patrimoine, les deux frères revinrent de nouveau en Europe; alors Henri de Bülow publia son *Esprit du nouveau système de la guerre.* Cet ouvrage eut tant de succès, que Bülow alla à Berlin, se croyant certain de trouver de l'emploi dans l'état-major général. Il publia encore une *Histoire de la campagne de* 1800 (Berlin, 1801); son espérance fut néanmoins déçue. Après maints désagréments éprouvés à Berlin, Bülow se rendit à Londres, où il fit paraître quelques numéros d'un journal sur l'Angleterre. L'insuccès de cette feuille l'ayant mis dans l'embarras, il fut mis en prison. De retour à Berlin en 1804, il travailla avec une grande assiduité, et publia plusieurs écrits, dont l'un, *Campagne de* 1805 (2 vol., Berlin, 1806), le fit encore mettre en prison. Il composa en outre une *Vie du prince Henri de Prusse* (Berlin, 1805, 2 vol.), des *Théorèmes de la guerre moderne*, et *la Tactique moderne telle qu'elle devrait être* (Leipz., 1805, 2 vol.). Quand, après la bataille d'Iéna, on prévit l'arrivée des Français, on le conduisit, contre l'avis des médecins qui demandaient son élargissement, à Kolberg, puis à Kœnigsberg, puis enfin à Riga, où il mourut à l'âge de quarante-sept ans. Indépendamment de son originalité comme écrivain, Bülow fut un ardent partisan du système de Swedenborg; et l'on trouva dans ses papiers un écrit qui fut publié après sa mort, et qui a pour titre : *Nunc permissum est : Coup d'œil sur la doctrine de la nouvelle Église chrétienne* (Colberg, 1809).

III. **BÜLOW** (*Auguste-Frédéric-Guillaume* DE), administrateur et jurisconsulte allemand, né en 1762 à Werden, en Westphalie; mort à Potsdam en 1817. Il fut d'abord président du tribunal d'appel à Hanovre, entra au service de la Prusse en 1805, et fut nommé en 1814 secrétaire général de l'administration et chef de la police prussienne à Dresde. Il alla ensuite remplir des fonctions du même genre à Berlin. On a de lui : *Praktische Erörterungen aus allen Theilen der Rechtsgelehrsamkeit* (Éclaircissements pratiques sur toutes les parties de la jurisprudence), en société avec Hagemann; Hanovre, 1798, 5 vol. in-8°; — *Uber die gegenwärtigen Verhältnisse des Christlich-evangelischen Kirchenwesens in Deutschland* (Sur l'état actuel de l'Église protestante en Allemagne); Magdebourg, 1819.

IV. **BÜLOW** (*Louis-Frédéric-Victor-Jean* comte DE), beau-frère du précédent, né le 14 juillet

1774 à Essenroda, près de Brunswick; mort le 11 août 1825. Il étudia à Gœttingue, où il resta jusqu'en 1794. Son cousin Hardenberg, alors ministre dirigeant des principautés prussiennes du cercle de Franconie, le plaça en qualité de référendaire, et, en 1796, comme assesseur à Baireuth. Quand Hardenberg fut appelé dans la capitale, Bülow l'y suivit en 1801 en qualité de conseiller de guerre et des domaines, et il se distingua par d'excellents rapports, par son zèle et son habileté. En 1804, il fut nommé président à Magdebourg; et après la paix de Tilsit et la formation du conseil d'État du royaume de Westphalie, il fut appelé à Cassel en qualité de membre de ce conseil. Le 8 mai 1808, il devint ministre des finances, du commerce et du trésor; et dans les circonstances les plus difficiles il sut mériter la confiance du peuple et du roi. Jérôme, roi de Westphalie, l'éleva à la dignité de comte, distinction que le roi de Prusse lui confirma quand il retourna à son service. Toutefois ses ennemis parvinrent à lui aliéner la bienveillance de Jérôme, au point que le 7 avril 1811 il fut congédié. Le comte de Bülow vécut alors retiré dans sa terre d'Essenroda, s'occupant d'économie rurale et de science politique, jusqu'en 1813, où le roi de Prusse, sur la proposition du prince de Hardenberg, le nomma ministre des finances. Dans les guerres qui suivirent alors, il sut, par de constants efforts, pourvoir aux besoins du royaume et des armées, et créer de nouvelles ressources. Il accompagna deux fois le roi à Paris, à Londres et à Vienne. Dans la réorganisation de l'état par rapport aux finances, qui suivit la paix générale, on crut ne pas retrouver entièrement la capacité du comte de Bülow; mais ce fut plutôt la faute des circonstances que la sienne propre. A la fin de 1817 Bülow eut, comme il l'avait demandé, sa retraite de la manière la plus honorable. Il resta membre du ministère d'État, du conseil d'État et, ministre du commerce. En 1825 ce ministère fut réuni à celui de l'intérieur, et Bülow donna sa démission; alors il fut chargé de la présidence de la Silésie; mais il mourut la même année aux eaux, à Landek. [*Enc. des g. du m.*].

Conversations-Lexicon. — Die Zeitgenossen.

V. * **BÜLOW** (*Henri*, baron DE), homme d'État allemand, né à Schwerin en 1790, mort à Berlin le 6 février 1846. Il étudiait à Heidelberg lorsque éclata en 1813 la guerre nationale de l'Allemagne contre la France. Il fit comme la plupart de ses condisciples, et s'enrôla dans l'armée. Nommé lieutenant dans le corps commandé par le général Walmoden, il devint ensuite aide de camp du colonel russe Nostitz, et se distingua dans plusieurs rencontres. Au rétablissement de la paix en 1814, il revint reprendre à Heidelberg ses études, qu'interrompit de nouveau la campagne de 1815, où il fut attaché au corps d'armée prussien qui envahit la France. Lors de la seconde paix de Paris, il fut envoyé à Francfort, pour y négocier les échanges de territoires entre les princes d'Allemagne. Il se maria dans cette ville avec la fille de Guillaume de Humboldt, qu'il suivit à Londres en 1817, en qualité de secrétaire d'ambassade, et qu'il suppléa ensuite comme chargé d'affaires. Revenu à Berlin, et nommé conseiller intime au ministère des affaires étrangères, il eut surtout à diriger les questions commerciales. Nommé en 1827 ministre de Prusse en Angleterre, il prit part aux conférences de Londres relatives aux affaires hollando-belges et au traité du 15 juillet 1840, destiné à régler la question d'Orient. Il négocia également la convention commerciale entre l'union douanière allemande et la Grande-Bretagne. Ministre de Prusse à Francfort en 1841, il remplaça, le 2 avril 1842, M. de Maltzan, et fut chargé du portefeuille des affaires étrangères; sa politique n'eut pas la faveur publique; et le renouvellement qu'il fit, en 1844, du cartel d'échange avec la Russie fut si mal accueilli, qu'il dut bientôt donner sa démission.

Conversations-Lexicon.

* **BÜLOW - CUMMEROW** (*Ernest* DE), publiciste allemand, né dans le Mecklembourg-Schwerin en 1795, mort à Berlin le 26 avril 1851. Propriétaire depuis 1802 d'une terre située dans la Poméranie, il participa aux délibérations des états de sa province relativement à la réforme de la constitution prussienne. En même temps il publia plusieurs écrits contre les abus de la bureaucratie. Lorsque, à la suite des événements de mars 1848, les anciennes assemblées d'états et les franchises dont avaient joui les propriétés nobles furent abolies, Bülow se mit à la tête d'une association pour la défense de la propriété (*Verein zum Schutze des Eigenthums*), que le public moqueur baptisa aussitôt du nom de *Junker Parlament* (Parlement des Hobereaux); cette association réorganisa en réalité le parti contre-révolutionnaire prussien. Les principaux ouvrages de Bülow-Cummerow sont: *Das Bankwesen* (le système des banques, 1846); — *Die europæischen Staaten nach ihren innern und aeussern politischen Verhaeltnissen* (les États européens d'après leurs relations politiques intérieures et extérieures); Altona, 1845, — *Die grossen allgemeinen Institute* (les grands Établissements généraux de crédit), 1848; — *Die Revolution, ihre Früchte* (la Révolution, ses fruits), 1850.

Conversations-Lexicon.

* **BÜLOW** (*Jean* DE), gentilhomme danois, né à Nyborg, en Fionie, en 1751; mort en 1828. Il devint lieutenant dans l'armée à l'âge de quinze ans. Son goût pour l'étude lui fit pourtant quitter la carrière militaire, et ses qualités distinguées le rapprochèrent du prince royal, plus tard Frédéric VI, qui le nomma en 1775 premier gentilhomme de la chambre, et maréchal en 1784. En 1791, il fut mis à la tête de l'administration des musées royaux, et en 1792 il de-

vint secrétaire des commandements. L'année suivante, il donna sa démission, se retira des affaires publiques, et passa le reste de sa vie dans sa terre en Fionie. Protecteur éclairé des arts et des sciences, il fut pendant longtemps le Mécène des poëtes, des artistes et des savants danois. Ses libéralités firent surgir tous ces ouvrages remarquables dont s'honorent la botanique et l'histoire naturelle, la topographie du Danemark, l'archéologie et l'ancienne littérature scandinave, et qui ont pour auteurs les *Hornemann*, les *Viborg*, les *Molbech*, les *Fiun Magnusen*, les *Werlauf*, les *Thorhelin* (*de Rebus gestis Danorum*), les *Rahbek et Nyerup* (Histoire de la poésie danoise), les *Grundtvig* (traduction de Beowulfs Drapa), les *Schouw* (Géographie des plantes), et tant d'autres. Il consacra en outre des sommes considérables à faire voyager de jeunes savants danois, qui plus tard ont illustré leur patrie. M. de Bülow était chevalier de l'Éléphant, grand-croix de Danebrog, et commandeur de l'ordre suédois de l'Étoile polaire.

P.-L. Möller.

*BÜLOW (*Frédéric-Rubech-Henri* DE), général danois, né le 4 février 1791 à Nustrup, en Slesvig. Il fut de bonne heure destiné à la carrière des armes. Déjà en 1807, lorsque Copenhague fut assiégé par les Anglais, il prit part, en qualité de lieutenant, à deux sorties sanglantes; et les années suivantes il fit partie de l'armée du Holstein, et s'y battit bravement contre les Cosaques. L'insurrection des duchés, préparée depuis longtemps par la trahison des princes d'Augustenbourg et les instigations allemandes, ayant éclaté enfin au mois de mars 1848, M. de Bülow, à la tête d'une brigade d'infanterie, s'avança en Slesvig, et remporta avec le reste de l'armée danoise une victoire complète sur les insurgés à Bau, près de Flensbourg. Mais le roi de Prusse s'étant fait le protecteur de l'insurrection, et ayant envoyé une armée en Holstein, les troupes danoises, après la bataille sanglante près de Slesvig, où M. de Bülow donna des preuves éclatantes de valeur et de capacité militaire, furent obligées de se retirer dans l'île d'Als. Le 28 mai, M. de Bülow, nommé maréchal de camp, commanda le centre dans l'attaque des troupes du général hanovrien Halkelt, qui cédèrent sur tous les points. Au commencement de la campagne de 1849, M. de Bülow était commandant en chef dans l'île d'Als. Les insurgés s'étant proposé de prendre la forteresse de Frédéricia, qui se trouvait dans un faible état de défense, cette place fut couronnée d'ouvrages redoutables. M. de Bülow, nommé général en chef, reconnut qu'il fallait frapper un grand coup pour que le projet des ennemis échouât. Le 5 juillet, il commanda lui-même la sortie des troupes danoises. Après dix heures d'un combat sanglant, cette entreprise hardie fut couronnée du plus brillant succès. L'ennemi était culbuté sur tous les points; les retranchements construits pendant deux mois avec les plus grands efforts étaient pris ou démolis; presque tous les canons tombèrent entre les mains des Danois, et la perte des ennemis fut de deux mille prisonniers et de plus de mille morts. La veille de cette journée mémorable de Frédéricia, M. de Bülow fut nommé lieutenant général. Sa santé étant affaiblie par les fatigues de la guerre, il fut obligé de se retirer du service pendant quelque temps. Plus tard, il fut appelé aux fonctions qu'il exerce encore de général commandant du duché de Slesvig.

Abrahams.

*BÜLOW (*Charles-Édouard* DE), romancier allemand, né le 17 novembre 1803. Il entra d'abord dans la carrière commerciale; plus tard, il essaya de concilier ses goûts littéraires avec les exigences de sa profession, en faisant l'acquisition d'un commerce de librairie. Il y renonça bientôt, et se rendit à l'université de Leipzig, où il s'appliqua surtout à l'étude des langues anciennes. En 1828 il se rendit à Dresde, s'y maria, et, quoique nommé en 1832 chambellan du duc d'Anhalt-Dessau, il préféra la vie privée et la culture des lettres. En 1849, il s'établit au manoir d'Œllishausen, dans le canton de Thurgovie. On a de lui : une *traduction* allemande des *Promessi Sposi* de Manzoni; Leipzig, 1828 et 1837; — une *édition* de Schroeter, *Dramatische Werke* (Œuvres dramatiques), 4 vol.; Berlin, 1830; — *Novellenbuch* (le Livre des Nouvelles); 4 vol., 1834-1836, contenant cent nouvelles tirées ou imitées des auteurs de divers pays; — *Neues Novellenbuch* (Nouveau livre de Nouvelles); Brunswick, 1841, pour faire suite au précédent; — *Novellen* ; Stuttgard, 1846, 3 vol., ouvrage dû à sa seule inspiration; — *Frühlingswanderungen durch das Harzgebirge* (Promenades printanières à travers les montagnes du Harz); 1836, Leipzig; — *Eine allerneueste Melusina* (Une toute récente Mélusine); Francfort, 1849; — *Griechische Gedichte* (Poésies grecques); Heidelberg, 1850; — *Alemannische Gedichte* (Poésies des Alamans); Zurich, 1851.

Conversations-Lexicon.

*BULOZ (*François*), publiciste français, né à Vulbens, près de Genève, en 1803. Il commença ses études à Annecy, et vint à Paris les achever. Il traduisit d'abord des livres anglais, et écrivit dans quelques journaux. En 1831, il créa la *Revue des Deux Mondes*, et sut, par d'opiniâtres efforts, la mettre au premier rang des recueils périodiques. En 1838, il fut nommé commissaire du roi près le Théâtre-Français, et obtint avec *le Verre d'eau*, *la Chaîne*, et *le Caprice*, une série de succès. Révoqué après la révolution de 1848, il consacre depuis tout son temps à son importante *Revue*, à laquelle il vient d'ajouter l'*Annuaire des Deux Mondes*, résumé de l'histoire contemporaine. M. Buloz donne à ses collaborateurs des conseils éclairés, coordonne les matériaux de son recueil, et trace souvent le plan des articles sans pour cela s'en croire l'auteur, comme un arrêt récent de la cour de cassation semblerait lui en conférer le droit. Y.

BULSTRODE (*Richard*), littérateur anglais, vivait dans le dix-septième siècle. Il combattit pour la cause du roi pendant la guerre civile, et suivit Jacques II en France, où il résida vingt ans. Ses principaux ouvrages sont : *Essays on subjects of manners and morals*; Londres, 1715, in-8°; — *Memoirs and reflections upon the reigns and governments of Charles I and II.*

Bibliotheque britannique, t. II.

BULTEAU (*Louis*), historien français, né à Rouen en 1625, mort à Paris le 6 avril 1693. Il quitta la charge de secrétaire du roi, pour se retirer à l'abbaye de Jumiéges et de là à Saint-Germain-des-Prés, où il ne voulut être que simple commis clerc. On a de lui : *Essai de l'histoire monastique de l'Orient*; Paris, 1678, in-8°: cette histoire, qui ne va que jusqu'au septième siècle, est un tableau fidèle de la vie cénobitique telle qu'elle était primitivement; — *Abrégé de l'histoire de l'ordre de Saint-Benoît et des moines d'Occident*; 1684, 2 vol. in-4° : il va jusqu'au dixième siècle; l'auteur a laissé en manuscrit l'histoire du dixième siècle; — *Défense des droits de l'abbaye de Saint-Germain-des-Prés*, traduite du latin de D. Quatremaire; 1668, in-12; — une *traduction des Dialogues* de saint Grégoire le Grand; 1689, in-12; — id. de *l'Introduction à la sagesse* de Jean-Louis Vivès; 1670; — id. du *Cura clericalis*; 1670; — *Défense des sentiments de Lactance sur l'Usure*; Paris, 1671, in-12; — *le Faux dépôt*; Mons, 1674, in-12; réimprimé sous le titre de *Traité de l'Usure*; ibid., 1720.

Dupin, *Biblioth. des Auteurs ecclesiast*. — Petzlus, *Biblioth. Benedictino-mauriana*. — *Préface de la Biblioth. Bultelliana*. — Lecerf, *Biblioth. hist. des Auteurs de la Congreg. de Saint-Maur*.

BULTEAU (*Charles*), publiciste français, frère du précédent, né vers 1630, mort en 1710. Il était aussi savant dans les matières profanes que son frère dans les matières ecclésiastiques. On a de lui : *Traité de la préséance des rois de France sur les rois d'Espagne*; Paris, 1674, in-4° : l'auteur a rassemblé dans cet écrit toutes les preuves rapportées par Théodore Godefroy, et a réfuté la réponse que Chifflet avait faite à ce dernier; — *Annales Francici ex Gregorio Turonensi*, insérés dans l'édition des œuvres de cet historien; Paris, 1699, in-fol. Ces annales vont de 458 à 591. Les *Annales francici*, connus sous le nom d'*Annales Bultellani*, que Bulteau a tirés de la chronique de Frédégaire, se trouvent à la suite.

Préface de la Biblioth. bultelliana; Paris, 1711, 2 vol. in-12. — Nicéron, *Mémoires*. — Lelong, *Biblioth. hist. de la France*, édit. Fontette.

BULWER (*Jean*), médecin anglais, vivait dans la première moitié du dix-septième siècle. On a de lui : *Philosophus, or the deaf and dumb man's friend, exhibiting the philosophical verity of that subtil art wich may enable one with an observant eye to hear what any man speaks the moving of his lips*; Londres, 1648, in-8°; — *Pathomyotomia, or a dissection of the significative muscles of the affections of the mind*; 1649, in-12; — *Anthropometamorphosis, man transformed, or the artificial changing, in which man shows what a strange variety of shapes and dresses mankind have appeared in the different ages and nations of the world*; Londres, 1653, in-4°; ouvrage très-curieux; — *Chirologia, or the natural language of the hand*, et *Chironomia, or the art of the Rhetoric of the hand*; ibid., 1644, in-8°.

Biographie médicale.

BULWER (*sir Edward* LYTTON EARLE), auteur dramatique et romancier anglais, naquit en 1805. Il fit paraître en 1826 des poésies mêlées, dont le souvenir n'est guère resté que dans la mémoire des bibliographes. On peut en dire autant de *Fackland* (1827), roman d'amour, qui n'est pas autre chose qu'un pastiche de Byron. Le véritable début littéraire de Bulwer fut *Pelham*, 1827, roman de mœurs, qui créa en Angleterre le genre connu sous le nom de roman du grand monde (*the literature of high life*). Walter Scott s'éteignait, et l'admiration publique, si longtemps surexcitée par le grand écrivain, cherchait partout une nouvelle idole. Pelham n'était pas de la famille de Waverly et des MacGregor. Anglais et grand seigneur par excellence, il introduisit le lecteur au plein cœur de cette société britannique si longtemps impénétrable, sous le double rempart d'un exclusivisme absolu et de la plus scrupuleuse observation des formes. Le monde littéraire, un peu fatigué du type écossais, que tant de médiocrités exploitaient sur les pas de son illustre créateur, adopta d'enthousiasme le nouveau venu, et lui remit le sceptre des Fielding et des Walter Scott. *Paul Devereux* 1829), et surtout *Eugène Aram* (1831), étude psychologique remarquable sur un criminel célèbre qui acquit la fortune par un meurtre et l'employa tout entière à des actes de bienfaisance, mirent le comble à la réputation de Bulwer. Les succès du monde vinrent au-devant de lui; la reine le créa baronnet en 1838, et, par une innovation vraiment extraordinaire dans le pays, les portes du parlement s'ouvrirent devant le romancier. Cette fortune si rapide ne fut pas durable. Bientôt les capricieux arrêts de la mode la renversèrent aussi vite qu'ils l'avaient élevée. La haute société ne pardonnait pas à Bulwer ses premières attaques; il avait pris dans le parlement, au sein du parti radical, une position hardie, mais dangereuse. Un orage terrible éclata contre lui, et bientôt ce fut presque un crime que d'oser lire ses œuvres.

Dès lors commence pour lui une lutte désespérée, où il déploie une énergie et une activité sans exemple. Tour à tour publiciste, poète, historien, dramaturge, romancier, il essaye par tous les moyens de reconquérir le sceptre qui lui échappe. Il entreprend dès 1832 la direction de la *New-Monthley-Review*, et les articles qu'il y publia, réunis depuis 1833 sous ce titre, *the Student*, montrent chez cet esprit un côté métaphysique qu'on était loin d'y soupçonner. Il conçoit ensuite le projet de tirer le théâtre anglais de la nullité radicale où il est tombé de nos jours; il commence d'abord par faire modifier au parlement, en faveur des écrivains, le droit de propriété littéraire; puis, donnant lui-même l'exemple, et fort du concours du célèbre tragédien Macready, il fait jouer successivement *la Duchesse de la Vallière*, *la Dame de Lyon*, *Richelieu*, et *le Capitaine et l'Argent*. *La Dame de Lyon* seule, où se fait sentir une certaine parenté avec Ruy-Blas, eut un grand succès, et reste encore aujourd'hui au répertoire. M. Bulwer aborda aussi des sujets plus sérieux: la satire philosophique, dans son livre intitulé *l'Angleterre et les Anglais* (1833); l'histoire, dans son pèlerinage du Rhin et dans la mimographie d'Athènes; enfin la poésie héroïque, dans son poëme du *Roi Arthur* (1850). Pendant toute cette période, M. Bulwer a repris souvent sa plume de romancier, à laquelle il dut ses premiers triomphes. Quelques-unes de ses œuvres, *le Dernier Jour de Pompéi*, *Rienzi*, *Ernest Mathavers*, *Calderon*, *le Courtisan*, si elles n'ont rien ajouté à sa valeur littéraire, soutiennent au moins la comparaison avec leurs aînées. D'autres au contraire, telles que *Leila*, *ou le Sage de Grenade*, 1838, sont des compositions absolument médiocres, et entièrement indignes de leur auteur. Lorsque dans la faveur publique les romans des cours d'assises eurent remplacé les romans de la haute société, lorsque les aventures du fameux voleur Jack Sheppard eurent obtenu, sous la plume de Rinsworth, une vogue à laquelle *Pelham* lui-même n'était pas arrivé, Bulwer sacrifia une fois de plus à l'opinion, et fit paraître deux mélodrames, *Night and Morning* et *Lucretia Clavering*, écrits dans le goût du jour. Ces deux romans, le dernier surtout, étaient incontestablement supérieurs pour la puissance dramatique, et surtout pour l'exécution, à la plupart des œuvres de ce genre. Cependant la tentative n'a pas été heureuse, et leurs qualités littéraires même leur ont nui auprès du public blasé de la Grande-Bretagne. Bulwer est alors revenu, mais sans grand succès, à son ancienne manière dans *le Dernier des Barons*, roman médiocre qui doit clore sa carrière littéraire.

Les œuvres de M. Bulwer offrent toutes le caractère commun d'une exécution précoce et incomplète. Venu à une époque de transition, dont le propre en littérature comme dans ses autres manifestations est de chercher sa voie, M. Bulwer est en Angleterre le premier de cette pléiade d'écrivains à qui on a donné le nom caractéristique d'*essayistes*. Cette position a exercé sur son talent une influence malheureuse : habitué à se préoccuper avant tout de l'opinion, il lui a sacrifié l'idéal de l'art, dont peut-être il eût été capable d'approcher. Cependant, malgré ses défaillances nombreuses, malgré les bizarreries d'un style trop souvent entaché d'une affectation de mauvais goût, M. Bulwer, par la puissance dramatique, par la sagacité de son observation, par la force de l'invention, par la supériorité incontestable qu'il a déployée dans la peinture de certains caractères, est au-dessus de la plupart de ses contemporains; il ne vivra sans doute ni comme poëte, ni comme historien, ni comme dramaturge; mais, si la postérité ne doit pas placer son nom parmi ceux de ces hommes célèbres qui appartiennent à tous les âges, l'histoire littéraire du moins le citera comme le représentant le plus élevé d'une période importante de la vie du roman en Angleterre.

Voici les titres des principaux ouvrages de M. Bulwer : *Ismaël, an oriental tale*; Londres, 1820, in-12; — *Sculpture, a poem*; Cambridge, 1825, in-8°; — *Fackland*; Londres, 1827, in-8°; — *Pelham*; Londres, 1827, in-8°; — *the Disowned*; Londres, 1828, in-8°; — *Devereux*; Londres, 1829, in-8°; — *Paul Clifford*; Londres, 1831, in-8°; — *the Siamese of wins, a satyrical poem*; Londres, 1831, in-8°; — *Eugène Aram*; Londres, 1831, in-8°; — *the Student* (dans *the New Monthley Review*); Londres, 1833-1835; — *England and the English*; Londres, 1833, 2 vol. in-8°; — *the Pilgrims of the Rhine*; Londres, 1834, in-8°; — *the Duchesse de la Vallière*; Londres, 1836, in-8°; — *Athens, its rise and fall*; London, 1837, 2 vol. in-8°; — *the Last Day of Pompei*; Londres, 1835, in-8°; — *Rienzi*; Londres, 1837, in-8°; — *Ernest Mathavers*; Londres, 1837, in-8°; — *Alice*; Londres, 1838, in-8°; — *Calderon the Courtier*; Londres, 1840, in-8°; — *Leila, or the Siege of Grenade*; Londres, 1838, in-8°; — *the Lady of Lyons, or Love and Pride*; Londres, 1839, in-8°; — *Richelieu, or the conspiracy*; Londres, 1839, in-8°; — *Lucretia, or the children of night*; ibid., 1847, in-12; — *Zannoni*; 1842, in-8°; — *Night and Morning*; — *Day and Night*; — *Lights and shadows, glimmer and gloom*; Londres, 1842-1846, in-4°; — *Harold the last of the Saxon's Kings*; Londres, 1848, in-12; — *Lucretia Clavering*; Londres, 1847, in-8°. Les œuvres poétiques et dramatiques de M. Bulwer ont été publiées à Londres, 1852, in-8°. D. T.

Edinburgh-Review, 53, 55, 57, 61, 64 et 65 vol. — *Revue des Deux Mondes* (toute la collection depuis 1830, et surtout janvier 1839). — *L'Histoire littéraire des cinquante dernières années* par Chamber, grand in-8°; Londres, 1849. — *Quaterly review*, 1847.

BULWER (sir Henry EARLE LYTTON), diplomate anglais, frère du précédent, né en 1804, entra dans cette carrière en 1829, et reçut dès 1830 une mission de confiance à Bruxelles, au milieu des graves événements qui amenèrent la formation du royaume de Belgique. Secrétaire d'ambassade à Constantinople en 1837, M. Bulwer négocia le traité de commerce entre cette puissance et sa patrie. En 1843, il devint ministre plénipotentiaire à Madrid; il fut choisi comme arbitre entre le gouvernement espagnol et le Maroc, et termina heureusement leurs différends par une paix qui n'a pas été troublée. M. Bulwer prit aussi une part importante à la célèbre affaire dite *des mariages espagnols*, que le comte Bresson fit conclure malgré M. Bulwer, et qui faillit troubler l'entente entre la France et l'Angleterre. En 1848, lorsque des troubles éclatèrent dans la capitale de l'Espagne, M. Bulwer s'éleva énergiquement contre les mesures inconstitutionnelles du général Narvaez; le dictateur, ne pouvant obtenir le rappel de l'envoyé britannique, lui ordonna de quitter Madrid : les chambres anglaises et le gouvernement prirent chaudement le parti de l'envoyé, et refusèrent de le remplacer. Les deux pays restèrent depuis sans relations diplomatiques, jusqu'à ce que l'Espagne eût consenti à une amende honorable, dont les termes avaient été dictés par lord Palmerston. M. Bulwer fut nommé, à cette occasion, commandeur de l'ordre du Bain. Il est aujourd'hui ministre plénipotentiaire aux États-Unis. Au milieu de ses travaux diplomatiques, M. Bulwer a pu consacrer quelques loisirs à la littérature. On a de lui des ouvrages qui par le sujet se rattachent généralement aux préoccupations de l'homme d'État, et qui par la forme, s'ils ne dénotent pas un littérateur consommé, annoncent du moins le goût sûr de l'homme du monde chez qui l'éducation a développé un naturel très-heureux. — Voici la liste de ses ouvrages : *An Autumn in Greece*; Londres, 1826, in-8°; — *France social, literary and politic*, 2 vol. in-12; Londres, 1834; — *the Monarchy of the middle classes in France*; 1836; — the *Life of lord Byron*, in-8°; Paris, 1835; — the complete *Works of lord B.* — *the Lord, the government and the Country*; Londres, 1836, in-8°. T. D.

BULYOWSKI (*Michel*), savant hongrois, vivait dans la seconde moitié du dix-septième siècle. Il fut à la fois poëte, philologue, théologien, jurisconsulte, mathématicien et musicien. Il s'établit en Allemagne, et devint successivement recteur à Œhringen près de Stuttgart, et directeur du collége de Durlach. Ses principaux ouvrages sont : *Kurze Vorstellung von Verbesserung des Orgelwerkes* (Courte Description des améliorations introduites dans l'instrument de l'orgue; Strasbourg, 1680, in-12; — *Hohenloici Gymnasii Hodegus Calendariographus*; Œhringen, 1693, in-8°; — *Speculum librorum politicorum Justi Lipsii*; Durlach, 1705, in-12.

Czwittinger, *Specimen Hungariæ litteratæ*. — Horanyi, *Memoria Hungarorum*. — Wibel, *Hohenlohische Reformations-Historie*.

BUMALDUS. *Voy.* MONTALBANO (*Ovide*).

BUNAU (*Henri*, comte DE), historien et homme d'État allemand, né à Weissenfels le 2 juin 1697, mort, le 7 avril 1762, dans la terre d'Ossmanstadt, dans le duché de Weimar. Il entra d'abord au service de l'électeur de Saxe, son souverain, et ensuite à celui de l'empereur, et devint un des hommes d'État les plus distingués de cette époque en Allemagne. Le comte de Bunau est surtout connu comme savant et comme historien. Ses principaux ouvrages sont : *Deutsche Kaiser-und Reichs-Historie, aus den bewährtesten Geschitschreibern und Urkunden* (Histoire des empereurs et de l'empire d'Allemagne, tirée des meilleurs historiens et des archives); Leipzig, 1728-1743, 4 vol. in-4° : cet ouvrage, fruit d'une vaste érudition, est resté incomplet; — *Kurze, jedoch gründliche Information, was es um des Hauses Sachsen Gerechtsame an Jülich, Cleve und Berg für eine Bewandniss habe* (Recherches courtes, mais approfondies sur l'état des droits de la maison de Saxe, sur les duchés de Juliers, de Clèves et de Berg); Dresde et Leipzig, 1733, in-4°; — *Dissertatio de Jure, circa rem monetariam in Germania*; Leipzig, 1766, 1718, 1730, in-4°; — *Religion-Gedanken* (Pensées sur la religion), œuvre posthume; ibid., 1769, in-8°. La magnifique bibliothèque du comte de Bunau comprenait 35,000 vol. imprimés. Le *Catalogus bibliothecæ Bunavianæ*, par J.-M. Franke, Leipzig, 1750 à 1756, est divisé en sept parties réunies en trois tomes; c'est une source précieuse pour les bibliophiles.

Sax, *Onomasticon*, t. VI.

BUNDEREN (*Jean*), théologien flamand, de l'ordre de Saint-Dominique, né à Gand en 1481, mort dans la même ville le 8 juin 1557. Il fut prédicateur et inquisiteur de la foi dans le diocèse de Tournay. Sander a dit de lui :

Informes domuit sectas, et dira Lutheri
Contudit impavidus dogmata Bunderius.

On a de Bunderen : *Compendium dissidii quorumdam hæreticorum atque theologorum*; Paris, 1540, 1543, 1545, in-8°; réimprimé sous le titre de *Compendium concertationis hujus sæculi Sapientium*; ibid., 1549; Venise, 1552; Anvers, 1555, in-8°; sous le titre de *Compendium rerum theologicarum*, Anvers, 1562, in-12; Paris, 1574, 1577, in-8°; — *Delectio nugarum Lutheri*; Louvain, 1551, in-8°; — *De vero Christi baptismo contra Mennonem, anabaptistarum principem*; ibid., 1553, in-8°; Paris, 1574; — *Scutum fidei*; Gand, 1556; Anvers, 1569, 1574.

Swert, *Athenæ Belgicæ*. — André, *Biblioth. Belgica*. — Paquot, *Mémoires pour servir à l'Histoire litt. des Pays-Bas*. — Lemire, *Elogia illustrium Belgii Scriptorum*.

BUNEL (*Jacques*), peintre français, né à Blois en 1558, mort vers 1620. C'est un de ces artistes de la renaissance dont les noms, éclipsés par quelques célébrités italiennes, ont fini par devenir tellement inconnus, que certains auteurs de notre temps, en écrivant leur biographie, ont cru de bonne foi les avoir découverts. A l'exception de Félibien, tous les biographes anciens ont gardé à leur égard un tel silence, que l'on a été jusqu'à attribuer à des artistes étrangers la plus grande partie de leurs œuvres : le reste a été détruit, ou est absolument ignoré. C'est à peine si la gravure nous a conservé le souvenir de quelques-unes ; et celles qui subsistent encore ont été tellement dégradées par le temps et défigurées par les restaurateurs, qu'il est difficile d'établir aujourd'hui par la pensée l'état primitif de ces belles pages de notre grande peinture. Tout ce que l'on sait sur Bunel, c'est qu'il peignit la petite galerie du Louvre brûlée en 1660, l'histoire d'Aladin dans le même palais, en société avec Dubois, Dumée et Honnet, et quatorze tableaux à fresque à Fontainebleau ; qu'il fit une *Descente du Saint-Esprit* pour l'église des Grands-Augustins, et une *Assomption* pour celle des Feuillants.

Le Bas, *Dictionnaire encyclopédique de la France*. — De Piles, *Abrégé de la Vie des Peintres.*

BUNEL (*Guillaume*), médecin français, vivait dans le commencement du seizième siècle. Il fut professeur de médecine à Toulouse. On a de lui : *Œuvre excellente, et à chascun désirant de peste se préserver trez-utile, contenant les médecines préservatrices et curatives des maladies pestilencieuses, et conservatrices de santé, etc., lesquelles sont ordonnées, tant en latin qu'en françois, par rime ; avec plusieurs épistres à certains excellents personnages, en la louange de justice et de la chose publique ;* 1513, in-4°.

Sainte-Marthe, *Gallorum doctrina illust. elogia.*

BUNEL (*Pierre*), littérateur français, fils du précédent, né à Toulouse en 1499, mort à Turin en 1546 : il s'attacha à Lazare Baïf et à George de Selve, évêque de Lavaur, qui furent ambassadeurs de France à Venise. Il fut ensuite gouverneur des fils du président Du Faur. On a de Bunel : *Epistolæ ciceroniano stylo scriptæ* ; Paris, 1551, in-8° ; Cologne, 1568 ; Paris, 1581, in-8° ; Toulouse, 1687, in-8° : ces lettres sont très-curieuses et purement écrites ; — *Défense du roi contre les calomnies de Jacques Omphalius, jurisconsulte* ; Paris, 1542 et 1552, in-4°.

Sainte-Marthe, *Gallor. doctrina illust. elogia.* — Bayle, *Dictionnaire historique.*

BUNEMANN (*Jean-Ludolphe*), bibliographe allemand, né à Calbe le 24 juin 1687, mort à Hanovre le 1ᵉʳ juillet 1759. Ses principaux ouvrages sont : *De Bibliothecis Mindensibus antiquis et novis* ; Minden, 1719, in-4° ; — *L. Cœlii Lactantii Opera omnia, cum notis C. Cellarii*, etc. ; Leipzig, 1739, gr. in-8° ; — *Notitia scriptorum editorum atque ineditorum artem typographicam illustrantium* ; Hanovre, 1740.

Jöcher, *Allgem. Gelehrten-Lexicon.*

*** BUNGE** (*Alexandre*), botaniste et voyageur russe, né à Kiew le 24 septembre 1803. Ses études commencèrent à Dorpat en 1815, et se complétèrent en 1821 à l'université de cette ville ; il avait embrassé la carrière médicale. Après avoir été reçu docteur en 1825, il suivit son professeur et ami Ledebours en Sibérie, et visita en 1826 la partie orientale de l'Altaï. C'est durant ce voyage qu'il rencontra M. Alexandre de Humboldt. En 1830, et sur l'invitation de l'Académie de Saint-Pétersbourg, il se joignit à la mission de Péking comme naturaliste. Passant par Irkutsk et Kiaechta, il arriva à la frontière de la Chine le 30 août ; et deux mois plus tard, après une marche pénible dans le désert, il franchit la grande muraille du Céleste Empire, séjourna huit mois à Peking, et, devenu possesseur d'un riche herbier, il retourna à Irkutsk. En 1832, M. Bunge entreprit, sur une nouvelle invitation de l'Académie de Pétersbourg, un second voyage dans les mêmes régions altaïques, et en janvier 1833 il revint dans la capitale de la Russie, d'où il fut appelé à Casan pour y professer la botanique. Il profita de cette position pour parcourir, en 1835, les steppes du Wolga. En 1836 il remplaça Ledebours dans les fonctions de professeur et de directeur du jardin botanique de Dorpat. Ses principaux ouvrages sont : *Enumeratio plantarum, quas in China boreali collegit* ; St.-Pétersbourg, 1831 ; — *Plantarum Mongholico-Chinensium decas I* ; Casan, 1835 ; — *Verzeichniss der im Jahr 1832 im oestlichen Altaigebirge gesammelten Pflanzen* (Catalogue des plantes collectées, en 1832, dans les monts orientaux de l'Altaï) ; St.-Pétersbourg, 1836.

Conversations-Lexicon.

*** BUNGE** (*Frédéric-George*), frère du précédent, jurisconsulte russe, né à Kiew le 1ᵉʳ mars 1802. En 1815, il vint avec son frère étudier à Dorpat. En 1822, il fut chargé de professer à cette université la langue russe, et en 1823 il fut autorisé (*privat-docent*) à faire des cours de droit. Nommé professeur suppléant en 1831, il devint bientôt après professeur en titre. Aujourd'hui Bunge est bourgmestre de Reval. Ses principaux ouvrages sont : *Beitraege zur Kunde der Liv.-Esth-und Kurlaendischen Rechtsgeschichte* (Documents pour servir à la connaissance des sources du droit en Livonie, en Esthonie et en Courlande) ; Riga, 1832 ; — *Uber den Sachsenspiegel, als Quelle des mittlern und ungearbeiteten livlaendischen Ritterrechts* (Du *Sachsenspiegel.* (Miroir de Saxe) considéré comme source du droit ancien et plus récent de l'ordre équestre de la Livonie) ; Riga, 1827 ; — *Das Roemische Recht in den deutschen Ostseeprovinzen Russlands* (le Droit romain dans les provinces baltiques germano-russes) ; Dorpat, 1833 ; — *Einleitung in die Liv-Esth-und Kurlaendische Rechtsgeschichte* (Introduction à l'histoire du droit en Livonie, en Esthonie et en Courlande) ; Reval, 1849 ; — *Archiv für die Geschichte Liv-Esth und Kurlands* (Archives historiques

de la Livonie, de l'Esthonie et de la Courlande), en collaboration avec Pancker; 1842-1851.
Conversations-Lexicon.

BUNGO ou **BUNGUS.** *Voy.* BONGO.

BUNIVA (*Michel-François*), médecin italien, né à Pignerol en 1761, mort au mois d'octobre 1834. Il fut d'abord professeur des institutions médicales à l'université de Turin; il occupa ensuite une chaire de pathologie de 1801 à 1814. A cette époque, l'université reçut une nouvelle organisation : accusé d'avoir manifesté des opinions libérales, Buniva en fut exclu. Ses principaux ouvrages sont : *Dissertationes: ex physica, de Generatione plantarum; ex anatomia, de Organis mulierum genitalibus; ex physiologia, de hominum Generatione*; Turin, 1788, 1 vol. in-8°; — *Dissertation sur les insectes qui ravagent la récolte des blés*; Turin, 1793. in-8°; — *de l'Inflammation des poumons*; ibid., 1795, in-8°; — *des Maladies des bœufs*; ibid., 1796, in-8°; — *Memoria intorno all' articolo di polizia medica concernente le concierie cuojarie*; ibid., 1797, in-8°; — *Memoria intorno alle previdenze contro l'epizoozia nelle bovine del Piemonte*; ibid., 1798, in-8°; — *Instruzioni sulla vaccina*; 1812, in-8°; — *Igiena de' tipografi*; ibid., 1825, in-8°; — *De' diversi metodi della litotrizia, con menzione di quella del Colliex*; ibid., 1833, in-8°; — *Mémoire sur la Fabrication de la bière*; ibid., 1833, in-8°. On trouve encore de Buniva plusieurs mémoires très-intéressants dans les actes de l'Académie de Turin.
Derolandis, *Notice sur Michel-François Buniva.* — Quérard, *la France littéraire.*

BUNNIK (*Jean*), peintre paysagiste hollandais, né à Utrecht en 1654, mort en 1717. Après avoir travaillé trois ans dans les ateliers de l'habile paysagiste Hermann Zaftleven, il visita l'Allemagne et l'Italie, et demeura huit années à Modène, occupé à orner le palais et les châteaux du duc. De retour en Hollande, il ne tarda pas à se rendre en Angleterre, où le roi Guillaume III l'employa à décorer le château de Loo. Bannik est regardé comme un des plus habiles paysagistes hollandais. L'estime que Carle Maratte avait pour ses ouvrages s'est transmise aux artistes et aux connaisseurs.

BUNNIK (*Jacques*), peintre hollandais, frère et élève du précédent, mort en 1725 : il excella dans le paysage, et peignit les batailles avec beaucoup de succès.
Descamps, *Vies des Peintres flamands et hollandais.*

BUNO ou **BUNON** (*Jean*), philologue et théologien protestant allemand, né en 1617 à Franckenberg, dans la Hesse; mort en 1697. Après avoir fait l'éducation de quelques jeunes seigneurs, il devint recteur de l'école de Saint-Michel à Lünebourg en 1653, professeur d'histoire et de géographie en 1660, et de théologie en 1672. Ses principaux ouvrages sont, outre plusieurs écrits pédagogiques : *Cluverii introductio, in Geographiam emendata*; Amsterdam, 1697 et 1729, in-4°; — *Cluverii Italia, Sicilia et Germania contracta*; Wolfenbüttel, 1663, in-4°. C'est un abrégé du grand ouvrage de Cluver.
Jöcher, *Allgemeines Gelehrten-Lexicon.*

BUNON (*Robert*), chirurgien dentiste français, né en 1702 à Châlons-sur-Marne, mort à Paris le 25 janvier 1748. On a de lui : *Dissertation sur un préjugé concernant les maux de dents qui surviennent aux femmes grosses*; Paris, 1741, in-12; — *Essai sur les maladies des dents, où on propose de leur donner une bonne conformation dès la plus tendre enfance*; ibid., 1743, in-12; ibid., 1745, 2 vol. in-12; — *Recueil raisonné de démonstrations faites à la Salpêtrière et à Saint-Côme*; ibid., 1746, in-12.
Éloy, *Dictionnaire de la médecine.* — Carrère, *Bibliothèque littéraire de la médecine.* — Quérard, *la France littéraire.*

BUNOU (*Philippe*), poète, géographe et physicien français, de l'ordre des Jésuites, né à Rouen en 1680, mort le 11 octobre 1739, fut professeur de théologie et recteur du collège de Rennes. On a de lui : *Traité des Baromètres*; Rouen, 1710, in-8°; — *Abrégé de Géographie, suivi d'un Dictionnaire géographique latin et français*; ibid., 1716, in-8°; — traduction en vers français des *Fontaines de Saint-Cloud* et du *Théâtre des Naïades*, du P. Commire, dans le recueil des poésies de ce dernier poète; Paris, 1754, 2 vol. in-12.
Goujet, *Bibliothèque française.* — Quérard, *la France littéraire.*

***BUNSEN** (*Robert-Guillaume* EBERHARD), chimiste allemand, né à Gœttingue le 30 mars 1811. Après avoir reçu sa première instruction à Gœttingue et à Holzminden, il revint étudier à l'université de sa ville natale les sciences naturelles, physiques et chimiques. Paris, Berlin et Vienne, ses voyages en France, en Italie et dans les îles scandinaves, complétèrent cette instruction déjà si étendue. En 1841, il fut nommé professeur titulaire de chimie et de physique à l'université de Marbourg ; et en 1851 il fut appelé avec le même titre à Breslau. On a de lui : *Descriptio hygrometrorum*; Gœttingue, 1830; — *Eisenoxydhydrat, das Gegengift des weissen Arseniks und der arsenigen Säure* (l'Hydrate de fer, contre-poison de l'arsenic blanc et de l'acide arsénieux) (2ᵉ édition, Gœttingue, 1837); — un grand nombre de mémoires chimiques, physiques et minéralogiques, insérés dans les *Annales de Chimie* de Liebig, et dans d'autres recueils. Parmi ces mémoires on remarque surtout celui qui est relatif à la photométrie, et à la construction de la nouvelle pile de charbon qui porte le nom de Bunsen, et rend de si grands services à plusieurs arts industriels.
Conversations-Lexicon.

***BUNSEN** (*Chrétien-Charles-Josias*), antiquaire et diplomate allemand, né le 25 août 1791 à Korbach, dans la petite principauté de

Waldeck, fit ses études à Gœttingue, et se rendit à Rome en 1816. Sa dissertation sur le droit d'héritage chez les Athéniens (*de Jure Atheniensium hereditario*; Gœttingne, 1813, in-4°) lui servit de recommandation auprès de Niebuhr, alors chargé d'affaires de Prusse près du saint-siége. Le célèbre historien et restaurateur de l'ancienne Rome fit du jeune Bunsen son secrétaire; après le départ de Niebuhr pour Bonn, le secrétaire fut nommé à la place de son patron. Les affaires diplomatiques ne l'ont point rendu infidèle à ses études favorites. Son ouvrage sur la ville de Rome (*Beschreibung der Stadt Rom*, t. I, 1829, t. II, 1833) est rempli d'érudition et d'aperçus neufs; l'auteur y combat avec hardiesse les systèmes de ses prédécesseurs, les antiquaires romains. On a en outre de lui : *Ignatius von Antiochien und seine Zeit* (Ignace d'Antioche et son temps); Hambourg, 1847; — *Die drei ächten und die vier unæchten Briefe des Ignatius von Antiochien* (les trois Lettres vraies et les quatre Lettres apocryphes d'Ignace d'Antioche); Hambourg, 1847; — *Ægyptens Stelle in der Weltgeschichte* (Rang de l'Égypte dans l'histoire du monde); 1845; — *Hippolytus und seine Zeit* (Hippolyte et son temps); Londres, 1851. M. Bunsen est aujourd'hui ministre résident à Londres.

Conversations-Lexicon. — Augsburger Allgm. Zeitung.

BUNTING (*Henri*), théologien protestant allemand, né en 1545 à Hanovre, mort dans la même ville en 1606. Ses principaux ouvrages sont : *Harmonia Evangelistarum*; — *de Monetis et Mensuris Scripturæ sacræ*; Helmstædt, 1583, in-4° et in-8°; — *Itinerarium biblicum*, en latin et en allemand; Magdebourg, 1597, 1718, in-4°; — *Chronique du duché de Brunswick-Lunebourg*, en allemand, in-fol.; réimprimée en 1722 : Henri Meibom l'a continuée jusqu'en 1620; — *Chronologia, hoc est omnium temporum et annorum series*, etc.; Zerbst, 1590; Magdebourg, 1608, in-fol.

Bethinyer, Vie de Bunting. — Heineccius, in antiquitat. Goslar. — Martin Zeiller, de Hist. celebr.

BUNYAN (*John*), écrivain et sectaire anglais, né à Elstow, près de Bedford, en 1628; mort à Londres en 1688. Il était fils d'un chaudronnier, et exerça pendant quelque temps la profession de son père. Il ne reçut que l'éducation la plus élémentaire, et eut une jeunesse assez dissipée. Deux événements contribuèrent surtout à le ramener à la pratique sévère du christianisme. Au plus fort de sa dissipation, il crut entendre une voix céleste qui le menaçait de l'enfer s'il persévérait dans cette mauvaise voie, et lui promettait le ciel s'il renonçait à ses péchés. Soldat du parlement au siége de Leicester en 1645, il fut désigné pour être mis en sentinelle; un de ses camarades s'offrit à sa place, et à peine eut-il pris le poste indiqué à Bunyans qu'il fut tué. Bunyan entra en 1650 dans une congrégation d'anabaptistes de Bedford, qui plus tard le choisirent pour leur prédicateur, à cause de sa piété vive et de son éloquence naturelle. En 1660, convaincu d'avoir tenu des assemblées religieuses interdites par la loi, il fut condamné à un bannissement perpétuel. Cette condamnation ne fut pas exécutée; mais il ne sortit de prison qu'au bout de douze ans, par l'intervention de Barlowe, évêque de Lincoln. Pendant sa détention, il pourvut à sa subsistance, à celle de sa femme et de ses quatre enfants, en faisant des lacets; et il consacra le temps que lui laissait ce travail à composer divers ouvrages sur des sujets pieux, entre autres le Voyage du Pèlerin (*Pilgrim's progress*). Après sa sortie de prison, il parcourut plusieurs provinces de l'Angleterre, exhortant ses frères et les confirmant dans leur foi; ce qui lui fit donner le nom d'*évêque Bunyan*. Lorsque Jacques II eut publié sa *Déclaration de liberté de conscience*, Bunyan fonda à Bedford une église de non-conformistes (*meeting-house*), qu'il dirigea de manière à mériter l'estime et l'affection de ses compatriotes, car sous une enveloppe grossière et inculte il cachait beaucoup de douceur et d'affabilité. Ses œuvres complètes furent recueillies à Londres en 1736-1737, 2 vol. in-fol., réimprimées en 1760, et plusieurs fois depuis sous différents formats. Le plus célèbre de tous les ouvrages qu'elles contiennent est sans contredit le *Voyage du Pèlerin*, qui a été traduit dans la plupart des langues de l'Europe, et réimprimé en Angleterre presque d'année en année. Cet ouvrage paraît prodigieux lorsqu'on songe que Bunyan n'avait reçu pour ainsi dire aucune éducation; qu'il n'était pas même familier avec les écrivains de sa propre langue, et que pendant qu'il composait son livre dans sa prison il n'avait d'autre lecture que la Bible et le Martyrologe de Fox. Les combats de l'homme contre le péché, ses progrès pénibles vers la perfection chrétienne, y sont représentés dans une suite d'allégories quelquefois étranges et incohérentes, presque toujours admirables de vigueur, de verve et de variété. Johnson a remarqué qu'il y avait de singuliers rapports entre le début du *Voyage du Pèlerin* et celui de la *Divine Comédie*, bien qu'à l'époque où Bunyan composa son *Voyage* le poëme de Dante n'eût pas été traduit en anglais. M. Hallam, sans méconnaître le génie poétique de Bunyan, le place parmi les romanciers, et le regarde comme le créateur de ce genre de romans religieux et moraux dont Robinson Crusoë est le chef-d'œuvre. Le *Voyage du Pèlerin* a été traduit en français sous le titre de *Pèlerinage du chrétien*; Paris, 1772, in-18; Lyon et Paris, chez Périsse, 1820, 1824; Paris, Méquignon junior, 1825. LÉO JOUBERT.

Chalmers, Biographical Dictionary. — Hallam, Histoire de la littérature en Europe.

BUOL-SCHAUENSTEIN (baron DE), diplomate autrichien contemporain. Il commença sa carrière politique en 1790, en qualité de chargé d'affaires de l'empereur à la Haye. Nommé chambellan en 1792, il fut, peu de temps après, envoyé à Bâle avec le titre d'envoyé extraordinaire; on a tout lieu de croire que dans cette circonstance il se conduisit à la satisfaction de la cour; car, deux ans plus tard, on le voit figurer comme président à la diète de Ratisbonne, où il fit tous ses efforts pour maintenir l'union entre les princes coalisés, et pour empêcher la dissolution de la ligue formée contre la France. Il fut ensuite envoyé à Hambourg avec une mission diplomatique. Pendant toutes les guerres du consulat et de l'empire, il ne prit aucune part aux événements dont l'Europe était alors le théâtre, et ne reparut sur l'horizon politique qu'en 1815, où il représenta l'Autriche à la diète de Francfort. Nommé président de la diète germanique, il remplit ces hautes fonctions jusqu'en 1822, où il eut pour successeur le baron de Münch-Bellinghaussen. M. de Buol-Schauenstein retourna ensuite à Vienne, et vécut dès lors dans la retraite, totalement éloigné des affaires publiques. En 1850, il rentra dans la vie publique, et présida la diète de Francfort. Il est aujourd'hui chef du cabinet de Vienne.

Conversations-Lexicon.

BUOMATTEI. Voy. BUOMMATTEI.

BUOMMATTEI ou **BUONMATTEI** (*Benoît*), grammairien italien, né à Florence le 9 août 1581, mort dans la même ville le 27 janvier 1647. Sa mère, devenue veuve et n'ayant pour peu de fortune, le mit dans le commerce. Buommattei suivit cette carrière jusqu'à dix-neuf ans. A cet âge il commença des études littéraires, et fit des progrès si rapides dans l'espace de cinq ans, que l'Académie florentine l'admit au nombre de ses membres. En 1608, il entra dans les ordres sacrés, se rendit à Rome à la suite du marquis Guicciardini, et fut successivement bibliothécaire et secrétaire intime du cardinal Giustiniani. De Florence, où des affaires de famille l'avaient ramené, il alla à Padoue. L'évêque de cette dernière ville, après l'avoir employé quelque temps à diverses fonctions, lui donna une cure près de Trévise. Là Buommattei continua de corriger ses ouvrages ou d'en préparer de nouveaux. Forcé de revenir à Florence en 1626, il fut admis à l'Académie de la Crusca, qui le choisit pour son secrétaire; il fut ensuite nommé professeur de langue toscane, puis recteur du collège de Pise. Ses principaux ouvrages sont : *Delle cagioni della lingua toscana*; Venise, 1623, in-4°; — *Introduzione alla lingua toscana, con l'aggiunta di due trattati utilissimi*; ibid., 1626, in-4°; — *Della lingua toscana libri II*; Florence, 1643, in-4°; avec des notes d'Antonio Maria Salvini, ibid., 1714, in-4°; Venise, 1735 et 1751, in-4°; — *Tavole sinotiche, cioè divisione morale dell' Inferno di Dante*; Florence, 1638, in-4°; — *Division morale del Purgatorio de Dante*; ibid., 1640; — *le Tre Sirocchie* (les Trois Sœurs), discours badins ou *cicalate*; Pise, 1635, in-4°.

Mazzuchelli, *Scrittori d'Italia*. — J.-B. Casotti, *Vita di Bened. Buommattei*; Florence, 1714, in-4°.

BUONACCORSI (*Philippe*). Voy. CALLIMACHUS.

BUONACCORSI ou **BONACCORSI** (*Blaise*), poëte et historien italien, vivait à Florence dans la seconde moitié du quinzième siècle. On a de lui : *Diario de' successi più importanti seguiti in Italia e particolarmente in Fiorenza dall' anno 1498-1512*; Florence, 1568, in-4° : cet ouvrage curieux est le journal de ce qui est arrivé de plus important en Italie pendant que les Français, sous Louis XII, occupaient le Milanais.

Lenglet-Dufresnoy, *Tablettes chronologiques*. — Tiraboschi, *Storia della Letteratura italiana*. — Ginguené, *Histoire littéraire d'Italie*.

BUONACCORSO GHIBERTI. Voy. GHIBERTI.

BUONACORSI. Voy. PERRIN DEL VAGO.

*BUONACORSO (*Uberti* DE), légiste italien du treizième siècle, était natif de Parme, où il professa la jurisprudence de 1231 à 1236, après l'avoir enseignée à Verceil. Il laissa plusieurs ouvrages : l'un d'eux, *De Præludiis causarum*, a été imprimé à Lyon en 1532, et réimprimé en 1533, 1543, 1583; le frontispice le qualifie d'*aureum et solemne opus* : ces écrits sont oubliés aujourd'hui.   G. B.

Mazzuchelli, *Scrittori d'Italia*.

BUONACOSSA (*Hercule*). Voy. BONACOSSUS.

BUONAFEDE (*Appiano*), philosophe et publiciste italien, de l'ordre des Célestins, né à Commacchio le 4 janvier 1716, mort à Rome au mois de décembre 1793. Il professa la théologie à Naples, et fut élevé aux premières dignités de son ordre. Ses principaux ouvrages sont : *Rittrati poetici, storici e critici di varj uomini di lettere*; Naples, 1745, in-8°; — *Saggio di commedie filosofiche*; Faënza, 1754, in-4°: ces deux ouvrages ont paru sous le nom d'*Apatopisto Cromaziano*; — *Istoria critica e filosofica del Suicidio*; ibid., 1761, in-4°; — *Delle Conquiste celebri esaminate col naturale dritto delle genti*; Lucques, 1763; — *Istoria della indole di ogni filosofia*; Lucques, 1772, 7 vol. in-8°; — *Storia critica del moderno diritto di natura e delle genti*; Pérouse, 1789, in-8°; — *Della Restaurazione d' ogni filosofia*, etc.; Venise, 1789, 3 vol. in-8°.

Mazzuchelli, *Scrittori d'Italia*.

*BUONAGRAZIA (*Giovanni*), peintre de l'école vénitienne, né à Trévise en 1654. Élève de Lanchi, il passa sa vie entière dans l'État vénitien, et peignit avec quelque succès à Trévise, dans les provinces, et surtout à San-Vito.   E. B—N.

Lanzi, *Storia pittorica*. — Federici, *Memorie Trevigiane*.

BUONAMICI. Voy. TASSI.

BUONAMICI ou **BONAMICO** (*François*). Voy. BONAMICO.

BUONAMICI (*Lazare*), littérateur italien, né à Bassano en 1479, mort à Padoue le 11 février

1532. Issu de parents pauvres, il trouva un protecteur dans un ami de son père, et reçut des leçons de philosophie du célèbre Pomponace. Après avoir fait l'éducation de quelques jeunes gens de famille à Bologne, il enseigna successivement les belles-lettres à Rome et à Padoue, et refusa constamment les offres brillantes qu'on lui fit de toutes parts. Ses principaux ouvrages sont : *Carmina*; Venise, 1552, in-8°, et 1572, in-4°, réimprimés en divers recueils; — *Concetti della lingua latina*; ibid., 1562, in-8°; réimprimés plusieurs fois.

Nicéron, *Mémoires*. — Ghilini, *Teatro d'uomini letterati*. — Imperalis, *Museum historicum*. — Gaddius, *De script. ecclesiast.* — Teissier, *Éloges des savants*. — Papadopoli, *Historia Gymnasii Patavini*. — Mazzuchelli, *Scrittori d'Italia*. — Tiraboschi, *Storia della Letter. ital.* — Ginguené, *Hist. litt. de l'Italie*.

BUONAMICI (*Philippe*), littérateur italien, né à Lucques en 1705, mort le 30 novembre 1780. Il remplit d'abord une chaire d'éloquence et de poésie, et s'adonna à la théologie dans sa ville natale. Appelé à Rome par son compatriote Vincent Lucchesini, secrétaire des brefs, il devint son coadjuteur; mais il ne lui succéda pas. Les ennemis qu'il s'était faits par son caractère envieux retardèrent son avancement; et ce ne fut que sous le pontificat de Clément XIV qu'il obtint l'emploi de Lucchesini. Il fut alors accrédité par ses compatriotes comme leur agent près du saint-siége, et réussit dans toutes les affaires importantes qu'il eut à traiter. Ses principaux ouvrages sont : *Oratio in Funere Jo. Vincent. Lucchesini*; ibid., 1745, in-8°; — *Della facilità dell' antica Roma nell' ammettere alla cittadinanza li forestieri*; ibid., 1750, in-12; — *De claris pontificiarum epistolarum Scriptoribus*; Rome, 1753, in-8°; — *Vie d'Innocent XI*; ibid., 1776. Ses autres écrits en latin et en italien ont été réunis à ceux de son frère, sous ce titre : *Philippi et Castrucci fratrum Bonamicorum Lucensium opera omnia*; Lucques, 1784, 4 vol. in-4°.

Mazzuchelli, *Scrittori d'Italia*. — Fabroni, *Éloge des frères Buonamici*.

BUONAMICI (*Castruccio*), historien italien, frère du précédent, né à Lucques le 18 octobre 1710, mort en 1761. Ses études finies, il embrassa l'état ecclésiastique et se rendit à Rome, dans l'espoir de prendre part aux récompenses que Clément XII accordait aux gens de lettres. Après un séjour de quelques années dans cette ville, il se fit connaître du cardinal de Polignac par un discours latin qu'il lui dédia. Ce cardinal voulut se l'attacher; mais Buonamici refusa de le suivre en France. Ne trouvant point dans l'Église les avantages qu'il s'était promis, il prit le parti des armes, et entra au service du roi des Deux-Siciles. Ce changement d'état ne l'empêcha pas de se livrer à son goût pour les belles-lettres. Ses principaux ouvrages sont : *De Laudibus Clementis XII Oratio*; Rome; — *De Litteris latinis restitutis Oratio*; ibid.; — *Orazione per l'apertura dall' Academia reale d'architec-* *tura militare*; Naples; réimprimé en tête de la géométrie de Niccolo di Martino; — *De Rebus ad Velitras gestis*; Leyde (Lucques), 1746, in-4°; ibid., 1749, in-4°; — *De Bello italico Commentarii*; Leyde (Gênes), 1750, 1751, in-4°. Ces deux histoires, dont la narration est aussi exacte que la latinité en est pure, sont fort estimées, et ont été imprimées plusieurs fois. On les trouve en latin et en français dans l'*Histoire des campagnes de Maillebois en Italie*, par Pezay; — plusieurs pièces de vers latins et italiens dans différents recueils.

Mazzuchelli, *Scrittori d'Italia*. — Fabroni, *Éloges des frères Buonamici*.

BUONAMICO DI CRISTOFANO. *Voy.* BUFFAMALCO.

BUONANNI (*Philippe*), naturaliste et antiquaire italien, de l'ordre des Jésuites, né à Rome le 7 janvier 1638, mort le 30 mars 1725. On a de lui : *Ricreazione del occhio e della mente nell' osservazione delle Chiocciole; con quattro cento e cinquanta figure di testacei diversi*; Rome, 1681, in-4°; traduit en latin sous ce titre : *Recreatio mentis et oculi in observatione animalium testaceorum*; ibid., 1684, in-4°; — *Historia Ecclesiæ Vaticanæ*; ibid., 1686, in-fol.; — *Observationes circa viventia, quæ in rebus non viventibus reperiuntur, cum micographia curiosa*; ibid., 1691, in-4°; — *Numismata pontificum romanorum*, depuis Martin X jusqu'à Innocent XII; ibid., 1699, 2 vol. in-fol.; — *Museum collegii romani Kircherianum*; ibid., 1709, in-fol. : l'auteur avait été chargé en 1698 de mettre en ordre le cabinet du P. Kircher; — *Catalogo degli Ordini religiosi della Chiesa militante*; ibid., 1706, 1707, 1710 et 1711, 4 vol. in-4°; — *Traités des Vernis*, traduit de l'italien; Paris, 1713, in-12; — *Gabinetto armonico pieno d'instrumenti sonori, indicati e spiegati*; Rome, 1716, 1723, in-4°; ibid., 1776, in-8°.

Tiraboschi, *Storia della lett. ital.* — *Giornale de' Letterati d'Italia*.

BUONAPARTE ou **BONAPARTE**. *Voy.* NAPOLÉON.

BUONAPARTE (*Jacobo*), mort en 1541 : on ignore la date de sa naissance. Il a laissé une relation du sac de Rome en 1527 par les troupes du connétable de Bourbon, imprimée pour la première fois en italien en 1750, sous la rubrique supposée de Cologne. Cet écrit fut traduit par le prince Napoléon-Louis Bonaparte et publié sous ses yeux à Florence en 1830. Après la mort de ce jeune prince, son travail, revu et complété par son frère (aujourd'hui empereur des Français), fut inséré dans le *Panthéon littéraire*, dirigé par M. Buchon. Ce récit énergique étale de la façon la plus saisissante toutes les horreurs de la licence,

Où du soldat vainqueur s'emporta l'insolence.

On sent que l'auteur parle de ce qu'il a vu, de ce qu'il a éprouvé, et qu'il dit vrai. En tête de l'édition donnée à Florence, on trouve des détails généalogiques sur la famille Buonaparte : ce nom se montre de bonne heure dans les fastes de l'Italie ; dès l'an 1178, on voit que *Jean Buonaparte* fut chargé par les habitants de Trévise d'une mission des plus importantes auprès des Padouans. G. B.

Mazzuchelli, *Scrittori d'Italia.*

*BUONAPARTE (*Nicolo*)*, auteur dramatique italien, vivait vers le milieu du seizième siècle. On possède peu de détails sur sa vie ; mais on sait qu'il habita Florence, et qu'il appartenait à une famille que la suite des temps devait amener aux plus hautes destinées. Il est l'auteur d'une *commedia facetissima*, publiée en 1568, réimprimée en 1592, et qui était fort oubliée lorsque, le nom de l'écrivain auquel elle était due ayant tout d'un coup atteint une immense célébrité, le libraire Molini eut l'idée d'en donner une édition nouvelle à Paris en 1804. Il s'agit dans cette pièce, intitulée *la Vedova*, non d'une véritable veuve, mais d'une femme mariée que l'on croit veuve. Des parents, des valets fripons, des jeunes filles galantes, des vieillards ridicules et dupés, sont mis en scène au milieu d'une foule d'invraisemblances et d'intrigues compliquées, selon l'usage des auteurs comiques de l'Italie au seizième siècle. Les situations les plus hasardées et les équivoques les moins convenables abondent dans *la Vedova* ; personne ne songeait alors à s'en choquer. Un auteur français qui n'est point dénué de force comique, Larivey, a imité fidèlement (avec quelques suppressions toutefois) l'œuvre de Nicolo Buonaparte dans sa *Veuve*, plusieurs fois imprimée de 1579 à 1601. G. B.

Du Bourc, *Analectabiblion*, t. II, p. 12.

BUONAROTA ou BUONARROTI. *Voy.* MICHEL-ANGE.

BUONARROTI (*Michel-Angelo*), poëte et littérateur italien, neveu du grand Michel-Ange, né à Florence en 1568, mort le 11 janvier 1646. Il fut reçu membre de l'Académie de sa ville natale dès l'âge de dix-sept ans. Plus tard, il devint aussi membre de la Crusca, et prit une part active à la rédaction du grand Dictionnaire de cette Académie. Ses principaux ouvrages sont : *la Tancia* et *la Fiera*, deux comédies encore fort estimées, et imprimées par les soins de l'abbé Salvini ; Florence, 1726, in-fol. : *la Tancia* appartient au genre que les Italiens appellent *commedia rusticale* ; elle est en *ottave rime* et en 5 actes ; *la Fiera* est divisée en cinq *giornate* de 5 actes chacune ; — *il Giudizio di Paride, favola rappresentata nelle nozze del serenissimo Cosimo de' Medici, principe di Toscana* ; Florence, 1607 et 1608, in-4° ; — *il Natale d'Ercole, favola rappresentata al serenissimo D. Alfonso d'Este, principe di Modena* ; ibid., 1605, in-4° ; — *Descrizione delle nozze di madama Maria de' Medici* ; ibid., 1600, in-4°. Buonarroti est aussi l'éditeur des poésies de son oncle : *Rime di Michel-Angelo Buonarrotti, raccolte da Michel-Angelo, suo nipote* ; Florence ; 1623, in-4°.

Mazzuchelli, *Scrittori d'Italia.* — Tiraboschi, *Storia della letteratura italiana.*

BUONARROTI (*Philippe*), antiquaire italien, de la même famille que le précédent, né à Florence en 1661, mort le 8 décembre 1733. Envoyé par son père à Rome pour s'y perfectionner dans la science des lois, il fréquenta moins les tribunaux que les musées. De retour à Florence, il y fut bien accueilli par le grand-duc Cosme III, qui le fit sénateur et le chargea de diverses fonctions honorables. On a de lui : *Osservazioni istoriche sopra alcuni medaglioni antichi dei cardinal Carpegna* ; Rome, 1608, in-4° ; — *Osservazioni sopra alcuni frammenti di vasi antichi di vetro, ornati di figure, trovati ne cimiterj di Roma*, etc. ; Florence, 1716, in-fol. ; — *Ad Monumenta etrusca operi Demposteriano addita Explicationes et Conjecturæ*, dans le t. II de l'*Etruria regalis*, de Dempster ; — *Albero genealogico della nobilissima famiglia de' Buonarroti*, dans les notes de Gori sur la *Vie de Michel-Ange*, écrite par Condivi ; Florence, 1746, in-fol.

Banduri, *Bibliotheca nummaria*, 123. — Mazzuchelli, *Scrittori d'Italia.*

BUONARROTI (*Michel*), homme politique français, d'origine italienne, né à Pise le 11 décembre 1761, mort en 1837. Sa jeunesse fut consacrée à l'étude et aux belles-lettres, ce qui lui attira les faveurs du grand-duc Léopold, depuis empereur, près de qui sa famille était en crédit ; il en reçut même la décoration de l'ordre de Saint-Étienne. Mais il ne tarda pas à encourir la disgrâce de ce prince, et fut condamné à l'exil, en punition de l'enthousiasme qu'il avait manifesté pour les principes de la révolution française. Il se réfugia dans l'île de Corse, où il publia un journal intitulé *l'Ami de la liberté italienne*. Par son opposition aux projets de défection de Paoli, il rendit les plus grands services à la république, et courut lui-même de grands dangers. Il se rendit à Paris à la fin de 1792, avec Salicetti, qui venait d'être nommé membre de la convention. Buonarroti avait été chargé par les habitants de l'île de Saint-Pierre, voisine de la Sardaigne, de demander à la convention leur réunion à la France ; il leur fit accorder cette réunion, et obtint, par un décret de la convention la qualité de Français. Admis dans le même temps à la société des Jacobins, il s'y fit remarquer par son ardeur républicaine, et il fut envoyé en Corse en 1793, avec des pouvoirs extraordinaires. Il apprit, en arrivant à Nice, que tous les commissaires étaient rappelés. Ricord et Robespierre jeune, qui dirigeaient alors les opérations du siége de Toulon, le chargèrent d'aller rendre compte au comité de salut public de l'état des choses. Sa mission terminée, il fut envoyé de nouveau dans la Corse ; mais il ne put encore y parvenir, resta auprès des représentants en mission près de l'armée d'Italie, et fut chargé par eux du gouvernement de la principauté d'Oneille. Après la journée du 9 thermidor, Buonarroti fut arrêté et conduit à Paris; il fut enfermé dans la prison du Plessis, où il resta jusqu'après le 17 vendémiaire an IV. Rendu alors à la liberté, il fut désigné pour le commandement de la place de Loano. Mais une dénonciation de l'agent diplomatique français à Gênes, à raison d'une mesure que l'on supposa à tort dictée par une haine personnelle, le fit bientôt rappeler. Il revint à Paris, et entra dans la société du Panthéon, dont il fut élu président. Son admiration pour les hommes de la révolution, sa haine pour ceux qui les avaient renversés, devaient nécessairement l'entraîner dans ce parti. Il conspira avec Babeuf, et, traduit devant la haute cour de Vendôme, il se glorifia d'avoir pris part au projet d'insurrection dont on l'accusait. Le ministère public, qui le jugeait aussi coupable que le chef même de la conspiration, conclut contre lui à la peine de mort; mais le jury établit une distinction, et ne prononça que la déportation contre Buonarroti et quelques autres accusés. Enfermés au fort de Cherbourg, les condamnés attendirent longtemps leur translation à la Guyane. Enfin, l'an VIII, ils furent transférés dans l'île d'Oléron, d'où Buonarroti fut ensuite enlevé, pour être soumis à une simple surveillance dans une ville de l'est. Cette surveillance fut levée en 1806. Buonarroti se réfugia alors à Genève, et il y professait paisiblement les mathématiques et la musique, lorsque la diplomatie européenne, toute-puissante sur les petites républiques suisses, vint, à la suite des événements de 1815, forcer la patrie de Rousseau à devenir inhospitalière envers un exilé. Buonarroti, réduit à chercher un nouvel asile, se fixa en Belgique, où il vécut de sa profession de compositeur de musique, et publia, en 1828, son livre de *la Conspiration de Babeuf*. Il rentra en France en 1830, et continua d'y vivre du produit de ses leçons.

Le Bas, *Dictionnaire encyclopédique de la France*. — Trélat, *Notice biographique sur Philippe Buonarroti*; Épinal, 1838, in-8°. — *Conversations-Lexicon*.

* **BUONAVENTURA** (....), peintre siennois du quatorzième siècle. Sur la porte de la sacristie de la Conception, à Sienne, on voit une *Vierge* peinte par lui en 1319.   E. B—N.
Romagnoli, *Cenni storico-artistici di Siena*.

BUONCOMPAGNI ou **BONCOMPAGNO**, famille célèbre de l'État romain, originaire d'Ombrie, d'où sont sortis plusieurs grands dignitaires de l'Église.

Litta, *Familles nobles de l'Italie*, etc.

BUONCOMPAGNI (*Balthasar*). Voy. BONCOMPAGNI.

BUONCOMPAGNI (*Hugues*). Voy. GRÉGOIRE XIII.

BUONCOMPAGNO ou **BONCOMPAGNO** (*Cialdini*), jurisconsulte italien, natif de Foligno, vivait dans la première moitié du quinzième siècle. Il passa pour appartenir à la même famille que les *Buoncompagni*. On lui attribue : *de Syndicatu officialium* ; — *de Potestate papæ* ; — *de Translatione concilii Basilæensis* ; — *de Viribus et Potentia litterarum*.

Jacobilli, *Biblioth. Umbriæ*. — Fabricius, *Biblioth. latina mediæ ætatis*.

BUONCOMPAGNO (...), grammairien italien, natif de Florence, vivait dans la première moitié du dix-septième siècle. Homme facétieux et sans respect pour les choses saintes, il fut obligé de sortir de Bologne, alla chercher fortune à Rome, et vint mourir dans un hôpital à Florence. Un seul de ses nombreux ouvrages a été imprimé et inséré dans le t. VI des *Script. rer. ital.* de Muratori : c'est la description du siège d'Ancône par l'empereur Frédéric. Son livre *Forma litterarum scholasticarum* lui fit une grande réputation. On le trouve en manuscrit dans les archives des *Canonici di San-Pietro*, à Rome.

Tiraboschi, *Storia della lett. ital.* — Ginguené, *Hist. littéraire de l'Italie*.

BUONCONSIGLI (*Giovanni*), peintre, né à Vicence, travaillait de 1497 à 1514. Il était fils d'un maréchal ferrant, et prit de son père le surnom du *maréchal de Vicence*, sous lequel il est ordinairement désigné. Il fut le plus estimé des artistes vicentins de son époque, et se rapprocha plus qu'aucun autre du style moderne, et surtout de celui de Giovanni Bellini. Il avait l'habitude d'entourer ses peintures d'ornements composés de tritons et autres figures imitées de l'antique. Il excellait dans la perspective, et composait habilement ses architectures. Le meilleur ouvrage qu'il ait laissé se voit à Vicence dans l'oratoire des *Turchini* : c'est une *Vierge sur un trône, entourée de quatre saints*, tableau qui a quelque chose de la manière de Raphaël; le saint Sébastien surtout est d'une beauté vraiment idéale. Dans la même ville, à l'église Saint-Barthélemy, on voit de lui un *Mariage de sainte Catherine*, une *Annonciation*, et un *Christ mort, avec la Vierge, saint Jean et sainte Marie-Madeleine*. Les tableaux de Buonconsigli sont assez nombreux à Venise; les principaux sont un *Saint Thomas d'Aquin* à Saint-Jean et Saint-Paul, et une *Madone avec plusieurs saints* à Saint-Cosme de la Giudecca, belle page signée *Johannes Bonconsilius, Marescalcus de Vicentia MCCCCXCVII*. Dans la cathédrale de Montagnana, deux de ses tableaux portent les dates de 1511 et 1514. Le musée de Dresde a de ce maître une *Madone avec saint Jean-Baptiste, saint François, saint Joseph et sainte Catherine d'Alexandrie*.   E. B—N.

Ridolphi, *Vite de' Pittori veneti*. — G. Piacenza, *Giunta alle Notizie di Baldinucci*. — Lanzi, *Storia Pittorica*. — Quadri, *Otto Giorni in Venezia*. — *Catalogue du musée de Dresde*.

* **BUONCONTI** (*Giovanni-Paolo*), peintre, né à Bologne vers 1565, mort à Rome en 1605. Fils d'un riche marchand de soie, à l'âge de

quinze ans il s'enfuit de la maison paternelle par horreur du commerce. Il fut rattrapé à Florence; et son père, cessant de s'opposer à sa vocation, lui fit apprendre le dessin sous le Passarrotto, et la peinture sous les Carrache. Après avoir profité à Parme de la vue des fresques du Corrége, il accompagna Annibal Carrache à Rome, où malheureusement il mourut à l'âge de quarante et un ans, n'ayant encore produit qu'un petit nombre d'ouvrages; tout son temps fut employé à des études dont il n'eut pas le temps de recueillir le fruit. Il dessinait le nu avec une grande pureté, et sa peinture était grasse, sentie et correcte. E. B—N.

Oretti, *Memorie*. — Orlandi, *Abbecedario*.

*BUONCUORE (*Giovanni-Battista*), peintre de l'école romaine, né à Campli, dans les Abruzzes, en 1643; mort à Rome en 1699. Il fut élève du Molo, puis imitateur du Guerchin, dont il fit une étude spéciale. Il entendait merveilleusement le jeu des ombres et des lumières, et ses tableaux sont d'un grand effet, bien que les figures manquent un peu d'élégance, et qu'on puisse désirer plus de légèreté dans les draperies. E. B—N.

Orlandi, *Abbecedario*. — Lanzi, *Storia pittorica*. — Ticozzi, *Dizionario*.

BUONDELMONTE, BUONDELMONTI, célèbre guelfe, natif de Florence, vivait dans la première moitié du treizième siècle. Il fut le chef d'une famille qui se fit remarquer à Florence par son attachement à la cause des papes. Le refus qu'il fit d'épouser la fille d'un Amidei, à laquelle il avait promis sa main, pour se marier avec une jeune Donati, attira sur lui la vengeance des Uberti, partisans de la première famille. Il fut tué, le matin de Pâques, aux pieds de la statue de Mars. De là l'origine des combats que se livrèrent dans Florence, pendant trente-trois ans, les nobles partagés entre les Buondelmonti et les Uberti, les Guelfes et les Gibelins.

Sismondi, *Hist. des Rep. ital.*

BUONDELMONTI (*Joseph-Marie*), littérateur italien, né à Florence le 13 septembre 1713, mort à Pise le 7 février 1757. Il quitta l'université de Pise pour entrer dans l'ordre de Malte, dont il fut commandeur. De retour à Florence, il prononça l'oraison funèbre du grand-duc de Florence Jean-Gaston le 9 octobre 1737, celle de l'empereur Charles VI le 16 janvier 1741, et celle d'Élisabeth-Charlotte d'Orléans, veuve du duc Léopold Ier de Lorraine, imprimée à Florence en 1745, in-4°. Outre les oraisons funèbres déjà citées, on a de lui: *Lettera sopra la misura, ed il calcolo de' piaceri e de' dolori*, dans le recueil de dissertations publié par André Bonducci; — *il Riccio rapito*, traduit de Pope, et mis en vers *sciolti* par André Bonducci; Florence, 1739, in-8°; — *Ragionamento sul diritto della guerra giusta*; ibid., 1756, in-8; — des *poésies* insérées dans différents recueils.

Mazzuchelli, *Scrittori d'Italia*.

*BUONFANTI (*Antonio*), dit *le Torricella*, peintre, né à Ferrare vers 1600, vivait encore en 1645. On le croit élève du Guide. L'église Saint-François renferme deux grands tableaux de ce maître. Ils sont bien dessinés et bien composés, mais le coloris en est très-faible.
E. B—N.

Citadella, *Catalogo istorico de' Pittori e Scultori Ferraresi*.

*BUONFIGLI (*Antonio*), peintre, né à Sienne en 1680, mort en 1750. Ses ouvrages sont assez nombreux dans sa patrie; les principaux sont: une *Sainte Cécile*, dans la sacristie de la cathédrale, et un *Christ mort*; à Saint-Étienne.
E. B—N.

Romagnoli, *Cenni storico-artistici di Siena*.

*BUONFIGLI (*Benedetto*), peintre de l'école romaine, né à Pérouse vers 1420, vivait encore en 1496. Son plus beau titre de gloire est d'avoir été le maître du Pérugin. Après lui et Pinturicchio, il occupe le premier rang parmi les peintres de Pérouse. La manière de Buonfigli tient encore beaucoup de l'ancien style: son dessin est loin d'être irréprochable, et l'or est prodigué dans ses tableaux. Quoique beaucoup plus vieux que Pinturicchio, il travailla avec lui au Vatican, et fit pour Innocent VIII, dans le casin du Belvédère, des arabesques bien peintes et agréablement composées. Ses peintures sont nombreuses à Pérouse; les principales sont, dans le palais public, une *frise*, très-endommagée, datant de 1460; une *Adoration des Mages*, à Saint-Dominique; et un beau tableau du *Saint à genoux aux pieds du Christ, tenant une bannière et entouré d'anges*, à Saint-Bernardin. Aucun artiste de ce temps ne peignit mieux le paysage. Enfin Buonfigli avait en architecture des connaissances que Balthazar Peruzzi ne dédaigna pas de mettre à contribution. E. B—N.

Pascoli, *Vite de' Pittori perugini*. — Baldinucci, *Notizie*. — Gambini, *Guida di Perugia*.

BUONFIGLI (*Joseph-Constant*), historien italien, natif de Messine, vivait au commencement du dix-septième siècle. Il fit les campagnes de Flandre, sous le duc d'Albe. De retour à Messine, il consacra ses dernières années à l'étude des lettres et de l'histoire. On a de lui: *Parte prima e secunda dell' istoria siciliana, nella quale si contiene la descrizione antica e moderna di Sicilia*, etc.; Venise 1604, in-4°; Messine, 1613, in-4°; *parte terza*; Messine, 1613, in-4°; — *Messina, città nobilissima, descritta in otto libri*; Venise, 1606, in-4°; traduit en latin et inséré dans le tome IX du *Thesaurus antiquit. Siciliæ*; — *Apologia alla topografia dell'isola di Sicilia, nuovamente stampata in Palermo*; ibid., 1611, in-4°; — *Breve ragguaglio del ponte eretto dall' illustrissimo senato di Messina*, etc.; Messine, 1611, in-4°; — *Epistolæ beatæ Virginis Meriæ ad Messanenses veritas vindicata*; ibid., 1629, in-fol.

Mazzuchelli, *Scrittori d'Italia*. — Tiraboschi, *Storia della Letteratura italiana*.

*BUONI (*Buono de'*), peintre napolitain, mort vers 1465. Il fut père de Silvestro de' Buoni, ce qui a donné lieu à la méprise de quelques écrivains, qui ont attribué au fils plusieurs des ouvrages du père, dont le style est bien inférieur et beaucoup plus ancien. E. B—N.

Dominici, *Vite de' Pittori Napolitani*.

*BUONI (*Silvestro de'*), peintre napolitain du quinzième siècle, mort en 1484. Fils de Buono de' Buoni, il fut élève du Zingaro; et après la mort de celui-ci, du Donzelli, qu'il surpassa pour le coloris. Par la vigueur du clair-obscur et la morbidesse des contours, il laissa bien loin derrière lui tous les peintres nationaux qui avaient existé jusqu'alors. Il ne faut pas le confondre avec Silvestro Buono, peintre napolitain du seizième siècle. E. B—N.

Dominici, *Vite de'Pittori Napolitani*.

BUONI (*Jacques-Antoine*), médecin et philosophe italien, né à Ferrare en 1527, mort dans la même ville le 17 août 1587. Il professa successivement la médecine à Ferrare, à Mondovi, à Turin, et la botanique à Rome. Il était à Ferrare en 1570 lors du tremblement de terre dont cette ville eut beaucoup à souffrir. On a de lui : *Del terremoto, dialogo distinto in quattro giornate*; Modène, 1571, in-fol. Buoni fut le collaborateur de Brassavola dans la rédaction de l'*Index* des œuvres de Galien.

Ersch et Gruber, *Allgem. Encyclopædie*. — Da Rio, *Giornale dell' ital. Letteratura*; Padoue, 1811, t. XXIX.

BUONINCONTRO (*Laurent*), mathématicien, historien et poëte italien, né à San-Miniato le 23 février 1411, mort vers 1502. Banni de sa patrie, il suivit quelque temps la carrière militaire dans les troupes de François Sforze; puis l'abandonna pour se rendre à Rome en 1450, et de là à Naples en 1456, où il enseigna publiquement l'astronomie de Manilius. Rappelé par ses concitoyens en 1474, il continua à Florence ses leçons sur Manilius. De 1480 à 1489, il s'attacha à Constance Sforze, seigneur de Pesaro. On a de lui : *Fastorum lib. I*, poëme; Bâle, 1540; —*Annales ab anno 1360 usque ad annum 1458*, dans le 21e volume des *Script. Rerum ital.* de Muratori; — *De ortu regum Neapolitanorum*, histoire publiée par Lami, sous le titre d'*Historia Sicula*, dans les t. V, VI et VII des *Deliciæ Eruditorum*; Florence, 1730-1740, in-8°; — *Commentarius in C. Manilii Astronomicon*; Bologne, 1474, in-fol. ; Rome et Florence, 1484, in-fol. ; — *Tractatus astrologicus electionum*; Nuremberg, 1539, in-4°; — *Rerum naturalium et divinarum*, etc., *lib. III*; Bâle, 1540, in-4°. On conserve dans la Bibliothèque impériale de Paris un manuscrit de cet ouvrage rare.

Tiraboschi, *Storia della Letteratura italiana*. — Neger; *De Script. florentinis*. — Fabricius, *Biblioth. lat. mediæ ætatis*. — Ginguené, *Histoire litt. d'Italie*.

BUONINSEGNA. *Voy.* DUCCIO.

*BUONO DI BUONACCOLTO (.....), architecte florentin du treizième siècle, nommé ordinairement *maître Buono*, travailla beaucoup à Pistoja, de 1260 à 1270. En 1263, il fit la façade de *San-Pietro-Maggiore*. En 1265, il construisit la voûte de la cathédrale. Il bâtit *Santa-Maria-Nuova* en 1266, suivant l'inscription gravée sur la corniche : *A. D. MCCLXVI, tempore Parisii, Pagni et Simonis magister Bonus fecit*. Enfin, en 1270, il termina la façade de *San-Salvator*, ainsi que nous l'apprend une autre inscription qui se lit sur l'un des pilastres. Il ne fut point sculpteur; et c'est à tort que Baldinucci et plusieurs autres lui attribuent un bas-relief de l'église Saint-André. E. B—N.

Tolomei, *Guida di Pistoja*.

*BUONO (*N****), peintre de l'école vénitienne, vivait à la fin du quinzième siècle. On ne sait s'il naquit à Bologne ou à Ferrare; mais il fut élève du Squarcione, et paraît avoir passé sa vie à Padoue, où il a laissé aux Eremitani plusieurs traits de la vie de saint Christophe, signés *Opus Boni*. E. B—N.

Morelli, *Notizie*.

*BUONO (*Ambrogio*), peintre de l'école vénitienne, vivait dans la seconde moitié du dix-septième siècle. Il fut le meilleur élève de Johann-Carl Loth, peintre bavarois établi à Venise ; et si ses tableaux semblent être peu nombreux, c'est que presque toujours ils sont attribués à son maître. E. B—N.

Zanetti, *Della pittura veneziana*. — Lanzi, *Storia pittorica*.

BUONO (*Bartolommeo*), sculpteur et architecte, né à Bergame, travailla à Venise à la fin du quinzième siècle et au commencement du seizième. On le trouve souvent désigné sous le nom de maître Buono, commun à plusieurs autres artistes plus anciens, ce qui a donné lieu à une confusion que nous nous sommes efforcé d'éclaircir. Son plus ancien ouvrage à Venise paraît avoir été l'abside de Saint-Roch, construite en 1490 ; dans la même église il sculpta une petite statue du saint, qui unit à une manière noble et simple toutes les grâces de l'art et une science du dessin peu commune. Il composa également le maître-autel, qui fut exécuté par Venturino au commencement du seizième siècle. En 1505, Buono succéda à Bartolommeo Gonella, architecte de la république, et commença la construction des *Procuratie Vecchie* jusqu'à sa mort, en 1529 ; ce fut Sansovino qui le remplaça. Enfin, pendant cette même période, en 1510, il restaura la tour de Saint-Marc, et reconstruisit la flèche telle que nous la voyons aujourd'hui, tout ornée de marbres grecs et orientaux.
E. B—N.

Cicognara, *Storia della Scoltura*. — Quadri, *Otto Giorni in Venezia*.

*BUONO (*Carlo*), sculpteur lombard du seizième siècle, a travaillé à la cathédrale de Milan. Dans la même ville, à la façade de Saint-Jean-de-Latran, il a sculpté un bas-relief représentant la *Décollation de saint Jean-Baptiste*.
E. B—N.

Cicognara, *Storia della Scoltura*. — Pirovano, *Guida di Milano*.

*BUONO (*Giacomo*), sculpteur milanais du seizième siècle. Il a sculpté aux portes de la cathédrale de Milan des fruits et des animaux parfaitement fouillés. Il a travaillé également à la façade de Saint-Paul.   E. B—N.

Pirovano, *Guida di Milano*.

*BUONO (*Jacopo*), peintre, né à Bologne en 1690, mort vers 1750. Il entra dès l'âge de huit ans dans l'atelier de Marc-Antoine Franceschini. A dix-sept ans il peignait à Bologne la voûte de l'église des Célestins, en compagnie de Giacinto Garofolino. Il aida ensuite son maître dans ses travaux à Crema, à Gênes et à Plaisance. De retour dans sa patrie, il peignit seul un grand nombre de tableaux, s'efforçant de s'éloigner de la manière de Franceschini, en donnant plus de mouvement aux figures, plus de moelleux aux contours; il réussit à se créer ainsi un style entièrement différent.   E. B—N.

Ticozzi, *Dizionario*.

BUONO (*maestro*) (...), le plus ancien des architectes désignés sous ce nom, vivait au milieu du douzième siècle. On ignore quelle fut sa patrie. Après avoir construit plusieurs églises et palais à Ravenne, en 1152, il bâtit à Arezzo le palais de la seigneurie et le beffroi, qui furent démolis en 1533; enfin il fonda à Naples le château de l'Œuf, et le *Castel-Capuano*, aujourd'hui la *Vicaria*.   E. B—N.

Vasari, *Vite*. — Galanti, *Napoli e contorni*.

*BUONO (*Silvestro*), peintre, né à Naples vers 1550, vivait en 1590. Élève de Giovanni-Bernardo Lama, puis imitateur de Polydore de Caravage, il fut un des meilleurs peintres napolitains de la fin du seizième siècle. Il ne faut pas le confondre avec Silvestro de Buoni.   E. B—N.

Sarnelli, *Guida de' Forestieri per la città di Napoli*, 1685. — Orlandi, *Abbecedario Pittorico*. — Ticozzi, *Dizionario*.

BUONO (*Paul* DEL), physicien italien, né à Florence en 1625, mort à Vienne vers 1660. Disciple de Galilée, il fit tous ses efforts pour étendre les belles découvertes que ce grand maître avait faites; il fut l'inventeur d'un appareil propre à démontrer l'incompressibilité de l'eau. Le moyen de faire éclore les œufs par une chaleur artificielle fut aussi l'objet de ses études.

Son frère (*Candido*), né en 1618, mort en 1670, fut l'inventeur d'un aréomètre, et d'une machine propre à mesurer la densité de la vapeur.

Fischer, *Histoire de la Physique*.

BUONTALENTI (*Bernardo*), dit *Delle Girandole*, peintre, sculpteur et architecte italien, né à Florence en 1536, mort en 1608. La maison de son père, située sur le bord de l'Arno, ayant été renversée par une inondation en 1547, toute la famille périt, à l'exception de Bernardo, âgé de onze ans, qui se trouva miraculeusement préservé par une voûte. Resté seul au monde, le pauvre enfant fut adopté par le grand-duc Cosme Ier, qui se chargea de son éducation, et lui fit apprendre la peinture du Bronzino et de Salviati, l'architecture de Vasari, la sculpture de Michel-Ange, et la miniature de Giulio Clovio. Il se montra le digne élève de ces grands maîtres; ses progrès furent si rapides, qu'à l'âge de quinze ans Cosme Ier le donna pour maître à son fils François de Médicis. Buontalenti avait déjà produit quelques morceaux de sculpture assez remarquables, parmi lesquels on distinguait un *Crucifix* de grandeur naturelle pour l'église des religieuses des Anges, à *Borgo-San-Friano*. Enfin, il fut bientôt en état de prendre part à tous les grands travaux exécutés en Toscane pendant la seconde moitié du seizième siècle. Les ouvrages de Buontalenti sont pour ainsi dire innombrables, et je devrai me borner à indiquer les principaux. La villa de Bratonilo, qu'il construisit pour le grand-duc François Ier, lui fit le plus grand honneur; on remarqua que, sans cour intérieure et sans aucun espace vide, il avait su trouver le moyen de la bien éclairer. Dans cette villa, il put aussi déployer ses talents d'ingénieur, en y répandant à profusion des jets d'eau et des orgues hydrauliques, qui ont servi de modèle à tout ce qui depuis a été fait en ce genre. Dans le même temps, le modèle du palais appelé *le Casino*, derrière Saint-Marc de Florence, fit juger du bon goût de Buontalenti; tous les architectes du temps convinrent qu'il était impossible de réunir à une plus grande simplicité plus de richesse et d'agrément. Il répara ensuite les villas de Castello et de la Petraja, et dessina avec le Tribolo les jardins de Boboli, qui, avec leur majestueux amphithéâtre, leurs statues, leurs fontaines, ont le défaut de paraître plutôt une création de l'art que l'œuvre de la nature. Buontalenti bâtit à Florence la belle façade de *Santa-Trinità*, le palais Acciajuoli, aujourd'hui Corsini, une des façades du palais Strozzi de la *Via Maggia*, celle du palais Riccardi de la *Via de' Servi*, celles du palais Martelli et de l'hôpital de *Santa-Maria-Nuova*; dans ce dernier ouvrage il fut aidé par Giulio Parigi, son élève. Buontalenti construisit encore la façade intérieure de l'église *Santa-Maria-Maggiore*, et fonda la fameuse chapelle des Médicis, qu'il conduisit jusqu'à la hauteur du soubassement. La galerie du Musée fut érigée sur ses dessins au-dessus du bâtiment des *Uffizj*, ouvrage de Vasari, et c'est à lui qu'on doit la charmante rotonde connue sous le nom de *la Tribune*, où se trouvent réunis, sous une coupole de nacre de perle, les chefs-d'œuvre de la sculpture antique et de la peinture moderne. Buontalenti termina, d'après les dessins de l'Ammanati, la distribution et la décoration du palais Pitti; enfin, à Pise, il éleva la façade de l'église Saint-Étienne; construisit, en 1560, l'arsenal des Galères et la *Loggia di Branchi;* et bâtit à Sienne le palais du grand-duc, et à Pistoja, en 1588, le palais Sozzifanti. Malgré le grand caractère qu'il sut imprimer à l'ensemble de ses monuments, Buontalenti peut encourir le reproche d'avoir par son exemple trop autorisé l'abus du caprice dans l'ornementation, et de s'être parfois permis des écarts que le bon goût réprouve. Nommé ingénieur en chef de toute la Toscane, il bâtit la nouvelle citadelle de Livourne et la fameuse forteresse du Belvédère à Florence; fortifia Grosseto et Prato, et ajouta plusieurs bastions à l'enceinte de Pistoja. Il fortifia aussi Tronto, dans le royaume de Naples; et Porto-Ferrajo, dans l'île d'Elbe. Il jeta plusieurs ponts en Toscane, éleva des digues, et construisit une foule de machines aussi ingénieuses qu'utiles. Il passe pour avoir perfectionné l'usage du canon, et avoir donné la première idée des bombes et des mortiers.

Buontalenti excella dans les décorations de théâtre, dans l'ordonnance des fêtes publiques, et surtout dans la composition des feux d'artifice, ce qui lui fit donner le surnom de *Bernardo delle Girandole* (des fusées). Il avait trouvé le moyen de conserver la glace et la neige; et le grand-duc, pour le récompenser, lui donna à perpétuité le produit de l'impôt dont on frappa ces matières. Au milieu de toutes ces occupations, Buontalenti trouva encore le temps de se distinguer dans un genre de peinture qui paraissait peu fait pour la vivacité de son génie : il réussit dans la miniature, au point que plusieurs de ses ouvrages furent envoyés par le grand-duc François Ier à l'empereur et au roi d'Espagne. Ses peintures sont rares, et on ne connaît de lui à Florence que son portrait, qui fait partie de la collection iconographique du Panthéon ; et une *Sainte Famille* en miniature, qui se trouve également dans la galerie publique.

Buontalenti était d'un caractère gai et bienveillant ; il avait ouvert dans sa propre maison de la *Via Maggia* une école publique qui fut fameuse dans toute l'Europe, et devint le rendez-vous des étrangers et des artistes de tout genre. Les plus célèbres parmi les élèves de ce grand artiste furent Giulio Parigi, Agostino Migliorini, Gherardo Salviani, Ludovico Cigoli et Bernardino Poccetti.   E. BRETON.

Cicognara, *Storia della Scoltura*. — Bottari, *Note alle Vite del Vasari*. — Orlandi *Abbecedario*. — Lanzi, *Storia pittorica*. — Ticozzi, *Dizionario*. — Romagnoli, *Cenni di Siena*. — Morrona, *Pisa illustrata*. — Fantozzi, *Nuova Guida di Firenze*. — Quatremère de Quincy, *Dictionnaire d'Architecture*.

BUONTEMPI (*George-André-Angelini*), compositeur, musicographe et poëte italien, né à Pérouse vers 1630, mort vers 1700. Il fut maître de chapelle à Rome et à Venise. Attaché ensuite au service de Chrétien-Ernest, margrave de Brandebourg, il composa le premier opéra qui ait été entendu dans ce pays. Devenu directeur de la musique de l'électeur de Saxe, il occupa longtemps cette place. On a de lui : *Nova quatuor vocibus componendi Methodus*; Dresde, 1660; — *Istoria della Ribellione d'Ungharia*, 1672; —

Tractatus in quo demonstrantur occultæ convenientiæ sonorum systemati participati; Bologne, 1650; — *il Paride, opera musicale*; Dresde, 1662; — *Storia musica*; Pérouse, 1695; *Dell' origine de' Sassoni*; ibid., 1697 et 1704.

Mazzuchelli, *Scrittori d'Italia*. — Tiraboschi, *Storia della Lett. ital.*

***BUONVICINO** (*Alessandro*), dit *le Moretto da Brescia*, peintre de l'école vénitienne, né à Rovato, bourg du territoire de Brescia, dans les dernières années du quinzième siècle, mort vers 1560. Ses tableaux sont souvent signés *Moretus Brixiensis* ou *Alexander Brixiensis*. Il fut d'abord élève de son père, puis successivement de Floriano Terramola et du Titien. Il tira aussi grand profit de l'étude des gravures de Marc-Antoine, d'après Raphaël. Il travailla à fresque et surtout à l'huile à Brescia, Milan, Bergame, Vérone et Trente. Son plus ancien ouvrage connu est daté de 1515. Il suivit d'abord les traces du Titien; mais, s'étant ensuite passionné pour Raphaël, il changea de manière, et se créa un style entièrement nouveau, à la fois simple, gracieux et élevé. Son coloris, généralement argentin, le fait distinguer facilement des autres maîtres vénitiens, et particulièrement de ceux qui, sortis de l'école du Titien, ont adopté une harmonie chaude et dorée. Son principal caractère est un jeu de reflets blancs et de masses d'ombres, bien combinés entre eux et savamment opposés; ses fonds sont clairs, et font admirablement ressortir ses personnages. Enfin, il entendait parfaitement l'architecture et la perspective. Ses principaux ouvrages sont, dans l'ancienne cathédrale de Brescia, un *Prophète Élie*, figure dont l'expression a quelque chose de terrible; à Saint-André de Bergame et à Saint-George de Vérone, plusieurs saints ; enfin à Milan, quelques tableaux au musée; et *la Chute de saint Paul*, à *Santa-Maria presso San-Celso*. La galerie de Florence possède de lui *Vénus pleurant la mort d'Adonis*, et *la Descente de J.-C. aux limbes*. Nous avons au Louvre deux tableaux de ce maître: *Saint Bernardin de Sienne et saint Louis de Sicile; saint Bonaventure et saint Antoine de Padoue*. Buonvicino excellait dans les portraits, et fut dans cet art le maître du Morone.
                                            E. B—N.

Zamboni, *Memorie storiche di Brescia*. — Ridolfi, *Vite de' Pittori veneti*. — Cozzando, *Ristretto della Storia bresciana*. — Averoldi, *Guida di Brescia*. — Villot, *Musée du Louvre*.

***BUONVICINO** (*Ubaldo*), peintre bolonais, vivait dans la seconde moitié du dix-huitième siècle. Il fut élève et imitateur de Giuseppe Pedretti, et travailla beaucoup dans sa patrie.
                                            E. B—N.

Malvasia, *Pitture, scolture e architetture di Bologna*.

BUONVICINO (*Ambroise*). *Voy.* BONVICINO.

BUPALUS, architecte et sculpteur grec, natif de Chio, vivait dans le sixième siècle avant J.-C. Il exécuta pour la ville de Smyrne une statue de la Fortune tenant à la main une corne d'a-

26.

bondance, et portant sur sa tête un emblème du *pôle* (1); il fit aussi pour la même ville trois statues en or, représentant les Grâces, ouvrage qu'il répéta depuis pour le roi Attale.

<small>Pline, liv. 36, c. 3. — Suidas, sub verbo *Hipponax*. — Pausanias.</small>

BUQUET (*César*), industriel français, vivait dans la seconde moitié du dix-huitième siècle. Il rendit d'importants services à l'hôpital général de Paris, dont il était meunier, en perfectionnant les moutures de manière à épargner, par jour, près de seize cents livres de pain; et ce pain était, en outre, meilleur et plus substantiel que celui de ses prédécesseurs. On a de lui: *Manuel du Charpentier des moulins et du Meunier*; Paris, 1775, in-8°; réimprimé sous le titre de *Manuel du Meunier et du Constructeur de moulins*; ibid., 1791, in-8°; — *Traité pratique de la conservation des grains, des farines, et des étuves domestiques*; ibid., 1783, in-8°; — *Mémoire sur les moyens de perfectionner les moulins et sur la mouture économique*; ibid., 1786, in-12.

<small>Le Bas, *Dictionnaire encyclopédique de la France*.</small>

BUQUOI. *Voy.* Bucquoi.

BURAT (*Henri-Joseph-Edme*), littérateur français, né à Mortagne le 29 décembre 1755. Après avoir exercé le saint ministère dans sa ville natale, il vint se fixer à Paris. Échappé aux massacres de septembre 1792, il trouva le moyen d'avoir un emploi dans l'armée du Nord. Revenu à Paris, il s'associa avec un maître de pension. Ses principaux ouvrages sont: *Manuel géographique*; Paris, 1811, in-12; — *Leçons élémentaires sur la rhétorique, la littérature et la versification française*; ibid., 1812, 1813, in-12; — *Traité sur les participes*; ibid., 1817, in-12.

<small>Quérard, *la France littéraire*. — *Biographie portative des Contemporains*.</small>

BURAT DE GURGY (*Edmond*), romancier et poëte dramatique français, né en 1810, mort le 8 mars 1840. Ses principaux ouvrages sont: *Un Duel sous Charles IX*; Paris, 1830, in-8°; — *Un Bal*; ibid., 1834, in-8°; — *Paillasse, épisode de carnaval*, roman d'un cynisme révoltant; ibid., 1834, in-8°; — *la Jeunesse d'un grand roi*; ibid., 1836, in-18.

<small>Quérard, suppl. à la *France litt*. — Granier de Cassagnac, *Discours prononcé sur la tombe de Burat de Gurgy*; Moniteur de 1840.</small>

*** BURATTI** (*Girolamo*), peintre de l'école florentine, travaillait dans les premières années du dix-septième siècle à Ascoli, où, dans l'église de la Charité, il peignit le beau tableau de *la Crèche*, et quelques fresques tirées du Nouveau Testament. A Florence, au palais Buonarroti, on voit de lui une figure allégorique de *la Patience*,

<small>(1) Les interprètes sont divisés sur la signification de ce mot: d'après les uns, c'est le pôle du monde, ou le globe terrestre; d'après les autres, la corne d'abondance.</small>

représentée sous la forme d'une femme à moitié vêtues soutenant un rocher. E. B—N.

<small>Ticozzi, *Dizionario*. — Fantozzi, *Nuova Guida di Firenze*.</small>

*** BURATTI** (*Carlo*), architecte romain, vivait dans la première moitié du dix-huitième siècle. Sous Clément XII, il construisit l'église de *Gesù Bambino*, qui fut achevée par Fuga. E. B—N.

<small>Pistolesi, *Descrizione di Roma*.</small>

*** BURBARINI** (*Deifebo*), peintre, né à Sienne en 1619, mort en 1680. Il a laissé dans sa patrie un grand nombre de fresques, dont les principales sont au palais public et à l'oratoire de Saint-Louis et Saint-Gérard. E. B—N.

<small>Romagnoli, *Cenni storico-artistici di Siena*.</small>

BURCH (*Adrien* VAN DER), poëte flamand, natif de Bruges, mort en 1606. Ses principaux ouvrages sont: *Laudes Hieronymi Columnæ et Ascanii Columnæ*; Anvers, 1582, in-4°; — *Epigrammatum sacrorum Centuriæ II*; Leyde, 1589, in-8°; — *Fides et Spes*; ibid., 1595, in-8°; — *Charites, sive Sylvæ piorum amorum*; ibid., 1595, in-8°; — *Farrago piarum similitudinum*; ibid., 1598, in-8°; — *Pia decasticha, seu sententiarum et exemplorum centuriæ III*; 1599, in-8°; — *Oculi et oscula*, etc.; Utrecht, 1600, in-4°; — *Pia solatia*; ibid., 1602, in-4°.

<small>André, *Biblioth. Belgica*. — Burmann, *Trajectum eruditum*. — Sweert, *Athenæ Belgicæ*.</small>

BURCH ou **BURCHT** (*François* VAN DER), célèbre prélat français, né à Gand le 26 juillet 1567, mort à Mons le 23 mai 1644. Issu d'une famille noble, encore florissante aujourd'hui, et qui a donné à la littérature du seizième siècle plusieurs écrivains de talent, Van der Burcht entra dans les ordres, entraîné par une vocation irrésistible. De l'évêché de Gand, auquel son mérite l'avait élevé et non point ses grandes alliances dans les Pays-Bas, il fut appelé, le 14 juin 1615, au siège de Cambrai. Prélat actif, laborieux, d'une piété rare, Van der Burcht ne songea pas seulement aux besoins actuels de son diocèse; sa tendre sollicitude s'étendit au bien-être des générations qui devaient remplacer celle à qui il a donné l'exemple de toutes les vertus: c'est dans cette vue qu'il consacra tout son patrimoine et la meilleure partie des revenus de son archevêché à assurer la moralité et l'instruction des classes pauvres, par la création d'une foule d'institutions de bienfaisance. La plupart fonctionnent encore aujourd'hui sur leurs bases primitives, témoignage non équivoque de l'excellence du jugement et de la justesse des vues de ce vertueux évêque. La plus importante de ces fondations est connue dans le Cambrésis sous le nom de Sainte-Agnès. C'est un asile destiné à recevoir quatre-vingts à cent jeunes filles appartenant à la classe ouvrière, nées de parents catholiques à Cambrai, Ors, le Cateau et Catillon. Admises gratuitement comme pensionnaires, dès l'âge de douze ans, dans une vaste maison que Van der Burcht a fait construire lui-même à ce dessein, elles reçoivent une instruction appropriée à la position pour laquelle on les élève, c'est-à-dire propre à former des domestiques intelligentes et dévouées, et de laborieuses femmes d'artisans. A leur sortie de l'hospice, où elles ne peuvent rester que jusqu'à vingt et un ans, elles reçoivent des secours en argent ; et lorsqu'elles se marient, une petite dot prise sur un fonds de réserve alimenté par leurs travaux journaliers.

On a cru longtemps que c'était sur le plan de la fondation Van der Burcht, mais pour répondre à d'autres besoins, que Louis XIV, ou plutôt madame de Maintenon, avait dressé les statuts de la maison de Saint-Cyr. Le fait paraît douteux, quoiqu'il y ait entre les deux institutions plusieurs points communs. Il serait trop long d'énumérer toutes les maisons de refuge, tous les asiles que Van der Burcht a ouverts à l'indigence, ou dont il a su accroître les ressources pendant son épiscopat, tant à Cambrai qu'à Gand, Enghien, Lessines, le Cateau, le Quesnoy, etc., etc. Mais son plus beau titre de gloire, à notre sens du moins, c'est d'avoir résolu le problème de l'instruction gratuite et obligatoire, résolu autant qu'il peut l'être, en fondant une école dite *Dominicale*, où des secours en argent, en pain, etc., sont accordés aux enfants pauvres qui les fréquentent avec assiduité.

Le seul reproche que l'on puisse adresser à Van der Burcht, c'est d'avoir partagé quelques préjugés de son siècle. On sait, par exemple, témoin l'abbé Foulon, son secrétaire et son panégyriste, que ce modèle des philanthropes chrétiens administra, durant son épiscopat, le sacrement de la confirmation à plus de cent vingt mille personnes, parce qu'il attribuait à l'onction sainte « le pouvoir de mettre ceux qui l'avaient reçue à l'abri des entreprises des sorciers, magiciens, et autres agents du démon. » Mais cette légère faiblesse d'esprit ne projette pas sur ce bienfaiteur assez d'ombre pour obscurcir les vertus éminentes qui lui ont valu le titre à jamais glorieux de *Père des pauvres*.

On a imprimé quelques-uns des mandements, lettres pastorales de Van der Burcht, ainsi qu'un règlement sur les ermites.

JEAN-PAUL FABER.

L. Foulon, *Epitome vitæ*, etc. — *Mémoires de la Société d'émulation de Cambrai*, 1809 et 1823. — C.-A. Lefebvre, *Notice sur Van der Burcht*, in-8°, 1850. — Leglay, *Cameracum Christianum*, in-4°, 1849, Lille.

BURCH (*Lambert* VAN DER), historien flamand, né à Malines en 1542, mort à Utrecht en 1617. Son principal ouvrage est : *Sabaudorum ducum, principumque historiæ gentilitiæ, libri II*; Leyde, 1599 ; Anvers, 1609, in-4°.

Sweert, *Athenæ Belgicæ*. — Burmann, *Trajectum eruditum*. — André, *Bibliotheca belgica*.

BURCHARD (*saint*), premier évêque de Würtzbourg, né en Angleterre, mort le 9 février 752. Il se rendit en Allemagne lorsque saint Boniface commençait à y prêcher l'Évangile, et le seconda avec zèle. Envoyé à Rome par Pépin le Bref, il plaida avec succès, auprès de Grégoire III, la cause du nouveau roi de France. Quand il fut de retour, Pépin lui donna le siége de Würtzbourg et des biens en Franconie. Burchard gouverna sagement son diocèse, et le convertit entièrement à la foi chrétienne. Il se démit de son évêché, et se retira dans la solitude de Hoymbourg. L'église célèbre la fête de saint Burchard le 14 octobre.

Egilword, *Vie de saint Burchard*. — Baillet, *Vies des Saints*.

BURCHARD ou **BOUCHARD**, en latin *Burcardus* et *Brocardus*, canoniste allemand, né dans les pays de Hesse, mort en 1026. Il s'attacha à Villegise, archevêque de Mayence, et devint précepteur de Conrad, dit *le Salique*. En 1006, Othon III le nomma évêque de Worms. Ce prélat ne fut pas moins recommandable par sa profonde science que par sa charité et sa vie édifiante. Son principal ouvrage a pour titre : *Burcardus, magnum volumen canonum*; Cologne, 1548, in-fol. Burchard nous a conservé les canons du concile de Seligenstadt.

Fabricius, *Bibl. lat. med. æt.* — Moréri, *Dict. hist.* — Baronius, A.C. 1026, 1026. — Trithème et Bellarmin, *De Script. eccles.* — Possevin, *Appar. sac.* — Sainte-Marthe, *Gall. christ.*, etc.

BURCHARD, prélat allemand, vivait dans le milieu du onzième siècle. Henri IV, empereur d'Allemagne, le fit évêque d'Halberstadt en 1060, et le chargea, en 1061, d'aller régler les différends entre Alexandre II et Honorius II, qui se disputaient la tiare. Burchard, sans avoir égard aux intentions de son souverain, se prononça en faveur d'Alexandre II ; il se rangea même, à son retour en Allemagne, du côté des ennemis de Henri IV, et lui fit une guerre acharnée. Il essuya des revers, et s'enfuit en Hongrie. Une conférence où devait avoir lieu la réconciliation se changea en une querelle sanglante. Burchard y fut blessé à mort.

Leukfeld, *Anquit*.

BURCHARD, théologien ascétique français, mort à l'abbaye de Bellevaux, près de Besançon, le 19 avril 1162. Il embrassa la vie religieuse, et se mit sous la direction de saint Bernard, à Clairvaux. Élu en 1136 abbé de Balerne, dans le comté de Bourgogne, il fut transféré, dans la suite, à l'abbaye de Bellevaux. Il ne nous reste de lui que deux opuscules : une *lettre* à Nicolas, moine de Clairvaux, dans la *Bibliotheca maxima Patrum*, t. XXI, p. 523 ; — un *appendice* à la vie de saint Bernard, dans l'édition des œuvres de ce saint donnée par Mabillon, t. II.

Daunou, dans l'*Hist. litt. de France*, t. XIII, p. 323.

BURCHARD, chroniqueur allemand, natif de Biberach, en Souabe, mort en 1226. Il embrassa la règle des Prémontrés, et devint abbé d'Ursperg. On lui attribue la partie de la *Chronique d'Ursperg*, qui contient l'histoire de Frédéric Barberousse et des princes de sa maison.

L'abbé de Wong, *Lettre adressée à George*, abbé de Reggenburg. — George, *Spiritus litterarius Norbertinus vindicatus*; Augsbourg, 1771.

BURCHARD, archevêque de Magdebourg, mort en 1305. Il était fils puîné de Sigefroi, comte de Blankenbourg, chanoine de Magdebourg et d'Halberstadt, et devint le successeur de l'archevêque Éric par une élection que le pape Boniface VIII confirma. Ce pontife, l'an 1296, à la demande de Burchard, chargea l'évêque de Naumbourg de chercher avec lui à faire rentrer à la mense archiépiscopale les biens qui en avaient été aliénés. Ce ne fut pas le seul bien temporel que Burchard fit à son église : il engagea, l'an 1298, Burchard, comte de Mansfeld, à lui céder, à titre de fief, ses terres de Walderode. En 1301, il acheta du margrave Thierri le Jeune, pour six mille marcs d'argent, la féodalité de la Lusace. Par une confédération faite, l'an 1303, avec les collégiales et les monastères de son diocèse, il prit des mesures pour empêcher ses successeurs d'aliéner en aucune manière les terres ou les droits de son église. Il ne veilla pas seulement à ses intérêts temporels, il édifia son diocèse par sa piété, qu'il fit éclater principalement envers les pauvres. Son grand soin fut d'entretenir l'harmonie parmi les bourgeois. Il eut parmi ses vassaux des ennemis, qui, l'ayant attaqué de nuit dans l'église, l'auraient enlevé, sans le prompt secours que ses fidèles ouailles lui apportèrent.

Art de vérifier les dates, t. X, part I, p. 483.

BURCHARD (*Jean*), chroniqueur, natif de Strasbourg, mort le 6 mai 1505. Il fut d'abord clerc des cérémonies pontificales, et devint dans la suite évêque de Città-di-Castello. On a de lui : *Ordo pro informatione sacerdotum*; Rome, 1509, in-4°; Venise, 1572, in-8°; — *Diarium d'Alexandre VI*, publié par Eccard dans le t. II des *Scriptores medii ævi*; Leipzig, 1732. On en trouve un extrait dans les *Notices des manuscrits de la Bibliothèque impériale à Paris*.

Ughelli, *Italia sacra*. — Fabricius, *Biblioth. latina mediæ ætatis*. — Foncemagne, *Mém. de l'Acad. des belles-lettres*, t. XVII.

BURCHARD. *Voy.* BROCARD.

BURCHARDUS. *Voy.* BURCHARD.

BURCHELATI (*Barthélemy*), médecin, philosophe et littérateur italien, né à Trévise vers 1548, mort le 29 septembre 1632. Il enseigna la médecine dans sa ville natale. Ses principaux ouvrages sont : *Tyrocinia poetica*; Padoue, 1577 et 1578, in-4°; — *Trattato degli spiriti di natura, secondo Aristotile e Galeno*; Trévise, 1591, in-4°; — *Charitas, sive Convivium dialogicum septem physicorum*; ibid., 1593, in-4°; — *Commentarium memorabilium historiæ Tarvisinæ*; ibid., 1616, in-4°; — *Mediolanum, sive itinerarium Hieronymi Bononii, senioris Tarvisinii, carmen epicum*; ibid., 1626, in-4°; — des poésies latines et italiennes, insérées dans plusieurs recueils.

David Clément, *Bibliothèque curieuse*, t. I, p. 422. — Tiraboschi, *Storia della lett. ital.*

BURCHIELLO (*Dominique*), poëte italien, mort à Rome en 1448. Fils d'un barbier, il garda la profession de son père, et l'exerça à Florence au commencement du quinzième siècle. Malgré sa basse extraction, Burchiello était fêté. Dans sa barberie se réunissaient des grands et des artistes, que réjouissaient les folies et les traits d'esprit du barbier-poëte. Les *sonetti di Burchiello* n'ont pas eu moins de vingt éditions dans tous les formats. La première est celle de Bologne, 1475, in-4°; la meilleure de toutes est celle de Florence, 1568, in-8°, avec les commentaires de Doni; Venise, 1556, in-8°; sous le titre de *Rime*, Florence, 1760.

Tiraboschi, *Storia della letteratura italiana*. — Ginguené, *Histoire littéraire d'Italie*. — Manni, *Veglie piacevoli*; Venise, 1762.

BURCKHARD (*François*), philosophe allemand, mort à Bonn le 6 août 1584. Il fut conseiller intime et chancelier de l'électeur de Cologne. On a de lui : *De autonomia*, ou *Du libre rétablissement des croyances diverses*, ouvrage posthume; Munich, 1586, in-4°; réimprimé en 1593 et 1602.

Foppens, *Bibl. Belg.* — Hartzheim, *Biblioth. Coloniensis*. — Freytag, *Nachrichten von seltenen Büchern*. — Clément, *Bibliothèque curieuse*.

BURCKHARD (*Jacques*), jurisconsulte suisse, né à Bâle en 1642, mort en 1720. Il fut successivement professeur de droit à Sedan, à Herborn et à Bâle. On a de lui : *Disp. de Contractibus innominatis*; Bâle, 1611, in-4°; — *De Testamentis*; ibid., 1623.

Athenæ Rauricæ.

BURCKHARD (*Jacques*), bibliographe et antiquaire allemand, né à Sulzbach en 1681, mort à Wolfenbüttel le 23 août 1753. Il devint bibliothécaire et conseiller du duc de Brunswick, et joignit à l'étude des livres celle des antiques et des médailles. Ses principaux ouvrages sont : *De lingua latinæ in Germania per XVII secula amplius fatis*; Hanovre, 1713, in-8°; Wolfenbüttel, 1721, in-8°; — *De Ulrichi de Hutten fatis ac meritis*; Wolfenbüttel, 1717-1723, in-8°; — *Historia bibliothecæ Augustæ quæ Wolfenbutteli est*; ibid., 1744-1745, in-4°; — *Museum Burckhardidianum: t. I, complectens Bibliothecam, t. II, Numophylacium*; ibid., 1750, in-4°.

Catalogus Bibl. Bunav., t. I, vol. II. — Cramer, *Elogium Jacobi Burckhardi*, dans les *Actes de la Société de Iena*, vol. II, n. 11, p. 293.

BURCKHARD (*Jean-Henri*), médecin et botaniste allemand, né en 1672 à Wolfenbüttel, mort en 1738. Il est surtout connu par sa lettre à Leibniz : *De Charactere plantarum naturali*, 1702; avec une longue préface de Heister; Helmstædt, 1750, in-12. Cette lettre, dans laquelle l'auteur indiqua le premier la classification des plantes d'après les organes de la génération, précéda le système de Linné; mais il n'est pas prouvé que ce grand naturaliste en ait eu connaissance. Le catalogue de la bibliothèque de Burckhard, publié à Helmstædt en 1743, témoigne de la variété des connaissances de ce savant.

Adelung, supplément à Jöcher, *Allgemeines Gelehrten-Lexicon*.

BURCKHARDT (*Jean-Charles*), astronome allemand, né à Leipzig le 30 avril 1773, mort à Paris le 21 juin 1825. L'étude des mathématiques l'amena naturellement à celle de l'astronomie. Il s'occupa surtout du calcul des éclipses de soleil et des occultations des étoiles, à l'effet de déterminer les longitudes géographiques. Il ne s'appliqua pas avec moins de zèle à l'étude des langues modernes, pour connaître les travaux sur l'astronomie publiés dans tous les pays. Il composa en latin un traité sur la méthode d'analyse combinatoire (Leipzig, 1794). Recommandé à Zach de Gotha, il le seconda dans l'observation de l'ascension droite des étoiles, et étudia sous lui l'astronomie pratique. Lors de son voyage à Paris en 1797, Zach recommanda Burckhardt à Lalande, qui le prit chez lui. Il se fit bientôt remarquer par son calcul de la marche des comètes, et prit une part très-active dans tous les travaux du neveu de Lalande, à l'observatoire de l'École militaire. Il traduisit en allemand les deux premiers volumes de la *Mécanique céleste* de Laplace. Nommé astronome-adjoint au Bureau des longitudes, il reçut ses lettres de naturalisation (1799), et devint astronome à l'observatoire de l'École militaire après la mort de Lalande.

Son savant *Traité sur la comète de* 1770, qui devait reparaître tous les cinq ou six ans, et qui ne fut cependant aperçue par aucun astronome, fut couronné par l'Institut, et inséré dans les Mémoires de cette compagnie, pour l'année 1806. Les *Tables de la Lune* (faisant partie des *Tables astronomiques* éditées par le Bureau des longitudes), que publia Burckhardt en 1812, sont les meilleures jusqu'à présent, et celles que préfèrent les astronomes. Les *Tables axillaires* qu'il a publiées en 1814 et 1816, pour les calculs astronomiques, servent principalement aux travaux du Bureau des longitudes. On a enfin de cet astronome plusieurs mémoires ou notices estimées dans le Recueil de l'Académie des sciences, et dans la Correspondance astronomique du baron de Zach. [*Enc. des g. du m.*]

Ersch et Gruber, *Allgemeine Encyclopædie*.

BURCKHARDT (*Jean-Louis*), célèbre voyageur suisse, né à Lausanne en 1784, mort au Caire le 15 octobre 1817. Il fut l'un des voyageurs dont les recherches, entreprises avec les connaissances préliminaires les plus approfondies, ont produit le plus de résultats utiles. Son père, accusé d'avoir traîtreusement livré aux Autrichiens la tête de pont d'Huningue, avait déjà l'échafaud pour perspective, lorsqu'il parvint à produire des preuves authentiques de son innocence; mais les persécutions du parti français l'obligèrent à prendre la fuite et à entrer dans un régiment suisse à la solde de l'Angleterre, pour sauver sa famille.

Le jeune Burckhardt, confié aux soins d'un gouverneur, fréquenta pendant deux années le gymnase de Neufchâtel; il fit ensuite ses études universitaires à Leipzig, et, à dater de 1804, à Gœttingue, où son ardeur pour la science, son application, ses talents et l'aimable vivacité de son esprit lui méritèrent l'attachement de tous ceux qui le connaissaient. Ses études finies, il revint en 1805 à Bâle, où il demeura pendant quelque temps au milieu de sa famille. Sans tenir compte d'une proposition qui lui avait été faite d'entrer dans la carrière diplomatique, il fit, dans le mois de juin de l'année suivante, un voyage à Londres. Une lettre de recommandation que lui avait donnée le célèbre Blumenbach pour sir Joseph Banks l'introduisit chez ce savant Anglais, qui a rendu de si grands services aux sciences naturelles et géologiques, et chez Hamilton, le trésorier et le secrétaire de la Société africaine. Comme cette société se proposait d'envoyer un second voyageur dans l'intérieur de l'Afrique par la route qu'avait antérieurement suivie Hornemau (*voy.* ce nom), on accepta, en 1806, l'offre que fit Burckhardt d'entreprendre ce voyage. Après s'y être préalablement préparé au moral comme au physique, il reçut en 1809 sa procuration et ses dernières instructions. Endurci par toutes sortes d'épreuves (il s'était soumis, au milieu des jouissances de la vie, à des jeûnes volontaires, au tourment de la soif, et avait passé des nuits entières sur le pavé des rues), familier avec la langue arabe, qu'il avait étudiée avec soin à Cambridge, il s'embarqua le 14 juillet pour Malte, où, s'étant laissé pousser la barbe, il adopta le costume oriental. Sous le nom de *cheik Ibrahim*, il partit pour se rendre en Syrie, afin d'y étudier les mœurs et les langues de l'Orient à l'école d'Alep. Après un séjour de deux années, il parlait la langue vulgaire avec une telle facilité, qu'il put fort bien se faire passer pour un marchand indien ou arabe. Il visita alors Palmyre, Damas, le mont Liban et d'autres contrées, et se rendit au Caire pour y attendre la caravane avec laquelle il pourrait partir pour le Fezzan. Dans un voyage qu'il entreprit encore (1812), il remonta le Nil jusqu'en Nubie, et pénétra jusqu'à Dongola. Il parcourut ensuite en 1814, sous le costume d'un simple marchand turc ou syrien, tout le désert nubien qu'avait déjà visité Bruce, et pénétra, après d'innombrables difficultés, par Berber et Suakin, jusqu'à la mer Rouge, et de là, par Djedda, jusqu'à la Mecque. Son but principal était d'étudier l'islamisme à sa source, afin de devenir de plus en plus capable d'exécuter son grand plan de voyage. Après avoir passé quatre mois à la Mecque, il se joignit à une troupe de plusieurs milliers de pèlerins qui se rendaient au saint pèlerinage du mont Ararath, et prit dès lors le titre, si vénéré dans l'Orient, de *hadji*, qui veut dire *pèlerin*. Il était alors si bien initié à la langue et aux coutumes religieuses des musulmans, qu'un doute s'étant un jour élevé au sujet de sa croyance religieuse, deux ulémas lui firent subir un examen sévère, tant sur la partie théorique que sur la partie pratique du Coran; et qu'après cette épreuve il fut non-seulement déclaré vrai croyant, mais encore un moslem d'une grande érudition. Il revint en 1815 au Caire, où il apprit la mort de son père. Dans le courant d'avril 1816, il fit l'ascension du mont Sinaï; ce fut sa dernière course.

A son retour au Caire le 16 juin 1816, il travailla sans relâche à ses études mathématiques et d'histoire naturelle, et à la rédaction de ses différents journaux de voyage. Les lettres qu'il écrivit à cette époque à Banks et à Hamilton témoignent de la contrariété que lui donnait le retard de son voyage projeté. Arriva enfin la caravane de Fezzan, qu'il attendait depuis si longtemps; son départ était fixé pour le mois de décembre 1817, et déjà Burckhardt s'imaginait avoir atteint à moitié son but, lorsqu'il fut soudain attaqué d'une fièvre violente qui l'emporta au bout de quelques jours. Il mourut en disant: « Écrivez à ma mère que ma dernière pensée a été pour elle. » Ses restes furent déposés dans le champ de repos des mahométans, avec tous les honneurs dus à ses titres de cheik et de hadji. Dans sa dernière volonté, qu'il dicta au consul général britannique, il destina 1,000 piastres à son ami Osman, un Irlandais de naissance, que Méhémed-Ali avait rendu à la liberté sur les instances de Burckhardt; 400 piastres à Shaharti, son domestique, et 1,000 piastres aux pauvres de Zurich. Il fit don de tous ses manuscrits orientaux, qui se montaient à 350 volumes, à la bibliothèque de Cambridge. Quelque temps auparavant, il avait déjà, conjointement avec le consul général Salt et le savant Belzoni (*voy*. ce nom), envoyé de Thèbes en Angleterre la fameuse tête colossale de Memnon, du poids de 300 quintaux, et, dans cet envoi, il avait supporté la moitié des frais de transport.

« Jamais, écrivait-il dans une lettre adressée du Caire à son frère, sous la date du 13 mars 1817, jamais je n'ai dit un seul mot sur ce que j'ai vu et rencontré, que ma conscience ne justifie pleinement; car ce n'a pas été pour écrire un roman que je me suis exposé à tant de dangers. »

Les relations des voyages de Burckhardt se distinguent de toutes les autres par leur fidélité et leur exactitude. Il était né pour les voyages et les découvertes. Son énergie, sa patience, ses principes d'honneur, le cas qu'il faisait du mérite des autres, son éloignement pour tout ce qui n'était pas conforme à la justice et à la droiture, ne le caractérisaient pas moins que sa reconnaissance pour les bienfaits reçus, et son dévouement sans bornes quand il s'agissait d'alléger les souffrances des autres. Belzoni, qui le rencontra en Égypte et qui apprit bien à le connaître, le regardait comme l'homme le plus sincère, le plus amant de la vérité et le plus désintéressé qu'il eût jamais connu. Sans vanité et sans ambition, Burckhardt n'eut en vue que les progrès de la science.

De toutes ses communications géographiques, la plus importante est celle qui a rapport à la forme du golfe d'Akaba, jusqu'alors fort peu connu. La *Description des voyages de Burckhardt en Nubie* parut (en anglais) à Londres en 1819; la Relation de ses courses en Syrie et sur le mont Sinaï en 1822, et celle de ses voyages en Arabie en 1829, en 4 volumes. Ses *Notes on the Bedouins and Wahabis* (Londres, 1830, in-4°), et ses *Arabic proverbs, or the manners and customs of the modern Egyptians illustrated* (Londres, 1831, in-4°), sont deux ouvrages du plus grand mérite. [*Enc. des g. du m.*]

Notice (en allemand) *sur la vie et le caractère de Burckhardt, tirée de communications de famille encore inédites;* Bâle, 1828.

*BURCY (*Pierre-Auguslin-François* DE), général français, né à Caen le 7 décembre 1748, mort le 26 novembre 1793. Lieutenant dans la gendarmerie nationale (19 juin 1791), il fut promu dans le même corps au grade de chef de brigade de la 2ᵉ division. Général de brigade le 11 septembre 1793, il se trouva à la défense des hauteurs de Saverne. La division dont ce général faisait partie semblait avoir perdu tout espoir de résister plus longtemps, lorsque Burcy rassemble à la hâte ses bataillons, et s'écrie: «Braves camarades, secondez-moi, et je vous promets la victoire!» Ce peu de mots suffisent pour ranimer les troupes démoralisées. Burcy se porta en avant, après avoir fait masquer son artillerie par quelques pelotons d'infanterie; et à vingt pas de l'ennemi il démasqua ses pièces, et remporta la victoire. L'armée de Rhin-et-Moselle lui dut plus d'un succès. Au combat de Guntershoffen (26 novembre 1793), il s'élance le premier dans une redoute ennemie: la position est emportée à la baïonnette; mais, percé de plusieurs balles, Burcy paya de sa vie la victoire. Le nom de ce général est inscrit sur les tables de bronze du palais de Versailles. A. S—y.

Archives de la Guerre. — Tableau historique de Servan, t. II. — *Victoires et conquêtes*.

*BURDACH (*Charles-Frédéric*), physiologiste allemand, né à Leipzig le 12 juin 1776, mort le 16 juillet 1847. Il étudia dans sa ville natale, et y fut reçu médecin en 1800. Après s'être livré quelque temps à la pratique, il fut autorisé à faire des cours, devint professeur extraordinaire de physiologie et d'anatomie à Dorpat en 1811, et en 1814 à Königsberg, où il fut appelé à siéger comme conseiller au Collège de médecine. Il occupa, en dernier lieu, une chaire de professeur titulaire à l'université de Breslau. Ses principaux ouvrages sont: *Vom Baue und Leben des Gehirns und Rückenmarks* (De la structure et organisation du cerveau et de la moelle épinière), 2 vol.; Leipzig, 1819-1825; — *Die Physiologie als Erfahrungs-Wissenschaft* (De la physiologie considérée comme science expérimentale); Leipzig, 1826-1840 et 1835-1838, 6 vol. in-8°; trad. en français par Jourdain; — *Gerichtsaerztliche Arbeiten* (Travaux de médecine légale), 1 vol.; Stuttgart, 1839; — *Blick* *ins Leben* (Coup d'œil sur la vie), 4 vol.; Leipzig, 1842-1848; — *Der Mensch nach den verschiedenen Seiten seiner Natur* (l'Homme jugé d'après les faces diverses de sa nature; Stuttgard, 1836-1837; — *Umriss einer Physiologie des Nerven-Systems* (Essai d'une physiologie du système nerveux); Leipzig, 1844.

BURDACH (*Ernest*), fils du précédent, médecin allemand, est né en 1801. Après avoir étudié à Kœnigsberg, il devint professeur d'anatomie. On a de lui : *Beitrag zur Mikroskopischen Anatomie der Nerven* (Anatomie microscopique des nerfs); Königsberg, 1837; — *Anthropologie für das gebildete Publicum* (Anthropologie à l'usage du public éclairé); Stuttgard, 1847.

Conversations-Lexicon. — Callisen, *Medicinisches Schriftsteller-Lexicon.*

BURDETT (*sir Francis*), homme politique, baronnet anglais, né en 1770, d'une très-ancienne famille qui, depuis Guillaume-le-Conquérant, était établie dans Derbishire, mourut le 23 janvier 1844. Après avoir fini ses études à Oxford, il fit, au commencement de la révolution française, un voyage sur le continent, sous la conduite du savant Lechevalier, connu par son *Voyage de la Troade*. Sir Francis Burdett fut témoin des événements les plus remarquables de la révolution, et eut occasion de voir de près, dans les différentes cours qu'il visita, les hommes qui se trouvaient alors à la tête des affaires, et de pénétrer les motifs qui les faisaient agir. A son retour en Angleterre, il se maria avec la fille du riche banquier Thomas Coutts, et agrandit ainsi sa fortune, ce qui le mit en état de jouer, pendant les premières années de sa vie publique, le rôle d'homme populaire. En 1797 il hérita de la dignité et des grandes propriétés territoriales de son père. L'année précédente, il avait été nommé membre du parlement, comme représentant de Boroughbridge. Sir Francis entra dès lors dans les rangs de l'opposition, et s'attacha aux nouveaux whigs, qui se distinguèrent de ceux qui avaient pris la conservation intacte de la constitution pour leur *Credo* politique. Son ambition lui fit espérer de se placer à la-tête de ce parti. Son but était d'établir dans la chambre des communes une représentation véritable et sincère. Dès 1799, il eut occasion de gagner la faveur populaire en défendant ceux que la suspension de l'*habeas corpus* avait fait mettre en prison pour délits politiques. Le 13 février 1800, il s'opposa avec véhémence à la suspension réitérée de cet acte. Il parvint en 1802, par sa fortune et par l'emploi des expédients en usage dans les élections, à se faire nommer représentant du comté de Middlesex, le premier comté de l'Angleterre. On prétend que cette élection lui coûta plus de 40,000 liv. sterl., ayant loué toutes les voitures de place de Londres pour empêcher les partisans de son concurrent d'amener les électeurs qui lui étaient favorables. Il ne fut pas toujours d'accord avec les chefs de son parti; mais il fut le premier qui s'éleva avec force contre le faible ministère d'Addington. Après la mort de Pitt, et pendant le peu de temps que Fox se trouva à la tête des affaires, sir Francis Burdett vota avec le ministère; et quand, en 1807, il fut élu par Westminster, cette partie occidentale de Londres qu'il a depuis constamment représentée au parlement, son courage et son ambition grandirent, et il insista plus vivement sur la nécessité d'une meilleure représentation nationale. Lorsqu'en 1810 un pamphlétaire fut incarcéré pour avoir publié un écrit que la chambre des communes jugea attentatoire à ses prérogatives, sir Francis saisit cette occasion de se retremper dans la faveur populaire, et il adressa une circulaire à ses commettants. Les expressions peu mesurées dont il se servit pour défendre son opinion offrirent à ses adversaires un prétexte; cet écrit fut signalé au parlement, comme blessant la dignité de la chambre basse. Malgré tous les efforts de l'opposition, un mandat d'arrêt fut lancé contre lui. Cet acte de rigueur, auquel, soutenu par la multitude, il voulut d'abord résister, causa un grand concours de peuple devant sa maison. Ses amis parvinrent cependant à l'engager à se soumettre; il resta à la Tour de Londres jusqu'à ce que la session fût terminée. En 1812, lorsqu'il s'agissait d'abolir les traitements cruels infligés aux soldats dans l'armée anglaise, il parla avec force et dignité, mais avec aussi peu de succès que plusieurs autres de ses collègues.

Relativement aux affaires étrangères, sir Francis, ami de la paix avec la France, accusa les ministres de manquer aux traités en renversant l'empereur Napoléon, et en contribuant à la restauration des Bourbons. En 1818 il revint sur la nécessité d'une réforme parlementaire, et en 1819 il fut un des plus ardents antagonistes de lord Castlereagh, qui cherchait à limiter la liberté de la presse. Sans rester toujours à cette hauteur d'opposition, il conserva la confiance des électeurs. Ainsi que ses amis politiques, il se rapprocha du ministère lorsque George Canning fut à la tête de l'administration. Il se montra ardent défenseur de l'émancipation des catholiques d'Irlande, et en 1827 il chercha, par ses discours conciliateurs, à démontrer la nécessité de cette émancipation à ses plus opiniâtres adversaires. En 1828, son discours vraiment remarquable sur cette matière fit faire un pas immense à cette mesure importante, qui fut consommée l'année suivante. Dans la suite (1831 et 1832), Burdett se montra également partisan dévoué de la réforme parlementaire, et prêta l'appui de son talent d'orateur et de sa popularité à toutes les mesures qui signalèrent le passage des whigs au pouvoir; il se sépara d'eux cependant en 1837, et dans les dernières années de sa vie, épuisé de cette longue lutte, effrayé peut-être des idées nouvelles qui apparaissaient comme la conséquence naturelle des réformes accomplies, il abandonna en partie les principes qu'il avait défendus toute sa vie. [*Enc. des g. du m.* avec addit.]

Gentleman's Magasine, 1844. — Annual Register.

BURE ou **BURÆUS** (*André*), géographe suédois, né en 1571, mort en 1646. Charles IX, roi de Suède, le mit à la tête du cadastre, et le chargea de dresser une carte générale du royaume. Par ses travaux, Bure recula dans sa patrie les limites des sciences géographiques. On a de lui : *Orbis Arctoi inprimisque regni Sueciæ Tabula*; Stockholm, 1626, in-4°; — *Orbis Arctoi præsertim Sueciæ Descriptio*; ibid., 1626; Wittemberg, 1630, in-8°.

Gezelius, Biografiska-Lexicon.

BURE, BURÆUS ou **BUREUS** (*Jean*), antiquaire, historien et poëte suédois, né en 1568, mort en 1652. Il devint bibliothécaire du roi de Suède et antiquaire du royaume, et fut un des premiers qui fit des vers dans la langue suédoise. Sur la fin de ses jours, il eut la faiblesse de donner dans les rêveries de la magie. Ses principaux ouvrages sont : *Runa Ransionis, hoc est elementa runica usurpata a Sueco-Gothis veteribus*; Stockholm, 1599, in-8°; — *Relatio de Ratione et Via regiones septentrionales ad cultum reducendi, auctore Ditmarso quodam Jona Henricseno de Meldorp, versa in Sermonem popularem jussu regis Caroli*; Stockholm, 1604, in-8°; ibid., 1656, in-8°; — *Libellus Alphabetarius, litteris runicis cum interlinearibus Sueticis editus*; ibid., 1608, 1624, in-8°; — *Monumenta Helsingica a Thorone in Angedaal ante aliquot centurias annorum posita; subjuncta promissione præmii ab ipso imperandi qui lectionem eorum insolitam incognitamque potuerit demonstrare*; Stockholm, 1624, in-8°; — *Runa redux, seu regis Danix Waldemari prædictio de litterarum runicarum reditu ad suos, rhythmis Sueticis*; ibid., 1636, in-8°; — *Specimen primariæ linguæ Scantzianæ, continens declinationes nominum adjectivorum et substantivorum*, ibid., 1636, in-8°; — *Kerubniska, id est Supputatio temporum de diversis Domini Nostri J. C. regnis*, en suédois; Upsal, 1644.

Catherine BURE, née en 1602, morte en 1679, est fille de Jean Bure. Elle s'est fait remarquer par ses connaissances littéraires. On a imprimé sa correspondance avec Ven de la Skytte, autre Suédoise renommée.

Schæfer, Suecia litterata. — Gezelius, Biografiska-Lexicon. — Adelung, supplément à Jöcher, Allgemeines Gelehrten-Lexicon.

BURE (*Olaüs-Engelbert*), médecin et mathématicien suédois, né dans l'Angermanie, vivait dans la première moitié du dix-septième siècle. Son principal ouvrage est : *Arithmeticæ instrumentalis Abacus ratione nova, ex geometricis fundamentis atque supputatione, numerationes arithmeticas, proportiones simplices, multiplices, directas, reciprocas, disjunctas et continuas explicans, et eodem intuitu exempla plura ad oculos demonstrans*; Helmstædt, 1609, in-8°.

Schæfer, Suecia litterata.

BURE (DE). *Voy.* DEBURE.

BUREAU (*Jean*), seigneur de Monglat, ingénieur français, mort le 9 juillet 1463. Charles VII le créa maître de l'artillerie de France en 1430. Jean Bureau se signala dans les guerres contre les princes du sang et contre les Anglais, aux sièges de Pontoise, de Harfleur, de Bayeux, de Bergerac, de Libourne, de Sainte-Millon, des châteaux de Montyon et de Blaye.

Anselme de Sainte-Marie, Histoire généalogique et chronologique de la maison de France et des grands officiers de la couronne. — Moréri, Dict. hist.

BUREAU (*Laurent*), prélat français, natif de Dijon ou de Liernais, près de Saulieu, mort à Blois le 5 juillet 1504. Il entra dans l'ordre des Carmes, et devint évêque de Sisteron en 1494. Prédicateur éloquent et persuasif, il combattit les innovations religieuses, et ramena beaucoup d'hérétiques à la croyance de l'Église. On a de lui : *Helias in Laudem Eliæ, patriarchæ Carmelitarum*, poëme latin.

Trithème, de Script. eccl. — Gaguin, Ep. 54. — Possevin, App. sac. — Vossius, de Hist. lat. — Papillon, Bibliothèque des Auteurs de Bourgogne.

BUREAUX DE PUSY (*Jean-Xavier*), homme politique français, né en 1750 à Port-sur-Saône, mort à Gênes le 2 février 1805. Il entra en 1771 dans le génie militaire, et fut nommé député à l'assemblée constituante. Il s'y fit remarquer par sa modération, fut plusieurs fois porté à la présidence, et rédigea d'excellents rapports au nom du comité militaire. Après la session, il fut accusé de trahison avec la Fayette, puis déclaré innocent. Il sortit alors de France avec ce général, et partagea sa captivité dans la forteresse d'Olmutz jusqu'en 1797. Les victoires de Bonaparte lui rendirent la liberté. Après avoir séjourné quelque temps aux États-Unis, il revint en France au 18 brumaire, et fut nommé successivement aux préfectures de l'Allier, du Rhône et de Gênes. Il mourut après avoir fait de courageux efforts contre l'insurrection des Parmesans.

Le Bas, Dictionnaire encyclopédique de la France. — Guerre, Éloge hist. de J. X. Bureaux de Pusy; 1807, in-8°. — Quérard, la France littéraire.

*****BUREN** (*Martin* VAN), homme d'État américain, né à Kinderhook, comté de Columbia, le 5 décembre 1782. Il est fils d'Abraham Van Buren, qui appartenait à une famille de colons hollandais établie sur les rives de l'Hudson. Après avoir puisé dans les écoles de son lieu natal les premiers éléments de son instruction, il entra, à l'âge de quinze ans, chez un homme de loi appelé Francis Silvester, sous la direction duquel il travailla pendant six années. Vers la fin de 1802, il vint à New-York, et entra chez William Ness, autre homme de loi; puis, après avoir obtenu le droit de plaider, en qualité d'attorney, devant la cour suprême, il retourna à Kinderhook pour y exercer sa profession. Dès lors commença aussi son rôle politique. Démocrate prononcé, comme l'avait été son père, il soutint la candidature de Louis Morgan au gouvernement de New-York, contre celle d'Aaron Burr. En 1809, il s'établit et plaida à Hudson. Membre du sénat de New-York en 1812, il s'y fit remarquer par son talent oratoire, et surtout par ses efforts pour encourager la guerre contre les Anglais. En 1815, il fut nommé procureur général. Opposé à Wit Clinton, il perdit momentanément ses fonctions en 1817, lors de la nomination de Clinton au gouvernement de New-York. Le 6 février 1821, il fut appelé à siéger au congrès des États-Unis en qualité de sénateur.

Il s'y montra systématiquement opposé à la banque des États-Unis, à l'élévation des tarifs en matière de douanes, et à l'extension indéfinie et illimitée du droit électoral. En même temps il se prononça pour la vente et la cession aux États intéressés des terres appartenant à l'Union. Partisan du général Jackson, il fut nommé secrétaire d'État le 12 mars 1829 et ambassadeur à Londres en 1831. Cette nomination n'ayant pas été ratifiée par le sénat, il fut rappelé, mais dédommagé par son élection à la vice-présidence de l'Union, pendant que Jackson était de nouveau nommé président. Désigné par la convention nationale de Baltimore comme candidat à la présidence en 1835, il l'emporta de vingt-quatre voix sur MM. Clay, Webster et Harrisson. Son administration fut troublée dès le début par les embarras financiers que lui avaient légués celle du général Jackson. Ils furent tels, qu'il dut proposer au congrès extraordinaire, convoqué à cet effet, de rendre l'administration des finances du pays absolument indépendante de la banque des États-Unis, et de créer à la place, à Washington, un trésor central auquel ressortiraient des caisses provinciales. Le rejet de cette double proposition porta un coup décisif à la popularité du président. Ses fonctions cessèrent le 4 mars 1847; les efforts qu'il fit depuis pour être réélu ne furent pas couronnés de succès. V. R.

American History and Biography.

*BURET (*Eugène*), littérateur et économiste français, né à Troyes en 1811, mort à Saint-Leu-Taverny en 1842. Attiré très-jeune à Paris par le goût des lettres, il fut attaché d'abord à la rédaction du *Courrier français*, et s'y fit remarquer, de 1836 à 1842, par une critique sincère et un goût littéraire très-pur. Son esprit sérieux se tourna bientôt vers les questions morales et économiques, et il les traita avec distinction dans ce journal. L'Académie des sciences morales et politiques ayant mis au concours, en 1840, la question du paupérisme et des remèdes à y apporter, Buret concourut, et son mémoire obtint le prix. Il se rendit en Angleterre dans le but d'y compléter ses études sur la question, et fit paraître alors un mémoire important, qu'il publia sous ce titre : *De la misère des classes laborieuses en France et en Angleterre*, etc. Ce livre est un excellent recueil de renseignements sur l'état des classes laborieuses en France et en Angleterre. L'auteur avait bien observé cette population flottante des grandes villes, cette masse d'hommes que l'industrie appelle autour d'elle, qu'elle ne peut pas occuper d'une manière régulière : sujet d'attention et de souci pour les gouvernements. Il a eu le courage de regarder face à face la hideuse misère des métropoles britanniques, et, d'un vigoureux burin, il en a tracé le tableau dans toute son horreur. Le régime économique actuel et la libre concurrence ont trouvé dans Buret un adversaire chaleureux, souvent éloquent. Ce régime est, à ses yeux, comme le moyen âge de l'industrie. « L'industrie moderne, dit-il, crée la richesse comme les conquérants germains se sont approprié le sol ; elle procède par les vigoureux efforts d'une seconde anarchie. Sous la loi de la concurrence illimitée, l'industrie est un champ de bataille qui se couvre sans cesse de morts et de blessés. » Pour faire cesser cette anarchie, Buret propose divers moyens, les uns très-légitimes, tels qu'une saine instruction populaire, des règlements protecteurs du travail agricole et manufacturier, conservateurs des bonnes mœurs comme de l'hygiène. Il trace ce tableau des rapports à organiser entre les producteurs, de manière à limiter les effets désastreux de la concurrence; mais, au milieu d'idées saines, équitables, répandues à pleines mains dans le livre de *la Misère*, on y trouve aussi la part de l'utopie. Buret fut un de ces esprits généreux qui se laissèrent séduire par certains expédients des écoles socialistes. Il mourut au milieu de ses premières illusions, et l'expérience ne vint pas pour lui.

Voici quelques mots de M. Michel Chevalier, qui, dans un compte rendu très-approfondi du livre de *la Misère*, parlait ainsi d'Eugène Buret : « L'auteur de ce livre vient de mourir tout jeune. Plein d'amour pour l'étude, rempli de dévouement pour son pays, doué d'un talent bien rare, il a succombé à un mal qui le poursuivait opiniâtrement. L'inaction eût pu le sauver ; mais c'était un de ces tempéraments dévorés du besoin d'agir, qui préfèrent la mort au repos. Dans ces dernières années, cédant aux avis des médecins, il était allé à Alger chercher une atmosphère tiède. Ses amis se flattaient qu'il se laisserait aller au *far niente*, pour lequel les climats chauds inspirent à tout le monde un invincible penchant. Ils ne le connaissaient pas ! En présence de la Mitidja, en vue de l'Atlas, Buret n'a pensé qu'à la gloire qui résulterait pour la France de restituer à la civilisation ces rives de la Méditerranée où fleurit Carthage, où brilla saint Augustin. Au lieu de se reposer, il a écrit sur nos possessions d'Afrique un très-bon livre, un des plus remarquables qui aient vu le jour, par l'esprit organique qui y règne. Mais ces nouveaux travaux l'ont épuisé. » — Eugène Buret avait, pendant son séjour en Afrique, gagné

à ce point l'estime et l'affection du maréchal Bugeaud, que ce grand organisateur ne cessa d'entretenir avec Buret, jusqu'à sa mort, une correspondance très-active, pleine d'importance et d'intérêt. Am. Renée.
Dictionnaire de l'Économie politique.

BURETTE (*Pierre-Jean*), médecin et antiquaire français, de l'Académie des inscriptions et belles-lettres, né à Paris le 21 novembre 1665, mort le 19 mai 1747. Il consacra toute sa vie à l'étude de quelques-unes des plus obscures questions que puisse se proposer la critique. Il laissa peu de chose à faire à ses successeurs pour tout ce qui touche à l'histoire de la gymnastique des anciens, et l'on n'a pas été beaucoup plus loin que lui dans les recherches même les plus récentes sur le caractère de la musique antique, sur les moyens d'exécution dont disposaient les compositeurs grecs ou romains, et sur leur système musical. Il est vrai que rien n'est encore établi d'une manière précise sur ce point intéressant, et il se pourrait bien qu'il fût impossible d'arriver jamais à aucune conclusion parfaitement satisfaisante. Les nombreux mémoires de Burette font partie de la collection de l'Académie des inscriptions et belles-lettres. Les principaux sont : *De la Gymnastique des anciens*, t. I, p. 80 ; — *Des Bains considérés dans leurs rapports avec les exercices du gymnase*, t. I, p. 95 ; — *De la Danse des anciens*, t. I, p. 93 et 117 ; — *De la Sphéristique des anciens*, t. I, p. 153 ; — *Histoire des Athlètes*, en trois mémoires, t. I, p. 211, 237, 258 ; — *De ce qu'on nommait Pantathle dans la gymnastique*, t. II, p. 218 ; — *De la Lutte des anciens* ; ibid., p. 228 ; — *Du Pugilat et du Pancrase* ; ibid., p. 255 ; — *De la Course à pied, à cheval et dans les chars* ; ibid., p. 280 ; — *De la Symphonie des anciens, tant vocale qu'instrumentale*, t. IV, p. 116 ; — *Du Rhythme de l'ancienne musique*, t. V, p. 152 ; — *Traité de Plutarque sur la Musique*, t. VIII, p. 27 ; — *De la Mélopée de l'ancienne Musique* ; ibid., p. 169 ;— *Histoire littéraire du Dialogue de Plutarque sur la Musique*, t. VIII, p. 44 ; — *Dialogue de Plutarque sur la musique*, t. X, p. 3 ; t. XIII, p. 173 ; t. XV, p. 293 ; t. XVII, p. 31, imprimé séparément ; Paris, 1735, in-4° ; — *les Merveilleux effets attribués à la musique des anciens ne prouvent pas qu'elle fût aussi parfaite que la nôtre*, t. V, p. 133. — Une encore de Burette : *Éloge de madame Dacier* ; Paris, 1721, in-4° ; — *Ergo canalis intestinorum glandula primaria* ; ibid., 1741, in-4° ; — *Ergo, dum cor contrahitur, dilatantur arteriæ coronariæ*; ibid., 1741, in-4° ; — *Symphonies des opéras de Lully, arrangées pour le clavecin* (en manuscrit).

Fréret, *Éloge de Pierre-Jean Burette*, dans les Mém. de l'Acad. des Inscript., t. XXI, hist., p. 217. — Moréri, *Dict. hist.* — Quérard, *la France litt.* — Éloy, *Dict. de médecine.*

***BURETTE** (*Théodore*), historien français, né en 1804 à Paris, mort en 1847, professeur d'histoire à l'Académie de Paris. Ses enseignements étaient, comme ses écrits, pleins de verve, d'esprit, et surtout d'idées conciliantes. Cette dernière qualité de ses ouvrages, et c'en est une grande, leur a déjà mérité un éloge qui seul suffirait pour les recommander à l'estime publique. « Même dans l'histoire de la révolution « française, a dit M. J. Janin, Burette est resté « fidèle à cette rare bienveillance çà et là ré- « pandue sur les erreurs des hommes, sur leurs « fautes, et qui ne s'arrêtait que devant leurs « crimes ! » Les ouvrages de cet auteur, tant ceux qui lui sont particuliers que ceux qui lui sont communs avec plusieurs autres savants, forment une liste remarquable. On a d'abord de lui seul : la *Traduction des Fastes d'Ovide*, dans la Bibliothèque franco-latine de M. Panckoucke ; puis une *Histoire des empereurs romains d'Orient et d'Occident* ; Paris, 1834, in-18, laquelle fait partie de la Bibliothèque populaire ; — une *Histoire de France, depuis l'établissement des Francs jusqu'à 1830* ; Paris, 1839, 2 vol. in-4° avec 500 dessins : cette histoire a été continuée par M. Magin ; — une *Histoire moderne* ; Paris, 1843, 2 vol. in-12, faisant aujourd'hui partie, ainsi que la précédente, de l'histoire universelle, en 14 volumes in-12, de MM. Édouard Dumont et Gaillardin. Burette a composé de plus : avec M. Ulysse Ladet, *Histoire de la Révolution française, de l'Empire et de la Restauration* ; Paris, 1843, 4 vol. ; — avec M. Charpentier, *Histoire littéraire* ; Paris, 15 vol. in-12 ; — avec MM. Duruy et Wallon, *Cartes de Géographie historique* ; Paris, 9 vol. in-12 ; — avec MM. Dumont et Gaillardin, *Cahiers d'Histoire universelle*, rédigés pour l'enseignement des collèges.

Outre ces ouvrages, Burette est encore l'auteur de plusieurs autres, parmi lesquels nous citerons : une partie des scènes de *la vie publique et privée des animaux ;* — le texte explicatif du *Musée de Versailles*, et la collaboration d'une comédie spirituelle, intitulée *Une Conjuration d'autrefois*. Janne-Lafosse.

Moniteur de 1847, p. 40. — Beuchot, *Journal de la Librairie.* — *Débats*, 11 janvier, 1847. — Quérard, t. II.

BURG (*Adrien* Van der), peintre hollandais, né à Dordrecht en 1693, mort le 30 mai 1733. Il fut élève d'Arnold Houbraken, et commença par peindre des portraits. Il eut le talent d'y ajouter des agréments qui ne nuisaient en rien à la ressemblance. On y admire une touche légère et facile, des couleurs belles, vraies et bien fondues. Burg fit aussi de petits tableaux de chevalet, dans le genre de Miéris et de Metzu. Ces petits tableaux sont d'un fini exquis, mais en petit nombre. Adonné à l'intempérance et à la débauche, cet artiste ne travaillait que quand il y était contraint par la détresse. Les excès auxquels il se livra abrégèrent ses jours.

Descamps, *Vies des Peintres flamands et hollandais.*

BURG (*Jean-Frédéric*), théologien protestant allemand, né à Breslau le 13 mai 1689, mort dans la même ville le 6 juin 1766. Après avoir parcouru une partie de l'Europe, il revint dans sa patrie en 1711, et y remplit les premières fonctions ecclésiastiques. Ses principaux ouvrages sont : *Elementa oratoria, ex antiquis atque recentioribus facto præceptorum delectu*; Breslau, 1736, 1744, in-8° ; — *Institutiones theologicæ-theticæ*; ibid., 1738, in-8°;—*Sammlung geistlicher Reden* (Recueil de Sermons); ibid., 1750-1756, in-8°.

Jöcher, *Allgem. Gel.-Lex.*, avec le suppl. d'Adelung.

BURG (*Jean-Tobie*), astronome allemand, né à Vienne le 24 décembre 1766, mort à Wiesena, près de Klagenfurth, le 25 novembre 1834. Il sortit de l'observatoire de Vienne, où il avait passé trois ans, pour aller professer au lycée de Klagenfurth, et y rentra, en 1792, avec le titre d'adjoint. En 1798, il disputa le prix à Bouvard sur une question que l'Institut de France avait mise au concours. Burg a enrichi la théorie des mouvements de la lune, et a laissé sur ce sujet divers mémoires dans les *Éphémérides de Vienne*, dans l'*Almanach de Berlin*, dans la *Correspondance mensuelle*, et dans d'autres recueils.

Ersch et Gruber, *Allgem. Encycl.*

BÜRGER (*Geoffroy-Auguste*), célèbre poète allemand, né le 1er janvier 1748 à Wolmers-Wende, près de Halberstadt; mort le 8 juin 1794. Libertin et dissipé dans sa jeunesse, il se prépara des malheurs domestiques qui ne figureraient pas mal dans les *Confessions* de J. J. Rousseau. A peine en possession d'un chétif emploi, il épousa une femme qu'il croyait aimer, lorsque, le jour même de ses noces, il découvrit que c'était de la belle-sœur qu'il se sentait réellement épris. Il lutta en vain contre cette passion criminelle : dix ans ne purent l'amortir, et, sa femme étant morte, il s'unit publiquement à celle qu'il adorait depuis si longtemps avec une frénésie secrète. Après un an de mariage, Molly (c'est le nom poétique de sa seconde femme) mourut aussi. Bürger tomba dans un abattement dont il ne se releva jamais. Cependant, soit amour-propre, soit faiblesse, il se laissa séduire dans un âge assez avancé par une proposition toute romanesque. Il reçut un jour une épitre en vers par laquelle une jeune fille de la Souabe lui offrait, comme disent les bonnes gens, son cœur et sa main. Bürger répondit en vers et en prose : en vers, pour dire qu'il était subjugué par des accents aussi flatteurs; en prose, pour dissuader la jeune fille de son imprudent dessein. Mais il n'eut point le courage de refuser absolument. L'union se conclut; au bout de peu de semaines le charme se dissipa, et l'on en vint à un divorce. Il paraît que tous les torts furent du côté de la jeune épouse. La santé de Bürger fut gravement altérée à la suite des scènes violentes qui avaient amené cette rupture, lorsqu'un nouveau chagrin, aussi amer que les peines du cœur, vint l'accabler. Schiller avait fait paraître, dans la *Gazette littéraire*, une critique dure et impitoyable de la nouvelle édition des œuvres de Bürger. Le pauvre poète, déjà abandonné de sa famille, se voyant arracher par une main toute-puissante les lauriers dont l'Allemagne entière avait couronné son front, succomba sous tant de coups redoublés, victime des passions violentes, et de ce manque de caractère qui est aussi sévèrement puni que les fautes les plus graves.

Malgré l'arrêt sévère de Schiller, le rang distingué qu'assignent à Bürger ses ballades est incontestable. Il a su exploiter admirablement la mine précieuse des légendes et des superstitions populaires; il s'est inspiré le premier en Allemagne à ces romances dramatiques que nous ont léguées l'Écosse et l'Espagne. Schiller, Gœthe, Schlegel, Uhland, en ce genre, n'ont fait depuis que suivre ses traces. Mme de Staël a donné les premières analyses de *Léonore*, du *Chasseur sauvage*, du *Brave homme*, compositions qui ont acquis depuis une célébrité européenne. La ballade dont la vogue a toujours été croissante en Allemagne, *Léonore*, comme tous les poëmes lyriques d'une haute portée, ne fut que le jet, que l'inspiration du moment. Écrite pour amuser un cercle de convives, à la vérité tous poètes distingués, l'effet de terreur instantanée qu'elle produisit sur les assistants décida la vocation poétique de Bürger. La *Fille du pasteur de Taubenhain* est peut-être la composition la plus tragique qui soit sortie de sa plume. Le thème est très-simple, la séduction d'une jeune fille par un grand seigneur; mais les détails sont d'une inimitable beauté, et la gradation des sentiments de la femme séduite est rendue avec un talent infernal. Bürger, dans ses ballades, ne fait pas toujours usage de ces moyens de terreur. Les *Chiens fidèles* (das Lied von de Treue), l'*Empereur et l'Abbé*, les *Femmes de Weinsberg*, la *Pèlerine*, sont écrits sur un ton presque goguenard et parfois trivial. Parmi les chants érotiques, l'*Hymne de mon idole* (das hohe Lied von der Einzigen) se distingue par un rhythme et un style ravissants; mais les sentiments que cette ode exprime sont trop individuels et trop diffus. Une mollesse gracieuse règne dans ses sonnets et dans quelques-unes de ses pièces lyriques; plusieurs chansons populaires sont écrites avec beaucoup de verve et de franchise d'expression; mais beaucoup de ses vers fugitifs respirent aussi la sensualité et le désordre. Quelques-unes même de ses ballades immortelles ne sont pas exemptes de tableaux voluptueux, et expliquent en partie la condamnation que Schiller a déversée sur l'ensemble de ses œuvres. Bürger ambitionnait le titre de poète populaire : il l'a obtenu, mais en descendant jusqu'au peuple, non en élevant le peuple à lui. Rien d'idéal, rien de vaste dans son talent, étouffé de bonne heure par des circonstances malheureuses et par les fautes de l'homme. Mais, telle qu'elle est, la portion de gloire qui lui est échue est belle encore : le nom de Bürger trouvera toujours place parmi ces littérateurs jeunes et hardis qui révolutionnèrent vers 1770 la littérature allemande, en l'arrachant à l'imitation servile et lourde de la poésie française; époque remarquable, qui trouve son analogue dans l'histoire littéraire de tous les pays; époque de développement rapide, de jets vigoureux, de compositions naïves et fortes ; période qui s'ouvre par les noms de Lessing et de Klopstock, et se clôt par ceux de Schiller et de Goethe. [*Enc. des g. du m.*]

Ersch et Gruber, *Allgem. Encycl.* –

* BÜRGER (*Jean*), célèbre agronome allemand, né le 5 août 1773 à Wolfsberg en Carinthie, mort le 24 janvier 1842. Après avoir suivi les cours de l'université de Vienne, il vint compléter ses études à Fribourg en Brisgau. A son retour il acheta un petit domaine ; et il s'amusait à le cultiver lui-même, lorsque la lecture de l'ouvrage classique de Thaër vint lui inspirer le goût de l'agriculture, à laquelle dès lors il se voua tout entier, et dont il fit l'objet de toutes ses publications. Burger s'occupa beaucoup du maïs, peu cultivé alors dans sa contrée. Il mit en usage pour cette culture des instruments dont il avait reconnu l'efficacité : l'extirpateur et la houe à cheval. Puis il publia ses nombreuses expériences sur la culture de cette plante, ainsi que les observations qu'il avait faites à ce sujet dans le cours de ses voyages. Cette publication lui valut la place de professeur au lycée de Klagenfurth. Sa propriété ayant été dévastée lors des événements de 1813, il se détermina à acheter un domaine dans le voisinage de la ville, pour y faire devant ses élèves l'application de ses leçons verbales. Après un séjour de douze ans à Klagenfurth, Bürger se rendit à Trieste, où le gouvernement l'envoya diriger les travaux du cadastre dans les provinces maritimes de l'Empire. Étant allé remplir successivement la même mission en Styrie et en Lombardie, il eut occasion de faire sur l'agriculture de ces deux pays un grand nombre d'observations intéressantes, qu'à son retour à Vienne il réunit dans un nouvel ouvrage. Il est à regretter qu'un agronome aussi éminent ait été enlevé par son gouvernement à une place qu'il remplissait si bien, et dans laquelle il pouvait rendre à la science de si grands services. On a de Bürger : une traduction de l'ouvrage de Sismondi intitulé *Tableau de l'agriculture de Toscane*; Tubingue, 1805 ; — *Abhandlung ueber die Naturgeschichte, Cultur und Benutzung des Maïs* (Traité de l'histoire naturelle, de la culture et de l'utilité du maïs) ; Vienne, 1808 et 1811 ; — *Versuche ueber die Darstellung des Zuckers aus dem Safte inlaendischer Planzen* (Essai sur la fabrication du sucre par le suc des plantes indigènes) ; Vienne, 1812 ; — *Ueber die Theilung der Gemeindeweiden* (Du partage des prairies communales) ; Pesth, 1816 ; — *Lehrbuch der Landwirthschaft* (Manuel d'économie rurale) ; Vienne, 1819-1820 et 1838 ; — *Reise durch Oberitalien* (Voyage dans la haute Italie) ; Vienne, 1831, et 2ᵉ édition, 1843. On y trouve d'utiles observations sur la culture des prairies, la sériculture, la fabrication des fromages, etc. ; — *Systematische Classification und Beschreibung der in den oestr. Weingarten vor kommenden Taubenarten* (Classification systématique et description des viticultures en usage dans les vignobles autrichiens); Vienne, 1837.

Conversations-Lexicon.

BURGERMEISTER DE DEYZISAU (*Jean-Étienne*), jurisconsulte allemand, né à Geisslingen le 10 décembre 1663, mort en 1772. Il remplit d'abord des fonctions importantes, et fut détenu quelque temps dans un château fort, pour s'être permis des expressions peu mesurées en défendant les droits de la noblesse de Souabe contre la cour de Wurtemberg. En 1718, il devint conseiller de l'empereur Charles VI. Ses principaux ouvrages sont : *Status equestris Cæsaris imperii romano-germanici*, 1700, in-4°; — *Corps de droit de la noblesse de l'Empire*, ou *Code diplomatique* ; Ulm, 1707, in-4° ; — *Corps de droit public et privé des Allemands* ; ibid., 1717, 2 vol. in-4° ; — *Thesaurus juris equestris* ; ibid., 1718, 2 vol. in-8° ; — *Bibliotheca equestris* ; ibid., 1720, 2 vol. in-4°.

Acta Eruditorum latina.

BURGERMEISTER DE DEYZISAU *Wolfgang-Paul*), jurisconsulte allemand, fils du précédent, né en 1697, mort en 1756. Ses principaux ouvrages sont : *Collatio capitulationum Cæsarearum post pacem Westphalicam factarum, cum projecto capitulationis perpetuæ comitiali*; Tubingen, 1716, in-4°, dans le recueil de dissertations de Gabriel Schweder, t. I, 1731 ; — *Libera Wormatia pressa suspirans* ; Worms, 1739-1740, in-fol. ; — *Mæcenas*; Iéna, 1748, in-8°.

Jugler, *Beiträge zur juristichen Biographie.*

BURGERSDICIUS ou BURGERSDYCK (*François*), philosophe hollandais, né en 1590 à Liers, près de Delft; mort en 1629. Il fut successivement professeur de philosophie à Saumur et à Leyde. On a de lui plusieurs ouvrages élémentaires, dont les principaux sont : *Institutiones logicæ*; — *Idea philosophiæ moralis* ; Leyde, 1744, in-12.

Paquot, *Mémoires pour servir à l'Hist. litt. des Pays-Bas.* — Meursius, *Athenæ Batavicæ.* — Sweert, *Athenæ Belgicæ.*

BURGGRAVE (*Jean-Ernest*), médecin allemand, natif de Neustadt, vivait au commencement du dix-septième siècle. Il adopta les principes de Paracelse. Ses principaux ouvrages sont : *Balneum Dianæ, seu magnetica pris-*

corum philosophorum Clavis ; Leyde, 1600 ; — *Biolychnium seu Cura morborum magnetica et omnium venenorum Alexipharmacon* ; ibid., 1610 ; Francfort, 1629, in-8° ; — *De electro philosophorum magico-physico* ; Leyde, 1611 ; — *Introductio in philosophiam vitalem* ; Amsterdam, 1612, in-8° ; — *Epistola de acidulis Swalbacensibus*, dans les *Responsa medica* d'Helvicus Dieterich ; Francfort, 1631 et 1643 ; — *Achilles redivivus, seu Panoplia physico-vulcania* ; Amsterdam, 1612, in-8°.

Hendreich,. *Pandectæ brandenburgicæ*. — Morhof, *Polyhistor*.

BURGGRAVE ou **BURGRAVE** (*Jean-Ernest*), médecin allemand, né à Darmstadt le 19 février 1673, mort vers 1746. Ses principaux ouvrages sont : *Iatrice hominum lethique curiosa* ; Francfort, 1700, in-8° ; — *Epistola de Automatismo plantarum*, dans le *Botanicon quadripartitum* de Simon Paulli ; ibid., 1708, in-4°.

Strieder, *Hessische Gelehrten und Schriftsteller-Geschichte*.

BURGGRAVE (*Jean-Philippe*), médecin allemand, fils du précédent, né à Darmstadt le 1er septembre 1700, mort à Francfort le 5 juin 1775. Ses principaux ouvrages sont : *De Existentia spirituum nervosorum, eorumque vera origine, indole, motu* ; Francfort, 1725, in-4° ; — *Historia partus duodecimestris*, dans les *Miscellanea physico-medico-mathematica* ; ibid., 1727 ; — *Lexicon medicum universale*, t. Ier ; ibid., 1733 ; ouvrage inachevé ; — *Bedenken von dem Geschäft der Erzeugung* (Pensées sur la Génération) ; ibid., 1737, in-4° ; — *De aere, aquis et locis urbis Francofurtanæ ad Mœnum Commentatio* ; ibid., 1751, in-8°.

Jöcher, *Lexicon*, avec le supplément d'Adelung.

BURGH (*Adrien* Van der). *Voy*. Burch.

BURGH (*Guillaume*), théologien anglais, né en Irlande en 1741, mort à York le 26 décembre 1808. Il fut membre du parlement anglais, et se prononça vivement contre la guerre d'Amérique et contre la révolution française. On a de lui : *Refutation from Scripture of Arguments against the mystery of the Trinity*, in-8° ; — *Inquiries respecting the faith of the christians of the first three centuries* ; York, 1778, in-8° : cet ouvrage fait suite au précédent ; — *Commentary and notes upon Mason's poem, the english Garden*, 1781, in-4°.

Rose, *New Biographical Dictionary*.

BURGH (*Jacques*), littérateur écossais, né en 1714 à Madderty, dans le comté de Perth ; mort le 26 août 1775. Il fut successivement commis d'un négociant, correcteur d'imprimerie à Londres, maître d'école à Great-Marlow, et chef d'une institution à Newington. Tous ses ouvrages sont écrits en anglais ; les principaux sont : *Pensées sur l'éducation*, 1747 ; — *Hymne au Créateur du monde*, 1748 et 1750, in-8° ; — *Dignité de la nature humaine*, 1754, 1 vol. in-4° ; 1767, 2 vol. in-8° ; — *le Moniteur amical de la jeunesse*, 1756 ; — *Histoire du premier établissement des lois, etc., des Cessares, peuple de l'Amérique méridionale*, 1760, in-8° ; — *le Christianisme démontré raisonnable*, 1760 ; — *l'Art de Parler*, 1762, in-8° ; — *Commémorateur de la Grande-Bretagne*, 1766 ; — *Criton, ou Essai sur divers sujets*, 1766 et 1767, 2 vol. in-12 ; — *Recherches politiques sur les défauts, les erreurs et les abus du gouvernement*, 1774 et 1775, 3 vol. in-8°.

Rose, *New Biograph. Dict*. — Chalmers, *Biographical Dictionary*.

BURGHARDT (*Godefroi-Henri*), médecin allemand, né à Reichenbach le 5 juillet 1705, mort en 1776. Il se fixa à Breslau, et devint professeur au Gymnase de Breeg. Ses principaux ouvrages sont : *Beschreibung einiger in 1733 und folgende jahre auf den Zoblenberg gethanen Reisen* (Relation de quelques voyages faits au Zobtenberg en 1773, et les années suivantes) ; Breslau et Leipzig, 1736, in-8° ; — *Wohleingerichtete Destillir-Kunst* (Art de Distiller) ; Breslau, 1736, 1747, 1754, in-8°.

Jöcher, *Allgemeines Gelehrten-Lexicon*.

BURGHAUSS (*Nicolas-Auguste-Guillaume*), comte de l'Empire, né à Juliasberg (Silésie) le 14 mars 1740, mort le 5 juin 1815, reçut une éducation distinguée, et entra en 1764 à l'Académie militaire de Liegnitz. Il y gagna l'affection du comte de Struensée, plus tard ministre, qui lui enseigna les mathématiques. En 1765, Burghauss vint à Halle étudier les sciences physiques sous le professeur Leiste. Présenté en 1769 au roi Frédéric II par le général duc d'Anhalt, il fut nommé enseigne dans le régiment de Pétersdorf ; mais, ayant hérité, deux ans après, des domaines de Laujaz et de Péterwitz, il se retira du service, et épousa la fille du comte Solms-Baneth. Dès ce moment, il ne s'occupa plus que d'agriculture. Il inventa la charrue à quatre socs, fit construire en 1774 un moulin à l'eau bouillante, pratiqua la culture du trèfle sur une large échelle, et perfectionna l'éducation des bestiaux. Il améliora également le système d'irrigation suivi jusqu'alors en Silésie ; aussi les sociétés économiques de Schwiednitz et de Jauer le choisirent-elles pour directeur.

Ersch et Gruber, *Allgemeine Encyclopædie*.

BURGHESIUS. *Voy*. Borghesi.

BURGHO, famille irlandaise, d'origine normande, dont les principaux membres sont :

I. **BURGHO-BOURGH** ou **BURKE** (*Guillaume-Fitz-Adelm* de), comte de Kent, tué en 1206. Il partit en 1175, avec vingt autres aventuriers, pour piller l'Irlande. Peu après, il fut élu principal gouverneur de la partie conquise. Sans mœurs, cruel, perfide, cupide et ambitieux sans talents, son administration ne fut qu'une suite de fraudes et de rapines ; sa biographie n'est qu'un long récit d'assassinats commis sur les principaux chefs irlandais, et de trahisons même contre son roi Henri II. Les provinces occidentales d'Irlande furent principalement le théâtre de ses crimes. En ravageant le Moënmoye, il tomba malade dans une bourgade dévastée par ses ordres ; les habitants le saisirent, et le précipitèrent dans un puits.

Leland, *History of Ireland*. — Crawford, *History of Scotland*.

II. **BURGHO** (*Hubert* DE), comte de Kent, cousin du précédent, vivait dans le treizième siècle. Il avait pour aïeul Robert, baron de Bourgh en Normandie, comte de Cornouailles en Angleterre, et frère utérin de Guillaume le Conquérant. Dès sa jeunesse, il se fit remarquer par son courage, et servit le roi Jean-sans-Terre avec une fidélité aussi inébranlable qu'intelligente. Lorsque ce monarque eut résolu la mort de son neveu Arthur, duc de Bretagne, il expédia un commissaire chargé de l'exécution du malheureux prince, alors détenu à Falaise. Hubert de Burgho commandait cette place ; il renvoya l'assassin, affirmant qu'il se chargeait d'accomplir lui-même le meurtre ; puis il fit annoncer que le duc était mort, et lui fit faire des obsèques solennelles. Aussitôt cette nouvelle connue, la Bretagne, l'Anjou, le Maine se soulevèrent contre le roi. Burgho crut alors que les circonstances empêcheraient le crime de se consommer ; et, voulant arrêter la guerre civile, il déclara qu'Arthur vivait encore. Mais Jean fit transporter son prisonnier à Rouen, et le poignarda lui-même. Il ne montra pourtant à Burgho aucun ressentiment, et lui confia en 1216 la défense de Douvres, assiégé par les Français, appelés par les barons anglais révoltés. La place ne put être forcée, et la mort de Jean, arrivée durant le siége, ne put déterminer Burgho à livrer la ville à Louis, fils de Philippe-Auguste. Nommé régent du royaume et tuteur du roi Henri III, il épousa la sœur aînée du roi d'Écosse Alexandre II (1221), et fut nommé grand-justicier du royaume. Cependant, en 1232, Henri fit un crime à son ministre d'avoir confirmé plusieurs fois la grande charte, l'accusa de concussion et de magie, en même temps que les barons et les bourgeois que le comte de Kent avait châtiés pour le service du roi demandaient sa tête. Hubert se réfugia dans l'église de Merton, d'où Henri ordonna qu'on l'arrachât mort ou vif. Il fut saisi au pied de l'autel et amené à Londres, lié sur son propre cheval. L'évêque de Londres intervint, et réclama le prisonnier au nom des franchises de l'Église. Le roi céda, et fit reconduire Burgho à Norwick ; mais il fit investir la chapelle de telle sorte que le comte, pressé par la faim, fut obligé de se livrer lui-même. Il n'attendait plus que la mort, lorsque le roi, ayant appris que toutes ses richesses étaient déposées en lieu sûr, lui offrit la vie s'il voulait les abandonner. Le comte y consentit ; mais à peine se fut-il dépouillé, qu'il se vit encore arrêté. Deux de ses gardes le firent évader dans un sac ; et s'étant réfugié dans l'église de Devises, la scène de Merton se renouvela. Cette fois, ses amis prirent les armes, le délivrèrent, et le menèrent près de Léolinn, prince de Galles, alors en guerre avec Henri III. La paix ayant été consentie entre les deux princes, Burgho reparut à la cour d'Angleterre, où il ne voulut accepter aucune fonction publique.

Chronique de Hagueby.

III. **BURGHO** (*Richard* DE), dit *le Grand* ou *le comte Rouge*, mort à Bordeaux en 1243, fils de Guillaume Fritz-Adelm. Il suivit les traces paternelles avec autant de ruse que d'audace. Il avait épousé la fille de Cathal-Crovederg O'Connor, roi de Connacie ; il se servit de cette alliance pour détruire toute la famille de son beau-père. Crowderg étant mort en 1224, il fit prononcer la confiscation de la Connacie à son profit, au détriment de Turlogh, frère du défunt. Nommé en 1227 lord député d'Irlande, il employa les forces anglaises à étendre sa domination personnelle ; mais il trouva quelque résistance dans les princes irlandais. Fedhlim, son beau-frère, qu'il avait mis sur le trône à la place de Turlogh, se révolta, le défit, tua son oncle, et se soumit directement à Henri III. Richard de Burgho fut destitué, et le roi d'Angleterre ordonna à Maurice Fitz-Gérald, son nouveau lieutenant, de détruire toutes les forteresses de Burgho et de rétablir Fedhlim. Cependant Richard, après avoir été le principal acteur dans l'assassinat du comte Mareschal, le plus dangereux de ses rivaux en Irlande, ne craignit pas de reparaître à Londres. Le roi le renvoya en Irlande, en l'exhortant d'être à l'avenir moins tyrannique et plus loyal. Il ne tint aucun compte de cet avis, et usurpa successivement les domaines des O'Mull-Lally, des O'Naghten, des O'Kally et des O'Connor. Au lieu de démanteler ses châteaux forts, il en fit construire une chaîne depuis Athlone jusqu'à Gallway. Aidé de son cousin Jean, comte de Kent, ils firent un désert de la Connacie et battirent Fedhlim O'Connor, leur parent, dans une bataille où vingt mille Irlandais restèrent sur place. Fedhlim s'adressa encore une fois au roi d'Angleterre, qui ordonna de nouveau son rétablissement, avec injonction aux seigneurs anglo-irlandais « d'extirper jusqu'à la racine de cette inique génération des Burgho, et de n'en laisser croître aucun rejeton. » Fitz-Gérald et les autres barons, loin d'obtempérer aux ordres du roi, continuèrent à favoriser les exactions de Burgho, et bientôt le Moënmoye prit le titre qu'il porte encore aujourd'hui de *Cland-Ricard* (pays de Richard). Burgho, ayant affermi son autorité, s'embarqua ensuite pour aller se disculper auprès de son souverain, alors en Guyenne ; mais il mourut en arrivant.

Leland, *Hist. of Ireland*.

IV. **BURGHO** (*Walter* DE), mort en 1271. Il avait épousé en 1239 la fille du comte d'Ultonie, et avait réuni cette province aux immenses domaines de ses ancêtres. Aussi poussa-t-il ses injustes prétentions plus loin encore que ses prédécesseurs. Il détruisit les Mac-Carthy et les Fitz-Gerald, auxquels son père devait tant, chassa pour la troisième fois son oncle Fedhlim O'Connor de ses États. Cependant, il succomba sous le poids des insurrections que ses cruautés soulevèrent ; il fut enfin défait par Aodh O'Connor, successeur de Fedhlim.

Leland, *Hist. of Ireland.*

V. BURGHO (*William* DE), dernier comte d'Ultonie, petit-fils de Richard, né en 1312, assassiné en 1333, avait épousé Mathilde Plantagenet, princesse du sang royal ; il était arrivé au plus haut degré de splendeur lorsque, se rendant au parlement de Dublin, il fut tué à l'instigation d'une de ses cousines, dont il détenait le frère. Sa mort fut vengée le même jour par le massacre de plus de trois cents personnes ; et, longtemps après ce crime, les amnisties portaient cette formule : « Excepté le cas de complicité dans la mort de Guillaume, dernier comte d'Ultonie. »

Les divers membres de cette puissante famille se partagèrent l'Ultonie et le Clan-Ricard. Ils renoncèrent à leur nationalité, et se firent Irlandais sous le nom de *Mac-William* et *Mac-David*, afin de déposséder la fille de Guillaume, mariée en 1352 au prince Lionel, gouverneur d'Irlande en 1361. Ni les forces royales, ni les divers arrêts des parlements, ne purent les forcer à restituer les domaines usurpés. Aussi étaient-ils qualifiés en Angleterre « d'Anglais dégénérés, plus Hibernois que les Hibernois eux-mêmes. » En 1548 seulement Henri VIII obtint la remise des propriétés contestées.

Leland; *History of Ireland.*

BURGISTEIN (*Jordan*), gentilhomme bernois, mort en 1339. Il fut un des plus actifs moteurs de la ligue des seigneurs suisses qui voulaient soumettre Berne à leur obéissance. Les deux armées en étant venues aux mains à Laufen, on vint lui annoncer prématurément la défaite des Bernois. Burgistein s'écria joyeusement en parlant de lui-même ! « C'est un bon forgeron celui qui a forgé cette guerre. » Le lendemain, les Bernois vainqueurs vinrent mettre le siège devant le château. Burgistein fit alors des propositions d'accommodement ; mais un archer nommé Reifle lui traversa la tête d'une flèche, en s'écriant : « Un bon forgeron a forgé ce trait. » Le château fut pris et rasé.

Jean de Müller, *Hist. de la Suisse.*

BURGISTEIN (*Conrad*), magistrat bernois, vivait dans la seconde moitié du quatorzième siècle. Il était du parti opposé à son frère Jordan, et fut conseiller de la cité de Berne en 1351.

Jean de Müller, *Hist. de la Confédération helvétique.* — Ersch et Gruber, *Allgem. Encycl.*

BURGKMAIER (*Jean*), peintre et graveur allemand, né à Augsbourg en 1474, mort en 1543. Il égala, dans la gravure sur bois, Albert Dürer, dont il était élève, et avec lequel il exécuta plusieurs œuvres. On connaît un grand nombre de ses planches, toutes remarquables par leur perfection ;

en voici les principales : *l'empereur Maximilien Ier à cheval* ; — *saint George à cheval* ; — *le Martyre de saint Sébastien* ; — une collection de soixante-dix-sept pièces représentant en pied *les ancêtres de l'empereur Maximilien Ier* : cette collection est très-rare. Une seconde, de deux cent cinquante morceaux, intitulée *le Roi sage*, ou *Narration des actions de l'empereur Maximilien*, a été publiée en 1775 ; une troisième collection contient cent trente-cinq pièces, et a pour titre : *Triomphe de l'empereur Maximilien Ier* ; elle représente les combats livrés par cet empereur, et les costumes des officiers de sa maison ; elle n'a été publiée qu'en 1796, encore est-elle incomplète ; enfin, la quatrième collection contient *les images des saints et des saintes de la famille de Maximilien* ; les planches étaient au nombre de cent vingt-deux, mais trois sont égarées ; ce n'est qu'en 1799 que cet ouvrage a été publié. On cite aussi avec éloge une eau-forte de Burgmaier qui est d'une grande rareté ; elle représente *Mars et Vénus*. Plusieurs de ces gravures sont tirées en couleur, à la manière dite *clair-obscur*. Divers artistes ont été employés à l'exécution de ces nombreux travaux ; on retrouve les noms de plusieurs d'entre eux tracés sur le revers des planches qui existent encore ; mais les dessins sont tous de Burgkmaier.

On conserve aussi à Augsbourg des peintures à fresque et des tableaux peints par Burgkmaier, ainsi que son portrait et celui de sa femme peints par lui-même en 1529. Ses compositions sont originales, mais généralement entachées du mauvais goût de son époque.

Nagler, *Neues Allgemeines Künstler-Lexicon.*

BURGOS (*Alphonse* DE). *Voy.* ABNER.

BURGOS (*Alphonse*), médecin espagnol, vivait dans la première moitié du dix-huitième siècle. Il fut docteur de l'université d'Alcala, et médecin de l'inquisition à Cordoue. On a de lui un *Traité de la Peste.*

Antonio, *Biblioth. hisp. nova.*

BURGOS (*Antoine*), jurisconsulte espagnol, né à Salamanque en 1455, mort à Rome le 10 décembre 1525 ; il était référendaire et secrétaire du pape Léon X, qui l'avait appelé près de lui ; il avait professé pendant vingt années le droit canonique à Bologne. On a de lui un volume in-fol. intitulé *Super utili et quotidiano titulo de Emptione et Venditione in Decretalibus* ; Pavie, 1511 ; réimprimé à Parme, 1574 ; Venise et Lyon, 1575. Il a laissé aussi quelques traités *de Constitutionibus*, *de Rescriptis*, etc., etc.

Pancirole, *de Clar. leg. interpr.* — Nicolas Antonio, *Bibl. hisp.*

*****BURGOS** (*Paul* DE), évêque espagnol, né à Burgos en 1353, mort le 29 août 1435. Il était d'abord juif, puis se convertit au christianisme, et se fit baptiser ainsi que ses trois fils. Il prit alors le nom de *Paul de Sainte-Marie*. Sa femme étant morte, il entra dans les ordres, et devint évêque de Carthagène, puis de Burgos. Le roi Henri II le choisit pour être précepteur de son fils Jean. On a de Burgos des additions importantes aux *Postilles* de Nicolas de Lyra *sur l'Écriture*, et un traité intitulé *Scrutinium Scripturarum*, 1591.

Mariana, *Hist. d'Esp.* — Sixte de Sienne, *Biblioth. sanct.*

*BURGOS (*Alphonse*), évêque et historien espagnol, natif de Paul, lui succéda dans son évêché, et composa un abrégé de l'histoire d'Espagne, intitulé *Anacephalæosis regum Hispaniæ*.

Mariana, *Hist. d'Esp.* — Sixte de Sienne, *Biblioth. sanct.* — Bellarmin, *de Script. eccles.* — Possevin, *Apparatus sacer.*

*BURGOS (*Jean-Baptiste*), théologien espagnol, natif de Valence, mort en 1574; il était de l'ordre des Augustins. Envoyé au concile de Trente en 1562, il y prononça un discours remarquable *sur les quatre moyens d'extirper les hérésies*. Il enseigna ensuite la théologie dans sa ville natale. Ses *sermons* ont été imprimés à Louvain en 1567.

Nicolas Antonio, *Bibl. hisp.* — Le Mire, *Scrip. sæc. XVI.*

BURGOYNE (*John*), général et poëte anglais, mort le 2 août 1792. Il était fils naturel de lord Bingley, et se voua de bonne heure à l'état militaire. Il parvint bientôt par ses protections au grade de général. En 1762, un corps de troupes anglaises lui fut confié en Portugal; puis il fut élu représentant de Preston au parlement, et en 1775 envoyé au Canada comme gouverneur. En 1777, il reçut l'ordre de marcher contre le congrès américain. Confiant en ses talents littéraires, il débuta par une proclamation ridicule, offrant aux insurgés l'alternative du pardon, s'ils voulaient déposer les armes, ou de la vengeance la plus terrible, s'ils persistaient à vouloir leur émancipation. Washington lui répondit avec autant de noblesse que de fermeté. La campagne s'ouvrit, et Burgoyne remporta un avantage sur les Américains près de Ticonderago. Ce succès, qu'il décora du nom de victoire, doubla sa présomption et son imprudence; il prit la retraite des Américains pour une fuite, et s'engagea derrière eux sans s'être assuré aucun moyen de subsistance ni de retraite. A Saratonga, il se vit enveloppé et forcé de capituler, sous la condition de ne plus servir, lui et son armée, contre l'Amérique. Il avait déjà perdu 4,300 hommes depuis l'ouverture de la campagne. Le général Gates, auquel il se rendit, avait été officier dans le même régiment anglais que Bourgoyne. Il accueillit son ancien camarade avec une raillerie courtoise, et s'écria : « Bonjour, général Burgoyne; j'ai beaucoup de plaisir à vous revoir ! — Je vous en crois, répondit l'officier anglais; mais je prends Dieu à témoin que j'ai fait tout ce que j'ai pu pour m'en dispenser. » — Burgoyne, qui affectait l'esprit, avait souvent parlé de Gates comme d'un homme sans talents, et l'appelait ordinairement *l'accoucheuse*. Quoique Gates n'ignorât pas tous ces propos, il usa de générosité, et se permit seulement cette raillerie : — « Vous devez à présent, général Burgoyne, me regarder comme une bonne accoucheuse; car je vous ai *délivré* de 6,000 hommes ! » — Burgoyne, de retour en Angleterre, se justifia difficilement. Il épousa une fille de lord Derby, et fut membre du parlement (1781). Meilleur courtisan que bon général, on ne lui accorda pourtant aucun emploi public; il devint le favori de la reine, et, cédant à ses goûts littéraires, il composa quelques pièces de vers sans mérite et quelques comédies sans intérêt. Voici le titre de quelques-unes : *la Nymphe des chênes ; — Richard Cœur de lion ; — l'Héritière*.

Sparks, *American Biography*. — *Biographia dramatica*.

BURGSDORF (*Frédéric-Auguste-Louis* DE), naturaliste allemand, né à Leipzig le 23 mars 1747, mort à Berlin le 19 juin 1802. Il était de l'Académie des sciences de Berlin; et grand maître des forêts de la Marche de Brandebourg. Il a laissé un grand nombre d'ouvrages fort estimés, sur l'arboriculture et sur ce qui se rattache à l'économie sylvestre. En voici les titres : *Essai d'une histoire complète des espèces de bois les plus avantageuses*; Berlin, in-4°, 33 planches, 1783-1787; — *Instruction pour cultiver les arbres tant indigènes qu'exotiques en Allemagne*; Berlin, 1787, in-8°; — *Manuel du Forestier*, Berlin et Leipzig, 1788, in-8°, traduit par Baudrillart en 1808; Paris, 2 vol. avec 29 gravures; — *Observations sur un voyage dans le Harz en 1783*; — *Introduction à la Dendrologie*; Berlin, 1800, in-fol.; — *Histoire naturelle du cerf*; — *Sur le cynips de l'écorce du chêne*; — *Sur les accidents des forêts, et les précautions et remèdes à y opposer*.

Actes de la Société des scrutateurs de la nature; Berlin, t. V et VI. — *Recueil de l'Académie de Berlin*; 1798. — *Actes de la Société d'hist. nat. de Berlin*, t. IV, p. 413.

BURGSDORFF (*Frédéric - Ernest*). Voy. BORGSDORFF.

*BURGUNDIO de Pise (*Jean*), ou Jean de Bourgoyne, érudit italien, mort à Pise en 1190 (1). Son épitaphe dit :

Omne quod est natum terris, sub sole locatum,
Hic plene scivit scibile quidquid erat;
Optimus interpres Græcorum fonte refectus,
Plurima romano contulit eloquio.

Cette épitaphe ne fait qu'exprimer l'expression des contemporains sur la science de Burgundio. Il traduisit en latin l'ouvrage de Némésius sur la nature de l'homme, les *Géoponiques*, et des ouvrages d'Hippocrate et de Galien. Son érudition fut admirée par les pères du concile de Rome en 1180, auxquels il présenta la traduction des Homélies de saint Jean Chrysostome sur l'Évangile de saint Jean.

(1) En 1194, dans Jöcher (*Allgemeines Gelehrten-Lexicon*).

Schœll, *Histoire de la littérature grecque*, t. VII, p. 277. — Ginguené, *Hist. litt. de l'Italie*. — Pignorius, *Epistola 39, ad Jo. Bonifacium*. — Cave, *Historia litteraria scriptor. ecclesiastic*. — Sax, *Onomasticon litterarium*, *II*, 268.

BURGUNDIO ou **BORGONDIO** (*Horace*), jésuite et poëte italien, né à Brescia en 1679, mort à Rome le 1er mars 1741. Il fut professeur de littérature et de mathématiques, bibliothécaire du Musée, et enfin recteur du Collége romain. Il a laissé quelques poésies, et un grand nombre de mémoires sur les mathématiques et l'astronomie. Nous citerons : *Motus telluris in orbe annuo ex novis observationibus impugnatus*; Rome, 1714, in-4°; — *Novæ hydrometri idea*; Rome, 1717; — *Mapparum constructio in planis spheram tangentibus*; Rome, 1718, in-8°; — *Antliarum leges*; Rome, 1722; — *Usus normæ in constructione æquationum planarum et solidarum*; Rome, 1727; — *Telescopium geodeticum*; Rome, 1728; — *De cohærentia calculi astronomici cum æquationibus gregorianis*; in-4°, Rome, 1734.

Mémoires de Trévoux, 1727 et 1729. — Jöcher, *Allgem. Gelehrt. Lexic*.

BURGUNDIUS ou **BOURGOIGNE** (*Antoine*), écrivain belge, né à Bruges vers 1594, mort en 1657. D'abord jésuite, il quitta cet ordre, et devint chanoine, puis doyen de la cathédrale de Bruges. On a de lui : *Linguæ vitia et remedia emblematice expressa*; Anvers, 1631, avec fig.; — *Mundi Lapis Lidius, sive Vanitas per veritatem falsi accusata et convicta*; Anvers, 1639, in-4°, avec fig. Ces deux ouvrages sont devenus rares.

Biographie universelle (édition belge).

BURGUNDIUS ou **BOURGOIGNE** (*Nicolas*), jurisconsulte et historien belge, né à Enghien (Hainaut) le 29 septembre 1586, mort en 1639. Il fit d'abord quelques poésies latines, et se fit recevoir avocat à Gand. Maximilien, duc de Bavière, l'appela en 1627, lui donna la chaire de droit civil à Ingolstadt, puis le nomma successivement conseiller et historiographe de son duché. L'empereur Ferdinand II, voulant se l'attacher, le fit comte palatin; mais Bourgoigne préféra retourner dans sa patrie, et entra en 1630 au conseil du Brabant. Il avait surtout une connaissance très-exacte des coutumes, et a laissé plusieurs ouvrages sur cette branche de la jurisprudence. On a de lui : *Poëmata*; Anvers, 1621, in-4°; — *Historia Bavarica, seu Ludovicus IV, imperator, ac ejus vita et res gestæ, ab anno 1313 ad annum 1347*; Anvers, 1629, 3e éd., in-4°; — *Historia Belgica, ab anno 1558 ad annum 1567*; Ingolstadt, 1629, in-4°; — *Ad consuetudines Flandriæ tractatus*; Leyde, 1634 et 1635, in-12; — *Commentarius de Evictionibus*; Cologne, 1662, in-12. Tous ces traités ont été réunis en un seul volume; Bruxelles, 1674, in-4°.

Foppens, *Bibliotheca Belgica*, t. II, p. 902. — David Clément, *Bibliothèque curieuse*. — Paquot, *Mémoires*. — Sweert, *Athenæ Belgicæ*. — André, *Bibliotheca Belgica*. — *Biographie générale des Belges*.

*__BURGUS__ (*Sinibaldus*), médecin à Crémone vers la fin du treizième siècle ; il a laissé entre autres : *de Sanitate tuenda*, et *De ratione victus*. Le mouvement d'examen et de recherches dont la médecine du moyen âge commence à être l'objet pourra révéler quelle est la portée et l'utilité de ces compositions, délaissées depuis si longtemps.

Arisi, *Cremona illustrata*, t. I, p. 134.

BURGUS. *Voy*. BORGO.

BURI. *Voy*. BURY.

BURIDAN (*Jean*), natif de Béthune en Artois, disciple d'Ockam, et l'un des plus célèbres philosophes nominalistes du quatorzième siècle, a fleuri de 1338 à 1358. Il professa avec distinction dans l'université de Paris, où il fut procureur de la nation de Picardie. Nous le trouvons en 1347 recteur de l'université (*voy*. Dallard, *préface de la Logique de Buridan*), et député en 1345 auprès de Philippe de Valois pour demander l'exemption de la gabelle. L'historien Gaguin a rapporté, dans son *Compendium*, la tradition qui faisait échapper Buridan, comme par miracle, au sort que la reine Jeanne, femme de Philippe le Bel, avait déjà fait éprouver à plusieurs autres écoliers de Paris, qu'elle faisait secrètement venir dans ses appartements et précipiter ensuite dans la Seine, pour cacher ses débauches. Buridan aurait professé, en raison de ce fait, la doctrine *qu'il est permis de tuer une reine, si c'est nécessaire*. Villon faisait allusion à ce récit dans sa Ballade des Dames du temps jadis :

> Semblablement, où est la reine
> Qui commanda que Buridan
> Fût jeté en un sac en Seine?

Gaguin ne révoque point l'aventure en doute ; il prouve seulement que ce n'est point à la reine Jeanne de Navarre, morte en 1304, qu'il fallait imputer ces crimes rapportés par la chronique, mais à l'une des femmes épouses des trois fils de Philippe le Bel, c'est-à-dire soit à Marguerite de Bourgogne, soit à Jeanne de Poitiers, ou à Blanche, comtesse de la Marche. Toutes trois avaient été renfermées, pour cause d'adultère, au Château-Gaillard ; et l'on ne savait pas de quelle manière était morte la première, choisie depuis comme l'héroïne d'un drame célèbre qui a fait revivre les noms un peu oubliés de Marguerite de Bourgogne et de Buridan. Bayle s'autorise des vers de Villon pour conjecturer que la reine avait fait jeter dans la Seine Buridan, déjà vieux et célèbre parmi les défenseurs du nominalisme, pour avoir empêché, par ses exhortations, ses disciples de se rendre aux séductions de Marguerite. Un maître ès arts en l'université de Leipzig avait même composé en 1471 un petit ouvrage ayant pour titre : *Commentariolus historicus de adolescentibus Parisiensibus, per Buridanum, natione Piccardum, ab illicitis cujusdam reginæ Franciæ amoribus retractis*. Krants dit avoir vu cette pièce parmi les manuscrits de la bibliothèque de Heiligenstadt, dans la haute Autriche.

27.

Cette version se rapportait à la tradition qui, selon Aventinus, rapporte que Buridan fut chassé de France comme disciple d'Ockam, et forcé de se retirer en Autriche, où il ouvrit une école, et fonda même, ajoute-t-on, l'université de Vienne (*voy.* Aventinus, liv. VII, p. 629, et J. Thomasius, discours XII, p. 274); mais comme l'université de Vienne avait été fondée en 1237 par l'empereur Frédéric II, cette seule remarque suffit pour renverser l'opinion de l'exil prétendu de Buridan. Il est probable qu'elle n'a pour fondement qu'une ordonnance rendue en 1414 par Louis XI, c'est-à-dire plus d'un demi-siècle après la mort du philosophe nominaliste: cette ordonnance, en approuvant les doctrines d'Aristote, d'Albert le Grand, d'Averroès et de saint Thomas d'Aquin, condamnait celles d'Ockam et de ses disciples, parmi lesquels Buridan était désigné.

Le sophisme connu sous le nom de *l'âne de Buridan* a été longtemps célèbre dans l'école. Le philosophe supposait, dit-on, un âne pressé par la faim entre deux mesures d'avoine, et demeurant immobile, sollicité qu'il était de chaque côté par des forces qui l'attiraient également. Mourant de faim dans cette indécision, il se tourne d'un côté plutôt que de l'autre, ayant alors son libre arbitre. Bayle, qui consacre plusieurs colonnes de son Dictionnaire (au mot BURIDAN) à l'examen de ce sophisme, demande d'abord s'il n'y aurait pas eu une équivoque entre un *âne*, nom d'animal, et l'adverbe *an*, synonyme du fameux *utrum* des philosophes? Cet argument de *l'âne de Buridan* serait alors le même que celui qu'on a nommé *le pont aux ânes*, mentionné par Rabelais (livre II, ch. 28), lorsque, incertain s'il doit décrire ou non le combat de Pantagruel et des Géants, il invoque Calliope et Thalie, en les priant de le tirer de ce mauvais pas. Le *pont aux ânes* signifierait donc, suivant Bayle, tantôt une mer de ces *an* et de ces *utrum*, avec les moyens de les résoudre (*pont aux ânes*); tantôt la marche que l'on doit suivre pour passer par-dessus, ce qui ne serait pas trop mal représenté par ces ânes passant en tremblant sur un pont dont les ais mal joints laissent entrevoir l'eau qui passe en dessous (*pont aux ânes*). Tout cela peut paraître ingénieux, mais ne s'applique nullement à Buridan. Nous savons qu'il avait examiné avec beaucoup de sagacité la question de savoir si l'homme, placé entre deux motifs opposés, peut se décider indifféremment pour l'un ou pour l'autre. Or, comme il s'agit, pour le philosophe nominaliste, de la liberté humaine et non de celle des animaux, il est fort possible, comme l'a pensé Tennemann (*Hist. de la philosophie*, t. VIII, 2ᵉ partie), que l'argument auquel a été attaché le nom de Buridan n'ait été qu'un moyen imaginé par ses adversaires pour tourner en ridicule son opinion sur la liberté d'indifférence. Quant à cette locution de *pont aux ânes*, dont Bayle a emprunté aux lettres de Nicolas Clément la singulière explication que nous avons rapportée plus haut, on pourrait l'appliquer à Buridan, dans le sens qu'on lui donne le plus ordinairement. Ce philosophe s'était appliqué, surtout dans la logique, à rassembler un certain nombre de règles à l'aide desquelles on devait trouver par toute espèce de syllogismes: c'était réduire la pensée à une opération presque mécanique, que l'on a pu appeler par dérision *le pont aux ânes*. Quoi qu'il en soit, les œuvres de Buridan prouvent qu'il possédait une intelligence exercée aux subtilités philosophiques, et qu'il était habile dans tous les exercices de cette sorte d'escrime qui s'appelait alors la *dialectique*. Ses ouvrages sont: *Summula Dialectica*, in-fol.; Paris, 1487; — *Compendium logicæ*, in-fol.; Venise, 1489, et in-4°, Oxford, 1637; — *Quæstiones in VIII libros Politicorum Aristotelis*, in-4°; Paris, 1500, et Oxford, 1640; — *Quæstiones in VIII libros Physicorum Aristotelis, in libros de Anima et Parva Naturalia*; Paris, 1516; — *In Aristotelis Metaphysica*; ibid., 1518; — *Sophismata*, in-4°. HIPPEAU.

Histoire de la Philosophie de Tiedeman et de Tennemann. — *Dictionnaire des Sciences philosophiques*, Paris, Hachette, 1844, in-4°, t. I, 2ᵉ livraison, p. 413. — Valère André, *Bibl. Belg.* — Du Boulay, *Histoire Univers. de Paris.* — Bayle, *Dict. hist.* — Crévier, *Hist de l'Université.*

BURIDAN (*Jean-Baptiste*), jurisconsulte français, natif de Guise, mort en 1633. Il vint s'établir à Reims, où il professa longtemps. Son fils a publié deux ouvrages de ce jurisconsulte: *Commentaire sur la coutume de Vermandois*; Reims, 1631; réimprimé en 1728, in-4°; — *Commentaire sur la coutume de Reims*; Reims et Paris, 1663, in-8°.

Boucher d'Argis, *Mém. Mss.* — Moréri, *Dictionnaire historique.*

BURIGNY (*Jean* LÉVESQUE DE), historien français, né à Reims en 1692, mort à Paris le 8 octobre 1785. Il s'ouvrit par son savoir les portes de l'Académie des inscriptions et belles-lettres en 1756. Le recueil de cette Académie contient trente-quatre *Mémoires* ou *Dissertations* de lui sur différents sujets. Il a laissé en outre: *Traité de l'autorité du pape*, 1720, 4 vol. in-12, ouvrage peu estimé; — *Histoire de la philosophie païenne*; la Haye, 1724, 2 vol. in-12, réimprimée sous le titre de *Théologie païenne*, Paris, 1754, livre fort intéressant. Des douze volumes qui composent la publication périodique de l'*Europe savante*, de 1718 à 1720, près de six ont été composés par lui. On a encore de Burigny une *Histoire générale de Sicile*; la Haye, 1745, 2 vol. in-4°: le style de cet ouvrage laisse beaucoup à désirer, mais les faits y sont exactement rapportés; — *Histoire des Révolutions de l'empire de Constantinople*; la Haye, 1750, 1 vol. in-4°, ou 3 vol. in-12, 1750; — *Traité de Porphyre touchant l'abstinence de la chair*, avec *la Vie de Plotin*, traduit du grec; 1740, in-12; — *Vie de Grotius*; Amsterdam, 1750 et 1754, 2 vol. in-12; Amsterdam, 1754, 1 vol. in-4°; — *Vie d'Érasme*, 1757, 2 vol. in-12; ouvrage très-instructif; — *Vie de Bossuet;* 1761, in-12; — *Vie du cardinal Duperron;* 1768, in-12; — *Lettre à Mercier de Saint-Léger, sur les démêlés de Voltaire avec Saint-Hyacinthe;* 1780, in-8° : c'est le résultat de savantes recherches; elle donne des renseignements très-curieux sur la vie des contemporains d'Érasme. Il conserva son esprit jusqu'à son dernier soupir, et l'on peut citer les paroles qu'il dit à ses amis quelques instants avant sa mort : « Si j'avais été assez malheureux pour « douter de l'immortalité de l'âme, l'état où je « suis me ferait bien revenir de mon erreur. « Mon corps est insensible et sans mouvement ; « je ne sens plus mon existence ; cependant je « pense, je réfléchis, je veux, j'existe : la matière « morte ne peut produire de pareilles opérations. » On a attribué faussement à Burigny l'*Examen critique de la religion chrétienne;* 1766, in-8°.

Le Bas, *Dictionnaire encyclopédique de la France.* — Quérard, *la France littéraire*, v° Lévesque de Burigny. — *Éloge de Burigny*, par Dacier; Paris, 1786, in-8°. — Barbier, *Dict. des Anonymes.* — Walckenaer, *Recueil de notices historiques;* Paris, 1850, p. 286.

* **BURINI** (*Barbara*), peintre, née à Bologne en 1700, morte après 1750. Elle fut élève de son père Antonio Burini, et se perfectionna dans son art par l'étude suivie des ouvrages des maîtres. Elle excella dans le portrait, et fit aussi quelques tableaux religieux, tels que *les Stations de la via Crucis*, à *San Giovanni al Monte,* près de Bologne. E. B—N.

Orlandi, *Abbcedario.* — Ticozzi, *Dizionario.*

* **BURINI** (*Giovanni-Antonio*), peintre, né à Bologne en 1660, mort vers 1730. Élève de Domenico Canuti, il imita le style de son maître; il fut, comme lui, bon coloriste et habile dessinateur. Il a beaucoup travaillé à l'huile et à fresque dans sa patrie. Son portrait fait partie de la collection iconographique de Florence. Il fut le maître de sa fille Barbara. E. B—N.

Malvasia, *Pitturi di Bologna.* — *Musée de Florence.*

BURKE (*Edmond*), célèbre publiciste et orateur anglais, naquit à Dublin le 1er janvier 1730, et mourut le 8 juillet 1797. Son père était un notaire catholique qui, pour éviter les persécutions des prêtres anglicans et conserver sa charge, se vit obligé d'abjurer le catholicisme et d'élever son fils dans sa nouvelle religion. Le jeune Burke, après avoir terminé ses études, se destinait lui-même à l'enseignement; mais, n'ayant pu obtenir une chaire qu'il sollicitait à l'université de Glasgow, il vint à Londres étudier la jurisprudence; en même temps il prenait part à la rédaction de plusieurs écrits périodiques de l'époque, écrivait une parodie d'un ouvrage de Bolingbroke (*Vindication of natural society*, 1756) (1), et se plaçait tout à coup au rang des premiers écrivains de l'Angleterre par la publication de l'Essai du sublime et du beau (*Philosophical inquiry into the origin of our ideas on the sublime and beautiful*) : cet ouvrage acquit à son auteur une grande réputation auprès des littérateurs de son temps. L'*Annual register,* recueil périodique qu'il dirigea et rédigea avec un grand succès, devint la source de sa fortune politique. En 1761, il avait accompagné lord Halifax en Irlande; quatre ans après, le marquis de Rockingham, parvenu au ministère, le choisit pour son secrétaire particulier, et, sous ce haut patronage, il fut élu membre du parlement par le bourg de Wendover. C'était une époque de crise pour l'Angleterre : les colonies d'Amérique songeaient sérieusement à leur émancipation, et l'opposition dans le parlement faisait entendre contre le ministère une voix puissante qui pouvait ébranler le trône jusqu'en ses fondements. Burke, malgré ce qu'il devait de reconnaissance à Rockingham, et malgré les témoignages personnels d'attachement qu'il ne cessait de lui donner, se montra un des membres les plus véhéments de cette redoutable opposition; son éloquence s'éleva avec une énergie et une chaleur presque inconnues jusqu'alors dans la défense des droits de l'Amérique anglaise, et dans la destruction des abus qui l'avaient poussée au désespoir, et qui devaient la porter à reconquérir violemment son indépendance. Il se signala aussi en plaidant la cause des non-conformistes et celle de Wilkes (*voy.* ce nom), que l'on voulait expulser de la chambre des communes. Lorsque le parlement fut dissous, Burke, réélu à la fois par le bourg de Malton et par la ville de Bristol, opta pour cette cité commerçante; à cette dernière élection il avait prononcé l'un de ses discours les plus remarquables contre la guerre d'Amérique; mais tous ses efforts furent vains.

Cependant le marquis de Rockingham, rappelé au conseil (1782) après la chute du ministère de lord North, qui a coûté si cher à l'Angleterre, avait rattaché Burke à son administration, comme conseiller privé et payeur général des armées. Burke était l'âme de ce ministère, que la mort de Rockingham vint bientôt dissoudre; le soin d'en former un nouveau fut confié à lord Shelburne, qui peu après fit place à Pitt. Après la mort de son ancien patron, Burke s'était retiré des affaires publiques; sous Shelburne, il avait essayé de réunir dans un ministère de coalition les partis divisés. Pitt, qui renversa ce ministère, retrouva Burke au premier rang de ses adversaires. Burke fit aussi partie de cette opposition qui, en 1788, avait voulu empêcher de limiter l'autorité du régent.

---

(1) « Cet ouvrage, dit M. Villemain, n'était qu'une parodie des pamphlets irréligieux de Bolingbroke, et avait pour objet de montrer que la forme d'argument dont le scepticisme se servait contre la religion détruisait également toutes les bases de la société civile; mais cette intention ironique échappa, dit-on, à beaucoup de lecteurs, et Burke fut plusieurs fois accusé dans la suite, pour cet ouvrage mal compris. »

On était alors à la veille de la révolution française; mais, avant de dire quelle immense influence elle eut sur le talent et la réputation de Burke, n'oublions pas de rappeler la part éclatante et glorieuse qu'il avait prise dans le procès du marquis de Hastings. Si rien ne surpassait les crimes du proconsul de l'Inde, rien n'égala non plus l'éloquence terrible et déchirante dont Burke fit entendre les accents dans ce mémorable procès. Hastings acheta la conscience de ses juges au prix des trésors qu'il avait ramassés ; mais les admirables philippiques de Burke ont vengé ses victimes, et signalé le nom du Verrès anglais au jugement de la postérité.

Jusqu'en 1789 la vie de Burke, même lorsqu'il prenait part au pouvoir, avait été consacrée à la défense de la liberté des peuples. Sa politique semblait appuyée sur les principes les plus généreux et puisée aux sources les plus pures. C'était à la fois l'amour de l'humanité et la haine des préjugés et du despotisme qui respiraient dans ses discours, et qui donnaient tant de prestige et de force à son éloquence. La révolution française aurait dû s'attendre à le trouver parmi ses amis les plus enthousiastes : elle le trouva, au contraire, à la tête de ses plus violents ennemis. Quand tous ceux qui partageaient ses principes saluaient les premiers élans d'un grand peuple, et applaudissaient à ses efforts pour reconquérir des droits que rien n'avait pu prescrire et pour remédier à des abus, Burke, oubliant qu'il s'était fait l'apôtre de la révolution américaine, jetait l'anathème sur la révolution française. Il exhalait ses imprécations dans les pamphlets que Thomas Payne et Priestley cherchèrent à réfuter, sans pouvoir empêcher qu'ils n'égarassent l'opinion de l'Angleterre et de l'Europe, en créant, contre un événement que les circonstances avaient rendu nécessaire, une grande animosité et des préventions injustes. Les *Réflexions sur la Révolution* (1790), traduites dans toutes les langues et dont il y eut deux versions dans la nôtre, ont été combattues, lorsqu'elles parurent, par tous les publicistes français. Burke, éloigné du théâtre des événements qu'il jugeait, a montré plus de sophisme que de raison, plus de passion que de véritable éloquence dans ses jugements ; et souvent même il ne s'est pas inquiété de l'exactitude des faits qu'il avançait et des conséquences qu'il lui plaisait d'en tirer. On voit qu'il écrit avec ses haines et ses préjugés, et ces haines vont parfois jusqu'à la fureur, ces préjugés jusqu'à l'absurde. Ce fut surtout lorsque la monarchie constitutionnelle eut passé à la république, que la colère de Burke ne connut plus de bornes. Ce mot seul de république l'irritait à tel point qu'on ne pouvait le prononcer devant lui. Il ne voyait dans la crise révolutionnaire de la France que les erreurs et les excès qu'elle a malheureusement entraînés à sa suite, sans vouloir rendre justice à tout ce qu'elle enfantait en même temps de légitime. Néanmoins, aucun livre n'a jamais fait plus de sensation que le sien ; et il trouva en 1796 une énergie nouvelle contre la France révolutionnaire, lorsqu'il écrivit en traits de feu sa dernière brochure : *Thought on a regicide peace*.

Ses réflexions, ses pamphlets, ses discours, son *Essai du sublime et du beau*, la parodie de l'écrit de Bolingbroke, intitulée *Réclamation en faveur des droits naturels de la société*, une autre parodie, composée presque dans son enfance contre quelques écrits d'un apothicaire de Dublin, nommé Lucas, forment, avec quelques autres écrits, la collection de ses œuvres, qui ont été recueillies en 1790, et réunies de nouveau après sa mort (Londres, 1830, 6 vol. in-8° et in-4°). On l'a faussement désigné comme l'auteur des *Élucubrations philosophiques* publiées en 1790 ; on pourrait lui attribuer avec plus de vraisemblance les fameuses *Lettres de Junius*. En comparant cet ouvrage aux autres, on trouve en effet une foule de rapprochements qui tendraient à prouver que, s'il ne l'a pas écrit lui-même, Junius lui a du moins emprunté sa plume : c'est son style rapide et animé, sa finesse et sa force de raisonnement, sa verve satirique et son esprit d'observation. Telles sont les qualités qui distinguent Burke comme écrivain. Comme orateur, il fut entraînant, passionné, prodigue de sentences et d'images, unissant la science, qu'il avait acquise par ses études et la connaissance profonde des choses et des hommes, aux élans spontanés de sa vive et brillante imagination. Il éleva l'éloquence anglaise à une hauteur qu'elle n'avait jamais atteinte et qu'elle n'a pas dépassée. Comme homme politique, il est plus difficile de le juger. Il fut presque continuellement en contradiction avec lui-même, ou du moins avec les situations au milieu desquelles il était placé. Nous l'avons vu dévoué à Rockingham, et accordant difficilement l'opposition qu'il faisait contre lui dans le parlement avec les témoignages de reconnaissance et d'affection qu'il lui donnait en particulier. Il avait débuté par réfuter les pamphlets de Lucas, dans lesquels il trouvait alors des principes de liberté dangereux pour la société ; la parodie qu'il fit de l'écrit de Bolingbroke, dont nous avons parlé, était dictée dans le même esprit. Puis il devint à la tribune l'énergique partisan des doctrines contre lesquelles il avait essayé sa plume, jusqu'au moment où il revint à ses premières opinions, et attaqua dans la révolution française la pratique de toutes les théories dont il s'était montré si longtemps l'enthousiaste apôtre. On dit que l'ambition ou la faiblesse paternelle avait égaré son cœur, et que le désir de laisser une grande fortune et de vains titres à son fils lui avait fait prendre parti contre la révolution française. Ce fils, pour lequel il aurait ainsi abjuré les généreux sentiments qui avaient longtemps inspiré son éloquence et fait la gloire de sa vie, ne profita point de cette abjuration; il mourut quelques mois avant son père. [*Enc. des g. du m.*]

James Prior, *Memoirs of the life*, etc., *of E. Burke*; Londres, 1827, 2 vol. in-8°. — *Zeitgenossen*, n° 5, p. 79,122.

BURKE (*William*), cordonnier irlandais, condamné à mort en 1828 à Édimbourg, comme coupable de meurtre sur plusieurs personnes, dont il avait vendu les corps aux amphithéâtres de dissection. L'instruction révéla que ce scélérat et son complice Hare commençaient par enivrer leurs victimes, et les étouffaient en leur fermant le nez et la bouche, tandis que l'un d'eux les tenait immobiles. Les cadavres étaient ensuite enfermés dans des caisses, où ils se refroidissaient avant d'être livrés aux anatomistes, qui se montraient d'autant moins scrupuleux que les opinions régnantes dans la Grande-Bretagne rendent fort difficile de se procurer des cadavres. Burke avait d'abord vendu le corps d'un vieillard mort de maladie, qu'il avait dérobé de concert avec Hare; puis, alléché par le bénéfice que lui avait procuré cette première opération, il étendit sa coupable industrie sur des gens pauvres et peu connus, qui logeaient chez son complice. La manière dont Burke pratiquait ses assassinats a enrichi d'un nouveau mot, celui de *burker*, le vocabulaire du crime. [*Enc. d. g. du m.*]

Annual Register.

*BURKE (*John-Doly*), historien et auteur dramatique américain, né en Irlande, mort en 1808. Après avoir étudié à *Trinity-College*, il passa en Amérique en 1797. Il fut pendant quelque temps rédacteur en chef d'un journal de Boston, et se rendit ensuite à New-York, où il se vit arrêter, en vertu de la loi contre la sédition. Il fut tué en duel en 1808. On a de lui : *History of Virginia from its first settlements to* 1804, 3 vol.; — *Bunker Hill*, tragédie; — *Bethlem Gabor*, drame historique, et un discours prononcé le 4 mars 1808. P.-A. T.

Godwin, *Hand-Book of Universal Biography*, New-York, 1852.

BURKE (*Hubert*), comte de Kent. *Voy.* BURKHO.

*BÜRKEL (*Henri*), peintre allemand, né à Pirmasen, dans le Palatinat bavarois, le 9 septembre 1802. D'abord destiné au commerce, il se sentit si peu de penchant pour cette carrière, qu'il préféra travailler dans un greffe de justice de paix; et dans ses loisirs il s'amusait à dessiner tout ce qui se présentait sous ses yeux. La maison paternelle, qui était une auberge, lui offrit deux de ses sujets variés d'étude. A vingt-deux ans, il vint se former à l'Académie de Munich, et en 1831 il visita l'Italie et surtout Rome. Après deux années de séjour dans la patrie des arts, il revint en Bavière. Il est difficile de rendre avec plus de vérité que ce peintre les scènes populaires. Parmi ses productions les plus remarquables, on cite un *Convoi de bandits dans la Campagne de Rome*. Dans son pays, il continua de cultiver le genre qui l'avait fait connaître en Italie. Il produisit avec autant d'animation que d'exactitude les sites et les mœurs qu'il avait occasion d'étudier, particulièrement ceux du Tyrol. Ses *Auberges*, ses *Fêtes des Alpes*, ses *Animaux*, etc., méritent surtout d'être mentionnés.

Conversations-Lexicon.

BURLAMAQUI (*Fabrice*), pasteur et savant genevois, né à Genève en 1626, mort dans la même ville en 1693. Il desservit successivement l'église de Genève, puis celle de Grenoble. Il était très-versé dans la littérature et dans les langues orientales. On a de lui, sous le voile de l'anonyme, plusieurs ouvrages théologiques : *Sermon fait au jour du jeûne célébré par les églises réformées du Dauphiné*; Genève, 1664, in-8°; — *Catéchisme sur les controverses avec l'Église romaine*; 1668, in-8°; — *Synopsis theologiæ, et speciatim œconomiæ fœderum Dei*; Genève, 1678, in-4°; — *Considérations servant de réponse au cardinal Spinola*, français-latin; Genève, 1680, in-12.

Ersch et Gruber, *Allgemeines Encycl.* — Senebier, *Hist. litt. de Genève.*

BURLAMAQUI (*Jean-Jacques*), célèbre publiciste, né à Genève le 24 juillet 1694, et mort dans la même ville le 3 avril 1748. Issu d'une famille noble de Lucques, qui était venue s'établir en France et ensuite à Genève (1), il reçut une éducation distinguée, à laquelle présida son père, membre du petit conseil et secrétaire de la république. Après son cours de philosophie, il se sentit entraîné, comme par une vocation spéciale, vers l'étude du droit naturel et du droit des gens. Il y fit de tels progrès qu'il fut jugé digne d'obtenir le titre de professeur honoraire, quoiqu'il n'eût encore que vingt-cinq ans. Il se prépara dès lors, par de profondes méditations et par des voyages entrepris dans l'intérêt de la science, à occuper un jour, d'une manière utile, la chaire de droit, dont il n'avait que l'expectative. En Angleterre, il se lia avec les membres de l'université d'Oxford, dont il reçut plus d'un témoignage d'intérêt, et notamment un magnifique exemplaire de l'histoire de cette université. En Hollande, il fut accueilli par Barbeyrac. Il ne fut pas aussi heureux en France, où il ne trouva que des docteurs *in utroque*, peu sensibles au charme que le jeune Genevois trouvait dans l'étude des lois naturelles et sociales (2). De retour dans sa patrie, Burlamaqui prit possession de la chaire qui lui était destinée. Il compta au

(1) Un d'Aubigné, aïeul de madame de Maintenon, avait épousé à Genève en secondes noces, dans les premières années du dix-septième siècle, Renée de Burlamaqui.

(2) Il n'existait alors au Collège royal qu'un professeur de droit canon ; ce ne fut qu'à la fin du dix-huitième siècle qu'on y créa une chaire de droit de la nature et des gens. Aussi, les nations étrangères reprochaient à la France « de n'avoir ni académie de politique, ni chaire « du droit public, ni règles certaines pour élever de « bons sujets dans la connaissance que demandent les « emplois du gouvernement, et l'on a pu remarquer que « les ambassadeurs de France étaient moins instruits « que ceux des autres nations. »

nombre de ses auditeurs plus d'un personnage éminent, parmi lesquels on cite le prince Frédéric de Hesse-Cassel. Il était net et précis dans ses leçons, comme il le fut dans ses ouvrages. Ce mérite, plus rare qu'on ne croit, fit le succès des uns et des autres. Cependant sa mauvaise santé et surtout la faiblesse de sa vue le forcèrent à renoncer au professorat, après l'avoir exercé pendant près de quinze ans. Ses compatriotes, qui avaient su apprécier la justesse de ses vues et la droiture de son caractère, l'appelèrent au conseil d'État, où, dans une autre sphère, il ne rendit pas des services moins essentiels en contribuant à faire régner la paix et la justice parmi ses concitoyens, comme il les avait éclairés par ses leçons. Il est rare de rencontrer, chez les hommes livrés à des méditations abstraites, ce goût pour les arts qui semble n'appartenir qu'à ceux chez lesquels prédominent les facultés de l'imagination. Burlamaqui fit exception à cette règle commune, en ne cherchant d'autre délassement au sérieux de sa vie que dans la culture des arts du dessin. Quoique doué d'une fortune médiocre, il forma un riche cabinet de gravures et de tableaux, parmi lesquels on en remarquait quelques-uns des plus grands maîtres, tels qu'Annibal Carrache, le Parmesan, Vandick, etc. La ville de Genève dut à sa libéralité une partie des richesses qu'il avait amassées. Ce fut aussi par ses soins et sa protection que se forma l'habile dessinateur et graveur Soubeyran; mais il n'eut pas la satisfaction de voir créer avant sa mort une école de dessin, dont il avait provoqué l'établissement. Les états, à leur tour, se montrèrent reconnaissants; et Jean Dassier grava sa médaille, qui est un des plus beaux morceaux de ce célèbre artiste. Les ouvrages de Burlamaqui, souvent réimprimés et traduits en diverses langues (allemand, italien, espagnol et anglais), sont : *Principes du droit naturel;* Genève, Barillot, 1747, in-4°, 1750, in-8°, et *Principes du droit politique;* Genève, 1751, in-8°. Avant comme après Burlamaqui, on n'a jamais rien écrit sur ces matières qui égale en précision et en limpidité un exposé de principes qui, dérivés de la nature, des besoins et de la destination de l'homme, se résument en une série de propositions, dont chacune semble prendre le caractère d'un axiome. C'est presque la méthode des géomètres, appliquée au droit et à la démonstration des grands intérêts de la sociabilité. On a dit qu'il avait été guidé par Grotius, Puffendorf et Barbeyrac, leur commentateur; mais il faut reconnaître qu'il s'est tellement approprié la substance de leurs doctrines, en les dégageant de tout ce qui n'est que digression, qu'il a fini par élever un édifice nouveau dans la construction duquel l'esprit philosophique, qui manquait quelquefois à ses devanciers, l'a soutenu sans leurs secours (1). Au surplus, le succès de ses ouvrages fut tel, qu'on les adopta pour l'enseignement dans plusieurs universités d'Allemagne et d'Angleterre, et notamment dans celle de Cambridge. Nous croyons devoir rappeler aussi que la plupart des professeurs de législation dans les écoles centrales créées avant l'institution de l'université les avaient pris pour base de leurs leçons. Le professeur Félice donna une nouvelle édition des deux ouvrages de Burlamaqui, sous le titre de *Principes du droit de la nature et des gens, avec la suite du droit de la nature qui n'avait pas encore paru;* Yverdun, 1766-1769, 8 vol. in-8°. Cette édition était rare en France; MM. Dupin aîné et Cotelle l'ont fait réimprimer, le premier, en 1820, 5 vol. in-8°, avec une table analytique et raisonnée; le second, en 1821, 2 vol. in-8°. Ce dernier y a joint les *Éléments du droit naturel, ouvrage posthume de Burlamaqui* (Londres, 1774, in-8°), qui avait d'abord été publié, d'une manière incomplète, en langue latine : — *Elementa Juris naturalis;* Genève, 1754, in-8°. Le texte français a été réimprimé deux fois à Paris, en 1820.

J. LAMOUREUX.

Senebier, *Histoire littéraire de Genève,* tome III. — *Bibliothèque du droit,* de Camus, édition donnée par M. Dupin. — Strodtmann, *In nova erudita Europa,* III, 689. — Ersch et Gruber, *Allgemeine Encyclopædie.*

BURLEIGH ou **BURLEY** (*Walter*), théologien et philosophe anglais, né en 1275, mort en 1357. Il étudia à Oxford, à Merton-Collége, se rendit à Paris et revint à Oxford, combattant surtout avec vigueur les opinions de Duns Scot, et disputant avec tant d'éclat, que l'admiration de ses contemporains lui décerna le titre de *Doctor planus et conspicuus.* Il fut chargé de l'éducation d'Édouard III, qui lui confia en 1327 une mission à la cour de Rome. Ses livres sur la doctrine péripatéticienne ont souvent été imprimés à la fin du quinzième siècle; les bibliographes indiquent jusqu'à huit éditions de l'*Expositio super artem veterem Porphyrii et Aristotelis,* et jusqu'à six du *Scriptum super libros posteriorum Aristotelis.* Il fut le premier au moyen âge qui entreprit d'écrire l'histoire des philosophes anciens; il y joignit celle des poëtes, et son ouvrage, qui commence à Thalès pour finir à Sénèque, ne paraîtra pas dépourvu de tout mérite, si l'on se reporte à l'époque à laquelle il fut composé. Le texte latin fut imprimé une quinzaine de fois à Louvain, à Cologne, à Nuremberg, de 1478 à 1500; il en parut des traductions allemande et italienne.

Cave, *Script. eccles.,* t. II, p. II. 4, 35. — Tanner, *Biblioth. Britann. Hibern.* — Fabricius, *Bibl. lat. med. œvi,* t. I, p. 838. — Wood, *Antiq. Oxon.,* t. I, p. — Brucker, *Hist. crit. philos.,* t. III, p. 856. — Tennemann, *Gesch. der Philosophie,* VIII, 906.

*****BURLEIGH** (*William-Henri*), poëte et journaliste américain, né le 2 février 1812 à Woodstock, dans le Connecticut. Originaire du pays de

---

(1) Burlamaqui n'est pas toujours d'accord avec eux. Ainsi, selon lui, le droit naturel n'est pas séparé du droit des gens, tandis que Grotius établit qu'il en est distinct.

Galles, il descend par sa mère du célèbre Bradford, gouverneur du Massachusets; son grand-père se distingua, sous Washington, dans la guerre de l'indépendance américaine. De 1833 à 1836, il a dirigé la rédaction du *Literary Journal*, de Schenectady; de 1838 à 1840, celle du *Christian Witness*, de Pittsburg en Pensylvanie; et enfin celle du *Washington Banner*, gazette publiée à Alleghany dans l'Ohio, à la tête de laquelle il est encore aujourd'hui. Enfin on a de lui un volume de poésies publié à Philadelphie au commencement de 1840. P.-A. T.

Griswold, *the Poets and Poetry of America*; Philadelphie, 1852.

BURLET (*Claude*), médecin français, né à Bourges en 1664, mort le 10 août 1731. Reçu docteur à la faculté de Paris en 1692, et membre de l'Académie des sciences en 1699, il devint médecin du roi d'Espagne Philippe V et du dauphin de France. On a de lui plusieurs mémoires, dont les principaux sont : *Sur l'Usage de l'eau de chaux seconde pour certaines maladies*; 1703; — *Sur les avantages de la camphorata de Montpellier*, 1704; — *Sur les Eaux de Bourbonne et de Vichy*, 1708; — *Examen des Eaux de Bourbon*, 1708; — *Sur un sel cathartique trouvé près Madrid*, 1726.

Adelung, *Biographie médicale*, suppl. à Jöcher, *Allgem. Gelehrt.-Lexikon*.

BURLINGTON (*Richard*, comte DE), pair d'Angleterre, né en 1700, mort en 1760, était protecteur des artistes et architecte lui-même. L'hôtel de Burlington à Londres et le château de Chiswick, près de la capitale, ont été construits sur ses dessins. Burlington a publié l'œuvre de Palladio sur *les thermes des Romains*.

Rose, *New Biographical Dictionary*.

BURLTON (*Pierre-Henri*), géographe anglais, né en 1804, tué en 1829. A vingt et un ans il était lieutenant d'artillerie au Bengale. Il releva le cours du Brahmapoutra, qui vient se réunir au Gange à l'est de son embouchure, et remonta cette rivière jusqu'au point où elle cesse d'être navigable dans le pays d'Assam, sous 27° 50' de latitude et 93° de longitude. Là le Brahmapoutra prend le nom de Lohit, et n'a plus qu'un mètre de profondeur sur 150 de largeur. L'année suivante, Burlton, accompagné de Wilcox, franchit les monts Longtan, et arriva à la source du Sri-Serhit, affluent de droite de l'Irawaddi. Burlton fut ensuite chargé, avec son camarade Bedingfield, de relever la carte de l'Issam. En 1829, ils gagnèrent Nanclo, dans les monts Cossyah. Ils y furent investis par environ cinq cents naturels, et Bedingfield fut massacré. Burlton, aidé de quelques cipayes et de ses domestiques, se défendit longtemps; mais les assaillants mirent le feu à l'habitation, et il fut obligé de chercher un refuge dans les bois; là, une forte pluie ayant mis ses armes hors de service, il tomba de fatigue, et fut tué immédiatement.

Calcutta-government Gazette. — *Asiatic Journal of London*.

BURMANIA (*Douwe-Bothnia* VAN), astronome hollandais, originaire de la Frise, mort en 1726. Il consacra ses études à la météorologie, et fit des observations très-exactes sur les variations du temps, de la lumière, de l'air, etc. Il a publié sur ces sujets une lettre à Ruard Andala, *de Methodo ratiocinandi de more cœli dubio*; Louvain, 1713, in-4°; — *Nieuwe Manier en Onderstellinge over Weer*; Louvain, 1715, in-4°.

Un autre **BURMANIA** (*Étienne*) est connu seulement par un traité *de Bello Anglicano injuste Belgis illato*, 1652, in-4°.

Un troisième **BURMANIA** (*Upko*), mort en 1615, conspira contre le gouvernement espagnol, et fut expulsé de Hollande; il a composé plusieurs ouvrages sur la noblesse de Frise.

Biographie universelle (éd. belge).

BURMANN (*François*), théologien hollandais, né à Leyde en 1628, mort le 21 novembre 1679. Il fut pasteur à Hanovre en 1655, et ensuite sous-régent du collége des Ordres de Leyde en 1664; enfin professeur de philosophie à Utrecht (1665). Il a publié : des *Commentaires sur le Pentateuque*; 1660, in-8°, et 1668, in-4°; — *Synopsis theologica*; Utrecht, 1671, et Amsterdam, 1683, 2 vol. in-4°; — *Sur Josué, Ruth et les Juges*; Utrecht, 1675, in-4°; — *Sur les Rois, les Paralipomènes, Esdras, Néhémie, Esther*; Amsterdam, 1683, in-4°; — *Sur les livres de Samuel*; Utrecht, 1683, in-4°; — *Dissertations académiques*; Rotterdam, 1683, 2 vol. in-4°; — *Discours académiques*, 2° édition; Utrecht, 1700, in-4°; — *Sur la Passion de Jésus-Christ*, en latin, par Van Lent; 1695, in-8°.

Konig, *Bibl. vet. et nov.* — Burmanni, *Trajectum eruditum*, p. 50. — *Catal. Bibl. Bunav.*, t. I.

BURMANN (*François*), théologien hollandais, fils du précédent, né à Utrecht en 1671, mort dans la même ville en 1719. Il fut nommé en 1715 professeur de théologie à Utrecht. Ses ouvrages sont : une Réponse à Philippe Limbourg, professeur arménien, sous le titre de *Burmannorum Pietas*; Utrecht, 1701, in-8°; — *le Plus grand bien des spinosistes comparé avec le Paradis sur terre de M. Frédéric Leenhoff* (en hollandais); Enkhuyzen, 1704, in-8°; — *Invitation amicale de M. Frédéric Leenhoff de se justifier de son spinosisme* (en hollandais); Enkhuyzen, 1705, in-8°; — *l'Harmonie ou la Concordance des saints Évangélistes* (en hollandais); Amsterdam, 1713, in-4°; — *Theologus*; Utrecht, 1715, in-4°; — *Sur la Persécution de Dioclétien*; Utrecht, 1719, en latin, in-4°; — *Dissertations sur la poésie sacrée*, en latin.

Burmann, *Trajectum eruditum*.— *Catal. Bibl.*, Bunav. t. I.

BURMANN (*Pierre*), l'aîné, célèbre philologue hollandais, frère du précédent, né à Utrecht le 6 juillet 1668, mort le 31 mars 1741. Il fit ses études à Utrecht et à Leyde, et passa sa thèse en

1688 sur le sujet de *Transactionibus*. Il visita l'Allemagne et la Suisse, et revint dans sa patrie exercer la profession d'avocat. En 1694, il publia une dissertation *de Vectigalibus populi Romani*, réimprimée deux fois en 1714 et 1734. — Nommé en 1696 professeur d'histoire à Utrecht, Burmann prononça un fort beau discours : *de Eloquentia et Poesi*. Il se fit quelques ennemis par son caractère violent, emporté, tranchant et irascible. Néanmoins ses emportements ne l'empêchèrent pas d'obtenir la chaire d'éloquence à Leyde. Ses principaux ouvrages sont : *Phædri Fabulæ*; Amsterdam, 1698, réimprimées en 1718 et 1745, in-8°; — *Horace*, avec les *Lectiones Venusinæ* de Rutgers; Utrecht, 1699, in-12; — *Petronii Satyricon*; Utrecht, 1709, in-4°; Amsterdam, 1743, et Leipzig, 1781, in-8°; — *Antiquitatum Romanarum brevis Descriptio*; Utrecht, 1711, in-8°; — *Velleius Paterculus*; Leyde, 1719, 1744, in-8°; — *Quintilien*; Leyde, 1720, 2 vol. in-4°. Capperonnier, professeur au Collége royal, ayant publié en 1725 une nouvelle traduction de *Quintilien*, critiqua dans ses notes celle de Burmann; celui-ci fit aussitôt paraître une réfutation passionnée, sous le titre de *Epistola ad Cl. Capperonnerium*; — *Justin*, avec préface et variantes; Leyde, 1722, in-12; — *Valerius Flaccus*; Leyde, 1724, in-4°; — *Georg. Buchanani opera omnia*; Leyde, 1725, 2 vol. in-4°; — *Catalogue* des ouvrages contenus dans le *Thesaurus Antiquitatum græcarum et romanar.* de Grævius, dans le *Thesaurus Antiquit. et Histor. Italiæ*, et dans le *Thesaurus et Historia Siciliæ*; Leyde, 1725, in-8°, avec préface; — *Sylloges epistolar. a viris illustribus scriptar.*; Leyde, 1727, 5 vol. in-4°; — *Ovide*, avec préface; Amsterdam, 4 vol. in-4°; — *Phædri Fabulæ*, avec commentaires; Leyde, 1727, in-4°; — *Poetæ latini minores*; Leyde, 1731, 2 vol. in-4°, avec une préface dirigée contre Bruce et Havercamp, qui avaient traduit quelques-uns de ces poëtes; — *Suétone*; Amsterdam, 1736, 2 vol. in-4°; — *Lucain*; Leyde, 1740, in-4°; — *Virgile*; Amsterdam, 1746, 4 vol. in-4°; — *Claudien*; Amsterdam, 1760, in-4°, avec notes de P. Burmann neveu; — *Harangues latines*, par Nicolas Bondt; la Haye, 1759; — enfin, un grand nombre d'articles publiés dans les *Miscellaneæ observationes*, sous les pseudonymes de *Sincerus Hollandus* et de *Favoritus Noricus*.

Bandini, *Bibl. Nummaria*. — G. Stollius, ad *Heumanni conspectum*, p. 511. — *Catal. Bibl. Burnav.*, t. I, vol. II, p. 1122. — *Biogr. Néerl.*

BURMANN (Gaspard), historien hollandais, neveu du précédent, natif d'Utrecht, mort le 22 août 1755. Il était membre du sénat de sa ville natale, et a laissé divers écrits, tels que : *Hadrianus VI*; Utrecht, 1727, in-4°; — *Trajectum eruditum*; Utrecht, 1738, in-4°; — *Utrechtsche Jaarboeken*; 1750-1751, 3 vol.

Biographie universelle (éd. belge).

BURMANN (Jean), botaniste hollandais, fils de François (le jeune), né en 1707, mort en 1780. Il professa la botanique à Amsterdam (1738), et publia : *Phytanthoza*, traduction hollandaise de Weinmann, 1736; — *Thesaurus Zeylanicus, exhibens plantas in insula Zeylana nascentes*; Amsterdam, 1737, in-4°, avec 110 planches, d'après les herbiers de Hartog et de Paul Hermann. Linné ayant trouvé dans cet ouvrage un genre décrit pour la première fois, le nomma *Burmannia*; — *Rariorum Africanarum plantarum ad vivum delineatarum*; Amsterdam, 1738-1739, in-4°, avec 100 planches composées d'après les dessins d'Oldenland, de Hartog, de Paul Hermann et de Witzen; — *Herbarium Amboinense*, d'après Rumpf, gouverneur des Moluques; 1741-1750, 6 vol. in-fol., 669 planches, latin-hollandais, avec un supplément, des index et des tables, sous le titre d'*Auctuarium*; Amsterdam, 1755, in-fol., 30 planches de plus, nouvelle édition; — *Plantarum Americanarum fasciculi X, continentes plantas quas olim Car. Plumierus detexit, atque in insulis Antillis ipse depinxit; edidit, descriptionibus et observationibus illustravit J. Burmannus*; Amsterdam, 1755-1760, in-fol., avec 202 planches par Plumier; — *Flora Malabarica, sive Index in omnes tomos Horti Malabarici*, d'après l'*Hortus Malabaricus* de Van Rheede; Amsterdam, 1769, in-fol., avec index; — *de Ferrariæ charactere*; Amsterdam. 1757, in-fol.; — *Vachendorfia*; Amsterdam 1757, in-fol.

Nouveaux Actes des Curieux de la Nature, t. II.

BURMANN (Pierre), le jeune (*Secundus*), philologue hollandais, frère du précédent, né à Amsterdam le 13 octobre 1714, mort à Sandorst le 24 juin 1778. Il fut élevé par son oncle Pierre Burmann, dont il prit le caractère violent. Il reçut aussi des leçons de Duker et de Drakenborch, et passa sa thèse *de Jure annulorum aureorum* à Utrech en 1734, comme docteur en droit. L'année suivante, il obtint la chaire d'éloquence à l'université de Franeker; son discours inaugural fut : *Pro Criticis*; Utrecht, 1736. Bien que chargé en outre des chaires d'histoire et de poésie (1741), il abandonna Franeker pour Amsterdam, où il entra à l'Athénée en qualité de professeur d'histoire et de philologie. Il prononça pour l'ouverture un discours en vers : *De Enthusiasmo poetico* (1742). Enfin il devint successivement professeur de poésie (1744), bibliothécaire général (1752), et inspecteur du gymnase (1753). Outre les écrits cités, on a de lui : *Sapientia hyperborealis*, 1733; — *H. Valesii Emendationes*; Amsterdam, 1740, in-4°. Burmann a pris jusqu'à cette époque le titre de *Fr. Fil. Fr. Nep.*, c'est-à-dire fils de François, petit-fils de François; il prit pour les ouvrages qui suivent le nom de *Junior* : le premier fut : *Nic. Heinsii Adversaria*; Harling, 1742, in-4°; — *Oraison funèbre de Cornélius Sieben*; Amsterdam, 1743, in-4°, latin; — *Specimen* de

l'Anthologie; Amsterdam, 1747, in-4°. A cette époque Burmann changea encore son surnom de *Junior* en celui de *Secundus*, qu'il conserva définitivement : nous le voyons, pour la première fois, s'appeler ainsi dans la publication qui a pour titré : *P. Lottichii Secundi solitariensis Poemata omnia*; 1754, 2 vol. in-4°; — *Anthologia veterum Latinorum epigrammatum et pœmatum*; Amsterdam, 1759-1773, 2 vol. in-4°; — *Aristophanis Comœdiæ novem, cum notis Steph. Bergleri*, avec des notes inédites de Duker et une préface de Ric. Bondt; Leyde, 1760, 2 vol. in-4°; — *Claudien*; Amsterdam, 1760, in-4°, avec notes; — *Rhetorica ad Herennium*, in-8°, avec préface et notes de Grævius et d'Oudendorp : l'auteur s'attache à prouver que Cicéron n'est pas l'auteur de cet ouvrage; Leyde, 1761; — *De Mæcenatibus doctis Oratio*; Amsterdam, 1763, in-4°; — *Jac.-Phil. d'Orville Sicula, quibus Siciliæ veteris rudera, additis antiquis tabulis, illustrantur*, avec dissertations; Amsterdam, 1764, in-fol.; — *Properce*; Utrecht, 1778, in-4°; — *Poésies latines*, in-4°, avec appendice; Leyde, 1774-1779.

Klotz, *Acta eruditorum*, décembre, 1759. — Strodtmannt *Nova erudita Europa*, part. V. — *Bibliotheca critica*, vol. 1, part. III, p. 139. — *Biogr. Néerland.*

BURMANN (*Nicolas-Laurent*), botaniste hollandais, fils de Jean, né à Amsterdam en 1734, mort en 1793. Il fut reçu docteur à Leyde, et publia pour thèse : *Specimen botanicum inaugurale de Géraniis*; 1759, in-4°, dans laquelle il divisa le premier ces plantes en trois genres, *geranium*, *erodium* et *pelargonium*. On a encore de lui : *Dissertatio de Heliophila*, plante crucifère du cap de Bonne-Espérance; — *Florula Corsica, aucta ex scriptis Dom. Jaussin*; — *Flora Indica, cui accedit series zoophytorum Indicorum, nec non prodromus Floræ Capensis*; Leyde, 1768, in-4°, avec 67 planches : cet ouvrage contient plus de 1500 plantes. Thunberg a contribué à sa rédaction.

Nova Acta Societatis Upsaliensis, t. Ier.

BURMANN ou **BORSMANN** (*Gottlob-Guillaume*), littérateur allemand, né à Lauban (Lusace) le 18 mai 1737, mort à Berlin le 5 janvier 1805. Il étudia les lettres à Lœwenberg et à Hirschberg, sous le professeur Leuschner. Il étudia ensuite le droit à Francfort-sur-l'Oder, et vint à Berlin donner des leçons. Ses *poésies* ont quelque mérite, et furent imprimées à Hirschberg, 1754, in-8°. — Il publia ensuite : *Lettres et Odes sur la mort d'un serin*; Francfort, 1764, in-8°; — *Fables*; Dresde, 1769, 1771 et 1773, in-8°; — *Journal pour la littérature et le cœur*; Berlin, 1775, in-8°; — *Poésies*, contenant le *Quaterne*, ou *Ode sur la Loterie*; Berlin, 1783, in-8°; — *Chants patriotiques*, avec musique de l'auteur, qui était bon compositeur; Berlin, 1786, in-8°; — *Gedichte ohne den Buchstaben R* (poésies sans la lettre R) Berlin, 1788, in-8°; — *Badinages*, ou *Preuves de la flexibilité de la langue allemande*; Berlin, 1794; — poëme sur *la Liberté*.

Jöcher, *Allg. Gel.-Lex.*, avec le suppl. d'Adelung.

BURMEISTER (*Hermann*), médecin et naturaliste allemand, né à Stralsund en 1807. Il reçut sa première instruction dans sa ville natale, où son père était contrôleur en chef des douanes. En 1826, il vint continuer ses études à Greifswald, et en 1827 à Halle, où il fut reçu médecin en 1829, en même temps que, sous la direction de Nitzsch, il étudiait avec ardeur la zoologie et l'entomologie. Après un voyage à Berlin, où il prit ses degrés, il fut chargé de professer l'histoire naturelle au gymnase de Cologne. A la mort de Nitzsch en 1837, il fut nommé professeur suppléant, et en 1842 professeur titulaire de zoologie à Halle. Ses cours furent extrêmement suivis. Il ne se distingua pas moins comme orateur. En 1848, il fut appelé à remplacer Duncker à l'assemblée nationale de Francfort, et la ville de Liegnitz le choisit pour son représentant à la première chambre de Berlin. Il y vota avec le côté gauche. Obligé de voyager pour rétablir sa santé, il se rendit au Brésil en octobre 1850. Ses principaux ouvrages sont : *Lehrbuch der Naturgeschichte* (Cours d'histoire naturelle); Halle, 1830, in-8°; — *Grundriss der Naturgeschichte* (Principes d'histoire naturelle); Berlin, 1833, 1851; — *Handbuch der Naturgeschichte* (Manuel d'histoire naturelle); Berlin, 1837; — *Zoologischer Handatlas* (Atlas-Manuel de zoologie); Berlin, 1835-1843; — *Geschichte der Schoepfung* (Histoire de la Création); Leipzig, 1843 et 1851; — *Geologische Bilder zur Geschichte der Erde und ihrer Bewohner* (Tableaux géologiques pour l'éclaircissement de l'histoire de la terre et de ses habitants); Leipzig, 1851; — *Die Organisation der Trilobiten*; Berlin, 1843; — *Die Labyrinthodonten*; Berlin, 1849-1850.

Conversations-Lexicon.

BURN (*Richard*), jurisconsulte et historien anglais, né à Winton (Westmoreland) vers 1720, mort à Orton en 1785. Il fut élevé à Oxford, où il obtint le grade de docteur en droit (1762); il devint vicaire d'Orton, juge de paix du Westmoreland et du Cumberland, et chancelier du diocèse de Carlisle. Il a laissé : *les Devoirs d'un juge de paix*; — *le Droit ecclésiastique*; Londres, 1767, 4 vol. in-8°; — *Histoire et Antiquités des comtés de Westmoreland et de Cumberland*, avec notes de Jos. Nicholson; 1777, 2 vol. in-4°.

Gentleman's Magazine.

BURNABY (*André*), théologien et voyageur anglais, né à Asfordby en 1732, mort en 1812. Il étudia à Westminster et à Cambridge, et voyagea en 1759 et 1760 dans l'Amérique du Nord; puis il devint chapelain de la factorerie anglaise de Livourne, où il suppléa le vice-consul absent. Dans l'intervalle, il visitait tantôt la Corse, tantôt l'Italie. Il fut pasteur à Greenwich en 1769, et archidiacre de Leicester en 1786. Ses

principaux ouvrages sont : *Travels through the midle settlements in North America, in the years 1759 and 1760, with observations upon the state, of the colonies 1775*, in-4°; et 1798-1799; — *A Journal of a tour to Corsica in the year 1766, with as eries of original letters*; 1804; — *Various sermons*; 1805, in-8°.

Rose, *New Biographical Dictionary*.

BURNES (*Alexandre*), célèbre voyageur anglais, petit-neveu du précédent, naquit à Montrose en Écosse le 16 mai 1805, et mourut le 2 septembre 1842. Nommé cadet dans l'armée de Bombay, il se fit remarquer par son aptitude singulière pour l'étude des langues orientales. En 1828, il s'offrit au gouvernement pour aller explorer la frontière du nord-ouest, qui était alors presque entièrement inconnue. Son plan de campagne se trouve rédigé de sa main dans les Mémoires de la Société géographique de Londres. En 1830, le roi d'Angleterre envoya au roi de Lahore Rundjit-Singh un présent de chevaux; et ce fut Burnes que le gouverneur général lord Ellenborough choisit pour cette mission, à laquelle il voulut bien donner une utilité scientifique. L'expédition partit de Mandivie, dans le Coulah, le 1er janvier 1831, et, après de nombreuses traverses, arriva par le Sendy et par l'Indus à Lahore le 18 juillet. Ce ne fut cependant que l'année suivante que Burnes commença son grand et célèbre voyage à travers l'Asie centrale. Dans l'espace de deux années il visita la Bactriane, la Transoxiane, le pays des Scythes et des Parthes, le Khusistan, le Koraçan et l'Iran, refit la plus grande partie de la route d'Alexandre, et parcourut les champs de bataille qu'illustrèrent les noms redoutables de Gengiskhan, de Tamerlan et de Baber. Des observations recueillies dans cette vaste entreprise furent jugées d'une telle importance, que le gouverneur de l'Inde se hâta d'envoyer Burnes à Londres : il arriva dans son pays précédé par le bruit de ses aventures; il reçut du roi et du gouvernement l'accueil le plus flatteur. L'intérêt qui s'attachait aux provinces qu'il avait parcourues, des connaissances sérieuses et variées, un remarquable talent d'écrivain, placèrent au deuxième rang la relation qu'il fit de ce voyage. Neuf cents exemplaires furent enlevés en un jour, et l'œuvre fut traduite dans presque toutes les langues. La Société géographique couronna l'auteur; la Société générale le reçut dans son sein; et le célèbre Humboldt le proclamait « le premier des voyageurs qui ont parcouru l'intérieur du continent asiatique. »

Burnes avait alors vingt-neuf ans. A son retour dans l'Inde, il fut fait baronnet et promu au grade de lieutenant-colonel (1836). Le gouvernement anglais, comprenant de plus en plus la nécessité de s'assurer du cours de l'Indus, qui devait devenir la grande route du commerce de l'Asie, le chargea d'une mission géographique et commerciale, et plus tard politique, auprès des émirs du Sendy et des princes de l'Afghanistan; il en a donné l'histoire dans son voyage intitulé *Caboul being personal narrative of a journey to, and residence in that city at the years 1836, 1837, 1838*; Lond., 2 vol. in-8°. En 1839, l'Angleterre résolut de renverser le fameux kan Mohammed, qui avait usurpé le trône de l'Afghanistan, et qui tramait avec la Russie et la Perse la ruine de ses établissements dans l'Inde. L'émir essaya en vain de résister; c'était lutter contre le torrent de l'invasion. Vainement réduit à se remettre lui-même entre les mains des Anglais, il vit passer le pouvoir aux mains de Radjah-Sonja, l'héritier des anciens rois. Sir Alexandre Burnes fut chargé avec sir Mac-Nachten de diriger les actes du nouveau prince. Une rivalité fâcheuse éclata entre les deux chefs anglais. Des mesures imprudentes, que Burnes voulut en vain combattre, irritèrent la population vaincue. Une révolte préparée sourdement éclata le 2 novembre 1841 : sir Burnes fut frappé le premier. La veille du jour où éclata l'insurrection on vint le prévenir qu'il y avait de l'agitation dans la ville; on l'engagea à quitter sa résidence, et à se retirer dans le camp. Il répondit qu'il avait toujours fait du bien aux Afghans, et qu'ils ne lui feraient point de mal. Le lendemain, un Indien qui le servait le réveilla à trois heures du matin, et lui dit qu'il y avait du tumulte. Burnes se leva et s'habilla; mais il refusa de se réfugier dans le camp, qui était hors de la ville, en disant : « Si j'y vais, les Afghans diront que j'ai peur et que je prends la fuite. » Cependant il fit fermer les portes de sa maison; mais le peuple, qui s'amassait rapidement, apporta du bois et y mit le feu. Alors Burnes chercha une issue par le jardin, et sortit déguisé. A peine fut-il dans la rue, qu'un de ses gens le trahit et cria : « Voilà le colonel Burnes ! » Aussitôt des centaines d'hommes se jetèrent sur lui; il ne fit pas de résistance, et se couvrit les yeux avec son mouchoir, pour ne point voir les coups qui lui étaient portés. Son frère, le lieutenant Burnes, soutint une lutte désespérée, et tua six Afghans avant de tomber sous leurs coups. Leurs corps furent coupés en morceaux, et plus de trois mille Anglais furent massacrés le même jour dans toute l'étendue de l'Afghanistan. Ainsi périt à trente-six ans l'un des plus héroïques et des plus heureusement doués parmi les hommes qui ont élevé, au milieu des périls et des fatigues, l'édifice immense de la domination anglaise dans les Indes. Son sang a été cruellement vengé par ses compatriotes; mais sa perte n'a pas été réparée. T. D.

Annual Obituary.

BURNES (*Robert*). *Voy.* BURNS.

BURNET DE LEYES-CROMONT (*Gilbert*), évêque et historien écossais, né à Édimbourg le 13 septembre 1643, mort le 17 mai 1715. Il fit ses études à Aberdeen, où il fut reçu maître ès arts à quatorze ans (1657). A dix-huit ans, il devint docteur à Édimbourg (1616), et parcourut l'Angleterre, la France et la Hollande. De retour en son pays, il prit les ordres, et fut nommé à

Salton (Écosse); il obtint plus tard la chaire de philosophie à Glascow (1669). Il publia à cette époque des *Dialogues entre un conformiste et un non conformiste*, dans lesquels il reprochait aux Écossais leur luxe et leurs débauches. Burnet était alors chapelain du duc Hamilton; il devint amoureux de la nièce de ce duc, miss Cassilis, et s'enfuit avec elle en Angleterre, où il l'épousa. Il s'attacha ensuite au duc de Lauderdale (1672), et publia des arguments en faveur du divorce, sous le titre de *Décision de deux cas de conscience très-importants*, ainsi qu'une *Défense de l'autorité de la constitution et des lois de l'Église et de la couronne d'Écosse*; Glascow, 1672, in-8°. Il parcourut de nouveau la France, l'Italie et la Hollande, où le prince d'Orange le choisit pour chapelain; enfin il fut nommé à l'évêché de Salisbury (1689). Outre les ouvrages cités, on a de lui : *le Mystère d'iniquité dévoilé* (1673); — *Examen d'un traité sur la vérité de la religion* (1674); — *Mémoires des ducs Jacques et Williams d'Hamilton*; Londres, 1673-1677, in-fol.; — *Relation d'une conférence avec Coleman* (1676); — *Recueil de Sermons*, 3 vol. in-8°; 1678 à 1706; — *Histoire de la Réformation de l'Église d'Angleterre*, faite en collaboration des docteurs Loyal, évêque de Worcester, et Tillotson, remarquable par sa critique passionnée de l'Église romaine; Londres, 1679, 1681, 1715, 3 vol. in-fol.; en français, trad. de Rosemond, Londres, 1683, 1685, 2 vol. in-4°; Genève, 1685, 1744, in-12; — *Abrégé de l'histoire de la Réforme* (1682), — *Vie de Jean Wilmot, duc de Rochester*, dont Burnet opéra la conversion; ouvrage trad. en français, Amsterdam, 1716, in-12; Zurich, 1743, in-8°; — *Vie de Mathieu Hale* (1682) en français, par du Mesnil; Amsterdam, 1688, in-12; — *Examen des Méthodes du clergé de France pour la conversion des hérétiques*, 1682; — *Explication des trente-neuf articles de l'Église anglicane*; 1699, in-fol. : l'auteur avait pour but dans cet ouvrage de réunir les Églises anglicane et presbytérienne; — *Histoire de la mort des Persécuteurs*, traduction de Lactance, avec une préface dans laquelle les catholiques sont peu ménagés; — *Vie de Thomas Morus*, traduite en latin; — *Vie de l'évêque Bedell*, 1685, in-8°, avec une épître ironique à de Harlay, archevêque de Paris, en français, par Louis Dumoulin; Amsterdam, 1687, in-12; — *Lettres contenant la relation de ce qui a paru de plus remarquable en Suisse et en Italie*; Londres, 1686, in-8°, en français; Rotterdam, 1718, in-12; — *Essais et méditations sur la morale et la religion*; — *History of his own times* (Histoire de son temps); Londres, 1724-1734, 2 vol. in-fol., en français, par de la Pillonnière; la Haye, 1725-1727, 3 vol. in-12 : Burnet traite dans ce livre Charles II, son ancien bienfaiteur, de scélérat, d'impie, d'exécrable, de tyran, etc. etc.; on comprend difficilement le motif de ces injures; — *Histoire des droits de prince touchant les bénéfices*, faite lors de la dispute sur la régale (1682); — *Lettres sur Molinos et les quiétistes*; Cologne, 1688, in-12; — *Critique de l'histoire des Révolutions d'Angleterre* (1689); — *le Soin Pastoral*, 1692 et 1713; — *Discours au clergé de Salisbury*, 1694; — *Essai sur la reine Marie Stuart*, trad. en français par David Nazel; 1695, in-8°.

Nicéron, *Mémoires*, t. VI et X, p. 182. — Mackenzie, *Mémoires sur la cour d'Angleterre sous les règnes de Guillaume III et de la reine Anne*. — Moréri, *Dictionnaire universel*, t. II, p. 385. — Heumanni, *Via ad histor. liter*. — Moshcim, *Institut. histor. eccles.*, sect. XVII. — Chaufepié, *Nouveau Dictionnaire*, t. II. — Catal. Bib. Bunav. t. I.

BURNET (*Guillaume*), homme d'État et astronome anglais, né à la Haye en 1688, mort à Boston en 1729. Il était second fils de Gilbert Burnet, et avait le prince d'Orange pour parrain; il fut nommé gouverneur de New-York en 1720, puis du Massachusets et du New-Hampshire (1729). Il se fit remarquer par son aversion pour les Français, et laissa : *Astronomical observations*, et *A View of Scripture-Prophecy*, in-4°, 1724.

Recueil de la Société royale de Londres.— Rose, *New Biog. Dict.*

BURNET (*Thomas*), médecin écossais, né en 1732, mort en 1815. Après avoir fini ses études à Cambridge et voyagé dans plusieurs contrées d'Europe, il devint membre du collège de médecine d'Écosse et médecin du roi d'Angleterre. Il a laissé deux ouvrages qui ont eu de nombreuses éditions : *Thesaurus Medicinæ practicæ*; Lond., 1673, in-4°; Genève, 1678, in-12; Genève, 1698, in-4°; Venise, 1687, in-12 et in-4°; 1733, in-4°; Lyon, 1702, en français, 3 vol. in-8°; — *Hippocrates contractus, in quo Hippocratis omnia in brevem epitomen redacta habentur*; Edimbourg, 1685, in-8°; Leyde, 1686, in-12; Vienne, 1737, in-8°; Londres, 1743 et 1747, in-12 et in-8°; Strasbourg, 1765, in-8°.

Éloy, *Dictionnaire de la Médecine*. — Rose, *New Biographical Dictionary*.

BURNET (*Thomas*), jurisconsulte et théologien écossais, né à Croft (Yorkshire) en 1635, mort le 7 septembre 1715, fit ses études à Cambridge (1651), et y fut reçu maître ès-arts (1658). Tillotson, archevêque de Cantorbéry, le fit nommer chapelain et secrétaire du roi Guillaume. Voici le titre de son principal ouvrage : *Telluris Theoria sacra*, imprimé à Londres, 1680, in-4°; à Amsterdam en 1689, à Francfort en 1699, et à Hambourg en 1726. Cet ouvrage, qui traite des révolutions terrestres passées et futures, fut combattu vivement par Herbert (1685), par Érasme Warren (1690) et par le docteur Keil, et fut approuvé, au contraire, par Addison; voici le jugement qu'en porte Buffon : « Ce livre est élégamment écrit; il sait peindre et « présenter avec force de grandes images, et « mettre sous les yeux des scènes magnifiques. « Son plan est vaste; mais l'exécution manque,

« faute de moyens; le raisonnement est petit, « les preuves faibles, et la confiance de l'auteur « si grande, qu'il la fait perdre à ses lecteurs. » Burnet publia en 1692 : *Archæologia philosophica, sive doctrina antiqua de rerum Originibus*. Le clergé blâma hautement ce livre, et fit destituer l'auteur de ses places. Les ouvrages posthumes de Burnet sont : *De Fide et Officiis Christianorum*; Londres, 1723, in-4°; 1727, in-8°; trad. par Daudé, Amsterdam, 1729, in-12; — *De Statu mortuorum et resurgentium*; Londres, 1723, in-4°; 1727, in-8°. Cet ouvrage a été réfuté par Muratori et traduit en français par J. Bion; Rotterdam, 1731, in-8°.

Muratori, *De Paradiso regnique cœlestis Gloria liber*; Vérone, 1738, in-4°. — Heumann, *Via ad histor. Litter.* — Bruckeri, *Histor. crit. philosoph.*, t. IV. — Chaufepié, *Nouveau Dict.*, t. II. — David Clément, *Bibl. curieuse*. — Catal. *Bibl. Bunav.*, t. I. — *Nova litteraria germanica*, 1718.

BURNET (*James*). *Voy.* MONBODDO.

BURNEY (*Charles*), compositeur et historien anglais, né à Shrewsbury en 1726, mort en 1814. Il commença ses études sous la direction de son père et de son frère James, et les continua à Chester, sous Baker, organiste distingué (1741). Il alla ensuite à Londres se perfectionner près du docteur Arne, et fut nommé organiste de l'église de Saint-Denis, dans Fenchurch-Street (1749). Il n'avait alors qu'un traitement de 30 livres sterling. Ce modique revenu ne l'empêcha pas de se livrer à son penchant; et il composa, pour le théâtre de Drury-Lane, *Robin Hood*, *Alfred*, et *Queen Mab*. Quoique ces productions eussent eu peu de succès, il obtint une place d'organiste à Lynn (Norfolkshire), avec 100 livres sterling par an. Il y resta neuf années, et y composa son *Histoire générale de la Musique*. Rappelé dans la capitale par un de ses protecteurs, le duc d'York, il y publia quelques *concertos*, et reçut en 1761 le grade de docteur en musique à l'université d'Oxford. Il avait fait représenter encore à Drury-Lane (1761) un divertissement intitulé *the Cunning Man* (l'Homme adroit), traduction du *Devin du Village* de J. J. Rousseau. Désireux de compléter ses connaissances musicales, il parcourut la France et l'Italie, et ne revint à Londres qu'en 1771, où il publia son voyage sous le titre de *Musical tour ar present state of Music in France and Italy*. L'année suivante (1773), Burney visita l'Allemagne et les Pays-Bas. Il fit paraître un second journal sous le titre de : *the Present state of Music in Germania*, 3 vol. in-8°, traduit en français par Charles Brack, *de l'État de la Musique en Allemagne et en Bohême*; Gênes, 1809-1810, 3 vol. in-8°. Burney fut alors nommé membre de la Société royale de Londres, et commença sa *General History of Music* (Histoire générale de la Musique), dont les 4 vol. in-4° parurent successivement en 1776, 1782, 1787 et 1789. L'auteur y constate les progrès de l'art musical depuis les peuples primitifs jusqu'à la fin du dix-huitième siècle. Cet ouvrage immense n'avait alors aucun modèle, et reste encore aujourd'hui justement apprécié. Dans l'intervalle de cette remarquable publication, le docteur Burney avait fait paraître une *Vie de Hændel*, sous ce titre : *Account of the Musical performences in Westminster-Abbey and the Pantheon*; Londres, 1785, in-fol. On le regarde encore comme un modèle biographique. On doit aussi à Burney des *Mémoires sur Métastase*, dans lesquels on trouve des lettres et des notices pleines d'intérêt (*Memoirs of the life and Writings of Metastasio*; Londres, 1796, 3 vol. in-8°.) En 1779, il publia, dans les *Philosophical Transactions*, un mémoire sur *le docteur Crotch*, musicien, qui semblait alors avoir une certaine réputation.

Burney, qui habitait à Londres la maison de Newton, Saint-Martin-Street, la quitta en 1790, lorsqu'il fut nommé organiste de l'hôpital de Chelsea; c'est là qu'il termina sa belle vieillesse, après avoir été marié deux fois, et laissant huit enfants.

Fétis, *Biographie des musiciens*.

BURNEY (*Francisca*). *Voy.* D'ARBLAY.

BURNEY (*Jacques*), fils de Charles et frère de Francisca d'Arbley (*Voy.* ARBLEY), navigateur anglais, né en 1749, mort le 17 novembre 1821. Il entra fort jeune dans la marine, et fit avec Cook deux voyages de circumnavigation, le premier en qualité de midshipman, le second comme lieutenant de *la Découverte*. Parvenu au grade de contre-amiral et membre de la Société royale, il s'occupa activement à écrire des ouvrages sur la marine jusqu'à sa mort, causée par une attaque d'apoplexie. Il a laissé : *A chronological History of the Discoveries* (Histoire chronologique des découvertes faites dans la mer du Sud); Londres, 1804 à 1816, 5 vol. in-4°, avec cartes et figures : ce livre est bien fait, et classé avec méthode; il embrasse les voyages exécutés dans le grand Océan depuis 1513 jusqu'en 1764, et contient une critique très-impartiale des écrivains qui ont écrit sur ce sujet; — *History of the Buccaneers* (Histoire des Boucaniers d'Amérique); Londres, 1816, in-4°, avec cartes : cet ouvrage, plein de faits nouveaux, contient la vie exacte des hommes extraordinaires qui, depuis la découverte des Antilles jusqu'en 1723, furent par leur valeur et leur cruauté la terreur des établissements européens dans l'Amérique du Sud et dans les îles avoisinantes; — *A chronological History of the nordeastern Discoveries of the Russians* (Histoire chronologique des découvertes au nord-est par les Russes); Londres, 1819, in-8°, avec cartes : ce travail est moins complet que les autres; Burney croit que l'Asie et l'Amérique sont unies vers le nord; il donne aussi quelques détails inconnus sur la mort de Cook; — *A Memoir of the Voyage of Entrecasteaux* (Mémoire sur le Voyage d'Entrecasteaux); Londres, 1820, in-8°.

Rose, *New Biographical Dictionary*.

BURNEY (*Charles*), linguiste et grammairien anglais, fils du précédent, né à Lynn (Norfolkshire) le 4 décembre 1727, mort en 1817. Il commença ses études à Charter-House (1768), les termina au collége de Caïus, à Cambridge, et fut maître ès arts à Aberdeen (1781). Nommé ensuite professeur à Highgate, il fut appelé à Chiswick pour y enseigner la grammaire et les langues anciennes. Il collabora en outre au *Monthly-Review*, que le docteur Rose et Cleveland venaient de créer. En 1783, il épousa la fille de Rose, et fonda à Hammersmith une institution qu'il transporta ensuite à Greenwich; mais quelques actions blâmables et son sordide intérêt le forcèrent à abandonner son entreprise à son fils en 1813. Sa bibliothèque fut achetée par le Musée britannique au prix de 337,000 fr. On distinguait parmi ses manuscrits un *Homère* de Towney, qui fut évalué 25,000 fr. Le chiffre des livres imprimés était de 14,000 : on y remarquait 17 éditions d'*Eschyle*, 26 d'*Anacréon*, 45 d'*Homère*, 102 de *Sophocle*, la plupart chargées de notes marginales de Bentley, de Marckland, de Burney lui-même. — On lui doit entre autres un *Appendice au Dictionnaire de Scapula et autres*, trad. du latin; Londres, 1789; — *Appendice sur les vers grecs de Milton*; en anglais, 1791, in-8°, dans l'édition de T. Warton, de *Milton's minor Poëms*; — *Lexicon technologicum*, traduit du grec de Philémon ; Londres, 1812, in-4° et in-8°; — *Tentamen de metris ab Æschylo in choricis cantibus adhibitis*; Cambridge, 1809, in-8°; ouvrage très-estimable, bien que susceptible de quelques critiques.

Rose, *New Biog. Dict.*

BURNEY (*Guillaume*), professeur et écrivain anglais, né en 1762, mort vers 1830. Il se dévoua dès sa jeunesse à l'instruction, et fonda l'Académie royale de Gosport, qu'il dirigea depuis 1788 jusqu'en 1828 : son fils le remplaça à cette époque. Cette institution a fourni à l'Angleterre un grand nombre d'hommes célèbres en tous genres, surtout dans la marine. On doit à Burney plusieurs traités concernant la navigation, tels que : *les Héros maritimes de la Grande-Bretagne*; 1806, in-12; l'auteur y fait l'apologie de Nelson. — *le Neptune britannique, ou Histoire des perfectionnements de la Marine anglaise*; 1806, in-8°; — *Dictionnaire de Marine*; — *Observations météorologiques*.

Annual Register.

***BURNOUF** (*Jean-Louis*), célèbre philologue français, né le 14 septembre 1775, à Urville, département de la Manche ; mort le 8 mai 1844. Jeune encore, il perdit son père et sa mère, qui laissaient une famille de huit enfants. Gardin-Dumesnil, professeur émérite de rhétorique à Paris, recueillit dans sa maison le jeune orphelin, auquel il enseigna les éléments du latin, et pour lequel il obtint ensuite une bourse au collége d'Harcourt. Ces détails ont été donnés par M. Burnouf lui-même, dans une notice qui précède l'édition des *Synonymes latins* de Gardin-Dumesnil, publiés en 1813. Il y remporta le prix d'honneur, sous la direction de M. Gueroult, qui fut depuis proviseur du lycée Charlemagne, puis conseiller de l'université impériale, et chef de l'École normale. Après avoir achevé ses études, il fut attaché d'abord à une maison de commerce de Dieppe et ensuite de Paris. Ses occupations forcées lui laissaient cependant quelques loisirs, qu'il consacrait entièrement à l'étude des littératures grecque et latine. Ce fut en 1808 que M. Gueroult l'appela dans l'enseignement, et le fit entrer au lycée Charlemagne, comme professeur suppléant; il passa bientôt à la chaire de rhétorique du Lycée impérial après la mort de Luce de Lancival, fonctions qu'il exerça jusqu'en 1826, où il fut nommé inspecteur de l'Académie de Paris. En même temps maître de conférence à l'École normale de 1811 à 1822, et professeur d'éloquence latine au collége de France depuis 1817, il a, dans ce triple enseignement, formé une partie des plus habiles professeurs qui, dans les dernières années de l'empire et sous la restauration, entrèrent dans la carrière de l'instruction publique. Dans ces trois chaires, M. Burnouf déploya cette solidité de savoir, cette connaissance approfondie des langues anciennes, et ce goût sûr, infaillible, qui l'ont fait reconnaître par la nouvelle université pour son maître.

Mais ce n'est pas seulement comme professeur que M. Burnouf a rendu de si grands services à l'enseignement public. Il avait reconnu l'insuffisance des livres élémentaires suivis en France, en particulier pour l'étude de la langue grecque. Il s'attacha à simplifier les règles, à les ramener à des principes clairs, et à suivre la marche analytique, qui va du connu à l'inconnu. Il s'était préparé à ce travail par une recherche sérieuse des véritables lois de la grammaire générale, et aussi par l'étude du sanscrit, auquel l'avait initié son ami M. de Chézy. Le résultat de ces labeurs fut la *Méthode pour étudier la langue grecque*, qui parut au mois d'octobre 1814. On peut dire que de cette époque datent les progrès que firent les études dans les écoles de la France. Les élèves de l'École normale popularisèrent dans tous les colléges cette excellente grammaire, qui compte aujourd'hui plus de cinquante éditions. M. Burnouf passa les dernières années de sa vie à achever pour la langue latine un travail qu'on peut regarder comme le digne pendant de sa grammaire grecque, et qui doit remplacer dans nos classes le livre si médiocre de Lhomond. Depuis longtemps les philosophes ont reconnu que, dans toutes les sciences, les livres élémentaires sont ce qu'il y a de plus difficile à faire. Si donc M. Burnouf a si complétement réussi dans cette tâche délicate, c'est qu'en effet il réunissait les conditions requises pour une telle œuvre : jugement sûr, sagacité, analyse pénétrante, érudition vaste et variée.

Au milieu de ces occupations continues, il

trouva encore du temps pour d'autres travaux, qui devaient étendre sa réputation d'habile philologue. Il donna, pour la grande collection des classiques latins de Lemaire, l'édition du Salluste, qui est sans contredit un des volumes les plus estimés de cette collection. En 1826, il publia la traduction des *Catilinaires* et du *Dialogue de Cicéron sur les Orateurs illustres.* De 1828 à 1833, il fit paraître la traduction des œuvres complètes de Tacite, œuvre qui révéla en lui un talent d'écrivain digne de lutter avec un modèle si redoutable. Les notes surtout contiennent le commentaire le plus remarquable qui ait été fait sur cet auteur ; les idées de Tacite y sont souvent éclairées par d'heureux rapprochements qu'y fait le traducteur avec des passages de Montesquieu, de Mirabeau et d'autres publicistes ou orateurs, et la connaissance de l'antiquité s'y allie heureusement aux résultats de la science politique des modernes. M. Burnouf a publié encore en 1834 le *Panégyrique de Trajan,* en collationnant le texte sur les manuscrits de la Bibliothèque royale; et lorsque la mort l'a surpris, il achevait la traduction du traité *de Officiis* de Cicéron. Si l'art de traduire a fait de nos jours quelques progrès, on peut dire que M. Burnouf et son maître M. Gueroult, dans sa remarquable traduction des *Extraits de Pline l'Ancien,* ont donné les premiers modèles de cette fidélité plus scrupuleuse, qui s'attache à rendre non pas seulement la lettre, mais l'esprit des grands écrivains, et à reproduire le mouvement des idées et la couleur du style.

Tant d'utiles travaux avaient mérité à M. Burnouf d'être adopté par l'Académie des inscriptions et belles-lettres. En 1830, il avait été nommé inspecteur général des études; et, dans ces importantes fonctions, il rendit de nouveaux services à l'université, soit en propageant les saines méthodes dans les collèges des départements, soit en dirigeant comme président les concours de l'agrégation pour les classes de grammaire. En 1836, il prit sa retraite comme inspecteur général, et fut nommé bibliothécaire de l'université. Les regrets qu'a laissés à ses nombreux élèves sa mort soudaine n'ont pu être adoucis que par l'idée qu'il laissait un héritier de son nom, dont les travaux devaient perpétuer la gloire.   ARTAUD.

M. A. Morel, *Éloge de Burnouf,* Question mise en 1847 au concours de l'Académie des sciences, arts et belles-lettres de Caen.

*BURNOUF (*Eugène*), célèbre orientaliste, fils du précédent, né à Paris le 12 août 1801, mort le 28 mai 1852. Formé par les leçons de son père, après avoir fait de brillantes études, il suivit d'abord les cours de l'école de droit, et en 1824 il produisit pour sa licence une thèse remarquable, *de Re judicata,* dans laquelle il exposait l'histoire de la procédure usitée dans les tribunaux romains, depuis la loi des Douze-Tables jusqu'à Dioclétien, et même jusqu'à Justinien. Mais, bientôt entraîné par un goût irrésistible vers l'étude des langues orientales, il s'y adonna tout entier, sous la direction de MM. de Chézy et Abel Rémusat, et ne tarda pas à faire dans cette nouvelle carrière des découvertes qui, malgré sa jeunesse, illustrèrent son nom, et le placèrent, presque dès les premiers pas, parmi les maîtres de la science. Il publia d'abord en 1826 un *Essai sur le Pali ou langue sacrée de la presqu'île au delà du Gange,* et, l'année suivante, des *Observations grammaticales sur quelques passages de l'Essai sur le Pali.* En même temps il poursuivait de profondes recherches de linguistique sur le sanscrit, et il en consignait les résultats dans de nombreux articles du *Journal Asiatique* et du *Journal des Savants.*

Mais ce qui a placé M. Eugène Burnouf au premier rang des orientalistes, c'est l'admirable effort de sagacité et de pénétration par lequel il a retrouvé l'intelligence de la langue zende, dont la clef était perdue. Anquetil-Duperron, le traducteur du *Zend-Avesta,* n'avait fait sa version que sur une traduction antérieure dans un idiome populaire de l'Inde, et non d'après la langue sacrée et originale. Mais il avait rapporté de ses curieux voyages de précieux manuscrits de cette langue inconnue, et les avait déposés à la Bibliothèque royale, où ils restaient enfouis comme une lettre morte : ce sont ces manuscrits qu'Eugène Burnouf entreprit de déchiffrer, et l'on conçoit quelle gloire devait couronner le succès d'une tâche si difficile. Il commença par faire lithographier textuellement, d'après le manuscrit, tout les *Vendidad-Sadé,* l'un des livres de Zoroastre (Paris, 1830, in-folio), comprenant les trois livres intitulés *Vendidad, Zechné* et *Vispered,* accompagnés de la glose sanscrite. Il publia successivement, dans le *Journal Asiatique,* plusieurs comptes rendus de son grand travail et des résultats qu'il obtenait. Ces éclatants débuts attirèrent sur lui l'attention du monde savant; et, après la mort prématurée de Champollion jeune, enlevé en 1832 par le choléra, l'Académie des inscriptions et belles-lettres ne crut pas pouvoir mieux réparer cette perte qu'en nommant à sa place Eugène Burnouf. La même année, il remplaça M. de Chézy dans la chaire de sanscrit au collège de France.

En 1834, parut le premier volume des *Commentaires sur le Yaçna, l'un des livres liturgiques des Perses,* publication qui pour la première fois a rendu possible la connaissance non-seulement des dogmes, mais de la langue de Zoroastre ; le *Bhâgavata-Purana,* ou *Histoire poétique de Krichna,* texte sanscrit publié pour la première fois, et traduit en français (2 vol. in-folio, t. Ier, 1840, et t. II, 1844) ; — *Mémoire sur deux inscriptions cunéiformes* qui font partie des papiers du Dr Schulz (1 vol. in-4°; 1836).

Enfin, en 1845, il publia l'*Introduction à l'Histoire du Boudhisme,* 2 vol. in-4°. Un Anglais,

M. Brian Bougton-Hodgson, avait recueilli au Népâl, après vingt-cinq ans de séjour et de recherches, les monuments authentiques de la religion de Bouddha; il les mit généreusement à la disposition de l'Europe savante. C'est Eugène Burnouf qui lit toutes ces légendes sacrées, au nombre de plus de quatre-vingts; il les confronte sur les traductions de quatre ou cinq autres langues; c'est lui qui nous révèle l'origine, les dogmes et l'histoire d'une religion qui est la foi et la seule lumière de deux cents millions d'hommes. Ce grand ouvrage, le plus beau monument du génie philologique allié au génie philosophique, absorba pendant cinq ou six ans toutes les forces du jeune orientaliste que l'Europe proclamait le digne successeur de Silvestre de Sacy.

Après avoir expliqué les dogmes et l'origine du bouddhisme, M. Eugène Burnouf, voulant faire connaître un des livres canoniques les plus importants des bouddhistes de l'Inde, avait traduit du sanscrit le *Lotus de la bonne loi*, accompagné d'un commentaire et de vingt-un mémoires relatifs au bouddhisme. Ce volume s'imprimait, lorsque l'auteur fut enlevé par une mort prématurée. Il a paru vers la fin de l'année 1852 (Imprimerie impériale), avec un index par M. Théodore Pavie. Il était déjà étendu et luttant sur son lit de douleur, lorsque l'Académie des inscriptions et belles-lettres, dans sa séance du 14 mai 1852, le nomma secrétaire perpétuel, distinction honorable qui comblait les vœux de sa modeste ambition, vouée tout entière aux progrès de la science. Quinze jours après, il succombait à ses souffrances, emportant les regrets de toute l'Europe savante.   ARTAUD.

Documents inédits.

BURNS et non **BURNES** (*Robert*), poëte écossais, surnommé *the Ploughman of Ayrshire* (le Laboureur de l'Ayrshire), né sur les bords de la Doon, dans le voisinage d'Ayr, le 25 janvier 1759; mort à Dumfries le 21 juillet 1796. Né sous le chaume, il reçut cependant une assez bonne instruction, grâce à la sollicitude d'un père qui, ayant beaucoup voyagé, avait beaucoup observé. Un pauvre maître d'école, du nom de Murdoch, qui lui apprit le français et l'anglais; une vieille femme du voisinage qui lui contait les vieilles légendes du pays; enfin le maître par excellence, l'amour, telles furent les sources auxquelles le futur poëte laboureur vint puiser l'inspiration. « J'avais seize ans, dit-il, quand je me rendis coupable de ma première rime. L'année précédente, j'avais connu dans les champs une adorable jeune fille qui ne comptait guère que quatorze printemps: sa voix avait pour moi un charme infini, et, un jour qu'elle me chantait une ballade écossaise, l'idée me vint de composer un poëme dans le même genre. » Mais, hélas! l'objet de ce juvénile amour lui fut ravi dans sa fleur; et c'est à la mémoire de cette jeune fille qu'il consacra son élégie intitulée *To Mary in heaven* (A Marie dans les cieux). Vers la même époque il se sépara de son père pour entreprendre, en société avec un tisserand, un commerce de chanvre, qui ne réussit pas. Alors aussi commença sa liaison avec Jane Armour, qu'il voulut épouser après l'avoir rendue mère; mais la famille ne consentait au mariage qu'à condition que Burns irait d'abord chercher fortune à la Jamaïque. Il se prêta à cet arrangement, et chercha dans une première publication de ses œuvres les moyens de s'embarquer. Il en retira 70 livres sterling (environ 1700 fr.); et déjà il se disposait à son voyage, lorsqu'une lettre du poëte aveugle Blachloch, qui l'invitait à venir à Édimbourg, donna un autre cours à sa destinée. Arrivé dans la capitale de l'Écosse vers la fin de 1786, il y reçut un accueil enthousiaste de la part de Blair, de Robertson, de Grégory, de Mackensie et de lord Monbodo. Burns sut au sein de cette société se comporter avec dignité, sans toutefois rien perdre de son originalité. Il fit paraître alors une nouvelle édition de ses poésies, et elle ne lui rapporta pas moins de 500 liv. sterling. Une partie de cette somme fut consacrée à parcourir le nord et le sud de l'Écosse. En 1789 il se fit fermier dans l'Elhisland, et épousa enfin sa Jane. Un emploi de collecteur des douanes, qu'il obtint en même temps, lui rapporta une somme d'environ 70 livres. Mais aucune de ces positions ne dura: partisan des Stuarts, ses opinions politiques faillirent le compromettre. Une passion déplorable, celle de la boisson, due peut-être aux tiraillements du sort, hâta sa fin. Une nuit qu'il sortait ivre de la taverne, il fut glacé par le froid et atteint d'un rhumatisme aigu. Les bains de mer et un voyage à l'est de l'Écosse furent également inefficaces au rétablissement de sa santé. Il eut bientôt lui-même le sentiment de sa situation; et un jour il demanda à une dame du voisinage les ordres qu'elle avait à lui donner pour l'autre monde. Il mourut en effet à Dumfries quelques jours après. Les compositions de Burns portent l'empreinte de sa destinée. Au début tout est franchise et délicatesse; enfant du peuple, il évoque plus tard avec une chaleur vraie les souvenirs de la gloire nationale. Et c'est ainsi qu'on le voit passer tour à tour de l'attendrissement qui lui cause, comme jadis à Virgile, le sort de la pâquerette fauchée par la charrue, *succisus aratro*, aux exploits de Wallace, ce héros dont l'histoire berça son enfance. Les *Œuvres* de Burns, poésies et correspondance, ont été publiées à Édimbourg en 1787, sous ce titre: *Poems chiefly in the scotish Dialect*, etc.; à Liverpool en 1800, à Glasgow en 1804, et à Londres en 1812 et 1824.

V. ROSENWALD.

Scott, *Biog. Dict.* — Curie, *Life of Burns.* — Campbell, *Specimen, of the British poet.*, t. VII. — *Monthly Magazine* 1797. — *Reliques of Robert Burns, collected and published by Cromek.* —Luckhard, *the Life of Robert Burns.*

BURONZO DEL SIGNORE (*Charles-Louis*), prélat piémontais, né à Verceil le 23 octobre 1731, mort le 22 octobre 1806. Il commença ses études au collége des Nobles à Turin : ses progrès en droit furent si rapides, qu'à dix-huit ans il fut reçu docteur (1749). Bien que s'appliquant sérieusement à la théologie, il ne négligea pas les lettres, et y obtint un succès mérité. Sa patrie lui doit un excellent ouvrage qu'il publia sur Atton, l'un des premiers et des plus remarquables évêques de Verceil. Buronzo, après plusieurs années de recherches, eut le bonheur de découvrir un manuscrit de la main même du savant évêque ; il l'annota avec soin, et le fit paraître sous ce titre : *Attonis, S. Vercellensis ecclesiæ episcopi, opera, ad autographi Vercellensis fidem nunc, primum exacta, præfatione et commentariis illustrata a D. C. Buronzo del Signore, ejusd. eccl. canonico et cantore majore*; Verceil, 1768, in-fol. en deux parties, contenant un *Commentaire sur les épîtres de saint Paul*, deux *Sermons*, les *Capitulaires*, les *Lettres pastorales*, et un traité *de Pressuris ecclesiasticis*. Cette publication est très-rare. Buronzo espérait trouver d'autres manuscrits d'Atton; mais, successivement évêque d'Acqui en 1784, de Novare en 1791, en 1797 de Turin, et grand aumônier du roi de Sardaigne, il ne put continuer ses recherches.

Biographie étrangère; Paris, 1819. — Tipaldo, *Biografia degli Italiani*.

BURRUS (*hérésiarque*). Voy. BORRI.

BURRHUS (*Afranius*), général romain, mort en 62, à qui Agrippine, femme de l'empereur Claude, avait fait donner le commandement des prétoriens. Il décida plus tard cette puissante milice à proclamer Néron empereur. Ses vertus lui avaient acquis l'amitié du peuple et des soldats. Pendant quelque temps, aidé du sage Sénèque, il eut assez d'empire sur Néron pour l'arrêter dans ses crimes. Cependant l'histoire a deux grandes fautes à lui reprocher, fautes qui souillent sa mémoire. Après l'assassinat de Britannicus, frère de Néron, Burrhus se dégrada jusqu'à accepter une partie des dépouilles du malheureux prince; et, lors du meurtre d'Agrippine par l'ordre de son fils, il engagea ses soldats à aller féliciter le parricide. Ces bassesses ne conservèrent pourtant pas son crédit; car l'empereur, fatigué de ses représentations, le fit empoisonner. Cependant quelques historiens prétendent qu'il mourut d'une affection à la gorge.

Tacite, *Annales*, 12, 13 et 14. — Dion Cassius, III, 13. — Suétone, *Nér.*, 35.

BURRHUS (*Antistius*), mis à mort en 186, était beau-père de l'empereur Commode, qui le sacrifia à la haine de son favori Cléandre, dont il avait signalé les concussions.

Tacite, *Annales*.

BURRIEL (*André-Marc*), écrivain espagnol, né en 1719, mort le 19 juin 1762. Il appartenait à l'ordre des Jésuites, et fut chargé par Ferdinand VI de réorganiser la bibliothèque de Tolède. Ses principaux ouvrages sont : une lettre sur la *Collection d'Isidore de Séville*, adressée au P. Ra-

bago, confesseur du roi, 22 décembre 1752 : d'après ce document, la collection publiée sous le pseudonyme d'Isidore Mercator n'est autre que celle de saint Isidore de Séville, mais dénaturée par un éditeur allemand ; — *Noticia de la California, y de su conquista temporal y espiritual;* Madrid, 1758, 3 vol. in-4°, avec des cartes : ce livre, rédigé sur les notes du P. Venegas, missionnaire, donne sur la Californie des détails sinon complets, du moins plus étendus que ceux connus à l'époque de sa publication ; il a été traduit, entre autres, en français sous ce titre : *Histoire naturelle et civile de la Californie;* Paris, 1767, 3 vol. in-12, avec carte; — *Paléographie espagnole*, in-4°; — *Traité sur l'égalité des poids et mesures*, in-4°; — *Préface de la véritable collection des canons de l'Église d'Espagne d'après saint Isidore*, publié en latin par Charles de la Cerda-Santander; Bruxelles, an VIII, in-8°, comme supplément au catalogue de la bibliothèque de Santander.

Ersch et Grüber, *Allg. Encycl.* — Meusel, *Biblioth-historique*.

BURRIT (Élihu), forgeron et philanthrope américain, surnommé *l'Apôtre de la paix*, est né à Berlin dans le Massachusetts en 1800. Après avoir acquis toutes les connaissances qui font l'homme éclairé, et qui lui valurent d'être appelé *the Learned blacksmith* (le Savant forgeron), il porta plus haut sa pensée ; et, comme au dernier siècle l'abbé de Saint-Pierre, il chercha dans la lecture assidue des saintes Écritures l'apostolat pacifique rêvé par l'écrivain philosophe. Bientôt la forge fut abandonnée. Burrit eut un grand nombre de disciples, et naturellement parmi les femmes, toujours promptes à s'enthousiasmer. Après un voyage de prosélytisme dans les divers États de l'Union, il se rendit en Angleterre, où il publia ses idées sur la paix universelle, et où il réside encore. On l'a vu siéger dans les divers congrès de la paix qui se sont réunis en France, en Belgique, en Angleterre, et ailleurs. On a d'Élihu Burrit : *Sparks from the anvil* (Étincelles de l'enclume) ; — *Olive Leaves* (Feuilles d'olivier). Cet ouvrage a été traduit dans toutes les langues, et imprimé à un très-grand nombre d'exemplaires.

V. R.

Conversations-Lexicon. — *Courrier des États-Unis*. — *The Times*. — *The Morning-Chronicle*. — *Revue Britannique*.

BURROUGH (*Édouard*), prédicateur-quaker anglais, né à Kendal (Westmoreland) en 1634, mort à Newgate en 1668. Il abandonna d'abord l'Église anglicane pour le presbytérianisme, puis devint un des plus ardents apôtres de la secte des Amis. Mis en prison en 1654, son zèle ne se refroidit pas; et, à peine en liberté, il recommença ses prédications en Irlande, ensuite à Londres. Burrough attaquait violemment Cromwell dans ses discours et ses écrits ; cependant le protecteur s'abstint de le réprimer : mais Charles II, moins généreux, le fit arrêter avec cent cinquante de ses prosélytes. Burrough mourut en prison. Ses écrits, parmi lesquel on remarque, *Trompette du Seigneur, retentissant sur la montagne de Sion pour annoncer la querelle du Dieu des armées*, pamphlet mystique contre Cromwell, ont été réunis en un volume in-fol., 1672.

Rose, *New Biographical Dictionary*.

BURROUGH (*Stephen*), navigateur anglais, vivait dans la seconde moitié du seizième siècle. Il accompagna Chancellor comme second, dans son premier voyage en Russie. Il fut expédié ensuite par la compagnie des Indes à la recherche d'un passage par le nord. Parti le 23 avril 1556, après avoir doublé le cap Nord, il longea les côtes de la Russie, toucha à la Nouvelle-Zemble, reconnut les îles Waigatz, et parvint au 70e degré et demi de latitude septentrionale. Il fit alors voile à l'est, afin de chercher l'Oby, qu'il voulait explorer; mais les glaces, la longueur des nuits et la saison rigoureuse le forcèrent d'abandonner ce projet: jusqu'alors aucun navigateur ne s'était avancé si loin dans le nord-est. Forcé par les circonstances, le 22 août, il se dirigea sur Kolmogori (Russie-Blanche), où il hiverna, espérant reprendre ses recherches l'été suivant; mais il reçut l'ordre de croiser, de Wardochas, à la recherche de plusieurs navires anglais dont le sort était inconnu. Il revint ensuite en Angleterre, où il écrivit la relation de son voyage: elle contient des observations généralement exactes et variées.

Forster, *Hist. des decouv. dans le Nord*. — Rose, *New Biogr. Dict*. — Hakluyt, *les Principales navigations et découvertes*.

BURROW (*James, sir*), littérateur anglais, né en 1701, mort en 1782. Il était membre de l'Académie des antiquaires de Londres. On a de lui, entre autres, *Anecdotes et Observations relatives à Cromwell et sa famille*, insérées dans l'*Historia gymnasii Patavini*; 1763, in-4°; — *Décisions rendues par la cour du banc du roi de 1732 à 1776*, suivies d'un *Essai de ponctuation*; 1773, en 3 parties, réunies en 1 vol. in-4°.

Rose, *New Biographical Dictionary*.

BURROW (*Rubben*), mathématicien anglais, né à Hoberleg (Yorkshire), mort au Bengale en 1791. Il fut d'abord commis négociant à Londres, puis maître d'écriture à Burahillrow. Il ouvrit ensuite une école à Portsmouth; mais, n'ayant pas réussi, il revint à Londres, où le docteur Maskleyne l'employa dans les recherches qu'il faisait sur le mont Schehallian. Nommé ensuite maître de dessin à la Tour, il édita le *Journal of the gentleman and lady* jusqu'en 1782, époque à laquelle il partit pour Calcutta comme professeur de mathématiques, et devint membre de la Société asiatique, par laquelle il fut désigné pour diriger le relevé trigonométrique du Bengale; mais la mort l'empêcha de terminer ce grand travail. Il a laissé un *Essai sur les projectiles*, et un ouvrage posthume publié sous le titre de *Compte abrégé des opérations concernant les degrés de longitude et de latitude du Bengale*.

New Monthly Mag., vol. I. — Gorton, *General Biographical Dictionary*. — Rose, *New Biogr. Dict*.

BURRUS, BUR, BURRY, BURIUS, BURY, (*Pierre*), chanoine et littérateur français, né à Bruges en 1430, mort en 1506. Il commença ses études chez son oncle, curé à Arras, et les continua à Paris, où il fut reçu maître ès arts et professa la grammaire. Ayant fait un voyage en Italie, il ne revint en France que sept années après, et se consacra à l'éducation des enfants du gouverneur de Paris, qui lui obtint un canonicat à Amiens, où il finit ses jours. On a de Burrus: *Carminum moralium lib. XI, cum argumentis et vocabulorum minus vulgarium exploratione*; Paris, 1503, in-4°; — *Pæanes quinque festorum divæ Virginis Mariæ Cantica de omnibus festis*, 1506, in-4°; — *Hymni aliquot, cum familiari expositione Jodoci Badii Ascensii et autoris vita*; Paris, 1508, in-4°.

Paquot, *Memoires*, etc. — *Biographie générale des Belges*.

BURSAY (.... DE), artiste et auteur dramatique français, mort en 1802. Il a écrit: *Artaxerxès*, tragédie, trois actes, en vers, imitation de Métastase, 1765, in-8°; — *Orphée*, scène lyrique en prose, 1775, in-8°; — *les Indiens en Angleterre*, comédie en trois actes; — *Misanthropie et Repentir*, drame traduit de Kotzebue; — *l'Enseigne, ou le Jeune militaire*, traduit de l'allemand de Schrœder.

Quérard, *la France littéraire*.

BURSAY (Mme *Aurore* DE), épouse du précédent, avait acquis une réputation méritée. Après la mort de son mari, elle quitta Paris en 1805, pour fonder un théâtre à Brunswick: elle l'inaugura avec succès par *Sophie de Brabant*, opéra héroï-comique en deux actes, 1805, in-8°, avec musique. Elle publia ensuite la *Description du Bouclier d'Achille*, fragment du XVIIIe chant de l'*Iliade*, en vers, dédiée à Delille; Brunswick, 1805, in-4°. Elle fit représenter, à l'occasion du couronnement de Napoléon, *Un quart d'heure du calife Haroun le Grand*; Brunswick, 1806, in-8°; Paris, 1813, in-8°.

Quérard, *la France littéraire*.

BURSER (*Joachim*), médecin et botaniste allemand, né à Camentz (Lusace) en 1503, mort en 1689. Il étudia et pratiqua d'abord la médecine à Anneberg, et fut ensuite appelé comme professeur à Sora (Séeland) en 1625. Il y prit un goût si décidé pour la botanique, qu'il abandonna sa chaire pour parcourir la plus grande partie de l'Europe; puis il revint à Sora, où il professa jusqu'à sa mort la physique et la médecine. Il légua son magnifique herbier, composé de 30 vol. in-fol., à Coïet, qui en fit don à l'université d'Upsal, où il se voit encore. Gaspard Bauhin y a trouvé des matériaux pour son *Pinax*; il en fut de même des Rudbeck pour leur *Campi Elysii*. Pierre et Roland Martin en dressèrent le catalogue, qui parut dans le *Recueil de l'Académie d'Upsal* de 1724 à 1745, sous le titre de *Catalogus Plan-*

28.

tarum novarum Joachini Burseri, quarum exempla reperiuntur in horto ejusdem sicco, Upsaliæ in bibliotheca publica servato. Les principaux ouvrages de Burser sont : *Commentarii de febri epidemica seu petechiali;* Leipzig, 1621, — *Disceptatio de Venenis;* Leipzig, 1625, in-8°; — *Epistolaris concertatio de febri maligna seu petechiali inter Strobergerum et Burserum;* Leipzig, 1625, in-8°. Il a laissé encore d'autres ouvrages et manuscrits, entre autres, un traité *De origine fontium.* Jacquin a donné à un genre de térébinthacées le nom de *Bursera.*

Éloy, *Dictionnaire hist. de la Médecine ancienne et moderne.* — Kestner, *Medicinisches Gelehrten-Lexicon.* — Ersch et Grüber, *Allgem. Encycl.*

BURSI (*Nicolas*), poëte et musicien italien. *Voy.* **BURTIUS.**

BURSIUS (*Adam*), littérateur polonais, né à Brzecie vers le milieu du seizième siècle, fit ses premières études à Lamberg, fut reçu docteur en philosophie à Cracovie, et professa avec succès à Zamosk. Excellent orateur, très-lucide dans ses propositions, il eut beaucoup d'élèves. On ignore l'époque de sa mort. Il a laissé : *Dialectica Ciceronis quæ disperse in scriptis reliquit,* etc.; Zamosk, 1604, in-4°, très-rare, la plus grande partie des exemplaires ayant été détruits par un naufrage; — *Vita et obitus Joh. Zamoscii* (dans le *Recueil des poésies latines* de Sim. Simoniscki; Leyde, 1619, in-8°).

Debure, *Bibliograph. instruct.,* n° 2442. — Juste Lipse. — Fabricius. — Sim. Stravolsky, *Scriptor. Polon. Hexatontes;* Breslau, 1734.

BURTIN (*François-Xavier* DE), médecin et littérateur hollandais, né à Maestricht en 1743, mort le 9 août 1818. Il étudia la médecine et les sciences naturelles, et devint premier médecin du prince Charles de Lorraine, alors gouverneur des Pays-Bas. L'empereur Joseph le nomma ensuite membre du conseil souverain de la Néerlande. Lors de la révolution belge, il resta fidèle à son souverain, et se démit de tous ses emplois pour consacrer le reste de sa vie à la culture des sciences et des lettres. Il possédait à un haut degré le goût et la connaissance des tableaux; il en avait composé une galerie fort belle, qu'il refusa de vendre au duc de Wellington, bien que celui-ci lui en offrît une somme considérable. Son orgueil était singulièrement flatté des visites et de l'admiration que les étrangers témoignaient à la vue de tant de chefs-d'œuvre réunis. On raconte à ce sujet que le peintre David, ayant un jour élevé des doutes sur l'authenticité d'un tableau attribué à Michel-Ange, Burtin le mit à la porte. A sa mort, cette galerie, y compris le prétendu Michel-Ange, fut vendue bien au-dessous de sa valeur réelle, et surtout de celle que lui attribuait Burtin. Ses principaux ouvrages sont : *des Bois fossiles découverts dans les différentes parties des Pays-Bas;* Harlem, 1781, in-8°; — *Voyage minéralogique de Bruxelles à Court-Saint-Étienne par Ware;* Harlem, 1781, in-8°; — *Oryctographie de Bruxelles;* Bruxelles, 1782, in-fol. ornée de 32 planches; — *Réflexions sur les progrès de la fabrique du fer et de l'acier dans la Grande-Bretagne, et sur la fidélité que l'on doit avoir dans les manufactures;* Londres, 1783, in-8°; — *Mémoire sur la question : « Quels sont les végétaux indigènes que l'on pourrait substituer dans les Pays-Bas aux végétaux exotiques relativement aux différents usages de la vie? »* Bruxelles (Impr. académ.), 1784, in-4°; — *Mémoire sur les révolutions et l'âge du globe;* Harlem, 1790, in-4°, avec pl.; — *Réflexions sur le caractère qu'ont développé les Belges, et particulièrement les Brabançons, pendant l'occupation des Pays-Bas par les Français;* Bruxelles, 1793, in-8°; — *De Revolutione belgica carmen hexametron, et de Revolutione gallica carmen distichon;* 1793; — *Traité théorique et pratique des connaissances nécessaires à tout amateur de tableaux;* Bruxelles, 1808, 2 vol. in-8°, avec portrait; — *des Causes de la rareté des bons peintres hollandais dans le genre historique;* Bruxelles, 1808, in-8°; — *De l'inutilité des jachères, et de l'Agriculture du pays de Waës;* Bruxelles, 1809, in-12; — *Trois Opuscules sur les peintres modernes des Pays-Bas;* Bruxelles, 1811, in-12.

Revue Bibliogr. des Pays-Bas. — Feller, *Biographie universelle.* — Quérard, *la France littéraire.* — *Galerie des Contemporains.*

BURTIN (*Paul-Denis*), écrivain français, né à Aix (Provence) en 1664, mort en juin 1755, a publié avec l'abbé Ladvocat, la *Bibliothèque annuelle et universelle, contenant un catalogue de tous les livres qui ont été imprimés en Europe de 1748 à 1751;* Paris, de 1751 à 1757, 6 vol. in-12. — Burtin a édité encore : *Négociations d'Henri Arnauld,* 1748, 5 vol. in-12; — *Ambassade de M. de Labroderie en Angleterre,* 1750, 5 vol. in-12.

Quérard, *France littéraire.*

BURTIN (........), jurisconsulte français, a publié *les Quatre époques,* fragment historique; Lyon, Boursy, 1815, in-8°; — *Correspondance ou suite aux quatre époques;* Lyon, Boursy, 1815, in-4°; — *Un mot aux électeurs du Rhône de 1818;* Lyon, 1828, in-8°.

Quérard, *la France littéraire.* — Beuchot, *Journal de la Librairie.*

BURTIUS ou **BURSI** (*Nicolas*), poëte et musicien italien, natif de Parme, vivait dans la seconde moitié du quinzième siècle; on ignore la date précise de sa mort. Il se destina d'abord à l'Église, et reçut le diaconat en 1472; puis il se rendit à Bologne pour s'y perfectionner en théologie; mais il s'occupa plutôt de musique et de littérature que de droit canon; ses talents en ce genre lui méritèrent l'affection de Jean Bentivoglio, alors chef de la république bolonaise. Lorsque ce seigneur fut expulsé par le pape Jules II (1506), Burtius revint dans sa patrie, et obtint le rectorat de Saint-Pierre-ès-Liens à Terrajola;

il le quitta pour l'emploi de maître de chapelle de la cathédrale de Parme (1518), et le conserva jusqu'à sa mort. Burtius a laissé. *Musices opusculum, cum defensione Guidonis Aretini adversus quemdam Hispanum veritatis prævaricatorem;* Bologne, 1487, in-4°; ouvrage fort rare;— *Fax Maroniana, id est Observationes eruditæ in Virgilium;* Bologne, 1490, in-4°, très-rare;— *Bononia illustrata;* Bologne, 1494, in-4°; — *Musarum Nympharumque, ac summorum deorum epitomata,* ouvrage rare; Bologne, 1494, et 1498, in-4°; — *Elogium Bononiæ, quo hujus urbis amœnitas, situs nec non doctorum singularium atque illustrium virorum monumenta reservantur;* Bologne, 1498, in-4°; — quelques *poésies* dans les *Carmina illustrium poëtar. Italorum,* t. III.

Affo, *Scrittori Parmigiani,* t. III, p. 151 à 156. — Fossi, *Catal. biblioth. Magliabech.* — Mazzuchelli, *Scritt. d'Italia,* t. II, p. 2449. — Debure, *Bibliog. instruct.,* n° 2442.

BURTON (*Guillaume*), antiquaire anglais, frère de Robert, né à Lindley (Leicestershire) le 24 août 1575, mort à Falde (Staffordshire) le 6 avril 1645. Après avoir fait ses premières études à Oxford, il fut admis à l'école de droit de Jenner-Temple (1593). Il exerça ensuite la profession d'avocat et de rapporteur près la cour des plaids-communs; mais sa santé ne lui permettant pas de continuer cette carrière, il se retira dans ses propriétés, et se livra aux recherches les plus consciencieuses sur les antiquités de la Grande-Bretagne. Son principal ouvrage est *Description of Leicestershire;* 1622, et 1677, in-fol.

Wood, *Athenæ Oxonienses.* — Watkins, *New Hist. Dict.*

BURTON (*Robert*), philosophe anglais, frère du précédent, né à Lindley (Leicestershire) le 8 février 1576, mort à Segrave le 8 janvier 1639, fut surnommé *Démocrite jeune.* Il fit ses études à Oxford, et y obtint la cure de Saint-Thomas, qu'il quitta pour celle de Segrave, dans sa province natale. Il y resta jusqu'à sa mort, dont il avait prédit d'avance le jour. Son caractère était un étrange composé de gaieté et de mélancolie, et ses ouvrages se ressentent de ce contraste. Bien que d'un savoir supérieur, il était superstitieux, et croyait à l'astrologie. Son tombeau, qui se voit encore dans l'église de Christ-Church, porte cette épitaphe, composée par lui-même :

Paucis notus, paucioribus ignotus, hic jacet Democritus, cui vitam et mortem dedit melancholia. Obiit, etc.

On n'a de lui qu'un seul ouvrage : *Anatomy of Melancoly,* par *Démocrite le Jeune;* 1654, in-4°, souvent réimprimé.

Watkins, *New Historic. Dict.* — Rose, *Biographical Dictionary.*

BURTON (*Cassibelan*), poëte anglais, fils de Guillaume l'antiquaire, né en 1609, mort le 28 février 1681, a publié une traduction de Martial en vers anglais.

Rose, *Biographical Dictionary.* — *Biog Brit.*

BURTON (*Guillaume*), philologue et historien anglais, né à Londres en 1609, mort dans la même ville le 28 décembre 1657. Il entra en 1625 au collége de la Reine, à Oxford, et termina ses études à Glocester, où il fut reçu bachelier en droit (1630). L'indigence dans laquelle il se trouvait le força à entrer comme répétiteur dans l'institution que dirigeait Thomas Tainabe dans le comté de Kent. Quelque temps après, il devint directeur de l'école de Kingston. On a de lui : *Laudatio funebris in obitum D. Thomæ Alleni;* Oxford, 1633, in-4°; — *Annotations on the First Epistle of Clement the Apostle to the Corinthians;* Londres, 1647 et 1652, in-8°; — *Historiæ linguæ græcæ,* et Λείψανα *veteris linguæ persicæ,* etc.: ces deux opuscules ont été réunis en un volume, publié à Londres, 1657, in-8°; — *A Commentary on Antoninu's Itinerary, or Journey through the Roman empire, so far as it concerned Britain;* Londres, 1658, in-fol.

Nicéron, *Mémoires,* t. XVIII. — Wood, *Histor. univers. Oxon.* — *Biogr. Brit.*

BURTON (*Guillaume*), médecin anglais, mort à Yarmouth le 30 juillet 1757. Il était membre de la Société royale de Londres, et a publié : *Dissertation sur le Traitement des morsures des serpents venimeux,* dans les *Philosophical Transactions,* année 1736 ; — *Histoire de la vie et des écrits de Boerhaave;* Londres, 1736.

Philosophic. Transact.

BURTON (*Henri*), théologien anglais, né à Birdsall (Yorkshire) en 1579, mort à Londres le 16 janvier 1648. Il étudia à l'université d'Oxford, et s'affilia de bonne heure à la secte des indépendants. Il fut pasteur de Saint-Mathieu, à Londres, jusqu'en 1636, où deux sermons (*pour Dieu et pour le roi*), et un libelle dirigé contre les évêques, qu'il accusait de papisme, le firent incarcérer. Cité devant la chambre étoilée, il fut condamné, conjointement avec Prynne et Bastwick, ses cosectaires, à avoir les oreilles coupées et clouées au pilori, ainsi qu'à une amende de 5,000 livres sterling, et à être enfermé à perpétuité dans le château de Lancastre. Ce jugement fut exécuté dans toute sa rigueur, sauf l'amende, que l'indigence de Burton empêcha de faire liquider. Burton soutint son supplice avec courage, et trouva encore moyen, malgré la sévérité de ses geôliers, de jeter dans le public quelques pamphlets contre ses ennemis. Pour ce nouveau délit, il fut transféré à Guernesey (1638). Sa femme ayant sollicité du parlement la révision de son procès, Burton fut ramené à Londres en 1640. Le peuple le reçut comme un martyr. Le parlement annula la sentence portée par la chambre étoilée, et adjugea à Burton, comme indemnité, une pension de 5,000 livres; il fut en outre rétabli dans sa cure. Outre quelques sermons et pamphlets, on a de lui : *Jejunium Israeliticum, seu meditatio in caput VIII Isaiæ;* 1628, in-4°; — *Septem phialæ, seu expositio capitum XV et XVI Apocalypseos;* 1628, in-4°.

Narration of the life of M. Henry Burton; Lond., 1643, in-4°.

BURTON (*Jean*), philologue et théologien anglais, né à Wembworth (Devonshire) en 1696, mort à Worplesdon en 1771. Il avait fait d'excellentes études à Oxford, où il fut nommé professeur de grec en 1725; il fut d'abord vicaire de Mapple-Derham (1733), puis pasteur de Worplesdon (comté de Surrey) en 1766. Outre quelques discours latins, on a de lui : Πεντaλόγια, *sive tragœdiarum græcarum delectus*; 1758, in-8°; Oxford, 1779, 2 vol. in-8°; et 1801, 2 vol. in-8°. Cet ouvrage contient cinq tragédies grecques que Joseph Bingham, élève de Burton, avait commencé à traduire, et dont en mourant il recommanda la publication à son professeur. Burton avait songé aussi à réunir ses ouvrages, et à les publier sous le titre d'*Opuscula miscellanea*.

Rose, *Bibliog. Dict.* — Feller, *Dictionnaire histor.* — E. Bentham, *Life of Burton*.

***BURTON** (*Jean*), médecin anglais, né en 1697, mort en 1771 (distinct du précédent, malgré la ressemblance de dates). Il étudia à Oxford, puis à Reims, où il prit ses grades. Il pratiqua à York, et s'y fit une grande réputation d'habileté comme accoucheur. Il eut moins de succès comme homme politique, et son attitude lors de la tentative du prétendant, en 1745, lui fit assez de tort dans l'opinion publique pour qu'il crût devoir publier une brochure justificative de sa conduite. On a de lui : *Treatise on the non Naturas*; York, 1738, in-8°; — *Account of the Life and Writings of Boerhaave*; Londres, 1748, in-8°; — *An Essay towards a complete new system of Midwiferye*; Londres, 1751, (Système nouveau et complet de l'art des accouchements, avec la description des maladies particulières aux femmes en couche et aux enfants nouveau-nés), traduit en français et annoté par Lemoine, Paris, 1771-1773, 2 vol. in-8°, fig.; — *Monasticon Eboracensi, and the ecclesiastical history of Yorkshire*; York, 1758; — *Iter Surriense et Sussexiense*; Londres, 1752.

Gough, *Topography*. — Gorton, *Biog. Dictionary*.

BURY (*Arthur*), théologien anglais, vivait dans la seconde moitié du dix-septième siècle. Il était principal du collège d'Exeter lorsque Guillaume III forma le projet de réunir en une seule les différentes sectes qui désolaient depuis si longtemps le royaume. Bury, voulant seconder les vues de ce prince, publia *the Naked gospel* (l'Évangile nu), 1690, in-4°. L'auteur, se décorant du titre de « vrai enfant de l'Église anglicane, » soutenait que le seul moyen d'effacer toutes les hérésies était de rendre à l'Évangile sa simplicité primitive, qu'il prouvait avoir été altérée bien souvent par les conciles. Il réduisait donc le livre divin aux préceptes absolument nécessaires au bonheur et au salut de l'humanité, préceptes que chacun pouvait comprendre, puisqu'ils étaient enseignés par la loi naturelle. L'auteur laissait pour la pratique à chacun son libre arbitre, n'admettant pas que les Pères et les conciles, exagérant les avantages de la foi, imposassent aux fidèles un rit uniforme. Il ajoutait que, sans nier formellement la divinité de Jésus-Christ, il ne croyait pas que ce dogme fût nécessaire au salut. Le livre de Bury produisit l'effet contraire à celui qu'il cherchait. Un cri de réprobation s'éleva contre le malencontreux conciliateur; pour cette fois le clergé et l'université s'entendirent : *the Naked gospel* fut condamné au feu le 19 mai 1690; et l'auteur, chassé de l'université, perdit ses charges. Bury, traité de socinien, se vit attaqué vivement par Jurieu dans sa *Religion du Latitudinaire*; il répondit aussi chaleureusement dans son *Latitudinarius orthodoxus*, ou *Vindiciæ libertatis christianæ Ecclesiæ anglicanæ contra ineptias et calumnias P. Jurieu*. Ce dernier y était traité d'*odiorum professor, malignitatis diabolicæ professor*; Londres, 1699. De part et d'autre on ne ménagea pas, comme on voit, les injures. Leclerc prit parti pour Bury, qui trouva beaucoup de partisans en Angleterre et en Hollande.

Adelung, supplément à Jöcher, *Allgemeines Gelehrten-Lexikon*. — Rose, *New Biographical Dictionary*.

BURY (*Bernard* DE), compositeur français, né à Versailles en 1720, mort vers 1780. Il fut surintendant de la musique de Louis XV. Ses principales compositions sont : *les Caractères de la Folie*, ballet, en 3 actes; 1743; — *Jupiter vainqueur des Titans*, en 5 actes; 1745; — un nouveau prologue pour l'opéra de *Persée*; — *les Fêtes de Thétis*, en 2 actes; 1750; — *la Parque vaincue*, en 1 acte; 1754; — *Lylas et Sylvie*, en 1 acte; 1762; — *Palmyre*; 1765.

Grimm, *Correspondance*.

BURY (*Guillaume*), poète et historien flamand, né à Bruxelles en décembre 1618, mort à Malines le 30 avril 1700. Il fut d'abord oratorien, et devint ensuite chanoine de Malines. Son principal ouvrage est : *Brevis Romanorum pontificum notitia*; Malines, 1675, in-8°; Padoue, 1724, in-12; Augsbourg, 1727, in-8°. Bury est encore auteur d'un grand nombre de petites poésies latines sur les événements de son temps et de son pays.

Walch, *Biblioth. Theologica*.

BURY (*Richard* DE), historien français, né à Paris en 1730, mort en 1794. Il est plus connu par les critiques de Voltaire, de la Beaumelle et de Grimm, que par le mérite de ses écrits historiques. Ses principaux ouvrages sont : *Lettre de M. de B*** à M. de Voltaire, au sujet de son Abrégé de l'Histoire universelle*; Londres, 1755, in-12; — *Histoire de la Vie de Jules César, suivie d'une dissertation sur la Liberté, où l'on montre les avantages du gouvernement monarchique sur la république*; Paris, 1758, 2 vol. in-12; — *Histoire de Philippe et d'Alexandre, rois de Macédoine*; ibid., 1760, in-4°; — *Lettre au sujet de la découverte de la conjuration contre le roi de Portugal*; ibid., 1759, in-12; — *Éloge historique de Sully*; ibid., 1763, in-8°; — *Vie héroïque et privée de*

Henri IV, roi de France; ibid., 1765, 2 vol. in-4°; 1766, 1767, 1769, 1779, 4 vol. in-12; — *Histoire de la Vie de Louis XIII, roi de France et de Navarre;* ibid., 1767, 4 vol. in-12; — *Histoire abrégée des Philosophes et des Femmes célèbres;* ibid., 2 vol. in-12; — *Histoire de saint Louis, roi de France, avec un abrégé de l'Histoire des Croisades;* ibid., 1775, 2 vol. in-12; Paris et Anvers, 1817, in-12; Paris, 1822, in-12; — *Essai historique et moral sur l'Éducation française;* ibid., 1777, in-12; — nouvelle édition, sous le titre : *le Zélé Compatriote, ou Nouveaux essais historiques sur l'Éducation française;* ibid., 1785, in-12.

Quérard, *la France littéraire.* — Sabatier, *les Trois Siècles littéraires.* — Lelong, *Biblioth. hist. de la Fr.*

BURY (*Fulgence*). *Voy.* FULGENCE.

BURY (D'AUNGERVILLE). *Voy.* AUNGERVILLE.

BURZOUZYÈH ou **BOURZEVYEH**, mage et médecin de la cour de Khosrou-Nouchirvan, vivait à la fin du sixième siècle. Il fit un voyage dans l'Inde, apprit le sanscrit, et traduisit en persan les *Fables* attribuées à Pilpay, qu'on sait aujourd'hui être du brahmane Vichnou Sarna. Sa traduction est intitulée *Djavidankhird* (Sagesse éternelle).

D'Herbelot, *Bibliothèque orientale.*

BUS (*César* DE), instituteur français, né à Cavaillon le 3 février 1544, mort à Avignon le 15 avril 1607. Après une jeunesse fort dissipée, il embrassa à trente ans l'état ecclésiastique, et se consacra entièrement à l'instruction des enfants et du peuple. Il fonda en 1592, dans la petite ville de l'Isle, au comtat Venaissin, la congrégation de la Doctrine chrétienne, qui fut approuvée par Clément VII. Quoique frappé de cécité dans la dernière année de sa vie, il ne cessa de diriger son établissement jusqu'à sa mort. Le peuple le regarda comme un saint. César de Bus avait aussi institué, sous le nom de *Filles de la Doctrine chrétienne,* une congrégation de femmes qui subsista jusqu'à la révolution. On a de lui : *Instructions;* Paris, 1666, 5 vol. in-12.

Beauvais, *Histoire de la Vie de César de Bus;* Paris, 1645, in-12. — Moréri, *Dict. hist.* — Le Bas, *Dict. encycl. de la France.* — Herman, *Hist. de l'établissement des ordres religieux.*

BUS (*Balthasar* DE), théologien ascétique, neveu du précédent, de l'ordre des Jésuites, né en 1587, mort le 21 décembre 1657. On a de lui : *Préparation à la mort, sur le modèle de Jésus mourant;* Lyon, 1648; Grenoble, 1660, in-12; — *Motifs de dévotion envers la sainte Vierge;* Lyon, 1649, in-12; — *Occupation intérieure pour les deux semaines de la Passion de Notre-Seigneur Jésus-Christ;* 1650, in-18; — *Motifs de contrition;* 1652, in-18; — *Exercice de la présence de Dieu;* Chambéry, 1669, in-12.

Alegambe, *Bibliotheca Script. Soc. Jesu.*

BUSA, philanthrope romaine, née dans l'Apulie, vivait vers 220 avant J.-C. Elle fournit des habits, des vivres et même de l'argent aux soldats romains qui s'étaient retirés à Cannusium après la bataille de Cannes. Après la guerre, cet acte de générosité fut récompensé par le sénat, qui s'empressa de témoigner à Busa la reconnaissance du peuple romain.

Tite-Live, liv. XXII. — Valère-Maxime, liv. IV. — Rollin, *Histoire romaine,* t. III.

BUSBEC, BOUSBECQ ou **BOUSEBECQUÉ** (*Augier-Ghislain* DE), diplomate et littérateur flamand, né en 1522 à Comines, en Flandre; mort au château de Maillot, près de Rouen, le 28 octobre 1592. Il était le fils naturel d'un noble de ce nom; mais il fut légitimé plus tard par Charles-Quint. Après avoir fréquenté les universités les plus célèbres de Flandre, de France et d'Italie, il accompagna en Angleterre (1554) Pierre Lassa, ambassadeur de Ferdinand, roi des Romains; et, l'année suivante, ce dernier envoya Busbecq en mission à la cour de Soliman II. Ses premières négociations dans ce poste élevé ne furent pas heureuses : il ne put obtenir de Soliman qu'un armistice de six mois; mais les services qu'il rendit plus tard n'en furent que plus importants.

Nommé gouverneur des fils de Maximilien II, Busbec revint de Constantinople en 1562, accompagna en France, en 1570, l'archiduchesse Élisabeth, qui devait épouser Charles IX, et demeura auprès d'elle en qualité de maire du palais jusqu'à son départ de France après la mort de son mari (1574). Mais bientôt l'empereur Rodolphe II le choisit pour son ambassadeur à Paris. En quittant plus tard ce poste, Busbec partit pour la Flandre (1592), et fut attaqué en route par un parti de ligueurs. Ils le laissèrent aller, il est vrai, aussitôt qu'ils eurent vu ses passeports, et respectèrent en lui la qualité d'ambassadeur; mais la peur que lui causa cet événement détermina une fièvre violente à laquelle il succomba peu de jours après.

On a de lui quatre lettres, dont les deux premières furent publiées, sans la permission de l'auteur, par L. Carrion, sous le titre : *Itineraria Constantinopolitanum et Amasianum, et de re militari contra Turcas instituenda consilium;* Anvers, 1582, in-8°. Elles parurent en semble, sous le titre de *Legationis turc. epistolæ quatuor;* Paris, 1589, in-8°. Busbec y analyse la politique, les éléments de force et de faiblesse de la Porte avec tant de profondeur et de concision, que cet ouvrage, même aujourd'hui, est encore très-instructif: Ses *Epistolæ ad Rodolphum II, imper., e Gallia scriptæ* (publiées par Houvaert, dernière édition, Bruxelles, 1632), sont ou ne peut plus importantes pour l'histoire de cette époque. Ses œuvres (*omnia quæ exstant*) parurent à Leyde en 1633, et à Bâle dans l'année 1740. Son style est pur, élégant, quoique sans ornements. Pendant son séjour en Turquie, il fit une collection d'inscriptions grecques qu'il communiqua à André Schott, à Juste Lipse et à Gruter. C'est lui, entre autres, qu'on est redevable du fameux monument d'Ancyre, élevé en l'honneur d'Auguste. Il fit don à la bibliothèque de Vienne de plus de cent manuscrits grecs qu'il avait recueillis pendant son séjour en Orient. [*Enc. des g. du m.*, avec addit.] On doit aussi à Busbec l'introduction de plusieurs arbres de l'Orient, entre autres, du marronnier d'Inde.

Pantaleo, *Prosopographia*, t. III, p. 487. — Sweert, *Athenæ Belgicæ*, p. 147. — Pope-Blount, p. 786. — Melchior Adam, *Vit. erudit.* — Nicéron, *Memoires*, t. XXII.

BUSBY (*Richard*), instituteur anglais, né en 1606 à Lutton, dans le Lincolnshire; mort en 1695. Il entra dans les ordres, devint pasteur à Cudworth, puis maître de l'école de Westminster, place qu'il occupa pendant cinquante-cinq ans, et laissa un nom vénéré dans toute l'Angleterre pour le grand nombre d'élèves distingués qu'il avait formés. Il composa quelques grammaires latines et grecques, à l'usage de ses élèves.

Biographia Britannica. — Wood, *Athenæ oxonienses.* — Rose, *New Biographical Dictionary.*

*** BUSCA** (*Antonio*), peintre milanais, né en 1625, mort en 1686. Après avoir reçu les leçons du Nuvolone, il alla avec Giovanni Ghisolfi étudier à Rome les chefs-d'œuvre des grands maîtres; puis, de retour dans sa patrie, il entra dans l'atelier d'Ercole Procaccini, qui l'emmena comme son aide à Turin. Busca travailla ensuite seul à Milan, et y peignit même à l'église Saint-Marc, en concurrence avec son maître. C'est là que, vis-à-vis de quelques peintures de Procaccini, on voit un *Christ mis en croix*, fresque de l'expression la plus pathétique. Il est à regretter que toutes les productions de ce peintre n'aient pas le même dégré de mérite. Il est vrai que l'on peut en accuser ses infirmités; car la goutte qui lui ôta l'usage de ses pieds affaiblit en même temps tous ses organes, et il prit bientôt une manière commune et de pure pratique. Busca rendit à l'art un service signalé en obtenant par ses sollicitations la réouverture de l'Académie de peinture de la bibliothèque Ambrosienne, fermée depuis plus de vingt ans, par suite de dissensions survenues entre les professeurs.

E. B—N.

Lanzi, *Storia pittorica.* — Ticozzi, *Dizionario.* — Pirovano, *Guida di Milano.*

BUSCA (*Ignace*), prélat italien, né à Milan en 1713, mort en 1803. Il était nonce dans les Pays-Bas avant l'insurrection de ces provinces contre Joseph II. De retour en Italie, il fut nommé gouverneur de Rome, devint cardinal en 1789, et obtint la confiance de Pie VI, qui l'envoya à Milan pour négocier avec Cacault, envoyé de France; mais il échoua dans cette mission, et revint à Rome, où il continua de remplir des emplois importants. Plus tard, il se montra opposé au concordat.

Biographie étrangère.

BUSCH ou **BUSCHIUS** (*Jean* ou *Arnold*), historien hollandais, né en 1400 à Zwoll, mort en 1477. Il entra jeune chez les chanoines réguliers, fût choisi par le cardinal de Cusa pour travailler à la réforme de divers ordres dans les Pays-Bas, et obtint le prieuré de Sulten près d'Hildesheim. Son principal ouvrage est : *De Origine cœnobii et capituli, seu Congregationis Windesemensis;* Anvers, 1621, in-8°. Ce livre contient le *Chronicon montis Agnetis*, par Thomas à Kempis.

Trithème, *De Viris illustrib. german.* — Leibnitz, *Collect. script. Brunsw.* — E. Dupin, *Nouvelle Bibliothèque des auteurs ecclésiast.* — Gence, *Considérations sur l'auteur de l'Imitation.* — Sweert, *Athenæ Belgicæ.* — Fabricius, *Bibliotheca lat. mediæ et infimæ ætatis.* — André, *Bibliotheca Belgica.*

BUSCH (*Paul*), théologien anglais, né vers 1491, mort le 11 octobre 1559. Il fut le premier évêque de Bristol en 1542. Ayant embrassé les doctrines de la réforme, il perdit son évêché sous la reine Marie, et rentra plus tard dans le sein de l'Église catholique. Ses principaux ouvrages sont : *Notes on the psalms;* Londres, 1525; — *Treatise in praise of the Cross;* — *Answer to certain enquiries concerning the abuses of the mass;* — *Treatise of salves and Curing remedies*, 8 vol.

Wood, *Athenæ Oxonienses.*

BUSCH (*Jean-George*), historien, économiste et mathématicien allemand, né le 3 janvier 1728 à Alten-Weding, près de Lunebourg; mort le 5 août 1800. Il savait, dit-on, toutes les langues de l'Europe, et réunissait des connaissances très-variées. Il fut le fondateur et, pendant trente ans, le directeur d'une académie de commerce à Hambourg, où des jeunes gens de toutes les contrées de l'Europe venaient puiser des connaissances théoriques et pratiques. Animé d'un zèle ardent et éclairé pour le bien de la patrie, il dota la ville de Hambourg d'utiles établissements, entre autres, d'une école des pauvres, la plus belle de l'Europe. Les ouvrages de Busch sont écrits en allemand; en voici les principaux : *Essai d'un traité de Mathématiques usuelles;* Hambourg, 1773, in-8°, édition augmentée; ibid., 1798, in-8°; — *De la circulation de l'argent dans les rapports avec l'économie politique et le Commerce;* ibid., 1780, 2 vol. in-8°; — *Observations faites pendant un voyage dans une partie de la Suède;* ibid., 1783, in-8°; — *Essai d'une Histoire du Commerce de mon temps;* ibid., 1781, 1783-1796, in-8°; — *Essai sur l'Économie politique et le Commerce;* ibid., 1784, 3 vol. in-8°; — *Bibliothèque du commerce;* ibid., 1784-1786, 3 vol. in-8°; — *Observations faites pendant un voyage dans les Pays-Bas et en Angleterre;* ibid., 1786, in-8°; — *Examen de cette question : « Est-il avantageux à un peuple, sous le rapport du progrès des lumières, que sa langue devienne la langue universelle ? »* Berlin, 1787, in-8°; — *Principes sur la politique des monnaies, et sur l'impossibilité d'introduire une monnaie universelle;* Hambourg, 1789, in-8°; — *Observations et expériences;* ibid., 1790-1794, 5 vol. in-8°; — *Théorie du Commerce;* ibid., 1792-1799, in-8°; — *Ency-*

clopédie des Sciences mathématiques; ibid., 1795, in-8°.

Sur la vie, le caractère et les mérites de J.-G. Busch; Hambourg, 1801, in-8°.

BUSCHE (*Hermann* DE), en latin *Buschius*, savant allemand, né dans l'évêché de Minden en 1468, mort à Dulen en 1534. Après avoir mené une vie errante et agitée, il embrassa la doctrine de Luther, qui le fit nommer professeur d'histoire à Marbourg. Ses principaux ouvrages sont : *Vallum Humanitatis*; 1518, in-4°; Francfort, 1718, in-8°; — *De Auctoritate verbi Dei*; Marbourg, 1529, in-8°;— *Annotationes in Silium Italicum, in librum I Martialis, in Juvenalem, in Petronium;* — *Carmina varia*.

Sweert, *Athenæ Belgicæ*, p. 341; — Baillet, *Jugements des Savants*, t. II, p. 143. — *Catal. Bibl. Bunav.*, t. I. — David Clément, *Bibl. curieuse*. — Hartzheim, *Biblioth. Coloniensis*, p. 132. —Nicéron, *Mémoires*, t. XXV.

* **BUSCHENTHAL** (*Lipmann-Moïse*), poëte allemand, né en 1783 à Bischheim, près de Strasbourg, mort à Weimar en 1819. Il annonça de bonne heure d'heureuses dispositions. Il commença ses études à Strasbourg, et se rendit ensuite en Allemagne. Là il cultiva la poésie avec succès, et plusieurs de ses compositions en allemand et même en hébreu lui ont fait assigner un rang honorable parmi les poëtes. Pureté de style, élégance d'expression, facilité de versification, sensibilité exquise, voilà les qualités de ce poëte. Plusieurs morceaux dont il a enrichi la *Soulameth*, recueil littéraire publié à Dessau en 1807 et pendant plusieurs années, se trouvent réunis à des élégies, des ballades et d'autres pièces de vers, dans un recueil de poésies qu'il a publié. Après un court séjour à Paris (1807), où il fut appelé par son aïeul le rabbin David Sinsheimer, Buschenthal s'établit à Weimar. [*Enc. des g. du m.*]

Conversations-Lexicon.

BUSCHETTO (....), architecte du onzième siècle, s'est rendu immortel par la construction de la magnifique cathédrale de Pise, commencée en 1063, et le premier monument de la renaissance en Italie. Une erreur qui a été adoptée par presque tous les biographes a fait longtemps de Buschetto, dont le nom est pourtant bien italien, un Grec, natif de la petite île de Dulichium, qui jadis fit partie du royaume d'Ulysse. Cette méprise est résultée de la fausse interprétation des deux premiers vers de l'épitaphe de Buschetto, gravée sur la façade même du monument :

BUSCHET.. JACE.. HIC..... INGENIORUM
DULICHIO......... PRÆVALUISSE DUCI.

Il est évident que *Dulichio* se rapporte à *Duci*, et que *se* distigue doit être, comme l'ont restitué Flaminio del Borgo et Cicognara :

Buschettus jacet hic, qui princeps ingeniorum
Dulichio fertur prævaluisse duci.

On ne doit donc y voir autre chose qu'une comparaison de l'habileté de l'artiste avec celle d'Ulysse, le *chef de Dulichium*, si célébré par Homère. Une autre inscription conservée dans la cathédrale de Pise nous apprend que Buschetto était aussi savant mécanicien qu'habile architecte, et qu'il avait inventé une machine à l'aide de laquelle dix jeunes filles élevaient des fardeaux qu'un grand nombre de bœufs auraient à peine ébranlés. E. B—N.

Cicognara, *Storia della Scoltura*. — Morrona, *Pisa illustrata*. — Quatremère de Quincy, *Vie des Architectes célèbres*.

BÜSCHING (*Antoine-Frédéric*), célèbre géographe allemand, né à Stadthagen, dans le pays de Schaumbourg-Lippe, le 27 septembre 1724; mort le 28 mai 1773. Son père, avocat de profession, le traita avec une extrême sévérité. Placé à l'institut des orphelins de Halle, il y étudia la théologie; en 1748, il fut appelé à Pétersbourg, où il devint en 1748 le précepteur du prince Biren. Professeur de philosophie à Gœttingue en 1754, il fut accusé d'hétérodoxie à propos d'une dissertation pour le doctorat, où étaient développées des idées qui n'étaient pas précisément celles de l'Église dominante; et il lui fut interdit de professer la théologie, ou de rien publier sur cette matière sans autorisation préalable. Nommé professeur ordinaire en 1759, il changea en 1761 le séjour de Gœttingue, qui lui était devenu peu agréable, contre celui de Pétersbourg, où il était appelé à remplir les fonctions de directeur de la communauté protestante. Forcé, par suite d'intrigues ourdies contre lui, de se démettre en 1765, il se retira d'abord à Altona, et en 1766 il devint membre du consistoire supérieur de Berlin, où il s'occupa surtout de ses travaux géographiques. Ses principaux ouvrages sont : *Erdbeschreibung* (Description de la terre); Hambourg, 1754-1792, 11 volumes in-8°; cet important ouvrage eut de nombreuses éditions; avant Busching on n'avait pas su exposer scientifiquement la géographie; — *Magazin für Historie und Geographie;* Hambourg, 1767, 25 vol. in-8°; — *Beitraege zur Lebens Geschichte merkwürdiger Personen*; Hambourg, 1783-1789, 6 vol. in-8° (Pièces pour servir à l'histoire de personnages célèbres); — *Neueste Geschichte der Evangelischen Brüder-confessionen in Polen* (Histoire moderne des confessions évangéliques en Pologne), 3 vol.; Halle, 1784-1787.

Conversations-Lexicon.

BÜSCHING (*Jean-Gustave-Théophile*), érudit et antiquaire allemand, fils d'Antoine-Frédéric, naquit à Berlin en 1783, et mourut le 4 mai 1829. Après avoir étudié à Berlin, à Erlangen et à Halle, il fut attaché à la régence de Berlin. Chargé, en 1810, de rechercher dans les chapitres et monastères les documents historiques et scientifiques qui s'y trouvent, il s'acquitta de cette mission avec zèle et en homme éclairé. En 1811, il fut nommé archiviste du roi à Breslau. Nommé en 1817 professeur extraordinaire des sciences de l'antiquité à l'université de cette ville, il devint professeur ordinaire en 1823. En 1825, il se démit de ses fonctions d'archiviste. Ses principaux ouvrages sont : *Sammlung deutscher Volkslieder* (Recueil de chants populaires allemands), en société avec Van der Hagen; Berlin, 1807 ; — *Buch der Liebe* (Livre d'amour); Berlin, 1809, 1 vol. in-8° ; — *Leben Goetz' von Berlichingen* (Vie de Goetz de Berlichingen); Breslau, 1813 ; — *Literarischer Grundriss zur Geschichte der deutschen Poesie* (Aperçu d'une histoire littéraire de la poésie allemande); Breslau, 1812 ; — *Pantheon, eine Zeitschrift für Wissenschaft und Kunst* (Panthéon, ou Journal des Sciences et des Arts); Berlin, 1810, 6 vol. in-8° (en collaboration avec Kannegresser); — *Museum für Altdeutsche Literatur und Kunst* (Muséum de l'Art et de l'ancienne Littérature de l'Allemagne); Berlin, 1809, en collaboration avec Hagen et autres ; — *Erzaehlungen, Dichtungen Fastnachtspiele, und Schwaenke des Mittelalters* (Contes, poésies, noëls et farces du moyen âge); Breslau, 1814-1815 ; — *Des Deutschen Leben, Kunst und Wissen im Mittelalter* (Art, science et genre de vie de l'Allemand au moyen âge) ; Breslau, 1816-1817, 4 vol. in-8°, et nouvelle édition en 1821 ; — *Die heidnischen Alterthümer Schlesiens* (les Antiquités païennes de la Silésie) ; Leipzig, 1820-1824, in-8° ; — *De antiquis Silesiacis sigillis* ; Breslau, 1824 ; — *Versuch einer Einleitung in die Geschichte der Altdeutschen Bau-Kunst* (Essai d'une introduction dans l'histoire de l'architecture de l'ancienne Allemagne) ; Leipzig, 1823, in-8° ; — *Ritterzeit und Ritterwesen* (l'Age et les mœurs de la chevalerie) ; Leipzig, 1824, 2 vol. in-8°.

Conversations-Lexicon.

BUSÉE (*Gérard*), théologien hollandais, frère du suivant, né vers 1538, mort vers 1596. Il fut chanoine à Xanten, et se distingua comme prédicateur. On a de lui : une Réponse *à Faccius Illyricus*, sur la communion sous les deux espèces ; — un Catéchisme en flamand.

Witte, *Diarium biograph.* — André, *Biblioth. Belgica.* — Lemire, *Elogia illust. Belg. scriptor.*

BUSÉE (*Jean*), théologien hollandais, de l'ordre des Jésuites, né à Nimègue en 1547, mort à Mayence le 30 mai 1611. Il professa longtemps la théologie dans cette dernière ville. Ses principaux ouvrages sont : *Disputatio theologica de Jejunio* ; — *De Persona Christi* ; — *De Descensu Christi ad Inferos* ; — *Panarion, sive arca medica adversus animi morbos* ; — *Viridarium christianarum virtutum* ; — *Modus recte meditandi de Rebus divinis* ; — *De Statibus hominum* ; — des ouvrages de piété, qu'il composa en latin, ou qu'il traduisit de l'italien ou de l'espagnol ; — des éditions de Luitprand, d'Abbon de Fleury, d'Hincmar de Reims, de Trithème et d'Anastase le bibliothécaire.

André, *Biblioth. Belgica.* — Alegambe, *Biblioth. script. soc. Jesu.* — Lemire, *Elogia illust. Belg. scriptor.*

BUSÉE (*Pierre*), théologien hollandais, de l'ordre des Jésuites, frère du précédent, né vers 1540, mort en 1587 à Vienne en Autriche. Il fut professeur d'hébreu dans cette dernière ville. On a de lui : *Opus catechisticum, sive summa doctrinæ christianæ Petri Canisii* ; Cologne, 1577, in-fol.

Lemire, *Elogia illust. Belg. scriptor.* — André, *Biblioth. Belgica.* — Alegambe, *Biblioth. Script. societ. Jesu.*

BUSENBAUM (*Herman*), théologien allemand, de l'ordre des Jésuites, né en 1600 à Nottelen, dans la Westphalie ; mort le 31 janvier 1668. On a de lui : *Lilium inter spinas, de virginibus Deo devotis eique in seculo inservientibus* ; — *Medulla theologiæ moralis, ex variis probatisque auctoribus concinnata :* cet ouvrage, qui ne fut d'abord qu'un in-12, eut plus de 50 éditions ; la première parut à Munster en 1645 ; la plus récente a été publiée à Louvain, 1848, 2 vol. Le P. Lacroix et le P. Collendall en firent 2 vol. in-fol., à l'aide de commentaires et d'additions. Cette dernière édition reparut à Lyon en 1729, avec de nouvelles additions par le P. Montausan. Le jésuite Alfonso de Ligorio en fit encore paraître une édition plus complète à Rome, 1757, 3 vol. C'est à cette époque qu'on crut y découvrir pour la première fois une théorie du meurtre, d'après laquelle le régicide même était déclaré chose licite. L'ouvrage fut condamné par les parlements de Paris et de Toulouse. Le P. Zacharia prit la défense de Busenbaum et de Lacroix ; son apologie fut condamnée au feu le 10 mars 1758. Un autre jésuite, le P. Angelo Tranzoja, publia en 1760 une nouvelle défense de Busenbaum.

Alegambe, *Biblioth. scriptor. societ. Jesu.*

BUSENELLI (le *P. Pierre*), canoniste italien, vivait dans la première moitié du dix-huitième siècle, et fut professeur de droit canon à l'université de Padoue. Ses principaux ouvrages sont : *De Methodo habita in studiorum instauratione* ; Padoue, 1739, in-8° ; — *De Potestate conferendi Jubilæum et pœnas superstites remittendi* ; ibid., 1751, in-4° ; — *De ecclesiastica jurisdictione* ; ibid., 1757, in-8°.

Mazzuchelli, *Scrittori d'Italia.*

* **BUSI** (*Giovanni-Battista*), peintre et sculpteur bolonais, florissait vers 1600. Élève des Carrache, il fit, en 1601, une statue de l'*Honneur* pour les funérailles d'Augustin.   E. B—N.

Relazione del funerale d'Agostino Carracci ; Bologna, 1603.

* **BUSI** (*Giovanni-Paolo*), peintre et architecte, frère du précédent, élève comme lui des Carrache. Il eut à Palerme le titre d'architecte royal.

Ticozzi, *Dizionario.*

BUSI (*Niccolo*), sculpteur italien, mort à Valence en Espagne en 1709, dans un âge avancé. Il passa la plus grande partie de sa vie à Murcie, et ses ouvrages eurent dans toute l'Espagne une immense réputation. Il fut sculpteur de Philippe IV.   E. B—N.

Fontenay, *Dictionnaire des Artistes.*

* **BUSIRI** (*François*), savant italien, né à Rome en 1817, mort le 7 janvier 1841, fut d'une précocité remarquable dans ses études ; aussi à peine les eut-il terminées, qu'il se vit investi des places de chanoine-lecteur de Saint-Jean de Latran et de bibliothécaire de la Basilique. Il concourut efficacement au *Thesaurus historiæ ecclesiasticæ*, et fut nommé professeur à l'université romaine. La mort l'enleva à vingt-quatre ans. Quelques *opuscules*, remarquables par le fond et le style, font regretter une vie si courte.

Diario di Roma, 16 janvier 1841.

BUSIUS (*Paul*), jurisconsulte néerlandais, mort le 23 septembre 1617. Il fut professeur de droit à l'université de Franeker. On a de lui : *Tractatus de annuis reditibus ;* Cologne, 1601, in-8° ; — *De officio judicis ;* Franeker, 1603, in-4° ; Leyde, 1610, in-8° ; — *Subtilium juris libri VII ;* Cologne, 1604, avec des additions ; Franeker, 1612, in-8° ; Heidelberg, 1665, in-4° ; — *De republica libri III ;* Franeker, 1613, in-4° ; Francfort, 1626, in-8° ; — *Illustres quæst. controversæ ad libros IV Institutionum ;* Francfort, 1615, in-4° ; — *Comment. in Pandectas ;* Deventer, 1647, 1656, in-4°.

André, *Biblioth. Belgica*. — Sweert, *Athenæ Belgicæ*. — Adam, *Vitæ eruditorum*. — Vriemot, *Series professorum Franequeranorum*.

BUSKAGRIUS (*Jean-Pierre*), orientaliste suédois, natif de Stora-Tuna, dans la Dalécarlie ; mort à Upsal en 1692. Il fut professeur de langue hébraïque dans cette dernière ville. On a de lui : *Dissertation sur la nature de la Massore*, en hébreu ; Upsal, 1651, in-4° ; — *De usu et necessitate linguarum orientalium ;* ibid., 1654, in-4° ; — *De Deorum gentilium origine et cultu ;* 1655.

Gezelius, *Biograph. Lexic.*

BUSKAGRIUS (*Pierre*), vivait dans le milieu du dix-septième siècle. On a de lui : *De legione veterum Romanorum in genere, opusculum ;* Amsterdam, 1662, in-12.

Adelung, suppl. à Jöcher, *Allgem. Gelerthen-Lexicon*.

BUSLEYDEN, en latin *Busliduus* (*Jérôme*), diplomate néerlandais, né en 1470 à Bousleide, (Bouschleiden) dans le Luxembourg ; mort à Bordeaux le 27 août 1517. Doué d'une intelligence élevée, possesseur d'une grande fortune, il fut membre du conseil souverain de Malines, et employé, par la maison d'Autriche, dans les négociations les plus importantes près du pape Jules II, près de François Ier et de Henri VIII. Charles d'Autriche, depuis Charles V, l'envoya en Espagne comme ambassadeur ; mais Busleyden ne put accomplir sa mission ; il mourut à Bordeaux. Ce qui rend la vie de Busleyden digne de nos souvenirs, c'est sa générosité : il consacra la plus grande partie de sa fortune à fonder à Louvain le collège des trois langues, dans lequel dix pauvres écoliers étaient entretenus, et apprenaient le latin, le grec et l'hébreu ; c'est aussi l'amitié dont l'honora le célèbre Thomas Morus. Le chancelier d'Angleterre, dans son ambassade dans les Pays-Bas, fréquenta beaucoup à Malines la maison de Busleyden, à tel point qu'il en a vanté l'extrême richesse et l'ameublement somptueux. On a conservé au collège de Louvain des poésies et des oraisons manuscrites de Busleyden. Il y a, en tête de *l'Utopie* de Thomas Morus, une lettre de lui ; c'est le seul de ses écrits qui nous reste (édit. de Bâle, 1518, in-4°).

G. J.

Bayle, *Dictionnaire critique*. — Foppens, *Biblioth. Belg.*, t. I, p. 480. — Moréri, *Dict. hist.* — *Biographie Belge*.

BUSMANN (*Jean-Eberard*), théologien protestant allemand, né à Verden en 1644, mort à Helmstædt le 18 mai 1692. Il fut professeur de langues orientales dans cette ville. Ses principaux ouvrages sont : *De schol. Hebræorum ;* — *De antiquis Hebræorum litteris ab Esdra in Assyriacas mutatis ;* — une édition de l'ouvrage de Balth. Bonifacio, intitulé *Excerpta de historiæ romanæ scriptoribus*.

Pippengius, *Memoriæ theologorum*.

***BUSONE** ou **BOSONE DA GUBBIO**, dit *Bosone novello*, poëte italien, né vers 1280, mort vers 1350. Il était de la noble famille des Rafaelli da Gubbio, et composa des poésies médiocres, qui sont en partie des commentaires, *in terza rima*, de la *Divine comédie* de Dante. On a de lui en outre : *Fortunatus Siculus, ossia l'avventuroso Siciliano di Busone da Gubbio, romanzo storico scritto nel* 1311, *ed ora per la prima volta publicato ;* Firenze, 1832, in-8°.

J. B.

Deliciæ eruditorum, XVII. — *Manuel du libraire* de Brunet, édit. de 1842, t. I, p. 502.

***BUSS** (*François-Joseph*), jurisconsulte et publiciste allemand, né à Zelle en 1803. Il étudia à Offenburg et à Fribourg, se fit recevoir docteur en philologie et en médecine, et s'arrêta à l'étude du droit. En 1833, il professa comme professeur suppléant le droit public à Fribourg, et comme professeur titulaire en 1836. Déjà connu par divers écrits, il entra dans la seconde chambre badoise en 1837. Libéral dans ses jeunes années, il se montra plus tard opposé à la démocratie, et partisan très-prononcé des idées ultramontaines. C'était se placer dans une position bien difficile. Aussi résigna-t-il bientôt son mandat. Il revint à la chambre en 1846 ; les attaques dont il fut l'objet devinrent alors si vives, qu'il se retira une seconde fois en avril 1848. Au mois de décembre de la même année, il devint membre de l'assemblée nationale allemande, et s'y posa en orateur du parti catholique. Ses publications sur les doctrines de ce parti portent l'empreinte de la plus grande exaltation. Lors de la révolution de Bade, il tenta de planter le drapeau de la contre-révolution, tout en se déclarant contre l'occupation prussienne. Les principaux de ses nombreux ouvrages sont : *Geschichte und System der Staats-wissenschaft* (Histoire et système de droit public) ; 1839, 3 vol. in-8° ; — *Die Methodologie des Kirchenrechts* (la Méthodologie du droit ecclésiastique) ; Fribourg, 1842, in-8° ; — *Die Gemeinsamkeit* *der Rechte und der Interessen des Katholicismus* (la Communauté des droits et intérêts du catholicisme); Schaffhouse, 1847-1850; — *Die Deutsche Einheit und die Preussenliebe* (l'Unité allemande et l'attachement à la Prusse); Stuttgard, 1849; —*Der hohe und der niedere Radicalismus* (le Grand et le petit radicalisme); Schaffhouse, 1850; — *Urkundliche Geschichte des national-und territorial Kirchenthums* (Histoire de l'état national et territorial de l'Église en Allemagne); Schaffhouse, 1851.

Conversations-Lexicon.

BUSSÆUS (*André*), antiquaire et historien danois, né en 1679 dans la Norwége, mort à Elseneur le 4 janvier 1755. Il fut bourgmestre dans cette dernière ville. Ses principaux ouvrages sont : *Introductio in dialectologiam Novi Testamenti; — De poesi epica; — Amussis quantitatum.* Il a encore donné une édition des deux ouvrages suivants : *Arngrimi Jonæ Groenlandia in linguam danicam translata; — Arii Frodæ polyhistoris schedæ, sive libellus de Islandia, Islindinga bok dictus, necessariisque indicibus e veteri islandica in linguam latinam translata et notis illustrata;* Copenhague, 1733, in-4°.

Jöcher, *Allgemeines Gelehrten-Lexicon.* — Nyemp et Kraft, *Almindeligt Litteratur-Lexicon.*

BUSSATI ou **BISSATI SAMARKUNDI**, poëte persan, vivait dans le pays de Samarcande vers l'an 808 de l'hégire (1405 après J.-C.). Il fut d'abord tisseur de couvertures. Ismel Alla el Bochari, poëte contemporain, a dit de lui, dans un langage figuré : « Une belle couverture est le tapis des nobles; c'est pourquoi il est plus juste que nous le nommions *Bissati*, c'est-à-dire tisseur de tapis. » Bissati excella dans le genre érotique.

Hammer, *Geschicht. der Pers. Litt.;* Vienne. 1818.

***BÜSSEL (*Aloys-Joseph*), poëte allemand, né dans le pays de Salzbourg en 1789, mort le 27 mai 1842. Il débuta par l'étude du droit; puis, sous la direction de Thiersch, il approfondit les littératures grecque et romaine. Plus tard, les circonstances donnèrent un autre cours à sa carrière, et il entra dans l'administration des postes à Amberg. En 1830, il fut envoyé à Munich, où il mourut. Ses poésies, quoiqu'elles aient à peine franchi les limites de la Bavière, sont loin d'être dépourvues de mérite. On a de lui : *Poetische Blüten* (Fleurs poétiques); Amberg, 1819, in-8°; — *Dramatische Blüten* (Fleurs dramatiques); Bamberg, 1823; — *Pilgernaechte des Meisters Tisotheus* (Nuits de pèlerinage de maître Tisothée); Amberg, 1828, 2 vol. in-8°; — *Noryssa*; Wurzbourg, 1831; —*Des Kaisers Schatten* (l'Ombre de l'empereur); München, 1836; — *Des Skalden Ryno-Noryx Irr und Minnefahrten* (Aventures amoureuses du Skalde Ryno-Noryx); Munich, 1828.

Conversations-Lexicon.

***BUSSELLI** (*Orfeo*), sculpteur romain, académicien de Saint-Luc en 1650. On voit de lui à Rome, dans l'église Saint-Ambroise, la statue du saint, exécutée d'après un modèle de François Duquesnoy.   E. B—N.

Orlandi, *Abbecedario.* — Missirini, *Accademia di San Luca.*

BUSSERO (*Joseph-Louis*), théologien italien, de l'ordre des Carmes déchaussés, né à Milan en 1659, mort à Crémone en 1724. On a de lui : *Discorsi sacri;* Modène, 1693, in-4°; — *Lector biblicus, sive Bibliæ sacræ antilogiæ ad concordiam redactæ juxta mentem doctoris Angelici;* Crémone, 1725, in-fol.; ouvrage posthume, dont le 1er vol. seul a été imprimé. Le second volume est resté manuscrit dans la bibliothèque des carmes de Crémone.

Mazzuchelli, *Scrittori d'Italia.*

BUSSET (comte DE), ancienne famille de l'Auvergne, descendant de l'une des branches bâtardes de la maison de Bourbon, ce qui lui valut le nom de *Bourbon-Busset.* Ses membres n'ont pas marqué dans l'histoire.

BUSSET (*Pierre-Louis* DE), général français, né à Rueil, près de Paris, le 12 mars 1736; mort vers 1820. Engagé de bonne heure dans la carrière militaire, il contribua, en 1757, à repousser une descente des Anglais sur les côtes de la Rochelle. L'année suivante, il s'embarqua pour le Canada; mais son bâtiment, séparé de la flotte dont il faisait partie, fut pris par deux vaisseaux anglais après un combat meurtrier. Busset, grièvement blessé, fut conduit en Angleterre, où il resta trois ans. Il fit ensuite la campagne d'Allemagne de 1762 et celle de Corse, lors de l'insurrection de cette île. En 1792, il réunit un détachement des cent-suisses, avec lequel il alla rejoindre, à Coblentz, les princes, qui le créèrent maréchal de camp. Il fit, en cette qualité, l'expédition de Champagne, et servit jusqu'au licenciement qui suivit la retraite du roi de Prusse. A la restauration, Louis XVIII nomma Busset commandeur de Saint-Louis, et lui accorda une forte pension de retraite.

Le Bas, *Dictionnaire encyclopédique de la France.*

BUSSEY (*Adam*), ingénieur français, natif de Langres, vivait dans la première moitié du dix-septième siècle. Il se fit remarquer par ses connaissances en mathématiques. Louis XIII le chargea de fortifier plusieurs places importantes. Bussey n'a laissé que des manuscrits sur l'art militaire.

Bazin, *Histoire du règne de Louis XIII.*

BUSSI. *Voy.* Bussy.

BUSSI (*Feliziano*), historien italien, né à Rome vers 1679, mort dans la même ville le 24 avril 1741. Il quitta l'ordre des Jésuites pour entrer dans celui des Infirmiers. On a de lui : *Istoria della città di Viterbo;* Rome, 1742, in-fol. Ce volume, édité après la mort de l'auteur, ne forme que la moitié de l'ouvrage. Le reste se trouve en manuscrit à Viterbe.

Mazzuchelli, *Scrittori d'Italia.*

BUSSIÈRES (Jean DE), poëte et littérateur français, de l'ordre des Jésuites, né en 1607 à Villefranche, près de Lyon; mort le 26 octobre 1679. Ses poésies françaises sont oubliées mais on lit encore ses poésies latines. Son style, sans être ni correct ni égal, est animé. Ses principaux ouvrages sont : *Descriptions poétiques en vers français*; Lyon, 1648, in-4°; — *De Rhea liberata, poemation in tres libros distributum*; ibid., 1653, in-12 : ce poëme est encore estimé; — *Basilica Lugdunensis, sive domus consularis*; 1661, in-fol.; — *Flosculi historiarum*; Lyon, 1662, in-12; traduit en français, sous le titre : *Parterre historique*; — *Scanderbergus, poema in VIII libr.*; ibid., 1662, in-8°; — *Historia Francica ab initio monarchiæ ad annum* 1670; ibid., 1671, 2 vol. in-4°; — *Mémoires de ce qu'il y a de plus remarquable dans Villefranche en Beaujolais*; Villefranche, 1671, in-4°. La bibliothèque de Lyon possède plusieurs ouvrages manuscrits du P. Bussières.
Sainte-Marthe, *Gallia christiana*. — Baillet, *Jugement des savants*. — Alegambe, *Bibliotheca Scriptorum Societatis Jesu*. — Colonia, *Hist. litt. de la ville de Lyon*.

BUSSIGNAC (Pierre DE), troubadour français, vivait vers la fin du douzième siècle. Il habita avec Bertrand de Born. Dans deux de ses sirventes, publiés par M. Raynouard, on trouve des allusions aux aventures de *Renard* et d'*Isengrin*. Il en faudrait conclure qu'il y eut un poëme provençal du Renard, antérieur à celui de Perrot de Saint-Cloud. Pierre de Bussignac mourut en effet avant l'époque où le *Renard* de Perrot fût composé.
Raynouard, *Choix de poésies des Troubadours*.

BUSSING (Gaspard), mathématicien allemand, né en 1658, mort le 19 octobre 1732. Il fut appelé en 1691 à professer les mathématiques à Hambourg, et son discours d'ouverture porta sur ce sujet curieux : *de Artificio volandi alisque artium*. Il remplit en même temps plusieurs fonctions ecclésiastiques, devint pasteur à Oldembourg, surintendant du consistoire de Bonn, et fut engagé dans de violentes controverses à propos de l'accusation de socinianisme que dirigeait contre lui le pasteur Meyer. Ses principaux ouvrages sont : *Mathemata pura in tabulas redacta*; — *De situ telluris paradissiacæ et chiliasticæ ad eclipticam recto*; — *Oratio de illustribus Carolorum in Himburg a Carolo Magno usque ad Carolum XII meritis*, en manuscrit; — une *édition* de la *Topographia sacra Hamburgensis*; et d'autres travaux moins importants.
Jöcher, *Allgemeines Gelehrten-Lexicon*.

*BUSSO ou BUSO (Aurelio), peintre de l'école milanaise, né à Crema, mort vers 1520. Il fut élève et imitateur de Polidore de Caravage, qu'il aida dans ses travaux à Rome. Raphaël faisait le plus grand cas de son talent. Il a aussi beaucoup travaillé à Gênes. Il fut le premier maître de *Giovanni del Monte*. E. B—N.
Orlandi, *Abbecedario*. — Lanzi, *Storia pittorica*.

*BUSSOLA (Dionigi), sculpteur milanais, vivait au commencement du dix-septième siècle. Il a sculpté à la façade de la cathédrale de Milan plusieurs Termes et deux bas-reliefs, le *prophète Élie* et la *mère de Samson*. Dans la même église, il a laissé quelques autres bas-reliefs à la chapelle de *San-Giovanni Buono*. A Santa-Maria della Vittoria, deux anges en marbre de Bussola soutiennent un tableau de Giacinto Brandi. Devant le palais Borromée, s'élève la statue en bronze de saint Charles, modelée par lui en 1624. A la chartreuse de Pavie, dans la chapelle Saint-Joseph, un bas-relief, *le Massacre des Innocents*, est regardé comme une des meilleures sculptures de l'église pour le naturel et l'expression. Enfin, Bussola fit, en compagnie de son compatriote Arrigoni, quelques bonnes statues dans le sanctuaire de Varallo; les ouvrages de ce maître, quoique n'étant pas du goût le plus pur, sont cependant encore loin du style baroque qui allait devenir à la mode.
E. B—N.
Cicognara, *Storia della Scoltura*. — Pirovano, *Guido di Milano*.

BUSSOLARI (Jacques DE), prédicateur italien, vivait dans la seconde moitié du quatorzième siècle. Citoyen de Pavie, il se retira du monde pour vivre en ermite, selon la règle de saint Augustin. Plus tard, il revint prendre part à la vie active en se vouant à la prédication, et en déployant dans ce genre oratoire la plus haute éloquence. Envoyé à Pavie en 1356 par ses supérieurs pour y prêcher le carême, il y obtint un succès qui lui assura en même temps une grande influence. Appartenant au parti guelfe, il ranima l'ardeur patriotique des Pavesans, d'abord contre les souverains de Milan. Le 27 mai 1356, il attaqua, à la tête des fidèles dont il avait fait une armée, les redoutes des Milanais, les emporta, et leur fit lever le siége de Pavie. Il eut bientôt des ennemis acharnés dans les Beccaria de Pavie, qui étaient gibelins, corrompus, et ennemis de toute réforme. Bussolari, après s'être défendu pendant trois ans contre les forces réunies des seigneurs de Milan et des gibelins de Lombardie, fut obligé de capituler et de traiter avec les Visconti en octobre 1359. Le vainqueur, Galeas Visconti le fit enfermer dans le cachot d'un couvent à Verceil, où il mourut oublié.
Sismondi, *Républ. Ital.*

BUSSON (Julien), médecin français, né à Dinant en Bretagne en 1717, mort le 7 janvier 1781. D'abord destiné à la carrière ecclésiastique, il y renonça pour étudier la médecine, fut reçu docteur en 1742, et devint lecteur et médecin ordinaire de la duchesse du Maine. Plus tard il quitta cet emploi pour aller rétablir sa santé à Rennes, où il devint médecin du duc d'Aiguillon, gouverneur de la province. En 1769 il quitta Rennes, et revint à Paris, où il fut attaché à la comtesse d'Artois en qualité de médecin. Il a publié la traduction française du *Dictionnaire* *universel de médecine*, faite sur l'anglais de Janus par Diderot, Eidous et Toussaint, 6 vol. in-fol. On lui attribue les *Observations* que l'on trouve au second volume de l'*Histoire d'Edme* (de l'âme.)

Éloy, *Dict. de la médecine*. — Quérard, *la France littéraire*.

BUSSON-DESCARS (*Pierre*), ingénieur français, né à Baugé le 24 octobre 1764, mort en 1825. Il étudia au collège de la Flèche, devint ingénieur des ponts et chaussées, fut employé à Tulle, et publia : *Essai sur le Nivellement* ; Paris, Didot, an XIV (1805), in-8°, avec planches ; — *Traité du Nivellement* ; Paris, 1813 ; — *Essai sur la Cubature des terrasses, avec son application à la structure des grandes routes* ; Paris, 1818, 1 vol. in-8°, avec pl.

Quérard, *la France littéraire*. — *Galerie historique des Contemporains*.

BUSSONE (*François*). Voy. CARMAGNOLE.

BUSSY D'AMBOISE (*Louis de Clermont* DE), gentilhomme français, vivait dans la seconde moitié du seizième siècle. Il se signala dans les massacres de la Saint-Barthélemy, dont il profita pour assassiner un de ses parents avec lequel il était en procès. Il s'attacha ensuite au duc d'Anjou, et obtint le commandement du château d'Angers. Ayant entrepris de séduire la femme de Charles de Chambes, comte de Montsoreau, il fut attiré dans un piège par ce seigneur, qui força sa femme d'assigner un rendez-vous où elle ne vint point, et où Bussy ne rencontra que le mari, par qui il fut assassiné. « Toute « la province, dit de Thou, fut charmée de la « mort de Bussy, et le duc d'Anjou lui-même « ne fut pas trop fâché d'en être délivré. » Cette tragique aventure de Bussy d'Amboise a donné lieu au roman plein de verve intitulé *La Dame de Montsoreau*, par Alexandre Dumas.

Le Bas, *Dict. encycl. de la France*. — De Thou, *Hist. univ.* — Brantôme, *Vie des hommes illustres*. — L'Estoile, *Journal*.

BUSSY LE CLERC (*Jean*), vivait vers la fin du seizième siècle. D'abord maître d'armes, puis procureur au parlement, et enfin, grâce au duc de Guise, gouverneur de la Bastille, il fut un des chefs de la faction des Seize pendant la Ligue. Il se présenta en 1589, à la tête d'une troupe armée, devant la grand'chambre du parlement, et somma cette compagnie d'abandonner la cause royale. Sur le refus du parlement, il conduisit à la Bastille les membres les plus récalcitrants. Il fut, en 1591, l'un des instigateurs du supplice de Brisson, de Larcher, de Tardifer et de Duru. Mais le duc de Mayenne, la même année, délivra Paris de la tyrannie des Seize, dont plusieurs furent pendus. Bussy n'obtint la vie qu'en rendant la Bastille. Il se retira alors à Bruxelles, où il reprit sa profession de maître d'armes. Il mourut quarante ans plus tard, dans l'indigence.

Le Bas, *Dict. encyclop. de la France*.

BUSSY-RABUTIN (*Roger*, comte DE), guerrier et écrivain français, né le 18 avril 1618 à Épiry, dans le Nivernais ; mort le 9 avril 1693. Il commença sa carrière militaire dès l'âge de douze ans, et était colonel à dix-huit. Cet avancement rapide, qui souvent alors n'était dû qu'au rang et à la faveur, fut justifié chez le jeune comte de Bussy par plusieurs traits d'une valeur brillante. Bientôt elle lui valut encore les grades de mestre de camp de la cavalerie légère et de lieutenant général. Mais non moins fanfaron que brave, et caustique autant que spirituel, Bussy, qui se croyait de bonne foi au moins l'égal de Turenne, se mit en guerre ouverte avec le maréchal, et se vit obligé de quitter l'armée. Il vint alors à la cour, et ne tarda pas à s'y procurer une disgrâce plus éclatante. Le prétexte fut son ouvrage encore manuscrit, intitulé *Histoire amoureuse des Gaules* ; mais le véritable motif fut une chanson satirique sur les amours du roi et de Mme de la Vallière. La rancune de l'amant couronné fut longue et profonde. Bussy ne sortit de la Bastille, après y avoir passé un an, que pour aller en exil dans ses terres ; et, malgré ses constantes adulations pour Louis XIV, il n'obtint qu'au bout de seize années la permission de reparaître à Versailles ; encore y fut-il reçu si froidement par le monarque, qu'il se décida à retourner en Bourgogne, où son ambition trompée chercha des consolations dans la culture des lettres. Ce fut là qu'il composa, entre autres ouvrages, des *Mémoires* peu intéressants pour le fond, et dont le style vif et léger est le principal mérite, ainsi que 7 volumes de *Lettres* qui ont le grand défaut d'être évidemment écrites pour le public, et qui sont loin du naturel et du laisser-aller de celles de sa cousine, Mme de Sévigné. Sa production la plus faible fut son *Histoire abrégée de Louis le Grand*, panégyrique d'autant plus ridicule que l'auteur ne pensait pas à coup sûr ce qu'écrivait sa plume, flatteuse par habitude, ou par quelque reste d'espoir d'un rappel à la cour. Il est vrai qu'il se dédommageait en secret de ces éloges publics en appelant Louis XIV *Sa Hautesse*, et en faisant des commentaires épigrammatiques sur les vers adulateurs de Boileau. Des chagrins domestiques, particulièrement le fâcheux procès qu'il soutint pour faire rompre le second mariage d'une de ses filles, troublèrent les dernières années du comte de Bussy-Rabutin, qui mourut à Autun, âgé de soixante-quinze ans.

Son *Histoire amoureuse des Gaules*, souvent et tout récemment réimprimée, est le seul de ses ouvrages dont on se souvienne aujourd'hui. C'est une imitation de la satire de Pétrone, qui n'a pas la verve et la vigueur de cette dernière, quoique écrite avec plus de réserve et de décence. Bussy avait aussi composé un livre plus scandaleux, auquel fait allusion un vers de Despréaux : c'était une sorte d'*Heures galantes*, où figuraient, au lieu du portrait du saint de chaque jour, celui de l'un des seigneurs ou personnages connus de ce temps atteints d'une infortune conjugale, et au bas une petite invocation en forme de prière. Ce manuscrit, qu'il eut la prudence de ne point livrer à l'impression, avait passé dans la main du duc de la Vallière, et fut vendu, dans le siècle dernier, avec la partie rare de son immense bibliothèque. On ignore ce qu'il est devenu. [*Enc. des g. du m.*]

<small>Voltaire, *Siècle de Louis XIV.* — Sabatier, *les Trois Siècles.* — Le Bret, *Mém. secrets de Bussy-Rabutin.*</small>

BUSSY-RABUTIN (*Louise-Françoise* DE), sœur du comte Roger de Rabutin, femme littérateur française, morte en 1716. Elle eut pour premier mari le marquis de Coligny, et épousa en secondes noces Henri-François de la Rivière. Louis XIV dit à ce dernier, après avoir lu quelques lettres de Mme de Bussy-Rabutin : « Votre femme a plus d'esprit que son père. » Un scrupule de morale porta M. de Rivière à anéantir ces lettres, qui étaient toutes de feu, écrivait-il au rédacteur de la *Bibliothèque des auteurs de Bourgogne*. On a d'elle les ouvrages suivants : *Abrégé de la vie de saint François de Sales*; Paris, 1699, in-12 : l'épître dédicatoire seule est signée, *L. de R.*; — *la Vie en abrégé de Mme de Chantal*; Paris, 1697, in-12.

<small>Papillon, *Biblioth. des auteurs de Bourgogne.*</small>

BUSSY (*Philippine-Louise*), femme philosophe française, née à Paris le 19 avril 1719. Sa philosophie consistait à soutenir que nous ne sommes pas en vie. On a d'elle : *la Méprise du mort qui se croit vivant*, ou *le Mort qui doit chercher la vie*; Paris, 1776, in-12.

<small>Lelong, *Biblioth. hist. de la France*, édit. Fontette. — Moréri, *Dict. hist.* — Quérard, *la France littéraire.*</small>

BUSSY-CASTELNAU (*Charles-Joseph* PATISSIER, marquis DE), guerrier français, né à Bucy, près de Soissons, en 1718; mort à Pondichéry en janvier 1785. Il se distingua d'abord dans les troupes de la compagnie française aux Indes orientales. Avec quelques Français et dix mille Indiens, il conquit une partie de la province de Carnate, et réussit à établir Salabetzingue à Aureng-Abad. Le 17 octobre 1748, il fit lever aux Anglais le siège de Pondichéry. Nommé lieutenant-colonel en 1752, il fut élevé au grade de brigadier en 1758, et à celui de maréchal de camp en 1765. A l'époque où Lally arriva dans l'Inde, Bussy, vaincu par les Anglais à Vandavahi, devint leur prisonnier, fut conduit en Angleterre, et revint en France sur parole lors du procès de Lally, qui l'incriminait dans ses *Mémoires*. Plus tard il fut appelé, avec le titre de lieutenant général, au commandement des forces de terre et de mer, au cap de Bonne-Espérance. Il concerta ses opérations avec celles du bailli de Suffren, et lutta courageusement contre l'ennemi. On a de lui : *Mémoire à consulter et consultation contre M. de Lally*, avec des lettres; Paris, 1766; 1 vol. in-4°; — *Mémoire contre la compagnie des Indes*, attribué au marquis de Bussy.

<small>Voltaire, *OEuvres, procès de Lally.* — Quérard, *la France littéraire.*</small>

BUSSY (*Bouchard* DE), frère du précédent, tué à Hastembeck en 1757. Il laissa une traduction de la *Tactique d'Élien*; Paris, 2 vol. in-12.

BUSTAMANTE (*Barthélemy* DE), savant péruvien du seizième siècle, né à Lima, connu par un *Tratado de las primicias del Pirù en Santic ad Yletras*.

<small>Gilles Gundisalvi Davila. *Theatrum ecclesiasticum indico-meridionale.* — Antonio, *Bibliotheca hispana nova.*</small>

BUSTAMANTE (*George*), savant espagnol, natif de Silos, vivait dans la seconde moitié du seizième siècle. On a de lui un *Justino español*; Anvers, 1586.

<small>Antonio, *Bibliotheca hispana nova.*</small>

BUSTAMANTE (*Jean-Alonso*), canoniste espagnol, prêtre à Malaga, connu seulement par un traité du *Gouvernement ecclésiastique*, qui avait été la propriété de Didier Colmenarès, et dont le manuscrit était conservé à Notre-Dame de Montferrat, à Madrid. L'auteur y conseillait de n'admettre au sacerdoce que des personnages vertueux et lettrés.

BUSTAMANTE (*Jean Ruiz* DE), grammairien espagnol du seizième siècle, cité par Palmirenus. On a de lui : *Grammatica en castillano*; — *Formulas adagiales latinas y españolas*; Sarragosse, 1551, in-8°.

<small>Antonio. *Bibliotheca hispana nova.*</small>

BUSTAMANTE DE LA CAMARA (*Jean*), médecin, naturaliste et théologien espagnol, natif d'Alcala de Hénarès, vivait dans la première moitié du seizième siècle. Il fit ses études dans sa ville natale, et professa la médecine et la philosophie. L'histoire naturelle avait toute sa prédilection. « Il a fait, dit Bayle, un livre qui est admirable, si l'on s'en rapporte au titre..... » *De Reptilibus vere animantibus sacræ Scripturæ libri sex*..., etc.; Alcala de Hénarès, 1595, 2 vol. in-4°; Lyon, 1620, in-8°. Il est parlé de cet ouvrage avec éloge dans l'*Hierozoicon* de Bochart, consacré au même sujet.

Il y a eu un autre **BUSTAMANTE DE LA CAMARA**, dont on a : *Rubricas del officio divino*; Madrid, 1649; — *De las Ceremonias de la Missa*; Madrid, 1655.

<small>Bayle, *Dict. crit.* — Bochart, *Hierozoicon.*</small>

BUSTAMANTE DE PAZ, médecin espagnol, vivait vers la seconde moitié du seizième siècle. Il laissa : *Methodus in VII aphorismorum libris ab Hippocrate observata, qua et continuus librorum ordo, argumenta et schemata declarat*; Venise, 1550, in-4°; Paris, même année.

<small>Antonio, *Bibliotheca hispana nova.*</small>

***BUSTAMANTE** (*Carlos-Maria* DE), archéologue mexicain, né au commencement du siècle. Il s'est fait connaître surtout comme éditeur zélé des grands ouvrages auxquels il faut puiser désormais pour s'éclairer sur l'état ancien de l'Anahuac. Dès l'année 1831, il était entré en possession du savant ouvrage de D. Antonio Gama, et il tenta de publier la seconde partie, qui offre de si précieux documents, ignorés des générations présentes ; il n'a fait réimprimer néanmoins que la deuxième partie, Mexico, 1832, comme prolégomènes. On lui doit également une édition d'un livre vraiment précieux, sans lequel on ne peut rien écrire désormais sur l'histoire du Mexique, et qui est enseveli dans la vaste collection de lord Kingsborough ; c'est le traité de Bernardino de Sahagun, intitulé *Historia universal de las cosas de Nueva España en doce libros, i en lengua española compuesta i compilada por el M. R. P. Fr. Bernardino de Sakagun, de l'orden de los fraîles menores de la Observancia* ; Mexico, 1839, 3 vol. pet. in-4°. M. Bustamante a enrichi ce précieux ouvrage d'un apendice sur l'histoire ancienne du Mexique et d'une vie de Montezuma II. FERD. DENIS.

BUSTEN. *Voy.* BUSTON.

* **BUSTI** (*Agostino*), dit *le Bustino, le Bambaja, Bambara*, et même *Zarabara*, sculpteur, né dans le territoire milanais en 1470, mort vers 1550. On croit qu'il fut élève de Bernardino Buttinone da Treviglio. Busti n'est pas aussi connu qu'il mériterait de l'être, peut-être parce que ses travaux sont peu nombreux. En effet, ses sculptures sont chargées de détails d'une finesse exquise. Lorsqu'il ne pouvait y placer d'autres arabesques, il les enrichissait de broderies sur les vêtements, de ciselures sur les armes ; enfin, il étudiait les cheveux et la barbe avec un soin minutieux. Son principal ouvrage était le magnifique mausolée qu'il avait élevé, de 1515 à 1522, dans l'église Sainte-Marthe à Milan, en l'honneur de Gaston de Foix, tué à la bataille de Ravenne en 1512. L'église ayant été démolie, ce chef-d'œuvre a malheureusement été dispersé, et Cicognara affirme en avoir trouvé des débris jusqu'à Paris. Le musée de Milan en possède quelques-uns, ainsi que la statue couchée du héros. On voit dans le même musée le charmant petit monument sculpté par Busti pour l'écrivain Lancino Curzio, et placé autrefois dans l'église Saint-Marc. Citons encore, au second cloître de Saint-François, le merveilleux tombeau de la famille Birago, sculpté en 1522 ; enfin, dans la cathédrale, le rétable de la chapelle de la Présentation, ouvrage très-remarquable par l'entente des raccourcis et de la perspective, et le beau mausolée du cardinal Carracciolo, mort en 1548, probablement dernier ouvrage de cet habile sculpteur.

E. B—N.

Cicognara, *Storia della Scoltura*. — Orlandi, *Abbecedario*. — Pirovano, *Guida di Milano*.

* **BUSTI** (*Francesco*), peintre de l'école romaine, a peint en 1730, à Saint-Dominique de Pérouse, un bon tableau de saint Vincent Ferrier.

E. B—N.

Gambini, *Guida di Perugia*.

BUSTINI. *Voy.* BIANCHI (*Pietro*) et CRESPI.

BUSTIUS ou **BUSTO** (*Bernardin*), prédicateur et théologien, mort vers 1480. Il appartenait à l'ordre des Franciscains. Il prêcha avec talent, et fut un de ceux qui firent établir la fête du saint Nom de Jésus. Il écrivit même à ce sujet au pape Innocent VIII. Ses œuvres complètes, parmi lesquelles des *sermons* sous le titre de *Rosarium sermonum per totum annum*, et des *sermons* pour les fêtes de la Vierge, sous le titre : *Mariale, seu*, etc., ont été imprimées à Brescia, 1588, 3 vol. in-4° ; à Cologne, 1607 ; à Milan, 1494 ; et à Strasbourg, 1498 et 1502.

E. Dupin, *Bibl. des Aut. ecclés.*—Moréri, *Dict. hist.* — Wadringue, *Annales de la biblioth. des mineurs*.

BUSTO (*Alexis-Vanegas*), savant philologue espagnol, natif de Tolède, vivait dans la première moitié du seizième siècle. Au lieu d'entrer dans les ordres, comme il se le proposait d'abord, il se maria, et enseigna la philosophie et le latin à Tolède. Il est considéré comme un des meilleurs écrivains espagnols. Ses principaux ouvrages sont : *Tratado de ortografia y accentos en las tres lenguas principales* ; Tolède, 1531, in-8°, et 1592, in-4° ; — *Brevis Enucleatio in obscuriores velleris aurei locos Alvari Gomezii* ; Tolède, 1540, in-8° ; — *Brevia scholia in Petri Papei Flandri Samaritem comœdiam* ; Tolède, 1542.

Nic. Antonio, *Bibl. hispana nova*.

BUSTO (*Barnabas*), grammairien espagnol, vivait dans la première moitié du seizième siècle. Il fut précepteur des enfants de Charles-Quint, et publia : *Introduction à la grammaire* ; Salamanque, 1533, 1 vol. in-8°.

BUSTON ou **BUSTEN** (*Thomas-Étienne*), missionnaire et linguiste anglais, né dans le comté de Salisbury en 1549, mort en 1619. Après avoir étudié à Rome, il fut envoyé par la compagnie de Jésus, dont il faisait partie, en mission dans les Indes orientales. Il fut recteur d'un collége dans l'île de Salcet, où il resta quarante ans. Il mourut à Goa, où il était en grande vénération, et laissa en portugais : *Arte da lingoa canarina da F. Thomas Estevano* ; Rachol (Goa), 1640, in-8° ou in-4°, édité par le P. Didace de Ribeiro : c'est une grammaire de la langue en usage sur la côte de Canara ; — *Purana*, recueil de poésies pieuses en langue indoustani ; — un *catéchisme* dans la même langue.

Vitte, *Diarium biographicum*. — Jöcher, *Allgemeines Gelehrten-Lexicon*.

BUTAS ou **BUTUS** (Βούτας), poëte grec d'une époque incertaine. Il écrivit en vers élégiaques l'histoire des premiers temps de Rome. Plutarque, dans la *Vie de Romulus*, mentionne les vers de ce poëte, qui explique l'origine des lupercales. On le range parmi les poëtes αἰτιολογίες, c'est-à-dire qui ont écrit sur les causes (περὶ Αἰτιῶν). Arnobe parle également de Butas, et Bayle cite le passage d'Arnobe.

Plutarque, *Romulus*, 21. — Arnobe, V, 18. — Smith, *Dictionary of Roman and Greek Biography*. — Bayle, *Dict. critique*.

BUTE (*John-Stuart*, comte DE), homme politique anglais, né en Écosse en 1713, mort le 10 mars 1792. Il eut une jeunesse assez dissipée. En

1737, il fut élu pair d'Écosse et envoyé au parlement, où il se signala par une constante opposition. En 1741 il ne fut pas réélu, et se retira dans l'île de Bute, une des Hébrides, qui lui appartenait. Lors de la descente que le prétendant fit en Écosse en 1745, le comte de Bute s'empressa d'aller à Londres offrir ses services au gouvernement. Une circonstance assez insignifiante lui valut l'affection du prince de Galles, dont la veuve, dès 1751, lui accorda toute sa confiance, le fit placer auprès de son fils en qualité de gentilhomme de la chambre, et lui abandonna sans réserve l'éducation de l'héritier présomptif du trône. A mesure que le roi George II vieillissait, le crédit du jeune prince et de sa mère augmentait, et par conséquent celui de lord Bute. Le jour même qui suivit la mort de George II (1760), Bute fut nommé membre du conseil ; cette faveur mécontenta le public, parce que Bute était contraire aux whigs. On voyait clairement que de grands changements se préparaient. En mars 1761, le parlement fut dissous; Bute fut nommé secrétaire d'État ; le ministère fut renversé. Pitt seul resta aux affaires étrangères ; mais, se voyant sans crédit dans le conseil, il donna sa démission au bout de quelques mois.

Bientôt Bute, que le peuple détestait et dont l'influence sur le roi devenait chaque jour plus grande, fut nommé lord de la trésorerie et décoré de l'ordre de la Jarretière. Dès lors il chercha à terminer la guerre que la Grande-Bretagne soutenait encore; et, malgré la violente opposition qui se manifesta contre lui, il conclut la paix de Fontainebleau (1763), une des plus glorieuses que l'Angleterre ait jamais faite. Elle fut vivement combattue dans les deux chambres, et néanmoins obtint l'approbation du parlement. Les torys, représentés par Bute, triomphaient : tous les emplois se trouvaient entre leurs mains, tandis que les whigs étaient partout éloignés. Tout semblait présager une longue durée au ministère. La nation murmurait; la guerre des pamphlets, un instant arrêtée par Pitt, recommença avec une force nouvelle. Un impôt sur le cidre, proposé par le favori, approuvé par le parlement, sanctionné par le roi malgré les représentations de la ville de Londres, augmenta singulièrement la haine contre Bute. Cependant son crédit paraissait plus affermi que jamais, lorsque tout à coup il donna sa démission, sans que l'on pût connaître le véritable motif de cette démarche. Malgré son éloignement, on crut longtemps encore qu'il exerçait une influence décisive sur les conseils du roi : c'est ainsi qu'on le regarda comme le véritable auteur du célèbre *acte du timbre*, qui fut la première cause de discorde entre la Grande-Bretagne et ses colonies de l'Amérique septentrionale. Les créatures de Bute s'appelaient elles-mêmes *les amis du roi* ; on les désigna encore par le nom de *cabale*, et on les accusa souvent des mesures impopulaires que prenait le gouvernement. Peu à peu néanmoins Bute s'était entièrement retiré des affaires. Il fut oublié, et passa les dernières années de sa vie dans le château de Lutton, qu'il avait fait bâtir dans le Berkshire. Il s'y occupa de science, et surtout de botanique, étude qu'il affectionnait plus que toute autre. Il publia, s'il est permis de se servir de ce mot pour un ouvrage qui ne fut pas tiré à plus de 16 exemplaires, en l'honneur de la reine, l'ouvrage intitulé *Botanical tables* (9 vol. in-4°), où l'on trouve la description de toutes les familles de plantes indigènes dans la Grande-Bretagne. Le caractère de Bute a été diversement jugé, selon le parti auquel appartenaient ceux qui l'appréciaient. [*Enc. des g. du m.*].

Erch et Grüber, *Allgem. Encycl.* — Lingard, *Hist. d'Angleterre.*

BUTEL-DUMONT (*George-Marie*), jurisconsulte et publiciste français, né à Paris le 28 octobre 1725, mort vers la fin du siècle. D'abord avocat, il devint censeur, secrétaire de l'ambassade de France en Russie, puis directeur du dépôt du contrôle central. Les principaux de ses nombreux ouvrages sont : *Mémoires historiques sur la Louisiane*, composés sur les Mémoires de M. Dumont par *L. L. M.* ; Paris, 1753, 2 vol. in-12, avec fig. ; — une traduction (en société avec Gournay) de l'ouvrage de Child : *Traités sur le commerce et sur les avantages de la réduction de l'intérêt de l'argent*; 1754, in-12 ; — *Histoire et commerce des colonies anglaises* ; Paris, 1755, in-12 ; — *Essai sur l'état présent du commerce d'Angleterre*, traduit de l'anglais de Cary, augmenté par le traducteur ; 1755; — *Histoire et commerce des Antilles anglaises*; 1758, in-12; — *Acte connu sous le nom d'Acte de navigation du parlement d'Angleterre*, traduit de l'anglais, avec des notes; Paris, 1760, in-12; — *Conduite des Français par rapport à la Nouvelle-Écosse*, traduit de Jefferys et annoté; Londres, 1765, in-12 ; — *Point de vue sur les suites que doit avoir la rupture de la paix avec les Anglais*, avec des notes; Paris, 1760, in-12 ; — *les Ruines de Pæstum*, traduit de l'anglais de Major ; 1769, in-8°; — *Théorie du Luxe*, ouvrage couronné par l'Académie des inscriptions; Londres et Paris, 1771, in-8° ; — *Traité de la circulation et du crédit*; Amsterdam et Paris, 1771, in-8° ; — *Essai sur les causes principales qui ont contribué à détruire les deux premières races des rois de France*; Paris, 1776, in-8°, couronné par l'Académie des inscriptions ; — *Recherches historiques et critiques sur l'administration publique et privée des terres chez les Romains* ; Paris, 1779, in-8°.

Mémoires de l'Académie des inscriptions. — Quérard, *la France littéraire.*

BUTEO ou plutôt **BORREL** (*Jean*), chanoine et géomètre français, né à Charpey (Drôme) en 1492, mort à Canar (Drôme) en 1572. Son goût pour les sciences exactes était si prononcé, que, réduit à sa seule intelligence, il apprit et sut comprendre Euclide. Après s'être perfectionné à

Paris sous Oronce Finé, l'un des plus habiles professeurs de l'époque, il se retira à Balan, et y inventa plusieurs instruments de mathématiques qui malheureusement furent pillés et brisés dans la guerre de religion qui désolait alors la France. Buteo fut obligé lui-même de fuir pour sa sûreté personnelle. Nous n'avons pas la description de ses inventions, mais il nous a laissé les ouvrages suivants : *De Arca Noe;* — *De Sublicio Ponte, Cæsaris libellus;* — *De fluentis aquæ mensura;* — *De fluviaticis Insulis secundum jus civile dividendis;* — *Geometriæ Cognitio jureconsulto necessaria.* Ces divers traités sont réunis sous le titre de : *Joannis Buteonis Delphinatici opera geometrica et juris civilis;* Lyon, 1554, in-fol.; — *Logistica;* Lyon, 1559, in-12. On remarque dans cet ouvrage une dissertation sur les cadenas à combinaison, et une autre sur l'emploi des balistes; — *De Quadratura circuli;* Lyon, 1559, in-8°: c'est la réfutation des différents systèmes publiés pour la solution de ce problème. — Quelques manuscrits de Buteo, entre autres une traduction d'Euclide, ne sont pas arrivés jusqu'à nous.

De Thou, *Hist. universelle.* — Dom Calmet, *Comm. sur la Genèse.*

BUTES. Voy. BOGÈS.

BUTET DE LA SARTHE (*Pierre-Roland-François*), instituteur et grammairien français, né à Tuffé le 16 novembre 1769, mort à Paris en mars 1825. Il fit ses études dans sa province, et, venu à Paris, il y étudia la médecine et les mathématiques. Admis à l'École normale sur la présentation de son département, il fut un des auditeurs de Sicard, de Garat; puis, après avoir entrepris une éducation particulière, il ouvrit, rue de Clichy, l'*École polymathique,* et fit, au lycée républicain, des cours de physique. On a de lui, entre autres, *Abrégé d'un cours complet de lexicologie;* Paris, 1801, 2 vol. in-8°.

Biographie des Contemporains.

BUTHERUS de Cyzique, célèbre philosophe pythagoricien; on ignore à quelle époque il vivait. Il est cité par Jamblique. Butherus a écrit sur les *Nombres,* livre dont Stobée cite un fragment.

Schell, *Hist. de la litt. grec.,* t. VII, p. 145. — Stobée, *Eclog.*

*BUTI (*Domenico*), peintre florentin, vivait au commencement du dix-septième siècle. Il a peint à fresque, dans le grand cloître de Sainte-Marie-Nouvelle, *saint Dominique portant processionnellement l'image de la Vierge.* On voit de lui, au musée de Florence, l'*Intérieur d'un laboratoire où se trouvent,* sur le premier plan, Chiron et Apollon.

E. B—N.

Fantozzi, *Nuova Guida di Firenze.*

*BUTI (*Ludovico*), peintre, né à Florence après la moitié du seizième siècle, travaillait encore au commencement du siècle suivant. Il fut élève de Santi di Tito, mais profita aussi beaucoup par l'étude des ouvrages d'Andrea del Sarto. Son style est un peu cru, mais son dessin est pur, et ses compositions sont bien entendues. Ses peintures sont souvent confondues avec celles d'Agostino Ciampelli, élève du même maître; elles sont nombreuses à Florence; les principales sont : *le Martyre de sainte Barbe,* dans l'église de l'hôpital de *Santa-Maria della Scala;* — *la Guérison du B. Reginald, Saint Thomas d'Aquin,* et *l'Apparition des anges à la table de saint Dominique,* au grand cloître de Sainte-Marie-Nouvelle; — une *Ascension* peinte avec le plus grand soin à l'église d'*Ognissanti;* — enfin, au Musée public, *le Miracle de la multiplication des pains,* tableau qui contient une multitude de figures.

E. B—N.

Orlandi, *Abbecedario.* — Lanzi, *Storia pittorica.* — Fantozzi, *Nuova Guida di Firenze.*

BUTIGNOT (*Jean-Marguerite*), poète français, né à Lyon vers 1780, mort au Sénégal en octobre 1830. Après avoir exercé pendant plusieurs années les fonctions d'avoué dans sa ville natale, il vint à Paris en 1815, et y fut employé au ministère de la guerre. On a de lui : *Élégies et odes;* Lyon, 1815, recueil tiré à cent exemplaires seulement, et qui n'a pas été livré au commerce. On remarque dans ce recueil la *Ballade de l'Ermite,* traduite de l'anglais de Barnell et le dithyrambe sur *la Fin de la terre;* — *Louis XVI,* récit élégiaque; Paris, 1823.

Beuchot, *Journal de la Librairie.* — Quérard, *la France littéraire.*

BUTINI (*Dominique*), prédicateur suisse, né à Genève en 1677, mort en 1728. Bibliothécaire en 1709, il publia *Theses et universa philosophia;* Genève, 1661, in-4°.

Jöcher, *Allgem. Gelehrten-Lexicon,* avec le supplém. d'Adelung.

BUTINI (*Gabriel*), théologien et poète ascétique suisse, vivait dans la seconde moitié du dix-septième siècle. Après avoir été pasteur de village en 1629, il obtint une cure à Genève en 1689. On a de lui : *Carmina in miraculosam et felicem liberationem a Deo optimo maximo urbi Genevæ missam anno 1602;* — *In obitum Jacobi Godefredi carmen epicedium;* 1652.

Sennebier, *Hist. litt. de Genève,* II, 280.

BUTINI (*Isaac*), médecin suisse, vivait à Genève dans la première moitié du dix-septième siècle. On a de lui : *Hippocratis aphorismi græce et latine, ita digesti, etc., cum brevi expositione ex Galeni commentariis desumpta;* — *Ejusdem Hippocratis prænotationum libri tres, cum explicatione ex eadem fonte hausta;* Lyon, 1580, in-12.

Sennebier, *Hist. litt. de Genève.*

BUTINI (*Jean-Antoine*), médecin suisse, né à Genève en 1723. Reçu docteur en 1746, il devint, en 1758, membre du *conseil des deux cents* dans sa ville natale, et fit partie de l'Académie des sciences de Montpellier. On a de lui : *Traduction de l'Abrégé de la chronologie des anciens royaumes, par Reid;* 1743, in-4°;— *Dissertatio hydraulico-medica de sanguinis*

Circulatione; 1747, in-4°; — *Traité de la petite vérole communiquée par l'inoculation*; Paris, 1752, in-8°; — *Lettre sur la cause de la non-pulsation des veines*; Lausanne, 1761, in-8°; — *A mes concitoyens*; 1779, in-8°; — *Projet de conciliation*; 1780, in-8°; — *Entendons-nous, ou les Moyens de se réunir*; 1782, in-8°.

Sennebier, *Hist. litt. de Genève*, III, 230.

BUTINI (*Pierre*), médecin suisse, fils de Jean-Antoine, né en 1759, mort vers 1810. Il fut reçu médecin à Genève et à Montpellier en 1783 et membre de plusieurs académies étrangères. On a de lui: *Nouvelles observations sur le tænia*, dans le t. V des œuvres de Bonnet; — *Nouvelles observations et Recherches sur la magnésie du sel d'Epsom*; Genève, 1781, in-8°; — *Dissertatio philosophica de sanguine*; Genève, 1783, in-8°; — *Mémoire sur la théorie de la terre*, dans les *Mémoires des Curieux de la nature*, t. V.

Sennebier, *Hist. litt. de Genève*, III.

BUTINI (*Jean-François*), jurisconsulte suisse, né en 1747, mort vers 1800. Il fut avocat à Genève, et laissa: *Projet de code civil*, précédé d'un rapport au conseil législatif de Genève, imprimé par ordre de ce conseil en 1796; — *Lettres africaines, ou Histoire de Phédimée et Abensar*; Londres et Paris, 1771, in-12; — *Traité sur le Luxe*; Genève, 1774, in-12; — *Othello*, tragédie en 5 actes; Genève, 1774, in-8°.

Sennebier, *Hist. litt. de Genève*, III.

BUTINI (*Jean-Robert*), médecin suisse, né à Genève en 1681, mort en 1714. Il étudia la médecine, et travailla à l'ouvrage intitulé *Traité de la maladie du bétail*, fait par la Société de médecine; Genève, 1711, in-12; — une *Dissertation* insérée dans l'édition des *Commentaires de César*, de Clarke; Londres, 1712, et tendant à prouver que le retranchement destiné par César à fermer aux Helvétiens le passage dans les Gaules avait été élevé non depuis Nyon jusqu'à la montagne voisine, mais près de Genève.

Sennebier, *Hist. litt. de Genève*, t. III, p. 226.

BUTINI (*Pierre*), théologien et prédicateur suisse, fils du précédent, né le 8 février 1678, mort en 1706. Après avoir été admis au sacerdoce en 1698, il fut appelé à prêcher à Leipzig, où il resta trois ans; refusa de se rendre à Londres, où l'appelait l'Église wallone, et se contenta de ses fonctions de prédicateur à Genève, où il mourut de la dyssenterie qu'il gagna en allant visiter ses ouailles en proie à la même maladie. On a de lui: *Histoire de la vie de Jésus-Christ*; Genève, 1710, 1 vol. in-4°, et 2 vol. in-8°; — *Sermons sur divers textes de l'Écriture sainte*, 2 vol. in-8°, 1708 et 1736.

Sennebier, *Hist. litt. de Genève*. — Chaufepié, *Dictionnaire hist.* — Adelung, suppl. à Jöcher, *Allgem. Gelehrten-Lexicon*.

BUTKENS (*François-Christophe*), annaliste néerlandais, né à Anvers, mort en 1650. Il appartenait à l'ordre de Cîteaux, et fut abbé de Saint-Sauveur. On a de lui: *Trophées tant sacrés que profanes du duché de Brabant*; la Haye, 1724-1726, 4 vol. in-fol.: cette édition, suivie d'un supplément, est recherchée. — *Annales généalogiques de la maison de Brabant*; Anvers, 1626, in-fol., fig. D. Clément fait remarquer avec raison que le P. Lelong, Lenglet-Dufresnoy et d'autres ont cru que Butkens avait écrit en latin.

D. Clément, *Bibl. curieuse*, V, 464. — Lenglet-Dufresnoy, *Méthode pour étudier l'histoire*. — Lelong, *Bibliothèque historique de la France*, édit. Fontette. — Ant. Matthieu, *Analect. veter. ævi*; Leyde, 1698. — *Biogr. gén. des Belges*. — Foppens, *Bibl. Belgica*. — Foppens, *Descript. sæculi XVII*.

BUTLER (*Alban*), théologien anglais, né à Appletre en 1710, mort à Saint-Omer en 1773. Il étudia au collège anglais de Douai, et y devint successivement professeur de philosophie et de théologie. A son retour en Angleterre, il devint chapelain du duc de Norfolk et précepteur du neveu du duc, qu'il accompagna en France. Plus tard, il fut chargé de diriger le collège de Saint-Omer, où il mourut. Ses principaux ouvrages sont: *Lives of the fathers, martyrs and other principal Saints*, 5 vol. in-4°; 1745 et 1780; Édimbourg, 1800; — *Letters on the history of the Popes, published by M. Archibald Bower*.

Gentleman's Magazine. — Ch. Butler, *Life of Alb. Butler*; Londres, 1799.

BUTLER (*Charles*), théologien musicographe et grammairien anglais, né à Wycombe en 1560, mort le 29 mars 1647. Il étudia à Oxford, et fut vicaire de campagne. On a de lui: *the Feminine monarchy* (titre qui fait allusion au gouvernement de la reine des abeilles); Oxford, 1609 et 1634, in-8°; — *Regula de propinquitate matrimonium impediente*; Oxford, 1625, in-4°; — *Rhetoricæ libri duo*; ibid., 1629, in-8°; — *Oratoriæ libri duo*, ibid., 1633, in-8°; — *English Grammar*; ibid., 1633, 1634, in-4°: l'auteur y propose une orthographe et des caractères de son invention; — *the Principles of Music*; Londres, 1636.

Burney, *Hist. of music*. — Wood, *Athenæ Oxonienses*.

* **BUTLER** (*Charles*), savant anglais, né à Londres en 1750, mort en 1832, était le neveu d'Alban Butler, le savant auteur de la *Vie des Saints*. Né dans la religion catholique, Butler fut élevé sur le continent au collège de Douai. A son retour en Angleterre, il se voua au barreau, où il acquit dès l'abord, comme avocat consultant, une clientèle considérable. C'était l'époque où des lois de défiance imposaient, à tout avocat qui voulait plaider, la déclaration contre la transsubstantiation et la reconnaissance de la suprématie religieuse du chef de l'État. Lorsqu'un acte célèbre de George III abolit cette obligation en 1791, Butler fut le premier avocat catholique qui se prévalut de ses dispositions libérales. Cependant il porta très-rarement la parole devant les cours de justice; et lorsqu'en 1830 il accepta du chancelier Eldon, son ami, la robe de soie, ce fût plutôt comme marque d'honneur que pour le droit qu'elle lui conférait de plaider devant le banc de la reine. Butler s'est acquis une très-grande réputation comme littérateur, comme publiciste, et surtout comme jurisconsulte : comme littérateur, sa plume n'a guère été exercée qu'à des travaux religieux. Il a continué la *Vie des Saints* de son oncle, et fait un très-grand nombre de travaux biographiques sur les hommes qui ont honoré le catholicisme, sur Bossuet, Fénelon, Thomas à Kempis ; il a écrit aussi la vie des chanceliers de l'Hôpital et d'Aguesseau, pour lesquels il professait un véritable culte. Son livre le plus remarquable en ce genre, c'est sans contredit les *Horæ Biblicæ*, études sur la Bible, écrites avec une supériorité véritable, et qui ont été traduites en plusieurs langues. C'est un curieux et très-remarquable travail, au point de vue scientifique et littéraire, sur les traditions religieuses des divers peuples, le Coran, le Zend-Avesta, l'Edda, comparés avec l'Ancien et le Nouveau Testament. Comme jurisconsulte, le plus beau titre de gloire de Butler et celui qui a fait sa réputation en Angleterre, c'est son annotation des Institutes de Coke sur Litleton. Hargueve avait entrepris une nouvelle édition de cet important ouvrage, et l'avait abandonnée en 1785, après l'avoir poussée environ jusqu'à la moitié. Butler le continua, et le publia en 1787. Ses notes furent dès l'abord considérées comme faisant autorité sur la matière : c'était le premier effort pour rendre claires et simples les règles si compliquées sur lesquelles repose la propriété en Angleterre : écrites avec autant d'élégance que de profondeur, ces notes forment un traité complet, où l'auteur a eu l'art de rendre agréable cette matière, jusque-là si aride et si obscure. Ce livre, toujours réimprimé, est dans les mains de tous les hommes de loi. — On doit encore à Butler : *Horæ juridicæ*, remarquable étude sur la chronologie, la géographie, et l'histoire littéraire des principaux codes et documents originaux sur les lois grecques, romaines et féodales, et sur le droit canon. Comme publiciste, Butler ne prit la plume que pour défendre les droits des catholiques dans la rude guerre qu'ils eurent à soutenir ; et il se dévoua pour leur complète émancipation en 1829. Il fut à la tête du parti catholique modéré ; et, comme il le dit lui-même, tous ses efforts tendaient à ce que les catholiques vécussent en paix avec les protestants et en paix avec eux-mêmes. Sa modération lui valut, de la part du fougeux évêque Milner, le reproche de ne pas vouloir se soumettre à la hiérarchie ecclésiastique ; mais Butler n'en resta pas moins inébranlablement fidèle à ses principes de conciliation dans sa conduite publique et dans les écrits de controverse qu'il publia sur cette matière, tels que son *Essai sur la réunion des chrétiens* ; sa *Lettre à un homme noble*, sur la proposition du rappel des lois pénales contre les catholiques ; sa *Lettre à un catholique romain*, sur le projet d'invasion de Bonaparte ; et enfin son célèbre *Appel aux protestants de la Grande-Bretagne et d'Irlande*, qui fut vendu à plusieurs milliers, et qui, selon son expression, satisfit pleinement les catholiques et ne mécontenta pas les protestants. Cette conduite valut à Butler en Angleterre une considération vraiment extraordinaire. Lorsque fut posée la première pierre de l'Institut biblique de Londres, la Société lui confia la mission de prononcer le discours d'inauguration, et il eut l'honneur d'être nommé l'un des conseillers de cet utile établissement. Voici la liste de ses ouvrages : *Essay on houses of industry* ; Londres, 1773, in-8° ; — *Essay on the Legality of impressing seamen* ; Londres, 1778, in-8° ; — *Notes to Coke upon Littleton* ; Londres, 1787, in-fol., réimprimé plusieurs fois ; — *Horæ biblicæ* ; 1799, in-8° ; — *A Letter to a noble man on the proposed repeal of the penal laws against the irish roman catholics* ; 1801, in-8° ; — *A Letter to a roman catholic gentleman of Ireland, on Bonaparte's projected invasion* ; 1803, in-8° ; — *Appeals to the protestants of Great-Britain and Ireland* ; *Horæ juridicæ*, etc. ; Londres, 1804, in-8°, réimprimé en 1807, in-8° ; — *Fearn's essay on contingent remainders and executory devises* ; 1809, in-8° ; 6ᵉ édition, avec des notes. — *Succinct history of geographical and political revolution of the empire of Charlemagne, from his coronation* ; 1806, in-8° ; — *the Life of Fenelon* ; 1810, in-8° ; — *the Life of l'abbé de Rancé and of Thomas à Kempis* ; 1814, in-8° ; — *Biographical account of the chancellors l'Hospital et d'Aguesseau* ; 1814, in-8° ; — *the Book of Catholic church* ; Londres, 1825, in-8° ; — *And Vendication of this Book* ; 1825, in-8° ; — *A Continuation of the B. Alban Butler's Sivas of the Saints, to the prefenc times*, 1823 ; — *Reminiscences of Charles Butler* ; Londres, 1822, 2 vol. in-8° ; réédité en 1827.

Annual Obituary, 1833. — *Legal Observer*, 1831.

BUTLER (*Guillaume*), alchimiste irlandais, naquit dans le comté de Clare en 1534, et mourut le 29 janvier 1617. Son histoire paraît aussi peu authentique que la découverte d'une poudre qui convertirait le plomb en or, et l'efficacité de la pierre qui porte son nom, et sur laquelle Van Helmont et, d'après lui, l'abbé Rousseau se sont si complaisamment étendus. Posée seulement sur la langue d'un malade, cette pierre devait rendre la vie même à un moribond. Sa composition de la pierre est ce qu'il y a de plus simple : « il ne faut que combiner le lion rouge, le ferment et l'aimant. » Que si l'on demande comment Butler a d'abord découvert ou s'est approprié sa poudre, et une pierre composée de manière à assurer à chaque homme cette immortalité dont Calypso elle-même ne voulut point, on saura, quant à la poudre, que c'est après les aventures les plus étranges : voyages sur mer, capture par des corsaires, esclavage en Afrique, chez un maître qui cherchait le grand œuvre, et dont il surprit le secret. Mais voici qu'un médecin, déguisé en laquais, veut à son tour surprendre le socret de Butler : il se mit à pratiquer des trous dans les murs du laboratoire de Butler. Mais un bruit de chaises tombées avertit l'alchimiste irlandais, et le faux laquais n'a que le temps de fuir. Quant à la pierre d'immortalité, elle s'en alla en fumée. Butler mourut sur mer, en se rendant en Espagne, où il espérait pouvoir se livrer tranquillement à ses expériences.

Éloi, *Dict. de médecine.* — Van Helmont, *OEuvres.*

BUTLER (*Joseph*), théologien anglais, né à Wantage dans le Berkshire en 1692, mort à Bath en juin 1752. Il étudia à Tewkesbury, entra à l'université d'Oxford, et bientôt après dans les ordres. Après avoir rempli diverses fonctions ecclésiastiques, il devint évêque de Bristol en 1737, et évêque de Durham en 1750. On a soupçonné, sans plus de preuve, que ce prélat mourut dans la foi catholique. On a de lui : *Demonstration on the Being and attributes of God*, en plusieurs lettres adressées à Samuel Clark; — *Sermons*; 1728; — *the Analogy of Religion natural and revealed, to the constitutions and course of nature*; 1736, in-4°, souvent réimprimé.

Aikin, *General Biography*. — *Biographia Britannica*.

BUTLER (*Samuel*), poëte anglais, né dans le Worcestershire, à Strensham; mort en 1680. On place l'année de sa naissance tantôt en 1600, tantôt en 1612. La même incertitude règne sur beaucoup de circonstances de sa vie : suivant les uns, il aurait été pauvre et dénué de tout; d'autres prétendent qu'il n'existe point de preuves pour cette assertion. On ignore quel était son père et quel fut le genre de ses études; ce qu'on sait à n'en pas douter, c'est que Butler est un poëte d'une verve d'esprit inépuisable, et qu'il est l'auteur du poëme d'*Hudibras*, persiflage le plus incisif qui ait été fait contre les indépendants et les puritains, que le poëte paraît avoir cordialement détestés depuis qu'il avait occupé un emploi dans la maison de sir Luke, partisan de Cromwell. Le premier volume d'*Hudibras* fut imprimé en 1663 (1). C'était trois ans après la restauration de Charles Stuart, qui goûta fort le poëme, pamphlet spirituel lancé contre ses ennemis; mais de récompenser le poëte, il n'en fut jamais question. Butler fut payé en louanges par le roi et le public; on a même surfait la valeur d'*Hudibras* en le plaçant au niveau de D. Quichotte, dont il n'est qu'une imitation *en caricature*. La satire n'y laisse point germer d'inspiration noblement poétique; le poëme, d'ailleurs inachevé, manque d'action; tout se passe en discours et en discussions burlesques. Le héros du poëme, le juge Hudibras, et son secrétaire Ralph, contrefaçon burlesque de Sancho-Pança, sont, à tout prendre, de malpropres personnages; et Butler, en les donnant comme types exclusifs de la faction puritaine, a péché contre la vérité de l'histoire. Malgré ces défauts, *Hudibras* est une épopée comique d'une haute portée; loin de rester confinée dans les étroites limites d'une satire politique, elle peut s'appliquer à bien des querelles de philosophie, et servir de miroir à tous les pédants qui étouffent le sens commun sous un tas de subtilités métaphysiques.

Butler est aussi l'auteur d'un poëme (*l'Éléphant dans la lune*) dirigé contre les bévues des membres de la Société royale de Londres; il a composé, de plus, des satires et des pensées diverses. On lui a contesté, quoiqu'à tort, la paternité de ses ouvrages posthumes. Comme prosateur, il a acquis quelque renom par son *Traité sur la raison* et ses *Caractères*, imités de Théophraste. Butler mourut en 1673, deux ans après la publication du 3ᵉ vol. d'*Hudibras*, qu'il n'a pu terminer. Peu favorisé par le sort pendant sa vie, il ne put après sa mort obtenir de la charité du public un modeste monument à Westminster; la souscription ouverte à cet effet par ses amis ne remplit point leur attente. Soixante ans plus tard, un riche libraire de Londres acquitta à lui seul la dette de ses compatriotes, et fit ériger à Butler un mausolée dans le Panthéon anglais.

Biographia Britannica. — Chalmers, *Biographical Dictionary*.

* **BUTLER** (*Samuel*), philologue anglais, né en 1774, mort en 1840. Professeur à l'école royale de Shrewsbury, il fut choisi par le syndic de l'université de Cambridge pour faire une collection complète des œuvres d'Eschyle. Son travail a été publié en 4 vol. in-8°, avec notes et commentaires de 1809 à 1816. — Promu au doctorat en théologie en 1811, il occupa plusieurs postes importants dans la hiérarchie anglaise, et fut enfin promu en 1836 à l'évêché de Lichtfield, qu'il occupa jusqu'à sa mort. Outre la grande édition d'Eschyle, on a de lui : *Mussuri Carmen in Platonem*; — *Casauboni ad Josephum Scaligerum Ode; accedunt poemata utriusque linguæ*, in-8°; Londres, 1797; — *A Sketch of modern and ancien geography for the use of schools*, 1813; Shrewsbury, in-8°; — *An Atlas of ancient Geography*, 20 cartes; Lond.; — *A praksis on the latin prepositions*, in-8°, 1823.

T. D.

BUTLER (*Weeden*), théologien anglais, né à Margate en 1742, mort le 14 juillet 1823. Il préféra la carrière ecclésiastique à celle du droit. Les conseils de William Dodd contribuèrent surtout à lui faire prendre ce parti. Butler, nommé pasteur à Charlotte-Street en 1767, remplaça en 1776 Dodd dans les fonctions de chapelain. Plus tard il devint chapelain du duc de Kent. En 1814 il se retira à Chelsea, et six ans plus tard il se rendit successivement à l'île de Wight, à Bristol et enfin à Greenhill, où il mourut. Il avait travaillé aux ouvrages de Dodd, notamment au *Commentaire* sur la Bible et aux derniers volumes du *Christian Magazine*. Dodd rend justice à Butler dans ses *Thoughts in Prison* : il méritait cet éloge d'un homme

---

(1) La plus belle édition du poëme d'*Hudibras* est celle de Londres, 1793, 3 vol. in-fol.

qui joua un plus grand rôle, mais qui n'avait ni ses vertus ni son extrême charité. On a de Butler : *the Cheltenham Guide*, in-8°; — *Single Sermons*, in-4°; — une édition des *Roman Conversations*, de Wilcock; 1797, in-8°; — *Memoirs of Mark Hildesley, Lord bishop of Sodor and Man*, etc.; 1799, in-8°; — *An Account of the Life and Writings of the Rev. George Stanhope*, etc., in-8°.

Rose, *New Biographical Dictionary*.

BUTLER (*Jacques*). Voy. ORMOND (duc D').

BUTLER (*Thomas*). Voy. OSSORI (comte D').

* **BUTLER** (*William-Allen*), littérateur américain, né en 1825 à Albany, fils de Benjamin-F. Butler, jurisconsulte distingué, actuellement attorney général des États-Unis. On a de lui : *the Future*, poëme classique imprimé en 1836, et une série d'articles publiés dans la *Democratic Review* et le *Literary World*. P.-A. T.

Griswold, *the Poets and Poetry of America*; Philadelphie, 1852.

BUTRET (..., baron DE), horticulteur français, mort à Strasbourg en 1805. D'une famille noble et riche, il renonça à son rang et à ses titres en faveur de son frère puîné, pour se dévouer aux progrès de l'agriculture, et travailler au bonheur des habitants de la campagne. Son livre intitulé *Taille raisonnée des arbres fruitiers*, Paris, 1794, in-8°, est le plus instructif de ceux qui ont été composés sur cette matière; il a eu treize éditions jusqu'en 1801; on ne les compte plus depuis cette époque. Butret, après avoir appris à Montreuil, près de Vincennes, tous les détails de l'art du jardinage, et surtout la pratique de la taille des arbres, était allé s'établir à Strasbourg, où il avait déjà fondé un magnifique jardin, dont il se proposait de faire une école modèle pour la culture des arbres fruitiers, lorsque les malheurs de la révolution vinrent détruire le fruit de ses travaux. Forcé alors d'émigrer, il trouva un asile à la cour de l'électeur palatin, qui lui confia la direction de ses jardins. On raconte de ce vertueux agriculteur des traits d'une admirable bienfaisance. Ayant un jour reçu 500 fr. pour une édition de son livre, il alla s'établir dans un village voisin de Strasbourg, où la culture des arbres était négligée, quoique le sol y fût très-favorable; il y fit venir des arbres, les distribua aux habitants, leur apprit la théorie et la pratique de l'art qu'il avait poussé si loin, et ne les quitta qu'après avoir dépensé la somme entière à fonder une branche d'industrie qui est devenue une source d'aisance pour ce pays. Outre son ouvrage de *la Taille des arbres*, on a du baron de Butret : *Pain économique, et examen de la mouture et de la boulangerie*; Francfort, 1767, in-8°; — *Objet de la Mythologie et des monuments de l'Antiquité*; ibid., 1777; — *Lois naturelles de l'opinion et de l'ordre social*; Neufchâtel, 1718, in-8°.

Le Bas, *Encyclopédie de la France*. — Quérard, *la France littéraire*.

* **BUTRIGARIUS** (*Jacques*), né à Bologne en 1274, mort en 1348. Il professa la science du droit, et fut le maître de Barthole. Ses *Lecturæ in Digestum vetus et in Codicem* ont été plusieurs fois imprimées, ainsi que ses traités plus succincts *de Dote, de Testibus*, etc.

Pancirol, *de Claris legum interpretibus*, II, 26. — Fantuzzi, *Scrittori Bolognesi*, II, 330. — Mazzuchelli, *Scrittori d'Italia*. — Savigny, *Geschichte des römischen Rechts*, VI; 60.

* **BUTRIO** (*Antoine* DE), jurisconsulte italien, né en 1338 à Bologne, mort en 1408. Il professa avec éclat le droit à Ferrare et dans sa patrie; il fut l'un des plus féconds des nombreux écrivains qui, à cette époque, firent du droit romain et du droit canonique l'objet de leurs travaux. Ses *Consilia*, ses *Allegationes*, ses *Lecturæ*, sur divers livres des Décrétales, furent réimprimés souvent à la fin du quinzième siècle; on publia à Venise en 1575 sept gros volumes in-fol. qui ne renferment qu'une portion de ses œuvres. G. B.

Pancirol, *de Claris legum interpretibus*, II, 27. — Tiraboschi, *Storia della Letteratura Ital.*, t. X, p. 48. — Mazzuchelli, *Scrittori d'Italia*, t. II, l. IV, p. 2268. — Fantuzzi, *Scrittori Bolognesi*, t. II, p. 353.

BUTRON (*Jean-Alphonse*), jurisconsulte espagnol, natif de Najera, vivait dans la première moitié du dix-septième siècle. Il est connu par l'ouvrage suivant : *Dialogos apologeticos por la pintura, en que se defiende la ingenuidad de este arte, que es liberal y noble por todos los derechos*; Madrid, 1624, in-4°; ibid., 1634. A la suite du *Dialogo de la Pintura* de Vincent Carducho, l'auteur établit que la peinture, étant un art libéral, ne doit être passible d'aucune taxe.

N. Antonio, *Bibl. hisp. nova.*

* **BUTTAFOGO** (*Antonio*), peintre de l'école vénitienne, a peint en 1777, à la confrérie de Saint-Antoine à Padoue, un tableau représentant *la mort du saint*. E. B—N.

Valéry, *Voyages historiques et littéraires en Italie.*

BUTTAFUOCO (*Mathieu*), général français, né en 1730 à Vescovato (Corse), mort vers 1800. Il embrassa la carrière des armes, et s'éleva au grade de maréchal de camp, bien qu'il se fût fait remarquer moins par des services militaires que par un certain talent de négociateur. A l'époque où le duc de Choiseul résolut de réunir la Corse à la France, Buttafuoco fut un des principaux agents du ministère français, et il reçut la mission délicate de continuer les négociations entamées avec Paoli par Valcroissant. Lorsque, en 1768, les Génois cédèrent leurs droits à la France, Buttafuoco, comprenant que la Corse ne pouvait aspirer à une indépendance sérieuse, se mit ouvertement en opposition contre Paoli, qui ne voulait admettre la France que comme puissance protectrice, et il contribua à l'incorporation pure et simple.

En 1789, Buttafuoco fut élu député de la noblesse de Corse aux états généraux. Il s'y montra dévoué au parti de l'ancien régime, et vota presque toujours avec la minorité rétrograde. Il fut accusé par Mirabeau d'avoir entretenu une correspondance criminelle; mais on ne trouva dans ses lettres qu'une improbation de la constitution civile du clergé. En 1791, il parla contre les membres du département de la Corse, particulièrement contre Salicetti, qui le représentait partout comme un aristocrate; et il fut ensuite accusé lui-même d'avoir excité la révolte de la municipalité de Bastia. Son opposition contre la révolution acheva de lui aliéner le cœur de ses compatriotes, qui dans beaucoup de villes le pendirent en effigie. Napoléon lui-même, alors simple lieutenant d'artillerie à Auxonne, écrivit contre lui une épître virulente. Cette lettre, imprimée à Dôle, fut envoyée par le jeune officier au club d'Ajaccio, qui la répandit dans l'île. Buttafuoco n'en fut pas moins un des signataires des protestations des 12 et 15 septembre 1791 contre les innovations faites par l'assemblée nationale. A la fin de la session, il passa à l'étranger avec tous ceux de son parti. Il revint en Corse en 1794, au moment où les Anglais venaient d'envahir cette île. Il ternit ainsi lui-même ce qu'il avait pu faire d'utile à sa patrie sous le ministère Choiseul, et autorisa ses ennemis à douter des sentiments qui l'avaient porté du côté de la France. Le seul qui ait été invariable chez lui, c'est un éloignement invincible pour les Génois. Le 21 janvier 1791, à l'occasion d'une réclamation où la ville de Gênes cherchait à faire valoir ses anciens droits sur la Corse, il demanda que l'assemblée rassurât les Corses à cet égard, déclarant qu'ils se livreraient plutôt au diable que de rester sous les Génois. En effet, quand il se fut brouillé avec la France, il préféra l'Angleterre à ces derniers.

Il avait formé une collection complète de mémoires relatifs à la Corse, collection qui fut dispersée en 1768, lors du pillage de sa maison. C'était lui qui, avec l'autorisation de Paoli, avait entretenu avec J.-J. Rousseau une correspondance politique au sujet de la constitution à donner aux Corses.

Le Bas, *Dictionnaire encyclopédique de la France*.

BUTTEL (*Albert-Louis-Emmanuel*), jurisconsulte et statisticien français, natif d'Arras, mort dans cette ville en 1758. En 1729, il obtint une dispense d'âge pour remplir les fonctions de second président au conseil d'Artois. On a de lui : *Notice de l'état ancien et moderne de la province et du comté d'Artois*; Paris, 1748; ouvrage moins complet que celui de D. de Vienne; il contient cependant d'excellents et nombreux renseignements.

Quérard, *la France littéraire*.

BUTTERFIELD (...), mécanicien français, d'origine allemande, mort à Paris le 28 mai 1724. Il vint à Paris dans la dernière année du règne de Louis XIV, et fut nommé ingénieur du roi pour les instruments de mathématiques. Ses quarts de cercle furent en grande réputation. Il a donné son nom au cadran solaire portatif à boussole. Pierre le Grand visita l'atelier de Butterfield. On a de ce mécanicien : *Niveau d'une nouvelle construction*; Paris, 1677; — *Odomètre nouveau*; 1681, in-12.

Feller, *Dictionnaire historique*.

BUTTERI (*Giovanni-Maria*), peintre, né à Florence vers 1540, mort en 1606. Il fut élève d'Angelo Bronzino, et dans le caractère du dessin imita tantôt son maître, tantôt Vasari, tantôt Santi di Tito; mais il eut toujours un coloris un peu dur. Parmi ses nombreux ouvrages à Florence, on remarque au grand cloître de Sainte-Marie-Nouvelle cinq fresques : *Saint Dominique ressuscitant un enfant*; *la Mort de saint Antonin*; *l'Ascension*; *le Christ apparaissant à la Madeleine*, et *la Prédication de saint Vincent Ferrier*. — Son grand tableau de *J.-C. avec le Centurion*, à l'église *del Carmine*, brille par la beauté de l'architecture et la manière heureuse dont sont groupés les nombreux personnages. Enfin, on voit de lui à la galerie publique *l'Intérieur d'une verrerie* et *le Débarquement d'Énée en Italie*, composition bizarre et extravagante. E. B—N.

Vasari, *Vite*. — Lanzi, *Storia pittorica*. — Fantozzi, *Nuova Guida di Firenze*.

*** BUTTIGLIERI** (*Matteo*), sculpteur napolitain, vivait vers la moitié du dix-septième siècle. Élève de Cosimo Fanzaga, il outra encore le mauvais goût de son maître, qui lui-même en avait puisé les germes à l'école du Bernin.
E. B—N.

Ticozzi, *Dizionario*.

BUTTINGHAUSEN (*Charles*), théologien allemand, né à Frankenthal en 1731, mort le 13 juin 1786. Il professa la théologie à Heidelberg, et s'appliqua constamment à des recherches historiques sur les divers États de l'Allemagne. Il a laissé : un *Supplément à la chronique d'Arenten*; Francfort, 1758, in-8°; — *Délassements tirés de l'histoire du Palatinat et de la Suisse*; Zurich, 1766, 3 vol. in-8°; — *Matériaux pour servir à l'histoire du Palatinat*; Manheim, 1773 à 1782, 2 vol. in-8°; — *Renseignements historiques sur le Palatinat*; Manheim, 1783 à 1786, en allemand; — *Miscellanea historiæ universitatis Heidelbergensis inservientia*; Heidelberg, 1785-1786, 2 vol. in-4°.

Nova erudita Europa, XIX, p. 652 à 668. — Hamberger, *Germania erudita*, p. 86-87. — Meusel, *supplementum primum*, p. 34. — Dominici-Theophili Heddæi *Oratio inauguralis, de virtutibus et meritis Theologorum reformatorum, qui seculo proxime elapso sapientiæ officinam luce collustrarunt*; Heidelberg, 1786, t. IV, p. 39 à 42.

*** BUTTINONE** (*Bernardino*), peintre et architecte de l'école milanaise, né à Treviglio vers 1450, vivait encore en 1520. Élève de Vincenzio Civerchio, il fut très-estimé de Léonard de Vinci. Comme architecte, il coopéra à la construction du dôme de Milan; comme peintre, il exécuta dans l'église de *San-Pietro in Gessate* quelques traits de la *Vie de saint Ambroise*, en collaboration avec son compatriote Bernardo Zenale, dit *Bernardino da Treviglio*, avec lequel il faut bien se garder de le confondre. Lomazzo donne de grands éloges à un tableau qu'il avait peint pour l'église *delle Grazie*. E. B—N.

Orlandi, *Abbecedario*. — Lanzi, *Storia pittorica*. — Ticozzi, *Dizionario*.

BUTTMANN (*Philippe-Charles*), célèbre philologue allemand, né à Francfort-sur-le-Mein le 5 décembre 1764, mort le 21 juin 1829. Il reçut les éléments de son instruction au gymnase de sa ville natale, et étudia en 1782, à Gœttingue, la philologie. Après avoir été deux ans gouverneur du prince héréditaire de Dessau, il partit (1788) pour Berlin, où, sur la proposition de Biester, il fut, en 1789, attaché comme aide à la Bibliothèque royale, qu'on réorganisait, alors et dont il devint un des secrétaires en 1796. Il fut, vers la même époque, nommé professeur au gymnase de Joachimsthal, emploi dont il se démit en 1808, pour se consacrer entièrement à la bibliothèque, dont il devint principal conservateur en 1811.

Buttmann fut aussi le professeur de langues anciennes du prince royal (aujourd'hui roi) de Prusse. Depuis 1803 il s'occupa, pendant près de neuf années, de la rédaction de la *Politischen Zeitung* de Berlin, dite *Spener*, et prit une part fort active à l'établissement du séminaire philologique. Depuis 1824 il avait eu plusieurs attaques d'apoplexie, à la suite desquelles il demeura paralysé et languissant jusqu'à sa mort, qui survint en 1829. Buttmann avait beaucoup lu, et réunissait à son instruction cette sagacité et cette précision d'élocution indispensables à tout philologue qui veut sortir du cercle étroit de la routine. Ses œuvres grammaticales ont été introduites dans toutes les écoles qui ne sont pas restées étrangères au progrès de l'étude des langues anciennes, surtout de la langue grecque. Sa petite *Grammaire grecque*, à l'usage des commençants, parut d'abord à Berlin en 1792, in-8°; mais dans les différentes éditions qui se suivirent, et dont la neuvième a été publiée depuis sa mort (Berlin, 1831), il la revit et la corrigea, en mettant à profit les immenses recherches faites, depuis sa première publication, dans ce vaste champ qu'on cultive encore à l'étranger avec tant d'ardeur. Pour l'étude raisonnée et approfondie, il composa sa grande *Grammaire grecque* (13° édition, Berlin, 1829, in-8°).

La préférence qu'on a généralement accordée aux œuvres de Buttmann tient à la supériorité avec laquelle il a procédé dans l'étude de la langue. Ce que les limites d'un livre d'école ne permettaient point de traiter, Buttmann avait commencé à l'entreprendre dans deux ouvrages d'un grand mérite : dans son *Lexilogus*, ou *Matériaux pour l'explication des mots grecs, principalement dans l'étude d'Homère* et *d'Hésiode* (1 vol., Berlin, 1818; 2° édit., 1825; 2° volume, 1824, in-8°), et dans sa *Grammaire complète de la langue grecque* (Berlin, 1819-1827, 2 vol. in-8°). Avant d'être terminé, ce savant ouvrage était déjà à sa seconde édition.

On doit aussi à Buttmann l'édition de Quintilien, interrompue par la mort prématurée de Spalding, ainsi que la publication des scolies sur l'Odyssée d'Homère, trouvées par Ang. Mai (Berlin, 1821), et plusieurs excellents articles insérés dans le *Musée archéologique* de Wolf et dans le *Museum antiquitatis*. Nous citerons parmi ses autres écrits, dont la plus grande partie est le résultat de sa coopération aux travaux de l'Académie des sciences de Berlin, sa *Géographie ancienne des Orientaux* (avec une carte géographique; Berlin, 1803, in-8°); ses traités *sur les deux premiers mythes de l'ancienne histoire mosaïque* (1804), *sur le mythe d'Héraclès* (1810), *sur le mythe du déluge* (1811), *et sur la période mythique depuis Caïn jusqu'au déluge* (1811). La collection de ces différents écrits dans le *Mythologus*, ou collection de dissertations sur les traditions de l'antiquité (2 vol., Berlin, 1829, in-8°), fut le dernier travail de Buttmann. [*Enc. des g. du m.*]

Conversations-Lexicon.

BUTTNER (*Chrétien-Guillaume*), naturaliste et philologue allemand, né à Wolfenbüttel en 1716, mort à Iéna le 8 octobre 1801. Il étudia passionnément les sciences naturelles, et profita de ses voyages pour approfondir les langues et les dialectes de chaque pays. Il connut à Leyde Linné, qui lui témoigna beaucoup d'estime et lui inspira une grande émulation. Il s'appliqua dès lors à classer les langues, comme Linné l'avait fait pour les produits de la nature. En 1748, Buttner se rendit à Gœttingue, où il fit jusqu'en 1783 de nombreuses recherches sur l'histoire primitive des peuples et sur la filiation des langues. On lui doit le premier essai d'une glossographie, ou géographie des langues. En même temps il formait les précieuses collections d'histoire naturelle qui lui furent achetées par le gouvernement de Hanovre et le duc de Weimar, pour en doter les universités d'Iéna et de Gœttingue. Sa bibliothèque, qu'il augmentait sans cesse, fut également acquise en 1783 par le duc de Saxe-Weimar moyennant une pension et un logement au palais d'Iéna. On a de Buttner : *Tableau comparatif des alphabets de différents peuples dans les temps anciens et modernes*, Ire partie; Gœttingue, 1771, in-4°, et IIe partie, 1779, in-4°; — *Explication d'un almanach impérial du Japon*, 1773, in-8°; — *Observations sur quelques espèces de tænia*, 1774, in-8°; — *Tabula alphabetorum hodiernorum*, 1776, in-8°; — *Liste des noms d'animaux usités dans l'Asie méridionale*, 1780, in-8°; — *sur les Chinois* dans le *Mercure* de Wieland, 1784; — un *Prodromus linguarum*, en manuscrit.

Butler, *Hist. de l'université de Gœttingue*. — W. Marsden, *Catalogue of Dictionaries*, etc.; Londres, 1796. — Boettiger dans le *Mercure de Wieland*, octobre 1801. — Ersch et Grüber, *Allgem. encycl.*

BUTTNER (*David-Sigismond*), théologien géologue du dix-huitième siècle. Il fut diacre à Querfurth. On a de lui : *Signes et témoignages du déluge, d'après la considération de l'état présent de notre globe*; Leipzig, 1710; — un mémoire sur les *fossiles*, dans la collection des *Epistolæ itinerariæ* d'Ernest Bruckman.

Jöcher, *Allgem. Gelehrten-Lexicon.*

BUTTNER (*Frédéric*), mathématicien bohème, né en 1622, mort le 13 février 1701 à Dantzig, où il professait les mathématiques. On a de lui : *Sciagraphia arithmeticæ-logisticæ*; — *Tabulæ mnemonicæ geometricæ.*

Jöcher, *Allg. Gelehr. Lex.*, avec le suppl. d'Adelung.

BUTTNER (*David-Sigismond-Auguste*), botaniste allemand, né en 1724, mort en 1768. Il succéda à Haller dans la chaire de botanique de Gœttingue. On a de lui : *Enumeratio methodica plantarum, carmine clarissimi Joannis Christiani Cuno recensitarum*; Amsterdam, 1750, in-4° avec pl. L'auteur fit connaître et signala le premier les caractères du tulipier, et, selon Haller, on doit à Buttner la connaissance du nectaire de la fleur des *pelargonium* ou *geranium* d'Afrique. Il s'appliqua surtout à la classification des ordres naturels et des familles. Linné lui a consacré, sous le nom de *Buttneria*, un genre de plantes exotiques, type de la famille des buttnériacées.

Ruling, *Commentatio botanica in ordines naturales plantarum.* — Haller, *Bibl. Botan.*

BUTTON (*Thomas*), navigateur et mathématicien anglais, vivait dans la première moitié du dix-septième siècle. Attaché à la personne du prince Henri, fils aîné du roi Jacques Ier, il fut chargé par ce souverain de poursuivre au nord-ouest les découvertes faites par Hudson. Il s'embarqua en 1612 avec deux bâtiments : *la Résolution* et *la Découverte*. Arrivé à la baie de Hudson, il poussa plus avant vers l'ouest, et découvrit, par 62° de latitude, une terre à laquelle il donna le nom de *Carey's swans nest*. De là il s'avança au sud-ouest; puis, revenant au nord, il découvrit au 60° degré une côte qu'il appela *Hope checked* (l'Espérance déçue). Obligé d'hiverner par 57° 10' dans un port à l'embouchure d'une rivière, il l'appela *Nelson*, du nom de son maître de navire. Des pilotis plantés dans l'eau assurèrent les vaisseaux contre les glaces et les hautes marées, et trois feux allumés dans l'intérieur des navires, d'où l'on ne sortait pas, étaient destinés à garantir du froid l'équipage. Cependant la rigueur du climat fut fatale à quelques-unes des personnes embarquées, et lui-même souffrit beaucoup au commencement du mois d'avril. Button alla ensuite explorer la côte ouest de la baie, qu'il appela *Button's Bay*. Il donna le nom de *New Wales* (Nouvelle-Galles) à la terre voisine. *Hubbard's hope* fut la désignation que donna le second maître de navire à un courant trouvé au 60° degré, et qui se dirigeait tour à tour à l'est et à l'ouest. En s'avançant jusqu'au 65° degré, Button acquit la conviction qu'il existe un passage au nord. Une baie de la terre de *Carey's Swan's nest* reçut de lui le nom de *Non plus ultra*, et les caps du sud et de l'est les noms de *Pembroke* et de *Southampton*. Après avoir découvert à l'est les îles Mansfield, il s'ouvrit entre le cap Chidley et le Labrador un passage qui le ramena en Angleterre en seize jours. Son journal n'a pas été publié; mais Purchas en a donné un extrait.

Purchas, *Pilgrimage.*

BUTTSTED (*Jean-André*), théologien allemand, né le 19 septembre 1705, mort le 14 mars (1) 1765. Il étudia à Iéna, et dut beaucoup aux conseils et à la direction de l'abbé Mosheim; il remplit diverses fonctions dans l'enseignement. Ses principaux ouvrages sont : *Die Nothwendigkeit der Geheimnisse in der wahren Religion aus der Vernunft bewiesen* (la Nécessité des mystères de la vraie religion, démontrée par la raison, avec une préface de Mosheim); Leipzig, 1730; — *Vernünftige Gedanken ueber die Geheimnisse der Christen ueberhaupt, und insonderheit ueber das Geheimniss der heil. Dreyeinigkreit* (Pensées raisonnables sur les mystères du Christianisme en général et sur la sainte Trinité en particulier); Leipzig et Wolfenbüttel, 1734; — *Vernünftige Gedanken ueber die Vorschung Gottes* (Pensées raisonnables sur la providence de Dieu); Wolfenbüttel, 1742; — *Ueber die Vorschung Gottes in Anschauung der Regierung der Welt* (Sur la providence de Dieu, au point de vue du gouvernement du monde; ibid., 1745); — *Ueber den Ursprung des Boesen* (sur l'Origine du mal); ibid., 1747; — *Specimen philologiæ sacræ, seu observationum in selectiora loca*; Wolfenbüttel, 1740; — *De scholis recte instituendis*; Gera, 1745.

Strodtmann, *Neues gelehrtes Europa.* — Adelung, suppl. à Jöcher, *Allgem. Lexic.*

BUTTURA (*Antoine*), poète et savant critique italien, né à Malcesine, sur le lac de Garda (royaume lombard-vénitien), le 27 mars 1771, mort à Paris le 23 août 1832. Il fit ses études à Vérone sous la direction du célèbre professeur Cagnoli, et se fit d'abord connaître dans sa patrie par différentes poésies, ainsi que par un roman (*les Deux Voyageurs*) et une traduction des *Vénitiens*, tragédie d'Arnault. A l'époque de la révolution, il devint le chef du parti français, et fut appelé par Bonaparte au poste de secrétaire général du congrès de Venise. Après le traité de Campo-Formio, Buttura vint en France, et fut bientôt nommé professeur de langue et de littérature italienne au prytanée de Saint-Cyr. Cette chaire ayant été supprimée deux ans après, il fut appelé à la chaire d'histoire et de belles-lettres au lycée de Mantoue; et peu de temps après il fut attaché, en qualité de chef des ar-

(1) C'est la date que donne Adelung. (Supplément à Jöcher, *Allgem. Gelehrten-Lexicon.*)

chives au ministère des relations extérieures du royaume d'Italie. En 1812, il fut envoyé comme consul en Illyrie, et revint en 1813 à Paris pour être attaché au bureau des traductions au ministère des affaires étrangères, et consacra ses moments de loisir à la culture des lettres. Après la mort de Ginguené il devint professeur à l'Athénée, et y fit des cours en 1817-1823-1827. Les leçons revues par lui sont encore inédites. Outre les écrits cités, on a de Buttura : un Recueil de *poésies* de circonstance ; Paris, 1811, in-18 ; — une traduction italienne de l'*Art poétique* de Boileau ; 1806 ; — *il Rittratto* ; Paris, 1812, in-8° ; imitation d'un conte d'Andrieux (*le Portrait*) ; — *Essai sur l'Histoire de Venise* ; Milan, 1815, in-12 ; — une traduction italienne de l'*Iphigénie en Aulide* de Racine ; 1816 ; — *Tableau de la Littérature italienne* ; 1819, in-8° ; — *Poëme sur la Grèce* ; — *il Patrio Benaco*, canzone ; 1825 ; — *Dictionnaire Italien-Français et Français-Italien* ; Paris, 1832.

Buttura a publié la *Bibliothèque poétique* en 30 vol. in-32 ; — les *Prosateurs*, 10 vol. in-32 ; — *Métastase*, in-12 ; — *Dante, Pétrarque, l'Arioste, le Tasse*, 10 vol. in-8° ; — *les Animaux parlants* de Casti. Toutes ces éditions, imprimées par Didot l'aîné, revues avec un soin extrême, sont estimées pour la correction du texte.

Biographie des Contemporains, 20 vol. — *Dictionnaire de la Conversation.*

* **BUTTURA** (*Eugène-Ferdinand*), peintre paysagiste, fils du précédent, né à Paris le 12 février 1812, mort dans la même ville le 23 mars 1852. Il commença ses études dans l'atelier de Bertin, puis il passa dans l'atelier de M. Delaroche. L'Institut lui décerna au concours de 1837 le premier grand prix de paysage ; le sujet était *Apollon berger, inventant la lyre à sept cordes*. Pensionnaire de l'Académie française à Rome, il envoya différents tableaux qui obtinrent l'approbation de l'Institut.

De retour à Paris en 1842, il exposa : *le Ravin* ; — *Daphnis et Chloé à la fontaine des Nymphes* (salon de 1848), tableau récompensé, comme le précédent, par la médaille d'or ; — *Nausicaa et Ulysse* ; — *Saint Jérôme dans le désert* ; — une *Vue de Tivoli*. Telles sont les productions les plus estimées de Buttura ; il faut y ajouter quelques petites toiles peintes dans le genre de l'école *réaliste*, telles que le *Campo-Vaccino* (salon de 1845), lithographié par M. Anastasi ; *le Temple d'Antonin et Faustine* (salon de 1846) ; une *Vue des Cascatelles de Tivoli* ; un *Intérieur de Parc*, qui rivalise avec les épreuves du daguerréotype de netteté, d'effet et de finesse de détail.

Auguste Barbier, dans l'*Illustration*, 10 avril 1852. — *Documents inédits.*

BUTTURINI (*Matthieu*), helléniste et poëte italien, né à Salo le 26 mars 1752, mort le 28 août 1817. Après avoir étudié à Padoue, il fut reçu docteur en droit civil et canon en 1773. A Venise, où il fut avocat pendant vingt ans, il représenta en outre, comme *oratore presso la republica*, la province de Brescia. Lors de la chute de la république de Venise, il alla remplir une chaire de professeur de littérature grecque à Pavie, et en 1809 il fut chargé du cours de procédure civile à Bologne. En 1814, il revint professer à Pavie la philologie italienne, ancienne et moderne. La mort de sa fille unique hâta la fin de ses jours au moment où il se livrait avec le plus d'ardeur à ses travaux littéraires. On a de lui : *Matthæi Butturini Salodiensis Carmina* ; Venise, 1785, in-8°.

Tipaldo, *Biog. degli Italiani illustri*, I, 386. — Lebret, *Hist. de la republ. de Venise* ; 1778, Riga.

BUTULUS DE SOLO (*Gérard*), médecin français du quatorzième siècle. On croit qu'il était originaire du diocèse de Béziers ; il fut professeur et chancelier à Montpellier. Il a laissé divers ouvrages imprimés à Venise et à Lyon au commencement du seizième siècle ; ce sont des commentaires sur Constantin l'Africain et sur Rhasis, un *Libellus de Febribus*, un *Tractatus de gradibus medicinæ*.

Éloy, *Dict. hist. de la Médecine*, t. IV, p. 293. — Astruc, *Hist. de l'Université de Montpellier*, p. 169. — Kestner, *Med. Gel. Lexic.*, p. 796.

* **BUTURLIN** (*Dmitri-Petrowicz*), historien russe, né à Pétersbourg en 1790, mort dans la même ville le 21 octobre 1850. Enrôlé dans les hussards en 1809, il se distingua dans la campagne contre l'Autriche. En 1812, il fut sous les ordres du général Bagration, puis sous ceux du général Wasilczikon. Plus tard, il devint général à son tour, puis sénateur, et directeur de la Bibliothèque impériale. La plupart de ses ouvrages sont écrits en français. On a de lui : *Relation de la campagne d'Italie en 1799* ; Saint-Pétersbourg, 1810, in-8° ; — *Tableau de la campagne de 1813 en Allemagne* ; Paris, 1815 et 1820, publié sous le voile de l'anonyme ; — *Précis des événements militaires de la dernière guerre en Espagne* ; Saint-Pétersbourg, 1817 ; — *Histoire de la campagne de Napoléon en Russie* ; Saint-Pétersbourg, 1820 ; — *Histoire des campagnes russes* au dix-huitième siècle ; 1820, 4 vol.; — *Histoire des temps calamiteux de la Russie au commencement du dix-septième siècle* ; 1839. Ces trois derniers ouvrages sont écrits en russe, l'auteur ayant été critiqué pour avoir publié en français ses premiers écrits.

Otto, *Lehrbuch der Russischen Litteratur*. — *Conversations-Lexicon.*

* **BUTUS**, poète grec, antérieur à Plutarque : on ignore le lieu et la date de sa mort. On classe Butus parmi les écrivains qui ont composé des écrits περὶ Αἰτιῶν, *sur les Causes*, écrits contenant des recherches sur l'origine des institutions romaines différentes de celles des Grecs. Plutarque, qui doit être rangé dans cette classe d'écrivains à cause de ses *Questions romaines*, cite dans la vie de Romulus le poète Butus, dont les vers élégiaques expliquent l'origine des Lupercales.

Schœll, *Hist. de la litt. grec.*, t. IV, p 140 et 142.

BUXBAUM (*Jean-Christian*), botaniste allemand, né à Merseboug en 1694, mort le 7 juillet 1730. Fils d'un médecin, il étudia la médecine à Leipzig, à Wittemberg, à Iéna et à Leyde; mais son goût l'entraîna vers la culture des sciences naturelles et particulièrement de la botanique. A Halle, il se lia d'amitié avec le célèbre Frédéric Hoffmann, qui le recommanda à Pierre le Grand. Appelé à Saint-Pétersbourg, il y contribua, en 1724, à la fondation de l'Académie des sciences, et devint professeur à l'université impériale. Il parcourut, en botaniste, une grande partie de la Russie, et poussa ses herborisations jusqu'en Sibérie, après avoir passé par Astracan. En 1726, il visita la Turquie, et examina, pendant seize mois, les plantes des environs de Constantinople. Tant de travaux abrégèrent sa carrière : il mourut à trente-six ans. On a de Buxbaum : *Enumeratio plantarum in agro Hallensi vicinisque locis crescentium*; Halle, 1721, in-8°, avec planches; — *Centuriæ quinque plantarum minus cognitarum circa Byzantium et in oriente observatarum*; Saint-Pétersbourg, 1728, 1740; 5 parties en 3 ou 4 vol. in-4°, avec 320 planches. Buxbaum mourut pendant l'impression de cette Flore, qui est son principal ouvrage, et que l'on consulte encore aujourd'hui avec fruit; — plusieurs mémoires de botanique, entre autres de *Plantis submarinis*, dans le recueil de l'Académie impériale de Saint-Pétersbourg. Linné a, sous le nom de *Buxbaumia*, consacré à la mémoire de ce botaniste un genre de la famille des mousses. On a donné le même nom à une espèce de véronique (*veronica Buxbaumi*) que l'on rencontre aux environs de Paris. H.

Acta Eruditorum. — Jöcher, *Allg. Gelehrt. Lex.* — *Biographie médicale.*

BUXHŒDEN ou **BUXHOWDEN** (*Frédéric-Guillaume*, comte DE), général russe, né à Magnusdal (Livonie) en 1750, mort à Lohde (Esthonie) en 1811, entra d'abord au corps des cadets, et dut son avancement au comte Orloff et à un riche mariage qu'il contracta en 1775 : aussi devint-il colonel en 1783 et général en 1789. En 1790, il battit les généraux suédois Hamilton et Meyerfeld, qui furent forcés de lever les sièges de Fredericksham et de Viborg. Catherine II récompensa ces services par la donation de Magnusdal. Dans la guerre contre la Pologne (1792 à 1794), Buxhœden commandait une division. A la prise de Praga, il fit de vains efforts pour arrêter la fureur de la soldatesque; après la prise de Varsovie, Souwarof lui confia l'administration de toute la Pologne. Sa modération et son équité lui valurent l'estime des vaincus. Nommé peu après au gouvernement de Saint-Pétersbourg, Buxhœden fut disgracié, et se retira en Allemagne. Rappelé après la mort de Paul III, il fut chargé de la perception des impôts de l'empire, puis de l'inspection des troupes en Livonie et en Courlande. S'étant acquitté de ces missions avec probité et intelligence, il reprit son service actif et commandait la gauche des Russes à Austerlitz. En 1808, Buxhœden entra en Finlande avec 18,000 hommes, et dix mois lui suffirent pour conquérir tout le pays jusqu'au fleuve Tornea (Laponie), qui est encore aujourd'hui la limite entre la Russie et la Suède. Sa santé le força alors à se démettre de son commandement, et il vécut depuis dans la vie privée.

Biographie étrangère.

BUXTON (*Jédédiah*), célèbre calculateur anglais, né à Elmeton, près de Chesterfield, en 1704; mort dans le même village en 1774. Il était fils d'un maître d'école, et ne sut jamais écrire : cette ignorance ne l'empêchait pas de résoudre les problèmes les plus difficiles, et de s'acquérir une grande renommée comme calculateur. Il mesurait les distances et les propriétés agraires avec une rigoureuse exactitude, en les parcourant seulement. En 1754, la Société royale de Londres se fit présenter, et après plusieurs questions lui témoigna, par un présent, la satisfaction que lui causaient ses réponses. Le soir, il assista à une représentation de Drury-Lane, et ne s'occupa pendant la représentation qu'à calculer les mots articulés par Garrick; puis, sans autre regret ni désir, il reprit le chemin de son bourg, qu'il n'abandonna plus.

Gentleman's Magazine. — Gorton, *Gener. Biog. Dict.*

* **BUXTON** (*Thomas-Fowell*), l'un des plus influents promoteurs de l'abolition de la traite et de l'esclavage des noirs, ainsi que de la civilisation de l'Afrique, naquit le 1er avril 1786, d'une riche famille de négociants, à Castle-Hedingham, dans le Devonshire, et mourut le 19 février 1845, à sa campagne de Northrepps, en Angleterre. Il entra au parlement le 29 juin 1818, à trente-deux ans, élu par la ville de Weymouth, dont il fut sans interruption le représentant pendant dix-neuf ans. Il s'y distingua, sinon par l'éloquence proprement dite, au moins par un excellent esprit de discussion, tempéré par la modération, et il y jouit constamment d'un crédit mérité. Il débuta en appuyant avec succès une motion de J. Mackintosch sur la réforme des lois criminelles d'Angleterre, alors excessivement sévères, et dans lesquelles la peine de mort était prodiguée. Il fut nommé, en 1819, membre des commissions pour la réforme des prisons, dont il s'occupa constamment avec mistress Fry, sa belle-sœur. En 1820 il s'éleva contre les suttées de l'Inde, et demanda qu'il fût pris des mesures pour soustraire les femmes au préjugé barbare qui les forçait de se brûler sur le corps de leurs maris. En 1826 il revint à la charge, et obtint du gouvernement la promesse d'une recommandation formelle pour cette abolition successive, ce qui fut réalisé par lord Bentinck; aujourd'hui ces sacrifices humains sont fort rares et à peine tolérés. L'institution africaine fondée par Wilberforce, qui avait obtenu, en 1807, l'abolition de la traite des noirs dans les colonies anglaises, avait perdu beaucoup de son activité; et la traite se continuait avec plus d'ardeur que jamais sous les pavillons espagnol, portugais et brésilien surtout. Buxton, membre actif de cette société, ranima son zèle, et fit des motions successives au parlement sur ce sujet. Il sentit bien que l'émancipation des esclaves était intimement liée avec cette question, et que, tant qu'il y aurait des colonies pour les recevoir, les malheureux noirs et leurs princes trouveraient toujours des acheteurs sur les vastes côtes de l'Afrique. Ce fut lui qui, le 5 mai 1823, introduisit, à la chambre des communes, un bill en faveur de l'amélioration du sort des esclaves dans les colonies britanniques; mais il ne dissimula pas que son but était d'arriver à l'émancipation. A la suite d'un long et brillant débat, le gouvernement, par l'organe de Canning, accéda au principe de la motion en le modifiant et en promettant de faire un essai à la Trinité. Buxton n'osait aller plus loin alors; il craignait de paraître provoquer les noirs à la révolte, et d'encourir le reproche si mal à propos adressé aux abolitionnistes, à l'occasion des massacres de Saint-Domingue. Le parti colonial ne lui sut aucun gré de ces ménagements; il l'attaqua avec fureur lui et ses amis, et l'on vit renaître la calomnie qui reprocha à Wilberforce d'avoir été acheté par Christophe, empereur d'Haïti. Buxton fut un moment ébranlé et découragé par ces attaques. Wilberforce avait mis, en 1825, fin à sa carrière parlementaire, et désigné Buxton comme son successeur dans cette lutte, à laquelle prirent part plus tard des orateurs de premier ordre, tels que Brougham, O'Connell et autres.

En 1830, Buxton fit passer un bill pour la diminution des crimes punis de la peine capitale; mais il ne cessait pas de s'occuper de la traite et de l'esclavage. En 1833, il concourut avec le ministère au bill d'émancipation des esclaves, malgré la réserve d'un apprentissage de quelques années. Il craignait, en n'y acquiesçant pas, de laisser perdre la question elle-même au parlement; et il encourut le reproche de faiblesse de la part des plus zélés abolitionnistes. Mais Clarkson, qui avait eu la gloire de mettre le premier toutes ces questions à la portée des philanthropes anglais, le remercia de sa puissante coopération. Le 12 mai 1835, Buxton fit passer au parlement une adresse au sujet de la violation des traités consentis par divers gouvernements pour l'abolition du commerce des esclaves, et demanda que des négociations actives fussent entamées sur ce point avec toutes les puissances. En même temps, il s'occupa sérieusement du sort des aborigènes de l'Afrique. Lors de la dissolution du parlement en 1837, sa santé délicate avait déjà éprouvé plus d'un échec; sa famille le pressa donc de renoncer à son siége. Il profita du changement d'opinion des électeurs de Weymouth, et repoussa les offres nombreuses qui lui furent faites d'autres siéges. Mais il ne resta pas dans l'inaction. Son esprit essentiellement religieux et persévérant lui faisait regarder comme un devoir de poursuivre sa tâche. Il se rallia au principe de l'émancipation immédiate quand il vit les preuves du mauvais résultat de l'apprentissage; et en 1838 il coopéra activement, par la considération dont il jouissait auprès du gouvernement, au bill qui en fixa le terme au 1er août. Alors il se livra tout entier à la solution d'une question non moins grave, celle de la civilisation de l'Afrique. Il recueillit de toutes parts, et avec le plus grand soin, les documents qui prouvaient l'état de barbarie qui subsistait parmi les tribus africaines, les sacrifices humains multipliés par la superstition, la cruauté et la cupidité des chefs et des roitelets de ces contrées; il reconnut que l'intérieur de l'Afrique possédait des richesses considérables en céréales, riz, coton, sucre, café, en produits minéraux, en bois précieux renfermés dans de vastes forêts; et il prouva qu'on serait bien récompensé des sacrifices pécuniaires que coûteraient les traités avec les princes africains si l'on ouvrait le commerce avec ces contrées, en lui procurant des débouchés. En 1840, il obtint la formation d'une nouvelle société de civilisation, à la tête de laquelle se placèrent le prince Albert, et près de lui les sommités de la noblesse, du clergé, du parlement, des sectes dissidentes et des citoyens de tous les partis. Pour le récompenser des services qu'il avait rendus, le gouvernement le créa baronnet, et l'invita à publier le résultat de ses recherches sur ces grands intérêts.

Cet ouvrage, plus remarquable par le fond que par la forme, a paru en deux parties, en 1839 et en 1840, sous le titre: *the Slave Trade and his remedy*. Il a été très-bien traduit par M. Pacaud en décembre 1840; les faits les plus intéressants y sont résumés, d'après les meilleures autorités. Les éclaircissements donnés par cet ouvrage produisirent en Angleterre une telle sensation que l'on put y recueillir une souscription de plus d'un million pour armer trois vaisseaux, avec des équipages choisis, à l'effet de remonter le Niger. L'expédition partit des ports d'Angleterre en avril 1841, sous les ordres du capitaine Trotter; elle entra dans le fleuve le 20 août; dès le 4 septembre la fièvre commença de sévir cruellement sur les équipages; on continua de remonter. A Egga, on était à trois cent vingt milles de la mer; mais, le 4 octobre, il fallut virer de bord, sans pouvoir atteindre Rubba, capitale des Fellatahs, sise au delà de la chaîne des montagnes, dans un pays sain. Les trois quarts des équipages étaient hors de service, soit par la mort, soit par la maladie qui avait atteint jusqu'aux chefs : sur trois cents personnes qui composaient l'expédition, quarante et une périrent de la fièvre; les noirs seuls n'en furent pas atteints; l'un des capitaines, *Bird-Allen*, succomba à son arrivée à l'île de Fernando-Po le

21 octobre. Le climat seul fut cause de l'insuccès ; mais, depuis dix ans, l'Angleterre, malgré l'audacieuse persévérance de ses marins, n'a pas osé faire de nouvelles tentatives en ce genre ; elle se borne à envoyer ses missionnaires pour civiliser ces contrées. Buxton fut dans l'angoisse et dans la douleur de la perte de tant d'hommes et de l'ajournement de ses espérances ; il n'avait encore que cinquante-cinq ans ; mais sa santé déclina sensiblement depuis 1842. Il ne put assister aux séances de la Société de civilisation de l'Afrique, qui fut dissoute en janvier 1843, et mourut deux ans après. Buxton avait consacré sa vie et sa fortune au service de cette noble cause de l'humanité. Il a laissé plusieurs fils, héritiers de ses vertus. ISAMBERT.

Mémoires sur la vie de Buxton, par son fils Charles, et sa sœur miss Buxton, 3e éd., in-8° ; Londres, Murray. — *The Slave Trade*, trad. de M. J. J. Pacaud ; Paris, 1840, in-8°, Didot. — *Annual Register and Obituary.* — *Monthly Magazine.* — *Quarterley Review.* — Rose, *New Biographical Dictionary*.

BUXTORF (Jean), célèbre hébraïsant allemand, né à Camen (Westphalie) le 25 décembre 1564, mort dans la même ville le 13 septembre 1629. Il était fils d'un ministre calviniste, et fit ses études à Marpourg, puis à Herborn sous Piscator, qui disait de lui que « l'élève surpassait les maîtres. » Puis suivit à Bâle les cours de Grynœus et de Théodore de Bèze. Il parcourut ensuite l'Allemagne et la Suisse pour se perfectionner ; enfin il revint à Bâle, où il se maria, et occupa la chaire d'hébreu pendant trente-huit ans. Nul plus que lui n'eut l'intelligence des livres rabbiniques ; et à la connaissance parfaite de la langue hébraïque il joignait celle du chaldéen. Il a laissé d'excellents ouvrages : *Synagoga judaica* (en allemand) ; Bâle, 1603, et en latin, 1641 et 1682, in-8°, éditions revues par son fils et son neveu Joseph ; Hanau (en latin), 1604 et 1622, in-8° ; Amsterdam (en flamand), 1650, in-8° : cet ouvrage contient toutes les cérémonies juives ; — *Institutio epistolaris hebraica, cum epistolarum hebraicarum centuria* ; Bâle, 1603, 1610 et 1629, in-8°, recueil très-utile à ceux qui veulent correspondre en hébreu ; — *Epistolarum hebraic. decas* ; Bâle (hébreu-latin), 1603, in-8° ; — *Disputatio judæi cum christiano* ; Hanau, 1604 et 1622, in-8° ; — *Epitome radicum hebraïcarum et chaldaicarum* ; Bâle, 1607, in-8° ; — *Lexicon hebraicum et chaldaicum cum brevi lexico rabbinico* ; Bâle, 1607 et 1676, in-8° ; — *Thesaurus grammaticus linguæ hebreæ* ; Bâle, 1609, 1615 et 1663, in-8° ; — *De Abreviaturis hebraicis* ; Bâle, 1613, 1640, et Herborn, 1708, in-8° : cette dernière édition est la plus complète ; elle contient, *Operis Talmudici brevis recensio et bibliotheca rabbinica* ; — *Grammaticæ Chaldaicæ et Syriacæ*, trois parties ; Bâle, 1615, in-8° ; — *Biblia hebræa rabbinica* ; Bâle, 1618-1619, 4 vol. in-fol. : cette Bible contient les commentaires rabbiniques et les paraphrases chaldaïques. On reproche à l'auteur ses changements arbitraires dans la ponctuation. On joint ordinairement à cet ouvrage *Tiberias*, commentaire sur la Massore, d'après les traditions des rabbins. Buxtorf croit qu'à Tibériade était l'Académie des Massorètes, et donne aussi l'histoire des académies juives après la destruction de Jérusalem ; Bâle, 1620, in-4°. — Nous devons aux soins de Buxtorf fils la publication des ouvrages suivants, que son père avait laissés inachevés : *Concordantiæ Bibliorum hebraicæ*, avec les concordances chaldaïques ; Bâle, 1632 et 1636, in-fol. ; en abrégé, sous le titre de *Fons Sion*, par Chrétien Ravius ; Francfort-sur-l'Oder, 1676 ; Berlin, 1677, in-8° ; — *Manuale hebraicum et chaldaicum*, composé des mots de la Bible seulement ; Rostock, 1634, in-12 et Bâle, revu et corrigé, 1658, in-12 ; — *Lexicon chaldaicum, thalmudicum et rabbinicum* ; Bâle, 1639, in-fol. : ce dictionnaire est très-estimé ; — *Epitome grammaticæ hebreæ* ; Leyde, Lensden, 1673, 1701, 1707, in-12.

Moréri, *Dictionnaire historique*. — Nicéron, *Mémoires*. — Sax, *Onomastic. literar*.

BUXTORF (Jean), hébraïsant allemand, fils du précédent, né à Bâle le 13 août 1599, mort dans la même ville le 16 août 1664. Dès l'âge de cinq ans, il savait, dit-on, lire l'allemand, le latin et l'hébreu. Il perfectionna de telles dispositions naturelles par des voyages en Hollande, en France et en Allemagne ; en 1630, il fut appelé à remplir la chaire de son père, qu'il ne voulut jamais quitter ensuite, quelque offre qu'on lui fît. Outre les ouvrages importants, revus, corrigés ou terminés, qu'il a donnés de son père, il est auteur de : *Lexicon chaldaicum et syriacum* ; Bâle, 1622, in-4° ; — *Liber Cozri* ; Bâle, 1622 et 1660, in-4°, hébreu et latin, version d'une prétendue conférence entre le roi des Khojars et le rabbin Zangari sur les philosophes païens et les caraïtes : cette traduction a été faite d'après le rabbin Juda-ben-Tibon ; elle est suivie de quelques opuscules d'Abrabanel ; — *Maimonidis liber More Nevechim* ; Bâle, 1629, in-4° : ce livre est l'explication des passages obscurs de l'Écriture ; — *Florilegium hebraicum* ; Bâle, 1646, in-8°, recueil de sentences rabbiniques ; — *Tractatus de punctorum vocalium et accentuum in libris Veteris Testamenti hebraicis origine, antiquitate et auctoritate* ; Bâle, 1648, in-8° : Buxtorf, qui en héritant des talents de son père avait accepté son système, défendait dans ce livre, contre Louis Cappel, l'antiquité des points-voyelles du texte primitif de la Bible ; Cappel ayant répondu, Buxtorf publia l'*Anticritica, seu vindiciæ veritatis hebraicæ, adversus Ludovici Capelli criticam, quam vocat sacram* ; Bâle, 1653, in-4° : l'auteur soutient qu'Esdras fut l'introducteur des points-voyelles dans les livres sacrés, dans le but d'éviter des altérations dans les textes saints ; — *Dissertatio de Sponsalibus ac divortiis* ; Bâle, 1652 : ce traité donne des renseignements très-précis sur le mariage et le divorce des Hébreux ; — *Dissertationes philologico-theologicæ, et exercitationes ad historiam Veteris et Novi Testamenti*; Bâle, 1659, in-4°. Il y est question de l'arche d'alliance, des feux sacré et céleste, des Urim et Thummim, de la manne, de la pierre du désert, du serpent d'airain, etc. ; — *Disputatio de raptu filiæ*; Bâle, 1660, in-4°.

Daniel Tossan, *Oraison funèbre de Buxtorf*; Bâle, 1670. — Nicéron, *Mémoires*. — Sax, *Onomasticum litterarium*.

BUXTORF (*Jean-Jacques*), hébraïsant allemand, fils et petit-fils des précédents, né à Bâle le 4 septembre 1645, mort le 1er avril 1704, parcourut l'Angleterre, la France et la Hollande pour compléter ses études ; puis succéda à ses ancêtres dans la chaire qu'ils avaient illustrée (1664). Il publia en 1665 une nouvelle édition du *Tiberias* de son grand-père avec une savante préface, et laissa en manuscrits quelques traductions hébraïques, et un supplément fort considérable à la *Bibliothèque rabbinique*.

Athenæ Rauricæ ; Bâle, 1778, p. 444 à 454. — Sax, *Onomastic. literar*.

BUXTORF (*Jean*), hébraïsant allemand, neveu de Jean-Jacques, mort en 1732, suivit avec succès la même carrière que ses aïeux, et continua leur réputation comme professeur et écrivain. On a de lui : *Catalecta philologico-theologica, cum mantissa epistolarum virorum clarorum ad Joh. Buxtorfium patrem et filium*; Bâle, 1707, in-8° ; — *Dissertationes varii argumenti*; Bâle, 1725, in-8° ; — *Phraseologiæ hebraicæ specimen* ; — *Musæ errantes*; — quelques *posies* et *sermons*.

Athenæ Rauricæ ; Bâle, 1778, p. 444 à 454. — Sax, *Onomastic literar*.

*BUY ou RHUIS (*Félix*), religieux français de l'ordre des Carmes, né à Lyon vers 1657. Il fit ses premières études à Châlons et à Valence, et vint les achever à Paris, où il soutint un des premiers dans une thèse les propositions de l'Église gallicane. « Cette thèse, dit la chronique, fit grande rumeur à Paris et à Rome, » et son auteur ne tarda pas à être interdit et persécuté. Buy est auteur d'un petit ouvrage estimé, *l'Histoire en abrégé des quatre conciles généraux*; Paris, 2 vol. in-12. N. M--y.

Cosme, *Bibliotheca carmelitana*.

BUY DE MORNAS (*Claude*), géographe français, né à Lyon, et mort à Paris en juillet 1783. Il se fit connaître dans le dix-huitième siècle par des publications d'ouvrages élémentaires de géographie, qui contribuèrent beaucoup à rendre plus facile l'étude de cette science, et qui lui méritèrent le titre de géographe du roi et des enfants de France. Il avait commencé par donner des leçons d'histoire et de géographie, dont la substance fut reproduite en partie dans l'*Atlas méthodique et élémentaire de Géographie et d'Histoire*, qu'il mit au jour de 1761 à 1770 ; Paris, Desnos, 4 vol. in-fol. (tiré aussi sur papier in-4°). Un critique éclairé (M. Drouet, bibliothécaire des avocats) considérait cet ouvrage « comme la collection des cartes la plus « complète pour les progrès de l'éducation et « l'unique en ce genre, où l'on fait marcher d'un « pas égal la géographie, la chronologie et l'his-« toire. » Un juge plus compétent encore en pareille matière (M. Walckenaer) le trouve préférable à beaucoup d'autres du même genre, qui n'ont paru de nos jours. Cet atlas est d'ailleurs fort bien gravé. Mais, commencé sur un plan trop vaste, il ne fut pas terminé ; « on y trouve quelquefois « joint un cinquième volume, qui n'est autre « chose que le mauvais atlas universel publié « par Desnos. » (Brunet, *Manuel du Libraire*). Buy de Mornas fit paraître en 1770 une *Cosmographie méthodique et élémentaire*; Paris, Lacombe, in-8°, avec des planches d'un dessin exact qui aident à l'intelligence du texte ; le livre est un bon résumé des connaissances alors acquises sur cette matière. L'auteur a fait suivre son exposé cosmographique d'une géographie historique qui contient des notions encore utiles. Il avait déjà publié des *Éléments de Cosmographie*; Paris, 1749, in-12, qui n'étaient que les prolégomènes de son nouveau traité. On lui doit encore le *Plan d'un Dictionnaire cosmographique, historique et politique*; Paris, 1759, in-8°, et une *Dissertation sur l'éducation*; Paris, 1747, in-12. La France littéraire de 1784 et, d'après elle, Ersch lui attribuaient la révision des deux volumes de la géographie et des cartes qui font partie de la nouvelle édition du livre intitulé *la Science de l'homme de cour*; Amsterdam, 1752, 18 vol. in-12. La France littéraire de 1778 nous apprend que Buy de Mornas, depuis ses dernières publications, avait embrassé l'état ecclésiastique. J. LAMOUREUX.

Méthode pour étudier l'histoire, édition donnée par Drouet, in-12, t. X. — *France littéraire* de 1769, de 1778 et de 1784. — *Manuel du Libraire*, par Brunet, t. III, p. 463.

BUYAH. *Voy.* IMAD-EDDAULAH.

BUYER (*Barthélemy*), imprimeur français, vivait vers la fin du quinzième siècle. Il fut élu conseiller de ville en 1482, et introduisit à Lyon l'art de la typographie en y faisant venir l'imprimeur Guillaume Regis ou Leroy, qu'il établit dans sa maison. Il imprima *la Légende dorée*, à deux colonnes, caractères gothiques, avec des lettres initiales tracées à la main, et sans chiffres aux pages (1476). Il fit paraître ensuite le *Speculum vitæ humanæ*, imprimé par Guillaume Leroy (1477).

Chaudon et Delandine, *Nouveau Dict. hist*. — Feller, *Dict. historique*. — Didot, *Essai sur la Typographie*.

BUYER ou BOYER (*Guillaume*), mathématicien et poète provençal du treizième siècle, vivait à la cour de Charles II, roi de Naples et comte de Provence. Il composa divers ouvrages en vers et en prose : *sur la Connaissance des minéraux, sur les Sources de diverses fontaines*, etc.

Nostradamus, *Hist*. — Duverdier, *Bibl. franç*.

BUYNAND DES ÉCHELLES (*Jean-François-Anne*), imprimeur et écrivain français, né aux Échelles le 16 novembre 1773, mort le 26 novembre 1811. On lui doit : *le Triomphe de l'Évangile, ou Mémoires d'un homme du monde revenu de ses erreurs et des préjugés du philosophisme moderne*, traduit de l'espagnol d'Olarides ; 1805, 4 vol. in-8° ; en 3 vol., 1821 et 1827 : l'auteur s'attache à prouver que la religion peut seule donner le vrai bonheur ; — *le Plutarque de l'Enfance* ; 1810, in-12, ouvrage destiné à la jeunesse ; — *Petit Apparat impérial* ; Lyon, 1811, in-8° : c'est un dictionnaire français-latin à l'usage des commençants.

Quérard, *la France littéraire.*

BUYS. *Voy.* BUSÉE.

BUYS (*Guillaume* DU), poëte français, né à Cahors au commencement du quinzième siècle. Il fit ses études dans sa ville natale, et remporta ensuite à Toulouse plusieurs couronnes aux Jeux Floraux. Il parcourut l'Italie, et vint se fixer en Bretagne, où il se décida à faire paraître ses poésies sous le titre de *l'Oreille du Prince, ensemble plusieurs autres œuvres poétiques* ; Paris, 1582, in-8°, et 1583, in-12.

Duverdier, *Biblioth. franç.* — Gouget, *Biblioth. franç.*

BUZANVAL (*Jacques* CHOART DE), jurisconsulte français, né en 1614, mort en 1698. Il était avocat au parlement de Paris et chef du conseil souverain de Dombes. C'était un homme d'un grand savoir et d'une rare probité. Il pratiqua le barreau durant soixante années, et s'y acquit une grande réputation.

Loysel, *Dialogue des Avocats*, p. 581 et 582.

BUZANVAL (*Paul* CHOART DE), ambassadeur français, mort à la Haye en 1607. Il était fort aimé de Henri IV, qui l'envoya près de la reine Élisabeth ; mais la princesse s'étant plainte que ce seigneur s'exprimait trop librement sur elle, Buzanval fut rappelé d'Angleterre, et envoyé comme ministre plénipotentiaire en Hollande. Il mourut dans cette mission, et eut des obsèques magnifiques aux dépens des états : on voit encore son tombeau à la Haye. Il était grand-oncle de Nicolas, évêque de Beauvais.

Loysel, *Des Avocats*, p. 581-582.

BUZANVAL (*Nicolas* CHOART OU CHICHERAI DE), prélat français, petit-neveu du précédent, né à Paris le 25 juillet 1611, mort le 21 juillet 1679. Il fut d'abord successivement conseiller au parlement de Bretagne, maître des requêtes au grand conseil, conseiller d'État, ambassadeur en Suisse. Il s'acquitta avec intelligence de ces divers emplois ; et, ayant embrassé l'état ecclésiastique, il fut promu à l'épiscopat de Beauvais par suite de la démission de son oncle maternel Augustin Potier, à la charge de payer une pension de douze mille livres à un de ses cousins. Nicolas Choart, ayant jugé que cette pension n'était pas canonique, voulut se démettre de son évêché. Louis XIV loua cette susceptibilité, et le déchargea de la pension en disant « qu'il était assez puissant pour dédommager autrement M. de Novion. » Ce fut à cette époque que le prélat prit le nom de Buzanval ; jusque-là il n'avait porté que celui de Chicherai. Il se dévoua alors complètement à l'administration de son diocèse, et s'interdit même toute visite à la cour, bien qu'il ne fût qu'à six lieues de Paris. Il consacra son traitement et ses biens particuliers à l'amélioration corporelle et intellectuelle de ses administrés. Il créa plusieurs hôpitaux, entre autres celui de Beauvais, qu'il dota ou fit doter d'un revenu de quarante mille livres. Il fit aussi plusieurs règlements pour développer l'instruction du peuple, ouvrit un grand séminaire pour le perfectionnement des études cléricales, et un petit à l'usage des enfants pauvres. On les y instruisait à la fois des choses saintes et profanes, afin qu'ils pussent ensuite choisir et pratiquer avantageusement et librement diverses carrières où les appellerait leur vocation. Mais un si bel établissement ne fut pas soutenu et finit avec son fondateur, il était, du reste, sans exemple dans le royaume, et beaucoup trop libéral pour l'époque. M. de Buzanval avait défendu à son clergé de lui donner le titre de *grandeur* ; et il regardait les dignités de *comte* et de *pair*, attachées à son siège, comme une superfétation propre tout au plus à empêcher un pasteur de bien administrer son troupeau en lui faisant consacrer un temps précieux aux intrigues et aux débats politiques. Il mit à l'index *l'Apologie des casuistes*, et fut un des quatre évêques français qui refusèrent de signer le *Formulaire* d'Alexandre VII. Il fut ensuite un des premiers à acquiescer au prétendu accommodement proposé en 1668 par Clément IX. Louis XIV lui ayant fait des reproches sur ce qu'il avait expulsé les jésuites de son diocèse, le vertueux prélat lui répondit hardiment : « Sire, si je me « mêlais de gouverner l'État, vous eussiez droit « de m'en reprendre ; mais je m'entends mieux « à gouverner mon diocèse que Votre Majesté : « laissez-moi faire. » Le monarque n'insista pas : il se souvint pourtant de la leçon ; car, un jour qu'il allait à la cathédrale de Beauvais entendre un *Te Deum*, M. de Buzanval étant venu le recevoir avec son clergé, mitre en tête, crosse en main, le grand Condé, placé à la droite du roi, dit à l'évêque de se découvrir. Louis XIV l'interrompit aussitôt : « Mon cousin, laissez-le « faire ; il sait mieux ce qu'il faut que vous et « moi ! » En 1668, la peste dévasta un canton de son diocèse ; le courageux prélat y courut, et ne cessa d'y prodiguer des soins temporels et spirituels que quand l'épidémie eut disparu. Il disposa en mourant de tout son bien, s'élevant à environ deux cent mille livres, en faveur des pauvres.

Mésenguy, *Idée de la Vie et de l'Esprit de messire Nicolas Choart de Buzanval* ; Paris, 1717, in-12. — *Mémoires du temps.*

BUZELIN (*Jean*), jésuite et historien français. *Voyez* BUCELIN.

* BUZETTI (*Vincent-Benoît*), théologien italien, né à Plaisance le 29 avril 1777, mort dans la même ville le 14 décembre 1824. Il fit ses études au collége Alberoni, et enseigna la philosophie et la théologie au séminaire de sa ville natale. Il fut nommé ensuite chanoine théologal de la cathédrale, et marqua son désir d'entrer dans la compagnie de Jésus ; mais Pie VII, tout en l'accueillant avec bonté, l'engagea à rester à son poste. Fort lié avec tout ce que l'Église renfermait d'éminent, il adressa quelques observations à M. de Lamennais touchant plusieurs passages de son *Essai sur l'indifférence en matière de religion*. Celui-ci n'hésita pas à amender son livre, suivant les avis du chanoine de Plaisance. Buzetti pratiquait une dévotion particulière pour la Vierge : deux fois il fit le pèlerinage de Lorette, et depuis 1819 il allait régulièrement chaque année à Savone. Sa sincère foi ne le préserva pas d'un grand nombre de maux ; car, en 1822, il fut frappé d'une paralysie de la joue droite. Sa piété le soutint pourtant, et il continua son cours et ses devoirs religieux jusqu'à ce qu'il succombât sous une réunion de souffrances. Parmi ses écrits, on remarque : *Mémoire sur le Concile de* 1811 ; — *le Triomphe de Dieu sur l'ennemi de la Société, de la Nature et de l'Église* ; Lugano, 1814 ; — *Courte réfutation des raisons de Joseph Antonini, curé dans le diocèse de Foligno, en faveur du serment condamné par Pie VII* ; — *Instructions théologales, récitées dans la cathédrale de Plaisance*, de 1815 à 1820 ; — *Réfutation de l'idéalisme de Condillac*.

Tipaldo, *Biograf. degli Ital.*

* BUZIO (*Ippolito*), sculpteur de l'école romaine, né à Vigià, travaillait dans la première moitié du dix-septième siècle. Il est digne d'estime pour le fini de ses ouvrages et pour ne s'être pas entièrement abandonné au mauvais goût de son époque. A Rome, dans la chapelle Pauline de Sainte-Marie-Majeure, il a sculpté, au tombeau de Paul V, deux termes, et un bas-relief représentant le *Couronnement de ce pape*.

E. B—N.

Cicognara, *Storia della Scoltura.*

BUZOT (*François-Nicolas-Léonard*), célèbre jurisconsulte français, né à Évreux le 1er mars 1760, mort près de Saint-Émilion (Gironde) en 1793. Il fut avocat dans sa ville natale, puis successivement député aux états généraux (1789), président du tribunal criminel de son département, et enfin membre de la convention nationale (1792). La jeunesse de Buzot fut presque *sauvage*, comme il le dit lui-même, et se fit remarquer par une fierté et une indépendance qui ne plièrent jamais. Nourri de bonne heure de la lecture des historiens de la Grèce et de Rome, c'est à cette école toute républicaine qu'il se forma. Arrivé à Versailles pour siéger aux états, ce qui le frappa d'abord ce furent « la frivolité et la mollesse, et, pour emprunter ses propres paroles, « l'immoralité de la noblesse, du clergé et de la « cour la plus dissolue de l'Europe. » Ce tableau ne fit qu'exciter sa farouche vertu, et il ne tarda pas à développer dans l'assemblée ses principes républicains. Attaché à la liberté comme au plus grand moyen de bonheur pour ses semblables, il professa les doctrines nouvelles alors qu'il y avait du courage à les développer et à les soutenir. Cependant, lorsqu'il crut s'apercevoir que le temps de parler n'était pas encore venu, il se condamna au silence, et ne le rompit que lorsqu'il vit diminuer le nombre des défenseurs de la cause populaire; mais dès lors aussi il ne cessa plus de combattre. La fuite de Louis XVI réveilla toute son énergie républicaine, non qu'il crût les Français mûrs pour une république, mais parce qu'il avait la conviction que Louis XVI ne pourrait jamais changer ses habitudes, et se façonner au gouvernement d'un peuple libre. Il prétendit alors que le manifeste du roi était un appel au peuple contre l'autorité de l'assemblée, et que l'assemblée devait convoquer une convention nationale, devant laquelle la conduite du roi serait jugée. Ce vœu était prématuré, et la proposition de Buzot faillit lui devenir fatale. L'assemblée constituante se sépara, et Buzot ne songea plus qu'à retourner au sein de sa ville natale. Pour le séjour tranquille d'Évreux il refusa la vice-présidence du tribunal criminel de Paris; ses concitoyens reconnaissants lui décernèrent la présidence du tribunal criminel du département de l'Eure. Après avoir présidé les diverses assemblées électorales de son pays, Buzot fut élu premier député à la convention nationale. Ce n'est pas sans regret qu'il quitta encore une fois le bonheur de la vie domestique, pour venir à Paris dans une assemblée où, comme il le dit, Marat et Danton siégeraient avec lui : « Je ne dé- « sirais pas cet honneur : un pressentiment dont « je ne pouvais me défendre, sur quelques faits « qui étaient parvenus à ma connaissance, m'a- « vertissait des nouveaux dangers que j'allais « courir, et des malheurs que mon inflexible pro- « bité devait m'attirer. » La royauté n'existait plus; la république était établie. Les efforts d'un vrai patriote ne devaient plus tendre à attaquer, à détruire, mais à conserver, à consolider. D'un côté l'ancienne aristocratie vaincue, mais non anéantie, s'agitait encore et menaçait de se relever; de l'autre, des hommes féroces avaient fait le 2 septembre, et se montraient disposés à renouveler les mêmes scènes. Il fallait préserver de ces deux écueils le vaisseau de l'État; telle fut la ligne de conduite de Buzot. Il se plaça avec la Gironde au centre du double mouvement qui entraînait la France en sens opposé; mais il sentit que pour s'y maintenir il fallait de la force, et il fut le premier à proposer de réunir autour des députés une garde fournie par les 83 départements, qui, en assurant l'indépendance de l'assemblée, eût peut-être épargné à la France les horreurs dont elle eut bientôt à gémir. Mais la proposition de Buzot fut présentée comme une insulte faite à Paris, et cette mesure salutaire ne reçut qu'un commencement d'exécution.

Enfin, vint le procès de Louis XVI. Buzot eût désiré la formation d'un jury des 83 départements, auquel l'examen de l'affaire aurait été confié. « Le contraire ayant été arrêté, dit-il, « j'ai développé mes motifs et mon opinion avec « la liberté du juge qui suit sa conscience, et du « législateur qui balance les événements. Au « premier titre, je condamne Louis; au second, « je veux que le peuple entier confirme mon « jugement, ou commue la peine du coupable. » L'appel au peuple ayant été rejeté, Buzot demanda un sursis, qui prouvât du moins cette maturité dont il importait à ses yeux de réunir tous les signes. Le sursis fut rejeté, et Buzot fut traité comme un partisan de la royauté, lui qui le premier avait appelé l'abolition de la royauté en France. On sait que Buzot fut, le 31 mai 1793, proscrit avec tous les girondins comme royaliste, comme fédéraliste, comme agent des puissances, etc.; on sait qu'il fut du nombre de ceux qui tentèrent, dans le Calvados, de réunir autour d'eux une force capable d'intimider les proscripteurs et de rendre aux proscrits tous leurs droits; on sait enfin que, le succès n'ayant pas répondu à leur attente, ils résolurent d'aller dans le Midi chercher des retraites plus sûres et des cœurs plus dévoués. Buzot était loin de partager les illusions de ses amis sur les dispositions patriotiques de cette partie de la France; la Bretagne, en revanche, lui offrait encore des amis sûrs : il leur disait sans doute un éternel adieu; mais ses collègues partaient pour le Midi, et il voulut les suivre. Cependant le gouvernement révolutionnaire venait d'être créé; partout la terreur, partout des massacres et des orgies. Les propriétés de Buzot furent ravagées, ses biens confisqués; un décret ordonna que sa maison serait rasée et qu'un poteau, placé sur les ruines, porterait cette inscription : *Ici fut la demeure de l'infâme Buzot*. On enleva, on pilla tous ses meubles, on brûla tous ses papiers; et des forcenés couverts de ses vêtements, de sa robe de magistrat, parcoururent les rues d'Évreux en remplissant l'air d'horribles vociférations. La Montagne l'appelait *le roi Buzot*, parce qu'elle le regardait comme le chef et l'âme des fédéralistes. A leur arrivée dans la Gironde, les députés furent conduits par Guadet à Saint-Émilion au travers de mille périls. Là ils furent recueillis pendant quelque temps par une belle-sœur de Guadet. Dans cette retraite, formée d'un souterrain à 30 pieds au-dessous du sol, les fugitifs étaient heureux; car ils avaient trouvé une âme qui sympathisait avec les leurs. Mais le temps vint où il fallut la quitter. Alors ils se séparèrent de Mme Bouquey, pour aller frapper à d'autres portes. Buzot, Barbaroux et Pétion furent, par l'entremise de la famille Guadet, placés chez un pauvre homme qui ne balança pas à braver tous les dangers pour secourir des proscrits, des hommes malheureux. Cependant, avertis qu'une visite domiciliaire devait se faire, les députés déclarèrent à leur hôte qu'ils partiraient la nuit suivante. Buzot lui laissa une lettre pour sa femme. — « Ma chère amie, écrivait-il, je « laisse entre les mains d'un homme qui m'a « rendu les plus grands services ce dernier sou« venir d'un mari qui t'aime. Il faut fuir un asile « sûr, honnête, pour courir de nouveaux dan« gers. Une catastrophe terrible nous enlève « notre dernière espérance. Je ne me dissimule « aucun des dangers qui nous menacent, mais « mon courage me reste... Ma chère amie, le « temps presse; il faut partir, adieu : je t'attends « au séjour des justes. » — Les proscrits marchèrent jusqu'au matin. Alors ils aperçurent de loin une affluence considérable d'hommes; ils entendirent des fifres et des tambours; ils ne doutèrent plus que ce ne fussent des bataillons envoyés à leur poursuite; et, le lendemain, les cadavres de Buzot et de Pétion furent trouvés dans un champ de blé, à moitié dévorés par les animaux. Les malheureux!... c'étaient des villageois qui dansaient!...... Buzot avait alors trente-quatre ans. On a de lui : *Mémoires sur la Révolution française*, édités par Guadet, et précédés d'un précis de la vie de Buzot et de recherches historiques sur les girondins ; Paris , 1823, in-8°. [GUADET, dans l'*Enc. des g. du m.*]

Moniteur universel. — Madame Roland, *Mémoires*. — Charles Nodier, *le Dernier Banquet des Girondins*, p. 187. — Thiers, *Hist. de la Révolution française*. — Lamartine, *Hist. des Girondins*. — Buchez et Roux, *Hist. parlem. de la Rev. franç.*

BUZRUK-OMID. *Voy.* KYABUZURK-OMMID.

BUZURDJ-ÉMIR ou **ABOU-ZURDJ-ÉMIHR**, savant persan, vivait dans le sixième siècle. Il était fils de Bakhtegan, et un des mages les plus érudits de son temps. Il fut appelé à la cour de Perse par Nouchyrwan, qui lui confia l'éducation de son fils Hormouz. On attribue à Buzurdj-Émir l'invention du tric-trac, et on ajoute que le sultan de Canoudje (Inde) ayant envoyé à Nouchyrwan un jeu d'échecs sans lui indiquer la marche des pièces, le savant mage, à force de calculs, parvint à la découvrir. On attribue aussi à Buzurdj-Émir la première traduction en persan des fables de Pidpay.

Hammer, *Hist. de la Poés. pers.*

* **BUZZI** (*Carlo*), architecte et sculpteur milanais, vivait vers le milieu du dix-septième siècle. En 1646, il présenta pour la cathédrale de Milan un projet de façade en harmonie avec le style de l'édifice, projet qui eût été exécuté, si un autre architecte, Francesco Capello, en faisant un contre-projet, n'eût amené un conflit qui empêcha d'adopter l'un ou l'autre. Buzzi a construit, en 1653, deux chapelles à *San-Nazaro Grande*. Il a sculpté à la façade du dôme plusieurs caryatides, et un bas-relief représentant *Moïse frappant le rocher*. E. B—N.

Cicognara, *Storia della Scoltura.* — Pirovano, *Guida di Milano.*

* **BUZZI** (*Giuseppe*), sculpteur milanais du commencement de ce siècle. Il a fait à la façade du dôme de Milan plusieurs bas-reliefs et médaillons représentant *Samson emportant les portes de Gaza; Samson tuant le lion,* et *l'Histoire d'Agar.*   E. B--n.

Pirovano, *Guida di Milano.*

BYDBAI ou **PIDPAY.** *Voy.* Vichnou-Sarma.

BYE. *Voy.* Bie.

BYLDERDYCK (*Guillaume*). *Voy.* Bilderdick.

BYLING (*Albert*), capitaine zélandais, né vers la fin du quatorzième siècle, enterré vif à Schoonhoven en 1423. Il avait pris parti pour la comtesse de Hollande Marguerite, veuve de Louis de Bavière, contre Guillaume, fils de cette princesse. Les partisans de Guillaume portaient le singulier nom de Kabeljaauwschen (*Cabillauds*), et ceux de la comtesse celui de Hoekschen (*Hameçons*). Albert Byling tint longtemps ces derniers en échec devant la ville de Schoonhoven, sous les ruines de laquelle il avait juré de s'ensevelir. Aussi les Hameçons, s'étant rendus maîtres de cette place, condamnèrent-ils son valeureux défenseur à être enterré vif. Byling demanda un court délai à l'exécution de cette barbare sentence, promettant sur l'honneur qu'il se présenterait au jour, à la place et à l'heure qu'il fixait; ses ennemis eurent foi dans son serment, et la liberté lui fut rendue. Le terme fatal arrivé, Byling, esclave de sa parole, se présenta pour subir son supplice. Tant de courage, de bonne foi ne touchèrent pas ses adversaires; ils le précipitèrent dans une fosse, qu'ils recouvrirent d'une meule de moulin. Byling a été surnommé justement le *Régulus hollandais.*

Helmers, *Nation hollandaise,* chant 1er.

BYNÆUS (*Antoine*), philologue hollandais, né à Utrecht le 6 août 1654, mort à Deventer le 8 novembre 1698, fut un des meilleurs disciples de Grævius, sous lequel il apprit le grec, le latin, et l'histoire. Bynæus se fit ensuite ministre protestant, et, continuant ses études, il apprit l'hébreu, le chaldéen et le syriaque. On a de lui : *Somnium de Laudibus critices;* Dordrecht, 1682, in-12 : l'auteur y suppose Apollon devant une assemblée de savants qui se disputent, et donnant raison aux critiques contre tous les autres; les philosophes se révoltèrent contre ce jugement, confirmé par la sagesse; — *De Calceis Hebræorum;* Dordrecht, 1682, in-12; revu et corrigé, 1695, in-4° : cette édition contient aussi le *Somnium de Laudibus critices* ; — *Christus crucifixus; explicatio historiæ Evangelicæ de Navitate Christi;* Dordrecht, 1688, in-4°; Amsterdam, 1692, 3 vol. in-12; — *De Natali J.-C.*; Amsterdam, 1689, in-4°; — *Sermons* en flamand; Amsterdam, 1789; la Haye, 1737, in-4°; — *Explication de la prophétie de Jacob et du psaume CX,* appliqués à *J. C.* (en hollandais); Deventer, 1194.

Nicéron, *Mémoires.* — Jöcher, *Allgemeines Gelehrten-Lexicon.*

BYNG (*George*), vicomte Torrington, baron Byng de Southill en Bedfordshire, né en 1663, d'une ancienne famille du comté de Kent, mort en 1733. Il entra comme volontaire dans la marine en 1678, et fut nommé lieutenant de vaisseau en 1684. La part active qu'il prit à la défection qui livra au prince d'Orange la flotte de Jacques II en 1688 lui valut le grade de capitaine. En 1703 il fut fait contre-amiral, et s'illustra bientôt par la prise de Gibraltar. Cette place, qui passait pour imprenable, fut enlevée au bout de trois jours de siège par une poignée de matelots (1704). Byng fut élevé en 1706 au grade de vice-amiral, et dès lors chargé de commandements importants, dont il s'acquitta avec honneur, sans cependant attacher son nom à aucune action d'éclat. Le peu de goût qu'il témoignait pour la politique de la reine Anne le fit destituer de sa place de lord de l'amirauté. Elle lui fut rendue par George 1er, qui y ajouta le titre de baronnet. Lorsque les projets d'Albéroni vinrent alarmer l'Angleterre, Byng fut chargé de surveiller avec sa flotte les côtes de Suède et de Norwége. La mort de Charles XII vint bientôt rassurer les Anglais, mais ne mit pas fin aux entreprises d'Albéroni, qui envoya une armée en Sicile. Byng fut encore chargé de s'opposer à cette expédition, et il partit de Portsmouth le 4 juin 1718, avec vingt vaisseaux de ligne. En passant, il envoya une copie de ses instructions à Albéroni, qui n'y répondit qu'en la déchirant. La rupture entre les deux pays fut ainsi consommée sans autre déclaration de guerre. Byng attaqua à la hauteur du cap Passaro la flotte espagnole, forte de dix-sept vaisseaux (11 septembre), sans lui donner le temps de se former en ligne de bataille, et parvint, par l'extrême rapidité de ses manœuvres, à opposer jusqu'à trois et quatre vaisseaux à chaque vaisseau ennemi. Les Espagnols perdirent neuf vaisseaux et trois frégates; la perte des Anglais fut à peu près nulle. Byng fut élevé à la pairie avec le titre de vicomte Torrington, baron Byng de Southill en Bedfordshire, et finit par être mis à la tête de l'amirauté sous George II.

BYNG (*John*), quatrième fils du précédent, né en 1704, fusillé en 1757, parvint rapidement au grade d'amiral, grâce à la haute position de son père; mais il serait presque inconnu sans la catastrophe qui termina sa carrière. En 1756 il reçut le commandement de la flotte destinée à protéger Minorque, alors menacée par une expédition française. L'envoi de cette flotte était tardif, et le ministère Fox et Newcastle, préoccupé de défendre les côtes d'Angleterre contre une invasion peu probable des Français, et de prévenir de nouveaux soulèvements en Écosse et en Irlande, avait porté trop peu d'attention aux préparatifs qui se faisaient à Toulon. Byng partit de Portsmouth le 6 avril ; il n'arriva que le 2 mai à Gibraltar, où il apprit que l'armée française, partie de Toulon le 10 avril, avait pris possession de Minorque et faisait le siége du fort Saint-Philippe, seule position qui restât aux Anglais. Byng demanda de nouvelles instructions à son gouvernement, et ne quitta Gibraltar que le 8 mai. Le 19, il arriva devant Minorque avec treize vaisseaux et cinq frégates, et se trouva en présence de la flotte française, forte de douze vaisseaux et de cinq frégates, commandée par le marquis de la Gallissonnière. Le combat s'engagea le lendemain. Byng prit l'avantage du vent, et, voulant imiter la manœuvre qui avait si bien réussi à son père à la bataille de Passaro, il se porta rapidement sur l'avant-garde française, de manière à l'attaquer isolément, et à l'écraser sous le feu successif de tous ses vaisseaux. Un accident fit manquer cette manœuvre hardie. Le sixième vaisseau de la ligne anglaise éprouva de telles avaries qu'il ne put continuer sa marche. Le corps d'armée et l'arrière-garde de Byng furent arrêtés, pendant que son avant-garde, aux prises avec toute la flotte française, faisait des pertes assez graves. Byng eut beaucoup de peine à reformer sa ligne de bataille, et, renonçant à renouveler le combat, il rentra à Gibraltar. Cette nouvelle excita en Angleterre une exaspération générale : ce fut en vain que le ministère ordonna l'arrestation immédiate de Byng, et, lorsque le malheureux amiral arriva à Portsmouth, il fut sur le point d'être massacré. Après une détention de plusieurs mois à l'hôpital de Greenwich, il fut ramené à Portsmouth, et son procès commença le 28 décembre, à bord du *Saint-George*, devant un conseil de guerre composé de cinq amiraux et neuf capitaines. Voltaire, qui s'intéressait à tous les opprimés, pressa le duc de Richelieu, commandant de l'expédition de Minorque, de déclarer que Byng s'était parfaitement conduit à la bataille du 20 mai ; et il envoya à l'amiral anglais ce certificat, qui ne lui fut d'aucune utilité. Il fut reconnu non coupable de lâcheté et de trahison, mais convaincu de n'avoir pas fait tout ce qui était en son pouvoir pour détruire la flotte française, et en conséquence condamné à mort. Le conseil de guerre exprima un vif regret que la loi ne portât pas une autre peine, et fit avec instance appel à la clémence royale. Ce vœu ne fut pas entendu. Pitt recula devant l'effervescence populaire, et un message royal apprit au parlement que l'arrêt serait exécuté. Byng fut fusillé à bord du *Saint-George* le 14 mars 1757. Il montra à ses derniers moments beaucoup de calme et de fermeté, et tous les historiens s'accordent à regarder sa mort comme une grande injustice politique.   Léon JOUBERT.

Chalmers, *Biographical Dictionary*. — Voltaire, *Siècle de Louis XV*, et *Correspondance générale*.

BYNGHAM. *Voy*. BINGHAM.

BYNKERSHOECK (*Cornelius* VAN), jurisconsulte hollandais, né à Middelbourg (Zélande) le 29 mai 1673, mort le 16 avril 1763. Il commença ses études à Francker (Frise) ; après avoir consacré deux années aux lettres, il se voua à la jurisprudence, et se fit recevoir avocat à la Haye. Bynkershoeck était surtout très-versé sur les droits, lois, décrets, priviléges, usages et coutumes des diverses provinces composant les États hollandais. Ses principaux ouvrages sont : *De Auctore Auctoribusve Authenticorum* ; la Haye, 1699 ; — *le Nouveau Mercure de la Haye*, 1699 : ce journal satirique fut interdit ; — *Observationum Juris romani libri IV*, 1700 ; Leyde, 1710 : l'auteur y prouve que le droit romain était en usage dans les Pays-Bas depuis le règne d'Antonin le Pieux ; — *Opuscula varii argumenti*, 1719 ; — *De Foro Legatorum competenti*, 1721 : cet ouvrage a été traduit en français par Barbeyrac, avec annotations, sous le titre : *du Juge compétent des Ambassadeurs* ; la Haye, 1723, réimprimé à la suite de l'*Ambassadeur* de Wicquefort, 1730 ; — *Observationes Juris Romani*, 4 livres, 1733 : c'est une réfutation des *Emblemata Treboniana* ; — *Quæstiones juris publici, libri duo* ; Leyde, 1737. Il a été publié une édition complète des œuvres de Bynkershoeck par Nicat, professeur de droit à Lausanne ; Cologne, 1761, 2 vol. in-fol. ; Genève, 1761, in-fol. ; Leyde, 1766, 2 vol. in-fol.

Sax, *Onomasticon Literarium*, V. — Jügler, *Beytraege zur Juristischen Biographie*. — Adelung, suppl. à Jöcher, *Allgem. Gelehrten-Lexicon*.

BYNKES (*Jacques*), amiral hollandais. *Voy*. BINKES.

BYNS ou VAN BYNS (*Anne*), femme poëte flamande, native d'Anvers, morte vers 1548. Elle exerça dans sa ville natale la profession d'institutrice, et se proposa dans ses poésies de combattre la communion luthérienne, alors naissante. Un premier recueil de ses œuvres a été publié à Anvers en 1553, au rapport de Paquot, et en 1529, selon toute probabilité, sous ce titre : *Dit is een schoon enn suuerlyc boecken* (Ceci est un beau et pieux petit livre) : ce qui confirme la date de 1529, c'est la traduction de cet ouvrage en vers latins, publiée dans cette même année par Éligius Houcharuy ou Eucharius, sous ce titre : *Iste est pulcher et sincerus libellus* ; Anvers, 1529, in-12. On y trouve, à l'adresse de Luther, les vers suivants, qui donnent une idée de la verve du poëte :

    Hercstarcha unus, Judæo insidior, ipsum
    Præveniens Antechristum ceu nuncius, inter
    Infames monachos insignis apostata....

Le second recueil *Het tweede boeck* est daté d'Anvers, 1548, in-12 ; — *Gheestlycke refereyn* (Refrains spirituels), tel est le titre d'un troisième recueil ; Anvers, 1566, in-12. L'*Histoire littéraire inédite d'Anvers*, de l'abbé Hy, attribue encore à Anne Byns *l'Alouette spirituelle*, ou *Vers sur divers mystères* ; mais M. Reiffenberg (dans la

Biographie universelle) affirme qu'il n'a jamais rencontré ce livre, qui aurait été imprimé à Anvers en 1663. D'autre part, M. Willems, dans ses *Mengelingen*, met au compte d'Anne Byns un manuscrit : *Refereinen, rondeleen en andere Gedichten*, écrit vers 1540.

<small>Sweert, *Athenæ Belgicæ*. — Foppens, *Bibl. Belgic*. — Paquot, *Mém. pour servir à l'hist. litt. des Pays-Bas*.</small>

BYRADIAN (*Sempad*), prince arménien, vivait au premier siècle de J.-C. Il succéda à son père dans la principauté de Sper, et prit le parti d'Ardaschès, dernier rejeton des Sanadrouge-Arsacides, massacrés par Erovant. Byradian marcha contre l'usurpateur, le défit en plusieurs rencontres, et replaça son pupille sur le trône. Par reconnaissance Ardaschès le nomma gouverneur de son palais et général en chef de toutes ses troupes. Le zèle de Byradian ne se démentit pas ; il repoussa les Romains, commandés par Trajan, et fit prisonnier Parsmann ou Pharasmane, dont le royaume était situé sur les bords de la mer Caspienne. La famille Pakradouni, à laquelle appartenait Byradian, était d'origine israélite, et s'était fixée en Arménie environ cinq siècles avant J.-C. Le prince Bagration, général russe, descendait de cette famille, qui a régné sur l'Arménie et la Gorgie.

<small>Moïse de Chorène, *Chron. arm*.</small>

BYRGE (*Juste*), mathématicien suisse, né à Lichtenstein en 1549, mort en 1632. Il avait reçu de la nature une grande facilité pour les sciences exactes ; aussi sa réputation le fit-elle appeler auprès de Guillaume IV, landgrave de Hesse. Il construisit pour ce prince une grande quantité d'instruments de précision qui sont encore conservés à Cassel. Son protecteur étant mort en 1597, l'empereur s'attacha Byrge en qualité de mécanicien, ce qui lui permit de continuer ses travaux et ses observations astronomiques. Il inventa un compas de réduction fort simple ; mais c'est faussement qu'on lui a attribué l'application du pendule à la mesure du temps ; cette invention doit rester à Néper. Ce qui donna lieu à cette erreur, c'est l'assertion de Becher et de Bramer, beau-frère et disciple de Byrge. Néanmoins il reste acquis que ce savant n'a fait que commencer une table des progressions, dont sept feuilles seulement ont été imprimées à Prague en 1620 ; encore doit-on constater que son système, qui répond à la quadrature de l'hyperbole équilatère, demande des calculs trop compliqués lorsque le nombre est trouvé par son logarithme.

<small>Holstlus, *Tractatus tres ad geodesiam spectantes*; 1603. — Becher, *De nova temporis dimentiendi ratione et accurata horologiorum constructionis theoria et experientia*. — Strieder, *les Savants Hessois* (en allemand), 1781; in-8°.</small>

BYRNE (*Guillaume*), graveur anglais, né à Londres en 1743, mort dans la même ville le 24 septembre 1805, était élève de Woollet. Il vint en France en 1770 se perfectionner, sous la direction de Jacques Aliamet et de Wille. De retour dans sa patrie, il y fit paraître un grand nombre de productions d'après les premiers peintres du temps. Byrge réussissait surtout dans le paysage ; nous citerons de lui : *le Fanal exhaussé*, d'après Vernet ; — *la Mort du capitaine Cook*, d'après Webber : les figures sont exécutées par Bartolozzi ; — *le Départ d'Abraham*, d'après Zucharelli, figures également de Bartolozzi ; — divers morceaux d'après Wilson, et plusieurs marines et paysages ; enfin, *Antiquités pittoresques de la Grande-Bretagne*, collection très-remarquable exécutée avec Hearne.

<small>Rose, *New Biog. Dictionary*. — Nagler, *Neues Allgemeines Künstler-Lexicon*.</small>

BYRON ou **BYROM** (*John*), poëte anglais, né à Kersal (Lancastershire) en 1691, mort à Manchester le 28 septembre 1763, fit ses études à Cambridge ; mais sa faible santé l'empêcha de les achever, et il dut faire un voyage en France pour réparer ses forces. A son retour, épris des systèmes du P. Malebranche, il voulut pratiquer la médecine ; mais les nouvelles idées qu'il apportait n'eurent aucun succès. Il se vit donc forcé de chercher un autre moyen d'existence. Il venait d'épouser une de ses cousines, qu'il aimait éperdument, mais qui n'était pas plus riche que lui. L'amour et la pauvreté le rendirent industrieux ; et il inventa une méthode de tachygraphie qui porte encore son nom, et lui procura quelque aisance. Son frère aîné étant venu à mourir sur ces entrefaites, Byron se trouva tout à coup riche, et put sacrifier à ses deux penchants dominants, à l'affection qu'il portait à sa femme, et à la paresse. Aussi n'a-t-on de lui que quelques poésies et épigrammes peu remarquables : une seule pièce est lors ligne, c'est un poëme sur *l'Enthousiasme*.

<small>Chalmers, *Collection of the English Poets*.</small>

BYRON (*John*), navigateur et amiral anglais, né le 8 novembre 1723, mort à Londres le 10 avril 1786. Il montra dès sa jeunesse un goût prononcé pour la marine. Il n'avait encore que dix-sept ans lorsqu'il prit du service à bord de l'escadre de l'amiral George Anson, destinée à combattre les Espagnols et à détruire leurs établissements dans l'océan Pacifique. Tous les navires composant cette expédition firent successivement naufrage. Anson ramena seul son vaisseau en Europe : celui de Byron échoua au débouquement du détroit de Magellan. Pris par les Patagons, les naufragés furent conduits au Chili et livrés aux Espagnols. En 1744, après une captivité de trois ans, Byron fut assez heureux pour s'échapper et être recueilli par un bâtiment malouin, qui le ramena dans sa patrie. Il reprit aussitôt du service, et se distingua dans plusieurs rencontres avec les flottes françaises. La paix survenue, Byron, toujours désireux de se signaler, sollicita et obtint une mission transatlantique, dans le but d'explorer l'espace compris entre le cap de Bonne-Espérance et le cap Horn. A cet effet, l'amirauté lui confia deux bâtiments de guerre, le vaisseau *le Dauphin* et la frégate *la Thamar*. Byron appareilla, le 6 juillet

1764, de Plymouth ; le 15, il était à Madère ; le 20, aux Canaries ; et le 28, aux îles du cap Vert. Dans ces parages, les équipages firent l'observation, constatée depuis, que la doublure en cuivre des bâtiments écartait le poisson, et rendait la pêche très-difficile. Le 13 juillet, les deux navires mouillaient en rade de Rio-Janeiro, d'où ils ne mirent à la voile que le 22 octobre suivant. Après avoir essuyé plusieurs gros temps, ils atterrèrent un mois après à l'île des Pingouins, déjà découverte par sir John Narborough, mais très-mal signalée sur sa carte. Byron se dirigea ensuite sur le port Désiré, où les équipages se livrèrent au plaisir ou plutôt à la nécessité de la chasse : elle leur procura de grands soulagements et des ressources abondantes. « La « première abattue, dit le narrateur, fut un lièvre « pesant 26 livres ; les oiseaux étaient si nom-« breux, que lorsqu'ils s'élevaient le ciel était obs-« curci, et qu'aucun homme de l'équipage ne pou-« vait faire un pas sans marcher sur leurs œufs. « Chaque canot rapportait soixante à soixante-« dix belles oies sans avoir tiré un coup de fusil ; « il suffisait de pierres et de bâtons. »

Bien que battu constamment par des rafales de neige et de grêle, le commodore ne voulait pas quitter ces contrées sans avoir rallié le vaisseau de Floride qu'il attendait d'Angleterre, et qui ne parut que le 6 février. Byron mit ce retard à profit en explorant les côtes de la Patagonie, de la Terre-de-Feu, et les îles Fackland. La flottille s'engagea le 17 février dans le détroit de Magellan, mais fut forcée de relâcher près du port Famine, dans une baie qui prit le nom de *port Egmont*, en l'honneur du comte d'Egmont, premier lord de l'amirauté. On y trouva une telle quantité de bois flottants, « qu'on aurait pu en charger aisément « mille vaisseaux ; les baleines et les lions marins y « abondaient tellement, qu'ils rendaient la navi-« gation dangereuse. » Enfin, le 9 avril, après cinquante et un jours de fatigues incessantes, Byron vit s'ouvrir devant lui la mer du Sud. On doit à ce navigateur d'avoir relevé le premier, d'une manière exacte et complète, le parcours du détroit de Magellan, encore peu connu, et par cela même redouté de tous les marins de ce temps. Byron s'exprime ainsi dans son rapport : « Les « difficultés et les dangers que nous avons es-« suyés dans le détroit de Magellan pourraient « faire croire qu'il n'est pas prudent de tenter ce « passage, et que les vaisseaux qui partent d'Eu-« rope pour se rendre dans la mer du Sud de-« vraient tous doubler le cap Horn ; je ne suis « point du tout de cette opinion, bien que j'aie « doublé deux fois le cap Horn. Il est une saison « de l'année où, non pas un seul vaisseau, mais « toute une flotte, peut en trois semaines traver-« ser le détroit : il faut pour cela y entrer dans le « mois de décembre. » Le 7 juin, Byron découvrit deux îles qu'il nomma *îles du Désappointement* parce qu'il ne put y aborder ; puis un archipel qu'il désigna sous le nom *du roi George* : il fallut y fusiller les Indiens pour se procurer des vivres et de l'eau. Ces terres sont situées entre 14° 41' de latitude sud et 149° 15 de longitude ouest. Le 2 juillet suivant, il aperçut une île habitée, mais de laquelle on ne put s'approcher à cause des récifs de coraux qui l'entourent ; on la nomma *île de Byron* (1° 18' lat. sud et 173° 46 long. ouest). La chaleur devenait insupportable ; le thermomètre marquait souvent 35° ; le scorbut faisait des progrès terribles dans les équipages ; il fallut se diriger sur les îles Tinian, d'où l'expédition ne remit à la voile que le 30 septembre. Le 5 octobre, on relâcha à Timoan, île malaise, et le 29 novembre on salua Batavia ; Byron y séjourna jusqu'au 10 décembre. Le 13 février suivant, il touchait au cap de Bonne-Espérance ; le 16 mars, il reconnaissait Sainte-Hélène ; le 25, il passait la ligne. Quelques avaries survenues à *la Thamar* le forcèrent de se séparer de ce bâtiment, et de donner l'ordre au capitaine Cumming, qui le commandait, de se diriger sur les Antilles. Ces avaries étaient la suite d'un choc sous-marin sur quelque cétacé ; on en acquit la certitude par l'immense quantité de sang qui vint teindre la mer. Enfin, après une tempête de dix jours et un voyage de plus de vingt-trois mois, Byron débarqua à Déal le 7 juin 1766.

Cette navigation est certainement la plus longue et la plus heureuse de toutes celles qui avaient été tentées jusque-là. Byron fut le premier qui exécuta un voyage de circumnavigation dans un but purement scientifique. Si les résultats n'en furent pas plus utiles et les découvertes plus nombreuses ; si même ses relations semblent peu exactes et souvent exagérées, on doit l'attribuer au manque presque absolu d'hommes spéciaux dans les diverses branches de l'histoire naturelle. Tenant compte de ces conditions défavorables, on doit rendre justice au zèle et au courage de Byron. Aussi sa patrie ne fut pas ingrate ; elle lui conféra le titre d'amiral avec un commandement dans les Indes occidentales. Son *Voyage autour du monde* a été publié après sa mort, traduit en français par Suard (Paris, 1767, in-8°).

ALFRED DE LACAZE.

Hawkesworth, Smith, *Voyages autour du monde.* — Rose, *Biographical Dictionary.*

BYRON (*George-Noël* GORDON, lord), célèbre poète anglais, né à Douvres le 22 janvier 1788, mort à Missolunghi le 19 avril 1824. On trace avec soin l'arbre généalogique des souverains ; c'est au même titre que l'on peut jeter les yeux sur les ancêtres d'un grand poète :

Il peut et doit marcher de pair avec le roi :
Ils habitent tous deux les sommités du monde.
SCHILLER.

Lord Byron était fier de sa famille : par la ligne paternelle il remontait aux conquérants normands ; par sa mère il rattachait son origine à Jacques Ier, roi d'Écosse. Le nom de Byron (Bürün) se trouve dans *Doomes-day-book*, et dans les annales des batailles de Crécy, de Bosworth, de Marston-Moore. Charles 1er conféra le titre de baron à cette noble famille, fidèle à la cause royale. Vers le milieu du dix-huitième siècle, le grand-père du poëte se fit un nom, comme amiral, dans les fastes de la marine. De pareils souvenirs ne sont pas à dédaigner, même dans un temps aussi ennemi du passé que le nôtre. Le grand-oncle et le père de Byron laissèrent après eux une renommée moins brillante : le premier eut le malheur de tuer en duel un de ses parents, et vécut dès lors retiré dans son domaine patrimonial de Newstead-Abbey ; le second enleva lady Carmathen, l'épousa, et, se trouvant sans ressource après la mort de cette première femme, il se maria avec une riche héritière, miss Catherine Gordon, qu'il ruina en fort peu de temps. C'est de ce second mariage qu'est sorti le grand poëte, dont le caractère ondoyant semble le résumé bizarre des vertus et des défauts de ses ancêtres ; on dirait qu'en lui se sont fondus, comme dans un creuset, la générosité, l'ardeur guerrière des uns, avec l'excentricité et le libertinage des autres. Son père, le mauvais sujet, vécut loin de sa femme, et mourut en France. Sa mère, capricieuse, passant brusquement de la colère à la tendresse et de l'amour au dédain, éleva mal son unique enfant. Devenue pauvre, elle s'était établie avec lui dans la petite ville d'Aberdeen, et l'envoya, peut-être pour s'en débarrasser, à l'âge de cinq ans, à l'école. Le petit Byron était mobile comme sa mère : tantôt entêté, déchirant ses habits dans des accès de rage concentrée ; tantôt doux, humble, aimant pour qui savait le comprendre. Par un accident arrivé lors de sa naissance, il eut un pied légèrement tordu, et demeura toute sa vie un peu boiteux. Il en eut toujours le cœur navré, tant il est vrai que la vanité trouve place dans les esprits les plus élevés. En 1795, son grand-oncle lord Byron mourut, après avoir perdu, l'année précédente, son dernier héritier en ligne directe. La pairie échut à cet enfant qui avait vécu jusqu'alors si modestement dans une école bourgeoise. Le changement était grand, subit ; et s'il est vrai que le pouvoir enivre même les intelligences fortes, quelle révolution ne dut pas s'opérer dans cette jeune tête, quand il vit son attitude sociale changer en un clin d'œil ? La première fois qu'à l'appel dans sa classe il entendit le professeur proférer ces mots, *Dominus Byron*, des larmes coulèrent le long de ses joues enfantines. Il passa l'année suivante dans les montagnes d'Écosse : l'aspect de leurs sites pittoresques laissa des traces ineffaçables dans sa jeune imagination ; dans ses vers, il revient avec délices à ces premiers souvenirs.

Vers la même époque une passion bizarre se développa dans ce cœur de huit ans. Une petite fille, Marie Duff, lui fit éprouver toutes les sensations qui accompagnent à un âge plus mûr l'amour malheureux. C'est ainsi que Dante Alighieri, encore enfant, aimait Béatrice. Sans doute que ces organisations poétiques devinent la lutte qui les attend et s'y préparent d'avance : les cordes de leur âme, comme celles de leur lyre, vibrent de bonne heure. Quatre ans plus tard, Byron vit sa cousine Marguerite Parker, et en devint aussi éperdument amoureux. C'était, il le dit lui-même, une beauté à teint transparent ; le calme et la paix respiraient dans ses traits. Elle mourut de consomption. Sa douce figure, ainsi que celle de Marie, revint souvent, comme une apparition d'ange, sous les yeux du jeune homme. En 1801, Byron fut envoyé à l'école de Harrow. Il lut beaucoup, sans s'assujettir à un travail régulier. Ses liaisons de collége étaient passionnées : il aimait ses camarades comme des maîtresses ; un immense besoin d'affection dévorait son âme. Souvent il allait s'asseoir, pensif, dans le cimetière de Harrow : la mélancolie précoce ne fait point le génie, mais quelquefois elle l'annonce. Pendant les vacances, en 1803, il vit, à Annandale, près de Newstead-Abbey, miss Mary Chaworth, et se prit pour elle d'une passion profonde. Elle avait deux ans de plus que lui, et le traitait sans doute un petit lycéen. L'amour-propre de Byron en souffrait le martyre, et ces tourments contribuèrent à graver dans son cœur, en traits ineffaçables, une affection qui autrement n'aurait été peut-être que passagère. Mary, bientôt après, se maria ; Byron concentra sa passion, et en fit éclater le souvenir dans un de ses plus beaux morceaux lyriques, intitulé *le Rêve (the Dream)*.

En 1805 il passe du collége à l'université de Cambridge, où bientôt il mène joyeuse vie. Pour étouffer l'importune image de Marie, il se plonge dans les excès de tout genre. Plusieurs heures de sa journée sont alors remplies par de violents exercices : il boxe, il fait des armes, il nage, il galope ; des chiens le suivent ; un ours l'attend dans l'antichambre, des camarades de plaisir et des bouteilles l'attendent dans le salon. Il affiche ses passions, il s'en fait gloire ; et au milieu de ce tourbillon matériel *il pense* : le scepticisme a déjà pris possession de son âme, et à côté de lui point d'intelligence supérieure pour combattre ce funeste penchant, et le transformer en un doute plus humble, plus compatible avec le sentiment religieux. Car Byron, loin d'être impie, a besoin de croire ; il interroge les hommes et les livres, le ciel et la terre, sur les mystères de la vie : c'est même dans cette lutte de la piété native de son cœur avec le persiflage amer, incrédule de son esprit, entre le souvenir idéalisé d'un amour pur et les jouissances sensuelles, qu'il faut chercher la source d'où jaillirent plus tard ces pensées hardies, désespérantes, qui trahissaient, par leur mystérieuse véhémence, le sein ulcéré d'où elles étaient sorties. Son premier recueil de poésie, *les Heures de loisir*, si durement traité dans la *Revue d'Édimbourg*, parut en 1807 ; la critique injuste fut comme un éperon dans le flanc d'un jeune coursier. Byron, blessé au vif, répondit, au commencement de 1809, par sa fameuse satire des *Bardes anglais et critiques écossais*. Le succès fut grand, et le poëte vengé au delà de son attente.

Cependant il se préparait à quitter l'Angleterre. Une partie de ses biens était en litige : endetté par son séjour à Cambridge et ses fréquentes excursions à Londres, il ne pouvait faire face à sa position. Son tuteur, lord Carlisle, avait refusé de l'introduire à la chambre des lords; et Byron s'était présenté seul, mortifié, pâle de colère. Avant de faire ses adieux au sol natal, il rassembla une fois encore ses amis dans son antique domaine de Newstead-Abbey ; et là, dans ces salles gothiques, travestis en moines, discutant vers et philosophie, buvant du vin de Bourgogne dans un crâne, gravement occupés au tir du pistolet, à taquiner un loup et un ours, ces joyeux compagnons semblaient condenser, en quelques semaines fugitives, leur vie d'université avant d'y renoncer à jamais. Dans l'été de 1809, lord Byron s'embarqua pour Lisbonne. Le vent de la haute mer, en passant sur son front, ne dissipa point les nuages que des désappointements précoces y avaient amoncelés. Appuyé contre le mât, il rêvait ce mélancolique chant d'adieu qui a trouvé sa place dans *Childe-Harold*; et de ces noires pensées un peu théâtrales dans lesquelles se complaît la jeunesse, précisément parce qu'elle n'a pas encore été secouée par le malheur réel, le jeune poëte passait dans ses lettres à des accès de gaieté folle ; car dès son enfance une extrême mobilité d'esprit semblait inhérente à sa nature. A peine débarqué à Lisbonne, il se dirigea sur Cadix. Il vit, dans sa course rapide, l'Andalousie levée comme un seul homme contre l'invasion française; et il emporta de Séville une boucle de cheveux de doña Josepha, qui prêta quelques traits à doña Inez (dans le *Don Juan*, ch. 1). De l'île de Malte il part pour l'Albanie, salué à Tepelen le fameux Ali-Pacha, qui le reçoit au milieu de sa garde de Turcs, de Grecs, de nègres et de Tatars, et le reconnaît lord à ses mains blanches, ses cheveux bouclés, et ses petites oreilles. En novembre, il touche à Missolounghi, où quinze ans plus tard il devait mourir ; à la fin de l'année il est à Athènes, dans la demeure de la belle Teresa Macri. A Smyrne, il termine en avril 1810 le second chant de *Childe-Harold*, traverse à la nage, comme Léandre, le canal des Dardanelles, plus fier de cette prouesse que de ses œuvres poétiques. Il retourne de Constantinople en Morée et à Athènes. Après une absence de deux ans, il vient retoucher le sol de sa patrie, ennuyé d'avance du tracas et des embarras de fortune qui l'attendent, mais retrempé par les privations, les dangers et la vie solitaire au milieu des montagnes de la Grèce. Sa mère mourut au moment de son arrivée, avant qu'il lui eût fermé les paupières. Deux amis de Byron périrent bientôt après, Mathews en Angleterre, Wingfield à Coïmbre. C'est la mort de Mathews surtout qui frappa Byron au cœur. « A voir de pareils êtres s'en aller, écrit-il à Dallas, à voir la pourriture ronger les os de ces hommes, mis au monde rien que pour montrer ce que Dieu aurait pu faire de ses créatures, que faut-il dire? que peut-on faire?... » D'autres amis, tels que Moore, Rogers, lord Holland, ne les remplacèrent qu'imparfaitement plus tard. La forte amitié a sa saison, comme l'amour.

Cependant *Childe-Harold* parut (février 1813); et Byron, presque inconnu la veille, se réveilla un beau matin le plus célèbre des poëtes de l'Angleterre. C'est que les esprits, surexcités par vingt ans de révolutions et de guerres, éprouvaient le besoin d'une nourriture intellectuelle en harmonie avec les passions fiévreuses du jour ; et c'était un spectacle curieux que celui d'un esprit supérieur en lutte avec lui-même et avec la foi. Le poëte avait eu l'adresse de s'identifier mystérieusement avec son œuvre, et de laisser entrevoir, à travers un voile noir, des fautes et des malheurs sans nom. Une belle et noble physionomie, où la tristesse se mariait à la grâce et à la pensée, attirait sur l'homme un intérêt magique; les enthousiastes l'admiraient; les femmes portaient des paroles de consolation dans ce cœur brisé, et les dévots cherchaient à attirer à eux une âme faite pour croire. Pendant quelques mois il se laissait aller à ce cercle fashionable qui l'enivrait de louanges et de caresses. Deux jours avant la publication de *Childe-Harold*, il avait débuté avec succès à la chambre des lords; il n'était pas destiné pourtant à la carrière parlementaire. La postérité ne regrettera pas de compter un orateur de moins et un poëte de plus.

En 1813 et 1814 parurent successivement *le Giaour*, *la Fiancée d'Abydos*, *le Corsaire*, *Lara* : c'étaient de nouveaux fleurons ajoutés à la couronne du poëte ; mais les attaques aussi n'allaient plus lui manquer. La critique, un moment intimidée par l'éclatant succès de *Childe-Harold*, saisit la première occasion pour se faire entendre plus virulente que jamais. Lorsque Byron publia les vers *A une dame en pleurs*, adressés à la princesse Charlotte, les journaux torys le traitèrent de démon ; les attaques de tout genre firent un moment douter le poëte de son génie : heureusement son éditeur Murray était là pour le rassurer.

Byron songeait alors au mariage : il espérait y trouver le calme, qui n'est que dans la foi. Vers la fin de 1814 il fut agréé comme fiancé par miss Milbank, qui l'avait refusé une année auparavant ; le 2 janvier 1815, l'union se conclut. Byron avait annoncé son bonheur futur à tous ses amis. « Elle est si bonne, disait-il de sa femme, que je voudrais être meilleur. » Cependant l'issue fatale de ce mariage vint démentir les espérances du jeune époux. C'est que les grands génies sont plus capables d'inspirer l'admiration que l'amour ; leur cœur se refroidit à mesure que leur imagination s'échauffe; en idéalisant les affections, ils deviennent moins capables de pratiquer les devoirs journaliers :

Du nectar idéal sitôt qu'elle a goûté,
La nature répugne à la réalité.

Mais la mélancolie, très-noble et très-touchante sur un front de poëte, dans un lointain vaporeux, devient fort maussade lorsqu'elle se pose sur la tête d'un mari. Lady Byron ne comprit point le caractère fantastique du sien, et ne put s'y plier. Une femme frêle, souple comme le roseau, plaintive, pénétrante comme Médora, aurait peut-être réussi à lire au fond de cette âme énigmatique, et à se l'attacher à force de soumission et de tendresse. Il en devait être autrement : Byron était destiné à boire jusqu'à la lie et sous toutes les formes la coupe du désenchantement. Après la naissance d'une fille, sa femme le quitta pour aller voir son père, et ne revint plus. Et, comme si ce coup ne devait point suffire, le public frivole, jaloux, toujours aux aguets pour saper les hautes renommées, attaqua l'homme, ne pouvant atteindre le poëte. Byron baissa la tête; mais cette tempête d'attaques acrimonieuses, en passant sur lui, sillonna son front de rides précoces, et porta dans son cœur une amertume délétère, intarissable. Désormais plus de liens entre lui et une société hypocrite, vengeresse de torts sur lesquels se taisait la seule victime intéressée dans ces pénibles débats. Au printemps de 1816, après avoir livré à la presse *le Siége de Corinthe*, *Parisina*, et les *Adieux à sa femme*, écrits sous l'inspiration d'un désespoir moitié réel, moitié poétique, il s'embarqua pour les Pays-Bas : son exil volontaire allait être éternel.

Ici commence une nouvelle période dans le développement de cet être à part. Toutes les difficultés l'irritent; une critique injuste lui a révélé son talent; peut-être se serait-il endormi dans le succès. Depuis les deux premiers chants de *Childe-Harold*, produit de ses courses aventureuses, il a plané sans s'élever plus haut. Maintenant les calomnies, les invectives du monde vont faire jouer tous ses ressorts cachés. « La marche triomphale de son génie, a dit Moore avec un peu de prétention et beaucoup de vérité, devait passer sur les ruines de son cœur. »

Il resta l'été de 1816 sur les bords du lac de Genève, s'attachant à Mme de Staël, qui essaya en vain d'amener un rapprochement entre lui et sa femme. Le poëte Shelley vint le voir dans sa retraite; ils firent ensemble le tour du lac, et essuyèrent une tempête sous les rochers de Meillerie. Pendant un séjour de 48 heures à Ouchy, Byron termina son IIIe chant de *Childe-Harold*, et composa son *Prisonnier de Chillon*. L'air de Clarens, encore tout imprégné d'amour et de parfum, lui avait porté à la tête; Jean-Jacques, le misanthrope passionné du dix-huitième siècle, s'était révélé tout entier, sur les lieux mêmes de *la Nouvelle Héloïse*, au sceptique désespéré du dix-neuvième. « Je touchais à la folie en écrivant cette partie de *Childe-Harold*, » dit Byron. En septembre il fait une course avec Hobhouse, par la Dent de Jaman, dans l'Oberland bernois. En traversant une forêt de pins à branches mortes, sans écorce, sans feuilles, sans vie, ruines d'un seul hiver : « C'est bien l'image de ma famille et de moi, » s'écria-t-il.

En octobre 1816, il est dans la bibliothèque Ambrosienne de Milan à convoiter une boucle de cheveux de Lucrèce Borgia; en novembre, à Venise, il étudie l'arménien pour lutter avec une difficulté quelconque. Tous les matins, sa gondole le mène au couvent mékhitariste; le soir, il fait l'amour à l'italienne; il médite la nuit. La vie que pendant deux ans Byron mène dans les lagunes et sur les bords de la Brenta réunit les contrastes les plus étonnants : le libertinage, pour fronder l'opinion des Anglais puritains; des inspirations brillantes, pour faire pardonner ses écarts par la postérité; des études fortes, pour se satisfaire lui-même. Au printemps de 1817, il avait fait une excursion rapide à Rome. En fait de contemporains, il prétend n'y avoir vu que trois brigands guillotinés, un cardinal mort et un pape en vie. Le quatrième chant de *Childe-Harold*, qu'il termina cette même année, prouve au moins que le grand passé de la ville aux sept collines frappa vivement son âme mélancolique, et qu'il sentit, comme Chateaubriand, comme tous les *cœurs orphelins*, ce que l'air du Latium renferme de tristesse et de consolation. A Ferrare, dans la prison du Tasse, il écrivit ses déchirantes *Lamentations* : toutes les infortunes devaient trouver en lui un écho fidèle; puis il retourne à ses livres arméniens, à Pope, qu'il étudie, qu'il prône, qu'il admire; à ses mœurs vénitiennes, à ses chevaux anglais sur le Lido.

Dès la fin de 1817 le palais Moncenigo, habité par lui, devint le théâtre de scènes étranges. Mariana, la belle femme à figure d'antilope, n'occupait déjà plus Byron; c'était une fille du peuple, Margarita Cogni, à taille d'amazone, à caractère de Médée. Cette mégère s'était établie de force dans la demeure du grand seigneur anglais : elle s'y montrait menaçante, terrible, jalouse, économe, amoureuse surtout. Quand ce genre de vie vint à ennuyer Byron, il fallut enlever violemment la pauvre victime. Au milieu de cette vie désordonnée, le poëte trouva le temps d'écrire *Manfred*, *Beppo*, *Mazeppa*; de s'occuper de *Marino Faliero*, de commencer *Don Juan*, le divin, l'infernal *Don Juan*, le poëme des contrastes, le vrai poëme épique du dix-neuvième siècle.

Ainsi qu'il arrive souvent, dans l'organisme physique, qu'un grand mal absorbe les douleurs partielles, une passion sincère et profonde mit un terme aux goûts passagers et frivoles de Byron. Il se rencontra dans la société de Venise avec une jeune Romagnole, la comtesse Teresa Guiccioli, nouvellement mariée à un vieillard. Bientôt il s'établit entre elle et le poëte une de ces relations que condamne la morale, que les mœurs de l'Italie excusent et légitiment. Lorsque, peu de mois après, Teresa partit avec son mari pour Ravenne, les angoisses de la séparation attaquèrent sa frêle santé au point de faire craindre pour ses jours. Byron alla la rejoindre, lui rendit la vie par ses soins délicats, et lui proposa de s'échapper ensemble : Teresa consentait à se faire passer pour morte, comme Juliette ; l'enlèvement d'une femme en vie est contraire à la morale italienne. Enfin, après beaucoup de tergiversations et de combats, elle sacrifia tout à son amour, et suivit lord Byron sur les bords de la Brenta. Ce fut un court instant de bonheur ; les cris d'indignation des parents de Teresa et de la société de Ravenne pénétrèrent dans sa retraite. Une lutte vive et longue ramena une réconciliation entre elle et son mari. Pour la seconde fois dans la même année (1819), une maladie grave la mit à deux doigts de la mort. Alors on vit le père et le mari de la comtesse conjurer Byron de les rejoindre à Ravenne : il y consentit, et le voici établi officiellement dans le même palais que Teresa.

Amant platonique à Annandale, boxeur et buveur à Cambridge, dandy à Londres, libertin à Venise, *cavaliere servente* en Romagne, Byron a franchi assez de degrés sur l'échelle des sensations pour élargir l'œuvre qui résume le mieux ses opinions et sa vie, son *Don Juan*. L'habitude de ridiculiser les plus nobles sentiments prenait de jour en jour plus d'empire sur lui. Son amour pour la comtesse Guiccioli était né trop tard pour le guérir de cette funeste maladie d'esprit, et ne prouve rien qu'en faveur de l'inépuisable source d'affections vives et tendres que la nature avait déposées au fond de son cœur.

Le comte Guiccioli cependant, poussé on ne sait par quel caprice, après avoir longtemps toléré les assiduités de lord Byron auprès de Teresa, finit par renvoyer sa femme, et par obtenir du pape un arrêt légal de séparation. La comtesse, pour ne pas être enfermée dans un couvent, alla vivre à la campagne, chez son père, le comte Gamba, où Byron ne put la voir que de loin en loin. Il cherchait un contre-poids à ses tourments égoïstes dans l'étude et dans les préoccupations politiques. La révolution de Naples venait d'éclater (juillet 1820), les carbonari s'organisaient depuis quelque temps en Romagne : Byron se laissa enrôler par le frère de son amante. Il n'est pas probable qu'un esprit supérieur comme le sien se soit fait illusion sur le succès d'une cause qui n'avait point de racine dans la masse de la population ; mais Byron avait besoin de fortes secousses ; il aimait à se débattre avec le danger, comme un nageur avec la vague ; et puis, quelque sceptique qu'il fût, il avait foi dans le triomphe final de la liberté politique ; il ne lui répugnait point de tomber martyr. On connaît l'issue de ces mouvements d'Italie : les comtes Gamba, gravement compromis, furent exilés de Ravenne ; et madame Guiccioli dut les suivre. Volontiers le gouvernement papal se serait attaqué à Byron lui-même : pair d'Angleterre, il imposait ; son départ d'ailleurs était inévitable après celui de son amante. Pourtant il tergiversa pendant quelques mois : des inconvénients réels et sérieux devaient suivre l'exil définitif de la famille Gamba ; d'un jour à l'autre Byron espérait leur rappel. A la fin d'octobre 1821, après avoir terminé, au milieu de ces vives agitations du cœur et de la tête, *Marino Faliero*, *les Foscari*, *Sardanapale*, *Caïn*, *la Vision du jugement*, il quitta Ravenne, et s'établit à Pise dans le palais Lanfranchi, où madame Guiccioli l'attendait. Bientôt après, la même habitation abrita un littérateur que Byron avait déjà connu à Londres, un homme que ses opinions politiques rapprochaient du grand poëte, et que tout le reste, position, caractère, tendance d'esprit, devait en éloigner. Leigh Hunt, avec femme et enfants, fut accueilli dans le palais Lanfranchi ; il espérait, de concert avec Byron, fonder un journal périodique (*le Libéral*). L'entreprise ne réussit point au gré de Hunt : soit calcul déjoué, soit vanité meurtrie, son dépit se fit jour sept ans plus tard dans un ouvrage sur le caractère et les poésies de Byron ; ouvrage pour le moins inconvenant, puisqu'il déverse le blâme et se permet de graves insinuations sur un homme qui avait obligé l'écrivain et ne pouvait plus lui répondre. Bien différent de Hunt, le capitaine Medwin, qui vivait aussi à Pise dans l'intimité de Byron, s'en est fait l'apologiste. Byron subissait les ennuis de la grandeur ; les mouches bourdonnaient autour du lion.

A Pise comme à Ravenne, la vie du lord poëte se partageait entre l'amitié, le travail, et des cavalcades aux environs. En Toscane comme en Romagne, le gouvernement voyait de mauvais œil ce noyau de carbonarisme. Une querelle, qu'au retour d'une promenade plusieurs personnes de sa suite eurent avec un militaire toscan, occasionna des tracasseries qui dégoûtèrent Byron de ce séjour. La mort de son ami Shelley, noyé par une bourrasque dans le golfe de la Spezzia, y contribua encore. Le cadavre du malheureux poëte, rejeté sur la plage, avait été brûlé par Byron : une impression sinistre lui était restée de cette cérémonie païenne.

Puis il songeait à la Grèce, dont les efforts le captivaient depuis que le burlesque dénoûment de la manie constitutionnelle en Italie avait trompé son attente. Son état d'auteur le fatiguait ; c'était un pis-aller que les vers pour résumer les agitations de ses journées, les rêves fiévreux de ses nuits. Il sentait qu'il lui fallait avant tout une existence active ; que, la vie des camps venant à absorber l'inquiète activité de son esprit et les impérieux besoins de son cœur, il échapperait plus facilement à cette torture intime, source de ses belles inspirations et de ses écarts coupables. Illusion funeste sans doute, de chercher sur terre ce qui n'est qu'au ciel, la paix de l'âme et le repos des passions! Une lettre touchante, que Byron reçut à peu près à cette époque, lui indiquait, comme un doigt d'en haut, la direction à suivre. C'était un théologien anglais, John Sheppard, qui lui envoyait quelques lignes écrites de la main d'une épouse morte jeune et chrétienne, et priant Dieu pour le salut de l'âme du noble poëte, en qui elle avait reconnu (comme M. de Lamartine dans sa belle ode à lord Byron) une grande puissance d'aimer et de croire, à travers les accents d'une désespérante incrédulité. Mais cet avertissement ne fit qu'effleurer le cœur de Byron : il devait demeurer sceptique jusqu'au bout.

Aussi *Don Juan* avançait-il rapidement. A la demande de Mme Guiccioli, il avait interrompu quelque temps ce travail. Les femmes aiment l'auréole magique sur le front de l'amour; et *Don Juan* désillusionne sur l'amour comme sur toutes choses. Byron terminait à la même époque le mystère Ciel et Terre, *Heaven and Earth*, et *Werner*, dont il offrit la dédicace à Gœthe. Ainsi les dernières années de sa vie sont marquées par une dévorante activité; peut-être sentait-il déjà un avenir plus long lui échapper.

Dans l'automne de 1822 il s'établit dans une villa près de Gênes, et s'y lia d'amitié avec lady Blessington, qui a publié des détails curieux sur cette dernière année de Byron. Au commencement de l'année suivante il entra en rapport avec le comité grec de Londres. Du moment où sa velléité de se dévouer à une cause alors si intéressante fut connue, de nombreuses invitations lui arrivèrent de Grèce, affirmant que sa présence y était vivement désirée; qu'il y pourrait faire du bien par son influence personnelle et par des secours d'argent. Il fréta un brick anglais, et mit à la voile le 13 juillet 1823, avec le comte Gamba, Trelawney l'ex-pirate, le docteur Bruno, des domestiques, des armes, des munitions, des chevaux, et une pharmacie. Un ouragan le rejeta le surlendemain dans le port de Gênes. Il mit pied à terre, et visita, triste et pensif, avec le comte Gamba, la maison de campagne que la comtesse Guiccioli venait de quitter le matin même. « Où serons-nous dans une année d'ici ? » dit-il à son compagnon. Par une bizarre et fatale coïncidence, un an plus tard, jour pour jour, son corps fut déposé dans le caveau de ses ancêtres.

Les avaries du brick *l'Hercule* ayant été réparées, Byron repart; il s'arrête à Livourne pour divers chargements. Ici une missive poétique, venue de Weimar, lui porte un souvenir précieux de Gœthe. « Des paroles d'ami, » lui dit le poëte-patriarche dans quelques strophes dont nous désespérons de rendre la noble et profonde simplicité, « des paroles d'ami m'ar« rivent coup sur coup; elles me viennent du « sud; elles parfument ma demeure; elles me « crient : Vieux pèlerin, va chercher ce noble « cœur! Mon esprit vole à lui; mon pied, hélas ! « reste enchaîné. Comment rendre ses douces « paroles, de loin, à un esprit que depuis long« temps j'accompagne de mes vœux? à lui qui se « fait une guerre acharnée, et supporte, grand « et fort, les douleurs qui lui rongent le fond des « entrailles? »

« Qu'il soit heureux, lorsqu'il se sent lui« même ! qu'il ose proclamer sa félicité, lorsque, « dans l'étreinte des Muses, il dompte sa souf« france mortelle; et qu'il sache se connaître « tel que je l'ai reconnu ! »

Le 24 juillet, il remit à la voile; au bout de dix jours de navigation, il prit terre à Argostoli, dans l'île de Céphalonie. La Grèce alors était dans un triste état : le gouvernement déconsidéré, désorganisé; les chefs militaires tout-puissants, la discorde partout, de l'argent nulle part. Byron, au milieu du tiraillement des factions, crut devoir se maintenir neutre, et observer pendant quelques mois, un peu à l'écart, l'état des choses. Sa puissante imagination n'avait point étouffé en lui un grand bon sens pratique : il vit bientôt que ses espérances devaient se borner à amortir les dissensions, à ôter à la guerre son caractère de cruauté, à distribuer convenablement ses ressources et celles du comité de Londres. A la fin de l'année, les affaires semblaient s'améliorer : Corinthe était prise par les Grecs; les Turcs avaient évacué l'Acarnanie; Maurocordato, envoyé par le gouvernement dans la Grèce occidentale, était arrivé à Missolunghi, et appelait Byron de tous ses vœux. On avait besoin de son argent pour payer la flotte stationnée dans ces parages. Byron équipa un mistik et une bombarde, et il écrivit, le 27 décembre, à Moore : « Si quelque chose, telle que fièvre, fatigue, femme, etc..., coupait court à la vie de votre confrère; s'il m'en arrivait ni plus ni moins qu'à Kleist, Kœrner, Garcilasso della Vega, Kutofski ou Thersandre, qu'y faire?.... Pensez à moi dans vos heures de folie. » Malgré ce ton enjoué, il paraît que de graves et de sinistres pressentiments travaillaient alors l'esprit de Byron. Désillusionné d'avance sur le succès matériel de la cause grecque, c'était à une abstraction qu'il se sacrifiait, sans espoir de récompense ici-bas, ni au delà du tombeau. Des discussions théologiques avec un docteur méthodiste, pendant son séjour à Céphalonie, n'avaient abouti à aucun résultat. Byron allait au-devant de la mort avec le désespérant scepticisme qui avait été le compagnon inséparable de sa jeunesse et de son âge mûr.

Le 5 janvier 1824, après avoir échappé pendant la traversée à une frégate turque, lord Byron débarqua au fond des lagunes pestilentielles de Missolunghi, au milieu d'une population enthousiaste, accourue sur la plage pour recevoir dignement le sauveur qui lui arrivait. Dans cette malheureuse ville, réservée à un destin si funeste, s'agitaient des ferments de discorde. Lord Byron s'appliqua à les calmer, à mettre les fortifications en bon état, à restreindre la licence de la presse. Il prit cinq cents Souliotes à sa paye, luttant un jour avec leurs exigences exorbitantes, leur humeur querelleuse; le lendemain, avec des artilleurs anglais qui se révoltaient; un autre jour, avec ses propres amis, avec Stanhope et Trelawney, qui embrassaient un autre parti que lui. L'un tenait pour Colocotroni, l'autre pour Odysseus, celui-là pour Maurocordato; c'était un tiraillement continu en dedans et en dehors de sa demeure, à Missolunghi et dans leurs rapports avec le reste de la Grèce; c'étaient des contre-temps sans fin, des déboires sans nombre. La santé de Byron, depuis longtemps ruinée par des souffrances mentales et par une vie peu réglée, ne put suffire à cette agitation croissante; l'influence d'un climat délétère vint s'y joindre. Au mois de février, déjà des convulsions violentes et une attaque d'apoplexie avaient annoncé la désorganisation de son système nerveux. Le 10 avril, dans une excursion avec ses Souliotes, lord Byron fut surpris par une pluie battante : il rentra souffrant, persista à monter à cheval le lendemain encore, et revit pour la dernière fois la mélancolique verdure des oliviers, la neige de l'Aracynthe, et le soleil de Grèce. Maladroitement traité par ses médecins, au bout de peu de jours l'inflammation s'empara de son cerveau; et alors ce dut être un triste spectacle que de voir cette haute intelligence se débattant contre de pénibles hallucinations et une longue agonie; le pauvre Fletcher, au pied du lit de son maître, comme ces chiens fidèles qui semblent deviner la douleur de l'âme humaine sans la comprendre; et, en dehors de la maison de deuil, une ville consternée, des fêtes de Pâques suspendues, les tribunaux et les magasins fermés, et trente-sept coups de canon annonçant à la Grèce et à l'Europe que, le 19 avril 1824, lord Noël Gordon Byron, à l'entrée de sa trente-septième année, venait de rendre son corps à la poussière, et son âme à Dieu. Son cercueil resta exposé pendant douze jours dans l'église de Saint-Nicolas, entre les tombeaux du général Normann et du héros Marc Botzaris. Le 2 mai, le colonel Stanhope embarqua le cadavre de son ami pour l'Angleterre. Byron est enterré dans un petit village du Nottinghamshire, à côté de sa mère.

Tel était l'homme. Le reflet de sa vie se retrouve dans les ouvrages du poëte, non point fidèlement, non pas exactement comme une empreinte sur la cire molle, mais exagéré, idéalisé, défiguré quelquefois. Il est tout aussi difficile de résumer le caractère de l'homme que celui du poëte : le poëte, ainsi que l'homme, est un composé bizarre de fractions discordantes qui n'arrivent point à former une unité. Il n'y a pas dans Byron de point central : une étonnante impressionnabilité en fait le type d'une nombreuse classe d'intelligences qui, dans notre siècle, au milieu du tumulte des camps, de la vie révolutionnaire, et de la chute de tous les systèmes, ont perdu leur point d'appui, leur pivot naturel;

qui aperçoivent, par une espèce d'intuition involontaire, deux côtés à toute chose, le mal à côté du bien, la négation à côté de l'affirmation, l'objection en face du principe, le ridicule et le burlesque côte à côte avec le sublime, l'immoralité auprès de la moralité; de ces esprits qui, dans le cours du raisonnement abstrait, se laissent aller à la dérive, et vont se perdre dans l'océan du doute. Aussi l'impression finale que laisse l'étude de Byron est-elle pénible et déchirante. Qu'il vous promène dans les plus belles régions du monde; qu'il déploie à vos yeux, avec un luxe oriental, l'admirable spectacle de la mer et de ses rivages, le ciel de la Grèce, de l'Italie ou de l'Océanie; qu'il verse à vos pieds les fruits de l'oranger, les fleurs du myrte et du grenadier, les feuilles de la rose; qu'il laisse arriver à votre oreille les chants du rossignol et les soupirs de l'amour, la voix mâle du héros et les accents naïfs de la jeune fille; qu'il épuise les parfums les plus enivrants, les couleurs les plus suaves, les sons les plus harmonieux, c'est en vain... vous vous sentez marcher sur une terre creuse, volcanisée; de sourds mugissements sous vos pieds annoncent une éruption prochaine, et le néant d'un paradis factice... vous croyez entendre le ricanement des puissances infernales, jalouses de votre bonheur; c'est comme ces voix glapissantes qui, dans *Robert le Diable*, sortent du fond des ruines d'un vieux temple, et effacent, en agaçant vos nerfs, les célestes harmonies qui tout à l'heure encore vous berçaient. Avant Byron, il a existé des chantres du désespoir, de la nuit et du mal; mais il est le premier qui ait plongé avec une passion aussi brûlante dans le sein de la nature, avec un œil aussi perçant dans les abîmes du cœur; qui ait mis à nu les beautés intimes de l'une, le besoin moral d'aimer et de croire qui dévore l'autre; et tout cela seulement pour glacer, d'un souffle ironique, foi, amour, ciel et terre.

Si de ce jugement d'ensemble nous descendons à l'examen spécial des ouvrages de Byron, nous trouverons qu'il a abordé tous les genres; qu'il a semé avec profusion dans sa courte carrière des poésies lyriques, satiriques, dramatiques, épiques... Mais en première ligne, et pour le fond et pour l'étendue, se présentent *Childe-Harold* et *Don Juan*. Harold n'est qu'un voyage poétique, un poëme descriptif... mais quel voyage! et quelle description! Dans les deux premiers chants, c'est le Portugal, l'Espagne, la Grèce; dans les deux derniers, c'est Waterloo, le Rhin, la Suisse, Venise, Florence, Rome; dans les premiers comme dans les derniers, c'est la mer qui enveloppe d'une large bande, comme l'Océan d'Homère, ce monde de tableaux, ce chaos d'impressions. Harold, en s'embarquant, salue la mer, qui l'emporte loin de son pays natal, « où il ne regrette rien que le dogue qui ne le reconnaîtra plus lors de son retour. » Harold, avant de disparaître, chante un hymne sublime en face de cette nappe incommensurable, « miroir du Tout-Puissant. » Il y plonge avec les souvenirs de sa jeunesse, avec ses désirs d'homme : c'est une fin éclatante de poésie au bout d'une route déjà toute bordée de vues ravissantes ou mélancoliques. Au milieu des citronniers de Cintra, au pied du mont Olympe, sur les champs de Waterloo engraissés par la moelle des héros, entre les vignobles et les vieux châteaux du Rhin, en face des scènes de la *Nouvelle Héloïse*, dans l'orage sur le Léman, près du pont des Soupirs, à genoux devant la Vénus de Médicis et l'Apollon du Belvédère, perdu comme un insecte au milieu du Colisée qu'éclaire la lune, sous l'arc-en-ciel de la cataracte de Terni, sous ces couleurs irisées, « calmes comme l'Amour qui soigne la Folie, ou comme l'Espérance sur un lit de mort ; » — partout le poëte établit cette intime corrélation, cette parenté entre l'âme humaine et les ouvrages de la nature ou de l'art, et se jette dans une espèce de culte panthéistique.

Don Juan, quoiqu'il rentre dans la classe des libertins, n'est point le don Juan de Molière ou de Mozart : ce n'est ni un sensualiste brutal, ni un athée incorrigible : malgré lui, il est jeté dans une vie aventureuse. Son jeune cœur se brise d'abord quand le sort tranche le nœud de ses premières amours ; mais dès lors il devient caustique, railleur, mobile comme l'auteur qui lui a donné la vie. Byron, après l'avoir promené dans toute l'Europe, de Séville sur la Méditerranée, dans une île de la Grèce, auprès de la belle Haidée, au sérail, à la cour de Catherine la Grande, et dans la chaste Angleterre, se proposait, par une outrageante plaisanterie, d'en faire un méthodiste. Cette fin aurait bien été la contre-partie du *Faust* de Gœthe. Le poëme, malgré ses seize chants, n'est point achevé. De même que le *Faust* de Gœthe résume la vie intellectuelle de ce grand poëte, *Don Juan* contient la substance de la philosophie sceptique de Byron. De longues digressions, qui coupent un peu trop souvent le récit, sont, pour la plupart, des professions de foi ; et c'est dans ce poëme surtout que l'esprit méphistophélique verse son venin sur les plus nobles inspirations, et construit des palais de fée pour le plaisir de les détruire ensuite. Les amours de don Juan et d'Haïdée n'en restent pas moins une des plus gracieuses créations de la poésie érotique.

Autour de *Childe-Harold* et de *Don Juan* se groupent, comme des obélisques autour de deux pyramides colossales, la *Fiancée d'Abydos*, ravissante peinture d'un amour printanier moissonné dans sa fleur ; le *Corsaire* et *Lara*, noirs tableaux d'une âme forte, travaillée par un crime secret, et cherchant l'oubli dans l'ivresse des combats et d'une existence en dehors des lois ; le *Giaour*, poëme fragmentaire, semé de ces admirables imprécations contre l'abaissement de la Grèce moderne, qui ont ranimé plus que les souvenirs classiques, en excitant la sympathie de l'Europe libérale pour une cause si belle de loin, si triste de près ; le *Siége de Corinthe*, histoire d'un renégat qui appartient à la famille du Corsaire et de Lara ; le *Prisonnier de Chillon*, pamphlet poétique contre les oppresseurs des esprits généreux ; *Parisina*, déchirante peinture d'un fils qui souille la couche de son père, récit de scènes que Schiller et Alfieri ont chastement voilées dans leurs tragédies de *Philippe II* et de *Don Carlos* ; *Mazeppa*, que le pinceau d'Horace Vernet a popularisé, sur son cheval fougueux lancé dans les steppes désertes ; *Beppo*, conte semi-burlesque qui ouvrit au poëte une nouvelle voie, en le poussant vers *Don Juan* ; l'*Ile*, épisode emprunté à l'histoire de la marine anglaise, encadré dans la végétation et sous le ciel de la mer du Sud.

Byron, nous l'avons déjà dit, en dehors de ces romans poétiques, a composé des tragédies. Le public accueillit ces essais avec moins d'enthousiasme, soit que leur simplicité relative répugnât à son goût blasé ; soit, comme Bulwer cherche à l'expliquer, que les caractères créés par le poëte dramatique ne répondissent plus aux idées préconçues sur le *type byronien*, incarné dans *Childe-Harold*, *Conrad*, *Lara*, *Alp*, etc. Jugées du point de vue théâtral, les pièces de Byron sont nulles : peu ou point d'entente de la scène, peu ou point d'action, longs hors-d'œuvre lyriques et descriptifs. Mais du moment où, libre de ces préoccupations, le lecteur accepte la forme dramatique telle que le poëte la lui donne, *Marino Faliero*, les *Deux Foscari* et *Sardanapale* sont au niveau des plus belles créations de Byron. Dans les deux premières on respire l'air de l'Adriatique, l'air de Venise. Faliero est peint tel que l'histoire nous le donne, vieillard violent, irritable, avide de vengeance, parce qu'il est blessé dans son amour-propre ; sa jeune femme Angielina est une créature d'une céleste pureté, et plus vivante pourtant, plus réelle que les autres héroïnes de Byron, que Zulika, Médora, et que l'amante diaphane du renégat Alp. Dans *Sardanapale*, c'est encore une femme, à la fois aimante et forte, qui fixe notre attention : c'est Myrrha, la jeune esclave grecque, qui arrache son maître à la mollesse, en fait un héros, et périt avec lui. Dans *Werner*, dont l'action se passe en Allemagne, à l'époque anarchique qui suivit la guerre de trente ans, il règne quelque chose de la sombre et étouffante fatalité que l'on retrouve dans certaines tragédies allemandes. Cette composition est, du reste, inférieure aux précédentes. La *Métamorphose du Bossu*, quoique inachevée, contient des passages d'une grande beauté : telle est la scène où le connétable de Bourbon aperçoit les spectres des anciens Romains, qui lui barrent le passage du haut des murs de Rome. *Manfred* est une variété rétrécie de *Faust* : même mépris de la vie, même amour intense de la nature, même familiarité avec le monde des esprits. Faust veut se tuer en prenant du poison, Manfred en se précipitant du haut des Alpes; mais, comme tous les héros byroniens, celui-ci demande l'oubli pour échapper au remords, au souvenir d'une passion criminelle; tandis que Faust commence par regretter la jeunesse, la vie verdoyante et les plaisirs. Deux autres poëmes dramatiques de Byron, *Caïn*, et *Ciel et Terre*, portent le titre de *mystères*. Caïn est une déclamation titanique contre la Providence, et symbolise l'orgueil de l'homme humilié par l'infini de la création et la petitesse de sa propre nature. Le mystère de *Ciel et Terre* vous transporte dans le monde antédiluvien, où les monts et les cavernes et les forêts étaient plus gigantesques, où l'ichthyosaure et le plésiosaure roulaient leurs masses informes dans les marécages, où les anges descendaient sur la terre, et aimaient les filles des hommes. C'est la Genèse avec ses contours sombres, avec ses nuances gracieuses. Le déluge termine la pièce; et, après qu'il en a fait pressentir toute l'horreur, le poëte plonge dans le gouffre immense, universel, des générations entières... Les cadavres des filles de la terre flottent sur l'eau, et reprochent au ciel la destruction de tant de beauté; partout des voix de malédiction contre cette puissance inconnue qui détruit, et ne conserve la famille de Noé que pour faire peser sur ses descendants de nouvelles souffrances.

Le génie satirique de Byron se fait jour dans presque tous ses ouvrages; il en est quatre ou cinq exclusivement consacrés à ce genre. Telle est la satire déjà mentionnée contre la *Revue d'Édimbourg*; la *Vision du Jugement*, où le poëte flagelle sans pitié son ennemi personnel, Southey; l'*Age de bronze*, imprécation virulente contre la politique rétrograde des cabinets; la *Valse*, diatribe voluptueuse et sensuelle contre ce plaisir enivrant des sens. La *Prophétie du Dante* est plutôt un poëme élégiaque, où le vieux gibelin déplore les malheurs et l'humiliation future de l'Italie. Écrite à la demande de madame Guiccioli, la *Prophétie* projette, comme un volcan, une lave brûlante d'indignation : c'est que Byron aimait l'Italie, sa langue, sa littérature et ses femmes, autant et plus peut-être que son pays natal.

Autour de ces productions à peine indiquées ici, Byron sema libéralement, comme l'automne laisse tomber ses fruits, une foule de poésies fugitives qui, à elles seules, auraient fait la gloire d'un talent inférieur. Il y règne le même esprit mélancolique, frondeur, dévoré d'amour, de haine, de doute; c'est le poëte embrassant et maudissant tout à tour l'espérance, déplorant la chute lente de Venise, interrogeant l'agonie du prisonnier de Sainte-Hélène; ou bien rappelant avec des cris de désespoir sa propre jeunesse, son enfant, sa fille dont on le sépare, ses amis qui ne sont plus, ou les formes aériennes des femmes qu'il aimait en silence, et qui l'ont oublié. [M. Spach, dans l'*Enc. des g. du m.*].

Nous terminerons cet article par le jugement souverain que le maître de la critique moderne, M. Villemain, a émis sur le grand poëte anglais : « Byron portait la peine de son orgueil autant que de ses faiblesses. Il avait voulu frapper les esprits par une singularité hautaine et mystérieuse. Il avait affecté de donner quelques-uns de ses traits à ses héros fantastiques, pour se confondre lui-même avec eux, et se parer de leur audace. Il fut pris au mot, et soupçonné de noirceurs qui étaient loin de son âme. Rien ne prouve dans sa vie que son cœur fût corrompu; mais son imagination l'était à quelques égards. Il n'a pas fait ce qu'il peint avec complaisance; mais plus d'une fois peut-être il l'avait rêvé, comme une expérience à tenter, comme une émotion qui eût dissipé son ennui et réveillé son âme. Que, tout petit enfant, il se promît de commander à cent cavaliers noirs appelés *les noirs de Byron*, ou que, dans son âge viril, il fasse fabriquer des casques de chevalier pour son expédition de Grèce, on voit toujours le poëte qui dessine ses actions d'après ses rêves. Qu'il veuille se peindre lui-même dans le *Corsaire* et dans *Lara*, il faut reconnaître là moins les aveux d'une vie coupable que les jeux d'une imagination mal réglée, qui se fait parfois des châteaux en Espagne de crimes et de remords. Il en résulte, indépendamment de toute question morale, un point de vue particulier sous le rapport de l'art : c'est ce caractère de préoccupation personnelle, cet égoïsme de l'écrivain, cause puissante d'intérêt et de monotonie. On a vu de grands poëtes, dont l'imagination a toujours travaillé hors d'eux-mêmes et du cercle de leur vie, simples par les habitudes, sublimes par la pensée : tel Shakspeare, dont la personne disparaît, et qui existe tout entier dans ses inventions poétiques; tels nos tragiques, Corneille, Racine. C'est là, quoi qu'on dise, la grande imagination. Elle crée ce qu'elle n'a pas vu ; elle entre par le génie dans un ordre de sentiments et d'idées dont elle n'a pas fait l'expérience, et qui ne naît pas pour elle des choses qui l'entourent. Corneille n'avait pas de Romains ni de martyrs sous les yeux; il inventait ces types sublimes. Voilà le poëte au plus haut degré. Il est une autre sorte d'imagination, plus restreinte et plus physique pour ainsi dire, qui a besoin d'être excitée par les épreuves immédiates et les sensations de la vie. Le poëte alors n'agit pas, ne crée pas : il souffre, et rend vivement sa souffrance. C'est le génie de quelques élégiaques; c'est le tour d'imagination rêveur, égoïste, douloureux qui a coloré de si vives images la prose de Rousseau et de Bernardin de Saint-Pierre. Byron appartient à cette école. Son imagination est inépuisable à le peindre lui-même, à découvrir toutes les plaies de son âme, toutes les inquiétudes de son esprit, à les approfondir, à les exagérer. Mais hors de lui il invente peu. Parmi tant d'acteurs de ses poëmes, il n'a jamais conçu fortement qu'un seul type d'homme et un seul type de femme : l'un sombre, altier, dévoré de chagrin, ou insatiable de plaisir, qu'il s'appelle Harold, Conrad, Lara, Manfred ou Caïn ; l'autre tendre, dévouée, soumise, mais capable de tout par amour, qu'elle soit Julia, Haïdée, Zuléika, Gulnare ou Médora. Cet homme, c'est lui-même ; cette femme, celle que voudrait son orgueil. Il y a dans ces créations uniformes moins de puissance que de stérilité. Et malheureusement, par un faux système ou par une triste prétention, dans ces personnages dont il est le modèle, le poëte affecte d'unir toujours le vice et la supériorité. Il semble dire, comme le Satan de Milton : *Mal, sois mon bien*. A cet égard le goût n'est pas moins blessé que la morale dans les écrits de Byron. Le plus grand charme et la vraie richesse du génie, la variété, lui manque. C'est un trait de ressemblance qu'il offre avec Alfieri, dont il a, dans son théâtre, imité la régularité sévère. Byron, en effet, hardi, sceptique en morale et en religion, ou plutôt disciple involontaire de notre scepticisme, n'est pas novateur dans les questions d'art et de goût. »

Il serait trop long d'énumérer ici toutes les éditions qui ont paru à Londres et à Paris des œuvres de lord Byron. Parmi les nombreuses traductions françaises, nous ne citerons que celle d'Amédée Pichot, avec une notice de Charles Nodier sur lord Byron ; Paris, 1822-1825, 8 vol. in-8° (4ᵉ édit.); et celle de M. Paulin Paris ; ibid., 1830-1831, 13 vol. in-8°.

Thomas Moore, *Letters and journals of lord Byron; with notices of his life*. — Galt, *Life of lord Byron*. — Dalla's *Memoir*. — Lady Blessington, *Conversations with lord Byron*. — *Penny-Cyclopædia*. — Rose, *Biog. Dict*. — Gorton, *Biogr. Dict*. — M. Villemain, article *Byron*, dans la *Biographie universelle*.

BYS (*Jean-Rodolphe*), peintre suisse, né à Soleure en 1660, mort à Wurzbourg le 11 décembre 1738. Il apprit la peinture à Rome. Charles VI, empereur d'Allemagne, lui confia la décoration de la grande salle d'audience de Vienne. Le plafond surtout en est fort remarquable. Bys vint ensuite à Mayence, et exécuta plusieurs paysages pour les châteaux de Geubach et de Pommersfelden. Il a laissé la *Description de la galerie de Pommersfelden* (en allemand), 1719 et 1774.

Nagler, *Neues Allgemeines Künstler-Lexicon*.

*****BYSTRŒM** (*Jean-Nicolas*), sculpteur suédois, né à Philipstadt le 18 décembre 1783. Destiné au commerce, ce ne fut qu'après la mort de ses parents qu'il put suivre sa vocation artistique. Il travailla trois ans sous la direction de Bergell de Stockholm, et se livra surtout à l'étude de l'antique. En 1809, il obtint le prix de l'Académie, et, l'année suivante, il alla à Rome, d'où il envoya bientôt une *Bacchante ivre et couchée*. Cette œuvre obtint tous les suffrages. En 1815, Bystrœm revint à Stokholm. Il exécuta alors la statue colossale du prince royal ; et son succès fut tel, qu'il fut chargé de sculpter en marbre les statues des rois Charles X, XI et XII. Il retourna à Rome, et y resta jusqu'en 1821. Outre les œuvres citées, on lui doit : un *Amour dérobant à Bacchus ses attributs* ; — une *Nymphe allant au bain* ; — *Hercule à la mamelle* ; — *Apollon jouant de la lyre* ; — *Pandore occupée à se peigner* ; — la statue de *Linné en habit du matin, et un livre à la main* ; — les statues de *Charles XIII*, de *Gustave-Adolphe* et de *Charles XIV*.

Les créations de cet artiste ont de l'animation et du naturel.

Conversations-Lexicon.

BYTEMEISTER (*Henri-Jean*), théologien et bibliographe hanovrien, né à Zelle le 5 mai 1698, mort à Helmstædt le 22 avril 1745. Il fut, depuis 1740, professeur de théologie luthérienne dans cette dernière ville. Parmi ses écrits on remarque : *Dissertatio de præstantia arithmeticæ decadicæ* ; — *Dissertatio de promovendis commodis Ecclesiæ evangelico-lutheranæ* ; — *Discussio sententiæ M. Reimii, de significatione vocis* עלם ; — *De præstantia et vere usu Historiæ litterariæ, ejusque genuina methodo*; Wittenberg, 1720, in-4° ; — *Commentarius de vita, scriptis et meritis supremorum præsulum in ducatu Luneburgensi*; Helmstædt, 1728 à 1730, 2 vol. in-4°; — *Bibliothecæ Appendix, sive Catalogus adparatus curiosorum artificialium et naturalium, cum auctuariis* ; Helmstædt, 1735, in-4°; — *Tabulæ II exhibentes Synopsin historiæ philosophicæ* ; — *Catalogus bibliothecæ Lautensaccianæ, secundum ordinem materiarum* ; Helmstædt, 1737, in-8° ; — *Delineatio rei numismaticæ antiquæ et recentioris*; Strasbourg, 1744, in-8°; — *Declaratio Danielis Hoffmanni restaurata* ; — *Oratio de præstantia et dignitate Sacræ Scripturæ* ; — *Dissertatio de Ecclesia Christi ejusque ministerio* (sans date).

Jöcher, *Allgem. Gelehrten-Lexicon*. — Sax, *Onomastic. Litterar*.

***BYTHNER** ou **BYTNER** ou **BÜTTNER** (*Victorin*), philologue anglais, d'origine polonaise; mort en 1670. Déjà avancé en âge, il vint à Oxford, où il fut autorisé à faire des cours de langue hébraïque. Après avoir résidé tantôt dans cette dernière ville, tantôt à Cambridge et à Londres, il se retira dans le comté de Cornwall. On a de lui : *Lethargy of the Soul* ; 1636, 8 vol. ; — *Tabula directoria, in qua totum* τὸ Τεχνικὸν *linguæ sanctæ ad amussim delineatur* ; Oxford, 1637, in-8°; — *Lingua Eruditorum* ; ib., 1638, in-8°; réimprimé sous ce titre : *Manipulus Messis magnæ, sive grammat. exemplaris* ; Londres, 1639, in-8°; — *Clavis Linguæ Sanctæ*; Cambridge, 1648, in-8°; — *Lyra prophetica Davidis regis, sive Analysis critico-practica Psalmorum* ; Londres, 1645, in-12 ; 1650, in-4°. Ce livre est l'explication grammaticale de tous les mots hébreux contenus dans les Psaumes.

Wood, *Athenæ Oxonienses.*

BYWALD (*L.-B.*), jésuite et botaniste allemand. *Voy.* BIWALD.

BYZANTICUS (*Jean*), historien grec. *Voy.* GENESIUS.

BYZANCE (*Louis* DE), oratorien levantin, né à Constantinople en 1647, mort à Charenton le 23 mai 1722. Il était fils d'un orfévre juif, et se nommait RAPHAËL LEVI. Ses fréquentes relations avec les chrétiens et surtout les Français lui donnèrent l'idée de se convertir au catholicisme. Le marquis de Nointel, ambassadeur de France, qui l'avait employé pour se procurer des manuscrits rares, fut si frappé de son intelligence. qu'il se l'attacha comme interprète. Quelque temps après, Raphaël fut reconnu pour avoir accompagné, vêtu en janissaire, sous le nom d'Ahamed, un gentilhomme français qui allait en Morée. Conduit devant le caïmacan comme apostat, il dut, pour sauver sa vie, accepter la religion mahométane, et se fit nommer Mohamed-Effendi. Ce nouveau changement de croyance le rendit suspect au marquis de Nointel, qui le congédia; mais, à la prière du chevalier Laurent d'Arvieux, il rentra en grâce, se réfugia à l'hôtel de France, où il se tint caché jusqu'à ce qu'on pût, six mois après, le faire embarquer pour Marseille. Arrivé à Paris, il entra à l'Oratoire, où les PP. Richard Simon et de Sainte-Marthe achevèrent son éducation catholique. La singularité de son existence, son teint basané, ses traits accentués, son esprit et sa douceur, faisaient du néophyte un personnage intéressant; aussi le roi et la reine voulurent-ils être ses parrain et marraine. Lorsqu'on le baptisa à Saint-Germain-en-Laye (1674), ils se firent représenter devant les fonts baptismaux par le duc de Mazarin et Mme de Colbert. C'est alors que Raphaël prit le nom de Louis de Byzance, et entra à l'Oratoire. Sans discontinuer ses études sur les langues orientales, il s'appliqua avec ardeur à la conversion de ses compatriotes, et soutint avec talent des conférences publiques. Son zèle faillit lui devenir fatal : un dévot musulman, furieux d'avoir été victorieusement réfuté devant un nombreux auditoire, s'introduisit dans sa chambre pour l'assassiner. Le P. Louis n'échappa à ce danger que par la dextérité avec laquelle il se servit de son ancien cimeterre, qui était pendu dans sa cellule. Mais cet incident fit une telle impression sur son esprit, déjà fatigué par un travail incessant, que sa raison s'égara pour toujours (1702). Il resta vingt ans à l'hospice de Charenton, sans qu'aucun traitement lui rendit ses facultés. On n'a de lui qu'un seul ouvrage imprimé : *la Goutte curable par le remède turc*; Paris, 1703, in-12. Parmi ses manuscrits on remarque une traduction française du *Koran*, avec des commentaires. L'auteur y prouve que la plus grande partie des maximes du Koran est empruntée aux livres rabbiniques postérieurs à Mahomet. Ses manuscrits se trouvent à la Bibliothèque impériale de Paris.

Feller, *Dictionnaire historique.*

BYZANT ou FAUSTUS DE BYZANCE, historien arménien, natif de Constantinople, vivait au onzième siècle de notre ère (1). Il vint s'établir dans la grande Arménie, où il se fit remarquer par une vie austère que commandait son caractère de prêtre. Ses vertus le firent élire évêque de la province de Sbanthouni. Il y composa une *Histoire de l'Arménie*; c'est un des ouvrages les plus précieux qui existent sur les annales de la nation arménienne, et on n'en connaît malheureusement que peu de manuscrits. Les récits qu'il renferme servent à contrôler ceux de Moïse de Khorène, qui raconte à peu près les mêmes faits, mais avec moins d'exactitude que Byzant.

Le livre de Byzant porte, chez les Arméniens, le titre de *Pouzanteran*: il est divisé en six têtes ou livres dont il n'existe que les quatre derniers, qui contiennent l'histoire des guerres des Persans et des Romains. Le 3e livre renferme le récit des événements arrivés sous Chosroës II et sous Dikran. Le 4e traite du voyage d'Arsace II. Le 5e contient le récit des règnes du prince Para, de Warazlat, d'Arsace III (Artaban I), et de Waghasschah, ainsi que de la régence du baile Manuel Mamigoni. Le 6e enfin n'est qu'un abrégé de l'ouvrage, un extrait fait par des copistes arméniens; il présente le récit du règne de Chosroës III. M. F. Martin, savant arméniste français, a traduit, dans le *Magasin encyclopédique* de Millin (sept. 1811), deux passages du 3e livre de l'ouvrage de cet auteur.

On a publié deux éditions du livre de Byzant; l'une à Constantinople, 1730, 1 vol. in-4°; l'autre à Venise, imprimerie des Mekhétaristes, 1837, 1 vol. in-8°.

V^{or} LANGLOIS.

Moïse de Khorène. — Millin, *Magasin Encyclopéd.*, 1811. — Soukias de Somat, *Quadro della letteratura armena.*

BYZAS, prince grec, vivait dans le septième siècle avant J.-C. Ce fut lui qui, conduisant une colonie de Mégaréens, fonda, en 658 avant J.-C., Byzance, si célèbre dans la suite. Il était contemporain des Argonautes, et passait pour avoir un grand esprit d'équité. En son absence, son frère Strombus s'étant révolté et ayant attaqué la nouvelle ville, Phidaléa, femme de Byzas, se mit à la tête des femmes, et défit complètement les insurgés.

Étienne de Byzance. — Diodore, IV, 49.

*BYZAS, sculpteur grec, né à Naxos, vivait 560 ans avant J.-C. Il jouissait d'une réputation méritée, mais ses productions ne sont pas parvenues jusqu'à nous. Il fut l'inventeur des petites pièces de marbre taillées en forme de tuile, dont on se servait généralement en Grèce pour couvrir les monuments publics.

Pausanias, *Eliac.*, l. V.

BZOVIUS, en polonais BZOWSKI (*Abraham*), théologien et prédicateur polonais, né à

(1) Les historiens arméniens qu'a résumés M. Soukias de Somat lui donnent le nom de Pouzant Posdos.

Proczovie en 1567. Il mourut à Rome le 31 janvier 1637. Il était orphelin, et fut élevé par sa grand'mère, qui l'envoya faire ses études à Cracovie, où il entra dans l'ordre des Dominicains. Il se perfectionna en théologie sous les leçons de Barthélemy de Premislaw, appelé le Basile de son siècle. Sous un tel maître, Bzovius fit de rapides progrès dans la prédication, et fut envoyé à Milan professer la philosophie, puis à Bologne la théologie. De retour dans sa patrie, il devint prieur des dominicains de Cracovie, et contribua beaucoup à l'extension de son ordre. Le pape Paul V l'appela près de lui, lui donna une pension, et le logea au Vatican. Bzovius était en outre bibliothécaire de Virginio des Ursins. Ayant été volé et son domestique assassiné, il quitta le palais papal pour se retirer au couvent de la Minerve, où il finit ses jours. On a de lui : *Quadraginta sermones super canticum Salve, regina;* Venise, 1598, in-8°; — *Nomenclator sanctorum professione Medicorum, sive de Sanctis Medicis quorum festivitatem universa colit Ecclesia;* Rome, 1612, in-fol.; 1621, in-12; Cologne, 1623, in-8°; — *Abrégé de l'Histoire ecclésiastique;* Cologne, 1617, 2 vol. in-fol., l'un dédié à Paul V, l'autre à Sigismond III, roi de Pologne; cet abrégé est tiré de Baronius; — *Sermons pour tous les dimanches de l'année, pour toutes les principales fêtes;* Venise, 1611, 4 vol.; — *Romanus Pontifex, seu de præstantia, officio, auctoritate, virtutibus, felicitate rebusque præclare gestis Summorum Pontificum a D. Petro ad Paulum V;* Cologne, 1619 et 1622, 3 vol. in-4°; — *Vies de Paul V et de Grégoire XV;* — *Vie de saint Hyacinthe et de plusieurs personnages de l'ordre de Saint-Dominique;* — *la Vie de saint Dominique et les annales de son ordre* (en manuscrit); — *Continuation des Annales de Baronius, de 1198 à 1532,* 9 vol. in-fol., de XIII à XXI; Cologne, 1616 à 1630; Rome, 1652. Les jésuites et surtout les cordeliers se plaignirent vivement de la préférence marquée que l'auteur accordait à son ordre; les cordeliers surtout lui reprochaient d'avoir attaqué Jean Scot, surnommé *le Docteur subtil.* Plusieurs écrivains critiquèrent aussi Bzovius sur divers faits qu'il avait allégués contre l'empereur Louis de Bavière. Bzovius se vit contraint de se rétracter; sa rétractation fut imprimée à Ingolstadt, 1628, in-8°.

Starovolscius, *De illust. Polon.* — Léo Allatius, *Apes urbanæ,* c. 113. — Louis Jacob, *Bibl. Pontif.* — Le Mirte, *De Script. sæcul. XVII.* — Echard, *Script. ord. Præd.* t. II, p. 488. — Le P. Touron, *Hommes illustres de l'ordre de Saint-Dominique,* t. V, p. 154.

FIN DU SEPTIÈME VOLUME.

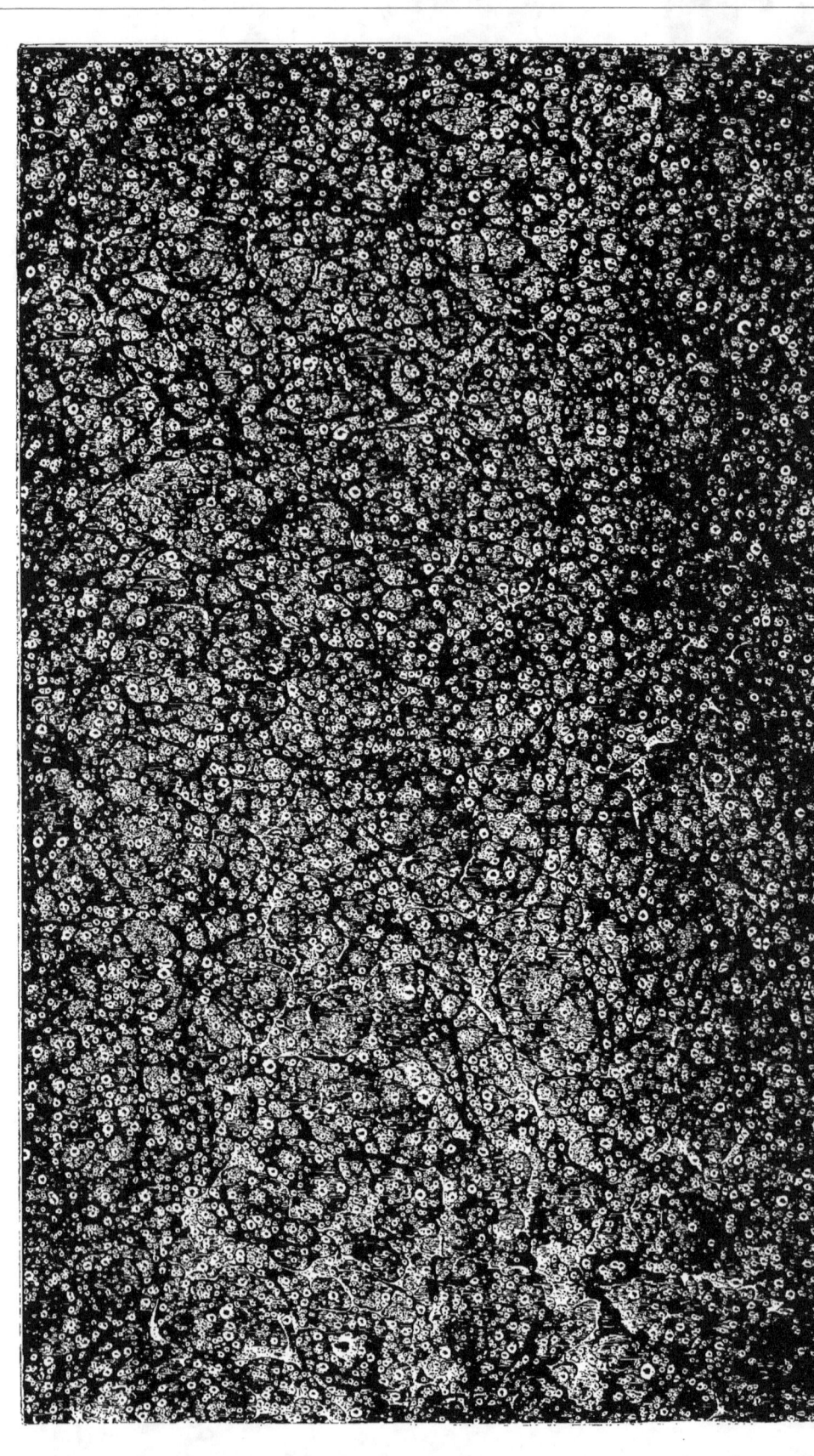

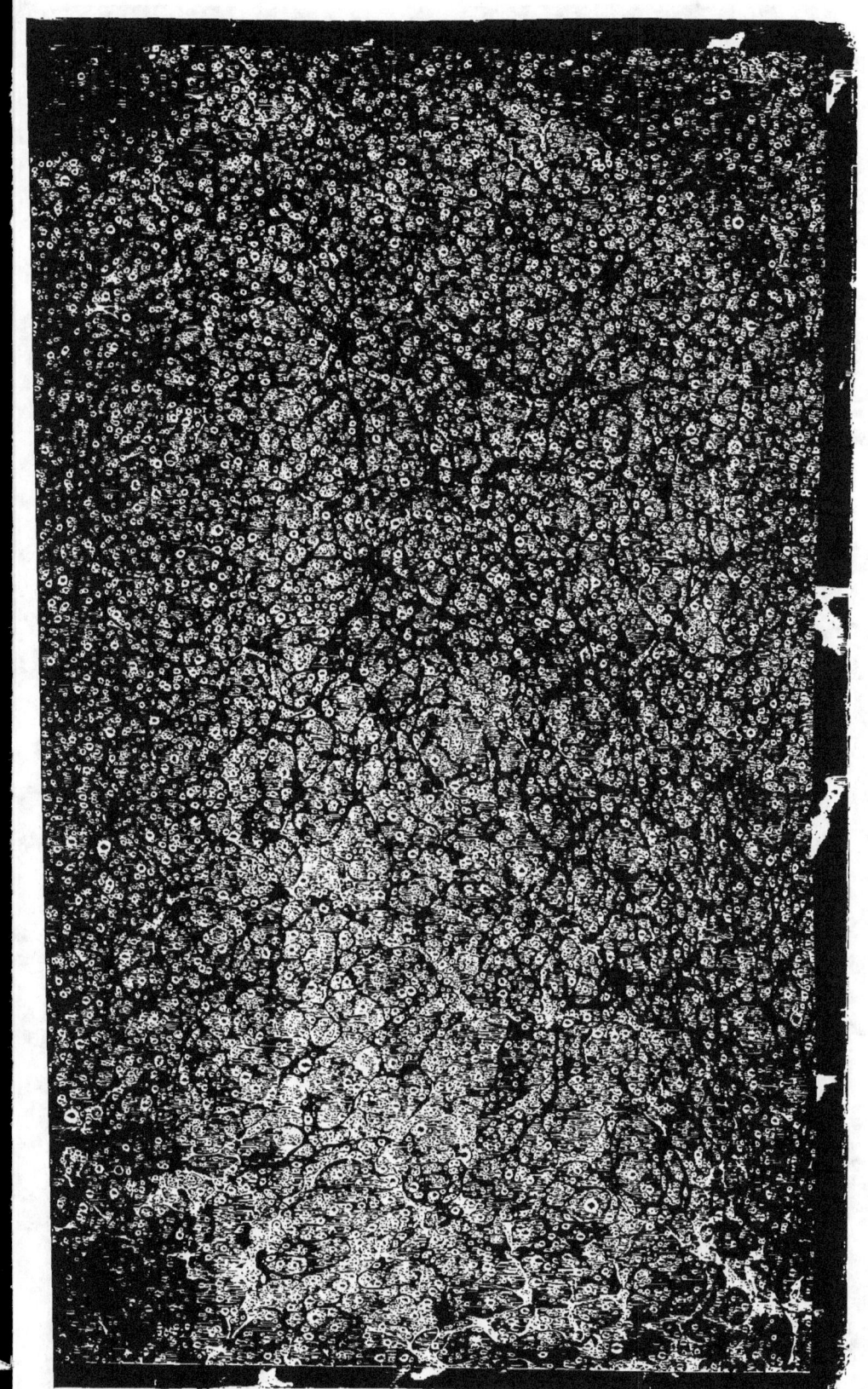

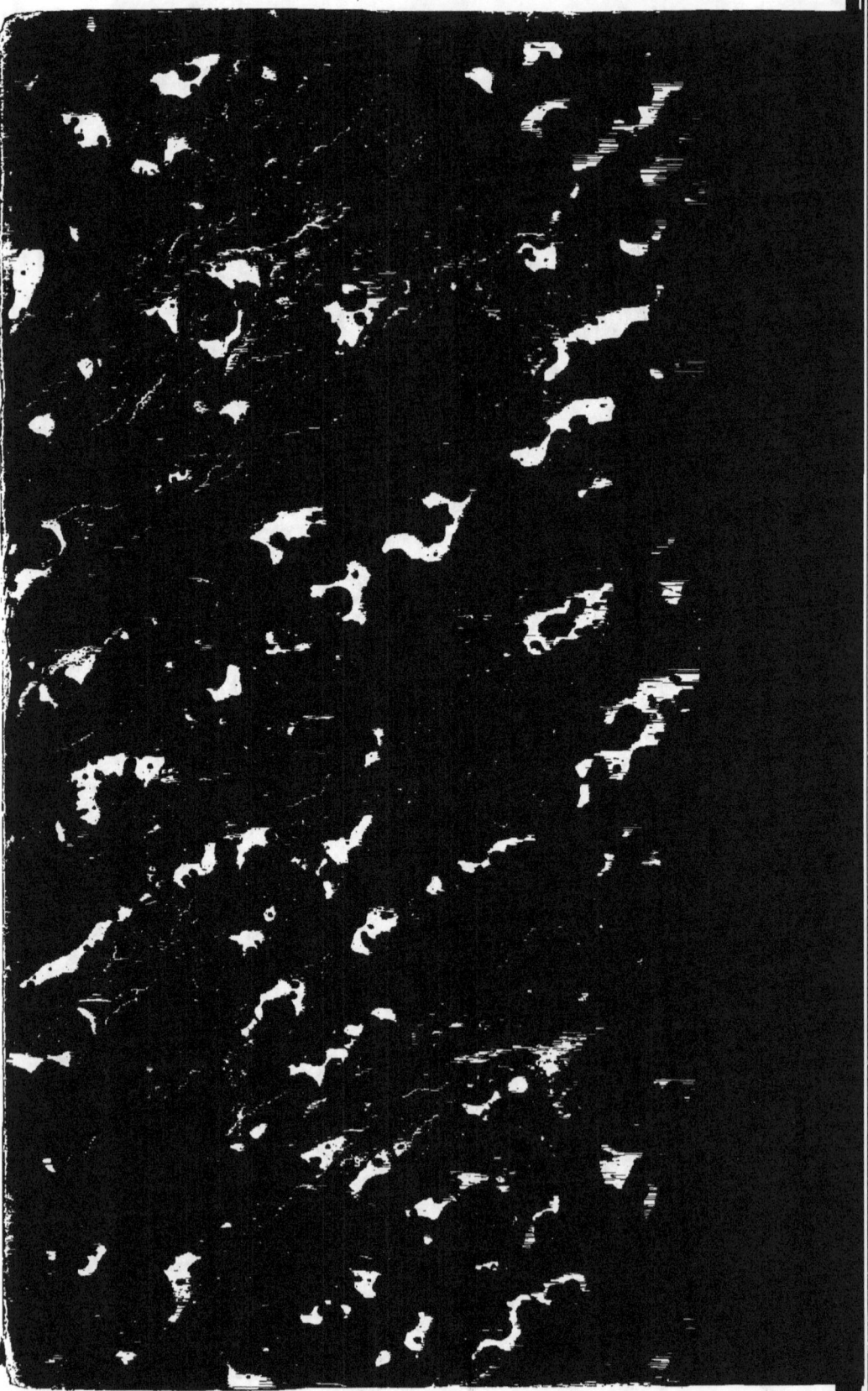

www.ingramcontent.com/pod-product-compliance
Lightning Source LLC
Chambersburg PA
CBHW060225230426
43664CB00011B/1558